COLLINS GEM

IRISH
DICTIONARY

ENGLISH ◆ IRISH   IRISH ◆ ENGLISH
BÉARLA ◆ GAEILGE   GAEILGE ◆ BÉARLA

Séamus Mac Mathúna
and
Ailbhe Ó Corráin
(University of Ulster)

HarperCollins*Publishers*

first published in this edition 1995

© HarperCollins Publishers 1995

latest reprint 1996

ISBN 0 00 470753-2

---

editors/eagarthóirí
Séamus Mac Mathúna *and* **Ailbhe Ó Corráin**

contributors/foireann an fhoclóra
Pádraig Ó Mianáin, Ciarán Dawson
Pól Ó Cainín, Seosamh Ó Labhraí, Eugene McKendry
Ciarán Ó Duibhín, Cathair Ó Dochartaigh
Dónall P. Ó Baoill, Róisín Ní Mhianáin
Micheál Ó Murchú

coordinating editor/eagarthóir comhordaithe
Gerard Breslin

editorial staff/foireann eagarthóireachta
Nicola Cooke

computing staff/foireann ríomhaireachta
Robert McMillan

editorial management/bainistíocht eagarthóireachta
Vivian Marr

series editor/eagarthóir na sraithe
Lorna Sinclair

---

*A catalogue record for this book is
available from the British Library*

Typeset by Ray Carrick

Printed and bound in Great Britain by
Caledonian International Book Manufacturing Ltd,
Glasgow, G64

CONTENTS

CLÁR ÁBHAIR

INTRODUCTION

We are delighted you have decided to buy the **Collins Gem Irish Dictionary** and hope you will enjoy and benefit from using it. Its comprehensive and up-to-date wordlist, based on the statistical evidence of the Bank of English – Collins unique language database of *real language* – and its attractive, user-friendly layout combine to make this an invaluable small dictionary for learners and users of Irish.

The useful Irish grammar section in the middle of the dictionary includes extensive tables of regular and irregular verbs and noun declensions and the special layout given to "key" English words, such as **about**, **from** and **get**, ensures that you will find this compact book an indispensable reference tool.

RÉAMHRÁ

Cuireann sé áthas orainn gur shocraigh tú **Foclóir Gem Gaeilge Collins** a cheannach agus tá súil againn go mbainfidh tú sult agus tairbhe as. Lena stór focal cuimsitheach agus nua-aimseartha, bunaithe ar an teanga *bheo* mar a fhaightear ón fhianaise staitisticiúil ó bhunachar sonraí teanga Bank of English – Collins, agus lena leagan amach tarraingteach agus soláimhsithe – tá an foclóir beag seo an-luachmhar ag lucht labhartha agus foghlamtha na Gaeilge.

Sa ghraiméar beag úsáideach i lár an fhoclóra, faightear táblaí de réimniú na mbriathra, idir rialta agus neamhrialta, maraon le díochlaontaí na n-ainmfhocal, agus leis an leagan amach ar leith ar "eochairfhocail" Bhéarla dála **about**, **from** agus **get**, tá agat sa leabhar seo uirlisí bharrriachtanach thagartha.

abbr	abbreviation
adj	adjective
ADMIN	administration
adv	adverb
AGR	agriculture
ANAT	anatomy
ASTROL	astrology
attrib	attributive
AUT	cars and motoring
aux	auxiliary
AVIAT	aviation
BIOL	biology
BOT	botany
BRIT	British
CHEM	chemistry
CINE	cinema
COMM	commerce, banking
compar	comparative
COMPUT	computing
conj	conjunction
CONSTR	building, construction
cpd	compound element
CULIN	cookery
def art	definite article
dem pron	demonstrative pronoun
dir rel	direct relative
dpl	dative plural
ds	dative singular
ECCL	ecclesiastical
ECON	economics
ELEC	electricity, electronics
etc	et cetera
excl	exclamation, interjection
f (f2, f3, f4)	feminine (second etc declension)
fig	figurative
FIN	finance
fpl	feminine plural
fus	(phrasal verb) where the particle cannot be separated from the main verb
gen	genitive, generally
GEOG	geography
GEOL	geology
GEOM	geometry

GRAM	grammar
gpl	genitive plural
gs	genitive singular
gsf	genitive singular feminine
gsm	genitive singular masculine
HIST	history
impers	impersonal
IND	industry
indef art	indefinite article
indir rel	indirect relative
inf(!)	colloquial usage (! particularly offensive)
infin	infinitive
INS	insurance
interr	interrogative
inv	invariable
IRL	Ireland
irreg	irregular
LING	linguistics
LITER	literature
m (m1, m3, m4)	masculine (first etc declension)
MATH	mathematics, calculus
MED	medical term, medicine
METEOR	meteorology
MIL	military matters
MUS	music
n	noun
NAUT	sailing, navigation
neg	negative
nf (nf2, nf3, nf4)	feminine noun (second etc declension)
n gen as adj	noun in genitive as adjective
n inv	invariable noun
N IRL	Northern Ireland
nm (nm1, nm3, nm4)	masculine noun (first etc declension)
nom	nominative
npl	plural noun
num	numeral adjective or noun
o.s.	oneself
part	particle
pej	derogatory, pejorative
PHIL	philosophy
PHOT	photography
PHYS	physics
PHYSIOL	physiology
pl	plural
POL	politics

poss adj	possessive adjective
pp	past participle
prep	preposition(al)
prep prons	prepositional pronouns
pres	present
pron	pronoun
PSYCH	psychology
RAIL	railways
REL	religion
rel part	relative particle
rel pron	relative pronoun
sb	somebody
SCOL	schooling, schools
SCOT	Scottish
sg	singular
St Ex	Stock Exchange
sth	something
sub	subjunctive
subj	subject
superl	superlative
TECH	technical term, technology
TEL	telecommunications
THEAT	theatre
TV	television
TYP	typography, printing
UNIV	university
US	(North) American
vadj	verbal adjective
vb	verb
vi	intransitive verb
vn	verbal noun
voc	vocative
vt	transitive verb
ZOOL	zoology
®	registered trademark
≈	introduces a cultural equivalent

Note on trademarks
Words which we have reason to
believe constitute trademarks have
been designated as such. However,
neither the presence nor the
absence of such designation should
be regarded as affecting the legal
status of any trademark.

Nóta ar Thrádmharcanna
Aon fhocal a cheapaimid atá ina
thrádmharc, léirítear amhlaidh le
comhartha é. Ach bíodh an
comhartha ann nó ná bíodh, ni
bhaineann sé de stádas dlithiúil an
trádmhairc.

ENGLISH - IRISH
BÉARLA - GAEILGE

A

A n (MUS) A m4

a indef art (no indef article in Irish) **1**: **a book** leabhar; **an apple** úll; **she's a doctor** is dochtúir í
2 (instead of the number "one"): **a year ago** bliain ó shin; **a hundred/thousand** etc **pounds** céad/míle etc punt
3 (in expressing ratios): **3 a day/week** 3 sa lá/sa tseachtain; **10 km an hour** 10 gciliméadar san uair; **30p a kilo** 30 pingin an cileagram

aback adv: **he was taken ~** baineadh siar as
abandon vt (desert) tréig; (give up) éirigh as, tabhair suas; **she abandoned herself to grief** lig sí í féin le brón ♦ n: **with ~** gan srian
abate vi síothlaigh, maolaigh; (flood) tráigh
abbess n máthairab f3
abbey n mainistir f
abbot n ab m3
abbreviation n giorrúchán m1, nod m1
abdicate vt, vi tabhair suas, éirigh as; **to abdicate the throne** an choróin a thabhairt suas
abdomen n bolg m1
abduct vt fuadaigh
aberration n (anomaly) aimhrialtacht f3; (oddity) rud m3 corr; **mental aberration** saochan m or seachrán m1 céille
abeyance n: **in ~** ar fionraí
abide vt: **I can't ~ it/him** níl cur suas agam leis ► **abide by** vt fus

ability n ábaltacht f3, inniúlacht f3, cumas m1
abject adj (poverty) aimléiseach; (apology) táiriseal
ablaze adj ar dearglasadh
able adj ábalta; **to be able to do sth** bheith ábalta rud a dhéanamh; **an able detective** bleachtaire cumasach
able-bodied adj inniúil, infheidhme
ably adv go héifeachtúil
abnormal adj mínormálta; (extraordinary) as an ngnáth; (monstrous) anchúinseach
aboard adv ar bord ♦ prep ar bord + gen
abode n áitreabh m1, áit f2 chónaithe; (LAW): **of no fixed ~** gan aon áit sheasta chónaithe
abolish vt díothaigh, cuir ar ceal
aborigine n bundúchasach m1
abort vt (plan etc) éirigh as ♦ vi: **she ~ed** scar sí le duine clainne
abortion n ginmhilleadh m, toghluasacht f3; **to have an abortion** ginmhilleadh a fháil, gin a mhilleadh
abortive adj gan toradh
abound vi: **to ~ in** or **with** bheith ag cur thar maoil le; **the lake abounds in fish** tá flúirse éisc ar an loch

about adv **1** (approximately) thart ar, tuairim is; **about a hundred/thousand** etc tuairim is céad/míle etc; **it takes about 10 hours** tógann

sé thart faoi 10 n-uaire an chloig; **at about 2 o'clock** i dtrátha a dó a chlog; **I've just about finished** tá mé chóir a bheith críochnaithe *or* de chóir críochnaithe, tá mé beagnach críochnaithe
2 *(referring to place)* thart, timpeall, anseo is ansiúd; **to leave things lying about** rudaí a fhágáil ina luí thart; **to run about** rith thart; **to walk about** siúl thart
3: to be about to do sth bheith ar tí *or* ar bhéala rud a dhéanamh ♦ *prep* **1** *(relating to)*: **a book about London** leabhar faoi Londain; **what is it about?** *(book, programme)* cad is ábhar dó?; **we talked about it** labhraíomar faoi *or* ina thaobh *or* fá dtaobh de; **what** *or* **how about doing this?** cad é do bharúil dá ndéanaimis seo?
2 *(referring to place)*: **to walk about the town** siúl thart faoin mbaile mór *or* siúl timpeall an bhaile mhóir

about-turn *n* (MIL) casadh *m*1 timpeall; *(fig)* athrú *m* intinne, malairt *f*2 tuairime
above *adv* thuas ♦ *prep* thar, os cionn + *gen*, taobh thuas de; *(more)* breis agus; **mentioned above** thuasluaite; **above all** os cionn gach uile ní, thar gach uile ní
aboveboard *adj* macánta, ionraic
abrasive *adj* (TECH) scríobach; *(fig)* borb, gairgeach
abreast *adv* gualainn ar ghualainn; **to keep abreast of** cos a choinneáil le
abroad *adv* ar an gcoigríoch, thar lear; **there is a rumour abroad (that)** tá ráfla ag dul thart **(go)**
abrupt *adj* *(sudden)* tobann; *(gruff)* giorraisc

abruptly *adv* *(speak)* go giorraisc; *(end)* go tobann
abscess *n* easpa *f*4
abscond *vi* éalaigh
absence *n* easpa *f*4, éagmais *f*2; *(of person)* neamhláithreacht *f*3; **during my absence** agus mé as láthair
absent *adj* *(missing)* in easpa, ar iarraidh; *(person)* as láthair
absentee *n* neamhláithrí *m*4 ♦ *adj* *(landlord)* neamhchónaitheach
absent-minded *adj* dearmadach
absolute *adj* iomlán, lán-; *(PHIL)* absalóideach; **absolute certainty** lánchinnteacht *f*3
absolutely *adv* *(completely)* iomlán, fíor-; *(in agreement)* cinnte; **he absolutely refused** dhiúltaigh sé glan
absolve *vt*: **to ~ sb (from)** *(blame, responsibility)* duine a scaoileadh (ó); *(from sins etc)* aspalóid a thabhairt do dhuine (i)
absorb *vt* súigh, ionsúigh; **to be absorbed in a book** bheith sáite i leabhar
absorbent cotton (US) *n* cadás *m*1 súiteach
absorption *n* sú *m*4, ionsú *m*4; *(concentration)* intinndhamhnamh *m*1
abstain *vi*: **to ~ (from)** staonadh (ó); *(meat)* tréanas a dhéanamh (ar); **I abstained from drinking during Lent** rinne mé an Carghas ar an ól
abstract *adj* teibí ♦ *n* coimriú *m*, achomaireacht *f*3
absurd *adj* áiféiseach
abundance *n* flúirse *f*4
abundant *adj* flúirseach; **an abundant supply of food** flúirse bia
abundantly *adv* go flúirseach; **it is abundantly clear** that is ríléir go bhfuil
abuse *n* *(of person)* mí-úsáid *f*2,

abusive n drochíde f4; (insults) masla m4 ♦ vt tabhair drochíde or mí-úsáid do; (insult) maslaigh; **verbal abuse** íde f4 béil; **drug abuse** mí-úsáid drugaí

abusive adj maslach

abysmal adj aibhéiseach; (fig) uafásach

abyss n duibheagán m1

academic adj acadúil ♦ n scoláire m4

academic year n bliain f3 acadúil

academy n (learned body) acadamh m1; **academy of music** acadamh ceoil

accelerate vt cuir tuilleadh siúil faoi, luathaigh, luasghéaraigh ♦ vi tóg siúl, luathaigh, luasghéaraigh

accelerator n luasaire m4

accent n blas m1; (GRAM) aiceann m1; (length accent) síneadh m1 fada

accept vt glac (le); (apology) gabh

acceptable adj inghlactha

acceptance n glacadh m

access n bealach m1 isteach, rochtain f3; (permission) cead m3 isteach; (COMPUT) rochtain; **access time** (COMPUT) aga m4 rochtana; **random access** (COMPUT) randamrochtain f3

accessible adj (place) inaimsithe; (person) sochaideartha

accessory n gabhálas m1; (LAW) cúlpháirtí m4; **accessory before the fact/after the fact** cúlpháirtí roimh an ngníomh/i ndiaidh an ghnímh

accident n taisme f4, timpiste f4, tionóisc f2; **by accident** de thaisme, de thimpiste, trí thionóisc

accidental adj taismeach, timpisteach, tionóisceach

accidentally adv de thaisme, de thimpiste, trí thionóisc

accident-prone adj: **to be ~** bheith tograch do thimpistí

acclaim n gairm f2 ♦ vt gair

acclimatize, (US) **acclimate** vi clóigh le, clíomaigh; **he is getting acclimatized to the country** tá sé ag éirí clóite leis an tír

accommodate vt tabhair lóistín do, cuir cóir ar; (oblige, help) déan garaíocht do; (car etc): **it ~s five** tá fairsinge do chúigear ann

accommodating adj garach, soilíosach

accommodation n iostas m1, lóistín m4, cóiríocht f3; **office accommodation** cóiríocht oifige

accompany vt tionlaic, comóir

accomplice n comhchoirí m4

accomplish vt cuir i gcrích, críochnaigh

accomplishment n (completion) críochnú m; (feat) éacht m3

accord n comhaontú m ♦ vt deonaigh; **of his own accord** dá thoil féin, dá dheoin féin; (car etc): **in ~ with** ar a chónlán féin

accordance n: **in ~ with** de réir + gen, de réir mar a + dir rel

according prep: **~ to** de réir + gen, dar le

accordingly adv dá réir (sin), mar sin de, amhlaidh

accordion n bosca m4 ceoil, cairdín m4

accost vt cuir forrán or caint ar

account n (COMM, bank) cuntas m1; (report) tuairisc f2; (bill) bille m4; **accounts** npl (COMM) cuntais mpl1; **of no account** gan tábhacht; **on account** ar cairde; **on no account** ar chuntar ar bith; **on account of** de bharr + gen; **on account of that** dá bharr sin, i ngeall air sin; **to take sth into account, take account of sth** rud a chur san áireamh ♦ account for vt fus mínigh, tabhair cuntas i

accountable adj: **~ (to)** freagrach

(do), cuntasach (faoi *or* i)

accountancy *n* (*subject*) cuntasaíocht *f3*; (*profession*) cuntasóireacht *f3*

accountant *n* cuntasóir *m3*

accumulate *vt* tiomsaigh, carn ♦ *vi* carn, méadaigh; **the money was accumulating** bhí an t-airgead ag carnadh

accuracy *n* beachtas *m1*, cruinneas *m1*

accurate *adj* beacht, cruinn

accurately *adv* go beacht, go cruinn

accusation *n* gearán *m1*, cúiseamh *m1*; (*allegation*) líomhain *f3*

accuse *vt* cúisigh; **to accuse sb of sth** rud a chur i leith duine, rud a chur síos do dhuine

accused *n*: **the ~** (*sing*) an cúisí *m4*; (*plural*) na cúisithe *mpl4*

accustom *vt*: **to ~ o.s. to the darkness** éirí cleachta leis an dorchadas, dul i dtaithí an dorchadais

accustomed *adj* (*usual*) coitianta, gnách, gnáth-; (*in the habit*): **he is ~ to doing that** tá sé de nós aige sin a dhéanamh

ace *n* aon *m1*

ache *n* pian *f2*, tinneas *m1* ♦ *vi* (*yearn*): **to ~ to do sth** bheith ar bís chun rud a dhéanamh; **my head aches** tá tinneas cinn orm

achieve *vt* cuir i gcrích, bain amach

achievement *n* éacht *m3*

acid *n* aigéad *m1* ♦ *adj* aigéadach

acidity *n* aigéadacht *f3*

acid rain *n* fearthainn *f2* aigéadach

acknowledge *vt* (*letter, fact*) admhaigh

acknowledgement *n* (*of letter*) admháil *f3*; (*of work*) aitheantas *m1*

acne *n* aicne *f4*

acorn *n* dearcán *m1*

acoustic *adj* fuaimiúil

acoustics *n, npl* fuaimíocht *f3*; (*of*

building) éisteacht *f3*; (*science*) fuaimeolaíocht *f3*

acquaint *vt*: **to ~ sb with sth** rud a chur in iúl do dhuine

acquainted with (*person*) aithne a bheith agat ar; (*knowledge*) eolas a bheith agat ar

acquaintance *n* duine *m4* aitheantais; **acquaintances** lucht *msg3* aitheantais

acquiesce *vi*: **to ~** toiliú le, géilleadh do

acquire *vt* faigh

acquisitive *adj* santach, cnuasaitheach

acquit *vt* saor; **to acquit o.s. well** cr500 go maith

acre *n* acra *m4*

acrid *adj* searbhánta, garg

acrimonious *adj* searbhasach

acrobat *n* gleacaí *m4*, cleasaí *m4*

across *prep* trasna + *gen*, ar an taobh thall de; (*crosswise*) crosach ♦ *adv* anonn, anall, thall; **to run across** rith trasna; **he went across the street** chuaigh sé trasna na sráide; **he went across the bridge** chuaigh sé anonn *or* thar an droichead; **he lives across the river** tá sé ina chónaí ar an taobh thall den abhainn; **across from** os comhair + *gen*

acrylic *adj* aicrileach

act *n* (*gen, also of play*) gníomh *m1*; (*in music hall etc*) mír *f2*; (*LAW*) acht *m3* ♦ *vi* (*take action*) gníomhaigh, feidhmigh; (*THEAT*) bheith ag aisteoireacht; (*pretend*) lig ort féin (go); **she acted like a lady** d'iompair sí í féin mar a bheadh bean uasal ann ♦ *vt* (*part*): **to ~ a character** carachtar a dhéanamh; **to act as** gníomhú mar

acting *adj* gníomhach ♦ *n* aisteoireacht *f3*

action *n* gníomh *m1*, gníomhú *m*,

beart *m1*; (MIL) **comhrac** *m1*; (LAW) **caingean** *f2*; **out of action** (*machine*) as feidhm, as gléas, ó threoir; **to take action on sth** tabhairt faoi rud

activate *vt* (*mechanism*) cuir ar obair, gníomhachtaigh

active *adj* fuinniúil, gnóthach, cruógach; (*in organization etc*) gníomhach; (*volcano*) beo; **active voice** (LING) faí ghníomhach

actively *adv* (go) gníomhach

activist *n* gníomhaí *m4*, gníomhaíoch *m1*

activity *n* gníomhaíocht *f3*

actor *n* aisteoir *m3*

actress *n* banaisteoir *m3*

actual *adj* fíor, dearbh; (LAW) iarbhír

actually *adv* (*really*) go fírinneach, go dearfa; (*in fact*) déanta na fírinne

acumen *n* grinneas *m1*

acupuncture *n* snáthaidpholladh *m*

acute *adj* géar; **acute accent** agúid *f2*; **acute angle** géaruillinn *f2*

acutely *adv* go géar

A.D. *adv abbr* (= *anno Domini*) I.C., iar-Chríost

ad *n abbr* = **advert(isement)**

adamant *adj* dáigh, diongbháilte

adapt *vt*: **to ~ sth (to)** rud a chur in oiriúint (do) ♦ *vi*: **to ~ to** tú féin a chló le

adaptable *adj* (*person*) solúbtha; (*adjustable*) inathraithe

adapter, adaptor *n* (ELEC) adaptar *m1*

add *vt* cuir le; (*figures: also:* **~ up**) suimigh ♦ *vi*: **to ~ to** (*increase*) cur le; **that adds up** tá dealramh le fírinne air sin, tá sin i gceart

adder *n* nathair *f* nimhe

addict *n* andúileach *m1*

addicted *adj*: **to be ~ to** (*drugs, drink etc*) bheith ar slabhra ag

andúil a bheith agat i; (*fig*: *to football etc*) bheith tugtha do, dúil bhocht a bheith agat i

addiction *n* (MED) andúil *f2*

addition *n* suimiú *m*, suimiúchán *m1*; (*thing added*) breis *f2*, aguisín *m4*; **in addition** ina theannta sin; **in addition to** le cois + *gen*, mar bharr ar

additional *adj* breise *n gen*

additive *n* breiseán *m1*

address *n* seoladh *m*; (*talk*) óráid *f2* ♦ *vt* cuir seoladh ar; (*speak to*) forrán ar, labhair le; **to address (o.s. to) a problem** dul i gceann (na) faidhbe

adenoids *npl* adanóidí *fpl2*

adept *adj*: **~ at** inniallta ar, deaslámhach ar

adequate *adj* sásúil; **it is adequate** tá sé sásúil, is leor é

adhere *vi*: **to adhere to** greamú do; (*fig*: *rule, decision*) cloí le, géilleadh do

adhesive *n* greamachán *m1*

adhesive tape *n* (BRIT) téip *f2* ghreamaitheach; (US: MED) greimlín *m4*

adjacent *adj*: **~ (to)** cóngarach (do), buailte (le)

adjective *n* aidiacht *f3*

adjoining *adj* tadhlach; (*land*) atá sinte le, atá ag críochantacht le

adjourn *vt* cuir ar atráth ♦ *vi* scoir; **they adjourned the meeting** chuir siad an cruinniú ar atráth

adjust *vt* (*clock, scales, compass*) ceartaigh, cuir ina cheart; (*machine*) cóirigh, deisigh; (*clothes*) cuir in ord, cóirigh, socraigh; (*prices*) coigeartaigh ♦ *vi*: **to ~ (to)** tú féin a chló (le)

adjustable *adj* inathraithe

adjustment *n* (*to machine*) cóiriú *m*, deisiú *m*; (*of prices, wages*) coigeartú *m*

ad lib adv as maoil do chonláin

ad-lib vt, vi: **to ~** labhairt as do sheasamh

administer vt (country) riar; (drug) tabhair (do); (test) cuir (ar); (justice) cuir i bhfeidhm

administration n riarachán m1; (people) lucht m3 riaracháin; (POL) rialtas m1

administrative adj riarthach; **administrative centre** lárionad riaracháin

admirable adj inmholta; (person) measúil

admiral n aimiréal m1

Admiralty n: **the ~** An Aimiréalacht f3

admire vt: **to ~** meas mór a bheith agat ar

admission n (to place) cead m3 isteach; (fee) táille f4; (of guilt) admháil f3

admit vt (let in) lig isteach; (confess) admhaigh; (agree) aontaigh, glac le

admittance n cead m3 isteach

admittedly adv is fíor go

admonish vt tabhair achasán or rabhadh do

ad nauseam adv (repeat, talk) go strambánach

ado n: **without further ~** gan a thuilleadh moille

adolescence n óigeantacht f3

adolescent adj óigeanta ♦ n óganach m1

adopt vt (child) gabh ar altramas, uchtaigh; (plan) cinn ar, glac le; (stance) glac chugat, cuir ort

adopted adj: **~ daughter** iníon altrama

adoption n altram m3

adorable adj aoibhinn; (lovable) grámhar

adore vt gráigh; (REL) adhair; **to adore sth** dúil mhór a bheith agat

i rud

adorn vt maisigh, cuir maise ar

adrenaline n aidréanailín m4

Adriatic (Sea) n Muir f Aidriad

adrift adv: **to be ~** bheith ar fuaidreamh or ag imeacht ar an sruth

adult n duine m4 fásta, aosach m1 ♦ adj fásta; **adult education** oideachas aosach

adultery n adhaltranas m1

advance n (money) airleacan m1, réamhíocaíocht f3 ♦ adj: **he made an ~ booking** chuir sé ticéad in áirithe (roimh ré) ♦ vt (move forward) cuir chun cinn; (money) tabhair airleacan do ♦ vi téigh chun tosaigh; **advance notice** fógra roimh ré; **to make advances (to sb)** mór a dhéanamh (le duine); (amorously) é a chur chun tosaigh ar dhuine; **in advance** roimh ré

advanced adj (country) forbartha; (guard) tosaigh n gen; (SCOL): **~ students** scoláirí ardleibhéil; **advanced GCSE** ardleibhéal GCSE; **Institute of Advanced Studies** Institiúid Ardléinn

advantage n (also TENNIS) buntáiste m4; **to take advantage of** (sth) buntáiste or leas a bhaint as; (sb) buntáiste a breithe ar

advantageous adj tairbheach, buntáisteach

advent n teacht m3; **Advent** An Aidbhint f2

adventure n eachtra f4; (COMM) fiontar m1

adverb n dobhriathar m1

adversary n céile m4 comhraic

adverse adj (damaging) dochrach, aimhleasach; (hostile) naimhdeach; **adverse wind** gaoth chinn

advertise vt, vi fógair, déan fógraíocht ar

advert(isement) n fógra m4; (small) fógrán m1

advertiser n (in newspaper etc) fógróir m3

advertising n fógraíocht f3

advice n comhairle f4; (notification) faisnéis f2; **to take legal advice** dul i gcomhairle le dlíodóir

advisable adj inmholta

advise vt comhairligh, mol do; **to advise sb of sth** faisnéis a thabhairt do dhuine faoi rud; **to advise against doing sth** comhairliú gan rud a dhéanamh

advisedly adv (deliberately) d'aon turas

adviser n, **advisor** n comhairleoir m3

advocate n (upholder) cosantóir m3; (LAW) abhcóide m4 ♦ vt (course of action) mol

aerial n aeróg f2 ♦ adj aerga, aer(a)(i)-

aerobics n aeróbaíocht f3, aeraclaíocht f3

aeroplane n eitleán m1

aerosol n aerasól m1

aesthetic adj aeistéitiúil

afar adv: **they saw it from** — chonaic siad i bhfad uathu é

affable adj lách, sochaideartha

affair n (concern) gnó m4; (event) cás m1; (also: love ~) caidreamh m1 suirí; **current affairs** cúrsaí reatha

affect vt (influence) téigh i bhfeidhm ar; (move deeply) corraigh; **it doesn't affect us** ní bhaineann sé linn; **he affected a look of misery** chuir sé gothaí na hainnise air féin

affected adj galamaisíoch, móiréiseach, lán gothaí

affection n cion m3, gean m3

affectionate adj ceanúil, geanúil

affinity n: **to have an** ~ **with** (bond, rapport) dáimh a bheith agat le; (resemblance) bheith cosúil le

affirmative adj dearfach, deimhniúil

afflict vt caith ar; **John was afflicted with tuberculosis** bhí an eitinn ag caitheamh ar Sheán

affluence n rathúnas m1, saibhreas m1

affluent adj rathúil, saibhir, acmhainneach, i do sháith den saol; **the affluent society** sochaí na flúirse

afford vt: **she can** ~ **to** tá sé de ghustal aici, tá sé ar a hacmhainn; **they were afforded assistance** tugadh cuidiú dóibh

affront n masla m4 ♦ vt: **they were** ~**ed by it** ba mhór an masla dóibh é

afield adv: **far** ~ i bhfad ó bhaile, i gcéin

afloat adj, adv ar snámh

afoot adv: **there is something** ~ tá rud éigin ar cois

afraid adj eaglach; **to be afraid of sb/sth** eagla a bheith ort roimh dhuine/rud; **to be afraid to go out** eagla a bheith ort dul amach; **I am afraid that …** tá eagla orm go …; **I am afraid so** is eagla liom gur mar sin atá; **he was afraid to jump** ní ligfeadh an eagla dó léim

afresh adv go húrnua, as an nua

Africa n An Afraic f2

African adj, n Afracach m1

after prep, adv tar éis + gen, i ndiaidh + gen; (seeking) ar lorg + gen ♦ conj tar éis do, i ndiaidh do; **what/who are you after?** cad/cé atá á lorg agat?; **after he left/having done** i ndiaidh dó imeacht/i ndiaidh dó críochnú; **ask after him** cuir a thuairisc; **to name sb after sb** duine a bhaisteadh as duine; **twenty after eight** (US) fiche i ndiaidh a hocht; **after all** i ndiaidh an iomláin, ina dhiaidh sin is uile, tar éis an tsaoil; **after you!** tusa ar dtús!

aftereffects *npl (of disaster, illness etc)* fuíoll *msg1*, iarsmaí *mpl4*

aftermath *n* iarmhairt *f3*

afternoon *n* iarnóin *f3*, tráthnóna *m4*; **Good afternoon!** tráthnóna maith duit!

after-sales service *n* seirbhís *f2* iardhíola

aftershave (lotion) *n* ionlach *m1* iarbheartha

afterthought *n* athsmaoineamh *m1*

afterwards, *(US)* **afterward** *adv* tar é éis sin, ina dhiaidh sin

again *adv* arís, athuair; **to do sth again** rud a dhéanamh athuair; **not ... again** ní ... arís; **again and again** arís agus arís eile; **what is his name again?** cén t-ainm seo atá air?; **then again** arís ina dhiaidh sin; **once again** arís eile

against *prep* in aghaidh + *gen*, i gcoinne + *gen*, in éadan + *gen*

age *n (maturity)* aois *f2*; *(era)* aois, ré *f4* ♦ *vt* cuir aois ar ♦ *vi* téigh (anonn) in aois; **it's been ages since** is fada ó; **he is 20 years of age** tá sé fiche bliain d'aois; **she came of age** tháinig sí in aois mná; **my own age group** lucht mo chomhaoise

aged[1] *adj:* ~ **10** deich mbliana d'aois

aged[2] *npl:* **the** ~ na seandaoine *mpl4*

age group *n* aoisghrúpa *m4*

ageism *n* aoiseachas *m1*

age limit *n* teorainn *f* aoise

agency *n* gníomhaireacht *f3*

agenda *n* clár *m1* oibre

agent *n* gníomhaire *m4*; *(LING)* gníomhaí *m4*

aggravate *vt (make worse)* cuir in olcas, géaraigh; *(annoy)* saighid faoi, cuir corraí ar

aggregate *n* comhiomlán *m1*

aggression *n (attack)* ionsaí *m*; *(pugnacity)* bruíonachas *m1*;

(fierceness) boirbe *f4*

aggressive *adj* ionsaitheach; bruíonach; borb

aggrieved *adj* gonta

aghast *adj* scanraithe; **I was aghast at it** chuir sé uafás *or* alltacht orm

agile *adj* aclaí

agitate *vt* corraigh, cuir corraí *or* oibriú ar ♦ *vi:* **to** ~ **for** agóid a dhéanamh ar son + *gen*; **to agitate against** agóid a dhéanamh in aghaidh *or* in éadan + *gen*

agitated *adj* tógtha, corraithe, oibrithe

ago *adv:* **2 days** ~ dhá lá ó shin; **long ago** fadó; **not long ago** le déanaí, ar ball beag; **how long ago?** cá fhad ó shin?

agog *adj:* **to set sb all** ~ duine a chur ar fuaidreamh ar fad

agonizing *adj* coscrach, léanmhar

agony *n (pain)* céasadh *m*; **to be in agony** bheith i bpianpháis

agree *vt* socraigh ♦ *vi:* **to** ~ **with** *(person)* aontú le; *(statements)* réiteach le chéile; *(LING)* géilleadh go; **to agree to do sth** toiliú rud a dhéanamh; **she agreed to go** thoiligh sí dul; **to agree to sth** aontú le rud; **to agree that** *(admit)* admháil go; **garlic does not agree with me** ní réitíonn gairleog liom; **their theories do not agree** níl a gcuid teoiricí ag teacht le chéile

agreeable *adj* pléisiúrtha, caoithiúil; *(willing)* toilteanach

agreed *adj (time, place)* socraithe

agreement *n* aontú *m*, comhaontú *m*; **in agreement** ar aon intinn

agricultural *adj* talmhaíoch, talmhaíochta *n gen*; **agricultural country** tír thalmhaíochta; **agricultural products** táirgí talmhaíochta; **the Agricultural Institute** an Foras Talúntais

agriculture n talmhaíocht f3

aground adv: **to run ~** suí (ar an talamh)

ahead adv (in front: of position, place) roimh; (: at the head) ar thosach + gen, ar cheann + gen; (look, plan) romhat; **ahead of** roimh, chun tosaigh ar; (fig: schedule etc) chun tosaigh le; **ahead of time** luath; **go right or straight ahead** gabh díreach ar aghaidh; **go ahead!** (fig: permission) ar aghaidh leat!

aid n cúnamh m1, cuidiú m, cabhair f; (device) áis f2 ♦ vt tabhair cúnamh do, cuidigh le, cabhraigh le; **in aid of** ar mhaithe le; **to aid and abet** (LAW) cabhrú agus neartú le; see also **hearing aid**

aide (person, MIL) cúntóir m3

AIDS n abbr (= Acquired Immune (or Immuno-) Deficiency Syndrome) AIDS, SEIF, Siondróm Easpa Imdhíonachta Faighte

ailment n easláinte f4

aim vt (blow) deasaigh (ar), tabhair iarraidh ar bhuille (ar); (remark) dírigh (ar), caith (le); **to aim sth (at)** (gun, camera) rud a dhíriú or a aimsiú (ar); (stone, missile) rud a chaitheamh (le) ♦ vi (also: **to take ~**) amas a thógáil ar ♦ n aidhm f2; (skill): **his ~ is bad** tá drochurchar aige; **to aim at sth** aimsiú ar rud, díriú ar rud; (fig) rud a bheith de chuspóir or d'aidhm agat; **to aim to do sth** é a bheith de rún or ar intinn agat rud a dhéanamh

aimless adj fánach

air n aer m1 ♦ vt (room, bed, clothes) aeráil; (grievances, views, ideas) nocht, cuir in iúl ♦ cpd (currents, attack etc) aeir; **to throw sth into the air** rud a chaitheamh san aer; **by air** (travel) ar an eitleán or bealach na spéire; **to be on the air** (RADIO, TV) bheith ar an aer

air bed n tocht m3 aeir

airborne adj ar eitilt

air-conditioned adj aeroiriúnaithe

air conditioning n aeroiriúnú m

aircraft n aerárthach m1

aircraft carrier n iompróir m3 aerárthach

airfield n aerpháirc f2

Air Force n aerarm m1, aerfhórsa m4

air freshener n aeriontóir m3

air gun n aerghunna m4

air hostess n aeróstach f1

air letter n aerlitir f

airlift n aertharlú m

airline n aerlíne f4

airliner n aerlínéar m1

airmail n aerphost m1; **by airmail** le haerphost

airplane n (US) eitleán m1

airport n aerfort m1

air raid n aer-ruathar m1

airsick adj: **to be ~** tinneas aerthaistil a bheith ort

airtight adj aerdhíonach

air-traffic controller n stiúrthóir m3 aerthráchta

airy adj aerach

aisle n (in church) taobhroinn f2; (in theatre etc) pasáiste m4

ajar adj ar leathoscailt

akin adj: **~ to** (similar) cosúil le

alarm n (warning) rabhadh m1; (fright) scaoll m1; (signal) rabhchán m1 ♦ vt cuir scaoll i

alarm call n scairt f2 dúisithe

alarm clock n clog m1 dúisithe or aláraim

alas excl faraor, monuar, ochón (ó)

albeit conj (although) cé (go)

album n albam m1

alcohol n alcól m1

alcoholic adj alcólach ♦ n alcólach m1; **Alcoholics Anonymous** Alcólaigh Anaithnide

alcoholic drink n deoch f mheisciúil

alcoholism n alcólacht f3

alcove n almóir m3, cuasán m1

ale n leann m3

alert adj airdeallach ♦ n rabhadh m1 ♦ vt tabhair rabhadh do; **on the alert** san airdeall; **he was alert to the dangers** ba mhaith a thuig sé na contúirtí

algebra n ailgéabar m1

Algeria n An Ailgéir f2

alias adv: **Zimmerman ~ Dylan** Zimmerman nó Dylan mar a thugtar air ♦ n ainm m4 bréige; (writer) ainm m4 cleite

alibi n ailibí m4

alien n coimhthíoch m1, eachtrannach m1; (from outer space) neach m4 neamhshaolta ♦ adj: **it is ~ to me** tá sé coimhthíoch agam

alienate vt: **to ~ sb** duine a chur i d'aghaidh

alienation n coimhthíos m1, coimhthíú m

alight adj, adv trí thine ♦ vi íslígh; (passenger) tuírling; (bird) luigh

align vt ailínigh

alike adj cosúil, ionann ♦ adv cosúil le chéile, mar a gcéanna; **they are alike** tá siad cosúil le chéile

alimony n (payment) ailiúnas m1

alive adj beo, dó bheatha; (lively) beoga

alkali n alcaile f4

KEYWORD

all adj (singular) gach (uile), an uile; **all day** an lá ar fad; **all night** i rith na hoíche; **all men** gach uile dhuine, gach aon duine, an saol mór; **all five** lán an chúigir; **all the food** an bia uile (go léir); **all the books** iomlán na leabhar; **all the time** i rith an ama, an t-am ar fad;

all his life ar feadh a shaoil ♦ pron 1 uile, iomlán; **I ate it all, I ate all of it** d'ith mé an t-iomlán or an uile chuid de; **all of us went** chuaigh an t-iomlán againn; **all of the boys were wet** chuaigh na buachaillí uile

2 (in phrases): **above all** thar aon ní; **after all** i ndiaidh an iomláin, tar éis an tsaoil; **at all** ar chor ar bith; **not at all** (reply to question) níl ar chor ar bith, ní hea ar chor ar bith; (reply to thanks) go ndéana a mhaith duit; **I'm not at all tired** níl aon tuirse orm; **anything at all will do** déanfaidh rud ar bith cúis; **all in** all idir gach aon rud ♦ adv: **all alone** i d'aonar ar fad; **it's not as hard as all that** níl sé chomh deacair sin uile; **all the more/the better** is amhlaidh is mó/is fearr; **all but** (almost) beagnach; **the score is 2 all** tá siad a 2 cothrom

allay vt maolaigh

allegation n líomhain f3

allege vt maígh, líomhain; **he alleges that he was not there** tá sé ag maíomh nach raibh sé ann

allegedly adv más fíor, mar dhea

allegiance n dílseacht f3

allergy n ailléirge f4

alleviate vt tabhair faoiseamh do, maolaigh

alley n caolsráid f2

alliance n comhaontas m1; **the Alliance Party** m (POL) Páirtí m4 na Comhghuaillíochta

allied adj comhcheangailte; **the allied powers** na comhghuaillithe

alligator n ailigéadar m1

all-in adj (also adv: charge) san iomlán

All-Ireland n (SPORT: also: ~ Final)

cluiche *m4* ceannais na hÉireann

allocate *vt* (*share out*) roinn ar, riar ar; **to allocate to** (*duties*) leagan amach do; (*sum, time*) dáileadh ar, roinnt ar

allot *vt*: **to ~ (to)** (*money*) roinnt (ar); (*work, duty, time*) leagan amach (do); **what has been allotted to us** an rud atá geallta dúinn, an rud atá leagtha amach dúinn

allotment *n* (*share*) roinnt *f2*; (*garden*) garraí *m4* scóir

all-out *adj* (*effort etc*) dólámhach
◆ *adv*: **all out** ar theann do dhíchill, dólámhach, ar dólámh

allow *vt* (*practice, claim, goal*) ceadaigh; (*sum to spend etc*) lamháil; (*time estimated*) cuir san áireamh; (*concede*): **to ~ that** admháil go; **to allow sb to do sth** ceadú do dhuine rud a dhéanamh; **he is allowed to ...** tá cead aige...
▶ **allow for** *vt fus* cuir san áireamh

allowance *n* (*money received*) liúntas *m1*; (*TAX*) lascaine *f4*; **to make allowances for sth** rud a chur san áireamh

alloy *n* cóimhiotal *m1*

all right *adv* ceart go leor

all-rounder *n* ildánaí *m3*; **to be a good all-rounder** lámh ar gach aon rud a bheith agat, bheith ilbheartach

all-time *adj* (*record*) gan sárú

allude *vi*: **to ~** tagairt a dhéanamh do

alluring *adj* meallacach

ally *n* comhghuaillí *m4* ◆ *vt*: **to ~ o.s. with** dul i bpáirt le

almighty *adj* uilechumhachtach

almond *n* almóinn *f2*

almost *adv* beagnach, chóir a bheith; **I almost fell** dóbair dom titim, dóbair gur thit mé

alms *npl* déirc *f2*

aloft *adv* in airde

alone *adj, adv* aonarach, i do aonar; **to leave sb alone** ligean do dhuine; **to leave sth alone** rud a fhágáil mar atá; **let alone ...** gan trácht ar...; **he is alone** tá sé ina aonar; **he is living alone** tá sé ina chónaí leis féin; **not alone was he afraid, but ...** ní hé amháin go raibh eagla air, ach ...; **Seán alone** knew ag Seán amháin a bhí a fhios

along *prep, adv*: **is he coming ~ with us?** an bhfuil sé ag teacht linn?; **he was hopping/limping along** bhí sé ag léimneach/ag bacadaíl leis; **along with** (*together with: person*) in éineacht le; **all along** (*all the time*) i rith an ama

alongside *prep* le taobh + *gen*

aloof *adj* deoranta, seachantach
◆ *adv*: **to stand ~ from** fanacht amach as

aloud *adv* os ard

alphabet *n* aibítir *f2*

alphabetical *adj* aibítreach

alphanumeric *adj*: **an ~ file** comhad *m1* alfa-uimhriúil

alpine *adj* alpach

Alps *npl*: **the ~** Na hAlpa

already *adv* cheana, cheana féin

alright *adv* = **all right**

Alsatian *n* (*dog*) alsáiseach *m1*

also *adv* fosta, freisin, leis

altar *n* altóir *f3*

altar boy *n* cléireach *m1*

alter *vt, vi* athraigh, athchóirigh

alteration *n* athrú *m*, athchóiriú *m*

alternate *adj* gach re ◆ *vi* malartaigh le; **on alternate days** gach dara lá; **the alternate flashing of the lights** caochadh na soilse ceann i ndiaidh an chinn eile

alternative *adj* (*solutions*) eile ◆ *n* (*choice*) rogha *f4*; (*other possibility*) bealach *m1* eile, dóigh *f2* eile

alternatively *adv* ina áit sin, de

rogha air sin
alternator n (AUT) ailtéarnóir m3
although conj cé go, bíodh (is) go
altitude n airde f4
alto n (male) alt m1; (female) contralt m1
altogether adv go hiomlán, ar fad; (on the whole) tríd is tríd; (in all) san iomlán
aluminium, (US) **aluminum** n alúmanam m1
always adv i gcónaí, i dtólamh; (in past) riamh; **she was always placid** bhí sí riamh séimh; (in future) go deo, choíche; **they will always be with us** beidh siad linn go deo
Alzheimer's (disease) n aicíd f2 Alzheimer
a.m. adv abbr (= ante meridiem) r.n.
amalgamate vt, vi cónaisc
amateur n amaitéarach m1
amateurish adj (pej) tútach
amaze vt: **it ~s me** cuireann sé iontas orm; **to be amazed (at)** iontas a bheith ort (faoi)
amazement n ionadh m1, iontas m1
amazing adj iontach
ambassador n ambasadóir m3
amber n ómra m4
ambidextrous adj comhdheas
ambiguous adj athbhríoch, débhríoch; (unclear) doiléir
ambition n uaillmhian f2
ambitious adj uaillmhianach, aidhmeannach
ambivalent adj défhiúsach; **I am ambivalent about it** tá mé idir dhá chomhairle faoi
ambulance n otharcharr m1
ambush n luíochán m1 ♦ vt cuir luíochán ar
amenable adj (to advice) sochomhairleach; (to reason) réasúnta
amend vt (law) leasaigh; (text)

ceartaigh, leasaigh ♦ n: **to make ~s** cúiteamh a dhéanamh
amenities npl áiseanna fpl2
America n Meiriceá m4
American adj, n Meiriceánach m1
amethyst n aimitis f2
amiable adj lách, geanúil
amicable adj cairdiúil; (LAW) síochánta
amid(st) prep i lár + gen
amiss adj, adv: **there's something ~** tá rud éigin cearr; **to take sth amiss** múisiam a ghlacadh le rud
ammonia n amóinia f4
ammunition n armlón m1
amnesia n aimnéise f4
amok adv: **to run ~** dul as do chrann cumhachta
among(st) prep i measc + gen
amorous adj géanmhar
amount n (sum) méid m4, suim f2; (quantity) méid ♦ vi: **that ~s to** (same as) is ionann sin agus; **that amounts to five pounds** sin cúig phunt san iomlán
amp(ere) n aimpéar m1
ample adj fairsing; (enough): **this is ~** is leor é seo; **to have ample time/room** tréan ama/spáis a bheith agat
amplifier n aimplitheoir m3
amputate vt teasc, gearr de
amuse vt siamsa or cuideachta a dhéanamh do
amusement n cuideachta f4, siamsa m4; (pastime) caitheamh m1 aimsire
amusement arcade n stuara m4 siamsa
amusing adj (humorous) greannmhar, barrúil; (entertaining) siamsúil
an indef art see **a**
anaemic, (US) **anemic** adj neamhfholach, anaemach
anaesthetic, (US) **anesthetic** n

ainéistéiseach *m1*

analgesic *n* anailgéiseach *m1*

analogous *adj* analógach, ar aon dul le

analog(ue) *n* analóg *f2*

analyse, (US) **analyze** *vt* déan anailís *or* mionscrúdú ar, anailísigh

analysis *n* anailís *f2*

analyst *n* (POL etc) anailísí *m4*; (esp US: psychoanalyst) anailísí, anailíseoir *m3*

analytic *adj* anailíseach

analyze (US) *vt* = **analyse**

anarchist *n* ainrialaí *m4*

anarchy *n* ainriail *f*, anlathas *m1*

anatomy *n* anatamaíocht *f3*

ancestor *n* sinsear *m1*, sinsearach *m1*

anchor *n* ancaire *m4* ♦ *vi*: to ~ (also: to drop ~) an t-ancaire a chur ♦ *vt*: to ~ a boat bád a chur ar ancaire; (fig): to ~ sth to rud a fheistiú; **to weigh anchor** an t-ancaire a thógáil *or* a bhaint *or* a ligean

anchorage *n* ancaireacht *f3*

anchovy *n* ainseabhaí *m4*

ancient *adj* ársa, seanda, sean-

ancillary *adj* coimhdeach

and *conj* agus, is; **and so on** agus araile; **try and come** déan iarracht teacht; **he talked and talked** níor stop sé de bheith ag caint, lean sé air ag caint; **it got better and better** bhí sé ag dul i bhfeabhas in aghaidh an lae

anecdote *n* scéilín *m4*, staróg *f2*

anemone *n* anaimóine *f4*

anesthetic (US) = **anaesthetic**

anew *adv* (an) athuair, as an nua

angel *n* aingeal *m1*

anger *n* fearg *f2*, colg *m1* ♦ *vt*: to ~ sb fearg a chur ar dhuine

angina *n* aingíne *f4*

angle *n* uillinn *f2*; (viewpoint) dearcadh *m1*; **from their angle** de réir an dearcaidh s'acusan; **at an angle** ar fiar, ar claonadh

angler *n* duánaí *m4*, iascaire *m4* slaite

Anglican *adj*, *n* Anglacánach *m1*

angling *n* duántacht *f3*, iascaireacht *f3* slaite

Anglo- prefix Angla-

Anglo-Irish *adj* Angla-Éireannach; **the Anglo-Irish Agreement** an Comhaontú Angla-Éireannach

angrily *adv* go feargach; **he left angrily** d'imigh sé ag agus fearg air

angry *adj* feargach, colgach; **to be angry with sb/at sth** fearg a bheith ort le duine/faoi rud; **she got angry** tháinig fearg uirthi

anguish *n* (physical) crá *m4*, pianpháis *f2*; (mental) pian *f2* intinne

angular *adj* corrach, géar; (MATH) uilleach

animal *n* ainmhí *m4*, beithíoch *m1*, míol *m1* ♦ *adj* ainmhíoch

animate *adj* beo, beoga

animated *adj* beo, gleoiréiseach, anamúil; **animated film** cartún *m1*; **he became animated** tháinig oibriú air

aniseed *n* síol *m1* ainíse

ankle *n* murnán *m1*, rúitín *m4*, caol *m1* na coise

annexe *n* fortheach *m*; (to document) iarscríbhinn *f2*

annihilate *vt* díothaigh, treascair, cuir ar neamhní

anniversary *n* cothrom *m1* an lae; **my wedding anniversary** cothrom an lae a pósadh mé

announce *vt* fógair

announcement *n* fógra *m4*

announcer *n* (RADIO, TV, between programmes) fógróir *m3*, bolscaire *m4*

annoy *vt* buair, ciap; (inconvenience) cuir isteach ar, cuir as do,

bodhraigh; **don't get annoyed!** tóg
go réidh é!; **sth is annoying him** tá
rud éigin ag cur as dó

annoyance *n* crá *m4*, ciapadh *m*

annoying *adj* ciapach; (*person*)
bearránach, bambairneach

annual *adj* bliantúil ♦ *n* (BOT)
bliantóg *f2*; (*book*) bliainiris *f2*

annually *adv* gach bliain, in
aghaidh na bliana

annuity *n* blianacht *f3*

annul *vt* cealaigh, cuir ar ceal, cuir
ar neamhní

annum *n see* per

anonymous *adj* gan ainm; **it's
anonymous** ní fios cé a chum

anorak *n* anarac *m1*

anorexia *n* anaireicse *f4*

anorexic *adj*: **she is ~** tá anaireicse
uirthi

another *adj*: **~ book** leabhar eile
♦ *pron* eile; **~ person** duine eile;
another day lá eile; **another cup
of tea** cupán eile tae; *see also* **one**

answer *n* freagra *m4*; (*to problem*)
fuascailt *f2*, réiteach *m1* ♦ *vi*
freagair ♦ *vt* (*reply to*) freagair;
(*problem*) réitigh; **my prayer was
answered** d'éist Dia le mo ghuí; **in
answer to your letter** mar fhreagra
ar do litir; **to answer the phone**
an teileafón a fhreagairt; **to
answer the bell** or **the door** an
doras a oscailt ▶ **answer back** *vt*
tabhair aisfhreagra ar ▶ **answer for**
vt fus: **to ~ for** sb dul in urrús ar
dhuine; (*crime, one's actions*): **to
~ for sth** cuntas a thabhairt i rud
▶ **answer to** *vt fus*: **she ~s to that
description** sin é an chosúlacht atá
uirthi

answerable *adj*: **to be ~ to** sb **for
sth** bheith freagrach do dhuine as
rud

answering machine *n* gléas *m1*
freagartha

ant *n* seangán *m1*

antagonism *n* eascairdeas *m1*,
naimhdeas *m1*, nimheadas *m1*

antagonize *vt* cuir olc ar, cuir
fiamh ar

Antarctic *n*: **the ~** An tAigéan *m1*
Antartach

antelope *n* antalóp *m1*

antenatal *adj* réamhbheirthe

antenatal clinic *n* clinic *m4*
réamhbheirthe

anthem *n* (ECC) aintiún *m1*; **the
national anthem** an t-amhrán *m1*
náisiúnta

anthropology *n* antraipeolaíocht *f3*

anti- *prefix* frith-, anta(i)-

anti-aircraft *adj* (*missile*)
frithaerárthach

antibiotic *n* frithbheathach *m1*,
antaibheathach *m1*

antibody *n* frithábhar *m1*,
antashubstaint *f2*

anticipate *vt* (*actions etc*) tar roimh
(*dhuine*) i, réamh-mheas; **to
anticipate sth** (*look forward to*)
bheith ag súil le rud or ag
feitheamh le rud

anticipation *n* feitheamh *m1*,
fuireachas *m1*, súil *f2*; **with
anticipation** go tnúthánach

anticlimax *n* frithbhuaic *f2*

anticlockwise *adj* tuathal ♦ *adv*
thart tuathal

antics *npl* geáitsí *mpl4*, cleasaíocht
fsg3

anticyclone *n* frithchioclón *m1*

antidote *n* nimhíoc *f2*, frithnimh
f2

antifreeze *n* frithreo *m4*

antihistamine *n* frith-hiostaimín
m4, antaihiostaimín *m4*

antinuclear *adj* fritheithneach,
frithnúicléach

antiquarian *adj* seanda ♦ *n*
ársaitheoir *m3*

antiquated *adj* seanaimseartha,

seanchaite, as dáta
antique n rud m3 ársa ♦ adj
  seanaimseartha, seanchaite;
  antiques seandachtaí
antique dealer n ceannaí m4
  seandachtaí
antique shop n siopa m4
  seandachtaí
anti-Semitism n frith-Ghiúdachas
  m1
antiseptic n frithsheipteán m1,
  antaiseipteán m1 ♦ adj
  frithsheipteach, antaiseipteach
antisocial adj seachantach,
  frithshóisialta
antithesis n fritéis f2, antaitéis f2,
  codarsnacht f3
antlers npl beanna fpl2
Antrim n Aontroim m3
anvil n inneoin f
anxiety n imní f4; **source of
  anxiety** ábhar imní
anxious adj imníoch; (keen): **to be
  ~ to do sth** bheith ar bís le rud a
  dhéanamh; **he is anxious** tá imní
  air

─────────────
| KEYWORD |
─────────────

any adj aon, ar bith 1 (in questions
etc): **have you any butter/ink?** an
bhfuil aon im/dúch agat?; **have
you any children?** an bhfuil clann
ar bith agat?, an bhfuil cúram ar
bith ort?
2 (with negative): **I haven't any
money/books** níl airgead/leabhair
ar bith agam
3 (no matter which): **choose any
book you like** bíodh do rogha
leabhar agat, tabhair leat cár bith
or pé ar bith leabhar is maith leat
4 (in phrases): **I can't see it** in aon chaoi, any **day now** lá
ar bith feasta; **at any moment**
nóiméad ar bith; **at any rate** ar
scor ar bith, ar chuma ar bith

♦ pron 1 (in questions etc): **have you
got any?** an bhfuil a dhath agat?;
can any of you sing? an bhfuil
ceol ag aon duine agaibh?
2 (with negative): **I haven't any** níl
a dhath agam, níl aon chuid ar
bith agam; **I haven't any of them**
níl aon cheann díobh agam
3 (no matter which one(s)) is cuma
cé acu (ceann); **take any of those
books (you like)** tabhair leat as do
rogha as na leabhair sin

♦ adv 1 (in questions etc): **do you
want any more soup/sandwiches?**
an bhfuil a thuilleadh tae/ceapairí
de dhíth ort?; **are you feeling any
better?** an bhfuil aon bhiseach
ort, an bhfuil biseach ar bith ort?
2 (with negative): **I can't hear him
any more** ní chluinim or ní
chloisim níos mó é; **don't wait
any longer** ná déan a thuilleadh
moille

anybody pron duine m4 ar bith,
  aon duine
anyhow adv (at any rate) ar scor ar
  bith, ar aon chuma
anyone pron = **anybody**
anything pron aon rud, rud ar bith
anytime adv am ar bith, aon am
anyway adv ar aon chaoi, ar aon
  nós
anywhere adv áit ar bith, aon áit; **I
  don't see him anywhere** ní fheicim
  (in) áit ar bith é
apart adv (to one side) i leataobh;
  (separately) ó chéile; **the two cities
  are sixty miles apart** tá an dá
  chathair seasca míle ó chéile, tá
  seasca míle idir an dá chathair; **to
  take sth apart** rud a bhaint as a
  chéile; **it fell apart** thit sé as a
  chéile; **apart from** diomaite de,
  lasmuigh de, cé is moite de
apartheid n cinedheighilt f2

apartment n (US) árasán m1
apartment building (US) n bloc m1 árasán
apathetic adj fuarchúiseach, patuar; **to be apathetic about sth** bheith ar nós na réidhe i rud or ar nós cuma liom i rud
ape n ápa m4 ♦ vt: **to ~ sb** aithris a dhéanamh ar dhuine
apéritif n greadóg f2
aperture n poll m1, oscailt f2; (PHOT) cró m4
apex n buaic f2
apiece adv (person) an duine; (thing) an ceann
apologetic adj leithscéalach
apologize vi: **to ~ (for sth to sb)** leithscéal a ghabháil (le duine as rud); **I apologize** gabhaim pardún agat
apology n leithscéal m1
apoplexy n apaipléis f2
apostrophe n uaschamóg f2
appal vt scanraigh; **to appal sb** uafás a chur ar dhuine
appalling adj scanrúil; uafásach, fuafar
apparatus n gléas m1, gaireas m1; (in gymnasium) trealamh m1; (of government) córas m1
apparel (US) n feisteas m1, éadach m1
apparent adj follasach, soiléir
apparently adv is dealraitheach, is cosúil; **he was here, apparently** is cosúil go raibh sé anseo, bhí sé anseo de réir cosúlachta; (disbelievingly): **was he here? - ~!** an raibh sé anseo? - is cosúil go raibh!
appeal vi (LAW) achomharc, déan achomharc, cuir isteach achomharc ♦ n achainí f4, guí f4; (LAW) achomharc m1; (charm) tarraingt; **to appeal for sth** rud a iarraidh; **to appeal to sb** (beg) duine a agairt;

(be attractive): **it ~s to me** taitníonn sé liom
appealing adj (attractive) taitneamhach, tarraingteach
appear vi nocht, taispeáin; (LAW) láithrigh; (publication) tar amach; (seem): **you ~ tired** tá cuma thuirseach ort; **it appears that he lost the money** is cosúil gur chaill sé an t-airgead; **it appeared to me that he didn't understand the question** chonacthas dom nár thuig sé an cheist; **it would appear that** ba dhóigh go; **to appear in Hamlet** páirt a bheith agat in Hamlet; **to appear on TV** bheith ar an teilifís
appearance n (arrival) teacht m3; (look, aspect) cuma f4, cló m4, cosúlacht f3, dreach m3
appease vt ceansaigh, bain faoi
appendage n scibírlín m4, géagán m1
appendicitis n aipindicíteas m1; **he has appendicitis** tá aipindicíteas air
appendix n (of book etc) aguisín m4; (MED) aipindic f2
appetite n goile m4; **to have a great appetite** goile folláin a bheith agat
appetizer n géarú m goile; (drink) greadóg f2
appetizing adj blasta, neamúil
applaud vt, vi (clap) tabhair bualadh bos (do); (praise) mol os ard
applause n bualadh m bos, moladh m
apple n úll m1; **he is the apple of her eye** is measa léi é ná an tsúil atá ina ceann
apple tree n crann m4 úll, abhaill f3
appliance n fearas m1, gléas m1
applicable adj (relevant) **to be ~** bheith fóirsteanach or oiriúnach or

feiliúnach do

applicant n: ~ (for) iarratasóir m3 (ar)

application n (use) feidhm f2; (for a job, a grant etc) iarratas m1

application form n foirm f2 iarratais

applied adj feidhmeach

apply vt (paint, ointment) cuir le; (law etc) cuir i bhfeidhm (ar) ♦ vi (be suitable for, relevant to): that applies to you baineann sin leatsa; (ask): I applied (to him) for help d'iarr mé cúnamh (air); to apply (for) (job, permit, grant) cur isteach (ar); to apply o.s. (to) luí isteach (ar), cromadh (ar); the same applies to me is é an dála céanna agamsa é

appoint vt ceap

appointed adj: at the ~ time ar an uair atá leagtha amach

appointment n ceapachán m1; (meeting) coinne f4; to make an appointment (with) coinne a dhéanamh (le)

apportion vt roinn; (COMM) cionroinn

appraisal n measúnacht f3, meastóireacht f3, breithmheas m3

appreciate vt: he ~s that (likes) is maith leis sin, is mór aige é sin, tá toil aige dó sin; (is grateful for) tá sé buíoch as sin; (understands) tuigeann sé sin, tá ciall aige dó sin ♦ vi (FIN) luachmhéadaigh, méadaigh ar luach + gen; he doesn't appreciate music níl cluas ar bith do cheol aige

appreciation n léirthuiscint f3; (gratitude) buíochas m1; (COMM) ardú m, luachmhéadú m

appreciative adj (showing thanks) buíoch; (showing liking) fabhrach; (understanding) léirthuisceanach

apprehensive adj faitíosach,

eaglach; **she feels apprehensive** tá cineál scátha uirthi

apprentice n printíseach m1

apprenticeship n printíseacht f3

approach vi druid le ♦ vt (come near) druid le, tarraing ar; (ask, apply to) téigh chun cainte le; (situation, problem) tabhair faoi, téigh i gceann ♦ n modh m3 oibre; (access) bealach m1 isteach

approachable adj soshroichte; (person) sochaideartha

appropriate adj (moment, remark) tráthúil; (tool etc) cuí, feiliúnach ♦ vt (take) glac seilbh ar, leithghabh

approval n (satisfaction) sásamh m1, dea-mheas m3; (permission) ceadú m; (ADMIN, of goods) formheas m3, faomhadh m; **on approval** (COMM) ar triail

approve vt aontaigh le, ceadaigh, glac le, formheas ♦ **approve of** vt fus: **I don't ~ of them** níl siad ag cur chun mo thaitnimh

approximate adj cóngarach ♦ vt: **to ~ to sth** bheith cóngarach do rud

approximately adv amuigh agus istigh ar, timpeall is

apricot n aibreog f2

April n Aibreán m1; **April Fool** Amadán m1 Aibreáin

apron n naprún m1, práiscín m4

apt adj (suitable) feiliúnach; (likely): **to be ~ to do sth** claonadh a bheith agat le rud a dhéanamh; **I am apt to believe that ...** is furasta liom a chreidiúint go ...

aptitude n éirim f2, mianach m1, infheidhmeacht f3

Aquarius n An tUisceadóir m3

aquatic adj mara n gen, uisce n gen

Arab adj, n Arabach m1

Arabian adj Arabach

Arabic adj Arabach ♦ n (LING) Araibis f2

arable adj (land) curaíochta n gen, arúil

Aran Islands n Oileáin mpl1 Árann

arbitrary adj ar tograch

arbitration n eadráin f3

arc n stua m4

arcade n stuara m4

arch n áirse f4, stua m4; (also: the ~ of the foot) trácht m3 na coise ♦ vt: **to ~ sth** stua a chur ar rud; **the cat arched its back** chuir an cat cruit air féin

archaeologist n seandálaí m4

archaeology n seandálaíocht f3

archaic adj ársa, seanda

archbishop n ardeaspag m1

archeology etc (US) = **archaeology** etc

archery n boghdóireacht f3, saighdeoireacht f3

archipelago n oileánrach m1

architect n ailtire m4

architecture n ailtireacht f3

archives n cartlann fsg2

Arctic adj Artach ♦ n: **the ~** An tArtach m1

ardent adj gorthach, díbhirceach

area n (GEOM) leithead m1, fairsinge f4; (zone) ceantar m1, limistéar m1; (knowledge, research) réimse m4, ábhar m1

arena n airéine f4

Argentina n An Airgintín f2

Argentinian adj, n Airgintíneach m1

arguably adv: **it is ~ ...** is é is dóichí go ...

argue vi (reason) áitigh; **to argue that** áitiú go; **to argue with sb** argóint a dhéanamh le duine; **to be arguing** bheith ag argóint

argument n argóint f2

argumentative adj conspóideach, achrannach

arid adj tirim; (subj) tur

Aries n An Reithe m4

arise vi éirigh; (case): **should the**

occasion ~ sa chás sin, sa chás (go); **a difficulty arose** tháinig achrann sa bhealach

aristocrat n uasal m1, uaslathaí m4

arithmetic n uimhríocht f3, áireamh m1

ark n Noah's Ark Áirc f2 Naoi

arm n géag f2, lámh f2 ♦ vt armáil; **arms** npl (weapons) airm mpl1; (HERALDRY) armas msg1; **arm in arm** uillinn ar uillinn; **to take up arms** dul faoi arm

Armagh n Ard m Mhacha

armaments npl airm mpl1

armchair n cathaoir f uilleach or uilleann

armed adj armtha

armed robbery n robáil f3 armtha

armistice n sos m3 cogaidh

armour, (US) **armor** n cathéide f4; (MIL, tanks) armúr m1

armoured car n carr m1 armúrtha

armpit n ascaill f2

armrest n taca m4 uillinne

army n arm m1

aroma n dea-bholadh m1, cumhracht f3

around adv timpeall, thart; (nearby) ar na gaobhair ♦ prep timpeall + gen; (near) in aice le; (about) tuairim is; (date, time) i dtrátha + gen

arouse vt múscail, dúisigh

arrange vt socraigh, leag amach; (flowers, hair, objects) cóirigh

arrangement n socrú m; **arrangements** npl (plans etc) socruithe mpl; **the arrangement of the room** leagan amach or eagar an tseomra

array n: **~ of** mustar m1 + gen, cóiriú m + gen

arrears npl riaráiste m4; **to be in arrears with one's rent** bheith ar deireadh leis an gcíos

arrest vt gabh ♦ n gabháil f3; **under**

arrest gafa, faoi ghlas; **it arrested my attention** tharraing sé m'iúl

arrival n teacht m3; **new arrival** núíosach m1; (baby) babaí m4 úr

arrive vi sroich, bain amach, tar chuig

arrogant adj díomasach, sotalach

arrow n saighead f2

arse (inf!) n tóin f3

arsenal n armlann f2

arsenic n arsanaic f2

arson n coirloscadh m

art n ealaín f2; **Arts** npl (SCOL) An Ealaín fsg2; **the Fine Arts** na hEalaíona Uaisle; **Bachelor of Arts** Baitsiléir Ealaíne

artery n cuisle f4 mhór, artaire m4

art gallery n dánlann f2, gailearaí m4 ealaíne

arthritis n airtríteas m1

artichoke n bliosán m1

article n (in newspaper etc) alt m1; (of merchandise) airteagal m1, earra m4; **articles** npl (LAW) airteagáin mpl1; **article of clothing** ball éadaigh

articulate adj (person) glinn, sothuigthe, líofa; (speech) glan, sothuigthe ♦ vt: **to ~ sth** rud a chur i bhfriotal

articulated lorry n leoraí m4 alta

artificial adj saorga; **artificial intelligence** intleacht f3 shaorga; **artificial respiration** athmhúscailt f2 anála, riospráid f2 shaorga

artist n ealaíontóir m3

artistic adj ealaíonta

artistry n ealaíontacht f3

art school n scoil f2 ealaíne

KEYWORD

as conj 1 (referring to time): **he came in as I was leaving** tháinig sé isteach agus mé ag imeacht; **as the years went by** de réir mar a bhí na blianta á gcaitheamh; **as from**

tomorrow ón lá amárach (amach)
2 (in comparisons): **as big as** chomh mór le; **twice as big as** a dhá oiread chomh mór le; **as much** or **many as** a oiread agus; **as much money/many books** a oiread airgid/leabhar; **as soon as** a luaithe a, chomh luath agus a
3 (since, because) mar, as siocair, de thairbhe, de dheasca; **he had to be home by 10** ... mar go raibh air bheith ar ais sa bhaile ar a deich
4 (referring to manner, way): **do as you wish** déan do chomhairle féin, déan do rogha rud
5 (concerning): **as for** or **to that** maidir leis sin, i dtaca leis sin
6: **as if** or **though** amhail is, faoi mar, (faoi) mar a bheadh; **he looked as if he was ill** bhí sé mar a bheadh tinneas air, bhí cuma air mar a bheadh sé tinn; see also **long**; **such**; **well**;

♦ prep: **he works as a driver** tá sé ina thiománaí; **as chairman of the company** mar chathaoirleach ar an gcomhlacht; **dressed up as a cowboy** gléasta mar a bheadh buachaill bó ann; **he gave it me as a present** thug sé mar bhronntanas dom é

asbestos n aispeist f2

ascend vt ardaigh; **to ascend to the throne** teacht i gcoróin

ascent n éirí m4; (of a hill) tógáil f3

ascertain vt fionn, faigh amach, cinntigh

ascribe vt: **to ~ sth to sb** rud a chur síos do dhuine

ash n (dust) luaith f3; (also: **~ tree**) fuinseog f2; **ashes** npl (human remains) luaith fsg3; **from ashes to ashes** ó luaith go luaith

ashamed *adj* náirithe; **she was ashamed of them** bhí náire uirthi leo; **he was ashamed** bhí a náire air, ba náir leis; **it's no reason to be ashamed** ní scéal cinn chroim é; **he was ashamed to say it** ní ligfeadh an náire dó é a rá

ashen *adj* (*pale*): **he was ~** bhí dath an bháis air, bhí sé geal bán san aghaidh

ashore *adv* i dtír; **to go ashore** dul i dtír

ashtray *n* luaithreadán *m1*

Ash Wednesday *n* Céadaoin *f4* an Luaithrigh

Asia *n* An Áise *f4*

Asian *adj, n* Áiseach *m1*

aside *adv* i leataobh ♦ *n* seachfhocal *m1*; **put it aside** cuir i leataobh é

ask *vt* iarr ar; (*invite*): **to ~ sb to sing** iarraidh ar dhuine amhrán a rá; **to ask sb sth** rud a fhiafraí *or* a fhiosrú de dhuine; **to ask (sb) a question** ceist a chur ar (dhuine); **to ask sb out to dinner** cuireadh chun dinnéir a thabhairt do dhuine; **he asked me to leave** d'iarr sé orm imeacht; **they asked me where I left the money** d'fhiafraigh siad díom cén áit ar fhág mé an t-airgead ► **ask after** *fus*: **she was ~ing after you** bhí sí ag cur do thuairisce ► **ask for** *vt fus* iarr; **he's asking for trouble** tá sé ag tuar trioblóide dó féin

askance *adv*: **to look ~ at sb** amharc ar dhuine as eireaball do shúl

asleep *adj*: **he is ~** tá sé ina chodladh; **she fell asleep** thit sí ina codladh, thit a codladh uirthi; **he fell fast asleep** thit sé ina chnap codlata

asparagus *n* lus *m3* súgach *or* spreagtha

aspect *n* aghaidh *f2*, dreach *m3*, gné *f4*

aspersions *npl*: **to cast ~ on** bheith ag caitheamh spíde ar

asphalt *n* asfalt *m1*

asphyxiate *vt* múch, plúch

aspire *vi*: **to ~ to sth** tnúth le rud, rud a bheith mar aidhm agat

aspirin *n* aspairín *m4*

ass *n* asal *m1*; (*inf: idiot*) dobhrán *m1*; (*us: backside: inf!*) tóin *f3*, geadán *m1*

assailant *n* ionsaitheoir *m3*

assassinate *vt* feallmharaigh

assassination *n* feallmharú *m*

assault *n* ionsaí *m* ♦ *vt* ionsaigh; (*sexually*) tabhair drochiarraidh ar

assemble *vt* bailigh, cruinnigh; (*machinery*) cuir i gceann a chéile ♦ *vi* tar le chéile, cruinnigh, bailigh ●

assembly *n* teacht *m3* le chéile; (*institution*) tionól *m1*, comhthionól *m*; (*construction*) cóimeáil *f3*

assembly line *n* líne *f4* chóimeála

assent *n* aontú *m*

assert *vt* dearbhaigh; **he asserted himself** chuir sé é féin in iúl; **he asserted his innocence** dhearbhaigh sé go raibh sé neamhchiontach

assertion *n* dearbhú *m*

assertive *adj* ceannasach, teanntásach, treallúsach

assess *vt* measúnaigh; (*person*) meas

assessment *n* measúnacht *f3*, measúnú *m*; **tax assessment** cáinmheas *m3*

assessor *n* measúnóir *m3*

asset *n* sócmhainn *f2*, áirge *f4*; **assets** *npl* (*FIN*) maoin *fsg2*, sócmhainní *fpl2*

assign *vt* (*date*) ainmnigh; (*jury*) sann; (*task*) tabhair do, dáil; (*resources*) dáil, leag amach; **to**

assign the job to sb an tasc a thabhairt do dhuine
assignment n (SCOL) tasc m1; (allocation) dáileadh m; (LAW) sannadh m
assimilate vt comhshamhlaigh; **he assimilated the knowledge** rinne sé a chuid féin den eolas
assist vt cuidigh le, cabhraigh le; **to assist sb to do sth** cuidiú le duine rud a dhéanamh, cúnamh a thabhairt do dhuine rud a dhéanamh
assistance n cuidiú m, cúnamh m1, cabhair f
assistant n cúntóir m3, cabhróir m3; (also: **shop ~**) freastalaí m4 siopa
associate adj comhpháirteach, gaolmhar ♦ n comhpháirtí m4, comhlach m1 ♦ vt: **to ~ sth with sth** else rud a shamhlú le rud eile ♦ vi: **to ~ with sb** caidreamh a dhéanamh le duine, cuideachta a choinneáil le duine; **associate professor** comhollamh m1; **associates** páirtí msg4
association n (with people) caidreamh m1, comhluadar m1, comhlachas m1; (club etc) cumann m1, comhaltas m1; **association of ideas** comhcheangal m1 smaointe
assorted adj measctha
assortment n éagsúlacht f3, ilchumasc m1
assume vt glac le; (responsibilities etc) gabh (ort féin); **assuming you are right** abraimis go bhfuil an ceart agat; **I assume you don't drive** glacaim leis nach bhfuil tiomáint agat; **he assumed his mother's name** thug sé ainm a mháthar air féin; **he assumed a fighting stance** chuir sé goic throda air féin; **he assumed a look of distaste** chuir sé strainc air féin

assumption n glacadh m; (of power) gabháil f3; **The Assumption of the Virgin Mary** Deastógáil f3 na Maighdine Muire; **The Feast of the Assumption** Lá m Fhéile Muire san Fhómhar
assurance n dearbhú m; (pledge) gealltanas m1; (confidence) muinín f2; (insurance) árachas m1
assure vt cinntigh, dearbhaigh, deimhnigh; **you'll complete the work, I assure you** cuirfidh sé an obair i gcrích, gheallaim duit
asthma n asma m4, múchadh m, plúchadh m
astonish vt: **to ~ sb** allthacht or ionadh a chur ar dhuine
astonishing adj iontach
astonishment n iontas m1
astound vt: **to ~ sb** alltacht a chur ar dhuine
astray adv: **to go ~** dul amú, dul ar seachrán; (fig) dul chun drabhláis; **to lead sb astray** duine a chur amú; (fig) duine a chur chun drabhláis, duine a chur ar bhealach a aimhleasa
astride prep: **he sat ~ the chair** shuigh sé ar scaradh gabhail ar an gcathaoir
astrology n astralaíocht f3
astronaut n spásaire m4
astronomy n réalteolaíocht f3
astute adj géarchúiseach
asylum n teach m na ngealt; (sanctuary) tearmann m1

---KEYWORD---

at prep 1 (referring to position, direction) ag; **at the top** ag an bharr, ar bharr + gen; **at home/school** sa bhaile or ag baile/ar scoil; **at Patrick's** i dteach Phádraig, tigh Phádraig; **to look at sth** amharc or breathnú ar rud
2 (referring to time): **at 4 o'clock** ar

a ceathair a chlog; **at Christmas** um Nollaig, faoi Nollaig; **at night** d'oíche, san oíche; **at times** (in) amanna, idir amanna, scaití, uaireanta

3 (referring to rates, speed etc): **at £1 a kilo** ar phunt an cileagram; **two at a time** ina mbeirteanna, ina bpéirí, péire in éineacht; **at 50 km/h** 50 ciliméadar san uair

4 (referring to manner): **at a stroke** d'aon iarraidh; **at peace** faoi shíocháin

5 (referring to activity): **to be at work** bheith ag obair; **to play at cowboys** bheith ag imirt buachaillí bó; **to be good at sth** bheith go maith i gceann ruda

6 (referring to cause): **to be surprised/annoyed at sth** iontas/ fearg a bheith ort faoi rud; **I went at his suggestion** ar a gcomhairle s'aigesean a chuaigh mé

---

atheist n aindiachaí m4
Athens n An Aithin f
athlete n lúthchleasaí m4, lúithnire m4
athletic adj lúfar, lúthchleasach; (club) lúthchleas gpl; **the Gaelic Athletic Association** Cumann Lúthchleas Gael
athletics n lúthchleasa mpl1, cleasa mpl3 lúith, lúthchleasaíocht fsg3
Atlantic adj Atlantach ♦ n: **the ~ (Ocean)** An tAigéan m1 Atlantach
atlas n atlas m1
atmosphere n atmaisféar m1, aerbhrat m1
atom n adamh m1
atomic adj adamhach; **atomic bomb/power** buama/cumhacht adamhach
atone vi: **to ~ for a crime** leorghníomh or cúiteamh a

dhéanamh i gcoir, íoc as coir
atrocious adj (very bad) uafásach
atrocity n ainghníomh m1, gníomh m1 uafáis
attach vt: **to ~ sth to sth** rud a cheangal or a ghreamú de rud; (document, letter) rud a chur le rud; **to be attached to sth/sb** bheith ceanúil ar dhuine/rud; **he attached the greatest of importance to that** ba ríthábhachtach leis é sin
attaché case n síneáinín m4 láimhe
attachment n (tool) ball m1 breise; (love): **(to)** cion (ar)
attack vt ionsaigh; (task etc) tabhair faoi ♦ n ionsaí m, fogha m4; (also: **heart**) taom m3 croí
attain vt (also: **to ~ to**) sroich, bain amach
attempt n iarraidh f, iarracht f3, ionsaí m ♦ vt: **to ~ sth** iarraidh a thabhairt ar rud; **to attempt to do sth** féachaint le rud a dhéanamh; **to make an attempt on sb's life** iarraidh mharaithe a thabhairt ar dhuine
attempted adj: **~ murder/suicide** iarraidh dhúnmharaithe/ féinmharaithe
attend vt (course) freastail; **to attend** (lectures) freastal ar, bheith i láthair ag (school) dul ar; (patient) freastal ar; **to attend Mass** an tAifreann a éisteacht ▶ **attend to** vt fus: **to ~ sth** aire a thabhairt do rud; **to attend to sb** (care for) freastal ar dhuine, aire a thabhairt do dhuine; (listen to) aird a thabhairt ar dhuine, cluas a thabhairt do dhuine
attendance n (caring for) giollacht f3; (people present) freastal m1; (at school) tinreamh m1
attendant n freastalaí m4 ♦ adj: **the ~ dangers** na deacrachtaí a

ghabhann le rud
attention n aire f4, aird f2, suntas m1; **attention!** (MIL) ar aire!; **for the attention of** (ADMIN) le haghaidh + gen
attentive adj aireach; (kind) cúramach
attentively adv: **to listen ~ to sth** cluas ghéar a thabhairt do rud
attest vi: **to ~ to** fianaise a dhéanamh le
attic n áiléar m1
attitude n (position) gotha m4; (mental) dearcadh m1, mana m4
attorney n (lawyer) aturnae m4
Attorney General n Ard-Aighne m4
attract vt tarraing
attraction n (pleasant things) tarraingt f; (PHYS) tarraingt f; (fig): **~ towards sb/sth** dúil i nduine/i rud
attractive adj tarraingteach
attribute n airí m4, bua m4, cáilíocht f3 ♦ vt: **to ~ sth to sb** rud a fhágáil ar or a leagan ar dhuine, rud a chur i leith duine
attrition n: **war of ~** cogadh m1 tnáite
aubergine n ubhthoradh m1
auction n (also: **sale by ~**) ceant m4 ♦ vt: **to ~ sth** rud a cheantáil; **to put sth up for auction** rud a chur ar ceant, ceant a chur ar rud
auctioneer n ceantálaí m4
audacious adj (daring) dána, teanntásach; (shameless) soibealta
audible adj inchloiste, inchluinte
audience n (for radio) lucht m3 éisteachta; (for television) lucht féachana; (interview) éisteacht f3
audiovisual adj: **~ course** cúrsa m4 closamhairc
audit n iniúchadh m ♦ vt iniúch
audition n triail f
auditor n iniúchóir m3
auditorium n halla m4 éisteachta

augur vi: **it ~s well** is maith an tuar é
August n Lúnasa m4
aunt n aint f2
auntie, aunty n aintín f4
au pair n (also: **au pair girl**) au pair
auspicious adj fabhrach; **auspicious sign** dea-chomhartha, dea-thuar
Australia n An Astráil f2
Australian adj, n Astrálach m1
Austria n An Ostair f2
Austrian adj, n Ostarach m1
authentic adj barántúil, údarach, fíor
authenticate vt fíordheimhnigh
authenticity n údaracht f3, fírinne f4
author n údar m1
authoritarian adj údarásach
authoritative adj údarásach
authority n údarás m1; **the authorities** npl (ruling body) na húdaráis
authorize vt: **to ~ sb to do sth** údarás a thabhairt do dhuine rud a dhéanamh
auto (US) n carr m1, gluaisteán m1
auto- prefix féin-; uath-
autobiography n dírbheathaisnéis f2, féinbheathaisnéis f2
autograph n síniú m ♦ vt sínigh
automate vt uathoibrigh
automated adj uathoibrithe
automatic adj uathoibríoch ♦ n (gun) rothphiostal m1; (washing machine) inneall m1 níocháin (uathoibríoch)
automatically adv go huathoibríoch
automation n uathoibriú m
automaton n uathoibreán m1
automobile (US) n gluaisteán m1, carr m1
autonomy n féinriail f, uathriail f
autopsy n scrúdú m iarbháis
autumn n Fómhar m1; **in autumn** san Fhómhar

auxiliary adj cúnta, cúntach ♦ n cúntóir m3

avail vt: **to ~ o.s. of sth** úsáid a bhaint as rud ♦ n: **to no ~** gan tairbhe

availability n infhaighteacht f3

available adj ar fáil, infhaighte; **readily available** ar aghaidh boise, ar fáil gan stró

avalanche n (of snow) maidhm f2 shneachta; (of rocks, clay etc) maidhm f2 shléibhe

avenge vt: **to ~ o.s.** díoltas or éiric or sásamh a bhaint amach

avenue n aibhinne m4, ascaill f2; (fig) slí f4, féidearthacht f3

average n meán m1 ♦ adj cothrom, meánach, meán-; (fig): **the ~ person** an gnáthdhuine ♦ vt (a certain figure) meán a thógáil ar; **on average** ar an meán ► **average out** vi: **it ~s out at 3.5** (is é) 3.5 an meán

averse adj: **to be ~ to doing sth** leisce a bheith ort rud a dhéanamh; **she is not averse to it** ní miste léi é

avert vt (one's eyes etc) iompaigh ó; **we averted disaster** choinníomar uainn an tubaiste

aviary n éanlann f2

aviation n eitlíocht f3

avocado n (also: ~ **pear**) piorra m4 abhcóide

avoid vt seachain, teith ó, téigh taobh anonn de; **to avoid work** teitheadh ó obair; **to avoid sb** an bealach a fhágáil ag duine, duine a sheachaint

avoidable adj inseachanta

avoidance n seachaint f3

await vt fan le

awake adj múscailte, dúisithe ♦ vt múscail, dúisigh ♦ vi múscail, dúisigh; **he is awake to the danger** tuigeann sé an chontúirt; **I was**

awake bhí mé múscailte, bhí mé i mo dhúiseacht

awakening n múscailt f2, dúiseacht f3

award n duais f2; (LAW, damages) dámhachtain f3 ♦ vt: **to ~ a prize to sb** duais a thabhairt do dhuine; (LAW): **to ~ damages to sb** cúiteamh a dhámhachtain ar dhuine

aware adj: **I am ~ of them** is eol dom iad; **I am aware of her presence** is eol dom í a bheith ann; **to become aware that** teacht ar an eolas go; **to become aware of sth** fios ruda a fháil; **he was aware of that** ní raibh sin ceilte air, ní dheachaigh sin amú air; **she is politically aware** tá sí eolach ar chúrsaí polaitíochta; **as far as I am aware** go bhfios dom

awareness n aithne f2, eolas m1

away adj imithe, ar shiúl ♦ adv: **he went ~** d'imigh sé; **he played away** sheinn sé leis; **he talked away** labhair sé leis; **two kilometres away** dhá chiliméadar ar shiúl; **it is two hours away by car** tógann sé dhá uair an chloig sa charr; **away from** ar shiúl ó; **stay away from the fire** fan amach ón tine; **he's away for a week** beidh sé ar shiúl go ceann seachtaine; **to fade away** (sound) síothlú; (colour): **it faded ~** thréig sé, d'imigh an dath as; **to wither away** (plant) seargadh; **he took it away** thug sé leis é; **take three away from five** (subtract) bain a trí óna cúig; **away from home** as baile; (no longer present) as láthair; **far away** i bhfad ar shiúl, i bhfad ó bhaile; **he went away** d'imigh sé (leis); **work away!** ar aghaidh leat!; **do it right away** déan láithreach é

awe n uamhan m1

awesome adj uamhnach, creathnach

awful adj uafásach, millteanach, scanrúil; **an awful lot** (of) cuid mhór + gen; **it was an awful death** ba choscrach an bás é

awfully adv go huafásach; **~ funny** millteanach greannmhar

awhile adv nóiméad, ar feadh nóiméid; **wait awhile** fan go fóill

awkward adj (clumsy) anásta, liobarnach, amscaí; (hands) ciotach, sliopach; (inconvenient) ciotach; (embarrassing) corrabhuaiseach

awning n scáthbhrat m1, díonbhrat m1

awry adj, adv cearr, ar fiar; **to go awry** dul ar seachrán

axe, (us) **ax** n tua f4 ♦ vt: **the report was ~d** caitheadh an tuarascáil i dtraipisí; **jobs were axed** gearradh poist

axis n ais f2

axle n (AUT) fearsaid f2, acastóir m3

ay(e) excl (yes) sea

B

B n (MUS) B m4

babble vi bheith ag cabaireacht, gleoiseadh; (baby) bheith ag plobaireacht; (stream) bheith ag monabhar or ag crónán

baboon n babún m1

baby n leanbh m1, leanbán m1, babaí m4

baby carriage (us) n pram m4

baby-sit vi: **to ~** páistí a fheighil, aire a thabhairt do pháistí

baby-sitter n feighlí m4 páistí

bachelor n fear m1 singil, baitsiléir m3; **Bachelor of Arts/Science** baitsiléir ealaíne/eolaíochta

back n (of person, animal) droim

m3; (of horse) droim, muin f2; (of hand, chair) droim, muin f2; (of house, room, street, page) cúl; (of car, train) deireadh m1; (FOOTBALL) cúlaí m4 ♦ vt (candidate: also: **~ up**) tacaigh le, tabhair tacaíocht do; (horse: at races) cuir geall ar; (car) cúlaigh ♦ vi (also: **~ up**) cúlaigh, téigh ar chúl, baiceáil ♦ adv (not forward) siar, ar chúl ♦ adj (in compounds): **~ door/room** doras/ seomra cúil; **back seats/wheels/ legs** suíocháin/rothaí/cosa deiridh; **back payments/rent** riaráistí; **he's back** (returned) tá sé ar ais; **he called back** (again) ghlaoigh sé ar ais; **as far back as** chomh fada siar le; **he ran back** rith sé ar ais; **stay back from the fire** fan amach ón tine; **I will write back to you** scríobhfaidh mé ar ais chugat; **throw the ball back** caith ar ais an liathróid; **get off his back** lig dó; **in the back of the car** i gcúl an chairr ▸ **back down** vi tarraing siar, géill ▸ **back out** vi téigh ar do chúl i ▸ **back up** vt (candidate etc) tacaigh le, tabhair tacaíocht do

backbencher n cúlbhinseoir m3

backbiting n cúlchaint f2

backbone n cnámh f2 droma, slat f 2 droma

backdate vt (letter) réamhdhátaigh; **backdated pay rise** ardú pá (atá) réamhdhátaithe

backdrop n (cloth) cúlbhrat m1; (background) cúlra m4

backfire vi (AUT) cúltort, déan cúltortadh; (plans etc) fill ar; **his actions backfired on him** d'fhill a chuid gníomhartha air

background n cúlra m4 ♦ adj (COMPUT) cúlrach

backhand n (TENNIS: also: **~ stroke**) cúlbhuille m4

backhander n breab f2; **to give sb**

a backhander an crúibín cam a thabhairt do dhuine

backing n (fig) tacaíocht f3, cúl m1 taca

backlash n frithbhualadh m, fritonn f2; (POL) frithradadh m

backlog n riaráiste m4

back number n (of magazine etc) seanuimhir f

backpack n mála m4 droma

back pay n riaráiste m4 tuarastail

backside (inf) n tóin f3, geadán m1, bundún m1

backspace n cúlspás m1

backstage adv ar chúl stáitse

backstroke n snámh m3 droma

backup adj (train, plane etc, also COMPUT) cúl-taca ♦ n (support) tacaíocht f3, cúl m1 taca; (also: ~ copy) cóip f2 chúl-taca; (also: ~ disk) diosca m4 cúl-taca; (also: ~ file) comhad m1 cúl-taca

backward adj (movement) siar, ar gcúl; (person) cúthail, neoid; (place) cúlráideach, iargúlta

backwards adv (move, go) ar gcúl, siar; (read a list) droim ar ais; (walk) i ndiaidh do chúil; **to fall backwards** titim i ndiaidh do chúil

backwater n (fig) iargúil f

backyard n clós m1 cúil

bacon n bagún m1

bacteria npl baictéir mpl1

bad adj olc, dona; (child) dána, dalba; (mistake, accident etc) droch-; (meat, food) lofa; **his bad leg** a chos thinn; **to go bad** (meat, food) cor a theacht i; (milk) cor a theacht i, géarú; **to go to the bad** dul chun an donais; **it's not bad** níl caill air

badge n suaitheantas m1

badger n broc m1

badly adv (work, dress etc) go dona, go hamscaí; **badly wounded** gonta go dona, loite go dona; **he needs it**

badly tá sé de dhíth go géar air

badly off adj, adv go dona as

badminton n badmantan m1

badness n olcas m1, donacht f3

bad-tempered adj colgach, confach

baffle vt mearaigh, cuir mearú or mearbhall ar

bag n mála m4 ♦ vt cuir i mála; (inf: nab) croch leat; **bags of money** na múrthaí airgid

baggage n bagáiste m4

baggy adj: ~ **trousers** bríste atá ina mhála; **to have baggy eyes** sprochaillí a bheith faoi na súile agat

bagpipes npl píb f$2 mhór, píob mhála, píoba fpl2

bail n (payment) bannaí mpl4; (release) ar bannaí ♦ vt (prisoner: also: grant ~ to) lig amach ar bannaí; (boat: also: ~ out) taosc; **on bail** (prisoner) faoi bhannaí; **to jump bail** bannaí a bhriseadh ▸ **bail out** vt (prisoner) téigh i mbannaí ar; see also **bale**

bailiff n báille m4

bait n baoite m4 ♦ vt cuir suas baoite; (fig: tease): **to ~ sb** bheith ag spochadh as duine

bake vt bácáil, bruith ♦ vi bácáil

baked beans npl pónairí fpl4 bruite

baker n báicéir m3

bakery n bácús m1, teach m báicéireachta

baking n báicéireacht f3

baking powder n púdar m1 bácála

balance n cóimheá f4, cothromaíocht f3; (COMM, sum) iarmhéid m4; (remainder) fuílleach m1; (scales) scálaí npl, meá f4 ♦ vt meáigh; (budget, account) comhardaigh; **balance of payments/trade** comhardú na n-íocaíochtaí/na trádála; **to hang in the balance** bheith idir dhá

cheann na meá; **she lost her
balance** baineadh dá cothrom í
balanced adj cothrom
balance sheet n clár m1
comhardaithe
balcony n balcón f2, grianán m1;
(in theatre) áiléar m1
bald adj maol, blagadach; (tyre)
maol; **bald man** blagadán m1;
bald patch plait, blagaid
balding adj sceadach
baldly adv go lom díreach
bale n corna m4 ♦ vt corn ► **bale
out** vi (of a plane) toirléim
baler n (AGR) burlaire m4
ball n liathróid f2, bál m1, peil f2;
(for hurling) sliotar m1, cnag m1;
(of wool, thread, string) ceirtlín m4;
(dance) bál m1; **to play ball** (with
sb) (fig: cooperate) comhoibriú (le
duine)
ballad n bailéad m1
ballast n ballasta m4
ball bearings npl gráinní mpl4
iompair
ballerina n cailín m4 bailé
ballet n bailé m4
ballet dancer n rinceoir m3 bailé
balloon n balún m1; (in comic strip)
bolgán m1
ballot n ballóid f2
ballot paper n páipéar m1 ballóide,
páipéar vótála
ballpoint (pen) n badhró m4
ballroom n bálseomra m4
balm n íocshláinte f4, balsam m1
Baltic n: **the ~ (Sea)** Muir Bhailt
bamboo n bambú m4
ban n cosc m1, cros f2 ♦ vt cosc,
cuir cosc ar, cros ar
banana n banana m4
band n banda m4, (MUS) banna m4
ceoil ► **band together** vi
cruinnigh le chéile
bandage n bindealán m1, bréid m4
♦ vt cuir bindealán or bréid ar

Bandaid (US) ® n plástar m1,
greimlín m4
bandy vt (jokes, insults, ideas)
malartaigh; (words, fire etc) tabhair
malairt + gen dá chéile
bandy-legged adj camchosach
bang n pléasc f2; (of door) tailm
f2, plab m4 ♦ vt pléasc; (door) dún
de phlab, plab ♦ vi pléasc ♦ excl
plimp; **the door closed with a
bang** dhún an doras de phlab
bangs (US) npl (fringe) frainse msg4
banish vt díbir
banister(s) n(pl) balastar msg1, ráillí
mpl4 staighre
banjo n bainseo m4
bank n banc m1; (of river, lake)
bruach m1; (of earth) carnán m1
♦ vi (AVIAT) claon sciathán ► **bank
on** vt fus braith ar, cuir do
mhuinín i
bank account n cuntas m1 bainc
bank card n cárta m4 baincéara
banker n baincéir m3
banker's card n = **bank card**
bank holiday n lá m saoire bainc
banking n baincéireacht f3
banknote n nóta m4 bainc
bank rate n ráta m4 bainc
bankrupt adj féimheach; **he went
bankrupt** breithníodh ina
fhéimheach é, briseadh ina ghnó
é
bankruptcy n féimheacht f3
bank statement n ráiteas m1 bainc
banner n bratach f2
bannister(s) n(pl) = **banister(s)**
banns npl fógairt fsg3 pósta
banquet n féasta m4; **wedding
banquet** bainis f2
banshee n bean f sí
baptise vt baist
baptism n baisteadh m
bar n (also MUS) barra m4; (pub,
counter in pub) beár m1; (rod: of
metal etc: lock) bolta m4, sparra

m4; (on window etc) sparra; (fig)
bac m1, constaic f2; (ban) cosc m1
♦ vt (road) dún; (door) sparr, cuir
sparra le; (person, activity) cuir cosc
ar; **bar of soap** barra sópa; **the Bar**
(LAW) an Barra; **to call sb to the
Bar** glaoch chun an bharra ar
dhuine; **behind bars** (prisoner) faoi
ghlas; **bar none** gan aon eisceacht

barbaric adj barbartha

barbecue n barbaiciú m4, fulacht
f3

barbed wire n sreang f2
dheilgneach

barber n bearbóir m3

barbiturate n barbatúráit f2

bar code n barrachód m1

bare adj nocht, lom ♦ vt nocht;
the bare necessities na
bunriachtanais

bareback adv droimnocht

barefaced adj gan náire,
mínáireach; **barefaced lie**
deargbhréag f2

barefoot adj, adv cosnochta

barely adv ar éigean

bargain n (transaction) margadh
m1; (good buy) sladchonradh m,
margadh maith ♦ vi (haggle) déan
margáil; (negotiate): **to ~ (with sb)**
margáil a dhéanamh (le duine);
into the bargain de bharr an
iomláin ▸ **bargain for** vt fus: **he got
more than he ~ed for** fuair sé rud
nach ndearna sé margadh air

barge n báirse m4; **to barge into**
greadadh in éadan + gen ▸ **barge
in** vi (walk in) greadadh isteach, tar
isteach de rúid; (interrupt talk) bris
isteach ar, téigh roimh

bark n (of tree) coirt f2, rúsc m1; (of
dog) tafann m1, glam f2 ♦ vi: **to
~ lig glam (as), déan tafann,
bheith ag tafann or ag amhastrach;
his bark is worse than his bite** is
measa a ghlam ná a ghreim

barley n eorna f4

barley sugar n eornóg f2

barmaid n cailín m4 beáir

barman n fear m1 beáir

barn n scioból m1

barometer n baraiméadar m1

baron n barún m1

baroness n banbharún m1

baroque adj barócach

barracks npl beairic fsg2

barrage n (MIL, dam) baráiste m4;
(fig) rois f2

barrel n bairille m4

barren adj aimrid, seasc

barricade n bacáid f2 ♦ vt cuir
baracáid ar

barrier n bac m1, bacainn f2; (fig:
to progress etc) constaic f2; (barring
etc) baráiste m4

barring prep ach amháin

barrister n abhcóide m4

barrow n (wheelbarrow) barra m4
(rotha)

bartender (US) n freastalaí m4 beáir

barter vt babhtáil, malartaigh

base n bun m1, (foundation) bonn
m1; (MIL) bunáit f2 ♦ vt: **to ~ sth
on** rud a bhunú ar ♦ adj suarach,
táir

baseball n baseball

basement n íoslach m1

bash vt cnag

bashful adj cúthail, cotúil

basic adj bunúsach, bunaidh; **basic
pay** fus: **he got fus** he got bunúsach

basically adv go bunúsach; (in fact)
is amhlaidh (go)

basil n basal m4, lus m3 mic rí

basin n (vessel) mias f2; (GEOG)
imchuach m4; (of river) abhantrach
f2; (also: **washbasin**) báisín m4

basis n bun m1, bonn m1, bunús
m1, dúshraith f2; **on a trial basis**
ar bhonn trialach; **on a part-time
basis** ar bhonn páirtaimseartha

bask vi: **to ~ in the sun** bolg le
gréin a dhéanamh, grianaíocht a
dhéanamh

basket n bascaed m1, ciseán m1, cliabh m1

basketball n cispheil f2

bass n (MUS) dord m1; (voice) dordghuth m3

bassoon n (MUS) basún m1

bastard n tuilí m4; (inf!) bastard m1

bat n buailteoir m3, slacán m1; (ZOOL) sciathán m1 leathair ◆ vt: he didn't ~ an eyelid súil níor chaoch sé

batch n dol m3

bated adj: with ~ breath go himníoch

bath n folcadh m; (bathtub) folcadán m1 ◆ vt folc; to have a bath tú féin a fholcadh; see also baths

bathe vi folc ◆ vt (wound) nigh, ionnail

bathing n snámh m3

bathing costume n, (US) **bathing suit** n culaith f2 shnámha

bathrobe n fallaing f2 folctha

bathroom n seomra m4 folctha

baths npl (also: **swimming ~**) poll msg1 snámha

bath towel n tuáille m4 folctha

baton n (MUS) baitín m4; (club) bata m4, smachtín m4

batter vt gread, batráil ◆ n fuidreamh m1

battered adj (hat, pan) briste brúite, seanchaite

battery n (ELEC) cadhnra m4

battle n cath m3, briseadh m ◆ vi: to ~ against sth troid in aghaidh ruda, streachailt in éadan ruda

battlefield n páirc f2 an áir

battleship n cathlong f2

baud n (COMPUT) bád m1

bawdy adj graosta, gáirsiúil, madrúil

bawl vi béic, lig béic; the child is bawling tá an leanbh ag screadach caoine

bay n (of sea) bá f4; (small) camas m1; to hold sb at bay smacht a choinneáil ar dhuine

bay leaf n duilleog f2 labhrais

bay window n fuinneog f2 bhá

bazaar n basár m1

B.C. adv abbr (= before Christ) R.Ch., Roimh Chríost

KEYWORD

be aux vb 1 (with present participle: forming continuous tenses): **what are you doing?** cad é atá tú a dhéanamh?; **they're coming tomorrow** beidh siad ag teacht amárach; **I've been waiting for you for two hours** tá mé ag fanacht leat le dhá uair an chloig

2 (with pp: forming passives): **he was killed** maraíodh é; **he was nowhere to be seen** ní raibh sé le feiceáil thíor ná thiar

3 (in tag questions): **it was fun, wasn't it?** ba mhór an chuideachta or an spraoi é, nár mhór?; **she's back, is she?** tá sí ar ais, an bhfuil?

4 (+ to + infin): **the house is to be sold** tá an teach le díol; **he's not to open it** caithfidh sé gan é a oscailt

◆ vb + complement is, bí 1 (gen): **I'm Irish** is Éireannach mé; **I'm tired** tá tuirse orm, tá mé tuirseach; **I'm hot/cold** tá mé fuar/te; **he's a doctor** is dochtúir é; **2 and 2 are 4** a dó is a dó a ceathair

2 (health): **how are you?** cad é mar atá tú?, cén chaoi a bhfuil tú?, conas atá tú?; **he's fine now** tá sé go breá anois; **he's very ill** tá sé an-bhreoite

3 (age): **how old are you?** cén aois atá agat?; **I'm sixteen (years old)** tá mé sé bliana déag (d'aois)

4 (cost): **how much was the meal?**

cá mhéad a bhí ar an mbéile?; **that'll be £5, please** cúig phunt, le do thoil

♦ vi 1 (exist, occur etc): **the prettiest girl that ever was** an cailín is deise dá raibh riamh ann; **be that as it may** bíodh sin mar atá, bíodh sin amhlaidh nó ná bíodh; **so be it** bíodh amhlaidh

2 (referring to place): **I won't be here tomorrow** ní bheidh mé anseo amárach; **Edinburgh is in Scotland** tá Dún Éideann in Albain, in Albain atá Dún Éideann

3 (referring to movement): **where have you been?** cén áit a raibh tú?

♦ impers vb 1 (referring to time, distance): **it's 5 o'clock** tá sé a cúig a chlog; **it's the 28th of April** an t-ochtú lá is fiche de Mhí Aibreáin atá ann; **it's 10 km to the town** tá sé deich gcileaméadar chun an bhaile mhóir

2 (referring to the weather): **it's too hot/cold** tá sé róthe/rófhuar; **it's windy** tá sé gaofar

3 (emphatic): **it's me/the postman** mise atá ann/fear an phoist atá ann

---

beach n trá f4 ♦ vt (boat) tabhair rith cladaigh do

beacon n (lighthouse) solas m1; (marker) rabhchán m1

bead n (decorative) coirnín m4; (of sweat, blood) deoir f2; **Rosary beads** Paidrín msg4, Coróin fsg Mhuire

beak n gob m1

beaker n eascra m4, corn m1

beam n (of wood) maide m4; (of light) ga m4 ♦ vi soilsigh, lonraigh; **she was beaming** bhí aoibh mhór uirthi

bean n pónaire f4; (also: **coffee ~**)

síol m1, gráinne m4; **runner/broad bean** pónaire reatha/leathan

beansprouts npl pónaírí fpl4 soighe

bear n béar m1 ♦ vt (carry) iompair; (endure) fulaing ♦ vi: **to ~ right/left** coinneáil ar dheis/ar chlé ► **bear out** vt (fact) deimhnigh ► **bear up** vi (person) fulaing go cróga

bearable adj sofhulaingthe

beard n féasóg f2; **goat's beard** meigeall m1

bearded adj féasógach

bearer n iompróir m3; (of passport) sealbhóir m3

bearing n iompar m1, siúl m1; (connection) baint f2; **bearings** npl (also: **ball ~s**) gráinní iompair; **to take a bearing on** marc a thógáil ar; **he lost his bearings** chuaigh sé ar seachrán

beast n ainmhí m4, beithíoch m1; (inf: person) brúid f2

beastly adj brúidiúil, gránna

beat n bualadh m, (MUS) buille m4; (of policeman) cuairt f2, stádar m1 ♦ vt, vi (haul): **off the beaten track** scoite; **beat it!** gread leat! ► **beat off** vt cuir an ruaig ar ► **beat up** vt (inf) buail, tabhair greasáil do; (egg) buail

beating n bualadh m, greasáil f3

beautiful adj álainn, scéimhiúil

beautifully adv go hálainn, go scéimhiúil

beauty n áilleacht f3, scéimh f2; **beauty products** earraí áillithe; **the beauty of it is** that is é an chuid is fearr de go; **beauty is in the eye of the beholder** nochtann grá gnaoi

beauty spot n (TOURISM) ball m1 áilleachta

beaver n béabhar m1

becalm vt ciúnaigh

becalmed adj ar díth córach

because conj óir, mar, toisc

because of prep mar gheall ar, de

bharr + *gen*

beck *n*: **to be at sb's ~ and call** bheith ar teaghrán ag duine; **he's at your beck and call** níl (agat) ach sméideadh air, tá sé ar teaghrán agat

beckon *vt*: **~ to** sméid ar

become *vi* éirigh; **to become fat/ thin** éirí ramhar/caol; **he became tired/sick** d'éirigh sé tuirseach/ tinn; **he became afraid** tháinig eagla air; **he became worse** chuaigh sé chun donachta; **it is becoming colder** tá sé ag éirí níos fuaire, tá sé ag dul i bhfuaire; **he became a priest** rinneadh sagart de; **he became a Catholic** d'iompaigh sé ina Chaitliceach; **he became a soldier** chuaigh sé sna saighdiúirí; **that does not become you** ní fhóireann sin duit; **what became of him?** cad é a d'éirigh dó?

becoming *adj* (*behaviour*) cuí; (*clothes*) maisiúil

bed *n* leaba *f*; (*of flowers*) ceapach *f2*; (*of coal, clay*) scair *f2*; (*of sea*) grinneall *m1*; **to make the bed** an leaba a chóiriú; **he went to bed** chuaigh sé a luí; **he is in bed** tá sé ina luí

bed and breakfast *n* leaba *f* agus bricfeasta

bedclothes *npl* éadaí *mpl1* leapa

bedding *n* córacha *fpl3* leapa

bedraggled *adj* (*person, clothes*) míshlachtmhar, gioblach; (*wet hair*) ina liobar

bedridden *adj* cróilí, ag coinneáil na leapa

bedroom *n* seomra *m4* leapa

bedside *n*: **at sb's ~** ag colbha na leapa ag duine

bedsit(ter) *n* seomra *m4* suí is leapa, suanlann *f2* chónaithe

bedspread *n* scaraoid *f2* leapa

bedtime *n* am *m3* luí

bee *n* beach *f2*

beech *n* fáibhile *m4*, feá *f4*

beef *n* mairteoil *f3*; **roast beef** mairteoil rósta

beefburger *n* martbhorgaire *m4*

beefy *adj* féitheogach, téagartha

beehive *n* coirceog *f2*

beeline *n*: **to make a ~ for** tarraingt caol díreach ar

beer *n* beoir *f*, leann *m3*

beet *n* (*vegetable*) biatas *m1*; (*us*: *also*: **red ~**) biatas dearg

beetle *n* ciaróg *f2*, daol *m1*

beetroot *n* meacan *m1* biatais, biatas *m1*

before *prep* (*in time*) roimh; (*preference*) roimh; (*in space*) os comhair + *gen*, os coinne + *gen* ♦ *conj* sula ♦ *adv* ar tosach, roimhe sin, cheana; **before going** roimh imeacht; **before she goes** sula n-imíonn sí; **the week before** an tseachtain roimhe sin; **I've seen it before** chonaic mé cheana é

beforehand *adv* roimh ré

beg *vi*: **to ~** bheith ag iarraidh na déirce ♦ *vt* impigh ar; (*forgiveness, mercy etc*) agair; (*entreat*) achainigh ar; *see also* **pardon**

beggar *n* bacach *m1*, fear *m1* déirce, bean *f* déirce; **beggars can't be choosers** is buí le bocht an beagán

begin *vt*, *vi* tosaigh, cuir tús le; **to begin doing** *or* **to do sth** tosú ar rud a dhéanamh

beginner *n* tosaitheoir *m3*

beginning *n* tús *m1*, tosach *m1*

behalf *n*: **on ~ of sb** (*representing*) thar ceann duine; **on behalf of** (*for benefit of*) ar son + *gen*; **on my/his behalf** thar mo/a cheann

behave *vi* iompair; (*well*: *also*: **~ o.s.**) tú féin a iompar go maith; **behave yourself** bíodh múineadh ort

behaviour, (US) **behavior** n iompar m1; **good/bad behaviour** dea-/droch-iompar m1

behead vt dícheann, bain an cloigeann de

behind prep taobh thiar de, laistiar de, ar chúl + gen; (time, work, studies) ar deireadh ◆ adv thiar, chun deiridh ◆ n tóin f3; **to be behind** (schedule) bheith ar chúl (leis an obair); **behind the scenes** ar chúl stáitse, ar an gcúlráid

behold vt féach (ar), breathnaigh (ar), dearc (ar), amharc (ar)

beige adj béas

Beijing n Beijing f4

being n neach m4; (existence) beith f2

Beirut n Béarút m4

belated adj deireanach, mall

belch vi brúcht ◆ vt (also: **to ~ out:** smoke etc) bheith ag tonnadh

Belfast n Béal m Feirste; **Belfast Lough** Loch m Lao

belfry n cloigtheach m, clogás m1

Belgian adj, n Beilgeach m1

Belgium n An Bheilg f2

belie vt bréagnaigh

belief n (opinion) barúil f3, tuairim f2; (trust, faith) creideamh m1; **it is my belief ...** is é mo thuairim ...

believe vt, vi creid; **to ~** in (God, method) creidiúint i; (ghosts) tabhairt isteach do

believer n (REL) creidmheach m1; (in idea, activity): **~ in** duine a chuireann a dhóchas i, fear mór/bean mhór + gen

belittle vt déan a bheag de

bell n clog m1

belligerent adj (person, attitude) trodach, bruíonach, achrannach

bellow vi (bull) búir; (person) béic

belly n bolg m1

belong vi: **that ~s to me** is liomsa sin; (group): **she ~s to that party** is ball den pháirtí úd í; (place): **I don't ~ to this town** ní as an mbaile seo mé

belongings npl giuirléidí fpl2

beloved adj ionúin ◆ n muirnín m4

below prep faoi ◆ adv thíos, laistíos; **see below** féach thíos; **to go below** dul síos, dul ar íochtar; **from below** aníos

belt n crios m3, beilt f2; (of land, TECH) crios ◆ vt (thrash) buail, tabhair greadadh do, tabhair léasadh do

beltway (US) n (AUT, motorway) cuarbhóthar m1

bemused adj trí chéile, trína chéile

bench n binse m4; **the Bench** (LAW) An Binse m4

bend vt lúb ◆ vi lúb, crom ◆ n (in road) cor m1, lúb f2; (in pipe) lúb; (in river) lúb, camas m1; (the bends) (MED) tinneas m1 tumadóra ▸ **bend down** vi crom síos ▸ **bend over** vi crom

beneath prep (thíos) faoi ◆ adv thíos; **it is beneath me** ní chromfainn air

benefactor n pátrún m1

beneficial adj tairbheach, sochrach; **beneficial to the health** tairbheach don tsláinte

benefit n sochar m1, leas m3, tairbhe f4; (also: **unemployment ~**) sochar dífhostaíochta ◆ vt téigh chun sochair do; **It benefitted me** chuaigh sé chun sochair dom ◆ vi bain sochar as; **he benefited from it** bhain mé sochar as I; **he used it to his own benefit** chuir sé dá leas féin é; **for the benefit of** mar mhaithe le; **to give sb the benefit of the doubt** sochar an amhrais a thabhairt do dhuine

Benelux n Benelux m4

benevolent adj dea-mhéineach; **a**

benevolent society cumann *m1* carthanach

benign *adj* (*person, smile*) caoin; (*MED*) neamhaincíseach, neamhurchóideach

bent *adj* cam ♦ *n*: he has a ~ for it tá claonadh *or* luí aige leis; **he is bent on escaping** tá rún daingean aige éalú

bequeath *vt* tiomnaigh, fág le huacht

bequest *n* tiomnacht *f3*

bereave *vt* bain de; **an accident bereaved him of his father** maraíodh a athair go tubaisteach air; **anger had bereft him of speech** níor fágadh focal ann le fearg

bereaved *n*: **the ~** muintir *f2* an mharbhánaigh

beret *n* bairéad *m1*

Berlin *n* Beirlín *f4*

berry *n* caor *f2*

berserk *adj*: **to go ~** dul ar steallaí mire, dul ar dásacht

berth *n* (*bed*) leaba *f* (loinge); (*for ship*) leaba ancaire ♦ *vi* (*in harbour*) tar le cé; (*at anchor*) téigh ar ancaire; **to give sb a wide berth** an bealach a fhágáil ag duine

beseech *vt* agair ar

beset *vt* sáinnigh

beside *prep* in aice (le), le hais + *gen*, taobh le; **that's beside the point** ní bhaineann sin le hábhar; **he was beside himself with anger** bhí sé thairis féin le fearg

besides *adv* le cois, freisin, chomh maith; (*in any case*) thairis sin, cár bith ♦ *prep* (*as well as*) seachas, diomaite de, chomh maith le; **besides which** diomaite de sin, cé is moite de sin, thairis sin

besiege *vt* (*town*) cuir faoi léigear; (*fig*) ciap, sáinnigh

best *adj, adv* is fearr; **the best part**

of an mhórchuid de; **at best** ar an chuid is fearr de; **to make the best of sth** a mhór a dhéanamh de rud; **to do one's best** do dhícheall a dhéanamh; **to the best of my knowledge** ar feadh m'eolais; **to the best of my ability** a fheabhas agus is féidir liom, chomh maith agus a thig liom

best man *n* finné *m4* fir, vaidhtéir *m3*

bestow *vt*: **to ~ sth on sb** rud a bhronnadh ar dhuine

bestseller *n* leabhar *m1* mór-éilimh

bet *n* geall *m1* ♦ *vt, vi* cuir geall (ar); **I bet five pounds on a horse** chuir mé (geall) cúig phunt ar chapall; **I'll bet you he comes** bíodh geall go dtiocfaidh sé

betray *vt* braith, feall ar; (*secret*) sceith; (*feeling*) taispeáin

betrayal *n* feall *m1*

better *adj, adv* níos fearr ♦ *vt* sáraigh, feabhsaigh ♦ *n*: **to get the ~ of** in lámh in uachtar a fháil ar; **you had better do it b'fhearr duit é a dhéanamh; he thought better of it** rinne sé athchomhairle; **to get better** bisiú, dul i bhfeabhas

better off *adj* níos fearr as; (*fig*): **you'd be better off this way** b'fhearr as mar seo tú

betting *n* geallmhaireacht *m1*

betting shop *n* siopa *m4* geallghlacadóra

between *prep* idir ♦ *adv*: (**in**) **~** i lár báire; **between meals** idir béilí; **between Belfast and Dublin** idir Béal Feirste agus Baile Átha Cliath

beverage *n* deoch *f*

beware *vi* seachain; **"beware of the dog"** "seachain an madra"; **beware of him** fainic thú féin air, bí ar d'fhaichill air

bewildered *adj* ar mearbhall

beyond *prep* (*in space, time*) ar an

taobh thall (de); (*exceeding*) thar, os cionn ◆ *adv* ansiúd, thall ◆ *n*: **the Beyond** an taobh thall; **beyond doubt** gan aon amhras; **it is beyond repair** tá sé ó chóiriú; **at the back of beyond** ar an iargúil; **I went beyond my resources** chuaigh mé thar m'acmhainn; **they are beyond my control** tá siad ó smacht orm

bias *n* (*prejudice*) claonadh *m*

bias(s)ed *adj* leataobhach, claonta; **he is bias(s)ed towards/against women** tá sé claonta i leith/i gcoinne na mban

bib *n* bráidín *m4*

Bible *n* Bíobla *m4*

bicarbonate of soda *n* déchárbónáit *f2* sóide

biceps *n* bicéips *f2*

bicker *vi*: **to ~ over sth** bheith ag cnádánacht faoi rud

bicycle *n* rothar *m1*

bid *n* (*at auction etc*) tairiscint *f3*, biodáil *f3*; (*attempt*) iarraidh *f* ◆ *vt* tairg, déan tairiscint ◆ *vt* ordaigh do; **he bid me good morning** bheannaigh sé dom; **he bid me goodbye** d'fhág sé slán agam; **he bid five pounds for it** thairg sé cúig phunt air; **do as you are bid** déan mar a iarrtar ort

bidder *n*: **the highest ~** an té a thairgeann an t-airgead is mó

bidding *n* tairiscint *f3*, biodáil *f3*

bide *vt*: **to ~ one's time** fanacht le cóir

bifocals *npl* défhócasaigh *mpl1*

big *adj* mór

bigamy *n* biogamacht *f3*, déchéileachas *m1*

bigheaded *adj* sotalach, leitheadach; **he is bigheaded** tá a cheann séidte, tá sé mór as féin

bigot *n* biogóid *m4*

bigoted *adj* biogóideach

bigotry *n* biogóideacht *f3*

big top *n* ollphuball *m1* sorcais

bike *n* rothar *m1*

bikini *n* bicíní *f*

bilateral *adj* détheobhach

bilingual *adj* dátheangach

bill *n* (*also POL*) bille *m4*; (*US*: *banknote*) nóta *m4* bainc; (*of bird*) gob *m1*; (*THEAT*): **on the ~** ar an chlár; **"post no bills"** "cros ar fhógráin"; **to fit** or **fill the bill** (*fig*) cúis a dhéanamh ◆ *vt*: **to ~ sb** bille a chur chuig duine

billboard *n* clár *m1* fógraí

billet *n* billéad *m1*

billfold (*US*) *n* sparán *m1*

billiards *n* billéardaí *pl*

billion *n* (*BRIT*) billiún *f3* + *sg*; (*US*) míle *m4* milliún + *sg*

bin *n* araid *f2*; (*also*: **dustbin**) bosca *m4* bruscair

binary *adj* dénártha

bind *vt* (*tie*) ceangail, nasc; (*book*) ceangail; (*oblige*): **to ~ sb to do sth** iallach a chur ar dhuine rud a dhéanamh ◆ *n* (*nuisance*) crá *m4* croí

binding *adj* (*contract*) ceangailteach

binge (*inf*) *n* ragús *m1* óil; **to go on a** or **the binge** dul ar an ól or ar an gcaor

bingo *n* biongó *m4*

binoculars *npl* déshúiligh *mpl1*

biochemistry *n* bithcheimic *f2*

biodegradable *adj* bith-indíghrádaithe

biographer *n* beathaisnéisí *m4*

biographic *adj* beathaisnéiseach

biography *n* beathaisnéis *f2*

biological *adj* bitheolaíoch

biology *n* bitheolaíocht *f3*

biorhythm *n* bithrithim *f2*

biotechnology *n* bith-theicneolaíocht *f3*

birch *n* beith *f2*

bird *n* éan *m1*

bird's-eye view n radharc m1 anuas; (fig) léargas m1 ginearálta

bird-watcher n éanfhairtheoir m3, éaneolaí m4

Biro ® n badhró m4

birth n breith f2; **she gave birth to a son** rugadh mac di; **he's Irish by birth** is Éireannach ó dhúchas é

birth certificate n teastas m1 beireatais

birth control n (policy) cosc m1 beireatais; (method) frithghiniúint f3

birthday n breithlá m, lá m breithe ♦ cpd breithlae n gen

birthplace n: **my ~** an áit a rugadh mé; (fig) m'áit f2 dhúchais

birth rate n ráta m4 beireatais

biscuit n (BRIT) briosca m4; (US) toirtín m4

bishop n (also CHESS) easpag m1

bit n giota m4, blúire m4, píosa m4; (of tool) béalmhír f2; (for horse) béalbhach f2; (COMPUT) giotán m1; **a bit of** píosa de, giota de; **a bit mad** rud beag ar mire; **a bit tired** rud beag tuirseach; **bit by bit** de réir a chéile, ó ghiota go giota; **every bit as clever as ...** lán chomh cliste le ...

bitch n (dog) soith f2, bitseach f2; (inf!) raicleach f2, bitseach (mná)

bite vt, vi bain greim or plaic or sclamh as; (insect) caiig ♦ n (insect bite) caiig f2, greim m3; (mouthful) greim; (FISHING) broideadh m, greim; **let's have a bite (to eat)** beidh greim bia againn; **to bite one's nails** d'ingne a ithe

bitter adj goirt, searbh, gangaideach; (weather, wind) nimhneach, feanntach; (criticism) géar, dian; (struggle) géar ♦ n (beer) leann m3 searbh

bitterness n searbhas m1, gangaid f2; (taste) seirbhe f4, domlas m1

bizarre adj ait, aisteach, saoithiúil

blab vi: **to ~** bheith ag clabaireacht

black adj dubh ♦ n (colour) dubh m1; (person): **Black** Gormach m1, duine m4 gorm ♦ vt (IND) baghcatáil; **to give sb a black eye** súil dhubh a fhágáil ag duine; **to be in the black** (in credit) bheith ar thaobh na tsochair; **as black as soot** chomh dubh leis an súiche

blackberry n sméar f2 dubh

blackbird n lon m1 dubh, céirseach f2

blackboard n clár m1 dubh

black coffee n caife m4 dubh

blackcurrant n cuirín m4 dubh

blacken vt dubhaigh

black ice n oighear m1 dubh

blackleg n cúl m1 le stailc

blacklist n liosta m4 dubh

blackmail n dúmháil m1 ♦ vt cuir faoi dhúmháil, dúmháil

black market n an margadh m1 dubh

blackout n (ELEC) lánmhúchadh m; **to have a blackout** (fainting) titim i laige, dul i dtámh or i dtámhnéal ♦ vi (TV etc) dul as

Black Sea n: **the Black Sea** An Mhuir f3 Dhubh

black sheep n (fig) coilíneach m1

blacksmith n gabha m4 (dubh)

black spot n (AUT) n ionad m1 timpiste

bladder n lamhnán m1; (football) éadromán m1

blade n (of weapon) lann f2, faobhar m1; (of oar, hurling stick, shoulder) bos f2; **blade of grass** gas m1 or ribe m4 féir

blame n locht m3, milleán m1 ♦ vt: **to ~ sb/sth for sth** an locht a chur ar dhuine/ar rud as rud; **who's to blame?** cé air an locht?; **he is to blame** eisean is ciontaí; **you have only yourself to blame** bí ag éileamh ort féin

blameless adj gan locht, neamhlochtach

blancmange n bánghlothach f2

bland adj (taste, food) tur, leamh

blank adj bán, folamh; (look) folamh, bómánta ◆ n (space) bearna f4; (cartridge) cartús m1 caoch; **his mind was a blank** ní raibh aon smaoineamh ina cheann

blank cheque n seic m4 bán

blanket n blaincéad m1, pluid f2; (of snow, cloud) cumhdach m1

blare vi búir

blaspheme vi maslaigh, diamhaslaigh

blast n (of wind) rois f2, soinneán m1; (of explosive) pléascadh m ◆ vt pléasc, réab

blastoff n (SPACE) scaoileadh m

blatant adj lom-, dearg-; (clear) follasach; **a blatant lie** deargbhréag

blaze n (fire) lasair f, dóiteán m1 ◆ vi: **to ~** (fire) bheith ag bladhmadh; (sun) bheith ag scalladh or spalpadh ◆ vt: **to a trail** (fig) ceannródaíocht a dhéanamh

blazer n bléasar m1

bleach n bléitse m4 ◆ vt (linen etc) bánaigh, tuar

bleached adj (hair) tuartha

bleak adj sceirdiúil, deileoir; (future) gruama

bleat vi: **to ~** bheith ag méileach ◆ n (of sheep) méileach f2; (of goat) meigeallach f2

bleed vt (MED) bain or lig fuil as, déan cuisleoireacht ar ◆ vi cuir fuil, fuiligh (ar); **he is bleeding** tá sé ag cur fola; **my nose was bleeding** bhí sé ag cur fuil shróine

bleeper n (device) blípire m4

blemish n ainimh f2, máchail f2, smál m1; (on fruit, reputation) smál

◆ vt smálaigh

blend n cumasc m1, meascán m1 ◆ vt cumaisc, measc ◆ vi: **to ~ (in)** (colours etc) dul isteach ina chéile, cur le chéile

blender n cumascóir m3

bless vt beannaigh, coisric; **bless you!** (after sneeze) Dia leat!; Dia linn!; **to bless o.s.** tú féin a choisreacan

blessing n beannacht f3, coisreacan m1; (godsend) tabhartas m1 Dé, tíolacadh m ó neamh

blight vt smol, mill; **to blight sb's hopes** duine a chur dá dhóchas or as a dhóchas

blimey (inf) excl a thiarcais!

blind adj dall, caoch ◆ n (for window) dallóg f2; **the blind** npl na daoine mpl4 dalla, na daill mpl1 ◆ vt dall, caoch

blind alley n clós m1 caoch

blind corner n coirnéal m1 caoch

blindfold n púicín m4 ◆ adj, adv faoi phúicín ◆ vt cuir púicín ar

blindly adv go dall, go haingialita

blindness n daille f4, caoiche f4

blind spot n (AUT) caochspota m4; **that is her blind spot** (fig) sin an rud nach bhfuil ciall ar bith aici dó

blink vi (light) preab; **to blink an eye** súil a chaochadh or a bhobáil ◆ n: **in the ~ of an eye** i bhfaiteadh na súl

blinkers npl léaróga fpl

bliss n aoibhneas m1

blister n (on skin) spuaic f2, clog m1; (on paintwork, rubber) clog ◆ vi (paint) clog air; **it blistered** d'éirigh clog air

blizzard n síobadh m sneachta

bloated adj ata, séidte, borrtha

blob n (drop) daba m4, braon m1; (daub, lump) daba m4; (stain) smál m1; (spot) ball m1

block n bloc m1, ceap m1; (in pipes)

bacainn f2; (toy) bloicín m4; (of buildings) ceap m1 ◆ vt coisc, cuir bac or cosc ar, stop; (ball) stop, blocáil; (fig) téigh roimh; **mental block** bac intinne

blockade n imshuí m4

blockage n caochaíl f3, bac m1

block capitals, block letters npl bloclitreacha fpl, ceannlitreacha fpl bloic

block of flats n áraslann f2, ceap m1 árasán

bloke (inf) n diúlach m1

blond(e) adj fionn, bán ◆ n duine m4 fionn

blood n fuil f; **to have sth in the blood** (fig) rud a bheith sa dúchas agat

blood donor n deontóir m3 fola

blood group n fuilghrúpa m4

bloodhound n cú m4 fola

bloodless adj gan fuil, neamh-fholach

blood poisoning n nimhiú m fola

blood pressure n brú m4 fola

bloodshed n ár m1, doirteadh m fola

bloodshot adj sreangach

bloodstream n sruth m3 (na) fola

blood test n triail f fola

bloodthirsty adj fuilíocht, fuilchíocrach

blood vessel n fuileadán m1

bloody adj fuilteach; (inf!): **this ~ ... an ....** mallaithe seo; **bloody strong/good** damanta láidir/maith

bloody-minded (inf) adj cadránta, ceanndána

bloom n bláth m3, snas m3, snua m4 ◆ vi tar i mbláth

blossom n bláth m3, plúr m1 ◆ vi bláthaigh, tar i mbláth

blot n smál m1 ◆ vt smálaigh ▸ **blot out** (memories) cuir as do cheann; (view) folaigh, ceil

blotting paper n páipéar m1 súite

blouse n blús m1

blow n buille m4 ◆ vi (wind) séid; (fuse) dóigh ◆ vt séid; (instrument) séid; **to blow one's nose** do shrón a shéideadh; **to blow a whistle** feadóg a shéideadh ▸ **blow away** vt séid ar shiúl, séid chun siúil ▸ **blow down** vt séid chun talún ▸ **blow off** vt séid de, síob de ▸ **blow out** vt (fire, flame) múch, séid amach ◆ vi téigh as ▸ **blow over** vi síothlaigh ▸ **blow up** vt séid; (tyre) séid, teann, cuir aer i; (PHOT) méadaigh ◆ vi pléasc

blowlamp n séidlampa m4

blowout n (of tyre) polladh m

blowtorch n séidlampa m4

blow-up n (PHOT) méadú m

blue adj gorm; (fig) graosta, gáirsiúil ◆ n: **the ~s** (MUS) na bliúanna mpl4, na gormacha mpl1; **blue joke** scéal (grinn) graosta; **blue movie** scannán pornagrafaíochta; **to come out of the blue** (fig) teacht mar a bheadh splanc ann, teacht gan choinne

bluebell n cloigín m4 gorm

bluebottle n cuil f2 ghorm

blueprint n (fig) bunphlean m4

bluff vi: **he was ~ing** bhí sé ag cur i gcéill ◆ vt cuir dallamullóg ar ◆ n cur m1 i gcéill; **to call sb's bluff** tabhairt ar dhuine cur lena chuid cainte

blunder n botún m1, meancóg f2 ◆ vi déan botún or meancóg

blunt adj (person) giorraisc; (knife, pencil) maol

blur n dusma m4 ◆ vt smálaigh, doiléirigh

blurb n blurba m4, achoimre f4 bolscaireachta

blurt out vt (reveal) spalp amach, sceith, lig amach

blush vi dearg, las ◆ n lasadh m, luisne f4; **she blushed** las sí san aghaidh

blustery adj (weather) stamhlaí
boar n collach m1
board n clár m1, bord m1; (on wall, for chess) clár m; (cardboard) cairtchlár m1; (committee) coiste m4; (in company) bord; (NAUT, AVIAT): **on ~** ar bord ♦ vt téigh ar bord; (train) téigh ar; **full/half board** lánchothú/leathchothú; **board and lodging** bord agus leaba; **which goes by the board** (fig) a ligtear ar lár ▶ **board up** vt (door, window) dún le cláir
boarder n (SCOL) scoláire m4 cónaithe
boarding card n = **boarding pass**
boarding house n teach m lóistín
boarding pass n (AVIAT, NAUT) cárta m4 or pas m4 bordála
boarding school n scoil f2 chónaithe
board room n seomra m4 comhairle
boast vi: **to ~** (about or of) maíomh (as), mórtas a dhéanamh (as), gaisce a dhéanamh (as) ♦ n maíomh m1, mórtas m1, gaisce m4
boat n bád m1; (small) coite m4
bob vi (boat, cork, on water): also: **~ up and down**) damhsaigh
bobby (inf) n póilín m4
bobsleigh n carr m1 sleamhnáin
bode vi: **it ~s well/ill for the future** is maith/ní maith an tuar é don am atá le teacht
bodily adj corpartha ♦ adv: **Seán was thrown out ~** caitheadh Seán amach idir chorp is chleiteacha; **bodily strength** neart coirp
body n corp m1, colainn f2; (dead) corp, corpán m1, marbhán m1; (of car, plane) cabhail f; (fig: society) comhlacht m3; (of wine) tathag m1; **body odour (B.O.)** boladh m1 coirp

body building n corpdhéanamh m1
bodyguard n garda m4 cosanta
body stocking n stoca m4 cabhlach
bodywork n cabhalra m4
bog n portach m1, caorán m1 ♦ vt: **to get ~ged down** (fig) dul in abar
bogus adj bréagach; **bogus company** n comhlacht m3 bréige
boil vt, vi beirigh, fiuch, bruith ♦ n (MED) neascóid f2; **to come to the boil, to come to a boil** (US) tosú ag fiuchadh, tosú ag gail; **to bring to the boil** gail or fiuchadh a bhaint as; **his blood was boiling** bhí a chuid fola ag coipeadh ▶ **boil down to** vt fus (fig): **it ~s down to** is é bun agus barr an scéil ▶ **boil over** vi téigh thar maoil
boiled egg n ubh f2 bhruite
boiled potatoes npl prátaí mpl4 bruite
boiler n coire m4, gaileadán m1
boiling point n pointe m4 fiuchta
boisterous adj gleoiréiseach, spleodrach, callánach
bold adj dána, dalba, neamheaglach; (pej: cheeky) crosta, soibealta; (clear and distinct) glan soiléir; (print) trom
bollard n (AUT) mullard m1
bolster vt: **~ up** neartaigh le, tacaigh le
bolt n (lock) bolta m4, sparra m4; (with nut) bolta ♦ adv: **~ upright** ina cholgsheasamh ♦ vt boltáil, cuir bolta or sparra ar; (TECH: also: **bolt on, bolt together**) boltáil; (food) alp, slog, pulc ♦ vi: **the horse ~ed** d'imigh an capall chun scaoill; **he bolted d'imigh** sé de sciotán, thug sé do na boinn é; **bolt of lightning** splanc thintrí
bomb n buama m1, pléascán m1 ♦ vt buamáil
bomb disposal unit n aonad m1 diúscartha buamaí

bomber n (AVIAT) buamadóir m3

bombing n buamáil f3

bombshell n (fig): it came like a ~ to us bhí sé mar a thitfeadh splanc orainn

bona fide adj (traveller) bona fide, iontaofa

bond n cuibhreach m1, ceangal m1; (binding promise) gealltanas m1, conradh m; (COMM) banna m4; in bond (of goods) faoi bhanna

bondage n braighdeanas m1

bone n cnámh f2 ♦ vt bain na cnámha as, díchnámhaigh

bonfire n tine f4 chnámh

bonnet n boinéad m1

bonus n bónas m1

bony adj cnámhach

boo excl bú ♦ vt: to ~ sb faíreach a dhéanamh faoi dhuine

booby trap n bobghaiste m4

book n leabhar m1; (of stamps, tickets) leabhrán m1 ♦ vt (ticket, seat, room) cuir in áirithe; (football player) glac ainm, cuir sa leabhar; **books** npl (accounts) leabhair mpl1 chuntas

bookcase n prios m3 leabhar, leabhragán m1

booking office n oifig f2 ticéad

book-keeping n cuntasóireacht f3, leabharchoimeád m

booklet n leabhrán m1

bookmaker n geallghlacadóir m3

bookseller n díoltóir m3 leabhar

bookshop, bookstore n siopa m4 leabhar

bookstall n stalla m4 leabhar

boom n tormán m1, búireach f2; (in prices, population) borradh m ♦ vi: to ~ bheith ag búireach; (prices etc) bheith ag borradh

boon n buntáiste m4; (from God) logha m4

boost n méadú m, spreagadh m ♦ vt treisigh, méadaigh, tabhair

uchtach (do); to boost the power an chumhacht a mhéadú

booster n (MED) treiseoir m3

boot n bróg f2 mhór, buatais f2; (for football etc) bróg pheile; (of car) cófra m4 ♦ vt (COMPUT) tosaigh; to boot (in addition) de bhabhta leis, chomh maith, lena chois

booth n (at fair) stainnín m4; (telephone etc) both f3; (also: voting ~) both vótála

booty n creach f2, éadáil f3

booze (inf) n a braon m1 crua, biotáille f4 ♦ vi déan pótaireacht or póit; to be on the booze bheith ar an ól, bheith ar na cannaí

border n ciumhais f2, teorainn f, imeall m1; (of a country) teorainn, críoch f2 ♦ vt: to ~ (on) (country) bheith ag críochantacht le; at/on the: the Border (IRL: GEOG) An Teorainn; **border road** bóthar teorann; to cross the border dul thar an teorainn ♦ **border on** vt fus: it ~s on my land tá sé ag críochantacht liom, tá sé i sa chríoch agam; it's bordering on a hundred pounds tá suas le céad punt ann, tá sé ag bordáil ar chéad punt

borderline n (fig) teorainn f

bore n (hole) poll, toll; (of oil well, tunnel) toll; (person) tuirsigh, cráigh ♦ n leadránaí m4, liostachán m1; (of gun) cró m4; to be bored bheith dubh dóite; he's such a bore! a leithéid de strambánaí!

boredom n leamhthuirse f4

boring adj leadránach, tuirsiúil; a boring story strambán

born adj: to be ~ teacht ar an saol; when were you born? cén bhliain a rugadh tú?; I was born in 1981 rugadh i 1981 mé

borough n buirg f2

borrow vt: to ~ sth (from sb) rud a fháil ar iasacht (ó dhuine)

Bosnia n Boisnia f4

bosom n brollach m1, cliabh m1, ucht m3

boss n saoiste m4, máistir m4, maor m1 ♦ vt: to ~ sb (around or about) barrastóireacht or saoistíocht a dhéanamh ar dhuine

bossy adj tiarnúil

Boston n Bostún m1

bosun n bósan m1

botanical adj luibheolaíoch

botany n luibheolaíocht f3

botch vt (also: ~ up) déan praiseach de

both adj araon ♦ pron: ~ (of them) (s)iad beirt; **both of us went, we both went** chuaigh an bheirt againn; **both of you** sibh araon, an bheirt agaibh; **both (of) the books** an dá leabhar; **both men and women** idir fhir agus mhná

bother vt (worry) cráigh, ciap, buair; (disturb) cuir as do ♦ vi: to ~ (o.s.) an stró a chur ort féin, bacadh le ♦ n crá m4, buairt f3; **it is a real bother** is mór an crá croí é; **it's no bother** ní stró ar bith é; **to bother doing** sth bacadh le rud a dhéanamh, an saothar a chur ort rud a dhéanamh; **don't be bothering me** ná bí do mo chrá

bottle n buidéal m1 ♦ vt: to ~ sth rud a chur i mbuidéal, rud a bhuidéalú ► **bottle up** vt (emotion) brúigh fút

bottle bank n gabhdán m1 buidéal

bottleneck n caolas m1, scrogall m1, scroig f2

bottle-opener n osclóir m3 buidéal

bottom n (of container etc) bun m1, íochtar m1; (of sea, lake) grinneall m1, íochtar m1; (buttocks) tóin f3, (of page, list) bun ♦ adj bun-; **the bottom of the class** bun an ranga

bottomless adj (funds) gan teorainn, gan deireadh

bough n craobh f2, géag f2

boulder n bollán m1, moghlaeir m3

bounce vi (ball) preab, bocáil, léim; (cheque) preab ♦ vt preab ♦ n (rebound) preab f2

bouncer n (inf) (at dance, club) fear m1 (an) dorais

bound n (gen pl) teorainn f2; (leap) léim f2, abhóg f2 ♦ vi (leap) léim, preab ♦ vt (limit) teorannaigh ♦ adj: **to be bound to do** sth é a bheith mar oibleagáid ort rud a dhéanamh, ceangal a bheith ort rud a dhéanamh; **it's bound to happen** (likely) is cinnte go dtarlóidh sé; **to be bound by** (law, regulation) iallach + gen a bheith ort; **to be bound for ...** bheith ag triall ar ...; **out of bounds** toirmiscthe; **that** teorainn

boundary n teorainn f

boundless adj gan teorainn

bouquet n crobhaing f2; (of wine) cumhracht f3

bout n dreas m3; (of malaria etc) ráig f2, taom m3; (BOXING etc) babhta m4

bow[1] n (ribbon) cuach f2, cuan m1, cuachóg f2; (weapon, MUS) bogha m4

bow[2] n (with body) umhlú m; (NAUT: also: ~s) tosach m1 or ceann m1 báid ♦ vi sleacht, umhlaigh; (yield): **to ~ to or before** géilleadh do

bowels npl inní mpl4, ionathar msg1

bowl n (for eating) babhla m4, cuach m4 ♦ vt (CRICKET, BASEBALL) babhláil; **bowls** (SPORT) bollaí mpl4

bowler n (CRICKET, BASEBALL) babhlálaí m4; (also: ~ hat) babhlaer m1

bowling n (game) bollaí mpl4

bowling green n faiche f4 bollaí

bow tie n carbhat m1 cuachóige

box n (also THEAT) bosca m4; (large) cófra m4 ♦ vt cuir i mbosca; (SPORT) dornáil ♦ vi dornáil; **cardboard box** bosca cairtchláir

boxer n (fighter) dornálaí m4

boxing n dornálaíocht f3

Boxing Day n Lá m Fhéile Stiofáin

boxing gloves npl lámhainní fpl2 dornála

boxing ring n cró m4 dornálaíochta

box office n oifig f2 ticéad

boxroom n seomra m4 bagáiste

boy n buachaill m3, gasúr m1, garsún m1; (young man) stócach m1

boycott n baghcat m1 ♦ vt baghcatáil

boyfriend n stócach m1, buachaill m3

boyish adj (behaviour, looks) óigeanta; **a boyish girl** cailín báire

bra n cíochbheart m1

brace n (on teeth) cuing f2, teanntán m1; (tool) bíomal m1 ♦ vt (knees, shoulders) teann; **braces** npl (for trousers) guailleáin mpl1, gealasacha mpl1; **to brace o.s.** tú féin a chur i dtaca; (fig) tú féin a chur faoi réir

bracelet n bráisléad m1

bracing adj folláin

bracken n raithneach f2

bracket n (TECH) brac m1; (group) aicme f4; (also: **brace ~**) cuing f2; (also: **round/square ~**) lúibín m4 cruinn/cearnach ♦ vt cuir idir lúibíní; (fig: also: **~ together**) cuir ar aon chéim; **tax bracket** réim f2 chánach

brag vi déan mórtas

braid n (trimming) bréad m1; órshnáithe m4; (of hair) dual m1, trilseán m1

brain n inchinn f2; **brains** npl (intellect) eagna fsg4 chinn; **he's got brains** tá éirim ann, tá eagna chinn aige

brainwash vt déan síolteagasc ar

brainy adj intleachtach, éirimiúil

braise vt galstobh

brake n (on vehicle, also fig) coscán m1 ♦ vi: **to ~ na coscán a theannadh**

brake fluid n sreabhán m1 coscán

brake light n solas m1 coscán

bran n bran m4

branch n craobh f2, géag f2; (of river, road) gabhal m1, géag, brainse m4; (COMM) brainse, gasra m4 ♦ vi (road: **to ~ off from**) imeacht ó, géagú ó

brand n branda m4, marc m1 ♦ vt (cattle) brandáil

brand-new adj úrnua

brandy n branda m4

brash adj sotalach, teanntásach

brass n prás m1

brass band n banna m4 práis

brassiere n cíochbheart m1

brat n (pej) sotaire m4, dailtín m4

brave adj cróga, calma ♦ n laoch m1 Indiach ♦ vt tabhair aghaidh ar, tabhair dúshlán + gen

bravery n crógacht f3, calmacht f3

brawl n maicín m4, racán m1

brawn n (strength) arrachtas m1; (meat) toirceoil f3

bray vi bheith ag grágáil

brazen adj prásach, dána ♦ vt: **to ~ it out aghaidh dhána a chur ort féin**

brazier n ciseán m1 tine

Brazil n An Bhrasaíl f2

breach n bearnaigh ♦ n (gap) bearna f4; (breaking): **~ of contract** sárú m conartha; **breach of the peace** briseadh na síochána

bread n arán m1; (fig) cothú m, slí f4 beatha; **bread and butter** arán agus im m; (fig) cothú m, slí f4 beatha

breadbin, bread box (US) n bosca m4 aráin

breadcrumbs npl grabhróga fpl2 aráin

breadline n: he is on the ~ níl aige ach ón lámh go dtí an mbéal

breadth n fairsinge f4, leithead m1

breadwinner n saothraí m4

break vt bris; (promise) bris; (law) sáraigh, bris ♦ vi (weather) claochlaigh, bris; (story, news) sceith; (day) bánaigh ♦ n (gap) bearna f4; (fracture) briseadh m; (pause, interval) scíth f2, sos m3; (at school) am m3 sosa; (chance) deis f2, faill f2; **to break one's leg** do chos a bhriseadh; **to break a record** curiarracht a bhriseadh; **to break the news to sb** an drochscéal a ligean le duine; **to break even** gan gnóthú ná cailleadh; **to break free or loose** éalú; **to break open** (door etc) briseadh ▶ **break down** vt (figures, data) miondealaigh ♦ vi: **his health broke down** bhris ar a shláinte; **the car broke down** chlis an carr, bhris an carr anuas ▶ **break in** vt (horse etc) bris ♦ vi (burglar) bris isteach; (interrupt) bris ~ **in on sb** briseadh isteach ar dhuine ▶ **break into** vt fus (house) bris isteach i ▶ **break off** vi (speaker) stad; (branch) scoith ▶ **break out** vi bris amach; (war) tosaigh; (prisoner) éalaigh; **to break out in spots** or a **rash** baill or gríos a theacht ort ▶ **break up** vi (ship) tit as a chéile, scoir; (crowd) scaip; (SCOL meeting) scoir; (marriage) cliseadh (ar), scoir ♦ vt bris ina phíosaí; (fight etc) réitigh

breakable adj briosc, sobhriste

breakage n briseadh m

breakdown n (AUT, fig) cliseadh m; (of statistics) anailís f2, miondealú m; **nervous breakdown** (MED) cliseadh néarógach

breakers npl maidhmeanna fpl2, bristeacha mpl

breakfast n bricfeasta m4

break-in n briseadh m isteach

breakthrough n céim f2 (mhór) ar aghaidh

breakwater n tonnchosc m1

breast n (of woman) cíoch f2, brollach m1; **breast of chicken** brollach sicín

breast-feed vt, vi tabhair an chíoch do

breaststroke n bang m3 brollaigh

breath n anáil f2; **out of breath** rite as anáil

Breathalyser ® n anáilíseoir m3 (alcóil)

breathe vt, vi tarraing anáil, análaigh ▶ **breathe in** vi tarraing d'anáil isteach ▶ vt ionanálaigh ▶ **breathe out** vi cuir d'anáil amach ♦ vt easanálaigh

breather (inf) n scíth f2, sos m3

breathing n análú m

breathing space n faoiseamh m1, faill f2 chun d'anáil a tharraingt

breathless adj séidte, as anáil

breathtaking adj iontach, millteanach; **it was breathtaking** bhain sé an anáil díom

breed vt, vi póraigh, síolraigh ♦ n pór m1, sliocht m3

breeding n (upbringing) tógáil f3, múineadh m

breeze n leoithne f4, feothan m1

breezy adj gaofar

brevity n gontacht f3, achomaireacht f3

brew vt (tea) déan; (beer) grúdaigh ♦ vi (storm) bheith ag cruinniú

brewery n grúdlann f2

bribe n breab f2 ♦ vt breab, ceannaigh

bribery n breabaireacht f3

brick n bríce m4

bricklayer n bríceadóir m3

bridal adj bainise n gen

bride n brídeach f2

bridegroom n grúm m1

bridesmaid n cailín m4 coimhdeachta

bridge n droichead m1; (of nose) caol m1 na sróine; (CARDS) beiriste m4 ♦ vt (fig: gap, gulf) líon

bridle n srian m1, aral f

brief adj achomair, gairid ♦ n (guidelines) treoir f; (LAW) mionteagasc m1 ♦ vt cuir ar an eolas; **briefs** npl (undergarment) fo-bhríste msg4, bristín msg4

briefcase n mála m4 cáipéisí

briefly adv i mbeagán focal, go hachomair

bright adj geal, glé; (clever) cliste, éirimiúil; (cheerful) gealgháireach; **a bright idea** smaoineamh maith

brighten (also: ~ up) vt geal, cuir beocht i ♦ vi: **the weather is ~ing up** tá sé ag gealadh; **she brightened up** tháinig aoibh uirthi

brilliance n niamh f2, loinnir f, laomthacht f3

brilliant adj lonrach; (great) ar dóigh, iontach

brim n béal m1; (of hat) duilleog f2

brine n (CULIN) sáile m4

bring vt tabhair leat, beir leat
▶ **bring about** vt: **it was he who brought it about** ba é ba chúis leis, ba é faoi deara é ▶ **bring back** vt tabhair ar ais ▶ **bring down** vt (price) ísligh, laghdaigh; (enemy plane) leag; (government) bris ▶ **bring forward** vt tabhair chun tosaigh ▶ **bring off** vt (task, plan) cuir i gcrích ▶ **bring out** vt (meaning) léirigh; (book) foilsigh; (object) cuir ar an margadh ▶ **bring round, bring to** vt (revive): **to ~ sb round** or **to** duine a thabhairt chuige féin ▶ **bring up** vt (child) tóg; (carry up) tabhair suas; (question) cuir i dtreis, tarraing ort; (food: vomit) urlaic, aisig, cuir amach; **she was brought up in**

Ireland tógadh in Éirinn í

brink n bruach m1; **on the brink of** ar bhruach, ar tí; **on the brink of war** ar bhruach cogaidh

brinkmanship n bruachaireacht f3

brisk adj briosc, bíogúil

bristle n guaire m4, colg m1 ♦ vi: **he ~d with anger** d'éirigh colg feirge air

Brit (inf) n Gall m1

Britain n (also: **Great ~**) An Bhreatain f2 Mhór

British adj Briotanach; **the ~ muintir** f2 na Breataine

British Isles npl: **the British Isles** Na hOileáin mpl1 Bhriotanacha

Briton n Briotanach m1

Brittany n An Bhriotáin f2

brittle adj sobhriste, briosc

broach vt (subject) tabhair chun cinn, tarraing ort

broad adj leitheadach, leathan; (distinction) ginearálta; (accent) láidir; **in broad daylight** i lár an lae ghil

broadcast n craoladh m, craobhscaoileadh m ♦ vt, vi craol, craobhscaoil

broadcasting n craolachán m1, scaipeadh m

broaden vt fairsingigh, leathnaigh ♦ vi leath; **to broaden one's mind** d'intinn a fhairsingiú

broadly adv go ginearálta

broad-minded adj leathanaigeanta

broccoli n brocailí m4

brochure n bróisiúr m1

broil vt (CULIN) gríosc

broke adj (inf) briste, sportha, creachta

broken adj briste; (also: ~ down) as gléas; **in broken English/French** i mBéarla briste/i bhFraincis bhriste; **broken leg** cos bhriste

brokenhearted adj croíbhriste

broker n bróicéir m3

brolly (*inf*) *n* scáth *m3* fearthainne
bronchitis *n* broinciteas *m1*
bronze *n* umha *m4*, cré-umha *m4*
brooch *n* dealg *f2*, bróiste *m4*
brood *n* ál *m1* ♦ *vi*: **to ~ over sth** gor a dhéanamh ar rud
broom *n* scuab *f2*; (*BOT*) giolcach *f2* shléibhe
broomstick *n* crann *m1* scuaibe
broth *n* brat *m1*, anraith *m4*
brothel *n* drúthlann *f2*, teach *m* striapachais
brother *n* dearthair *m*; (*REL*) bráthair *m*; **Brother Patrick** an Bráthair Pádraig
brother-in-law *n* dearthair *m* céile
brow *n* (*forehead*) clár *m1* an éadain; (*eyebrow*) mala *f4*, fabhra *m4*; (*of hill*) grua *f4*
brown *adj* donn *m*; (*tanned*) crón, donn ♦ *n* (*colour*) donn *m1* ♦ *vt* (*CULIN*) donnaigh
brown bread *n* arán *m1* donn
Brownies *n* (*also*: **Brownie Guides**) Bhrídíní *pl*
brown paper *n* páipéar *m1* donn
brown sugar *n* siúcra *m4* donn
browse *vi* (*among books*) bheith ag caitheamh do shúile thar; (*in field*) bheith ag creimeadh *or* ag iníor; **to browse through a book** mearspléachadh a thabhairt ar leabhar
bruise *n* brú *m4*, ball *m1* gorm ♦ *vt* brúigh
brunette *n* cailín *m4* donn
brunt *n*: **the ~ of** (*attack, criticism etc*) meáchan + *gen*
brush *n* scuab *f2*; (*for painting*) cleitheán *m1*; (*for shaving*) scuaibín *m4*; (*quarrel*) imreas *m1*, teagmháil *f3* (bheag) ♦ *vt* scuab; (*also*: **~ against**) cuimil de, teagmhaigh le ♦ **brush aside** *vt* déan a bheag de ♦ **brush up** *vt* (*knowledge*) bain amach ón mheirg de; **to brush up on sth**

athstaidéar a dhéanamh ar rud
brushwood *n* scrobarnach *f2*
Brussels *n* An Bhruiséil *f2*
Brussels sprout *n* bachlóg *f2* Bhruiséile
brutal *adj* brúidiúil
brute *n* brúid *f2* ♦ *adj*: **by ~ force** le tréan urra
bubble *n* boilgeog *f2*, bolgán *m1*, súil *f2* ♦ *vi* bheith ag boilgearnach; **to bubble with joy** cluaisíní croí a bheith ort
bubble bath *n* folcadh *m* sobalach
bubble gum *n* guma *m4* coganta
buck *n* poc *m1*, boc *m1*; (*US*: *inf*) dollar *m1* ♦ *vi* rad; **to pass the buck (to sb)** an fhreagairt a fhágáil uait (chuig duine) ♦ **buck up** *vi* (*cheer up*) croith suas tú féin
bucket *n* buicéad *m1*
buckle *n* búcla *m4* ♦ *vt* (*belt etc*) búcla ♦ *vi* (*warp*) lúb, cam
bud *n* bachlóg *f2* ♦ *vi* bachlaigh, sceith
Buddhism *n* Búdachas *m1*
Buddhist *n* Búdaí *m4* ♦ *adj* Búdaíoch
budding *adj* (*poet etc*) atá ag teacht i gcrann
buddy (*US*) *n* compánach *m1*
budge *vt* bog, corraigh; (*fig: person*) bain feacadh as ♦ *vi* corraigh, bog
budgerigar *n* budragár *m1*
budget *n* buiséad *m1*, cáinaisnéis *f2* ♦ *vi*: **to ~ for sth** buiséad le haghaidh + *gen*
budgie *n* = **budgerigar**
buff *adj* donnbhuí ♦ *n* (*inf*: *enthusiast*) móidín *m4*; **a film buff** saineolaí scannánaíochta
buffalo *n* buabhall *m1*
buffer *n* (*also* COMPUT) maolaire *m4*
buffet[1] *vt* tuairteáil
buffet[2] *n* (*bar*) cuntar *m1* bia; (*food*) buifé *m4*

buffet car n (RAIL) carráiste m4 bia

bug n feithid f2; (fig: germ) fríd f2; (: spy device) gaireas m1 cúléisteachta; (COMPUT) fabht m4 ♦ vt (inf: annoy) cráigh, ciap

bugle n stoc m1, buabhall m1

build n (of person) déanamh m1 ♦ vt tóg, déan ▸ **build up** vt carn, méadaigh, neartaigh

builder n tógálaí m4, foirgneoir m3

building n (trade) foirgníocht f3; (house, structure) foirgneamh m1

building society n cumann m1 foirgníochta

built-in adj (cupboard, oven) ionsuite; (device) inlonnaithe

built-up area n limistéar m1 faoi fhoirgnimh

bulb n (ELEC) bolgán m1, bulba m4; (BOT) bleib f2

bulge n boilsc f2 ♦ vi (pocket, file etc) boilscigh; (cheeks) séid

bulk n téagar m1, toirt f2, bulc m1; **in bulk** (COMM) ar an mórchóir; the **bulk of ...** an mhórchuid de ...

bulky adj toirtiúil, téagartha

bull n tarbh m1; (male whale) míol m1 mór fireann; (male elephant) eilifint f2 fhireann

bulldog n bulladóir m3, tarbhghadhar m1

bulldoze vt réitigh le hollscartaire

bulldozer n ollscartaire m4

bullet n piléar m1

bulletin n billeog f2 nuachta; (news bulletin) ráiteas m1 nuachta

bulletproof adj piléardhíonach

bullfight n tarbhchomhrac m1

bullfighter n tarbhchomhraiceoir m3

bullfighting n tarbhchomhrac m1

bullion n builleán m1

bullock n bológ f2, bullán m1

bullring n cró m4 tarbhchomhraic

bull's-eye n súil f2 sprice

bully n bulaí m4 ♦ vt: to ~ sb

bheith ag maistíneacht ar dhuine

bum n (inf: backside) geadán m1, tóin f3; (esp US: tramp) geocach m1, fánaí m4, ráigí m4 ♦ **bum around** vi: to ~ around bheith ag fánaíocht or ag ráigíocht

bumblebee n bumbóg f2

bump n (swelling) cnapán m1; (in car: minor accident) tuairt f2; (jolt) croitheadh m; (on road etc, on head) uchtóg f2 ♦ vt buail, gread, tuairteáil ▸ **bump into** vt fus buail in éadan + gen; (meet) buail le; **I bumped into Sean** casadh Seán orm

bumper n cosantóir m3, maolaire m4 ♦ adj (edition) mór; **bumper crop/harvest** barr/fómhar den scoth

bumpy adj tuairteálach, cnapánach, corrach

bun n borróg f2; (in hair) cocán m1

bunch n (of flowers) dos m1, scoth f3, triopall m1; (of keys) cloigín m4; (of bananas) dornán m1; (of people) baicle f4, drong f2; **bunches** npl (in hair) snaidhmeanna fpl2; **bunch of grapes** triopall caor fíniúna

bundle n burla m4, beart m1; (of paper) cual m1 ♦ vt (also: ~ up) cnap; (put): to ~ sth/sb into rud/duine a chuachú isteach i

bungalow n bungaló m4

bungle vt déan praiseach de

bunion n pachaille f4, buinneán m1

bunk n bunc m4

bunk bed n leaba f bunc

bunker n (coal store) gualchró m4; (MIL) buncaer m1, tochaltán m1

bunny (rabbit) n coinín m4

bunting n stiallbhratacha pl

buoy n baoi m4, bulla m4 ♦ **buoy up** vt coinnigh ar snámh; (fig) tabhair tacaíocht do, neartaigh le

buoyant adj snámhach; (carefree) aigeantach; (economy) buacach, briomhar

burden n eire m4, ualach m1; (responsibility) muirear m1, cúram m1 ◆ vt (trouble) ualaigh, cuir ualach ar

bureau n (BRIT: writing desk) biúró m4; (US: chest of drawers) cófra m4 tarraiceán; (office) oifig f2

bureaucracy n maorlathas m1

burglar n buirgléir m3

burglar alarm n rabhchán m1

burglarize (US) vt = burgle

burglary n buirgléireacht f3

burgle vt bris isteach i, déan buirgléireacht ar; **we've been burgled** creachadh muid

burial n adhlacadh m, cur m1

burly adj téagartha

burn vt, vi dóigh ◆ n dó m4, ball m1 dóite ▶ **burn down** vt dóigh go talamh

burner n dóire m4

burning adj loiscneach; (house) (atá) trí thine; (ambition) díochra

burrow n (gen) uachais f2; (rabbit's) poll m1 coinín; (badger's) brocach f2 ◆ vt tochail

bursary n sparánacht f3

burst vt maidhm, pléasc; (subj: river: banks etc) maidhm ◆ vi pléasc, maidhm; (tyre) pléasc ◆ n (of gunfire) rois f2; (also: ~ pipe) réabadh m; **a burst of enthusiasm/ energy** tallann díograise/fuinnimh; **to burst into flames** lasadh d'aon bhladhm; **to burst out laughing** pléascadh amach ag gáire, racht gáire a ligean asat; **to be bursting with ...** bheith ag cur thar maoil le ... ▶ **burst into** vt fus (room etc) téigh isteach de rúid

bury vt adhlaic, cuir

bus n bus m4

bush n tor m1, tom m1; (scrubland)

mongach m1, díthreabh f2; **to beat about the bush** teacht thart ar an scéal

bushy adj tomógach, mothallach

busily adv go gnóthach, go cruógach

business n (trading) gnó m4, gnóthas m1; (firm) gnólacht m3; **to be away on business** bheith as láthair ar chúrsaí gnó; **it's none of your business** ní do do ghnó é, ní bhaineann sé duit; **he means business** tá sé dáiríre

businesslike adj ar bhonn ordúil

businessman n fear m1 gnó

business trip n turas m1 gnó

businesswoman n bean f ghnó

busker n ceoltóir m3 sráide

bus stop n stad m4 bus

bust n bráid f, busta m4, brollach m1 ◆ adj (inf: broken) as gléas, briste; **to go bust** cliseadh

bustle n fuadar m1 ◆ vi fuaidrigh

bustling adj fuadrach

busy adj gnóthach, cruógach, broidiúil ◆ vt: **to ~ o.s. with sth** bheith ag gabháil do rud, tú féin a choinneáil gnóthach le rud

busybody n socadán m1

KEYWORD

but conj ach; **I'd love to come, but I'm busy** ba bhreá liom teacht, ach tá mé gnóthach
◆ prep (apart from, except) ach; **we've had nothing but trouble** ní raibh a dhath againn ach trioblóid; **no-one but him can do it** ní thig le duine ar bith é a dhéanamh ach é féin; **for you/ your help** ach ab é or murach tusa/do chuidiúsa; **anything but that** gach rud ach é sin
◆ adv (just, only) ach; **she's but a child** níl inti ach páiste; **had I but known** ach fios a bheith agam; **all**

but finished beagnach críochnaithe

butcher n búistéir m3 ♦ vt déan
búistéireacht ar
butcher's (shop) n siopa m4
búistéara
butler n buitléir m3
butt n (large barrel) buta m4; (of
gun) stoc m1; (of cigarette) bun m1;
(fig: target) ceap m1 ♦ vt buail sonc
ar ♦ **butt in** vi (interrupt) bris
isteach, cuir do ladar i
butter n im m ♦ vt cuir im ar; **to
butter sb up** béal bán a thabhairt
do dhuine, duine a chuimilt
buttercup n cam m1 an ime
butterfly n féileacán m1; **butterfly
stroke** bang m3 an fhéileacáin
buttocks npl mása mpl1, tóin fsg3
button n cnaipe m4; (US: badge)
suaitheantas m1 ♦ vt: **to ~ (up)**
one's coat cnaipí do chóta a
cheangal or a dhúnadh
buttonhole n lúbóg f2, poll m1
cnaipe
buttress n taca m4
buxom adj bloiscíneach; **a buxom
woman** sodóg f2
buy vt ceannaigh ♦ n ceannach m1;
to buy sb sth/sth from sb rud a
cheannach dó/ó dhuine; **to buy sb
a drink** deoch a cheannach do
dhuine
buyer n ceannaí m4
buzz n crónán m1, dordán m1; (of
talking) monabhar m1; (inf: phone
call): **to give sb a ~** glaoch a chur
ar dhuine ♦ vi bheith ag dordán
buzzard n clamhán m1
buzzer n dordánaí m4
buzz word (inf) n focal m1 atá i
mbéal gach duine, focal na huaire

KEYWORD

by prep 1 (referring to cause, agent)
le, ag; **he was killed by lightning**

splanc thintrí a mharaigh é; **he
was struck by a stone** buaileadh le
cloch é; **the house was surrounded
by a fence** bhí sconsa thart
timpeall ar an teach or timpeall an
tí; **a painting by Picasso** pictiúr le
Picasso
2 (referring to method, manner,
means): **by bus/train** ar an or leis
an mbus/traein; **by car** i gcarr or sa
charr; **to pay by cheque** íoc (as) le
seic; **by saving hard** trí choigilt
mhór a dhéanamh
3 (via, through) trí, tríd; **we came
by Dublin** thángamar trí Bhaile
Átha Cliath
4 (close to, past) in aice + gen, in
aice le, taobh le, láimh le, cois
+ gen; **the house by the school** an
teach in aice leis an scoil; **a
holiday by the sea** laethanta saoire
cois (na) farraige; **she sat by the
bed** shuigh sí ag colbha na leapa;
she went by me chuaigh sí tharam
or thart liom; **I go by the post
office every day** téim thart le
hoifig an phoist gach lá
5 (with time: not later than) roimh;
(during): **by daylight** de sholas an
lae, de lá, sa lá; **by night** d'oíche,
san oíche; **by 4 o'clock** roimh a 4
a chlog; **by this time tomorrow**
faoin am seo amárach; **by the
time I got there it was too late**
faoin am ar tháinig mé ann bhí
sé rómhall
6 (amount): **by the kilometre** an
chiliméadar; **he is paid by the hour**
íoctar in éadan na huaire é
7 (MATH, measure): **to divide by 3**
roinnt ar 3; **to multiply by three**
méadú faoi thrí; **a room 3 metres
by 4** seomra atá trí mhéadar ar
cheithre mhéadar; **it's broader by
a metre** is leithne de mhéadar é;
one by one ceann i ndiaidh an

chinn eile, ina gceann is ina gceann, ceann ar cheann, ina nduine is ina nduine; **little by little** de réir a chéile, ó ghiota go giota, beagán ar bheagán

8 (*according to*) le, ar, de réir; **it's 3 o'clock by my watch** tá sé a trí a chlog de réir an chloig/an uaireadóra 'sagamsa; **it's all right by me** i dtaca liomsa de, tá sin i gceart

9: (all) by o.s. *etc* i d'aonar (ar fad), leat féin *etc*

10: by the way dála an scéil
♦ *adv* **1** *see* **go; pass** *etc*

2: by and by ar ball (beag), i gceann na haimsire; **by and large** tríd is tríd, den chuid is mó

bye(-bye) *excl* slán leat, slán agat

by(e)-law *n* fodhlí *m4*

by-election *n* fothoghchán *m1*

bygone *adj* caite, thart, fadó ♦ *n*: **let ~s be ~s** an rud atá thart bíodh sé thart

bypass *n* seachród *m1*; (*MED*) seach-chonair *f2* ♦ *vt* seachain

by-product *n* seachtháirge *m4*; (*fig*) fothoradh *m1*

bystander *n* féachadóir *m3*

byte *n* (*COMPUT*) beart *m1*

byword *n*: **to be a ~ for ...** bheith mar leathfhocal do ...

by-your-leave *n*: **without so much as a ~** gan chead gan chomhairle

C

C *n* (*MUS*) c

cab *n* cab *m4*, tacsaí *m4*; (*of train, truck*) cábán *m1*

cabaret *n* (*show*) seó *m4*, cabaret *m4*

cabbage *n* cál *m1*, cabáiste *m4*

cabin *n* (*house*) bothóg *f2*, bothán *m1*; (*on ship*) cábán *m1*

cabinet *n* (*POL*) comh-aireacht *f3*; (*furniture*) caibinéad *m1*, clóiséad *m1*; (*also:* **filing ~**) comhadchaibinéad *m1*

cable *n* cábla *m4*; (*of anchor*) téad *f2* ♦ *vt* cáblaigh, cuir sreangscéal chuig

cable car *n* carr *m1* cábla

cable television, cable TV *n* teilifís *f2* chábla

cache *n* folachán *m1*, taisce *f4*, ceallóg *f2*; (*also:* **arms ~**) taisce arm

cackle *vi* bheith ag scolgarnach *or* ag grágarsach

cactus *n* cachtas *m1*

cadet *n* (*MIL*) dalta *m4*

cadge (*inf*) *vt*: **to ~ (from** *or* **off)** bheith ag diúgaireacht (ar)

Caesarean *n* (*also:* **~ (section)**) gearradh *m* Caesarach

café *n* caife *m4*

cafeteria *n* caifitéire *m4*, caifelann *f2*

cage *n* caighean *m1*, cás *m1*; (*bird cage*) éanadán *m1* ♦ *vt* cuir isteach i gcaighean *or* i gcás

cagey (*inf*) *adj* faichilleach, fuireachair; **to be cagey of sth** bheith ar d'aire ar rud

cagoule *n* cóta *m4* éadrom fearthainne

cajole *vt* bladair, meall; **to cajole sb into doing sth** duine a bhladar *or* a mhealladh le rud a dhéanamh

cake *n* cáca *m4*, císte *m4*; **cake of soap** *m1* gallúnaí *or* sópa

calamine *n* cailmín *f*

calamitous *adj* tubaisteach, púrach

calamity *n* tubaiste *f4*, púir *f2*, anachain *f2*

calcium *n* cailciam *m4*

calculate *vt* áirigh, comhair, ríomh;

(*estimate*: *chances, effect*) meas

calculation *n* áireamh *m1*,
comhaireamh *m1*, ríomh *m3*,
ríomhaireacht *f3*

calculator *n* áireamhán *m1*

calendar *n* féilire *m4*, cailéandar *m1*

calendar month *n* mí *f* fhéilire

calf *n* (*of cow*) gamhain *m3*, lao *m4*;
(*of other animals*) ceann *m1* óg;
(*also*: ~**skin**) laochraiceann *m1*;
(ANAT) colpa *m4*

calibre, (US) **caliber** *n* (MIL) calabra
m4; (*of character*) mianach *m1*

call *vt* glaoigh *ar*, scairt *ar*; (*name*)
tabhair *ar*; (*meeting*) tabhair le
chéile, gair; (*to visit*: *also*: **call in**,
call round) tabhair cuairt *ar*; (*for
help*) glaoigh *ar* chúnamh ♦ *n*
(*shout*) scairt *f2*, glao *m4*, gairm
f2; (*also*: **telephone** ~) glao, scairt
ghutháin; (*visit*) cuairt *f2*; **he is
called** Pádraig atá air; **to be
on call** bheith *ar* dualgas ▸ **call
back** *vt* (*return*) tar *ar* ais ♦ *vt* (TEL)
glaoigh *ar* ais ▸ **call for** *vt fus*
(*demand*) iarr; (*fetch*) buail isteach
faoi choinne + *gen*, tar ag
iarraidh + *gen* ▸ **call off** *vt*
(*meeting*) cuir *ar* ceal; (*strike*) cuir
deireadh le; (*dogs*) glaoigh *ar* ais *ar*
▸ **call on** *vt fus* (*visit*) téigh *ar*
cuairt chuig, buail isteach chuig;
(*request*): **to** ~ **on sb to do sth**
iarraidh *ar* dhuine rud a
dhéanamh ▸ **call out** *vi* glaoigh
amach, scairt amach ▸ **call up** *vt*
(MIL) cuir gairm slógaidh *ar*; (TEL)
glaoigh *or* scairt *ar*

call box *n* (TEL) bosca *m4* teileafóin
or gutháin

caller *n* (TEL) scairteoir *m3*; (*visitor*)
cuairteoir *m3*

call girl *n* meirdreach *f2*, striapach
f2

calling *n* gairm *f2*

calling card (US) *n* cárta *m4* gnó

callous *adj* fuarchroíoch, gan taise
gan trócaire

calm *adj* socair, ciúin; (*weather*)
soineanta, ciúin ♦ *n* ciúnas *m1*,
calm *m1* ♦ *vt, vi* ciúnaigh,
suaimhnigh ▸ **calm down** *vt, vi*
socraigh, suaimhnigh, ciúnaigh

Calor gas ® *n* gás *m1* Calor

calorie *n* calra *m4*

camber *n* cuaire *f4*, dronn *f2*; (*of
road*) dromán *f2*

Cambodia *n* An Chambóid *f2*

camel *n* camall *m1*

camera *n* (PHOT) ceamara *m4*; (*also*:
cine-camera, **movie camera**)
ceamara scannán; **in camera** i
gcúirt iata

cameraman *n* fear *m1* ceamara

camomile *n* fíogadán *m1*, camán
m1 meall *or* míonla; **camomile tea**
tae fíogadáin

camouflage *n* duaithníocht *f3* ♦ *vt*
duaithnigh, cuir bréagriocht *ar*

camp *n* (*also* MIL) campa *m4*;
(*camping place*) áit *f2 or* láthair *f*
champála ♦ *vi* campáil ♦ *adj* (*man*)
piteogach, baineann

campaign *n* (MIL, POL *etc*) feachtas
m1 ♦ *vi* (POL) déan feachtasaíocht

camp bed *n* leaba *f* champa

camper *n* campálaí *m4*; (*vehicle*)
carr *m1* campála

camping *n*: **to go** ~ dul ag campáil

campsite *n* áit *f2* champála,
láithreán *m1* campála

campus *n* campas *m1*

can[1] *n* canna *m4*, stán *m1* ♦ *vt*
cannaigh, cuir i gcannaí, stánaigh

KEYWORD

can[2] *aux verb* **1** (*be able to*) féad, is
féidir le; **you can do it if you try**
féadann tú é a dhéanamh má
thugann tú faoi, beidh tú ábalta é
a dhéanamh má thugann tú faoi; **I
can't hear you** ní chluinim thú, ní

chloisim thú
2 (*know how to*): **I can swim/drive**
tá snámh/tiomáint agam; **can you
speak French?** an bhfuil Fraincis
agat?
3 (*may*): **can I use your phone?** an
bhfuil cead agam glaoch gutháin or
teileafóin a dhéanamh?
4 (*expressing disbelief, puzzlement
etc*): **it can't be true!** ní féidir go
leis bheith fíor!; **what CAN he
want?** cad é bheadh de dhíth air
ar chor ar bith?
5 (*expressing possibility, suggestion
etc*): **he could be in the library**
d'fhéadfadh sé bheith sa
leabharlann; **she could have been
delayed** thiocfadh dó gur cuireadh
moill uirthi

Canada n Ceanada *m4*
Canadian *adj*, n Ceanadach *m1*
canal n canáil *f3*
canary n canáraí *m4*
cancel vt cealaigh, cuir ar ceal;
(*cross out*) scrios amach, síog
cancellation n cealú *m*, cealúchán
m1
cancer n (MED) ailse *f4*; **Cancer**
(ASTROL) An Portán *m1*
candid *adj* ionraic, oscailte, neamh-
bhalbh
candidate n iarrthóir *m3*
candle n coinneal *f2*; **he wouldn't
hold a candle to** ní
choinneodh sé coinneal duit, ní
dhéanfadh sé croí duit or díot
candlelight n: **by ~** le solas coinnle
candlestick n coinnleoir *m3*; (*bigger,
ornate*) coinnleoir craobhach
candour n (US) **candor** n
oscailteacht *f3*, ionracas *m1*,
neamhbhailbhe *f4*
candy n candaí *m4*; (US) milseáin
mpl1
candyfloss n flas *m3* candaí

cane n (*for walking*) bata *m4* siúil;
(SCOL) slat *f2*; (*for furniture, baskets
etc*) cána *m4*; (BOT) giolcach *f2* ♦ vt
(SCOL): **to ~ sb** an tslat a thabhairt
do dhuine
canister n ceanastar *m1*
cannabis n (*drug*) cannabas *m1*
canned *adj* (*food*) stánaithe,
cannaithe; (*inf: drunk*): **to be
~** bheith ar na cannaí
cannon n canóin *f3*, gunna *m4*
mór
canoe n canú *m4*, curach *f2*; **to
paddle one's own canoe** (*fig*)
d'iomaire féin a threabhadh
canoeing n curachóireacht *f3*
canon n (*clergyman*) canónach *m1*;
(*rule*) prionsabal *m1*
can-opener n stánosclóir *m3*
canopy n forscáth *m3*, ceannbhrat
m1; (*of bed*) téastar *m1*
canteen n ceaintín *m4*, bialann *f2*;
(*flask*) ceaintín
canter vi (*horse*): **to be ~ing** bheith
ag gearrshodar
canvas n bréid *m4*, anairt *f2*
(*bheag*); (*for painting*) canbhás *m1*
canvass vi (POL): **to ~ for** vótaí a
iarraidh ar son + *gen*,
toghchánaíocht a dhéanamh ar
son + *gen* ♦ vt (*investigate: opinions
etc*) canbhasáil
canyon n cainneon *m1*
cap n caidhp *f2*, caipín *m1*, bairéad
m1; (*contraceptive, of pen, for toy
gun*) caipín; (*of bottle*) claibín *m4*,
caipín ♦ vt (*outdo*): **to ~ sb** duine a
shárú; (*put limit on*) teorainn a chur
le
capability n cumas *m1*, ábaltacht
f3, inniúlacht *f3*
capable *adj* ábalta, cumasach; **to
be capable of doing sth** bheith
inniúil ar rud a dhéanamh
capacity n toilleadh *m*, (*for heat,
drink etc*) acmhainn *f2*; (*of factory*)

cumas *m1* táirgthe

cape *n* (*garment*) cába *m4*, clóca *m4*; (*GEOG*) ceann *m1* or rinn *f2* tíre

caper *n* ceáfar *m1* ♦ *vi* ceáfráil, pramsáil

capital *n* (*also*: ~ **city**) príomhchathair *f*; (*money*) caipiteal *m1*; (*also*: ~ **letter**) ceannlitir *f*

capitalism *n* caipitleachas *m1*

capitalist *adj* caipitlíoch ♦ *n* caipitlí *m4*

capitalize *vi*: **to ~ on** buntáiste a bhaint as

capital punishment *n* pionós *m1* an bháis

capitulate *vi* géill

Capricorn *n* (*ASTROL*) An Gabhar *m1*

capsize *vt, vi* tiontaigh, iompaigh; **the currach capsized** chuaigh an churach thar a corp

capsule *n* capsúl *m1*

captain *n* captaen *m1*

caption *n* ceannteideal *m1*

captive *n* braighdeanach *m1*, geimhleach *m1* ♦ *adj* geimhleach, gafa

capture *vt* gabh, tóg; (*attention*) tarraing ♦ *n* gabháil *f3*; (*data capture*) gabháil sonraí

car *n* carr *m1*, gluaisteán *m1*; (*RAIL*) carr, carráiste *m4*, cóiste *m4*

carafe *n* caraf *f1*

caramel *n* caramal *m1*

carat *n* carat *m1*

caravan *n* carbhán *m1*

caravan site *n* láithreán *m1* carbhán

caraway *n* (*also*: ~ **seed**) cearbhas *m1*, síol *m1* cearbhais or ainíse

carbohydrate *n* carbaihiodráit *f2*

car bomb *n* carrbhuama *m4*

carbon *n* carbón *m1*

carbon dioxide *n* dé-ocsaíd *f2* charbóin

carbon monoxide *n* aonocsaíd *f2* charbóin

carbon paper *n* páipéar *m1* carbóin

carburettor, (*US*) **carburetor** *n* carbradóir *m3*

carcinogenic *adj* carcanaigineach

card *n* cárta *m4*

cardboard *n* cairtchlár *m1*; **cardboard box** bosca *m4* cairtchláir

card game *n* cluiche *m4* cártaí

cardiac *adj* cairdiach

Cardiff *n* Caerdydd *m4*

cardigan *n* cairdeagan *m1*

cardinal *adj* príomh-, bunúsach, cairdinéalta ♦ *n* cairdinéal *m1*

cardphone *n* cártafón *m1*

care *n* aire *f4*, cúram *m1*, faichill *f2*; (*worry*) buairt *f3*, imní *f4*; (*charge*) cúram *m1* ♦ *vi*: **to ~ about** sb cion a bheith agat ar dhuine, cás a bheith agat i nduine; **care of** faoi chúram + *gen*; **in sb's care** faoi chúram + *gen*; **to take care** bheith faichilleach; **to take care to do sth** tabhairt do d'aire rud a dhéanamh; **to take care of** aire a thabhairt do; **I don't care** is cuma liom ► **care for** *vt fus* tabhair aire do; (*like*): **to ~ for sb** cion a bheith agat ar dhuine

career *n* slí *f4* bheatha ♦ *vi*: **to ~ (along)** imeacht de rúchladh, strócadh (leat)

carefree *adj* neamhbhuartha

careful *adj* (*cautious*) cúramach, faichilleach, cáiréiseach; (**be**) **careful!** aire!, seachain!, faichill!

carefully *adv* go cúramach

careless *adj* míchúramach, leibideach, amscaí; (*heedless*) neamhairdiúil, neamh-aireach

carer *n* (*MED*) feighlí *m4*

caress *n* muirnú *m* ♦ *vt* muirnigh

caretaker *n* airíoch *m1*

car-ferry *n* bád *m1* fartha gluaisteán

cargo n lasta m4, ládáil f3

car hire n fruiliú m carranna or gluaisteán, carranna ar cíos

Caribbean adj: **the ~ (Sea)** Muir f3 Chairib

caricature n caracatúr m1, scigphictiúr m1

caring adj (person) dea-chroíoch, cásmhar, (society, organization) carthanach

Carlow n Ceatharlach m1

carnal adj collaí

carnation n coróineach f2

carnival n (public celebration) carnabhal m1

carol n: (Christmas) ~ carúl m1

carp n carbán m1

car park n carrchlós m1

carpenter n saor m1 adhmaid, cearpantóir m3

carpentry n adhmadóireacht f3, cearpantóireacht f3

carpet n cairpéad m1, brat m1 urláir

carpet sweeper n scuabadóir m3 cairpéad

car phone n carrfón m1

carriage n carráiste m4, cóiste m4; (of goods) iompar m1, carraeireacht f3

carriageway n carrbhealach m1

carrier n (MED) iompróir m3; (company) carraeir m3; (mechanical) iomprán m1

carrier bag n mála m4 iompair

carrot n cairéad m1, meacan m1 dearg

carry vt iompair; (involve: responsibilities etc): **it carries power** tá cumhacht ag siúl leis ♦ vi (sound): **his voice carries** tá guth láidir cinn aige, chluinfeá míle ó bhaile é; **to get carried away** (fig) dul thar fóir ▶ **carry on** vi: **to ~ on with sth/doing sth** dul ar aghaidh le rud/ag déanamh ruda ♦ vt (conversation, work) lean de ▶ **carry**

out vt (orders) comhlíon; (investigation) déan, cuir i bhfeidhm; **to carry out an experiment** turgnamh a dhéanamh

carrycot n cliabhán m1 iompair

carry-on (inf) n ruaille buaille m4, hurlamaboc m4; **what a carry-on!** a leithéid d'obair!

cart n cairt f2, trucail f2 ♦ vt (inf: lug) tarraing, srac (leat)

cartilage n loingeán m1

carton n cartán m1

cartoon n cartún m1

cartridge n cartús m1

carve vt (meat) spól, gearr; (wood, stone) snoigh, gearr, grean ▶ **carve up** vt gearr, roinn

carving n snoídóireacht f3

carving knife n scian f2 spólta

car wash n carrfholcadh m

case n cás m1; (LAW) cás, cúis f2; (also: **suitcase**) mála m4 taistil; **in case of** ar eagla + gen, i gcás go; **in case he comes** ar eagla go dtiocfadh sé; **just in case** ar eagla na heagla; **in any case** ar aon chaoi

cash n airgead m1 tirim ♦ vt bris; **to pay (in) cash** íoc in airgead; **cash on delivery** íoc ar sheachadadh

cash card n cárta m4 airgid

cash desk n deasc f2 airgid

cash dispenser n dáileoir m3 airgid

cashew n (also: ~ **nut**) cnó m4 caisiú

cashier n airgeadóir m3

cashmere n caismír f2

cash register n scipéad m1 cláraithe

casing n cásáil f3

casino n casino m4

casket n cisteog f2; (US: coffin) cónra f4

casserole n casaról m1

cassette n caiséad m1

cassette deck n deic f2 caiséad

cassette player *n* seinnteoir *m3* caiséad

cassette recorder *n* téipthaifeadán *m1*

cast *vt* (*throw*) caith, teilg, diúraic; (*shed*) scoith, caith; (*THEAT*): **to ~ sb as Hamlet** páirt Hamlet a thabhairt do dhuine ♦ *n* (*THEAT*) foireann *f2*; (*also: plaster ~*) múnla *m4* plástair; **to cast one's vote** do vóta a chaitheamh ▸ **cast off** *vi* (*NAUT*) scaoil an feistiú; (*KNITTING*) lig síos, leag (lúb) ▸ **cast on** *vi* (*KNITTING*) tóg (lúb)

castaway *n* duine *m4* longbhriste

caster sugar *n* siúcra *m4* mín

casting vote *n* vóta *m4* réitigh

cast iron *n* iarann *m4* múnla

castle *n* caisleán *m1*; (*CHESS*) caiseal *m1*

castor *n* (*wheel*) rothán *m1*

castor oil *n* ola *f4* ricne

castrate *vt* spoch, coill

casual *adj* (*by chance*) fánach, teagmhasach; (*unconcerned*) neamhchúiseach; (*conversation*) fánach; (*dress*) neamhfhoirmiúil

casual employment *n* breacfhostaíocht *f3*

casually *adv* go fánach, ar nós na réidhe; (*dress*) go neamhfhoirmiúil

casualty *n* taismeach *m1*; (*MED*, *department*) An Roinn *f2* Éigeandála

casual worker *n* oibrí *m4* ócáideach

cat *n* cat *m1*

catalogue, (*US*) **catalog** *n* catalóg *f2*, clár *m1* ♦ *vt* cláraigh

catalyst *n* catalaíoch *m1*

catalytic convertor *n* tiontaire *m4* catalaíoch

catapult *n* (*sling*) crann *m1* tabhaill

cataract *n* (*MED*) fionn *m1*; (*waterfall*) eas *m3*

catarrh *n* réama *m4*

catastrophe *n* matalang *m1*,

tubaiste *f4*

catch *vt* beir ar, gabh, ceap; (*grip*) beir greim ar; (*fish*) ceap, maraigh; (*by surprise*) beir (amuigh) ar; (*understand, hear*): **I didn't ~ that** níor chuala mé sin i gceart ♦ *n* (*fire*) téigh le thine; (*become trapped*) téigh i bhfostú ♦ *n* gabháil *f3*; (*trick*) cleas *m1*; (*of door*) laiste *m4*; **to catch sb's attention** or **eye** iúl duine a tharraingt; **she caught her breath** baineadh an anáil di; **to catch sight of** amharc a fháil ar; **to catch a cold** slaghdán a thógáil or a tholgadh ▸ **catch on** *vi* (*understand*) tuig; (*grow popular*) éirigh faiseanta; **it has caught on** tá an saol mór ag gabháil dó, tá sé san fhaisean ▸ **catch up** *vi* tabhair isteach do bhris ▸ **catch up with** *vt* beir ar, tar suas le, tarraing isteach

catching *adj* (*MED*) tógálach

catchment area *n* (*of river*) dobharcheantar *m1*; (*of school*) scoilcheantar *m1*

catch phrase *n* leathfhocal *m1*

catchy *adj* (*tune*) aigeanta, tarraingteach

category *n* catagóir *f2*, earnáil *f3*, rangú *m*

cater for *vt* *fus* (*needs*) freastail ar; (*provide food*): **to cater for sb** riar ar dhuine

caterer *n* lónadóir *m3*

catering *n* lónadóireacht *f3*

caterpillar *n* bolb *m1*, péist *f2* chapaill or chabáiste

cathedral *n* ardeaglais *f2*

catheter *n* caitidéar *m1*

Catholic *n*, *adj* Caitliceach *m1*

catholic *adj* (*tastes etc*) ilchineálach, ilghnéitheach

Catseye ® *n* (*AUT*) súil *f2* chait

cattle *npl* eallach *msg1*, bólacht *fsg3*, buar *msg1*

catty *adj* binbeach, gangaideach,

mailíseach

caucus n cácas m4; (US: POL) cruinniú m toghchánach

cauliflower n cóilis f2

cause n údar m1, fáth m3, cúis f2 ♦ vt: to ~ trouble bruíon a tharraingt; **to cause sb to travel** siúl a bhaint as duine; **what caused them to fight?** cad é a tháinig eatarthu?; **cause for pride** cúis bhróid; **I am the cause of it** mise is cúis leis

causeway n cabhsa m4, tóchar m1

caustic adj, n loiscneach m1

cauterize vt poncloisc

caution n faichill f2, fuireachas m1; (warning) rabhadh m1 ♦ vt tabhair rabhadh do

cautious adj faichilleach, airdeallach, fuireachair

cavalry n marcshlua m4

Cavan n An Cabhán m1

cave n uaimh f2, prochóg f2, pluais f2 ► **cave in** vi (roof etc) tit isteach, tabhair uaidh

caveman n fear m1 pluaise

caviar(e) n gliobhéar m1

cavort vi pramsáil

CD n abbr (= compact disc) dlúthdhiosca m4

CD player n seinnteoir m3 dlúthdhioscaí

cease vt stad (de), éirigh as ♦ vi stad, éirigh as

ceasefire n sos m3 lámhaigh or cogaidh

ceaseless adj gan stad, síoraí

cedar n céadar m1

Ceefax ® n = Aertel

ceiling n síleáil f3

celebrate vt, vi ceiliúir, comóir; **to celebrate Mass** aifreann a léamh or a cheiliúradh

celebrated adj cáiliúil, clúiteach

celebration n ceiliúradh m, comóradh m1

celebrity n duine m4 cáiliúil or clúiteach

celery n soilire m4

cell n cill f2, cillín m4

cellar n siléar m1

cello n dordveidhil f2

cellophane n ceallafán m1

cellphone n ceallafón m1

cellular adj ceallach

Celt n Ceilteach m1

Celtic adj Ceilteach

Celtic Sea n An Mhuir f3 Cheilteach

cement n suimint f2, stroighin f2 ♦ vt stroighnigh; (friendship) daingnigh, neartaigh

cement mixer n suaiteoir m3 suiminte or stroighne

cemetery n reilig f2

censor n cinsire m4 ♦ vt coisc, déan cinsireacht ar

censorship n cinsireacht f3

censure vt faigh locht ar, cáin

census n daonáireamh m1

cent n (US etc: coin) ceint m4; **per cent** faoin gcéad

centenary n ceiliúradh m or comóradh m1 céad bliain

center (US) n = **centre**

centigrade adj ceinteagrádach

centimetre n (US) **centimeter** n ceintiméadar m1

centipede n céadchosach m1

central adj lárnach; **Central Bank of Ireland** Banc Ceannais na hÉireann

Central America n Meiriceá m4 Láir

central heating n téamh m1 lárnach

centralize vt láraigh

central locking n glasáil f3 lárnach

central processing unit n (COMPUT) lárionad m1 próiseála

central reservation n (AUT) tearmann m1 láir

centre, (US) **center** n lár m1,

lárphointe *m4*, ceartlár *m1*;
(*building*) lárionad *m1* ♦ *vt:* to
~ sth rud a chur i lár báirce

centre forward *n* (SPORT) lárthosaí
m4

centre half *n* (SPORT) leathchúlaí *m*
láir

century *n* aois *f2*, céad *m1*; 20th
century an fichiú haois *or* céad

ceramic *adj* criaga, ceirmeach

cereal *n* gránach *m1*, arbhar *m1*

ceremony *n* searmanas *m1*,
deasghnáth *m1*; to stand on
ceremony an ghalántacht a imirt

certain *adj* cinnte, dearfa;
(*particular*) áirithe; for certain gan
amhras

certainly *adv* go cinnte, go
deimhin

certainty *n* cinnteacht *f3*,
deimhneacht *f3*

certificate *n* teastas *m1*,
teistiméireacht *f3*, deimhniú *m*

certified mail (US) *n:* by certified
mail le post cláraithe

certified public accountant (US) *n*
cuntasóir *m3* deimhnithe poiblí

certify *vt* deimhnigh, dearbhaigh

cervical *adj:* ~ cancer ailse *f4*
ceirbheacsach; cervical smear
smearadh *m1* ceirbheacsach

cervix *n* ceirbheacs *m4*, muineál *m1*

ch. *abbr* (= *chapter*) caib.

chafe *vt* scríob

chaffinch *n* rí *m4* rua

chain *n* slabhra *m4*; (*of islands,
poems*) sraith *f2* ♦ *vt* (*also:* ~ up)
cuir ar slabhra, ceangail le
slabhraí; chain stores
sreangshiopaí *mpl4*

chain reaction *n* imoibriú *m*
slabhrúil

chair *n* cathaoir *f*; (*armchair*)
cathaoir uilleach *or* uilleann; (*of
university*) ollúnacht *f3*; (*of meeting,
committee*) cathaoirleach(t) *f3* ♦ *vt:*

to ~ a meeting bheith sa chathaoir
ag cruinniú

chairman *n* cathaoirleach *m1*

chairperson *n* cathaoirleach *m1*

chalet *n* sealla *m4*

chalice *n* cailís *f2*

chalk *n* cailc *f2*

challenge *n* dúshlán *m1* ♦ *vt*
(*statement, right*) caith amhras ar,
cuir i gcoinne + *gen*; to challenge
sb dúshlán duine a thabhairt; he
challenged me to do it thug sé mo
dhúshlán é a dhéanamh; to
challenge sb to a fight troid a
chur ar dhuine

challenging *adj* dúshlánach

chamber *n* seomra *m4*; chamber of
commerce Cumann *m1* Lucht
Tráchtála

chambermaid *n* cailín *m4* aimsire

chamber music *n* ceol *m1* aireagail

chamois leather *n* seamaí *m4*

champagne *n* seaimpéin *m4*

champion *n* seaimpín *m4*, curadh
m1; he was a champion of the
poor bhí sé ina chrann cosanta ag
na daoine bochta

championship *n* craobh *f2*,
craobhchomórtas *m1*

chance *n* (*fate*) cinniúint *f3*;
(*opportunity*) áiméar *m1*, faill *f2*;
(*hope, likelihood*) seans *m4*; (*risk*)
fiontar *m1*, seans *m4* ♦ *vt:* to ~ it
a bhaint as, dul sa seans ♦ *adj*
teagmhasach, taismeach,
cinniúnach; to take a chance dul
sa seans; by chance de sheans, de
thaisme

chancellor *n* seansailéir *m3*

Chancellor of the Exchequer *n*
Seansiléir *m3* an Státchiste

chandelier *n* coinnleoir *m3*
craobhach, crann *m1* solais

change *vt* athraigh; (COMM, FIN)
sóinseáil, bris; (*transform*): to
~ water into wine fíon a

dhéanamh d'uisce ♦ *vi* athraigh;
(one's clothes) cuir malairt éadaigh
ort féin ♦ *n* athrú *m*, malairt *f*2;
(money) briseadh *m*, sóinseáil *f*3;
to change one's mind
athchomhairle a dhéanamh,
d'intinn a athrú; **to change sth
beyond recognition** rud a chur as
aithne *or* as a riocht ar fad; **the
weather has changed** *(for the
worse)* chlaochlaigh an aimsir; *(for
the better)* bhisigh an aimsir; **it
changed my life** chuir sé cor i mo
chinniúint; **a change of clothes**
malairt éadaigh; **for a change** mar
athrú

changeable *adj* inathraithe,
inmhalartaithe; *(weather)*
claochlaitheach, luaineach

change machine *n* inneall *m*1
sóinseála

changing *adj* athraitheach,
claochlaitheach, malartach

changing room *n* seomra *m*4
gléasta

channel *n* (TV) bealach *m*1; *(for
water)* cainéal *m*1; *(gulley)* clais *f*2;
(at low tide) deán *m*1; *(irrigation)*
caidhséar *m*1 ♦ *vt* dírigh ar; **the
(English) Channel** Muir *f*3 nIocht;
the Channel Islands Oileáin *mpl*1
Mhuir nIocht

chant *n* (REL) cantaireacht *f*3 ♦ *vt* déan
cantaireacht

chaos *n* anord *m*1

chaotic *adj* anordúil, bunoscionn

chap *(inf)* *n* *(man)* diúlach *m*1

chapel *n* séipéal *m*1, teach *m* pobail

chaplain *n* séiplíneach *m*1

chapped *adj* *(skin, lips)* gágach

chapter *n* caibidil *f*2

char *vt* *(burn)* gualaigh

character *n* carachtar *m*1, pearsa *f*;
(quality) tréith *f*2; *(eccentric)* mac
*m*1 barrúil

characteristic *adj* tréitheach ♦ *n*
tréith *f*2

charcoal *n* gualach *m*1, fioghual *m*1

charge *n* *(cost)* táille *f*4, costas *m*1,
muirear *m*1; *(accusation)* cúis *f*2,
cúiseamh *m*1; *(ELEC)* lucht *m*3; *(of
gun)* lánán *m*1 ♦ *vt* *(battery)*
luchtaigh; *(enemy)* tabhair ruathar
faoi; **to charge sb (with)** duine a
chúiseamh (as); *(customer, sum)*:
she ~d him five pounds ghearr sí
cúig phunt air ♦ *vi* tabhair ruathar;
charges *npl* *(costs)* muirir *mpl*1,
costais *mpl*1; **to reverse the
charges** (TEL) glao (táille)
frithmhuirir a chur; **to take charge**
of aire a thabhairt do, dul i
gceannas ar; **to be in charge of**
bheith i gceannas ar; **how much
do you charge?** cá mhéad atá agat
air?; **to charge an expense (up) to
sb** costas a chur ar dhuine

charge card *n* cárta *m*4 muirir

charity *n* déirc *f*2, grá *m*4 dia;
(organization) cumann *m*1
carthannachta

charm *n* cuannacht *f*3, meallacacht
*f*3; *(spell)* ortha *f*4; *(amulet)*
briocht *m*3 ♦ *vt* meall, cuir faoi
dhraíocht

charming *adj* cuannach, meallacach

chart *n* cairt *f*2, graf *m*1; (NAUT,
map) cairt ♦ *vt* *(coast)* déan cairt
de

charter *n* *(plane etc)* cairtfhostaigh
♦ *n* *(document)* cairt *f*2

chartered accountant *n* cuntasóir
*m*3 cairte

charter flight *n* eitilt *f*2
chairtfhostaithe

charwoman *n* bean *f* ghlantacháin

chase *vt* téigh sa tóir ar, seilg;
(also: ~ away) ruaig, cuir an ruaig
ar ♦ *n* tóir *f*3, seilg *f*2; *(rout)* ruaig
*f*2

chasm *n* *(abyss)* duibheagán *m*1;

(*opening*) gáibéal *m1*

chassis *n* fonnadh *m1*, fráma *m4*, creat *m3*

chat *vi*: **to (have a) ~** tamall comhrá a dhéanamh ◆ *n* comhrá *m4*

chat show *n* clár *m1* comhrá

chatter *vi* (*teeth*) déan gliogar ◆ *n* geabaireacht *f3*, cabaireacht *f3*; (*of teeth*) gliogar *m1*; **her teeth were chattering** bhí a cár ag greadadh ar a chéile

chatterbox (*inf*) *n* cabaire *m4*, geabaire *m4*

chatty *adj* (*style*) comhráiteach; (*person*) brioscghlórach, cainteach

chauffeur *n* tiománaí *m4*

chauvinist *n* seobhaineach *m1*

cheap *adj* saor; (*joke*) suarach, táir ◆ *adv* go saor; (**cheap at the price** saor ar a luach

cheaply *adv* go saor

cheat *vi* bheith ag rógaireacht, déan séitéireacht ◆ *vt* déan calaois ar, cuir dallamullóg ar ◆ *n* séitéir *m3*, caimiléir *m3*

check *vt* deimhnigh, seiceáil; (*halt*) stad; (*restrain*) srian, cuir srian le; (*chess*) sáinnigh ◆ *n* seiceáil *f3*; (*curb*) srian *m1*; (*us*: *bill*) bille *m4*; (*pattern*) seic *m4*; (*us*) = **cheque** ◆ *adj* (*pattern*) seicear; (*cloth*) páircíneach; **check!** (*chess*) sáinn! ▸ **check in** *vi* (*at airport, hotel*) cláraigh, seiceáil isteach ▸ **check out** *vi* (*from hotel*) imigh, seiceáil amach ▸ **check up** *vi*: **to ~ up on sth** rud a fhiosrú *or* a chinntiú; **to check up on sb** fiosrú a dhéanamh ar dhuine

checkered (*us*) *adj* = **chequered**

checkers (*us*) *npl* cluiche *msg4* táiplise

check-in (desk) *n* deasc *f2* cláraithe

checking account (*us*) *n* (*current*

**account*) seic-chuntas *m1*

checkmate *n* marbhsháinn *f2*

checkout *n* (*in shop*) cuntar *m1* amach

checkpoint *n* ionad *m1* seiceála

checkroom (*us*) *n* (*left-luggage office*) seomra *m4* bagáiste

checkup *n* (*MED*) scrúdú *m* dochtúra

cheddar *n* céadar *m1*

cheek *n* (*ANAT*) grua *f4*, leiceann *m1*; (*nerve*) dánacht *f3*, soibealtacht *f3*

cheekbone *n* cnámh *f2* grua

cheeky *adj* dalba, soibealta; **cheeky person** cocaire *m4*

cheep *vi* gíog

cheer *vi* (*team etc*) tóg gártha molta do; (*gladden*) tabhair a chroí do ◆ *vi* lig gáir mholta ◆ *n* (*of crowd*) gáir *f2* mholta; (*disposition*) meanma *f*; **cheers!** sláinte! ▸ **cheer up** *vi* glac misneach ◆ *vt*: **to ~ sb up** aigne a chur i nduine, cian a thógáil de dhuine; **cheer up!** bíodh misneach agat!

cheerful *adj* meanmnach, gealgháireach, croíúil

cheering *n* gártha molta *fpl2*

cheerio *excl* slán

cheese *n* cáis *f2*

cheeseboard *n* clár *m1* cáise

cheesecake *n* císte *m4* cáise

cheetah *n* síota *m4*

chef *n* príomhchócaire *m4*, cócaire *m4*

chemical *adj* ceimiceach ◆ *n* ceimiceán *m1*

chemist *n* (*pharmacist*) ceimiceoir *m3*, poitigéir *m3*

chemistry *n* ceimic *f2*

chemist's (shop) *n* siopa *m4* ceimiceora *or* poitigéara

chemotherapy *n* ceimiteiripe *f4*

cheque *n* seic *m4*

chequebook *n* seicleabhar *m1*

cheque card *n* seic-chárta *m4*

chequered, (US) **checkered** adj
(fig) súgánach
cherish vt muirnigh
cherished adj (memory) geal
cherry n silín m4; (also: **~ tree**)
crann m1 silíní
chess n ficheall f2
chessboard n clár m1 fichille
chest n cliabh m1, cliabhrach m1,
ucht m3; (box) cófra m4, ciste m4
chestnut n (horse) cnó m4 capaill;
(Spanish) castán m1; (also: **~ tree**)
crann m1 castán
chest of drawers n cófra m4
tarraiceán
chew vt, vi cogain, mungail
chewing gum n guma m4 coganta
chic adj faiseanta
chick n scalltán m1, sicín m4; (inf)
báb f2, leadhb f2
chicken n eireog f2, sicín m4;
(food) circeoil f3, sicín; (inf:
coward) faiteachán m1; **don't count
your chickens before they're
hatched** ná maraigh an fia go
bhfeice tú é ▶ **chicken out** (inf) vi
ob, loic
chickenpox n deilgneach f2
chickpea n piseánach m1
chicory n siocaire m4
chief n (of a tribe) taoiseach m1;
(boss) ceann m1 urra ♦ adj
príomh-, ard-
chief executive, (US) **chief
executive officer** n
príomhoifigeach m1 feidhmiúcháin
chiefly adv go príomha, go mór
mór
chiffon n sreabhann m1
chilblain n fochma m4, fuachtán
m1
child n leanbh m1, páiste m4, gasúr
m1
child abuse n drochíde f4 ar
pháistí
childbirth n breith f2 clainne

childhood n leanbaíocht f3,
macacht f3
childish adj leanbaí, páistiúil
childlike adj leanbaí, naíonda
child minder n feighlí m4 páistí
Chile n An tSíle f4
chill n fuacht m3, crithfhuacht m3
♦ vt (CULIN) fuaraigh
chil(l)i n cílí m4
chilly adj féithuar; **to feel chilly**
fuacht a bheith ort, aireachtáil pas
beag fuar
chime n cling f2 ♦ vi cling
chimney n simléar m1
chimney sweep n glantóir m3
simléar
chimpanzee n simpeansaí m4
chin n smig f2
China n An tSín f2
china n poircealláin m4; (crockery)
gréithe mpl poircelláin
Chinese n Síneach m1; (LING) Sínis
f2 ♦ adj Síneach
chink n (opening) gág f2; (noise)
gligleáil f3
chip n (CULIN, BRIT) sceallóg f2
phrátaí; (: US: potato chip)
brioscán m1 phrátaí; (of wood) slis
f2; (of stone) sceall f3, scealpóg f2;
(also: **microchip**) slis ♦ vt (cup,
plate) bain slis de ▶ **chip in** vi: **to
~ in** do ladar a chur isteach;
(contribute) do chion a íoc
chiropodist n coslia m4
chirp vi gíog, lig gíog (asat)
chisel n siséal m1
chit n nóta m4, admháil f3
chitchat n clabaireacht f3
chivalry n ridireacht f3, cúirtéis f2
chives npl síobhais mpl1
chlorine n clóirín m4
chock-a-block, chock-full adj lán
go doras
chocolate n seacláid f2; **a box of
chocolates** bosca seacláidí
choice n rogha f4, togha m4 ♦ adj

tofa, scothúil

choir n cór m1, claisceadal m1

choirboy n córbhuachaill m3, buachaill m3 cóir

choke vt, vi tacht ◆ n (AUT) tachtóir m3; **street choked with traffic** sráid plódaithe le trácht

cholesterol n colaistéaról m1

choose vt togair, togh, roghnaigh

choosy adj: **(to be) ~** (bheith) éisealach

chop vt (wood) gearr (le tua), tuaigh; (CULIN: also: **~ up**) gearr ina phíosaí, mionghearr ◆ n (CULIN) gríscín m4; **chops** (jaws) geolbhaigh mpl1

chopper n (helicopter) héileacaptar m1

choppy adj (sea) coipthe, corraithe, scréachta

choral adj córúil

chord n (MUS) corda m4

chore n creachlaois f2; **household chores** poistíneacht f3 tí, dioscaireachtaí fpl3 tí

chortle vi déan sclogaíl

chorus n cór m1; (of song, fig) curfá m4, loinneog f2

Christ n Críost m4

christen vt baist

christening n baisteadh m

Christian adj Críostaí, Críostúil ◆ n Críostaí m4

Christianity n An Chríostaíocht f3

Christian name n ainm m4 baiste

Christmas n Nollaig f; **Happy or Merry Christmas!** Nollaig Shona!; **Christmas night** Oíche m4 Lá Nollag

Christmas card n cárta m4 Nollag

Christmas Day n Lá m Nollag

Christmas Eve n Oíche f4 Nollag

Christmas tree n crann m1 Nollag

chrome n cróm m1

chromium n cróimiam m4; **chromium plating** crómchneasú m

chronic adj leannánta, ainsealach; **her cold became chronic** chuaigh a slaghdán in ainseal or i bhfeadánacht inti

chronicle n croinic f2

chronological adj cróineolaíoch

chrysanthemum n órscoth f3

chubby adj plucach, sultmhar

chuck (inf) vt (throw) caith, rop; (also: **~ up**: job) tabhair suas; (person) fág ◆ **chuck out** vt caith amach

chuckle vi déan maolgháire, bheith ag sclogaíl

chug vi: **to be ~ging along** bheith ag séideogacht or ag smailceadh

chum n compánach m1, comrádaí m4

chunk n alpán m1, smután m1

church n teach m pobail, eaglais f2, teampall m1; (organization) eaglais f2

churchyard n reilig f2

churn n (for butter) cuinneog f2; (also: **milk ~**) canna m4 bainne ◆ **churn out** vt steall amach

chute n fánán m1, sleamhnán m1; (also: **rubbish ~**) sleamhnán bruscair

chutney n seatnaí m4

cider n ceirtlis f2

cigar n todóg f2

cigarette n toitín m4

cigarette case n cás m1 toitíní

cigarette end n bun m1 toitín

Cinderella n Cailleach f2 na luatha (buí)

cinders npl aibhleoga fpl2 dóite

cinema n pictiúrlann f2

cinnamon n cainéal m1

circle n ciorcal m1, fáinne m4; (in cinema, theatre) áiléar m1 ◆ vi: **to ~** teacht thart, bheith ag guairdeall or vt (move round) tar thart ar, bheith ag guairdeall ar; **a vicious circle** ciorcal lochtach

circuit n timpeall m1, cúrsa m4,

cuairt f2; (ELEC) ciorcad m1

circuitous adj timpeallach, míchóngarach

circular adj ciorclach ♦ n imlitir f, ciorclán m1

circulate vi téigh timpeall ♦ vt: to ~ a story scéal a scaipeadh

circulation n (of blood) imshruthú m; (of newspaper) scaipeadh m, díol m3; (of air) cúrsaíocht f3

circumference n timpeall m1, imlíne f4, compás m1

circumflex n (also: ~ accent) cuairín m4

circumstances npl tosca fpl2, cúrsaí mpl4, cúinsí mpl4

circus n sorcas m1

cistern n sistéal m1

cite vt luaigh; (LAW) glaoigh ar

citizen n saoránach m1, cathróir m3; (resident): the ~s of this town bunadh m1 an bhaile seo

citizenship n saoránacht f3, cathróireacht f3

citrus fruit n toradh m1 citris

city n cathair f

civic adj cathartha

civil adj cathartha, sibhialta; (polite) béasach, sibhialta

civil engineer n innealtóir m3 sibhialta

civil engineering n innealtóireacht f3 shibhialta

civilian adj, n sibhialtach m1

civilization n sibhialtacht f3

civilized adj sibhialta

civil law n dlí m4 sibhialta

civil rights npl cearta mpl1 sibhialta

civil servant n státseirbhíseach m1

Civil Service n státseirbhís f2

civil war n cogadh m1 cathartha

clad adj: ~ (in) gléasta (i)

claim vt (rights, inheritance) éiligh; (assert) maígh ♦ vi (for insurance) déan éileamh ar ♦ n éileamh m1; (entitlement) teideal m1; (right)

ceart m1

claimant n (ADMIN, LAW) éilitheoir m3

clairvoyant n (male) fear m1 feasa; (female) bean f feasa

clam n breallach m1

clamber vi dreap, bheith ag dreapadóireacht

clammy adj tais

clamour (US) clamor vi: to ~ for sth éileamh callánach a dhéanamh ar rud; the children were clamouring at me bhí na páistí ina seasamh sa bhéal orm

clamp n teanntán m1, clampa m4 ♦ vt clampáil, cuir clampa ar
▶ **clamp down on** vt fus cuir faoi chois

clan n treibh f2

clang vi cling

clap vi buail bosa, tabhair bualadh bos ♦ n bualadh m bos; **clap of thunder** plimp f2 thoirní, rois f2 toirní

clapping n bualadh m bos

Clare n An Clár m1

claret n cláiréad m1

clarify vt soiléirigh

clarinet n cláirnéid f2

clarity n soiléireacht f3, glinne f4

clash n (dispute) caismirt f2, achrann m1 ♦ vi buail in éadan a chéile; (argue): they ~ed d'éirigh eatarthu, bhí caismirt eatarthu; (two events) tar salach ar a chéile; (colours): orange ~es with pink ní thagann oráiste le bándearg

clasp n (of necklace, bag) claspa m4, greamán m1; (hold, embrace) barróg f2, diurnú m ♦ vt fáisc, diurnáigh

class n (type) cineál m1; (social status) aicme f4; (SCOL) rang m3, grád m1; (style) cineál ♦ vt rangaigh, grádaigh; the **upper/lower class** an uasalaicme f4/an ísealaicme f4

classic adj clasaiceach ◆ n saothar m1 clasaiceach

classical adj clasaiceach

classified adj (information) rúnda

classified advertisement n fógra m4 saineagraithe

classify vt rangaigh, aicmigh

classmate n comrádaí m4 scoile

classroom n seomra m4 ranga

clatter n clagarnach f2 ◆ vi clag, déan clagarnach

clause n agus m1, clásal m1; (LING) clásal

claustrophobia n uamhan m1 clóis, cástrafóibe f4

claw n crág f2, crúb f2; (of bird of prey) ionga f; (of lobster) ladhar f2
▶ **claw at** vt fus crúbáil ar, ladhráil ar

clay n cré f4, créafóg f2

clean adj glan ◆ vt glan ▶ **clean out** vt glan amach ▶ **clean up** vt glan

clean-cut adj slachtmhar

cleaner n (person) glantóir m3

cleaning n glanadh m, glantóireacht f3

cleanliness n glaineacht f3, glaine f4

cleanse vt glan, úraigh

cleanser n (for face) ungadh m glanta

clean-shaven adj glanbhearrtha

clear adj glan; (evident) follasach; (explanation, speech) soiléir ◆ vt glan; (of people) bánaigh; (cheque) cuir tríd an mbanc; (LAW, suspect) saor ◆ vi (weather) geal; (fog) scaip ◆ adv: ~ of glan ar, amach ó; to clear the table an bord a réiteach ▶ **clear up** vt réitigh; (mystery) fuascail

clearance n (removal) bánú m; (permission) cead m3; (customs) imréiteach m1

clear-cut adj soiléir, follasach

clearing n (in forest) réiteach m1;

(COMM) imréiteach m1

clearly adv go soiléir, go follasach

clef n (MUS) eochair f

cleft n (in rock) scoilt f2

clench vt (teeth) teann ar a chéile

clergy n cléir f2

clergyman n eaglaiseach m1

clerical adj (REL) cléiriúil; **clerical work** obair f2 chléireachais; **clerical student** ábhar m1 sagairt

clerk n cléireach m1; (US: salesperson) díoltóir m3

clever adj (mentally) cliste, gasta; (deft, crafty) glic; (device, arrangement) cliste

clew (US) n = **clue**

click vi cniog ◆ vt: to ~ one's tongue do theanga a smeacháil, smeach or blosc a bhaint as do theanga; to click one's heels do shála a chnagadh

client n cliant m1

cliff n aill f2, binn f2

climate n aeráid f2, clíoma m4; (economic) timpeallacht f3

climax n buaic f2, barrchéim f2, forchéim f2; (THEAT) dígeann m1; (sexual) orgásam m1

climb vt dreap, tóg ◆ vi dreap ◆ n dreapa m4, dreapadh m

climb-down n géilleadh m, cúlú m

climber n dreapadóir m3

climbing n (mountaineering) dreapadóireacht f3

clinch vt (deal) cuir i gcrích, ceangail

cling vi: to ~ (to) greim a choinneáil (ar); (person) bheith crochta (as); (of clothes) luí leis an gcraiceann

clinic n clinic m4

clinical adj cliniciúil; (attitude) fuarchúiseach

clink vi cling

clip n (for hair) fáiscín m4; (also: paper ~) fáiscín páipéir ◆ vt (*fasten*) fáisc; (*hair, nails, hedge*) bearr

clippers *npl* (*for hedge*) deimheas *msg1*; (*also:* **nail ~**) siosúr *msg1* ingne

clipping *n* (*from newspaper*) gearrthán *m1*

clitoris *n* brillín *m4*

cloak *n* clóca *m4*, brat *m1* ◆ *vt* (*fig*) ceil, folaigh

cloakroom *n* (*for coats etc*) seomra *m4* cótaí; (*WC*) leithreas *m1*

clock *n* clog *m1*; **to be on** or **in** *vi* clogáil isteach ▶ **clock off** or **out** *vi* clogáil amach

clockwise *adv* deiseal

clockwork *n* ◆ **to go like ~** dul chun cinn bonn ar aon ◆ *adj* (*precision, regularity*) rialta

clog *n* paitín *m4* ◆ *vt* calc, tacht ◆ *vi* (*also:* **~ up**) éirigh calctha or tachta

cloister *n* clabhstra *m4*

close[1] *adj* (*near*): **~ (to)** gar (do), láimh (le), in aice (le); i gcónar + *gen*; (*contact, link*) dlúth-; (*contest, watch*) géar; (*examination*) mion; (*weather*) meirbh, marbhánta ◆ *adv* go dlúth; **close to** gar do, lámh le, in aice + *gen*; **close by, close at hand** *adj, adv* in aice láithreach or láimhe; **a close friend** dlúthchara; **it was a close shave** (*fig*) ní raibh ann ach ar éigean

close[2] *vt, vi* druid, dún, iaigh ◆ *vt* (*debate, conference*) cuir an clabhsúr ar ▶ **n** (*end*) clabhsúr *m1*, críoch *f2* ▶ **close down** *vt, vi* dún, druid

closed *adj* dúnta, druidte

close-knit *adj* (*family*) ceangailte go dlúth le chéile

closely *adv* (*examine, watch*) go géar

closet *n* clóiséad *m1*

close-up *n* garamharc *m1*

closure *n* clabhsúr *m1*, dúnadh *m*

clot *n* téachtán *m1*; (*inf: person*)

pleidhce *m4*, cnapán *m1* amadáin ◆ *vi* (*blood*) téacht

cloth *n* (*material*) éadach *m1*, bréid *m4*, ceirt *f2*; (*also:* **tea ~**) éadach tae

clothe *vt* cuir éadaí ar, gléas

clothes *npl* éadaí *mpl1*

clothes brush *n* scuab *f2* éadaí

clothes line *n* líne *f4* éadaí

clothes peg, (US) **clothes pin** *n* pionna *m4* éadaí

clothing *n* = **clothes**

cloud *n* scamall *m1*, néal *m1*; (*of dust*) ceo *m4*; **clouds of smoke** calcanna toite, bús deataigh

cloudy *adj* scamallach, néaltach; (*liquid*) modartha

clout *vt* tabhair leadóg do

clove *n* (CULIN, *spice*) clóbh *m1*; **clove of garlic** ionga *f* gairleoige

clover *n* seamair *f2*

clown *n* fear *m1* grinn, áilteoir *m3*; (*pej*) cábóg *f2* ◆ *vi* (*also:* **to clown about, clown around**) bheith ag ábhlóireacht

cloying *adj* (*taste, smell*) masmasach

club *n* (*society, place*) club *m4*, cumann *m1*; (*also:* **golf ~**) maide *m4*; (*weapon*) lorga *f4*, smachtín *m4* ◆ *vt*: **to ~ sb** duine a bhualadh le smachtín ◆ *vi*: **to ~ together** airgead a bhailiú i bpáirt le chéile; **clubs** *npl* (CARDS) triufanna *mpl4*

clubhouse *n* clubtheach *m*

cluck *vi* bheith ag glagarsach

clue *n* leid *f2*; **he hasn't a clue** níl barúil aige

clump *n*: **~ of trees** mothar *m1* crann

clumsy *adj* ciotach, ciotrúnta

cluster *n* (*of fruit*) crobhaing *f2*; (*of berries*) triopall *m1*; (*of nuts*) mogall *m1*; (*of houses*) cloigín *m4*, ascalán *m1*; (*of people*) cuifeálán *m1*, drong *f2* beag, scata *m4* beag ◆ *vi* cruinnigh le chéile

clutch n (grip, grasp) greim m3; (AUT) crág f2; (of chicks) éillín m4 ♦ vt (grasp) glám, beir or coinnigh greim ar

clutter vt (also: ~ up) trangláil

coach n (bus, horse-drawn) cóiste m4; (of train) carráiste m4; (SPORT, trainer) traenálaí m4; (SCOL, tutor) oide m4 múinte ♦ vt traenáil; (student) múin, teagasc

coach trip n turas m1 cóiste

coal n gual m1

coal face n gualéadan m1

coalfield n gualcheantar m1

coalition n comhcheangal m1; (POL) comhcheangal m1; **coalition government** comhrialtas m1

coalman, coal merchant n fear m1 guail

coalmine n mianach m1 guail

coalminer n mianadóir m3 guail

coarse adj garbh, garg; (fig) gáirsiúil, madrúil

coast n cósta m4

coastal adj cósta

coastguard n garda m4 cósta, vaidhtéir m3 cuain

coastline n imeallbhord m1, líne f4 an chósta

coat n cóta m4; (of animal) fionnadh m1; (of paint) brat m1 ♦ vt cuir brat ar, cumhdaigh

coat hanger n crochadán m1 cótaí

coating n screamh f2, scim f1, cumhdach m1

coat of arms n armas m1

coax vt meall, bréag

cobbler n caibléir m3, gréasaí m4 bróg

cobbles npl (also: **cobblestones**) clocha fpl2 duirlinge

cobweb n líon m1 or téada fpl2 damháin alla

cocaine n cócaon m1

cock n coileach m1 ♦ vt: **to ~ a gun** gunna a chocáil

cockerel n coileach m1 óg

cockeyed adj (person) camshúileach, fiarshúileach; (idea, method) áiféiseach

cockle n ruacan m1

cockney n cocnaí m4

cockpit n (in aircraft) cábán m1 (píolóta)

cockroach n ciaróg f2 dhubh

cocktail n manglam m1

cocktail party n cóisir f2 manglam

cocoa n cócó m4

coconut n cnó m4 cócó

cod n trosc m1

code n cód m1

cod-liver oil n ola f4 troisc

coeducational adj comhoideachais n gen

coercion n comhéigean m1

coffee n caife m4

coffee bean n síol m1 caife

coffee break n sos m3 caife

coffeepot n pota m4 caife

coffee table n bord m1 caife

coffin n cónra f2

cog n fiacail f2; (wheel) roth m3 fiaclach

cogent adj éifeachtach

coil n lúb f2, corna m4; (contraceptive): **the ~** an corna ♦ vt corn

coin n bonn m1 ♦ vt (word) cum

coin box n bosca m4 guthán

coincide vi comhtharlaigh (le); (agree) tar le chéile, réitigh le chéile

coincidence n comhtharlú m

Coke ® n Cóc m4

coke n cóc m1

colander n síothlán m1

cold adj fuar, dearóil ♦ n fuacht m3; (MED) slaghdán m1; **it's cold** tá sé fuar; **to be** or **feel cold** (person) bheith fuar, aireachtáil fuar; **to catch a cold** slaghdán a thógáil or a tholgadh; **I have a cold** tá slaghdán orm; **in cold blood** as fuil fhuar

cold-shoulder *vt* déan neamhshuim de

cold sore *n* cneá *f4* fuachta

cold start *n* (*COMPUT*) dúiseacht *f3* fhuar

coleslaw *n* cálslá *m4*

colic *n* coiliceam *m1*

collaborate *vi* comhoibrigh (le), téigh i gcomhar (le)

collapse *vi* (*building etc*) tit go talamh, tabhair uaidh; (*person*) tit i bhfanntais *or* i meirfean ♦ *n* titim *f2*; **he collapsed** thit sé as a sheasamh; **the ditch collapsed** sceith an claí, thug an claí uaidh

collapsible *adj* infhillte

collar *n* (*of coat, shirt*) bóna *m4*, coiléar *m1*; (*for animal*) coiléar *m1*

collarbone *n* cnámh *f2* an smiolgadáin, branra *m4* brád, dealrachán *m1*

collateral *n* comhthaobhacht *f3*

colleague *n* comhoibrí *m4*, comhpháirtí *m4*, comhalta *m4*

collect *vt* bailigh, cruinnigh, tiomsaigh, cnuasaigh; (*call and pick up*) tóg ♦ *vi* (*people*) cruinnigh; **to call collect** (*US*: *TEL*) glao (táille) frithmhuirir a chur

collection *n* bailiú *m*, cruinniú *m*; (*of poetry etc*) díolaim *f3*, cnuasach *m1*; (*of mail*) bailiú *m*; (*for money*) bailiúchán *m1*; (*ECCL*) tobhach *m1*

collective *adj* comhchoiteann; **collective bargaining** cómhargáil *f3*

collector *n* bailitheoir *m3*

college *n* coláiste *m4*

collide *vi* tuairteáil; **the two cars collided** bhuail an dá charr faoina chéile *or* in éadan a chéile

collie *n* cóilí *m4*, madra *m4* caorach

colliery *n* gualcha *f*, mianach *m1* guail

collision *n* imbhualadh *m*, tuairt *f2*

colloquial *adj* comhráiteach, neamhfhoirmiúil; **it's not colloquial** níl sé i gcaint na ndaoine

colon *n* (*TYP*) idirstad *m4*; (*MED*) drólann *f2*

colonel *n* coirnéal *m1*

colonial *adj* coilíneach

colonialism *n* coilíneachas *m1*

colonize *vt* coilínigh

colonnade *n* colúnáid *f2*

colony *n* coilíneacht *f3*

colour, (*US*) **color** *n* dath *m3*; (*of person*) dath, snua *m4*, lí *f4* ♦ *vt* (*paint, dye*) dathaigh, cuir dath ar; **to colour a story** craiceann (na fírinne) a chur ar scéal; (*distort*) scéal a chur as a riocht, cor a chur i scéal ♦ *vi* (*blush*) dearg, san aghaidh; **colours** *npl* (*of party, club*) suaitheantais *mpl1*; **he passed with flying colours** d'éirigh go geal leis ► **colour in** *vt* líon isteach le dathanna

colour-blind *adj* dathdhall

coloured *adj* (*illustration*) daite; **a coloured person** duine daite; (*black*) duine gorm, duine dubh

colour film *n* scannán *m1* daite

colourful *adj* dathannach, dathúil; (*personality*) beoga, aigeanta

colouring *n* dathú *m*, lí *f4*; (*complexion*) lí, snua *m4*

colour scheme *n* scéim *f2* dathanna

colour television *n* teilifís *f2* dhaite

colt *n* bromach *m1*

column *n* colún *m1*

columnist *n* colúnaí *m4*

coma *n* cóma *f4*, támhnéal *m1*

comb *n* cíor *f2* ♦ *vt* (*hair*) cíor, spíon; (*area*) cíor, cíorláil

combat *n* comhrac *m1*, coimheascar *m1* ♦ *vt*: **to ~ sth** troid in éadan ruda, dul i ndeabhaidh le rud

combination n comhcheangal m1, teaglaim f3

combine vi comhcheangal, cuir le chéile, cumaisc; (CHEM) cuingrigh
♦ vt: **to ~ things** rudaí a chomhcheangal or a chur le chéile
♦ n (ECON) comhaontachas m1

combine (harvester) n comhbhuainteoir m3

come vi tar; **to come to** (decision etc) tar ar; **it came undone** or **loose** scaoil sé ▸ **come about** vi tit amach, tarlaigh ▸ **come across** vt fus (find) tar ar; (meet): **I came across John** casadh orm Seán
▸ **come along** vi = **to come on**
▸ **come away** vi: ~ **away from there!** tar amach as sin! ▸ **come back** vi fill, tar ar ais ▸ **come by** vt fus (acquire) faigh ▸ **come down** vi tit ▸ **come forward** vi tar chun tosaigh ▸ **come from** vt fus: **she came from Belfast by train** tháinig sé as Béal Feirste leis an traein; **where do you come from?** cárb as duit?; **I come from Derry** is as Doire dom, is as Doire mé ▸ **come in** vt fus tar isteach ▸ **come into** vt fus (money) tar isteach ar ▸ **come off** vi (button) scaoil; (stain) tar amach; (attempt): **it came off** d'éirigh leis ▸ **come on** vi (pupil, work, project) téigh or tar chun cinn; (lights) las; **come on!** chugainn!, siúil leat! ▸ **come out** vi tar amach ▸ **come round**, **come to** vi (after faint, operation) tar chugat féin ▸ **come up** vi tar aníos ▸ **come up against** vt fus (resistance, difficulties) buail le
▸ **come upon** vt fus tar ar ▸ **come up to** vt fus sroich, tar suas le
▸ **come up with** vt fus tar chun tosaigh le

comedian n fuirseoir m3

comedienne n banfhuirseoir m3,

fuirseoir m3 mná

comedy n coiméide f4

comet n cóiméad m1

comeuppance n: **he got his ~** fuair sé na físeacha

comfort n compord m1, sócúl m1; (relief) sólás m1 ♦ vt tabhair sólás do, sólásaigh; **the comforts of home** sócúl an bhaile

comfortable adj compordach, sócúlach, cluthar; (walk etc) éasca; **he is comfortable** (financially) tá sé go maith as; (mentally) tá sé a sháimhín; (patient) tá sé ar aghaidh bisigh

comfortably adv (sit) go compordach; **comfortably off** go maith as, i do shuí go te

comfort station n (US) na leithreas m1

comic adj (also: **~al**) greannmhar, barriúil ♦ n (man) fear m1 grinn, fuirseoir m3; (woman) bean f ghrinn, banfhuirseoir m3; (paper) greannán m1

coming n teacht m3 ♦ adj: **the ~ events** na himeachtaí atá le teacht; **the coming years** na blianta atá romhainn

comma n camóg f2

command n ordú m; (leadership) ceannas m1, ceannasaíocht f3; (MIL, authority) ceannas; **he has a good command of Irish** tá Gaeilge mhaith aige ♦ vt (troops) stiúir; **to command sb** ordú a thabhairt do dhuine; **to be in command of o.s.** smacht a bheith agat ort féin

commandeer vt gabh

commander n (MIL) ceannfort m1, ceannasaí m4

commemorate vt: **to ~ sb** cuimhneachán a dhéanamh ar dhuine, duine a chomóradh or a chuimhneamh; **to commemorate sth** rud a cheiliúradh

commence vt, vi cuir tús le, tosaigh

commend vt mol
commendable adj inmholta
commendation n moladh m
commensurate adj: ~ with or to ag cur le, comhthomhaiseach le
comment n trácht m3 ♦ vi: to ~ on trácht ar; "no comment" "níl dada le rá agam"
commentary n tráchtaireacht f3
commentator n tráchtaire m4
commerce n tráchtáil f3
commercial adj tráchtála n gen ♦ n (TV, RADIO) fógra m4; **commercial traveller** taistealaí m4 tráchtála
commiserate vi: to ~ with sb on comhbhrón a dhéanamh le duine ar
commission n coimisiún m1; (power) barántas m1 ♦ vt coimisiúnaigh; **out of commission** (not working) as úsáid, as feidhm, díomhaoin
commissionaire n (at shop, cinema etc) doirseoir m3
commissioner n coimisinéir m3
commit vt (act) déan; (resources) cuir ar fáil; **to commit to sb's care** rud a chur faoi chúram duine; **to commit o.s. (to do sth)** tú féin a cheangal (le rud a dhéanamh); **to commit suicide** lámh a chur i do bhás féin, féinbhás a ghabháil; **to commit sth to memory** rud a chur de ghlanmheabhair; **to commit a crime** coir a dhéanamh
commitment n ceangal m1; (COMM) ceangaltas m1; (responsibility) dualgas m1; (obligation, pledge, assurance) geall m1, gealltanas m1
committee n coiste m4
commodity n earra m4, tráchtearra m4
common adj coiteann, coitianta, comónta, gnáth-, comh- ♦ n (land) coimín m4, coiteann m1; **in common** i gcoitianta

commoner n gnáthdhuine m4
common law n dlí m4 coiteann
♦ adj: **common-law wife** bean chéile de réir an dlí choitinn
commonly adv go coitianta, go forleathan
Common Market n: **the Common Market** An Cómhargadh m1
commonplace adj gnáth-, gnách
common room n seomra m4 caidrimh
common sense n ciall f2
Commonwealth n: **the ~** An Comhlathas m1
commotion n caismirt f2, clampar m1, ruaille buaille
communal adj comhchoiteann
commune n (group) común m1
♦ vi: **to ~ with** dlúthchaidreamh a dhéanamh le
communicate vi: **to ~ with sb** bheith i dteagmháil le duine, scéala a chur chuig duine ♦ vt cuir in iúl; **to communicate sth (to sb)** rud a chur in iúl (do dhuine)
communication n cumarsáid f2; (message) teachtaireacht f3, scéala m4
communion n (also: **Holy Communion**) Comaoineach f4 Naofa
communism n cumannachas m1
communist adj cumannach ♦ n cumannaí m4
community n pobal m1, comhphobal m1
community centre n (lár)ionad m1 pobail
commute vi bheith ag comaitéireacht ♦ vt (LAW) gearr
commuter n comaitéir m3
compact adj dlúth ♦ n (also: **powder ~**) boiscín m4 púdair
compact disc n dlúthdhiosca m4
compact disc player n seinnteoir m3 dlúthdhiosca

companion n compánach m1, comrádaí m4

companionship n compánachas m1, comrádaíocht f3

company n (social) comhluadar m1, cuideachta f4; (business) comhlacht m3, cuideachta; to keep sb company cuideachta a dhéanamh le duine; and Company (& Co.) agus Cuideachta (& Cuid.)

comparative adj comparáideach

comparatively adv (relatively) measartha, cuibheasach, réasúnta

compare vt: to ~ sth/sb with/to rud/duine a chur i gcomparáid le ♦ vi: to ~ favourably with bheith lán chomh maith le; compared with i gcomparáid le, taobh le

comparison n comparáid f2

compartment n urrann f2

compass n compás m1; compasses npl (GEOM: also: pair of ~es) compás msg1

compassion n trua f4, trócaire f4, taise f4

compassionate adj trócaireach, taisiúil

compatible adj: to be ~ (with) bheith ag freagairt do, bheith oiriúnach do, bheith comhoiriúnach do

compel vt: to ~ sb to do sth iallach a chur ar dhuine rud a dhéanamh

compelling adj (irrefutable) dochloíte; (persuasive) éifeachtach, áititheach

compensate vt cúitigh ♦ vi: to ~ for sth rud a chúiteamh le duine

compensation n cúiteamh m1

compete vi: to ~ (with sb) dul san iomaíocht (le duine), dul i gcoimhlint (le duine)

competent adj éifeachtach, cumasach, inniúil

competition n (contest) comórtas m1; (ECON) iomaíocht f3; in

competition with in iomaíocht le

competitive adj (ECON) iomaíoch; (SPORT) comórtais n gen

competitor n iomaitheoir m3

compile vt tiomsaigh, cuir le chéile

complacency n bogás m1

complain vi: to ~ (about) gearán or casaoid a dhéanamh (faoi); to complain of (pain etc) bheith ag éileamh as

complaint n clamhsán m1, gearán m1; (MED) éileamh m1

complement n líon m1; (of ship's crew etc) foireann f2, iomlán m1; (LING) comhlánú m ♦ vt comhlánaigh

complementary adj comhlántach

complete adj iomlán; (utter, outright) críochnaithe, cruthanta, dearg- ♦ vt críochnaigh, cuir i gcrích; (perfect) iomlánaigh; (a form) líon; (set, group): that ~s section 2 sin deireadh le roinn 2

completely adv go hiomlán, ar fad

completion n críochnú m, iomlánú m; (of contract) cur m1 i gcrích

complex adj casta ♦ n coimpléasc m1

complexion n snua m4, lí f4

compliance n (submission) géilleadh m; (agreement): ~ with aontú m le; in compliance with de réir + gen

complicate vt: to ~ sth rud a chur trí chéile, rud a chur in achrann

complicated adj casta, achrannach

complication n (problem) fadhb f2; (complexity) castacht f3; (MED) aimhréidh f2

compliment n moladh m, focal m1 molta ♦ vt mol, tabhair focal molta do; compliments npl (respects) beannacht fsg3; with compliments le dea-mhéin; to pay sb a compliment duine a mholadh

complimentary adj moltach; (free) dea-mhéine

complimentary ticket *n* ticéad *m1* dea-mhéine

comply *vi*: to ~ with the law déanamh de réir an dlí

component *n* comhpháirt *f2*, ball *m1*, comhbhall *m1*

compose *vt* cum, ceap; (*form*): to be ~d of bheith déanta *or* comhdhéanta de; to compose o.s. tú féin a dhéanamh socair, tú féin a shocrú

composed *adj* socair, sócúlach, ar do shocracht, ar do shuaimhneas

composer *n* (MUS) cumadóir *m3*, ceapadóir *m3*

composition *n* comhdhéanamh *m1*; (*atmosphere etc*) comhshuíomh *m1*; (*literary*) aiste *f* (*ceapadóireachta*); (*art etc*) ceapachán *m1*; (*music*) cumadóireacht *f3*

composure *n* sócúlacht *f3*, suaimhneas *m1*, neamhchúiseacht *f3*

compound *n* cumasc *m1*; (UNG) comhfhocal *m1*; (*enclosure*) bábhún *m1*; (PHYS) comhdhúil *f2*, comhshuíomh *m1* ♦ *adj* (*fracture*) créachtach; (*interest*) iolraithe

comprehend *vt* tuig, cuimsigh

comprehension *n* tuiscint *f3*

comprehensive *adj* cuimsitheach, uileghabhálach

comprehensive policy *n* (INS) polasaí *m4* cuimsitheach

comprehensive (school) *n* scoil *f2* chuimsitheach

compress *vt* comhbhrúigh; (*text, information*) coimrigh ♦ *n* (MED) adhartán *m1*, comhbhrúiteán *m1*

comprise *vt* (*also*: to be ~d of) bheith comhdhéanta de, cuimsigh; the council comprises *or* is comprised of 200 tá 200 ar an gcomhairle

compromise *n* comhréiteach *m1*

♦ *vi* comhréitigh, tar ar chomhréiteach; to compromise o.s. amhras a tharraingt ort féin

compulsion *n* éigean *m1*, iallach *m1*, caitheamh *m1*; to do sth under compulsion caitheamh a bheith ort rud a dhéanamh

compulsory *adj* éigeantach

computer *n* ríomhaire *m4*

computer-aided *adj* (COMPUT) ríomhchuidithe

computer game *n* cluiche *m4* ríomhaire

computerize *vt* ríomhairigh

computer programmer *n* ríomhchláraitheoir *m3*

computer programming *n* ríomhchlárú *m*

computer science, computing *n* an ríomhaireacht *f3*

comrade *n* comrádaí *m4*

con *vt*: to ~ sb bob a bhualadh ar dhuine, caimiléireacht a imirt ar dhuine ♦ *n* caimiléireacht *f3*

conceal *vt* folaigh; to conceal sth rud a chur i bhfolach

conceit *n* postúlacht *f3*, sotal *m1*, mórchúis *f2*

conceited *adj* postúil, sotalach, mórchúiseach

conceive *vt, vi* (*child*) gin, gabh; (*devise*) ceap; (*imagine*) samhlaigh

concentrate *vi*: to ~ on sth d'intinn a dhíriú ar rud ♦ *vt* (*thoughts etc*) cruinnigh; (*liquid etc*) tiubhaigh

concentration *n* dianmhachnamh *m1*

concentration camp *n* campa *m4* géibhinn

concept *n* coincheap *m3*

concern *n* (*affair, business*) cúram *m1*, gnó *m4*; (*anxiety*) imní *f4*; (COMM) gnó ♦ *vt*: to ~ o.s. with sth dul i mbun ruda, rud a thógáil idir lámha; to be concerned (about)

bheith i gcás (faoi), bheith buartha
(faoi); **it is none of your concern**
ní de do ghnóthaí-sa é, ní
bhaineann sé leat *or* duit
concerning *prep* i dtaobh + *gen*
faoi, mar gheall ar, fá dtaobh de
concert *n* ceolchoirm *f2*, coirm *f2*
cheoil
concerted *adj* comhbheartaithe,
d'aon taobh, d'aon lámh
concert hall *n* ceoláras *m1*
concerto *n* coinséartó *m4*
concession *n* lamháltas *m1*; **tax
concession** lamháltas cánach
conclude *vt* críochnaigh, cuir críoch
ar, cuir deireadh le
conclusion *n* deireadh *m1*, críoch
f2; (*decision*) cinneadh *m1*, tuairim
f2, barúil *f3*; (*deduction*) tátal *m1*;
to jump to conclusions scéal a
dhéanamh de do bharúil; **to draw
a conclusion from sth** tátal a
bhaint as rud
conclusive *adj* cinnte, cinntitheach
concoct *vt* (*food*) comhbhruith;
(*fig*) cum, beartaigh
concoction *n* comhbhruith *f*; (*MED*)
posóid *f2*; (*fig*) beartú *m*, ceapadh
m
concrete *n* coincréit *f2* ♦ *adj*
coincréiteach
concur *vi* (*agree*) aontaigh, bheith
ar aon intinn
concussion *n* (*MED*)
comhshuaitheadh *m*,
comhtholgadh *m*
condemn *vt* cáin
condensation *n* comhdhlúthú *m*
condense *vt*, *vi* comhdhlúthaigh;
(*writing*) coimrigh
condensed milk *n* bainne *m4*
comhdhlúite
condescend *vt* deonaigh; **to
condescend to sb** cromadh ar
dhuine
condescending *adj* mórchúiseach,

mórluachach
condition *n* (*stipulation*) coinníoll
m1; (*state*) staid *f2*, caoi *f4*, dóigh
f2, bail *f2*; (*circumstance*) toisc *f2*,
dáil *f3*; (*MED*) tiocht *m3* ♦ *vt*
múnlaigh; **on condition that** ar
choinníoll go, ar chuntar go, ar
acht go; **local conditions** dálaí *fpl3*
áitiúla
conditional *adj* coinníollach
conditioner *n* feabhsaitheoir *m3*
condolences *npl* comhbhrón *msg1*
condom *n* condam *m1*, coiscín *m4*;
(*inf*) clúidín *m4* boidín
condominium (*US*) *n* comhthiarnas
m1, áraslann *f2*
condone *vt* maith
conducive *adj*: ~ **to** fabhrach chun,
tograch do, a chothaíonn
conduct *n* iompar *m1* ♦ *vt* iompair;
(*MUS*) stiúir; (*ELEC*) seol; **to conduct
o.s. well** tú féin a iompar go
maith
conductor *n* stiúrthóir *m3*; (*ELEC*)
seoltóir *m3*
conductress *n* banstiúrthóir *m3*,
stiúrthóir *m3* mná
cone *n* coirceog *f2*; (*BOT*) buaircín
m4
confectioner *n* sólaisteoir *m3*
confectioner's (shop) *n* siopa *m4*
sólaisteora
confectionery *n* sólaistí *mpl*,
milseoga *m4*, sócamais *mpl*
confer *vt*: **to ~ sth on** rud a
bhronnadh ar ♦ *vi*: **to ~ with sb**
dul i gcomhairle le duine
conference *n* comhdháil *f3*
confess *vt*, *vi* admhaigh; (*REL*) déan
faoistin, tabhair faoistin do
confession *n* admháil *f3*; (*REL*)
faoistin *f2*
confide *vi*: **to ~ in sb** do rún a
ligean le duine
confidence *n* muinín *f2*; (*also*:
self-confidence) féinmhuinín *f2*;

(*secret*) rún m1; **in confidence**
(*speak, write*) faoi rún, i modh
rúin; **I have confidence in you** tá
muinín agam asat

confident adj féinmhuiníneach

confidential adj rúnda

confine vt: **to ~ o.s.** to cloí le; (*shut
up*): **to ~ sb** duine a chur i
ngéibheann *or* i bpríosún *or* i
mbraighdeanas; **to be confined to
bed** bheith ag coinneáil na leapa

confined adj (*space*) cúng

confinement n géibheann m1,
braighdeanas m1

confines npl críocha fpl2; (*boundary,
limit*) teorainneacha fpl, imill mpl1;
(*scope*) téarmaí mpl, dálaí fpl3

confirm vt cinntigh, dearbhaigh;
(*REL*) cóineartaigh; **she was
confirmed** chuaigh sí faoi lámh
easpaig

confirmation n cinntiú m; (*REL*)
cóineartú m

confirmed adj cinntithe; (*REL*)
cóineartaithe

confiscate vt coigistigh

conflict n coimhlint f2, caismirt f2
♦ vi (*opinions*) tar salach ar a chéile

conflicting adj contrártha;
(*evidence*) nach bhfuil de réir a
chéile

conform vi: **to ~ to the rules**
déanamh de réir na rialacha

confound vt mearaigh, cuir trí
chéile, cuir in abar, measc le
chéile; **confound it!** pleoid air!

confounded adj damanta,
diabhalta; **to be confounded by
sth** bheith in abar i rud, bheith trí
chéile ag rud

confront vt: **to be ~ed by a
problem** fadhb *or* deacracht a
theacht sa bhealach ort; (*enemy,
danger*): **to ~ sb/sth** aghaidh a
thabhairt ar dhuine/rud;
to confront sb about sth rud a chur

chun tosaigh ar dhuine

confrontation n caismirt f2

confuse vt: **to ~ sb** mearbhall a
chur ar dhuine, duine a chur tríd
a chéile; (*situation*): **to ~ sth**
meascán mearaí a dhéanamh de
rud; (*one thing with another*) rud a
mheascadh le rud eile

confused adj bunoscionn, trí
chéile; **he is confused** tá mearbhall
air; **to be confused by sth** bheith
in aimhréidh i rud, bheith trí
chéile ag rud

confusing adj mearbhallach

confusion n (*of situation*) tranglam
m1; (*of person*) mearbhall m1; **to
throw sth into confusion** rud a
chur chun sioparnaí, rud a chur
trí chéile

congeal vi (*freeze*) sioc, oighrigh,
reoigh; (*blood*) téacht, cruaigh;
(*oil*) cruaigh

congenial adj pléisiúrtha,
taitneamhach, lách

congested adj (*MED*) plúchta; (*area,
road*) plódaithe

congestion n (*MED*) plúchadh m;
(*traffic etc*) plódú m

congratulate vt: **to ~ sb** (**on sth**)
comhghairdeas a ghabháil *or* a
dhéanamh le duine (faoi rud),
(rud) a tréaslú do dhuine *or* le
duine

congratulations npl comhghairdeas
msg1; **congratulations!** go maire
tú!; (*on marriage*) go maire tú do
shaol úr!; (*on birthday*) go maire tú
an lá!

congregate vi comhchruinnigh,
tionóil

congregation n pobal m1

congress n comhdháil f3

conjugation n (*UNG*) réimniú m

conjunction n (*UNG*) cónasc m1

conjunctivitis n toinníteas m1

conjure vi toghair ▶ **conjure up** vt

(ghost, spirit) toghair; (memories) dúisigh, múscail

conjurer n asarlaí m4

conk out (inf) vi (AUT) clis; (person): **conk out** tit i do chodladh

con man n caimiléir m3

Connacht n Connachta mpl, Cúige m4 Chonnacht ♦ adj Connachtach

connect vt nasc, ceangail; (ELEC) ceangail; (TEL, caller, subscriber) ceangail ♦ vi (train): **to ~ with the Belfast train** bualadh le traein Bhéal Feirste; **it is connected with** (fig) tá baint aige le, baineann sé le

connection n nasc m1, ceangal m1; (relationship) baint f2; (TEL) ceangal m1; (ELEC) cónasc f2; **in connection with** i dtaca le, maidir le, mar gheall ar

connive vi cúlcheadaigh, bheith i gcealg

conquer vt buaigh ar, buail, faigh bua ar

conquest n (land etc) gabháil f3, concas m1; (act) bua m4

cons npl see **convenience**; **pro**

conscience n coinsias m3

conscientious adj coinsiasach

conscious adj meabhrach, comhfhiosach; **he was conscious** bhí a mheabhair aige; **to be conscious of sth** rud a aireachtáil

consciousness n comhfhios m3; (MED) meabhair f5; **to lose/regain consciousness** do mheabhair a chailleadh/a theacht ar ais chugat

conscript n coinscríofach m1

consent n cead m3, deoin f3 ♦ vi ceadaigh, deonaigh

consequence n iarmhairt f3, toradh m1; (significance) tábhacht f3

consequently adv ar an ábhar sin, dá bhrí sin, dá bhíthin sin

conservation n caomhnú m

Conservative (BRIT) adj, n (POL) Coimeádach m1

conservative adj coimeádach; **at a conservative estimate** ar an gceann caol de

conservatory n teach m gloine

conserve vt caomhnaigh

consider vt (think about) machnaigh ar, smaoinigh ar; (think, judge) síl, ceap, meas; (bear in mind) cuimhnigh ar; (take into account) cuir san áireamh; **to consider doing sth** smaoineamh ar rud a dhéanamh; **all things considered** tríd is tríd, i dtaca le holc

considerable adj (great) maith, mór; (significant) mór le rá

considerably adv go mór

considerate adj cásmhar, tuisceanach

consideration n (attention) aird f2, dearcadh m1; (deliberation) machnamh m1; (concern) tuiscint f3; (COMM) comaoin f2; **to have consideration for others** cuimhneamh ar dhaoine eile; **to take sth into consideration** rud a chur san áireamh, cuimhneamh ar rud

considering prep: **~ how deep it is** agus a dhoimhne atá sé

consign vt coinsínigh; (to sb's care) fág faoi chúram + gen

consignment n coinsíniú m; (COMM) coinsíneacht f3

consist vi: **the job ~s of** is é atá sa phost ná

consistency n comhsheasmhacht f3, seasmhacht f3, buaine f4; (of substance) raimhre f4, téagar m1; **his words lack consistency** níl a chuid focal de réir a chéile

consistent adj comhsheasmhach, seasmhach, buan; **consistent with** ar aon dul le, ag teacht le, comhsheasmhach le

consolation n sólás m1

console n (COMPUT) consól m1

consonant n consan m1

conspicuous adj sofheicthe, feiceálach

conspiracy n comhcheilg f2

constable n constábla m4; **chief constable** an príomhchonstábla m4

constabulary n constáblacht f3 (coirp)

constant adj seasmhach, síor-

constantly adv de shíor, i gcónaí, oíche is lá, Domhnach is Dálach

constipated adj iata, ceangailte (sa chorp)

constipation n iatacht f3, ceangailteacht f3 (coirp)

constituency n dáilcheantar m1

constituent n (POL) toghthóir m3; (part) comhpháirt f2, comhábhar m1

constitution n bunreacht f3; (MED) coimpléasc m1; (PHYS) comhdhéanamh m1

constitutional adj bunreachtúil

constraint n srian m1; (COMM) srianacht f3

construct vt tóg, déan

construction n déantús m1; (CONSTR) tógáil f3, foirgníocht f3

constructive adj éifeachtach; (helpful) cuidiúil, cúntach, úsáideach

construe vt tuig as

consul n consal m1

consulate n consalacht f3

consult vt téigh i gcomhairle le, ceadaigh le

consultant n comhairleoir m3; (MED) lia m4 comhairleach; (COMM) comhairleach m1

consulting room n seomra m4 comhairle

consume vt (eat) ith, caith; (drink) ól; (use up) ídigh

consumer n tomhaltóir m3

consumer association n comhlachas m1 tomhaltóirí

consumer goods npl earraí mpl4 tomhaltais

consummate vt cuir i gcrích

consumption n (of goods) tomhaltas m1; (of capital) caitheamh m1, ídiú m; (MED) an eitinn f2

cont. abbr (= continued) ar lean

contact n teagmháil f3, tadhall m1
  ♦ vt teagmhaigh le, déan teagmháil le

contact lenses npl lionsaí mpl4 tadhaill

contagious adj: ~ **disease** galar m1 tadhaill

contain vt: **the box ~s money** tá airgead sa bhosca; (capacity): **the bottle ~s a pint** coinníonn an buidéal píonta; **to contain o.s.** (fig) smacht a bheith agat ort féin

container n soitheach m1, gabhdán m1; (COMM) coimeádán m1

contaminate vt truailligh

cont'd abbr (= continued) ar lean

contemplate vt smaoinigh ar, machnaigh ar, meabhraigh (ar)

contemporary adj comhaimseartha ♦ n: **her contemporaries** lucht a comhaimsire

contempt n dímheas m3, drochmheas m3; **contempt of court** (LAW) díspeagadh m cúirte

contemptuous adj dímheasúil, drochmheasúil

contend vt: **to ~ that** maíomh go ♦ vi: **to ~ with** (compete) dul in iomaíocht le; (struggle) bheith ag coimhlint le, bheith i ngleic le

contender n iomaitheoir m3

content adj suaimhneach ♦ vt sásaigh ♦ n: **the ~ of the book** ábhar m1 an leabhair; (of fat, moisture) méid m4; **contents** npl: **the ~s of the container** a bhfuil sa

soitheach; **(table of) contents** clár
msg1 ábhair
contented adj sásta, ar do
sháimhín; **to be contented**
suaimhneas intinne a bheith agat
contention n caismirt f2, troid f3,
coimhlint f2; (argument) aighneas
m1; **a bone of contention** cnámh
f2 spairne, údar m1 aighnis
contest n comhlann f2;
(competition) comórtas m1 ♦ vt
(decision, statement): **to ~** cur i
gcoinne + gen; (compete for) dul
san iomaíocht
contestant n (in competition) n
iomaitheoir m3; (of will) conspóidí
m4
context n comhthéacs m4
continent n mór-roinn f2,
ilchríoch f2; **the Continent** an
Mhór-Roinn f2, Mór-Roinn na
hEorpa
continental adj mór-roinneach, ón
Mhór-Roinn
contingency n teagmhas m1, rud
m3 gan choinne
continual adj leanúnach
continually adv i gcónaí, de shíor
continuation n leanúint f3
continue vi lean (ort), mair ♦ vt
lean de
continuity n leanúnachas m1
continuous adj leanúnach
contort vt: **to ~ sth** rud a chur as a
riocht
contour n comhrian m1, imlíne f4;
(on map: also: **~ line**) comhrian,
imlíne chomh-airde
contraband n contrabhanna m4
contraception n frithghiniúint f3
contraceptive adj frithghiniúnach
♦ n frithghiniúnach m1, coiscín m4
contract n conradh m ♦ vt (disease)
tolg, tóg ♦ vi (become smaller) crap;
(COMM): **to ~ to do sth** conradh a
dhéanamh le rud a dhéanamh

contraction n crapadh m; (MED)
féithchrapadh m
contractor n conraitheoir m3
contradict vt bréagnaigh, cuir in
éadan, trasnaigh
contraption (pej) n gléas m1
contrary[1] adj codarsnach,
contrártha; (also: **~** to) contrártha
le ♦ n malairt f2; **on the contrary**
os a choinne sin; **unless you hear
to the contrary** mura gcluinfidh tú
a athrach or a mhalairt
contrary[2] adj contráilte, dáigh,
cancrach, conróideach
contrast n codarsnacht f3,
contrárthacht f3 ♦ vt: **to ~ things**
rudaí a chur i gcomparáid or i
gcomórtas or i bhfrithshuí; **in
contrast to or with** i gcodarsnacht
le, i gcomórtas le, neamhionann
is, ní hionann is
contravene vt sáraigh
contravention n sárú m
contribute vi, vt íoc, tabhair;
(magazine etc): **to ~ (an article) to**
(alt a) scríobh do; (situation): **to
~ to** cur le
contribution n (donation) síntiús
m1; (share of) cion m4
contributor n síntiúsóir m3; (to
newspaper) scríbhneoir m3
contrive vi beartaigh, seiftigh
control vt smachtaigh, cuir smacht
ar, stiúir; (COMM, inflation etc)
rialaigh ♦ n smacht m3, stiúir f,
stiúradh m; (COMM) rialú m;
controls npl (of machine etc) stiúir
fsg; (on radio, TV) cnaipí mpl4;
under control faoi smacht; **to be
in control of** bheith i gceannas ar;
to lose control of o.s. dul as do
chrann cumhachta; **the car went
out of control** chuaigh an carr ó
smacht; **it went beyond my
control** chuaigh sé thar mo
smacht

controversial adj conspóideach

controversy n conspóid f2

convalesce vi téarnaigh

convector n (heater) téitheoir m3 comhiompair

convene vt tionóil ♦ vi bailigh, cruinnigh

convenience n áis f2, cóir f3; **at your convenience** ar do chaoithiúlacht; **all modern conveniences**, all mod cons gach deis is nua

convenient adj áisiúil, caoithiúil

convent n clochar m1

convention n (social) comhghnás m1, coinbhinsiún m1; (gathering) comhdháil f3

conventional adj comhghnásach, coinbhinsiúnach; **conventional arms** gnáthairm

conversant adj: **to be ~ with sth** bheith eolach ar rud, rud a bheith ar bharr do mhéar agat

conversation n comhrá m4; **to strike up a conversation with sb** bualadh chun comhrá le duine, comhrá a chur ar dhuine

converse n athrach m1; (PHYS, MATH) coinbhéarta m4 ♦ vi: **to ~ with sb** comhrá a dhéanamh le duine

conversely adv go contrártha, os a choinne sin

convert vt (REL, COMM) tiontaigh; (building) athchóirigh; (alter) athraigh ♦ vi (REL) iompaigh ♦ n iompaitheach m1; **to convert sb to Christianity** duine a thabhairt chun na Críostaíochta

convertible adj inathraithe; (currency) insóinseáilte, in-chomhshóinte

convey vt iompair; (thanks, idea) cuir in iúl

conveyor belt n crios m3 iompair

convict vt ciontaigh ♦ n ciontach m1

conviction n (LAW) ciontú m; (belief) creideamh m1, tuairim f2 láidir

convince vt: **to ~ sb of sth** rud a chur ina luí ar dhuine; **to be convinced of sth** bheith cinnte dearfa de rud

convincing adj éifeachtach, a théann i gceann ar

convoluted adj (argument) casta

convulse vi: **to be ~d with laughter** bheith sna trithí gáire

coo vi durdáil

cook vt, vi cócaráil, i déan cócaireacht, bheith ag cócaireacht ♦ n cócaire m4

cookbook n leabhar m1 cócaireachta

cooker n cócaireán m1

cookery book n = **cookbook**

cookie (US) n briosca m4

cooking n cócaráil m3, cócaireacht f3

cool adj fionnuar; (unfriendly) fuar ♦ vt fuaraigh, fionnuaraigh ♦ vi fuaraigh, fionnuaraigh, téigh i bhfuaire

coop n cúb f2 ♦ vt: **to be ~ed up** (fig) bheith cuachta istigh

cooperate vi comhoibrigh

cooperation n comhoibriú m

cooperative adj comhoibritheach ♦ n comharchumann m1

coordinate vt comhordaigh; (MATH) comhordanáidigh; **coordinates** npl comhordanáidí fpl2

cop (inf) n péas m4, pílear m1

cope vi: **to ~ with sth** cur suas le rud; (solve) rud a chur díot

copy n cóip f2 ♦ vt cóipeáil, déan cóip de, athscríobh

copyright n cóipcheart m1

coral n coiréal m1

coral reef n sceir f2 choiréil

cord n sreang f2; (fabric) corda m4; (ELEC) sreang

cordial adj croíúil ◆ n coirdial m1

cordon n tródam m1 ▸ **cordon off** vt: **to ~ sth off** tródam a chur ar rud

corduroy n corda m4 an rí

core n croí m4, smior m3 ◆ vt: **to ~ sth** an croí a bhaint as rud

Cork n Corcaigh f2

cork n corc m1

corkscrew n corcscriú m4

corn n (BRIT: wheat) arbhar m1; (US: maize) arbhar Indiach; (on foot) fadharcán m1

corned beef n mairteoil f3 shaillte

corner n coirnéal m1; (in room) cúinne m4; (of fireplace) clúid f2; (of street) coirnéal m1; (also: blind ~) coirnéal caoch; (FOOTBALL: also: ~ kick) cúinneach m1 ◆ vt sáinnigh, teanntaigh; (COMM) cúinneáil ◆ vi cas

cornerstone n cloch f2 choirnéil

cornet n (MUS) coirnéad m1; (of ice cream) cón m1

cornflakes npl calóga fpl2 arbhair

cornflour, (US) **cornstarch** n gránphlúr m1

Cornwall n Corn m1 na Breataine

coronary n (also: ~ thrombosis) trombóis f2 chorónach

coronation n corónú m

coroner n cróinéir m3

corporal n ceannaire m4 ◆ adj: ~ punishment pionós corpartha

corporate adj corparáideach

corporation n (of town) bardas m1; (COMM) corparáid f2

corps n cór m1

corpse n marbhán m1, marbhánach m1

correct adj (accurate) ceart; (proper) cuí ◆ vt ceartaigh

correction n ceartú m, ceartúchán m1; (adjustment) leasú m

correspond vi: ~ **to** freagair do; **correspond with** déan

comhfhreagras le

correspondence n comhfhreagras m1

correspondence course n cúrsa m4 comhfhreagrais

correspondent n comhfhreagraí m4

corridor n dorchla m4, pasáiste m4

corrode vt creim, cnaígh ◆ vi cnaígh

corrugated adj rocach

corrugated iron n iarann m1 rocach

corrupt adj truaillithe ◆ vt truailligh

corruption n truailliú m

cosmetic n cosmaid f2 ◆ adj cosmaideach

cost n costas m1; (price) praghas m1 ◆ vi: **it will ~** beidh sé daor ◆ vt: **how much does it ~?** cá mhéad atá air?; **it costs too much** tá sé ródhaor; **at all costs** ar ais nó ar éigean

co-star n comhréalta f4

costly adj costasach

cost-of-living adj costas f maireachtála

cost price n costphraghas m1, bunphraghas m1

costume n culaith f2, éide f4; (also: swimming ~) culaith f2 shnámha

cosy, (US) **cozy** adj teolaí, cluthar, seascair

cot n (BRIT: child's) cliabhán m1; (US: camp bed) leaba f champa

cottage n teachín m4

cottage cheese n cáis f2 bhaile or tí

cotton n cadás m1 ▸ **cotton on** (inf) vi: **to ~ on to sth** rud a thuiscint

cotton candy (US) n candaí m4 cadáis

cotton wool n olann f cadáis

couch n tolg m1

cough vi: **to ~** casacht a dhéanamh

♦ n casacht f3; **to have a cough** casacht a bheith ort
cough drop n losainn f2 chasachta
coughing n casachtach f2
council n comhairle f4, bardas m1
council house n teach m comhairle or bardais
councillor n comhairleoir m3
counsel n (lawyer) dlíodóir m3; (advice) comhairle f4
counsellor n comhairleoir m3; (US: lawyer) dlíodóir m3
count n, vt cuntais, déan cuntas, comhais, déan comhaireamh ♦ n cuntas m1, comhaireamh m1, áireamh m1; (nobleman) cunta m4
▶ **count on** vt fus braith ar
countenance n dreach m3 ♦ vt ceadaigh
counter n áiritheoir m3; (in shop) cuntar m1; (in game) licín m4 ♦ vt cuir i gcoinne + gen, cuir in aghaidh + gen; adv: ~ **to** in aghaidh + gen
counteract vt gníomhaigh in éadan + gen, cealaigh
counterfeit n (of money) bréige n gen ♦ vt falsaigh ♦ adj bréagach, bréige n gen
counterfoil n comhdhuille m4
counterpart n (of person etc) macasamhail f3, leithéid f2, leathbhreac m1
countess n cuntaois f2
countless adj gan áireamh
country n tír f2; (as opposed to town) tuath f2; (region) dúiche f4; **a country area** ceantar tuaithe; **in the country** faoin tuath
country dancing n rince m4 tuaithe
country house n teach m tuaithe
countryman n (compatriot): **my fellow ~** fear m1 mo thíre; (country dweller) fear m1 tuaithe
countryside n taobh m1 tíre
county n contae m4

coup n (achievement) éacht m3; (also: ~ **d'État**) coup f3 ceannais
couple n lánúin f2; (a few) cúpla m4; **a couple of words** cúpla focal
coupon n cúpón m1
courage n misneach m1, uchtach m1
courageous adj misniúil, uchtúil, móruchtúil
courier n cúiréir m3
course n cúrsa m4; (for golf) galfchúrsa m4; **first course** (food) an cúrsa tosaigh; **of course** ar ndóigh, ní nach ionadh; **course of action** plean gníomhaíochta; **course of treatment** (MED) cúrsa leighis; **in due course** i gceann na haimsire
court n cúirt f2 ♦ vt: **to ~ a woman** suirí or cúirtéireacht a dhéanamh le bean, bheith ag siúl (amach) le bean; **to take sb to court** an dlí a chur ar dhuine
courteous adj cúirtéiseach, dea-mhúinte
courtesy n cúirtéis f2; **courtesy of** le caoinchead ó
courthouse (US) n teach m cúirte
courtier n cúirteoir m3
court martial n cúirt f2 airm
courtroom n seomra m4 cúirte
courtyard n clós m1
cousin n col m1 ceathar or ceathrair; **second/third cousin** col seisir/ochtair; **they are second cousins** tá siad an dá ó
cove n cuainín m4
covenant n cúnant m1
cover vt clúdaigh, cumhdaigh ♦ n clúdach m1, cumhdach m1; (of pot) clár m1; (shelter) foscadh m1, dídean f2; **to take cover (from)** dul ar foscadh (ó); **under cover** ar foscadh; **under cover of darkness** faoi choim na hoíche; **under**

separate cover i gclúdach faoi leith
▶ cover up vt ceil, forcheil; to
cover up for sb maide as uisce a
thógáil do dhuine

coverage n (TV, PRESS) tuairisciú m,
plé m4

cover charge n táille f4 cumhdaigh

covering n clúdach m1, brat m1

cover note n (INS) nóta m4
cumhdaigh, nóta árachais

covert adj folaithe

cover-up n forcheilt f2

covet vt santaigh

cow n bó f

coward n cladhaire m4

cowardice n cladhaireacht f3

cowardly adj cladhartha

cowboy n buachaill m3 bó

cower vi: to ~ before sb cúbadh
siar ó dhuine

coy adj cúthail

cozy (US) adj = cosy

crab n portán m1

crab apple n fia-úll m1

crack n scoilt f2, scáineadh m, gág
f2; (in skin) gág; (blow) cnag m1;
(noise) bloscadh m1, pléascadh m;
(drug) craic f2 ◆ vt scoilt; (noise):
to ~ sth bloscadh or pléascadh a
bhaint as rud; (nut) oscail; (code)
bris; (problem) fuascail, réitigh
◆ adj (athlete) sár- ▶ crack down
on vt fus teann ar ▶ crack up
vi: he ~ed up thit sé as
a chéile

cracker n (Christmas cracker)
pléascóg f2 Nollag; (also: cream ~)
craicear m1

crackle vi bheith ag brioscarnach or
ag cnagarnach

cradle n cliabhán m1

craft n ceird f2; (vehicle) soitheach
m1, árthach m1

craftsman n ceardaí m4, saor m1

craftsmanship n ceardaíocht f3,
obair f2 cheardaíochta

crafty adj fadcheannach, glic

crag n creig f2

cram vt (fill): to ~ sth with rud a
shacadh le; (put): to ~ sth into rud
a dhingeadh isteach or a shacadh
isteach i ◆ vi (for exams) pulc

cramp n crampa m4 ◆ vt (encroach
on) cúngú ar

cramped adj craptha; (room) cúng

cranberry n mónóg f2

crane n corr f2 mhóna; (machine)
craein f, crann m1 tógála

crank n cromán m1; (person)
cancrán m1

cranky adj cancrach, cantalach

crash n tuairt f2, plimp f2; (car,
plane) taisme f4 ◆ vt pléasc ◆ vi
pléasc, tit de phlimp or de thuairt;
(cars) buail faoina chéile; (plane)
tuairteáil; (COMM) tit; crash into
buail faoi, buail in éadan

crash course n dianchúrsa m4

crash helmet n clogad m1 cosanta

crash landing n tuirlingt f2
éigeandála

crate n cis f2, cliathbhosca m4; (for
bottles) cráta m4

cravat(e) n carbhat m1

crave vt, vi: to ~ for sth cíocras
ruda a bheith ort

crawl vi snámh, bheith ag
lámhacán; (vehicle) déan falróid
◆ n (SWIMMING) cnágshnámh m3;
crawling with (fig) beo le

crayfish n inv (freshwater) cráifisc
f2; (saltwater) piardóg f2

crayon n crián m1

craze n mearadh m1

crazy adj ar buile, ar mire,
craiceáilte, buile n gen, mire n gen;
crazy about sb splancta in ndiaidh
duine, ar briseadh na gcos i
ndiaidh duine

creak vi díosc ◆ vt díoscán m1

cream n uachtar m1; (best) togha
m4 ◆ adj (colour) bánbhuí

creamy adj uachtarúil

crease n filltín m4, roc m1 ♦ vt: to ~ sth (with iron) filltín a chur i rud; (untidily) roic a chur i rud ♦ vi éirigh rocach

create vt cruthaigh

creation n cruthú m

creative adj (artistic) cruthaitheach

creature n créatúr m1, dúil f2

crèche n naíolann f2

credence n: to lend or give ~ to sth rud a chreidiúint, creidiúint a thabhairt do rud

credentials npl (references) dintiúir mpl1

credit n cairde m4, creidmheas m3; (ACCOUNTANCY) sochar m1; (recognition) dea-chlú m4 ♦ vt (believe: also: give ~ to sth) creid, tabhair isteach do; (COMM): to ~ sb with sth rud a chur do shochar duine; to credit sb with sth (fig) rud a chur i leith duine, rud a shamhlú le duine; **credits** (CINE, TV) admhálacha fpl3; **to be in credit** (person, bank account) bheith sa dubh; **on credit** ar cairde; **give credit where credit's due** an eart a choíche

credit card n cárta m4 creidmheasa

creditor n creidiúnaí m4

creed n creideamh m1; (prayer): **The Creed** An Chré f4

creek n crompán m1, góilín m4; (US: stream) sruthán m1

creep vi snámh, téaltaigh; (child) bheith ag lámhacán; **to make sb's flesh creep** fionnachrith a chur ar dhuine

creepy adj uaigneach, eachtúil; **creepy feeling** driuch m3

cremate vt créam

crematorium n créamatóiriam m4

crepe n (CULIN) créip f2, pancóg f2; (material) sípris f2

crepe bandage n bindealán m1

síprise

crescent n corrán m1

cress n biolar m1

crest n (feathers) cuircín m4; (hill) mullach m1; (helmet) cíor f2; (arms) suaitheantas m1

crestfallen adj maolchluasach; **to be crestfallen** do chleití a bheith síos leat

crevice n gág f2

crew n criú m4, foireann f2

crib n cruib f2; (REL) mainséar m1; (for baby) cliabhán m1 ♦ vt (inf) bheith ag canrán or ag cnáimhseáil

crick n (also: ~ in the neck) claon m1 adhairte

cricket n (insect) criogar m1; (game) cruicéad m1

crime n coir f2

criminal n coirpeach ♦ adj coiriúil

crimson adj corcairdhearg

cringe vi lútáil

cripple n bacach m1, cláiríneach m1, mairtíneach m1 ♦ vt craplaigh

crisis n géarchéim f2, éigeandáil f3, gábh m4

crisp adj briosc; (weather) úr; (style, speech) gonta

crisps npl brioscáin mpl1 phrátaí

criterion n critéar m1, slat f2 tomhais

critic n criticeoir m3, léirmheastóir m3

critical adj cáinteach, criticiúil; (very ill) i mbaol

critically adv (examine) go criticiúil; (speak etc) go cáinteach; **critically ill** i mbaol báis

criticism n (of faults) lochtú m; (of art) critic f2, léirmheastóireacht f3

criticize vt lochtaigh, cáin

croak n grág f2 ♦ vi cuir grág asat, bheith ag grágáil

Croatia n An Chróit f2

crochet n cróise f4

crockery n soithí mpl1, gréithe pl

crocodile n crogall m1

croft n croit f2

crook n crúca m4, bacán m1; (*thief*) cneámhaire m4, bithiúnach m1; (*of shepherd*) caimín m4; (REL) bachall f2

crooked adj cam

crop n barr m1; (*riding crop*) fuip f2 ♦ vt (*hair*) bearr ▸ **crop up** vi tar aníos

cross n crois f2; (BIOL *etc*) cros-síolrú m ♦ vt (*street etc*) trasnaigh, téigh trasna + *gen*; (*cheque*) crosáil; (BIOL *etc*) cros-síolraigh ♦ adj míshásta, cantalach; **to cross one's arms/legs** do dhá lámh/chos a chur trasna ar a chéile; **to cross o.s.** (REL) comhartha na croise a ghearradh ort féin; **it crossed my mind** rith sé liom ▸ **cross out** vt cealaigh, scrios ▸ **cross over** vi (*towards*) téigh anonn; (*from*) tar anall

crossbar n trasnán m1

cross-examine vt (LAW) croscheistigh

cross-eyed adj fiarshúileach; **he's cross-eyed** tá fiarshúil ann

crossfire n croslámhach m1

crossing n (*at sea*) pasáid f2, trasnáil f3; (*also:* **pedestrian ~**) crosaire m4

crossing guard (US) n maor m1 crosaire

cross purposes npl: **to be at cross purposes** bheith as teacht trasna ar salach ar a chéile

cross-reference n crostagairt f3

crossroad n crosbhealach m1, crosbhóthar m1

cross section n trasghearradh m

crosswalk (US) n crosaire m4

crossword n crosfhocal m1

crotch n gabhal m1

crouch vi crom, téigh ar do chromada; **to be crouched before sth** bheith crom os cionn ruda

crow n (*bird*) préachán m1; (*of cock*) scairt f2, glao m4 ♦ vi (*cock*) scairt, glaoigh

crowbar n gró m4

crowd n slua m4, scata m4, drong f2 ♦ vt, vi plódaigh; **to crowd in** plódú isteach

crowded adj plódaithe

crown n coróin f; (*of head*) baithis f2, mullach m1; (*of hill*) mullach ♦ vt corónaigh; **to crown it all** de bharr ar an iomlán

crown prince n rídhamhna m4

crucial adj barrthábhacht, den mhórthábhacht

crucifix n (REL) An Chroch f2 Chéasta

crucifixion n céasadh m; (REL): **the Crucifixion** an Céasadh m

crucify vt céas

crude adj (*materials*) amh-; (*rough*) garbh, gairgeach; (*lewd*) gáirsiúil, graosta

crude (*oil*) n amhola f4

cruel adj cruálach

cruelty n cruálacht f3

cruise n cúrsáil f3 ♦ vi cúrsáil

cruiser n cúrsóir m3

crumb n grabhróg f2; **crumbs** bruscar msg1 aráin, grabhróga fpl2 aráin

crumble vt mionaigh, déan smidiríní or smionagar de, mionbhrúigh, déan mionbhruar de

crumpet n crombóg f2

crumple vt, vi crap

crunch vt cnag ♦ vi bheith ag cnagarnach ♦ n (*fig*) uair f2 na cinniúna

crunching n cnagarnach f2

crunchy adj cnagach

crusade n crosáid f2; **The Crusades** Cogaí mpl1 na Croise

crush n brú m4; (*love*): **to have a ~ on sb** bheith splanctha i ndiaidh duine; (drink): **lemon ~** deoch f liomóide ♦ vt brúigh; (grind) meil; **to crush sb's hopes** duine a chur dá dhóchas

crust n crústa m4

crutch n maide m4 croise

crux n: **the ~ of the question** croí m4 na ceiste, bun agus barr an scéil

cry vi caoin, goil, bheith ag caoineadh or ag gol; (shout: also: **~ out**) glaoigh, scairt, lig gáir asat ♦ n scairt f2

cryptic adj diamhair

crystal n criostal m1

crystal clear adj gléghlan

cub n coileán m1; (also: **Cub scout**) gasóg f2 óg

Cuba n Cúba m4

cubbyhole n caochóg f2

cube n ciúb m1 ♦ vt (MATH) ciúbaigh

cubic adj ciúbach; **cubic foot** etc troigh chiúbach etc

cubicle n cubhachail m4

cuckoo n cuach f2

cucumber n cúcamar m1

cuddle vt, vi muirnigh, déan gráin le

cue n (THEAT etc) leid f2; **snooker/ billiard cue** cleathóg f2 snúcair/ billéardaí

cuff n (of shirt, coat etc) cufa m4; (blow) smitín m4; **off the cuff** as do sheasamh, as maol do chonláin

cuff link n lúibín m4 cufa

cul-de-sac n cul-de-sac, caochshráid f2

cull vt togh; (animals) tanaigh ♦ n (of animals) tanú m

culminate vi: **to ~ in** teacht chun buaice le

culmination n buaic f2

culprit n ciontach m1

cult n cultas m1

cultivate vt saothraigh

cultivated adj cultúrtha; **cultivated**

land curaíocht f3

cultivation n saothrú m

cultural adj cultúrtha

culture n cultúr m1

cultured adj (person) cultúrtha

cumbersome adj anásta

cunning n gliceas m1, cleasaíocht f3 ♦ adj glic, lúbach, cleasach; (device, idea) cliste

cup n cupán m1; (as prize) corn m1

cupboard n cófra m4, almóir m3

cup tie n cluiche m4 coirn

curate n séipíneach m1

curator n feighlí m4, coimeádaí m4

curb vt srian, cuir srian le ♦ n (fig) srian m1; (US: kerb) ciumhais f2

curdle vt téacht, gruthaigh ♦ vi (milk) bris, téacht

cure vt leigheas; (CULIN) leasaigh, sailligh ♦ n leigheas m1; (for hangover) leigheas m1 na póite

curfew n cuirfiú m4

curiosity n fiosracht f3

curious adj fiosrach

curl n coirnín m4 ♦ vt: **to ~ sb's hair** coirníní a chur i gcuid gruaige duine ♦ vi éirigh catach ▸ **curl up** vi crap; **to curl o.s. up** tú féin a chuachadh, ceirtlín a dhéanamh díot féin

curly adj catach, coirníneach

currant n cuirín m1

currency n airgeadra m4, airgead m1 reatha; **it gained currency** (fig) glacadh leis go forleathan

current n sruth m3 ♦ adj reatha n gen

current account n cuntas m1 reatha

current affairs npl cúrsaí mpl4 reatha

currently adv faoi láthair

curriculum n curaclam m1

curriculum vitae n curriculum m vitae

curry n curaí m4 ♦ vt: **to ~ favour**

fabhar a lorg

curse vi bheith ag eascainí, tabhair mionnaí móra ♦ vt mallaigh, cuir mallacht ar ♦ n mallacht f3, eascaine f4; (problem, scourge) crá m4 croí, plá f4; (swearword) eascaine, mionn m3 mór

cursor n (COMPUT) cúrsóir m3

cursory adj srac-, mear; **a cursory glance** sracfhéachaint

curt adj giorraisc

curtail vt giorraigh, ciorraigh, giortaigh; (costs, wages etc) laghdaigh

curtain n cuirtín m4

curts(e)y vi umhlaigh

curve n cuar m1; (in the road) lúb f2 ♦ vi cuar; (road) lúb

cushion n cúisín m4 ♦ vt (fall, shock) plúch

custard n custard m1

custody n (of child) cúram m1; (COMM) cumhdach m1; **in custody** faoi choinneáil; **to take sb into custody** duine a ghabháil

custom n gnás m1, nós m1

customary adj gnách, gnath-, iondúil

customer n custaiméir m3

customs npl custaim mpl1

customs officer n oifigeach m1 custaim

cut vt gearr, ciorraigh; (hair) bearr, gearr; (turf) bain ♦ n gearradh m; (wound) cneá f4; (in salary etc) laghdú m; (of meat) stiall f2; **to cut a tooth** fiacail a ghearradh ▸ **cut down** vt fus (tree etc) leag; (costs) gearr (anuas), laghdaigh ▸ **cut off** vt scoith; (fig) gearr; **to cut sb's head off** an ceann a bhaint or a ghearradh de dhuine ▸ **cut out** vt gearr amach; (stop): ~ **it out!** éirigh as!; (remove) bain amach ▸ **cut up** vt (potatoes, meat) scean

cutback n gearradh m siar, ciorrú m

cute adj cleasach; (US) gleoite

cutlery n sceanra m4, cuitléireacht f3

cutlet n gearrthóg f2 (gualainne)

cutout n (cardboard) gearrthán m1

cut-price, (US) **cut-rate** adj faoi ráta

cutthroat adj gan taise; **cutthroat competition** deargiomaíocht f3

cutting adj faobhrach; (fig) géar ♦ n (from newspaper) gearrthán m1; (from plant) gearrthóg f2; **cutting remark** goineog f2

CV n abbr = **curriculum vitae**

cyanide n cuainíd f2

cycle n timthriall m3; (UTER) sraith f2; (bicycle) rothar m1 ♦ vi rothaigh, téigh ag rothaíocht

cycling n rothaíocht f3

cyclist n rothaí m4

cygnet n éan m1 eala

cylinder n sorcóir m3

cymbal n ciombal m1

cynic n cinicí m4

cynical adj ciniciúil, searbhasach

cynicism n ciníceas m1, searbhas m1

Cypriot adj, n Cipireach m1

Cyprus n An Chipir f2

cyst n cist f2

czar n sár m1

Czech adj, n Seiceach m1; (LING) Seicis f2

D

D n (MUS) D m4

dab vt tabhair daba do, smeadráil, smear

dabble vi: **to ~ in** bheith ag súgradh or ag ealaín le, lámh or ladar a bheith agat i

dad, daddy n daid m4, daidí m4

daddy-longlegs n snáthadán m1, Pilib m4 a gheataire

daffodil n lus m3 an chromchinn

daft *adj* amaideach; **to be daft about sb** (*fig*) bheith sa chéill is aigeantaí ag duine, bheith splanctha i ndiaidh duine

dagger *n* miodóg *f2*, daigéar *m1*

dahlia *n* dáilia *f4*

daily *adj* laethúil ♦ *n* nuachtán *f1* laethúil ♦ *adv* go laethúil; (*dosage*) in aghaidh an lae, sa lá

dairy *n* déirí *m4*

dairy products *npl* táirgí *mpl4* déiríochta

dairy store (*US*) *n* siopa *m4* déirí

daisy *n* nóinín *m4*

dale *n* gleanntán *m1*

dam *n* damba *m4* ♦ *vt* dambáil

damage *n* damáiste *m4*, dochar *m1* ♦ *vt* déan damáiste *or* dochar do; **damages** *npl* (*LAW*) damáistí *mpl4*

damn *vt* damnaigh; (*curse*) mallaigh, cuir mallacht ar ♦ *n* (*inf*): **I don't give a ~** is cuma liom sa diabhal ♦ *adj* (*inf*: *also*: **~ed**) damanta, mallaithe; **damn (it)!** damnú air!

damning *adj* damnaithe

damp *adj* tais ♦ *n* taise *f4* ♦ *vt* (*also*: **~en**: *cloth*, *rag*) taisrigh, fliuchaigh

dance *n* damhsa *m4*, rince *m4*; (*social event*) damhsa *m4* ♦ *vi* déan damhsa *or* rince

dancer *n* damhsóir *m3*, rinceoir *m3*

dancing *n* damhsa *m4*, rince *m4*

dandelion *n* caisearbhán *m1*

dandruff *n* sail *f2* chnis

Dane *n* Danmhargach *m1*, Danar *m1*

danger *n* contúirt *f2*, baol *m1*; **there is a danger of fire** tá contúirt dóiteáin ann; **in danger** i gcontúirt, i mbaol; **Danger!** (*sign*) Aire!

dangerous *adj* contúirteach, baolach

dangle *vt*: **to ~** coinneáil ar bogarnach ♦ *vi* bheith ar bogarnach

Danish *adj* Danmhargach, ón Danmhairg, as an Danmhairg ♦ *n* (*LING*) Danmhairgis *f2*

dare *vt*: **to ~ sb to do sth** dúshlán duine a thabhairt rud a dhéanamh ♦ *vi*: **to ~ do sth** é a bheith de mhisneach agat rud a dhéanamh, é a bheith de dhánacht ionat rud a dhéanamh; **I dare say** (*I suppose*) déarfainn

daring *adj* dána ♦ *n* dánacht *f3*, misneach *m1*

dark *adj* (*night*, *room*) dorcha; (*colour*, *complexion*) crón ♦ *n* dorchadas *m1*; **in the dark** sa dorchadas; **in the dark about** (*fig*) dall ar; **after dark** ar dhul ó sholas dó

darken *vt* dorchaigh, dall ♦ *vi* dorchaigh, téigh ó sholas

dark glasses *npl* gloiní *fpl4* dorcha, gloiní gréine

darkness *n* dorchadas *m1*

darkroom *n* seomra *m4* dorcha

darling *adj* muirneach ♦ *n* muirnín *m4*, grá *m4* geal; (*favourite*): **he is the ~ of the ladies** is é leannán na mban óg é; **my darling girl** a chailín mo chroí

darn *vt* dearnáil *f3*, cliath *f2* ♦ *vt*: dearnáil, cuir cliath ar

dart *n* ga *m4*; (*SEWING*) dairt *f2* ♦ *vi*: **to ~ towards** sciurd a thabhairt ionsar, tabhairt faoi de sciotán; **darts** dairteanna *fpl2*; **to dart away/off** imeacht (leat) de rúid *or* de sciotán

dartboard *n* clár *m1* dairteanna

dash *n* (*sign*) dais *f2*; (*small quantity*) steall *f2* ♦ *vt* (*missile*) teilg; **to dash sb's hopes** duine a chur dá dhóchas ♦ *vi*: **to ~ towards** rúid *or* sciurd a thabhairt ar, seáp a thabhairt faoi

dashboard *n* (*AUT*) painéal *m1*

bogarnach

ionstraimí

dashing adj rábach, scafánta

data npl sonraí mpl4

data bank n stór m3 sonraí

database n (COMPUT) bunachar m1 sonraí

data capture n (COMPUT) gabháil f3 sonraí

data carrier n (COMPUT) iompróir m3 sonraí

data processing n (COMPUT) próiseáil f3 sonraí

date n dáta m4; (with sb) coinne f4; (fruit) dáta m4 ♦ vt dátaigh; **to date sb** siúl amach le duine; **date of birth** dáta breithe; **to date** (until now) go nuige seo, go dtí seo; **out of date** as dáta; (clothes etc) seanfhaiseanta, seanaimseartha; **up to date** nua-aimseartha, suas chun dáta; (news) is deireanaí

dated adj seanfhaiseanta

daughter n iníon f2

daughter-in-law n banchliamhain m4, bean f mhic

daunting adj scáfar

dawn n breacadh m1 or bánú m or bodhránacht m3 an lae ♦ vi (day) bánaigh, geal; (fig): it **~ed on him that …** rith sé leis go …

day n lá m; the **day before** an lá roimhe; the **day after**, the **following day** an lá arna mhárach; the **day after tomorrow** anóirthear, arú amárach; the **day before yesterday** arú inné; **by day** de lá

daybreak n breacadh m1 or bánú m4 or bodhránacht m3 an lae

daydream vi: **to ~** bheith ag aislingeacht n or taibhreamh m1 na súl oscailte

daylight n solas m1 an lae

daytime n: **in the ~** i rith an lae, de sholas lae

day-to-day adj laethúil; (events)

gnáth-

daze vt caoch ♦ n: **to be in a ~** speabhraídí a bheith ort, néal a bheith ionat

dazed adj ar mearbhall, néal a bheith ionat

dazzle vt dall, dallraigh, caoch

dead adj marbh; (telephone): the line is ~ tá an líne marbh ♦ adv lán, iomlán, an-, an- ♦ npl: the ~ na mairbh mpl1; **dead on time** díreach in am; **dead tired** marbh tuirseach; **to stop dead** stopadh in áit na mbonn

deaden vt (pain) maolaigh

dead end n ceann m1 caoch

deadline n spriocdháta m4

deadlock n sáinn f2, leamhsháinn f2

deadly adj marfach

Dead Sea n: the Dead Sea An Mhuir f3 Mharbh

deaf adj bodhar

deafen vt bodhraigh

deafness n bodhaire f4

deal n margadh m1 ♦ vt (blow) tabhair do, buail ar; (cards) roinn; **a great deal of** cuid mhór + gen, lear mór + gen ♦ **deal in** vt fus déileáil i or ar ▸ **deal with** vt fus (person, problem) déileáil le; (be about: book etc) bain le, bí faoi

dealer n (COMM) déileálaí m4

dealings npl déileáil fsg3

dean n (REL, SCOL) déan m1

dear adj ionúin, dil, dílis; (expensive) daor, costasach ♦ n: **my ~ a chroí, a stór; dear me!** m'anam!; **Dear Sir/Madam** (in letter) A dhuine uasail/A bhean uasail; **Dear John** A Sheáin, a chara

dearly adv (love) go mór, go domhain; (pay) go daor

death n bás m1; **to be the death of sb** bás duine a thabhairt

death certificate n teastas m1 báis

death penalty n pionós m1 an bháis

death rate n ráta m4 báis

death toll n líon m1 na marbh

debatable adj conspóideach, inchaibidle, amhrasach

debate n díospóireacht f3 ♦ vt pléigh; **to debate sth** rud a phlé or a chaibidil

debauched adj truaillithe, ar an drabhlás

debit n dochar m1 ♦ vt: **to ~ a sum to sb** or **to sb's account** suim a chur do dhochar cuntais duine; see also **direct debit**

debris n (rubbish) bruscarnach f2; (fragments) smionagar m1, treascarnach f2

debt n fiach m1, fiacha mpl1; **to be in debt** fiacha a bheith ort

debtor n fiachóir m3, féichiúnaí m4

debug (COMPUT) vt dífhabhtaigh

decade n deich mbliana fpl3; (REL, of rosary) deichniúr m1

decadence n meath m3, meathlú m

decadent adj meatach

decaffeinated adj gan chaiféin

decanter n teisteán m1

decay n (also: **tooth ~**) lobhadh m1 fiacla; (building) ag titim chun raice; (wood) ag dreo ♦ vi (rot) lobh, meathlaigh; (wither: flower) feoigh; (teeth, meat) lobh; (fruit) lobh, meathlaigh

deceased n marbh m1, marbhán m1

deceit n cealg f2, camastaíl f3, calaois f2, feall m1

deceitful adj cealgach, calaoiseach, fealltach, mealltach

deceive vt cealg, meall

December n Nollaig f, Mí f na Nollag

decent adj gnaíúil, cneasta, macánta; (amount) cuibheasach, measartha; **they were very decent about it** bhí siad an-tuisceanach faoi

decentralization n dílárú m

deception n camastaíl f3, cealg f2, cluain f3

deceptive adj cealgach, cluanach, mealltach

decide vt réitigh, socraigh ♦ vi cinn (ar), beartaigh (ar); **to decide to do sth** beartú or cinneadh ar rud a dhéanamh

decided adj (resolute) diongbháilte; (clear, definite) cinnte, dearfa

decidedly adv go daingean, go diongbháilte; (distinctly) go cinnte, go dearfa

decimal adj deachúlach ♦ n deachúil f3

decimal system n córas m1 deachúlach

decipher vt scaoil, imscaoil

decision n cinneadh m1

decisive adj cinntitheach; (person) diongbháilte

deck n (NAUT) deic f2, bord m1; (of bus): **top ~** urlár m1 uachtair; (of cards) paca m4; (record deck) deic

deck chair n cathaoir f dheice

declare vt (state) dearbhaigh, fógair, maígh; (war) fógair; (at customs) admhaigh

decline n (decay) meath m3, meathlú m; (lessening) maolú m, titim f2 ♦ vt diúltaigh ♦ vi (health) meath, meathlaigh

decommission vt díchoimisiúnaigh, cuir as úsáid

decompose vi lobh, morg; (CHEM) dianscaoil

decontaminate vt díthruailligh

décor n feisteas m1

decorate vt (adorn, give a medal to) bronn gradam ar; (room, house) maisigh, cóirigh

decoration n maisiúchán m1; (medal, award) suaitheantas m1

decorative adj maisiúil

decorator n maisitheoir m3

decorum n cuibhiúlacht f3

decoy n gaiste m4, baoite m4, lacha f chuana; (person) maide m4 bréagach

decrease n: ~ (in) laghdú (i) ◆ vt, vi laghdaigh

decree n (POL) forógra m4; (LAW) foraithne f4

decrepit adj craplaithe, cranda, díblí

dedicate vt tiomnaigh

dedication n (devotion) dúthracht f3; (in book) tiomnú m

deduce vt déan amach; **to deduce from** baint as, tuiscint as

deduct vt bain de, bain as

deduction n tátal m1; (from wages etc) gearradh m

deed n gníomh m1, beart m1; (LAW) cáipéis f2, gníomh m1

deep adj domhain ◆ adv: **spectators stood 20 ~** bhí fiche rang de lucht féachana ann; **4 metres deep** ceithre mhéadar ar doimhne(acht)

deepen vt doimhnigh

deepfreeze n domhainreo m4

deeply adv go domhain; **I am deeply interested in it** tá an-spéis agam ann

deep-seated adj dearg-, dubh-; **deep-seated hatred** dearg-ghráin

deer n inv fia m4; **fallow deer** fia fionn

defamation n aithisiú m, clúmhilleadh m

default n (LAW) mainneachtain f3; (COMPUT: also: ~ value) luach m3 loicthe; **by default** (of los de los éagmaise trí mhainneachtain; (SPORT) de los éagmaise

defeat n briseadh m, maidhm f2 ◆ vt cloígh, buaigh ar

defect n locht m3, fabht m4, máchail f2 ◆ vi: **to ~ to the enemy**

dul leis an namhaid

defective adj lochtach, fabhtach, easnamhach

defence n, (US) **defense** n cosaint f3

defenceless adj gan chosaint

defend vt cosain; (rights) seas

defendant n cúisí m4, cosantóir m3

defender n cosantóir m3

defensive adj cosantach

defer vt (postpone) cuir ar athlá, cuir siar ◆ vi: **to ~ to sb** géilleadh or tabhairt isteach do dhuine

defiance n dúshlán m1, neamhghéilliúlacht f3; **in defiance of** ar neamhchead do, de dheargainneoin + gen

defiant adj dúshlánach, neamhghéilliúil, ládasach

deficiency n easpa f4; (MED) easnamh m1

deficient adj (inadequate) easpach, easnamhach, uireasach; **to be deficient in sth** bheith in easnamh ruda, easpa ruda a bheith ort

deficit n easnamh m1

define vt sainmhínigh, sainigh

definite adj (fixed) cinnte, deimhneach; (clear, obvious) follasach, soiléir; (certain) cinnte, dearfa; **he was definite about it** bhí sé cinnte de

definitely adv go cinnte, go dearfa

definition n sainmhíniú m, sainiú m; (clearness) géire f4, léire f4

deflate vt (tyre, ball) lig an t-aer amach as; (fig) bain an ghaoth de

deflation n díbholgadh m; (FIN) díbhoilsciú m

deflect vt sraon

deform vt: **to ~ sth** rud a chur ó chuma, míghnaoi a chur ar rud

deformed adj míchumtha, éagruthach

defraud vt déan calaois ar, cúbláil; **to defraud sb of sth** rud a bhaint de dhuine le calaois

defrost vt díshioc, díreoigh

deft adj deaslámhach

defunct adj as feidhm, marbh

defuse vt (bomb) bain an t-adhniú as; (situation) bain an ghoimh as

defy vt (efforts etc) sárú ar; **to defy sb** dúshlán duine a thabhairt

degenerate vi meath, meathlaigh ♦ adj claon, saobh, meata

degrading adj táireach

degree n (also SCOL) céim f2, grád m1; **by degrees** (gradually) de réir a chéile; **to some degree, to a certain degree** go pointe áirithe

dehydrated adj (parched) spaltpha (leis an tart), díhiodráitithe

de-ice vt dí-oighrigh

de-icer n dí-oighritheoir m3

deign vi: **to ~ to do sth** deonú chun rud a dhéanamh

dejected adj díomách, atuirseach

delay vt moilligh, cuir moill ar, bain moill as ♦ vi déan moill, moilligh ♦ n moill f2; **she was delayed** bhain moill di, baineadh moill aisti

delegate n toscaire m4 ♦ vt: **to ~ sb to do sth** údarás a thiomnú do dhuine le rud a dhéanamh

delegation n toscaireacht f3

delete vt cealaigh, scrios, bain amach; (COMPUT) scrios

deliberate adj (intentional) réamhbheartaithe; (slow) malltriallach ♦ vi machnaigh (ar)

deliberately adv (on purpose) d'aon ghnó, d'aon turas

delicacy n (of quality, character) fíneáltacht f3; (frailness, fragility) leiceacht f3, leochaileacht f3; (sensitivity) íogaireacht f3, míníneacht f3; **delicacies** sóláistí pl, sócamais mpl1, míníneachtaí fpl3

delicate adj (of quality, character)

fíneálta; (frail, fragile) leice, leochaileach; (sensitive) íogair

delicious adj caithiseach, sobhlasta

delight n lúcháir f2, aoibhneas m1, pléisiúr m1 ♦ vt: **to ~ sb** lúcháir or aoibhneas a chur ar dhuine; **to take (a) delight in sth** aoibhneas a bhaint as rud

delighted adj: **to be ~ (at or with/ to do sth)** áthas a bheith ort (as rud/rud a dhéanamh)

delightful adj álainn, galánta

delinquent adj ciontach ♦ n ciontóir m3

delirious adj (rambling) bheith ag rámhaille; (happy) bheith sa ghlóir, sceitimíní a bheith ort

deliver vt (mail, goods) seachaid; (message) seachaid, tabhair do; (speech) tabhair (uait); (MED, baby) saolaigh

delivery n seachadadh m; (of speaker) cur m1 i láthair; (MED) breith f2; **to take delivery of** glacadh le

delivery van n veain f4 seachadta

delude vt meall, cuir cluain or dallamullóg ar

delusion n seachrán m1, dallamullóg m4

demand vt éiligh ♦ n éileamh m1, ráchairt f2; **in demand** éileamh or ráchairt a bheith ar; **on demand** ar éileamh

demanding adj (person) doiligh a shásamh; (work) crua, maslach

demarcation n críochú m, críochadóireacht f3

demean vt: **to ~ o.s.** a bheag a dhéanamh díot féin, tú féin a ísliú

demeanour, (US) **demeanor** n iompar m1

demented adj: **to be ~** bheith as do mheabhair or as do chiall

demise n éag m3, bás m1

demo n abbr = **demonstration**

democracy *n* daonlathas *m1*

democrat *n* daonlathaí *m4*

democratic *adj* daonlathach

demolish *vt* (*building*) leag; (*overthrow, annihilate*) scrios, treascail; (*food*) plac

demonstrate *vt* léirigh; (*show*) taispeáin ♦ *vi* léirsigh, déan agóid; **to demonstrate for/against** léirsiú i leith/in aghaidh, agóid a dhéanamh i leith/in aghaidh

demonstration *n* (*exposition*) taispeántas *m1*; (*illustration*) léiriú *m*; (POL) léirsiú *m*, agóid *f2*

demonstrator *n* (POL) léirsitheoir *m3*, agóideoir *m3*

demoralize *vt*: **to be ~d** by sth bheith domheanmnach faoi rud

demote *vt*: **he was ~d** tugadh céim síos dó

den *n* pluais *f2*, prochóg *f2*

denationalize *vt* dínáisiúnaigh

denial *n* séanadh *m*; (*refusal*) diúltú *m*

denim *n* deinim *m4*; **denims** *npl* (*jeans*) bríste *m4* deinim

Denmark *n* An Danmhairg *f2*

denomination *n* (*of money*) luach *m3*; (REL) sainchreideamh *m1*

denote *vt* comharthaigh, cuir in iúl

denounce *vt* cáin (go poiblí)

dense *adj* dlúth; (*fog*) dlúth, tiubh; (*stupid*) tiubh, dobhránta, dúr; **the room was dense with smoke** bhí an seomra ramhar le toit

densely *adv* go dlúth; **densely populated** faoi líon mór daoine

density *n* dlús *m1*, tiús *m1*; **double-/high-density diskette** discéad dédhlúis/ard-dlúis

dent *n* log *m1*, ding *f2* ♦ *vt*: **to ~ (also**: **to make a ~ in)** log or ding a chur i

dental *adj* déadach

dental floss *n* flas *m3* déadach or fiacla

dentist *n* fiaclóir *m3*

dentistry *n* fiaclóireacht *f3*

dentures *npl* déadchíora *fpl2*

deny *vt* séan; (*refuse*) diúltaigh

deodorant *n* díbholaíoch *m1*

depart *vi* imigh, fág; **to depart from** (*fig*: *differ from*) gan a bheith ag teacht le; **it departs from normal procedure** níl sé ag teacht le gnás

department *n* roinn *f2*

department store *n* siopa *m4* ilranna

departure *n* imeacht *m3*, fágáil *f3*; **a new departure** treo nua, athrú gnáis, cor nua i do shaol

depend *vi*: **to ~ on** brath ar, bheith i dtuilleamaí *or* i muinín + *gen*; **it depends** braitheann sé; **depending on the result** ag brath ar an toradh; **if your life depended on it** dá mbeadh do bheo de gheall leis

dependable *adj* iontaofa, muiníneach

dependant *n* cleithiúnaí *m4*

dependence *n* spleáchas *m1*

dependent *adj*: **to be ~ (on)** bheith ag brath (ar), bheith spleách (ar), bheith i dtuilleamaí + *gen* ♦ *n* = **dependant**

depict *vt* léirigh, cuir síos ar, déan cur síos ar

depleted *adj* ídithe

deplorable *adj* (*wretched*) truamhéalach, ainnis; (*disgraceful*) náireach; (*very bad*) uafásach

deport *vt* díbir as an tír, díbir thar tír amach

deportation *n* díbirt *f3* as an tír, díbirt thar tír amach

deposit *n* deascán *m1*, dríodar *m1*; (COMM) taisce *f4*; (CHEM) screamh *f2*; (GEOG) síl-leagan *m*, fosú *m*; (*part payment*) éarlais *f2* ♦ *vt* (*in bank*) taisc, cuir i dtaisce; (*put down*) leag síos; (*as part payment*) cuir éarlais ar

deposit account n cuntas m1 taisce

depot n (warehouse) stóras m1; (US: RAIL) stáisiún m1

depraved adj truaillithe, táir

depreciate vi titeann (a) luach

depress vt cuir gruaim ar; (press down) brúigh síos

depressed adj (person) faoi ghruaim; **a depressed area** limistéar bochtaineachta

depressing adj gruama

depression n gruaim f2, smúit f2, domheanma f; (melancholy) droim m3 dubhach, lionn m dubh; (in trade) lagar m1 trádála; (METEOR) lagbhrú m4; (hollow) logán m1, ísleán m1

deprivation n anás m1

deprive vt: **to ~ sb of sth** rud a bhaint de dhuine or a choinneáil ó dhuine

deprived adj in anás, ar an ngannchuid

depth n doimhneacht f3; **in the depths of despair** in umar na haimléise; **to be out of one's depth** bheith thar do bhaint or thar d'fhoras

deputation n toscaireacht f3

deputize vi: **to ~ for sb** gníomhú in ionad or thar ceann duine

deputy adj leas- ♦ n ionadaí m4; (POL, second in command) tánaiste m4; **deputy head** (teacher) leasphríomhoide m4; **Dáil deputy** (IRL: POL) teachta m4 Dála

derail vt (train) cuir de na ráillí; (fig) cuir dá threoir

deranged adj: **to be (mentally) ~** saochan céille or seachrán céille a bheith ort, meabhair a bheith ort

derby (US) n (bowler hat) babhlaer m1

derelict adj tréigthe

deride vt: **to ~ sb** fonóid or

scigmhagadh a dhéanamh faoi dhuine

derisory adj fonóideach; (sum, amount) suarach, scallta

derivative n fréamhaí m4, díorthú m

derive vt: **to ~ sth from** rud a bhaint as ♦ vi: **to ~ from** fréamhú ó, díorthú ó

dermatitis n deirmitíteas m1

derogatory adj dímheasúil

Derry n Doire m4

descend vi tuirling, téigh síos, tar anuas; (lineage): **to ~ from** síolrú ó; **to descend to (doing) sth** tú féin a fhágáil thíos le rud (a dhéanamh)

descendant n: **she is a ~ of** is de shliocht or d'aicíobh + gen í; **descendants** sliocht msg3

descent n tuirlingt f2, ísliú m; (origin): **of Irish ~** de shliocht or d'aicíobh Éireannach

describe vt cuir síos ar

description n: **~ (of)** cur m1 síos (ar), tuairisc f2 (ar); **of some description or other** (sort) de chineál éigin

desert n fásach m1; (sandy) gaineamhlach m1 ♦ vt, vi tréig

desert island n oileán m1 fásaigh

deserts npl: **to get one's just ~** an rud atá tuillte agat or an rud is airí ort a fháil

deserve vt tuill, tabhaigh; **he well deserves it** is maith an airí air é

deserving adj inmholta, fiúntach; (action, cause) fiúntach

design n (sketch, layout, shape) dearadh m1; (plan) leagan m1 amach, plean m4; (pattern) patrún m1, gréas m3; (art) gréas; (intention) rún m1 ♦ vt leag amach, ceap, dear

designate vt (to office) ceap, ainmnigh; (indicate) léirigh, sainigh, taispeáin

designer n (TECH) dearthóir m3; (ART) línítheoir m3; (fashion) dearthóir éadaigh

desirable adj inmhianaithe; (woman) tarraingteach, meallacach, a bhfuil mian súl inti

desire n mian f2, dúil f2, fonn m1 ♦ vt santaigh; **to desire to do** shúil a bheith agat le rud, rud a shantú

desk n deasc f2; (in hotel, at airport) deasc cláraithe

desktop n (also: ~ **computer**: COMPUT) ríomhaire m4 deisce

desolate adj tréigthe, bánaithe; (sad) dearóil, dólásach, ainnis

despair n éadóchas m1 ♦ vi tit in éadóchas; **to despair of sth** deireadh dúile a bhaint de rud

despatch n, vt = **dispatch**

desperate adj (hopeless) éadóchasach, gan dóchas, doleigheasta; (very grave) an-chontúirteach, uafásach

desperately adv go huafásach, go millteach; (very) an-: **desperately tired** marbh tuirseach, traochta; **desperately urgent** an-phráinneach

desperation n éadóchas m1, scaoll m1; **in sheer desperation** le teann éadóchais

despicable adj suarach, gránna, gráiniúil

despise vt: **to ~ sb/sth** gráin a bheith agat ar dhuine/rud, drochmheas or dímheas a bheith agat ar dhuine/rud

despite prep d'ainneoin + gen; **despite all the difficulties** d'ainneoin na ndeacrachtaí uile

dessert n milseog f2

destination n ceann m1 scríbe, ceann cúrsa

destined adj: **to be ~ to do/for sth** é a bheith i ndán duit rud a dhéanamh/rud a bheith i ndán duit

destiny n cinniúint f3

destitute adj beo bocht, dealbh, ar an anás

destitution n dealús m1, anás m1

destroy vt scrios, mill, creach

destroyer n (NAUT) scriostóir m3

destruction n scrios m, léirscrios m, millteanas m1

destructive adj (injurious) millteach, díobhálach; (antagonistic, adverse) naimhdeach

detach vt scar, scoir, dícheangail, bain de

detachable adj inscortha, inscartha

detached adj (distant, aloof) leithleach; (objective) neodrach; **detached house** teach aonair

detachment n (MIL) díorma m4; (fig: stand-offishness) leithleachas m1; (: disinterest) neamhshuim f2

detail n sonra m4 ♦ vt tabhair mionchuntas ar; **in detail** go mion

detailed adj mion-; **detailed account** mionchuntas

detain vt (pupil) coinneáil istigh; **to detain sb** (delay) moill a chur ar dhuine; (arrest) duine a ghabháil; (intern) duine a choinneáil i bpríosún

detect vt (notice, perceive) braith, tabhair faoi deara; (discover, find) fionn, faigh amach

detection n lorgaireacht f3, bleachtaireacht f3; **he escaped detection** ní bhfuarthas amach air é

detective n bleachtaire m4; **private detective** bleachtaire príobháideach

detective story n scéal m1 bleachtaireachta

detector n brathadóir m3

détente n détente, éideannas m1

detention n coimeád m, coinneáil

f3; (SCOL) coinneáil istigh;
detention camp campa géibhinn
deter vt coisc; **to deter sb from doing sth** duine a chur ó rud a dhéanamh, cosc a cur ar dhuine rud a dhéanamh
detergent n glantóir m3
deteriorate vi téigh in olcas, meath, meathlaigh
determine vt cinn ar, socraigh ar; **to determine to do sth** socrú or cinneadh ar rud a dhéanamh
determined adj diongbháilte, daingean; **to be determined to do sth** bheith meáite or leagtha ar rud a dhéanamh
deterrent n cosc m1, iombhagairt f3 ◆ adj coisctheach

detest vt: **to ~ sb/sth** dearg-ghráin or fuath a bheith agat ar dhuine/ rud; **there is nothing I detest more** ní lú orm an diabhal or an donas ná é
detestable adj fuafar, gráiniúil
detonate vt maidhm
detonator n maidhmitheoir m3
detour n cor m1 bealaigh, timpeall m1; (US: AUT, diversion) atreorú m
detract vt: **to ~ from** (quality, pleasure, reputation) baint ó
detriment n: **to the ~ of** le haimhleas + gen
detrimental adj dochrach, aimhleasach; **detrimental to a dhéanamh** dochar or aimhleas do
devaluation n díluacháil f3
devalue vt díluacháil
devastate vt scrios, mill
devastated adj cloíte, croíbhriste
devastating adj milltseach, cosrach
develop vt forbair, (PHOT) réal; (disease) tolg, tóg; (resources) forbair ◆ vi fás, forbair, (situation, disease: evolve) tar chun cinn; (cause) éirigh; (facts, symptoms: appear) nocht, tar chun cinn;

developing country tír f2 i mbéal forbartha
developer n (PHOT) réalóir m3
development n forbairt f3, forás m1; (of affair, case) casadh m1 nua
deviant adj claon, saobh ◆ n claonaí m4, saofóir m3
device n gaireas m1, gléas m1, áis f2; (plan) seift f2; **listening device** gaireas éisteachta
devil n diabhal m1, deamhan m1; **he's a real devil!** d'imigh an diabhal air!, tá an diabhal ina sheasamh ann!; **why the devil didn't you tell me?** cad chuige sa diabhal nár inis tú dom?
devilish adj diabhalta, diabhlaí
devilment n diabhlaíocht f3
devious adj lúbach, slítheánta
devise vt ceap, cum
devoid adj: **~ of** easpach i, gan aon + noun; **devoid of sense** gan chiall
devolution n (POL) dílárú m
devote vt: **to ~ sth** to rud a thoirbhirt do or a thiomnú do; **to devote o.s. to sth** do dhúthracht a chaitheamh le rud
devoted adj dílis, díograiseach; **to be devoted to** (learning) bheith tugtha do; (person) bheith doirte do, do chroí a bheith istigh i; **a book devoted to** leabhar faoi
devotee n móidín m4; **his devotees** a lucht leanúna
devotion n dúthracht f3; (REL) deabhóid f2, cráifeacht f3
devour vt alp
devout adj dúthrachtach, deabhóideach, cráifeach
dew n drúcht m3
diabetes n diaibéiteas m1
diabetic adj, n diaibéiteach m1
diabolical (inf) adj diabhalta, milltseanach
diagnosis n fáthmheas m3

diagonal adj fiar ◆ n trasnánach m1
diagram n léaráid f2, diagram m1
dial n aghaidh f2, diail f2 ◆ vt
(number) diailigh
dial code (US) n cód m1 diailithe
dialect n canúint f3
dialling code n cód m1 diailithe
dialling tone n ton m1 diailithe
dialogue n comhrá m4
dial tone (US) n ton m1 diailithe
dialysis n scagdhealú m
diameter n trastomhas m1, lárlíne
f4
diamond n diamant m1; (shape)
muileata m4; **diamonds** npl (CARDS)
muileata msg4
diamond-shaped adj muileatach
diaper (US) n clúidín m4
diaphragm n scairt f2
diarrhoea, (US) **diarrhea** n
buinneach f2
diary n dialann f2
dice n dísle m4 ◆ vt (CULIN) díslígh
dictate vt deachtaigh
dictation n deachtú m
dictator n deachtóir m3
dictatorship n deachtóireacht f3
dictionary n foclóir m3
die n (pl faigh bás, éag, básaigh; **to be**
dying for sth bheith fiáin chun
ruda, cíocras chun ruda a bheith
ort; **to be dying to do sth** bheith
ar bís le rud a dhéanamh ◆ **die**
away vi síothlaigh, téigh i léig
▶ **die down** vi maolaigh, ciúnaigh,
síothlaigh ▶ **die out** vi téigh i léig,
faigh bás
die-hard n duine m4 éaganta
diesel n (also: ~ **oil**) ola f4 díosail;
(vehicle) díosal m1; **diesel engine**
inneall m1 díosail
diet n aiste f4 bia ◆ vi (also: **be on**
a ~) bheith do thanú féin; **be on**
a regular diet bheith ar aiste bia
differ vi (**to ~ from** bheith
éagsúil le; **to differ from sb**

over sth gan aontú le duine faoi
rud, gan a bheith ag teacht le
duine faoi rud
difference n difear m1, difríocht f3;
(quarrel) easaontas m1
different adj difriúil, éagsúil; **that's**
entirely different rud eile ar fad é
sin
differentiate vi: **to ~ (between)**
idirdhealú a dhéanamh (ar), dealú
a dhéanamh (idir)
differently adv ar dhóigh eile
difficult adj deacair, doiligh, crua;
to get out of a difficult situation
teacht as an abar
difficulty n deacracht f3, dua m4;
to have difficulty with sth saothar
a fháil le rud
dig vt (hole) tochail; (garden)
rómhair ◆ n (prod) sonc m1; (fig)
sáiteán m1, goineog f2;
(archeological) tochaltán m1 ▶ **dig**
in vi talmhaigh; (MIL: also: ~ **o.s.**
in) tú féin a thalmhú; **dig in!** (eat
up) ith leat! ▶ **dig up** vt (potatoes
etc) bain; (information) nocht,
tabhair chun solais
digest vt díleáigh, cloígh ◆ n
achoimre f4
digestible adj indíleáite
digestion n díleá m4
digit n (number) digit f2; (finger)
méar f2
digital adj digiteach; **digital**
computer ríomhaire m4 digiteach
dignified adj maorga, díníteach,
uasal
dignity n dínit f2
digress vi téigh ar seachmall or ar
seachrán; **not to digress from the**
point gan dul anonn nó anall leis
an scéal
digs (inf) npl lóistín msg4
dilapidated adj raiceáilte, in
anchaoi
dilemma n cruachás m1, aincheist

f2

diligent *adj* dícheallach, saothrach

dilute *vt* (*drink*) lagaigh; (*paint*) tanaigh, caolaigh

dim *adj* (*light*) lag, doiléir; (*outline, figure*) doiléir; (*room*) breacdhorcha; (*stupid*) dúr, bómánta; **dim memory** mearchuimhne ♦ *vt* (*light*) ísligh, lagaigh

dime (*US*) *n* = 10 cents; **they're a dime a dozen** tá siad chomh fairsing le gaineamh na trá

dimension *n* (*aspect*) gné *f4*; (*scope*) méid *f2*; **the dimensions of the house** buntomhais *mpl1* an tí

diminish *vt, vi* laghdaigh, maolaigh ar

diminutive *adj* mion, beag bídeach

dimple *n* loigín *m4*

din *n* trup *m4*, tormán *m1*; (*clamour*) callán *m1*; (*commotion*) tamhach *m1* táisc, ruaille *m4* buaille

dine *vi* dinnéar a ithe, béile a ithe *or* a chaitheamh, do chuid a dhéanamh

diner *n* (*person*) aoi *m4*; (*US, restaurant*) bialann *f2*; (*RAIL*) carráiste *m4* bia

dinghy *n* dionga *m4*; (*also:* **rubber ~**) dionga rubair; (*also:* **sailing ~**) dionga seoil

dingy *adj* gruama, modartha

dining room *n* proinnseomra *m4*, seomra *m4* bia

dinner *n* dinnéar *m1*

dinner jacket *n* seaicéad *m1* dinnéir

dinner party *n* cóisir *f2* dinnéir

dinner time *n* am *m3* dinnéir

diode *n* dé-óid *f2*

dip *n* (*hollow*) fána *f4*; (*in sea*) tumadh *m*; (*CULIN*) tumadh, dip *f2* ♦ *vt* tum; (*AUT, lights*) ísligh ♦ *vi* (*slope*) tit

diphtheria *n* diftéire *f4*

diploma *n* dioplóma *m4*

diplomacy *n* taidhleoireacht *f3*

diplomat *n* taidhleoir *m3*

diplomatic *adj* taidhleoireachta *n gen*; (*adroit*) géarchúiseach; **diplomatic relations** caidreamh *m1* taidhleoireachta

dipstick *n* slat *f2* tumtha

dire *adj* uafásach, tubaisteach; **to be in dire straits** bheith sa chúngach *or* san fhaopach

direct *adj* díreach ♦ *vt* treoraigh; (*letter*) seol; (*film, programme*) stiúir; (*order*) **to ~ sb to do sth** ordú a thabhairt do dhuine rud a dhéanamh ♦ *adv* go díreach; **can you direct me to …?** an gcuirfeá ar an bhealach go …?

direct debit *n* dochar *m1* díreach

direction *n* aird *f2*, treo *m4*; (*guidance*) treoir *f*; **directions** *npl* (*orders*) orduithe *mpl*; **to ask directions** eolas *or* faisnéis an bhealaigh a chur; **directions (for use)** treoracha *fpl*; **in all directions** sna ceithre hairde fichead

directly *adv* (*in a straight line*) (*caol*) díreach; (*at once*) láithreach bonn

director *n* stiúrthóir *m3*

directory *n* eolaí *m4*, eolaire *m4*; (*COMPUT*) eolaire *f4*

dirt *n* brocamas *m1*, salachar *m1*; (*earth*) cré *f4*; **dirt track** smúitraon *m1*

dirty *adj* salach; (*talk*) gáirsiúil ♦ *vt* salaigh; **dirty trick** cleas suarach

disability *n* míchumas *m1*

disabled *adj* míchumasach ♦ *npl*: **the ~** daoine *mpl4* míchumasacha

disadvantage *n* míbhuntáiste *m4*

disadvantageous *adj* míbhuntáisteach

disagree *vi*: **to ~** (*be discordant*) gan cur le chéile; (*quarrel*) gan réiteach le duine; (*think otherwise*) gan aontú le duine

disagreeable adj míthaitneamhach

disagreement n easaontas m1

disappear vi (depart) imigh; (be lost to view) téigh as amharc; (slip away) seangaigh as; (vanish) ceiliúir; (die out) téigh ar ceal bánaigh

disappearance n imeacht (as amharc), dul m3 ar ceal, dul m3 as

disappoint vt meall, cuir díomá ar

disappointed adj meallta, díomách

disappointing adj mealltach

disappointment n mealladh m, díomá f4

disapproval n míshásamh m1

disapprove vi: to ~ (of) bheith míshásta (le); I disapprove of his methods ní maith liom an modh oibre atá aige

disarm vt dí-armáil

disarmament n dí-armáil f3

disarray n: in ~ trína chéile; it's in complete disarray níl cuma ná caoi air

disaster n tubaiste f4, anachain f2, matalang m1

disastrous adj tubaisteach

disband vt scoir ♦ vi scaip

disbelief n díchreideamh m1; (doubt) amhras m1; (amazement) iontas m1

disc n (circular plate) teasc f2; (record) ceirnín m4; see also **disk**

discard vt: to ~ sth cuir a chaitheamh uait; (fig): to ~ sb duine a ligean chun bóthair

discern vt (notice) tabhair faoi deara; (perceive clearly) tabhair i ngrinneas

discerning adj grinn, géarchúiseach

discharge vt (cargo) folmhaigh; (duties) comhlíon; (patient) scaoil amach; (employee) bris; (soldier) urscaoil; (defendant) lig saor ♦ n folmhú m; (dismissal) briseadh m; (MED) sileadh m1

disciple n deisceabal m1

discipline n disciplín m4, smacht m3; (regular habits) riailbhéas m3

disc jockey n diosc-jacaí m4, láithreoir m3 ceirnní

disclose vt (make known) tabhair le fios, foilsigh; (expose) nocht

disclosure n nochtadh m, foilsiú m; (admission) admháil f3; (to bank) faisnéisiú m

disco n dioscó m4

discoloured adj (water) ruaimneach

discomfort n míshuaimhneas m1; (lack of comfort) míchompord m1

disconcert vt cuir as do

disconnect vt scaoil, scoir, (TEL) gearr (an líne), díchónaisc

discontent n míshásamh m1

discontented adj míshásta

discord n imreas m1; (MUS) díchorda m4

discotheque n dioscó m4

discount n lascaine f4 ♦ vt (sum) lascainigh; (fig: leave out) fág as an áireamh; (disregard) déan neamhshuim de

discourage vt (dishearten) cuir beaguchtach ar; (dissuade) athchomhairligh

discover vt (detect) fionn; (come across) tar ar

discovery n fionnachtain f3

discredit vt (idea) tarraing míchreidiúint ar; (person) cuir drochtheist ar

discreet adj discréideach

discreetly adv go discréideach

discrepancy n (difference) difear m1, difríocht f3; (inconsistency) neamhréir f2, neamhréiteach m1; there were discrepancies in the accounts ní raibh na cuntais de réir a chéile

discretion n discréid f2; use your own discretion déan de réir do bhreithiúnais féin

discriminate vi: to ~ between

idirdhealú a dhéanamh ar; **to discriminate against** leithcheal a dhéanamh ar

discrimination n idirdhealú m, leithcheal m3; (*judgment*) géarchúis f2

discus n teasc f2

discuss vt pléigh, caibidil; (*debate*) caibidil, déan díopóireacht ar

discussion n (*conversation*) comhrá m4; (*consideration*) plé m4; (*debate*) díospóireacht f3, caibidil f2; **under discussion** idir chamáin

disdain n dímheas m3; (*ignorance*) neamhshuim f2

disease n galar m1

disembark vi téigh i dtír

disentangle vt réitigh

disfigure vt cuir míghnaoi ar

disgrace n náire f4; (*disfavour*) michlú m4 ◆ vt náirigh; **to disgrace sb** duine a náiriú, náire duine a thabhairt

disgraceful adj náireach; (*scandalous*) scannalach

disgruntled adj míshásta

disguise n bréagríocht m3 ◆ vt cuir bréagríocht ar; **in disguise** faoi bhréagríocht

disgust n déistin f2, samhnas m1, masmas m1 ◆ vt cuir déistin *etc* ar

disgusting adj déistineach, samhnasach, masmasach, múisciúil

dish n soitheach m1, mias f2; **to do** *or* **wash the dishes** na soithí a ní

dishcloth n éadach m1 soithí

disheartened adj: **to be ~** beaguchtach a bheith ort

dishevelled, (US) **disheveled** adj sraoilleach; (*hair*) stothallach, gliobach

dishonest adj mí-ionraic

dishonour, (US) **dishonor** n easonóir f3

dishtowel (US) n éadach m1 soithí

dishwasher n niteoir m3 soithí, miasniteoir m3

disinfect vt díghalraigh

disinfectant n díghalrán m1

disintegrate vi tit as a chéile, díscaoil

disjointed adj scaipthe

disk n (COMPUT) diosca m4; **hard disk** diosca crua; **single-/double-sided disk** diosca aontaoibh/détaoibh

disk drive n (COMPUT) diosthiomáint f3

diskette n diosca díscéad m1

dislike n col m1 ◆ vt: **I ~ it** ní maith liom é, tá col agam leis; **I dislike him intensely** is fuath liom é; **to take a dislike to sth** snamh a thabhairt do rud

dislocate vt cuir as áit; (*bone*) cuir as alt

disloyal adj mídhílis

dismal adj (*dreary*) gruama; (*abysmal*) ainnis

dismantle vt bain as a chéile, díchóimeáil

dismay n (*consternation*) anbhá m4; (*disappointment*) díomá f4

dismiss vt (*soldiers*) scaip; (*after service*) scaoil le; (*from meeting*) scoir; (*idea*) caith as do cheann; (LAW): **to ~ a case** cúis a dhíbhe; **to dismiss sb from employment** duine a bhriseadh as a phost, an bóthar a thabhairt do dhuine, duine a dhífhostú

dismissal n scaipeadh m; scaoileadh m; scor m1; dífhostú m; díbhe f4

disobedient adj easumhal, aimhriarach

disobey vt: **to ~ sb** bheith easumhal do dhuine

disorder n mí-ordú m; (*rioting*) círéibeacht f3; (MED) easláinte f4; **in disorder** ar mí-ordú

disorderly adj trína chéile; (*unruly*) clamprach

disorganized adj gan ord, gan eagar

disown vt (son) séan

disparaging adj drochmheasúil

dispatch vt (goods) seol ♦ n seoladh m; (MIL, PRESS) teachtaireacht f3

dispel vt scaip

dispensable adj neamhriachtanach

dispensary n íoclann f2

dispense vt (medicine) ullmhaigh; (justice) riar ♦ vi: to ~ with sth teacht gan rud

dispenser n (device): cash ~ dáileoir m3 airgid; **detergent dispenser** rannóir m3 glantóra

dispensing chemist n poitigéir m3, ceimiceoir m3

disperse vt, vi scaip

display n (also COMPUT) taispeántas m1; (of anger etc) ligean m1 amach ♦ vt taispeáin; (goods) taispeáin, cuir ar taispeáint; (results, departure times) cuir suas, cuir ar taispeáint; (pej) taispeáin, déan gaisce as

displease vt: it ~d me greatly chuir sé an-mhíshásamh or an-diomú orm

displeasure n diomú m4, míshásamh m1, míshástacht f3, olc m1

disposable adj (pack etc) indiúscartha; (income) inchaite

disposal n (of goods, property) díol m3, cur m1 de láimh; (of rubbish) diúscairt f3; **to have sth at one's disposal** rud a bheith faoi do réir agat

disposed adj: **to be ~ to do sth** claonadh a bheith agat rud a dhéanamh

dispose of vt fus (unwanted goods etc) cuir díot, faigh réidh le; (problem) réitigh

disposition n méin f2

disproportionate adj díréireach, éaguimseach

disprove vt bréagnaigh, díchruthaigh

dispute n conspóid f2, argóint f2; (also: **industrial~**) díospóid f2 thionsclaíoch ♦ vt déan argóint faoi, cuir in aghaidh + gen

disqualify vt (SPORT) dícháiligh; **to disqualify sb for sth/from doing sth** duine a dhícháiliú as rud a dhéanamh/ó rud a dhéanamh

disquiet n míshuaimhneas m1

disregard vt déan neamhshuím de

disreputable adj míchlúiteach, mí-iomráiteach

disrespectful adj dímheasúil, easurramach

disrupt vt (interrupt) bris isteach ar; (disturb) cuir isteach ar

disruption n briseadh m, cur m1 isteach

dissatisfied adj: ~ (with) diomúch (de), míshásta (le)

dissent n easaontas m1

dissertation n tráchtas m1

disservice n: **to do sb a ~** míghar m1 a dhéanamh do dhuine

dissimilar adj éagsúil, difriúil

dissipate vt (money) diomail, scaip

dissipated adj (wasted) scaipthe; (debauched) drabhlásach

dissociate vt: **to ~ o.s. from sth** tú féin a dhealú ó rud

dissolute adj réicíúil, ainrianta

dissolve vt tuaslaig, díscaoil ♦ vi leáigh; (partnership) díscaoil; **she dissolved in(to) tears** bhris a gol uirthi

dissuade vt: **to ~ sb from doing sth** duine a chur ó rud a dhéanamh

distance n achar m1, fad m1; **in the distance** i bhfad uait, i gcéin

distant adj i bhfad ar shiúl, imigéiniúil; (manner) leithleach

distaste n drochbhlas m1

distasteful adj déistineach

distil vt driog

distillery n drioglann f2; (*small*)
teach m stiléireachta

distinct adj (*separate*) leithleach, ar
leith; (*clear*) soiléir; **as distinct
from** ní hionann is

distinction n idirdhealú m; (*honour,
merit*) céimíocht f3, gradam m1

distinctive adj sainiúil

distinguish vt (*identify*) sonraigh,
aithin; **to distinguish one thing
from another** rud a idirdhealú ó
rud eile; **to distinguish between X
and Y** idirdhealú a dhéanamh ar X
agus Y; **to distinguish o.s.** clú a
thabhú duit féin

distinguished adj (*eminent*) oirirc,
céimiúil

distinguishing adj (*feature*) sainiúil

distort vt (*argument etc*) cuir as a
riocht; (*picture, sound etc*) saobh,
díchum

distract vt: **to ~ sb or ~ sb's
attention from** iúl duine a thógáil
de, aigne duine a bhaint de

distracted adj ar mearaí; (*anxious*)
i mbarr do chéille

distraction n (*diversion*) caitheamh
m1 aimsire; (*nuisance*) crá m4 croí

distraught adj i mbarr do chéille

distress n broid f2, anacair f3;
(*suffering*) crá m4, pian f2 ◆ vt
craígh; **distress signal** comhartha
guaise

distressing adj coscrach,
corraitheach

distribute vt dáil, riar, roinn

distribution n dáileadh m, riar m4,
roinnt f2

distributor n dáileoir m3

district n (*of country*) ceantar m1,
dúiche f4; (*of town*) ceantar m1

district attorney (*US*) n aturnae m4
dúiche

distrust n drochmhuinín f2,
drochamhras m1 ◆ vt: **to ~ sb**
drochmhuinín a bheith agat as

disturb vt cuir isteach ar, corraigh;
(*inconvenience*) cuir as do

disturbance n (*emotional*)
anbhuain f2; (*interruption*) coisciú
m; (*fracas*) griolsa m4

disturbed adj (*worried, upset*)
corraithe, suaite

disturbing adj suaiteach

disuse n léig f2; **to fall into disuse**
dul i léig, dul as feidhm

disused adj i léig, as feidhm

ditch n díog f2; (*irrigation*) clais f2
◆ vt tabhair suas; (*person*) fág, cuir
díot

dither vi bheith ann as, bheith ag
braiteoireacht *or* ag
moilleadóireacht

ditto adv (an rud) céanna

divan n dibhéan m1

dive n onfais f2; (*of submarine*)
tumadh m ◆ vi tum; **to dive into**
(*bag, drawer etc*) sá a thabhairt i;
(*shop, car etc*) scinneadh isteach i

diver n tumadóir m3

diverge vi scar, eisréimnigh

diverse adj (*distinct*) éagsúil;
(*assorted*) ilghnéitheach

diversion n (*MIL*) claonadh m; (*AUT*)
atreorú m

divert vt atreoraigh; **to divert sb's
attention from sth** iúl duine a
thógáil de rud

divide vt, vi roinn

divided highway (*US*) n
mótarbhealach m1

dividend n díbhinn f2

divine n (*godlike*) diaga; (*beautiful*)
sár-álainn

diving n tumadóireacht f3

diving board n clár m1
tumadóireachta

division n (*split*) deighilt f2, scoilt
f2; (*MATH*) roinnt f2; (*department*)
roinn f2; (*section*) rannóg f2

divorce n colscaradh m, idirscaradh

m ♦ *vt*: **to ~ sb** idirscaradh ó dhuine; **to divorce one thing from another** rud a dhealú ó rud eile; **to get divorced** idirscaradh

divorced *adj* colscartha, idirscartha

divorcee *n* duine *m4* colscartha *or* idirscartha

divulge *vt* sceith, scil

dizzy *adj*: **to feel ~** meadhar a bheith ionat; **to make sb dizzy** meadhar a chur i nduine

DJ *n abbr* = disc jockey

KEYWORD

---

do *n* (*inf*: *party etc*) cóisir *f2*, féasta *m4*

♦ *vb* **1** (*in negative constructions*): **I don't understand** ní thuigim

2 (*to form questions*): **didn't you know?** nach raibh a fhios agat?; **why didn't you come?** cén fáth nár tháinig tú?

3 (*for emphasis, in polite expressions*): **she does seem rather late** nach déanach atá sí; **do sit down/help yourself** bí i do shuí/ tarraing ort

4 (*used to avoid repeating vb*): **she swims better than I do** is fearr an snámh atá aicise ná atá agamsa; **do you agree?** – **yes, I do/no, I don't** an aontaíonn tú? – aontaím/ní aontaím; **she lives in Glasgow** – **so do I** tá sí ina cónaí i nGlaschú - tá agus mise; **who broke it?** – **I did** cé a bhris é? - mise

5 (*in question tags*): **he laughed, didn't he?** rinne sé gáire, nach ndearna?; **I don't know him, do I?** níl aithne agam air, an bhfuil?

♦ *vt* (*gen*: *carry out, perform etc*) déan; **what are you doing tonight?** cad é atá tú a dhéanamh anocht?; **céard atá ar siúl agat anocht?**; **to do the cooking** an chócaireacht a dhéanamh; **to do the washing-up**

na soithí a ní; **to do one's teeth** do chuid fiacla a scuabadh; **to do one's hair** do chuid gruaige a chóiriú; **to do one's nails** do chuid ingne a ghearradh; **the car was doing 100** bhí an carr ag déanamh 100 míle san uair

♦ *vi* **1** (*act, behave*): **do as I do** déan mar a dhéanaimse

2 (*get on, fare*): **to do well** déanamh go maith *or* cruthú go maith; **the firm is doing well** tá an comhlacht ag cruthú go maith, tá ag éirí go maith leis an gcomhlacht; **how do you do?** cad é mar atá tú?, cén chaoi a bhfuil tú?, conas atá tú?

3 (*suit*): **déan cúis**; **will it do?** an ndéanfaidh sé cúis?

4 (*be sufficient*) is leor, déanann cúis; **will £10 do?** an leor deich bpunt?; **that'll do** déanfaidh sin cúis; **that'll do!** (*in annoyance*) is leor sin anois!; **to make do** (**with**) teacht le; **we'll have to make do with it** caithfimid teacht leis

▸ **do away with** *vt fus* cuir deireadh le

▸ **do up** (*laces*) ceangail; (*button*) dún; (*renovate*: *room, house etc*) deisigh, cóirigh, cuir bail ar

▸ **do with** *vt fus* (*need*): **I could do with a drink** ní dhéanfadh deoch aon dochar; (*be connected*): **that has nothing to do with you** ní bhaineann sin leatsa; **I won't have anything to do with it** ní bheidh aon bhaint agam leis

▸ **do without** *vi* tar gan ♦ *vt fus*: **we couldn't do without him** ní thiocfadh linn teacht gan é

dock *n* duga *m4*; (*LAW*) gabhann *m1*
♦ *vi* (*ship*) tar chun cé; (*SPACE*) tar chun glais

docket *n* duillín *m4*

dockyard *n* longlann *f2*

doctor n (MED, PhD) dochtúir m3
♦ vt (drink) truailligh, cuir rud i

document n cáipéis f2, doiciméad
m1 ♦ vt (also COMPUT)
doiciméadaigh

documentary adj faisnéiseach; (bill)
doiciméadach ♦ n clár m1 faisnéise

doddery adj (unsteady) cróilí a
bheith ionat; (head) creathach

dodge n (trick) cleas m1 ♦ vt
(missile) seachain; (tax etc)
seachain, éalaigh ó

doe n (deer) eilit f2; (rabbit) coinín
m4 baineann

dog n madra m4 ♦ vt: to ~ sb (hang
on to) bheith crochta as duine;
he's being ~ged by ... tá sé cráite
ag ...; they were ~ged by ill
fortune bhí an mí-ádh ag siúl leo

dog collar n coiléar m1 madra;
(REL) coiléar m1 sagairt, bóna m4
bán

dogged adj righin

doldrums npl: to be in the ~ bheith
i ndroim dubhach

dole n (payment) dól m1; to be on
the dole bheith ar an dól

doll, dolly n bábóg f2

dollar n dollar m1

dolphin n deilf f2

dome n cruinneachán m

domestic adj (of country: trade,
situation etc) intíre; (animal) clóis;
domestic chores obair fsg2 tí

domesticated adj ceansaithe

domicile n áitreabh m1, teach m
cónaithe; (LAW) sainchónaí m

dominant adj ceannasach

dominate vt (control) bheith i
gceannas ar; (be overbearing)
smachtaigh

domineering adj tiarnúil

dominion n (territory) críoch f2; to
have dominion over ceannas a
bheith agat ar

domino n dúradán m1; **dominoes** n

dúradáin mpl1

don n léachtóir m3 ollscoile

donate vt bronn

Donegal n Dún na nGall, Tír f
Chonaill

donkey n asal m1

donor n (of blood etc) deontóir m3;
(to charity) bronntóir m3

donut (US) n taoschnó m4

doom n míchinniúint f3 ♦ vt: he is
~ed (to failure) níl aon rath i
ndán dó

door n doras m1

doorbell n cloigín m4 (an) dorais

doorstep n leac f2 (an) dorais

doorway n doras m1

dope n (inf: drugs) drugaí
mpl4; (: idiot) bómán m1 ♦ vt
(horse etc) drugáil

dormant adj (volcano) suanach

dormitory n suanlios m3, dórtúr m1

dormitory town n baile m4 dórtúir

dormouse n dallóg f2 fhéir, luch
f2 chodlamáin

dosage n dáileog f2, miosúr m1

dose n dáileog f2 ♦ vt tabhair druga
do

dossier n foireann f2 cáipéisí,
comhad m1

dot n ponc m1, pointe m4; (on
material) ball m1 breac ♦ vt: ~ted
with breac le; he came at ten on
the dot tháinig sé ar bhuille a
deich

dote on vt: to dote on sb bheith
leáite anuas ar dhuine

dot matrix printer n (COMPUT)
printéir m3 poncmhaitríse

double adj dúbailte ♦ adv: to cost
~ a dhá oiread a phráigh ar rud ♦ n
scáil f2, taise f4 ♦ vt, vi dúbail;
doubles n (TENNIS) cluiche m4
ceathrair; **at the double** or **on the
double** go tiubh
téirimeach; (MIL) ar sodar

double bass n olldord m1

double bed n leaba f dhúbailte

double-cross vt déan feall ar
double-decker n bus m4 dhá urlár
double density n (COMPUT) dédhlús m1
double glazing n gloiniú m dúbáilte, déghloiniú m
double room n seomra m4 dúbailte
doubt n amhras m1, dabht m4 ♦ vt bheith in amhras ar; **to doubt that ...** bheith in amhras go ...
doubtful adj amhrasach
doubtless adv gan amhras, gan dabht
dough n taos m1; (inf: cash) iarann m1
doughnut, (US) **donut** n taoscnó m4
dove n colm m1
Dover n Dobhar m1
Down n An Dún m1
down n (soft feathers) clúmh m1 ♦ adv thíos; (motion) síos; (from above) anuas; (on the ground) thíos, ar lár ♦ prep síos ♦ vt (inf: drink, food) slog siar; **down with the government!** síos leis an rialtas!
down-and-out adj ar an tráth fholamh ♦ n bacach m1 bóthair
downcast adj díomách
downfall n (of dictator etc) turnamh m1; **drink will be his downfall** is é an t-ól a dhéanfaidh a chabhóg
downhearted adj tromchroíoch, domheanmnach
downhill adv: **to go ~** dul le fána; (fig) bheith ag meath
download vt íoslódáil
downpour n bailc f2, doirteadh m fearthainne
downright adj (refusal) glan, scun scan; **a downright lie** deargéitheach
downstairs adv thíos (an) staighre; (motion) dul síos (an) staighre
downstream adv síos an abhann

down-to-earth adj siosmaideach
downtown adv i lár na cathrach
down under adv san Astráil
downward(s) adj, adv síos; (from above) anuas; **face downwards** béal faoi
doze vi néal a chodladh ♦ n sámhán m1 ▸ **doze off** vi: **she ~d off** thit a néal uirthi
dozen n dosaen m4; **a dozen books** dosaen leabhar; **dozens of** cuid mhór + gen
DP n abbr of **data processing**
Dr abbr = **doctor; drive**
drab adj (colourless) lachna; (lacklustre) leamh
draft n (also COMM) dréacht m3; (US: call-up) coinscríobh m ♦ vt dréachtaigh
drag vt tarraing, srac; (river) saibhséail ♦ vi tarraing, slaod ♦ n (inf) strambán m1, leadrán m1; (women's clothing): **in ~** faoi éadaí ban ▸ **drag on** vi téigh chun leadráin
dragon n dragan m1
dragonfly n snáthaid f2 mhór
drain n draein f; (ditch, trench) díog f2, clais f2; (on resources) idiú m, dísciú m ♦ vt (land, marshes etc) taosc, sil; (vegetables) sil; (glass) diúg ♦ vi (blood) sil
drainage n draenáil f3, taoscadh m
draining board, (US) **drain board** n clár m1 silte
drainpipe n gáitéar m1
drama n (THEAT) drámaíocht f3; **a drama** dráma m4; (fig) seó m4
dramatic adj drámata; (moving, exciting) corraitheach; (striking) suntasach, sonraíoch; (sudden) tobann
dramatist n drámadóir m3
drapes (US) npl cuirtíní mpl4
drastic adj (changes) bunúsach; (measures) dian

draught, (US) **draft** n (wind) siorradh m1, séideadh m; (in doorway etc.) siorradh isteach, séideadh isteach; (from chimney) séideadh anuas, cur m1 anuas; (NAUT) snámh m3; **on draught** (beer) ar na bairillí; **draught beer** beoir bhairille

draughtboard n clár m1 táiplise (bige)

draughts n táiplis f2 (bheag)

draughty, **drafty** (US) adj: **it's a bit ~ in here** tá siorradh beag isteach ann

draw vt tarraing (tooth) tarraing, stoith; (comparison, distinction) déan; (conclusion) bain as; (tear from) bain as ♦ vi (SPORT): **they drew 1-1** chríochnaigh siad ar chomhscór 1-1 ♦ n (SPORT) comhscór m1; (lottery) crannchur m1; **draw near** druid le ▸ **draw out** vt (money) tarraing as; (lengthen) bain fad as, cuir chun leadráin ▸ **draw up** vi (stop) stad ♦ vt (chair) tarraing chugat or ort; (document) dréachtaigh

drawback n (hindrance) míbhuntáiste m4

drawbridge n droichead m1 tógála

drawer n tarraiceán m1; (person) líantheoir m3

drawing n líníocht f3

drawing board n clár m1 líníochta

drawing pin n tacóid f2 ordóige

drawing room n seomra m4 suí

dread n scáth m3, imeagla f4 ♦ vt: **to ~ sb/sth** eagla do chraicinn a bheith ort roimh dhuine/rud

dreadful adj uafar, uafásach, scáfar

dream n brionglóid f2, taibhreamh m1 ♦ vi, vt: **to ~ of sth** brionglóid a bheith agat ar rud; (envisage): I **~t that** taibhríodh dom go; **I had a dream** rinneadh taibhreamh dom, rinne mé brionglóid

dreamy adj taibhriúil, aislingeach

dreary adj (bleak) dearóil; (gloomy) gruama, duairc; (tedious, boring) leadránach; (lonely) uaigneach

dregs npl deasca m4, díodar msg1, moirt fsg2

drench vt báigh, fliuch, folc

drenched adj ar maos, báite

drenching n fliuchadh m, folcadh m

dress n gúna m4; (clothing) éadach m1, feisteas m1 ♦ vi: **to ~** do chuid éadaigh a chur ort ♦ vt cóirigh, gléas, feistigh; (MED) cóirigh; **to get dressed** do chuid éadaigh a chur ort ▸ **dress up** vi: **to ~ up** tú féin a chóiriú

dresser n (furniture) drisiúr m1

dressing n (MED) cóiriú m; (CULIN) anlann m1, blastán m4

dressing gown n fallaing f2 sheomra

dressing room n seomra m4 gléasta

dressing table n clár m1 maisiúcháin

dress rehearsal n réamhléiriú m feistithe

dried adj (fruit, beans) tíortha; (milk) triomaithe

drier n triomadóir m3

drift n (of current etc) treo m4; (of snow) ráth m3, muc f2; (general meaning) éirim f2 ♦ vi (boat) téigh le sruth; (sand, snow) síob; **to let things drift** (fig) do mhaidí a ligean le sruth

drill n (tool) druilire m4, druil f2 ♦ vt, vi druileáil

drink n deoch f; (alcoholic) deoch (mheisciúil), ól m1, ólachán m1 ♦ vt, vi ól; **to have a drink** deoch a ól; **a drink of water** deoch uisce

drinker n óltóir m3, pótaire m4

drinking water n uisce m4 inólta

drip n braon m1, sileadh m1; (MED) sileadh m1 ♦ vi sil; **to be dripping**

wet bheith i do libín báite

drip-dry vt siltriomaigh

dripping n geir f2 rósta

drive n tiomáint f3; (also: **~way**) cabhsa m4; (energy) fuinneamh m1; (push) feachtas m1; (COMPUT: also: **disk ~**) tiomáint f3 ♦ vt tiomáin; (nail, stake etc): **to ~ sth into sth** rud a thiomáint i rud ♦ vi (AUT) tiomáin; **left-/right-hand drive** tiomáint tuathail/deisil; **to drive sb mad** duine a chur as a mheabhair; **to drive sb home/to the airport** duine a thiomáint abhaile/chuig an aerfort

drivel (inf) n raiméis f2, seafóid f2

driver n tiománaí m4

driver's license (US) n ceadúnas f3 tiomána

driveway n cabhsa m4

driving n tiomáint f3

driving lesson n ceacht m3 tiomána

driving licence n ceadúnas m1 tiomána

driving test n triail f tiomána

drizzle n brádán m1, ceobhrán m1 ♦ vi (also: **to be drizzling**) bheith ceobhránach or ag brádán

drone n (sound) crónán m1, dordán m1; (bee) ladrann m1

droop vi (shoulders) crom; (head) crom, claon; (flower) sleabhac, crom, claon

drop n deoir f2, braon m1; (fall) titim f2; (parachute ~) léim f2 pharaisiúit ♦ vt ligim, lig síos; (voice, eyes, price) ísligh; (set down from car) fág; (hint) tabhair ♦ vi tit; **drop in** or **by** (visit) buail isteach; **drop off** vi (MED) deora titim ▸ **drop off** vi (sleep) tit thart ♦ vt (passenger) fág ▸ **drop out** vi (of contest) éirigh as

droppings npl (drops) deora fpl2; (of manure) titimíní f2

drought n triomach m1

drove n: **~s of people** na sluaite

drown vt, vi báigh

drowsy adj codlatach; **to feel drowsy** codladh a bheith ort

drug n druga m4 ♦ vt drugáil; **to be on drugs** bheith ar drugaí

drug addict n andúileach m1 drugaí

druggist (US) n drugadóir m3

drugstore (US) n druglann f2

drum n druma m4

drummer n drumadóir m3

drunk adj ólta, ar meisce ♦ n (also: **~ard**) meisceoir m3, pótaire m4, druncaeir m3

drunken adj (person) ólta; (rage, stupor) meisciúil

dry adj tirim; (humour) tur; (well) tirim, tráite ♦ vt, vi triomaigh ▸ **dry up** vi triomaigh; (well) tráigh, téigh i ndísc; (plant) searg ♦ vt: **to ~ up the dishes** na soithí a thriomú

dry-clean vt tirimghlan

dry-cleaning n tirimghlanadh m

dryer n triomadóir m3

dryness n triomacht f3

dual adj déach, dúbailte, dé-

dual carriageway n carrbhealach m1 dúbailte

dubbed adj (CINE): **the film was ~** cuireadh fuaimrian leis an scannán

dubious adj amhrasach, éiginnte; (reputation, company) amhrasach

Dublin n Baile m4 Átha Cliath

Dublin Bay n Bá f4 Bhaile Átha Cliath

duchess n bandiúc m1

duck n lacha f ♦ vi crom go tapa

dud n (object, tool): **it's a ~** tá sé gan mhaith ♦ adj: **~ cheque** seic gan mhaith

due adj (expected) le teacht; (fitting) cóir, dleathach ♦ n: **to give sb his/her ~** a cheart/a ceart a

thabhairt do dhuine ♦ *adv*:
~ **north** ó thuaidh díreach; **dues**
npl (*for club, union*) táillí *fpl4*
ballraíochta; (*in harbour*)
dleachtanna *mpl3*; **in due course** in
am is i dtráth; **due to** de bharr
+ *gen*, de dheasca + *gen*; **he's due**
to finish tomorrow tá sé le
críochnú amárach; **the train is due**
at three tá an traein le teacht ar a
trí

duet *n* díséad *m1*

duke *n* diúc *m1*

dull *adj* leadránach, leamh; (*boring*)
strambánach, leadránach, tur;
(*sound, pain*) marbh; (*weather, day*)
gruama, smúitiúil; (*fire*)
marbhánta ♦ *vt* (*pain, grief, mind,
etc*) maolaigh

dulse *n* (*also*: ~ **seaweed**) duileasc
m1

duly *adv* (*on time*) go tráthúil, in
am; (*as expected*) mar is cóir, (go)
cuí

dumb *adj* balbh; (*stupid*) bómánta

dummy *n* (*tailor's model*) riochtán
m1; (*mock-up*) bréagóg *f2*; (*for
baby*) gobán *m1* ♦ *adj* bréag-,
bréige *n gen*

dump *n* (*also*: **rubbish** ~) láithreán
m1 fuíllaigh; (*pej: place*) prochóg *f2*
♦ *vt* (*put down*) caith amach, fág;
(*get rid of*) dumpáil, caith uait;
(*COMPUT, data*) dumpáil

dumpling *n* domplagán *m1*,
úllagán *m1*

dunce *n* bómán *m1*, dallarán *m1*

dung *n* cac *m3*, aoileach *m1*,
bualtrach *f2*

dungarees *npl* bríste *msg4* dungaraí

dungeon *n* doinsiún *m1*

duplex (*US*) *n* (*in apartment*) árasán *m1*
dhá úrlár

duplicate *n* dúblach *m1*,
macasamhail *f3* ♦ *vt* cóipeáil, déan
cóip de; (*on machine*) cóipeáil,

ilchóipeáil; **in duplicate** dhá chóip
de

durable *adj* buanfasach, fadsaolach

duration *n* fad *m1*, achar *m1*, feadh
m3

during *prep* i rith + *gen*, le linn
+ *gen*, i gcaitheamh + *gen*, ar
feadh + *gen*

dusk *n* clapsholas *m1*, crónú *m*,
cróntráth *m3*

dust *n* deannach *m1*, smúit *f2* ♦ *vt*
dustáil, glan an deannach de

dustbin *n* bosca *m4* bruscair

duster *n* ceirt *f2* deannaigh

dusty *adj* deannachúil, smúrach

Dutch *adj* Ollannach, Dúitseach ♦ *n*
(*LING*) Ollainnis *f2* ♦ *adv* (*inf*): **to**
go ~ an bille a roinnt; **the Dutch**
npl (*people*) muintir *f2* na
hOllainne

E

E *n* (*MUS*) E *m4*

each *adj* gach, gach aon ♦ *pron* gach
aon; **each other** a chéile; **they hate**
each other is fuath leo a chéile;
you are jealous of each other tá
éad oraibh lena chéile; **they have**
two books each tá dhá leabhar an
duine acu

eager *adj* (*keen*) díocasach,
cíocrach, fonnmhar; **to be eager**
to do sth bheith ar bior chun rud
a dhéanamh, fonn mór a bheith
ort rud a dhéanamh; **to be eager**
for sth bheith scafa chun ruda,
fonn ruda a bheith ort

eagle *n* iolar *m1*

ear *n* cluas *f2*; (*of corn*) dias *f2*

earache *n* tinneas *m1* cluaise

eardrum *n* tiompán *m1* cluaise

earl *n* iarla *m4*

earlier *adj* níos luaithe ♦ *adv*
roimhe seo, ar ball, níos luaithe

early adv go luath; (morning) go moch, go luath; (near the beginning) i dtús + gen, i dtosach + gen ♦ adj luath; (morning) luath, moch; (settler, Christian) tosaigh n gen; (death) óg; **to have an early night** dul a luí go luath; **in the early** or **early in the spring/19th century** i dtús an Earraigh/an naoú haois déag

early retirement n: **to take early retirement** scor a ghlacadh go luath, éirí as do phost go luath

earmark vt: **to ~ sth for** rud a chur i leataobh do or in áirithe do

earn vt tuill, gnóthaigh, saothraigh

earnest adj dáiríre; **in earnest** adv i ndáiríre

earnings npl pá m4, tuarastal msg1, saothrú msg, tuilleamh msg1

earphones npl cluasáin mpl1

earplugs npl plugaí m4 cluaise

earring n fáinne m4 cluaise

earth n (soil) talamh m1 or f, cré f4; (planet) an domhan m1; (ELEC) talmhú m ♦ vt talmhaigh

earthenware n cré-earraí mpl4

earthquake n crith m3 talún

earthy adj (vulgar: humour) graosta, gáirsiúil

earwig n gailseach f2

ease n sócúlacht f3; (comfort) compord m1 ♦ vt (soothe) tabhair faoiseamh do; (burden, pain) maolaigh; **to ease sth in/out** rud a chur isteach/a bhaint amach go deas réidh; **at ease!** (MIL) ar áis!; **to feel at ease** bheith ar do shuaimhneas ▸ **ease off** vi maolaigh ar; (slow down) maolaigh; **I eased off** mhaolaigh mé an luas

easily adv go héasca, go furasta

east n oirthear m1 ♦ adj oirthearach; (wind) anoir; (side) thoir ♦ adv (in) thoir; (towards)

soir; (from) anoir; **the East** an tOirthear m1; **east of** taobh thoir de

Easter n Cáisc f3; **Easter Sunday** Domhnach m1 Cásca

Easter egg n ubh f2 Chásca

easterly adj (wind) anoir; (point) thoir

eastern adj oirthearach, thoir; **Eastern Europe** Oirthear m1 na hEorpa

eastward(s) adv soir

easy adj furasta, éasca; (comfortable, peaceful) socair, suaimhneach; (carefree: of life) bog, réidh; (easy going) réidh ♦ adv: **to take it** or **things ~** é or rudaí a ghlacadh go réidh, bheith ar do shuaimhneas

easy-going adj réchúiseach, sochma

eat vt ith, déan do chuid ♦ vi ith, ith; **eat away** vt, **eat into** vt fus (fig: also: **~ away**) síothlaigh; **the tide is ebbing** tá sé ag trá

ebony n éabann m1

EC n abbr (= European Community) Comhphobal m1 Eorpach

eccentric adj aisteach, corr ♦ n duine m4 corr, éan m1 corr, mac m1 barrúil

ecclesiastical adj eaglasta

echo n macalla m4 ♦ vt (cause to) bain macalla as ♦ vi déan macalla

eclipse n urú m

ecology n éiceolaíocht f3

economic adj eacnamaíochta n gen, eacnamaíoch; (business etc) sóchmhainneach

economical adj eacnamaíoch; (person) coigilteach, spárálach, baraínneach

economics n eacnamaíocht f3 ♦ npl (of project, situation) taobh m1 an airgid de

economist n eacnamaí m4

economize vi coigil, spáráil

economy n eacnamaíocht f3, geilleagar m1; (thrift) coigilteas m1

ecosystem n éiceachóras m1

ecstasy n eactais f2, sceitimíní pl, lúcháir f2 an tsaoil

ecstatic adj eactaiseach; **she was ecstatic** bhí sceitimíní uirthi, bhí lúcháir an tsaoil uirthi

ECU n abbr (= European Currency Unit) ECU

eczema n eachma f4

edge n imeall m1, bruach m1, ciumhais f2; (of knife etc) faobhar m1; (of road, ridge) grua f4; (edging: of cloth) ciumhais ♦ vt (cloth) cuir ciumhais le; (knife etc) cuir faobhar ar; **on edge** (fig) ar bior; **to edge away from** druidim amach ó

edgy adj faoi chearthaí, corrthónach

edible adj inite

Edinburgh n Dún m Éideann

edit vt (text, book) cuir in eagar

edition n eagrán m1

editor n eagarthóir m3

editorial n eagarfhocal m1

EDP n abbr (= electronic data processing) próiseáil f3 sonraí leictreonach

educate vt oil, múin

education n oideachas m1; (studies) léann m1, scolaíocht f3

educational adj: ~ policy/institution polasaí/institiúid oideachais

eel n eascann f2

eerie adj diamhair, uaigneach

effect n éifeacht f3, toradh m1 ♦ vt feidhmigh, cuir i gcrích; **to take effect** (law) dul i bhfeidhm; **in effect** go fírinneach

effective adj éifeachtach; (actual) fíor-

effectively adv go héifeachtach, le héifeacht; (in reality) dáiríre, le

firinne

effectiveness n éifeacht f3

effeminate adj baineanda, piteogach

efficiency n éifeachtacht f3

efficient adj éifeachtach

effort n iarracht f3; **to make an effort to do sth** iarracht a thabhairt ar rud a dhéanamh

effortless adj gan saothar, gan stró

e.g. adv abbr (= exempli gratia) e.g., m.sh.

egg n ubh f2; **hard-/soft-boiled egg** ubh chruabhruite/bhogbhruite

eggcup n ubhchupán m1

eggplant n planda m4 ubhthoraidh

ego n (self-esteem) féinspéis f2

egotist n féinspéisí m4

Egypt n An Éigipt f2

Egyptian adj, n Éigipteach m1

eiderdown n fannchlúmh m1

eight num ocht; **eight bottles** ocht mbuidéal; **eight people** ochtar m1

eighteen num ocht (gcinn) déag; **eighteen bottles** ocht mbuidéal déag; **eighteen people** ocht nduine dhéag

eighth num ochtú; **the eighth woman** an t-ochtú bean

eighty num ochtó

Eire n Éire f

either pron (one or other of two) ceachtar m; **either of the two** (people) ceachtar den bheirt ♦ pron: ~ (of them) ceachtar acu ♦ conj: ~ good or bad maith nó olc; **either that or** sin nó; **on either side** ar gach aon taobh, ar an dá thaobh; **I don't like either** ní maith liom ceachtar acu

eject vt caith amach

elaborate adj (thorough) críochnúil; (complex) casta; (of inspection) mion; (of style) greanta, saothraithe ♦ vt léirigh go mion ♦ vi: **to ~ (on)** cur le, forbairt a dhéanamh ar

elapse vi (of time) imigh (thart)

elastic adj leaisteach; (fig) sobhogtha, solúbtha ◆ n leaistic f2

elastic band n crios m3 leaisteach

Elastoplast ® n Elastoplast m4

elated adj scleondrach, meidhreach, lúcháireach

elation n scleondar m1, meidhir f2, lúcháir f2

elbow n uillinn f2

elder adj: the ~ of the twins an duine is sine den chúpla, an leathchúpla is sine ◆ n (tree) trom m1; (of tribe etc) seanóir m3, sinsear m1

elderly adj cnagaosta ◆ npl: the ~ na seandaoine mpl4

eldest adj, n: the ~ (child) (an páiste) is sine

elect vt togh ◆ adj: the president ~ an t-uachtarán tofa; to elect to do sth socrú ar cinneadh ar rud a dhéanamh

election n toghchán m1, toghadh m

electorate n toghthóirí mpl3

electric adj leictreach

electrical adj leictreach

electrical cooker n cócaireán m1 leictreach

electrical current n sruth m3 leictreach

electric blanket n blaincéad m1 leictreach

electric fire n tine f4 leictreach

electrician n leictreoir m3

electricity n leictreachas m1

electrocute vt maraigh le leictreachas

electrode n leictreoid f2

electronic adj leictreonach

electronics n leictreonaic fsg2

elegant adj maisiúil, galánta, cuanna, fíneálta

element n dúil f2; (of heater, kettle etc) eilimint f2

elementary adj bunúsach, bun-; **elementary school/education** bunscoil f2/bunoideachas m1

elephant n eilifint f2

elevate vt ardaigh, tóg

elevation n (raising) ardú m; (promotion) ardú céime; (height) airde f4

elevator n ardaitheoir m3

eleven num aon déag; **eleven bottles** aon bhuidéal déag; **eleven people** aon duine dhéag

eleventh num: the ~ woman an t-aonú bean déag

elicit vt bain as; to elicit information from sb faisnéis a bhaint as duine

eligible adj: to be ~ for sth bheith i dteideal ruda; to be eligible for a position na cáilíochtaí a bheith agat do phost

eliminate vt (remove) díbir, cuir as; (destroy) díothaigh, cuir deireadh le

elm n leamhán m1

elongated adj fadaithe, sínte

elope vi éalaigh

elopement n éalú m

eloquent adj deaslabhartha, soilbhir; **an eloquent person** duine a bhfuil deis a labhartha aige

else adv eile; **something else** rud éigin eile; **somewhere else** áit éigin eile; **everywhere else** gach aon áit eile; **nobody else came** níor tháinig aon duine eile; **where else?** cén áit eile?

elsewhere adv (be) in áit eile; (go) go háit eile

elucidate vt léirigh, soiléirigh

elude vt éalaigh ó, seachain, téigh taobh anonn de, cuir cor ar

elusive adj doiligh a cheapadh, do-aimsithe; (evasive) seachantach; (transitory) díomuan

emaciated adj snoite, cnáite, lagaithe

emancipate vt fuascail, saor

embankment n (of road, railway) claífort m1; (of river) port m1

embargo n lánchosc m1

embark vi téigh ar bord; **to embark on** (journey) tabhair faoi, tosaigh ar; (fig) tosaigh ar

embarrass vt cuir aiféaltas or cotadh ar; (make blush) bain lasadh as; (confuse) cuir trína chéile

embarrassed adj: **I'm ~** tá aiféaltas or cotadh orm

embarrassing adj: **sth ~** rud a chuireann aiféaltas ort

embarrassment n aiféaltas m1, cotadh m1

embassy n ambasáid f2

embed vt neadaigh

embedded adj neadaithe

embellish vt maisigh, ornáidigh

embers npl aibhleoga fpl2

embezzle vt cúigleáil

embitter vt cuir chun seirbhe, searbhaigh, cuir goimh i

emblem n comhartha m4

embody vt (ideas) tabhair cruth or foirm do, cuir i bhfriotal; (incorporate) cuir le chéile i

embrace vt: **to ~ sb** duine a theannadh le do chroí, barróg a bhreith ar dhuine; (include) cuir san áireamh ♦ vi: **they ~d** shnaidhm siad iad féin ina chéile ♦ n barróg f2

embroider vt bróidnigh; (story) cuir craiceann ar, dathaigh

embroidery n bróidnéireacht f3

embryo n suth m3, gin f2

emerald n (stone) smaragaid f2; **emerald green** glas m1 smaragaide; **the Emerald Isle** Oileán m1 lathghlas na hÉireann

emerge vi (surface) tar as, éirigh as, éirigh ó; (from room, car) éirigh amach as; (problem, etc.) tar chun cinn; (transpire) dealraigh, tar

chun solais

emergence n nochtadh m

emergency n éigeandáil f3, gearchéim f2; **in an emergency** uair na práinne; **emergency exit** doras éalaithe

emergency services npl: **the emergency services** (fire, police, ambulance) na seirbhísí fpl2 éigeandála

emigrant n eisimirceach m1

emigrate vi téigh ar imirce

eminent adj (distinguished) céimiúil, cáiliúil

emissions npl brúchtanna mpl3

emit vt (heat, light) cuir as; (shout, roar) lig asat; (fumes) déan; (wind) séid

emotion n mothúchán m1, mothú m

emotional adj corraitheach, tochtmhar, maoithneach

emotive adj (sensitive, touchy) íogair; (stirring) corraitheach

emperor n impire m4

emphasis n béim f2, treise f4

emphasize vt cuir béim ar

emphatic adj (strong) láidir; (unambiguous, clear) glan, soiléir, cinnte

emphatically adv le treise; (clearly) go glan soiléir, go cinnte

empire n impireacht f3

employ vt fostaigh; (use) bain feidhm as

employee n fostaí m4

employer n fostóir m3

employment n fostaíocht f3; **in employment** ag obair

employment centre n lárionad m1 fostaíochta

empress n banimpire m4

emptiness n (of area, region) loime f4; (of life) díomhaointeas m1; (vacuum) folús m1

empty adj folamh; (threat, promise)

gan cur leis ◆ vt folmhaigh; (cup, glass) (barrel) taosc ◆ vi folmhaigh

empty-handed adj de lámha folmha; **to leave empty-handed** imeacht mar a tháinig tú

emulate vt: **to ~ sb/sth** aithris a dhéanamh ar dhuine/ar rud, duine/rud a bheith mar shampla agat

emulsion n eibhleacht f3

enable vt: **to ~ sb** to do sth cur ar chumas duine rud a dhéanamh

enamel n cruan m1; (also: ~ paint) péint chruain

enamoured, enamored (US) adj: **to be ~** of dúil a bheith agat i

enchant vt cuir draíocht ar

enchanting adj draíochtach, mealltach

encircle vt téigh thart ar, ciorclaigh, timpeallaigh

encl. abbr = enclosed

enclose vt (land) fálaigh, cuir fál timpeall ar; (sheep) loc; (confine: in prison) coinnigh; (letter etc): **to ~ (with)** cur isteach (le), cuir faoi iamh (le); **cheque enclosed** seic faoi iamh

enclosure n fál m1, clós m1

encore excl arís ◆ n (THEAT) athghairm f2

encounter n teagmháil f3 ◆ vt cas ar, teagmhaigh le; **we encountered difficulties** bhí deacrachtaí againn, tháinig deacrachtaí sa bhealach orainn

encourage vt (embolden) tabhair misneach or uchtach do; (inspire, stimulate) spreag

encouragement n spreagadh m

encouraging adj spreagúil

encyclop(a)edia n ciclipéid f2

end n deireadh m1, críoch f2; (of street, rope etc) ceann m1; (of course, journey) ceann m, bun m1 ◆ vt

críochnaigh; (also: **bring to an end, put an end to**) cuir deireadh le ◆ vi críochnaigh; **in the end** sa deireadh; **on end** (object) ar a cheann; **it would make your hair stand on end** thógfadh sé an ghruaig ar do cheann; **for hours on end** uair i ndiaidh na huaire eile ◆ **end up** vi (wind up): **he ~ed up in jail** ba é an príosún a dheireadh

endanger vt cuir i mbaol or i gcontúirt

endearing adj tarraingteach, grámhar

endeavour, (US) **endeavor** n iarracht f3 ◆ vi: **to ~** to do sth iarracht a thabhairt ar rud a dhéanamh

ending n críoch f2, deireadh m1; (UNG) foirceann m1

endless adj síoraí; (plain) éigríochta

endorse vt (cheque) droimscríobh; (approve) aontaigh te

endorsement n (approval) aontú m; (on driving licence) smachtbhanna m4

endure vt fulaing, cuir suas le ◆ vi mair

enemy n namhaid m

energetic adj fuinniúil; (activity) bríomhar

energy n fuinneamh m1

enforce vt feidhmigh, cuir i bhfeidhm

engage vt (recruit) fostaigh; **to engage sb's attention** aire duine a tharraingt ◆ vi (TECH) gabh; **to engage in** bheith i mbun + gen, bheith ag plé le

engaged adj (busy, in use) in úsáid, in áirithe; (betrothed) luaite le chéile, geallta; **to get engaged** lámh is focal a thabhairt dá chéile

engagement n coinne f4; (to marry) gealltanas m1 pósta

engagement ring n fáinne m4 gealltanais

engaging adj mealltach

engine n inneall m1; **engine trouble** (AUT) fadhbanna leis an inneall

engineer n innealtóir m3; (repairer) deisitheoir m3

engineering n innealtóireacht f3

England n Sasana m4

English adj Sasanach ◆ n (LING) Béarla m4; **the English** npl (people) na Sasanaigh mpl1; **the English Channel** Muir f3 nIocht

Englishman n Sasanach m1

Englishwoman n Sasanach m1 mná

engrave vt grean

engraving n greanadóireacht f3

engrossed adj: **to be ~ in** bheith sáite i

engulf vt slog

enhance vt méadaigh

enigma n dúthomhas m1

enjoy vt bain sult as; (have: health, fortune): **she ~s wealth** tá rachmas aici; **to enjoy o.s.** bheith ag déanamh suilt, cuideachta a dhéanamh

enjoyable adj pléisiúrtha, sultmhar

enjoyment n pléisiúr m1, sult m1

enlarge vt méadaigh

enlargement n (PHOT) méadú m

enlighten vt tabhair léargas do, soilsigh

enlightened adj tuisceanach

Enlightenment n: **the ~** (HIST) An Soilsiú m

enlist vt, vi liostáil

enmity n naimhdeas m1

enormous adj ábhalmhór

enough adj, pron go leor, sáith, dóthain; **enough time/books** go leor ama/leabhar ◆ adv: **big ~** go mór go leor; **have you got enough?** an bhfuil go leor or do sháith agat?; **he has not worked enough** níl a

sháith oibre déanta aige; **enough to eat** go leor le hithe, do sháith le hithe; **(that's) enough!** is leor sin!; **that's enough, thanks** is leor sin, go raibh maith agat; **I've had enough of this work** tá mo sháith agam den obair seo; **funnily** or **oddly enough** aisteach go leor

enquire vt, vi = **inquire**

enrich vt saibhrigh

enrol, (US) **enroll** vt, vi cláraigh

enrolment, (US) **enrolment** n clárú m

en route adv ar an mbealach

ensure vt cinntigh

entail vt: **this ~s a lot of work** tá cuid mhór oibre ag roinnt leis seo or i gceist leis seo; **what does this entail?** cad é atá i gceist anseo?

enter vt (room) téigh isteach i, tar isteach i; (club, army) téigh i; (competition) glac páirt i; (examination) cuir isteach ar, iontráil ar; (sb for a competition) cuir duine isteach ar; (write down) cuir isteach, iontráil; (COMPUT) iontráil ◆ vi téigh isteach i, tar isteach i ▸ **enter for** vt cuir isteach ar ▸ **enter into** vt fus (discussion, negotiations) glac páirt i; (agreement) déan

enterprise n fiontar m1; (initiative) fiontraíocht f3; **free enterprise** saorfhiontraíocht f3; **private enterprise** fiontar príobháideach; **business enterprise** fiontar gnó

enterprising adj fiontrach; (resourceful) treallúsach, gustalach; (go-ahead) borrúil

entertain vt déan sult or siamsa do; (guest) tabhair aíocht do

entertainer n fuirseoir m3; (of guests) óstach m1

entertaining adj siamsúil, sultmhar

entertainment n siamsa m4

enthralled adj faoi dhraíocht

enthusiasm n fonn m1, fonnmhaireacht f3; (*fervour*) díograis f2; **full of enthusiasm** lán croí agus aigne, lán de chroí is d'aigne

enthusiast n díograiseoir m3

enthusiastic adj fonnmhar, díograiseach; **to be enthusiastic about sth** bheith tógtha le rud

entice vt meall

entire adj iomlán, uile

entirely adv go hiomlán, go léir, go huile is go hiomlán

entitled adj: **a story ~ "The Islandman"** scéal dar teideal "An tOileánach"; **to be entitled to sth** bheith i dteideal ruda

entrance[1] n bealach m1 isteach; (*entering*) teacht m3 isteach; **to gain entrance to** (*university etc*) áit a fháil i

entrance[2] vt (*captivate*) cuir faoi dhraíocht

entrance exam(ination) n scrúdú m iontrála

entrance fee n táille f4 iontrála

entrant n iontrálaí m4; (*in exam*) iarrthóir m3, iontrálaí

entreat vt achainigh, impigh

entrenched adj (*fig*) dobhogtha

entrepreneur n fiontraí m4

entrust vt: **to ~ sth to sb** rud a thabhairt do dhuine ar iontaoibh

entry n dul m3 isteach; (*in register*) iontráil f3; **'no entry'** 'ná téitear isteach'

entry phone n idirghuthán m1

envelope n clúdach m1

enviable adj inmhaíthe; **he's not in an enviable position** níl a dhóigh inmháite air

envious adj éadmhar; **to be envious of sb** bheith ag éad or in éad le duine

environment n imshaol m1, timpeallacht f3; (*social, moral,*

economic) timpeallacht

environmental adj imshaolach, imshaoil; **~ n** gen, timpeallachta n gen

envisage vt samhlaigh

envoy n (*diplomat*) toscaire m4

envy n éad m3, formad m1, tnúth m3 ♦ vt: **to ~ sb** bheith ag éad le duine; **to envy sb sth** bheith ag éad le duine faoi rud, éad a bheith ort le duine faoi rud, tnúth a bheith agat le duine faoi rud

epic n eipic f2 ♦ adj eipiciúil

epidemic n eipidéim f2

epilepsy n an tinneas m1 beannaithe, tinneas talún, titimeas m1

epileptic adj: **to be ~ an tinneas** beannaithe etc a bheith ort

epilogue n iarfhocal m1

Epiphany n Lá m Nollag Beag

episode n eipeasóid f2

epitaph n feartlaoi f4

epitome n (*summary*) achoimre f4; (*embodiment*) **the ~ of generosity** croí na féile

epitomize vt: **to ~ sth** rud a léiriú, bheith mar shampla ag rud; (*summarize*) déan achoimre ar rud

epoch n ré f4

equal adj cothrom, ionann, comhionann n cómhaith f2, macasamhail f3 ♦ vt: **to ~ sth** bheith cothrom le rud; **she is equal to the work** tá sí in ann ag an obair; **two times two equals four** a dó faoina dó sin a ceathair

equality n ionannas m1, comhionannas m1

equalize vi (*SPORT*) cothromaigh

equally adv go cothrom; (*just as*): **~ good** lán chomh maith

equate vt: **to ~ sth with** rud a ionannú le

equation n (*MATH*) cothromóid f2

equator n meánchiorcal m1, crios m3 na cruinne

equilibrium n cothromaíocht f3

equip vt: to ~ (with) (boat) trealmhú (le); (house, person) feistiú (le); to be well equipped (office etc) bheith deisiúil; he is well equipped for the job tá sé inniúil don obair

equipment n trealamh m

equities npl (COMM) cothromais mpl

equivalent adj: ~ (to) ar comhbhrí (le), cothrom (le) ♦ n comhbhrí f4; (MATH etc, in money) coibhéis f2

equivocal adj déchiallach; (ambivalent) idir dhá intinn, neamhchinnte

era n ré f4

eradicate vt díothaigh

erase vt scrios

eraser n scriosán m1, cuimleán m1

erect adj díreach ♦ vt cuir suas; (monument) tóg

erection n tógáil f3; (ANAT) adharc f2

ergonomics npl eirgeanamaíocht f3

ermine n eirmín m4

erode vt creim

erosion n creimeadh m

erotic adj anghrách

err vi déan earráid

errand n teachtaireacht f3

erratic adj neamhrialta, guagach, mearbhlach

error n earráid f2

erupt vi brúcht; (fig) pléasc

eruption n brúchtadh m

escalator n staighre m4 beo or creasa

escapade n eachtra f4

escape n éalú m ♦ vt, vi éalaigh; (fig) tar slán; (leak) éalaigh; to escape from éalú ó; (fig) teacht slán ó

escapism n éalúchas m1

escort n duine m4 comórtha; (guard) garda m4 ♦ vt comóir, tionlaic

esophagus (US) n = oesophagus

especially adv go háirithe

espionage n spiaireacht f3

Esquire n: J.Brown, Esquire An tUasal J. Brown

essay n aiste f4

essence n (core) croí m4, smior m3; (basic meaning) bunbhrí f4; (extract) úscra m4; (PHIL) eisint f2

essential adj (necessary) riachtanach; (basic) bunúsach ♦ n: ~s riachtanais mpl1

essentially adv go bunúsach

establish vt bunaigh; (prove) cruthaigh

established adj bunaithe

establishment n bunaíocht f3; (founding) bunú m; the Establishment Na hÚdaráis mpl1

estate n (land) eastát m1; (also: housing ~) eastát tithíochta

estate agent n gníomhaire m4 eastáit

esteem n meas m3

esthetic (US) adj = aesthetic

estimate n meastachán m1 ♦ vt meas

estimation n meastachán m1

estranged adj scartha, tite amach le chéile

estuary n inbhear m1

etc. abbr (= et cetera) etc., srl., (= agus araile)

etching n eitseáil f3

eternal adj síoraí, síor-

eternally adv go síoraí, síor-

eternity n síoraíocht f3

ethical adj eiticiúil

ethics n eitic f2

Ethiopia n An Aetóip f2

ethnic adj ciníoch, eitneach; (music etc) eitneach

ethnocentric adj eitnealárnach

ethos n spiorad m1, meon m1

etiquette n dea-bhéas m3

euphoria n gliondar m1, sceitimíní

pl áthais

eurocard *n* eorachárta *m4*

eurocheque *n* eoraiseic *m4*

Europe *n* An Eoraip *f3*

European *adj* Eorpach ♦ *n* Eorpach *m1*; **the European Union** An Comhphobal *m1* Eorpach

euthanasia *n* eotanáis *f2*

evacuate *vt* (*place*) bánaigh; (*people*) aslonnaigh

evade *vt* seachain; **to evade tax** cáin a imghabháil

evaluate *vt* luacháil, meas

evangelical *adj* soiscéalach

evaporate *vi* galaigh

evasion *n* seachaint *f3*; **tax evasion** imghabháil *f3* cánach

evasive *adj* seachantach

eve *n*: **on the ~ of** an lá roimh; **Christmas Eve** Oíche *f4* Nollag; **New Year's Eve** Oíche Chinn Bhliana, Oíche na Seanbhliana

even *adj* (*level, smooth*) cothrom, réidh; (*equal*) cothrom ♦ *adv* (*go*) fiú; **even if** fiú (amháin) má; **even though** cé go...; **even now** anois féin; **even so** mar sin féin; **not even** ní hé amháin; **to get even with sb** cúiteamh a bhaint as duine; **even number** ré-uimhir *f*; **even score** comhscór *m1*; **even you** gan fiú tusa ▸ **even up** *vt* cothromaigh

evening *n* tráthnóna *m4*; (*after dark*) oíche *f4*; **in the evening** tráthnóna, um thráthnóna; **this evening** (*after dark*) anocht

evening class *n* rang *m3* oíche

evening dress *n* (*for man*) culaith *f2* tráthnóna; (*for woman*) gúna *m4* tráthnóna

evenly *adv* go cothrom

event *n* (*adventure*) eachtra *f4*; (*affair*) imeachtaí *mpl3*, cúrsaí *mpl4*; (*SPORT*) babhta *m4*, cluiche *m4*, comórtas *m1*; **in the event of**

sa chás go

eventful *adj* eachtrúil; (*decisive*) cinniúnach; (*remarkable*) suntasach

eventual *adj* (*final*) deiridh *n gen*

eventuality *n* cás *m1*; (*chance occurrence*) teagmhas *m1*

eventually *adv* sa deireadh, faoi dheireadh

ever *adv* (*past*) riamh; (*future*) choíche; (*at all times*) i gcónaí; **have you ever seen it?** an bhfaca tú riamh é?; **ever since** *adv* as sin amach ♦ *conj* ón uair

evergreen *adj* síorghlas, bithghlas ♦ *n* crann *m1* síorghlas

everlasting *adj* síoraí

every *adj* gach; **every day** gach lá; **every other day** gach re lá, gach dara lá

everybody *pron* cách, gach duine

everyday *adj* (*daily*) laethúil; (*commonplace*) coitianta

everyone *pron* = **everybody**

everything *pron* gach (aon *or* uile) rud

everywhere *adv* i ngach (aon *or* uile) áit

evict *vt* díshealbhaigh, cuir amach (as)

eviction *n* díshealbhú *m*

evidence *n* (*proof*) cruthú *m*; (*of witness*) fianaise *f4*; **to give evidence** fianaise a thabhairt

evident *adj* follasach

evidently *adv* go follasach; (*apparently*) de réir dealraimh

evil *adj* olc, droch– ♦ *n* olc *m1*, olcas *m1*

evoke *vt* dúisigh

evolution *n* forás *m1*; (*of life*) éabhlóid *f2*

evolve *vt* (*develop*) forbair ♦ *vi* déan forbairt

ewe *n* caora *f*; (*yearling*) fóisc *f2*

ex– *prefix* iar, ath–

exact *adj* beacht, cruinn; **exact**

same ceannann céanna ♦ vt: to ~ sth from sb rud a bhaint de dhuine

exacting adj dian, dian-

exactly adv go beacht, go cruinn, go baileach; **exactly!** go díreach!

exactness n beaichte f4, cruinneas m1

exaggerate vi déan áibhéil ♦ vt déan áibhéil ar

exaggerated adj áibhéalach

exaggeration n áibhéil f2

exalted adj (position) ard; (person) ardchéimiúil

exam n abbr (SCOL) = examination

examination n (SCOL, MED) scrúdú m; (by customs) cuardach m1

examine vt scrúdaigh

examiner n scrúdaitheoir m3

example n sampla m4; **for example** mar shampla

exasperating adj ciapach, bambairneach

exasperation n (vexation) corraí m; (anger) fearg f2

excavation n tochailt f2; (ARCHEOLOGY) tochaltán m1

exceed vt (excel) beir barr ar; (overstep) téigh thar

exceedingly adv as cuimse, thar a bheith, an-, thar barr

excel vt beir barr ar, cinn ar, sáraigh ♦ vi bheith ar fheabhas Éireann

excellent adj ar fheabhas, thar barr, ar dóigh

except prep (also: **except for**, **excepting**) ach, diomaite de, cé is moite de ♦ vt fág as, déan eisceacht de; **except if/when** ach amháin má/nuair a; **except that** ach amháin go

exception n eisceacht f3; **to take exception to sth** col a ghlacadh le rud

exceptional adj eisceachtúil

exceptionally adv (unusually) go heisceachtúil; (extremely) thar a bheith

excerpt n sliocht m3

excess n farasbarr m1, barraíocht f3; (overindulgence) ainmheasarthacht f3; **in excess (of)** de bharraíocht (ar)

excess baggage n bagáiste m4 breise

excessive adj iomarcach

excessively adv go hiomarcach, ró-

exchange n malairt f2, malartú m; (FIN) malairt; (also: **telephone ~**) malartán teileafóin ♦ vt (goods) malartaigh; (greetings) beannaigh dá chéile; (money, blows) malartaigh

exchange rate n ráta m4 malairte

Exchequer n: the ~ an Státchiste m4

excise n mál m1

excite vt corraigh, oibrigh, tóg; **to get excited** éirí tógtha, oibriú a theacht ort

excited adj corraithe, oibrithe, tógtha; **to be excited** bheith corraithe or oibrithe or tógtha, sceitimíní a bheith ort

excitement n (commotion) fuadar m1; (elation) sceitimíní pl, scleondar m1

exciting adj corraitheach

exclaim vi gáir, abair os ard

exclamation n agall f2

exclamation mark n comhartha m4 uaillbhreasa

exclude vt fág as

exclusive adj (right) eisiach, amháin; (club) príobháideach, leithliseach; (district) saibhir

exclusively adv (solely) amháin

excrement n cac m3, fearadh m

excruciating adj céasta, cráite

excursion n turas m1, aistear m1

excuse n leithscéal f ♦ vt maith

do; **to excuse sb from sth** (*activity*) duine a scaoileadh ó rud; **excuse me!** gabh mo leithscéal

ex-directory *adj*: **to be ~** gan bheith san eolaí teileafóin

execute *vt* (*carry out*) cuir i gcrích; (*kill*) cuir chun báis

execution *n* bású *m*

executive *n* (*of organization, political party*) coiste *m4* feidhmiúcháin; (COMM) feidhmeannach *m1* ♦ *adj* feidhmithe

exemplary *adj* (*illustrative*) eiseamláireach; (*excellent*) ar fheabhas

exempt *adj*: **~ from** saor ó ♦ *vt*: **to ~ sb from sth** duine a shaoradh ó rud

exercise *n* cleachtadh *m*; (*physical*) aclaíocht *f3* ♦ *vt* aclaigh ♦ *vi* déan aclaíocht

exercise book *n* cóipleabhar *m1*

exert *vt* (*influence*) téigh i bhfeidhm ar; **to exert o.s.** saothar a chur ort féin

exertion *n* saothar *m1*

exhaust *n* (*also*: **~ fumes**) gás *m1* sceite; (*also*: **~ pipe**) sceithphíopa *m4* ♦ *vt* (*tire out*) traoch, spíon; (*resources*) ídigh; (*subj*) pléigh ina iomláine

exhausted *adj* traochta, spíonta; ídithe

exhausting *adj* maslach

exhaustion *n* traochadh *m*; **nervous exhaustion** traochadh néarach

exhaustive *adj* cuimsitheach, uileghabhálach

exhibit *n* (ART) taispeántas *m1*; (LAW) foilseán *m1* ♦ *vt* taispeáin

exhibition *n* taispeántas *m1*

exhilarating *adj* spreagúil; **it was exhilarating** chuir sé drithlíní or sceitimíní áthais orm

exile *n* deoraíocht *f3*; (*person*) deoraí *m4* ♦ *vt* díbir; **to be in exile**

bheith ar deoraíocht

exist *vi* bheith ann

existence *n* beith *f2*, bheith ann; (PHIL) eiseadh *m4*

existentialism *n* eiseachas *m1*

existing *adj* atá ann, atá ar fáil anois

exit *n* bealach *m1* amach ♦ *vi* (THEAT) amach le, astéigh; (COMPUT) astéigh

exodus *n* imeacht *m3*

exonerate *vt*: **to ~ sb** (**from**) duine a shaoradh (ó)

exotic *adj* coimhthíoch

expand *vt* leathnaigh ♦ *vi* (*trade etc*) fairsingigh; (*gas, metal*) borr

expanse *n* fairsinge *f4*

expansion *n* leathnú *m*, fairsingiú *m*

expatriate *adj, n* imirceach *m1*

expect *vt* (*anticipate*) bheith ag súil le; (*count on*) bheith ag brath ar; (*suppose*) bheith ag meas ♦ *vi* bheith ag dúil le duine clainne; **I'm expecting him** tá mé ag súil leis

expectancy *n* (*anticipation*) tnúthán *m1*; **life expectancy** ionchas *m1* saoil

expectation *n* dóchas *m1*, súilíocht *f3*

expedient *n* seift *f2*

expedition *n* (*journey*) turas *m1*; (*exploration*) taiscéaladh *m*; (MIL) sluaíocht *f3*

expel *vt* díbir; (SCOL) cuir as an scoil

expend *vt* caith

expendable *adj* neamhriachtanach

expenditure *n* caiteachas *m1*

expense *n* costas *m1*; **expenses** *npl* (COMM) speansais *mpl*; **at the expense of** ar chostas *or* + *gen*

expense account *n* cuntas *m1* speansas

expensive *adj* costasach, daor

experience *n* (*practice*) taithí *f4*;

experienced 114

(*incident*) eachtra *f4* ♦ *vt* (*feel*)
mothaigh; (*go through*) téigh trí;
(*endure*) fulaing

experienced *adj* cleachta; (*wise*)
seanchríonna; **to be experienced
in sth** taithí *or* seanchleachtadh a
bheith agat ar rud

experiment *n* turgnamh *m1* ♦ *vi*
triail; **to experiment with** triail a
bhaint as

experimental *adj* trialach

expert *adj* saineolach ♦ *n* saineolaí
m4

expertise *n* saineolas *m1*

expire *vi* téigh in éag, síothlaigh;
(*passport etc*) téigh as feidhm

expiry *n* deireadh *m1*, éag *m3*;
expiry date dáta éaga

explain *vt* mínigh

explanation *n* míniú *m*

explanatory *adj* mínitheach

explicable *adj* inmhínithe

explicit *adj* (*clear*) follasach;
(*definite*) cinnte

explode *vi* pléasc ♦ *vt* pléasc

exploit *n* éacht *m3* ♦ *vt* bain sochar
as; (*person*) tar i dtír ar

exploitation *n* (*abuse*) drochíde *f4*

exploratory *adj* (*expedition*)
taiscéalaíoch; (*fig*: *talks*) réamh-

explore *vt* taiscéal; (*possibilities*)
scrúdaigh

explorer *n* taiscéalaí *m4*

explosion *n* pléascadh *m*

explosive *adj* pléascach ♦ *n*
pléascán *m1*

export *vt* easpórtáil, onnmhairigh
♦ *n* easpórtáil *f3*, onnmhaire *f4*

exporter *n* easpórtálaí *m4*,
onnmhaireoir *m3*

expose *vt* (*to danger*) cuir i
gcontúirt; (*unmask*) nocht, foilsigh

exposed *adj* (*position, house*): ~ (**to**)
rite (le)

exposure *n* (MED) fuacht *m3*, aimliú
m; (PHOT) nochtadh *m*; **to die from**

exposure (MED) bás a fháil le fuacht

express *adj* (*definite*) cinnte; (*letter
etc*) luais *n gen*, luas- ♦ *n* (*train*)
luastraein *f*; (*bus*) luasbhus *m4* ♦ *vt*
cuir in iúl; **to express o.s.** tú féin a
chur in iúl

expression *n* (*phrase*) leagan *m1*
cainte; (*look*) dreach *m3*; (MATH)
slonn *m1*

expressive *adj* (*meaningful*) lán de
bhrí, tromchiallach; (*indicative*) a
léiríonn

expressively *adv* le brí, go
tromchiallach

expressly *adv* (*decidedly*) go cinnte;
(*on purpose*) d'aon turas, d'aon
ghnó

expressway (US) *n* (*urban motorway*)
mótarbhealach *m1*

exquisite *adj* fíoráilainn

extend *vt* (*visit*) cuir fad le;
(*building, street*) cuir le; (*welcome*)
cuir roimh; (*hand, arm*) sín amach
♦ *vi* sín

extension *n* síneadh *m1*; (*building*)
fortheach *m*; (*to wire, table*) fadú
m; (*telephone*) folíne *f4*

extensive *adj* leathan, fairsing

extent *n* fairsinge *f4*; **to some
extent** go pointe áirithe; **to that
extent** sa mhéid sin; **to the extent
that ...** sa mhéid go ...

extenuating *adj* maolaitheach

exterior *adj* amuigh ♦ *n* taobh *m1*
amuigh

exterminate *vt* díothaigh

external *adj* seachtrach

externally *adv* ar an taobh amuigh

extinct *adj* díobhaí

extinguish *vt* múch, cuir as

extinguisher *n* múchtóir *m3*

extort *vt* srac

extortion *n* sracaireacht *f3*, cíos *m3*
dubh; (LAW) sracadh *m1*

extra *adj* breise, sa bhreis ♦ *adv* (*in
addition*) de bhreis ♦ *n* breis *f2*,

tuilleadh *m1*; (THEAT) duine *m4* breise ♦ prefix sár-

extract vt bain as; (tooth) stoith; (money, promise) meall, bain de ♦ *n* sliocht *m3*

extradite vt eiseachaid

extradition *n* eiseachadadh *m*

extraordinary adj neamhchoitianta; (amazing) iontach

extravagance *n* doscaí *f4*, rabairne *f4*

extravagant adj míchuimseach, rabaireach; (in spending: person) doscaí, rabairneach

extreme adj antoisceach, fíor- ♦ *n* ceann *m1*

extremely adv fíor-

extremist *n* antoisceach *m1*

extrovert adj, *n* eisdíritheach *m1*

exuberance *n* spleodar *m1*

exult vi déan ollghairdeas

exultation *n* ollghairdeas *m1*

eye *n* súil *f2*; (of needle) cró *m4* ♦ vt breathnaigh ar; **to keep an eye on sb/sth** súil a choinneáil ar dhuine/rud

eyebrow *n* mala *f4*, braoi *f4*

eyelash *n* fabhra *m4*

eyelid *n* caipín *m4* na súile

eye shadow *n* cosmaid *f2* súile

eyesight *n* radharc *m1* na súl

eyesore *n* smál *m1*

F

F *n* (MUS) F *m4*

fable *n* fabhal *f2*, finscéal *m1*

fabric *n* éadach *m1*, fabraic *f2*, uige *f4*

fabrication *n* cumadóireacht *f3*

fabulous adj fabhlach; (inf: super) iontach

face *n* aghaidh *f2*; (expression) dreach *m3* ♦ vt tabhair aghaidh ar;

face d'oineach a chailleadh/a theasargan; **to make** or **pull a face** strainc a chur ort féin; **in the face of** (difficulties etc) in aghaidh + gen; **on the face of it** de réir cosúlachta; **face to face** aghaidh ar aghaidh ▶ **face up to** vt fus tabhair aghaidh ar, glac le

face cloth *n* ceirt *f2* aghaidhe

face cream *n* snua-ungadh *m1*

face powder *n* snuaphúdar *m1*

face value *n* (of coin) aghaidhluach *m3*

facilities npl áiseanna fpl2, saoráidí fpl2; **credit facilities** áiseanna creidmheasa; **shopping facilities** saoráidí siopadóireachta

facing prep ar aghaidh

fact *n* fíric *f2*, fíoras *m1*; **in fact** amhlaidh (atá)

factor *n* fachtóir *m3*, toisc *f2*, cúis *f2*

factory *n* monarcha *f*

factual adj fírinneach, fíorasach

faculty *n* bua *f4*, (UNIV) dámh *f2*; (US: teaching staff) foireann *f2* teagaisc

fad *n* (craze) teidhe *m4*

fade vi tréig, (light, sound) meath; (flower) sleabhac

fag *n* (inf) (cigarette) toitín *m4*

fail vt (candidate) bris; (subj: courage, memory) cliseann ar; **I failed the exam** theip an scrúdú orm; **his memory failed him** chlis an chuimhne air ♦ vi cliseann ar; (brakes) clis; (eyesight, health, light) meath; **the scheme failed** theip ar an scéim; **to fail to do sth** (neglect) faillí a dhéanamh i rud; (be unable) sáraíonn ort rud a dhéanamh; **he failed to make the jump** sháraigh an léim air; **without fail** gan teip, go cinnte

failing *n* locht *m3* ♦ prep in éagmais + gen

failure *n* loiceadh *m*, teip *f2*; (*person*) cúl *m1* le rath; (*mechanical etc*) cliseadh *m*

faint *adj* lag ♦ *n* fanntais *f2*, laige *f4* ♦ *vi*: **to ~** titim i bhfanntais *or* i laige; **to feel faint** brath go lag; **faint recollection** mearchuimhne

fair *adj* cóir, cothrom, réasúnta; (*hair, skin*) fionn; (*weather*) soineanta; (*good enough, sizeable*) measartha ♦ *adv*: **to play ~** an cothrom a dhéanamh ♦ *n* aonach *m1*; (*funfair*) aonach seó; **fair play** cothrom na Féinne; **fair weather** soineann *f2*

fairly *adv* go macánta, go cothrom; (*quite*) cuibheasach, measartha, réasúnta

fairness *n* cothrom *m1*, cothroime *f4*

fairy *n* síóg *f2*

fairy tale *n* síscéal *m1*

faith *n* creideamh *m1*; (*trust*) muinín *f2*

faithful *adj* dílis

faithfully *adv*: **yours ~** is mise le meas

fake *n* (*person*) caimiléir *m3*, séitéir *m3* ♦ *adj* bréige *n gen* ♦ *vt* falsaigh, cuir bréagríocht ar; **a fake picture** pictiúr bréige

falcon *n* fabhcún *m1*

fall *n* titim *f2*; (*US: autumn*) fómhar *m1* ♦ *vi* tit; (*price, temperature, dollar*) tit, ísligh; **falls** *npl* (*waterfall*) eas *msg3*; **to fall flat** (*on one's face*) titim ar do bhéal; (*joke*) imeacht gan éifeacht, dul ar lár; (*plan*) teipeann ar ♦ **fall back** *vi* tit siar ♦ **fall back on** *vt fus* téigh i muinín ♦ **fall behind** *vi* tit chun deiridh ♦ **fall down** *vi* tit ♦ **fall for** *vt fus* (*trick, story etc*) mealltar le; (*person*) tit i ngrá le; **I fell for the trick** mealladh leis an chleas mé ♦ **fall in** *vi* tit isteach; (*MIL*) luigh

isteach ♦ **fall off** *vi* tit de; (*diminish*) titeann ♦ **fall out** *vi* (*hair, teeth*) tit (amach); (*MIL*) luigh amach; (*friends etc*) tit amach (le); **they fell out** thit siad amach le chéile, d'éirigh eatarthu ♦ **fall through** *vi* (*plan, project*) teipeann ar

fallacy *n* fallás *m1*

fallout *n* astitim *f2*

fallow *adj* branair *n gen*, bán

false *adj* bréagach

false alarm *n* gáir *f2* bhréige

false teeth *npl* fiacla *fpl2* bréige

falter *vi* tuislígh

fame *n* cáil *f2*

familiar *adj* aithnidiúil; **to be familiar with** (*subject*) cur amach a bheith agat ar

family *n* teaghlach *m1*; **has she any family?** (*children*) an bhfuil clann ar bith aici?, an bhfuil cúram *or* muirín uirthi?; (*relatives*) an bhfuil aon ghaolta aici?

family tree *n* craobh *f2* ghinealaigh

famine *n* gorta *m4*

famished (*inf*) *adj* caillte *or* stiúgtha leis an ocras

famous *adj* cáiliúil

famously *adv* (*get on*) thar barr

fan *n* (*folding*) fean *m1*; (*ELEC*) geolán *m1*; (*follower*) móidín *m4* ♦ *vt* gaothraigh; (*fire, quarrel*) séid

fanatic *n* fanaiceach *m1*

fan belt *n* beilt *f2* tiomána

fanciful *adj* meonúil

fancy *n* nóisean *m1*, samhlaíocht *f3* ♦ *adj* maisiúil ♦ *vt*: **to ~ sth** (*feel like, want*) fonn ruda a bheith ort; (*imagine, think*) rud a shamhlú; **to take a fancy to** taitneamh a thabhairt do; **he fancies her** (*inf*) tá nóisean aige di

fancy dress *n* éide *f4* bréige

fang *n* starrfhiacail *f2*; (*of snake*) goineog *f2*

fantastic adj fantaiseach, iontach
fantasy n fantaisíocht f3; (dream) aisling f2, taibhreamh m1
far adj fada ♦ adv i bhfad; **far away** or **off** i gcéin, i bhfad ar shiúil; **at the far side/end** ag an taobh/cheann thall de; **far behind** i bhfad ar gcúl; **far better** i bhfad níos fearr; **far from** i bhfad ó; **by far** go mór fada; **as far as the farm** téigh a fhad leis an fheirm; **as far as I know** go bhfios dom, ar feadh m'eolais; **how far is it to ...?** cá fhad atá sé go ...?; **how far have you got?** an fada chun cinn atá tú?
faraway adj imigéiniúil; (look) brionglóideach
farce n fronsa m4
farcical adj áiféiseach
fare n táille f4; (passenger: in taxi) paisinéir m3; (food) beatha f4; **half/full fare** leath-tháille f4/ lántáille f4
Far East n: **the Far East** An Cian-Oirthear m1
farewell excl slán ♦ n slán m1
farm n feirm f2 ♦ vt saothraigh
farmer n feirmeoir m3
farmhand n oibrí m4 feirme
farmhouse n teach m feirme
farming n feirmeoireacht f3; (of animals) tógáil f3
farmland n talamh m1 or f curaíochta
farm worker n oibrí m4 feirme
farmyard n clós m1 feirme
far-reaching adj forleathan, leitheadach
fart (inf!) vi lig broim ♦ n broim m3
farther adv níos faide ♦ adj níos faide ar shiúil
fascinate vt cuir draíocht ar, cuir faoi dhraíocht
fascinating adj draíochtach; (captivating) fíorspéisiúil

fascism n faisisteachas m1
fashion n faisean m1; (manner) dóigh f2, nós m1, déanamh m1 ♦ vt múnlaigh; **in/out of fashion** san fhaisean/as faisean
fashionable adj faiseanta
fashion show n seó m4 faisin
fast adj gasta, sciobtha, tapa; (clock) chun tosaigh, mear; (dye, colour) buan, marthanach ♦ adv go gasta, go sciobtha, go tapa; (stuck, held) go daingean ♦ n troscadh m1 ♦ vi troisc, déan troscadh; **to be fast asleep** bheith i do chnap codlata
fasten vt greamaigh, ceangail; (coat) dún ♦ vi greamaigh do
fastener n fáiscín m4
fastidious adj éisealach, beadaí
fat adj ramhar ♦ n blonag f2; (on meat) saill f2; (for cooking) geir f2
fatal adj marfach
fatality n (road death etc) bás m1
fate n cinniúint f3
fateful adj cinniúnach
father n athair m
father-in-law n athair m céile
fatherly adj aithriúil
fathom n feá m4 ♦ vt (mystery) fuascail
fatigue n tuirse f4
fatten vt, vi ramhraigh
fatty adj (food) sailleach ♦ n (inf) feolamán m1
fatuous adj baothánta
faucet (US) n sconna m4, buacaire m4
fault n locht m3; (defect) fabht m4; (GEOL) éasc m1 ♦ vt lochtaigh; **it's my fault** ormsa an locht, is mise is ciontach leis; **to find fault with** locht a fháil ar; **at fault** ciontach
faulty adj lochtach, fabhtach
fauna n ainmhithe mpl4
favour (US) **favor** n fabhar m1; (help) gar m1 ♦ vt: **to ~** (proposition) bheith i bhfabhar

+ *gen*; (*pupil etc*) bheith fabhrach do; (*team, horse*) taobhú le; **to do sb a favour** gar a dhéanamh do dhuine; **to find favour with** tacaíocht a fháil ó; **in favour of** i bhfabhar le, i bhfabhar le

favourable *adj* fabhrach; (*advantageous*) buntáisteach; (*comment etc*) moltach; (*omen etc*) maith

favourite *adj* muirneach; **my favourite book** an leabhar is fearr liom; **the favourite** son mac an cheana

fawn *n* oisín *m4* ♦ *adj* (*also*: ~-coloured) buídhonn ♦ *vi*: **to ~ (up)on** lústar *or* lútáil a dhéanamh le

fax *n* (*document*) facs *m4*; (*machine*) gléas *m1* faics ♦ *vt* facsáil

fear *n* eagla *f4*, faitíos *m1* ♦ *vt*: **to ~ sth** eagla *or* faitíos a bheith ort roimh rud; **for fear of** ar eagla + *gen*, faitíos + *gen*

fearful *adj* eaglach, faiteach; (*sight, noise*) uafásach, scanrúil

fearless *adj* neamheaglach, neamhfhaitíosach

feasible *adj* indéanta

feast *n* féasta *m4*; (REL: *also*: ~ **day**) féile *f4* ♦ *vi*: **to ~** féasta a chaitheamh; **to feast one's eyes on sth** lán do shúl a bhaint as rud

feat *n* éacht *m3*

feather *n* cleite *m4*

feature *n* gné *f4*; (*article*) sainalt *m4* ♦ *vi*: **to ~ in** bheith páirteach i; (*in film*) páirt a bheith agat i; **features** *npl* (*of face*) ceannaithe *fpl2*; **a film featuring …** scannán a bhfuil … ann

feature film *n* príomhscannán *m1*

February *n* Feabhra *f4*

federal *adj* cónascach, cónaidhme *n gen*

fed up *adj*: **to be fed up with sb/**

sth bheith dubh dóite *or* dubhthuirseach *or* bréan de dhuine/rud

fee *n* táille *f4*

feeble *adj* fann; (*excuse, joke*) lag

feed *n* (*of baby*) bia *m4*, cothú *m*; (*of animal*) fodar *m1* ♦ *vt* beathaigh, cothaigh; (*data, information*): **to ~ sth into** rud a fhothú *or* a chur isteach i ♦ **feed on** *vt fus*: **to ~ on sth** bheith beo ar rud, rud a ithe

feedback *n* aiseolas *m1*

feel *n* mothú *m* ♦ *vt* mothaigh; (*explore*) bheith ag smúrthacht *or* ag paidhceáil romhat; (*think, believe*) ceap, mothaigh; **to feel hungry/cold** ocras/fuacht a bheith ort; **to feel lonely/better** uaigneas/biseach a bheith ort; **I don't feel well** ní bhraithim mé féin go maith; **it feels soft** tá mothú boige ann; **I feel like a walk** (*want*) tá fonn siúil orm ♦ **feel about** *vi*: **to ~ about** bheith ag smúrthacht

feeler *n* (*of insect*) adharcán *m1*; **to put out feelers** *or* **a feeler** an talamh a bhrath

feeling *n* (*physical*) mothú *m*; (*opinion*) barúil *f3*, tuairim *f2*

feign *vt*: **she ~ed tiredness** lig sí uirthi go raibh sí tuirseach

fell *vt* leag

fellow *n* diúlach *m1*; (*comrade*) compánach *m1*, comrádaí *m4*, comhghleacaí *m4*; (*of learned society*) comhalta *m4* ♦ *cpd*: **their ~ countrymen/-women** a gcomhthírigh, fir/mná a dtíre

fellow citizen *n* comhshaoránach *m1*

fellow countryman *n* comhthíreach *m1*

fellow men *npl* comhdhaoine *mpl4*

fellowship *n* (*society*) cuallacht *f3*, cumann *m1*; (SCOL) comhaltacht *f3*; (*comradeship*) muintearas *m1*, comrádaíocht *f3*

felony *n* feileonacht *f3*

felt *n* feilt *f2*

felt-tip pen *n* peann *m1* feilte

female *n* (*ZOOL*) baineannach (*f1* ◆ *adj* (*BIOL*) baineann; (*sex, character*) ban-

feminine *adj* banda

feminist *n* feimíní *m4*

fence *n* fál *m1*, sconsa *m4* ◆ *vt* (*also*: ~ **in**) cuir fál ar ◆ *vi* (*SPORT*) déan pionsóireacht

fencing *n* fál *m1*; (*SPORT*) pionsóireacht *f3*

fend *vi*: to ~ **for o.s.** déanamh as duit féin ▸ **fend off** *vt* (*attack*) cosain, cosc, cur ar gcúl; (*blow*) cosain, cosc

fender *n* fiondar *m1*; (*US: of car*) pludgharda *m4*

Fenian *adj* (*POL*) Fíníneach; (*cycle*) fiannaíochta *n gen* ◆ *n* Fínín *m4*

Fermanagh *n* Fear *m* Manach

ferment *vt, vi* coip ◆ *n* coipeadh *m*

fern *n* raithneach *f2*

ferocious *adj* fíochmhar

ferret *n* firéad *m1*

ferry *n* bád *m1* farantóireachta ◆ *vt* déan farantóireacht; **he ferried them to the island** thug sé pasáiste amach chun an oileáin dóibh

fertile *adj* torthúil, síolmhar

fertilizer *n* leasachán *m1*, aoileach *m1*

fester *vi* ábhraigh, lobh, déan angaidh

festival *n* (*REL*) féile *f4*; (*MUS*) fleá *f3* cheoil

festive *adj* féiltiúil; (*mood etc*) meidhreach; **the festive season** (*Christmas*) an Nollaig *f*

festivities *npl* fleáchas *m1*

festoon *vt* gléas le triopaill

fetch *vt* téigh faoi choinne nó i gcomhair nó faoi dhéin + *gen*; (*sell*

for): **the car ~ed a high price** chuaigh an carr ar luach maith

fetching *adj* tarraingteach

fetish *n* feitis *f2*

feud *n* fíoch *m1*

fever *n* fiabhras *m1*

feverish *adj* fiabhrasach

few *adj* (*not many*): ~ **people believe it** is beag duine a chreideann é; **a few** beagán, roinnt; **a few years** roinnt blianta; **in a few words** i mbeagán focal

fewer *adj*: **he has ~ coins than me** tá níos lú bonn aige ná atá agamsa

fewest *adj* is lú, is gainne

fiancé(e) *n* fiancé *m4*

fib *n* caimseog *f2*

fibre, (*US*) **fiber** *n* snáithín *m4*

fibreglass ® *n* gloine *f4* shnáithíneach

fickle *adj* guagach, luathintinneach

fiction *n* ficsean *m1*, finscéalaíocht *f3*

fictional *adj* cumtha, finscéalach, samhailteach

fictitious *adj* cumtha, bréige

fiddle *n* (*MUS*) fidil *f2*; (*cheating*) cleas *m1*, caimiléireacht *f3*, calaois *f2* ◆ *vt* (*accounts*) falsaigh, cúbláil ▸ **fiddle with** *vt fus*: **to ~ with** bheith ag fútráil or ag méarúcht le

fidget *vi* déan fútráil

field *n* páirc *f2*, gort *m1*; (*fig*) ábhar *m1*, réimse *m4*; (*SPORT, ground*) páirc *f2*, faiche *f4*; (*COMPUT*) réimse

field marshal *n* marascal *m1* machaire

fieldwork *n* obair *f2* pháirce

fiend *n* diabhal *m1*

fiendish *adj* diabhalta

fierce *adj* fíochmhar; (*look*) fiata

fiery *adj* tintrí, lasánta, splancúil

fifteen *num* cúig (cinn) déag; **fifteen bottles** cúig bhuidéal déag

fifteen people cúig dhuine dhéag

fifth *num* cúigiú; **the fifth woman** an cúigiú bean

fifty *num* caoga + *sg*

fig *n* fige *f4*

fight *n* troid *f3*; (*brawl*) griolsa *m4*, racán *m1* ◆ *vt* troid

fighter *n* trodaí *m4*; (*plane*) eitleán *m1* troda

fighting *n* comhrac *m1*, troid *f3*

figment *n*: **it's a ~ of your imagination** níl ann ach rud a samhlaíodh duit

figurative *adj* fáthach, fáthchiallach, meafarach

figure *n* déanamh *m1*, pearsa *f*, cruth *m3*; (*number, cipher*) uimhir *f*, figiúr *m1* ◆ *vt* (*think: esp US*) meas ◆ *vi* (*appear*) bheith ar, bheith i ▸ **figure out** *vt* (*work out*) oibrigh amach

figure of speech *n* nath *m3* cainte

file *n* (*also COMPUT*) comhad *m1*; (*row*) líne *f4*; (*tool*) líomhán *m4*, oighe *f4* ◆ *vt* (*nails, wood*) líomh; (*papers, claim*) comhdaigh ◆ *vi*: **to ~ in/out** dul isteach/amach duine i ndiaidh duine

filing cabinet *n* comhadchaibinéad *m1*

fill *vt* líon ◆ *n*: **to eat one's ~** do dhóthain *or* do sháith a ithe; **to fill with** líonadh le *or* de ▸ **fill in** *vt* (*hole, form*) líon (isteach) ▸ **fill up** *vt* líon; **fill it up, please** (*AUT*) líon í, le do thoil

fillet *n* filléad *m1*

fillet steak *n* stéig *f2* filléid

filling *n* (*CULIN*) líonadh *m*; (*for tooth*) líonadh *m*, táthán *m1*

filling station *n* stáisiún *m1* peitril

film *n* scannán *m1*; (*of powder, liquid*) screamh *f2* ◆ *vt* (*scene*) scannánaigh

film star *n* réaltóg *f2* scannán

filter *n* scagaire *m4* ◆ *vt* scag

filth *n* salachar *m1*; (*obscenity*) gáirsiúlacht *f3*

filthy *adj* cáidheach, bréan; (*language*) gáirsiúil, graosta, madrúil

fin *n* (*of fish*) eite *f4*, colg *m1*

final *adj* deiridh *n gen*, deireanach ◆ *n* (*SPORT*) cluiche *m4* ceannais; **finals** *npl* (*UNIV*) scrúduithe *mpl4* deiridh

finale *n* críochcheol *m1*; (*inf*) críoch *f2*, deireadh *m1*

finalize *vt* tabhair chun críche, cuir an dlaoi mhullaigh ar

finally *adv* faoi dheireadh, i ndeireadh na dála; (*lastly*) ar deireadh

finance *n* airgeadas *m1* ◆ *vt* maoinigh; **finances** *npl* acmhainn *fsg2*

financial *adj* airgeadais *n gen*

find *vt* faigh; (*lost object*) faigh, tar ar, aimsigh ◆ *n* fionnachtain *f3*; **to find sb guilty** (*LAW*) duine a fháil ciontach ▸ **find out** *vt* (*truth, secret, person*) faigh amach ◆ *vi* (*by chance*) faigh amach, téigh amach ar; **to find out sth about sth** (*make enquiries*) fáisnéis a chur faoi rud

findings *npl* (*LAW*) cinneadh *m1*, breithiúnas *m1*

fine *adj* (*excellent*) breá; (*thin, subtle*) mion, caol ◆ *adv* (*well*) maith ◆ *n* (*LAW*) cáin *f*, fíneáil *f3* ◆ *vt* (*LAW*) cáin, fíneáil; **to be fine** (*person, weather*) bheith go breá

fine arts *npl* ealaíona *fpl2* uaisle

finery *n* galántacht *f3*, éadaí *mpl1* galánta

finger *n* méar *f2* ◆ *vt* méaraigh; **little/index finger** lúidín *m4* / corrmhéar *f2*

fingernail *n* ionga *f* méire

fingerprint *n* méarlorg *m1*

fingertip *n* barr *m1* méire

finish *n* críoch *f2*; (*SPORT*) críoch *f2*,

ceann m1 sprice; (polish etc) slacht m3 ♦ vt, vi críochnaigh; **to finish doing sth** rud a chur i gcrích; **to finish third** críochnú ar an tríú duine, teacht isteach sa tríú háit
▸ **finish off** vt críochnaigh; (kill) maraigh, cuir cos i bpoll le
▸ **finish up** vt críochnaigh; **finish up your tea** ól siar do chuid tae
finishing line n ceann m1 sprice
finite adj teoranta; (verb) finideach
Finland n An Fhionlainn f2
Finn n Fionlannach m1
Finnish adj Fionlannach ♦ n (LING) Fionlainnis f2
fir n giúis f2
fire n tine f4 ♦ vt (discharge) scaoil; **to fire a gun** gunna a scaoileadh or a lámhach; (fig: enthuse) gríosaigh, spreag; (dismiss) bris, tabhair an bóthar do ♦ vi (shoot) scaoil; **on fire** ar thine, le thine, trí thine
fire alarm n aláram m1 dóiteáin
firearm n arm m1 tine
fire brigade, (US) **fire department** n briogáid f2 dóiteáin
fire engine n (vehicle) inneall m1 dóiteáin
fire escape n staighre m4 éalaithe
fire extinguisher n múchtóir m3 dóiteáin
fireman n fear m1 dóiteáin
fireplace n iarta m4, teallach m1, tinteán m1
fireside n teallach m1, clúid f2 (na tine)
fire station n staisiún m1 dóiteáin
firewood n brosna m4, connadh m1
fireworks npl tinte fpl4 ealaíne
firing squad n scuad m1 lámhaigh
firm adj daingean ♦ n gnólacht m3
first adj céad ♦ adv an gcéad duine; (when listing reasons etc) ar an gcéad dul síos; **the first woman** an chéad bhean ♦ n (person: in race) buaiteoir m3, (an) chéad duine; (UNIV) chéad onóracha fpl3; (AUT) (an) chéad ghiar m1; **at first** ar dtús; **first of all** i dtús báire
first aid n garchabhair f
first-aid kit n fearas m1 garchabhrach
first class adj den chéad scoth, thar barr; **a first-class compartment** carráiste den chéad ghrád
first lady (US) n bean f an Uachtaráin
firstly adv ar dtús
first name n ainm m4 baiste
first-rate adj ar fheabhas, den chéad scoth
fish n iasc m1 ♦ vt, vi iasc
fisherman n iascaire m4
fish farm n feirm f2 éisc
fishing n iascaireacht f3; **to go fishing** dul ag iascaireacht or ag iascach
fishing boat n bád m1 iascaigh or iascaireachta
fishing line n dorú m4
fishing rod n slat f2 iascaigh or iascaireachta
fishmonger's (shop) n siopa m4 éisc
fishy (inf) adj amhrasach
fist n dorn m1
fit adj (healthy) fiteáilte, aclaí, folláin; (proper) oiriúnach, cuí ♦ vt (subj: clothes) oir do, fóir do; (put in, attach) cuir le; (equip) feistigh, gléasaigh; (suit) oir do, luigh le, cuir le ♦ vi (clothes) oir do, fóir do; (parts) freagair dá chéile; (in space, gap) toill i, téigh isteach) i ♦ n (of anger) spadhar m1, tallann f2, racht m3; **fit to** i riocht; **fit for** réidh le; **fit of coughing** racht casachtaí; **a fit of giggles** racht sciotíola; **that dress is a good fit** is deas a luíonn an gúna sin leat; **by fits and starts** ina threallanna ▸ **fit**

in *vi* réitigh le; **he fits in well** is breá a réitíonn sé leis an chuideachta

fitful *adj* (*sleep*) corrach

fitment *n* feistiú *m*

fitness *n* (*suitability*) feiliúnacht *f3*; (*MED*) folláine *f4*

fitted kitchen *n* cistin *f2* fheistithe

fitter *n* feisteoir *m3*

fitting *adj* cuí ♦ *n* (*of dress*) tástáil *f3*; (*of piece of equipment*) feistiú *m*; **fittings** *npl* (*in building*) feisteas *msg1*

fitting room *n* seomra *m4* gléasta

five *num* cúig; **five bottles** cúig bhuidéal; **five people** cúigear *m1*

fiver *n* (*BRIT*) (*páipéar m1*) cúig phunt; (*US*) (*páipéar*) cúig dhollar

fix *vt* (*date, amount etc*) socraigh; (*mend*) deisigh, cóirigh; (*meal*) réitigh; (*drink*) ullmhaigh, giollaigh ♦ *n*: **to be in a ~** bheith i gcruachás, bheith san fhaopach

► **fix up** *vt* (*meeting*) socraigh; **to fix sb up with sth** rud a sheiftiú do dhuine

fixed *adj* (*prices etc*) seasta

fixture *n* fearas *m1*, daingneán *m1*, (*SPORT*) cluiche *m4*, coinne *f4*

fizzy *adj* coipeach

flabbergasted *adj*: **she was ~** baineadh an anáil di, rinneadh stangaire di

flabby *adj* lodartha

flag *n* brat *m1*, bratach *f2*; (*also*: ~**stone**) leac *f2* phábhála ♦ *vi* sleabhac, lagaigh, meathlaigh

flagpole *n* crann *m1* brait

flagship *n* bratlong *f2*

flair *n* bua *m4*; **a flair for music** féith *f2* an cheoil

flak *n* (*MIL*) tine *f4* bharáiste; (*inf*: *criticism*) cáineadh *m*, beachtaíocht *f3* láidir

flake *n* (*of rust, paint*) screamhóg *f2*; (*of snow, soap powder*) lubhóg *f2*,

calóg *f2*, cáithnín *m4* ♦ *vi* (*also*: ~ **off**) scil, scealp

flamboyant *adj* gáifeach, péacach, taibhseach

flame *n* bladhm *f3*, bladhaire *m4*, lasair *f*

flamingo *n* lasairéan *m1*

flammable *adj* inlasta

flan *n* toirtín *m4* oscailte

flank *n* cliathán *m1* ♦ *vt*: **to ~ bheith** cliathánach le

flannel *n* (*fabric*) flainín *m4*; (*also*: **face** ~) éadach *m1* aghaidhe

flannels *npl* (*trousers*) bríste *msg4* flainín

flap *n* (*of pocket, envelope*) liopa *m4* ♦ *vt* (*wings*) buail ♦ *vi*: **to ~** (*about*) (*sail, flag*) bheith ag bratáil or ag clupaideach; (*inf*: *also*: **be in a ~**) bheith trí chéile, driopás a bheith ort

flare *n* (*signal*) tóirse *m4*; (*in skirt etc*) spré *m* ► **flare up** *vi* las, bladhm; (*fig*: *person*) bladhm, splanc, pléasc; (*strife etc*) éirigh

flash *n* laom *m3*, splanc *f2*, scal *f2*; (*PHOT*) splanc ♦ *vt* (*light*) caith; **to flash a look** srafhéachaint a thabhairt ♦ *vi* (*light*) splanc; **a flash of lightning** saighneán *m1*, splanc thintrí; **in a flash** ar luas lasrach; **to flash one's headlights** do cheannsoilse a chaitheamh; **to flash by** or **past** (*person*) scinneadh thart

flashlight *n* laomlampa *m4*, tóirse *m4*

flashy (*pej*) *adj* péacach, spiagaí

flask *n* fleasc *m3*; (*also*: **vacuum ~**) folúsfhlaigín *m4*

flat *adj* cothrom; (*beer*) leamh; (*denial*) lom, neamhbhalbh; (*MUS*) maol; (*voice*) leamh ♦ *n* (*apartment*) árasán *m1*; (*MUS*) maol *m1*; **on the flat** (*AUT*) ar an réidh; **to be working flat out** bheith ag obair ar

theann do dhíchill
flatly adv (refuse) go dubh is go bán
flatten vt (also: ~ **out**) leacaigh; (crop, building(s)) treascair, leag
flatter vt déan plámás le, déan béal bán le
flattering adj plámásach; **that dress is very flattering** is deas atá an gúna sin ag teacht duit
flattery n plámás m1, béal m1 bán
flaunt vt déan gaisce de
flavour, (US) **flavor** n blas m1 ♦ vt blaistigh
flavouring n blastán m1
flaw n cáim f2, éalang f2, locht m3, máchail f2
flawless adj gan cháim, gan éalang
flax n líon m1
flaxen adj lín; (hair) buíbhán
flea n dreancaid f2
fleck n cáithnín m4, dúradán f4
flee vi teith
fleece n lomra m4 ♦ vt (inf) feann
fleet n cabhlach m1, loingeas m1
fleeting adj duthain; (visit) reatha n gen
Flemish adj Pléimeannach ♦ n (LING) Pléimeannais f2
flesh n feoil f3
flex n fleisc f2 ♦ vt (knee, muscles) aclaigh
flexible adj solúbtha; (person): **to be ~** ligean chugat is uait a bheith agat
flick n smeach m3, smalóg f2 ♦ vt tabhair smeach do
flicker vi (light) preab
flight n eitilt f2; (escape) teitheadh m1; (also: ~ **of steps**) staighre m4
flight attendant (US) n aeróstach m1
flimsy adj tanaí; **flimsy excuse** leithscéal m1 lag
fling vt caith, teilg
flint n breochloch f2, cloch f2 thine

flip vt (throw) caith; **to flip a coin** bonn a chaitheamh in airde
flippant adj (glib) cabanta; (cheeky) deiliúsach
flirt vi: **to ~ with** bheith ag cliúsaíocht le ♦ n cliúsaí m4
flit vi scinn, eitil
float n snámhán m1; (FISHING) bolbóir m3; (in procession) flóta m; (money) cúlchnap m1 ♦ vi snámh; **to float in the air** bheith ar foluain
flock n (also REL) tréad m3; (of birds) ealta f4 ♦ vi: **to ~** to dul ina scataí go
flog vt léas, lasc
flood n tuile f4, rabharta m4 ♦ vt báigh ♦ vi: **people ~ed into the house** phlódaigh daoine isteach sa teach
flooding n bá m4
floodlight n tuilsholas m1
floor n urlár m1; (of sea) grinneall m1 ♦ vt (subj: question) déan stangaire de; (: punch) leag; **ground floor, first floor** (US) urlár m1 na talún; **first floor, second floor** (US) chéad urlár
floorboard n clár m1 urláir
flop n teip f2 ♦ vi teipeann ar; (fall) tit
floppy adj liobarnach
floppy (disk) n (COMPUT) diosca m4 flapach
flora n flóra m4
floral adj bláthach; (dress) bláthbhreac
florid adj (complexion) lasánta; (style) ornáideach
florist n bláthadóir m3
flounder vi iomlaisc ♦ n (ZOOL) leadhbóg f2
flour n plúr m1
flourish vi tar chun cineáil; **they are flourishing** tá rath (agus bláth) orthu ♦ n (gesture) croitheadh m
flout vt déan neamhshuim de,

tabhair droim láimhe do

flow n sruth m3; (of cash) sreabhadh m ◆ vi sruthaigh; (traffic) gluais; (robes, hair) slaod, bheith ag titim ina slaodanna

flow chart n sreabhchairt f2

flower n bláth m3 ◆ vi bláthaigh

flower bed n ceapach f2 bláthanna

flowerpot n próca m4 bláthanna

flowery adj bláthach; (style) ornáideach

flu n fliú m4, ulpóg f2

fluctuate vi luainigh; (MATH) iomlaoidigh

fluent adj (speech) líofa; he speaks fluent Irish, he's fluent in Irish tá Gaeilge líofa aige; he's a fluent speaker tá lúth na teanga aige

fluff n clúmhach m1

fluffy adj clúmhach

fluid adj sreabhach ◆ n sreabhán m1

fluke (inf) n taisme f4, beangán m1 den ádh

fluoride n fluairíd f2

flurry n (of wind) cuaifeach m1; (of snow) cith m3; (of activity) flústar m1

flush n (on face) lasadh m1; (of youth, beauty etc) bláth m3 ◆ vt sruthlaigh ◆ vi scaird ◆ adj: ~ with i gcothrom le

flushed adj lasánta

flustered adj trína chéile, faoi dhriopás

flute n feadóg f2 mhór, fliúit f2

flutter n (of panic, excitement) sceitimíní pl; (of wings) cleitearnach f2 ◆ vi: to ~ about (bird) bheith ag cleitearnach thart; (person) bheith ag geidimíneacht thart

flux n: to be in a state of ~ bheith ag síorathrú

fly n (insect) cuileog f2; (on trousers: also: **flies**) cailpís f2 ◆ vt píolótaigh; (passengers, cargo)

iompair (in eitleán); (flag) cuir ar foluain ◆ vi eitil; (passengers) taistil in eitleán; (escape) teith; (flag: also: to be ~ing) bheith ar foluain; with flying colours thar barr go geal ▸ fly away, fly off vi imigh ar eiteog

flying n eitilt f2 ◆ adj: a ~ visit cuairt reatha

flying start n ligean m rábach

flyover n (bridge) uasbhealach m1

foal n searrach m1

foam vt: they ~bed him off with an excuse chuir siad ó dhoras le leithscéal é

focus n fócas m1; (of interest): it is the ~ of public interest tá aird an phobail air ◆ vi: to ~ on díriú ar; out of/in focus (picture) as fócas/i bhfócas

fodder n farae m4, fodar m1

foe n namhaid m

fog n ceo m1

foggy adj ceomhar; it's foggy tá ceo ann

fog lamp n (AUT) lampa m4 ceo

foil vt sáraigh ◆ n scragall m1; (contrast) codarsnacht f3

fold n (bend, crease) filleadh m1; (AGR) loca m4; (fig) tréad m3 ◆ vt fill

folder n fillteán m1; (file) comhad m1

folding adj (chair, bed) infhillte

foliage n duilliúr m1

folk npl daoine mpl; **folks** npl (family) muintir fsg2

folklore n béaloideas m1

folk music n ceol m1 tíre

follow vt, vi lean; (ensue): there ~ed a discussion bhí plé ina dhiaidh sin; to follow suit (fig) déanamh amhlaidh

follower n leanúnaí m4, leantóir m3

followers *npl* lucht *msg3* leanúna

following *adj* a leanann, a leanas; *(day)* ina dhiaidh sin ◆ *n* lucht *m3* leanúna

folly *n* baois *f2*

fond *adj* ceanúil; *(hopes, dreams)* baoth; **she is fond of him** tá sí ceanúil air, tá sí geal dó

fondle *vt* muirnigh

font *n (in church: for baptism)* umar *m1* baiste; *(TYP, COMPUT)* cló *m4*, foireann *f2* (chló)

food *n* bia *m4*

food mixer *n* measctóir *m3* bia

food poisoning *n* nimhiú *m* bia

food processor *n* próiseálaí *m4* bia

foodstuffs *npl* earraí *mpl4* bia, bia-ábhair *mpl*

fool *n* amadán *m1*; *(woman)* óinseach *f2* ◆ *vt* meall, cuir dallamullóg ar ◆ *vi* déan pleidhcíocht

foolhardy *adj* meargánta

foolish *adj* amaideach

foot *n* cos *f2*; *(measure)* troigh *f2* ◆ *vt (bill)* íoc; **on foot** de chois

football *n* peil *f2*, caid *f2*

footballer, football player *n* peileadóir *m3*

football match *n* cluiche *m4* peile

foot brake *n* coscán *m1* coise

footbridge *n* droichead *m1* coisithe

foothills *npl* bunchnoic *mpl1*

foothold *n* greim *m3* coise, áit *f2* do choise

footing *n (fig)* bonn *m1*; **he lost his footing** bhain tuisle dó

footlights *npl* bruachsholse *mpl1*

footnote *n* fonóta *m4*

footpath *n* cosán *m1*

footprint *n* lorg *m1* coise

footstep *n* coiscéim *f2*

footwear *n* coisbheart *m1*

---

for *prep* do, ar; faoi choinne + *gen*;

i gcomhair + *gen*; le haghaidh + *gen* **1** *(indicating destination, intention, purpose)*: **the train for London** traein Londan, an traein go Londain; **he went for the paper** chuaigh sé faoi choinne an pháipéir *or* i gcomhair an pháipéir; **it's time for lunch** tá am lóin ann; **what's it for?** céard lena aghaidh é?; **what for?** *(why)* cad chuige?, cén fáth?

2 *(on behalf of, representing)*: **the MP for Hove** teachta parlaiminte Hove; **to work for sb** bheith ag obair ag duine; **to work for sth** bheith ag obair ar son ruda; **G for George** G mar i George

3 *(because of)*: **for this reason** ar an ábhar seo, dá bhrí seo; **for fear of being criticized** ar eagla go gcáintí é, ar eagla a cháinte

4 *(with regard to)*: **it's cold for July** tá sé fuar do Mhí Iúil; **to have a gift for languages** bheith go maith i gceann teangacha *or* i mbun teangacha

5 *(in exchange for)*: **I sold it for £5** dhíol mé ar chúig phunt é; **to pay 50 pence for a ticket** 50 pingin a dhíol ar thicéad

6 *(in favour of)*: **are you for** *or* **against us?** an bhfuil tú inár leith nó inár n-éadan *or* ar ár son nó inár gcoinne?

7 *(referring to distance)*: **there are roadworks for 5 miles** tá cúig mhíle de chóiriú bóthair ann; **we walked for miles** shiúlamar na mílte

8 *(referring to time)*: **he was away for two years** bhí sé ar shiúl ar feadh dhá bhliain; **she will be away for a month** beidh sí ar shiúl go ceann míosa; **I have known her for years** tá aithne agam uirthi leis na blianta; **can**

you do it for tomorrow? an féidir leat é a dhéanamh don lá amárach?

9 (with infin clauses): **it is not for me to decide** ní fúmsa atá sé cinneadh a dhéanamh; **you would be best for you to leave** b'fhearr duit imeacht; **there is still time for you to do it** tá am go leor agat fós le é a dhéanamh; **for that to be possible ...** le or chun go mb'fhéidir sin

10 (in spite of) (in) ainneoin, d'ainneoin; **for all his work/efforts** d'ainneoin a chuid oibre uile/a dhíchill; **for all his complaints, he's very fond of her** in ainneoin na ngearán uile aige tá sé an-ghealmhar uirthi

♦ conj (since, as: rather formal) óir, ós rud é go

forage vi siortaigh, ransaigh, tóraigh

foray n ruathar m1

forbid vt cros ar, coisc ar; **she forbade them to smoke cigarettes** chros sí na toitíní orthu

forbidding adj doicheallach

force n teann m3, fórsa m4 ♦ vt tabhair ar; (lock) bris; (door) cuir isteach; **the Forces** npl (MIL) na Fórsaí mpl4; **by force** le treise lámh; **in force** i bhfeidhm

forceful adj éifeachtach, fuinniúil

forcibly adv foréigneach; (express) le treise

ford n áth m3

fore n: **to come to the ~** teacht chun tosaigh

forearm n rí f4, bacán m1 láimhe

foreboding n drochthuar m1

forecast n réamhaisnéis f2 ♦ vt tuar

forefather n sinsear m1

forefinger n méar f2 thosaigh, corrmhéar f2

forefront n: **in** or **at the ~ of** thús cadhnaíochta + gen

foreground n réamhionad m1

forehead n clár m1 éadain

foreign adj coimhthíoch, eachtrannach; (language) iasachta n gen; **Department of Foreign Affairs** An Roinn f3 Gnóthaí Eachtracha

foreigner n coimhthíoch m1, eachtrannach m1

foreign exchange n malairt f2 eachtrach, airgead m1 eachtrach

Foreign Secretary n (IRL) Aire m4 Gnóthaí Eachtracha; (BRIT) Rúnaí m4 Gnóthaí Eachtracha

foreman n (factory, building site) saoiste m4

foremost adj (position) chéad; (rank) is tábhachtaí; (time) is túisce ♦ adv: **first and ~** i dtús báire

forerunner n réamhtheachtaí m4

foresee vt aithin, tuar

foreseeable adj: **in the ~ future** roimh i bhfad; **for the foreseeable future** go ceann i bhfad; **it is foreseeable that ...** is cosúil go ...

foreshadow vt tuar

foresight n réamhfhéachaint f3

forest n coill f2, foraois f2

forestry n foraoiseacht f3

foretaste n réamhbhlas m1

foretell vt tairngir, déan fáistine as, réamhaithris

forever adv go deo; (fig: long time) i gcónaí, i dtólamh

foreword n réamhfhocal m1

forfeit vt (lose) caill

forge n ceárta f4 ♦ vt (signature) brionnáigh, falsaigh; (wrought iron) gaibhnigh; **to forge money** airgead bréige a dhéanamh

forger n (counterfeiter) falsaitheoir m3

forgery n brionnú m

forget vt, vi dearmad; **to forget about sb/sth** dearmad a dhéanamh

ar dhuine/ar rud; **I forgot my pen**
rinne mé dearmad de mo pheann

forgetful *adj* dearmadach

forget-me-not *n* lus *m3* míonla

forgive *vt* maith do; **he forgave her
for it** mhaith sé di é, thug sé
maithiúnas di ann

forgiveness *n* maithiúnas *m1*

fork *n* (*for eating*) forc *m1*; (*in road*)
gabhal *m1* ♦ *vi* (*road*) gabhlaigh
♦ **fork out** *vt* tabhair amach

fork-lift truck *n* trucail *f2* ardaithe

forlorn *adj* (*deserted*) tréigthe,
dearóil; (*attempt*) gan dóchas

form *n* cruth *m3*, déanamh *m1*,
foirm *f2*; (*SCOL*) rang *m3*;
(*questionnaire*) foirm *f2* ♦ *vt*
cruthaigh, foirmigh; **to form a
habit** nós a dhéanamh; **in top
form** lán croí agus aigne

formal *adj* (*offer, receipt*) foirmiúil;
(*person*) nósmhar

formally *adv* go foirmiúil;
(*announce*) go hoifigiúil

format *n* formáid *f2* ♦ *vt* (*COMPUT*)
formáidigh

formation *n* foirmiú *m*

formative *adj*: **during her ~ years** le
linn a hóige

former *adj* iar-, sean-, ath-

formerly *adv* roimhe seo, seal den
tsaol

formidable *adj* (*frightening*)
scanrúil; (*powerful*) éifeachtach

formula *n* foirmle *f4*

forsake *vt* tréig

fort *n* dún *m1*

forte *n* bua *m4*

forth *adv* amach; **and so forth** agus
mar sin de, agus araile; **to go back
and forth** dul anonn agus anall

forthcoming *adj* (*event*) le teacht;
(*character*) garach; (*available*) ar
fáil

forthright *adj* oscailte,
neamhbhalbh

forthwith *adv* láithreach, gan
mhoill

fortify *vt* daingnigh, neartaigh

fortitude *n* foirtile *f4*

fortnight *n* coicís *f2*

fortnightly *adv* uair sa choicís

fortunate *adj* ádhúil, fortúnach;
you are fortunate tá an t-ádh ort;
it is fortunate that ... is mór an
gar go ...

fortunately *adv* go hádhúil;
fortunately for him ar an dea-uair
dó

fortune *n* (*luck*) ádh *m1*; (*fate*)
cinniúint *f3*; (*wealth*) maoin *f2*,
saibhreas *m1*; **to tell sb's fortune**
fios a dhéanamh do dhuine; **she
had the good fortune to be there**
bhí sé ar an ádh uirthi bheith ann

fortune-teller *n* (*female*) bean *f*
feasa; (*male*) fear *m1* feasa

forty *num* daichead + *sg*

forward *adj* (*ahead of schedule*)
chun tosaigh; (*movement, position*)
chun tosaigh, ar aghaidh; (*not
shy*) dána, treallúsach ♦ *n* (*SPORT*)
tosaí *m4* ♦ *vt* (*letter*) seol ar
aghaidh; (*fig*) cuir chun cinn

forward(s) *adv* ar aghaidh; **to
move forward(s)** bog chun tosaigh

fossil *n* iontaise *f4*

foster *vt* forbair, cuir chun cinn;
(*child*) altramaigh

foster child *n* leanbh *m1* altrama,
dalta *m4*

foul *adj* (*weather*) doineanta;
(*language*) gáirsiúil; (*smell*) bréan
♦ *n* (*SPORT*) feall *m1* ♦ *vt* (*dirty*)
salaigh; **he has a foul temper** tá sé
chomh colgach le gráinneog; **foul
weather** doineann *f2*

found *vt* (*establish*) bunaigh

foundation *n* (*act*) bunú *m*; (*base*)
bonn *m1*, dúshraith *f2*;
(*institution*) fondúireacht *f3*; (*also:
~ cream*) fochosmaid *f2*

founder n bunaitheoir m3 ◆ vi
teipeann ar; **the ship foundered**
bádh an long, chuaigh an long go
grinneall

foundry n teilgcheárta f4

fountain n fuarán m1, foinse f4

fountain pen n peann m1 tobair

four num ceathair; **four bottles**
ceithre bhuidéal; **four people**
ceathrar m1; **on all fours** ar ceithre
boinn

four-poster n (also: ~ **bed**) leaba f
ceithre phost

fourteen num ceathair déag;
fourteen bottles ceithre bhuidéal
déag; **fourteen people** ceithre
dhuine dhéag

fourth num ceathrú; **the fourth
woman** an ceathrú bean

fowl n éan m1 ◆ npl éanlaith fsg2

fox n sionnach m1, madra m1 rua
◆ vt buail bob ar

foyer n forhalla m4

fraction n codán m1

fracture n briseadh m

fragile adj sobhriste

fragment n blúire m4, stiall f2

fragrant adj cumhra

frail adj anbhann, lag

frame n fráma m4; (body) cabhail f;
(figure) fíoraíocht f3 ◆ vt frámaigh;
frame of mind meon m1, staid f2
intinne; **to frame sb** duine a
fhágáil in áit chos an ghadaí

framework n creatlach f2, plean
m4; **framework document**
deilbhcháipéis m1

France n An Fhrainc f2

franchise n (POL) ceart m1 vótála;
(COMM) saincheadúnas m1

frank adj ionraic, neamhbhalbh
◆ vt (letter) frainceáil

frankly adv leis an fhírinne a
dhéanamh, déanta na fírinne

frantic adj (hectic) mear, (distraught)
i mbarr do chéille

fraternity n (brotherliness) dáimh
f2, bráithreachas m1; (group)
comhaltas m1, cumann m1

fraud n calaois f2; (person) caimiléir
m3

fraught adj: ~ **with** lán + gen, lán
de

fray n racán m1 ◆ vi scamh;
tempers were frayed among them
bhí ag briseadh ar an bhfoighne
acu

freak n torathar m1, anchúinse m4

freckle n bricín m4 (gréine)

free adj saor; (gratis) in aisce ◆ vt
(prisoner etc) scaoil saor; (jammed
object, person) scaoil amach; **free
of charge** saor in aisce

freedom n saoirse f4

free-for-all n racán m1, maicín m4

freehold n saorghabháltas m1,
rúíleas f2

free kick n cic m4 saor

freelance adj neamhspleách

freely adv go réidh; (liberally) go
fairsing

Freemason n máisiún m1

Freepost ® n Post m1 saor

Free State n (also: **Irish Free State**)
Saorstát m1 na hÉireann

free trade n saorthrádáil f3

freeway (US) n = mótarbhealach m1

free will n toil f3 shaor; **by her
own free will** dá deoin féin

freeze vt, vi sioc, reoigh; (person)
conáil; (prices, salaries) calc ◆ n sioc
m3; (on prices, salaries) calcadh m

freezer n reoiteoir m3

freezing adj: ~ (**cold**) (weather,
water) feanntach ◆ n: **three
degrees below** ~ trí chéim faoin
reophointe; **it is freezing** tá sé ag
sioc; (fig) chonálfadh sé na corra;
I'm freezing tá mé conáilte or
sioctha

freezing point n reophointe m4

freight n (goods) lasta m4; (charge)

last-táille f4
freight train n traein f earraí
French adj Francach ◆ n (LING)
Fraincis f2; **the French** npl muintir
fsg2 na Fraince
French bean n pónaire f4
fhrancach
French fries npl sceallóga npl
Frenchman n Francach m1
French window n fuinneog f2
fhrancach
Frenchwoman n Francach m1
(mná)
frenzy n buile f4, mire f4
frequency n minicíocht f3
frequent adj minic ◆ vt taithigh,
gnáthaigh
frequently adv go minic
fresh adj úr, nua, glan; (cheeky)
soibealta
freshen vi (wind) géaraigh
fresher, freshman (US) n (SCOL) mac
m1 léinn úr
freshly adv go húrnua
freshness n úire f4
freshwater adj (fish) uisce abhann,
uisce locha
fret vi: **to ~ about or over sb/sth** tú
féin a bhuaireamh faoi dhuine/rud
friar n bráthair m
friction n (lit) cuimilt f2; (fig)
imreas m3
Friday n (An) Aoine f4; **on Friday**
Dé hAoine; **he comes on Fridays**
tagann sé ar an Aoine
fridge n cuisneoir m3
fried adj fríochta
friend n cara m
friendly adj cairdiúil; **to be friendly
with sb** bheith mór le duine
friendship n cairdeas m1
frieze n bréid m4
fright n scanradh m1, scéin f2; **she
took fright** scanraigh sí
frighten vt scanraigh, cuir scéin i
frightened adj: **he was ~ of it** bhí

scanradh air roimhe
frightening adj scanrúil, scáfar
frightful adj scanrúil, scáfar
frigid adj (woman) fuaránta
frill n rufa m4
fringe n (of hair) frainse m4; (edge:
of forest etc) imeall m1
fringe benefits npl sochair mpl1
imeallacha
frisk vt cuardaigh
fritter n fríochtóg f2
frivolous adj aerach, giodamach,
éaganta
fro adv: **to go to and ~** dul anonn
agus anall
frock n gúna m4
frog n frog m1, loscann m1; (in
throat) sceach f2
frogman n frogaire m4
frolic vi: **to ~ about** bheith ag
rancás or ag princeam

KEYWORD

from prep ó, as, de **1** (indicating
starting place, origin etc) ó, as;
**where do you come from?, where
are you from?** cárb as tú or duit?;
from London to Paris ó Londain
go Páras; **a letter from my sister**
litir ó mo dheirfiúr; **to drink from
the bottle** ól as an mbuidéal
2 (indicating time) ó; **from one
o'clock to or until or till two** óna
haon a chlog go dtí a dó; **from
January (on)** ó Mhí Eanáir amach
3 (indicating distance) ó; **the hotel
is one kilometre from the beach** tá
an óstlann ciliméadar ón trá
4 (indicating price, number etc) ó;
**the interest rate was increased
from 9% to 10%** ardaíodh an ráta
úis ó 9% go 10%
5 (indicating difference) idir ... agus;
he can't tell red from green ní
aithníonn sé idir dath dearg agus
dath glas

6 (*because of, on the basis of*): **from what he says** ón méid a deir sé; **weak from hunger** lag leis an ocras

---

front n (*aspect*) aghaidh f2; (*section*) tosach m1; (MIL) tosach catha; (*fig: appearances*) cur m1 i gcéill ◆ *adj* tosaigh n *gen*; **in front (of)** (*ahead*) roimh; (*opposite*) os comhair + *gen*
front door n doras m1 tosaigh
frontier n teorainn f
front page n leathanach m1 tosaigh
front room n seomra m4 suí
front-wheel drive n tiomáint f3 rotha tosaigh
frost n sioc m3; (*also: hoarfrost*) sioc bán *or* geal
frostbite n dó m4 seaca
frosted *adj* (*glass*) sioctha
frosty *adj* (*weather*) siocúil, seaca; (*fig*): **he was ~ with me** bhí sé fuar ionam
froth n cúr m1, coipeadh m
frown vi cuir púic *or* gruig ort féin
fruit n toradh m1
fruiterer n torthóir m3, ceannaí m4 torthaí
fruitful *adj* torthúil; (*fig*) tairbheach
fruition n: **to come to ~** teacht i mbláth
fruit juice n sú m4 torthaí
fruit salad n sailéad m1 torthaí
frustrate vt (*person*) cuir frustrachas ar; (*plan*) sáraigh, mill
frying pan n friochtán m1
fudge n (CULIN) faoiste m4
fuel n breosla m4
fuel tank n (*in vehicle*) umar m1 breosla
fugitive n teifeach m1, duine m4 atá ar a sheachaint
fulfil, (US) **fulfill** vt (*function, condition, order*) comhlíon, cuir i gcrích; (*wish, desire*) sásaigh
fulfilment n comhlíonadh m, cur i gcrích; (*of wishes etc*) sásamh m1

full *adj* lán; (*details, information*) iomlán, gach ◆ *adv*: **be full up** go béal; **a full two hours** dhá uair druidte; **at full speed** ar lánluas; **in full** (*reproduce, quote*) ar fad; **paid in full** íoctha ina iomlán, láníoctha
full employment n lánfhostaíocht f3
full-length *adj* (*film, portrait, mirror*) lánfhada; (*coat*) go colpaí
full moon n iomlán m1 gealaí
full-scale *adj* (*attack, war*) oll-; (*model*) cuimsitheach
full stop n lánstad m4
full-time *adj* (*work*) lánaimseartha ◆ *adv* go lánaimseartha
fully *adv* ar fad, go hiomlán, go lán-
fully fledged *adj* déanta, críochnaithe
fumble vi: **to ~ with sth** bheith ag méiríneacht *or* ag útamáil le rud
fume vi: **he ~d with rage** bhí sé ag fiuchadh le fearg
fumes npl múch f*sg*2
fun n spraoi m4, sport m1, greann m1; **to have fun** spraoi a dhéanamh; **for fun** le greann; **to make fun of sb** ceap magaidh a dhéanamh de dhuine
function n feidhm f2; (*social occasion*) féasta m4, oíche f4 chaidrimh ◆ vi feidhmigh
functional *adj* (*working*) i bhfeidhm; (*hard-wearing*) buanfasach; (*practical*) feidhmiúil
fund n ciste m4; (*source, store*) stór m1; **funds** npl maoin f*sg*2, acmhainn f*sg*2
fundamental *adj* bunúsach, bunaidh n *gen*
funeral n tórramh m1, sochraid f2
funeral mass n aifreann m1 na

marbh
funeral service n seirbhís f2 na marbh
funfair n aonach m1 seó
fungus n fungas m1
funnel n fóiséad m1, tonnadóir m3; (of ship) simléar m1
funny adj greannmhar; (strange) aisteach, saoithiúil
fur n fionnadh m1; (in kettle etc) coirt f2, screamh f2

fur coat n cóta m4 fionnaidh
furious adj fíochmhar, fraochta; to be furious with sb bheith ar an daoraí le duine
furlong n staid f2
furnace n foirnéis f2
furnish vt: to ~ a house troscán a chur i dteach; (supply): to ~ sb with sth rud a sholáthar do dhuine
furnishings npl feisteas msg1
furniture n troscán m1, trealamh m1, trioc m4; piece of furniture ball m1 troscáin
furrow n clais f2
furry adj (animal) clúmhach; (toy) bog
further adj (additional) breise n gen ♦ adv de bhreis; (more) tuilleadh + gen; (moreover) ar a bharr sin ♦ vt cuir chun cinn
further education n oideachas m1 tríú leibhéil
furthermore adv a dhála sin, thairis sin, chomh maith leis sin
fury n buile f4
fuse, (us) **fuze** n fiús m1; (for bomb etc) aidhnín m4 ♦ vt, vi (metal) comhtháthaigh; it has fused tá teipthe ar an bhfiús, tá an fiús dóite
fuse box n cóifrín m4 fiúsanna
fuss n (excitement) fuadar m1, griothal m1; (complaining) gluaireán m1 ♦ vi fuirsigh; to make

a fuss raic a thógáil; to make a fuss of sb adhnua a dhéanamh de dhuine, a mhór a dhéanamh de dhuine
fussy adj (person) gluaireánach; (eater) beadaí; (dress, style) cúirialta
future adj le teacht ♦ n todhchaí m4; (LING) aimsir f2 fháistineach; in future as seo amach
fuze (US) n, vt, vi = **fuse**
fuzzy adj (PHOT) doiléir; (hair) mionchatach

G

gable n binn f2
gadget n gaireas m1
Gaelic adj Gaelach ♦ n (LING: also: **Irish** ~) Gaeilge f4; (also: **Scots** or **Scottish** ~) Gaeilge na hAlban
Gaelic football n peil f2 ghaelach;
Gaelic speaker cainteoir m3 Gaeilge
gag n (on mouth) gobán m1; (joke) scéal m1 grinn ♦ vt: to ~ gobán a chur i mbéal duine, glas béil a chur ar dhuine
gain n (profit) sochar m1, brabach m1, gnóthachan m1; (increase): ~ (in) méadú m (ar) ♦ vt gnóthaigh ♦ vi (watch): to ~ bheith gasta or mear; to gain three lbs (in weight) trí phunt meáchain a chur suas; to gain on sb (catch up) teannadh le duine; to gain from/by gnóthú ar/ as
gait n leagan m1 siúil
gale n gála m4
gallant adj curata; (polite) cúirtéiseach, dea-bhéasach
gall bladder n máilín m4 domlais
gallery n áiléar m1, gailearaí m4; (also: **art** ~) dánlann f2
galley n (ship's kitchen) cistin f2 loinge

gallon n galún m1

gallop n: **at a ~** ar cosa in airde ♦ vi: **to ~** dul ar cosa in airde

gallows n croch fsg2

gallstone n cloch f2 dhomlais

galore adv go leor, fairsinge + gen

Galway n Gaillimh f2

gambit n (CHESS) fiontar m1

gamble n buille m4 faoi thuairim, amhantar m1 ♦ vi: **to ~** imirt, bheith ag cearrbhachas ♦ vt: **to ~ sth** rud a chur i ngeall; **to gamble on** (fig) dul sa seans (go)

gambler n cearrbhach m1

gambling n cearrbhachas m1

game n cluiche m4; (HUNTING) géim m4, seilg f2 ♦ adj (willing): **to be ~ (for)** bheith i bhfách (le); **big game** seilg mhór

gamekeeper n maor m1 géim

gammon n (bacon) ceathrú f dheataithe; (ham) liamhás m1 deataithe

gamut n réimse m4; (MUS) ceolraon m1

gang n drong f2; (of workmen) meitheal f2 ♦ **gang up** vi: **to ~ up on sb** ceann corr a thógáil do dhuine

gangster n gangstaer m3

gangway n clord m1; (of bus, plane) pasáiste m4

gaol n = **jail**

gap n bearna f4

gape vi: **to ~ at sb** bheith ag stánadh ar dhuine

gaping adj (hole) béal-leata; (wound) oscailte

garage n garáiste m4

garbage n (US: rubbish) bruscar m1; (inf: nonsense) seafóid f2 bruscair

garbage can (US) n bosca m4 bruscair

Garda n (policeman) Garda m4; **the Garda** (POLICE) na Gardaí mpl4

garden n gairdín m4, garraí m4

gardener n garraíodóir m3

gardening n garraíodóireacht f3

gargle vi craosfholc

garish adj gáifeach; (light) scéiniúil

garland n bláthfhleasc f2

garlic n gairleog f2

garment n ball m1 éadaigh

garrison n garastún m1

garter n gairtéar m1

gas n gás m1; (US: gasoline) peitreal m1, artola f4 ♦ vt gásaigh

gas cooker n cócaireán m1 gáis, gáschócaireán m1

gas cylinder n sorcóir m3 gáis

gas fire n tine f4 gháis

gash n créacht f3, forba m4

gasket n (AUT) gaiscéad m1

gas mask n gásphúicín m4

gas meter n gásmhéadar m1

gasoline (US) n peitreal m1, artola f4

gasp vi lig cnead; **gasping for breath** d'anáil a bheith i mbarr do ghoib agat, ga seá a bheith ionat

gas station (US) n stáisiún m1 peitril

gastric adj gastrach, goile n gen; **gastric flu** ulpóg ghoile

gate n (of garden) geata m4

gate-crash vt: **to ~ a party** stocaireacht a dhéanamh ar chóisir

gateway n geata m4, bealach m1 isteach

gather vt cruinnigh, bailigh; (flowers, fruit) bain; (assemble) cruinnigh le chéile; (understand) tuig ♦ vi (assemble) cruinnigh; **to gather speed** siúl a thógáil

gathering n cruinniú m

gaudy adj spiagaí

gauge n (instrument) tomhsaire m4 ♦ vt tomhais

gaunt adj (thin) lom; (grim, desolate) gruama

gauntlet n (glove) lámhainn f2 iarainn; (fig): **to run the ~** bascadh reatha a fháil, dul faoi na súistí; **to throw down the gauntlet to sb** dúshlán a chur faoi dhuine

gauze n uige f4

gay adj (homosexual) aerach; (cheerful) aigeantach, meidhreach; (colour etc) péacach ◆ n homaighnéasach m1

gaze n amharc m1 ◆ vi: **to ~ at** stánadh ar

gear n (equipment) trealamh m1, gléasra m4; (TECH) fearas m1; (AUT) giar m1 ◆ vt (fig: adapt): **to ~ sth to** rud a chur in oiriúint do; **top gear, high gear** ardghiar; **low gear** ísealghiar; **in gear** i ngiar

gear box n giarbhosca m4

gear lever, (US) **gear shift** n luamhán m1 an ghiair

gel n glóthach f2

gelignite n geilignít f2

gem n seoid f2

Gemini n An Cúpla m4

gender n cineál m1; (LING) inscne f4

genealogy n ginealach m1, ginealas m1

general n ginearál m1 ◆ adj ginearálta, gnáth-; **in general** i gcoitinne

general election n olltoghchán m1

generally adv de ghnáth, go hiondúil

general practitioner n gnáthdhochtúir m3

generate vt gin

generation n glúin f2; (of electricity etc) giniúint f3

generator n gineadóir m3

generosity n féile f4, flaithiúlacht f3

generous adj fial

genetic engineering n innealtóireacht f3 ghéiniteach

genetics n géineolaíocht f3

Geneva n An Ghinéiv f2

genial adj lách, suáilceach

genitals npl baill mpl1 ghiniúna

genius n (natural talent) bua m4; (person) sárintleachtach

genteel adj caoinbhéasach, galánta

gentle adj caoin, séimh, maránta

gentleman n duine m4 uasal

gently adv go caoin, go réidh

gentry n: **the ~** na huaisle mpl1

gents n leithreas m1 na bhfear; **"Gents"** (on sign) **"Fir"**; **where's the gents?** cá bhfuil leithreas na bhfear?

genuine adj fíor-, dílis; (person) ionraic, macánta

geography n tíreolaíocht f3

geology n geolaíocht f3

geometric(al) adj geoiméadrach

geometry n céimseata f

geranium n geiréiniam m4

geriatric adj seanliachta f3, seanliach n gan

germ n (MED) frídín m4, geirm f2, bitheog f2

German adj, n Gearmánach m1; (LING) Gearmáinis f2

German measles n an bhruitíneach f2 dhearg

Germany n An Ghearmáin f2

gesture n gotha m4, geistear m1; (sign) comhartha m4

KEYWORD

get vi 1 (become, be) éirigh; **to get old/tired** éirí sean/tuirseach; **to get drunk** dul ar meisce; **he got killed** maraíodh é; **when do I get paid?** cá huair a gheobhaidh mé mo thuarastal?; **it's getting late** tá sé ag éirí mall

2 (go): **to get to/from somewhere** áit a bhaint amach/imeacht ó áit; **to get home** an baile a bhaint amach; **how did you get here?** cén dóigh ar cén chaoi ar tháinig tú anseo?

3 (*begin*): **I'm getting to know him** tá mé ag cur aithne air; **let's get going** or **started** (*on journey*) bímis or beidh muid ag imeacht, buailfidh muid an bóthar

4 (*modal aux vb*): **you've got to do it** caithfidh tú é a dhéanamh; **I've got to tell the police** caithfidh mé scéala a chur chuig na póilíní

♦ *vt* **1**: **to get sth done** rud a (chur á) dhéanamh; **to get one's hair cut** do chuid gruaige a bhearradh; **to get sb to do sth** tabhairt ar dhuine rud a dhéanamh; **to get sb drunk** duine a chur ar meisce

2 (*obtain*: *money, permission, results*) faigh; (*find*: *job, flat*) faigh; (*fetch*: *person, doctor, object*) téigh faoi dhéin + *gen* or faoi choinne + *gen*; **to get sth for sb** rud a fháil do dhuine; **get me Mr Jones on the phone, please** faigh Mr. Jones ar an nguthán or ar an teileafón dom, le do thoil; **can I get you a drink?** ar mhaith leat deoch?

3 (*receive*: *present, letter*) faigh; (*acquire*: *reputation*) faigh, tabhaigh; (*prize*) faigh, gnóthaigh; **what did you get for your birthday?** cad é a fuair tú cothrom an lae or ar do lá breithe?

4 (*catch*) ceap, gabh, faigh greim ar; (*hit*: *target etc*) aimsigh; **to get sb by the arm/throat** greim sciatháin/scornaí a fháil ar dhuine; **get him!** beir air!, gabh é!

5 (*take, move*) tabhair; **do you think we'll get it through the door?** meas tú an rachaidh sé isteach ar an doras?; **I'll get you there somehow** fágfaidh mé thú ann ar dhóigh éigin

6 (*catch, take*: *plane, bus etc*) gabh, faigh; **he got the bus** chuaigh sé ar an mbus

7 (*understand*) tuig, cluin, clois;

I've got it! tá sé agam!; (*hear*) **I didn't get your name** níor chuala mé d'ainm

8 (*have, possess*): **to have got sth** rud a bheith agat; **how many have you got?** cá mhéad atá agat?

▶ **get about** *vi* (*be socially active*) bheith i gcónaí ar do chois; (*after illness*) bheith ar do bhoinn arís; (*news*) leath, scaip

▶ **get along** *vi* (*agree*) tar or tarraing le chéile; (*depart*) imigh (leat); **they get along well together** tá siad ag tarraingt go maith le chéile; (*manage*) or **get by**

▶ **get at** *vt fus* (*attack*) tabhair faoi; (*niggle*) bain as; (*facts*) tar ar; (*reach*) sroich, bain amach

▶ **get away** *vi* imigh; (*escape*) éalaigh

▶ **get away with** *vt fus*: **to get away with the money** an t-airgead a fháil leat; **he won't get away with it** ní ligfear leis é

▶ **get back** *vi* (*return*) fill, tar ar ais ♦ *vt* faigh ar ais

▶ **get by** *vi* (*pass*) gabh thar; (*manage*) tar le; **we had to get by with what we had** b'éigean dúinn teacht leis an méid a bhí againn

▶ **get down** *vi, vt fus* téigh síos, tar anuas ♦ *vt* (*depress*) cuir gruaim ar; (*on paper*) breac síos

▶ **get down to** *vt fus* (*work*) crom ar, dírigh ar, luigh isteach ar

▶ **get in** *vi* (*train*) tar isteach; **the train got in at six o'clock** tháinig an traein isteach ar a sé a chlog

▶ **get into** *vt fus* (*car, train etc*) téigh isteach i; (*clothes*) cuir ort; **to get into bed** dul a luí; **to get into a rage** racht or taom feirge a theacht ort, dul le cuthach

▶ **get off** *vi* (*from train etc*) tuirling, tar anuas; (*depart*: *person, car*) imigh; (*escape*): **he got off** scaoileadh saor é ♦ *vt* (*remove*:

clothes) bain díot; (: *stain*) bain amach ♦ *vi fus* (*train, bus*) tuirling de, tar anuas de

▶ **get on** *vi* (*at exam etc*) éiríonn le; (*agree*): **to get on with each other** réiteach le chéile, tarraingt le chéile ♦ *vt fus* (*horse*) téigh in airde ar

▶ **get out** *vi* (*of vehicle*) téigh amach as, éirigh amach as, tuirling ♦ *vt* (*take out*) tabhair amach

▶ **get out of** *vt fus* éirigh as; (*duty etc*) éalaigh ó

▶ **get over** *vt fus* (*illness*) tar slán ó, cuir tharat

▶ **get round** *vt fus* téigh timpeall ar; (*fig*: *person*) meall; **to get round sb** duine a fháil le cabadh

▶ **get up** *vi* (*rise*) éirigh ♦ *vt fus* cuir ina shuí ♦ *vt fus* téigh suas; **have you got up yet?** an bhfuil tú i do shuí go fóill?

▶ **get up to** *vt fus* (*reach*) sroich, bain amach; (*prank etc*) déan; **he is getting up to his old tricks** tá an tseanchleasaíocht arís air

getaway *n*: **to make one's ~** do chosa a bhreith leat
geyser *n* géasar *m1*
Ghana *n* Gána *m4*
ghastly *adj* uafar; (*pale*) mílítheach, geal bán san aghaidh
gherkin *n* gircín *m4*
ghost *n* taibhse *f4*
giant *n* fathach *m1* ♦ *adj* ollmhór
gibberish *n* gibiris *f2*, raiméis *f2*
giblets *npl* gibis *fsg2*
Gibraltar *n* Giobráltar *m4*
giddy *adj* (*scatterbrained*) uallach; (*dizzy*): **to feel ~** meadhrán a bheith i do cheann
gift *n* bronntanas *m1*, féirín *m4*; (*ability*) bua *m4*; **she has the gift of the gab** tá fad na teanga uirthi
gifted *adj* tréitheach, ábalta
gift token *n* éarlais *f2* bhronntanais

gigantic *adj* ábhalmhór
giggle *vi* déan sciotaíl (gháire)
gill *n* (*measure*) ceathrú *f* pionta
gills *npl* (*of fish*) geolbhach *msg1*
gilt *adj* órnite ♦ *n* órú *m*
gilt-edged *adj* (COMM) órchiumhsach
gimmick *n* seift *f2*, ciúta *m4*
gin *n* jin *f2*
ginger *n* sinséar *m1*
ginger ale *n* leann *m3* sinséir
ginger beer *n* beoir *f* shinséir
gingerbread *n* arán *m1* sinséir
gingerly *adv* go cáiréiseach, go faichilleach
gipsy *n* giofóg *f2*
giraffe *n* sioráf *m1*
girder *n* cearchaill *f2*
girdle *n* (*corset*) sursaing *f2*
girl *n* cailín *m4*, girseach *f2*; (*daughter*) iníon *f2*
girlfriend *n* (*of girl*) cara *m* mná, banchara *m4*; (*of boy*) cailín *m4*, leannán *m1*
giro *n* (*bank giro*) gíoró *m4* bainc; (*post office giro*) gíoró poist; (*welfare cheque*) seic *m4* dóil
gist *n* éirim *f2*, bunbhrí *f4*
give *vt* tabhair ♦ *vi* (*break*) géill; (*stretch*: *fabric*) sín; **to give sb sth**, **give sth to sb** rud a thabhairt do dhuine; **to give a cry/sigh** scread/osna a ligean ♦ **give away** *vt* tabhair uait (in aisce); (*betray*) feall ar; (*disclose*) sceith, scil; (*bride*) tionlaic (chun na haltóra) ♦ **give back** *vt* tabhair ar ais ♦ **give in** *vi* géill ♦ *vt* tabhair isteach ♦ **give off** *vt* (*heat, smell*) cuir as ♦ **give out** *vt* roinn, tabhair amach ♦ **give up** *vi* géill ♦ *vt* éirigh as, tabhair suas; **to give up cigarettes** éirí as na toitíní; **to give o.s. up** tú féin a thabhairt suas ♦ **give way** (BRIT: *collapse*) vi tabhair (uaidh), bris; (AUT) géill slí; **the ground gave way under my**

feet thug an fód faoi mo chos
glacier n oighearshruth m3
glad adj áthasach, sásta, meidhreach; **to be glad of sth** áthas a bheith ort as rud
gladly adv le fonn, go fonnmhar, faoi chroí mhór mhaith; **I'll do it gladly** déanfaidh mé (é) agus fáilte
glamorous adj luisiúil, maisiúil, sciamhach
glamour n loise f4; (fascination) draíocht f3
glance n sracfhéachaint f2 ♦ vi: **to ~ at** súil a chaitheamh ar
glancing adj: **a ~ blow** sciorrbhuille m4
gland n faireog f2
glare n (of anger) súil f2 fhiata; (of light) dallrú m ♦ vi dallraigh; **to glare at** súil fhiata a thabhairt ar
glaring adj (mistake) follasach
Glasgow n Glaschú m4
glass n gloine f4; **glasses** npl (spectacles) spéacláí mpl4
glassware n earraí mpl4 gloine
glaze vt (door, window) cuir gloine i, gloinigh; (CULIN, pottery) glónraigh ♦ n (on pottery) gléas m1
glazed adj glónraithe
glazier n gloineadóir m3
gleam n dealraigh, drithligh
glean vt diasraigh, conlaigh
glee n lúcháir f2, gliondar m1
glib adj (person) luathchainteach; (response) cabanta
glide vi (AVIAT) téigh ar foluain; (slide) sleamhnaigh
glider n (AVIAT) faoileoir m3
gliding n (AVIAT) faoileoireacht f3
glimmer n fannléas m1
glimpse n spléachadh m1 ♦ vt faigh spléachadh ar
glint vi drithligh, glinnigh
glisten vi bheith ag glioscarnach
glitter vi ruithnigh
gloat vi: **he ~ed over it** ba í an ola

ar a chroí é
global adj domhanda
globe n cruinneog f2; **all over the globe** ar fud an domhain
gloom n (darkness) dorchacht f3; (sadness) gruaim f2, duairceas m1, smúit f2
gloomy adj gruama, dubhach, duairc
glorious adj glórmhar; (day) aoibhinn, álainn
glory n glóir f2; (splendour) breáthacht f3
gloss n (shine) snas m3; (also: ~ paint) péint f2 snasaithe
glossary n gluais f2
glossy adj snasta
glove n miotóg f2, lámhainn f2
glow vi lonraigh; **her cheeks were glowing** bhí lasadh ina grua
glower vi: **to ~ (at)** drochfhéachaint a thabhairt (ar), místá a dhéanamh ar
glucose n glúcós m1
glue n gliú m4 ♦ vt cuir gliú ar, gliúáil; **she was glued to the screen** bhí a súile sáite sa scáileán
glum adj gruama
glut n anlucht m3
glutton n craosaire m4; **he is a glutton for work** tá sé an-santach chun oibre
gnat n corrmhíol m1
gnaw vt creim, cnaigh
go vi téigh, gabh; (depart) imigh; (collapse etc) tabhair; (be sold): **to go for £10** imeacht ar £10; (fit, suit): **to go with** teacht le; (become): **to go pale** éirí geal bán san aghaidh; **it went mouldy** tháinig coincleach air ♦ n: **to have a go (at)** tabhairt faoi; **to be on the go** bheith ar do chois; **it's your go** do shealsa atá ann; **he's going to do ...** tá sé ag dul a dhéanamh ...; **to go for a walk** dul ag

spaisteoireacht; **to go dancing** dul ag damhsa; **how did it go?** cad é mar a d'éirigh leis?; **to go round the back/by the shop** dul thart ar chúl/thart leis an siopa ▸ **go about** vi (rumour) gabh thart ♦ vt fus: **how do I go about this?** cad é mar a thugaim faoi seo? ▸ **go ahead** vi (make progress) téigh chun cinn; (get going) gabh ar aghaidh ▸ **go along** vi siúil romhat ♦ vt fus téigh feadh + gen ▸ **go away** vi imigh leat ▸ **go back** vi fill ▸ **go back on** vt fus (promise) séan, téigh siar ar ▸ **go by** vi (years, time) téigh thart ♦ vt fus déanamh de réir + gen ▸ **go down** vi téigh síos; (ship) téigh go grinneall; (sun) téigh faoi ▸ **go for** vt fus (fetch) téigh ar lorg; (attack) tabhair fogha faoi ▸ **go in** vi téigh isteach ▸ **go in for** vt fus (competition) téigh san iomaíocht do; (like): **he goes in for that sort of thing** tá dúil aige sa chineál sin ruda ▸ **go into** vt fus (discuss) pléigh; (investigate) fiosraigh; (embark on) crom ar ▸ **go off** vi imigh; (explode) pléasc; (event): **the concert went off well** d'éirigh go geal leis an cheolchoirm; (food): **the milk has gone off** tá corr sa bhainne ♦ vt fus tabhair snamh do; **the gun went off** scaoil an gunna ▸ **go on** vi lean ort; **to go on with sth** dul ar aghaidh le rud ▸ **go out** vi téigh amach; (fire, light) téigh as ▸ **go over** vt fus (check) téigh siar ar ▸ **go through** vt fus (town etc) téigh tríd ▸ **go up** vi téigh suas; (price) ardaigh ♦ vt fus (ladder, mountain) téigh suas ▸ **go without** vt fus déan gan, téigh gan

goad vt broid, prioc

go-ahead adj forásach; **to give sb the go-ahead** ligean do dhuine dul

ag aghaidh, cead a chinn a thabhairt do dhuine

goal n báire m4, cúl m1

goalkeeper n cúl m1 báire

goalpost n cuaille m4 báire

goat n gabhar m1

gobble vt (also: **gobble down**, **gobble up**) alp, plac

go-between n idirghabhálaí m4

God n Dia m; **My God!** A Dhia dhílis!; **God forbid that I should do that** nár lige Dia go ndéanfainn sin; **God help them!** go bhfóire Dia orthu!; **God (only) knows!** ag Dia (féin) atá a fhios; **oh, for God's sake!** och, i gcuntas Dé!

god n dia m

godchild n leanbh m1 baistí

goddaughter n iníon f2 baistí

goddess n bandia m

godfather n athair m baistí

godforsaken adj (place) scoite

godmother n máthair f baistí

godsend n tíolacadh m ó neamh; **it was a godsend** is é Dia a chuir i mo bhealach é

godson n mac m1 baistí

goggles npl (for skiing etc) gloiní fpl4 cosanta

going n (conditions) deis f2 ♦ adj: **the ~ rate** an ráta reatha

gold n ór m1 ♦ adj óir n gen

golden adj (made of gold) óir n gen; (gold in colour) órga

goldfish n iasc m1 óra

gold-plated adj órphlátáilte

goldsmith n gabha m4 óir, órcheardaí m4

golf n galf m1

golf ball n liathróid f2 ghailf

golf club n cumann m1 gailf; (stick) maide m4 gailf

golf course n galfchúrsa m4

golfer n galfaire m4

gong n gang m3

good adj maith ♦ n maith f2;

goods npl (COMM) earraí mpl4;
good! go maith!; **to be good at
Irish** bheith go maith ag an
Ghaeilge; **to be good at games**
bheith go maith i gceann cluichí;
it did me good chuaigh sé go
maith dom; **would you be good
enough to ...?** ar mhiste leat ...?; **a
good deal (of)** roinnt mhaith
+ gen; **a good many** gearrchuid; **to
make good** vi (succeed) rath a
dhéanamh ♦ vt (deficit, losses)
tabhairt isteach; **it's no good
complaining** níl maith (duit) a
bheith ag gearán; **for goodness
sake!** in ainm Dé!;
goodness gracious! A Thiarna
Dhia!

goods train n traein f earraí
goodwill n dea-mhéin f2, dea-thoil
f3

goose n gé f4
gooseberry n spíonán m1
**goose bumps, gooseflesh, goose
pimples** n(pl) cáithníní mpl4
gore n sáigh (le hadharc), adharcáil
♦ n folracht f3
gorge n altán m1 ♦ vt: **to ~ o.s.
(on)** craos a dhéanamh (ar)
gorgeous adj sárálainn,
fíorsciamhach
gorilla n goraille m4

gory adj crólinnteach, fuilteach
gospel n soiscéal m1
gossip n cardáil f3, cadráil f3;
(malicious) cúlchaint f2; (person)
cardálaí m4, béadánaí m4;
(malicious) cúlchainteoir m3 ♦ vi:
to ~ (about) bheith ag béadán or
ag cúlchaint (ar)
gout n gúta m4
govern vt rialaigh
governess n máistreás f3
government n rialtas m1
governor n (of state, bank)
gobharnóir m3
gown n gúna m4
GP n abbr = **general practitioner**
grab vt sciob, glám ♦ vi: **to ~ at**
iarraidh or áladh a thabhairt ar
grace n grásta m4; (elegance)
cuannacht f3 ♦ vt (adorn) maisigh;
five days' grace cairde cúig lá;
grace before meals altú roimh
bhia
graceful adj mómhar
gracious adj grástúil
grade n (COMM) cáilíocht f3; (in
hierarchy) aicme f4; (SCOL) grád m1;
(US: school class) rang m3 ♦ vt
grádaigh, rangaigh
grade school (US) n bunscoil f2
gradient n grádán m1
gradual adj céimseach, dréimreach
gradually adv de réir a chéile, as a
chéile
graduate n céimí m4 ♦ vi: **to
~ céim** a bhaint amach
graduation n (UNIV) bronnadh m
céimeanna
graffiti npl graffiti mpl
graft n (AGR, MED) nódú m; (bribery)
breabaireacht f3 ♦ vt nódaigh; **hard
graft** obair f2 chrua
grain n gráinne m4; (corn) arbhar
m1
gram n gram m1
grammar n gramadach f2; (book)

Good Friday n Aoine f4 an Chéasta
good-looking adj dathúil, gnaíúil,
dóighiúil
good-natured adj (person) lách,
cineálta, deáthach
goodness n (of person) maitheas f3;
goodbye excl slán

graiméar m1

grammar school n scoil f2 ghramadaí

grammatical adj gramadúil

gramme n gram m1

grand adj breá, maorga; (superior) ardnósach; (gesture etc) mór ◆ n (inf): **a** ~ míle punt or dollar; **that's grand!** tá sin go breá!

grandchildren npl clann f2 clainne

granddad, grandpa (inf) n daideo m4

granddaughter n gariníon f2

grandfather n seanathair m

grandma (inf) n mamó f4

grandmother n seanmháthair f

grandparents npl an seanathair agus an tseanmháthair

grand piano n mórphianó m4

grandson n garmhac m1

grandstand n (SPORT) seastán m1 mór

granite n eibhear m1

granny (inf) n mamó f4

grant vt deonaigh; (permission) tabhair; (admit) admhaigh ◆ n (SCOL) deontas m1; (ADMIN) deonú m; **to take it for granted that** talamh slán a dhéanamh de go

granulated sugar n siúcra m4 garbh

grape n fíonchaor f2

grapefruit n seadóg f2

graph n graf m1

graphic adj grafach; (account, description) léir, glinn

graphics n (also: **computer ~**) grafaic fsg2

grapple vi: **to ~ with** dul chun spairne le

grasp vt beir ar ◆ n (grip) greim m3; (understanding) tuiscint f3

grasping adj santach

grass n féar m1

grasshopper n dreoilín m4 teaspaigh

grass-roots adj bunúsach; **grass-roots opinion** aigne an phobail i gcoitinne

grate n gráta m4 ◆ vi díosc ◆ vt (CULIN) grátáil

grateful adj buíoch

gratifying adj sásúil; **it is most gratifying** cuireann sé pléisiúr mór orm

gratitude n buíochas m1

gratuity n deolchaire f4, síneadh m1 (láimhe)

grave n uaigh f2 ◆ adj tromchúiseach

gravedigger n reiligire m4

gravel n gairbhéal m1

gravestone n leac f2 uaighe, tuama m4

graveyard n reilig f2

gravity n (PHYS) imtharraingt f; (seriousness) tromchúis f2

gravy n súlach m1

gray (US) adj = **grey**

graze vi bheith ag innilt ◆ vt (touch lightly) teagmhaigh le; (scrape) gránaigh ◆ n gránú m

grease n (fat) bealadh m1 ◆ vt bealaigh

greaseproof paper n páipéar m1 gréiscdhíonach

greasy adj bealaithe

great adj mór; (inf) iontach; **it was great!** bhí sé go hiontach

Great Britain n An Bhreatain f2 Mhór

great-grandfather n sin-seanathair m

great-grandmother n sin-seanmháthair f

greatly adv go mór

greatness n mórgacht f3

Greece n An Ghréig f2

greed n (also: **~iness**) saint f2; (for food) ciocras m1, ampla m4

greedy adj santach; (for food) ciocrach, amplach

Greek adj, n Gréagach m1; (LING) Gréigis f2

green adj, n glas m1; (vivid) uaine f4; (stretch of grass) faiche f4; **greens** npl (vegetables) glasraí mpl4; **The Green Party** (POL) An Páirtí m4 Glas; (: IRL) An Comhaontas m1 Glas

green belt n crios m3 glas

green card n (AUT, also US) cárta m4 glas

greenery n duilliúr m1

greengrocer n grósaeir m3 glasraí

greenhouse n teach m gloine

greenhouse effect n éifeacht f3 teach gloine

Greenland n An Ghraonlainn f2

greet vt beannaigh do

greeting n beannacht f3

greeting(s) card n cárta m4 beannachta

gregarious adj (person) caidreamhach

grenade n gránáid f2

grey, (US) **gray** adj liath; (sheep, horse) glas

grey-haired adj liath, ceannliath

greyhound n cú m4

grid n greille f4; (ELEC) eangach f2

grief n brón m1, dobrón m1, léan m1

grievance n cúis f2 ghearáin

grieve vi: to ~ dobrón a dhéanamh ♦ vt dobrón a chur ar; **she's grieving for her child** tá sí ag caoineadh a linbh, tá dobrón uirthi i ndiaidh a linbh

grievous adj trom, léanmhar; (LAW): ~ **bodily harm** mórdhíobháil f3 choirp

grill n (on cooker) greille f4; (food) gríscín m4 ♦ vt gríosc; (inf: question) cuir ceastóireacht ar

grille n grátáil f3, greille f4

grim adj dúr

grimace n strainc f2, strabhas m1 ♦ vi cuir strainc ort féin

grime n smúr m1, ciobar m1

grin n draid f2, straois f2 ♦ vi cuir draid or straois ort féin

grind vt meil ♦ n (work) obair f2 chortha, tiaráil f3

grip n (hold) greim m3; (control) smacht m3; (grasp) tuiscint f3; (handle) greamán m1 ♦ vt faigh greim ar, greamaigh; **to come to grips with** dul i ngleic le, dul i ngreim i

gripping adj corraitheach, dúspéisiúil

grisly adj scanrúil

gristle n loingeán m1

grit n grean m1; (courage) gus m3, spriolladh m1 ♦ vt (road) cuir grean ar; **to grit one's teeth** na fiacla a theannadh ar a chéile

groan n éagnach m1 ♦ vi éagnaigh, déan éagnach

grocer n grósaeir m3

groceries npl earraí mpl4 grósaera

grocer's (shop) n siopa m4 grósaera

groin n bléin f2

groom n grúmaeir m3; (also: **bridegroom**) grúm m1 ♦ vt (horse) cuir cóir ar; (fig): **to ~ sb for** duine a ullmhú do; **well-groomed** deachóirithe

groove n eitre f4

grope vi: **I ~d for a pen** rinne mé méarnáil ar lorg pinn

gross adj (serious) tromchúiseach; (vulgar) otair; **gross error** earráid f2 mhór; **gross income** (COMM) ioncam m1 comhlán

grossly adv (greatly) go mór

grotto n uaimh f2

ground n talamh m1 or f, fearann m1; (SPORT) páirc f2; (US: also: ~ **wire**) talmhú m; (reason: gen pl) cúis f2 ♦ vt (plane) cuir fuireacht poirt ar; (US: ELEC) talmhaigh;

grounds npl (gardens etc) fearann msg1; **to fall to the ground** titim go talamh; **to gain/lose ground** talamh a dhéanamh/a chailleadh

ground cloth n (US) braillín f2 talún

grounding n (instruction) buneolas m1

groundless adj gan bhunús

groundsheet n braillín f2 talún

groundwork n ullmhú m, obair f2 bhunaidh

group n gasra m4 ♦ vt (also: ~ **together**) cuir i ngrúpaí ♦ vi cruinnigh

grouse n (bird) cearc f2 fhraoigh ♦ vi (complain) déan clamhsán

grove n garrán m1

grovel vi lodair; (fig) lútáil, déan flústaireacht

grow vi, vt fás; (increase) méadaigh; (become) éirigh; **he's ~n out of his jacket** tá a chasóg séanta aige; **he'll grow out of it!** fágfaidh sé ina dhiaidh é leis an aimsir
▶ **grow up** vi: **to ~ up** éirigh mór, teacht i méadaíocht, fás aníos

grower n curadóir m3

growing adj méadaitheach, breisiúil; **growing discontent** míshásamh atá ag méadú

growl vi drantaigh

grown-up n duine m4 fásta, duine mór

growth n fás m1; (expansion) forás m1, borradh m; (MED) siad m3

grub n cruimh f2; (inf: food) bia m4

grubby adj grabasta

grudge n fala f4, olc m1 ♦ vt: **to ~ sb sth** rud a mhaíomh ar dhuine, rud a thnúth do dhuine; **to bear sb a grudge (for)** fala a bheith agat le duine (as), olc a bheith agat do dhuine (as)

gruelling, (US) **grueling** adj dian, maslach

gruesome adj urghránna, uafásach

gruff adj grusach, gairgeach, giorraisc

grumble vi ceasnaigh, déan clamhsán or canrán

grumpy adj cantalach, cancrach

grunt vi déan gnúsacht

guarantee n ráthaíocht f3 ♦ vt ráthaigh, téigh in urra ar

guard n garda m4; (on machine) sciath f2; (also: **fireguard**) sciath f2 tine ♦ vt gardáil; (protect): **to ~ (against or from)** gardáil (ar), tú féin a ghardáil or a fhaichill (ar)

guarded adj (fig) faichilleach

guardian n coimirceoir m3; (of minor) caomhnóir m3

guerrilla n guairille m4

guess vt tomhais; (estimate) meas; (esp US: suppose) creid ♦ vi tomhais ♦ n tomhas m1; **to take** or **have a guess** buille faoi thuairim a thabhairt; **guess what! I won** cad é do bharúil! - bhain mé

guesswork n tuairimíocht f3

guest n aoi m4

guesthouse n teach m aíochta

guest room n seomra m4 aíochta

guffaw vi déan scolgháire

guidance n treoir f

guide n (person, book etc) eolaí m4; (formerly: also: **girl ~**) brídín f4 ♦ vt treoraigh, déan treoir do

guidebook n eolaí m4, leabhrán m1 eolais

guide dog n madra m4 treoraithe

guidelines npl (fig) treoirlínte fpl4

guild n gild m4, cuallacht f3

guillotine n gillitín m4

guilt n ciontacht f3

guilty adj ciontach

guinea pig n muc f2 ghuine

guise n riocht m3; **in the guise of** i riocht + gen

guitar n giotár m1

gulf n muraiscaill f2; (fig) scoilt f2

gull n faoileán m1

gullet n craos m1, slogaide f4

gullible adj saonta

gully n (ravine) altán m1; (drain) líntéar m1, clais f2

gulp n sclog ♦ vt (also: ~ **down**) slog siar

gum n (ANAT) drandal m1, carball m1; (glue) guma m4, gumroisín m4; (sweet: also gumdrop) póirín m4 guma; (also: chewing ~) guma coganta ♦ vt cuir guma ar

gun n gunna m4

gunboat n bád m1 gunnaí móra

gunfire n lámhach m1

gunman n fear m1 gunna

gunpoint n: at ~ faoi bhéal gunna

gunpowder n púdar m1 gunna

gunshot n urchar m1 gunna

gush vi scaird; (fig) téigh thar fóir

gust n (of wind) séideán m1

gut n putóg f2; **guts** (courage) spriolladh msg1

gutter n gáitéar m1

guy n (inf: man) diúlach m1, óglánach m1; (also: ~rope) cuibhreach m4

gym n (also: ~nasium) giomnáisiam m4

gymnast n gleacaí m4

gymnastics npl gleacaíocht f3

gynaecologist, (US) **gynecologist** n lia m4 ban

gypsy n giofóg f2, tincéir m3

H

haberdashery n siopa m4 mionéadaí; (goods) mionéadaí mpl1; mionearraí mpl4

habit n nós m1, béas m3, gnás m1; (REL: costume) aibíd f2

habitual adj gnách, gnáth-;

habitual liar síorbhréagach m1

hack vt coscair, ciorraigh, leadair

hackneyed adj smolchaite

haddock n cadóg f2; smoked **haddock** cadóg dheataithe

haemorrhage, (US) **hemorrhage** n rith m3 fola, fuiliú m

haemorrhoids, (US) **hemorrhoids** npl fíocas m1, daorghalar m1

hag n (pej) cailleach f2

haggle vi: to ~ **over sth** stangaireacht or margáil a dhéanamh faoi rud

Hague n: The ~ An Háig f2

hail n cloch f2 shneachta ♦ vt (call) glaoigh ar, scairt le; (welcome) fáiltigh roimh; (address) cuir ceiliúr or forrán ar ♦ vi: it's ~ing tá sé ag cur cloch sneachta; he was hailed as a great writer bhí clú agus cáil air mar scríbhneoir mór

Hail Mary n: the **Hail Mary** an tÁivé m4 Máiria

hailstone n cloch f2 shneachta

hair n (on head) gruaig f2, folt m1 (gruaige); (on body, animal) fionnadh m1; (pubic hair) stothóg f2, caithir f; (single hair: on head) ribe m4 gruaige; (: on body, animal) ribe fionnaidh; to do one's **hair** do chuid gruaige a chóiriú; the hair of the dog (that bit you) leigheas na póite a hól arís

hairbrush n scuab f2 gruaige

haircut n bearradh m gruaige

hairdo n cóiriú m gruaige

hairdresser n gruaigaire m4

hairdresser's n siopa m4 gruagaire

hair dryer n triomadóir m3 gruaige

hairgrip n fáiscín m4 gruaige

hairnet n eangach f2 gruaige

hairpiece n fuig m4

hairpin n (bend) coradh m4 géar

hair-raising adj scanrúil, scáfar

hair spray n laicear m1 gruaige

hairstyle n stíl f2 ghruaige

hairy *adj* gruagach, clúmhach

hake *n* colmóir *m3*

half *n* leath *f2*; (*of beer: also:* **~ pint**) leathphionta *m4*; (*of whiskey*) leathcheann *m1*; (RAIL, bus: *also:* **~ fare**) leath-tháille *f4* ♦ *adj* leath- ♦ *adv* leath-; **half a dozen** leathdhosaen *m4*; **half a pound** leathphunt *m1*; **two and a half days** dhá lá go leith *m1*; **to cut sth in half** rud a ghearradh ina dhá leath; **the bottle was half empty** bhí an buidéal leathfholamh; **at half past two** ar leathuair i ndiaidh or tar éis a dó; **in half an hour** i gceann leathuaire

half-back *n* (SPORT) leathchúlaí *m4*

half-baked *adj* (*plan*) leibideach

half-caste *n* meascach *m1*

half-day *n* leathlá *m*

half-forward *n* (SPORT) leaththosaí *m4*

half-hearted *adj* fuarbhruite

half-hour *n* leathuair *f2*

half-mast *adv* (*flag*): **at ~** ar leathfholuain

halfpenny *n* leathphingin *f2*

half-price *adj, adv*: (**at**) **~** (ar) leathphraghas; (*ar*) leathluach

half term *n* (SCOL) lár *m1* téarma

half-time *n* leath *f2* ama

halfway *adv* leath *f2* bealaigh

hall *n* halla *m4*; (*entrance way*) forhalla *m4*

hallmark *n* sainmharc *m1*; (*fig*) lorg *m1*, comhartha *m4*

hallo *excl* = **hello**

hall of residence *n* halla *m4* cónaithe

hallowed *adj* beannaithe, naofa

Hallowe'en *n* Oíche *f4* Shamhna

hallucination *n* mearú *m* súl

hallway *n* halla *m4*

halo *n* fáinne *m4*; (*of saint etc*) luan *m1*

halt *n* stad *m4*, stop *m4* ♦ *vt, vi* stad, stop

halve *vt* (*expense*) laghdaigh faoina leath; **he halved the apple** rinne sé dhá leath den úll

ham *n* liamhás *m1*

hamburger *n* martbhorgaire *m4*

hamlet *n* gráig *f2*, sráidbhaile *m4*

hammer *n* casúr *m1* ♦ *vt* (*nail*) orlaigh; (*fig*) gread ♦ *vi* (*on door*) buail tailm ar; **to hammer an idea into sb** barúil a chur abhaile ar dhuine

hammock *n* ámóg *f2*

hamper *vt* cuir isteach ar, cuir as do, bac ♦ *n* amparán *m1*, cis *f2*, ciseán *m1*

hamster *n* hamstar *m1*

hand *n* lámh *f2*; (*worker*) oibrí *m4*; (*at cards*) lámh *f2* ♦ *vt* tabhair do; **to be a good hand at sth** lámh mhaith a bheith agat ar rud; **to give or lend sb a hand** lámh chuidithe a thabhairt do dhuine; **to have a hand in sth** lámh a bheith agat i rud; **at hand** in aice láimhe; **in hand** (*time*) le spáráil, sa bhreis; (*job, situation*) idir lámha; **to be on hand** bheith in aice láimhe, bheith in áit na garaíochta; **to hand** (*information etc*) in aice láimhe, ag an láimh (agat); **on the one hand ..., on the other hand** ar lámh amháin (de) ..., ar an láimh eile (de)

▸ **hand in** *vt* fág isteach, tabhair isteach ▸ **hand out** *vt* dáil, tabhair amach ▸ **hand over** *vt* tabhair (do), tabhair uait

handbag *n* mála *m4* láimhe

handbook *n* lámhleabhar *m1*

handbrake *n* coscán *m1* láimhe

handcuffs *npl* glais *mpl1* lámh, dornaisc *mpl1*

handful *n* dornán *m1*, lán láimhe, glac *f2*; **he's a bit of a handful** (*fig*) ní haon dóithín é

handicap n (also GOLF) cis f2 ♦ vt cis, cuir cis ar

handicapped adj: **mentally ~** meabhairéislinneach, meabhairéalangach; **physically handicapped** corpéislinneach ♦ n: **the ~ na daoine** mpl4 míchumasacha

handicraft n lámhcheird f2; (object) saothar m1 láimhe

handiwork n obair f2 láimhe

handkerchief n ciarsúr m1

handle n (of door) murlán m1; (of saucepan etc) hanla m4; (of cup, jug, saw) cluas f2; (of knife etc) cos f2; (for winding) lámhchrann m1; (of bucket) lámh f2; (of car: also: **starting ~**) lámh dhúisithe ♦ vt láimhsigh; (deal with) láimhseáil, pléigh le; "**handle with care**" "láimhsigh go cúramach"; **to fly off the handle** dul ar steallaí mire, dul as do chrann cumhachta

handlebar(s) n(pl) cluas(a) f(pl)2 rothair

hand-luggage n bagáiste m4 láimhe

handmade adj lámhdhéanta

handout n (document) bileog f2; (money) síneadh m1 láimhe

handrail n lámhráille m4

handshake n croitheadh m láimhe

handsome adj dóighiúil, dathúil; (profit, return) maith

handwriting n lámhscríbhneoireacht f3, scríbhneoireacht f3, lámh f2

handy adj (person) deaslámhach, seiftiúil; (close at hand) in aice láimhe; (useful) áisiúil, sásta

handyman n fear m1 deaslámhach; (servant) fear m1 friothála

hang vt, vi croch; **to get the hang of (doing) sth** teacht isteach ar rud (a dhéanamh) ▸ **hang about, hang around** vi: **to ~ about the** place bheith ag máinneáil or ag fáinneáil thart faoin áit ▸ **hang on** vi (wait) fan ▸ **hang up** vi (TEL): **to ~ up (on sb)** an guthán a chur síos (ar dhuine) ♦ vt (coat, painting etc) croch

hangar n haingear m1

hanger n crochadán m1

hanger-on n diúgaire m4, stocaire m4

hang-gliding n faoileoireacht f3 shaor

hangover n póit f2

hang-up n coimpléasc m1

hanker vi: **to ~ after** caitheamh i ndiaidh + gen, bheith ag tnúth le

hankie, hanky n abbr = **handkerchief**

haphazard adj fánach, trína chéile

happen vi tarlaigh, tit amach; **it so happens that** tarlaíonn go; **as it happens** mar a tharlaíonn, mar atá

happening n tarlú m

happily adv go sona (sásta); (luckily) go hádhúil

happiness n sonas m1, séan m1

happy adj sona, séanmhar; **happy with** (arrangements etc) sásta le; **to be happy to help with** bheith breá sásta cuidiú le; **happy birthday!** go maire tú an lá!

happy-go-lucky adj aerach aigeanta, ar nós na réidhe, gan bhuairt

harass vt ciap, cráigh

harassment n ciapadh m, crá m4

harbour, (us) harbor n cuan m1, port m1 ♦ vt tearmannaigh, cothaigh; **he harbours a secret desire** tá mian fholaithe or rúnda aige

hard adj (physical object, facts, evidence) crua; (question, problem) deacair, doiligh, crua; (stubborn) cadránta ♦ adv (work) go crua, go dian, go dícheallach; (*think*) go dian, go domhain; **they tried hard** rinne siad a ndícheall; **to look hard at** breathnú go grinn ar; **no hard feelings!** níl dochar ar bith déanta!; **to be hard of hearing** moill éisteachta a bheith ort

hardback n clúdach m1 crua

hard cash n airgead m1 tirim, airgead réidh

hard disk n (*COMPUT*) diosca m4 crua

harden vt, vi cruaigh

hard-headed adj críonna, cinnte

hard labour n daoraobair f2

hardly adv: **I had ~ come in** ar éigean a bhí mé istigh; **she hardly ever speaks** is ar éigean a labhraíonn sí ar chor ar bith; **I hardly know the man** níl ach breacaithne agam ar an bhfear

hardship n cruatan m1, anró m4

hard up (*inf*) adj ar an ghannchuid

hardware n crua-earraí mpl4

hardware shop n siopa m4 iarnra or crua-earraí

hard-wearing adj buanfasach

hard-working adj dícheallach, saothrach, dlúsúil

hardy adj crua, urrúnta; (*plant*) crua

hare n giorria m4

hare-brained adj bómánta, áiféiseach

harelip n bearna f4 mhíl

harm n dochar m1, díobháil f3, urchóid f2 ♦ vt déan dochar or díobháil do; **out of harm's way** slán ó chontúirt, ar láimh shábháilte

harmful adj dochrach, díobhálach, urchóideach

harmless adj gan dochar, gan urchóid, neamhurchóideach; **he's harmless** níl dochar ar bith ann

harmony n comhcheol m1

harness n úim f3; (*safety harness*) úim f3 shábháilteachta ♦ vt: **to ~ a**

horse úim a chur ar chapall; (*resources*) leas a bhaint as

harp n cláirseach f2; (*small*) cruit f2 ♦ vi: **to ~ on about sth** seanbhailéad a dhéanamh de rud

harrowing adj coscrach, léanmhar

harsh adj (*hard*) crua; (*severe*) dian; (*unpleasant: sound*) borb; (: *light*) scéiniúil; (*drink*) garg, borb; (*words*) gairgeach, trom

harvest n fómhar m1 ♦ vt bain, sábháil, déan

harvesting n baint f2 an fhómhair, déanamh m1 an fhómhair

hash n (*CULIN*) slamar m1; (*fig*: *mess*) praiseach f2

hashish n haisis f2

hassle (*inf*) n cur m1 isteach, ciotaí f4 ♦ vt: **to ~ sb** duine a chiapadh or a chrá

haste n deifir f2, dithneas m1; **in haste** faoi dheifir or dhithneas

hasten vt, vi deifrigh, brostaigh

hastily adv faoi dheifir or dhithneas

hasty adj deifreach; (*rash*) tobann, araiciseach

hat n hata m4

hatch n haiste m4 ♦ vt, vi gor; **to hatch eggs** ar dhá uibheacha; **to hatch a plot** ceilg a chothú

hatchback n (*AUT*) carr m1 le haiste cúil

hatchet n tua f4

hate vt fuathaigh, gráinigh; **to hate sb/sth** fuath or gráin a bheith agat ar dhuine/rud ♦ n fuath m3, gráin f2

hateful adj fuafar, gráiniúil

hatred n fuath m3, gráin f2

haughty adj uaibhreach, móiréiseach

haul vt tarraing, tarlaigh ♦ n (*of fish*) dol m3, cor m1; (*of stolen goods etc*) creach f2, éadáil f3

haulage n tarlú m; **haulage**

contractor conraitheoir *m3* tarlaithe

haulier, *(US)* **hauler** *n* tarlóir *m3*

haunch *n* leis *f2*, ceathrú *f*

haunt *vt* gnáthaigh, taithigh; **haunted house** teach siúil ♦ *n* gnáthóg *f2*

KEYWORD

---

have *aux vb* 1 *(past tense)*: **he has arrived/gone** tháinig/d'imigh sé; **he has eaten/slept** d'ith/chodail sé; **he has been promoted** tugadh ardú céime dó

2 *(in tag questions)*: **you've done it, haven't you?** rinne tú é, nach ndearna?, tá sé déanta agat, nach bhfuil?

3 *(in short answers and questions)*: **you've made a mistake - so I have!/no I haven't** rinne tú meancóg - rinne maise *or* is fíor duit!/ní dhearna in aon chor; **I've been there before, have you?** bhí mise ann cheana, an raibh tusa?

♦ *modal aux vb* *(be obliged)*: **to have (got) to do sth** fiacha a bheith ort rud a dhéanamh; **she has (got) to do it** ní mór di é a dhéanamh; **you haven't to tell her** caithfidh tú gan a rá léi *or* gan a insint di

♦ *vt* 1 *(possess, obtain: articles, goods etc)*: **she has a car** tá carr aici; **he has plenty of money** tá airgead mór aige; *(parts of the body)*: **she has big hands** tá lámha móra uirthi; **she has long legs** tá cosa fada uirthi; **she has (got) blue eyes** tá súile gorma aici; **he has a nice set of teeth** tá draid dheas fiacla aige; *(hair, beard etc)*: **he has a moustache** tá croimbéal air; *(illness)*: **she has a cold** tá slaghdán uirthi; **he has the measles** tá an bhruitíneach air; *(innate ability)*: **he has great strength** tá urra mór

ann; *(obtain)*: **may I have your address?** an dtabharfaidh tú do sheoladh dom, le do thoil?

2 *(+noun: take, hold etc)*: **to have breakfast/dinner/lunch** bricfeasta/dinnéar/lón a ithe; **to have a bath** folcadh a dhéanamh/a ghlacadh; **to have a swim** dul ag snámh; **to have a meeting/party** cruinniú/cóisir a bheith agat

3: **to have sth done** rud a chur á dhéanamh; **I had the room cleaned** thug mé an seomra a ghlanadh; **to have one's hair cut** do chuid gruaige a bhearradh; **to have sb do sth** tabhairt ar dhuine rud a dhéanamh

4 *(experience, suffer)*: **to have a cold/flu** slaghdán/fliú *or* ulpóg a bheith ort; **to have an operation** dul faoi scian

5 *(inf: dupe)*: **he's been had** buaileadh bob *or* port air, cuireadh dallamullóg air

▶ **have out** *vt*: **to have it out with sb** *(settle a problem etc)* rud a chur de do chroí le duine

---

haven *n* cuan *m1*, port *m1*; *(fig)* tearmann *m1*

havoc *n* scrios *m*, slad *m3*

hawk *n* seabhac *m1*

hay *n* féar *m1*

hay fever *n* fiabhras *m1* léana, slaghdán *m1* teaspaigh

haystack *n* cruach *f2* fhéir

haywire *(inf)* *adj*: **to go ~** *(machine)* dul ó smacht; *(people)* dul ar steallaí mire

hazard *n* *(danger)* guais *f2*, contúirt *f2*, baol *m1* ♦ *vt*: **I will ~ a guess** tabharfaidh mé buille faoi thuairim

hazard (warning) lights *npl* *(AUT)* soilse *mpl1* guaise

haze *n* ceo *m4*, dusma *m4*; **heat**

haze ceo bruithne

hazelnut n cnó m4 coill

hazy adj (weather) ceobhránach, smúránta; (view) doiléir; **hazy recollection** mearchuimhne

he pron sé, é; (as subject): **he came in** tháinig sé isteach; (with copula): **he is a man** is fear é; (in passive, autonomous): **he was injured** gortaíodh é; (emphatic) seisean, eisean; **he came and she stayed** tháinig seisean agus d'fhan sise; **it is he who** ... (is) eisean a ...

head n ceann m1, cloigeann m1; (leader) ceannaire m4; (of school) príomhoide m4; (COMPUT) cnoga m4 ♦ vt: to ~ (list) bheith ar bharr + gen; (group) bheith i do cheann (rhodha ar; **heads or tails** aghaidh nó droim, ceann nó cláiracht; **head first** i ndiaidh do chinn; **they are head over heels in love** tá siad splanctha i ndiaidh a chéile; **to head a ball** an cloigeann a chur le peil; **they headed home** thug siad aghaidh ar an bhaile ▶ **head for** vt fus tabhair aghaidh ar; **they're heading for Derry** tá siad ag tarraingt ar Dhoire

headache n tinneas m1 cinn

headdress n ceannbheart m1

heading n ceannteideal m1

headlamp, headlight n ceannsolas m1

headland n ceann m1 tíre, rinn f2

headline n ceannlíne f4

headlong adv (fall) ar mhullach do chinn, i ndiaidh do chinn; (rush) ceann ar aghaidh

headmaster n ardmháistir m4

headmistress n ardmháistreás f3

head office n ardoifig f2, príomhoifig f2

head-on adj gan chosnamh; **a head-on collision** bualadh díreach

in éadan a chéile

headphones npl cluasáin mpl4

headquarters npl ceanncheathrú fsg

headrest n taca m4 cinn

headroom n fairsinge f4 cinn

headscarf n caifirín m4

headstrong adj ceanndána

head waiter n príomhfhreastalaí m4

headway n: **to make ~** dul chun cinn a dhéanamh

headwind n gaoth f2 chinn

heady adj corraitheach; (wine) láidir

heal vt, vi leigheas, cneasaigh

health n sláinte f4; **to drink to sb's health** sláinte duine a ól

health centre n ionad m1 sláinte

health food n bia m4 sláinte

health food shop n siopa m4 bia sláinte

Health Service n: **the Health Service** An tSeirbhís f2 Sláinte

healthy adj follán, sláintiúil

heap n carn m1, cnap m1 ♦ vt: to ~ (up) carnadh; **to fall in a heap** titim i do chnap

hear vt vi cluin, clois, airigh, mothaigh; **to hear something** cloisteáil faoi, scéala a fháil faoi; **to hear from sb** scéala a fháil ó dhuine; **to hear confession** faoistin a éisteacht

hearing n (also LAW) éisteacht f3

hearing aid n áis f2 éisteachta

hearsay n: **it's only ~** níl ann ach scéal scéil

hearse n cóiste m4 na marbh

heart n croí m4; (courage) misneach m1; **hearts** npl (CARDS) hairt mpl1; **I lost heart** tháinig beaguchtach or lagmhisneach orm; **take heart!** bíodh uchtach or misneach agat!; **at heart** i do chroí istigh; **by heart** (learn) de ghlanmheabhair; **to know sth by heart** rud a bheith ar do theanga agat, rud a bheith de ghlanmheabhair agat

heart attack n taom m3 croí

heartbeat n bualadh m croí

heartbreaking adj coscrach, truacánta, léanmhar

heartbroken adj croíbhriste

heartburn n daigh f2 chroí

heart failure n cliseadh m croí, teip f2 croí

heartfelt adj (thanks etc) ó chroí

hearth n tinteán m1, teallach m1

heartily adv go croíúil, go groí, le fonn; **to heartily do sth** rud a dhéanamh faoi chroí mhór mhaith

heartland n (of country, region) lár m1 tíre

hearty adj croíúil; (appetite) folláin, groí; (dislike) ó chroí; **hearty welcome** fearadh na fáilte, fíorchaoin fáilte, fáilte ó chroí

heat n teas m3, teocht m3; (of weather) brothall m1; (SPORT: also: qualifying ~) dreas m3 cáilithe ♦ vt, vi téigh; **in heat** (cow) ar dáir, faoi dháir; (bitch) faoi adhall; (goat, sheep) faoi reitheadh

heated adj téite; (fig: argument etc) teasaí, lasánta

heater n téitheoir m3

heath n caorán m1, fraoch m1, móinteach m1

heather n fraoch m1

heating n teas m3, téamh m1; **central heating** téamh lárnach

heatstroke n stróc m1 teasa

heat wave n tonn f2 teasa, tonn teaspaigh

heave vt tóg; (drag) tarraing ♦ vi (sea) at; (chest): **to be heaving** bheith ag éirí agus ag titim; (retch) caith aníos; **to heave a sigh** osna a ligean

heaven n neamh f2, na flaithis mpl1; (fig): **she is in ~** tá sí ar a sáimhín suilt; **good heavens! a**

thiarcais!, aililiú!; **heaven knows!** ag Dia amháin atá a fhios!; **heaven forbid!** nár lige Dia!; **for heaven's sake!** in ainm Dé!

heavenly adj neamhaí; (fig) ar dóigh, aoibhinn

heavily adv go trom

heavy adj trom; (sea) ramhar; (rain) trom; (work) maslach

heavy goods vehicle n feithicil f2 earraí troma

heavyweight n (SPORT) trom-mheáchan m1

Hebrew n Eabhrach m1 ♦ n (LING) Eabhrais f2

Hebrides npl: **the ~** Inse f(pl)2 Ghall

heckle vt trasnaigh

hectic adj fuadrach, corrach

hedge n fál m1 ♦ vi téigh ar chúl scéithe le; **to hedge one's bets** (fig) tú féin a chumhdach

hedgehog n gráinneog f2

heed vt: **take ~ of her** tabhair aird uirthi, déan rud uirthi, éist léi agus déan dá réir; **pay no heed to him** ná tabhair aon aird air

heedless adj neamhairdeach, neamhairdiúil

heel n sáil f2 ♦ vt: **to ~ a shoe** sáil úr a chur ar bhróg; **to take to one's heels** na boinn a thabhairt as

hefty adj (person) téagartha; (parcel) trom; (profit) mór

heifer n bodóg f2, bearach m1

height n airde f4; (high ground) ard m1; (fig: apex) buaic f2; **what height are you?** cén airde atá ionat?

heighten vt ardaigh; (fig) cuir le

heir n oidhre m4, comharba m4

heiress n banoidhre m4

heirloom n séad m3 fine

helicopter n héileacaptar m1

hell n ifreann m1; (fig) céasadh m,

ceas m3 croí; **hell!** (*inf!*) damnú; **to hell with you!**, go to hell! go hIfreann leat!, imigh sa diabhal!; **it was a** or **one hell of a mess** bhí sé ina phrácás ceart; **what the hell did you say that for?** cad chuige faoi Dhia an ndúirt tú sin?

hellish (*inf*) *adj* uafásach, diabhalta, damanta

hello *excl* Dia duit, Dia daoibh; (*to attract attention*) hóigh

helm *n* (*NAUT*) stiúir *f*

helmet *n* clogad *m1*

help *n* cuidiú *m*, cúnamh *m1*, cabhair *f*; (*charwoman*) bean *f* oibre ◆ *vt* cuidigh le, tabhair cuidiú or cúnamh or cabhair do, cabhraigh le; **help!** tarrthaí!, fóir orm!; **help yourself** ith leat; **he can't help it** níl neart aige air

helper *n* cuiditheoir *m3*, cúntóir *m3*

helpful *adj* cuidiúil, cúntach, cabhrach; (*obliging*) garach; (*useful*) áisiúil, úsáideach

helping *n* riar *m4* ◆ *adj*: **to give sb a ~ hand** lámh chuidithe or chúnta a thabhairt do dhuine

helpless *adj* anbhann; **to be helpless to do sth** gan a bheith ábalta rud a dhéanamh

hem *n* fáithim *f2* ◆ **hem in** *vt* sáinnigh

hemorrhage (*us*) *n* = **haemorrhage**

hemorrhoids (*us*) *npl* = **haemorrhoids**

hen *n* cearc *f2*

hence *adv* (*therefore*) dá bhrí sin, mar sin de; **two years hence** i gceann dhá bhliain

henceforth *adv* as seo amach, feasta

henchman (*pej*) *n* cúlaistín *m4*

her *pron* í; (*emphatic*) ise ◆ *adj* a; **I saw her** chonaic mé í; **without her** gan í; **I saw him but not her** chonaic mé eisean ach ní fhaca

mé ise; **after her** ina diaidh; **her coat** a cóta; **her father** a hathair; **her work** a cuid oibre; **tormenting her** á crá

herald *n* aralt *m1*, fógróir *m3* ◆ *vt* fógair

heraldry *n* araltas *m1*

herb *n* luibh *f2*, lus *m3*

herd *n* tréad *m3* ◆ *vt*: **to ~ cattle** bheith ag buachailleacht bó

here *adv* anseo; **here!** seo!; **here is, here are** seo; **here (s)he comes!, here (s)he is!** seo chugainn anois é/í!; **here you are** seo dhuit; **here and there** thall is abhus; **here's to your new job!** go maire tú do phost nua!, seo sláinte do phoist nua!

hereafter *adv* (*in writing*) thíos; (*future*) an t-am atá le teacht; (*afterlife*): **the ~ an** tsíoraíocht *f3*

hereby *adv* (*formal: in letter*) leis seo

hereditary *adj* dúchasach, oidhreachtúil

heresy *n* eiriceacht *f3*

heritage *n* (*of country*) dúchas *m1*, oidhreacht *f3*

hermit *n* dithreabhach *m1*

hernia *n* maidhm *f2* sheicne

hero *n* laoch *m1*, gaiscíoch *m1*

heroine *n* banlaoch *m1*

heroin *n* hearóin *f2*

heron *n* corr *f2* éisc, corr mhóna, Máire *f4* fhada

herring *n* scadán *m1*

hers *adj* (*single article*) a ceannsa; (*share of*) a cuidse; **it's hers** is léi é; (*emphatic*) is léise é; **this one is hers** is léi an ceann seo; **this book of hers** an leabhar seo aici

herself *pron* (*reflexive*) sí féin; (*object*) í féin; (*emphatic*) sise féin, ise féin; **tormenting herself** á crá féin

hesitant *adj* moillitheach; **he was hesitant** bhí sé idir dhá chomhairle

hesitate *vi*: **he ~d** baineadh stad as, bhain stad dó, bhí sé idir dhá chomhairle

hesitation *n* braiteoireacht *f3*; **without hesitation** gan leisce ar bith, gan amhras ar bith

hew *vt* snoigh

heyday *n* in his ~ i mbuaic a réime, in ard a réime, i mbláth a réime

hi *excl* hóigh

hiatus *n* (*gap*) bearna *f4*; (*interruption*) hiatas *m1*

hibernate *vi* geimhrigh

hiccoughs *npl*: **he has** *or* **he's got the ~** tá snag air

hide *n* seithe *f4*, craiceann *m1* ◆ *vt* folaigh, ceil ◆ *vi*: **to ~ (from sb)** téigh i bhfolach (ar dhuine)

hide-and-seek *n*: **to play ~** bheith ag déanamh na bhfolachán

hideous *adj* míofar, uafar, urghránna

hideout *n* cró *m4* folaigh

hiding *n* (*beating*) leadhbairt *f3*, léasadh *m*, greasáil *f3*; **to be in hiding** bheith i bhfolach

hierarchy *n* cliarlathas *m1*

hi-fi *n, adj* hi-fhí *m4*

high *adj* ard; **20 m high** 20 m ar airde

highbrow *adj* ardléannta ◆ *n* duine *m4* ardléannta

highchair *n* (*child's*) cathaoir *f* ard

higher education *n* oideachas *m1* ardleibhéil

high jump *n* (*SPORT*) léim *f2* ard

highlander *n* híleantóir *m3*

highlands *npl* garbhchríocha *fpl2*; **the Scottish Highlands** Garbhchríocha na hAlban, na Garbhchríocha

highlight *n* (*fig*: *of event*) buaic *f2*

◆ *vt* tabhair chun suntais;
highlights *npl* (*in hair*) gealáin *mpl4*

highly *adv* go hard; **to speak/think highly of sb** duine a mholadh go hard na spéir/ardmheas a bheith agat ar dhuine

highly paid *adj* íoctha go maith

highly strung *adj* sochorraithe

highness *n*: Her (*or* His) Highness A M(h)órgacht *f3*

high-pitched *adj* géar

high-rise *adj*: **high-rise block**, **high-rise flats** bloc *m1* árasán ardéirí, árasáin *mpl1* ardéirí

high school *n* scoil *f2* ghramadaí; (*us*) ardscoil *f2*

high season *n* lár *m1* an tséasúir

high street *n* príomhshráid *f2*, sráid *f2* mhór

highway *n* bealach *m1* mór, bóthar *m1* mór

Highway Code *n* cód *m1* an bhealaigh mhóir

hijack *vt* (*plane*) fuadaigh

hijacker *n* fuadaitheoir *m3*

hike *vi* siúl de chois, bheith ag fánaíocht ◆ *n* siúlóid *f2*

hiker *n* siúlaí *m4*

hilarious *adj* an-ghreannmhar

hill *n* cnoc *m1*; (*on road*) mala *f4*, fánán *m1*, fána *f4*

hillside *n* mala *f4* cnoic

hillwalking *n* cnocadóireacht *f3*

hilly *adj* cnocach, sléibhtiúil

hilt *n* (*of sword*) dorn *m1*; (*of dagger*) feirc *f2*; **to the hilt** (*fig*: *support*) go bun an angair

him *pron* é; (*emphatic*) eisean; **I saw him** chonaic mé é; **without him** gan é; **I saw him but not her** chonaic mé eisean ach ní fhaca mé ise; **after him** ina dhiaidh; **tormenting him** á chrá

himself *pron* (*reflexive*) sé féin; (*object*) é féin; (*emphatic*) seisean féin, eisean féin; **tormenting**

himself á chrá féin

hind *adj* deiridh *n gen*; **hind legs** cosa deiridh

hinder *vt* bac, cuir as do, coisc; (*delay*) cuir moill ar

hindrance *n* bac *m1*, cis *f2*, cosc *m1*

hindsight *n* iarchonn *m1*, iarghaois *f2*; **with the benefit of hindsight** le bua an iarchoinn

Hindu *n, adj* Hiondúch *m1*

hinge *n* inse *m4*, lúdrach *f2* ♦ *vi* (*fig*): **to ~ on** brath ar

hint *n* leid *f2*, cis *f2*, cosc *m1* ♦ *vt, vi*: **to ~ that** tabhairt le fios go, leid *or* nod a thabhairt go

hip *n* cromán *m1*, corróg *f2*

hippopotamus *n* dobhareach *m1*

hire *n* fostú *m* ♦ *vt* (*worker*) fostaigh; **for hire** le ligean; (*taxi*) ar fáil; **to hire sth** rud a fháil ar cíos; **to hire sth out** rud a ligean (ar cíos)

hire purchase *n* cíoscheannach *m1*

his *adj* a; **his coat** a chóta; **his father** a athair; **his work** a chuid oibre; **it's his** is leis é; (*emphatic*): **it's his** is leis-sean é; **this one is his** is leis an ceann seo, seo é a cheannsan; **his share** a chuidsean; **this book of his** an leabhar seo aige

hiss *vi* sios

historian *n* staraí *m4*

historic *adj* stairiúil

historical *adj* staire *n gen*

history *n* stair *f2*

hit *vt* buail; (*reach: target*) aimsigh; (*fig: affect*) téigh i bhfeidhm ar ♦ *n* buille *m4*; (*success*): **it was a great ~** d'éirigh go geal leis

hitch *vt* (*fasten*) ceangail; (*also: ~ up*) tarraing aníos ♦ *n* (*difficulty*) constaic *f2*; **to hitch a lift** dul ar an ordóg, síob a fháil

hitchhike *vi* bheith ag síobaireacht

hitchhiker, hitcher *n* síobaire *m4*

hi-tech *adj* ard-teicneolaíochta *n gen*

hitherto *adv* go dtí seo

HIV *n* HIV, VED; **HIV-negative/-positive** VED-dhiúltach/-dhearfach

hive *n* coirceog *f2*

hoard *n* (*of food*) stór *m1*; (*of money*) ceallóg *f2*, taisce *f4*, folachán *m1* ♦ *vt* cuir i dtaisce *or* i bhfolach

hoarding *n* (*for posters*) clár *m1* fógraí(ochta)

hoarse *adj* piachánach; **I'm hoarse** tá piachán ionam

hoax *n* bob *m4*, cleas *m1*

hob *n* iarta *m2*

hobble *vi* bheith ag bacadradh

hobby *n* caitheamh *m1* aimsire

hobby-horse *n* (*fig*) capall *m1* maide

hobo (*US*) *n* ráigí *m4*, fear *m1* siúil

hockey *n* haca *m4*

hog *n* collach *m1* (*coillte*) ♦ *vt* (*fig*): **to ~ the television** an teilifís a ghlacadh chugat féin; **to go the whole hog** an t-orlach a loisceadh

hoist *n* (*apparatus*) ardaitheoir *m3* ♦ *vt* ardaigh

hold *vt* coinnigh, coiméad; (*meeting*) coinnigh, tionóil; (*believe*) creid, maígh, bheith den bharúil; (*possess*): **to ~ a licence/degree** ceadúnas/céim a bheith agat ♦ *vi* (*remain firm*) seas ♦ *n* (*also hold*) greim *m3*; (*NAUT*) broinn *f2*; **hold the line!** (*TEL*) fan bomaite *or* nóiméad!; **to catch** *or* **get (a) hold of** greim a bhreith ar; **get hold of yourself!** (*fig*) faigh *or* do chiall! ▶ **hold back** *vt* coinnigh cúl ar, coinnigh *or* coiméad siar, (*truth*) ceil ▶ **hold down** *vt* (*person*) coinnigh faoi smacht; (*job*) coinnigh ▶ **hold off** *vt*: **I held her off** choinnigh mé uaim í ▶ **hold on** *vi* coinnigh ort; (*wait*) fan; **hold on!** (*TEL*) fan bomaite *or* nóiméad!; **hold on a minute!** fan ort go fóill! ▶ **hold onto** *vt fus* beir

or coinnigh greim ar; *(keep)*
coinnigh ▶ **hold out** *vt* sín amach
♦ *vi (resist)* seas an fód ▶ **hold up**
vt (raise) ardaigh; *(support)* tacaigh
le, neartaigh le; *(delay)* cuir moill
ar; *(rob)* robáil, creach

holdall *n* mála *m4* iompair

holder *n* sealbhóir *m3*; *(container)*
gabhdán *m1*

holding *n (COMM, share)* scair *f2*;
(farm) gabháltas *m1*

hold-up *n (robbery)* robáil *f3*;
(delay) moill *f2*

hole *n* poll *m1*

holiday *n* saoire *f4*; *(day off)* lá
saor; **on holiday** ar saoire; **holiday
of obligation** *(REL)* lá saoire
fógartha

holiday camp *n (also:* **holiday
centre)** campa *m4* saoire

holiday-makers *npl* lucht *msg3*
saoire

holiday resort *n* ionad *m1* saoire

Holland *n* An Ollainn *f2*

hollow *adj* cuasach, folamh;
(sound) toll; *(tube)* folamh ♦ *n*
cuas *m1*, log *m1*, logán *m1*

holly *n* cuileann *m1*

holocaust *n* uileloscadh *m*

holster *n* curra *m4*

holy *adj* naofa; *(water)* coisricthe;
(ground) beannaithe

Holy Communion *n* an
Chomaoineach *f4* Naofa; **to
receive** *or* **go to Holy Communion**
Comaoineach a ghlacadh

Holy Father *n*: **the Holy Father** an
tAthair *m* Naofa

Holy Ghost, Holy Spirit *n* an
Spiorad *m1* Naomh

Holy Week *n* Seachtain *f2* na Páise

homage *n* ómós *m1*; **to pay
homage to sb** ómós a thabhairt do
dhuine

home *n* baile *m4* ♦ *adj* baile *n gen*
♦ *adv* abhaile; **at home** sa bhaile;

make yourself at home déan tú
féin sa bhaile; **to bring it home to
sb that** é a chur ina luí ar dhuine
go

home address *n* seoladh *m* baile

homeland *n* tír *f2* dhúchais

homeless *adj* gan dídean ♦ *npl*: **the
~** na díthreabhaigh *mpl1*

homely *adj* tíriúil, nádúrtha

home-made *adj* baile *n gen*, déanta
sa bhaile, de dhéantús baile

Home Office *(BRIT)* *n* An Roinn *f2*
Gnóthaí Baile

Home Secretary *(BRIT)* *n* An Rúnaí
m4 Gnóthaí Baile

homesick *adj*: **to be ~** cumha a
bheith ort (i ndiaidh an bhaile)

home town *n*: **my home town** mo
bhaile *m4* dúchais

homeward *adj (journey)* abhaile,
chun an bhaile

homework *n* obair *f2* bhaile

homogeneous *adj* aonchineálach

homosexual *adj, n* hómaighnéasach
m1

honest *adj* ionraic; *(sincere)*
macánta, cóir

honestly *adv* go hionraic; *(sincerely)*
go macánta

honesty *n* ionracas *m1*; *(sincerity)*
macántacht *f3*

honey *n* mil *f3*

honeycomb *n* cíor *f2* mheala

honeymoon *n* mí *f* na meala

honeysuckle *(BOT)* *n* féithleann *m1*

honorary *adj* onórach; *(duty, title)*
oinigh

honour *(US)* **honor** *vt* onóraigh ♦ *n*
onóir *f3*, urraim *f2*; **one's word of
honour** d'fhocal

hono(u)rable *adj* onórach

hono(u)rs degree *n (SCOL)* céim *f2*
onórach

hood *n* cochall *m1*; *(of machine)*
cumhdach *m1*

hoof *n* crúb *f2*

hook n crúca m4; (for fishing) duán m1 ♦ vt crúcáil, cuir crúca i; (fish) cuir duán i; **by hook or by crook** ar ais nó ar éigean

hooligan n maistín m4

hoop n fonsa m4

hooray excl hurá, abú, go deo

hoot vi (AUT) séid an bonnán; (siren) séid; (owl) scréach

hooter n (AUT, NAUT, factory) bonnán m1

Hoover ® n folúsghlantóir m3 ♦ vt folúsghlan

hop vi (on one foot) tabhair truslóg, imigh ar leathchos, bheith ag preabarnach

hope vt, vi: **I ~ (that)** tá dóchas or súil or dúil agam (go) ♦ n dóchas m1, súil f2, dúil f2

hopeful adj (person) dóchasach; **the situation is hopeful** tá cuma mhaith ar an scéal; **to be hopeful that ...** bheith dóchasach go ...

hopefully adv le cuidiú Dé, go dóchasach

hopeless adj gan dóchas, doleigheasta; **it's a hopeless situation** tá sé ó mhaith mar scéal

hops npl (plant) leannlus msg3; (fruit) hopa m4

horizon n bun m1 na spéire

horizontal adj cothrománach

horn n adharc f2; (MUS) corn m1; (AUT) bonnán m1; (drinking) buabhall m1

hornet n cearnabhán m1

horny (inf) adj adharcach, ar dáir

horoscope n tuismeá f4

horrendous adj millteanach, uafásach

horrible adj uafásach

horrid adj gránna, déistineach

horrify vt cuir uafás or déistin ar; **to be horrified** uafás or déistin a bheith ort

horror n uafás m1, déistin f2

hors d'oeuvre n (CULIN) hors d'oeuvre m4

horse n capall m1

horseback n: **on ~** ar mhuin f2 or ar dhroim m3 capaill

horse chestnut n cnó m4 capaill

horseman n marcach m1

horsepower n each-chumhacht f3

horse-racing n rásaíocht f3 chapall

horseradish n raidis f2 fhiáin

horseshoe n crú m4 capaill

hose n (also: **~pipe**) píobán m1; (also: **garden ~**) píobán m1 gairdín

hospitable adj fial, flaithiúil

hospital n ospidéal m1, otharlann f2; **in hospital** san ospidéal

hospitality n féile f4, flaithiúlacht f3

host n óstach m1; (REL) abhlann f2; (large number): **a ~ of** slua m4 + gen

hostage n giall m1

hostel n teach m ósta; (also: **youth ~**) brú m4 óige

hostess n banóstach m1

hostile adj naimhdeach; **to be hostile to** bheith (go dubh) in éadan + gen

hostility n naimhdeas m1

hot adj te; (contest etc) géar; (temper) tintrí, teasaí

hotbed n (fig) ceárta f4

hotel n óstán m1, óstlann f2

hot-headed adj tintrí, teasaí

hotly adv go tintrí

hotplate n (on cooker) pláta m4 te

hot-water bottle n buidéal m1 te

hound vt ciap, céas, cráigh ♦ n cú m4

hour n uair f2 an chloig; **on the hour** ar bhuille na huaire; **he walked for hours** shiúil sé ar feadh na n-uaireanta; **till all hours, in the small hours** go maidin, go ham luí domhain

hourly adj, adv san uair, in aghaidh na huaire

house n teach m ♦ vt (person)
tabhair dídean do; (objects)
coinnigh; **on the house** (fig) in
aisce
house arrest n braighdeanas m1
baile
housebound adj gafa sa teach
housecoat n cóta m4 seomra
household n teaghlach m1, líon m1
tí
housekeeper n (female) bean f tí;
(male) fear m1 tí; **the priest's
housekeeper** cailín m4 an tsagairt
housekeeping n (work) tíos m1;
housekeeping (money) airgead m1
tís
house-warming (party) n infear
m1
housewife n bean f tí
housework n obair f2 tí
housing n tithíocht f3
housing estate n eastát m1
tithíochta
hovel n prochóg f2
hover vi bheith ar foluain
hovercraft n árthach m1
foluaineach
how adv cad é mar, conas; **how
are you?** cad é mar atá tú, conas
atá tú?, cén chaoi a bhfuil tú?;
how do you do? Dia duit; **how far
is it to?** cá fhad atá sé go?; **how
long have you been here?** cá fhad
atá tú anseo?; **how lovely!** nach
álainn é!, chomh hálainn leis!;
how many? cá mhéad + nom sg;
how much? cá mhéad + gen; **how
old are you?** cá haois tú?; **how
should I know?** cá
bhfuil mar a bheadh a fhios
agamsa?
however adv áfach, ámh, dá; (in
questions) cá ♦ conj ach; **however
good it is, it's not good enough** dá
fheabhas é, níl sé maith go leor
howl vi lig glam agat, bheith ag

uallfartach
H.P. abbr = hire purchase
HQ abbr = headquarters
hub n (of wheel) mol m1; (fig)
croílár m1
hubcap n molchaidhp f2
huddle vi: **to ~ together** cuachadh
or teannadh isteach le chéile
hue n imir f2, lí f4
hue and cry n gáir f2 faoi tholl
huff n: **she's in a ~** tá stuaic uirthi
hug n barróg f2 ♦ vt beir barróg ar,
cuach (le do chroí); (shore, kerb)
coinnigh le
huge adj ollmhór; **a huge amount
of money** an t-uafás airgid
hulk n creatlach f2; (person) gliúdóg
f2
hull n cabhail f
hullo excl = hello
hum n crónán m1 ♦ vt (tune) bheith
ag drantán ♦ vi bheith ag crónán
human adj daonna ♦ n: **~ being**
duine m4 daonna
humane adj daonnachtúil
humanitarian adj daonchairdiúil
humanity n an cine m4 daonna
humble adj umhal, uiríseal ♦ vt
umhlaigh, uiríslig, bain béim as
humbug n (nonsense) amaidí f4;
(person) cluanaí m4; (sweet)
milseán m1 miontais
humdrum adj leadránach
humid adj tais
humiliate vt náirigh, uiríslig
humiliation n náire f4, uirísliú m
humorous adj greannmhar
humour, (us) **humor** n greann m1;
(mood) fonn m1, aoibh f2, giúmar
m1 ♦ vt: **to ~ sb** duine a
ghiúmaráil, moladh le duine; **to
be in good humour** giúmar maith
or aoibh mhaith a bheith ort
hump n cruit f2; (on road) dronn
f2
humpbacked adj cruiteach

hunch n (on person) cruit f2; (idea) tuaileas m1, barúil f3 .

hunchback n cruiteachán m1

hunched adj dronnach

hundred num céad an + sg; **hundreds of** na céadta + sg

hundredweight n céad m1 meáchain

Hungary n An Ungáir f2

hunger n ocras m1 ♦ vi: **to ~ for sth** cíocras ruda a bheith ort

hungry adj ocrach; **to be hungry** ocras a bheith ort; **to be hungry for sth** cíocras ruda a bheith ort

hunk n (of bread etc) canta m4

hunt vt, vi seilg ♦ n seilg f2, fiach m1; **to hunt for sb** duine a fhiach

hunter n sealgaire m4, fiagaí m4

hunting n seilg f2, fiach m1

hurdle n (SPORT) cliath f2; (fig) bac m1, constaic f2

hurl vt teilg, caith ♦ n (SPORT) camán m1; **he hurled abuse at me** thug sé agaidh a chraois orm

hurler n (SPORT) iománaí m4

hurley n (also: ~ **stick**) camán m1; = **hurling**

hurling n (SPORT) iomáint f3, iománaíocht f3 ♦ adj: ~ **ball** sliotar m1, cnag m1; **hurling stick** camán m1

hurrah, hurray excl = **hooray**

hurricane n hairicín m4, stoirm f2 ghaoithe

hurried adj gasta, dithneasach, deifreach

hurriedly adv faoi dheifir, faoi dhithneas

hurry n deifir f2, dithneas m1 ♦ vt, vi (also: ~ **up**) brostaigh, déan deifir; **I am in a hurry** tá deifir orm; **to do sth in a hurry** rud a dhéanamh faoi dheifir; **what's your hurry?** cén deifir atá ort?; **I'm in no hurry**, **I'm not in any hurry** níl deifir ar bith orm

hurt vt (cause pain to) gortaigh ♦ vi: **it ~s** tá sé nimhneach ♦ adj gortaithe

hurtful adj goilliúnach

hurtle vi: **to ~ past** réabadh thart (le)

husband n fear m1 céile

hush n ciúnas m1 ♦ vt ciúnaigh; **hush!** fuist!

husk n (of wheat) crotal m1; (of rice, maize) faighneog f2

husky adj piachánach ♦ n huscaí m4

hustle vt brúigh ♦ n brú m4

hut n both f3; (shed) bothán m1

hutch n púirín m4

hyacinth n bú m4

hydrant n (also: **fire ~**) hiodrant m4

hydraulic adj hiodrálach

hydroelectric adj hidrileictreach

hydrogen n hidrigin f2

hyena n híeána m4

hygiene n sláinteachas m1

hymn n iomann m1, caintic f2

hype (inf) n poiblíocht f3, bolscaireacht f3

hypermarket n ollmhargadh m1

hyphen n fleiscín m4

hypnotize vt hiopnóisigh

hypocrisy n fimíneacht f3

hypocrite n fimíneach m1

hypocritical adj fimíneach

hypothesis n hipitéis f2

hysterical adj histéireach; **hysterical with laughter** sna trithí gáire

I

I pron mé; (emphatic) mise; (as subject): **I came in** tháinig mé isteach; (with copula): **I am a person** is duine mé; (in passive, autonomous): **I was injured** gortaíodh mé

ice n oighear m1, leac f2 oighir; (on road) siocán m1, sioc m3 ♦ vi (also:

ice over, ice up oighrigh
iceberg n cnoc m1 oighir
icebox n (US) cuisneoir m3; (BRIT) bosca m4 oighir; (insulated box) reoiteoir m3
ice cream n uachtar m1 reoite
ice cube n ciúb m1 oighir
iced adj siochta; (cake) reoánta
ice hockey n haca m4 oighir
Iceland n An Íoslainn f2
ice lolly n líreacán m1 reoite
ice rink n rinc f2 oighir, oighear-rinc f2
ice-skating n scátáil f3 oighir
icicle n coinlín m4 reo
icing n reoán m1
icing sugar n siúcra m4 reoáin
icy adj oighreata, siochta
idea n smaoineamh m1, barúil f3, idé f4; **I've no idea** níl barúil agam; **it's a good idea** smaoineamh maith atá ann; **do you get the idea?** an dtuigeann tú?
ideal n idéal m1, barrshamhail f3 ♦ adj idéalach; (perfect) ar fheabhas (Éireann)
idealism n idéalachas m1
identical adj ionann, mar a chéile, comhionann
identification n aitheantas m1, aithint f; **identification papers** páipéir mpl1 aitheantais
identify vt aithin, sainaithin
identity n céannacht f3, comhionannas m1, ionannas m1; (of person) aithne f4; (separate) féiniúlacht f3; **mistaken identity** an aithne chontráilte; **to reveal one's identity to sb** d'aithne a ligean le duine
identity card n cárta m4 aitheantais
ideological adj idé-eolaíoch
ideology n idé-eolaíocht f3
idiom n cor m1 cainte

idiosyncrasy n (of person) leithleachas m1
idiot n (man) amadán m1; (woman) óinseach f2
idiotic adj amaideach; óinsiúil
idle adj díomhaoin; (lazy) falsa; (unemployed) dífhostaithe, díomhaoin; (words, thoughts) díomhaoin, fánach ♦ vi (engine) bheith ag réchasadh; **to lie idle** (machine) bheith ar stad; **idle talk** baothchaint, caint gan éifeacht; **to idle away the time** an t-am a chaitheamh go díomhaoin
idol n íol m1; (pop star etc) dia m beag
idolize vt adhair, déan dia beag de
i.e. adv abbr (= id est) i.e., is é sin
if conj má + present, past, cond; + conditional, imperfect; **if so** más amhlaidh atá; **if not** murab amhlaidh atá; **if only** mura mbeadh ann ach; **if I were you** ... dá mba mise tusa ...
ignite vt, vi las
ignition n (AUT) adhaint f2
ignition key n eochair f dhúisithe
ignorant adj aineolach, ainbhiosach; **to be ignorant of** (subject) bheith aineolach or dall ar
ignore vt déan neamhiontas de, lig thar do chluas, scaoil tharat; **to ignore sb's advice** dul thar chomhairle duine; **I completely ignored him** níor lig mé orm go raibh sé ann nó as, níor thug mé lá airde air
ill adj (sick) tinn, breoite, (bad) droch- ♦ n olc m1 ♦ adv: **to speak ~ of sb** duine a cháineadh; **ills** npl (misfortunes) anró msg4, cruatan msg1, gátar msg1; **she took ill** buaileadh tinn í
ill-advised adj (decision) éigrionna; (person): **he would be ~ b'amaideach an mhaise dó

ill-at-ease *adj* míshuaimhneach, corrabhuaiseach

illegal *adj* mídhleathach, in éadan an dlí; (*contract, competition*) neamhdhlíthiúil

illegible *adj* doléite

illegitimate *adj* mídhlisteanach; **illegitimate child** leanbh *m1* díomhaointis, páiste *m4* gréine

ill-fated *adj* mí-ámharach, míchinniúnach

ill feeling *n* olc *m1*, mioscais *f2*

illiterate *adj* neamhliteartha

ill-mannered *adj* (*child*) drochmhúinte, mímhúinte, iomlatach

illness *n* tinneas *m1*, breoiteacht *f3*

ill-treat *vt*: **to ~ sb** drochíde a thabhairt do dhuine

illuminate *vt* (*room, street*) soilsigh; (*for special effect*) maisigh

illumination *n* soilsiú *m*, maisiú *m*

illusion *n* seachmall *m1*, léaspáin *mpl3*, dul *m3* amú; **to shatter sb's illusions** a bharúil a mhilleadh ar dhuine; **don't be under any illusions about it** ná bíodh aon dul amú ort faoi, ná bíodh dada dá sheachmall ort

illustrate *vt* léirigh; (*book*) maisigh

illustration *n* léiriú *m*, léiriúchán *m1*; (*in book*) léaráid *f2*

ill will *n* olc *m1*, droch-chroí *m4*, naimhdeas *m1*; **to bear sb ill will** olc *or* droch-chroí a bheith agat do dhuine

image *n* íomhá *f4*, samhail *f3*; **he's the image of his father** is é pictiúr a athar é, is é a athair ar athphrátaí é

imagery *n* íomháineachas *m1*, samhlaoidí *fpl2*

imaginary *adj* samhailteach

imagination *n* samhlaíocht *f3*; **it's all in your imagination** ar do shúile atá sé

imaginative *adj* samhlaíoch, samhlaíochta *n gen*; **an imaginative person** duine a bhfuil bua na samhlaíochta aige

imagine *vt* samhlaigh; (*suppose*): **I ~ so** cheapfainn *or* déarfainn gur mar sin atá

imbalance *n* éagothroime *f4*; (COMM) neamhchomhardú *m*

imitate *vt* déan aithris ar

imitation *n* aithris *f2* ♦ *adj* bréige *n gen*

immaculate *adj* gan smál; (REL): **The Immaculate Conception** Giniúint *f3* Mhuire gan Smál

immaterial *adj* neamhábhartha; **that is immaterial** ní bhaineann sin le hábhar; **it is immaterial to me** is cuma liom faoi

immature *adj* neamhaibí, anabaí

immediate *adj* láithreach; (*superior*) go díreach os do cheann; **in the immediate vicinity** in aice láimhe, ar na gaobhair

immediately *adv* (*at once*) láithreach bonn, ar an toirt, ar an bpointe; **immediately next to** go díreach in aice le

immense *adj* ollmhór, ábhalmhór, aibhseach

immerse *vt* tum; **to be immersed in one's work** bheith sáite i do chuid oibre

immersion heater *n* tumthéitheoir *m3*

immigrant *n* inimirceach *m1*

immigration *n* inimirce *f4*

imminent *adj* ar tí titim amach; **to be in imminent danger** contúirt a bheith i ngar duit *or* a bheith ag bagairt ort; **war was imminent** bhí cogadh ag bagairt, bhí baol cogaidh ann

immoral *adj* mímhorálta

immortal *adj* bithbheo, neamhbhásmhar, síoraí, buan

immune *adj:* ~ (to) imdhíonach
(ar); (*fig*) saor ar
immunity *n* imdhíonacht *f3*;
saoirse *f4*
imp *n* diabhlín *m4*; (*child*) grabaire
m4, dailtín *m4*
impact *n* imbhualadh *m*; (*fig*)
tionchar *m1*, éifeacht *f3*, feidhm
f2
impair *vt* loit, déan dochar do,
lagaigh
impart *vt* dáil ar
impartial *adj* neamhchlaon,
cothrom
impassable *adj* dothrasnaithe
impassive *adj* dochorraithe;
(*expression*) socair
impatience *n* mífhoighne *f4*
impatient *adj* mífhoighneach; **to
get** *or* **grow impatient** foighne a
chailleadh
impeccable *adj* gan cháim, gan
smál
impede *vt* bac, cuir bac ar, coisc
impediment *n* constaic *f2*; (*also:*
speech ~) stad *m4* sa chaint,
bachlóg *f2* ar do theanga; **hearing
impediment** moill *f2* éisteachta
impending *adj:* ~ **danger** contúirt
atá ag bagairt *or* atá as do cheann
imperative *adj* práinneach ♦ *n*
(*LING*) (**modh** *m3*) ordaitheach *m1*;
it's absolutely imperative you go ní
mór duit dul ann
imperfect *adj* neamhfhoirfe; (*goods
etc*) lochtach ♦ *n* (*LING*) aimsir *f2*
ghnáthchaite
imperial *adj* impiriúil
impersonal *adj* neamhphearsanta
impersonate *vt* pearsanaigh, téigh i
riocht + *gen*; (*do impression of*)
déan aithris ar
impertinent *adj* sotalach, soibealta,
deiliúsach
impervious *adj* (*fig*): **to be** ~ **to sth**
bheith beag beann ar rud, gan

beann a bheith agat ar rud, gan
aon aird a bheith agat ar rud
impetuous *adj* tobann, teasaí,
luathintinneach
impetus *n* fuinneamh *m1*,
spreagadh *m*
impinge *vi fus:* **to** ~ **on** (*person*)
téigh i bhfeidhm ar; (*rights*) cuir
isteach ar
implement *n* uirlis *f2* ♦ *vt* cuir i
bhfeidhm *or* i gcrích *or* i ngníomh,
comhlíon
implicit *adj* intuigthe; (*belief*)
diongbháilte
implore *vt* achainigh ar, impigh ar
imply *vt* (*suggest*) tabhair le fios *or* le
tuiscint; (*mean, entail*) ciallaigh,
leanann as
impolite *adj* mímhúinte
import *vt* allmhairigh, iompórtáil
♦ *n* allmhaire *f4*, iompórtáil *f3*;
(*meaning*) brí *f4*, ciall *f2*
importance *n* tábhacht *f3*
important *adj* tábhachtach
importer *n* allmhaireoir *m3*,
iompórtálaí *m4*
impose *vt* cuir ar; (*fine, penalty*)
gearr ar, cuir ar ♦ *vi:* **to** ~ **on sb**
suí i mbun duine, bheith ag
gabháil ar dhuine
imposing *adj* maorga, iontach
imposition *n* (*of tax etc*) leagan *m1*
ar, cur *m1* ar; **to be an imposition
on sb** buannaíocht a dhéanamh ar
dhuine, suí i mbun duine
impossible *adj* dodhéanta; (*person*)
dochomhairleach
impotent *adj* éagumasach
impound *vt* gaibhnigh
impoverished *adj* bocht, bochtaithe
impractical *adj* neamhphraiticiúil
impregnable *adj* (*fortress*) doghafa
impress *vt* téigh i bhfeidhm ar;
(*mark*) déan rian ar; **to impress sth on
sb** rud a chur ina luí ar dhuine
impression *n* (*thoughts on*) tuairim

f2; (of stamp, seal) lorg m1;
(imitation) aithris f2; **to be under
the impression that** bheith den
bharúil go; **to create a good
impression (on)** dul i gcion or i
bhfeidhm (ar)
impressionist n (ART) impriseanaí
m4
impressive adj suntasach, iontach,
mórthaibhseach, corraitheach
imprint n (impression, mark) lorg
m1
imprison vt cuir i bpríosún
imprisonment n príosúnacht f3
improbable adj neamhdhóchúil,
neamhchosúil, éadóigh; (excuse)
gan dealramh; **it is most
improbable** níl aon dealramh air; **it
is improbable that ...** ní dócha
go ...; **I think it improbable** ní
dóigh liom é
improper adj (unsuitable) míchuí,
mí-oiriúnach; (dishonest) mí-ionraic
improve vt feabhsaigh, cuir feabhas
ar ◆ vi feabhsaigh, tagann feabhas
ar; (health) tagann biseach ar;
(pupil etc) déan dul chun cinn
improvement n feabhas m1,
feabhsú m; (in health) biseach m1
improvise vt, vi seiftigh, bain
seiftiú as
impudent adj soibealta, sotalach,
deiliúsach, dailtíneach
impulse n (impulse) spreagadh m;
(fig: urge) tallann f2, spadhar m1,
ríog f2
impulsive adj tallanach, taghdach,
ríogach, luathintinneach; **to be
impulsive by nature** an deoir
thaghdach a bheith ionat
in. abbr = **inch**

KEYWORD

in prep i; sa; sna 1 (indicating place,
position): **in the house/the fridge**
sa teach/sa chuisneoir; **in the**

garden sa ghairdín; **in town** sa
bhaile mór, ar an mbaile mór, sa
chathair; **in the country** faoin
tuath; **in school** ar scoil; **in here/
there** istigh anseo/ansin
2 (with place names: of town,
region, country): **in London** i
Londain; **in England** i Sasana; **in
Japan** sa tSeapáin; **in the United
States** sna Stáit Aontaithe; **in
Dingle** an Daingean; **in
Killybegs** ar na Cealla Beaga
3 (indicating time: during): **in
spring** san earrach; **in summer** sa
samhradh; **in May, 1992** i Mí na
Bealtaine, 1992; **in the afternoon**
tráthnóna or um thráthnóna; **at 4
o'clock in the afternoon** ar a
ceathair a chlog tráthnóna
4 (indicating time: in the space of):
I did it in 3 hours/days rinne mé i
dtrí huaire an chloig é/i dtrí lá é;
(: future): **I'll see you in 2 weeks** or
in 2 weeks' time feicfidh mé i
gceann or faoi cheann coicíse thú
5 (indicating manner etc): **in a loud/
soft voice** de ghlór ard/íseal; **in
pencil** le peann luaidhe; **in French**
as Fraincis or i bhFraincis; **the boy
in the blue shirt** an buachaill a
bhfuil an léine ghorm air,
buachaill na léine goirme
6 (indicating circumstances): **in the
sun** faoin ngrian; **in the shade** ar
scáth na gréine; **in the rain** faoin
mbáisteach
7 (indicating mood, state): **in tears**
ag gol, faoi dheora, ag caoineadh;
in anger i bhfeirg, le buile; **in
despair** in éadóchas; **it is in good
condition** tá caoi mhaith air; **to live in
luxury** sócúl an tsaoil a bheith
agat, bheith i do shuí go te, bheith i do
sháith den saol
8 (with ratios, numbers): **1 in 10
(households), 1 (household) in 10**

teaghlach as gach deichniúr; **20 pence in the pound** fiche pingin sa phunt; **they lined up in twos** sheas siad beirt ar chúl beirte; **in hundreds** ina gcéadta
9 (*referring to people, works*): **the disease is common in children** tá an galar coitianta i measc páistí; **in (the works of) Dickens** i gcuid scríbhinní Dickens, i saothar Dickens
10 (*indicating profession etc*): **to be in teaching** bheith i do mhúinteoir, bheith ag múinteoireacht
11 (*after superlative*): **the best pupil in the class** an dalta is fearr sa rang
12 (*with present participle*): **in saying this** agus sin á rá agam ♦ **adv**: **to be in** (*person: at home, work*) bheith ann or istigh; (*train, ship, plane*) bheith istigh; (*in fashion*) san fhaisean; **to ask sb in** iarraidh ar dhuine teacht isteach; **to run/limp in** rith/bacadaíl isteach ♦ **n**: **the ins and outs (of)** (*of proposal, situation etc*) bun agus barr + *gen*

inability *n* néamhábaltacht *f3*, míchumas *m1*
inaccurate *adj* míchruinn, neamhbheacht
inadequate *adj* uireasach, easpach, easnamhach
inadvertently *adv* (*by accident*) de thaisme, de thimpiste; (*unthinkingly*) gan cuimhneamh; **he inadvertently let it slip** d'imigh sé air dá ainneoin
inadvisable *adj* domholta
inane *adj* leamh
inanimate *adj* neamhbheo, marbh
inappropriate *adj* mí-oiriúnach, míchuí

inarticulate *adj* dothuigthe, snagach, scaipthe sa chaint
inasmuch *adv* sa mhéid go, ó tharla go, ón uair go
inauguration *n* oirniú *m*; (*initiation, launch*) tionscnamh *m1*
inborn *adj* dúchasach, inbheirthe, oidhreachtúil, sa nádúr
inbred *adj* dúchasach, oidhreachtúil, sa nádúr, insíolraithe, ionphóraithe
incapable *adj* éagumasach, neamhábalta; **to be incapable of doing sth** gan a bheith ábalta (ar) rud a dhéanamh
incapacitate *vt*: **to ~ sb** duine a chur ó chumas
incendiary *adj* loiscneach ♦ *n* ábhar *m1* loiscneach
incense *n* túis *f2* ♦ *vt* (*anger*) cuir le buile
incentive *n* spreagadh *m*, dreasacht *f3*, dreasú *m*; (*at work*) dreasú chun oibre, oibardhreasú *m*
incessant *adj* síor-
incessantly *adv* gan stad, gan staonadh
inch *n* orlach *m1*; **within an inch of** faoi orlach de; **he didn't give an inch** (*fig*) níor ghéill sé orlach
incident *n* eachtra *f4*, teagmhas *m1*, tarlú *m*
incidental *adj* teagmhasach; **incidental to** a ghabhann le; **incidental expenses** fochostais *mpl1*
incidentally *adv* (*by the way*) dála an scéil
incite *vt* gríosaigh, dreasaigh, spreag
incitement *n* comhghríosú *m*
inclination *n* (*fig*) claonadh *m*
incline *n* fána *f4* ♦ *vt* claon, (*head*) claon, crom ♦ *vi* (*surface*) claon; **to be inclined (to do sth)** claonadh a bheith ionat *or* agat (rud a dhéanamh); (*feel like*) fonn a bheith ort (rud a dhéanamh)

include vt cuir san áireamh; (*comprise*) cumsigh

including prep mar aon le, san áireamh

inclusive adj cuimsitheach; **inclusive of tax** cáin san áireamh

incoherent adj scaipthe

income n ioncam m1, teacht m3 isteach

income tax n cáin f ioncaim

incoming adj (*mail*) isteach; **incoming tide** líonadh m

incomparable adj dosháraithe, thar barr, thar cinn; **sb/sth incomparable** duine/rud nach bhfuil an rud inchomórtais or inchurtha leis

incompetent adj neamhinniúil

incomplete adj neamhiomlán, uireasach, easpach, easnamhach

incongruous adj neamhréireach; (*inappropriate*) mí-oiriúnach; **to be incongruous with** gan a bheith ag teacht le or ag cur le

inconsiderate adj neamhthuisceanach, neamhchásmhar, neamhchothálach

inconsistency n neamhréir f2, contrárthacht f3, neamhfhreagracht f3

inconsistent adj contrártha, neamhfhreagrach, neamhréireach; **inconsistent with** gan a bheith ag teacht or ag cur le

inconspicuous adj neamhfheiceálach, neamhshuntasach

inconvenience n míchaoithiúlacht f3, mí-oiriúnacht f3 ♦ vt cuir as do, cuir isteach ar

inconvenient adj mí-oiriúnach, ciotach, mí-áisiúil, míchaoithiúil

incorporate vt corpraigh, ionchorpraigh

incorporated company (us) n comhlacht m3 corpraithe

incorrect adj mícheart

increase n (*in prices etc*) ardú m; (*in population etc*) méadú m ♦ vi, vt méadaigh, ardaigh, cuir le; **on the increase** ag méadú

increasing adj ag méadú, ag dul i méad, méadaitheach

increasingly adv: **it's ~ difficult** tá sé ag éirí níos deacra in aghaidh an lae

incredible adj dochreidte

incredulous adj díchreidmheach, amhrasach

incubator n goradán m1

incumbent n sealbhóir m3 ♦ adj: **to be ~ on sb to do sth** bheith de dhualgas or de chúram ar dhuine rud a dhéanamh

incur vt: **to ~ sb's anger** fearg duine a tharraingt ort féin

indebted adj: **to be ~ to sb (for)** bheith faoi chomaoin ag duine (mar gheall ar)

indecent adj mígheanasach

indecent assault n drochiarraidh f

indecisive adj éiginntitheach; (*person*) éadaingean, éideimhin

indeed adv go deimhin, go dearfa; **yes indeed!** cinnte!

indefinite adj éiginnte

indefinitely adv go deo

indemnity n comha f4, cúiteamh m1, slánaíocht f3

indent n eang f3 ♦ vt eangaigh

independence n neamhspleáchas m1

independent adj neamhspleách, saor-

index n treoir f, innéacs m4; (*in book*) innéacs; (*in library etc*) catalóg f2 ♦ vt, vi innéacsaigh, cláraigh

index card n cárta m4 innéacs

index finger n corrmhéar f2

India n An India f4

Indian adj, n Indiach m1;
(**American**) **Indian** Indiach m1
Dearg

indicate vt léirigh, tabhair le fios,
cuir in iúl (le comhartha)

indication n comhartha m4; **to give
an indication that** tabhairt le fios
go, cur in iúl go

indicative adj: ~ **of** ina chomhartha
ar ♦ n (LING) táscach m1

indicator n treoir f; (economic,
social) táscaire m4

indict vt: **to** ~ **sb for an offence**
duine a dhíotáil i gcoir

indictment n díotáil f3

indifference n neamhshuim f2,
fuarchúis f2

indifferent adj neamhshuimiúil,
fuarchúiseach, ar nós cuma liom;
(poor) leathmheasartha; **to be
indifferent to sb** bheith fuar i
nduine; **to be indifferent to sth**
bheith neamhshuimiúil i rud

indigenous adj dúchasach, dúchais
n gen

indigestion n mí-dhílea4 m4, tinneas
m1 bhéal an ghoile

indignant adj: ~ (**at sth/with sb**)
fearg fhíréin a bheith ort (faoi rud/
le duine)

indignity n easonóir f3, masla m4

indirect adj indíreach

indiscreet adj mídhiscréideach,
béalscaoilte; (impudent) mística

indiscriminate adj gan idirdhealú;
(wholesale) as éadan

indispensable adj riachtanach,
éigeantach

indisputable adj dobhréagnaithe,
dosheánta

individual n duine m4 aonair;
(PHILOSOPHY) indibhid f2 ♦ adj
aonair n gen; indibhidiúil

indoctrination n síolteagasc m1

Indonesia n An Indinéis f2

indoor adj (work) istigh; (swimming

pool, sport etc) faoi dhíon

indoors adv istigh, laistigh, taobh
istigh; **to go indoors** dul isteach (i
dteach), dul faoi theach

induce vt (persuade) cuir ina luí ar;
(bring about) spreag, meall, aslaigh

inducement n (incentive) spreagadh
m; (bribe) mealladh m

indulge vt (whim) sásaigh; (child)
déan peataireacht ar ♦ vi: **to** ~ **in**
sth bheith tugtha do rud, luí
isteach ar rud, rud a chleachtadh

indulgence n boige f4, boigéis f2;
(REL) logha m4

indulgent adj bog, boigéiseach

industrial adj tionsclaíoch,
tionsclaíochta n gen

industrial action n gníomhaíocht
f3 thionsclaíoch

industrial estate n eastát m1
tionsclaíoch(ta)

industrialist n tionsclaí m4

industrial park (US) n = **industrial
estate**

industrious adj dícheallach,
saothrach, treallúsach, dlúsúil

industry n tionscal m1; (diligence)
dícheall m1

inebriated adj ar meisce, ólta

inedible adj do-ite

ineffective, ineffectual adj
neamhéifeachtach, gan éifeacht

inefficient adj neamhéifeachtach

inequality n éagothroime f4

inertia n táimhe f4, marbhántacht
f3

inescapable adj dosheachanta,
cinniúnach

inevitable adj dosheachanta, gan
dul as, sa chinniúint

inevitably adv gan dul as or uaidh,
go cinnte, go cinniúnach

inexhaustible adj do-ídithe

inexpensive adj neamhchostasach,
saor

inexperienced adj gan taithí,

neamhchleachtach, aineolach, neamhoilte

infallible adj do-earráide

infamous adj míchlúiteach, mí-iomráiteach; (shocking) uafásach, uafáis n gen, millteanach; (disgraceful) náireach

infancy n naíonacht f3

infant n (baby) naíonán m1, páiste m4

infant school n naíscoil f2

infatuated adj: ~ with splanctha i ndiaidh + gen

infatuation n mearghrá m4

infect vt galraigh, ionfhabhtaigh

infection n galrú m, ionfhabhtú m

infectious adj tógálach

infer vt tuig as; (imply) cuir i gcéill

inference n tátal m1

inferior adj íochtarach ♦ n míonduine m4; (in rank) íochtarán m1; **inferior goods** dramhaíl fsg3

inferiority n íochtaránacht f3

inferiority complex n coimpléasc m1 íochtaránachta, meon m1 táiríseachta

inferno n (blaze) olldóiteán m1; **the house was a blazing inferno** bhí an teach ar bharr amháin lasrach

infertile adj neamhthorthúil

infidelity n mídhílseacht f3

infinite adj éigríochta; **infinite series** cainníocht f3 or sraith f2 éigríochta

infinitive n (LING) infinideach m1

infinity n éigríoch f2

infirmary n otharlann f2

inflamed adj séidte, lasta; (MED) athlasta

inflammable adj so-lasta, inlasta

inflammation n gríosú m, lasadh m; athlasadh m

inflatable adj inséidte

inflate vt (tyre, balloon) séid, cuir aer i, teann; (COMM) boilsigh

inflation n (ECON) boilsciú m

inflationary adj boilscitheach

inflict vt: **to ~ on** (fine) gearradh ar; (damage) déanamh ar

influence n tionchar m1 ♦ vt téigh i bhfeidhm or i gcion ar; **to have influence over sb** tionchar or comhairle a bheith agat ar dhuine; **to be under sb's influence** bheith ar chomhairle duine

influential adj tábhachtach, éifeachtach; **an influential person** duine mór le rá, duine tábhachtach

influenza n ulpóg f2, fliú m4

influx n sní f4 isteach; (of people) plódú m isteach

inform vt: **to ~ sb of sth** rud a insint do dhuine, rud a chur in iúl do dhuine ♦ vi: **to ~ on sb** sceitheadh ar dhuine, scéala a dhéanamh ar dhuine

informal adj neamhfhoirmiúil

informality n neamhfhoirmiúlacht f3

informant n faisnéiseoir m3

information n faisnéis f2, eolas m1

information office n oifig f2 eolais

informative adj faisnéiseach; (instructive) oiliúnach

informer n (also: police ~) brathadóir m3

infrastructure n bonneagar m1

infringe vt sáraigh ♦ vi: **to ~ on** sárú ar

infringement n: ~ (of) sárú m (ar)

infuriating adj mearaitheach; **sth infuriating** rud a chuireann duine le báiní or i mbarr a chéille or ar an daoraí

ingenious adj intleachtach, seiftiúil, an-chliste go deo

ingenuity n beartaíocht f2, intleacht f3

ingenuous adj oscailte, fírinneach, macánta, soineanta

ingot n barra m4

ingrained adj fréamhaithe, dúchasach, sa smior, fite fuaite i

ingratiate vt: to ~ o.s. with sb fabhar duine a tharraingt ort féin

ingredient n comhábhar m1

inhabit vt áitrigh, bheith i do chónaí i

inhabitant n áitritheoir m3

inhale vi tarraing isteach d'anáil ♦ vt ionanálaigh

inherent adj nádúrtha; **inherent (in** or **to)** ó dhúchas (i)

inherit vt faigh le hoidhreacht, faigh mar oidhreacht, tar in oidhreacht + gen, le; **the whole family inherited that illness** leanann an tinneas sin den teaghlach uile

inheritance n oidhreacht f3

inhibit vt cuir cosc or cúl ar; (PSYCH) urchoill

inhibition n cosc m1; (PSYCH) urchoilleadh m

inhuman adj mídhaonna

initial adj tosaigh n gen, tionscantach ♦ n túslitir f, iniseal m1 ♦ vt cuir do cheannlitreacha le; **initials** npl (letters) ceannlitreacha fpl; (as signature) inisealacha mpl1

initially adv ar dtús, ó thosach, an chéad uair

initiate vt (start) tionscain, tosaigh, cuir tús le; **to initiate proceedings against sb** an dlí a chur ar dhuine

initiative n tionscnamh m1; **to do sth on one's own initiative** rud a dhéanamh as do stuaim féin or ar do chonlán féin

inject vt insteall, cuir isteach i; (person): **to ~ sb with** sth instealladh ruda a thabhairt do dhuine

injection n instealladh m

injure vt gortaigh, déan díobháil or dochar do

injured adj gortaithe

injury n gortú m

injury time n (SPORT) am m3 breise

injustice n éagóir f3

ink n dúch m1

inkling n leid f2, a dhubh nó a dhath de rud; **to have an inkling that** tuaileas a bheith agat go; **to have no inkling of** gan barúil a bheith agat faoi

inland adj intíre n gen ♦ adv faoin tír

in-laws npl gaolta mpl1 cleamhnais

inlet n (GEOG) inbhear m1, gaoth m1; (: small) góilín m4

inmate n (in prison) cime m4; (in asylum) cónaitheoir m3

inn n teach m ósta, teach iostais

innate adj dúchasach, inbheirthe, sa nádúr

inner adj inmheánach, istigh

inner city n lárchathair f

inner tube n (of tyre) tiúb f2

innings n (SPORT) deis f2 istigh

innocent adj neamhchiontach, gan choir; (harmless) neamhurchóideach; (naive) soineanta

innocuous adj gan choir

innuendo n leath-thagairt f3, leathfhocal m1

innumerable adj dí-áirithe, dí-áirimh, nach bhfuil áireamh air

inpatient n othar m1 cónaitheach

input n (also COMPUT) ionchur m1

inquest n ionchoisne m4; (coroner's) inquest coiste m4 cróinéara

inquire vi, vt fiafraigh, fiosraigh; **to inquire about** sb/sth fiafraí a dhéanamh faoi dhuine/rud; **to inquire after** sb tuairisc duine a chur, duine a fhiafraí

inquiry n fiafraí m4, ceist f2; (investigation) fiosrúchán m1

inquiry office n oifig f2 fhiosraithe

inquisitive adj fiosrach, caidéiseach

insane *adj*: **to be ~** bheith as do mheabhair, mearadh a bheith ort

insanity *n* mire *f4*, gealtacht *f3*

inscription *n* inscríbhinn *f2*

inscrutable *adj* dothuigthe, nach féidir a léamh, nach bhfuil léamh air

insect *n* feithid *f2*

insecticide *n* feithidicíd *f2*

insecure *adj* neamhdhaingean, éadaingean

insensitive *adj* neamh-mhothálach, dúr, fuarchroíoch; **to be insensitive to** gan beann a bheith agat ar

insert *vt* (*also TYP, COMPUT*) ionsáigh, cuir isteach

insertion *n* ionsá *m4*

in-service training *n* traenáil *f3* or oiliúint *f3* inseirbhíse

inshore *adj* cladaigh *n gen* ♦ *adv* le cladach

inside *n* taobh *m1* istigh ♦ *adj* istigh, laistigh ♦ *adv* (*be*) istigh, (*go*) isteach ♦ *prep* istigh i; (*of time*): **~ 10 minutes** taobh istigh de 10 nóiméad; **insides** *npl* (*inf*) ionathar *msg1*, inní *mpl4*

inside information *n* eolas *m1* taobh istigh

inside lane *n* (*AUT*) lána *m4* istigh

inside out *adv* droim ar ais; **he knows it inside out** tá sé ar bharr a theanga aige

insider dealing, insider trading *n* déileáil *f3* chos istigh

insight *n* géarchúis *f2*, léirstean *f2*; (*glimpse, idea*) léargas *m4*, léaró *m4*, léas *m1*

insignificant *adj* neamhthábhachtach, neamhshuimiúil, gan tábhacht; (*paltry*) suarach

insincere *adj* éigneasta, nach bhfuil ar do chroí, (*lying*) bréagach, bréige *n gen*; (*dishonest*) mí-ionraic

insinuate *vt* tabhair le tuiscint, cuir i gcéill

insist *vi*: **to ~ on sth** seasamh ar rud; **to insist that** dearbhú go, maíomh go

insistent *adj* seasmhach, teann, ceartaiseach; (*dogged*) dígeanta

insolent *adj* sotalach, tarcaisneach

insolvent *adj* dócmhainneach; **to become insolvent** éirí dócmhainneach

insomnia *n* neamhchodladh *m*, easuan *m1*

inspect *vt* iniúch, scrúdaigh, déan cigireacht ar

inspection *n* iniúchadh *m*, scrúdú *m*, cigireacht *f3*

inspector *n* cigire *m4*

inspiration *n* inspioráid *f2*

inspire *vt* spreag

install *vt* cuir isteach, (*instate*) insealbhaigh; (*fit*) suiteáil

installation *n* (*fitting*) suiteáil *f3*; (*military, industrial*) bunáit *f2*; (*of bishop*) insealbhú *m*

instalment *n* (*US*) **installment** *n* glasíoc *m3*, glasíocaíocht *f3*; (*COMM, credit*) tráthchuid *f3*; **in instalments** (*pay*) ina ghálaí, ina ghlasíocaí

instance *n* cás *m1*, sampla *m4*; **for instance** cuir i gcás, mar shampla; **in the first instance** ar an gcéad dul síos

instant *n* meandar *m1*, nóiméad *m1* ♦ *adj* láithreach; (*coffee, food*) gasta, ar an toirt

instantly *adv* láithreach bonn, ar an toirt, lom láithreach

instead *adv* ina áit; **instead of** in áit + *gen*, i leaba + *gen*, in ionad + *gen*

instep *n* (*of foot*) droim *m3* (coise), trácht *m3*; (*of shoe*) droim

instigate *vt* cuir ar cois, cuir ina shuí, gríosaigh, spreag

instil vt: **to ~ into** cuir ina luí ar;
(courage) cuir i

instinct n dúchas m1, instinn f2

instinctive adj dúchasach,
instinneach

institute n institiúid f2 ♦ vt
bunaigh; (inquiry) tionscain

institution n institiúid f2

instruct vt múin, teagasc, foghlaim;
to instruct sb in sth rud a
mhúineadh do dhuine; **to instruct
sb to do sth** ordú a thabhairt do
dhuine rud a dhéanamh

instruction n múineadh m, teagasc
m1, foghlaim f3; **instructions** npl
(orders) orduithe mpl; **instructions
(for use)** treoracha fpl (úsáide)

instructor n teagascóir m3,
múinteoir m3

instrument n uirlis f2, gléas m1,
ionstraim f2

instrumental adj (music) uirlise n
gen; **to be instrumental in** bheith
ina chúis le

instrument panel n clár m1
ionstraimí

insufficient adj easpach,
easnamhach, neamhleor

insular adj oileánach; (parochial)
cúngaigeanta

insulate vt insligh; (against heat)
teasdíon; (against sound)
fuaimdhíon

insulating tape n téip f2
inslitheach

insulation n insliú m; (against heat)
teasdíonadh m; (against sound)
fuaimdhíonadh m

insulin n inslin f2

insult n masla m4, tarcaisne f4 ♦ vt
maslaigh, tabhair masla do

insurance n árachas m1; **fire/life
insurance** árachas tine or dóiteáin/
saoil

insurance policy n polasaí m4
árachais

insure vt cuir árachas ar, cuir faoi
árachas; **to insure (o.s.) against**
(fig) tú féin a chosaint ar

intact adj slán, iomlán

intake n tógáil f3 isteach; (of food,
fluid) ionghabháil f3; (of oxygen)
iontógáil f3; (scol): **an ~ of 200 a
year** glacadh m isteach de 200 sa
bhliain

integral (part) n riachtanach;
(MATHS) suimealach

integrate vi, vt comhtháthaigh,
iomlánaigh; (MATHS) suimeáil

intellect n intleacht f3, éirim f2
(aigne)

intellectual adj, n intleachtach m1

intelligence n intleacht f3; (MIL etc)
faisnéis f2

intelligent adj intleachtúil, cliste,
éirimiúil

intend vt (gift etc): **the parcel was
~ed for her** is chuicse a bhí an
beartán ceaptha; **to intend to do
sth** beartú go raibh rud a
dhéanamh, é a bheith ar intinn or
ar aigne agat rud a dhéanamh

intended adj (journey) atá leagtha
amach; **intended effect** toradh a
bhfuiltear ag súil leis

intense adj dian, díochra, tréan,
fíor-; (look) géar; (person)
díocasach, díograiseach; **intense
hatred** dearg-ghráin

intensely adv go dian, go tréan, go
han-, fíor-

intensive adj dian, dian-, tréan

intensive care unit n aonad m1
dianchúraim

intent n intinn f2, aigne f4, rún
m1 ♦ adj (absorbed): **~ (on)** leagtha
(amach) ar; **to all intents and
purposes** ach sa bheag, nach beag,
ionann is; **to be intent on doing
sth** bheith meáite ar rud a
dhéanamh, rún daingean a bheith
agat rud a dhéanamh

intention n rún m1, intinn f2,
aigne f4; **she had no intention of
doing it** ní raibh is rúin aici é a
dhéanamh; **it is my intention to ...**
is rún dom ..., tá sé ar intinn
agam

intentional adj d'aon turas, d'aon
ghnó

intently adv go haireach; (look) go
géar, go dian; (listen) go géar

interact vi imoibrigh

interactive adj (also COMPUT)
idirghníomhach

interchange n (exchange) malartú
m; (on motorway) crosbhealach m1

interchangeable adj inmhalartaithe

intercom n idirchom m4, gléas m1
idirchumarsáide

intercourse n caidreamh m1; (also:
sexual ~) caidreamh collaí,
comhriachtain f3

interdenominational adj
idirchreidmheach

interest n spéis f2, suim f2;
(pastime): **my main ~** an caitheamh
m1 aimsire is mó agam; (COMM) ús
m1 ♦ vt: **music doesn't ~ her** níl
aon spéis sa cheol aici; **to be
interested in sth** spéis a bheith
agat i rud; **I am interested in
going** ba mhaith liom dul

interesting adj spéisiúil, suimiúil

interest rate n ráta m4 úis

interface n (COMPUT) comhéadan
m1

interfere vi: **to ~ in** (other people's
business) do ladar a chur i; **to
interfere with** (object) baint do;
(plans) cur isteach ar

interference n cur m1 isteach;
(RADIO, TV) trasnaíocht f3

interim adj eatramhach ♦ n: **in the
~** idir an dá linn, san eatramh, san
idirlinn

interior n taobh m1 istigh ♦ adj
inmheánach, intíre n gen

interjection n (interruption) cur m1
isteach; (LING) agall f2, intriacht f3

interlock vi comhghlasáil

interlude n eadarlúid f2; (COMPUT)
idirlinn f2

intermediary n idirghabhálaí m4,
idirghníomhaire m4

intermediate adj idirmheánach;
(SCOL, course, level) meán-

intermission n sos m3

intern vt cuir i gcampa géibhinn,
imtheorannaigh ♦ n (US) ábhar m1
dochtúra

internal adj inmheánach

international adj idirnáisiúnta

internment n imtheorannú m

interpersonal adj idirphearsanta

interplay n imirt f3 ar a chéile

interpret vt bain ciall as, ciallaigh,
mínigh; (TECH) léirléigh; (COMPUT)
léirmhínigh ♦ vi bheith ag
teangaireacht, teangaireacht a
dhéanamh

interpreter n teangaire m4,
ateangaire m4; **to act as interpreter
(for)** teanga a dhéanamh (do)

interrelated adj comhghaolmhar,
idirghaolmhar

interrogate vt ceistigh, cuir
ceastóireacht ar

interrogation n ceistiú m,
ceastóireacht f3

interrupt vt, vi trasnaigh; (in
conversation) téigh roimh, cuir
isteach ar, bris isteach ar; (work)
cuir isteach ar; (COMPUT) idirbhris

interruption n cur m1 isteach,
briseadh m isteach

intersect vi trasnaigh

intersection n (of roads)
crosbhealach m1; (TECH) trasnú m

intersperse vt: **to ~ with** meascadh
le

intertwine vt figh ♦ vi figh ina
chéile, snaidhm le chéile

interval n aga m4, sos m3, spás m1;

(_THEAT_) eadarlúid _f2_; (_SPORT_) sos; (_MUS_) idirchéim _f2_; **at intervals** ó am go ham, ó am go chéile

intervene _vi_ (_person_) déan idirghabháil; (_event_) tar idir; (_time_): **two months ~** bhí dhá mhí d'achar eatarthu

intervention _n_ idirghabháil _f3_; (_dispute_) eadráin _f3_

interview _n_ agallamh _m1_ ♦ _vt_ cuir agallamh ar, cuir faoi agallamh

interviewer _n_ agallóir _m3_

intestine _n_ stéig _f2_, putóg _f2_; **intestines** inní _mpl4_, ionathar _msg1_

intimacy _n_ dlúthchaidreamh _m1_

intimate _adj_ dlúth, dlúth-; (_knowledge_) mion- ♦ _vt_ (_hint_) tabhair le fios; **to be on intimate terms with sb** bheith mór le duine

intimately _adv_: **to know sb ~** aithne mhaith a bheith agat ar dhuine

into _prep_ isteach i, i; **the vase broke into pieces** bhris an vása ina phíosaí; **translate the poem into Irish** cuir Gaeilge ar an dán; **a study into cancer** grinnstaidéar ar an ailse; **she's into astrology** tá dúil aici san astralaíocht; **he's well into his fifties** tá sé anonn go maith sna caogaidí; **four into seven won't go** níl seacht inroinnte ar a ceathair; **the cost will run into millions** beidh costas na milliún punt air

intolerant _adj_: **~ (of)** éadulangach (ar)

intoxicated _adj_ ólta, bogtha, ar meisce

intoxication _n_ meisce _f4_

intractable _adj_ (_child_) doriartha; (_problem_) doréitithe

intransitive (_LING_) _adj_ neamhaistreach

intravenous _adj_ infhéitheach

intricate _adj_ casta, imchasta,

achrannach

intrigue _n_ cealg _f2_, uisce _m4_ faoi thalamh ♦ _vt_ múscail spéis ag

intriguing _adj_ an-spéisiúil, inspéise

intrinsic _adj_ intreach, ann féin, as féin

introduce _vt_ tionscain, tabhair isteach; (_TV show_) cuir i láthair; (_people to each other_) cuir in aithne dá chéile; **to introduce sb to** (_pastime, technique_) eolas + _gen_ a thabhairt do dhuine, duine a chur ar an eolas faoi

introduction _n_ tionscnamh _m1_; (_of person_) cur _m1_ in aithne; (_in book_) réamhrá _m4_, intreoir _f_

introductory _adj_ réamh-

introductory offer _n_ (_COMM_) tairiscint _f3_ tosaigh

intrude _vi_: **to ~ on** (_conversation etc_) cur isteach ar

intruder _n_ foghlaí _m4_; (_gatecrasher_) stocaire _m4_

intuition _n_ iomas _m1_

inundate _vt_: **to ~ sb with** duine a bhá le

invade _vt_ déan ionradh ar

invalid _n_ easlán _f7a_ ♦ _adj_ (_not valid_) neamhbhailí

invalidate _vt_: **to ~ sth** rud a chur ó bhailíocht

invaluable _adj_ fíorluachmhar

invariably _adv_ de shíor, i gcónaí, go buan

invent _vt_ cum, ceap, airg; (_discover_) fionn

invention _n_ aireagán _m1_, fionnachtain _f3_

inventive _adj_ airgtheach; (_ingenious_) cruthaitheach; (_resourceful_) seiftiúil

inventor _n_ aireagóir _m3_, cumadóir _m3_; (_discoverer_) fionnachtaí _m4_

inventory _n_ liosta _m4_, sainliosta _m4_

invert _vt_ iompaigh, inbhéartaigh

inverted commas _npl_ uaschamóga _fpl2_, camóga _fpl2_ inbhéartaithe

invest vt infheistigh ◆ vi: **to ~ in sth** infheistiú i

investigate vt (crime etc) fiosraigh

investigation n (of crime etc) fiosrú m

investment n infheistíocht f3

investor n infheisteoir m3

invigilator n feitheoir m3

invigorating adj athbhríoch, spreagúil

invisible adj dofheicthe

invitation n cuireadh m1

invite vt tabhair cuireadh do, cuir cuireadh ar; (opinions etc) iarr; **were you invited?** an ndeachaigh cuireadh ort?, an bhfuair tú cuireadh?

inviting adj tarraingteach

invoice n sonrasc m1

involuntary adj ainneonach, éadoilteanach

involve vt (concern) bain le; (associate): **to ~ sb (in)** duine a tharraingt isteach (i); **it would involve money** bheidh airgead i gceist

involved adj (complicated) casta; **to be involved in** bheith gafa i, baint a bheith agat le

involvement n: **~ (in)** baint f2 (le); (enthusiasm) bá f4 (le)

inward adj (thought, feeling) inmheánach; (movement) isteach (i)

inward(s) adv isteach

iodine n iaidín m4

iota n (fig) pioc m4, dada m4

Iran n An Iaráin f2

Iraq n An Iaráic f2

irate adj feargach

Ireland n Éire f; **she went to Ireland** chuaigh sí go hÉirinn; **in Ireland** in Éirinn; **the people of Ireland** pobal na hÉireann

iris n (eye) imreasc m1; (plant) feileastram m1

Irish adj Éireannach, Gaelach ◆ n (language) Gaeilge f4 ◆ npl: **the ~ muintir** f2 na hÉireann, na hÉireannaigh mpl1, na Gaeil mpl1

Irish-American adj, n Gael-Mheiriceánach m1

Irishman n Éireannach m1, Gael m1

Irish Republic n: **the Irish Republic** Poblacht f3 na hÉireann

Irish Sea n: **the Irish Sea** Muir f3 Éireann

Irishwoman n Éireannach m1 (mná), Gael m1

iron n iarann m1 ◆ cpd iarainn n gen; (fig) crua ◆ vt (clothes) iarnáil
  ▸ **iron out** vt (fig) réitigh

ironic(al) adj íorónta

ironing n iarnáil f3

ironing board n bord m1 iarnála

ironmonger's (shop) n siopa m4 iarmhangaire

irony n íoróin f2

irrational adj neamhréasúnach

irregular adj mírialta, neamhrialta; (surface) éagothrom

irrelevant adj neamhábhartha; **it's completely irrelevant** ní bhaineann sé le hábhar ar chor ar bith

irresistible adj (temptation) dochloíte; (alluring) meallacach, draíochtach

irrespective prep: **~ of** gan bacadh le

irresponsible adj (act) meargánta; (person) neamhfhreagrach; (talk) ráscánta

irrigate vt uiscigh

irrigation n uisciú m

irritable adj gairgeach, colgach; **to become irritable with** éirí feargach or colgach le

irritate vt cuir tochas i, cuir fearg or colg ar, greannaigh; (goad) griog; (MED) greannach

irritating adj bearránach, bambairneach

irritation n fearg f2, mothú m feirge; (irritant) crá m4, ciapadh m;

(*minor*) griogadh *m*

Islam *n* Ioslamachas *m1*

Islamic *adj* Ioslamach

island *n* oileán *m1*, inis *f2*

islander *n* oileánach *m1*

isle *n* inis *f2*

Isle of Man *n* Oileán *m* Mhanann

isolate *vt* aonraigh, cuir ina aonar; (MED) leithligh

isolated *adj* aonarach, aonraithe; (MED) leithliseach; (*place*) iargúlta, cúlriascúil, scoite (amach)

isolation *n* uaigneas *m1*, aonrú *m*; (MED) leithlis *f2*

Israel *n* Iosrael *m4*

Israeli *adj*, *n* Iosraelach *m1*

issue *n* ceist *f2*; (*of book*) foilsiú *m*; (*of banknotes etc*) eisiúint *f3*; (*of newspaper etc*) eagrán *m1*; (*offspring*) sliocht *m3* ♦ *vt* (*books*) foilsigh; (*rations*) tabhair amach; (*statement, notes*) eisigh; at issue *n* i gceist, faoi chaibidil; to take issue with sb (over) dul i ngleic le duine (faoi), easaontú le duine (faoi)

───────────────

KEYWORD

it *pron* 1 (*specific: subject*) sé, sí; (*with copula*) é, í; (: *direct object*) é, í; (: *indirect object*) dó, di etc; it's on the table tá sé ar an mbord; about/from/out of it faoi/uaidh/as; I spoke to him about it labhair mé leis faoi; what did you learn from it? céard a d'fhoghlaim tú uaidh?; I'm proud of it tá bród orm as; in/ towards it ann, chuige; put the book in it cuir an leabhar ann; he agreed to it d'aontaigh sé leis; did you go to it? (*party, concert etc*) an ndeachaigh tú air or uirthi?; after it (*masculine*) ina dhiaidh; tormenting it (*masculine*) á chrá

2 (*impersonal*) sé; it's raining tá sé ag cur; it's Friday tomorrow

amárach an Aoine; it's 6 o'clock tá sé a sé a chlog; it's half past six tá sé leath i ndiaidh or tar éis a sé; who is it? - it's me cé atá ann? - mise

Italian *adj*, *n* Iodálach *m1*; (LING) Iodáilis *f2*

italics *npl* cló *m4* iodálach

Italy *n* An Iodáil *f2*

itch *n* tochas *m1* ♦ *vi* (*person*) tochas a bheith i; I'm itching to go táim ar bís le dul

itchy *adj* tochasach; to be itchy tochas a bheith ionat

item *n* mír *f2*; (*also:* news ~) mír *f2* nuachta

itemize *vt* liostaigh

itinerary *n* cúrsa *m4* taistil, plean *m4* turais or aistir

its *adj* a; (*masculine*) a chuid + *gen*; (*feminine*) a cuid + *gen*

itself *pron* (*reflexive: masculine*) sé/é féin; (: *feminine*) sí/í féin; it's washing itself tá sé á ní féin

ivory *n* eabhar *m1*

ivy *n* eidhneán *m1*

J

jab *vt*: to ~ sth into rud a shá isteach i ♦ *n* (*inf: injection*) instealladh *m*

jack *n* (AUT) seac *m1*, crann *m1* ardaithe; (CARDS) cuireata *m4* ♦ **jack up** *vt*: to ~ up a car carr a chrochadh le seac

jackal *n* seacál *m1*

jackdaw *n* cág *m1*

jacket *n* casóg *f2*, seaicéad *m1*; (*of book*) clúdach *m1*

jackpot *n* an pota *m4* óir, an duais *f2* mhór

jaded *adj* traochta, tugtha, spíonta, tnáite

jagged adj eangach; (blade, mountain) mantach; (stone) spiacánach

jail n príosún m1, carcair f ♦ vt cuir i bpríosún

jam n subh f2; (also: **traffic ~**) plódú m tráchta ♦ vt brúigh, sac, pulc, ding; (radio station) tacht ♦ vi téigh i bhfostú, greamaigh; **to be in a jam** (inf) bheith i sáinn or i bponc; **to jam sth into** (cram, pack) rud a bhrú or a shacadh isteach i; (wedge) rud a dhingeadh isteach i

jammed adj stoptha, greamaithe, i bhfostú, pulctha

jangle vi bheith ag gliogarnach

janitor n doirseoir m3

January n Eanáir m4

Japan n An tSeapáin f2

Japanese adj, n Seapánach m1; (LING) Seapáinis f2

jar n crúsca m4, próca m4, searróg f2; (small) crúiscín m4 ♦ vt (get on nerves etc) goilleann ar ♦ vi (rattle, vibrate) bheith ag cleatráil or ag creathnú, díoscán a dhéanamh; **the colours jarred** ní raibh na dathanna ag teacht le chéile

jargon n béarlagair m4

jaundice n na buíocháin mpl1

javelin n ga m4, bonsach f2

jaw n giall m1

jay n scréachóg f2 choille

jazz n snagcheol m1

jealous adj éadmhar; **to be jealous (of sb)** bheith in éad (le duine), éad a bheith ort (le duine)

jealousy n éad m3, formad m1

jeans npl briste msg4 géine or deinim

jeep n jíp m4

jeer vi: **to ~ (at)** fonóid a a dhéanamh (faoi)

jelly n glóthach f2

jellyfish n smugairle m4 róin

jeopardy n guais f2, baol m1, contúirt f2

jerk n sracadh m1, tarraingt f thobann; (inf: idiot) prioll f2 ♦ vt (pull) srac, tarraing go tobann ♦ vi (vehicles) preab, léim

jersey n (pullover) geansaí m4

Jesuit adj, n Íosánach m1

Jesus n Íosa m4

jet n (gas, liquid) scaird f2; (AVIAT) scairdeitleán m1

jet-black adj ciardhubh

jet engine n scairdinneall m1

jet lag n tuirse f4 aerthaistil

jetsam n muirchur m1, éadáil f3

jettison vt (cargo) cuir i bhfarraige, caith thar bord; (discard) caith uait

jetty n lamairne m4, caladh m1 cuain

Jew n Giúdach m1

jewel n seoid f2

jeweller, (US) jeweler n seodóir m3

jeweller's (shop) n siopa m4 seodóra

jewellery, (US) jewelry n seodra m4; (business) seodóireacht f3

Jewish adj Giúdach

jib n seol m1 cinn

jibe n goineog f2

jiffy (inf) n: **in a ~** i gceann meandair, i bhfaiteadh na súl

jig n (DANCE, MUS) port m1

jigsaw n (saw) preabshábh m1; (also: **~ puzzle**) (tomhas) míreanna fpl2 mearaí

jilt vt tréig

jingle n (of bells) cling f2; (of money, keys) gliogar m1; (for advert) deilín m4 ♦ vi cling; bheith ag gliogarnach

jitters (inf) npl: **to have/get the ~** cearthaí a bheith/a theacht ort

job n jab m4, tasc m1, post m1; **it's a good job that …** is mór an gar go …; **just the job!** sin é díreach atá ag teastáil!

job centre n malartán m1

fostaíochta

jobless adj dífhostaithe, díomhaoin

jockey n jacaí m4, marcach m1 ♦ vi: **they are ~ing for position** tá siad ag breith bairr ar a chéile or ag baint bairr dá chéile

jocular adj meidhreach, greannmhar

jog vt (nudge) tabhair broideadh do ♦ vi (SPORT) bheith ar bogshodar; **to jog sb's memory** cuimhne a spreagadh, rud a chur i gcuimhne do dhuine

jogging n bogshodar m1

join vt (become member of) téigh i, cláraigh le; (queue, army, police) téigh sa; (person) tar le, téigh i gcomhar le; (put together): **to ~ sth to sth** rud a cheangal de rud; **to join things together** rudaí a cheangal or a nascadh ♦ vi (roads, rivers) tar le chéile ♦ n ceangal m1, nasc m1 ▸ **join in** vi, vt glac páirt i

joiner n siúinéir m3

joint n alt m1, siúnta m4; (CULIN) spóla m4; (of cannabis) rífear m1 ♦ adj comh-, comhpháirteach; **out of joint** as alt

joint account n comhchuntas m1

joke n magadh m1, cúis f2 gháire, scéal m1 grinn; (also: **practical ~**) cleas m1, bob m4, grealltóireacht f3 ♦ vi: **you're joking!** ag magadh atá tú!; **to play a joke on** cleas a imirt ar, bob a bhualadh ar; **to joke about sb/sth** magadh a dhéanamh faoi rud/dhuine; **what a joke!** cúis gháire chugainn!

joker n áilteoir m3; (CARDS) fear m1 na gcrúb

jolly adj aigeanta, meidhreach; (pleasant) pléisiúrtha, suairc, suáilceach; **jolly good** maith go leor, tá go maith

jolt n stangadh m, croitheadh m,

preab f2 ♦ vt croith, preab

Jordan n An Iordáin f2

jostle vt guailleáil; **to jostle against sb** bualadh faoi dhuine; **to jostle each other** bheith ag guailleáil a chéile

jot n: **not one ~** faic na fríde, dada ▸ **jot down** vt breac síos

jotter n cóipleabhar m1

journal n iris f2, nuachtán m1

journalism n iriseoireacht f3, nuachtóireacht f3

journalist n iriseoir m3, nuachtóir m3

journey n turas m1, aistear m1

joy n gliondar m1, áthas m1, lúcháir f2

joyful adj gliondrach, lúcháireach, spraíúil

joystick n (AVIAT, COMPUT) luamhán m1 stiúrtha

jubilant adj ollghairdeach, ríméadach; **they were jubilant** bhí ollghairdeas or an-ríméad orthu

jubilation n ollghairdeas m1

judge n (LAW) breitheamh m1; (SPORT etc) moltóir m3 ♦ vt meas; (LAW) tabhair breith ar; (SPORT etc) meas, déan moltóireacht ar

judg(e)ment n breithiúnas m1, breith f2

judicial adj dlíthiúil

judiciary n giúistísí mpl4

judo n júdó m4

jug n crúsca m4, cruiscín m4

juggernaut n arracht m3

juggle vi déan lámhchleasaíocht

juggler n lámhchleasaí m4

juice n sú f4

juicy adj súmhar

July n Iúil f4

jumble n mangail m1, meascán m1 ♦ vt (also: **~ up**) measc, cuir trí chéile

jumble sale n reic m3 manglaim

jumbo (jet) n (scairdeitleán) jumbó

m4

jump *vt, vi* léim, éirigh, téigh in airde de gheit ♦ *n* léim *f2*

jumper *n* (BRIT: *pullover*) geansaí *m4*; (US: *dress*) gúna *m4*

jumper cables, (US) **jump leads** *npl* sreanga *fpl2* dúisithe

jumpy *adj* geiteach, preabach

junction *n* (*of roads*) gabhal *m1*

juncture *n*: **at this ~** in alt na huaire seo

June *n* Meitheamh *m1*

jungle *n* mothar *m1*, dufair *f2*

junior *n* sóisear *m1* ♦ *adj* sóisearach; **he's 2 years my junior,** he's my **junior by 2 years** tá dhá bhliain agam air; **he's my junior** (*in rank*) tá sé níos sóisearaí ná mé

junior school *n* scoil *f2* shóisearach

junk *n* (*rubbish*) bruscar *m1*; (*cheap goods*) mangarae *m4*, mangaisíní *fpl4*

junket *n* juncaed *m4*

junkie *n* (*inf*) andúileach *m1* drugaí

juror *n* giúróir *m3*

jury *n* giúiré *m4*

just *adj* cóir ♦ *adv*: **he had ~ done it** ní mó ná go raibh sé déanta aige; **just right** go díreach, i gceart; **she's just as clever as you** tá sí lán chomh cliste leatsa; **it's just as well!** ní fearr ar bith é!; **it's just as well that ...** is maith an rud é go ...; **just as he was leaving** go díreach agus é ag imeacht; **just before it** go díreach roimhe; **it's just me** níl ann ach mé féin; **it's just a mistake** níl ann ach meancóg; **just listen to this!** éist leis seo anois!

justice *n* ceart *m1*, cóir *f3*; (*also*: **Justice of the Peace**) breitheamh *m1*, giúistís *m4*

justify *vt* (COMPUT) comhfhadaigh; **to justify an action** gníomh a chosaint

jut *vi* (*also*: **~ out**) gob amach

juvenile *adj* óigeanta, óg-; (*court, books*) don aos óg ♦ *n* ógánach *m1*, aosánach *m1*

K

kangaroo *n* cangarú *m4*

karate *n* karaté *m4*

kebab *n* kebab *m4*

keel *n* cíle *f4*; **on an even keel** (*fig*) seasmhach, socair; (*business etc*) ar snámh

keen *adj* díograiseach, díocasach; (*intellect, competition*) géar; (*eye*) géar, grinn; (*interest, desire*) mór, ard-, an-; (*wind*) géar, feanntach; **to be keen on sth** dúil mhór a bheith agat i rud; **keen edge** faobhar *m1*

keep *vt* (*retain, preserve, detain*) coinnigh, coimeád; (*rules*) comhlíon; (*promise, word*) cuir le ♦ *vi* (*remain: quiet etc*) fan; (*food*) seas ♦ *n* (*of castle*) daingean *m1*; (*food etc*): **enough for his ~** riar *m4* a cháis; (*inf*): **for ~s** go buan, ar buanchoinneáil; **to keep doing sth** leanúint de rud; **to keep sb from doing sth** duine a bhacadh ar rud a dhéanamh; **to keep sb happy/a place tidy** duine a shásamh/slacht a choinneáil ar áit; **to keep sth to o.s.** rud a choinneáil agat féin; **to keep sth (back) from sb** rud a cheilt ar dhuine; **to keep time** (*clock*) bheith ar an am; **well kept** slachtmhar, néata ▸ **keep on** *vi* coinnigh le; **he kept on walking** shiúil sé leis; **don't keep on about it!** lig dúinn leis! ▸ **keep out** *vt* coinnigh amach ▸ **keep up** *vt* coinnigh suas, coinnigh in airde; (*continue with*) lean le ♦ *vi*: **to ~ up with sb** coinneáil suas le duine.

cos a choinneáil le duine, bheith céim ar chéim le duine; (*in work etc*): ~ **up the good work** lean ort leis an dea-obair!; **keep it up!** coinnigh leis!

keeper *n* coimeádaí *m4*

keep-fit *n* aclaíocht *f3*

keeping *n*: **in** ~ **with** ag cur le, ag teacht le, de réir + *gen*; **in safe keeping** ar lámh shábhála

keepsake *n* cuimhneachán *m1*

kennel *n* conchró *m4*

kerb *n* colbha *m4* cosáin

kernel *n* (*of nut*) eithne *f4*; (*fig*) croí *m4*

Kerry *n* Ciarraí *f4*

kettle *n* citeal *m1*

kettledrum *n* tiompán *m1*

key *n* (*gen*) eochair; (*MUS*) gléas *m1* ♦ *cpd* eochair- ♦ *vt* (*also*: ~ **in**) eochraigh isteach, buail isteach

keyboard *n* eochairchlár *m1*, méarchlár *m1*

keyed up *adj* (*person*) tógtha, corraithe

keyhole *n* poll *m1* eochrach

keynote *n* (*of speech*) bunsmaoineamh *m1*; (*MUS*) gléasnóta *m4* ♦ *adj*: ~ **address** príomhchaint *f2*

key ring *n* fáinne *m4* eochracha

keystroke *n* (*COMPUT*) eochairbhuille *m4*

kick *vt, vi* ciceáil, speach ♦ *n* cic *m4*, speach *f2*; (*thrill*): **he does it for** ~**s** mar mhaithe leis an spórt a dhéanann sé é; **to kick the habit** (*inf*) éirí as an nós ▸ **kick off** *vi* (*SPORT*) tosaigh

kid *n* (*inf*: *child*) páiste *m4*, leanbh *m1*; tachrán *m1*; (*goat*) meannán *m1*; (*leather*) meannleathar *m1* ♦ *vi* (*inf*) bheith ag magadh; **to kid o.s. that** samhlú chugat féin go

kidnap *vt* fuadaigh

kidnapper *n* fuadaitheoir *m3*

kidnapping *n* fuadú *m*

kidney *n* (*ANAT*) duán *m1*

Kildare *n* Cill *f* Dara

Kilkenny *n* Cill *f* Chainnigh

kill *vt* maraigh ♦ *n* (*act*) marú *m*

killer *n* marfóir *m3*

killing *n* marú *m*; **to make a killing** (*inf*) brabús maith a dhéanamh

killjoy *n* duarcán *m1*

kiln *n* áith *f2*

kilo *n* cileagram *m1*

kilobyte *n* (*COMPUT*) cileabeart *m1*

kilocycle *n* (*COMPUT*) cilichiogal *m1*

kilogram(me) *n* cileagram *m1*

kilometre *n*, (*US*) **kilometer** *n* ciliméadar *m1*

kilowatt *n* cileavata *m4*

kilt *n* filleadh *m1* beag

kin *n see* **next**; **kith**

kind *adj* cineálta, lách, caoin ♦ *n* cineál *m1*, sórt *m1*, saghas *m1*; (*race*) cine *m4*; **they are two of a kind** alt d'aon mhuineál an dís; **to pay sb back in kind** comaoin or tomhas a láimhe féin a thabhairt do dhuine

kindergarten *n* naíscoil *f2*

kind-hearted *adj* dea-chroíoch, nádúrtha, cineálta

kindle *vt* dearg, fadaigh

kindly *adj* cineálta, lách, nádúrtha ♦ *adv* go cineálta; **will you kindly ...!** ar mhiste leat ...!

kindness *n* cineáltas *m1*; **to do sb a kindness** cineál a dhéanamh ar dhuine, gar a dhéanamh do dhuine

kindred *adj*: **they were** ~ **spirits** ba d'aon nádúr amháin iad

kinetic *adj* cinéiteach

king *n* rí *m4*

kingdom *n* ríocht *f2*, flaitheas *m1*

kingfisher *n* cruidín *m4*

kinky (*pej*) *adj* corr, saoithiúil

kiosk *n* both *f3*

kipper *n* scadán *m1* leasaithe

kiss n póg ♦ vt póg; **to kiss (each other)** póg a thabhairt (dá chéile); **to blow (sb) a kiss** póg a chaitheamh (chuig duine)

kiss of life n análú m tarrthála

kit n trealamh m1, fearas m1, feisteas m1

kitchen n cistin f2

kitchen sink n doirteal m1

kite n (toy) eitleog f2

kith n: **~ and kin** cairde mpl gaoil

kitten n puisín m4, piscín m4

kitty n (money) leac f2, carnán m1

knack n: **to have the ~ of doing sth** sás a dhéanta a bheith agat

knapsack n cnapsac m1

knead vt fuin

knee n glúin f2

kneecap n capán m1 glúine, pláitín m4 glúine

kneel vi (also: **to ~ down**) dul ar do ghlúine, sléacht

knickers npl brístín msg4

knife n scian f2 ♦ vt: **to ~ sb** duine a sceanadh

knight n ridire m4

knighthood n ridireacht f3

knit vt cniotáil ♦ vi (broken bones) snaidhm, tar ina chéile, táthaigh; **to knit one's brows** do mhalaí a chrapadh or a chruinniú

knitting n cniotáil f3

knitting needle n biorán m1 cniotála, dealgán m1

knitwear n éide f4 chniotáilte

knob n cnap m1; (on door) murlán m1; (of butter) meall m1

knock vt cnag, buail; (bump into) buail in éadan + gen, buail faoi ♦ vt (at door etc): **to ~ at** or **on** cnagadh ar, bualadh ar, cnag a bhualadh ar ♦ n cnag m4, buille m4 ▸ **knock down** vt leag ▸ **knock off** vi (inf: finish) scoir den obair ♦ vt (from price) bain de; (inf: steal) sciob ▸ **knock out** vt leag

amach, sín, cnag, cuir néal i n amach or a shíneadh; (of competition) cuir as or amach ▸ **knock over** vt leag

knot n snaidhm f2 ♦ vt snaidhm

knotty adj (fig) casta, achrannach

know vt (information): **I ~ that** tá a fhios sin agam, tá sin ar eolas agam; (person): **I ~ her** tá aithne agam uirthi; (place): **I ~ Belfast** tá mé eolach ar Bhéal Feirste; **I know how to drive/swim** tá tiománt/snámh agam; **she knows about** or **of** tá sí ar an eolas faoi; **I know about** or **of him** tá a fhios agam é; **do you know the way?** an bhfuil fios or eolas an bhealaigh agat?; **to know sb by sight** aithne shúl a bheith agat ar dhuine; **to know what is what** fios do ghnóthaí a bheith agat ar dhuine; **as far as I know** ar feadh m'eolais, go bhfios dom; **how do you know?** cá bhfios duit?; **God only knows!** ag Dia atá a fhios

know-all (pej) n saoithín m4

know-how n saineolas m1, fios m3 gnóthaí

knowing adj (look etc) eolach ♦ n: **there's no ~** níl a fhios, ní fios

knowingly adv (intentionally) d'aon turas; (look) go heolach

knowledge n eolas m1, fios m3; **it's common knowledge that …** tá a fhios ag an saol (mór) go …

knowledgeable adj eolach

knuckle n alt m1

Koran n Córan m4

Korea n An Chóiré f4

kosher adj: **~ food** bia coisir

L

label n lipéad m1 ◆ vt cuir lipéad ar, lipéadaigh

labor etc (US) n = **labour** etc

laboratory n saotharlann f2

labour, (US) **labor** n (work) saothar m1, obair f2; (workforce) lucht m3 oibre ◆ vi: to ~ (at) bheith ag obair go dian (ar) ◆ vt: to ~ the point seanbhailéad a dhéanamh den scéal; **in labour** (MED) i luí seoil, i dtinneas clainne; **Labour, the Labour party** Páirtí an Lucht Oibre

laboured adj: ~ **breathing** saothar anála; **his breathing was laboured** bhí saothar air

labourer n oibrí m4, saothraí m4; **farm labourer** oibrí feirme

lace n lása m4; (of shoe etc) iall f2, barriall f2 ◆ vt (shoe: also: ~ **up**) ceangail

lack n easnamh m1, easpa f4 ◆ vt: **he ~s experience** tá easpa taithí air; **through** or **for lack of** (de) cheal + gen; **to be lacking** bheith easnamhach; **to be lacking in sth** easpa ruda a bheith ort, bheith in easnamh ruda, rud a bheith in easnamh ort

lacquer n laicear m1

lad n buachaill m3, leaid m4, stócach m1

ladder n dréimire m4; (in tights) roiseadh m

laden adj: ~ **with** faoi ualach + gen, luchtaithe le

ladle n ladar m1, liach f2

lady n bean f uasal; (in address): **ladies and gentlemen** a dhaoine uaisle; **young lady** ógbhean f; (married) bean f phósta; (title) bantiarna f4; **the ladies' (room)** leithreas m1 na mban

ladybird, (US) **ladybug** n bóín f4 Dé

ladylike adj banúil

ladyship n: **your ~** a bhantiarna

lag n moill f2, moilliú m, aga m4 moille ◆ vi (also: ~ **behind**) moilligh; (fig) bheith chun deiridh ◆ vt (pipes) fáluigh

Lagan n: **the (River) ~** Abhainn f an Lagáin

lager n lágar m1

lagoon n murlach m1

laid-back (inf) adj luite siar, sochma, réchúiseach

laid up adj i do luí tinn, ag coinneáil na leapa

lake n loch m3

lamb n (animal) uan m1; (meat) uaineoil f3

lamb chop n gríscín m4 uaineola

lame adj bacach

lament n caoineadh m, marbhna m4 ◆ vt caoin

laminated adj lannach

lamp n lampa m4, lóchrann m1

lamppost n lóchrann m1 sráide

lampshade n scáthlán m1 lampa

lance n (MED) lansaigh

land n talamh m1 or f; (country) tír f2; (estate) fearann m1 ◆ vi landáil; (AVIAT) landáil, luigh, tuirling, téigh or tar i dtír ◆ vt (passengers, goods) cuir i dtír; **to land sb with sth** (inf) rud a chur ar dhuine; **he landed me with the expense** chuir sé na costais ormsa ▸ **land up** vi: **they ~ed up about nine** tháinig siad i dtrátha a naoi; **we eventually landed up in Cork** casadh faoi dheireadh muid i gCorcaigh

landing n (AVIAT) tuirlingt f2; (of staircase) léibheann m1, ceann m1 staighre; (of troops) teacht m3 i dtír

landing gear n trealamh m1 tuirlingthe

landing strip n stráice m4 tuirlingthe

landlady n (of house) bean f lóistín, bean tí; (of pub) bean f ósta, bean tí

landlocked adj talamhiata; **landlocked bay** glasbhá f4

landlord n tiarna m4 talaimh or talún; (of pub etc) fear m1 tábhairne

landmark n sprioc f2; (fig) rud a bhfuil tábhacht ar leith ag baint leis

landowner n úinéir m3 talaimh

landscape n tírdhreach m3

landscape gardener n garraíodóir m3 pictiúrtha

landslide n (GEOG) maidhm f2 thalún; **landslide victory** (fig, POL) bua m4 caoch, bua maidhme

lane n (in country) bóithrín m4, cabhsa m4; (AUT, in race) lána m4

language n teanga f4; **bad language** droch-chaint f2

language laboratory n teanglann f2, saotharlann f2 teanga

lank adj (hair) marbh, murtallach

lanky adj scailleagánta, reangach

lantern n lóchrann m1

Laois n Laois f2

lap n (of track) cuairt f2; (of body): **in** or **on one's ~** i d'ucht m3 ♦ vt (also: ~ **up**) leadhb siar ♦ vi (waves) bheith ag lapadaíl or ag slaparnach ▸ **lap up** vt (fig) slog siar

lapel n bóna m4, lipéad m1

Lapland n An Laplainn f2

lapse n earráid f2; (in behaviour) dearmad m1 ♦ vi (LAW) téigh i ndímrí; (contract) téigh as feidhm, téigh i léig; **to lapse into bad habits** titim chun drochnósanna; **lapse of time** imeacht aimsire

laptop (computer) n (COMPUT) ríomhaire m4 glúine

larceny n gadaíocht f3, goid f3

larch n learóg f2

lard n blonag f2

larder n lardrús m1

large adj mór, toirtiúil; **at large** (free) saor; see also **by**

largely adv den chuid is mó, ar an mórchóir

large-scale adj mór, ar mhórscála; (production) ar an mórchóir

lark n (bird) fuiseog f2; (joke) cleas m1, spórt m1; **to lark about** vi bheith ag pleidhcíocht

laryngitis n laraingíteas m1

laser n léasar m1

laser printer n léasarphrintéir m3

lash n lasc f2; (also: **eyelash**) fabhra m4 ♦ vt (whip) lasc, stiall; (tie) ceangail ▸ **lash out** vi: **~ out at** or **against** iarraidh de bhuille a thabhairt ar

lass n cailín m4

lasso n téad f2 ruthaig

last adj deireanach, déanach ♦ adv ar deireadh; (finally) faoi dheireadh ♦ vi mair; **last week** an tseachtain seo caite; **last night** (evening) tráthnóna aréir; (night) aréir; **last year** anuraidh; **at last** faoi dheireadh; **last but one** leathdheiridh, leathdheireanach; **and last but not least** agus an meall is mó ar deireadh; **to make sth last** fad a bhaint as rud

last-ditch adj (attempt) ar an nóiméad deireanach

lasting adj buan, marthanach

lastly adv (in list) ar deireadh thiar; (talk, oration) mar fhocal scoir

last-minute adj ar an nóiméad deireanach

latch n laiste m4

late adj (not on time) mall, déanach; (former) iar-; (dead) nach maireann ♦ adv (go) déanach, (go) mall; **of late** ar na mallaibh, le déanaí; **in late May** i ndeireadh na Bealtaine; **the late**

Mr O'Donnell an tUasal Ó Dónaill
nach maireann
latecomer n straigléir m3, leastar
m1
lately adv le déanaí, ar na mallaibh,
ó chianaibh
later adj (date etc) níos moille;
(version etc) níos déanaí ♦ adv níos
moille; **later on** idir sin is tráthas,
ar ball
latest adj is déanaí; **at the latest** ar
a dhéanaí
lathe n deil f2
lather n sobal m1 ♦ vt cuir sobal ar
Latin n Laidin f2 ♦ adj Laidineach
Latin America n Meiriceá m4
Laidineach
Latin American adj Meiriceánach
Laidineach
latitude n domhanleithead m1;
(freedom) saoirse f4, scóip f2
latter adj deireanach ♦ n: **the ~ an**
ceann deireanach a luadh
latterly adv le gairid, le deireanas
laudable adj inmholta
laugh n gáire m4 ♦ vi déan gáire; **to
make sb laugh** gáire a bhaint as
duine; **to stop o.s. from laughing**
cluain a chur ar na gáirí; **to laugh
sth off** cuid ghrinn a dhéanamh
de rud ♦ **laugh at** vt fus bheith ag
gáire faoi
laughable adj áiféiseach,
seafóideach
laughing stock n ceap m1
magaidh, stoic f2 mhagaidh
laughter n gáire m4
launch n lainse f4; (motorboat)
mótarbhád m1 ♦ vt (boat) lainseáil;
(missile) scaoil, teilg; (book) seol,
lainseáil
launderette, (US) **Laundromat** ® n
neachtlainnín f4
laundry n (clothes) níocháin m1;
(business) neachtlann f2; (room)
seomra m4 níocháin

laureate adj see **poet laureate**
laurel n labhras m1
lava n laibhe f4
lavatory n leithreas m1
lavender n labhandar m1
lavish adj (amount) fial; (person):
~ **with** flaithiúil le, fairsing le ♦ vt
(money) caith go doscaí; **to lavish
sth on sb** rud a thabhairt go fial
do dhuine
law n dlí m4
law-abiding adj umhal don dlí
law and order n an dlí agus an
tsíocháin
law court n cúirt f2 dlí
lawful adj dlíthiúil, dleathach
lawless adj (action) aindlíthiúil
lawn n faiche f4, léana m4
lawnmower n lomaire m4 faiche or
léana
lawn tennis n leadóg f2 (léana)
law school (US) n scoil f2 dlí
lawsuit n cúis f2 dlí
lawyer n dlíodóir m3
lax adj (loose) scaoilte; (negligent)
faillitheach
laxative n purgóid f2
lay adj tuata vi (hand, carpet) leag;
(bet) cuir; **to lay eggs** uibheacha a
bhreith; **to lay the table** an bord a
leagan ▶ **lay aside, lay by** vt fág i
leataobh ▶ **lay down** vt fág uait,
leag uait; **to lay down the law** na
rialacha a fhógairt; **to lay down
your life** d'anam a thabhairt ▶ **lay
off** vt (workers) leag as ▶ **lay on** vt
(provide) cuir ar fáil ▶ **lay out** vt
(display) leag amach
layabout (inf) n slúiste m4, scraiste
m4
lay-by n leataobh m1
layer n (of paint) brat m1; (GEOL)
sraith f2
layman n tuata m4
layout n leagan m1 amach
laywoman n tuata m4 mná

laze about *vi* bheith ag leadaíocht (thart) *or* ag leisceoireacht
lazy *adj* falsa, leisciúil, scraisteach
LCD-display *n* (COMPUT) taispeántas *m1* dé-óide leachtchriostail
lead[1] *n* (*distance, time ahead*) tosach *m1*; (*clue*) leid *f2*; (THEAT) príomhpháirt *f2*; (ELEC) seolán *m1*; (*for dog*) iall *f2* ◆ *vt* treoraigh; (*be leader of*) bheith i gceannas ar ◆ *vi* (*street etc*) téigh go; (SPORT) bheith chun tosaigh; **in the lead** chun tosaigh; **to lead the way** an t-eolas a dhéanamh ▸ **lead on** *vt* (*tease*) meall leat ▸ **lead to** *vt fus* (*road*) téigh go
lead[2] *n* (*metal*) luaidhe *f4*
leaden *adj* (*sky, sea*) trom, ar dhath na luaidhe
leader *n* ceannaire *m4*, ceann *m1* feadhna; (SPORT, *in league, race*) tosaí *m4*
leadership *n* ceannasaíocht *f3*; (*quality*) cumas *m1* ceannasaíochta
lead-free *adj* (*petrol*) saor ar luaidhe
leading *adj* príomh-, ceann-; (*in race*) tosaigh *n gen*
leading lady *n* (THEAT) príomhaisteoir *m3* mná, príomh-bhanaisteoir *m3*
leading man *n* (THEAT) príomhaisteoir *m3*
lead singer *n* (*in pop group*) príomhamhránaí *m4*
leaf *n* duille *m4*, duilleog *f2*; (*of book*) bileog *f2*, duilleog ◆ *vi*: **to ~ through** na leathanaigh a thiontú; **to turn over a new leaf** béasa a athrú
leaflet *n* bileog *f2* eolais, duilleachán *m1*
league *n* (POL) conradh *m*; (SPORT) sraith *f2*, sraithchomórtas *m1*; **to be in league with** bheith i bpáirt le
leak *n* ligean *m1* (isteach *or* amach), deoir *f2* isteach; (*in roof*) deoir *f2* anuas ◆ *vi* (*pipe*) lig; (*liquid etc*) sceith; (*shoes*) lig isteach (uisce); (*ship*) déan uisce ◆ *vt* (*information*) scil, sceith
lean *adj* caol; (*meat*) trua ◆ *vt*: **to ~ sth on sth** rud a chur le rud ◆ *vi* (*slope*) claon; (*rest*): **to ~ against** do thaca a ligean le; **to lean on** taca a bhaint as; **to lean back/forward** cromadh siar/chun tosaigh ▸ **lean out** *vi* cromadh amach
leaning *n*: **~ (towards)** claonadh *m* (i leith)
leap *n* léim *f2* ◆ *vi* léim
leapfrog *n*: **to play ~** cliobóg a chaitheamh
leap year *n* bliain *f3* bhisigh
learn *vt, vi* foghlaim; **to learn to do sth** an dóigh a fhoghlaim le rud a dhéanamh; **to learn about** *or* **of sth** (*hear, read*) fáil amach faoi rud
learned *adj* léannta
learner *n* foghlaimeoir *m3*; (*also*: **~ driver**) foghlaimeoir tiomána
learning *n* foghlaim *f3*; (*knowledge*) léann *m1*
lease *n* léas *m3* ◆ *vt* léasaigh
leash *n* iall *f2*
least *adj*: **the ~** (*+noun*) ... dá laghad, an ... is lú; (: *smallest amount of*) an méid is lú ◆ *adv* (*+verb*) is lú; (*+adj*): **the ~ powerful country** an tír is lú cumhacht; **at least** ar a laghad; **he wasn't in the least perturbed by the news** níor chuir an nuacht buaireamh dá laghad air; **that is the least I can do** sin an saothar is lú dom
leather *n* leathar *m1*
leave *vt* fág; (*forget*) déan dearmad de ◆ *vi* imigh ◆ *n* (*time off*) saoire *f4*; (MIL *also, consent*) cead *m3* scoir; **to be left** bheith fágtha; **there's some milk left over** tá braon

bainne fágtha; **on leave** ar scor;
(MIL) ar cead ▸ **leave behind** *vt*
(*person, object*) fág i do dhiaidh;
(*forget*) déan dearmad de ▸ **leave
out** *vt* fág ar lár, fág as

leave of absence *n* cead *m3* scoir

Lebanon *n* An Liobáin *f2*

lecherous (*pej*) *adj* drúisiúil

lecture *n* léacht *f3* ♦ *vi* tabhair
léacht ♦ *vt* (*scold*) tabhair fíos a
bhéasa do; **to give a lecture on
literature** léacht a thabhairt ar an
litríocht

lecturer *n* léachtóir *m3*

LED-display *n* (COMPUT) taispeántas
m1 dé-óide solasastaíche

ledge *n* (*of window, on wall*) leac
f2; (*of mountain*) fargán *m1*

ledger *n* (COMM) mórleabhar *m1*
cuntas

Lee *n*: **the (River)** ~ An Laoi *f4*

leech *n* súmaire *m4*; (*fig*) diúgaire
m4

leek *n* cainneann *f2*

leer *vi*: **to** ~ **at sb** súil teaspaigh a
chaitheamh le duine

leeway *n* (*fig*): **to have some**
~ scóip bheag a bheith agat

left *adj* (*not right*) clé ♦ *n* ciotóg *f2*,
clé *f4* ♦ *adv* clé; **on the left, to the
left** ar clé, ar thaobh na láimhe
clé; **the Left** (POL) an eite chlé

left-handed *adj* ciotógach

left-hand side *n* taobh *m1* na
láimhe clé

left-luggage (office) *n* oifig *f2* an
bhagáiste

leftovers *npl* fuílleach *msg1*

left-wing *adj* (POL) na heite *n gen* clé

leg *n* cos *f2*; (*of journey*) scríob *f2*;
1st/2nd leg (SPORT) an chéad/
ghéabh/an dara géabh *m3*; **leg of
chicken/lamb** cos *f2* sicín/ceathrú *f*
uaineola

legacy *n* oidhreacht *f3*

legal *adj* dlíthiúil, dleathach

legal holiday (US) *n* lá *m* saoire
poiblí

legal tender *n* dlíthairiscint *f*

legend *n* finscéal *m1*

legible *adj* inléite, soléite

legislation *n* reachtaíocht *f3*

legislature *n* reachtas *m1*; **The
Legislature** an tOireachtas *m1*

legitimate *adj* dlisteanach

leg room *n* spás *m1* leis na cosa a
shíneadh

Leinster *n* Laighin *m4*, Cúige *m4*
Laighean ♦ *adj* Laighneach

leisure *n* fóillíocht *f3*; **at one's
leisure** ar do shocairshuaimhneas

leisure centre *n* ionad *m1*
fóillíochta

leisurely *adj* go socair, go réidh, ar
do shocairshuaimhneas

Leitrim *n* Liatroim *m3*

lemon *n* líomóid *f2*

lemonade *n* líomanáid *f2*

lemon tea *n* tae *m4* líomóide

lend *vt*: **to** ~ **sth (to sb)** rud a
thabhairt ar iasacht (do dhuine)

length *n* fad *m1*; (*section : of road,
pipe etc*) píosa *m4*; (*of time*) tamall
m1; **at length** (*at last*) faoi
dheireadh; (*for a time*) ar feadh
tamaill fhada

lengthen *vi, vt* fadaigh, cuir fad le

lengthways *adv* ar (a) fhad

lengthy *adj* fada; (*long-winded*)
fadálach, strambánach

lenient *adj* bog, ceadaitheach

lens *n* lionsa *m4*

Lent *n* An Carghas *m1*

lentil *n* lintile *f4*; **lentils** piseánach
msg1; **lentil soup** anraith *m4*
piseánaigh

Leo *n* An Leon *m1*

leotard *n* léatard *m1*

leprosy *n* lobhra *f4*

lesbian *n* leispiach *m1*

less *adj, pron, adv* níos lú, is lú
♦ *prep* lúide; **less 50%** lúide 50%;

less than that/you níos lú ná sin/
tusa; **less than half** níos lú ná (a)
leath, faoi bhun (a) leath; **less than
ever** níos lú ná riamh; **less and
less** níos lú agus níos lú; **the less
he works ...** dá laghad a oibríonn
sé ...

lessen vi laghdaigh, síothlaigh ♦ vt
maolaigh

lesser adj níos lú, is lú, beag; **to a
lesser extent** ar bhonn is lú

lesson n ceacht m3; **to teach sb a
lesson** (fig) ceacht a mhúineadh
do dhuine; **that taught me a
lesson** rinne sin mo shúile dom

lest conj ar eagla go, ar fhaitíos go

let vt lig, ceadaigh; (lease) lig ar
cíos; **to let sb do sth** ligean do
dhuine rud a dhéanamh; **to let sb
know sth** rud a chur in iúl do
dhuine; **let's go!** chugainn!, ar
aghaidh linn!; **let him come a
chead aige teacht; "to let"** "le
ligean (ar cíos)"; **let down** vt
(tyre) lig an t-aer as; (person) loic
ar ▸ **let go** vi lig amach do ghreim
♦ vt scaoil le; **let me go** lig amach
mé ▸ **let in** vt lig isteach ▸ **let off**
vt (culprit) lig a cheann leis; (gun
etc) scaoil ▸ **let on** (inf) vi sceith,
lig ort (go); **don't let on** ná lig a
dhath or dada ort ▸ **let out** vt lig
amach, scaoil amach; (scream) lig
asat ▸ **let up** vi maolaigh; (cease)
staon, is lig; **it is letting up?** an bhfuil
maolú ag teacht air?

lethal adj marfach

letter n litir f

letter bomb n litirbhuama m4

letterbox n bosca m4 litreacha

lettering n litreoireacht f3

lettuce n leitís f2

let-up n maolú m; **there was a
let-up in the rain** tháinig uaineadh
beag

leukaemia, (US) **leukemia** n

leoicéime f4

level adj cothrom ♦ n cothrom m1;
(standard) leibhéal m1, caighdeán
m1; (floor) urlár m1 ♦ vt
cothromaigh; **to be level with**
bheith cothrom le; **to draw level
with** (person, vehicle) teacht gob ar
ghob le; **"A" levels** (BRIT)
Ardleibhéil mpl1, A-leibhéil,
= Ardteistiméireacht f3, = Ardteist
f2; **"O" levels** (BRIT) Ordleibhéil
mpl1, "O" leibhéil; **on the level**
(fig: honest) ionraic, macánta
▸ **level off** vi (prices etc)
cothromaigh

level crossing n crosaire m4
comhréidh

level-headed adj stuama

lever n luamhán m1

leverage n luamhánacht f3;
leverage (on or with) (fig)
tionchar m1 (ar)

levy n tobhach m1, cáin f ♦ vt
toibhigh; **to levy a tax on sth** cáin
a ghearradh ar rud

lewd adj graosta

liability n (responsibility) freagracht
f3; (COMM) fiachas m1; (LAW)
dliteanas m1; (handicap) cis f2;
liabilities npl (on balance sheet)
fiachais mpl1

liable adj (responsible): ~ (for)
freagrach (as); (likely): **he's ~ to
cause a quarrel** b'fhurasta dó
achrann a thógáil

liaise vi: **to ~ (with)** comhoibriú (le)

liaison n ceangal m1

liar n bréagadóir m3

libel n leabhal m1 ♦ vt leabhlaigh

liberal adj liobrálach; (generous):
~ **with** fairsing le, fial le; **the
Liberal Democrats** (BRIT) na
Daonlathaithe Liobrálacha

liberation n saoradh m, fuascailt f2

liberty n saoirse f4; **to be at liberty
to do sth** cead a bheith agat rud a

dhéanamh

Libra n An Mheá f4
librarian n leabharlannaí m4
library n leabharlann f2
libretto n leabhróg f2
Libya n An Libia f4

licence, (US**) license** n ceadúnas m1; (*excessive freedom*) díolúine f4
licence number n uimhir f cheadúnais
licence plate n uimhirchlár m1
license n (US) = **licence** ◆ vt ceadúnaigh; **licensed to sell alcohol** ceadúnaithe chun deochanna meisciúla a dhíol
licensed adj (*car*) ceadúnaithe, faoi cheadúnas
lick vt ligh; (*inf: defeat*) buail, tabhair léasadh do; **to lick one's lips** (*fig*) bheith ag blasachtany
licorice (US) n = **liquorice**
lid n claibín m4, clár m1; (*eyelid*) caipín m4 súile, duille m4
lie vi (*rest*) luigh; (*in grave*) bheith sínte; (*be situated*) bheith suite; (*be untruthful*) inis bréag ◆ n bréag f2; **to tell a lie** bréag a dhéanamh or a inse; **without a word of a lie** gan bhréag gan áibhéil; **to lie low** (*fig*) do cheann a choinneáil thíos ▸ **lie about** or **around** vi bheith ag leadaíocht (thart)
lie-down n: **to have a ~** néall a chodladh
lie-in n: **to have a ~** codladh go headra
lieutenant n leifteanant m1
life n beatha f4, saol m1; (*vitality*) beocht f3; **to come to life** (*fig*) éirí beoga; **how's life?** cad é mar atá an saol agat?; **for life** (*for good*) feadh do shaoil, le do shaol; **that's life!** is iomaí cor sa saol, sin an saol agat!; **throughout his life** fad a mhair sé, ar feadh a shaoil; **to run for one's life** teicheadh le

d'anam

life assurance n árachas m1 saoil
lifebelt n crios m3 tarrthála
lifeboat n bád m1 tarrthála
lifebuoy n baoi m4 tarrthála
lifeguard n garda m4 tarrthála, maor m1 snámha
life insurance n árachas m1 saoil
life jacket n seaicéad m1 tarrthála
lifeless adj marbh, marbhánta, neamhbheo; (*fig: person*) gan anam; (*dull*) leamh
lifelike adj a bhfuil dealramh na beatha air
lifeline n: **it was his ~** bhí a bheo i ngeall air
lifelong adj (*friend etc*) saoil n gen
life preserver (US) n = **lifebelt** or **life jacket**
life sentence n príosúnacht f3 saoil
life-size(d) adj ar thomhas nádúrtha
life span n (*for person*) fad m1 saoil; (*for product*) saolré f4
lifestyle n stíl f2 bheatha, béasca f4
lifetime n saol m1; **in his lifetime** lena linn, lena shaol
Liffey n: **the ~** An Life f4
lift vt tóg, ardaigh ◆ vi (*fog*) scaip ◆ n (*elevator*) ardaitheoir m3; **to give sb a lift** (AUT) síob f2 or marcaíocht f3 a thabhairt do dhuine
lift-off n scaoileadh m, éirí m4 de thalamh
light n solas m1; (*lamp*) lóchrann m1; (AUT, *headlight*) ceannsolas m1; (*for cigarette etc*): **have you got a ~?** an bhfuil lasán agat? ◆ vt las ◆ adj (*bright*) geal; (*not heavy/strenuous*) éadrom; **lights** npl (AUT, *traffic lights*) soilse mpl1; **to come to light** teacht chun solais ▸ **light up** vi (*face*) geal ◆ vt (*illuminate*) caith solas ar, soilsigh

light bulb n bolgán m1 solais

lighten vt (make less heavy) éadromaigh; (burden) laghdaigh

lighter n (also: cigarette ~) lastóir m3 (toitíní)

light-headed adj (giddy) éaganta; **I became light-headed** tháinig mearbhall orm

light-hearted adj éadromchroíoch, aerach, meidhreach, aigeanta

lighthouse n teach m solais

lighting n (on road, in theatre) soilsiú m

lightly adv go héadrom; **to get off lightly** teacht as saor go maith

lightness n (in weight) éadroime f3

lightning n tintreach f2; **flash of lightning** splanc f2 thintrí, saighneán m1

lightning conductor, lightning rod (US) n conductaire m4 tintrí

lightweight adj (suit) éadrom ♦ n (BOXING) éadrom-mheáchan m1

like vt: **I ~** is maith liom ♦ prep amhail ♦ adj den chineál céanna ♦ n: **and the ~** agus a leithéid; **my likes and dislikes** na rudaí is maith leis agus na rudaí nach maith leis; **I would like, I'd like** ba mhaith liom; **would you like a coffee?** ar mhaith leat caifé?; **to be like sb** bheith cosúil le duine; **to look like sb** dealramh a bheith agat le duine; **what does it look like?** cad é an chuma atá air?; **what does it taste like?** cad é an blas atá air?; **that's just like him** is amhlaidh féin a dhéanfadh é; **do it like this** déan mar seo é; **it's nothing like …** níl sé ar dhóigh ar bith cosúil le …

likeable adj taitneamhach; (person) geanúil, pléisiúrtha, groí

likelihood n dóchúlacht f3; **there's every likelihood that …** tá an uile chosúlacht go …

likely adj dóchúil; **he's likely to**

leave tá gach cosúlacht ann go bhfágfaidh sé; **not likely!** (inf) beag an baol!; **as likely as not** chomh dócha lena athrach; **it's hardly likely** that ní móide go

likeness n cosúlacht f3, dealramh m1, samhail f3

likewise adv mar an gcéanna; **to do likewise** déanamh amhlaidh, an cleas céanna a dhéanamh

liking n dúil f2; **to have a liking for sth** dúil a bheith agat i rud; **to take a liking to sth** taitneamh a thabhairt do rud; **to one's liking** in aice le do thoil

lilac adj liathchorcra ♦ n craobh f2 liathchorcra

lily n lile f4

lily of the valley n lile f4 na ngleanntán

limb n géag f2

limber up vi aclaigh

limbo n: **to be in ~** (fig) bheith ligthe i ndearmad

lime n (tree) crann m1 líomaí; (fruit) líoma m4; (GEOG) aol m1

limelight n: **in the ~** (fig) os comhair an phobail

Limerick n Luimneach m1

limerick n luimneach f2

limestone n aolchloch f2

limit n teorainn f ♦ vt teorannaigh, cuir srian le; **over the limit** thar an cheart

limited adj teoranta

limited (liability) company n comhlacht m3 teoranta

limp n: **he has a ~** tá céim bhacaí ann ♦ vi bheith ag bacadradh ♦ adj bacach

limpet n bairneach m1

line n líne f4; (stroke) stríoc f2; (wrinkle) roc m1; (rope) téad f2; (FISHING) dorú m4; (wire) sreang f2; (row, series) sraith f2; (of poetry) líne; (of people) scuaine f4; (railway

track) líne; (COMM, *series of goods)*
rang *m3;* *(work)* brainse *m4;*
(attitude, policy) mana *m4* ♦ *vt:* to
~ **sth (with)** rud a líneáil (le); **to
line a road with trees** crainn a
chur feadh an bhóthair; **in a line** i
líne; **in line with** de réir + *gen*, faoi
réir + *gen;* **along those lines** ar an
téad sin ► **line up** *vi* déan scuaine,
téigh i líne ♦ *vt* déan líne de, cuir i
líne; *(event)* eagraigh

lined *adj (face)* rocach; *(paper)*
líneach

linen *n* líon *m1,* líneádach *m1;*
(sheets etc) éadaí *mpl1*

liner *n* línéar *m1;* *(for bin)* mála *m4*
bruscair

linesman *n* fear *m1* líne,
taobhmhaor *m1*

line-up *n (US: queue)* scuaine *f4;*
(SPORT) foireann *f2,* liosta *m4*
foirne

linger *vi* moilligh, bheith ag
moilleadóireacht; *(smell, tradition)*
mair

lingo *(inf)* *n (pej)* teanga *f4,*
béarlagair *m1*

linguist *n* teangeolaí *m4*

linguistics *n* teangeolaíocht *f3*

lining *n* líneáil *f3*

link *n* ceangal *m1,* nasc *m1;* *(of a
chain)* lúb *f2* ♦ *vt* ceangail; **links**
npl (GOLF) machaire *m4* gailf (cois
na farraige) ► **link up** *vi* tar le
chéile ♦ *vt* ceangail

lino, linoleum *n* líonóil *f2*

lion *n* leon *m1*

lioness *n* leon *m1* baineann

lip *n* liopa *m4;* **to wet one's lips** do
bhéal a fhliuchadh; **I heard it from
his own lips** óna bhéal féin a
chuala mé é

lip-read *vi* liopaí a léamh

lip salve *n* íoc *f2* liopaí

lip service *n:* **to pay lip service to
sth** béalghrá a thabhairt do rud

lipstick *n* béaldath *m3*

liqueur *n* licéar *m1*

liquid *adj* leachtach ♦ *n* leacht *m3*

liquidize *vt (CULIN)* leachtaigh

liquidizer *n* leachtaitheoir *m3*

liquor *(US)* *n* biotáille *f4*

liquorice *n* liocras *m1*

liquor store *(US)* *n* siopa *m4*
biotáille

lisp *n* gliscín *m4* ♦ *vi* labhair go
briotach

list *n* liosta *m4* ♦ *vt (write down)*
déan liosta de, liostaigh; *(mention)*
luaigh

listen *vi* éist; **to listen to** éisteacht
le, éisteacht a thabhairt do; **to
listen closely** cluas le héisteacht a
chur ort féin

listener *n* éisteoir *m3*

listless *adj* spadánta, dímríoch

liter *(US)* *n* lítear *m1*

literacy *n* litearthacht *f3*

literal *adj* litriúil; *(sense)* liteartha

literally *adv* go litriúil, go liteartha

literary *adj* liteartha

literate *adj* liteartha

literature *n* litríocht *f3;* *(brochures
etc)* leabhráin *mpl1* eolais

lithe *adj* ligthe, scaoilte, lúfar

litigate *vi* dul chun dlí

litigation *n* plé *m4* dlí

litre, *(US)* **liter** *n* lítear *m1*

litter *n (rubbish)* bruscar *m1;* *(young
animals)* ál *m1*

litter bin *n* bosca *m4* bruscair

littered *adj:* ~ **with** breac le, dubh
le, trí chéile le

little *adj (small)* beag ♦ *adv:* **I
~ thought ... is** beag a shíl mé ...;
a little beagán; **a little milk** braon
m1 bainne; **a little bit** píosa beag;
there's little time left is beag am
atá fágtha, tá an t-am ag éirí
gearreireaballach; **little by little**
beagán ar bheagán

live¹ *adj* beo

live[2] vi (exist, last) mair; (reside) bheith i do chónaí (i) ▶ **live down** vt: he'll never ~ it down ní bheidh tógáil a chinn choíche aige ▶ **live on** vt fus (food, salary) bheith beo ar ▶ **live together** vi bheith in aontíos ▶ **live up to** vt fus: she ~s up to her reputation is bean mar a tuairisc í, tá sí inchurtha lena cáil

livelihood n slí f4 bheatha, slí mhaireachtála

lively adj anamúil, bríomhar, beoga

liven up vt, vi beoigh, cuir anam i, cuir spleodar i

liver n ae m4

Liverpool n Learpholl m1

livestock n beostoc m1

livid adj glasghnéitheach; **I was livid** bhí mé ar an daoraí or le ceangal or le báiní

living adj beo ♦ n maireachtáil f3; **cost of living** costas an mhaireachtála; **to earn** or **make a living** do chuid a shaothrú, do bheatha a thabhairt i dtír

living conditions npl staid fsg2 or cóir fsg3 or caoi fsg4 mhaireachtála

living room n seomra m4 teaghlaigh

living standard n caighdeán m1 maireachtála

living wage n pá m4 maireachtála

lizard n laghairt f2

load n (weight) ualach m1, lód m1; (thing carried) lasta m4, lód ♦ vt (also: ~ up): **to ~ (with)** lódáil (le), ualach a chur ar; (gun) stangadh; (COMPUT) lódáil; **a load of, loads of** (fig) an dúrud + gen; **to talk a load of rubbish** bheith ag seafóid or ag caint seafóide, raiméis a bheith ort

loaded adj (question) cealgach; (inf: rich) an-saibhir; **they're loaded** tá na múrtha acu

loaf n builín m4, bollóg f2

loan n iasacht f3 ♦ vt tabhair ar iasacht; **on loan** ar iasacht

loath adj: **he was ~ to buy it** ba leisce leis or bhí drogall air é a cheannach

loathe vt: **she ~s her husband** is fuath léi a fear céile

lobby n forsheomra m4, cúrsalann f2; (POL) brúghrúpa m4 ♦ vt cuir brú ar

lobster n gliomach m1

local adj áitiúil, logánta ♦ n (pub) teach m tábhairne áitiúil; **the locals** npl (inhabitants) muintir fsg2 na háite

local anaesthetic n ainéistéiseach m1 logánta

local call n glao m4 áitiúil

local government n rialtas m1 áitiúil

locality n ceantar m1, dúiche f4, bólaí pl; (position) suíomh m1

locate vt (find) aimsigh; (situate): **to be ~d in** bheith suite i

location n láthair f; **on location** (CINE) ar láthair amuigh

loch n loch m3

lock n (of door, box) glas m1; (of canal) loc m1; (of hair) dlaoi f4 ♦ vt (with key) cuir glas ar ♦ vi (door etc) téigh i nglas; (wheels) téigh i ngreim ▶ **lock in** vt cuir faoi ghlas ▶ **lock up** vt (person) cuir faoi ghlas; (house) cuir an glas ar ♦ vi: **I'll ~ up** cuirfidh mise an glas ar an doras

locker n taisceadán m1

locket n loicéad m1

locksmith n glasadóir m3

locum n (MED) ionadaí m4, fear m1 ionaid

lodge n lóiste m4; (hunting lodge) grianán m1 seilge ♦ vi (person): **to ~ (with)** bheith ar lóistín (ag); (bullet) lonnaigh ♦ vt: **to ~ a complaint** gearán a chur isteach;

to lodge money airgead a lóisteáil

lodger n lóistéir m3

lodgings npl lóistín msg4

loft n lochta m4

lofty adj (noble) uasal, mórga; (haughty) ardnósach

log n (of wood) lomán m1, sail f2; (book) = **logbook** ♦ vt (record) breac síos, coinnigh tuairisc ar ▶ **log off** vi (COMPUT) log as ▶ **log in** or **on** vi (COMPUT) log ann

logbook n (NAUT) leabhar m1 loinge; (AVIAT) leabhar m1 eitilte; (of car) leabhar m1 cláraithe

loggerheads npl: at ~ in adharca a chéile

logic n loighic f2

logical adj loighciúil

loin n (CULIN) luan m1

loiter vi bheith ag fálróid or ag síománaíocht or ag máinneáil

loll vi (also: ~ about) bheith ag sínteoireacht or ag rístíocht

lollipop n líreacán m1

London n Londain f

Londoner n Londanach m1

lone adj aonarach

loneliness n uaigneas m1, cumha m4

lonely adj uaigneach, aonarach

long adj fada ♦ adv i bhfad ♦ vi: to ~ for sth bheith ag tnúth le rud, bheith ag feitheamh go crua le rud; so or as long as a fhad agus; don't be long! ná bí i bhfad!; how long is this river/course? cá fhad atá an abhainn/cúrsa seo?; six metres long sé mhéadar ar fad; six months long (ar) feadh sé mhí; all night long i rith na hoíche; he no longer comes ní thagann sé a thuilleadh; long before i bhfad roimh; long after i ndiaidh; before long roimh i bhfad; at long last faoi dheireadh thiar

long-distance adj (call) cian-

Longford n An Longfort m1

longhand n gnáthscríobh m

longing n tnúth m3, dúil f2

longitude n domhanfhad m1

long jump n léim f2 fhada

long-life adj saolach, fadsaolach; (milk) marthanach

long-lost adj (person) caillte le fada

long-playing record n fadcheirnín m4

long-range adj (forecast) fadtréimhseach; (gun) fadraoin n gen

long-sighted adj (MED) fadradharcach

long-standing adj seanbhunaithe

long-suffering adj fadfhulangach, foighneach

long-term adj fadtréimhseach, fadtéarmach

long wave n fadtonn f2

long-winded adj fadchainteach, strambánach

loo (inf) n teach m beag

look vi amharc, féach; (seem) dealraigh, cuma a bheith ar; (building etc): it ~s south tá a aghaidh ó dheas; it looks (out) onto the sea tá a aghaidh leis an fharraige ♦ n amharc m1, féachaint f3; (appearance) dealramh m1, cuma f4, cló m4; looks npl (good looks) dathúlacht fsg3, gnaíúlacht fsg3, scéimh fsg2; to have a look spléacheadh a thabhairt; look féach!; look (here)! (annoyance) éist! ▶ **look after** vt fus (care for, deal with) tabhair aire do ▶ **look at** vt fus féach ar, amharc ar; (consider) smaoinigh ar ▶ **look back** vi: to ~ back on (event etc) súil siar a chaitheamh ar ▶ **look down on** vt fus (fig) drochmheas a bheith agat ar ▶ **look for** vt fus lorg, cuardaigh, bheith ar lorg ▶ **look forward to** vt fus bheith ag

lookout feitheamh go crua le, bheith ag tnúth le; **we look forward to hearing from you** (*in letter*) táimid ag dréim go mór le scéala uait
▶ **look into** *vt fus* iniúch, fiosraigh
▶ **look on** *vi* breathnaigh ar, féach ar, amharc ar ▶ **look out** *vi* (*beware*): **to ~ out** (**for**) bheith ar d'aire (roimh); **look out!** faichill!, seachain!, coimhéad! ▶ **look out for** *vt fus* coinnigh súil in airde le
▶ **look round** *vi* breathnaigh thart
▶ **look to** *vt* (*rely on*) bheith ag brath ar, bheith i dtuilleamaí + *gen* ▶ **look up** *vi* féach suas; (*improve*) bisigh, feabhas a bheith ag teacht ar ◆ *vt* (*word, name*) cuardaigh ▶ **look up to** *vt fus* tabhair urraim do, meas a bheith agat ar

lookout *n* faire *f4*; (*person*) fear *m1* faire; **to be on the lookout** (**for**) súil a choinneáil in airde (le)

loom *vi* (*also*: **~ up**) nocht; (*approach: event etc*) bheith ag teacht in aicearracht; (*threaten*) bheith ag bagairt ◆ *n* (*for weaving*) seol *m1*

loony (*inf*) *adj* craiceáilte ◆ *n* gealt *f2*

loop *n* lúb *f2*, dol *m3*

loophole *n* (*fig*) lúb *f2* ar lár

loose *adj* bog; (*clothes*) scaoilte, liobarnach; (*woman's hair*) síos léi; (*morals, discipline*) drabhlásach, ainrianta ◆ *n*: **on the ~** ag imeacht le scód

loose change *n* briseadh *m*, sóinseáil *f3*

loose chippings *npl* (*on road*) sceallóga *fpl2* scaoilte

loose end *n*: **to be at a loose end** *or* (*US*) **at loose ends** bheith tuirseach de do dhóigh

loosely *adv* go scaoilte; (*imprecisely*) go neamhchruinn

loosen *vt* scaoil

loot *n* (*inf: money*) creach *f2* ◆ *vt* creach

lopsided *adj* leataobhach, ar leathmhaig

lord *n* tiarna *m4*; **Lord Smith** An Tiarna *m4* Mac Gabhann; **the Lord** An Tiarna *m4*; **good Lord!** a Thiarna!; **the** (**House of**) **Lords** (BRIT) Teach *m* na dTiarnaí; **my Lord** = **your lordship**

Lordship *n*: **your ~** A Thiarna; (*to bishop*) A Thiarna Easpaig

lore *n* seanchas *m1*, saíocht *f3*

lorry *n* leoraí *m4*

lorry driver *n* tiománaí *m4* leoraí

lose *vt, vi* caill; **to lose time** (*clock*) bheith ag cailleadh ama; **get lost!** gread leat!, croch leat!, bain as!

loser *n* cailliúnaí *m4*

loss *n* caill *f2*, caillt_eanas *m1*; **I was at a loss as to what her name was** ní raibh barúil agam cad é an t-ainm a bhí uirthi

lost *adj* caillte

lost and found *n*, (US) **lost property** *n* oifig *f2* na mbeart caillte

lot *n* (*fate*) cinniúint *f3*, dán *m1*; (*at auction*) luchtóg *f2*; **the lot** an t-iomlán; **a lot** (**of**) a lán; **lots of** cuid mhór, raidhse; **to draw lots** (**for sth**) crainn a chaitheamh (ar rud)

lotion *n* lóis *f2*, ionlach *m1*

lottery *n* crannchur *m1*, lottó *m4*; **to do the lottery** an lottó a dhéanamh

loud *adj* ard, callánach; (*support, condemnation*) láidir; (*gaudy*) gáifeach ◆ *adv* (*speak etc*) go hard; **out loud** os ard

loud-hailer *n* meigeafón *m1*, callaire *m4*

loudly *adv* go hard

loudspeaker *n* callaire *m4*

lough *n* loch *m3*; **Lough Derg** Loch

Dearg or Deirgeirt; **Lough Erne**
Loch Éirne; **Lough Neagh** Loch
nEathach

lounge n seomra m4 suí or
caidrimh; (at airport) tolglann f2;
(also: ~ **bar**) tolglann ♦ vi: to
~ (**about/around**) bheith ag
leadaíocht or ag sínteoireacht

lounge suit n gnáthchulaith f2

louse n míol m1 cnis

lousy (inf) adj ainnis, míofar; **a
lousy pound** punt scallta

lout n bodach m1, maistín m4

Louth n Lú m4

lovable adj geanúil, grámhar

love n grá m4 ♦ vt bheith i ngrá le;
I love her tá mo chroí istigh inti;
(caringly, kindly) tá mé go maith
di; "**love (from) Anne**" "le grá (ó)
Áine"; **I love chocolate** tá dúil
m'anama agam i seacláid; **to be/
fall in love with** bheith/titim i ngrá
le; **to make love** luí le chéile; "**15
love**" (TENNIS) "cúig déag, náid"

love affair n caidreamh m1 suirí,
cumann m4

love life n cúrsaí m4 grá

lovely adj álainn; (delightful:
person) gleoite; (holiday etc)
aoibhinn, galánta

lover n leannán m1; (person in love)
suiríoch m1; (amateur): **a ~ of
music** duine m4 mór ceoil

loving adj geanúil, ceanúil,
grámhar

low adj íseal; (person: depressed) in
ísle brí, lagmhisneach ♦ adv go
híseal ♦ n (METEOR) lagbhrú m4; **to
be low on** bheith gann i; **to feel
low** bheith in ísle brí; **to reach an
all-time low** bheith in umar na
haimléise

low-alcohol adj ar bheagán alcóil

low-cut adj (dress) le brollach íseal

lower adj íochtarach, íochtair ♦ vt
íslígh

low-fat adj tanaithe, ar bheagán
saille

lowlands npl (GEOG) ísealchríoch fsg2

lowly adj uiríseal

loyalty n dílse f4, dílseacht f3

lozenge n (MED) losainn f2; (shape)
muileata m4

L-plates npl L-phlátaí mpl4

Ltd abbr (= limited) Tta

lubricant n bealadh m1

lubricate vt bealaigh

luck n ádh m1; **bad luck** mí-ádh
m1; **good luck!** ádh mór ort!

luckily adv go hámharach, go
hádhúil, ar an dea-uair

lucky adj (person) ámharach,
ádhúil; (coincidence, event) sona,
séanmhar; (object) sonais n gen,
áidh n gen

ludicrous adj áiféiseach

lug (inf) vt iompar, tarraing,
streachail

luggage n bagáiste m4

luggage rack n (on car) raca m4
bagáiste

lukewarm adj bogthe, alabhog;
(person) patuar

lull n eatramh m1; (in conversation)
tost m3 ♦ vt: to ~ **sb to sleep**
duine a chealgadh chun suain

lullaby n suantraí f4

lumbago n lumbágó m4

lumber n (wood) crainn mpl1
leagtha, lomáin mpl1; (junk)
manglam m1

lumberjack n lománaí m4,
treascróir m3 crann

luminous adj lonrach

lump n (of sugar) cnapán m1; (of
wood) smután m1; (of
butter) meall m1; (swelling) meall
m1 ♦ vt: to ~ **things together** rudaí
a charnadh le chéile

lump sum n cnapshuim f2

lumpy adj cnapach; (wood etc)
cnapánach; (porridge etc) stolptha

lunar adj: **a ~ year** bliain f3 ghealaí; **lunar eclipse** urú m (na) gealaí

lunatic adj gealtach, mire, buile

lunch n lón m1

luncheon n loinsiún m1, lón m1

luncheon voucher n dearbhán f1 lóin

lung n scamhóg f2

lunge vi (also: **~ forward**) tabhair áladh (chun tosaigh); **to lunge at** áladh a thabhairt ar

lurch vi bheith ag stámhailleach or ag longadán ◆ n turraing f2; **to leave sb in the lurch** duine a fhágáil san abar or san fhaopach or in áit a charta

lure n (attraction) mealladh m, cluain f3 ◆ vt meall

lurid adj scéiniúil; (pej: colour, dress) gáifeach; (complexion) mílítheach

lurk vi bheith ag guairdeall go formhothaithe

luscious adj sáil; (attractive) gleoite; (food) súmhar

lush adj méith

lust n (sexual) ainmhian f2, drúis f2; (for money) saint f2

lusty adj fuinniúil, láidir, rúpach

Luxembourg n Lucsamburg m4

luxurious adj macnasach, sóúil

luxury n ollmhaitheas m3, só m4

lying n bréagadóireacht f3

lyrical adj liriceach

lyrics npl (of song) liricí fpl2

M

mac n cóta m4 báistí

macaroni n macarón m1

machine n meaisín m4, inneall m1

machine gun n meaisínghunna m4

machinery n innealra m4, meaisínre m4; (fig) gléas m1

mackerel n ronnach m1, murlas

m1, maicréal m1

mackintosh n cóta m4 báistí

macro n (COMPUT) macra m4

mad adj mire n gen, buile n gen; (dog) oilc n gen, mire; (fond of): **to be ~ about** bheith splanctha i ndiaidh; (infuriated): **to be ~ (with sb)** bheith ar mire or ar buile (le duine); **to get mad** dul le báiní; **to drive sb mad** duine a chur ar mire or le báiní

madam n (address) a bhean f uasal

madden vt: **to ~ sb** duine a chur as a chrann cumhachta, duine a chur le báiní

Madeira n (GEOG) Maidéara m4; (wine) fíon m3 Maidéarach

madly adv (crazily) mar a bheadh duine buile ann; (frenziedly) go dásachtach; **madly in love (with)** amach as do stuaim (faoi)

madman n fear m1 buile or mire

madness n mire f4, buile f4; (fury) dásacht f3

madwoman n gealt f2, bean f mire

magazine n (PRESS) iris f2, (RADIO, TV: also: **~ programme**) irischlár m1

maggot n cruimh f2

magic n draíocht f3 ◆ adj draíochta n gen; (inf: excellent) ar fheabhas, ar dóigh, thar cinn

magical adj draíochta n gen; (experience, evening) ar dóigh, aoibhinn

magician n (conjurer) asarlaí m4

magistrate n giúistís m4

magnanimous adj móraigeanta

magnet n maighnéad m1, adhmaint f2

magnetic adj maighnéadach, adhmainteach

magnificent adj thar barr, thar cinn, ar fheabhas Éireann, ollásach; (robe, building) galánta

magnify vt formhéadaigh; (sound) méadaigh

magnifying glass n gloine f4 formhéadúcháin

magnitude n méid m4, fairsinge f4, mórchuimse f4

magpie n meaig f2, snag m3 breac

mahogany n mahagaine m4

maid n cailín m4 (aimsire); **old maid** (pej) seanchailín m4

maiden n ainnir f2 ♦ adj (aunt etc) díomhaoin; (speech, voyage) chéad-; **maiden name**: **her maiden name was Walsh** ba de mhuintir Bhreatnach í

mail n post m1; (letters) litreacha fpl ♦ vt postáil, cuir sa phost

mailbox (US) n bosca m4 poist

mail-order n postdíol m3

maim vt ciorraigh; **to be maimed** cithréim f2 a bheith ort

main adj príomh-, ceann- ♦ n: **the ~(s)** n(pl) (gas, water) príomhphíopa msg4; **the mains** npl (ELEC) príomhlínte fpl4, príomhlíonra m4; **in the main** den chuid is mó, tríd is tríd

mainframe n (COMPUT) mór-ríomhaire m4

mainland n mórthír f2, tír f2 mór, míntír f2

mainly adv den chuid is mó, ar an mórchóir, go príomha

main road n bóthar m1 mór, bealach m1 mór, príomhbhóthar m1

mainstay n (fig) crann m1 taca

mainstream n cuilithe f4

maintain vt coinnigh, coiméad; (sustain: growth) cothaigh; (affirm) dearbhaigh

maintenance n cothabháil f3, cothú m; (alimony) liúntas m1 cothabhála, ailiúnas m1

maize n min f2 bhuí, arbhar m1 Indiach

majestic adj mórga, maorga

majesty n mórgacht f3

major n (MIL) maor m1 ♦ adj (important) tábhachtach, mór-; (most important) príomh-; (MUS) mór-; **major key** mórghléas

Majorca n Mallarca m4

majority n móramh m1, tromlach m1, formhór m1, bunáite f2

make vt déan; (cause to be): **to ~ sb sad** brón a chur ar duine; **to make sb laugh** gáire a bhaint as duine; **to make sth known to sb** rud a chur in iúl do dhuine; (force): **to ~ sb do sth** iachall a chur ar dhuine rud a dhéanamh, tabhairt ar dhuine rud a dhéanamh; (equal): **2 and 2 ~ 4** 2 agus 2 sin é 4 ♦ n déanamh m1; (COMM) déantús m1; **to make a fool of sb** amadán a dhéanamh de dhuine; (trick) cúig a dhéanamh or a fháil; **to make a profit** brabach a dhéanamh; **to make a loss** cailleadh; **to make up one's losses** do bhris a thabhairt isteach; **he made it** (succeeded) d'éirigh leis; **what time do you make it?** cén t-am atá agat?; **to make do with** teacht le ▸ **make for** vt fus (place) tabhair aghaidh ar, déan ar ▸ **make off** vi bain as, bain na cosa as ▸ **make out** vt (write out: cheque) scríobh; (decipher) bain amach, bain ciall as; (understand) déan amach, tuig; (see) feic ▸ **make up** vt (constitute) comhdhéan; (invent) cum, déan suas; (parcel) déan, réitigh; (bed) cóirigh; (one's mind) déan suas ♦ vi (with cosmetics) tú féin a smideadh ▸ **make up for** vt fus cúitigh le ▸ **make up to** vt order ríomh

make-believe n: **it's just ~** (game) níl ann ach cur i gcéill; (invention) níl ann ach cumadh

maker n (male) fear m1 déanta

+ gen; (female) bean f déanta
+ gen

makeshift adj leithscéal + gen,
ionad + gen; **a makeshift bed**
leithscéal leapa; **he used it as a
makeshift knife** rinne sé ionad
scine de

make-up n smideadh m1

make-up remover n glantóir m3
smididh

making n (fig): **artist in the
~** ábhar m1 ealaíontóra; **to have
the makings of** (actor, athlete etc)
mianach + gen a bheith ionat; **he
has the makings of an actor** tá
mianach aisteora ann

malaria n maláire f2

Malaysia n An Mhalaeisia f4

male n (BIOL) fireannach m1 ♦ adj
fireann; **male child** páiste m4 fir

malevolent adj drochaigeanta,
cealgrúnach

malfunction n mífheidhm f2,
míghléas m1

malice n mailís f2, mioscais f2, olc
m1

malicious adj mailíseach,
mioscaiseach

malign vt caith anuas ar, cuir
drochchlú ar

malignant adj (MED) urchóideach

mall n (also: **shopping ~**) malla m4
or lárionad m1 siopadóireachta

mallet n máilléad m1

malpractice n míchleachtas m1

malt n braich f2; (also: **~ whisky**)
uisce m4 beatha braiche

Malta n Málta m4

mam see **mammy**

mammal n mamach m1, sineach f2

mammoth n mamat m1 ♦ adj
ollmhór

mammy n mam f2, mamaí f4

man n fear m1 ♦ vt (NAUT, ship) cuir
foireann ar; (MIL, gun) cuir i
bhfearas; (machine) téigh i

bhfeighil + gen; **an old man**
seanfhear m1; **man and wife** lánúin
f2 (phósta)

manage vi: **she ~d** d'éirigh léi,
chuaigh aici ♦ vt stiúir; (business
etc) stiúir, riar; (ship) láimhsigh;
(problem, task) ionramháil

manageable adj (task) soláimhsithe

management n bainistíocht f3

manager n bainisteoir m3

manageress n bainistreás f3

managerial adj bainistíochta n gen,
bainistiúil

managing director n stiúrthóir m3
bainistíochta

Manchester n Manchain f4

mandarin n (also: **~ orange**)
mandairín m4; (person)
Mandairíneach m1

mandatory adj riachtanach,
sainordaitheach

mane n moing f2

maneuver (US) vt, vi, n
= **manoeuvre**

manfully adv go fearúil; **to acquit
o.s. manfully** gníomh or obair fir a
dhéanamh

mangle vt basc, ciorraigh, coscair

mango n mangó m4

mangy adj clamhach

manhandle vt: **to ~ sb** cargáil a
thabhairt do dhuine, duine a
chrágáil

manhole n dúnpholl m1

manhood n (adulthood) aois f2 fir;
(virility) feargacht f3; **to reach
manhood** teacht i méadaíocht

man-hour n daonuair f2

manhunt n (POLICE) tóraíocht f3

mania n (MED) máine f4; (lunacy)
gealtacht f3; (fig: craze) dúil f2
mhire

maniac n (MED) máineach m1;
(lunatic) gealt f2, duine m4 buile

manic adj (MED) máineach; (fig:
crazy) buile n gen, mire n gen

manicure n lámh-mhaisiú m

manifest vt taispeáin, nocht, léirigh ♦ adj follasach, soiléir, sofheicthe

manifesto n forógra m4

manipulate vt láimhsigh, ionramháil; (FIN) mí-ionramháil

mankind n an cine m4 daonna, an duine m4

manly adj fearúil

man-made adj de dhéantús an duine, saorga

manner n caoi f4, dóigh f2, cineál m1; (behaviour) béasa mpl3 (sort): **all** ~ of gach cineál + gen; **manners** npl (behaviour) múineadh m

mannerism n dóigh f2; (affected) gothaíocht f3

mannerly adj múinte, béasach, modhúil

manoeuvre, (us) **maneuver** vt (move) bog; (manipulate: person) ionramháil; (: situation) láimhsigh ♦ n beart m1; (MIL) inlíocht f3

manor n (also: ~ **house**) máinéar m1

manpower n daonchumhacht f3

mansion n mainteach m1, teach m mór; **the Mansion House** Teach an Ard-Mhéara

manslaughter n dúnorgain f3

mantelpiece n matal m1

manual adj láimhe m gen ♦ n lámhleabhar m1

manufacture vt déan, monaraigh ♦ n déantús m1, déantúsaíocht f3, monarú m

manufacturer n déantóir m3, monaróir m3

manure n leasú m, aoileach m1 ♦ vt leasaigh

manuscript n lámhscríbhinn f2

Manx adj Manannach ♦ n (LING) Manainnis f2

many adj a lán + gen, go leor ♦ pron mórán; **a great many** cuid

mhór; **there is many a ...** (number) is iomaí ...; (frequency) is minic ..., is iomaí uair ...; **how many times?** cá mhéad uair?; **too many** an iomarca + gen, barraíocht + gen; **as many as** suas le

map n léarscáil f2, mapa m4 ▶ **map out** vt leag amach

maple n mailp f2

mar vt loit, mill, déan dochar or díobháil do

marathon n maratón m1

marble n marmar m1; (toy) mirlín m4

March n Márta m4

march vi máirseáil ♦ n máirseáil f3; (demonstration) mórshiúl m1

mare n láir f, capall m1

margarine n margairín m4

margin n imeall m1, teorainn f, ciumhais f2; (of profit) corrlach m1; (of error, safety) lamháil f3

marginal adj imeallach, teorannach

marigold n ór m1 Muire

marijuana n marachuan m1

marina n muiríne m4

marine adj mara n gen ♦ n muirí m4

marital adj: ~ **status** stádas m1 pósta

mark n (stain) smál m1; (of skid etc) rian m1; (SCOL, currency) marc m1; (sign) comhartha m4 ♦ vt (also SCOL) marcáil, cuir marc ar; (stain) smálaigh; **to mark time** an t-am a chur thart, lá a bhaint as

marker n marcálaí m4; (bookmark) leabharmharc m1; (ink marker) marcóir m3

market n margadh m1 ♦ vt (COMM) cuir ar an margadh, margaigh

marketing n margaíocht f3

market research n taighde m4 margaidh

marksman n aimsitheoir m3

marmalade n marmaláid f2

maroon vt: **to be ~ed** bheith fágtha

i bponc or i sáinn or ar an mblár fholamh ♦ adj marún

marquee n ollphuball m1

marriage n pósadh m

marriage certificate n teastas m1 pósta

married adj pósta

marrow n smior m3; (vegetable) mearóg f2

marry vt pós ♦ vi (also: **get married**) pós

Mars n (planet) Mars m3

marsh n seascann m1, riasc m1

marshal n marascal m1; (SPORT, US: fire, police) maor m1 ♦ vt eagraigh, cuir eagar ar

marshy adj riarcach

martyr n mairtíreach m1

martyrdom n mairtíreacht f3

marvel n iontas m1 ♦ vi: to ~ (at) iontas a dhéanamh (de)

marvellous, (US) **marvelous** adj iontach

Marxist adj, n Marxach m1

marzipan n prásóg f2

mascara n mascára m4

masculine adj fireann; (LING) firinscneach

mash vt brúigh

mashed potatoes npl brúitín m4sg4

mask n masc m1 ♦ vt masc, folaigh

mason n (also: **stonemason**) saor m1 cloiche; (also: **freemason**) máisiún m1

masonry n saoirseacht f3 chloiche

masquerade vi: to ~ as téigh i riocht + gen

mass n toirt f2; (REL) aifreann m1 ♦ cpd (meeting, production) oll- ♦ vi cruinnigh (le chéile), dlúthaigh; **the masses** an pobal m1, an coiteann m1, an choitiantacht f3; **masses of** an dúrud + gen, cuid mhór + gen; **masses of people** na sluaite mpl4; **to go to mass** (REL) dul ar aifreann

massacre n ár m1

massage n suathaireacht f3 ♦ vt suaith

massive adj oll-, as cuimse

mass media n na meáin mpl1 chumarsáide

mass production n olltáirgeadh m

mast n crann m1 (seoil); (RADIO) crann

master n máistir m4; (in school) múinteoir m3, máistir; (title for boys): **Master John** Seán Óg ♦ vt máistrigh; (overcome) sáraigh; (learn): **to have ~ed sth** rud a bheith ar do chomhairle féin agat; **to be one's own master** bheith ar do chomhairle féin; **Master of Arts/Science** máistir m4 ealaíne/ eolaíochta; **master of ceremonies** fear an tí

masterly adj go máistriúil

masterpiece n sárshaothar m1

master plan n máistirphlean m4

mastery n máistreacht f3; **to have mastery of sth** rud a bheith ar do mhian agat

mat n mata m4; (also: **doormat**) mata tairsí; (also: **tablemat**) mata boird

match n (for lighting) lásán m1; (equivalent) macasamhail f3, leathbhreac m1, leithéid f2; (game) cluiche m4; (marriage) cleamhnas m1 ♦ vt (also: ~ **up**) meaitseáil, cuir in oiriúint; (equal) bheith inchurtha le ♦ vi (suit) tar or cuir le chéile, oir dá chéile; **to be a good match** bheith ag oiriúint or ag fóirstean go maith dá chéile, bheith ag teacht or ag cur go maith le chéile; **he'll meet his match** (fig) casfar fear a dhiongbhála air

matchbox n bosca m4 lásán, bosca meaitseanna

matching adj ag teacht or ag cur le chéile, ag freagairt dá chéile

mate n (inf) comrádaí m4; (for bird) leathéan m1; (partner) céile m4; (in merchant navy) máta m4
♦ vt (animals) cúpláil

material n (substance) ábhar m1; (cloth) éadach m1; (data) sonraí mpl4 ♦ adj ábhartha; (important) tábhachtach; (relevant) **it's not ~** ní bhaineann sé le hábhar; **materials** npl (equipment) ábhar msg1

maternal adj máthartha; (aunt, uncle etc) ar thaobh na máthar

maternity n máithreachas m1 ♦ adj máithreachais n gen

maternity dress n gúna m4 máithreachais

maternity hospital n ospidéal m1 máithreachais

mathematical adj matamaiticiúil

mathematics, maths, (US) **math** n matamaitic fsg2

matinée n nóinléiriú m

matriculation n máithreánach m1

matrimonial adj lánúnais n gen

matrimony n pósadh m, lánúnas m1

matrix n maitrís f2

matron n (in hospital) mátrún m1

mat(t) adj neamhlonrach

matter n ábhar m1; (PHYS) damhna m4; (MED, pus) angadh m1 ♦ vi: **it ~s that** ... tá sé tábhachtach go ...; **matters** npl (affairs, situation) cúrsaí mpl4; **it doesn't matter (about)** is cuma (faoi); (I don't mind) ní miste liom, is cuma liom; **what's the matter?** céard or cad é tá cearr?; **no matter what** cá bith, cibé; **as a matter of fact** déanta na fírinne, dáiríre píre; **for that matter** maidir leis sin, i dtaca leis sin de

matter-of-fact adj fuarchúiseach, neafaiseach, tomhaiste

mattress n tocht m3

mature adj aibí ♦ vi (person) tar in inmhe or i méadaíocht; (wine, cheese) aibigh

maul vt clamhair, basc

mausoleum n másaléam m1

mauve adj bánchorcra

maverick n (fig) éan m1 corr

maximum adj uas- ♦ n uasmhéid f2

May n Bealtaine f4; **May Day** Lá m Bealtaine

may vi (indicating possibility): he **~ come** d'fhéadfadh sé teacht; (be allowed to): **~ I smoke?** an bhfuil cead agam caitheamh?; (wishes): **~ God bless you!** go mbeannaí Dia thú!; **you may as well go** féadann tú imeacht or dul

maybe adv seans; **maybe he'll come** b'fhéidir go dtiocfadh sé

Mayday n gairm f2 cabhrach

mayhem n cíor f2 thuathail

Mayo n Maigh f Eo

mayonnaise n maonáis f2

mayor n méara m4

mayoress n banmhéara m4

maze n lúbra m4

me pron mé; (emphatic) mise; **he heard me** chuala sé mé; **give me a book** tabhair leabhar dom; **after me** i mo dhiaidh; **tormenting me** do mo chrá

meadow n móinéar m1

meagre, (US) **meager** adj gortach

meal n béile m4; (flour) min f2

mealtime n am m3 béile

mean adj (with money) sprionlaithe, ceachartha, gortach; (unkind) suarach; (shabby) ainnis; (average) meán- ♦ vt ciallaigh; (understand): **what she ~t was** is é a bhí i gceist aici ná; (intend): **to ~ to do sth** é a bheith de rún agat rud a dhéanamh ♦ n meán m1; **means** npl (way, money) caoi fsg4, dóigh fsg2, acmhainn fsg2, gléas msg1; **by means of** le, trí; **by some means or other** ar dhóigh (amháin) nó ar dhóigh eile; **by all means!** ar ndóigh!, cinnte!; **to be meant for sb/sth** bheith i ndán do dhuine/rud; **do you mean it?** an i ndáiríre atá tú?; **what do you mean?** cad é atá tú a rá *or* a mhaíomh?; **you don't mean it!** ag magadh atá tú!

meander *vi* (*river, stream*) bheith ag caismirneach; (*road, path*) bheith ag lúbadh *or* ag casadh

meaning *n* ciall *f2*, brí *f4*

meaningful *adj* a bhfuil brí *or* éifeacht leis; (*significant*) tábhachtach, fiúntach

meaningless *adj* gan chiall, gan bhrí; (*worthless*) gan mhaith, gan fiúntas

meanness *n* (*with money*) sprionlaitheacht *f3*, ceachtaracht *f3*; (*unkindness*) suarachas *m1*

meantime, meanwhile *adv* (*also:* **in the ~ or meanwhile**) idir an dá linn, san idirlinn

measles *n* bruitíneach *f2*

measly (*inf*) *adj* scallta, gortach

measure *vt* tomhais ◆ *vi:* **it ~d two metres wide** bhí sé dhá mhéadar ar leithead ◆ *n* tomhas *m1*, miosúr *m1*; (*action*) beart *m1*

measurements *npl* toisí *mpl4*

meat *n* feoil *f3*

Meath *n* An Mhí *f4*

Mecca *n* Meice *f4*

mechanic *n* meicneoir *m3*

mechanical *adj* meicniúil

mechanics *n* meicnic *fsg2*

mechanism *n* meicníocht *f3*

medal *n* bonn *m1*

medallion *n* mórbhonn *m1*

medallist, (*US*) **medalist** *n* (*SPORT*) bonnbhuaiteoir *m3*

meddle *vi:* **to ~ in** do ladar a chur (isteach) i; **to meddle with** baint le

media *npl* (na) meáin *mpl1* chumarsáide

mediaeval *adj* = **medieval**

median (*US*) *n* (*also:* **~ strip**) airmheán *m1*

mediate *vi* déan eadráin, déan idirghabháil

medical *adj* leighis *n gen*, míochaine *n gen* ◆ *n* scrúdú *m* leighis

medication *n* míochnú *m*; (*drugs*) cógas *m1*

medicine *n* míochaine *f4*, leigheas *m1*; (*drug*) cógas *m1*

medieval *adj* meánaoiseach

mediocre *adj* lagmheasartha

meditate *vi* machnaigh, meabhraigh; **to meditate deeply** meabhrú go domhain

Mediterranean *adj* Meánmhuirí; **the Mediterranean (Sea)** An Mheánmhuir *f*

medium *adj* meán-, meánach ◆ *n* (*means*) meán *m1*; (*person*) bean *f* feasa, meán *m1*; **a happy medium** cothrom cirt

medium wave *n* an mheántonn *f2*

medley *n* meascra *m4*, meascán *m1*

meek *adj* ceansa

meet *vt* cas le, buail le; (*for the first time*) cuir aithne ar; **I met him** casadh orm é; (*go and fetch*) téigh in araicis + *gen*; (*opponent, danger*) tabhair aghaidh ar; (*obligations*) comhlíon ◆ *vi* (*friends*) buail le chéile; (*join: lines, roads*) tar le chéile ► **meet with** *vt fus* buail le

meeting *n* cruinniú *m*

mega- *prefix* (COMPUT) meigea-, meigi-

megabyte *n* (COMPUT) meigibheart *m1*

megaphone *n* callaire *m4*

melancholy *n* gruaim *f2*, droim *m3* dubhach, lionn *m* dubh ◆ *adj* gruama, duairc

mellow *adj* (*fruit*) méith; (*sound, drink*) séimh; (*person*) séimh,

suairc ◆ vi (person) éirigh séimh or
bog, séimhigh
melody n fonn m1
melon n mealbhacán m1
melt vi, vt leáigh ◆ **melt away** vi
leáigh; (thaw) bheith ag leá or ag
coscairt
meltdown n leá m4
member n ball m1; **Member of
Parliament** (BRIT) Feisire m4
Parlaiminte; **Member of the
European Parliament** Feisire
Eorpach
membership n ballraíocht f3,
comhaltas m1
membership card n cárta m4
ballraíochta
memento n cuimhneachán m1
memo n = **memorandum**
memoirs npl cuimhní fpl4 cinn
memorandum n meamram m1;
(legal etc) meabhrán m1
memorial n leacht m3
cuimhneacháin ◆ adj
cuimhneacháin ◆ n gen
memorize vt cuir de
ghlanmheabhair, meabhraigh
memory n meabhair f; (recollection)
cuimhne f4; **to the best of my
memory** ar feadh mo chuimhne;
in memory of i gcuimhne ar
menace n bagairt f3; (nuisance) crá
m4 croí ◆ vt bagair ar
menacing adj bagrach
mend vt deisigh, cóirigh, cuir caoi
or bail ar; (darn) cuir cliath ar ◆ n:
on the ~ ar biseach, ag téarnamh;
to mend one's ways do bheatha a
leasú; **if you don't mend your ways**
mura n-athraíonn tú béasa
menial adj (task) sclábhaíochta n
gen, uiríseal
meningitis n meiningíteas m1
menopause n sos m3 míostraithe;
(male) athrú m saoil
menstruation n míostrú m, fuil f

mhíosta
mental adj intinne n gen; (MED)
meabhair-
mentality n meon m1
mention n tagairt f3 ◆ vt luaigh,
tagair do, déan trácht ar; **don't
mention it!** ná habair é!, níl a
bhuíochas ort!; **not to mention ...**
gan trácht ar ...
menu n (CULIN) biachlár m1;
(COMPUT) roghchlár m1
MEP n abbr = **Member of the
European Parliament**
mercenary adj santach ◆ n
saighdiúir m3 tuarastail, amhas m1
merchandise n earraí mpl4,
marsantacht f3
merchant n ceannaí m4
merchant bank n banc m1
marsantach
merchant navy, (US) **merchant
marine** n loingeas m1 trádála
merciful adj trócaireach
merciless adj gan trua, gan trócaire
mercury n mearcair m4
mercy n trócaire f4; **to have mercy
on sb** trócaire a dhéanamh ar
dhuine; **may God have mercy on
him!** go ndéana Dia trócaire air!
mere adj lom-; **by mere chance** le
barr áidh; **a mere two minutes**
dhá nóiméad scallta; **he's a
mere ...** níl ann ach ...
merely adv: **it's ~ a warning** níl
ann ach rabhadh; **she merely
sighed** ní dhearna sí ach osna a
ligean
merge vt cónaisc ◆ vi (colours,
shapes, sounds) cumaisc; (roads) tar
le chéile; (COMM) cumaisc, déan
cumasc le
merger n (COMM) cumasc m1
meringue n meireang m4
merit n fiúntas m1, luaíocht f3; (of
case) tuillteanas m1
mermaid n maighdean f2 mhara

merry *adj* suairc, súgach; **Merry Christmas!** Nollaig Shona!
merry-go-round *n* áilleagán *m1* intreach
mesh *n* mogall *m1*
mesmerize *vt* cuir faoi dhraíocht, dall, dallraigh
mess *n* prácás *m1*; (*muddle*: *of situation*) praiseach *f2*; (*dirt*) salachar *m1*; (MIL) cuibhreann *m1*;
▸ **mess about** *or* **around (with)** (*inf*) *vi* bheith ag únfairt (le)
▸ **mess up** *vt* (*dirty*) salaigh; (*spoil*) mill; (*bungle, disarrange*) déan praiseach de
message *n* teachtaireacht *f3*, scéala *m4*
messenger *n* teachtaire *m4*
messy *adj* salach, cáidheach, ina phraiseach, trína chéile
metal *n* miotal *m1*
metallic *adj* miotalach
metaphor *n* meafar *m1*
meteorology *n* meitéareolaíocht *f3*
mete out *vt* dáil; (*justice*) riar
meter *n* (*instrument*) méadar *m1*; (*also*: **parking ~**) méadar *m1* páirceála; (US: *unit*) = **metre**
method *n* modh *m3*
methodical *adj* rianúil, críochnúil, slachtmhar
Methodist *n* Modhach *m1*
meths, methylated spirit *n* biotáille *f4* mheitileach
metre, (US) **meter** *n* méadar *m1*
metric *adj* méadrach
mettle *n* mianach *m1*, miotal *m1*, misneach *m1*; **to be on one's mettle** bheith ar theann do dhíchill
Mexico *n* Meicsiceo *m4*
micro *n* (*also*: **~computer**) micririomhaire *m4*
micro- *prefix* (COMPUT) micrea-, micri-
microchip *n* micrishlis *f2*

microfiche *n* micrifís *f2*
microfilm *n* micreascannán *m1*
microphone *n* micreafón *m1*
microprocessor *n* (COMPUT) micreaphróiseálaí *m4*
microscope *n* micreascóp *m1*
microwave *n* (*also*: **~ oven**) oigheann *m1* micreathoinne
mid *adj* lár-; **in mid May** i lár Mhí na Bealtaine; **in mid air** idir spéir is talamh, eadarbhuas
midday *n* meán *m1* lae
middle *n* lár *m1* ◆ *adj* lár-; (*average*) meán-; **in the middle of the night** i lár na hoíche
middle-aged *adj* meánaosta
Middle Ages *npl*: **the Middle Ages** na Meánaoiseanna *fpl2*, an Mheánaois *fsg2*
middle-class *adj* meánaicmeach
middle class(es) *n(pl)*: **the middle class(es)** an mheánaicme *fsg4*
Middle East *n* An Meánoirthear *m1*
middleman *n* meáncheannaí *m4*
middle name *n* ainm *m4* láir
middleweight *n* (BOXING) meánmheáchan *m1*
middling *adj* measartha, cuibheasach, réasúnta
midge *n* míoltóg *f2*
midget *n* abhac *m1*
midnight *n* meán *m1* oíche
midst *n*: **in the ~ of** i lár + *gen*, i measc + *gen*
midsummer *n* lár *m1* an tsamhraidh; **Midsummer('s) Day** Lá Fhéile Eoin
midway *adj, adv*: **~ (between)** leath bealaigh (idir), leath slí (idir); **midway through ... leath** bealaigh tríd ...
midweek *n* lár *m1* na seachtaine
midwife *n* bean *f* ghlúine, bean chabhrach
might *n* neart *m1* ◆ *vb see* **may**
mighty *adj* neartmhar, láidir

migraine n mígréin f2

migrant adj imirceach; **migrant worker** spailpín m4

migrate vi téigh ar imirce

mike n abbr = **microphone**

mild adj séimh; (person, weather) séimh, cneasta; (reproach) gan ghoimh

mildly adv go séimh; **to put it mildly** gan ach an ceann caol a lua

mile n míle m4; **miles away** na mílte ar shiúl

mileage n míleáiste m4

milestone n cloch f2 mhíle

militant adj míleatach

military adj míleata

militate vi: **to ~ against sth** oibriú in aghaidh ruda, bheith ina bhac ar rud; **his reputation militates against promotion** tá an clú atá air ina bhac ar ardú céime aige

militia n míliste m4

milk n bainne m4 ♦ vt (cow) bligh, crúigh; (fig: person) tar i dtír ar; (: situation) beir buntáiste ar

milk chocolate n seacláid f2 bhainne

milkman n fear m1 bainne

milk shake n creathán m1 bainne

milky adj (drink) bainniúil; (colour) lachtmhar

Milky Way n Bealach m1 na Bó Finne

mill n muileann m1; (steel mill) muileann m1 iarainn; (spinning mill) muileann m1 sníomhacháin; (flour mill) muileann m1 plúir ♦ vt meil ♦ vi (also: ~ about) bheith ag ruatharach thart

miller n muilleoir m3

milligram(me) n milleagram m4

millimetre, (US) **millimeter** n milliméadar m1

million n milliún m1 + sg

millionaire n milliúnaí m4

mime n mím f2 ♦ vt, vi mím

mimic n aithriseoir m3 ♦ vt déan aithris ar

min. abbr = **minute(s); minimum**

mince n mionaigh ♦ n (CULIN) feoil f3 mhionaithe; **he didn't mince his words** níor chuir sé fiacail ann

mincemeat n (fruit) mionrá m4 torthaí; (US: meat) feoil f3 mhionaithe; **to make mincemeat of sb** ciolar chiot a dhéanamh de dhuine

mince pie n (sweet) píóg f2 mhionra

mincer n miontóir m3

mind n intinn f2, meabhair f, cuimhne f4 ♦ vt (attend to, look after) tabhair aire do; (be careful) seachain, fainic; (object to): **I don't ~ the noise** ní miste liom an callán; **I don't mind** is cuma liom, ní miste liom; **on my mind** ar m'intinn; **to my mind** dar liom, de mo dhóighse, i mo bharúil or thuairimse; **to be out of one's mind** bheith as do mheabhair, bheith ar mire; **he changed his mind** d'athraigh sé a intinn, rinne sé athchomhairle; **to have sth in mind** rud a bheith ar intinn agat; **to keep or bear sth in mind** rud a choinneáil i gcuimhne, cuimhneamh ar rud; **to make up one's mind** cinneadh ar (chomhairle); **to put sth out of one's mind** rud a ligean chun dearmaid, rud a chur as do cheann; **to read sb's mind** léamh ar intinn duine; **to set one's mind on sth** d'intinn a leagan ar rud; **to be in two minds** bheith idir dhá chomhairle; **mind you,** ... mar sin féin, ...; **never mind** (don't bother) ná bac leis; (don't worry) ná bí buartha; **"mind the step"** "seachain an chéim"

minder n (child-minder) feighlí

páistí

mindful adj: **to be ~ of** beann a
bheith agat ar, aire a thabhairt do
mine[1] adj (single article) mo
cheannsa; (share of) mo chuidse
♦ adj: **this book is ~** is liom an
leabhar seo; **this book of mine** an
leabhar seo agam

mine[2] n (coal) mianach m1 guail;
(landmine) mianach talún ♦ vt
(coal) bain; (ship, beach) cuir
mianach faoi

miner n mianadóir m3

mineral n mianrach n; mianra
m4; **minerals** npl (soft drinks)
mianraí mpl4

mineral water n uisce m4 mianraí

mingle vi: **to ~ with** dul i measc,
meascadh le

miniature adj mion- ♦ n
mionsamhail f3

minibus n mionbhus m4

minim n (MUS) ceathrú f nóta

minimal adj íos-

minimize vt (reduce) íosmhéadaigh,
íoslaghdaigh; (play down) déan a
bheag de

minimum adj íos- ♦ n íosmhéid f2

mining n mianadóireacht f3

miniskirt n mionsciorta m4

minister n (POL) aire m4; (REL)
ministir m4 ♦ vi: **to ~ to sb** riar ar
dhuine

ministerial adj (POL) rialtais n gen

ministry n (POL) aireacht f3; (REL): **to
go into the ~** dul le ministreacht

mink n minc f2

minor adj fo-; (MUS, poet, problem)
mion- ♦ n (LAW) mionaoiseach m1;
(SPORT) mionúr m1

minority n mionlach m1

mint n (plant) miontas m1; (sweet)
milseán m1 miontais ♦ vt (coins)
buail; **in mint condition** úrnua

minus n (also: **~ sign**) míneas m1
♦ prep lúide

minute[1] adj beag bideach; (detail,
search) mion-

minute[2] n nóiméad m1, bomaite
m4; **minutes** npl (official record)
miontuairiscí fpl2; **wait a minute,
just a minute** fan nóiméad or
bomaite; **do it this minute!** déan
láithreach bonn é

miracle n míorúilt f2

mirage n mearú m súl

mirror n scáthán f2

mirth n meidhir f2, sclép f2

misadventure n míthapa m4

misapprehension n míthuiscint f3

misappropriate vt cúbláil

misbehave vi bheith dána or crosta

miscalculate vt déan mí-áireamh

miscarriage n (MED) breith f2
anabaí; (LAW) iomrall m1 ceartais;
she had a miscarriage scar sí le
duine clainne

miscellaneous adj il-, éagsúil,
ilchineálach, ilghnéitheach

mischief n (naughtiness)
diabhlaíocht f3; (playfulness)
ábhaillí f4; (maliciousness)
drochobair f2

mischievous adj iomlatach, dalba,
dána, diabhalta

misconception n míthuiscint f3

misconduct n mí-iompar m1

misdemeanour, (US)
misdemeanor n míghníomh m1;
(LAW) oilghníomh m1

miser n sprionlóir m3

miserable adj ainnis, dearóil,
anróiteach; (stingy) gortach,
sprionlaithe; (failure) dona

miserly adj sprionlaithe,
ceachartha, gortach

misery n (wretchedness) ainnise f4,
dearóile f4, anró m4

misfire vi loic; (fig) téigh amú

misfit n éan m1 corr

misfortune n mí-ádh m1, tubaiste
f4

misgiving n (*apprehension*) amhras m1, drochamhras m1; **to have misgivings about sth** (droch) amhras a bheith ort faoi rud

misguided adj ar mhíthreoir, seachránach

mishap n taisme f4, míthapa m4

misinform vt tabhair saobhsheolas do, tabhair an t-eolas contráilte do

misinterpret vt bain míchiall as, bain an chiall chontráilte as

misjudge vt: **to ~ sb** an aithne chontráilte a bheith agat ar dhuine, bheith san éagóir ar dhuine

mislead vt: **to ~ sb** míchomhairle a chur ar dhuine

misleading adj míthreorach; (*information, statement*) a chuireann (duine) ar seachrán or amú

misnomer n saobhainm m4, ainm m4 contráilte

misplace vt: **to ~ sth** rud a ligean amú, rud a chur san áit chontráilte

misprint n dearmad m1 cló

Miss n Iníon f2; **Miss O'Donnell** Iníon Uí Dhónaill

miss vt caill; (*regret the absence of*): **I ~ him/it** cronaím é; **I missed the train** chaill mé an traein, d'imigh an traein orm ♦ vi téigh amú ♦ n (*shot*) urchar m1 iomrall ▸ **miss out** vt caill

misshapen adj anchumtha

missile n (MIL) diúracán m1; (*object thrown*) diúracán m1

missing adj in easnamh, ar iarraidh

mission n misean m1

missionary n misinéir m3

misspent adj: **~ youth** óige caite ar an drabhlás, óige saofa

mist n ceo m4; (*light*) dusma m4 ♦ vi (*also: ~ over*): **her eyes ~ed over** tháinig deoir ar an tsúil aici

mistake n meancóg f2, dearmad

m1, botún m1; **to make a mistake** meancóg or botún or dearmad a dhéanamh; **by mistake** de dhearmad, i ndearmad ♦ vt (*meaning, remark*) bain míchiall as; **to mistake sb for sb else** duine a thógáil ar son duine eile; **to be mistaken about sth** dul amú a bheith ort faoi rud; **unless I am mistaken** mura bhfuil dul amú or seachrán orm

mistaken adj earráideach, mícheart, amú

mister n: **Mister McLaughlin** An tUasal Mac Lochlainn; *see also* **Mr**

mistletoe n drualus m3

mistress n bean f luí; (*in school*) máistreás f3

mistrust vt: **to ~ sb** bheith in amhras ar or faoi dhuine, drochiontaoibh a bheith agat as duine

misty adj ceobhránach, smúitiúil

misunderstand vt bain míthuiscint as, bain an chiall chontráilte as; **she misunderstood me** níor thuig sí (i gceart) mé; **if I don't misunderstand** mura bhfuil seachrán or dul amú orm

misunderstanding n míthuiscint f3

misuse n mí-úsáid f2; (*of power*) mí-úsáid f2 cumhachta ♦ vt bain mí-úsáid as; **misuse of funds** míriar acmhainní

mitch (*inf*) vi (*from school*) déan ag múitseáil or ag dul i bhfolach

mitigate vt maolaigh

mitt(en) n miotóg f2, mitín m4

mix vt, vi measc, cumaisc; (*drink etc*) cumaisc; (*cement*) suaith; (*socialize*): **to ~ with people** comhluadar a dhéanamh le daoine; **he doesn't mix well** ní fear mór cuideachta é ♦ n meascán m1, cumasc m1; (*people*) éagsúlacht f3 ▸ **mix up** vt measc; (*confuse*) cuir

trí chéile
mixed *adj* measctha; *(salad)*
ilchineálach
mixed grill *n* griolladh *m* measctha
mixed-up *adj (confused)* trí chéile
mixer *n (for food)* meascthóir *m3*;
(person): **he is a good ~** tá sé
sochaideartha
mixture *n* meascán *m1*, cumasc *m1*
mix-up *n* meascán *m1* mearaí
mm *abbr* (= *millimeter*) mm
moan *n* éagaoin *f2* ♦ *vi* bheith ag
éagaoin, cnead a ligean asat
moat *n* móta *m4*
mob *n* gramaisc *f2*; *(disorderly)*
gráscar *m1* ♦ *vt* plódaigh
mobile *adj* soghluaiste, gluaisteach
♦ *n* soghluaisteog *f2*
mobile home *n* teach *m* gluaisteach
mobile phone *n* fón *m1* or guthán
m1 gluaisteach
mobile shop *n* siopa *m4* gluaisteach
mock *vt* déan magadh or fonóid faoi
♦ *adj* breag-, bréige *n gen*
mockery *n* magadh *m1*; **to make a**
mockery of sb/sth ceap magaidh a
dhéanamh de dhuine/rud
mod *adj see* **convenience**
mode *n* modh *m3*
model *n* samhail *f3*, eiseamláir *f2*;
(make) déanamh *m1*; *(person: for*
fashion) mainicín *m4*; *(: for artist)*
cuspa *m4* ♦ *vt (with clay etc)*
múnlaigh ♦ *vi (clothes)* bheith ag
mainicíneacht ♦ *adj (railway: toy)*
mion-; **to model o.s. on** tú féin a
mhúnlú ar
modem *n (COMPUT)* móideim *m4*
moderate *adj* cuibheasach,
measartha, réasúnta ♦ *vi* maolaigh
♦ *vt* maolaigh; *(supervise)* stiúir;
(regulate) rialaigh
moderation *n* measarthacht *f3*
moderator *n (SCOL, REL)* modhnóir
m3
modern *adj* nua-aimseartha, nua-;

modern languages nuatheangacha
fpl4
modernize *vt* nuachóirigh, tabhair
suas chun dáta, cuir in oiriúint
don lá inniu
modest *adj* modhúil, cúthail;
(middling) cuibheasach, measartha
modesty *n* modhúlacht *f3*
modify *vt* modhnaigh; *(demands)*
maolaigh
module *n* modúl *m1*
mogul *n (fig)* mogal *m1*
mohair *n* móihéar *m1*
moist *adj* tais
moisten *vt* fliuch, maothaigh
moisture *n* taisleach *m1*, fliuchán
m1
moisturizer *n* taisritheoir *m3*
molar *n* cúlfhiacail *f2*
molasses *n* molás *msg1*
mold (*US*) *n*, *vt* = **mould**
mole *n (animal)* caochán *m1*; *(fig:*
spy) spiaire *m4*; *(on body)* ball *m1*
dobhráin
molest *vt (harass)* cuir isteach ar,
déan díobháil do; *(sexually)* déan
ionsaí gnéis ar
mollycoddle *vt* déan peataireacht
ar
molt (*US*) *vi* = **moult**
molten *adj* leáite
mom (*US*) *n* = **mum**
moment *n* nóiméad *m1*, bomaite
m4; **at the moment** i láthair na
huaire; **at that moment** ag an
nóiméad sin, leis sin; **I'll be there**
in a moment beidh mé ann i
gceann nóiméid; **I'm OK for the**
moment beidh mé ceart go leor go
fóill beag
momentary *adj* gearrshaolach
momentous *adj* an-tábhachtach,
cinniúnach
momentum *n* móiminteam *m1*;
(fig) fuinneamh *m1*; **to gather**
momentum dul i neart

mommy (US) n mamaí f4

Monaco n Monacó m4

Monaghan n Muineachán m1

monarch n monarc m4

monarchy n monarcacht f3

monastery n mainistir f

Monday n (An) Luan m1; **on Monday** Dé Luain; **he comes on Mondays** tagann sé ar an Luan

monetary adj airgeadúil, airgeadaíochta n gen

money n airgead m1; **to make money** airgead a dhéanamh

money order n ordú m airgid

mongrel n (dog) bodmhadra m4

monitor n (TV, COMPUT) monatóir m3 ♦ vt: **to ~ sth** monatóireacht a dhéanamh ar rud, súil a choinneáil ar rud

monk n manach m1

monkey n moncaí m4

monopoly n monaplacht f3

monotone n aonton m1

monotonous adj aontonach; (boring) leadránach, liosta, leamh

monsoon n monsún m1

monster n arracht m3, ollphéist f2

monstrous adj anchúinseach, uafásach, brúidiúil; (huge) ollmhór

month n mí f

monthly adj míosúil ♦ adv in aghaidh na míosa

monument n séadchomhartha m4; (memorial) leacht m3 cuimhneacháin

moo vi bheith ag géimneach

mood n aoibh f2, fonn m1; **to be in a good/bad mood** dea-/drochaoibh a bheith ort

moody adj (variable) taghdach; (sullen) dúr

moon n gealach f2

moonlight n solas m1 na gealaí

moonlit adj: **a ~ night** oíche ghealaí

moor n móinteán m1, caorán m1 ♦ vt (ship) feistigh, cuir ar ancaire

♦ vi téigh ar feistiú

moorland n móinteach m1, talamh m1 or f sléibhe

moose n mús m1

mop n (of hair) mothall m1, grágán m1, mapa m4; (for dishes) mapa (soithí) ♦ vt mapáil ▶ **mop up** vt glan suas

mope vi bheith i ndroim dubhach

moped n móipéid f2

moral adj morálta ♦ n (of story) brí f4; **morals** npl (attitude, behaviour) moráltacht fsg3

morale n meanma f, misneach m1

morality n moráltacht f3

morass n seascann m1

---

more adj níos mó; breis; tuilleadh **1** (greater in number etc) níos mó; **more people/work (than)** níos mó daoine/oibre ná

2 (additional) a thuilleadh + gen; **do you want (some) more tea?** ar mhaith leat tuilleadh tae?; **I have no** or **I don't have any more money** níl níos mó or a thuilleadh airgid agam; **it'll take a few more weeks** tógfaidh sé cúpla seachtain eile

♦ pron breis agus, corradh le; **more than ten** corradh le deich; **it cost more than we expected** chosain sé níos mó ná a shíleamar; **I want more** ba mhaith liom tuilleadh; **is there any more?** an bhfuil tuilleadh ann?; **there's no more** níl a thuilleadh ann; **a little more** beagáinín eile, dornán eile, braon beag eile; **many/much more** i bhfad níos mó

♦ adv: **more dangerous/easily (than)** níos contúirtí/fusa (ná); **more and more expensive** ag éirí níos daoire, ag dul i ndaoire; **more or less** a bheag nó a mhór; **more** than ever níos mó ná riamh

moreover adv ar a bharr sin, ina theannta sin

morning n maidin f2; **in the morning** ar maidin; **7 o'clock in the morning** 7 a chlog ar maidin

morning sickness n tinneas m1 maidne

Morocco n Maracó m4

moron (inf) n leathdhuine m4, uascán m1

Morse code n an aibítir f2 Mhorsach

morsel n ruainne m4, mír f2, greim m3

mortar n (MIL) moirtéar m1; (CONSTR) moirtéal m1

mortgage n morgáiste m4 ♦ vt morgáistigh

mortgage company (US) n comhlacht m3 morgáistí

mortuary n marbhlann f2

mosaic n mósáic f2

Moscow n Moscó m4

Moslem adj, n = **Muslim**

mosque n mosc m1

mosquito n muiscít f2, corrmhíol m1

moss n caonach m1; (Irish) carraigín m4

most adj bunáite + gen, bunús + gen, formhór + gen ♦ pron an mhórchuid f ♦ adv is (+ superl); (very) an-; most of formhór + gen, bunús + gen; most of them a mbunús, a bhformhór; at the (very) most ar a mhéad; to make the most of sth a mhór a dhéanamh de rud

mostly adv (chiefly) go príomha, den chuid is mó; (usually) de ghnáth, go hiondúil

motel n carróstlann f2

moth n féileacán m1 oíche, leamhan m1

mothballs npl millíní mpl4 leamhan

mother n máthair f ♦ vt (pamper, protect) déan peataireacht ar; **mother country** tír dhúchais

motherhood n máithreachas m1

mother-in-law n máthair f chéile

motherly adj máithriúil

mother tongue n teanga f4 dhúchais

motif n móitíf f2

motion n gluaiseacht f3; (gesture) geáitse m4; (at meeting) rún m1; **in motion** (moving) faoi shiúl; (functioning) ar siúl, ar obair ♦ vt, vi: **to ~ (to) sb to do** sméideadh ar dhuine rud a dhéanamh; **to set sth in motion** rud a chur sa siúl, siúl a chur faoi or ar rud

motionless adj gan bhogadh, gan chorraí

motion picture n scannán m1

motivated adj spreagtha

motive n cúis f2, bunchúis f2, réasún m1

motley adj ilchineálach, éagsúil

motor n inneall m1; (inf: vehicle) mótar m1, gluaisteán m1, carr m1 ♦ cpd (industry, vehicle) mótar-, gluais-

motorbike n gluaisrothar m1

motorboat n mótarbhád m1

motorcar n mótar m1, gluaisteán m1, carr m1

motorcycle n gluaisrothar m1

motorcyclist n gluaisrothaí m4

motor mechanic n meicneoir m3 gluaisteán

motor racing n rásaíocht f3 ghluaisteán

motorway n mótarbhealach m1

mottled adj breac

motto n mana m4

mould (US) **mold** n múnla m4; (mildew) coincleach f2 ♦ vt múnlaigh; (fig) fuin

mo(u)ldy adj clúmhúil; (smell)

dreoite

moult, (US) **molt** vi (bird) bheith ag cur na gcleití; (animal) bheith ag cur an fhionnaidh

mound n meall m1; (heap) carn m1; (hill) tulach m1

mount n cnoc m1, sliabh m ♦ vt gabh suas ar, téigh in airde ar; (horse) téigh ar mhuin ♦ gen ♦ vi (inflation, tension) méadaigh; (also: ~ up: problems etc) carnaigh

mountain n sliabh m, cnoc m1 ♦ cpd sléibhe n gen

mountain bike n rothar m1 sléibhe

mountaineer n sléibhteoir m3

mountaineering n sléibhteoireacht f3

mountainous adj sléibhtiúil

mountain range n sliabhraon m1

mountainside n taobh m1 sléibhe, slios m3 sléibhe

mourn vi, vt caoin

mourner n sochraideach m1

mournful adj dobrónach

mourning n brón m1, dobrón m1

mouse n luchóg f2; (COMPUT) luch f2

mousetrap n gaiste m4 luchóg

mousse n mousse m4

moustache, (US) **mustache** n croiméal m1

mousy adj (hair) fionndonn

mouth n béal m1

mouthful n bolgam m1

mouth organ n orgán m1 béil

mouthpiece n (of musical instrument) béalóg f2; (spokesman) urlabhraí m4

mouthwash n folcadh m béil

mouth-watering adj so-bhlasta

movable adj sobhogtha, soghluaiste

move n (movement) bogadh m; (in game) cor m1; (: turn to play) seal m3; (change : of house, job) aistriú m ♦ vt bog, corraigh; (emotionally):
the music ~d her to tears bhain an

ceol na deora aisti; (POL, resolution etc) mol; (in game) bog ♦ vi (gen) bog; (traffic) gluais; (also: ~ house) aistrigh; (situation) athraigh; that was a good move is maith a rinne tú é; to move sb to do sth duine a spreagadh le rud a dhéanamh; to get a move on brostú ► move about vi (fidget) bheith ag tónacán; bheith corrthónach; (travel) bog thart; (change residence, job) aistrigh ► move along or around vi bog leat

► move away vi bog ar shiúl

► move back vi bog ar ais, bog siar

► move forward vi bog chun tosaigh ► move in vi (to a house) bog isteach i; (police, soldiers) druid isteach le ► move on vi bog ar aghaidh ► move out vi (of house) bog amach as ► move over vi bog anonn ► move up vi (pupil) aistrigh suas; (employee) faigh ardú céime

moveable adj = movable

movement n bogadh m, cor m1; (campaign) gluaiseacht f3

movie n scannán m1; to go to the movies dul chuig na pictiúir

movie camera n ceamara m4 scannáin

moving adj beo; (emotional) corraitheach

mow vt bain; (lawn) lom, bain

► mow down vt treascair

MP n abbr = Member of Parliament

mph abbr = miles per hour

Mr, (US) **Mr.** n: ~ Smith An tUasal Smith

Mrs, (US) **Mrs.** n: ~ Smith Bean Smith

Ms, (US) **Ms.** n Miss or Mrs: Ms Smith Iníon Smith

much adj mórán ♦ gen ♦ adv, n, pron a lán ♦ gen; how much is it? cá mhéad atá air?; too much an iomarca + gen, barraíocht + gen; **as much as (he has)** a oiread agus (atá aige)

muck n (dirt) salachar m1 ▸ **muck up** (inf) vt (exam, interview) déan praiseach de

mucky adj cáidheach, draoibeach; (book, film) graosta, gáirsiúil

mud n clábar m1, lábán m1

muddle n (mess) cíor f2 thuathail; (mix-up) meascán m1 mearaí ♦ vt (also: ~ **up**) cuir trí chéile

muddy adj lábánach, draoibeach

mudguard n pludgharda m4

muffin n muifín m4, bocaire m4

muffle vt (sound) múch; (against cold) clutharaigh

muffled adj (sound) múchta; (person) clutharaithe

muffler (us) n (AUT) ciúnadóir m3

mug n (cup) muga m4; (inf: face) pus m1; (: fool) bómán m1 ♦ vt (assault) ionsaigh

mugging n ionsaí m4

muggy adj meirbh

mule n miúil f2

mull over vt: **to mull sth over** do mharana a dhéanamh ar rud

multiple n iomadúil, il- ♦ n iolraí m4

multiple sclerosis n ilscléaróis f2

multiplication n iolrú m

multiply vt, vi iolraigh

multistorey adj ilstórach

mum (inf) n mam f2 ♦ adj: **to keep ~ about sth** rud a choinneáil faoin duilleog

mumble vt, vi mungail; **to mumble sth** rud a rá trí d'fhiacla

mummy n (mother) mamaí f4; (embalmed) seargán m1

mumps n an plucamas m1, an leicneach f2

munch vt, vi mungail

mundane adj leamh

municipal adj cathrach n gen

Munster n An Mhumhain f, Cúige m4 Mumhan ♦ adj Muimhneach

murder n dúnmharú m ♦ vt dúnmharaigh

murderer n dúnmharfóir m3

murderous adj (intention) modartha

murky adj amhrasach; (water) modartha

murmur n monabhar m1 ♦ vi bheith ag monabhar ♦ vt: **to ~ sth** rud a rá de mhonabhar

muscle n matán m1; (fig) cumhacht f3 ▸ **muscle in** vi: **to ~ in** tú féin a bhrú chun cinn

muscular adj matánach; (person, arm) féitheogach

muse vi machnaigh

museum n músaem m1

mushroom n muisiriún m1, beacán m1 ♦ vi borr

music n ceol m1

musical adj binn; (person) ceolmhar; (show) ceoil n gen

musical instrument n gléas ceoil, uirlis f2

musician n ceoltóir m3

Muslim adj, n Moslamach m1

muslin n muslín m4

mussel n diúilicín m4

must aux vb (obligation): **I ~ do it** ní mór dom é a dhéanamh, tá orm é a dhéanamh, caithfidh mé é a dhéanamh; (probability): **he ~ be there by now** caithfidh sé go bhfuil sé ann faoi seo; (suggestion, invitation): **you ~ come and see me** caithfidh tú teacht ar cuairt chugam; **why ~ he behave so badly?** cad chuige a gcaithfidh sé bheith chomh crosta sin? ♦ n riachtanas m1

mustache (us) n = moustache

mustard n mustard m1

muster vt cruinnigh

mute adj balbh

muted adj (colour) séimh; (reaction)

réidhchúiseach

mutiny n ceannairc f2 ♦ vi éirigh amach

mutter vi bheith ag monabhar ♦ vt: **to ~ sth** a rá trí d'fhiacla

mutton n caoireoil f3

mutual adj dibhlíonach; (benefit, interest) comhchomaoineach; **mutual assistance** comhar m1

mutually adv go dibhlíonach

muzzle n soc m1; (protective device) féasrach, puslach m1; (of gun) béal m1 ♦ vt cuir féasrach or puslach ar

my adj mo; **my house/car/gloves** mo theach/ghluaisteán/mhiotóga, an teach/an gluaisteán/na miotóga agam; **my hair** mo chuid gruaige

myself pron (reflexive) mé féin; (emphatic) mise féin; **tormenting myself** do mo chrá féin; see also oneself

mysterious adj rúndiamhair, mistéireach

mystery n rúndiamhair f2, mistéir f2

mystify vt mearaigh

myth n miotas m1

mythology n miotaseolaíocht f3

N

nag vt tabhair amach do ♦ vi: **to be ~ging at sb** bheith sáite as duine; **it was nagging at him** bhí sé ag dó na geirbe aige

nagging adj (pain) sáiteach; (worry, doubt) seasta, dochloíste

nail n (human) ionga f; (metal) tairne m4 ♦ vt cuir tairne i, tairneáil; **to nail sb down to a date/price** dáta/praghas a chinntiú le duine or a fháscadh as duine

nailbrush n scuab f2 ingne

nailfile n raspa m4 ingne

nail polish, nail varnish n snas m1 or vearnais f2 iongan

nail polish remover n díobhach m1 vearnais iongan

nail scissors n pl siosúr msg1 ingne

naïve adj saonta, soineanta

naked adj (person) lomnocht; (light etc) nocht; (hatred, truth) lom

name n ainm m4 ♦ vt ainmnigh; **by his name** ina ainm; **in the name of** in ainm + gen; **what's your name?** cén t-ainm atá ort?, cad is ainm duit?; **in God's name** in ainm Dé; **name a date or place** luaigh dáta nó áit

nameless adj gan ainm; (author etc) anaithnid

namely adv eadhon, is é sin, mar atá

namesake n comhainmneach m1; **your namesake** fear or bean de d'ainm féin

nanny n buime f4

nap n: **to take a ~** néal m1 a chodladh, dreas codlata a dhéanamh ♦ vi: **he was caught ~ping** rugadh maol air, thángtha aniar aduaidh air, rugadh gairid air

nape n: **~ of the neck** baic f2 an mhuiníl

napkin n naipcín m4

nappy n clúidín m4

nappy rash n gríos m1 clúidín

narcissus n nairciseas m1

narcotic n (drug) támhshuanach m1; (MED) cógais mpl1 suain

narrative n scéal m1

narrow adj cúng; (mind) cúng, caol ♦ vt, vi cúngaigh, caolaigh; **I had a narrow escape** ní mó ná gur éalaigh mé, is ar éigean a d'éalaigh mé; **to narrow sth down to** rud a laghdú go

adv: **he ~ missed injury** is ar éigean a d'éalaigh sé gan gortú, is ar éigean a tháinig sé slán as

narrow-minded adj caolaigeanta, cúngaigeanta

nasty adj (person) urchóideach, mailíseach; (attack) mailíseach; (accident, disease) droch-; (blow, injury) trom, droch-; (smell) bréan

nation n náisiún m1, cine m4, pobal m1

national adj náisiúnta ♦ n náisiúnach m1

national dress n éide f4 náisiúnta

National Health Service (BRIT) n An tSeirbhís f2 Náisiúnta Sláinte

National Insurance n Árachas m1 Náisiúnta

nationalism n náisiúnachas m1

nationalist adj náisiúnach ♦ n náisiúnaí m4

nationality n náisiúntacht f3

nationalize vt náisiúnaigh

nationally adv (as a nation) go náisiúnta; (nationwide) ar fud na tíre

nationwide adj ar fud na tíre; (problem) náisiúnta ♦ adv ar fud na tíre

native n dúchasach m1 ♦ adj dúchasach; (country) dúchais n gen; (ability) ó dhúchas; he's a native of Russia is an Rúis ó dhúchas é; a native speaker of French cainteoir dúchais Fraincise

native language n teanga f4 dhúchais

natural adj nádúrtha, aiceanta

natural gas n gás m1 nádúrtha

naturalize vt (foreigner) eadóirsigh; (plant) tabhair chun cineáil; to become naturalized (person) saoránacht náisiúin eile a thógáil

naturally adv (obviously) ar ndóigh cinnte; (logically) an ndóigh; (behave) go nádúrtha; naturally! (of course) ar ndóigh!, cinnte!; he is naturally hardworking is dual dó a

bheith dícheallach

nature n nádúr m1, dúchas m1; (the elements) dúlra m4; by nature ó nádúr, ó dhúchas; she's shy by nature is dual di a bheith cúthail; it's in his nature tá sé san fhuil ann or sa smior aige

naught n = **nought**

naughty adj (child) crosta, dána, dalba; (book etc) graosta

nausea n masmas m1, samhnas m1, múisc f2, déistin f2

nauseating adj masmasach, samhnasach

naval adj cabhlaigh n gen; (maritime, marine) muirí

naval officer n oifigeach m1 cabhlaigh

nave n corp m1 eaglaise

navel n imleacán m1

navigate vt (steer) stiúir, píolótaigh ♦ vi stiúir, déan loingseoireacht

navigation n loingseoireacht f3

navvy n náibhí m4

navy n cabhlach m1, loingeas m1

navy(-blue) adj dúghorm

Nazi n Naitsí m4 ♦ adj Naitsíoch

near adj: ~ (to) cóngarach (do), gar (do) ♦ prep (also: ~ to) in aice + gen ♦ vt druid le, tar i ngar do; it's nearing completion tá sé beagnach críochnaithe, tá sé (de) chóir a bheith críochnaithe; he was very near to tears bhí sé faoi aon dul a chaoineadh

nearby adj in aice láimhe, gaobhardach ♦ adv ar na gaobhair

nearly adv beagnach, (de) chóir a bheith; I nearly fell dóbair dom titim; he was nearly dead bhí sé beagnach marbh; it's not nearly as good níl sé baol ar a bheith chomh maith

nearside n (AUT, BRIT) an taobh m1 clé; (: in US, Europe) an taobh deas

near-sighted *adj* gearr-radharcach

neat *adj* (*work*) slachtmhar; (*house*) slachtmhar, glanordúil; (*dress*) néata; (*figure*) comair; (*action, movement*) críochnúil, deismir

neatly *adv* go slachtmhar, go néata, go comair, go deismir

necessarily *adv*: that doesn't ~ **mean** ... ní gá go gciallódh sin ...

necessary *adj* riachtanach; **it is necessary to** ... ní mór ..., ní foláir ..., is gá ...

necessity *n* riachtanas *m1*, gá *m4*

neck *n* muineál *m1*, scóig *f2*, scrogall *m1* ♦ *vi* (*inf*) póg; **neck and neck** gob ar ghob; **to have a brass neck** éadan dána a bheith ort

necklace *n* muince *f4* (bráid)

neckline *n* muineál *m1*

necktie *n* carbhat *m1*

need *n* riachtanas *m1*, gá *m4* ♦ *vt*: **I ~ money** tá airgead uaim, tá airgead de dhíth or de dhíobháil orm; **I need to leave** ní mór dom, tá orm, caithfidh mé, tá agam le; **you don't need that** níl sin de dhíth ort, níl sin uait; **you don't need to** ... ní gá duit ...

needle *n* snáthaid *f2*; (*KNITTING*) dealgán *m1*, biorán *m1* cniotála; (*bad blood*) faltanas *m1* ♦ *vt*: **to ~ sb** duine a ghriogadh

needless *adj* neamhriachtanach; **needless to say** ar ndóigh

needlework *n* obair *f2* shnáthaide

needy *adj* bocht, dearóil, gátarach; **to be needy** bheith ar an ngannchuid

negative *n* (*PHOT*) claonchló *m4*; (*LING*) diúltach *m1* ♦ *adj* diúltach

neglect *vt*: **to ~ sth** faillí or neamart a dhéanamh i rud ♦ *n* neamhchúram *m1*, faillí *f4*; (*of duty*) neamart *m1*

negligee *n* fallaing *f2* sheomra

negotiate *vt* (*difficulty*) sáraigh; (*price*) socraigh; (*treaty*) déan idirbheartaíocht; **to negotiate an agreement** tar ar chomhréiteach ♦ *vi*: **to ~ with sb** (*bargain*) dul chun margaidh or chun réitigh le duine; (*POL*) bheith i gcomhchainteanna le duine

negotiations *npl* (*COMM*) caibidlíocht *fsg3*, idirbheartaíocht *fsg3*; (*POL*) comhchainteanna *fpl2*; **under negotiation** faoi chaibidil

neigh *vi* bheith ag seitreach, déan seitreach

neighbour (*US*) **neighbor** *n* comharsa *f*

neighbourhood *n* (*place*) comharsanacht *f3*

neighbouring *adj* lámh le; **the neighbouring villages** na sráidbhailte in aice láimhe

neighbourly *adj* comharsanúil; (*obliging*) garach

neither *adj*, *pron*: ~ **of the two were there** ní raibh ceachtar den bheirt ann ♦ *conj*: **I didn't move and ~ did Seán** níor chorraigh mise ná Seán ach oiread or ní Seán ach chomh beag ♦ *adv*: ~ **good nor bad** maith ná olc; ..., **neither did I refuse** ..., agus níor dhiúltaigh mé ach oiread; **"Neither did I"** "Ní fhaca mé í." - "Ní fhaca ná mise."

neon *n* neon *m1*

neon light *n* solas *m1* neoin

nephew *n* nia *m4*

nerve *n* néaróg *f2*; (*fig*: *courage*) misneach *m1*, uchtach *m1*; (: *cheek*) sotal *m1*, éadan *m1*; **he had a fit of nerves** tháinig cearthaí or líonrith ann

nerve-racking *adj* corraitheach

nervous *adj* (*tense*) neirbhíseach; (*anxious*) imníoch; (*MED*) néaragach

nervous breakdown n cliseadh m néarógach

nest n nead f2 ♦ vi neadaigh

nest egg n taisce f4, folachán m1

nestle vi neadaigh, soiprigh tú féin

net n (FISHING) líon m1, eangach f2; (for hair) líontán m1; (SPORT) líontán, eangach ♦ adj (price, weight) glan ♦ vt (fish etc) gabh, ceap; (profit) déan

netball n líonpheil f2

net curtains npl cuirtín m4 lín

Netherlands npl: the ~ An Ísiltír f2

nett adj = net

netting n (for fence etc) líontán m1

nettles npl neantóga fpl2, cál msg1 faiche

network n gréasán m1, mogalra m4; (COMPUT) líonra m4

neurotic n, néaróiseach m1

neuter adj (BIOL) seasc, neodrach; (LING) neodrach ♦ vt (cat etc) coill, neodraigh

neutral adj neodrach

neutralize vt neodraigh

never adv (past) riamh; (present) in am ar bith, riamh; (future) go deo, choíche; **it never happened** níor tharla sé riamh; **he's never on time** ní bhíonn sé riamh in am; **she'll never return** ní fhillfidh sí choíche; **never in my life** le mo shaol or sholas or ré; see also **mind**

never-ending adj síor-; (story etc) gan chríoch; (noise etc) síoraí

nevertheless adv san féin, fós, ina dhiaidh sin, ar a shon sin

new adj nua, úr; **brand new** úrnua

newborn adj nuabheirthe

newcomer n núíosach m1

new-fangled (pej) adj nuanósach

new-found adj nua-aimsithe

newly adv go húr, nua-

newly-weds npl lánúin f2 nuaphósta

news n scéala m4; (RADIO, TV) nuacht f3

news agency n nuachtghníomhaireacht f3

newsagent n nuachtánaí m4

newscaster n léitheoir m3 nuachta

newsdealer (US) n = newsagent

news flash n splanc f2 nuachta

newsletter n nuachtlitir f

newspaper n nuachtán m1

newsprint n nuachtpháipéar m1

newsreader n = newscaster

newsreel n nuachtspól m1

news stand n seastán m1 nuachtán

newt n earc m1 luachra

New Year n: **The New Year** An AthBhliain f3, An Bhliain Úr

New Year's Day n Lá m Nollag Beag, Lá Caille

New Year's Eve n Oíche f4 Chinn Bhliana, Oíche Chaille

New York n Nua-Eabhrac m4

New Zealand n An Nua-Shéalainn f2

New Zealander n Nua-Shéalannach m1

next adj: **the ~ person** an chéad duine eile; (in time): **~ week** an tseachtain seo chugainn ♦ adv (after) ina dhiaidh sin; (afterwards) ansin; **the next day** an lá dar gcionn, an lá arna mhárach; **next year** an bhliain seo chugainn; **next time** an chéad uair eile; **next** to taobh le, cois ♦ gen, in aice + gen, lámh le, le hais + gen; **we knew next to nothing** is ar éigean a bhí aon rud ar eolas againn; **next, please!** (at doctor's) an chéad duine eile, le do thoil!

next door adv, adj béal dorais; **next door neighbour** comharsa béal dorais

next-of-kin n neasghaol m1

nib n gob m1

nibble vt gráinseáil, creimseáil

nice adj deas, álainn; (person) deas,

cineálta; (*journey*) pléisiúrtha; (*weather*) breá, deas

nicely *adv* go sásta

niceties *npl* deismíneachtaí *fpl3*

nick *n* (*indentation*) eang *f3*; (*wound*) gránú *m* ♦ *vt* (*inf*) cuir eang i; **in the nick of time** go díreach in am

nickel *n* nicil *f2*; (*us*) bonn *m1* nicíle, = réal *m1*

nickname *n* leasainm *m4* ♦ *vt* tabhair (de) leasainm ar; **he was nicknamed Judas** baisteadh *or* tugadh Iúdas mar leasainm air

niece *n* neacht *f3*

Nigeria *n* An Nigéir *f2*

niggling *adj* (*doubts, injury*) sáiteach

night *n* oíche *f4*; (*evening*) tráthnóna *m4*; **at night** san oíche, istoíche; **by night** d'oíche; **last night** aréir; **the night before last** arú aréir; **it kept me up all night** chuir sé ó chodladh na hoíche mé

nightcap *n* deoch *f* roimh luí

night club *n* club *m4* oíche

nightdress, nightgown, nightie *n* léine *f4* oíche

nightfall *n* titim *f2* na hoíche

nightingale *n* filiméala *m4*

nightlife *n* siamsaíocht *f2* oíche

nightly *adj* (*nightly*); (*show etc*) gach oíche; (*by night*) de shiúl oíche, istoíche ♦ *adv* gach oíche

nightmare *n* tromluí *m4*

night porter *n* póirtéir *m3* oíche

night school *n* scoil *f2* oíche

night shift *n* (*people*) meitheal *f2* na hoíche; (*work*) seal *m3* na hoíche

night-time *n* = **night**

night watchman *n* faireoir *m3* oíche

nil *n* náid *f2*, neamhní *m4*

Nile *n*: **the ~** An Níl *f2*

nimble *adj* aclaí, lúfar

nine *num* naoi; **nine bottles** naoi

mbuidéal; **nine people** naonúr *m1*

nineteen *num* naoi (gcinn) déag; **nineteen bottles** naoi mbuidéal déag; **nineteen people** naoi nduine déag

ninety *num* nócha ♦ *nom sg*

ninth *num* naoú; **the ninth woman** an naoú bean

nip *n* liomóg *f2* ♦ *vt*: **to ~ sb** liomóg a bhaint as duine

nipple *n* (*ANAT*) dide *f4*, sine *f4*

nitrogen *n* nítrigin *f2*

no *adv* (*opposite of yes*"): **are you coming? - no** (*I'm not*) an bhfuil tú ag teacht? - níl; **would you like some more? - no thank you** ar mhaith leat tuilleadh? - níor mhaith, go raibh maith agat ♦ *adj* (*not any*) aon, ar bith; **I have no money** níl aon airgead agam; **I have no books** níl leabhair ar bith agam; **no players turned up** níor tháinig imreoir ar bith; **"no smoking" "ná caitear tobac"; "no dogs" "cros ar mhadraí"

nobility *n* uaisle *m4*, uaisleacht *f3*

noble *adj* uasal

nobody, no one *pron*: **~ spoke** níor labhair aon duine/duine ar bith; **there was nobody home** ní raibh duine ar bith *or* aon duine sa bhaile; **I saw nobody** *or* **no one else all day** ní fhaca mé aon duine eile i rith an lae; **nobody knows** níl a fhios ag aon duine ♦ *n*: **he's a ~** níl ann ach neamhdhuine

nod *vi* (*sleep*) néal a chodladh ♦ *vt*: **to ~ one's head** do cheann a sméideadh ♦ *n* sméideadh *m* cinn ♦ *nod off* *vi*: **she ~ded off** thit a codladh uirthi

noise *n* gleo *m4*, tormán *m1*, callán *m1*

noisy *adj* glórach, callánach

nominal *adj* (*leader*) ainmiúil; **nominal rent** cíos ainmiúil

nominate vt (propose) mol; (appoint) ceap, ainmnigh

non- prefix neamh-; (+ vadj) do-

non-alcoholic adj neamh-mheisciúil

non-committal adj faichilleach; (answer) neamhcheangailteach

nondescript adj neamhshuntasach

none pron ceann ar bith, aon cheann; (of people) duine ar bith, aon duine; **none of you** duine ar bith agaibh; **I've none left** níl ceann ar bith fágtha agam, níl aon cheann fágtha agam; **he's none the worse for it** ní dhearna sé lá dochair dó, ní measaide (dó) é

nonentity n neamhní m4; (person) neamhdhuine m4

nonetheless adv mar sin féin, dá ainneoin sin

non-existent adj: **it was ~** níorbh ann dó

non-fiction n neamhfhicsean m1

nonplussed vt: **to be ~** bhí sí trína chéile

nonsense n seafóid f2, amaidí f4; **don't talk nonsense!** bíodh ciall agat!

non-smoker n duine m4 nach gcaitheann, neamhchaiteoir m3

non-stick adj neamhghreamaitheach

non-stop adj, adv gan stad

noodles npl núdaíl mpl1

nook n: **~s and crannies** poill mpl1 agus prochóga fpl2

noon n nóin f3, meán m1 lae

no one pron = **nobody**

noose n dol m3; (hangman's) sealán m1

nor conj, adv see **neither**

norm n gnás m1; (standard) caighdeán m1

normal adj (life) gnáth-, gnách, nádúrtha; (person) gnáth-; **he's perfectly normal** níl aon rud neamhghnách faoi; **as (is) normal**

mar is gnách

normally adv de ghnáth

north n tuaisceart m1 ♦ adj tuaisceartach; (wind) aduaidh ♦ adv (in) thuaidh; (to) ó thuaidh; (from) aduaidh; **the North** an Tuaisceart m1; **north of** taobh thuaidh de

North America n Meiriceá m4 Thuaidh

north east n oirthuaisceart m1 ♦ adj oirthuaisceartach; (wind) anoir aduaidh; (side) thoir thuaidh ♦ adv (in) thoir thuaidh; (towards) soir ó thuaidh; (from) anoir aduaidh; **the North East** an tOirthuaisceart m1; **north east of** taobh thoir thuaidh de

northerly adj (wind) aduaidh; (point) thuaidh

northern adj tuaisceartach, thuaidh; **the Northern Lights** na Saighneáin mpl1

Northern Ireland n Tuaisceart m1 (na h)Éireann

North Pole n: **the North Pole** an Pol m1 Thuaidh

North Sea n: **the North Sea** An Mhuir f3 Thuaidh

northward(s) adv ó thuaidh

north west n iarthuaisceart m1 ♦ adj iarthuaisceartach; (wind) aniar aduaidh; (side) thiar thuaidh ♦ adv (in) thiar thuaidh; (to) siar ó thuaidh; (from) aniar aduaidh; **the North West** an tIarthuaisceart m1; **north west of** taobh thiar thuaidh de

Norway n An Iorua f4

Norwegian adj, n Ioruach m1; (UNG) Ioruais f2

nose n srón f2, gaosán m1

nosebleed n fuil f shróine

nose-dive n socthumadh m

nosey (inf) adj = **nosy**

nostalgia n cumha m4, uaigneas m1

nostril n polláire m4, poll m1 sróine

nosy (inf) adj fiosrach, caidéiseach

not adv ní; nach; nár; níor; ná; níor(bh); nár(bh); chan; **he is not** or **isn't here** níl sé abhus; **you must not** or **you** mustn't do that níor chóir duit sin a dhéanamh; **it's too late, isn't it** or **is it not** tá sé rómhall (nó) nach bhfuil?; **not yet/now** chan go fóill/anois; **"did you see her?" - "not at all!"** "an bhfaca tú í?" - "ní fhaca ar chor ar bith."; see also grammar section; all; only

notably adv (particularly) go háirithe; (markedly) go sonrach

notary n nótaire m4

notch n eang f3

note n nóta m4 ♦ vt (also: ~ **down**) breac síos; (observe) tabhair faoi deara

notebook n leabhar m1 nótaí

notepad n ceap m1 nótaí

notepaper n páipéar m1 litreacha

nothing n faic f4, dada m4, rud m3 ar bith, aon rud; **he does nothing** ní dhéanann sé faic; **nothing new** dada or faic úr; **for nothing** (saor) in aisce; **it's nothing of the sort!** ní hea, ná baol air

notice n (announcement) fógra m4; (of court) ardú m4; (warning) foláireamh m4 ♦ vt tabhair faoi deara; **to bring sth to sb's notice** aird duine a tharraingt ar rud; **until further notice** go bhfógrófar a mhalairt; **to hand in one's notice** éirí as; **take no notice of him** ná tabhair aon aird air

noticeable adj suntasach, sonraíoch

notice board n clár m1 fógraí

notify vt **to ~ sb of sth** duine a chur ar an eolas faoi rud, rud a chur in iúl do dhuine

notion n nóisean m1; (concept)

tuairim f2; (clue, idea) barúil f3; (whim) spadhar m1

notorious adj míchlúiteach

notwithstanding adv in ainneoin + gen, ar son + gen

nought n neamhní m4, náid f2

noun n ainmfhocal m1, ainm m4

nourish vt beathaigh, cothaigh

nourishing adj scamhardach, cothaitheach

nourishment n scamhard m1, cothú m

novel n úrscéal m1 ♦ adj úr, nua

novelist n úrscéalaí m4

novelty n nuacht f3, úire f4

November n Samhain f3

now adv anois ♦ conj: ~ **(that)** anois agus, anois go; **right now** láithreach bonn; **by now** faoi seo; **that's the fashion just now** sin an faisean faoi láthair; **now and then, now and again** anois agus arís, ó am go ham; **from now on** as seo amach

nowadays adv sa lá atá inniu ann

nowhere adv in áit ar bith, in aon áit, in aon bhall; **she's nowhere near as old as Seán** níl sí baol ar chomh sean le Seán

nozzle n soc m1

nuclear adj núicléach, eithneach

nucleus n núicléas m1, eithne f4

nude adj lomnocht ♦ n nochtach m1

nudge vt broid

nudist n nochtach m1

nuisance n: **it's a ~** is cur isteach mór é; **what a nuisance!** a leithéid de chrá croí!

null adj: ~ **and void** ar neamhní

numb adj bodhar; **numb with fear** sioctha le heagla

number n uimhir f ♦ vt uimhir a chur ar; **a number of** roinnt + gen; **to be numbered among** bheith i measc + gen; **they were seven in**

number bhí siad seachtar ann
number plate n (AUT) uimhirphláta m4
numeral n uimhir f, figiúr m1
numerate adj uimheartha
numerical adj uimhriúil
numerous adj líonmhar, iomadúil
nun n bean f rialta
nurse n banaltra f4 ♦ vt (patient) banaltracht a dhéanamh ar; **she nursed him back to health** thug sí chun bisigh é
nursery n naíolann f2; (for plants) plandlann f2
nursery rhyme n rann m1 páistí
nursery school n naíscoil f2
nursery slope n (SKI) fánán m1 tosaitheoirí
nursing n banaltracht m3
nursing home n teach m banaltrachta
nursing mother n máthair f chíche
nut n cnó m4
nutcracker n cnóire m4
nutmeg n noitmig f2
nutritious adj scamhardach, cothaitheach
nuts (inf) adj ar mire, le broim
nutshell n: **in a ~** i mbeagán focal
nylon n níolón m1 ♦ adj níolóin

O

oak n dair f ♦ adj darach
OAP n abbr = **old age pensioner**
oar n maide m4 rámha
oasis n ósais f2
oath n mionn m3; (swear word) eascaine f4, mionn mór; **under oath**, (BRIT) **on oath** faoi mhionn
oatmeal n min f2 choirce
oats n coirce msg4
obedience n umhlaíocht f3
obedient adj umhal
obey vt géill do, bheith umhal do;

(instructions) lean, déan de réir ♦ gen
obituary n fógra m4 báis
object n rud m3, réad m3; (purpose) cuspóir m3; (LING) oibiacht f3, cuspóir ♦ vi: **to object to** (attitude) col a ghlacadh le; (proposal) cur i gcoinne ♦ gen; **expense is no object** is cuma faoin chostas; **he objected that …** dúirt sé ina choinne go …
objection n agóid f2; **I have no objection to** that níl rud ar bith agam ina choinne sin
objective n cuspóir m3, aidhm f2 ♦ adj oibiachtúil
obligation n oibleagáid f2, dualgas m1; **you're under no obligation to …** níl tú faoi oibleagáid ar bith chun …
oblige vt (force): **to ~ sb to do sth** rud a chur ina oibleagáid ar dhuine, iachall a chur ar dhuine rud a dhéanamh; **to oblige sb** (do a favour) oibleagáid or gar a dhéanamh do dhuine; **to be obliged to sb for sth** bheith faoi chomaoin ag duine as rud
obliging adj garach, cuidiúil
oblique adj fiar, claon-, sceamhach
obliterate vt díothaigh, scrios ar fad
oblivion n díchuimhne f4
oblivious adj: **to be ~ of** (fact) bheith dall ar; (person) gan aird a bheith agat ar
oblong adj leathfhada ♦ n dronuilleog f2
obnoxious adj gráiniúil, déistineach; (smell) bréan
oboe n óbó m4
obscene adj gáirsiúil, graosta, madrúil
obscure adj (dim) doiléir; (unknown) gan iomrá ♦ vt doiléirigh, dorchaigh; (hide: sun)

folaigh, déan níos doiléire

observant adj grinnsúileach, airdeallach, braiteach

observation n (remark) focal m1, tuairim f2; (watching) breathnóireacht f3, grinniú m, scrúdú m

observatory n réadlann f2

observe vt coimhéad; (orders) comhlíon; (remark) abair

observer n féachadóir m3, coimhéadaí m4, breathnóir m3

obsess vt lean do; (become obsessed by i ngreim ag, ciaptha ag; **he became obsessed by** it chuaigh sé ina cheann dó

obsessive adj galrach; **obsessive cleanliness** glaineacht mar a bheadh galar ann

obsolete adj as feidhm

obstacle n constaic f2, bac m1

obstinate adj dáigh, dígeanta, ceanntréan

obstruct vt (block) coisc, stop; (hinder) cuir bac ar

obtain vt faigh

obvious adj soiléir, follasach

obviously adv go follasach; **is he here? - obviously not!** an bhfuil sé anseo? - is léir nach bhfuil!

occasion n ócáid f2; (opportunity) deis f2, faill f2

occasional adj corr-, fánach

occasionally adv corruair, anois is arís

occupation n (job) gairm f2 (bheatha); (pastime) caitheamh m1 aimsire

occupier n sealbhóir m3

occupy vt (house) bheith i do chónaí i, áitigh; (space): **the picture occupied most of the wall** bhí bunús an bhalla faoin bpictiúr; **to occupy o.s. in or with** do chuid am a chaitheamh ar

occur vi tarlaigh, tit amach

occurrence n tarlú m, teagmhas m1

ocean n aigéan m1, farraige f4 mhór

o'clock adv: **it is 5 ~** tá sé a cúig a chlog

October n Deireadh m1 Fómhair

octopus n ochtapas m1

odd adj (strange) aisteach, ait; (number, not of a set) corr; **60-odd** tuairim is 60, timpeall 60; **the odd one out** an ceann corr; **the odd man out** an t-éan corr

oddity n (person) éan m1 corr; (thing) rud m3 corr; (of character) leannán m1

odd jobs npl: **to do odd jobs** timireacht a dhéanamh

oddly adv go haisteach; **oddly enough** aisteach go leor

oddments npl (COMM) earraí mpl4 fuíll

odds npl (in betting) corrlach m1; **it makes no odds** is cuma; **at odds** ag achrann; **odds and ends** giúirléidí fpl2

odour, (US) **odor** n boladh m1, mos m1

---

of prep **1** (gen): **a friend of ours** cara dúinn or linn or dár gcuid; **a boy of 10** gasúr deich mbliana; **that was kind of you** ba dheas uait sin **2** (expressing quantity, amount, dates etc): **a kilo of flour** cileagram plúir; **how much of this do you need?** cá mhéad de seo atá de dhíth ort?; **there were 2 of them** (people) bhí siad beirt ann; (objects) bhí dhá cheann acu or díobh ann; **3 of us went** chuaigh triúr againn or dínn ann; **the 5th of July** an cúigiú lá de Mhí Iúil

3 (from, out of) aiste ó; **a statue of marble** dealbh déanta as marmar; **made of wood** déanta as adhmad

off adj, adv (engine) as; (light) as, múchta; (food: bad) lofa; (: milk: bad) iompaithe, cor a bheith ann; (absent) as láthair; (cancelled) ar ceal ♦ prep de, ó; **to be off** (to leave) bheith ag imeacht; **to be off sick** bheith tinn, gan a bheith ann de bharr tinnis; **a day off** lá saoire; **to have an off day** drochlá a bheith agat; **he had his coat off** bhí a chóta de aige; **10% off** (COMM) lascaine 10%; **I'm off meat** táim ag staonadh den fheoil; **on the off chance (that)** ar an gcaolseans (go)

offal n (CULIN) miodamas m1, conamar m1, scairteach f2

Offaly n Uíbh Fhailí mpl

off-colour adj (ill) he's a little ~ **today** níl sé aige féin mar is ceart inniu

offence, (US) **offense** n (crime) coir f2; **she took offence at the joke** chuir an scéal stuaic uirthi

offend vt (person) cuir stuaic or olc ar

offender n ciontóir m3, coireach m1

offense (US) n = offence

offensive adj (smell etc) déistineach, bréan; (weapon) ionsaitheach ♦ n (MIL) ionsaí m4

offer n scairtsint f3 ♦ vt tairg, ofráil; "on offer" (COMM) ar reic

offering n ofráil f3

offhand adj (abrupt) giorraisc; (uninterested) neamhshuimiúil ♦ adv gan ullmhú

office n (place, room) oifig f2; (position) post m1; (responsibility) dualgas m1, cúram m1; **to take office** dul i mbun dualgas

office block, (US) **office building** n ceap m1 oifigí

office hours npl uaireanta fpl2 oifige; (US: MED) uaireanta comhairle

officer n (MIL etc) oifigeach m1; (also: police ~) garda m4; (BRIT) péas m4

official adj oifigiúil ♦ n feidhmeannach m1

officialdom n oifigiúlachas m1

officiate vi (REL) feidhmigh; **to officiate at a marriage** pósadh a dhéanamh

off-licence n (shop) eischeadúnas m1

off-line adj (COMPUT) as líne

off-peak adj ag uaireanta, neamhghnóthacha

offprint n seach-chló m4

offset vt (counteract) déan cothrom, cúitigh

offshoot n (fig) craobh f2

offshore adj amach ón gcósta; **offshore fishing** fadiascaireacht f3

offside adj (SPORT) as an imirt

offspring n inv sliocht m3, clann f2

off-the-peg, (US) **off-the-rack** adv réamhghearrtha

often adv go minic; **how often do you go?** cá mhinice a théann tú ann?; **every so often** anois is arís

oh excl ó

oil n ola f4; (petroleum) peitriliam m4 ♦ vt (machine) bealaigh

oilfield n olacheantar m1

oil filter n (AUT) scagaire m4 ola

oil rig n rige m4 ola

oilskins npl aidhleanna mpl4

oil well n tobar m1 ola

oily adj olúil; (food) bealaithe

ointment n ungadh m

O.K., **okay** excl ceart go leor, tá go maith ♦ adj (average) go measartha ♦ vt ceadaigh

old adj sean; (person) aosta, sean-; (former) sean-, ath-; **how old are you?** cén aois thú?, cá haois thú?;

he's 10 years old tá sé 10 mbliana d'aois; **older brother/sister** deartháir mór/deirfiúr mhór

old age n seanaois f2

old age pensioner n pinsinéir m3

old-fashioned adj seanfhaiseanta; (person) seanaimseartha

olive n (fruit) ológ f2; (tree) crann m1 ológ ♦ adj (also: ~-green) glas olóige

olive oil n ola f4 olóige

Olympic adj Oilimpeach; **the Olympic Games, the Olympics** na Cluichí mpl4 Oilimpeacha

omelet(te) n uibheagán m1

omen n tuar m1, mana m4

ominous adj tuarúil

omit vt fág ar lár; **to omit to do sth** gan rud a dhéanamh; **he omitted to say whether ...** ní duirt sé cé acu ...

KEYWORD

on prep **1** (indicating position) ar; **on the table** ar an mbord; **on the wall** ar an mballa; **on the left** ar clé, ar thaobh na láimhe clé

2 (indicating means, method, condition etc): **on foot** de chois; **on the train/plane** sa traein/san eitleán; **on the telephone/radio/ television** ar an nguthán or teileafón/raidió/teilifís; **to be on drugs** bheith ag caitheamh drugaí; **on holiday** ar saoire (laethanta)

3 (referring to time): **on Friday** Dé hAoine; **on Fridays** ar an Aoine; **June 20th** ar an bhfichiú lá de Mhí an Mheithimh; **a week on Friday** seachtain ón Aoine seo; **on my arrival** ar theacht (isteach) dó; **on (his) seeing this** nuair a chonaic sé seo or ar a fheiceáil seo dó

4 (about, concerning): **a book on Yeats/physics** leabhar faoi Yeats/ faoin bhfisic

♦ adv **1** (referring to dress, covering): **to have one's coat on** do chóta a bheith ort; **to put one's coat on** do chóta a chur ort; **what's she got on?** céard atá sí a chaitheamh?, cén t-éadach atá uirthi?; **put the lid on tightly** fáisc an clár go docht air

2 (further, continuously): **to walk etc on** siúl etc leat; **on and off** anois is arís, ó am go chéile

♦ adv **1** (in operation: machine) ag gabháil, ar obair; (: radio, TV) ag gabháil; (: light) lasta; (: tap) ag gabháil; (: brakes) teannta; (in progress) ar siúl; **is the meeting still on?** (not cancelled) an bhfuil an cruinniú le bheith ann go fóill?; **when is this film on?** cá huair a bheas an scannán seo ann?

2 (inf): **that's not on!** (not acceptable, not possible) níl sé sin indánta!

---

once adv (one time) uair (amháin); (formerly) tráth, in am amháin, lá den saol ♦ conj a luaithe (is) a; **once he had left/it was done** a luaithe a bhí sé ar shiúl/a bhí sé déanta; **at once** láithreach bonn; (simultaneously) in éineacht; **once a week** uair sa tseachtain; **once more** uair amháin eile; **once upon a time** fadó, fadó

KEYWORD

one num aon; **one hundred and fifty** céad go leith; **one day** lá, (aon) lá amháin

♦ adj **1** (sole, unique) aon; **the one book which ...** an t-aon leabhar (amháin) a ...; **the one man who ...** an t-aon fhear (amháin) a ...

2 (same) aon, céanna; **they came in the one car** tháinig siad san aon charr (amháin)

◆ *pron* 1: this/that/yonder one an ceann seo/sin/úd; I've already got one/a red one tá ceann/ceann dearg agam cheana féin; one by one (*articles*) ceann i ndiaidh an chinn eile; (*people*) duine i ndiaidh an duine eile, ina nduine is ina nduine

2: one another a chéile; to look at one another amharc *or* breathnú ar a chéile; to speak to one another labhairt lena chéile

3 (*impersonal*): one never knows ní bhíonn a fhios agat/ag aon duine; to cut one's finger do mhéar a ghearradh

one-day excursion (*US*) *n* ticéad *m1* fillte aonlae
one-man *adj* (*business*) aonair
one-off (*inf*) *adj* ar leith, aonuaire
oneself *pron*: to keep sth for ~ rud a choinneáil agat féin; to talk to oneself bheith ag caint leat féin
one-sided *adj* leataobhach, leatromach, claon
one-to-one *adj* (*relationship*) duine le duine
one-way *adj* (*street, traffic*) aontreo
ongoing *adj*: the ~ investigation an fiosrúchán atá ag dul ar aghaidh faoi láthair
onion *n* oinniún *m1*
on-line *adj* (*COMPUT*) ar líne
onlooker *n* féachadóir *m3*, breathnóir *m3*
only *adv* amháin ◆ *adj* aon-, aonair ◆ *conj* ach, murach; an only child páiste aonair; not only X but also Y ní amháin X ach Y chomh maith; I only have ... níl agam ach ...; if only for mura mbeadh ann ach
onset *n* tús *m1*, tosach *m1*
onslaught *n* ionsaí *m4* fíochmhar

onto *prep* = on to
onus *n* freagracht *f3*, dualgas *m1*; the onus was on me to do it is ormsa a tháinig é a dhéanamh
onward(s) *adv* (*move*) ar aghaidh; from that time onward(s) as sin amach
ooze *vi* úsc
opaque *adj* teimhneach; (*fig*) dothuigthe
open *adj* oscailte; (*view*) fairsing; (*meeting*) poiblí; (*admiration*) gan cheilt ◆ *vi, vt* oscail; (*debate etc*: *commence*) cuir tús le; (*letter*) bris, oscail; in the open (*air*) amuigh faoin aer ▸ **open on to** *vt fus* (*subj*: *room, door*): that door ~s on to the garden tabharfaidh an doras sin amach chun an ghairdín tú ▸ **open up** *vi, vt* oscail
opening *n* oscailt *f2*; (*hole*) bearna *f4*; (*opportunity*) deis *f2* ◆ *adj* céad, tosaigh
openly *adv* go hoscailte, os ard
open-minded *adj*: an ~ person duine a bhfuil intinn oscailte aige
opera *n* ceoldráma *m4*
operate *vt, vi* oibrigh; (*MED*): to ~ on sb duine a chur faoi scian, obráid a dhéanamh ar dhuine
operatic *adj* ceoldrámach
operating theatre *n* obráidlann *f2*
operation *n* feidhmiú *m*; (*of machine*) oibriú *m*; (*MED*) obráid *f2*; to be in operation (*system, law*) bheith i bhfeidhm; to have an operation (*MED*) dul faoi scian, obráid a bheith agat
operative *adj* i bhfeidhm, feidhmiúil
operator *n* (*of machine*) oibreoir *m3*
opinion *n* barúil *f3*, tuairim *f2*; in my opinion dar liomsa; he's of the opinion (that) tá sé den bharúil (go)
opinion poll *n* pobalbhreith *f2*

opponent n céile m4 comhraic, teagmhálaí m4

opportunity n deis f2, faill f2; **to take the opportunity** an deis a thapú

oppose vt cuir i gcoinne + gen, cuir in aghaidh + gen; **opposed to** i gcoinne + gen, in aghaidh + gen, in éadan + gen; **as opposed to** i gcomórtas le

opposing adj (views etc) atá in éadan a chéile; **the opposing team** an fhoireann eile

opposite adj (facing) os comhair + gen; (opposing) a mhalairt (de) ♦ adv os comhair + gen ♦ prep os comhair + gen, os coinne + gen ♦ n malairt f2; **the house opposite** an teach sin thall, an teach os ár gcomhair amach

opposition n (POL) freasúra m4, cur m1 in éadan, naimhdeas m1; (SPORT) an fhoireann f2 eile

oppressive adj (political regime) leatromach, tíoránta; (weather) marbhánta

opt vi: **to ~ for sth** rud a roghnú, taobhú le rud; **to opt to do sth** cinneadh le rud a dhéanamh ▶ **opt out** vi: **to ~ out of** tarraingt siar as

optical adj radharcach, radhairc n gen; (instrument) súl n gen, optúil; **optical illusion** iomrall m1 radhairc or súl

optician n radharceolaí m4

optimist n duine m4 dóchasach, soirbhíoch m1

optimistic adj dóchasach, soirbh

option n rogha f4; **your only option is to ~** níl (de rogha) agat ach ...

optional adj roghnach

or conj nó; (with negative) ná; **or else** nó

oral adj cainte n gen, béil n gen ♦ n scrúdú m cainte; **oral tradition**

béaloideas m1

orange n (fruit) oráiste m4 ♦ adj oráiste, flannbhuí

Orangeman n Fear m1 Buí, Oráisteach m1

orbit n fithis f2 ♦ vt fithisigh, téigh thart ar

orchard n úllord m1

orchestra n ceolfhoireann f2

orchid n magairlín m4

ordain vt (REL) oirnigh

ordeal n triail f, féachaint f3, crá m4

order n eagar m1; (command) ordú m; (REL) ord m1 ♦ vt ordaigh; **in order** in ord; **in (working) order** ar deil; **out of order** (not in correct order) as ord; (not working) as gléas; **in order to do** le or chun rud a dhéanamh; **in order that** go, chun go, ionas go; **on order** (COMM) ordaithe; **to order sb to do sth** ordú a thabhairt do dhuine rud a dhéanamh; **to put sth in order** (rectify) deis a chur ar rud

order form n foirm f2 ordaithe

orderly n (MIL) giolla m4; (MED) giolla ospidéil ♦ adj (room) (glan) ordúil; (person) a bhfuil eagar air

ordinary adj coitianta, gnáth-; (pej) comónta; **out of the ordinary** neamhghnách, as an gcoitianacht

ore n mianach m1

organ n orgán m1, ball m1 (beatha); (MUS) orgán

organic adj orgánach

organization n (arrangement) eagrú m; (political etc) eagraíocht f3

organize vt eagraigh

orgasm n orgasam m1

Orient n: **the ~** An Domhan m1 Thoir, An tOirthear m1

oriental adj oirthearach

origin n bun m1, bunús m1, údar m1; (of river) foinse f4; **what's the origin of it?** cad is bun de?

original adj bun-, bunúsach ♦ n (book, picture) bunchóip f2

originally adv (at first) ó thús, ar dtús

originate vi: to ~ from teacht as or ó; to originate in tosú i

Orkneys npl: the ~ (also: the Orkney Islands) Inse fpl Orc

ornament n maisiú m; (trinket) ornáid f2

ornamental adj maisiúil, ornáideach

ornate adj ornáideach

orphan n dílleachta m4

orphanage n dílleachtlann f2

orthopaedic, (US) **orthopedic** adj ortaipéideach

ostensibly adv in ainm, ar shéala, mar dhea

ostrich n ostrais f2

other adj eile ♦ pron: the ~ one an ceann m1 eile; (person) an fear/bhean m1 eile; **others** (other people) daoine eile; other than seachas; **every other** gach dara; **one thing after another** rud i ndiaidh a cheann eile; **the other day** an lá faoi dheireadh; **I have no other choice** níl an dara rogha agam

otherwise adv ar chuma eile, ar dhóigh eile ♦ conj nó

otter n dobharchú m4, madra m4 uisce

ouch excl áigh

ought aux vb: **I ~ to do it** ba chóir dom é a dhéanamh; **this ought to have been corrected** ba chóir go mbainfeadh sé

ounce n unsa m4

our adj ár; **our house/car/gloves** ár dteach/ngluaisteán/miotóga, an teach/an gluaisteán/na miotóga againn; **our hair** ár gcuid gruaige; see also **my**

ours adj (single article) ár gceann-na; (share of) ár gcuidne; **this book is ours** is linn an leabhar seo; **this book of ours** an leabhar seo againn; see also **mine**

ourselves pron pl (reflexive) muid féin, sinn féin; (emphatic) sinne féin, muidne féin; **we are tormenting ourselves** táimid dár gcrá féin

oust vt cuir amach

out adv (go, come) amach; (be, stay) amuigh; (published) amuigh, ar fáil; (not at home) as baile; (light, fire) as; **out here**/there amuigh anseo/ansin; **he's out** (absent) níl sé anseo; (unconscious) leagtha amach; **to be out in one's calculations** mearú cuntais a bheith ort; **to run/back out** rith/cúlú amach; **out loud** os ard; **out of** (outside) taobh amuigh de; (because of: anger etc) as; (from among): **out of 10** as deichniúr; (without): **out of petrol** (rite) as peitreal; **out of order** (machine) as gléas

out-and-out adj (liar, thief etc) cruthanta, críochnaithe, déanta

outbreak n briseadh m amach

outburst n (of anger) racht m3; (of shots) rois f2

outcast n díbeartach m1; (socially) éan m1 scoite

outcome n toradh m1

outcry n casaoid f2 challánach, agóid f2

outdated adj seanaimseartha, seandéanta

outdoor adj lasmuigh

outdoors adv taobh amuigh (de dhoras), amuigh faoin aer

outer adj lasmuigh, seachtrach, amuigh

outer space n imspás m1

outfit n (clothes) feisteas m1

outgoing adj (character) cuideachtúil; (retiring): the ~ minister an t-aire atá ag dul as oifig

outgrow vt (clothes) séan; he has outgrown his shoes tá a chuid bróga séanta aige

outhouse n bothán m1, cró m4

outing n turas m1 aeraíochta

outlandish adj áiféiseach

outlaw n coirpeach m1, meirleach m1 ♦ vt déan mídhleathach, eisreachtaigh

outlay n eisíoc m3, caiteachas m1

outlet n (for liquid etc) poll m1 éalaithe; (US: ELEC) soicéad m1; (also: retail ~) cóir f3 dhíolacháin, asraon m1 miondíola

outline n (shape) fíor f, cruthaíocht f3, imlíne f4; (summary) achoimre f4, cnámha f2 (scéil) ♦ vt (fig: theory, plan) tabhair achoimre ar

outlook n dearcadh m1

outnumber vt: to ~ bheith níos líonmhaire ná

out-of-date adj (passport) as dáta; (clothes etc) seanaimseartha, seanfhaiseanta

out-of-the-way adj (place) cúlráideach, scoite

outpatient n othar m1 seachtrach

outpost n urphost m1

output n táirgeacht f3; (COMPUT) aschur m1

outrage n (anger) fearg f2; (violent act) gníomh m1 uafásach, éigneach m1; (scandal) scannal m1 ♦ vt cuir colg ar

outrageous adj ainspianta, scannalach

outright adv ar fad; (refuse) glan; (ask) go neamhbhalbh; (kill) in áit na mbonn ♦ adj iomlán

outset n tús m1; from the outset ó thús, an chéad lá in Éirinn

outside n an taobh m1 amuigh ♦ adj amuigh, seachtrach ♦ adv taobh amuigh, lasmuigh; (go, put) amach ♦ prep taobh amuigh de, lasmuigh de; at the outside (at most) ar a mhéad; (latest) ar a mhoille

outsider n (stranger) coimhthíoch m1

outskirts npl (of city) imeall msg1

outspoken adj díreach, neamhbhalbh

outstanding adj (noticeable) suntasach; (excellent) thar barr, ar fheabhas; (unsettled) gan réiteach; (debt) gan íoc

outstretched adj (hand) sínte amach

outward adj (sign, appearances) ón taobh amuigh; (journey) amach

outwardly adv ar an taobh amuigh, de réir dealraimh

outweigh vt bheith níos troime or níos tábhachtaí ná

oval adj ubhchruthach ♦ n ubhchruth m3

ovary n síollann f2, ubhagán f2

oven n oigheann m1

over adv (across) thar, trasna; (towards) anonn go; (finished) thart; (left) fágtha; (again) arís ♦ adj (finished) thart ♦ prep thar; (above) os cionn + gen; (on the other side of) ar an taobh thall de; (more than) os cionn + gen, níos mó ná; **over here** abhus anseo; **over there** thall ansin; **all over** (everywhere) i ngach áit, ar fud na háite; **over and over (again)** arís is arís (eile); **over and above** le cois + gen, ar bharr + gen; **to ask sb over** cuireadh chun tí a thabhairt do dhuine

overall adj (length, cost etc) iomlán; (study) ginearálta ♦ n (also: ~s) rabhlaer m1, forbhríste m4 ♦ adv ar an iomlán, san iomlán

overawe vt scanraigh, cuir scáth or uamhan ar

overboard adv (NAUT) thar bord

overcast adj gruama

overcharge vt: **to ~ sb** for sth barraíocht a ghearradh ar dhuine as rud

overcoat n cóta m4 mór

overcome vt sáraigh

overcrowded adj róphlódaithe

overdo vt téigh thar fóir le; (overcook) déan cócaireacht rófhada ar; **to overdo it** (work etc) tú féin a chur thar d'acmhainn

overdose n ródháileog f2, anlucht m3

overdraft n rótharraingt f2

overdrawn adj (account) rótharraingthe

overdue adj mall, dlite thar téarma

overestimate vt déan meastachán iomarach ar; (exaggerate) déan áibhéil ar

overflow vi sceith; (container) bheith ag cur thar maoil; (fig): **~ing with** ag cur thar maoil le, ramhar le ◆ n (also: **~ pipe**) píopa m4 sceite

overgrown adj (garden) mothrach, fiáin

overhaul vt cóirigh, ollchóirigh ◆ n cóiriú m, ollchóiriú m

overhead adj thar thuas, lastuas ◆ n (US) = **overheads**; **overheads** npl (expenses) costais mpl1 riartha, forchostais mpl1

overhear vt cluin, clois

overjoyed adj: **to be ~ (at)** ríméad or lúcháir a bheith ort (faoi)

overkill n barraíocht f2

overland adj, adv thar tír

overlap vi téigh thar a chéile, forluigh, rádal

overleaf adv thall, an taobh eile; **"see overleaf"** "féach an taobh eile"

overload vt anluchtaigh

overlook vt (have view of) féach síos ar, bheith suite os cionn; (miss: by mistake) caill, lig thar do shúile

overnight adj, adv thar oíche; (fig) go tobann; **he stayed overnight** d'fhan sé thar oíche

overpower vt cloígh; **they overpowered him** ba treise leo air

overpowering adj (heat) marfach; (stench) dofhulaingthe

overrate vt cuir luach rómhór ar, tabhair an iomarca tábhachta do

override vt (order, objection) sáraigh

overriding adj (principle) dosháraithe; (clause) sáraitheach

overrule vt (decision) cuir ar neamhní; (person) rialaigh in aghaidh + gen

overrun vt (country) gabh de ruathar; (time limit) téigh thar

overseas adv (abroad) thar lear, thar sáile ◆ adj (trade) thar lear; (visitor) ón choigríoch

overshadow vt (fig) bain an barr de

oversight n dearmad m1, faillí f4

overstep vt: **to ~ the mark** dul thar an cheasaí le rud

overt adj follasach, oscailte

overtake vt (AUT) téigh thar

overthrow vt (government) bris

overtime n ragobair f2, obair f2 bhreise

overtone n (also: **~s**) leid f2, seachbhrí f4

overture n (MUS) réamhcheol m1; (fig) oscailt f2

overturn vi, vt iompaigh, caith (rud) thar a chorp

overweight adj (person) ramhar

overwhelm vt (enemy, opponent) cloígh, treascair

overwhelming adj (victory, defeat) caoch, treascrach; (desire) marfach

overwork n barraíocht f3 or an

iomarca *f4* oibre ♦ *vi*: **to ~** tú féin
a chur thar do riocht

owe *vt*: **I ~ her £10/I ~ £10** to her
tá £10 aici orm; **she owes him a**
favour tá sí faoi chomaoin aige

owing to *prep* mar gheall ar, de
thairbhe + *gen*, as siocair + *gen*

owl *n* ulchabhán *m1*

own *vt*: **I ~ the book** is liomsa an
leabhar ♦ *adj* féin; **my own car** mo
charr féin; **a room of my own**
seomra dom féin; **to get one's**
own back on sb do chuid féin a
bhaint amach as duine; **on his**
own leis féin, ina aonar ▶ **own up**
vi ciontaigh thú féin

owner *n* úinéir *m3*

ownership *n* úinéireacht *f3*

ox *n* damh *m1*

oxtail *n*: **~ soup** anraith *m4*
damheireaball

oxygen *n* ocsaigin *f2*

oyster *n* oisre *m4*

oz. *abbr* = **ounce(s)**

ozone layer *n* brat *m1* ózóin

P

PA *n abbr* = **personal assistant**;
public address system

pa (*inf*) *n* daid *m4*, daidí *m4*

p.a. *abbr* = **per annum** *see* **per**

pace *n* coiscéim *f2*; (*speed*) luas *m1*
♦ *vi*: **to ~ up and down** siúl suas
agus anuas; **to keep pace with**
coinneáil (suas) le

pacemaker *n* (MED, SPORT) séadaire
m4

Pacific *n*: **the ~ (Ocean)** An tAigéan
m1 Ciúin

pack *n* (*packet*, US, *of cigarettes*) paca
m4; (*also*: **~ of hounds**) conairt *f2*;
(*of lies*) moll *m1*; (*of thieves, dogs*)
drong *f2* ♦ *vt* (*goods*) pacáil; (*cram*)
sac; **to pack sb off** to duine a chur

go *or* chuig; **pack it in!** stad de!,
éirigh as!; **the hall was packed** bhí
an halla plódaithe, bhí an halla
lán ó chúl go doras

package *n* pacáiste *m4*; (*also*:
~ holiday) saoire *f4* láneagraithe

package tour *n* turas *m1*
láneagraithe

packed lunch *n* lón *m1* pacáilte

packet *n* paca *m4*

packing *n* (*act of*) pacáil *f3*;
(*material*) stuáil *f3*

packing case *n* cás *m1* pacála

pact *n* comhaontú *m*

pad *n* ceap *m1*; (*for helicopter*)
ardán *m1*; (*for knee etc*) pillín *m4*;
(*inf*: *flat*) árasán *m1* ♦ *vt* stuáil

padding *n* stuáil *f3*

paddle *n* (*oar*) céasla *m4*; (US: *for*
table tennis) slacán *m1* ♦ *vt*
céaslaigh ♦ *vi* bheith ag lapadaíl

paddle steamer *n* galtán *m1* rotha
lián

paddling pool *n* linn *f2* lapadaíola

paddock *n* banrach *f2*

paddy field *n* gort *m1* rise

padlock *n* glas *m1* fraincín

paediatrics, (US) **pediatrics** *n*
péidiatraic *fsg2*

pagan *adj*, *n* págánach *m1*

page *n* (*of book*) leathanach *m1*;
(*also*: **~ boy**) péitse *m4*, buachaill
m3 freastail ♦ *vt* (*in hotel etc*)
glaoigh ar

pageant *n* tóstal *m1*

pageantry *n* tóstalacht *f3*

pager *n* (TEL) glaothán *m1*

paid *adj* (*work, official*) íoctha,
díolta; **to put paid to** deireadh a
chur le

pail *n* stópa *m4*

pain *n* pian *f2*; **to be in pain** pian
a bheith ort, bheith i bpian; **to**
take pains with sth stró a chur ort
féin le rud, dua a chaitheamh le
rud; **it pains me to** is doiligh liom

pained *adj* gonta, buartha

painful *adj* pianmhar, nimhneach; *(distasteful)* míthaitneamhach; *(fig)* goilliúnach

painfully *adv* *(fig: very)* millteanach, an-

painkiller *n* pianmhúchán *m1*

painless *adj* gan phian

painstaking *adj* *(person)* díchéallach; *(work)* mionchúiseach

paint *n* péint *f2* ♦ *vt, vi* péinteáil; **to paint the door blue** dath gorm a chur ar an doras

paintbrush *n* scuab *f2* phéinte *or* phéinteála

painter *n* péintéir *m3*

painting *n* péinteáil *f3*; *(art)* péintéireacht *f3*; *(picture)* pictiúr *m1*

paintwork *n* péinteáil *f3*, obair *f2* phéinteála

pair *n* *(of shoes, gloves etc)* péire; **pair of scissors** siosúr *msg1*; **pair of trousers** bríste *m4*, brístí *mpl4*

pajamas *(US)* *npl* pitseámaí *mpl4*

Pakistan *n* An Phacastáin *f2*

Pakistani *adj, n* Pacastánach *m1*

pal *(inf)* *n* comrádaí *m4*; **to be/become pals with sb** bheith mór le duine/mór a dhéanamh le duine

palace *n* pálás *f2*

palatable *adj* dea-bhlasta, inite

palate *n* *(hard)* carball *m1*; *(soft)* coguas *m1*; *(taste)* blas *m1*

pale *adj* *(complexion)* mílítheach; *(light)* báiteach ♦ *vi*: **beyond the ~** *(behaviour)* thar fóir; **the Pale** *(IRL: HIST)* an Pháil *f2*; **to grow pale** éirí bán san aghaidh

Palestine *n* An Phalaistín *f2*

Palestinian *adj, n* Palaistíneach *m1*

palette *n* spadalán *m1*

pall *n* *(of smoke)* púir *f2* ♦ *vi* éirigh leamh

pallid *adj* mílítheach; *(light)* báiteach

palm *n* *(of hand)* bos *f2*, dearna *f*; *(also: ~ tree)* pailm *f2*, crann *m1* pailme ♦ *vt*: **to ~ sth off on sb** *(inf)* rud a chur *or* a bhualadh ar dhuine; **to have sth in the palm of one's hand** rud a bheith i gcúl do dhoirn agat

Palm Sunday *n* Domhnach *m1* na Pailme

palpable *adj* inbhraite; *(clear)* follasach, soiléir

paltry *adj* scallta, suarach

pamper *vt*: **to ~ sb** peata a dhéanamh de dhuine, duine a mhilleadh

pamphlet *n* paimfléad *m1*

pan *n* *(also: saucepan)* scilléad *m1*, sáspan *m1*; *(also: frying ~)* friochtán *m1*

pancake *n* pancóg *f2*; *(also: Pancake Tuesday)* Máirt *f4* Inide

panda *n* panda *m4*

pandemonium *n* racán *m1*, ruaille-buaille *m4*

pane *n* pána *m4*, gloine *f4* fuinneoige

panel *n* painéal *m1*

panelling, *(US)* **paneling** *n* painéaladh *m*

pang *n* daigh *f2*, arraing *f2*

panic *n* scaoll *m1*, driopás *m1* ♦ *vi*: **they ~ked** tháinig scaoll fúthu, chuaigh siad i scaoll, bhuail driopás iad

panicky *adj* *(person)* scaollmhar

panic-stricken *adj* faoi scaoll

pansy *n* *(BOT)* goirmín *m4*; *(inf: pej)* piteog *f2*

pant *vi* cnead, d'anáil a bheith i mbarr go ghoib agat, ga seá a bheith ionat, saothar a bheith ort

panther *n* pantar *m1*

panties *npl* brístín *msg4*

pantihose *(US)* *npl* riteoga *fpl2*

pantomime *n* geamaireacht *f3*

pantry *n* pantrach *f2*

pants npl (BRIT: woman's) brístín msg4; (: man's) fobhríste msg4; (US: trousers) bríste msg4, brístí mpl4

paper n páipéar m1; (also: **wallpaper**) páipéar m1 balla; (also: **newspaper**) nuachtán m1 ♦ adj páipéir n gen ♦ vt: to ~ **the wall** páipéar a chur ar an mballa;

papers npl (also: **identity ~s**) páipéir mpl11 aitheantais

paperback n bogchlúdach m1; (also: ~ **book**) leabhar m1 bogchlúdaigh, leabhar faoi chlúdach bog

paper bag n mála m4 páipéir

paper clip n fáiscín m4 páipéir

paper hankie n ciarsúr m1 páipéir

paperweight n tromán m1 páipéir

paperwork n obair f2 pháipéir

par n cothrom m1; (on a par with ar chomhchéim le, cothrom le

parable n fáthscéal m1, parabal m1

parachute n paraisiúit m1

parade n paráid f2 ♦ vt (fig) taispeáin ♦ vi máirseáil

paradise n parthas m1

paradox n paradacsa m4, frithchosúlacht f3

paradoxical adj paradacsúil, frithchosúil

paraffin n pairifín m4

paragon n eiseamláir f2

paragraph n paragraf m1

parallel adj comhthreomhar; (fig): that is ~ to ... tá sin ar aon dul ..., tá sin cosúil le ... ♦ n (line) líne f4 chomhthreomhar; (GEOG) líne dhomhanleithid; (fig): it has no ~ in English níl a chómhaith i mBéarla

paralyse vt: the accident ~d him d'fhág an taisme pairilis air

paralysis n pairilis f2

paralyze (US) vt = **paralyse**

paramilitary adj, n paraimíleatach m1

paramount adj: of ~ importance barrthábhachtach

paranoid adj (PSYCH) paranóiach

paraphernalia n (personal) giuirléidí fpl2; (equipment) trealamh m1

parasol n parasól m1, scáth m3 gréine

paratrooper n paratrúipéir m3

parcel n beart m1, beartán m1 ♦ vt (also: ~ **up**) cuir i mbeart, déan beart de or as

parched adj spalta, spaltha

parchment n pár m1, meamram m1

pardon n pardún m1, maithiúnas m1 ♦ vt: **they were ~ed** tugadh pardún dóibh; **pardon me!, I beg your pardon!** gabhaim pardún agat!, mo phardún!; **(I beg you) pardon?**, (US) **pardon me?** cad é sin arís?

parent n tuismitheoir m3, tuiste m4; **parents** npl tuismitheoirí mpl3, tuistí mpl4

Paris n Páras m4

parish n paróiste m4

Parisian adj, n Párasach m1

park n páirc f2 ♦ vt, vi páirceáil

parking n páirceáil f3; "no parking" "ná páirceáiltear anseo"

parking lot (US) n carrchlós m1, áit f2 pháirceála

parking meter n méadar m1 páirceála

parking ticket n ticéad m1 páirceála

parlance n béarlagair m4

parliament n parlaimint f2

parliamentary adj parlaiminteach, parlaiminte n gen

parlour, (US) **parlor** n seomra m4 suí, parlús m1

parochial (pej) adj cúng, cúngaigeanta

parody n scigaithris f2

parole n: **on ~** ar parúl m1

parrot n pearóid f2
parry vt (question) seachain; (blow) cuir díot
parsley n peirsil f2
parsnip n meacan m1 bán
parson n ministir m4
part n cuid f3, páirt f2; (THEAT, of serial) páirt; (of machine) ball m1; (US: in hair) stríoc f2; **part of** cuid or páirt de ◆ adv = **partly** ◆ vt, vi scar; **to take part in** páirt a ghlacadh i; **to take sth in good part** rud a ghlacadh i bpáirt mhaitheasa; **to take sb's part** taobhú de duine; **for my part** den dtaca liomsa de, ó mo thaobha de; **for the most part** den chuid is mó ◆ **part with** vt fus scaradh le
partake vi: **to ~ of** sth bheith rannpháirteach i rud, do chuid a bheith agat de rud
part exchange n leathmhalairt f2
partial adj (not complete) leath-, neamhiomlán; **she is partial to drink** tá dúil sa deoch aici; **to be partial towards** ... (biased) bheith claonta le i leith + gen
participate vi: **to ~ (in)** bheith páirteach (i), páirt a ghlacadh (i)
participation n páirteachas m1, rannpháirt f2
participle n rangabháil f3
particle n cáithnín m4; (GRAM) mír f2
particular adj áirithe, ar leith, faoi leith; (special) ar leith, speisialta; (precise) beacht; (fussy) mionchúiseach, beadaí; (about food) beadaí, éisealach, nósúil; **particulars** npl (details) mionsonraí mpl4; **in particular** go mór mór, go háirithe
particularly adv go háirithe, go sonrach
parting n (of people) scaradh m; (in hair) stríoc f2 ◆ adj deireanach,

scoir n gen
partisan n páirtíneach m1, óglach ◆ adj claonta
partition n (wall) spiara m4; (POL) deighilt f2, críochdheighilt f2 ◆ vt (POL) deighil
partly adv breac-, leath-
partner n páirtí m4; (in marriage) céile m4
partnership n páirtíocht f3, comhar m1
partridge n patraisc f2
part-time adj, adv páirtaimseartha
party n (POL) páirtí m4; (celebration) cóisir f2, féasta m4; **to party** bheith i do pháirtí i ◆ cpd (POL) páirtí n gen
party dress n gúna m4 cóisire
party line n (TEL) líne f4 i bpáirt
pass vt téigh thar, gabh thar; (overtake) scoith, téigh thar; (exam): **he ~ed the exam** d'éirigh an scrúdú leis; (approve) ceadaigh; (SPORT) pasáil, seachaid; (time) caith, cuir thart; (day) cuir isteach ◆ vi téigh, gabh thart ◆ n (permit) pas m4, cead m3 (isteach); (in mountains) bearnas m1, mám f3; (SPORT) seachadadh m, pas; (SCOL: also: ~ mark) pasmharc m1; **to get a pass** pas a fháil; **to make a pass at sb** (inf) (é) a chur chun tosaigh ar dhuine, ceiliúr a chur ar dhuine ▶ **pass away** vi síothlaigh, faigh bás ▶ **pass by** vi téigh thart, gabh thart; (time) caith ◆ vt téigh thar ▶ **pass on** vt seachaid ▶ **pass out** vi titim i laige ▶ **pass up** vt (opportunity) ligthar at
passable adj (road) oscailte; (work) cuibheasach, measartha, inghlactha, maith go leor
passage n (also: ~way) pasáiste m4, dorchla m4; (gen, in book) sliocht m3; (by boat) pasáiste m4
passbook n pasleabhar m1

passenger n paisinéir m3

passer-by n duine m4 ag dul an bealach, duine ag dul thar bráid

passing adj (of fig) neamhbhuan; **in passing** dála an scéil

passing place n (AUT) áit f2 scoite

passion n paisean m1; (REL) páis f2

passionate adj paiseanta

passive adj síochánta; (LING: also: **the ~ voice**) an fhaí f4 chéasta

passive smoking n caitheamh m1 éighníomhach

Passover n Cáisc f3 na nGiúdach

passport n pas m4

passport control n rialú m na bpas

password n focal m1 faire

past prep (in front of) thar, i ndiaidh + gen; (later than) i ndiaidh + gen, tar éis + gen ♦ adj caite; (LING: also: **the ~ tense**) an aimsir f2 chaite; (president etc) iar-, sean- ♦ n an t-am m3 atá thart; **in the past** roimhe seo, seanam; **he's past forty** tá sé os cionn daichead, tá sé thar an daichead; **for the past few years** le blianta beaga anuas, le cúpla bliain anois; **quarter past eight** ceathrú i ndiaidh a hocht, ceathrú tar éis a hocht; **to go past sb** dul thar duine éigin

pasta n pasta m4

paste n taos m1, leafaos m1; (glue) gliú m4, glae m4 ♦ vt greamaigh

pasteurized adj paistéartha

pastille n paistíl f2

pastime n caitheamh m1 aimsire

pastry n (dough) taosrán m1; (cake) cáca m4 milis, císte m4 milis

pasturage n innilt f2

pasture n féarach m1, talamh m1 or f féaraigh

pasty n pastae m4 ♦ adj (complexion) mílitheach

pat vt slíoc; (animal) bán bán a dhéanamh le; **to pat sb on the back** comhghairdeas a dhéanamh le dhuine; **to know sth off pat** rud a bheith ar bharr do theanga agat

patch n (of material) paiste m4; (eye patch) bileog f2 shúile; (spot) ball m1; (on animal) scead f2 ♦ vt (clothes) paisteáil; **to go through a bad patch** drocham a chaitheamh, am crua a chaitheamh ♦ **patch up** vt deisigh, cóirigh; **to patch up a quarrel** síocháin a dhéanamh

patchy adj sceadach; (irregular) treallach

pâté n páté m4

patent n paitinn f2 ♦ vt paitinnigh ♦ adj paiteanta

patent leather n snasleathar m1

paternal adj athartha

path n cosán m1; (trajectory) ruathar m1

pathetic adj (pitiful) truamhéalach, truacánta; (very bad) ainnis

pathological adj paiteolaíoch

pathos n truamhéala f4

pathway n cosán m1

patience n foighne f4; (CARDS) cluiche m4 aonair; **have patience** bíodh foighne agat; **he lost his patience (with her)** bhris (sí) ar a fhoighne

patient n othar m1 ♦ adj foighneach; **to be patient** foighne a dhéanamh, bíodh foighneach

patriotic adj tírghrách

patriotism n tírghrá m

patrol n patról m1 ♦ vt bheith ar patról i

patrol car n patrólcharr m1

patrolman n (US) n garda m4, póilín m4

patron n pátrún m1; (in shop) custaiméir m3; **patron saint** éarlamh m1

patronize vt déan pátrúnacht ar; (pej) déan uasal le híseal le; (shop, club) gnáthaigh

patter n (tapping) clagarnach f2; (chatter) glagaireacht f3

pattern n patrún m1, gréasán m1

paunch n maróg f2

pauper n bochtán m1, bocht m1

pause n sos m3, moill f2 (bheag)
♦ vi déan moill

pave vt pábháil; **he paved the way for us** réitigh sé an bealach dúinn

pavement n cosán m1

pavilion rf pailliún m1

paving n (material) pábháil f3

paving stone n cloch f2 phábhála

paw n lapa m4, crobh m1

pawn n (CHESS) ceithearnach m1; (fig) fichillín m4 ♦ vt cuir i ngeall

pawnbroker n geallearbóir m3

pawnshop n siopa m4 geallearbóra

pay n pá m4, tuarastal m1 ♦ vt íoc, íoc ♦ vi íoc; (be profitable): **it ~s ...** is fiú ...; **to pay attention (to)** aird a thabhairt (ar); **to pay the piper** an píobaire a íoc; **to pay sb a visit** cuairt a thabhairt ar dhuine; **to pay one's respects to sb** do dhea-mhéin a chur in iúl do dhuine; **you'll pay dearly for it** beidh daor ort ▸ **pay back** vt aisíoc ▸ **pay for** vt fus íoc as, íoc ar son, díol as, díol ar son ▸ **pay in** vt íoc isteach, díol isteach ▸ **pay off** vt: **to ~ off a debt** fiach a ghlanadh; (person) bris ♦ vi (scheme, decision): **it paid off** b'fhiú é ▸ **pay up** vt (money) íoc, díol

payable adj: **~ to (sb)** (cheque) iníoctha le (duine)

payee n íocaí m4

pay envelope n (US) fáltas m1 pá

payment n íoc m3, íocaíocht f3; **payment by the hour** íocaíocht san uair, íocaíocht de réir na huaire

pay packet n fáltas m1 pá

pay phone n táillefón m1

payroll n párolla m4

pay slip n duillín m4 pá

PC n abbr = **personal computer**

pea n pis f2, piséan m1

peace n síocháin f3; (calm) suaimhneas m1, ciúnas m1

peaceful adj suaimhneach, síochánta

peach n péitseog f2

peacock n péacóg f2; (male) coileach m1 péacóige; (female) cearc f2 phéacóige

peak n (mountain) binn f2, stuaic f2; (of cap) speic f2; (fig: highest point) buaic f2, barr m1

peak hours npl buaicuaireanta fpl2

peal n (of bells) cling f2; **peal of laughter** racht m3 gáire

peanut n pis f2 talún

pear n piorra m4

pearl n péarla m4

peasant n tuathánach m1

peat n móin f3

pebble n méaróg f2, púróg f2; (on beach) cloch f2 dhuirlinge

peck vt (also: **~ at**) gob ♦ n priocadh m; (kiss) póigín m4

pecking order n ord m1 tábhachta

peckish (inf) adj: **to feel ~** ré-ocras a bheith ort

peculiar adj (strange) corr, aisteach, ait; (particular) sainiúil, leithleach; **it is peculiar to X** is le X amháin or go háirithe a bhaineann sé

pedal n troitheán m1 ♦ vi: **to ~** na troitheáin a oibriú

pedantic adj saoithíneach

peddler n díoltóir m3

pedestal n seastán m1

pedestrian n coisí m4

pedestrian crossing n trasrian m1 coisithe

pediatrics (US) n = **paediatrics**

pedigree n ginealach m1; (of animal) pórtheastas m1 ♦ cpd (animal) ginealaigh n gen

pee (inf) vi mún

peek vi: to ~ (at) bheith ag gliúcaíocht (ar)

peel n craiceann m1 ◆ vt, vi scamh; **to peel an orange** an craiceann a bhaint d'oráiste

peep n (look) spléachadh m1; (sound) bíog f2, gíog f2 ◆ vi: to ~ (at) spléachadh a thabhairt (ar)

peephole n poll m1 amhairc

peer vi (also: ~ at) stán (ar) ◆ n (noble) tiarna m4; (equal): his ~ a dhiongbhála; (age group): my ~s lucht m3 mo chomhaoise

peerage n uasaicme f4

peeved adj: he was ~ bhí múisiam air

peg n (for coat etc) pionna m4; (also: clothes ~) pionna éadaigh

Pekin(g)ese n (dog) péicíneach m1

pelican n peileacán m1

pelican crossing n (AUT) triasrán m1 le soilse lámhrialaithe

pellet n millín m4; (of shotgun) grán m1

pelt vt: to ~ sb with stones duine a rúscadh le clocha ◆ vi (rain): it is ~ing down tá sé ag doirteadh ◆ n craiceann m1, seithe f4

pelvis n peilbheas m1

pen n (for writing) peann m1; (for sheep) cró m4

penal adj peannaideach; (system, colony) pionóis n gen; **The Penal Laws** (HIST) Na Péindlíthe mpl4

penalize vt gearr or cuir pionóis ar

penalty n pionós m1; (fine) cáin f; (FOOTBALL) cic m4 éirice or phionóis

penance n aithrí f4

pencil n peann m1 luaidhe

pencil case n cás m1 peann luaidhe

pencil sharpener n bioróir m3

pendant n siogairlín m4

pending prep ag feitheamh le ◆ adj ar feitheamh

pendulum n (of clock) luascadán m1

penetrate vt poll, treáigh;

(organisation) téigh or gabh isteach i

penfriend n cara m pinn

penguin n piongain f2

penicillin n peinicillin f2

peninsula n leithinis f2

penis n bod m1, péineas m1

penitentiary n príosún m1

penknife n scian f2 phóca

pen name n ainm m4 cleite

penniless adj (skint) ar phócaí folmha, briste; (poor) bocht dearóil

penny n pingin f2; (US) = **cent**

penpal n cara m pinn

pension n pinsean m1

pensioner n pinsinéir m3

pension fund n ciste m4 pinsin

Pentecost n An Chincís f2

penthouse n díonteach m

pent-up adj (feelings) srianta

penultimate adj leathdhéanach

people npl daoine mpl4; (inhabitants) bunadh msg1, muintir fsg2; (POL) pobal msg1; (nation, race) cine msg4; **my people come from Donegal** as Dún na nGall mo mhuintir or mo bhunadh; **several people came** tháinig roinnt daoine; **people say that** ... deirtear go ..., táthar ag rá go ..., **tá daoine ag rá go ...**

pep n (inf) n brí f4, fuinneamh m1

pepper n piobar m1 ◆ vt (fig): to ~ sb with bullets piléar a chaitheamh le duine

peppermint n (sweet) milseán m1 miontais

peptalk n focal m1 misnigh

per prep de réir + gen, in aghaidh + gen; **per hour** san uair, de réir na huaire; **per kilo** an cileagram; **per annum** sa bhliain, in aghaidh na bliana

per capita adj, adv a duine

perceive vt airigh; (notice) sonraigh

per cent adv faoin gcéad
percentage n céatadán m1
perception n aireachtáil f3; (insight) tabhairt f3 faoi deara, léargas m1
perceptive adj airitheach, grinn, léirsteanach
perch n (for bird) fara m4; (fish) péirse f4 ◆ vi: to ~ on suigh ar
percolator n síothlán m1
perennial adj síoraí; (BOT) ilbhliantúil n ilbhliantóg f2

perfect adj foirfe, iomlán, slán ◆ n foirfe m4; (also: ~ **tense**) aimsir f2 chaite or fhoirfe ◆ vt foirfigh, cuir i gcrích, tabhair chun críche or chun foirfeachta
perfectly adv go foirfe, go hiomlán
perforate vt poll
perforation n bréifin f2; (act of) polladh m
perform vt (duties) comhlíon; (task) déan; (music) seinn; (drama) cuir i láthair
performance n léiriú m; (of an artist) cur m1 i láthair; (SPORT) taispeántas m1; (of car, engine) oibriú m; (of company, economy) feidhmiú m
performer n (drama) aisteoir m3; (music) ceoltóir m3
perfume n cumhrán m1
perfunctory adj neamhaireach, ar nós cuma liom
perhaps adv b'fhéidir, seans
peril n guais f2, contúirt f2
perimeter n imlíne f4
period n tréimhse f4; (scol) rang m3; (full stop) lánstad m4; (MED: also: ~s) fuil fsg mhíosta, cúrsaí mpl4 ◆ adj (costume, furniture) tréimhse n gen
periodic(al) adj tréimhsiúil
periodical n tréimhseachán m1
peripheral adj forimeallach
perish vi éag; (decay) meath
perishable adj (food) meatach

perjury n mionnú m éithigh
perk up vi bíog
perky adj (cheerful) bíogúil, meidhreach
perm n (for hair) buantonn f2
permanence n buaine f4
permanent adj buan, seasmhach
permeate vi, vt leath ar fud (+ gen), snigh or sil trí
permissible adj ceadmhach, ceadaithe
permission n cead m3
permissive adj ceadaitheach
permit n ceadúnas m1, cead m3 ◆ vt ceadaigh
perpendicular adj ingearach
perplex vt mearaigh, cuir mearbhall ar; to be perplexed mearú or mearbhall a bheith ort
persecute vt céas, cráigh
persevere vi: to ~ (with) coinneáil ort (le)
Persian adj Peirseach ◆ n Peirseach m1; (LING) Peirsis f2; the (**Persian**) **Gulf** Murascaill f2 na Peirse
persist vi, vt: **to** ~ **with sb** coinneáil le duine; **to persist in arguing** leanúint ort or coinneáil ort ag argóint
persistent adj (person) dígeanta, righin, dáigh
person n (human) duine m4; (LAW, LING) pearsa f
personal adj pearsanta
personal assistant n cúntóir m3 pearsanta
personal column n colún m1 pearsanta
personal computer n ríomhaire m4 pearsanta
personality n pearsantacht f3
personally adv go pearsanta; **to take sth personally** rud a ghlacadh chugat féin
personal stereo n steirió m4 pearsanta

personnel n foireann f2

perspective n peirspictíocht f3, dearcadh m1; **to get things into perspective** rudaí a chur i gcomhthéacs

Perspex ® n peirspéacs m4

perspiration n allas m1

persuade vt: **to ~ sb to do sth** cur ina luí ar dhuine rud a dhéanamh, áitiú ar dhuine rud a dhéanamh

persuasion n áiteamh m1; (creed) creideamh m1

pertaining prep: **~ to** a bhaineann le, ag baint le

peruse vt grinnléigh, léigh go cúramach

pervade vt leath ar fud + gen

perverse adj saobh, claon; (contrary) contrártha

pervert n saofóir m3 ◆ vt (person) saobh; (words) cuir as riocht, claon

pessimist n duarcán m1

pessimistic adj duairc; **I am pessimistic about it** níl dóchas ar bith agam as

pest n plá f4; (fig) crá m4 croí

pester vt cráigh

pet n peata m4 ◆ vt (stroke) slíoc, cuimil; (animal) déan bán bán le ◆ vi (inf): **to ~** bheith ag pógadh agus ag diurnú a chéile; **teacher's pet** peata an mhúinteora; **pet hate** púca m4 na n-adharc

petal n peiteal m1

peter out vi: **to peter out** (fade) dul i léig; (run dry) dul i ndísc; (die) dul in éag

petite adj beag, comair

petition n achainí f4, iarratas m1

petrified adj (fig) stiúgtha le heagla, faoi uafás, faoi uamhan

petrol n peitreal m1, artola f4

petrol can n canna m4 peitril

petroleum n peitriliam m4

petrol pump n caidéal m1 peitril

petrol station n stáisiún m1 peitril

petrol tank n umar m1 peitril

petticoat n fo-ghúna m4, cóta m4 beag

petty adj (mean) suarach; (unimportant) mion-

petty cash n mionairgead m1

petty officer n mionoifigeach m1

petulant adj cantalach, stainceach

pew n suíochán m1

pewter n péatar m1

phantom n taibhse f4

pharmacy n (shop) cógaslann f2

phase n céim f2 ◆ vt: **to ~ sth in** rud a thabhairt isteach de réir a chéile, rud a thabhairt isteach céim ar chéim

pheasant n piasún m1

phenomenon n feiniméan m1

philosophical adj fealsúnach

philosophy n fealsúnacht f3

phobia n fóibe f4

phone n fón m1, guthán m1 ◆ vt: **to ~ sb** scairt (ghutháin) a chur ar dhuine; **to be on the phone** bheith ar an nguthán or bhfón, bheith ag fónáil ► **phone back** vt, vi scairt a chur ar ais (ar), glaoch ar ais (ar) ► **phone up** vt, vi glaoigh ar an nguthán (ar), fónáil

phone book n leabhar m1 gutháin

phone box, **phone booth** n bosca m4 gutháin

phone call n scairt f2 ghutháin, glao m4 gutháin

phonecard n cárta m4 gutháin

phone-in n (RADIO, TV) clár m1 fónála isteach

phonetics n foghraíocht fsg3

phoney adj bréagach

photo n grianghraf m1

photocopier n (machine) fótachóipire m4

photocopy n fótachóip f2 ◆ vt fótachóipeáil

photograph n grianghraf m1 ◆ vt glac grianghraf de

photographer *n* grianghrafadóir *m3*

photography *n* grianghrafadóireacht *f3*

phrase *n* abairt *f2*; (*expression*) leagan *m1* cainte; (*LING*) frása *m4* ♦ *vt* cuir (i bhfocail)

phrase book *n* leabhar *m1* ráite or frásaí

physical *adj* fisiceach

physical education *n* corpoideachas *m1*

physically *adv* go fisiceach; **physically handicapped** corpéislinneach

physician *n* lia *m4*, dochtúir *m3*

physicist *n* fisiceoir *m3*

physics *n* fisic *fsg2*

physiotherapy *n* fisiteiripe *f4*

physique *n* déanamh *m1* coirp

pianist *n* pianódóir *m3*

piano *n* pianó *m4*

pick *n* (*tool: also:* **~axe**) piocóid *f2* ♦ *vt* roghnaigh; (*fruit etc, lock*) pioc; **take your pick** déan *or* pioc do rogha; **the pick of** togha + *gen*; **to pick one's nose** do shrón a phiocadh; **to pick a quarrel with sb** iaróg a thógáil le duine, troid a chur ar dhuine ♦ *pick at vt fus*: **to ~ at one's food** blaisínteacht a dhéanamh ar do chuid bia ♦ **pick on** *vt fus* (*person*): **they are always ~ing on me** bíonn siad i gcónaí ag gabháil dom, bíonn siad i gcónaí ag spochadh asam ♦ **pick out** *vt* togh, pioc (amach); (*distinguish*) aimsigh ♦ **pick up** *vi* (*improve*) téigh i bhfeabhas, bisigh, feabhsaigh ♦ *vt* tóg; (*collect*) bailigh, cruinnigh; (*AUT, give lift to*) tabhair síob do; (*learn*) foghlaim; (*RADIO*) faigh; **to pick up speed** luas a ghéarú; **to pick o.s. up** teacht chugat féin

picket *n* (*in strike*) picéad *m1* ♦ *vt*

picéadaigh

pickle *n* (*also:* **~s**: *as condiment*) picilí *fpl2* ♦ *vt* picil; **to be in a pickle** (*mess*) bheith san fhaopach, bheith i gcruachás

pickpocket *n* peasghadaí *m4*

pick-up *n* (*small truck*) truiclín *m4*

picnic *n* picnic *f2*

picture *n* pictiúr *m1* ♦ *vt* samhail; **the pictures** (*inf*) an phictiúrlann *f2*, na pictiúir *mpl1*

picture book *n* leabhar *m1* pictiúr

picturesque *adj* pictiúrtha

pie *n* píóg *f2*

piece *n* píosa *m4*, giota *m4*; (*item: of furniture*) ball *m1* ♦ *vt*: **~ together** cuir le chéile; **take to pieces** bain ó chéile, bain as a chéile; **to smash sth to pieces** smionagar a dhéanamh de rud

piecemeal *adv* (*bit by bit*) de réir a chéile

piecework *n* tascobair *f2*

pie chart *n* píchairt *f2*

pier *n* cé *f4*

pierce *vt* poll, treáigh

pig *n* muc *f2*

pigeon *n* colúr *m1*, colmán *m1*

pigeonhole *n* clóiseidín *m4*

piggy bank *n* bosca *m4* coigilte

pigheaded *adj* ceanndána, righin

piglet *n* banbh *m1*

pigskin *n* craiceann *m1* muice

pigsty *n* cró *m4* muc

pigtail *n* trilseán *m1*

pike *n* (*fish*) liús *m1*

pilchard *n* pilséar *m1*

pile *n* (*pillar, of books*) carn *m1*, carnán *m1*; (*of carpet*) caitín *m4* ♦ *vt, vi* (*also:* **~ up**) plódaigh isteach i

piles *npl* fíocas *msg1*, daorghalar *msg1*

pile-up *n* (*AUT*) dul *m3* i mullach a chéile

pilfering *n* mionghadaíocht *f3*

pilgrim n oilithreach m1

pill n piollaire m4

pillage vt creach, slad

pillar n colún m1

pillar box n bosca m4 litreacha

pillion n: **to ride ~** (on motorcycle) bheith (ag marcaíocht) ar cúla

pillow n piliúr m1, ceannadhairt f2

pillowcase n clúdach m1 piliúir

pilot n píolóta m4 ♦ cpd (scheme etc) píolótach ♦ vt píolótaigh

pilot light n solas m1 treorach

pimp n fostaitheoir m3

pimple n goirín m4

pin n biorán m1, pionna m4 ♦ vt: **to ~ a note to the door** nóta a chur ar an doras le biorán; **to have pins and needles in one's foot** codladh gliúragáin a bheith ar do chos; **to pin sb down** (fig) duine a sháinniú; **to pin sth on sb** (fig) rud a chur i leith duine

pinafore n pilirín m4

pinball n cluiche m4 mionbháil

pincers npl greamaire msg4, pionsúr msg1; (of crab etc) ordóga fpl2

pinch n liomóg f2; (of salt etc) gráinnín m4 ♦ vt: **to ~ sb** liomóg a bhaint as duine; (inf: steal) sciob; **at a pinch** más gá

pincushion n pioncás m1

pine n péine m4, giúis f2; (also: **~ tree**) crann m1 giúise ♦ vi: **to ~ for** caitheamh i ndiaidh

pineapple n anann m1

pinecone n buaircín m4 péine

ping n (noise) cling f2

ping-pong ® n leadóg f2 bhoird

pink adj bándearg ♦ n (colour) bándearg m1; (BOT) caoróg f2 léana

PIN (number) n Uimhir f Aitheantais Phearsanta

pinpoint vt aimsigh

pint n pionta m4; **to go for a pint** dul faoi choinne pionta

pioneer n ceannródaí m4; **Pioneer**

(abstainer) Réadóir m3

pious adj cráifeach, diaganta, naofa

pip n (seed) síol m1; **the pips** npl (time signal) na gíoga fpl2

pipe n píopa m4; (MUS) píb f2; **pipes** (also: **bagpipes**) píobaí fpl2 mála; (also: **uilleann ~s**) píobaí uilleann ♦ vt cuir trí phíopaí

pipe cleaner n glantóir m3 píopa

pipe dream n speabhraídí fpl2

pipeline n píblíne f4; **in the pipeline** ar a bhealach, ar na bacáin

piper n píobaire m4

piping adv: **~ hot** dearg te

pique n stainc f2, smut m1

pirate n foghlaí m4 mara

Pisces n Na hÉisc mpl1

piss n (infl) vi mún m1; **piss off!** bain as!, imigh leat!

pissed adj (BRIT: infl: drunk) ar deargmheisce, ar na cannaí; (US: inf: angry) ar buile

pistol n piostal m1

piston n loine f4

pit n poll m1, clais f2; (also: **coal ~**) gualpholl m1 ♦ vt: **to ~ one's wits against sb** dul i gcoimhlint le duine; **pits** npl (AUT) láthair fsg seirbhísithe; **this place is the pits!** (inf) deireadh gach díogha an áit seo!

pitch n (MUS) airde f4; (SPORT) páirc f2 (imeartha); (tar) píc f2 ♦ vt (throw) caith ♦ vi (fall) tit; **to pitch a tent** puball a chur suas

pitch-black adj dubh dorcha

pitched battle n (fierce) cogadh m1 dearg

piteous adj truacánta, truamhéalach

pitfall n gaiste m4

pith n (of orange etc) fochraiceann m1

pithy adj gonta

pitiful adj (touching) truacánta,

truamhéalach

pitiless *adj* míthrócaireach

pittance *n* tuarastal *m1* scallta

pity *n* trua *f4* ♦ *vt*: **I ~ him** is trua liom é, tá trua agam dó; **what a pity!** nach mór an trua!, is mór an trua!

pixel (COMPUT) *n* pixel *m4*

pizza *n* pizza *m4*

placard *n* fógra *m4*

placate *vt, vi* suaimhnigh, sásaigh

place *n* áit *f2* ♦ *vt* (*object*) cuir; (*identify*) cuir ainm air, aithin; **to take place** titim amach; **out of place** (*not suitable*) neamhoiriúnach, mífhóirsteanach, as áit; **to change places with sb** áit a mhalartú le duine; **in the first place** sa chéad dul síos, ar an gcéad dul síos

plague *n* plá *f4* ♦ *vt* (*fig*) ciap, cráigh

plaice *n* leathóg *f2* bhallach

plaid *n* breacán *m1*

plain *adj* (*in one colour*) d'aon dath, ar aon dath (amháin); (*simple*) simplí; (*clear*) soiléir; (*not handsome*) mísciamhach ♦ *adv* go soiléir ♦ *n* machaire *m4*, má *f4*

plain chocolate *n* seacláid *f2* phléineáilte

plain clothes *adj* (*police officer*) i ngnáthéadach

plainly *adv* go soiléir; (*frankly*) gan fiacail a chur ann, go lom

plaintiff *n* éilitheoir *m3*, gearánaí *m4*

plait *n* trilseán *m1*

plan *n* plean *m4*; (*scheme*) beart *m1*, scéim *f2* ♦ *vt, vi* (*think in advance*) pleanáil; **he plans to** tá rún aige dul

plane *n* (AVIAT) eitleán *m1*; (ART, MATH *etc, tool*) plána *m4*; (*also:* **~ tree**) crann *m1* plána ♦ *vt* plánáil

planet *n* pláinéad *m1*

plank *n* planc *m1*

planner *n* pleanálaí *m4*

planning *n* pleanáil *f3*; **family planning** pleanáil *f3* chlainne

planning permission *n* cead *m3* pleanála

plant *n* planda *m4*; (*machinery*) gléasra *m4*; (*factory*) monarcha *f* ♦ *vt* cuir, plandáil

plaster *n* plástar *m1*; (*also:* **~ of Paris**) plástar Pháras; (*also:* **sticking ~**) greimlín *m4* ♦ *vt* plástráil; (*cover*): **with cludaigh le**

plastered (*inf*) *adj* ar deargmheisce, ar na cannaí

plastic *adj, n* plaisteach *m1*

plastic bag *n* mála *m4* plaisteach

Plasticine ® *n* marla *m4*

plastic surgery *n* máinliacht *f3* athdhathbhithe

plate *n* (*dish*) pláta *m4*

plateau *n* ardchlár *m1*

plate glass *n* plátghloine *f4*

platform *n* (*in station*) ardán *m1*; (*stage*) stáitse *m4*

platinum *n* platanam *m1*

platter *n* (*dish*) trinsiúr *m1*; (*as part of meal*) mias *f2*

plausible *adj* inchreidte, dealraitheach

play *n* (THEAT) dráma *m4* ♦ *vt* (*game*) imir; (*team, opponent*) imir in éadan + *gen*; (*instrument*) seinn ar ♦ *vi*: **to ~ bheith** ag spraoi or ag súgradh; **go out to play** téigh or gabh amach ag spraoi or ag súgradh; **play it safe!** bí ar d'fhaichill!, bí faichilleach or cúramach! ▸ **play down** *vt* bain de thábhacht + *gen*, ná tabhair aird ar ▸ **play up** *vi*: **to ~ up** (*cause trouble*) racán a thógáil, trioblóid a tharraingt

playboy *n* buachaill *m3* báire

player *n* imreoir *m3*; (THEAT) aisteoir *m3*; (MUS) seinnteoir *m3*, ceoltóir m3

playful adj spraíúil, spórtúil

playground n (in school) clós m1 scoile; (in park) áit f2 spraoi or súgartha

playgroup n naíolann f2

playing card n cárta m4 imeartha

playing field n páirc f2 imeartha

playmate n comrádaí m4

play-off n (SPORT) cluiche m4 cáilithe

playpen n cruib f2 shúgartha

plaything n áilleagán m1, bréagán m1

playtime n am m3 spraoi or súgartha

playwright n drámadóir m3

plea n (request) achainí f4; (LAW) pléadáil f3

plead vt, vi pléadáil; (beg): to ~ with sb achainí ar dhuine

pleasant adj pléisiúrtha, taitneamhach, suáilceach

pleasantries npl (polite remarks) deismíneachtaí fpl3

please excl le do thoil, más é do thoil é ◆ vt: it ~d me thaitin sé liom, shásaigh sé mé; (satisfy) sásaigh ◆ vi sásaigh; (think fit): do as you ~ déan do rogha rud, déan cibé rud or pé ar bith rud is mian leat; **please yourself!** bí ar do chomhairle féin!, déan do chomhairle féin!

pleased adj: ~ (with) sásta (le); **pleased to meet you** go mbeannaí Dia duit

pleasing adj taitneamhach; (satisfactory) sásúil

pleasure n pléisiúr m1, sásamh m1, taitneamh m1; **"it's a pleasure"** "fáilte romhat", "níl a bhuíochas ort"; **I'll do it with pleasure** déanfaidh mé é agus fáilte

pleasure boat n bád m1 pléisiúir

pleat n filleadh m1

pledge n (promise) geall m1, gealltanas f1 ◆ vt geall; **to pledge sth** rud a chur i ngeall

plentiful adj flúirseach, fairsing

plenty n: ~ of flúirse + gen, neart + gen, tréan + gen, go leor + gen

pliable adj solúbtha

pliers npl greamaire msg4

plight n cor m1, anchaoi f4

plimsolls npl bróga fpl2 lúthchleasaíochta

plinth n (of statue) plionta m4

plod vi fairsigh; (fig): **she ~ded on** threabh or shraon sí lei

plonk (inf) n (wine) fíon m3 saor ◆ vt: **to ~ sth down** rud a phlabadh síos

plot n comhcheilg f2; (of story, play) plota m4; (of land) gabháltas m1, plásóg f2; (grave) uaigh f2 ◆ vt (sb's downfall) beartaigh; (mark out) déan plean de, mapáil ◆ vi bheith ag ceilg, bheith i mbun comhcheilge

plough, (US) plow n céachta m4, seisreach f2 ◆ vt (earth) treabh; **to plough money into** airgead a chur isteach i

ploy n cleas m1

pluck vt pioc; (fruit) bain; (flower) stoith ◆ n sracadh m1; **to pluck up courage** misneach a ghlacadh

plug n (ELEC) plocóid f2; (stopper) stopallán m1; (AUT: also: **spark(ing) ~**) spréachphlocóid f2 ◆ vt (hole) calc, cuir stopallán i; (inf: advertise) fógair ▸ **plug in** vt (ELEC) plugáil isteach

plum n (fruit) pluma m4 ◆ cpd: ~ **job** (inf) togha poist

plumb vt tomhais doimhneacht + gen

plumber n pluiméir m3

plumbing n (trade) pluiméireacht f3; (piping) píopaí mpl4

plummet vi tit go tobann

plump adj ramhar ♦ vi: ~ **for** (col: choose) roghnaigh, pioc

plunder n creach f2 ♦ vt creach

plunge n tumadh m ♦ vt báigh ♦ vi (dive) tum; (fall) tit i ndiaidh do chinn, tit ar mhullach do chinn; **to take the plunge** dul sa seans

plunger n loine f4

pluperfect n ollfhoirfe f4

plural adj, n iolra m4

plus n (also: ~ **sign**) plus m4 ♦ prep móide; **ten plus** os cionn an deich, sna déaga

plush adj sóúil

ply n (a trade) cleacht ♦ vi (ship) téigh idir ♦ n (of wool, rope) dual m1; **to ply sb with drink** deoch a choinneáil le duine; **to ply sb with questions** ceisteanna a radadh le duine, bheith ag caitheamh ceisteanna le duine

plywood n sraithadhmad m1

PM n abbr = **Prime Minister**

p.m. adv abbr (= post meridiem) i.

pneumatic drill n druilire m4 aeroibrithe

pneumonia n niúmóine m4

poach vt (cook) scall; (steal) póitseáil ♦ vi póitseáil

poached egg n ubh f2 scallta

poacher n póitseálaí m4

P.O. Box n abbr = **Post Office Box**

pocket n póca m4 ♦ vt: **to ~ sth** rud a chur i do phóca; **to be out of pocket** (with) bheith thíos (le)

pocketbook n (US) (wallet) tiachóg f2

pocket knife n scian f2 phóca

pocket money n airgead m1 póca

pod n cochall m1

podgy adj beathaithe

podiatrist n (US) n coslia m4

poem n dán m1

poet n file m4

poetic adj fileata

poetry n filíocht f3

poignant adj coscrach; (sharp) géar

point n pointe m4, ponc m1; (tip) bior m3, rinn f2; (in time) am m3; (of pen) gob m1; (sport) pointe, cúilín m4; (sense) ciall f2; (location) ball m1; (decimal ~): **2 ~ 3 (2.3)** (a) dó pointe or ponc a trí ♦ vt (show) taispeáin; (gun etc): **to ~ sth at** rud a dhíriú ar ♦ vi: **to ~ at** do mhéar a dhíriú ar; **point** npl (AUT) pointí mpl4; (RAIL) ladhróg fsg2; **to be on the point of doing sth** bheith ar tí or ar bhéal(a) rud a dhéanamh; **to make a point of** déanamh cinnte de; **I get the point** tuigim, tá mé leat; **she misses the point** tá sé ag dul amú uirthi, ní thuigeann sí rudaí a gceart; **come to the point!** cruinnigh do chuid cainte!; **the whole point is** ... is é bun agus barr an scéil ...; **there's no point (in going)** ní fiú (dul) ▶ **point out** vt: **to ~ sth out to sb** aird duine a tharraingt ar rud ▶ **point to** vt (fig) léirigh

point-blank adv (fig) glan; (also: **at ~ range**) faoi bhéal an ghunna

pointed adj (shape) biorach; (remark) pointeáilte

pointer n (needle) snáthaid f2; (piece of advice) comhairle f4; (clue) leid f2

pointless adj gan tairbhe; **it's pointless talking to him** níl gar or maith bheith leis

point of view n dearcadh m1

poise n (composure) neamhchorrabhuais f2

poison n nimh f2 ♦ vt nimhigh

poisonous adj nimhiúil; **poisonous snake** nathair f nimhe

poke vt (fire) rúisc; (jab with finger, stick etc) prioc; (hole) poll; (put): **to ~ sth in(to)** rud a dhingeadh isteach (i) ▶ **poke about** vi

ransaigh, rúisc; **to poke fun at sb**
ceap magaidh a dhéanamh de
dhuine

poker n (for fire) priocaire m4;
(CARDS) pócar m1

poky adj cúng

Poland n An Pholainn f2

polar adj polach

polar bear n béar m1 bán

Pole n Polannach m1

pole n cuaille m4; (of wood) maide
m4; (GEOG) pol m1

pole bean (US) n pónaire f4 cuaille

pole vault n léim f2 chuaille

police npl póilíní mpl4, gardaí mpl4
(síochána), péas m

police car n carr m1 póilíní, carr
péas

policeman n póilín m4, garda m4,
péas m4

police station n stáisiún m1 na
bpóilíní or na ngardaí

policewoman n banphóilín m4,
bangharda m4, banphéas m4

policy n polasaí m4

polio n polaimiailíteas m1

Polish adj Polannach ♦ n (LING)
Polainnis f2

polish n (for shoes) snas m3, snasán
m1; (shine) loinnir f; (also: **nail ~**)
vearnais f2 iongan ♦ vt (put polish
on shoes, wood) cuir snas i or ar;
(make shiny) cuir loinnir ar
▶ **polish off** vt (work) cuir i gcrích;
(food) ith deireadh + gen

polished adj (fig) snasta, líofa

polite adj múinte, béasach

politeness n múineadh m,
dea-bhéasa mpl4

political adj polaitiúil, polaitíochta
n gen

politician n polaiteoir m3

politics npl an pholaitíocht f3

poll n vótáil f3; (also: **opinion ~**)
pobalbhreith f2 ♦ vt (votes) faigh

pollen n pailin f2

polling day n lá m vótála

polling station n stáisiún m1 vótála

pollute vt truailligh

pollution n truailliú m

polo n póló m4

polo-necked adj póló

polo shirt n léine f4 phóló

poltergeist n taibhse f2 thorainn

polytechnic n coláiste m4
polaiteicníce

polythene n polaitéin f2

polythene bag n mála m4 plaistigh

pomegranate n pomagránait f2

pomp n mustar m1, poimp f2

pompous adj mustrach, stáidiúil,
mórchúiseach

pond n linn f2, lochán m1

ponder vt meabhraigh, machnaigh
(ar), méaigh

ponderous adj troiméiseach;
(movement) spadánta

pong (inf) n bréantas m1

pony n pónaí m4, capaillín m4

ponytail n eireaball m1 capaill

pony trekking n fálróid f2 ar
chapaillíní

poodle n púdal m4

pool n (of rain) slodán m1; (pond)
linn f2; (also: **swimming ~**) linn
snámha; (billiards) púl m4 ♦ vt (put
in gcomhchiste; **pools** npl (also:
football ~s) linnte fpl2 peile

poor adj bocht ♦ npl: **the ~ na**
boicht mpl1, na bochtáin mpl1

poorly adj, adv go dona, go holc

pop n (MUS) popcheol m1; (drink)
deoch f choipeach; (us: inf: father)
daid m4 ♦ excl pop ♦ vt (put) sac
♦ vi pléasc; (cork) bain; **to pop in**
do cheann a chur isteach,
buaileadh isteach; **to pop out** rúid
a thabhairt amach; **pop up** vi
preab aníos

pope n pápa m4

poplar n poibleog f2

poppy n poipín m4

Popsicle ® (US) n líreacán m1 reoite

popular adj (common) coitianta; (fashionable) faiseanta, san fhaisean; (well liked): he's ~ tá tóir air, tá aghaidh na ndaoine air

population n (number of people) daonra m4; (community) pobal m1

porcelain n poirceallán m1

porch n póirse m4; (veranda) vearanda m4

porcupine n torcán m1 craobhach

pore n piochán m1, póir f2 ◆ vi: to ~ over a book bheith sáite i leabhar

pork n muiceoil f3

pornography n pornagrafaíocht f3

porpoise n muc f2 mhara

porridge n brachán m1, leite f

port n (harbour) port m1, calafort m1, cuan m1; (NAUT, left side) clébhord m1; (wine) portfhíon m3; port of call stad f2 cuairte

portable adj iniompartha

porter[1] n (for luggage) póirtéir m3; (doorkeeper) doirseoir m3

porter[2] n (beer) leann m3 dubh, pórtar m1

portfolio n mála m4 cáipéise; (of artist) cnuasach m1; (POL) cúram m1 aire

porthole n sliospholl m1

portion n (share) roinn f2; (part, helping) cuid f3

portly adj toirtiúil

portrait n portráid f2

portray vt léirigh

Portugal n An Phortaingéil f2

Portuguese adj An Portaingéalach m1; (LING) Portaingéilis f2

pose n (posture) gothaí mpl3; (act) staidiúir f2 ◆ vi (pretend): he ~d as a policeman lig sé air or chuir sé i gcéill gur péas a bhí ann ◆ vt (question) cuir; she was posing bhí sí ag cur gothaí uirthi féin

posh adj galánta

position n áit f2, láthair f; (location) suíomh m1; (for purpose) ionad m1; (job) post m1; (opinion) dearcadh m1 ◆ vt suigh

positive adj dearfach, deimhneach; (ELEC) deimhneach

posse (US) n drong f2; to send a posse after sb tóir a chur ar dhuine

possess vt: to ~ sth rud a bheith agat, rud a bheith i do sheilbh; (seize): they ~ed my car ghlac siad seilbh ar mo charr; what possessed him? cad é an diabhal a tháinig air?, cad é na ciapóga a cuireadh air?

possession n seilbh f2; possessions sealúchas msg1

possibility n féidearthacht f3; it is a possibility is féidir é, thig a dhéanamh

possible adj: it is ~ that is féidir go, thiocfadh dó go, d'fhéadfadh sé go; as big as possible chomh mór agus is féidir

possibly adv (perhaps) (gach) seans; if you possibly can más féidir leat (in aon chor), má thig leat (ar chor ar bith); I cannot possibly come níl aon dóigh ar féidir liom teacht, ní thig liom teacht

post n (letters, delivery): the ~ an post m1; (job, situation) post m1; (MIL) ionad m1; (pole) cuaille m4 ◆ vt (send by post) postáil, cuir (sa phost)

postage n postas m1

postal order n ordú m poist

postbox n bosca m4 litreach

postcard n cárta m4 poist

postcode n cód m1 poist

poster n póstaer m1

postgraduate n iarchéimí m4 ◆ adj iarchéime

posthumous adj iarbháis n gen

postman n fear m1 poist

postmark n postmharc m1

postmortem n scrúdú m iarbháis

post office n (building) oifig f2 an phoist; (organization): **the Post Office** An Post m1

Post Office Box n bosca m4 poistoifige

postpone vt cuir ar athlá

posture n (stance) staidiúir f2; (attitude) dearcadh m1

postwar adj iarchogaidh n gen

posy n pósae m4

pot n pota m4; (teapot) taephota m4; (coffeepot) pota m4 caife; (inf: marijuana) pot m4 ◆ vt (plant) cuir (i bpota); **to go to pot** (inf: work, performance) dul chun siobarnaí

potato n práta m4

potato peeler n scamhóir m3

poteen n poitín f4

potent adj cumhachtach; (drink) láidir; (man) cumasach

potential adj: a ~ doctor ábhar dochtúra ◆ n acmhainn f2, mianach m1

pothole n (in road) linntreog f2, sclaig f2; (in cave) uaimh f2

potholing n uaimheadóireacht f3

potluck n: **to take** ~ dul sa seans

potted adj (food) i bpotáin; (plant) i bpota

potter n potaire m4 ◆ vi: **to potter around, potter about** bheith ag útamáil thart

pottery n potaireacht f3

potty adj (inf: mad) ar mire, le broim ◆ n (child's) pota m4

pouch n (ZOOL) póca m4, (for tobacco, money) spaga m4, púitse m4

poultry n éanlaith f2 chlóis

pounce on vi léim ar

pound n (money, weight) punt m1; (for animals) gabhann m1 ◆ vt (beat) buail, gread; (crush) creim ◆ vi (heart) preab, léim; **a pound**

coin bonn m1 puint

pour vt, vi doirt; **it is pouring (with rain)** tá sé ag stealladh báistí, tá sé ag cur de dhíon is de dheora; **to pour sb a drink** deoch a chur amach do dhuine ▶ **pour in** vi (people) plódaigh isteach, cruinnigh isteach; (news, letters etc) tar isteach as gach cearn ▶ **pour out** vi (people) plódaigh amach ◆ vt scaird, doirt amach; (serve: a drink) cuir amach

pout n pus m1, smut m1 ◆ vi cuir pus ort féin

poverty n bochtaineacht f3, anás m1

poverty-stricken adj dealúsach, beo bocht

powder n púdar m1 ◆ vt: **to ~ one's face** púdar a chur ar d'aghaidh

powder compact n boiscín m4 púdair

powdered milk n bainne m4 púdrach

powder puff n clúimhín m4 púdair

powder room n leithreas m1 na mban

power n cumhacht f3; (force) brí f4, neart m1; **to be in power** (POL etc) bheith i réim or i gcumhacht

power cut n gearradh m cumhachta

powered adj: ~ **by** á thiomáint le

power failure n cliseadh m cumhachta

powerful adj cumhachtach

powerless adj neamhchumhachtach, gan bhrí

power point n pointe m4 cumhachta

power station n stáisiún m1 cumhachta

PR n abbr = **public relations**

practical adj praiticiúil

practical joke n cleas m1, bob m4

practically adv (virtually) geall le, ionann is

practice n cleachtadh m1;
(*professional*) cleachtas m1 ♦ vt, vi
(*US*) = **practise; in practice** (*in
reality*) le fírinne; **out of practice**
as cleachtadh

practise, (*US*) practice vt, vi cleacht

practising adj cleachtach

practitioner n cleachtóir m3;
(*medical*) lia m4

prairies npl féarthailte mpl or fpl

praise n moladh m ♦ vt mol

praiseworthy adj inmholta

pram n pram m4

prance vi (*also:* **to ~ about:** *person*)
pramsáil fhem

prank n cleas m1, bob m4

prawn n cloicheán m1

pray vi guigh, bí ag urnaí

prayer n paidir f2, urnaí f4, guí f4

preach vi tabhair seanmóir, bheith
ag seanmóireacht ♦ vt (*gospel*)
craobhscaoil

precaution n réamhchúram m1,
faichill f2

precede vt téigh roimh, gabh
roimh, tar roimh

precedent n fasach m1,
réamhshampla m4

precinct n (*US*) ceantar m1,
líomatáiste m4; **precincts** npl
(*neighbourhood*) comharsanacht
fsg3; **pedestrian/shopping precinct**
(*BRIT*) ceantar coisithe/líomatáiste
siopadóireachta

precious adj luachmhar

precipitate vt brostaigh

precise adj beacht, cruinn

precisely adv go beacht, go cruinn

preclude vt coisc

precocious adj seanchríonna,
seanaimseartha

precondition n réamhchoinníoll m1

predecessor n réamhtheachtaí m4

predicament n cruachás m1; **to be
in a predicament** bheith i
gcruachás or i sáinn or i bponc

predict vt réamhaithris, tuar

predictable adj sothuartha

predominantly adv go mór mór, ar
an mórchuid, ar an mórchóir

preempt vt réamhcheannaigh

preen n (*bird*) píoc, cluimhrigh; **to
preen os** (*person*) tú féin a chóiriú

prefab n réamhdhéantán m1

preface n réamhrá m4, brollach m1

prefect n (*in school*) maor m1

prefer vt: **I ~ milk** is fearr liom
bainne

preferably adv de rogha (ar)

preference n tosaíocht f3; **in
preference to** de rogha ar

preferential adj fabhrach, ar leith;
preferential treatment cóir f3 ar
leith

prefix n réimír f2

pregnancy n toircheas m1, iompar
m1 clainne

pregnant adj torrach, ag iompar
clainne

prehistoric adj réamhstairiúil

prejudice n réamhchlaonadh m

prejudiced adj claonta, leataobhach

premarital adj réamhphósta

premature adj anabaí, roimh am

premier adj príomha, príomh- ♦ n
(*POL*) príomh-aire m4, ≈ Taoiseach
m1

première n an chéad taispeáint f3;
(*THEAT*) an chéad léiriú m

premise n réamhleagan m1, bonn
m1; **premises** npl (*building*)
áitreabh msg1; **on the premises** ar
bhall áitribh

premium n (*INS*) préimh f2; **to be
at a premium** bheith gann, bheith
doiligh a fháil

premium bond n banna m4 bisigh

premonition n mana m4

preoccupied adj gafa (le), sáite (i)

prepaid adj réamhíoctha

preparation n ullmhúchán m1,
réiteach m1; **preparations** npl (*for*

trip, *war*) stócáil *fsg3*

preparatory college *n* coláiste *m4* ullmhúcháin

preparatory school *n* scoil *f2* ullmhúcháin

prepare *vt* ullmhaigh ♦ *vi*: **to ~ for** ullmhú faoi choinne + *gen*, déanamh réidh le haghaidh + *gen*; **prepared** to réidh le, ullamh chun; (*willing*) sásta

preposition *n* réamhfhocal *m1*

preposterous *adj* míréasúnta; (*laughable*) áiféiseach

prep school *n* = **preparatory school**

prerequisite *n* réamhriachtanas *m1*, réamhchoinníoll *m1*

prescribe *vt* ordaigh

prescription *n* (MED) oideas *m1*

presence *n* láithreacht *f3*; **presence of mind** stuaim *f2*; **in the presence of sb** i láthair *or* i bhfianaise duine

present *adj* láithreach, i láthair ♦ *n* (*gift*) bronntanas *m1*; (*actuality*): **the ~** an t-am *m3* i láthair ♦ *vt* tabhair; (*give*): **to ~ sb with sth** *or* **sth to sb** rud a bhronnadh ar dhuine; **to give sb a present** bronntanas a thabhairt do dhuine; **at present** faoi láthair, i láthair na huaire

presentation *n* bronnadh *m*

present-day *adj* comhaimseartha; **in the present-day** sa lá atá inniu ann

presenter *n* (RADIO, TV) láithreoir *m3*

presently *adv* ar ball, gan mhoill; (*at present*) faoi láthair

preservative *n* leasaitheach *m1*

preserve *vt* (*keep safe*) caomhnaigh, coinnigh slán; (*food*) leasaigh ♦ *n* (*jam*) subh *f2*; (*sanctuary*) tearmann *m1*; **God preserve us!** Dia ár gcumhdach!

president *n* uachtarán *m1*; **the President of Ireland** Uachtarán na

hÉireann

presidential *adj* (an) uachtaráin *n gen*

press *n* (*newspapers*) preas *m3*; (*machine*) fáisceán *m1*; (*for wine*) cantaoir *f2*; (*cupboard*) prios *m3* ♦ *vt* (*squeeze*) fáisc; (*push*) brúigh; (*clothes*: *iron*) preasáil, iarnáil; **to press sb to do sth** tathant ar dhuine rud a dhéanamh; (*insist*): **to ~ sth on sb** rud a thathant ar dhuine ♦ *vi* brúigh; **to press for sth** rud a éileamh *or* a iarraidh; **we are pressed for time** tá an t-am ag teannadh orainn; **if you are hard pressed** má thagann crua ort
▸ **press on** *vi* lean ar aghaidh, coinnigh ort *or* leat

press conference *n* preasagallamh *m1*

pressing *adj* práinneach

pressure *n* brú *m4*; (*stress*) teannas *m1*; **to put pressure on sb** (**to do sth**) teannadh ar dhuine (rud a dhéanamh), brú *or* crua a chur ar dhuine (rud a dhéanamh)

pressure cooker *n* bruthaire *m4* brú

pressure gauge *n* brúthomhsaire *m4*

pressure group *n* brúghrúpa *m4*

prestige *n* gradam *m1*

presumably *adv* is cosúil, is dócha

presume *vt* síl, meas; (*dare*) leomh

pretence, (*US*) **pretense** *n* (*claim*) cur *m1* i gcéill; (*LAW*) dúmas *m1*; **under false pretences** le dúmas bréige

pretend *vt*, *vi* (*feign*) lig ort, cuir i gcéill

pretext *n* leithscéal *m1*

pretty *adj* gleoite *beas* ♦ *adv* cuibheasach, measartha, cineál

prevail *vi* (*win*) buaigh ar, bain; (*be usual*): **a usage that ~s** gnás atá faoi réim *or* atá ann fós *or* a mhaireann

prevailing adj coitianta; **prevailing wind** gnáthghaoth f2

prevalent adj (widespread) leitheadach; (dominant) ceannasach

prevent vt coisc, stad, cuir stad le

preventive, preventive adj coisctheach

preview n (of film etc) réamhthaispeántas m1

previous adj roimh ré

previously adv roimh ré

prewar adj réamhchogaidh n gen

prey n seilg f2, creach f2 ♦ vi: **it was ~ing on his mind** bhí sé ag déanamh buartha dó

price n praghas m1, luach m3 ♦ vt (goods) cuir praghas or luach ar; (comm) costáil

priceless adj dómheasta

price list n praghasliosta m4

prick n priocadh m ♦ vt prioc; **to prick up one's ears** do chluasa a bhiorú

prickle n (of plant) dealg f2; (sensation) griofadach m1

prickly adj deilgneach

pride n uabhar m1, bród m1, mórtas m1 ♦ vt: **to ~ o.s. on sth** mórtas or bród a bheith ort as rud

priest n sagart m1

priesthood n sagartacht f3

prim adj deismíneach

primarily adv go príomha, den chuid is mó

primary adj (first in importance) príomha ♦ n (us: election) réamhthoghchán m1

primary school n bunscoil f2

prime adj bun-, príomh-; (excellent) den chéad scoth ♦ n: **to be in one's ~** bheith i mbláth do shaoil ♦ vt (wood) priméail; (with information) cuir ar an eolas

Prime Minister n Príomh-Aire m4; (IRL) ≈ Taoiseach m1

primeval adj cianaosta; **primeval forest** foraois chianaosta

primitive adj (tool etc) seanársa; (person) bunaíoch

primrose n sabhaircín m4

primus (stove) ® n sorn m1 campála

prince n prionsa m4

princess n banphrionsa m4

principal adj príomh-, bun- ♦ n (headmaster) príomhoide m4

principle n prionsabal m1

print n (mark) lorg m1; (letters) cló m4; (ART) prionta m4; (: photograph) dearbhchló m4 ♦ vt clóigh, clóbhuail; (publish) cuir i gcló; (write in block letters) scríobh i gceannlitreacha; **out of print** as cló

printed matter n ábhar m1 clóite

printer n clódóir m3; (machine) clóire m4, printéir m3

printing n clódóireacht f3

print-out n aisphrionta m4

prior adj roimh ré ♦ adv: **~ to my doing it** sula ndearna mé é

priority n tosaíocht f3

prise vt: **to ~ open** oscail le luamhán

prison n príosún m1

prisoner n príosúnach m1

pristine adj gan teimheal

privacy n príobháid f2

private adj príobháideach ♦ n (soldier) saighdiúir m3 singil; **to speak in private** labhairt faoi rún, labhairt i leataobh

private enterprise n fiontar m1 príobháideach

private eye n bleachtaire m4 príobháideach

private property n maoin f2 phríobháideach

privatize vt príobháidigh

privet n pribhéad m1

privilege n pribhléid f2

privy adj: **to be ~ to sth** rún ruda a bheith agat

prize n duais f2 ♦ adj (example) foirfe; (idiot) fíor- ♦ vt: **to ~ sth** a bheith luachmhar agat

prize-giving n bronnadh m duaiseanna

prizewinner n duaiseoir m3

pro n (SPORT) gairmí m4; **the pros and cons** an dá thaobh

probability n dóchúlacht f3; **in all probability** is é is dóichí

probable adj dócha, dóchúil

probably adv de réir dealraimh, is dócha (go); **probably not** ní dócha é

probation n: **on ~** (LAW) ar promhadh m1; (employee) ar tástáil f3

probe n (MED, SPACE) tóireadóir m3; (enquiry) fiosrúchán m1 ♦ vt braith; (investigate) fiosraigh

problem n fadhb f2, deacracht f3; **no problem!** fadhb ar bith!

procedure n nós m1 imeachta, gnáthamh m1, gnás m1

proceed vi lean ort; (go forward) téigh or gabh ar aghaidh; **to proceed (with)** dul ar aghaidh (le); **she proceeded to work/to write** chuaigh sí i mbun oibre/i mbun pinn

proceedings npl (LAW, meeting) imeachtaí fpl3

proceeds npl fáltais mpl1

process n próiseas m1; (method) modh m3 ♦ vt próiseáil

processing n (PHOT) próiseáil f3

procession n mórshiúl m1; **funeral procession** tórramh m1, sochraid f2

proclaim vt fógair

procrastinate vi moilleadóireacht a dhéanamh

procure vt soláthair, cuir ar fáil do

prod vt prioc, broid

prodigal adj drabhlásach, doscaí

prodigy n (child) iontas m1

produce n (AGR) toradh m1 ♦ vt táirg; (to show) taispeáin; (cause) gin; (THEAT) léirigh

producer n táirgeoir m3; (THEAT) léiritheoir m3

product n (outcome) toradh m1; (goods) táirge m4

production n táirgeadh m; (THEAT) léiriú m

production line n líne f4 tháirgeachta

productivity n táirgiúlacht f3

profession n gairm f2, slí f4 bheatha

professional n (SPORT) gairmí m4 ♦ adj gairmiúil

professor n ollamh m1

proficiency n oilteacht f3, inniúlacht f3, cumas m1

profile n próifíl f2; (picture etc) leathaghaidh f2

profit n brabús m1, sochar m1 ♦ vi: **to ~ by** or **from** tairbhe a bhaint as, brabús a dhéanamh ar

profitable adj brabúsach

profound adj domhain

profusely adv go flúirseach, go fairsing; **he was sweating profusely** bhí sé ag bárcadh allais

prognosis n prognóis f2

programme, (US, COMPUT) **program** n ríomhchlár m1; (RADIO, TV, schedule) clár m1 ♦ vt (also COMPUT) ríomhchláraigh

programmer, (US) **programer** n ríomhchláraitheoir m3

progress n dul m3 chun cinn ♦ vi téigh or gabh chun cinn; **in progress** ar siúl, ar bun

progressive adj forásach

prohibit vt cros, coisc

project n (plan) scéim f2; (SCOL, research) tionscadal m1 ♦ vt teilg; **to project a picture on a screen**

pictiúr a theilgean ar scáileán ♦ vi (stick out) gob amach

projection n teilgean m1; (overhang) starradh m; (estimate) réamh-mheastachtán m1

projector n teilgeoir m3

prolong vt fadaigh, bain fad as

promenade n (by sea) promanád m1

promenade concert n ceolchoirm f2 phromanáda

prominent adj (standing out) suntasach, feiceálach; (important) oirirc, mór le rá

promiscuous adj ilchaidreamhach

promise n gealltanas m1 ♦ vt, vi geall

promising adj dóchúil

promote vt (person) tabhair ardú céime do; (new product) cuir chun cinn

promoter n tionscnóir m3

promotion n ardú m céime; (of sales etc) tionscnamh m1

prompt adj pras ♦ adv (punctually) go pras, láithreach ♦ n (COMPUT) leid f2 ♦ vt spreag; (THEAT) tabhair leid

promptly adv go pras, láithreach (bonn)

prone adj (lying) béal faoi, ar a bhéal faoi; **prone to** tugtha do

prong n (of fork) beangán m1

pronoun n forainm m4

pronounce vt (word) fuaimnigh; (declare) fógair

pronunciation n fuaimniú m, foghraíocht f3

proof n cruthú m, cruthúnas m1; (TYP) profa m4; (test) promhadh m1 ♦ adj: ~ **against** díonach ar

prop n taca m4; (fig) cúl m1 taca ♦ vt (also: ~ **up**) tacaigh le; (lean): **to ~ sth against** rud a chur ina sheasamh le

propaganda n bolscaireacht f3

propel vt tiomáin

propeller n lián m1

propensity n: **to have a ~ for** or **to** claonadh or luí a bheith agat le

proper adj (suited, right) cóir, ceart; (seemly) cuibhiúil; (authentic) dílis

properly adv go ceart, mar is ceart, mar is cóir, i gceart

proper noun n ainm m4 dílis

property n sealúchas m1; (things owned) maoin f2; (of chemical etc) airí m4

prophecy n tairngreacht f3, fáistine f4

prophesy vt tairngir, tuar

prophet n fáidh m4

proportion n comhréir f2, coibhneas m1; (share) cionmhaireacht f3

proportional, proportionate adj comhréireach, cionmhar; **proportional to** i gcoibhneas le

proposal n moladh m; (plan) scéim f2; (of marriage) ceiliúr m1 pósta

propose vt mol ♦ vi: **to ~ to s.o** ceiliúr pósta a chur ar dhuine; **I propose to go there** tá rún or súil agam dul ann, tá sé ar intinn agam dul ann

proposition n moladh m, tairiscint f3

propriety n (seemliness) oiriúnacht f3

prose n (not poetry) prós m1

prosecute vt ionchúisigh

prosecution n ionchúiseamh m1; (accusing side): **the ~** na hionchúisitheoirí mpl3

prosecutor n (also: public ~) ionchúisitheoir m3 an stáit; (US: plaintiff) gearánaí m4

prospect n ionchas m1 ♦ vt, vi cuardaigh; **prospects** npl (for work etc) ionchais mpl1

prospective adj (future) ionchasach; **a prospective priest**

ábhar sagairt

prospectus n réamheolaire m4

prosperity n (wealth) rathúnas m1; (success) rath m3

prostitute n striapach f2, meirdreach f2

protect vt cosain, sábháil (ar)

protection n cosaint f3, scáth m3

protective adj cosantach; (clothing, notice) cosanta n gen

protein n próitéin f2

protest n agóid f2; (complaint) casaoid f2 ♦ vi, vt dearbhaigh; to **protest (that)** gearán (go)

Protestant adj, n Protastúnach m1

protester n agóideoir m3; **protesters** lucht m3 agóide

protracted adj fada

protrude vi gob or sáigh amach

proud adj bródúil, uaibhreach; (pej) leitheadach

prove vt, vi cruthaigh; (test) promh

proverb n seanfhocal m1

provide vt soláthair, cuir ar fáil; to **provide sb with sth** rud a chur ar fáil or a sholáthar do dhuine
  ▶ **provide for** vt fus (person) riar ar; (future event) réitigh i gcomhair + gen

provided conj: ~ **(that)** ar choinníoll (go)

providing conj: ~ **(that)** ar choinníoll (go)

province n cúige m4; **the Province** (Northern Ireland) An Tuaisceart m1, na Sé Chontae

provincial adj cúigeach

provision n (supplying) soláthar m1, riar m4; (stipulation) cuntar m1, foráil f3; **provisions** npl (food) lón m1

provisional adj sealadach

proviso n coinníoll m1, cuntar m1

provocative adj gríosaitheach

provoke vt (incite) saighid; (inspire) spreag

prow n srón f2

prowess n (talent) cumas m1; (bravery) calmacht f3

prowl vi (also: prowl about, prowl around): to ~ **about** or **around** bheith ag smúrthacht thart ♦ n: on the ~ sa tseilg

prowler n sirtheoir m3

proxy n ionadaí m4

prudent adj críonna

prune n prúna m4 ♦ vt bearr

pry vi: to ~ bheith ag srónaíl

psalm n salm m1

pseudo- prefix bréag-

pseudonym n ainm m4 cleite or bréige

psyche n sícé f4

psychiatrist n síciatraí m4

psychic adj (also: ~al) síceach; (person) a bhfuil fios aige/aici

psychoanalyst n síocanailísí m4

psychological adj síceolaíoch

psychologist n síceolaí m4

psychology n síceolaíocht f3

PTO abbr = **please turn over**

pub n (= public house) teach n tábhairne, pub m4, teach (an) óil

public adj poiblí ♦ n: **the ~** an pobal m1; **in public** os comhair an phobail, go poiblí, os ard; to **make sth public** rud a phoibliú

public address system n callairí mpl4

publican n tábhairneoir m3

public company n cuideachta f4 phoiblí

public convenience n leithreas m1 poiblí

public holiday n lá m saoire poiblí

public house n teach m tábhairne

publicity n poiblíocht f3

publicize vt poibligh

public opinion n dearcadh m1 an phobail

public relations n caidreamh m1 poiblí

public school n (BRIT) scoil f2 phríobháideach; (US) scoil f2 phoiblí

public-spirited adj daonnachtúil

public transport n córas m1 iompair poiblí

publish vt foilsigh

publisher n foilsitheoir m3

publishing n foilsitheoireacht f3

pucker vt cuir roic i

pudding n maróg f2; (sweet) milseog f2; (sausage) putóg f2; **black pudding**, (US) **blood pudding** putóg dhubh

puddle n slodán m1, lochán m1 uisce

puff n pib f2 ♦ vt: **to ~ one's pipe** do phíopa a smailceadh ♦ vi (pant) séid

puffed (out) (inf) adj (out of breath) séidte

puff pastry, (US) **puff paste** n taosrán m1 blaoscach

puffy adj borrúil

pull n (tug) tarraingt f, sracadh m1; **to give a pull** tarraingt a thabhairt ♦ vt tarraing, bain ♦ vi tarraing; **to pull to pieces** stróiceadh or sracadh as a chéile; **to pull one's weight** do chion féin a dhéanamh; **to pull o.s. together** misneach a ghlacadh; **to pull sb's leg** (fig) bob a bhualadh ar dhuine ▶ **pull apart** vt (break) tarraing or stróic as a chéile ▶ **pull down** vt (house) leag ▶ **pull in** vi (AUT, RAIL) tarraing isteach ar leataobh ▶ **pull off** vt: **he ~ed off his clothes** bhain or chaith sé de a chuid éadaigh; (deal etc): **we ~ed it off** d'éirigh linn ▶ **pull out** vi (in car) tarraing amach; (of race, job) éirigh as ♦ vt tarraing amach ▶ **pull over** vi (AUT) tarraing or druid isteach i leataobh ▶ **pull through** vi tar slán as ▶ **pull up** vt (stop) stad; (uproot) stoith

pulley n ulóg f2

pullover n geansaí m4

pulp n laíon m1

pulpit n crannóg f2, puilpid f2

pulsate vi frithbhuail

pulse n (of blood) cuisle f4; (of heart) frithbhualadh m; (of music) buille m4; (BOT, CULIN) píseánach m1; (of engine) bíog f2

pump n caidéal m1; (shoe) buimpéis f2; (for tyres) teannaire m4 ♦ vt caidéalaigh ▶ **pump up** vt teann, cuir aer i

pumpkin n puimcín m4

pun n imeartas m1 focal

punch n (with fist) dorn m1; (tool) pritil f2; (drink) puins m4 ♦ vt (hit): **to ~ sb** dorn a thabhairt do dhuine, dorn a bhualadh ar dhuine

punchline n focal m1 scoir

punch-up (inf) n troid f3, maicín m4

punctual adj poncúil

punctuation n poncaíocht f3

puncture n poll m1

pundit n scoláiríocht m1

pungent adj géar

punish vt cuir pionós ar

punishment n pionós m1

punk n (also: ~ rocker) punc m1; (also: ~ rock) an punc m1; (US: inf: hoodlum) maistín m4

punt n (IRL, pound) punt m1; (boat) punta m4

punter n (gambler) gealltóir m3; (inf): **the ~s** na custaiméirí mpl3

puny adj beag, suarach; (effort) scailta

pup n coileán m1

pupil n (SCOL) dalta m4; (of eye) mac m1 imrisc

puppet n puipéad m1

puppy n coileáinín m4

purchase n ceannach m1 ♦ vt ceannaigh

purchaser n ceannaitheoir m3
pure adj íon, fíor-, glan-
purely adv: **it is ~** níl ann ach ...
purge n purgóid f2 ♦ vt purgaigh
purple adj corcra
purport vt: **he was ~ed to be ...** bhí sé in ainm is a bheith ...
purpose n aidhm f2, cuspóir m3; **on purpose** d'aon turas, d'aon ghnó
purposeful adj diongbháilte
purr vi déan crónán
purse n (BRIT: for money) sparán m1; (US: handbag) mála m4 láimhe ♦ vt crap
purser n (NAUT) sparánaí m4
pursue vt tóraigh, téigh sa tóir ar, lean
pursuit n tóir f3; (pastime) caitheamh m1 aimsire
push n brú m4; (shove) sonc; (drive) treallúsm1 ♦ vt brúigh, sáigh; (thrust): **to ~ sth (into)** rud a shá or brú (isteach i); (product) cuir chun cinn ♦ vi brúigh; (demand) éiligh ▶ **push aside** vt brúigh ar leataobh ▶ **push off** (inf) vi: **~ off!** gread leat!, bain as! ▶ **push on** vi (continue) téigh ar aghaidh, lean ort ▶ **push through** vi: **he ~ed through the crowd** bhrúigh sé a bhealach tríd an slua ♦ vt (measure) cuir á vótáil ▶ **push up** vt (total, prices) ardaigh, cuir suas
pushchair n bugaí m4
pusher n (also: **drug ~**) díoltóir m3 drugaí
pushover (inf) n: **it's a ~** níl ann ach caitheamh dairteanna
push-up (US) n = **press-up**
pushy (pej) adj lán de féin
puss, pussy (cat) (inf) n puisín m4
put vt cuir; (say) abair; **he put a question to me** chuir sé ceist orm; (case, view) mínigh; (estimate) meas ▶ **put about** vt scaip; **they put**

about bád rumours chuir siad drochráflaí thart ▶ **put across** vt (ideas etc) cuir in iúl, mínigh ▶ **put away** vt (store) cuir i dtaisce ▶ **put back** vt (replace) cuir ar ais; (postpone) cuir siar; (delay) cuir moill ar ▶ **put by** vt (money) cuir i dtaisce ▶ **put down** vt (parcel etc) cuir síos; (suppress: revolt etc) cuir faoi chois; (animal) maraigh ▶ **put down to** vt (attribute) cuir síos do ▶ **put forward** vt (ideas) mol, cuir chun cinn ▶ **put in** vt (gas, electricity, application etc) cuir isteach; (time, effort) caith ▶ **put off** vt (light etc) cuir as; (postpone) cuir ar an méar fhada; (discourage): **it ~ me off going** d'áitigh sé orm gan dul ▶ **put on** vt (record, light etc) cuir as, siúil; (clothes) cuir ort; (play etc) léirigh; (cook: food) cuir síos; (gain): **to ~ on weight** titim chun meáchain, meáchan a chur suas; **to put the brakes on** teannadh ar na coscáin; **to put the kettle on** an citeal a chur síos ▶ **put out** vt (cat, one's hand etc) cuir amach; (light etc) cuir as; (inconvenience: person) cuir as do ▶ **put through** vt (TEL, person): **they ~ me through to John** chuir siad i dteagmháil le Seán mé; (plan) cuir i gcrích ▶ **put up** vt (raise) ardaigh, cuir suas; (pin up) cuir in airde; (hang) croch suas; (build) tóg; (tent) cuir suas; (increase) ardaigh; (accommodate) tabhair lóistín do ▶ **put up with** vt fus cuir suas le
putt n amas m1
putting green n plásóg f2 amais
putty n puití m4
put-up adj: **~ job** gnó caimiléireachta
puzzle n dúcheist f2; (jigsaw) míreanna fpl2 mearaí ♦ vt: **the problem ~d the doctor** chuaigh an

fhadhb sa mhuileann ar an
dochtúir, bhí an fhadhb ag
déanamh meadhráin don dochtúir
♦ vi: **the scientists ~d over the
information** chuir na heolaithe an
t-eolas trí chéile ina n-intinn
puzzling adj mearbhlach
pyjamas npl pitseámaí mpl4
pyramid n pirimid f2
Pyrenees npl: **the Pyrenees** Na
Piréiní mpl
pyrex ® n piréis f2

Q

quack n (of duck) vác m4; (pej:
doctor) potrálaí m4
quadrangle n (courtyard) cearnóg
f2
quadruple vt, vi méadaigh faoi
cheathair
quadruplets npl ceathrar msg1 (in
aon bhreith)
quagmire n scraith f2 ghlugair,
criathar m1
quail n (ZOOL) gearg f2 ♦ vi: **to ~ at
or before** scanrú roimh
quaint adj aisteach; (house, village)
den seandéanamh
quake vi creathnaigh ♦ n (also:
earthquake) crith m3 talún; **to be
quaking with fear** an croí a bheith
ar crith i do chliabh
qualification n (degree etc) cáilíocht
f3; (limitation) agús m1, coinníoll
m1, maolú m
qualified adj (trained) oilte;
(professionally) cáilithe; (fit,
competent) in inmhe; (limited)
maolaithe
qualify vt cáiligh; (modify) maolaigh
♦ vi (SPORT) faigh tríd; **she qualified
as a doctor** tháinig sí amach ina
dochtúir; **he qualified for a**

pension bhain sé aois an phinsin
amach
quality n cáilíocht f3
qualm n scrupall m1
quandary n: **in a ~** idir dhá
chomhairle
quantity n méid m4
quantity surveyor n suirbhéir m3
cainníochta
quarantine n coraintín m4
quarrel n troid f3 ♦ vi troid; **they
began to quarrel** d'éirigh
eatarthu
quarrelsome adj imreasach,
trodach
quarry n (for stone) cairéal m1;
(animal) creach f2, seilg f2
quart n cárt m1
quarter n ceathrú f; (us: coin: 25
cents) ceathrú dollair; (of year)
ráithe f4; (district) ceantar m1 ♦ vt
(divide) roinn ina cheathrúna; **a
quarter of an hour** ceathrú f uaire;
quarters npl (living quarters) áit f2
chónaithe; (MIL) ceathrú fsg
quarter final n cluiche m4
ceathrúcheannais
quarterly adj ráithiúil ♦ adv go
ráithiúil
quartet(te) n ceathairéad m1
quartz n grianchloch f2
quash vt (verdict) cuir ar neamhní;
(uprising) cuir faoi chois
quaver n (MUS) camán m1 ♦ vi crith
quay n (also: **~side**) cé f4
queasy adj: **to feel ~** masmas or
samhnas a bheith ort
queen n banríon f3
queen mother n ríonmháthair f
queer adj aisteach; (eccentric) corr
♦ n (inf!) piteog f2
quell vt ciúnaigh; (riot) cuir faoi
chois
quench vt: **to ~ one's thirst** do
thart a chosc
querulous adj casaoideach

clamhsánach
query n ceist f2 ♦ vt ceistigh
quest n cuardach m1
question n ceist f2 ♦ vt (person)
ceistigh; (doubt) cuir amhras ar;
beyond question gan aon agó; **it is
out of the question** níl sé sin ar
dhíslí, níl sé sin indéanta; **to pop
the question** an focal a rá
questionable adj amhrasach
question mark n comhartha m4
ceiste
questionnaire n ceistiúchán m1
queue n scuaine f4, ciú m4 ♦ vi
(also: ~ **up**) téigh i scuaine, ciúáil
quibble vi bheith ag cailicéireacht
quick adj tapa, gasta, mear;
(intelligent) aibí ♦ n: **that cut her
to the ~** (fig) ghoill sin go dtí an
croí uirthi; **be quick!** déan deifir!;
as quick as a flash chomh gasta le
splanc
quicken vt luathaigh; **to quicken
one's step** do choiscéim a ghéarú
quickly adv go tapa, go gasta
quicksand n gaineamh m1 beo
quick-witted adj géarintinneach
quid (inf) n punt m1
quiet adj (peaceful) suaimhneach;
(silent) ciúin ♦ n suaimhneas m1;
ciúnas m1 ♦ vt, vi (US) = **quieten**;
keep quiet! bí i do thost!; **to keep
quiet about sth** rún a dhéanamh
ar rud
quieten vi (also: ~ **down**)
suaimhnigh ♦ vt tabhair chun
suaimhnis; (child) cealg
quietly adv go suaimhneach, go
ciúin
quietness n suaimhneas m1, ciúnas
m1
quilt n cuilt f2
quintuplets npl cúigear msg1 (in aon
bhreith)
quip n focal m1 grinn, ciúta m4
quirk n (oddity) aiste f4, dóigh de

do chuid féin
quit n vt fág; (smoking, grumbling)
éirigh as ♦ vi (give up, resign) éirigh
as
quite adv (rather) go maith;
(entirely) ar fad; **I don't quite
know** níl a fhios agam (go)
baileach; **I quite understand**
tuigim go maith; **quite a few of
them** cuid mhaith acu; **quite (so)!**
sin é go díreach!
quits adj: ~ **(with)** cúiteach (le);
let's call it quits abraimis go
bhfuilimid cúiteach le chéile
quiver vi crith, bheith ar crith
quiz n (game) ceistiúchán m1 ♦ vt
ceistigh
quizzical adj ceisteach
quota n cuóta m4, cion m4
quotation n athfhriotal m1, sliocht
m3; (estimate) praghas m1 luaite
quotation marks npl comharthaí
mpl4 athfhriotail
quote n sliocht m3; (estimate)
praghas m1 luaite ♦ vt luaigh;
quotes npl comharthaí mpl4
athfhriotail

R

rabbi n raibí m4
rabbit n coinín m4
rabbit hutch n cró m4 coinín
rabble (pej) n daoscarshlua m4
rabies n confadh m1
rac(c)oon n racún m1
race n (species) cine m4;
(competition, rush) rás m3 ♦ vt
(horse) rith ♦ vi (compete) rith;
(hurry) deifrigh; (engine) rásáil; **his
pulse was racing** bhí gal reatha
faoina chuisle
race car n (US) carr m1 rása
race car driver n (US) tiománaí m4
rása

racecourse n ráschúrsa m4

racehorse n capall m1 rása

racetrack n raon m1 rásaí

racial adj ciníoch

racing n rásaíocht f3

racing car n carr m1 rása

racing driver n tiománaí m4 rása

racism n ciníochas m1

racist adj ciníoch ♦ n ciníochaí m4

rack n (for guns, tools) raca m4; (also: **luggage** ~) raca bagáiste; (also: **roof** ~) raca dín; (dish rack) raca gréithre ♦ vt ciap; **to rack one's brains** do chuimhne a chíoradh; **to go to rack and ruin** imeacht chun raice

racket n (for tennis) raicéad m1; (noise) callán m1, racán m1, raic f2; (swindle) camastaíl f3

racquet n raicéad f1

racy adj anamúil; (novel, behaviour) graosta

radar n radar m1

radial adj (also: ~-ply) radúil

radiant adj dealraitheach

radiate vt, vi (heat) radaigh

radiation n radaíocht f3

radiator n radaitheoir m3

radical adj radacach

radio n raidió m4 ♦ vt craol; **on the radio** ar an raidió

radioactive adj radaighníomhach

radio station n stáisiún m1 raidió

radish n raidis f2

radius n ga m4; (range) raon m1

raffle n crannchur m1

raft n (craft: also: **life** ~) rafta m4

rafter n rachta m4

rag n gíobal m1, ceirt f2; (pej: newspaper) liarlóg f2; (student rag) cifleog f2 mac léinn; **to be in rags** bheith sna bratóga

rag doll n bábóg f2 éadaigh

rage n cuthach m1, fraoch m1 ♦ vi: **to** ~ (person) bheith ar buile or ar mire; (storm) bheith ina ghála or

ina stoirm; **it's all the rage** tá sé an-fhaiseanta, tá sé go mór san fhaisean

ragged adj (edge) spiacánach; (clothes) bratógach, gioblach; (appearance) sraoilleach, gioblach

raid n (attack, also MIL, POLICE) ruathar m1, ionsaí m; (criminal) ruaig f2 chreiche ♦ vt déan ruathar ar

rail n ráille m4, slat f2; **rails** npl (track) ráillí mpl4; **by rail** leis or ar an traein

railing(s) n(pl) ráillí mpl4

railroad (US), **railway** (BRIT) n (track) iarnród m1, bóthar m1 iarainn

railway line (BRIT) n iarnród m1, bóthar m1 iarainn

railwayman n oibrí m4 iarnróid

railway station (BRIT) n stáisiún m1 traenach

rain n fearthainn f2, báisteach f2 ♦ vi: **to** ~ bheith ag cur fearthainne or báistí, bheith ag báisteach; **in the rain** faoin bhfearthainn, san fhearthainn; **it's raining** tá sé ag cur fearthainne or báistí, tá sé ag báisteach

rainbow n bogha m4 báistí, tuar m1 ceatha

raincoat n cóta m4 báistí

raindrop n deoir f2 fhearthainne

rainfall n báisteach f2; (measurement) fliuchras m1

rainforest n foraois f2 bháistí

rainy adj báistiúil, fliuch

raise n ardú m4 ♦ vt (lift) ardaigh, tóg; (increase) méadaigh; (morale, standards) ardaigh; (question, doubt) tarraing anuas; (cattle, family) tóg; (crop) saothraigh; (army, funds, loan) bailigh, cruinnigh; **to raise one's voice** do ghlór a ardú

raisin n rísín m4

rake n (tool) ráca m4 ♦ vt (garden, leaves) rácáil; (with machine gun) déan scuablámhach ar, criathraigh

rally n (AUT) railí m4; (POL etc) slógadh m1, cruinniú m; (TENNIS) railí m4 ♦ vt (support) cruinnigh ♦ vi (sick person) tar chugat féin; (St Ex) tar aniar ► **rally round** vt fus cruinnigh thart ar

RAM n abbr (COMPUT) (= random access memory) cuimhne f4 randamrochtana

ram n reithe m4 ♦ vt pulc; (crash into) tuairteáil, sáinnigh

ramble n spaisteoireacht f3 ♦ vi: to ~ (walk) spaisteoireacht a dhéanamh; (talk: also: ~ on) bheith ag rámhaille

rambler n fánaí m4, cóstóir m3; (BOT) planda m4 dreaptha

rambling adj (speech) scaipthe; (BOT) dreaptha

ramp n (incline) fánán m1; on/off ramp (AUT) sliosbhóthar m1 isteach/amach

rampage n: they went on the ~ rinne siad scrios agus slad

rampant adj (disease etc) rábach, forleathan

rampart n fánach, corr; (TECH) randamach ♦ n: at ~ go fánach; (TECH) go randamach

ramshackle adj raiceáilte; **ramshackle house** raingléis tí

ranch n rainse m4

rancid adj bréan, lofa

rancour, (US) **rancor** n mioscais f2, faltanas m1

random adj fánach, corr; (TECH) randamach ♦ n: at ~ go fánach; (TECH) go randamach

random access n (COMPUT) randamrochtain f3

randy (inf) adj drúisiúil, macnasach, adharcach

range n (of mountains) sliabhraon m1; (of missile, voice) raon m1; (of products) réimse m4; (MIL: also: shooting ~) raon lámhaigh; (also: kitchen ~) sorn m4 ♦ vt (place in a line) rangaigh ♦ vi: to ~ over (extend) síneadh (thar); to range

from ... to bheith sa réimse ó ... go

ranger n maor m1 páirce

rank n céimíocht f3; (MIL) rang m3; (also: taxi ~) stad m4 tacsaí ♦ vi: to ~ among bheith ar ♦ adj (stinking) bréan; **the rank and file** (fig) an gnáthbhallra

rankle vi (insult) goill ar

ransack vt ransaigh; (plunder) creach

ransom n fuascailt f2; **to hold sb to ransom** duine a chur ar fuascailt

rant vi: to ~ bheith ag callaireacht

rap vt buail smitín ar; (door) cnag ar, buail cnag ar ♦ n: **music** rapcheol m1

rape n éigniú m; (BOT) ráib f2 ♦ vt éignigh

rape(seed) oil n ola f4 ráibe

rapid adj tapa, gasta

rapids npl (GEOG) fánsruth msg3

rapist n éigneoir m3

rapport n comhthuiscint f3

rapture n néal m1 aoibhnis

rapturous adj sceitimíneach

rare adj annamh; (CULIN, steak) tearcbhruite

raring adj: she was ~ to go (inf) bhí sí ar bior le himeacht

rascal n cuilceach m1, rógaire m4

rash adj tobann ♦ n (MED) gríos m1; (spate: of events) ráig f2

rasher n slisín m4

raspberry n sú f4 craobh

raspberry bush n tor m1 sútha craobh

rat n francach m1, luch f2 or luchóg f2 mhór

rate n ráta m4; (speed) luas m1; (price) táille f4, ráta ♦ vt meas; **rates** npl (on property) rátaí mpl4, gearrthacha mpl; (fees) táillí fpl4; **to rate sb/sth as** duine/rud a áireamh mar

rateable value n luach m3

inrátaithe

ratepayer n íocóir m3 rátaí

rather adv beagán, pas (beag), rud beag; **it's rather expensive** tá sé daor go leor, tá sé cineál daor; (too much) tá sé pas daor; **there's rather a lot** tá measarthacht ann, tá cuid mhaith ann; **I would** or **I'd rather go** b'fhearr liom imeacht

rating n (assessment) meastachán m1; (score) grádú m; (NAUT, sailor) grád m1 (mairnéalaigh); (COMM) rátáil; **ratings** npl (RADIO, TV) sonraí mpl4 ráchairte

ratio n coibhneas m1

ration n ciondáil f3

rational adj réasúnach; (solution, reasoning) céillí, ciallmhar

rationale n réasúnaíocht f3

rationalize vt réasúnaigh

rat race n: **the rat race** coimhlint f2 an fhill

rattle n (of door, window) bualadh m; (of coins, chain) gliogar m1; (of train, engine) cleatar m1; (object: for baby) gligín m4 ◆ vi: **to ~** bheith ag gliogarnach; (car, bus) bheith ag bheith ag cleatráil leis ◆ vt bain gliogarnach as, (unnerve) bain croitheadh as, cuir trína chéile

rattlesnake n nathair f shligreach

raucous adj grágach; (noisy) callánach

rave vi: **to ~** bheith ag cur i dtíortha, (MED) bheith ag rámhaille, bheith as do mheabhair

rave music n rámhcheol m1

raven n fiach m1 dubh

ravenous adj craosach, amplach

ravine n cumar m1, altán m1, ailt f2

raving adj (ar) mire ◆ n rámhaille f4

ravishing adj sárálainn, sciamhach

raw adj (uncooked) amh; (not processed) amh-, bun-; (sore) dearg; (inexperienced) neamhoilte; (weather, day) feanntach

raw deal (inf) n margadh m1 éagórach

raw material n bunábhar m1, amhábhar m1

ray n ga m4; **ray of hope** léaró m4 dóchais

raze vt (also: **~ to the ground**) leag go talamh

razor n rásúr m1

razor blade n lann f2 rásúir

re prep maidir le, i dtaca le, i dtaobh + gen

reach n fad m1 láimhe; (of river etc) réimse m4 ◆ vt sroich, bain amach; (conclusion, decision) tar ar ◆ vi sín; **out of his reach** as a aice; **within his reach** faoi fhad láimhe de; **within reach of the shops** i gcóngar na siopaí, faoi fhad siúil de na siopaí ▸ **reach out** vt, vi sín amach

react vi freagair

reaction n freagairt f3; (PHYSICS etc) imoibriú m

reactor n freasaitheoir m3

read vi léigh ◆ vt léigh; (understand) tuig (as); (study) déan staidéar ar ▸ **read out** vt léigh os ard or amach

readable adj soléite, inléite

reader n léitheoir m3

readily adv go toilteanach, go réidh; (easily) gan stró, go furasta, go héasca, go sásta

readiness n réidhe f4; **in readiness** (prepared) ullamh, réidh

reading n léamh m1; (understanding) tuiscint f3

readout (COMPUT) n léámh m1

ready adj réidh; (willing) toilteanach; (available) éasca, ar fáil ◆ n: (at ~) (MIL) ar tinneall; **get ready** ullmhaigh ◆ vt ullmhaigh

ready-made adj réamhdhéanta; (convenient) áisiúil

ready money n airgead m1 réidh

ready-to-wear adj réidh le caitheamh

real adj fíor, ceart; (COMM) nithiúil; **in real terms** i dtéarmaí réadacha

real estate n eastát m1 réadach

realistic adj réadúil

reality n réaltacht f3; **in reality** dáiríre, i ndáiríre

realization n (awareness) tuiscint f3; (fulfilment, also: of asset) réadú m

realize vt (understand) tuig, aithin; (a project, COMM, asset) réadaigh

really adv go fírinneach, dáiríre, i ndáiríre; (very) an-; **really sad** an-bhrónach; **really?** dáiríre?, i ndáiríre?

realm n ríocht f3; (fig) cúrsaí mpl4

realtor ® (US) n gníomhaire m4 eastáit

reap vt bain, buain

reappear vi nocht arís

rear adj cúil n gen, deiridh n gen; (AUT, wheel etc) deiridh ◆ n cúl m1 ◆ vt (cattle, family) tóg ◆ vi (also: ~ up: animal) éirigh ar na cosa deiridh

rearguard n (MIL) cúlgharda m4

rear-view mirror n (AUT) scáthán m1 cúlradhairc

reason n (sense) ciall f2, réasún m1; (cause) cúis f2, fáth m3, údar m1 ◆ vi: **to ~ with sb** dul chun réasúin le duine; **to have reason to think sth** cúis or ábhar a bheith agat rud a shíleadh; **it stands to reason that ...** luíonn sé le ciall go ..., tig sé le réasún go ...

reasonable adj ciallmhar, (not bad) réasúnta, measartha

reasonably adv (go) réasúnta

reasoning n réasúnaíocht f3

reassurance n sólás m1, faoiseamh m1; (factual) athdhearbhú m

reassure vt cuir ar a shuaimhneas, (factual) athdhearbhaigh

rebate n lacáiste m4

rebel n ceannairceach m1 ◆ vi téigh chun ceannairce, éirigh amach

rebellious adj ceannairceach, reibiliúnach

rebound vi (ball) athphreab, preab ar ais ◆ n athphreab f2; **to marry on the rebound** pósadh d'athléim

rebuff n gonc m1

rebuke vt aifir, ceartaigh, tabhair achasán do

rebut vt bréagnaigh

recall vt athghair, tabhair chun cuimhne; (remember) cuimhnigh ar, smaoinigh ar; (horses, book) tarraing siar ◆ n athghairm f2; (ability to remember) cuimhne f4

recant vi déan séanadh

recap, **recapitulate** vt, vi achoimrigh

recede vi (culaigh; (tide) tráigh

receipt n (for parcel etc) admháil f3; (amount received) fáltas m1; (act of receiving) glacadh m; **receipts** npl (COMM) fáltais mpl1

receive vt faigh, glac; (visitor) fáiltigh roimh

receiver n glacadóir m3

recent adj deireanach

recently adv ar na mallaibh, le déanaí, le deireanas, go deireanach

receptacle n gabhdán m1, soitheach m1

reception n (on radio) glacadh m; (welcome) fáiltiú m

reception desk n deasc f2 fáiltithe

receptionist n fáilteoir m3

recess n (in room) caibhéad m1; (secret place) prochóg f2; (POL etc, holiday) tráth m3 scoir, am m3 scoir

recession n meathlú m, cúlú m, lag m1 trá

recipe n oideas m1

recipient n faighteoir m3

recital n (of poetry etc) aithris f2, aithriseoireacht f3; (MUS) ceadal m1

recite vt (poem) aithris

reckless adj (driver etc) meargánta

reckon vt (count) áirigh, cuntais, comhairigh; (think): **I ~ that ...** ceapaim or measaim or sílim go ..., tá mé ag déanamh (amach) go ...

reckoning n áireamh m1, cuntas m1, comhaireamh m1, reicneáil f3

reclaim vt (demand back) faigh or iarr ar ais; (land: from sea) tabhair chun míntíreachais; (waste materials) athchúrsáil

recline vi luigh siar, bheith ar do leasluí

reclining adj (seat) inchlaonta

recluse n díthreabhach m1, aonaránach m1

recognition n aitheantas m1; **to gain recognition** aitheantas a fháil; **beyond recognition** as aithne

recognize vt aithin

recoil vi (person): **to ~ (from)** cúbadh (siar ó), cúlú (siar ó); **he recoiled from doing it** ní dhéanfadh sé ann féin é a dhéanamh ♦ n (of gun) speach f2

recollect vt cuimhnigh ar, smaoinigh ar, meabhraigh ar

recollection n cuimhne f4

recommend vt mol

reconcile vt (two people) déan athmhuintearas idir; (two facts) déan réiteach idir; **to reconcile o.s. to do** do thoil a chur le

recondition vt athchóirigh

reconnoitre, (US) **reconnoiter** vt (MIL) taiscéal

reconstruct vt (building) atóg, tóg arís; (crime, policy, system) athchum, cum arís

record n taifead m1; (of meeting etc) cuntas m1; (register) rolla m4; (file) cáipéis f2; (also: **criminal ~**) teist f2 choiriúil; (MUS) ceirnín m4; (SPORT) curiarracht f3 ♦ vt (set down) cláraigh, scríobh síos; (MUS,

song etc) taifead; **in record time** i gcuriarracht ama; **off the record** i modh rúin

record card n (in file) cárta m4 innéacsa

recorded delivery letter n seachadadh m taifeadta

recorder n (MUS) fliúit f2 Shasanach

record holder n (SPORT) curiarrachtaí mpl4

recording n (MUS) taifeadadh m

record player n seinnteoir m3 ceirníní

recount vt inis, aithris

re-count n (POL, of votes) athchomhaireamh m1 ♦ vt athchomhair

recoup vt: **to ~ one's losses** do chaill a chúiteamh, do bhris a thabhairt isteach

recourse n: **to have ~** dul i muinín + gen

recover vt faigh ar ais or arís ♦ vi: **to ~ (from)** (illness) biseach a fháil (ó), teacht (as), teacht chugat féin; (shock) teacht chugat féin (i ndiaidh + gen)

recovery n (retrieval) athghabháil f3; (recuperation) biseach m1; (ECON) téarnamh m1

recreation n caitheamh m1 aimsire

recreational adj pléisiúir n gen

recruit n earcach m1 ♦ vt earcaigh

rectangle n dronuilleog f2

rectangular adj dronuilleogach

rectify vt (error) ceartaigh, cuir ina cheart

rector n (REL) reachtaire m4

recuperate vi bisigh, feabhsaigh ♦ vt faigh ar ais

recur vi atarlaigh; (symptoms) fill, athfhill

recurrence n atarlú m; (of symptoms) athfhilleadh m

recurrent adj athfhillteach; **I have recurrent headaches** bíonn tinneas cinn ag ruaigeadh orm

recycle vt athchúrsáil

red n dearg m1; (POL: pej)
Cumannaí m4 ♦ adj dearg; (hair)
rua; **in the red** (account) i bhfiacha

Red Cross n an Chros f2 Dhearg

redcurrant n cuirín m4 dearg

redden vt, vi dearg

reddish adj scothdhearg; (hair)
scothrua

redeem vt (debt) fuascail; (fig, also
REL) slánaigh

redeeming adj (feature) cúiteach

redeploy vt (resources) atheagraigh,
athroinn

red-haired adj rua

red-handed adj: **I was caught**
~ rugadh maol orm

redhead n ruafholtach m1

red-hot adj dearg te

redirect vt (mail) athsheol

red light n: **red light** solas m1 dearg

redo vt déan arís, athdhéan

redress n cúiteamh m1 ♦ vt
ceartaigh, cuir ina cheart

Red Sea n: **the Red Sea** An Mhuir
f3 Rua

redskin n Indiach m1 dearg

reduce vt laghdaigh, maolaigh,
moilligh; (lower) ísligh; "**reduce
speed now**" (AUT) "go mall"

reduction n laghdú m; (discount)
lascaine f4

redundancy n iomarcaíocht f3

redundant adj (worker) iomarcach,
as obair, dífhostaithe; (detail,
object) díomhaoin, gan feidhm; **to
be made redundant** do phost a
chailleadh

reed n giolcach f2

reef n (at sea) sceir f2

reek vi: **the hall ~s of smoke** tá an
halla bréan le toit

reel n (of thread) ceirtlín m4;
(FISHING) roithleán m1, crann m1
tochrais; (CINE) ríl f2; (dance) cor

m1, ríl f2 ♦ vi: **to ~** (sway) bheith
ag stámhailleach

ref (inf) n abbr = referee

refectory n proinnteach m

refer vt: **to ~ sb to** duine a
sheoladh chuig, duine a chur faoi
bhráid + gen; (dispute, decision): **to
~ sth to** rud a chur faoi bhráid
+ gen ♦ vi: **to ~** (allude to) tagair
do, luaigh; (consult) ceadaigh le,
téigh or gabh i gcomhairle le

referee n réiteoir m3; (for job
application) teistiméir m3

reference n (remittal) tarchur m1;
(mention) tagairt f3; (for job
application: letter) teastas m1,
teistiméireacht f3; **with reference to**
(COMM, in letter) maidir le, i dtaca
le

reference book n leabhar m1
tagartha

refill vt athlíon ♦ n (for pen etc)
athlíonadh m

refine vt (sugar, oil) scag, athscag;
(taste) tabhair chun míneadais;
(theory, idea) foirfigh, tabhair chun
foirfeachta

refined adj (person, taste)
deismíneach

reflect vt (light, image) frithchaith;
(fig) cuir in iúl, léirigh ♦ vi (think)
smaoinigh (ar), meabhraigh (ar),
machnaigh (ar); **it reflects badly
on him** is olc an mhaise air é

reflection n (contemplation)
athmhachnamh m1; (image) scáil
f2; (criticism) míchlú m4; **on
reflection** ar athmhachnamh

reflex adj athfhillteach; (PHYSIOL)
frithluaileach ♦ n athfhillteadh m;
(PHYSIOL) frithluail f2

reflexive adj (LING) athfhillteach

reform n leasú m ♦ vt leasaigh

Reformation n: **the ~** an
Reifirméisean m1, an t-Athrú
Creidimh

reformatory (US) n scoil f2 cheartúcháin

refrain vi: to ~ from doing sth staonadh ó rud a dhéanamh ♦ n loinneog f2, curfá m4

refresh vt úraigh; (subj: sleep) cuir athbhrí i

refresher course n cúrsa m4 athnuachana

refreshing adj (drink) íocshláinteach; (sleep) uaimhneach, athbhríoch

refreshments npl bia m4 agus deoch f; refreshments available bia agus deoch ar fáil

refrigerator n cuisneoir m3

refuel vi athbhreoslaigh

refuge n tearmann m1, dídean f2; **to take refuge in** dul ar do chaomhnú i, dul ar tearmann i

refugee n dídeanaí m4

refund n aisíoc m3, athchistiú m ♦ vt aisíoc, athchistigh

refurbish vt athchóirigh, athdheisigh

refusal n diúltú m, eiteach m1; **to have first refusal on** an chéad eiteach or diúltú a bheith agat ar

refuse[1] n diúltaigh

refuse[2] n bruscar m1, dramhaíl f3 ♦ vt aisíoc, athchistigh

refuse collection n bailiú m bruscair

regain vt faigh ar ais, athghnóthaigh

regal adj ríoga, ríúil

regard n aird f2; (respect) meas m3, ómós m1 ♦ vt breathnaigh, amharc, féach ar; (heed) tabhair aird ar; **to give one's regards to** do dhea-mhéin a chur in iúl do; "with kindest regards" "le gach dea-mhéin", "le gach beannacht"; **give him my regards** tabhair mo bheannacht dó; **as regards, with regard to** = regarding

regarding prep maidir le, i dtaca le

regardless adv ar aon chaoi, ina ainneoin sin; **regardless of** beag beann ar, ar neamhchead do

régime n réim f2, córas m1

regiment n reisimint f2

regimental adj reisimintiúil

region n réigiún m1, ceantar m1, dúiche f4; **in the region of** (fig) timpeall + gen, thart ar, tuairim is

regional adj réigiúnach

register n clár m1, rolla m4; (also: **electoral ~**) rolla m4 toghcháin; (US: also: **cash ~**) scipéad m1; (LING) réim f2 ♦ vt cláraigh ♦ vi cláraigh; (make impression) téigh or gabh i bhfeidhm ar

registered adj (letter, parcel) cláraithe

registered trademark n trádmharc m1 cláraithe

registrar n cláraitheoir m3

registration n clárú m; (AUT: also: ~ **number**) uimhir f chláraithe

registry n clárlann f2

registry office n clárlann f2; **to get married in a registry office** pósadh i gclárlann

regret n aithreachas m1, aiféala m4 ♦ vt: **I deeply ~ it** tá aithreachas orm faoi, is oth liom é

regretfully adv ar an drochuair

regular adj rialta, féiltiúil; (usual) gnáth-; (soldier) seasta ♦ n (client etc) gnáthóir m3, gnáthchustaiméir m3

regularly adv go rialta, go tomhaiste

regulate vt rialaigh

regulation n (rule) riail f, rialachán m1; (adjustment) rialú m

rehabilitation n (of offender) athoiliúint f; (of addict) athshlánú m

rehearsal n cleachtadh m1

rehearse vt cleacht

reign n réimeas m1 ♦ vi rialaigh,

bheith i réim
reimburse vt aisíoc, cúitigh (le)
rein n (for horse) srian m1
reindeer n réinfhia m4
reinforce vt treisigh, neartaigh
reinforced concrete n coincréit f2 threisithe
reinforcements npl (MIL) trúpaí mpl4 athneartaithe
reinstate vt cuir ar ais
reject n (COMM) colfairt f2 ♦ vt cuileáil; (idea) diúltaigh do, cuir suas de
rejection n diúltú m
rejoice vi: **to ~ (at or over)** ollghairdeas a dhéanamh (faoi)
rejuvenate vt athnuaigh
relapse n (MED) athiompú m
relate vt (tell) aithris, inis; (connect) nasc, ceangail ♦ vi: **this ~s to** baineann seo le; **to relate to sb** dáimh a bheith agat le duine
related adj gaolmhar, muinteartha
relating to prep ag baint le
relation n (person) gaol m1, duine m4 muinteartha; (link) nasc m1; **public relations** caidreamh m1 poiblí
relationship n baint f2, ceangal m1; (personal ties) caidreamh m1; (also: **family ~**) gaol m1
relative n gaol m1, duine m4 muinteartha ♦ adj coibhneasta; (by comparison) réasúnta; **all her relatives** a gaolta uile, iomlán a muintire
relatively adv: **~ easy** measartha or réasúnta furasta, éasca go leor
relax vi (muscle) bog; (person: unwind) glac do shuaimhneas, lig do scíth, socraigh (síos) ♦ vt bog, scaoil; (mind, person) socraigh (síos); **the music relaxes him** cuireann an ceol ar a shuaimhneas é
relaxation n scíth f2; (of mind)

faoiseamh m1; (recreation)
caitheamh m1 aimsire
relaxed adj suaimhneach, réidh, ar do shocairshuaimhneas
relaxing adj suaimhnitheach
relay n (SPORT) sealaíocht f3 ♦ vt (message) leaschraol
release n (from prison, obligation) fuascailt f2, scaoileadh m; (of gas etc) scaoileadh; (of film etc) scaoileadh amach ♦ vt (prisoner) fuascail, scaoil or lig amach; (gas etc) scaoil; (free: from wreckage etc) saor; (TECH, catch, spring etc) scaoil; (book, film) cuir amach; (report, news) scaoil
relegate vt tabhair céim síos do, tabhair ísliú céime do; (SPORT): **they were ~d** cuireadh síos iad
relent vi maolaigh
relentless adj neamhthrócaireach; (unceasing) gan staonadh, gan stad
relevant adj (question) ag baint le hábhar, ábhartha; **relevant to** bainteach le
reliable adj (person, firm) iontaofa, muiníneach; (method, machine) buanseasmhach; (news, information) údarásach
reliably adv go húdarásach
reliance n (on person) iontaoibh f2, muinín f2; (on drugs, promises) tuilleamaí m4
relic n (REL) taisí fpl4; (of the past) iarsma m4
relief n (from pain, anxiety etc) faoiseamh m1; (help, supplies) fóirithint f2; (ART, GEOG) rilíf f2
relieve vt (pain, fear, worry) maolaigh; (patient) tabhair faoiseamh do; (bring help) fóir ar; (take over from: gen) glac áit + gen; (: guard) déan uainíocht ar; **to relieve sb of sth** rud a bhaint de dhuine; **to relieve o.s.** cnaipe a scaoileadh

religion n creideamh m1, reiligiún m1

religious adj reiligiúnda; (order) rialta; (book, person) cráifeach

relinquish vt lig uait; (plan, habit) éirigh as

relish n (CULIN) anlann m1; (enjoyment) díogras f2 ♦ vt (food etc) faigh blas ar; **to relish doing sth** rud a dhéanamh le fonn

relocate vt athaisnigh ♦ vi athlonnaigh

reluctance n drogall m1, leisce f4

reluctant adj drogallach; **to be reluctant to do sth** leisce or drogall a bheith ort rud a dhéanamh

reluctantly adv go drogallach, go leisciúil

rely on vt fus (be dependent) braith ar; (trust): **to rely on sb** muinín or iontaoibh a bheith agat as duine

remain vi fan, mair

remainder n fuílleach m1; **the remainder of her life** an chuid eile dá saol

remaining adj: **the ~ pictures** an chuid eile de na pictiúir, fuílleach na bpictiúir

remains npl fuílleach msg1; (body) corp msg1; (of animal etc) conablach m1

remand n: **on ~** ar coimeád ♦ vt: **he was ~ed** (in custody) athchuireadh faoi choimeád é

remark n focal m1; **to pass remarks on** caidéis a fháil do ♦ vt sonraigh, tabhair faoi deara; **remark on** tagair do

remarkable adj sonraíoch; (wonderful) iontach

remedial adj (tuition, classes) feabhais n gen; **remedial exercises** cleachtaí leasúcháin or feabhais

remedy n: **~ (for)** leigheas m1 (ar) ♦ vt leigheas

remember vt cuimhnigh (ar); she

remembers is cuimhin léi, tá cuimhne aici ar; (send greetings): **~ me to him** beir mo bheannacht chuige, abair leis go raibh mé ag cur a thuairisce

remembrance n cuimhneamh m1, cuimhne f4

remind vt: **to ~ sb of sth** rud a chur i gcuimhne do dhuine; **to remind sb to do sth** meabhrú do dhuine rud a dhéanamh, cur i gcuimhne do dhuine rud a dhéanamh

reminder n (souvenir) cuimhneachán m1; (letter) litir f mheabhrúcháin

reminisce vi: **to ~ (about)** athchuimhneamh (ar), meabhrú (ar)

reminiscent adj: **it was ~ of old times** chuirfeadh sé an seanam i gcuimhne do dhuine

remiss adj faillitheach, neamartach

remission n (of sins, of debt) maitheamh m1, loghadh m; (prison sentence) laghdú m

remit vt (send: money) íoc, seol

remittance n seoltán m1

remnant n fuílleach m1; (of cloth) luideog f2; **remnants** npl (COMM) fuílleach msg1

remorse n doilíos m1, aiféala m4

remorseful adj doilíosach, aiféalach

remorseless adj (fig: pitiless) gan taise

remote adj iargúlta, scoite; (person) coimhthíoch; (possibility) fánach

remote control n cianrialú m

remotely adv go hiargúlta; **remotely visible** le feiceáil i bhfad uait; **to be remotely related to sb** gaol i bhfad amach a bheith agat le duine

remould n (tyre) bonn m1 athmhúnlaithe

removable adj (detachable)

so-bhainte

removal n (taking away) baint f2
amach, tógáil f3 ar shiúl; (from
house) aistriú m; (from office:
dismissal) briseadh m; (of stain)
glanadh m; (MED) gearradh m

removal van n veain f4 aistrithe
troscáin

remove vt bain amach, tóg amach;
(employee) bris; (stain) glan; (abuse,
doubt) cealaigh

render vt: **to ~ a service to** gar a
dhéanamh do; **to render thanks to**
buíochas a ghabháil le; **to render
harmless** an dochar or ghoimh a
bhaint as; **to render sth useless**
rud a chur ó mhaith

rendering n (MUS etc) seinm f3

rendezvous n coinne f4

renew vt athnuaigh; (negotiations)
atosaigh

renewable adj (energy) in-athnuaite

renewal n athnuachan f3; (of
acquaintance) athaithne f4

renounce vt diúltaigh do, séan

renovate vt athchóirigh

renown n clú m4, cáil f2

renowned adj clúiteach, cáiliúil

rent n cíos m3 ♦ vt (landlord) lig ar
cíos; (tenant) tóg or faigh ar cíos

rental n cíos m3

rep n abbr = **representative**

repair n deisiú m, cóiriú m ♦ vt
deisigh, cóirigh; **it's in good/bad
repair** tá cóir mhaith ar, tá
droch-chóir ar

repair kit n fearas m1 deisiúcháin

repatriate vt aisdúichigh, cuir ar ais
chun a thíre féin

repay vt (money, creditor) aisíoc, íoc
ar ais; (sb's efforts) cúitigh

repayment n aisíoc m3,
aisíocaíocht f3

repeal n (of law) aisghairm f2 ♦ vt
(law) aisghair

repeat n (RADIO, TV) athchraoladh m

♦ vt abair arís; (RADIO, TV) athchraol;
(COMM, order): **the order** tabhair
an t-ordú céanna arís; (SCOL, a
class) athdhéan ♦ vi (food) brúcht
aníos

repeatedly adv arís agus arís eile

repel vt ruaig, cuir ruaig ar

repellent adj éarthach ♦ n: **insect
~** éarthach m1 feithidí

repent vi: **~ (of)** déan aithrí (i)

repentance n aithreachas m1, aithrí
f4

repertoire n (also: **~ theatre**) stór
m1

repetition n (of words) athrá m4;
(MUS, of action) athdhéanamh m

repetitive adj (movement, work)
timthriallach; (speech) athráiteach

replace vt (put back) cuir or fág ar
ais; (take the place of) glac áit
+ gen, ionad + gen

replacement n (substitution)
malartú m; (person) ionadaí m4,
ionadaíocht f3

replay n (of match) athimirt f3; (of
tape) athsheinm m3

replenish vt (glass) athlíon, líon
arís; (stock etc) athsholáthair

replica n macasamhail f3

reply n freagra m4 ♦ vi, vt freagair

reply coupon n cúpón m1
freagartha

report n tuarascáil f3; (PRESS etc)
tuairisc f2; (also: **school ~**) tuairisc
f2 scoile; (of gun) bloic m1 ♦ vt
tuairiscigh; (bring to notice:
occurrence) cuir in iúl ♦ vi (make a
report) tabhair tuairisc, scríobh
tuairisc; (present o.s.): **to ~** (to sb)
dul i láthair (+ gen); (be responsible
to): **to ~ to sb** bheith faoi
cheannas + gen, bheith freagrach
do

report card n tuairisc f2 scoile

reportedly adv: **she is ~ living in ...**
tá sé amuigh uirthi go bhfuil sí

ina chónaí i ..., tá sí in ainm is a
bheith ina cónaí i ...; he
reportedly told them to ... táthar
á rá go ndúirt sé leo ..., d'inis sé
dóibh más fíor ...
reporter n tuairisceoir m3
repose n scíth f2
represent vt seas do; (as proxy)
déan ionadaíocht ar son + gen;
(view, belief) léirigh; (describe): **to
~ sth** as rud a chur i láthair mar
representation n samhail f3; (POL)
ionadaíocht f3; **proportional
representation** ionadaíocht
chionmhar
representative n ionadaí m4
repress vt clúdigh; (feelings) cuir
srian le, cuir cluain ar
repression n smachtú m; (political)
géarleanúint f3, cos f2 ar bolg
reprieve n (LAW) spásas m1; (fig)
faoiseamh m1
reprisals npl díoltas msg1
reproach vt: **to ~ sb with** sth rud a
chasadh le duine, rud a chur i
leith duine
reproachful adj cáinteach,
milleánach
reproduce vi, vt atáirg
reproduction n atáirgeadh m
reproof n cáineadh m, lochtú m
reptile n péist f2, reiptíl f2
republic n poblacht f3; **the
Republic (of Ireland)** Poblacht na
hÉireann
republican adj, n poblachtach m1
repudiate vt séan
repulsive adj samhnasach,
déistineach
reputable adj creidiúnach;
(occupation) measúil
reputation n clú m4, cáil f2
reputed adj: **he is ~ to be rich** tá
clú an tsaibhris or an airgid air
reputedly adv de réir tuairisce, más
fíor

request n iarratas m1; (formal)
éileamh m1 ♦ vt: **~ (of or from)** iarr
ar
require vt (need): **she ~s more
money** teastaíonn breis airgid
uaithi, tá tuilleadh airgid de dhíth
or de dhíobháil uirthi; **the case
requires urgent attention** ní foláir
cúram práinneach a dhéanamh
den chás; (want): **what do you ~?**
cad é atá uait?, cad é atá de dhíth
ort?; (order): **to ~ sb to do sth/sth
of sb** rud a éileamh ar dhuine
requirement n iarratas m1;
(necessity) riachtanas m1;
(condition) coinníoll m1
requisite n riachtanas m1 ♦ adj
oiriúnach, riachtanach; **toilet
requisites** cóir fsg3 ionnalta
requisition n foréileamh m1 ♦ vt
(MIL) foréiligh
rescue n tarrtháil f3, tarrtháil f3 ♦ vt
sábháil, tarrtháil, tabhair tarrtháil
ar
rescue party n lucht m3 tarrthála
rescuer n tarrthálaí m4
research n taighde m4 ♦ vt taighd,
déan taighde (ar)
resemblance n cosúlacht f3,
dealramh m1
resemble vt: **to ~** cosúlacht or
dealramh a bheith agat le
resent vt: **he ~s** ... cuireann ... olc
air, is fuath leis ..., is beag air ...
resentful adj doicheallach
resentment n doicheall m1,
faltanas m1
reservation n (booking) áirithint f2;
(doubt) agús m1; (for tribe)
tearmann m1; **to make a
reservation** seomra/tábla/suíochán
etc a chur in áirithe
reserve n (COMM) cúlchiste m4;
(SPORT) fear m1 ionaid, ionadaí m4;
(personality) dúnáras f3 ♦ vt taisc,
cuir i dtaisce; (seats etc) cuir in

áirithe; **reserves** npl (MIL) cúltaca msg4; **in reserve** i dtaisce

reserved adj (seats etc) in áirithe; (personality) dúnárasach; **all rights reserved** gach ceart a cosaint

reshuffle n athshuaitheadh m, atheagar m1

residence n cónaí m, áit f2 chónaithe, teach m cónaithe

residence permit n cead m3 cónaithe

resident n cónaitheoir m3 ♦ adj cónaitheach

residential adj (area) cónaithe; (course) inchónaitheach

residential school n scoil f2 chónaithe

residue n fuílleach m1; (CHEM etc) iarmhar m

resign vt, vi éirigh as; **to resign o.s. to sth** do thoil a chur le rud

resignation n (of post) éirí m4 as; (state of mind) géilliúlacht f3

resigned adj fulangach

resilient adj (material) buanfasach, acmhainneach; (person): **she proved to be ~** léiríodh go raibh teacht aniar inti

resist vt (oppose) cuir i gcoinne + gen; (abstain from) diúltaigh do, cuir suas de

resistance n (gen) frithbheart m1; (ELEC etc) friotaíocht f3

resolution n (of problem) fuascailt f2, réiteach m1; (at meeting) rún m1; (determination) diongbháilteacht f3

resolve n diongbháilteacht f3 ♦ vt (problem) réitigh ♦ vi: **to ~ to do sth** cinneadh ar rud a dhéanamh, socrú rud a dhéanamh

resort n (town) ionad m1 saoire; (recourse) seift f2 ♦ vi: **to ~ to** dul i muinín + gen; **in the last resort** cheal aon roghа eile, gan an dara suí sa bhuaile; **do it only as a last**

resort ná déan é go sáróidh ort

resound vi athfhuaimnigh; **the square was resounding with the music** bhí macalla á bhaint as an tsráid leis an gceol

resounding adj (victory) caoch, iomráiteach; (noise) athshondach

resource n seift f2; **resources** npl (supplies, wealth etc) acmhainn fsg2

resourceful adj (person) seiftiúil

respect n meas m3, urraim f2 ♦ vt: **to ~ sb** meas a bheith agat ar dhuine; **respects** npl (compliments) dea-mhéin f2; **with respect to** (as regards) maidir le, dóigh le; **in this respect** maidir le seo, ar an gcuma seo; **with respect (to you)** i gcead duit

respectable adj measúil, fiúntach

respectful adj urramach, ómósach

respite n (reprieve) cairde m4; (break) sos m3, briseadh m

resplendent adj lonrach, dealraitheach

respond vi freagair, tabhair freagra ar

response n freagra m4; (reaction) freagairt f3

responsibility n freagracht f3, cúram m1

responsible adj (liable) freagrach; (person) stuama; (job) le freagrachtaí; **responsible (for)** freagrach as

responsive adj freagrach; (person) mothálach

rest n scíth f2; (stop) stad m4; (MUS) sos m3; (support) taca m4; (remainder): **the ~** an fuílleach m1, an chuid f3 eile ♦ vi déan do scíth; (be supported): **to ~ on** luí ar; (remain) fan ♦ vt (lean): **to ~ sth on/against** rud a chur ina luí ar/i gcoinne + gen ar in éadan + gen; **the rest of them** an chuid eile acu; **it rests with him to ...** is faoi atá sé ...

restaurant n bialann f2, proinnteach m

restaurant car n carráiste m4 bialainne

restful adj suaimhneach

restive adj corrthónach; (horse) dodach, giongach

restless adj corrthónach, míshuaimhneach

restoration n athchóiriú m; (money etc) aiseag m1; (POL) athbhunú m

restore vt (building) athchóirigh; (sth stolen, health) aisig; (peace) athbhunaigh

restrain vt srian, cuir srian ar; (person): **to ~ sb (from)** duine a chosc (ó); **to restrain o.s. from laughing** rún a dhéanamh ar na gáirí

restrained adj (style) srianta

restraint n (restriction) srian m1; (moderation) measarthacht f3

restrict vt cúngaigh, teorannaigh

restriction n srian m1, cúngú m, crapall m1

rest room n (US) leithreas m1

result n toradh m1 ♦ vi: **it ~ed in an agreement** tháinig comhaontú de or as; **as a result of** mar gheall ar, de thoradh +gen

resume vt, vi tosaigh arís, atosaigh, téigh i gceann + gen arís

résumé n achoimre f4; (US) curriculum m vitae

resumption n atosú m

resurgence n (of energy, activity) aiséirí m4

resurrection n aiséirí m4

resuscitate vt (MED) athbheoigh

retail n miondíol m3 ♦ adj miondíola n gen

retailer n miondíoltóir m3

retail price n luach m3 miondíola

retain vt (keep) coinnigh, coimeád

retainer n (fee) táille f4 áirithíochta

retaliate vi: **to ~ (against)** sásamh or díoltas a bhaint (as)

retaliation n díoltas m1

retarded adj mallintinneach

retch vi: **to ~** tarraingt orla a bheith ort

retentive adj coinneálach

retina n reitine f4

retire vi (give up work) éirigh as; (withdraw) tarraing siar, fág, imigh; (go to bed) téigh or gabh a luí

retired adj (person) scortha, ath-, ar pinsean

retirement n scor m1

retiring adj (shy) cúthail, faiteach; (leaving): **the ~ treasurer** an cisteoir atá ag éirí as

retort n aisfhreagra m4 ♦ vi aisfhreagair

retrace vt: **to ~ one's steps** filleadh ar do choiscéim, dul siar ar do choiscéim

retract vt (statement) aistarraing; (undercarriage, aerial) tarraing isteach

retrain vt (worker) athoil

retread n (tyre) bonn m1 athmhúnlaithe

retreat n cúlú m; (REL) cúrsa m4 spioradálta; (hideaway) díseart m1 ♦ vi cúlaigh, tarraing siar

retribution n cúiteamh m1, díoltas m1, éiric f2

retrieval n aisfháil f3; (of error, loss) leigheas m1; (COMPUT) aisghabháil f3

retrieve vt (sth lost) faigh ar ais; (situation, honour) tarrtháil; (error, loss) leigheas

retriever n gadhar m1 loirg

retrospect n: **in ~** ag féachaint siar

retrospective adj aisbhreathnaitheach; (law) cúlghabhálach

return n (going or coming back) filleadh m; (of sth stolen etc)

aischur m1; (FIN, from land, shares)
toradh m1, fáltasm1 ♦ cpd (journey)
ar ais; (ticket) fillte ♦ vi (come back)
fill, tar ar ais ♦ vt cuir ar ais; (bring
back) tabhair ar ais; (send back) seol
ar ais; (POL, candidate) togh;
returns npl (COMM, tax etc)
tuairiscéan m1; (FIN) sochar msg1;
in return (for) mar mhalairt (ar);
by return (of post) le casadh an
phoist; many happy returns (of
the day)! go maire tú an lá!;
return match athchluiche m4

reunion n athaontú m, teacht m3 le
chéile

reunite vt athaontaigh

revamp vt athchóirigh

reveal vt (make known) foilsigh;
(display) nocht; to reveal one's
name/intentions to sb d'ainm/do
rún a ligean le duine

revealing adj suimiúil, léiritheach

revel vi: she ~s in ... is breá léi ...

revelry n ragairne m4, scléip f2

revenge n díoltas m1, éiric f2; to
take revenge on (enemy) díoltas a
imirt ar, díoltas a bhaint amach as

revenue n ioncam m1, teacht m3
isteach

reverberate vi (sound)
aisfhuaimnigh, déan macalla

reverence n urraim f2, ómós m1

Reverend adj: the ~ John Smith an
tOirmhinneach ♦ John Smith

reversal n (of opinion) malartú m
tuairime; (of order) freaschur m1;
(of direction) aisiompú m

reverse n malairt f2; (back, coin, of
paper) cúl m1; (AUT: also: ~ gear)
giar m1 cúlaithe ♦ adj (order,
direction) contrártha ♦ vt (order,
position, direction) athraigh (ar
fad); (roles) malartaigh; (decision)
freaschuir; (car) cúlaigh ♦ vi (AUT)
cúlaigh; he reversed the car into
a wall chúlaigh sé (an carr) in

éadan an bhalla

reversing lights npl (AUT) soilse
mpl1 cúlaithe

revert vi: to ~ to filleadh ar

review n iris f2; (of book, film)
léirmheas m3; (of situation, policy)
athbhreithniú m ♦ vt
athbhreithnigh; (book, film) déan
léirmheas ar

reviewer n léirmheastóir m3

revile vt: to ~ sb duine a dhíbliú,
duine a chur as a ainm

revise vt athbhreithnigh, téigh or
gabh siar ar; (manuscript)
athcheartaigh; (law) leasaigh ♦ vi
(study) athbhreithnigh

revision n athbhreithniú m; (review)
leasú m

revival n athbheochan f3; (recovery)
athbhrí f4; (of faith) athbheochan
f3

revive vt (person) athbheoigh;
(custom) athbhunaigh, tabhair ar
ais; (economy) cuir athbhrí i; (hope,
courage) múscail; (play) athléirigh
♦ vi (person) tar chugat féin; (hope
etc) múscail; (activity) tar i réim
arís

revoke vt cuir ar ceal, aisghair

revolt n ceannairc f2, éirí m4
amach ♦ vi éirigh amach ♦ vt cuir
déistin ar

revolting adj déistineach,
samhnasach

revolution n réabhlóid f2; (of wheel
etc) imrothlú m, casadh m1

revolutionary adj réabhlóideach
♦ n réabhlóidí m4

revolve vi imrothlaigh, cas (thart),
tiontaigh ♦ vt cas (thart), tiontaigh

revolver n gunnán m1

revolving adj imrothlach

revolving door n doras m1
imrothlach

revulsion n masmas m1, múisiam
m4

reward n luach m3 saothair, duais f2 ♦ vt: **to ~ sb for sth** rud a chúiteamh le duine, luach a shaothair a thabhairt do dhuine

rewarding adj (fig) sásúil

rewind vt (tape) athchas

rewire vt sreangaigh as an nua, athshreangaigh

rheumatism n daitheacha fpl2, pianta fpl2 cnámh, scoilteacha fpl2

Rhine n: **the ~** An Réin f2

rhinoceros n srónbheannach m1

Rhone n: **the ~** An Róin f2

rhubarb n biabhóg f2, rúbarb m4

rhyme n rím f2; (verse) rann f2

rhythm n rithim f2

rib n (ANAT) easna f4

ribbon n ribín m4; **in ribbons** (torn) stróicthe, stiallta

rice n rís f2

rice pudding n maróg f2 ríse

rich adj saibhir; (gift, clothes) costasach ♦ npl: **the ~** lucht m3 an airgid or an tsaibhris

riches npl saibhreas msg1, ollmhaitheas msg1

richly adv go saibhir; **he richly deserved the prize** bhí an duais tuillte go mór aige

rickets n raicíteas m1

rickety adj corraiceach

rid vt: **to ~ sb of** duine a shaoradh ó; **to get rid of sth** rud a chur díot, fáil réidh le rud

riddle n (puzzle) tomhas m1 ♦ vt criathraigh; **he was riddled with** (guilt etc) bhí sé cráite le or ag

ride n turas m1; (on horse) marcaíocht f3; (distance covered) geábh m4; (lift in car) síob f2 ♦ vi (on horse) téigh ag marcaíocht; (journey: on bicycle, motorcycle, bus) tabhair geábh ♦ vt marcaigh; **to take sb for a ride** (fig) bob a bhualadh ar dhuine, cluain a chur ar dhuine; **to ride a horse/bicycle**

capall/rothar a mharcaíocht

rider n marcach m1; (on bicycle) rothaí m4; (on motorcycle) gluaisrothaí m4

ridge n (of roof) cíor f2; (of hill) droim m3; (on object) iomaire m4

ridicule n fonóid f2, magadh m1

ridiculous adj seafóideach, amaideach, aiféiseach

riding n marcaíocht f3

riding school n scoil f2 mharcaíochta

rife adj forleathan, leitheadach; **rife with** breac le, lán le

riffraff n gramaisc f2, scroblach m1

rifle n raidhfil m4 ♦ vt creach ▶ **rifle through** vt (belongings) ransaigh; (papers) siortaigh

rifle range n raon m1 lámhaigh

rift n scoilt f2; (fig: disagreement) deighilt f2, scoilt f2

rig n (also: **oil ~**) rige m4 ♦ vt (election etc) cóirigh

rigging n (NAUT) rigín m4

right adj ceart; (true) fíor; (suitable) cuí, oiriúnach, fóirsteanach; (just) cóir; (not left) deas ♦ n (what is morally right) ceart m1; (title, claim) ceartas m1; (not left): **the ~** an taobh m1 deas ♦ adv (answer) (go) cruinn, (go) beacht; (treat) go cóir; (not on the left) ar dheis ♦ vt cuir i gceart, leigheas ♦ excl déanfaidh sin!; **to be right** (person) an ceart a bheith agat; (answer) bheith ceart; (clock) bheith beacht or ceart; **by rights** de or ó cheart; **on the right** ar dheis; **to be in the right** an ceart a bheith agat, bheith sa cheart; **right now** láithreach bonn, anois díreach; **right in the middle** i gceartlár, díreach i lár báire; **right away** láithreach, ar an toirt

right angle n (MATH) dronuillinn f2

righteous adj fíréanta; (anger) ionraice

rightful adj ceart; (*heir, claim*) dlisteanach

right-handed adj (*person*) deaslámhach, deasach

right-hand side n: **the right-hand side** taobh m1 na láimhe deise

rightly adv (*with reason*) ní gan ábhar

right of way n ceart m1 slí; (AUT) ceart m1 tosaíochta; (LAW) bealach m1 achtaithe

right-wing n: **the ~** an eite f4 dheas ♦ adj (POL): **~ politics** polaitíocht na heite deise

rigid adj dolúbtha, righin; (*principle, control*) docht

rigmarole n ráiméis f2, amaidí f4

rigorous adj dian, géar

rile vt griog

rim n fóir f, fonsa m4; (*of spectacles*) imeall m1; (*of wheel*) fleasc f2

rind n craiceann m1, crotal m1

ring n fáinne m4; (*also*: **wedding ~**) fáinne m4 pósta; (*arena, for boxing*) cró m4, fáinne m4; (*sound of bell*) cling f2 ♦ vi (*telephone, bell*) buail; (*person: by telephone*) déan glao, glaoigh; (*also*: **~ out**: *voice, words*) fuaimnigh; **my ears are ringing** tá ceol i mo chluasa ♦ vt (TEL: *also*: **~ up**) glaoigh ar; **to ring the bell** an clog a bhualadh; **to give sb a ring** (TEL) glao guthán a chur ar dhuine ▸ **ring back**, vi, vt (TEL) glaoigh ar ais ▸ **ring up** vt (TEL) glaoigh ar

ringing n (*of telephone*) bualadh m; (*in ears*) ceol m1

ringleader n ceann m1 feadhna

ringlets npl búclaí mpl4

ring road n cuarbhóthar m1

rink n (*also*: **ice ~**) rinc f2

rinse n sruthlaigh, rinseáil

riot n círíb f2; (*of flowers, colour*) scléip f2 ♦ vi tóg círíb; **to run riot** dul i bhfiáin

riotous adj (*mob, assembly*) círéibeach; (*living, behaviour*) fiáin; (*party*) callánach

rip n roiseadh m, stróiceadh m ♦ vi, vt rois, stróic

ripcord n corda m4 tarraingthe

ripe adj (*fruit*) aibí

ripen vi, vt aibigh

ripple n cuilithin m4; (*of laughter*) monabhar m1 ♦ vi bheith ag tonnaíl

rise n (*slope*) ard m1, mala f4; (*increase*) ardú m; (*number*) méadú m; (*fig*: *to power etc*) teacht m3 chun cinn, teacht i réim ♦ vi éirigh; (*prices, waters*) ardaigh; (*numbers*) méadaigh; (*also*: **~ up**: *tower, building*) téigh in airde; (*rebel*) éirigh amach; (*in rank*) faigh ardú céime; **give rise to** tionscain; **to rise to the occasion** bheith inchurtha leis an ócáid

rising adj (*increasing*: *number, prices*) ag ardú; (*sun, moon*) ag éirí; **the rising tide** an líonadh

risk n fiontar m1, baol m1, contúirt f2 ♦ vt téigh sa seans le; **at risk** i mbaol, i gcontúirt; **at one's own risk** ar do phriacal féin

risky adj contúirteach, baolach, priaclach

rissole n riosól m1

rite n deasghnáth m3; **last rites** ola agus aithrí, an ola dhéanach

ritual adj deasghnách ♦ n deasghnáth m3

rival n céile m4 iomaíochta or comhraic ♦ adj (*meeting, movement*) iomaíochta n gen, freas- ♦ vt (*match*) bheith inchurtha le

rivalry n iomaíocht f3, coimhlint f2

river n abhainn f, sruth m3 ♦ cpd (*port, family*) abhann n gen; **up/down river** síos/suas an abhainn

riverbank n bruach m1 abhann

rivet n seam m3 ♦ vt (fig): **the film was ~ing bhí an scannán an-spéisiúil go deo**

Riviera n: **the (French)** ~ Riviéara m4 (na Fraince); **the Italian Riviera** Riviéara na hIodáile

road n bealach m1, bóthar m1, slí f4; **major road** príomhbhóthar m1, bealach mór; **minor road** mionbhóthar, mionbhealach

road accident n taisme f4 or timpiste f4 bóthair

roadblock n bacainn f2 bóthair

roadhog n tiománaí m4 fiáin

road map n léarscáil f2 bhóithre

road safety n sábháilteacht f3 ar bhóithre

roadside n taobh m1 bóthair or bealaigh

roadsign n comhartha m4 bóthair or bealaigh

roadway n bealach

road works npl oibreacha fpl2 bóthair

roadworthy adj inaistir

roam vi: **to** ~ bheith ag fánaíocht or ag seachrán

roar n búir f2; (of crowd) gáir f2; (thunder) plimp f2 ♦ vi búir, déan búir, béic, lig béic as; **to roar with laughter** do sheangháire a ligean; **to do a roaring trade** trácht lasta a dhéanamh, bheith ag díol as éadan

roast n rósta m4 ♦ vt róst

roast beef n mairteoil f3 rósta

rob vt (person) robáil; (bank) robáil, creach; (fig): **to** ~ **sb of sth** rud a ghoid ó dhuine; (deprive) rud a bhaint de dhuine

robber n robálaí m4

robbery n slad m3, robáil f3

robe n (for ceremony etc) róba m4; (also: **bathrobe**) fallaing f2 fholctha; (US) pluid f2

robin n spideog f2

robust adj urrúnta; (material) acmhainneach, folláin; (appetite) groí, buanfasach

rock n (substance, boulder) carraig f2, creig f2; (US: small stone) méaróg f2; (sweet) gallán m1 milis ♦ vt (swing gently: cradle) luasc; (shake) croith ♦ vi luasc, bheith ag longadán or ag luascadh, croith; **on the rocks** (drink) le hoighear; (marriage etc) ar an dé deiridh

rock and roll n roc m4 is rothlú

rock-bottom adj (fig: prices) is ísle (amuigh)

rockery n creig-ghairdín m4

rocket n roicéad m1

rocking chair n cathaoir f luascáin

rocking horse n capall m1 luascáin

rocky adj creagach, carraigeach; (path) clochach

rod n (wooden) slat f2, maide m4; (metallic) barra m4; (TECH) slat f2; (also: **fishing** ~) slat f2 iascaireachta

rodent n creimire m4

rodeo (US) n taispeántas m1 buachaillí bó

roe n (species: also: ~ **deer**) fia m4 rua; (of fish, also: **hard roe**) eochraí f4; **soft roe** lábán m1

rogue n rógaire m4, cneámhaire m4

role n ról m1; (acting) páirt f2

roll n rolla m4; (of banknotes) burla m4; (also: **bread** ~) rollóg f2; (sound: of drums etc) tormáil f3 ♦ vt roll; (also: ~ **up**: string) tochrais; (: sleeves) corn (suas); (also: ~ **out**: pastry) leath ♦ vi roll **▶ roll in** vi (mail, cash) tar isteach go flúirseach; **the money is rolling in** tá na pinginí ar a gcorr againn **▶ roll up** vi (inf: arrive) bailigh thart ♦ vt corn

roll call n glaoch m1 rolla

roller n rollóir m3; (wheel) roithleán m4

roller coaster n cóstóir m3 roithleáin

roller skates npl scátaí mpl4 rothacha

rolling adj (landscape) droimneach

rolling pin n crann m1 fuinte

rolling stock n (RAIL) stoc m1 rollta

ROM n abbr (COMPUT) (= read only memory) cuimhne f4 léimh amháin

Roman adj Rómhánach

Roman Catholic adj, n Caitliceach m1 Rómhánach

romance n (love affair) cumann m1; (charm) draíocht f3; (novel) scéal m1 grá

Romania n An Rómáin f2

Romanian adj, n Rómánach m1; (LING) Rómáinis f2

Roman numeral n uimhir f Rómhánach

romantic adj rómánsach

Rome n An Róimh f2

romp n pléaráca m4 ♦ vi (also: ~ about) bheith ag rancás

roof n díon m1; (of mouth) carball m1, ceann m1 ♦ vt díon

roofing n díon m1

roof rack n (AUT) raca m4 dín

rook n (bird) préachán m1; (CHESS) caiseal m1

room n seomra m4; (also: bedroom) seomra m4 leapa; (space) fairsinge f4, áit f2; **rooms** npl (lodging) seomraí mpl4; **"rooms to let"** (BRIT) or **"for rent"** (US) "seomraí le ligean"; **single/double room** seomra singil/dúbailte; **there is room for improvement** d'fhéadfadh sé bheith níos fearr, d'fhéadfaí feabhas a chur air

rooming house (US) n teach m lóistín

roommate n comrádaí m4 seomra

room service n seirbhís f2 seomraí

roomy adj fairsing

roost n fara m4 ♦ vi fáir

rooster n (esp US) coileach m1

root n (BOT, MATH) fréamh f2, rúta m4; (fig: of problem) bunúdar m1, fréamh f2 ♦ vi (plant) fréamhaigh ▶ **root out** vt (eliminate) díothaigh

rope n téad f2, rópa m4 ♦ vt (tie up or together) ceangail; (area: rope off) cuir rópa ar; **to know the ropes** (fig) bheith oilte ar an gceird, bheith i do sheanlámh ar

rosary n paidrín m4, Coróin f Mhuire; **to say the rosary** an paidrín a rá

Roscommon n Ros m Comáin

rose n rós m1; (also: ~bush) rósóg f2; (on watering can) soc m1 spréite

rosé n fíon m3 bándearg

rosebud n cocán m1 róis

rosemary n rós m1 Mhuire

roster n: **duty ~** uainchlár m1

rostrum n rostram m1, ardán m1

rosy adj rósach; **a rosy future** todhchaí tarraingteach

rot n (decay) lobhadh m1, meath m3; (fig) n lobh, meath

rota n uainchlár m1, róta m4; **on a rota basis** ar bhonn róta, ar a seal

rotary adj rothlach

rotate vt (revolve) rothlaigh, cas thart or timpeall; (change round: jobs) cuir thart ♦ vi (revolve) imchas, téigh thart

rotating adj (movement) rothlach

rote n: **by ~** de ghlanmheabhair

rotten adj (decayed) lofa, morgtha; (mean) suarach; (inf: bad) droch-, gránna; **to feel rotten** (ill) bheith tinn, mothú go hainnis

rotund adj (person) corpanta

rough adj garbh; (terrain) míchothrom; (voice) garg; (person, manner: coarse) gairgeach; (plan etc) garbh; **rough guess** buille faoi thuairim ♦ n (GOLF) garbhlach m1; **to rough it** maireachtáil i ndócúl; **to sleep rough** codladh faoin spéir or faoin aer

roughage n gairbhseach f2
rough-and-ready adj garbh
rough copy, rough draft n cóip f2
gharbh
roughly adv (handle, make) go
garbh; (speak) go garg;
(approximately) timpeall, tuairim is
roulette n rúiléid f2
round adj cruinn ♦ n (duty: of
policeman, doctor etc) cuairt f2;
(game: of cards, BOXING) babhta m4;
(of talks) dreas m3; (of drinks,
sandwiches) cur m1 ♦ vt (corner)
téigh thart or timpeall ar ♦ prep
timpeall + gen, thart ar, thart faoi
♦ adv: all ~ mórthimpeall, thart
timpeall; **the long way round** ó
cheann ceann na bliana; **all the year round** ó
cheann ceann na bliana; **it's just
round the corner** (fig) tá sé in aice
láimhe; **round the clock** lá agus
oíche, ó dhubh go dubh; **to go
round to John's (house)** dul tigh
Sheáin; **go round the back (of the
house)** téigh or gabh thart ar chúl
(an tí); **to go round a house** dul
timpeall tí, dul thart ar theach;
enough to go round riar an
iomláin; **round (of ammunition)**
piléar m1; **round of applause**
bualadh bos ♦ **round off** vt (speech
etc) cuir clabhsúr ar, cuir deireadh
le ♦ **round up** vt cruinnigh, bailigh
(isteach)
roundabout n (AUT) timpeallán m1;
(: at fair) áilleagán m1 intreach
♦ adj (route, means) timpeallach; **to
take a roundabout way** cor
bealaigh a chur ort féin
rounders n cluiche m4 corr
roundly adv (fig) scun scan
round-shouldered adj
cromshlinneánach
round trip n turas m1 fillte
roundup n cruinniú m; (summary)

tuairisc f2

rouse vt (wake up) dúisigh,
múscail; (stir up) spreag, gríos
rousing adj (welcome) croiúil
rout n (MIL) maidhm f2
route n cúrsa m4, slí f4; (of bus)
bealach m1; (also: **trade ~**)
trádbhealach m1
route map n (for journey) léarscáil
f2 bhealaigh
routine adj gnáth- ♦ n (habits)
gnáthamh m1; (THEAT) gnáthpháirt
f2
rove vt (area, streets) bheith ag
fánaíocht ar fud + gen
row¹ n (line) líne f4; (KNITTING, seats)
sraith f2; (behind one another: of
cars, people) scuaine f4 ♦ vi, vt
iomair, rámhaigh; **in a row** (fig)
as a chéile, i ndiaidh a chéile
row² n (noise) racán m1, maicín m4;
(dispute) achrann m1, aighneas m1;
(scolding) íde f4 béil ♦ vi bheith ag
achrann
rowboat (US) n bád m1 iomartha or
rámhaíochta
rowdy adj callánach; (occasion)
clamprach
rowing n iomramh m1, rámhaíocht
f3
rowing boat n bád m1 iomartha or
rámhaíochta
royal adj ríoga, ríúil
Royal Air Force n an tAerfhórsa m4
Ríoga
Royal Irish Academy n Acadamh
m1 Ríoga na hÉireann
royalist n ríogaí m4 ♦ adj ríogaíoch
royalty n (royal persons) ríochas m1;
(payment) dleacht f3
RTE n abbr = Raidió Teilifís Éireann
rub vt cuimil ♦ n (with cloth)
cuimilt f2; **to give sth a rub** rud a
chuimilt; **to rub sb up** (BRIT) or **to
rub sb** (US) **the wrong way** teacht
in aghaidh an tsnáithe ar dhuine,

teacht ar an taobh contráilte do
dhuine ▸ **rub off (on)** *vi* téigh i
bhfeidhm (ar) ▸ **rub out** *vt* scrios
(amach)
rubber *n* rubar *m1*; (*eraser*) scriosán
m1
rubber band *n* banda *m4* rubair
rubber plant *n* planda *m4* rubair
rubbish *n* (*from household*) bruscar
m1; (*fig: pej*) truflais
f2; (: *nonsense*) seafóid *f2*, ráiméis
f2
rubbish bin *n* bosca *m4* bruscair
rubbish dump *n* láithreán *m1*
bruscair
rubble *n* brablach *m1*; (*smaller*)
spallaí *mpl4*
ruby *n* rúibín *m4*
rucksack *n* mála *m4* droma
rudder *n* stiúir *f*
ruddy *adj* (*face*) luisniúil; (*inf:
damned*) mallaithe
rude *adj* (*impolite*) mímhúinte,
dímhúinte, drochbhéasach;
(*coarse*) borb, graosta; (*shocking*)
míchuibheasach
ruffian *n* bithiúnach *m1*, maistín
m4
ruffle *vt* (*hair*) cuir in aimhréidh;
(*fig: person*): **to ~ sb** duine a chur
thar a shnáithe
rug *n* ruga *m4*, brat *m1*; (*blanket*)
súsa *m4*
rugby *n* (*also:* **~ football**) rugbaí *m4*
rugged *adj* (*landscape*) garbh;
(*features*) graifleach; (*character*)
borb
ruin *n* scrios *m*, díothú *m* ◆ *vt*
(*spoil, clothes*) scrios; (*event*) mill;
ruins *npl* (*of building*) ballóg *fsg2*,
fothrach *msg1*
rule *n* riail *f*; (*government*) ceannas
m1 ◆ *vt* (*country*) rialaigh; (*person*):
to ~ smacht a bheith agat ar ◆ *vi*
bheith i gceannas ar, rialaigh; **as a
rule** de ghnáth ▸ **rule out** *vt* cuir as

an áireamh
ruled *adj* (*paper*) línithe, líneach
ruler *n* (*sovereign*) rialtóir *m3*; (*for
measuring*) rialóir *m3*
ruling *adj* (*party*) i réim, i gceannas
◆ *n* (*LAW*) rialú *m*; **the ruling class**
an lucht ceannais
rum *n* rum *m4*
Rumania *n* = **Romania**
rumble *vi* bheith ag tormáil, bheith
ag déanamh tormáin; (*stomach*)
bheith ag geonaíl
rummage *vi*: **to ~** bheith ag
póirseáil
rumour (*US*) **rumor** *n* ráfla *m4*,
luaidreán *m1* ◆ *vt*: **it is ~ed that** ...
tá sé ina ráfla go ..., táthar ag rá
go ...
rump *n* (*of animal*) geadán *m1*; (*inf:
of person*) prompa *m4*
rump steak *n* stéig *f2* gheadáin
rumpus (*inf*) *n* racán *m1*, maicín
m4, sclúchas *m1*
run *n* (*fast pace*) rás *m3*; (*outing*)
turas *m1*; (*distance travelled*) geábh
m3; (*THEAT, series*) sraith *f2*; (*SKI*)
fána *f4*; (*CRICKET, BASEBALL*) rúid *f2*;
(*in tights, stockings*) roiseadh *m* ◆ *vt*
(*operate: business*)
reáchtáil; (: *competition, course*)
eagraigh; (: *hotel, house*) coinnigh;
(*race*) rith; (*to pass: hand, finger*)
cuimil; (*PRESS, feature*) foilsigh ◆ *vi*
rith; (*flee*) teith; (*work: machine,
factory*) oibrigh; (*bus, train*) bheith
i seirbhís; (*continue: play*) bheith
ar obair ar an siúl; (*flow: nose*) sil;
(*river*) snigh; (*colours, washing*)
rith; (*in election*) téigh sa ngabh san
iomaíocht; **to go for a run** dul
amach ag rith; **there was a run
on** ... (*meat, tickets*) bhí ráchairt
ar ...; **on the run** ar do sheachaint,
ar díth; **I'll run you to the station**
tabharfaidh mé síob chun an
stáisiúin duit, caithfidh mé fágfaidh

mé ag an stáisiún thú; **to run a
risk** dul sa seans ▸ **run about** vi
(children) rith thart ▸ **run across** vt
fus (find) tar ar ▸ **run around** vi
= **run about** ▸ **run down** vt
(production) laghdaigh de réir a
chéile; (factory) scoir de réir a
chéile; (AUT) leag; (criticize) cáin; **to
be run down** (tired) bheith in ísle
brí ▸ **run in** vt (car) rith isteach
▸ **run into** vt fus (meet: person)
buail le, cas le; (: trouble) téigh i;
(collide with) buail in éadan + gen
▸ **run off** vi teith ◆ vt (water)
taom; (copies) déan ▸ **run out** vi
(person) rith amach; (liquid) doirt;
the lease has run out tá an léas
caite ▸ **run out of** vt fus: **she ran
out of money** ní raibh airgead ar
bith fágtha aici, rith sí as airgead
▸ **run over** vt (AUT) téigh sa
mhullach ar ◆ vt fus (revise)
athbhreithnigh ▸ **run through** vt
fus (recapitulate) athchoimrigh;
(play) tabhair spléachadh ar ▸ **run
up** vt: **to ~ up against difficulties**
dul in abar; **to run up a debt** dul i
bhfiacha

runaway adj, n teifeach m1
rung n (of ladder) runga m4
runner n (in race: person) reathaí
m4; (on sledge, for drawer etc)
sleamhnán m1
runner bean n pónaire f4 reatha
runner-up n: **the ~ was** ... an dara
háit, bhí ...
running n rith m3; (of business,
organization) reáchtáil f3 ◆ adj
(water) reatha; **to be in/out of the
running for sth** bheith san/as an
iomaíocht faoi choinne + gen; **6
days running** 6 lá as a chéile, sé lá
druidte
running commentary n
tráchtaireacht f3 reatha
running costs npl costais mpl1

reatha
runny adj silteach
run-of-the-mill adj gnáth-
runt n cnádaí m4
run-up n: **in the run up to** i
mbéal + gen, ag tarraingt ar
runway n (AVIAT) rúidbhealach m1
rupee n rúipí m4
rupture n (MED) maidhm f2 sheicne
rural adj tuathúil; (house,
community etc) tuaithe n gen
rush n (hurry) deifir f2, deabhadh
m1; (of crowd) rúid f2, brútam m1;
(COMM, sudden demand) broid f2;
(of air) siorradh m1; (of emotion)
racht m3; (BOT) feag f3 ◆ vt (hurry)
brostaigh, cuir dlús le ◆ vi deifrigh,
brostaigh
rush hour n broidtráth m3
rusk n rosca m4
Russia n An Rúis f2
Russian adj, n Rúiseach m1; (LING)
Rúisis f2
rust n meirg f2 ◆ vi meirgigh
rustic adj tuathúil, tuaithe n gen
rustle vi bheith ag siosarnach ◆ vt
(paper) bain siosarnach as; (cattle)
goid
rustproof adj meirgdhíonach
rusty adj meirgeach; **it's rusty** tá
meirg air
ruthless adj neamhthrócaireach
rye n seagal m1

S

Sabbath n sabóid f2
sabbatical adj sabóideach
sabotage n sabaitéireacht f3 ◆ vt
déan sabaitéireacht ar
saccharin(e) n siúicrín m4
sachet n saicín m4

sack n (bag) sac m1, mála m4 ♦ vt (dismiss) bris, sacáil, tabhair an bóthar do; (plunder) creach

sacking n (material) stuáil f3; (dismissal) briseadh m, sacáil m

sacrament n sacraimint f2

sacred adj beannaithe, naofa

sacrifice n íobairt f3 ♦ vt íobair

sad adj brónach; **to be sad** brón a bheith ort, bheith brónach

saddle n diallait f2 ♦ vt (horse) cuir diallait ar; **to saddle sb with** cur rud a chur ina ualach ar dhuine

saddlebag n mála m4 diallaite

sadistic adj sádach

sadly adv go brónach; (unfortunately) ar an drochuair

sadness n brón m1

safe adj (unharmed) slán, sábháilte; (cautious) cúramach; (sure: bet etc) cinnte ♦ n taisceadán m1; **safe from** slán ó; **safe journey!** go dté tú slán!; **safe and sound** slán sábháilte; **(just) to be on the safe side** ar eagla na heagla

safe-conduct n pas m4 coimirce

safe-deposit n taisceadán m1

safeguard n cosaint f3 ♦ vt cosain, coinnigh slán

safekeeping n coimeád m1; **to put sth in safekeeping** rud a chur i gcoimeád; **it is in safekeeping** tá sé ar lámh shábhála

safely adv (arrive) slán; (drive) go cúramach; **I can safely say that ...** féadaim a rá go cinnte go ...

safe sex n gnéas m1 gan chontúirt

safety n sábháilteacht f3

safety belt n crios m3 sábhála

safety pin n biorán m1 dúnta

safety valve n comhla f4 sceite

sag vi tabhair uaidh; (hem) tit; **the wall sagged** thug an balla uaidh

sage n (herb) sáiste m4; (person) saoi m4, fáidh m4

Sagittarius n An Saighdeoir m3

Sahara n: **the ~ (Desert)** An Sahára m4

sail n (on boat) seol m1; (trip): **to go for a ~** dul ag seoltóireacht ♦ vt, vi (boat) seol; (set off) dul chun farraige; **they sailed into Belfast** sheol siad isteach go Béal Feirste

sailboat (US) n bád m1 seoil

sailing n (SPORT) seoltóireacht f3; **to go sailing** dul ag seoltóireacht

sailing boat n bád m1 seoil

sailing ship n long f2 seoil

sailor n mairnéalach m1

saint n naomh m1; **Saint Patrick** Naomh Pádraig

sake n: **for the ~ of** ar son + gen, mar mhaithe le

salad n sailéad m1

salad bowl n mias f2 sailéid

salad cream n uachtar m1 sailéid

salad dressing n anlann m1 sailéid

salary n tuarastal m1

sale n díol m3, díolachán m1; (at reduced prices) reic m3; **"for sale"** "le díol"; **on sale** ar lascaine, ar díol

sales assistant, sales clerk (US) n freastalaí m4 siopa

salesman n fear m1 díolacháin

saleswoman n bean f díolacháin

sallow adj liathbhuí

salmon n bradán m1

saloon n (US) tábhairne m4; (BRIT: AUT) salún m1; (ship's lounge) beár m1

salt n salann m1 ♦ vt cuir salann ar

salt cellar n sáiltéar m1

saltwater adj sáile m4

salty adj goirt

salute n cúirtéis f2; (greeting) beannú m ♦ vt déan cúirtéis do, beannaigh do

salvage n (act of) tarrtháil f3; (things saved) éadáil f3 ♦ vt tarrtháil

salvation n slánú m

Salvation Army n Arm m1 an tSlánaithe

same adj céanna; ionann; (attrib): the ~ man m an fear céanna; (non attrib with copula): that is the ~ as ... is ionann sin agus ... ◆ pron: the ~ an rud céanna; to do the same déanamh amhlaidh; the same book as an leabhar céanna le; at the same time san am céanna; all or just the same mar sin féin; to do the same as sb aithris a dhéanamh ar dhuine; the same to you! gurb amhlaidh duitse!; they live in the same house tá cónaí orthu sa teach céanna

sample n sampla m4 ◆ vt (food, wine) blais

sanctimonious adj béalchráifeach

sanction n (permission) cead m3; (embargo) smachtbhanna m4 ◆ vt ceadaigh

sanctity n naofacht f3; (of life) dosháraitheacht f3

sanctuary n (REL) tearmann m1; (refuge) cúl m1 dín

sand n gaineamh m1 ◆ vt (furniture: also: ~ down) greanáil

sandal n cuarán m1

sandbox (US) n bosca m4 gainimh

sandcastle n caisleán m1 gainimh

sander n greanóir m3

sandpaper n greanpháipéar m1, páirín m4

sandpit n poll m1 gainimh

sandstone n gaineamhchloch f2

sandwich n ceapaire m4

sandy adj gainmheach; (colour) fionnrua

sane adj (person) ina chiall; (outlook) céillí

sanitary adj (system, arrangements) sláintíochta n gen; (clean) sláintiúil

sanitary towel, (US) **sanitary napkin** n tuáille m4 sláintíochta

sanitation n (in house) sláintíocht f3

sanitation department (US) n roinn f2 sláintíochta

sanity n ciall f2; (common sense) réasún m1

Santa n (also: ~ Claus) Daidí m4 na Nollag

sap n (of plants) súlach m1 ◆ vt (strength) cloígh

sapling n buinneán m1

sapphire n saifír f2

sarcasm n tarcaisne f4

sardine n sairdín m1

Sardinia n An tSairdín f2

sash n sais f2

satchel n mála m4

satellite n saitilít f2; (POL) fostát m1

satellite dish n mias f2 saitilíte

satellite television n teilifís f2 saitilíte

satin n sról m1 ◆ adj sróil n gen

satire n aoir f2

satisfaction n (gratification, revenge) sásamh m1; (happiness) sástacht f3

satisfactory adj sásúil

satisfy vt sásaigh; (convince) cinntigh do

satisfying adj sásúil

Saturday n (An) Satharn m1; on Saturday Dé Sathairn; he comes on Saturdays tagann sé ar an Satharn

sauce n anlann m1

saucepan n sáspan m1

saucer n fochupán m1

saucy adj soibealta

Saudi n (also: ~ Arabia) An Araib f2 Shádach; (also: ~ Arabian) ◆ adj, n Arabach m1 Sádach

sauna n galfholcadán m1; (bath) galfholcadh m

saunter vi: to ~ along bheith ag spaisteoireacht

sausage n ispín m4

sausage roll n rollóg f2 ispíní

savage adj fiáin; (cruel, fierce) barbartha ♦ n brúid f2

save vt (person, belongings, also COMPUT) sábháil; (money) coigil; (time) spáráil; (SPORT) stop; (avoid: trouble) seachain ♦ vi (also: ~ up) carn ♦ n (SPORT) sábháil f3 ♦ prep (except for) seachas

saving n sábháil f3 ♦ adj: ~ grace tréith chúititheach; **savings** npl (money saved) airgead msg1 i dtaisce

savings account n cuntas m1 taisce

savings bank n banc m1 taisce

saviour, (US) **savior** n slánaitheoir m3

savour, (US) **savor** vt: to ~ sth rud a bhlaiseadh ina iomláine

savoury, (US) **savory** adj (dish : not sweet) neamh-mhilis

saw vt sábh ♦ n (tool) sábh m1, toireasc m1

sawdust n min f2 sáibh

sawmill n muileann m1 sábhadóireachta

sawn-off adj: ~ shotgun gránghunna gearrtha

saxophone n sacsafón m1

say n: to have one's ~ cead cainte a fháil ♦ vt abair; **to have a ~ or some say in sth** cead cainte a bheith agat i rud; **could you say that again?** abair sin arís?; **it goes without saying that ...** ní gá a rá go ...

saying n nath m3 cainte

scab n gearb f2 (pej) suarachán m1; (blackleg) neamhstailceoir m3

scabies n galar m1 an tochais

scaffold n scafall m1

scaffolding n scafall m1

scald n scalladh m ♦ vt scall

scale n scála m4; (of fish) gainne m4, lann f2 ♦ vt (mountain) dreap; (fish) lannaigh; **scales** npl (for weighing) meá fsg4; (also: **bathroom ~**) meá sheomra folctha; **on a large scale** ar an mórchóir; **scale of charges** réim f2 phraghasanna ▶ **scale down** vt laghdaigh

scallop n muirín m4; (SEWING) scolb m1

scalp n plait f2 ♦ vt craiceann an chinn a bhaint de

scamper vi: to ~ away or off sciurd, baint as

scampi npl cloicheáin mpl1 fhriochtha

scan vt mionscrúdaigh; (glance at quickly) tabhair spléachadh ar; (ELEC) scan ♦ n (MED) mionscrúdú m

scandal n scannal m1; (gossip) béadán m1

Scandinavia n Críoch f2 Lochlann

Scandinavian adj, n Lochlannach m1

scanner n (ELEC) scanóir m3

scant adj gann

scanty adj scáinte; (underwear) giortach, eisbheartach

scapegoat n ceap m1 milleáin

scar n colm m1 ♦ vt colm a fhágáil ar

scarce adj tearc; **make yourself scarce!** gread leat!

scarcely adv: he had ~ arrived ní mó ná go raibh sé ann

scarcity n ganntanas m1

scare n scanrú m ♦ vt scanraigh; **to scare sb stiff** an craiceann a bhaint as duine; **bomb scare** foláireamh m1 buama ▶ **scare off** vt cuir scaoll i

scarecrow n babhdán m1

scared adj: **I am ~ (of)** tá eagla orm (roimh)

scarf n (long) scairf f2, stoc m1

scarlet adj scarlóideach

scarlet fever n an fiabhras m1 dearg

scary (inf) adj scanrúil

scathing adj feanntach

scatter vt, vi scaip

scatterbrained adj éaganta

scavenger n (person) scroblachóir m3

scene n (of crime, accident) láthair f; (sight, view, THEAT) radharc m

scenery n (THEAT) radharcra m4; (landscape) radharc m1 tíre

scenic adj álainn

scent n cumhracht f3; (track) lorg m1

sceptical, (US) **skeptical** adj amhrasach; **I am sceptical (about)** ... tá amhras orm (faoi) ..., tá mé in amhras (faoi) ...

schedule n sceideal m1 ♦ vt leag amach; **on schedule** de réir an sceidil; **at a spriocuair; to be ahead of schedule** bheith cab ar cab le

scheduled flight n eitilt f2 sceidealta

scheme n scéim f2 ♦ vi beartaigh

scheming adj slítheánta ♦ n scéiméireacht f3

scholar n scoláire m4

scholarly adj scolártha

scholarship n scoláireacht f3

school n scoil f2; (secondary school) meánscoil f2; (US: university) ollscoil f4 ♦ cpd scoile; **school uniform** culaith f2 scoile; **to go to school** dul ar scoil

schoolbag n mála m4 scoile

schoolbook n leabhar m1 scoile

schoolboy n gasúr m1 scoile

schoolchildren npl páistí mpl4 scoile

schooldays npl laethanta mpl scoile

schoolgirl n girseach f2 scoile

schooling n scolaíocht f3

schoolmaster n máistir m4 scoile

schoolmistress n máistreás f3 scoile

schoolteacher n múinteoir m3 scoile

sciatica n sciaitíce f4

science n eolaíocht f3

science fiction n ficsean m1 eolaíochta

scientific adj eolaíoch

scientist n eolaí m4

scissors npl siosúr msg1

scoff vt (inf: eat) alp ♦ vi: **to ~ (at)** (mock) fonóid a dhéanamh (faoi)

scold vt scioll

scone n toirtín m4

scoop n (gen, also PRESS) scúp m1
▸ **scoop up** vt (material) scaob; (liquid) taosc

scooter n scútar m1

scope n (capacity: of plan, undertaking) réimse m4; (: of person) acmhainn f2; **it is not within my scope** níl sé ar m'acmhainn

scorch vt (clothes) ruadhóigh; (earth, grass) dóigh

score n (SPORT, MUS, twenty) scór m1; (scratch) scríob f2, scór ♦ vt (goal) cuir báire; (credit) cuir isteach; (scratch) scríob ♦ vi (FOOTBALL) faigh cúl; (keep score) dean an scór a mharcáil; **scores of** (very many) cuid mhór + gen; **on that score** an séala sin; **to score 6 out of 10** seisiú as deichniúr a scóráil
▸ **score out** vt scrios (amach)

scoreboard n clár m1 scóir

scorn n tarcaisne f4

Scorpio n An Scairp f2

Scot n Albanach m1

Scotch n (also: ~ **whisky**) uisce m4 beatha na hAlban ♦ adj (SCOT) Albanach

scotch vt (plan) cealaigh; (rumour) bréagnaigh

scot-free adv: **to get off ~** éalaigh slán sábháilte; **he got off scot-free** thug sé a cháibín saor leis

Scotland n Albain f

Scots adj Albanach ♦ n (LING) Béarla

m4 na hAlban

Scotsman *n* Albanach *m1*

Scotswoman *n* Albanach *m1* mná

Scottish *adj* Albanach

scoundrel *n* bithiúnach *m1*

scour *vt* (*search*) cíor

scourge *n* sciúirse *m4*

scout *n* (MIL) scabhta *m4*; (*also:* **boy ~**) gasóg *f2*

scowl *vi* gruig *f2*; **to scowl (at)** cuir gruig ort féin (le)

scrabble *vi* (*also:* **~ around**: *search*) bheith ag smúrthacht; (*claw*): **to ~ (at)** crúbáil (ar) ♦ *n*: **Scrabble** ® Scrabble *m4*

scram (*inf*) *vi* teith

scramble *n* (*rush*) ruathar *m1* ♦ *vi* streachail; **to scramble out/ through** tú féin a tharraingt amach/trí; **to scramble for** coimhlint a dhéanamh ar son + *gen*

scrambled eggs *npl* uibheacha *fpl2* scrofa

scrap *n* blúire *m4*, screapall *m1*; (*of evidence*) ruainne *m4*; (*fight*) bruíon *f2*; (*also:* **~ iron**) seaniarann *m1* ♦ *vt* scartáil; (*fig*) caith i gcártaí ♦ *vi* (*fight*) troid; **scraps** *npl* (*waste*) fuílleach *msg1*

scrapbook *n* leabhar *m1* gearrthán

scrap dealer *n* mangaire *m4* dramhaíola

scrape *vt, vi* scríob, scrabh ♦ *n*: **to get into a ~** dul in abar; **to scrape through** fáil tríd ar éigean

scrap heap *n*: **on the scrap heap** (*fig*) i dtraipisí *mpl4*

scrap merchant *n* mangaire *m4* dramhaíola

scrap paper *n* seanpháipéar *m1*

scrappy *adj* scáinte

scratch *n* scríob *f2*, scríobadh *m* ♦ *vt, vi* scríob; (*itch*) tochais; **to start from scratch** tosú go húrnua; **to be up to scratch** cruthú go

maith

scrawl *vt* scrábáil

scream *n* scread *f3* ♦ *vi* scread a ligean

screech *vi* scréach ♦ *n* scréach *f2*

screen *n* (*partition*) scáthlán *m1*; (*CINE*) scáileán *m1* ♦ *vt* (*conceal*) folaigh; (*from the wind etc*) foscadh a thabhairt do; (*film*) taispeáin; (*candidates etc*) scag

screening *n* (MED) scagadh *m*

screenplay *n* script *f2*

screw *n* scriú *m4* ♦ *vt* (*also:* **~ in**) scriúáil ♦ **screw up** *vt* (*paper etc*) fáisc; **to screw up one's eyes** do chuid súl a theannadh, bheith ag gliúcaíocht

screwdriver *n* scriúire *m4*, bísire *m4*

scribble *vt, vi* scrábáil

script *n* (CINE etc) script *f2*; (*system of writing*) scríobh *m3*

Scripture *n* scrioptúr *m1*

scroll *n* scrolla *m4* ♦ *vt, vi* (COMPUT) scrollaigh

scrounge (*inf*) *vt*: **to ~ sth off** or **from sb** rud a fháil ó dhuine le súmaireacht

scrounger (*inf*) *n* súmaire *m4*

scrub *n* (*land*) scrobarnach *f2* (*choille*); (*beard*) coinleach *m1* ♦ *vt* (*floor, pots etc*) sciúr, sciomair; (*washing*) sciúrsáil; (*inf: cancel*) cuir ar ceal

scruff *n*: **by the ~ of the neck** le greim muiníl

scruffy *adj* giobach

scrum(mage) *n* (RUGBY) clibirt *f2*

scruple *n* scrupall *m1*

scrutiny *n* mionscrúdú *m*

scuff *vt* lom

scuffle *n* cambús *m1*

sculptor *n* dealbhóir *m3*

sculpture *n* dealbhóireacht *f3*

scum *n* screamh *f2*; (*pej: people*) scroblach *m1*

scurrilous *adj* (*person*) salach;

(*language*) graosta; (*defamatory*) díblí

scurry *vi* sciuird; **he scurried off** scinn sé leis

scythe *n* speal *f2*

sea *n* farraige *f4*, muir *f3*; **by sea** (*travel*) ar bhád; **on the sea** (*boat*) i bhfarraige; (*town*) cois farraige; **I'm all at sea** (*fig*) tá mearbhall orm; **out to sea** chun farraige; (*out*) at sea ar an bhfarraige

seaboard *n* cósta *m4*

seafood *n* bia *m4* farraige, bia mara

seafront *n* aghaidh *f2* na farraige

seagoing *adj*: **~ ship** long *f2* farraige móire

seagull *n* faoileán *m1*

seal *n* (*animal*: *male*) rón *m1*; (*: female*) bainireach *f2*; (*stamp*) séala *m4* ♦ *vt* druid le séala; (*envelope*) séalaigh; (*: with seal*) cuir séala ar

sea level *n* leibhéal *m1* na farraige

sea lion *n* mór-rón *m1*

seam *n* uaim *f3*; (*of coal*) síog *f2*

seaman *n* mairnéalach *m1*

seance *n* seans *m4*

seaplane *n* muireitleán *m1*

search *n* (*for person, thing, COMPUT*) cuardach *m1* ♦ *vt* cuardaigh; (*examine*) scrúdaigh, mionscrúdaigh ♦ *vi*: **~ for** lorg; **in search of** ar lorg + *gen*, sa tóir ar ♦ **search through** *vt fus* cuardaigh síos trí

searching *adj* grinn

searchlight *n* tóirsholas *m1*

search party *n* buíon *f2* tarrthála

search warrant *n* barántas *m1* cuardaigh

seashore *n* cladach *m1*

seasick *adj*: **I'm ~** tá tinneas fairrge orm

seaside *n* cois *f2* farraige

seaside resort *n* trábhaile *m4*

season *n* séasúr *m1* ♦ *vt* leasaigh; **to**

be in/out of season bheith i/as séasúr

seasonal *adj* (*work*) séasúrach

seasoned *adj* (*fig*) leasaithe

season ticket *n* ticéad *m1* séasúir

seat *n* suíochán *m1*; (*in government*: *place*) ionad *m1*; (*buttocks, trousers*) tóin *f3* ♦ *vt*: **to ~ the child** an leanbh a chur ina shuí; (*have room for*): **it ~s 100** tá áit suí ann le haghaidh céad

seat belt *n* crios *m3* tarrthála

sea water *n* sáile *m4*

seaweed *n* feamainn *f2*

seaworthiness *n* acmhainn *f2* farraige

seaworthy *adj* inseolta

sec. *abbr* = **second(s)**

secluded *adj* cúlráideach, scoite; **a secluded place** cúlráid *f2*

seclusion *n* cúlráid *f2*; **in seclusion** ar an gcúlráid, ar an uaigneas

second[^1] *vt* (*employee*) tabhair ar iasacht

second[^2] *adj* dóú, dara; **the second woman** an dóú *or* dara bean; (*date*): **the ~ of January** an dóú lá Eanáir ♦ *adv* (*in race etc*): **she came ~** fuair sí an dara háit ♦ *n* (*unit of time*) soicind *f2*; (*AUT, second gear*) an dara giar *m1*; (*COMM, imperfect*) earra *m4* den dara grád ♦ *vt* (*motion*) tacaigh le

secondary *adj* tánaisteach, fo-; (*unimportant*) ar bheagán tábhachta

secondary part *n* mionpháirt *f2*

secondary road *n* fobhóthar *m1*

secondary school *n* meánscoil *f2*

second-class *adj* den dara grád; (*pej*) beag is fiú ♦ *adv* (*travel*) den dara haicme; **I sent it second class** chuir mé stampa den dara grád uirthi

secondhand *adj* ar athláimh, athchaite, smolchaite

second hand *n* (*on clock*) snáthaid

f2 na soicindí, snáthaid bheag

secondly adv sa dara cás

secondment n iasacht f3 (oibrí)

second-rate adj den dara scoth

second thoughts npl
athchomhairle f4; **to have second
thoughts** (on sth) athchomhairle a
dhéanamh (faoi rud); **on second
thoughts** or (US) **thought** nó
b'fhéidir gurbh fhearr

secrecy n rúndacht f3

secret adj rúnda ♦ n rún m1; **in
secret** faoi rún

secretary n rúnaí m4; **Secretary of
State** (POL) Rúnaí m4 Stáit

secretive adj rúnda

sectarian adj seicteach

section n rannóg f2; (of document)
cuid f3; (cut) trasghearradh m;
(LAW) alt m1

sector n teascóg f2; (postal) rannóg
f2

secular adj saolta, tuata

secure adj (free from anxiety)
treabhar, diongbháilte; (firmly
fixed) daingean; (in safe place) slán
♦ vt (fix) feistigh; (fortify)
daingnigh; (get) faigh

security n slándáil f3; (safety)
sábháilteacht f3; (for loan) bannaí
mpl4

sedan (US) n (AUT) salún m1

sedate adj suaimhneach, státúil
♦ vt (MED) cuir faoi shuan

sedative n suanán m1

seduce vt meall

seduction n mealladh m

seductive adj mealltach; (fig: offer)
tarraingteach

see vt feic; (accompany) tionlaic ♦ vi
(understand) feic, tuig ♦ n cathaoir
f easpaig; **to see that** (ensure) a
dhéanamh cinnte go; **see you
(soon)!** feicfidh mé (roimh i
bhfad) thú! ▸ **see about** vt fus
fiosraigh de ▸ **see off** vt cuir slán

le ▸ **see through** vt (complete) cuir
i gcrích ♦ vt fus cuir i gcrích; **I saw
through him** níor chuir sé
dallamullóg orm ▸ **see to** vt fus
féach chuig

seed n síol m1; (fig) pór m1; (SPORT)
scoth f3 imreora; **he has gone to
seed** (fig) tá a rás rite

seedling n síolphlanda m4

seedy adj (shabby) ainnis

seeing conj: ~ (that) ós rud é (go)

seek vt lorg

seem vi: **he ~s big** tá cuma mhór
air; **there seems to be ...** is cosúil
go bhfuil ...; **it seems (to me)
that ...** feictear (dom) go ...

seemingly adv is cosúil

seep vi sil

seesaw n crandaí m4 bogadaí

seethe vi: **the town was seething
with people** bhí an baile beo le
daoine; **to seethe with anger**
bheith ar fiuchadh le fearg

see-through adj trédhearcach

segment n teascán m1; (of orange)
sceallán m1

segregate vt deighil

seize vt gabh; (emotion): **he was ~d
with fear** ghabh eagla é;
(opportunity) glac ▸ **seize up** vi
(TECH) stalc

seizure n (MED) taom m3; (of power)
gabháil f3

seldom adv annamh

select vt togh, roghnaigh

selection n toghadh m, roghnú m;
(of poetry etc) díolaim f3

self n: **the ~** an duine m4 féin
♦ prefix féin-

self-assured adj muiníneach

self-catering adj féinriartha

self-centred, (US) **self-centered** adj
leithleasach

self-confidence n féinmhuinín f2

self-conscious adj cotúil; **he is
self-conscious** bíonn cotadh air

self-contained adj (flat) glanscartha

self-control n féinsmacht m3

self-defence, (us) **self-defense** n féinchosaint f3; (LAW): **in self defence** chun a chosanta féin

self-discipline n féinsmacht m3

self-employed adj féinfhostaithe

self-evident adj: **it is ~ (that)** is léir (go)

self-governing adj féinrialaitheach

self-indulgent adj sáil

self-interest n féinleas m3

selfish adj leithleasach

selfishness n leithleas m3

selfless adj neamhleithleasach

self-pity n féintrua f4

self-possessed adj stuama

self-preservation n féinchaomhnú m

self-respect n meas m3; **have some self-respect** bíodh meas éigin agat ort féin

self-righteous adj ceartaiseach

self-sacrifice n féiníobairt f3

self-satisfied adj bogásach

self-service adj féinriartha

self-sufficient adj neamhspleách

self-taught adj (artist, pianist) féinmhúinte

sell vt díol ♦ vi: **they sold well** chuaigh díol maith orthu; **to sell sth at or for £10** rud a dhíol ar dheich bpunt ▸ **sell off** vt díol ▸ **sell out** vi: **to ~ out (of sth)** (use up stock) rud a ídiú; **the tickets are all sold out** tá deireadh na dticéad díolta

sell-by date n dáta m4 díola is deireanaí

seller n díoltóir m3

selling price n luach m3 díola

Sellotape ® n Sellotape m4

semblance n cosúlacht f3, amhlachas m1

semen n síol m1, seamhan m1

semester (esp US) n téarma m4, seimeastar m1

semi- prefix leath-

semicircle n leathchiorcal m1

semicolon n leathstad m4

semidetached (house) n teach m leathscoite

semifinal n cluiche m4 leathcheannais

seminar n seimineár m1

seminary n (REL) cliarscoil f2

semiskilled adj: **~ worker** oibrí m4 leathoilte

senate n seanad m1; **the Irish Senate** Seanad Éireann

senator n seanadóir m3

send vt (letter, goods) seol; ▸ **send away** vt (letter, goods) seol; (unwelcome visitor) cuir ó dhoras ▸ **send away for** vt fios a fháil faoi rud choinne + gen ▸ **send back** vt cuir ar ais ▸ **send for** vt fios cuir fios ar ▸ **send off** vt (goods) cuir chun siúil; (SPORT, player) cuir den pháirc ▸ **send out** vt (invitation, person) cuir amach; (signal) craol ▸ **send up** vt cuir suas or aníos; (parody) déan scigaithris ar

sender n seoltóir m3

send-off n: **he was given a good ~** rinneadh comóradh m maith leis

senior adj (high-ranking) sinsearach; (of higher rank): **to be ~ to sb** bheith os cionn duine ♦ n (older): **she is 15 years his ~** tá 15 bliana aici air

senior citizen n pinsinéir m3

seniority n (in service) sinsearacht f3

sensation n mothú m; (event): **it was a ~** d'éirigh thar barr leis

sensational adj (pej) gáifeach; (marvellous) ar fheabhas

sense n (meaning, wisdom) ciall f2; (feeling) céadfa m4 ♦ vt mothaigh; **it makes sense** tá ciall leis

senseless adj gan chiall; (*unconscious*) gan urlabhra
sensible adj ciallmhar, céillí
sensitive adj (*feelings*) goilliúnach; (*physical*) leochaileach
sensual adj macnasach
sensuous adj collaí, macnasach
sentence n (UNC) abairt f2; (LAW, *judgment*) breith f2; (*punishment*) pionós m1 ♦ vt daor; **to sentence sb to 5 years in prison** príosún cúig bliana a ghearradh ar dhuine; **to sentence sb to death** duine a dhaoradh chun báis
sentiment n seintimint f2; (*emotion*) maoithneachas m1; (*opinion*): **I share that ~** tá mé féin den tuairim sin
sentimental adj maoithneach
sentry n fairtheoir m3
separate adj scartha; (*room*) ar leith ♦ vt deighil; (*make a distinction between*) dealaigh idir ♦ vi scar
separately adv (*people*) ina nduine agus ina nduine; (*things*) ina gceann agus ina gceann
separation n scaradh m
September n Meán m Fómhair
septic adj (*wound*) seipteach
septic tank n dabhach f2 séarachais or mhúnlaigh
sequel n (*ill effect*) deasca m4; (*good effect*) tairbhe f4; (*of story*): **the ~** an chéad chuid f3 eile
sequence n (*order*) ord m1; (*series*) sraith f2; (*of film*) seicheamh m1
sequin n seacain f2
Serbia n An tSeirb f2
serene adj sámh
sergeant n sáirsint m4
serial n sraith leanúnach
serial number n sraithuimhir f
series n sraith f2
serious adj dáiríre; (*illness*) trom; **be serious!** stad den amaidí!
seriously adv i ndáiríre; (*hurt*) go

dona; (*ill*) go trom
sermon n seanmóir f3
serrated adj mantach, cíorach
servant n seirbhíseach m1; (*fig*) giolla m4
serve vt (*employer etc*) bheith i seirbhís ag; (*purpose*) comhlíon; (*customer*) freastail ar; (*food*) riar do; (*subj: train*) freastail ar; (*apprenticeship, prison term*) caith ♦ vi (TENNIS) tabhair; (*suffice*): **it will ~** déanfaidh sé cúis ♦ n (TENNIS) seirbhís f2; **it serves him right is** maith an airí air é, tá sé ró-mhaith aige
service n seirbhís f2 ♦ vt (*car, washing machine*) seirbhísigh; **the Services** na Fórsaí mpl4 Cosanta; **to be of service to sb** bheith fóinteach ag duine
serviceable adj fóinteach
service charge n cáin f freastail
serviceman n fear m1 Seirbhíse
service station n stáisiún m1 peitril
serviette n naipcín m4
session n seisiún m1
set n (*of tools etc*) foireann f2; (*also*: **television ~**) teilifíseán m1; (RADIO) raidió m4; (TENNIS) sraith f2; (*group of people*) baicle f4; (THEAT, *stage*) láithreán m1; (: *scenery*) radharca m4; (MATH) tacar m1; (HAIRDRESSING) feistiú m ♦ adj (*fixed*) daingean; (*ready*) réidh ♦ vt (*place*) cuir; (*fix, establish*) bunaigh; (*adjust*) cóirigh; (*decide*: *rules etc*) leag síos; (*task*) cuir roimh; (*exam*) ullmhaigh ♦ vi (*sun*) luigh; (*jam, jelly, concrete*) táthaigh; (*bone*) snaidhm; **to be set on bheith** meáite ar; **to set the table an tábla** a fheistiú; **to set sth to music ceol** a chur le rud; **to set on fire cur trí** thine; **to set free scaoileadh saor; to set sth going rud a chur sa siúl; to set sail cur chun farraige ► set

about vt fus (task) tabhair faoi
▸ **set aside** vt cuir i leataobh ▸ **set
back** vt (cost): **to ~ sb back** duine a
chur siar ▸ **set off** vi téigh i
gceann aistir ♦ vt (bomb) pléasc;
(cause to start) dúisigh; (show up
well) cuir le ▸ **set out** vi téigh i
gceann aistir ♦ vt (arrange) feistigh;
(arguments) leagan amach; **I set out
to do sth** chuir mé romham rud a
dhéanamh ▸ **set up** vt
(organization) bunaigh

setback n: **that was a ~ to us** chuir
sin cúl orainn

set menu n biachlár m1 socraithe

settee n tolg m1

setting n (surroundings) láthair f;
(of jewel) feistiú m; (position: of
controls) suíomh m1

settle vt (argument, matter, account,
problem) socraigh ♦ vi (dust) luigh;
(water) socraigh; **to settle for sth**
glac le rud; **to settle on sth**
réiteach ar rud; **they settled in
Galway** chuir siad fúthu or d'áitigh
siad i nGaillimh ▸ **settle in** vi
socraigh isteach ▸ **settle up** vi: **to
~ up with sb** socrú le duine

settlement n (payment) glanadh m
(cuntais); (village etc) áit f2
lonnaithe

settler n lonnaitheoir m3

setup n (arrangement) córas m1;
(situation): **that's the present ~ sin
an dóigh a bhfuil cúrsaí faoi
láthair

seven num seacht; **seven bottles**
seacht mbuidéal; **seven people**
seachtar m1

seventeen num seacht (gcinn) déag;
seventeen bottles seacht mbuidéal
déag; **seventeen people** seacht
nduine dhéag

seventh num seachtú m4; **the
seventh woman** an seachtú bean

seventy num seachtó + sg

sever vt teasc; (relations) scar le

several adj roinnt + gen ♦ pron
roinnt; **several of us** cuid againn

severance n (of relations) scaradh
m; **severance payment** íocaíocht f3
scartha

severance pay n pá m4 scartha

severe adj dian, géar

severity n déine f4, géire f4

sew vt, vi fuaigh

sewage n múnlach m1

sewer n séarach m1

sewing n fuáil f3

sewing machine n inneall m1 fuála

sex n gnéas m1; **to have sex with**
craiceann a bhualadh le, luí le

sexist adj gnéaschlaonta ♦ n duine
m4 gnéaschlaonta

sexual adj gnéasach; (sensual) collaí

sexy adj mealltach

shabby adj giobach; (behaviour)
suarach

shack n seantán m1

shackles npl geimhle fpl2

shade n scáth m3 ♦ vt scáthaigh,
cuir scáth ar; **in the shade of the
trees** faoi scáth na gcrann; **a shade
too large** pas beag ró-mhór; **a
shade more** beagáinín eile

shadow n scáth m3 ♦ vt (follow)
lean

shadow cabinet n (POL)
comh-aireacht f3 fhreasúra

shadowy adj dorcha; (dim) doiléir

shady adj scáthach, foscúil; (fig:
dishonest) claon

shaft n (of arrow, spear) sáfach f2;
(AUT, TECH) seafta m4; (of mine) sloc
m1; (of lift) log m1; (of light) ga m4

shaggy adj (hair, fur) mosach,
mothallach

shake vt, vi croith; **it shook me up**
bhain sé stangadh asam; **to shake
one's head** do cheann a
chroitheadh; **to shake hands with
sb** lámh a chroitheadh le duine

▶ **shake off** vt: she shook it/him off chuir sí di é ▶ **shake up** vt bain stangadh as

shaky adj (hand, voice) creathach; (fearful) critheaglach; (building) contúirteach

shall aux vb: I ~ go rachaidh mé; **shall I open the door?** an osclóidh mé an doras? I'll get the coffee, **shall I?** gheobhaidh mé an caife, an bhfaighidh?

shallow adj (water) tanaí; (container) éadomhain; (fig) baoth

sham n cur m1 i gcéill ♦ adj bréige n gen ♦ vt cuir i gcéill

shambles n (mess) seamlas m1; (confusion) cíor f2 thuathail

shame n náire f4 ♦ vt náirigh, cuir náire ar; **it is a shame ...** is mór an náire ...; **what a shame!** nach é an díol trua é!; **shame on you!** mo náire thú!

shameful adj náireach

shameless adj gan náire

shampoo n foltfholcadh m, seampú m4

shampoo and set n folcadh m agus feistiú

shampooing n foltfholcadh m

shamrock n seamróg f2

shandy n seandaí m4

Shannon n: the (River) ~ An tSionainn n

shanty town n baile m4 seantán

shape n cruth m3, múnla m4 ♦ vt cruthaigh, múnlaigh ♦ vi (also: ~ up: events) seápáil; (: person) cruthaigh; **to take shape** teacht i gcruth

-shaped suffix i gcruth + gen; **heart-shaped** i gcruth croí

shapeless adj gan chuma

shapely adj dea-chumtha

share n cuid f3, sciar m4; (COMM) scair f2 ♦ vt roinn; (have in common): I ~ **your concern** táim

páirteach leat san imní ▶ **share out** vi riar ar, dáil ar

shareholder n scairshealbhóir m3

shark n siorc m3; (fig: person) caimiléir m3

sharp adj (razor, knife, point) géar; (person) géarchúiseach ♦ n (MUS) géar m1 ♦ adv (precisely): **at 2 o'clock** ar a dó a chlog ▶ **a dó**

sharpen vt faobhraigh; (pencil) bioraigh

sharpener n (also: pencil ~) bioróir m3 peann luaidhe

sharp-eyed adj géarshúileach

sharply adv go géar

shatter vt: to ~ sth rud a fhágáil ina smidiríní; (fig: upset) bris; (: ruin) scrios ♦ vi pléasc

shave vt, vi bearr ♦ n bearradh m

shaver n (also: electric ~) rásúr m1 leictreach

shaving n (action) bearradh; **shavings** npl (of wood etc) scamhadh msg

shaving brush n scuab f2 bhearrtha

shaving cream n uachtar m1 bearrtha

shaving foam n cúr m1 bearrtha

shawl n seál m1

she pron sí, í; (as subject): ~ **came** tháinig sí isteach; (with copula): ~ **is a woman** is bean í; (in passive, autonomous): ~ **was injured** gortaíodh í; (emphatic) sise, ise; **she came in and he stayed** tháinig sise agus d'fhan seisean; **it is she who ...** (is) ise a ... ♦ prefix: ~-cat cat baineann; **she-elephant** eilifint f2 bhaineann, cráin f2 (eilifinte)

sheaf n punann f2; (of papers) burla m4

shear vt lom

shears npl (for hedge) deimheas msg1

sheath n truaill f2; (contraceptive)

bodbheart *m1*

shed *n* bothán *m1* ♦ *vt* caill; (*tears*) sil; (*clothes*) bain de

sheen *n* loinnir *f*

sheep *n* (*sing*) caora *f*; (*plural*) caoirigh *fpl*

sheepdog *n* madra *m4* caorach

sheepish *adj* uascánta

sheepskin *n* craiceann *m1* caorach

sheer *adj* (*utter*) amach agus amach; (*steep*) rite; (*almost transparent*) mín ♦ *adv* amach agus amach

sheet *n* (*on bed*) braillín *f2*; (*of paper*) leathanach *m1*; (: *form*) bileog *f2*; (*of glass, metal etc*) leathán *m1*; (*of ice*) leac *f2*

sheik(h) *n* síc *m4*

shelf *n* seilf *f2*; (*GEOG*) laftán *m1*

shell *n* (*on beach, explosive*) sliogán *m1*; (*of egg, crab*) blaosc *f2*; (*of nut*) mogall *m1*; (*of peas*) cochall *m1*; (*of building, boat etc*) creatlach *f2* ♦ *vt* (*peas*) scamh; (*MIL*) planc

shellfish *n* (*crab etc*) iasc *m1* blaoscach; (*scallop etc*) iasc sliogánach ♦ *npl* (*as food*) bia *msg4* trá

shelter *n* foscadh *m1*, dídean *f2*; (*building*) scáthlán *m1* ♦ *vt* tabhair foscadh do; (*to give lodging to*) tabhair dídean do ♦ *vi* téigh ar foscadh

sheltered housing *n* iostas *m1* fothainiúil

shelve *vt* (*fig*) cuir ar athlá

shepherd *n* aoire *m4* ♦ *vt* (*guide*) treoraigh

shepherd's pie *n* píóg *f2* aoire

sheriff (*US*) *n* sirriam *m4*

sherry *n* seiris *f2*

Shetland *n* (*also*: **the Shetlands, the Shetland Islands**) Sealtainn *f4*

shield *n* sciath *f2*; (*protection*) sciath chosanta ♦ *vt*: **to ~ (from)** cosain (ar)

shift *n* (*change*) bogadh *m*; (*work*

period) seal *m3*; (*of workers*) meitheal *f2*; (*also*: **~ key**) eochair *f* iomlaoide ♦ *vt* bog, aistrigh ♦ *vi* corraigh

shift work *n* uainíocht *f3*

shifty *adj* cleasach; (*eyes*) corrach

shilly-shally *vi* bheith ag braiteoireacht

shimmer *vi* crithlonraigh

shimmering *n* loinnir *f*

shin *n* lorga *f4*

shine *n* loinnir *f*, dealramh *m1* ♦ *vi* lonraigh, dealraigh; (*sun*) soilsigh ♦ *vt* (*torch etc*): **to ~ on** solas a chaitheamh ar; (*polish*) snas a chur ar

shingle *n* (*also*: **~ beach**) mionduirling *f2*

shingles *n* (*MED*) deir *f2*

shiny *adj* lonrach, dealraitheach

ship *n* long *f2*; (*send*) cuir

shipbuilding *n* tógáil *f3* long

shipment *n* lastas *m1*

shipping *n* (*ships*) loingeas *m1*; (*transport*) iompar *m1*

shipwreck *n* (*ship*) long *f2* bhriste; (*event*) longbhriseadh *m*, longbhá *m* ♦ *vt*: **we were ~ed** briseadh an long orainn ♦ *adj* longbhriste

shipyard *n* longchéarta *f4*

shire *n* sír *f2*

shirk *vt* seachain

shirt *n* (*man's*) léine *f4*; **in (one's) shirt sleeves** gan chasóg

shit (*infl*) *n* cac *m3* ♦ *excl* damnú!

shiver *n* crith *m3* ♦ *vi* bheith ag crith; (*with fear*) creathnaigh

shivering *n* creathadach *m*, crith *m3* ♦ *adj* creathach

shoal *n* (*of fish*) báire *m4*; (*fig*: *also*: **~s**) lear *m4* mór

shock *n* geit *f2*; (*ELEC, MECH*) turraing *f2*; (*MED*) suaitheadh *m* ♦ *vt* (*offend*) tabhair scannal do; (*upset*): **it ~ed him** ghoill sé air

shock absorber *n* maolaitheoir *m3*

turrainge

shocking adj (scandalizing) scannalach; (appalling) uafásach

shoddy adj srama

shoe n bróg f2; (also: horseshoe) crú m4 ◆ vt (horse) crúigh

shoelace n iall f2 bróige, barriall f2

shoe maker n gréasaí m4

shoe polish n snas m3 bróige

shoe shop n siopa m4 bróg

shoestring n (fig): on a ~ ar bheagán airgid

shoo excl fuisc

shoot n (on branch, seedling) buinneán m1, péacán m1 ◆ vt scaoil; (execute) lámhach; (film) glac ◆ vi (with gun, bow): to ~ (at) scaoileadh (le); (FOOTBALL) báire a chur ▶ **shoot down** vt (plane, bird) tabhair anuas ▶ **shoot in** vi scinn isteach ▶ **shoot out** vi scinn amach ▶ **shoot up** vi (fig) léim in airde

shooting n scaoileadh m, lámhach m1; (HUNTING) foghlaeireacht f3

shooting star n réalta f4 reatha

shop n siopa m4; (workshop) ceardlann f2 ◆ vi (also: go ~ping) dul ag siopadóireacht

shop assistant n freastalaí m4 siopa

shop floor n (IND, fig) foireann f2 mhonarchan

shopkeeper n siopadóir m3

shoplifting n gadaíocht f3 siopa

shopper n ceannaitheoir m3; (also: ~s) lucht m3 ceannaithe

shopping n siopadóireacht f3

shopping bag n mála m4 siopadóireachta

shopping centre, (US) **shopping center** n ionad m1 siopadóireachta

shop-soiled adj smolta ón siopa

shop steward n (IND) stiobhard m1 ceardlainne

shop window n fuinneog f2 siopa

shore n (of sea) cladach m1; (of lake) bruach m1 ◆ vt: to ~ (up)

taca a chur le; **on shore** ar tír

short adj (not long) gearr; (soon finished) gairid; (person, step) beag; (curt) giorraisc; (insufficient) gann; **to be short of sth** easpa ruda a bheith ort; **in short** go hachomair; **everything short of gach aon rud ach**; **it is short for** is giorrú é ar; **to cut short** (speech, visit) gearradh; **we have run short of food** tá easpa bia orainn; **to stop short** stopadh go tobann; **to stop short of** gan dul comh fada sin

shortage n ganntanas m1

shortbread n brioscarán m1

short-change vt: **to ~ sb** calaois a dhéanamh ar dhuine

short-circuit n gearrchiorcad m1

shortcoming n locht m3

shortcut n aicearra m4, cóngar m1; **to take a shortcut** aicearra a ghabháil

shorten vt gearr; (text) coimrigh

shortfall n easpa f4

shorthand n gearrscríobh m3

shorthand typist n gearr-chlóscríobhaí m4

shortlist n (for job) gearrliosta m4

short-lived adj (person) gearrshaolach; (pleasure) neamhbhuan

shortly adv roimh i bhfad, go luath

shorts npl: (a pair of) ~ bríste msg4 gairid

short-sighted adj gearr-radharcach; (fig) gearrbhreathnaitheach

short-staffed adj ar easpa foirne

short story n gearrscéal m1

short-tempered adj teasaí, tobann

short-term adj (effect) neamhbhuan

shot n urchar m1; (try) iarraidh f3; (injection) insteallabh m, (PHOT) pictiúr m1; **he's a good shot** tá urchar maith aige; **like a shot** ar nós na gaoithe; (very readily) láithreach bonn

shotgun n gunna m4 gráin

should aux vb: **I ~ go now** ba
cheart dom imeacht anois; **he
should be there now** ba cheart dó
bheith ann faoi seo; **I should go if
I were you** d'imeoinn dá mba mise
thú; **I should like to** ba mhaith
liom

shoulder n gualainn f2 ♦ vt (fig)
guailleáil

shoulder bag n mála m4 gualainne

shoulder blade n slinneán m1

shoulder strap n crios m3
gualainne

shout n scairt f2 ♦ vt, vi (also:
~ out) scairt

shouting n scairteadh m

shove vt brúigh; (inf: put): **to ~ sth
in** rud a dhingeadh isteach
▶ **shove off** (inf) vi: **~ off!** gread
leat!

shovel n sluasaid f2

show n (of emotion) éiriú m;
(semblance) cosúlacht m1;
(exhibition) mustar m1; (THEAT, TV)
léiriú m ♦ vt (courage etc) léirigh,
nocht; (exhibit) taispeáin ♦ vi nocht;
on show (exhibits etc) ar taispeáint
▶ **show in** vt (person) tabhair
isteach ▶ **show off** vi (pej) déan
mórtas ♦ vt (display): **to ~ sth off**
rud a chur os comhair an phobail
▶ **show out** vt: **to ~ sb out** duine a
chomóradh amach ▶ **show up** vi:
it ~s is féidir é a fheiceáil; (inf:
turn up) tar ♦ vt (flaw) nocht

shower n (rain) baisteadh f2, cith
m3; (also: **~ in bathroom**)
cithfholcadán m1; (act of)
cithfholcadh m; (of stones etc) cith
♦ vi cuir ♦ vt: **to ~ sb with** (gifts
etc) duine a bhá le; **to have or take
a shower** dul faoin gcithfholcadh

showing n (of film) léiriú m

show-off (inf) n (person) buaileam

showpiece n (of exhibition)
curadhmhír f2

showroom n seomra m4
taispeántais

shrapnel n srapnal m1

shred n (gen pl) ribeog f2; (of
evidence) oiread na fríde ♦ vt stiall,
stoll; (CULIN) mionghearraigh

shredder n (for vegetables) scríobán
m1; (for documents) stialltán m1

shrewd adj glic; (businessman) cliste

shriek n scréach ♦ vi scréach

shrill adj caolghlórach

shrimp n ribe m4 róibéis; (person)
draoidín m4

shrine n scrín f2

shrink vi crap, giortaigh; (move:
also: **~ away**) cúlaigh ♦ vt (wool)
giortaigh ♦ n (inf: peg) síciatraí m4;
to shrink from (doing) sth
loiceadh roimh rud (a dhéanamh)

shrinkage n crapadh m; (clothes)
giortú m

shrivel vi, vi (also: **~ up**) searg, spall

shroud n taiséadach m1 ♦ vt: **to
~ sth in mystery** rún a dhéanamh
ar rud

Shrove Tuesday n Máirt f4 Inide

shrub n tor m1, tom m1

shrubbery n rosán m1

shrug vt, vi: **to ~ (one's shoulders)**
(do ghuaillí) a chroitheadh
▶ **shrug off** vt: **to ~ sth off**
neamhshuim a dhéanamh de rud

shudder vi: **she ~ed** ghabh
fionnachrith í

shuffle vt (cards) suaith ♦ vt, vi: **to
~ one's feet** bheith ag tarraingt na
gcos

shun vt seachain

shunt vt (RAIL) siúntaigh

shut vt, vi druid, dún ▶ **shut down**
vt, vi druid, dún ▶ **shut off** vt cuir
as, múch ▶ **shut up** vi (inf: keep
quiet) éist do bhéal!, dún do

chlab!, bí i do thost! ♦ vt (*close*)
druid, dún

shutter n comhla f4

shutter release n (PHOT) scaoilteoir m3 comhla

shuttle n tointeáil f3; (*also*:
~ **service**) seirbhís f2 tointeála

shuttlecock n cearc f2 cholgach

shy adj faiteach, cotúil

siblings n deartháireacha mpl agus deirfiúracha fpl

Sicily n An tSicíl f2

sick adj (*ill*) tinn, breoite; **I'm sick**
tá tinneas orm, tá mé breoite; **I
feel sick** (*vomiting*) tá masmas or
orla orm; **to be sick of** (*fig*) bheith
tinn tuirseach de; **to sicken sb**
(*disgust*) samhnas a chur ar dhuine

sicken vt: **to ~ sb** tinneas a chur ar
dhuine

sickening adj (*fig*) masmasach;
(*disgust*) samhnasach

sickle n corrán m1

sick leave n saoire f4 bhreoiteachta

sickly adj tinn; (*causing nausea*)
masmasach

sickness n tinneas m1, breoiteacht
f3; (*vomiting*) orla m4

sick pay n pá m4 breoiteachta

side n taobh m1; (*of lake*) bruach
m1; (*team*) foireann f2 ♦ adj (*door,
entrance*) taoibh n gen ♦ vi: **to
~ with sb** dul i leith duine; **by the
side of** le hais + gen; **side by side**
taobh le taobh; **from side to side**
anonn agus anall; **to take sides
(with)** dul i bpáirt + gen; **at the
side of the road** i leataobh an
bhealaigh mhóir

sideboard n cornchlár m1

side effect n drochiarsma m4

sidelight n (AUT) taobhsholas m1

sideline n (SPORT) taobhlíne f4; (*fig*)
fo-ghnó m

sidelong adj as eireaball do shúl

sideshow n fothaispeántas m1

sidestep vt (*fig*) seachain, tabhair
céim leataoibh

side street n taobhshráid f2

sidetrack n taobhlach m1 ♦ vt (*fig*)
seachain

sidewalk (US) n cosán m1

sideways adv i leataobh

siding n (RAIL) taobhlach m1

sidle vi: **to ~ up (to)** caolaigh suas
(chuig)

siege n léigear m1

sieve n criathar m1

sift vt (*fig*: *also*: ~ **through**)
mionscrúdaigh; (*lit*: *flour etc*)
criathraigh

sigh n osna f4 ♦ vi osnaigh, lig osna

sight n (*faculty*) amharc m1,
radharc m1; (*spectacle*) radharc;
(*on gun*) treoir f ♦ vt feic; (*gun*)
treoraíl; **in sight** le feiceáil; **out of
sight** as amharc

sightseeing n fámaireacht f3; **to go
sightseeing** dul ag fámaireacht

sign n comhartha m4; (*notice*) fógra
m4; (*omen*) tuar m1 ♦ vt (*document*)
sínigh; (*indicate*) déan comhartha
▸ **sign on** vi (MIL) téigh san arm;
(*as unemployed*) saighneáil; (*for
course*) cláraigh ♦ vt (MIL) tabhair
isteach; (*employee*) fostaigh ▸ **sign
over** vt: **to ~ sth over to sb** rud a
thabhairt do dhuine go dleathach
▸ **sign up** vi bain le ♦ vi (MIL) téigh
or liostaigh san arm; (*for course*)
cláraigh

signal n comhartha m4 ♦ vt: **to
~ sb** comhartha a dhéanamh le
duine; (*message*) scéala a chur
chuig duine

signalman n (RAIL) fear m1
comharthaíochta

signature n síniú m

signature tune n ceol m1
aitheantais

signet ring n fáinne m4 séala

significance n (*meaning*) ciall f2;

(*importance*) tábhacht f3

significant adj (*important*) tábhachtach

signpost n méar f2 eolais, cuaille m4 eolais

silage n sadhlas m1

silence n ciúnas m1 ♦ vt (*person*): to ~ sb duine a chur ina thost; (*machine etc*) plúchaigh

silencer n (*on gun*, BRIT: AUT) ciúnán m1

silent adj ciúin; to remain silent fanacht i do thost

silhouette n scáthchruth m3

silicon n sileacan m1

silicon chip n slis f2 sileacain

silk n síoda m4 ♦ cpd síoda n gen

silky adj síodúil

silly adj amaideach

silt n glár m1

silver n airgead m1; (*also*: ~ware) soithí mpl1 airgid ♦ adj airgid n gen

silver paper n páipéar m1 airgid

silver-plated adj airgeadaithe

silversmith n gabha m4 geal

silvery adj airgeadúil

similar adj: ~ (to) cosúil (le)

similarly adv ar an dul céanna

simile n samhail f3

simmer vi (CULIN) bogfhiuch; (*revolt etc*) coip

simple adj simplí

simplicity n simplíocht f3

simply adv (*without fuss*) go simplí; **I simply said that ...** ní dúirt mé ach go ...; **you simply have to ...** (*imperative*) níl an dara suí sa bhuaile agat ach...

simultaneous adj san am céanna; **simultaneous with** ar aon uain le

sin n peaca m4 ♦ vi peacaigh

since adv, prep ó + lenition ♦ conj ó; **since then, ever since** ó shin

sincere adj ionraic

sincerely adv see yours

sincerity n ionracas m1

sinew n féitheog f2

sinful adj peacúil; **sinful person** peacach m1

sing vt abair ♦ vi: **she is ~ing** tá sí ag gabháil cheoil

singe vt barrloisc

singer n amhránaí m4

singing n amhránaíocht f3

single adj aonarach; (*unmarried*) singil, díomhaoin ♦ n (*also*: ~ **ticket**) ticéad m1 singil; (*record*) ceirnín m4 singil ► **single out** vt togh

single-breasted adj singil

single file n: **in single file** duine i ndiaidh duine

single-handed adv: **he did it** ~ rinne sé leis féin é

single-minded adj ládasach

single room n seomra m4 singil

singles n (TENNIS) cluiche m4 beirte

singly adv ceann ar cheann; (*people*) duine ar dhuine

singular adj aonarach; (*outstanding*) ar leith; (LING) uatha n gen ♦ n uatha m4

sinister adj drochthuarach; **with a sinister purpose** le rún urchóide

sink n doirteal m1 ♦ vt (*ship*) báigh; (*foundations*) cuir síos ♦ vi (*ship*) téigh go tóin poill; (*ground etc*) íslígh; (*also*: ~ **back**) suigh siar; **to sink sth into** rud a shá isteach i; **my heart sank** thit mo chroí ► **sink in** vi (*fig*): **it finally sank in to me that ...** thuig mé sa deireadh go ...

sinner n peacach m1

sinus n cuas m1

sip n súimín m4 ♦ vt bain súimín as

siphon n sifón m1

sipping n súimíneacht f3

sir n a dhuine uasail; **Sir Ian Smith** An tUasal Iain Mac Gabhann; **yes sir** Sea! a mháistir

siren n bonnán m1

sirloin n (*also*: ~ **steak**) stéig f2

chaoldroma

sissy (inf) n piteog f2

sister n deirfiúr f; (nun, BRIT, nurse) siúr f

sister-in-law n deirfiúr f chleamhnais

sit vi suigh; (also: **to be ~ting**) bheith i do shuí; (assembly): **to ~ on** bheith ar ♦ vt (exam) déan ▸ **sit down** vi suigh síos; **sit down at the table!** suigh isteach ag an tábla! ▸ **sit in on** vt fus suigh isteach i ▸ **sit up** vi suigh aniar; (not go to bed) fan i do shuí

site n ionad m1, láithreán m1; (also: **building ~**) láithreán tógála ♦ vt cuir

sit-in n (demonstration) agóid f2 seilbhe

sitting n (of assembly etc) tionól m1; (in canteen) suí m4

sitting room n seomra m4 suí

situated adj suite

situation n (condition) staid f2; (locale) suíomh m1; **"situations vacant"** "folúntais"

six num sé; **six bottles** sé bhuidéal; **six people** seisear m1

sixteen num sé (cinn) déag; **sixteen bottles** sé bhuidéal déag; **sixteen people** sé dhuine dhéag

sixth num séú m4; **the sixth woman** an séú bean

sixty num seasca + sg

size n méid f2 ▸ **size up** vt braith

sizeable adj toirtiúil, measartha mór

sizzle vi giosáil

skate n scáta m4; (also: **roller ~**) scáta rothaíochta; (fish) sciata m4 ♦ vi scátáil

skateboard n clár m1 scátála

skater n scátálaí m4

skating n scátáil f3

skating rink n rinc f2 scátála

skeleton n cnámharlach m1;

(outline) creatlach f2

skeleton staff n creatfhoireann f2

skeptical (US) adj = **sceptical**

sketch n sceitse m4 ♦ vt sceitseáil

sketch book n leabhar m1 sceitseála

sketchy adj tanaí, scáinte

skewer n briogún m1

ski n scí m4 ♦ vi sciáil

ski boot n bróg f2 sciála

skid vi sciorr

skier n sciálaí m4

skiing n sciáil f3

ski jump n léim f2 sciála

skilful, (US) **skillful** adj oilte, deaslámhach

ski lift n ardaitheoir m3 sciála

skill n scil f2; (requiring training: gen pl) ceird f2

skilled adj oilte

skim vt (milk) scimeáil, bain an barr de; (glide over) sciorr, scinn

skimmed milk n sceidín m4

skimp vi (also: **~ on**): **to ~ on work** scuaidreamh a thabhairt ar obair; (cloth etc) tarraingt caol ar

skimpy adj giortach

skin n craiceann m1

skin cancer n ailse f4 chraicinn

skin-diving n tumadh m

skinny adj tanaí, craicneach

skintight adj (jeans etc) teann, cneasluiteach

skip n fóléim f2; (container) gabhdán m1 bruscair ♦ vi caith fóléim; (with rope) bheith ag téadléimneach ♦ vt scaoil thar

ski pants npl bríste m4 sciála

skipper n (of boat) máistir m4, captaen m1, (SPORT) captaen

skipping rope n téad f2 léimní

skirmish n scirmis f2

skirt n sciorta m4 ♦ vt sciortáil

skirting board n clár m1 sciorta

ski slope n fána f4 sciála

ski suit n culaith f2 sciála

skittle n cilín f2; **game of skittles**

cluiche *m4* scidilí

skive (*inf*) *vi* bheith ag
stangaireacht; **to skive off work** an
obair a sheachaint

skull *n* blaosc *f2* an chinn *or*
chloiginn, cloigeann *m1*

skunk *n* scúnc *m1*

sky *n* spéir *f2*

skylight *n* spéirléas *m1*, forléas *m1*

skyscraper *n* teach *m* spéire,
ilstórach *m1* (spéire)

slab *n* leac *f2*

slack *adj* (*loose*) scaoilte; (*neglectful*)
siléigeach; (*business*) ciúin,
neamhghnóthach ♦ *n* (*coal*)
smúdar *m1* guail; **slacks** *npl*
(*trousers*) treabhsar *msg1*

slacken *vi* téigh *or* tit chun siléige
♦ *vt* (*speed*) maolaigh; (*grip*) scaoil

slag heap *n* carnán *m1* slaige

slag off (*inf*) *vt* maslaigh, tabhair
íde béil do, déan fonóid faoi

slam *vt* (*door*) plab; (*criticize*) cáin
♦ *vi* plab

slander *n* clúmhilleadh *m*

slang *n* béarlagair *m*

slant *n* fiar *m1*; (*fig*) claonadh *m*

slanted, slanting *adj* ar fiar,
claonta, ar leataobh

slap *n* boiseog *f2*, bos *f2* ♦ *vt*: **to
~ sb** boiseog *or* bos a thabhairt do
dhuine

slapdash *adj* leibideach

slash *vt* scor

slat *n* lata *m4*

slate *n* scláta *m4*, slinn *f2* ♦ *vt*
(*house*) cuir sclátaí ar; (*fig: criticize*)
feann

slaughter *n* ár *m1*, sléacht *m3* ♦ *vt*
déan ár *or* sléacht ar; (*animal*)
maraigh

slaughterhouse *n* seamlas *m1*

slave *n* sclábhaí *m4* ♦ *vi* (*also*:
~ away) bheith ag sclábhaíocht

slavery *n* daoirse *f4*; (*drudgery*)
sclábhaíocht *f3*

slavish *adj* uiríseal; (*fawning*)
lúitéiseach

slay *vt* maraigh

sleazy *adj* brocach

sledge *n* carr *m1* sleamhnáin

sledgehammer *n* ord *m1*

sleek *adj* sleamhain, slim; (*cunning*)
slíocach

sleep *n* codladh *m3* ♦ *vi* codail; **to
go to sleep** dul a chodladh ▸ **sleep
in** *vi* (*oversleep*) codail mall *or*
amach

sleeper *n* (RAIL) cóiste *m4*
codlata; (*: berth*) leaba *f*

sleeping bag *n* mála *m4* codlata

sleeping car *n* (RAIL) cóiste *m4*
codlata

sleeping partner *n* (COMM)
comhpháirtí *m4* díomhaoin

sleeping pill *n* piollaire *m4* suain

sleepless *adj*: **a ~ night** oíche gan
chodladh

sleepwalker *n* suansiúlaí *m4*

sleepy *adj* codlatach; **to be sleepy**
codladh a bheith ort

sleet *n* flichshneachta *m4*

sleeve *n* muinchille *f4*

sleigh *n* carr *m1* sleamhnáin

sleight *n*: **~ of hand** beartaíocht *f3*
láimhe

slender *adj* seang, caol

slew *vi* (*also*: **~ around**) rothlaigh

slice *n* slis *f2*, sliseog *f2* (SPORT)
slisbhuille *m4* ♦ *vt* déan slisní de;
(*ball*) slis

slick *adj* (*smooth*) snasta, líofa;
(*adroit*) deaslámhach, ábalta;
(*slippery*) sleamhain, slíocach ♦ *n*
(*also*: **oil ~**) leo *m4* ola

slide *n* (*in playground*, PHOT)
sleamhnán *m1*; (*also*: **hair ~**)
greamán *m1*; (*in prices*) titim *f2*
♦ *vt* sleamhnaigh ♦ *vi* sciorr,
sleamhnaigh

sliding *adj* sleamhnáin; **sliding
door** comhla *f4* shleamhnáin

sliding scale n scála m4 aistritheach

slight adj (build) caol, seang; (smell, extent) beag ♦ n achasán m1; **she is not in the slightest interested in it** níl spéis dá laghad aici ann

slightly adv beagán, beagáinín, beagán beag

Sligo n Sligeach m1

slim adj tanaí, caol, seang ♦ vi bheith do do thanú féin

slime n sláthach m1, lathach m1

slimming adj (diet, pills) tanaithe

slimy adj (muddy) sranach; (person) suarach

sling n (MED) guailleán m1; (weapon) crann m1 tabhaill ♦ vt teilg

slip n sleamhnú m, sciorradh m; (mistake) botún m1, dearmad m1; (underskirt) foghúna m4; (of paper) bileog f2; (for pay) duillín m4 ♦ vt sleamhnaigh; (decline) teigh síos; (move smoothly): **to ~ into/out of** sciorradh isteach i/amach as; **to give sb the slip** éalú ó dhuine, cor a chur ar dhuine; **a slip of the tongue** sciorradh m focail ▸ **slip away** vi éalaigh ▸ **slip in** vt scaoil isteach ♦ vi (errors) tar isteach i ngan fhios ▸ **slip out** vi éalaigh; **I let it slip out** (secret) d'imigh an focal orm, sciorr an focal uaim ▸ **slip up** vi: **he ~ped up** rinne sé botún, chuaigh sé amú

slipped disc n teasc f2 sciorrtha

slipper n slipéar m1

slippery adj sleamhain, sciorrach

slip road n sliosbhóthar m1

slipshod adj sleamhchúiseach, leibideach

slip-up n botún m1

slipway n fánán m1

slit n scoilt f2; (cut) gearradh m ♦ vt scoilt, gearr

slither vi sleamhnaigh

sliver n slis f2

slob n (inf) slaba m4

slog vi bheith ag úspaireacht leat, bheith ag streachailt or ag stróiceadh leat

slogan n mana m4

slope n fána f4 ♦ vi: **it ~s down** tá fána anuas leis

sloping adj claonta; (writing) ar fiar

sloppy adj sleamhchúiseach, leibideach, liobarnach

slot n sliotán m1 ♦ vt: **to ~ sth into** rud a chur isteach i

sloth n falsacht f3, leisce f4

slouching adj cromshlinneánach

Slovakia n An tSlóvaic f2

Slovenia n An tSlóivéin f2

slovenly adj leibideach, sleamhchúiseach, maolscríobach

slow adj mall, fadálach; (watch): **to be five minutes ~** bheith cúig noiméad mall ♦ adv go mall, go fadálach ♦ vi (also: **slow down, slow up**) moillligh ♦ vt: **to ~ sth down** or **up** moill a bhaint as rud; **"slow"** (road sign) "go mall"

slowly adv go mall, go fadálach

sludge n láib f2

slue (US) vi = slew

slug n seilide m4

sluggish adj spadánta, torpánta, malltriallach

sluice n loc m1; (also: **~ gate**) loc-chomhla f4

slum n (house) sluma m4

slump n meath m3; (COMM) tobthitim f2, meathlú m ♦ vi (person) tit i do chnap

slur n (fig: smear): **~ (on)** droch-chlú m4 (ar), masla m4 (do) ♦ vt: **to ~ sb** aithis a thabhairt do dhuine, droch-chlú a chur ar dhuine

slush n greallach f2, lathach m1

slut n (inf, pej) n sraoilleog f2

sly adj glic, slíocach, sleamhain

smack n (slap) greadóg f2; (on face) leiceadar m1 ♦ vt smeach ♦ vi: to ~ of sth blas de rud a bheith ar

small adj beag, mion-

small change n airgead m1 mion, sóinseáil f3 bheag, pinginí fpl2 sóinseála

smallholder n feirmeoir m3 beag

small hours npl: in the **small hours** i lár or i ndeireadh na hoíche

smallpox n an bholgach f2

small talk n mionchaint f2

smart adj (neat) innealta; (clever) cliste, géar; (quick) gasta ♦ vi: my eyes were ~ing bhí greadfaith ina súile ▸ **smarten up** vi: to ~en o.s. up caoi or dóigh a chur ort féin ♦ vt: to ~en sth up caoi or dóigh a chur ar rud

smash n (also: ~-up: accident) tuairteáil f3, timpiste f4 taisme; (deliberate) léirscrios m; (also: ~ hit): it is a ~ hit tá ráchairt mhór air, tá an-tóir air ♦ vt (opponent) treascair; (SPORT, record) sáraigh; to **smash sth to pieces** smidiríní a dhéanamh de rud; to **smash sth against sth** rud a ghreadadh in éadan ruda ♦ vi tuairteáil, bris

smashing (inf) adj ar fheabhas, thar barr

smattering n: a ~ of crothán m1 + gen, smearadh m1 + gen

smear n smearadh m1, smeadráil f3; (MED) scrúdú m smearaidh ♦ vt smear, smeadráil

smell n boladh m1 ♦ vt bolaigh ♦ vi (food etc): it ~s of smoke tá boladh toite air; (pej): it ~s (terrible) tá boladh bréan as or uaidh

smelly adj bréan

smile n miongháire m4, aoibh f2, meangadh m (gáire) ♦ vi aoibh an gháire a bheith ort, miongháire a

dhéanamh

smirk n seitgháire m4

smock n forléine f4

smog n toitcheo m4

smoke n toit f2, deatach m1 ♦ vt (tobacco) caith; (fish, bacon) deataigh; he smokes 20 a day caitheann sé fiche sa lá

smoked adj (bacon, fish) deataithe

smoking n caitheamh m1 tobac; "no smoking" (sign) "ná caitear tobac"; to **give up smoking** éirí as na toitíní; **smoking or non-smoking?** (on plane) caitheamh nó gan chaitheamh?

smoky adj deatúil, smúitiúil

smolder (US) vi = smoulder

smooth adj mín, caoin, réidh, séimh ♦ vt (clothes) smúdáil; to **smooth over sth** plána mín a chur ar rud

smother vt múch, plúch

smoulder, (US) **smolder** vi (foul) cráindóigh

smudge n smál m1, smearadh m1 ♦ vt smálaigh, smear

smug adj bogásach

smuggle vt smuigleáil

smuggler n smuigléir m3

smuggling n smuigleáil f3, smuigléireacht f3

smutty adj (fig) graosta, gáirsiúil

snack n sneaic f2, scroid f2, raisín m4, smailc f2

snack bar n sneaicbhéar m4, scroidchuntar m1

snag n fadhb f2

snail n seilide m4

snake n nathair f (nimhe)

snap n (sound) cnag m1; (of finger) smeach m3; (photograph) grianghraf m1 (mear) ♦ adj tobann ♦ vt (break) bris; (fingers) bain smeach as ♦ vi bris; to **snap at sb** glafaimh tha thabhairt ar dhuine; to **snap shut** druidim de bhlosc or de phreab

▶ **snap up** *vt* sciob (suas)

snappy (*inf*) *adj* tapa, gasta, bríomhar; **make it snappy!** déan deifir leis!

snapshot *n* grianghraf *m1* (mear)

snare *n* dol *m3*, gaiste *m4*

snarl *vi* drann, drantaigh

snatch *n*: ~ **of sleep** néal *m1* codlata ♦ *vt* sciob (*kidnap*) fuadaigh; **to snatch at an opportunity** breith ar an áiméar

sneak *vi*: **to ~ in/out** sleamhnú isteach/amach go fáillí ♦ *n* (*inf, pej*: *informer*) sceithire *m4*; **to sneak up on sb** teacht go fáillí ar dhuine; **sneak away** slíoc

sneer *vi* déan fonóid

sneeze *vi* lig sraoth, bheith ag sraothartach

sniff *vi, vt* smúr; **to sniff around** bheith ag smúrthacht thart

snigger *vi* déan seitgháire

snip *n* (*cut*) gearradh *m* ♦ *vt* gearr

sniper *n* naoscaire *m4*, snípéir *m*

snippet *n* blúire *m4*, gearrthóg *f2*

snob *n* duine *m4* ardnósach *or* mórluachach

snobbish *adj* ardnósach, mórluachach, baothghalánta

snooker *n* snúcar *m1*

snoop *vi*: **to ~ about** bheith ag smúrthacht thart

snooty *adj* ardnósach, mórluachach

snooze *n* néal *m1* codlata ♦ *vi* néal codlata a dhéanamh

snore *vi* srann

snoring *n* srannfach *f2*

snort *vi* srann

snout *n* soc *m1*, smut *m1*, smuilc *f2*

snow *n* sneachta *m4* ♦ *vi*: **it's ~ing** tá sé ag cur sneachta

snowball *n* meall *m1* sneachta

snowdrift *n* ráth *m3* sneachta, muc *f2* shneachta

snowdrop *n* plúirín *m4* sneachta

snowfall *n* titim *f2* sneachta

snowflake *n* calóg *f2* shneachta

snowman *n* fear *m1* sneachta

snowplough, (*us*) **snowplow** *n* céachta *m4* sneachta

snowshoe *n* bróg *f2* shneachta

snowstorm *n* stoirm *f2* shneachta

snub *vt* déan beag is fiú de, maslaigh ♦ *n* aithis *f2*, gonc *m1*

snub-nosed *adj* geancach

snuff *n* snaoisín *m4*

snug *adj* cluthar, seascair, teolaí

snuggle *vi*: **to ~ down** tú féin a shoipriú; **to snuggle up to sb** luí isteach le duine

---

KEYWORD

---

so *adv* amhlaidh, chomh **1** (*thus, likewise*) mar sin, amhlaidh; **if so** más amhlaidh atá, más ea; **I have a car - so do** *or* **have I** tá carr agam - tá agus agamsa; **I went to the doctor - so did I** chuaigh mé chuig an dochtúir - chuaigh agus mise; **it's 5 o'clock - so it is!** tá sé a cúig a chlog - tá go deimhin!; **I hope so** tá súil agam sin; **I think so** is dóigh liom é; **so far** go dtí seo *or* go nuige seo *or* go sea **2** (*in comparisons etc*: *to such a degree*) chomh; **so big (that)** chomh mór (go); **she's not so clever as her brother** níl sí chomh cliste lena dearthár

3: **so much** *adj, adv* an oiread sin; **I've got so much work** tá an oiread sin oibre agam; **I love you so much** tá mé chomh mór sin i ngrá leat, tá mé chomh doirte sin duit; **so many** an oiread sin, an méid sin

4 (*phrases*): **10** *or* **so** tuairim is deich; **so long!** (*inf*) slán go fóill!

♦ *conj* **1** (*expressing purpose*): **so as to** chun go, le go, d'fhonn go

2 (*expressing result*) sa dóigh go, sa

chaoi go, sa tslí go

soak *vt* maothaigh; *(drench)* báigh
♦ *vi* maothaigh ▶ **soak in** *vi*: **the coffee ~ed into the carpet** shúigh an brat urláir an caife ▶ **soak up** *vt* súigh; **soaked to the skin** fliuch go craiceann, fliuch báite

soap *n* gallúnach *f2*

soap powder *n* púdar *m1* gallúnaí

soar *vi* éirigh ar eitleog; *(building)* éirigh in airde

sob *n* smeach *m3*, snag *m3* ♦ *vi* bheith ag smeacharnach, bheith ag osnaíl *(ghoil)*

sober *adj* sóbráilte, stuama; *(colour, style)* neamhthaibhseach ▶ **sober up** *vi* fabhar *m* ♦ *vi* cuir an mheisce díot

so-called *adj*: **a ~ expert** saineolaí mar dhea

soccer *n* sacar *m1*

social *adj* sóisialta; *(sociable)* cuideachtúil ♦ *n (social evening)* oíche *f4* chaidrimh

social club *n* club *m4* sóisialta

social fund *n* ciste *m4* sóisialta

socialism *n* sóisialachas *m1*

socialist *adj* sóisialach ♦ *n* sóisialaí *m4*

socialize *vi*: **to ~ (with)** dul i gcuideachta + *gen*

social security *n* leas *m3* sóisialta

social work *n* obair *f2* shóisialta

social worker *n* oibrí *m4* sóisialta

society *n* sochaí *f4*; *(club)* cumann *m1*; *(also:* **high ~)** an ghalántacht *f3*

sociology *n* socheolaíocht *f3*

sock *n* stoca *m4* gearr

socket *n* cró *m4*; *(ANAT)* logall *m1*; *(ELEC: also:* **wall ~)** soicéad *m1*

sod *n (of earth)* fód *m1*; **sod it!** damnú air!

soda *n (CHEM)* sóid *f2*; *(also:* **~ water)** uisce *m4* sóide; *(US: also:*

~ pop) uisce mianraí

sodden *adj* báite, ar maos

sofa *n* tolg *m1*

soft *adj (not rough)* mín; *(surface etc)* bog

soft drink *n* deoch *f* neamh-mheisciúil

soften *vt* bog; *(fig)* maothaigh; *(pain)* maolaigh ♦ *vi* bog; *(fig)* maolaigh

softly *adv* go bog, go réidh

softness *n* boige *f4*

soft spot *n* fabhar *m1*; **to have a soft spot for sb** bheith fabhrach do dhuine

software *n (COMPUT)* bogearraí *mpl4*

soggy *adj* maoth, báite

soil *n (earth)* ithir *f*, úir *f2* ♦ *vt* salaigh

solace *n* sólás *m1*

solar *adj* grianda

solar panel *n* painéal *m1* gréine

solar power *n* grianchumhacht *f3*

solder *vt* sádraigh ♦ *n* sádar *m1*

soldier *n* saighdiúir *m3*

sole *n (of foot, shoe)* bonn *m1*; *(fish)* sól *msg1* ♦ *adj* aon-

solemn *adj* sollúnta; *(person)* stuama

solicit *vt (request)* iarr ♦ *vi (prostitute)* meall

solicitor *n* aturnae *m4*

solid *adj (firm)* daingean; *(not hollow)* cruánach; *(entire)*: **3 ~ hours** 3 uair an chloig gan stad ♦ *n* solad *m1*

solidarity *n* dlúthpháirtíocht *f3*, dlúthchomhar *m1*

solitary *adj* aonair *n gen*

solitary confinement *n (LAW)* gaibhniú *m* aonair

solo *n* ceol *m1* aonair ♦ *adv (fly)* d'aonar

soloist *n* aonréadaí *m4*

soluble *adj* intuaslagtha

solution *n* réiteach *m1*; *(chemical)*

tuaslagán m1

solve vt réitigh, fuascail

solvent adj (COMM) sócmhainneach
  ♦ n (CHEM) tuaslagóir m3

KEYWORD

some adj roinnt + gen; cuid (de);
éigin 1 (a certain amount or number
of): some tea/water braon tae/
uisce; some children/apples roinnt
páistí/úll; some money dornán
airgid

2 (certain: in contrasts): some
people say that ... deir cuid de na
daoine go or deirtear go; some
films were excellent, but most ...
bhí cuid de na scannáin ar
fheabhas, ach bhí a mbunús ...

3 (unspecified): some woman was
looking for you bhí bean éigin ar
do lorg; he was asking about some
book (or other) bhí sé ag fiafraí
faoi leabhar éigin; some day lá
éigin; some day next week lá éigin
an tseachtain seo chugainn

  ♦ pron 1 (a certain number) roinnt,
cuid; I've got some (books etc) tá
roinnt (leabhar etc) agam; some
(of them) have been sold díoladh
cuid acu or cuid díobh

2 (a certain amount) cuid, roinnt,
méid áirithe; I've got some (money,
milk) tá méid áirithe agam, níl mé
folamh ar fad

  ♦ adv: some 10 people tuairim is
deichniúr

---

somebody pron = someone

somehow adv ar dhóigh éigin, ar
chaoi éigin; (for some reason) ar
chúis éigin

someone pron duine m4 éigin

someplace (US) adv = somewhere

somersault n iompú m tóin thar
ceann ♦ vi téigh tóin thar ceann;
(car): the car ~ed chuaigh an carr

thar a chorp

something pron rud m3 éigin, ní
m4 éigin; something interesting
rud éigin spéisiúil

sometime adv (in future, past) am
éigin

sometimes adv in amanna,
uaireanta

somewhat adv pas beag, ábhairín

somewhere adv áit éigin

son n mac m1; it's OK, son tá sé
ceart go leor, a mhic

song n amhrán m1; (of bird) ceiliúr
m1

son-in-law n cliamhain m4

sonny (inf) n (my lad) a mhac

soon adv gan mhoill; (early) go
luath, go moch; soon afterwards
gan mhoill ina dhiaidh sin; see
also as

sooner adv (time) níos luaithe;
(preference): I would ~ do sth
b'fhearr liom rud a dhéanamh;
sooner or later luath nó mall

soot n súiche m4

soothe vt ciúnaigh; (pain) maolaigh

sophisticated adj sofaisticiúil

sophomore (US) n scoláire m4 den
dara bliain

soppy (pej) adj maoth; (person)
moigli

soprano n (singer) soprán m1

sorcerer n asarlaí m4

sore adj (painful) nimhneach,
frithir ♦ n cneá f4

sorely adv (tempted) go géar

sorrow n brón m1, buairt f3

sorry adj buartha, aiféalach;
(condition, excuse) bocht; sorry!
gabh mo leithscéal!; sorry?
gabh mo leithscéal?; to feel sorry for sb
trua a bheith agat do dhuine

sort n cineál m1, saghas m1, sórt
m1 ♦ vt (also: ~ out)
sórtáil; (: problems) socraigh,
réitigh; (COMPUT) sórtáil

sorting office n oifig f2 shórtála

so-so adv measartha, cuibheasach, réasúnta

soul n anam m3

soulful adj maoithneach; (eyes) lán de chroí

sound adj (healthy) folláin; (safe, not damaged) slán; (reliable, not superficial) iontaofa; (sensible) céillí ◆ adv: **the child is ~ asleep** tá an tachrán ina shuan codlata ◆ n fuaim f2, glór m1, foghar m1; (GEOG) caolas m1 ◆ vt (alarm) fuaimnigh ◆ vi fuaimnigh; (fig: seem): **that ~s good** tá cuma mhaith ar sin; **he sounds like a crow** tá glór préacháin aige
▶ **sound out** vt braith

sound barrier n fuaimbhac m1

soundly adv (sleep) go sámh, go trom; (beat) go trom

soundproof adj fuaimdhíonach

soundtrack n (of film) fuaimrian m1

soup n anraith m4; **in the soup** (fig) san fhaopach

soup plate n pláta m4 anraith

soupspoon n spúnóg f2 anraith

sour adj searbh, géar; **it's sour grapes** (fig) níl ann ach silíní searbha

source n foinse f4

south n deisceart m1 ◆ adj deisceartach; (wind) aneas; (side) theas ◆ adv (in) theas; (to) ó dheas; (from) aneas; **the South** an Deisceart m1; **south of** tuaidh theas de

South Africa n An Afraic f2 Theas

South African adj, n Afracach m1 Theas

South America n Meiriceá m4 Theas

South American adj, n Meiriceánach m1 Theas

south east n oirdheisceart m1 ◆ adj oirdheisceartach; (wind) anoir

aneas; (side) thoir theas ◆ adv (in) thoir theas; (to) soir ó dheas; (from) anoir aneas; **the South East** an tOirdheisceart m1; **south east** of taobh thoir theas de

southerly adj (wind) aneas; (point) theas

southern adj deisceartach, theas; **the Southern Cross** Cros f2 an Deiscirt

South Pole n An Pol m1 Theas

southward(s) adv ó dheas

south west n iardheisceart m1 ◆ adj iardheisceartach; (wind) aniar aneas; (side) thiar theas ◆ adv (in) thiar theas; (to) siar ó dheas; (from) aniar aneas; **the South West** an tIardheisceart m1; **south west of** taobh thiar theas de

souvenir n cuimhneachán m1

sovereign n tiarna m4

soviet adj sóivéadach; **the Soviet Union** (formerly) Aontas m1 na Sóivéadach

sow[1] n (pig) cráin f

sow[2] vt (seed) cuir

soya, (US) **soy** n: ~ **bean** pónaire f4 shoighe; **soya sauce** anlann m1 soighe

spa n (town) spá m4; (US: also: **health** ~) ionad m1 íocshláinte

space n spás m1; (room) fairsinge f4; (length of time) achar m1 ◆ cpd spás- ◆ vt (also: ~ **out**) spásáil

spacecraft, spaceship n spásárthach m1

spaceman n spásaire m4, fear m1 spáis

spacewoman n banspásaire m4, bean f spáis

spacing n spásáil f3

spade n (tool) spád f2, rámhainn f2; **spades** npl (CARDS) spéireataí mpl4

Spain n An Spáinn f2

span n (of bird, plane) réise f4

sciathán; (*of arch*) réise; (*in time*) tamall *m1* ♦ *vt* trasnaigh

Spaniard *n* Spáinneach *m1*

spaniel *n* spáinnéar *m1*

Spanish *adj* Spáinneach ♦ *n* (*LING*) Spáinnis *f2*; **the Spanish** *npl* muintir *fsg2* na Spáinne

spanner *n* castaire *m4*

spare *adj* saor; (*surplus*) breise *n gen* ♦ *n* (*part*) páirt *f2* bhreise *or* spártha ♦ *vt* (*do without*) tar gan; (*afford to give*) spáráil; (*refrain from hurting*) lig le; **to spare** (*surplus*) le spáráil

spare part *n* páirt *f2* bhreise *or* spártha

spare time *n* am *m3* saor

spare wheel *n* (*AUT*) roth *m3* breise

sparingly *adv* go tíosach

spark *n* spréach *f2*, aithinne *f4*

spark(ing) plug *n* spréachphlocóid *f2*

sparkle *n* drithle *f4*, glioscarnach *f2* ♦ *vi* drithligh, lonraigh

sparkling *adj* (*wine*) súilíneach; (*water*) drithleach; (*fig*: *conversation, performance*) ard-

sparrow *n* gealbhan *m1*

sparse *adj* gann, tearc

spartan *adj* (*fig*) spartach

spasm *n* (*MED*) freanga *f4*

spasmodic *adj* (*fig*) ó am go chéile

spastic *n* spasmach *m1*

spate *n* (*fig*): **a ~ of** ráig *f2* + *gen*

spatter *vt* spréigh (ar), scaird, steall

spawn *vi* sceith ♦ *n* sceathrach *f2*

speak *vt* labhair; (*truth*) can ♦ *vi* labhair; (*make a speech*) tabhair óráid; **to speak to sb of** *or* **about sth** labhairt le duine faoi rud; **speak up!** labhair amach!

speaker *n* (*in public*) cainteoir *m3*; (*also*: **loudspeaker**) callaire *m4*; **the Speaker** (*POL*) An Ceann *m1* Comhairle

spear *n* sleá *f4* ♦ *vt* sáigh (le sleá)

spec (*inf*) *n*: **on ~** ar seans *m4*

special *adj* speisialta, ar leith

specialist *n* saineolaí *m4*, speisialtóir *m3*

speciality *n* speisialtacht *f3*

specialize *vi*: **to ~ (in)** speisialtóireacht a dhéanamh (ar)

specially *adv* go speisialta

specialty (*esp US*) *n* = **speciality**

species *n* (*gen*) gné *f4*; (*BOT, BIOL*) speiceas *m1*

specific *adj* sainiúil, sonrach; (*BOT, CHEM etc*) speiceasach

specifically *adv* go sainiúil

specification *n* (*TECH*) sonraíocht *f3*; (*requirement*) bunriachtanas *m1*

specimen *n* sampla *m4*

speck *n* (*particle*) dúradán *m1*

speckled *adj* breac

specs (*inf*) *npl* gloiní *fpl4*

spectacle *n* radharc *m1*; **spectacles** *npl* (*glasses*) spéaclaí *mpl4*

spectacular *adj* mórthaibhseach

spectator *n* breathnóir *m3* ♦ *npl*: **~s** lucht *m3* féachana

spectrum *n* speictream *m1*

speculation *n* tuairimíocht *f3*; (*COMM*) amhantraíocht *f3*

speech *n* (*faculty*) urlabhra *f4*, caint *f2*; (*talk*) óráid *f2*

speechless *adj*: **she was left ~** níor fágadh focal aici

speed *n* luas *m1* ♦ *vi*: **to ~ past** *etc* dul thart ar luas; **at full** *or* **top speed** faoi lánluas ▸ **speed up** *vt, vi* géaraigh an luas

speedboat *n* luasbhád *m1*

speedily *adv* go gasta; (*without delay*) gan mhoill

speeding *n* (*AUT*) tiomáint *f3* ar róluas

speed limit *n* teorainn *f* luais

speedometer *n* luasmhéadar *m1*

speedway *n* (*SPORT*: *also*: **~ racing**) rásaíocht *f3* luasraoin

speedy *adj* luath

spell n (also: **magic ~**) draíocht f3; (period of time) tamall m1, seal m3 ◆ vt (in writing) litrigh; (fig) ciallaigh; **to cast a spell on sb** duine a chur faoi dhraíocht; **he can't spell** níl litriú aige

spellbound adj faoi dhraíocht

spelling n litriú m

spend vt caith

spending n caitheamh m1, caiteachas m1

spendthrift n cailliúnaí m4

sperm n speirm f2

spew vt (also: **~ out**) sceith

sphere n sféar f2

spice n spíosra m4

spicy adj spíosrach; (fig) te

spider n damhán m1 alla

spike n spíce m4; (BOT) dias f2

spill vi, vt doirt

spin n (revolution of wheel) rothlú m; (AVIAT) casadh m1; (trip in car) geábh m3 ◆ vt (wool etc) sníomh; (wheel) cas ◆ vi cas

spinach n spionáiste m4

spinal adj droma m gen

spinal cord n corda m4 an dromlaigh

spin-dryer n triomadóir m3 guairne

spine n dromlach m1; (thorn) dealg f2

spineless adj (fig) cladhartha, meata

spinning n (of thread) sníomh m3

spinning top n caiseal m1

spinning wheel n tuirne m4

spin-off n buntáiste m4 breise

spinster n bean f shingil, seanchailín m4

spiral n bís f2 ◆ vi (fig) ardaigh go gasta

spiral staircase n staighre m4 bíseach

spire n spuaic f2

spirit n spiorad m1; (mood) meon m1; (courage) meanma f; **spirits** npl

(drink) biotáille fsg4; **they are in good spirits** tá aoibh mhaith orthu; **the Holy Spirit** An Spiorad Naomh

spirited adj anamúil

spiritual adj spioradálta

spit n (for roasting) bior m3; (saliva) seile f4 ◆ vi caith seile; (sound) smeach

spite n faltanas m1, mioscais f2 ◆ vt cuir olc ar; **in spite of** in ainneoin (+ gen)

spiteful adj mioscaiseach, nimheanta

spittle n seile f4; (spat out) crochaille m4

splash n (sound) pleist f2; (of colour) léas m1 ◆ vt steall ◆ vi (also: **~ about**) bheith ag slaparnach

spleen n (ANAT) liathán m1

splendid adj taibhseach; **that's splendid!** tá sin ar fheabhas!

splint n cléithín m4

splinter n (wood) scealp f2 ◆ vi scealp

split n scoilt f2; (fig, POL) deighilt f2 ◆ vt scoilt; (work, profits) roinn ◆ vi (divide) scoilt ▶ **split up** vi (couple) scar ó chéile; (meeting) scaip

splutter vi bheith ag plobaireacht; (spit) bheith ag priosláil

spoil vt (damage) mill; (mar) loit; (child) déan peata as

spoils npl creach fsg2; (fig: profits) brabach m1

spoilsport n searganach m1

spoke n (of wheel) spóca m4

spokesman n urlabhraí m4

spokeswoman n urlabhraí m4

sponge n múscán m1; (also: **~ cake**) císte m4 spúinse ◆ vt spúinseáil ◆ vi: **to ~ off** or **on** bheith ag stocaireacht ar

sponsor n (RADIO, TV, SPORT) urra m4;

(for application) moltóir m3 ♦ vt téigh in urrús ar

sponsorship n urraíocht f3

spontaneous adj spontáineach

spooky (inf) adj uaigneach

spool n spól m1; (on fishing rod) roithleán m1

spoon n spúnóg f2

spoon-feed vt potbhiathaigh

spoonful n lán m1 spúnóige

sport n spórt m1, spraoi m4, scléip f2; (person): **he's a good ~** tá craic mhaith leis ♦ vt taispeáin féin a thaispeáint

sporting adj spórtúil; **to give sb a sporting chance** deis chothrom a thabhairt do dhuine

sport jacket (US) n = **sports jacket**

sports car n carr m1 beirte

sports jacket n casóg f2 spóirt

sportsman n fear m1 spóirt

sportsmanship n cothrom m1 na féinne

sportswear n éide f4 spóirt

sportswoman n bean f spóirt

sporty adj spórtúil

spot n ball m1; (dot: on pattern, RADIO, TV, in programme) spota m4; (pimple) goirín m4; (place) láthair f; (small amount): **a ~ of** beagán m1 + gen ♦ vt (notice) tabhair faoi deara; **on the spot** ar an láthair; (immediately) láithreach bonn

spot check n mearscrúdú m

spotless adj gan smál

spotlight n spotsolas m1

spotted adj (fabric) ballach

spotty adj (face, person) goiríneach

spouse n céile m4

spout n (of jug) gob m1; (of pipe) sconna m4 ♦ vi scaird

sprain n leonadh m ♦ vt: **to ~ one's ankle** do mhurnán a leonadh

sprawl vi leath do ghéaga

spray n (of water) scaird f2; (from sea) cáitheadh m; (for garden) sprae

m4; (aerosol) spraechanna m4; (of flowers) craobhóg f2 ♦ vt spraeáil

spread n (distribution) forleathadh m; (CULIN, paste) smearadh m1; (inf: meal) féasta m4 ♦ vt leath, spréigh; (wealth, workload) roinn ♦ vi (disease, news) leath; (also: **~ out**: stain) leath ♦ **spread over** vi (people) scar amach

spread-eagled adj spréite amach

spree n spraoi m4, ragairne m4

sprightly adj aigeanta, anamúil

spring n (leap) preab f2; (coiled metal) sprionga m4; (season) earrach m1; (of water) fuarán m1, tobar m1 ♦ vi (leap) preab; **to spring from** fréamhú ó; **in spring** san earrach ♦ **spring up** vi (problem) nocht go tobann; (plant, buildings) eascair

springboard n preabchlár m1

spring-clean(ing) n glanadh m an earraigh

springtime n earrach m1

sprinkle vt croith; **to sprinkle sugar on** siúcra a chroitheadh ar; **to sprinkle sth with sugar** rud a spré le siúcra

sprinkler n (for lawn) spréire m4

sprint n rúid f2, ráib f2 ♦ vi bheith ag rábáil

sprout vi péac, gob aníos

sprouts npl (also: **Brussels ~**) bachlóga fpl2 Bruiséile

spruce n sprús m1 ♦ adj breabhsánta

spry adj beoga

spuds npl (inf) prátaí nmpl4

spur n spor m1, brod m1; (fig) spreagadh m ♦ vt (also: **~ on**) gríosaigh, spreag **on the spur of the moment** ar ala na huaire

spurious adj bréagach

spurn vt tabhair droim láimhe do

spurt n (of blood) scaird f2; (of energy) ráig f2 ♦ vi tabhair rúchladh

spy n spiaire m4 ♦ vi: **to ~ on** déan ag spiaireacht ar; (see) feic

spying n spiaireacht f3

sq. abbr = **square**

squabble vi bheith ag achrann

squad n (MIL, POLICE) scuad m1; (FOOTBALL) foireann f2

squadron n (MIL) scuadrún m1

squalid adj suarach, brocach

squall n cóch m1

squalor n ainnise f4, bréantas m1

squander vt diomail

square n cearnóg f2 ♦ adj cearnógach; (inf: ideas, tastes) seanaimseartha ♦ vt (arrange) socraigh; (MATH) cearnaigh ♦ vi (reconcile) déan réiteach; **all square** cothrom; **a square meal** béile scamhardach; **2 metres square** dhá mhéadar cearnaithe; **2 square metres** dhá mhéadar cearnach

squarely adv go díreach

squash n (drink): **lemon/orange ~** sú m4 líomóide/oráiste; (US: marrow) mearóg f2; (SPORT) scuais f2 ♦ vt fáisc

squat adj dingthe ♦ vi (also: **~ down**) suigh ar do ghogaide

squatter n lonnaitheoir m3

squawk vi: **to ~** bheith ag grágaíl

squeak vi bheith ag díoscán; (mouse) bheith ag gíogadh

squeal vi sceamh; (brakes) scréach

squeamish adj samhnasach

squeeze n fáscadh m1, (ECON) teannadh m1 ♦ vt fáisc

squelch vi díosc

squid n máthair f shúigh

squiggle n scrábáil f3

squint vi déan splínceáil ♦ vi fiarshúil f2; **he has a squint** tá súil ar fiar aige

squirm vi bheith ag tónacán

squirrel n iora m4 rua; (grey squirrel) iora m4 glas

squirt n steall, steanc

Sr abbr = **senior**

St abbr = **saint**; **street**

stab n (with knife etc) sá m4, ropadh m; (of pain) arraing f2, deann m3; (inf: try): **to have a ~ at (doing) sth** tabhair iarracht ar rud ♦ vt rop, sáigh

stable n stábla m4 ♦ adj seasmhach

stack n carn m1; (of hay, turf) cruach f2 ♦ vt (also: **~ up**) carn

stadium n staid f2

staff n (workforce) foireann f2 ♦ vt cuir foireann i

stag n poc m1

stage n stáitse m4, ardán m1; (point) pointe m4 ♦ vt (play) stáitsigh; (demonstration) cuir ar bun; **in stages** ina chéimeanna

stagecoach n cóiste m4

stage manager n bainisteoir m3 stáitse

stagger vi tuisligh ♦ vt (person: amaze) cuir alltacht ar; (hours, holidays) scaip ó chéile

staggering adj (amazing) iontach

stagnate vi stolp

stag party n cóisir f2 fear

staid adj stuama

stain n smál m1; (colouring) ruaim f2 ♦ vt smálaigh; (wood) ruaimnigh

stained glass window n fuinneog f2 gloine dhaite

stainless steel n cruach f4 dhomheirgthe

stain remover n díobhach m1 smál

stair n (step) céim f2; **stairs** npl staighre m4

staircase, stairway n staighre m4

stake n cuaille m4; (BETTING) geall m1; (COMM, interest) suim f2 ♦ vt cuir i ngeall; **to be at stake** bheith i ngeall; **to stake one's claim to the land** do chuid den talamh a éileamh

stale adj stálaithe; (beer) rodta;

(*smell*) fuar; (*air*) dreoite

stalemate *n* (CHESS) leamhsháinn *f2*; (*fig*) sáinn *f2*

stalk *n* gas *m1* ♦ *vt* éalaigh ar ♦ *vi*: **to ~ out/off** imeacht go huaibhreach amach/as

stall *n* (*in street, market etc*) stainnín *m4*; (*in stable*) stalla *m4* ♦ *vt* (AUT) stop; (*delay*) moilligh ♦ *vi* (AUT) loic; (*fig*) moilligh; **stalls** *npl* (*in cinema, theatre*) stallaí *mpl4*

stallion *n* stail *f2*

stalwart *adj* móruchtúil, teann

stamina *n* teacht *m3* aniar

stammer *n* stad *m4* ♦ *vi* bheith ag stadaireacht

stamp *n* stampa *m4*; (*rubber stamp*) stampa rubair; (*mark, also fig*) lorg *m1*, rian *m1* ♦ *vi* (*also*: **~ one's foot**) buail do chos ♦ *vt* (*letter*) stampa ar; (*with rubber stamp*) stampáil

stamp album *n* albam *m1* stampaí

stamp collecting *n* bailiú *m* stampaí

stampede *n* táinrith *m3*

stance *n* seasamh *m1*

stand *n* (*position*) seasamh *m1*; (*for taxis*) stad *m4*; (*music stand*) seastán *m1*; (COMM) stainnín *m4*; (SPORT) ardán *m1* ♦ *vi* seas; (*rise*) éirigh; (*be placed*) bí; (*remain: offer etc*) seas; (*in election*) téigh san iomaíocht ♦ *vt* (*place*) cuir; (*tolerate, withstand*) fulaing; (*drink*) seas do; **to make or take a stand** an fód a sheasamh; **the score now stands at 3-4 to 2-4** is é an scór anois ná 3-4 in aghaidh 2-4; **to stand for parliament** dul san iomaíocht i dtoghchán pairliminte ▶ **stand by** *vi* (*be ready*) bheith ar fuireachas ♦ *vt fus* (*opinion*) seas le ▶ **stand for** *vt fus* (*signify*) ciallaigh; (*tolerate*) cuir

suas le ▶ **stand in for** *vt fus* glac ionad + *gen* ▶ **stand out** *vi* (*be prominent*) seas amach, bí le sonrú ▶ **stand up** *vi* (*rise*) seas ▶ **stand up for** *vt fus* seas ceart do ▶ **stand up to** *vt fus* seas an fód in aghaidh + *gen*

standard *n* caighdeán *m1*; (*criterion*) slat *f2* tomhais; (*flag*) meirge *m4* ♦ *adj* (*size etc*) gnáth-, caighdeánach; (*text*) caighdeánach; **standards** *npl* (*morals*) prionsabail *mpl1*

standard lamp *n* lampa *m4* cuaille

standard of living *n* caighdeán *m1* maireachtála

stand-by *n* cúl *m1* taca; **to be on stand-by** bheith ar aire, bheith ullamh

stand-by ticket *n* (AVIAT) ticéad *m1* fuireachais

stand-in *n* ionadaí *m4*

standing *adj* seasta; (*permanent*) buan- ♦ *n* seasamh *m1*

standing order *n* (*at bank*) buanordú *m*

standing room *n* áit *f2* seasaimh

stand-offish *adj*]eithleach, deoranta

standpoint *n* dearcadh *m1*

standstill *n*: **at a ~** ina stop

staple *n* (*for papers*) stápla *m4* ♦ *adj* (*food etc*) príomh- ♦ *vt* stápláil

stapler *n* stáplóir *m3*

star *n* réalta *f4* ♦ *vi*: **to ~ (in)** an phríomhpháirt a bheith agat (i)

starboard *n* deasbhord *m1*

starch *n* stáirse *m4*

stardom *n* gradam *m1* réalta

stare *n* stánadh *m* ♦ *vi*: **~ at** stán ar

starfish *n* crosóg *f2* mhara

stark *adj* (*bleak*) lom ♦ *adv*: **~ naked** lomnocht

starling *n* druid *f2*

starry *adj* réaltach

starry-eyed *adj* (*innocent*) saonta

start n tús m1; (of race, advantage) tosach m1; (sudden movement) geit f2 ♦ vt tosaigh; (establish) bunaigh; (engine) dúisigh ♦ vi tosaigh; (jump) geit; **to start doing** or **to do sth** tosú ar rud a dhéanamh ▸ **start off** vi tosaigh; (leave) imigh ▸ **start up** vi tosaigh; (car) tosaigh, dúisigh ♦ vt (business) cuir tús le; (car) tosaigh, dúisigh

starter n (AUT) dúisire m4; (SPORT, official) scaoilteoir m3; (CULIN) cúrsa m4 tosaigh

starting point n pointe m4 imeachta

startle vt: **he ~d me** bhain sé geit asam

startling adj (news) iontach, scanrúil

starvation n ocras m1

starve vi (to death) faigh bás den ocras; (be hungry): **to be starving** bheith stiúgtha leis an ocras

state n staid f2, (POL) stát m1 ♦ vt maígh; **the States** npl (America) Stáit mpl1 Aontaithe Mheiriceá; **the (Free) State** (IRL) An Saorstát m1; **to be in a state** bheith trína chéile

stately adj maorga

statement n ráiteas m1

statesman n státaire m4

static n (RADIO, TV) statach m1 ♦ adj statach

station n stáisiún m1; (bus station) busáras m1 ♦ vt: **the army was ~ed there** bhí an t-arm ar stáisiún ann; **the Stations of the Cross** (REL) Turas na Croise

stationary adj gan bogadh

stationery n páipéarachas m1

stationmaster n (RAIL) máistir m4 stáisiúin

statistic n staitistic f2

statistics n (science) staidreamh m1

statue n dealbh f2

status n céim f2; (official) stádas

m1; (prestige) céimíocht f3, oireachas m1

status symbol n siombail f2 chéime

statute n reacht m3

statutory adj reachtúil

staunch adj daingean

stave off vt (attack) coisc; (threat) cuir ar gcúl

stay n (period of time) stad m, lonnú m ♦ vi fan; (reside) bheith i do chónaí; (spend some time) stop; **stay put!** fan mar a bhfuil tú!; **to stay with friends** stopadh ag cairde; **to stay the night** an oíche a chaitheamh ▸ **stay behind** vi fan siar ▸ **stay in** vi (at home) fan istigh ▸ **stay on** vi fan tamall eile ▸ **stay out** vi (of house) fan amuigh ▸ **stay up** vi (at night) fan i do shuí

stead n: **in sb's ~** in ionad duine; **it stood her in good stead** ba mhór an chabhair di é

steadfast adj seasmhach

steadily adv (regularly) go seasta; (firmly) go daingean; (: walk) neamhchorrach

steady adj socair; (regular) seasta; (person) stuama ♦ vt daingnigh; (nerves) socraigh; **a steady boyfriend** stócach seasta

steak n stéig f2

steal vt goid ♦ vi goid; (move secretly) éalaigh, téaltaigh

stealth n: **by ~** go fáilí, go formhothaithe

steam n gal f2 ♦ vt (CULIN) galbhruith ♦ vi cuir gal

steam engine n galinneall m1

steamer n galtán m1

steamship n = steamer

steamy adj galach

steel n cruach f4 ♦ adj cruach n gen

steelworks n oibreacha fpl2 cruach

steep adj géar, rite, crochta; (price)

trom ♦ vt cuir ar maos

steeple n spuaic f2

steer vt stiúir

steering n (AUT) stiúradh m

steering wheel n roth m3 stiúrtha

stem n (of plant) gas m1; (of a glass) cos f2 ♦ vt stop ▸ **stem from** vt fus siolraigh ó

stench n bréantas m1

stencil n stionsal m1 ♦ vt clóigh le stionsal

stenographer (US) n gearrscríobhaí m4

step n céim f2, coiscéim f2; (action) céim, beart m1 ♦ vi: to ~ **forward/back** céim a thabhairt chun tosaigh/ar gcúl; **steps** npl (stepladder) dréimire msg4 taca; **to be in step (with)** (fig) bheith ar aon choiscéim (le) ▸ **step down** vi (fig) éirigh as ▸ **step up** vt ardaigh, géaraigh

stepbrother n leasdeartháir m

stepdaughter n leasiníon f2

stepfather n leasathair m

stepladder n dréimire m4 taca

stepmother n leasmháthair f

stepping stone n cloch f2 chora; (fig) cos f2 i dtaca; **stepping stones** clochán msg1

stepsister n leasdeirfiúr f

stepson n leasmhac m1

stereo n (sound) steiréafón m1; (hi-fi) steiréafón m1 ♦ adj (also: ~phonic) steiréafónach

sterile adj aimrid, steiriúil

sterilize vt aimridigh, steiriligh

sterling adj (silver) dea-mhiotail n gen ♦ n (ECON) steirling m4, airgead m1 Sasanach

stern adj dian ♦ n (NAUT) deireadh m1

steroid n stéaróideach m1

stew n stobhach m1 ♦ vt, vi stobh; **Irish stew** stobhach gaelach

steward n maor m1; (on plane)

aeróstach m1; (bouncer) fear m1 dorais

stewardess n banmhaor m1; (plane) aeróstach m1

stick n bata m4, maide m4; (walking stick) bata m4 siúil ♦ vt (glue) greamaigh; (inf: put) cuir; (: tolerate) cuir suas le; (thrust): **to ~ sth into** rud a shacadh isteach i ♦ vi (become attached) greamaigh de; (be unmoveable: wheels etc) téigh i bhfostú; (remain) fan ▸ **stick out** vi gob amach ▸ **stick up** vi gob aníos ▸ **stick up for** vt fus cosain; **he stuck up for her** sheas sé léi

sticker n greamaitheoir m3

sticking plaster n greimlín m4

stickler n: **to be a ~ for** bheith ríphointeáilte maidir le

stick-up (inf) n robáil f3

sticky adj (label) greamaitheach; (situation) achrannach, deacair

stiff adj dolúbtha, righin; (difficult) dian; (wind) crua, docht; (competition) tréan ♦ adv: **to be frozen ~** bheith stromptha or conáilte

stiffen vi stalc

stiff necked adj stuacach, muiniceach

stifle vt plúch, múch; **to stifle a laugh** cúl a choinneáil ar an ngáire

stigma n aithis f2, náire f2; (BOT) stioma m4

stigmata n (MED, REL) stiogmaí mpl4

stile n dreapa m4

stiletto n (also: ~ **heel**) sáil f2 mhiodóige

still adj socair ♦ adv (up to this time) go fóill, fós; **I've still got 3 days holiday** tá 3 lá saoire fágtha agam go fóill; **better still ... níos** fearr arís ...; **there were still more people to come** bhí tuilleadh daoine fós le teacht

stillborn adj marbh-bheirthe; **a stillborn child** marbhghin f2

stilt n (for walking on) cos f2 chroise; (pile) cos taca

stilted adj craptha, nósmhar

stimulate vt gríosaigh, spreag

stimulus n spreagadh m; (BOT) goineog f2

sting n (of wind, cold) goimh f2; (of bee) cealg f2; (of nettle) goineog f2 ♦ vt cealg; (nettle) dóigh ♦ vi: **~ing** tá greadfach ann

stingy adj sprionlaithe

stink n breántas m1 ♦ vi: **the socks stank** bhí boladh bréan as na stocaí

stinking (inf) adj (fig) millteanach; **I've got a stinking cold** tá droch-shlaghdán orm; **they're stinking rich** tá siad lofa le hairgead

stint n dreas m3 oibre ♦ vi: **to ~ on** bheith gann faoi

stir n corraíl f3 ♦ vt corraigh ♦ vi corraigh; (tea) measc ▸ **stir up** vt (trouble) cothaigh

stirrup n stíoróip f2

stitch n (MED, SEWING) greim m3; (KNITTING) lúb f2; (pain) arraing f2 ♦ vt fuaigh; **he didn't have a stitch on** ní raibh aon snáithe air

stoat n easóg f2

stock n stoc m1, sliocht m3 ♦ adj (fig: reply etc) smolchaite ♦ vt: **I have it in ~** tá sé istigh agam; **stocks and shares** stoic agus scaireanna; **in/out of stock** bheith istigh/rite; **to take stock of** sth (fig) rud a mheas ▸ **stock up** vi **to ~ up with food** stór bia a fháil isteach

stockbroker n stocbhróicéir m3

stock cube n ciúb m1 stoic

stock exchange n stocmhalartán m1

stocking n stoca m4

stock market n stocmhargadh m1

stockpile n stocthiomsú m ♦ vt stocthiomsaigh

stocktaking n (COMM) stocáireamh m1

stocky adj suite

stodgy adj stolpach

stoke vt (fire, boiler) stócáil

stole n stoil f2

stolid adj dúr, dochorraithe

stomach n goile m4; (abdomen) bolg m1 ♦ vt fulaing, cuir suas le

stomachache n tinneas m1 goile

stone n cloch f2; (pebble) méaróg f2; (in fruit) cloch, croí m4; (MED) púróg f2; (weight) cloch f2 ♦ vt (person) caith clocha le

stone-cold adj dúfhuar

stone-deaf adj chomh bodhar le slis

stonework n obair f2 or saoirseoireacht f3 chloiche

stool n stól m1; **to fall between two stools** léim an dá bhruach a chailleadh

stoop vi (also: **have a ~**) bheith cromshlinneánach; (also: **~ down**: bend) crom

stop n stop m4, stad m4; (in punctuation: also: **full ~**) lánstad m4 ♦ vt stop; (break off) stad de; (also: **put a ~ to**) cuir stad le ♦ vi stad; **to stop doing** sth éirí as rud a dhéanamh ▸ **stop off** vi: **~ off at/in** buail isteach i ▸ **stop up** vt (hole) líon

stopgap n barrsceach f2; **the job will do me as a stopgap** bainfidh mé mo ghaisneas as an bpost

stopover n stad m4

stoppage n (strike) stailc f2, stopadh m oibre; (road blockage) bac m1, stopainn f2

stopper n stopallán m1

stop press n stadchló m4

stopwatch n staduaireadóir m3

storage n stóráil f3; (COMPUT) stóras m1

storage heater n taiscethéitheoir m3

store n (stock) stór m1; (depot) stór m1; (BRIT: large shop) siopa m4 mór; (US) siopa m4 ilranna ♦ vt taisc; (information) cnuasaigh; **stores** npl (food) lón msg1; **what is in store for me?** cad é atá i ndán dom?
▶ **store up** vt stóráil, cruinnigh

storeroom n stóras m1

storey, (US) **story** n stór m1

stork n corr f2 bhán

storm n stoirm f2; (also: **thunderstorm**) stoirm f2 thoirní ♦ vi téigh le craobhacha ♦ vt (army) ionsaigh

stormy adj stoirmeach

story, (US) **story** n scéal m1; (US: we were straggling) = **storey**

storybook n leabhar m1 scéalta

stout adj calma; (fat) téagartha ♦ n (beverage) leann m3 dubh

stove n sorn m1, sornóg f2

stow vt (also: ~ away) cuir i bhfolach ♦ vi téigh i bhfolach (ar long)

stowaway n folachánaí m4

straddle vt: **to ~ sth** bheith ar scaradh gabhail ar rud

straggle vi: **we were straggling after them** bhíomar ag sraoilleadh linn ina ndiaidh

straight adj díreach; (simple) simplí ♦ adv go díreach; (drink) ar a bhas, as a neart; **to put things straight** (fig) na gnóthaí a réiteach; **straight away, straight off** (at once) lom láithreach

straighten vt dírigh; (bed) cóirigh

straighten out vt (fig) réitigh

straight-faced adj **she remained ~** choinnigh sí dreach stuama uirthi féin

straightforward adj simplí; (honest) díreach, oscailte

strain n teannas m1, straidhn f2; (physical) strus m1; (mental) strus, straidhn; (breed) pór m1, cineál m1 ♦ vt (stretch: resources etc) bain fad as; (hurt: back etc) bain stangadh as; (vegetables) sil; **strains** npl (MUS) streancáin mpl1; **back strain** stangadh m droma

strained adj (muscle) leonta; (laugh etc) doicheallach; (relations) eascairdiúil

strainer n síothlán m1, straínín m4

strait n (GEOG) caolas m1; **straits** npl: **to be in dire straits** bheith i gcruachás, bheith in áit do charta

straitjacket n veist f2 cheangail

strait-laced adj ceartaiseach

strand n (of thread) tointe m4; (of rope) dual m1; (of hair) dlaoi f4; (beach) trá f4

stranded adj (fig) ar an trá fholamh

strange adj (not known) anaithnid; (odd) aisteach

strangely adv go haisteach; see also **enough**

stranger n strainséir m3, coimhthíoch m1

strangle vt tacht

stranglehold n (fig) smacht m3 iomlán

strap n iall f2, strapa m4; (of slip, dress) crios m3

strapping adj scafánta

strategic adj straitéiseach

strategy n straitéis f2

straw n cochán m1, tuí f4; **that's the last straw!** sin buille na tubaiste!

strawberry n sú f4 talún

stray adj (animal) ar seachrán; (scattered) scaipthe ♦ vi téigh ar seachrán

stray bullet n piléar m1 fánach

streak n stríoc f2; (in hair) síog f2 ♦ vt stríoc ♦ vi: **to ~ past** stróiceadh thart

stream n sruth m3; (of people) scuaine f4 ♦ vt (SCOL) togh de réir cumais ♦ vi sruthaigh; **to stream in/out** dul isteach/teacht amach i scuaine

streamer n sraoilleán m1; (banner) straiméad m1

streamlined adj leabhairchruthach

street n sráid f2; **the man in the street** Tadhg m1 an mhargaidh; **to be streets ahead** (fig) bheith i bhfad chun tosaigh; **it's right up my street** (fig) fóireann sé go breá dom

streetcar (US) n tram m4

street lamp n lampa m4 sráide

streetwise (inf) adj fadcheannach

strength n neart m1

strengthen vt neartaigh, daingnigh

strenuous adj teann, crua, dian

stress n (force, pressure) strus m1, teann m3; (mental strain) straidhn f2, strus, dua m4; (accent) aiceann m1 ♦ vt cuir béim ar

stretch n (of land etc) réimse m4 ♦ vi (cloth) sín, tar as; (extend) sín ♦ vt: **to ~ to** or **as far as** dul a fhad le ♦ vt sín; **to stretch o.s.** tú féin a shearradh ▸ **stretch out** vi sín ♦ vt (arm etc) sín amach; (spread) sín ar

stretcher n síntéán f1

strewn adj: **~ with** faoi bhrat + gen

stricken adj (city, industry etc) i gcruachás; **stricken with** (disease etc) cloíte le

strict adj dian, docht

stride n céim f2 fhada ♦ vi bheith ag céimniú

strife n imreas m1

strike n (industrial) stailc f2; (of oil etc) aimsiú m; (attack) buille m4, ionsaí m4 ♦ vt buail; (oil etc) aimsigh; (deal) déan ♦ vi téigh ar stailc; (attack) buail; (clock) buail; **on strike** (workers) ar stailc; **to**

strike a match cípín a lasadh ▸ **strike down** vt treascair ▸ **strike up** vt (song) croch suas; **to strike up a friendship with** éirí cairdiúil le; **to strike up a conversation (with)** cromadh ar chomhrá (le)

striker n stailceoir m3; (SPORT) ionsaitheoir m3

striking adj sonraíoch; (attractive) an-ghleoite

string n sreang f2; (row: of onions) trilseán m1; (MUS) téad f2 ♦ vt: **to ~ out** scaipeadh; **the strings** npl (MUS) na téadafpl2; **to be able to pull strings** (fig) bheith ábalta na sreangáin a tharraingt

string bean n pónaire f4 scilte

string(ed) instrument n (MUS) téaduirlis f2

stringent adj géar

strip n stiall f2; (of land) stráice m4 ♦ vt scamh, bain de; **he stripped the paint from the wall** bhain sé an phéint den mballa; (also: **~ down**: machine) bain anuas ♦ vi struipeáil, bain díot

strip cartoon n stiallchartún m1

stripe n riabh f2, stríoc f2; (MIL) straidhp f2

striped adj riabhach, stríoctha

stripper n struipéar m1

strive vi streachail, srac

stroke n buille m4; (SWIMMING) bang m3; (MED) stróc m4 ♦ vt slíoc; **at a stroke** d'aon iarraidh; **to take a stroke** (MED) stróc a fháil

stroll n spaisteoireacht f3 ♦ vi bheith ag spaisteoireacht

strong adj tréan, láidir; (heart, nerves) daingean; **they are 50 strong** tá siad caoga ann

stronghold n daingean m1

strongly adv go láidir; go daingean

strongroom n seomra m4 daingean

structural adj struchtúrach

structure n struchtúr m1; (building)

foirgneamh *m1*

struggle *n* gleic *f2*, coimhlint *f2* ♦ *vi* streachail

strum *vt* (*guitar*) méaraigh, bheith ag streancánacht ar

strut *n* teanntóg *f2* ♦ *vi* siúl go gaigiúil

stub *n* (*of cigarette*) bun *m1*, stupa *m4*; (*of cheque etc*) sáil *f2*; **to ~ one's toe** do ladhar a smiotadh

stubble *n* coinleach *m1*; (*on chin*) bruth *m3*

stubborn *adj* stalcach, stobarnáilte

stuck *adj* (*jammed*): **it was ~** bhí sé i bhfostú

stuck-up (*inf*) *adj* smuilceach

stud *n* (*on boots, collar etc, earring*) stoda *m4*; (*of horses*: *also*: ~ **farm**) graí *f4*; (*also*: ~ **horse**) graíre *m4* ♦ *vt* (*fig*): **~ded with** buailte le

student *n* mac *m1* léinn ♦ *adj* mic léinn

student driver (*us*) *n* foghlaimeoir *m3* tiomána

students' union *n* aontas *m1* (na) mac léinn

studio *n* stiúideo *m4*

studious *adj* staidéarach

studiously *adv* (*carefully*) go staidéartha

study *n* (*research*): (*place*) seomra *m4* staidéir ♦ *vt* déan staidéar ar; (*examine*) scrúdaigh ♦ *vi* déan staidéar

stuff *n* stuif *m4*; (*substance*) ábhar *m1* ♦ *vt* stuáil, líon; (*cuun*) líon; (*inf*: *push*) ding

stuffing *n* (*padding*) stuáil *f3*; (*cuun*) búiste *m4*

stuffy *adj* (*room*) plúchtach; (*ideas*) tur

stumble *vi* tuisligh; **to stumble across** *or* **on sth** (*fig*) teacht ar rud de thaisme

stumbling block *n* dris *f2* chosáin

stump *n* stumpa *m4*; (*of tooth*) bun

m1 ♦ *vt*: **that will ~ them** cuirfidh sin ina dtost iad

stun *vt* (*daze*) cuir néal i; (*amaze*) déan staic de

stunning *adj* (*news etc*) treascrach, cosrach; (*girl etc*): **she was ~** bhí sí ina lán súl ag gach aon

stunt *n* (*in film*) cleas *m1*; (*publicity stunt*) cleas *m1* bolscaireachta ♦ *vt* crandaigh

stunted *adj* cranda, craptha

stuntman *n* fear *m1* clis

stupendous *adj* iontach, thar na bearta

stupid *adj* bómánta

stupidity *n* bómántacht *f3*

sturdy *adj* tacúil, storrúil

stutter *vi* labhair go stadach, stad a bheith sa chaint agat

sty *n* (*for pigs*) cró *m4* muice

stye *n* (*med*) sleamhnán *m1*

style *n* stíl *f2*; (*construction*) déanamh *m1*; (*clothes*) faisean *m1*

stylish *adj* faiseanta

stylus *n* (*of record player*) bior *m3*

suave *adj* síodúil

sub- *prefix* fo-

subconscious *adj* fo-chomhfhiosach

subcontract *vt* lig ar fhochonradh

subdue *vt* cloígh

subdued *adj*: **~ light** faonsolas *m1*; (*person*) ceansaithe, maolchluasach

subject *n* (*scol*) ábhar *m1*; (*of country*: *citizen*) géillsineach *m1*; (*philosophical*) suibiacht *f3* ♦ *vt*: **he ~ed me to an examination** chuir sé scrúdú orm; **to be subject to the law** bheith faoi réir an dlí; **to be subject to** (*disease*) bheith tugtha do

subjective *adj* suibiachtúil

subject matter *n* (*content*) ábhar *m1*

sublet *vt* folig

submarine *n* fomhuireán *m1*

submerge *vt*, *vi* tum

submission n géilleadh m; (proposal) moladh m

submissive adj géilliúil

submit vt cuir isteach ♦ vi géill

subnormal adj fonormálta

subordinate adj íochtaránach ♦ n íochtarán m1

subpoena n (LAW) subpoena m4

subscribe vi (to point of view) aontaigh le; (to newspaper) ceannaigh ar shíntiús; (COMM) suibscríobh; **she subscribed five pounds to the charity** thug sí cúig phunt don charthanacht

subscriber n (to periodical) síntiúsóir m3; (to telephone) rannpháirtí m4; (COMM) suibscríobhaí m4

subscript (TYP, COMPUT) n foscript f2

subscription n (to magazine etc) síntiús m1, suibscríbhinn f2

subsequent adj iartheachtach; **subsequent to** i ndiaidh

subsequently adv ina dhiaidh sin

subside vi (flood) tráigh; (wind, feelings) síothlaigh

subsidence n (of ground) turnamh m1

subsidiary adj cúntach, tánaisteach ♦ n (also: ~ company) fochomhlacht m3, fochuideachta f4

subsidize vt: **they were ~d** tugadh fóirdheontas dóibh

subsidy n fóirdheontas m1

substance n substaint f2

substantial adj substaintiúil

substantially adv go substaintiúil

substantiate vt: **he ~d his statement** chuir sé bunús lena ráiteas

substitute n (person) ionadaí m4; (thing) ionad m1 ♦ vt: **to ~ sth for sth else** rud a chur in ionad ruda eile ♦ vi: **to ~ for sb** ionadaíocht a dhéanamh ar dhuine

subterranean adj faoi thalamh

subtitle n (CINE) fotheideal m1

subtle adj glic, caolchúiseach; (fine) fíneálta

subtotal n fo-iomlán m1

subtract vt dealaigh

subtraction n dealú m

suburb n bruachbhaile m4; **the suburbs** na bruachbhailte

suburban adj fo-uirbeach, bruachbhailteach

suburbia n na bruachbhailte mpl4

subway n (US: railway) traein f faoi thalamh; (BRIT: underpass) íosbhealach m1

succeed vi: **she ~ed** d'éirigh léi; **they will succeed in doing it** éireoidh leo (é) a dhéanamh ♦ vt (follow) lean; **he succeeded his father** chuaigh sé in áit a athar

succeeding adj (following) ina dhiaidh

success n conách m1, rath m3; **to be a success** ag sth éifeacht a dhéanamh le rud

successful adj (venture) rathúil; **they were very successful** d'éirigh go geal leo

successfully adv: **they had completed the operation ~** d'éirigh leo an obráid a chur i gcrích

succession n sraith f2; **3 days in succession** trí lá i ndiaidh a chéile

successive adj i ndiaidh a chéile

such adj a leithéid; (of that kind): **~ a book** a leithéid de leabhar; (so much): **~ courage** a leithéid de mhisneach ♦ a leithéid; **such books** leabhair den sórt sin; **such a long trip** a leithéid de thuras fada; **such a lot of** an oiread sin + gen; **such as** (like) mar; **he has nothing against teachers as such** níl sé in aghaidh múinteoirí iontu féin

such-and-such adj: **at ~ a time** ag a leithéid seo d'am

suck vt diúl

sucker n súiteoir m3; (inf) amadán m1

suction n sú m4

sudden adj tobann; **all of a sudden** i bhfaiteadh na súl

suddenly adv go tobann

suds npl sobal msg1

sue vt agair

suede n svaeid f2

suet n geir f2

suffer vt fulaing; (bear) cuir suas le
♦ vi fulaing

sufferer n (MED) fulangaí m4

suffering n fulaingt f

sufficient adj: **I consider it** ~ **is** leor liom é; **sufficient money** go leor airgid

sufficiently adv go leor

suffocate vi múch, plúch

sugar n siúcra m4 ♦ vt cuir siúcra ar, siúcraigh

suggest vt mol; (indicate) comharthaigh

suggestion n moladh m

suicide n féinmharú m; see also **commit**

suit n (clothing) culaith f2; (LAW) agra m4; (CARDS) dath m3 ♦ vt oir or feil do; **aren't they well suited?** (couple) nach bhfuil an lánúin iad?; **it suits you well** is deas atá sé ag teacht duit

suitable adj oiriúnach, feiliúnach

suitably adv go hoiriúnach; **John and Mary are suitably matched** is maith chun a chéile Seán agus Máire

suitcase n mála m4 taistil

suite n (of rooms, also MUS) sraith f2; (furniture): **bedroom/dining room** ~ foireann f2 troscáin seomra suí/seomra bia

suitor n suiríoch m1

sulfur (US) n = **sulphur**

sulk vi téigh chun stuaice

sulky adj stuacach

sullen adj go stuacach

sulphur n (US) **sulfur** n ruibh f2, sulfar m1

sultana n sabhdánach m1

sultry adj brothallach, meirbh, marbhánta

sum n suim f2 ▸ **sum up** vt, vi coimrigh

summarize vt achoimrigh

summary n achoimre f4

summer n samhradh m1 ♦ adj: ~ **weather** aimsir shamhraidh

summerhouse n (in garden) grianán m1

summertime n an samhradh m1

summit n barr m1

summon vt toghair ▸ **summon up** vt múscail

summons n gairm f2; (LAW) toghairm f2

sump n (AUT) umar m1 ola

sun n grian f2; **in the sun** faoin ngrian

sunbathe vi déan bolg le gréin

sunburn n dó m4 gréine

sunburned, sunburnt adj (tanned) griandóite

Sunday n (An) Domhnach m1; **on Sunday** Dé Domhnaigh; **he comes on Sundays** tagann sé ar an Domhnach

Sunday school n scoil f2 Domhnaigh

sundial n clog m1 gréine, grianchlog m1

sundown n luí m4 na gréine, dul m faoi na gréine

sundries npl mionrudaí mpl4, ilearraí mpl4

sundry adj éagsúil ♦ n: **all and ~** an saol agus a mháthair

sunflower n lus m3 na gréine

sunglasses npl gloiní mpl4 gréine

sunlight n solas m1 na gréine

sunlit adj grianmhar

sunny adj grianmhar

sunrise n éirí m4 (na) gréine

sunset n luí m4 (na) gréine

sunshade n (over table) scáth m3 gréine

sunshine n dealramh m1 na gréine

sunstroke n béim f2 or goin f3 ghréine

suntan n dath m3 gréine

suntan lotion n ionlach m1 gréine

suntan oil n ola f4 gréine

super (inf) adj ar fheabhas

supercilious adj sotalach, dímheasúil

superficial adj éadomhain, gan fuaimint, éadrom

superimpose vt forshuigh

superintendent n (POLICE) ceannfort m1; (manager) maoirseoir m3

superior adj uachtarach; **X is superior to Y** is fearr X ná Y, tá X ag breith bairr ar Y ◆ n uachtarán m1

superiority n barr m1, barr feabhais, treise f4

superlative n (LING) sárchéim f2

superman n barrfhear m1

supermarket n ollmhargadh m1

supernatural adj osnádúrtha

superpower n (POL) cumhacht f3 mhór, ollchumhacht f3

superscript (TYP, COMPUT) n forscript f2

supersede vt cuir as áit, cuir as feidhm, glac ionad + gen

superstitious adj piseogach

supervise vt (exam) déan feitheoireacht ar; (work) déan maoirseacht ar; (business) stiúir

supervision n maoirseacht f3; (of exam) feitheoireacht f3; (of business) stiúradh m

supervisor n feitheoir m3,

maoirseoir m3; (business) stiúrthóir m3

supine adj faoin, droim faoi

supper n suipéar m1

supple adj aclaí, ligthe, scaoilte

supplement n forábhar m1, forlíonadh m ◆ vt cuir breis le

supplementary adj breise n gen, sa bhreis, forlíontach

supplier n soláthraí m4

supply vt (provide) soláthair; **to supply sb with sth** rud a riar do dhuine ◆ n riar m4, soláthar m1; **supplies** npl (food) soláthar msg1; (MIL) lón msg1

support n (moral, etc) tacaíocht f3; (TECH) taca m4 ◆ vt tacaigh; (financially) tabhair airgead do; (uphold) treisigh le

supporter n (POL etc) cúl m1 taca; (SPORT) tacaí m4, taobhaí m4

suppose vt (assume) cuir i gcás, samhlaigh, creid, síl; **I suppose ...** is dóigh liom; **let's suppose that ...** cuir i gcás go ...

supposed adj (alleged) mar dhea; **he's supposed to have said that ...** ba é a cheart a rá go ...; **it's supposed to be true** tá sé in ainm a bheith fíor

supposedly adv in ainm, ar shéala

suppress vt (revolt) cuir faoi chois; (information) déan rún ar; (yawn) brúigh fút, coinnigh cúl ar; (feelings) smachtaigh

supreme adj ardcheannasach, sár-

surcharge n breischáin f, formhuirear m1

sure adj cinnte, deimhin; **can I come? - sure!** an dtig liom teacht? - tig! or cinnte!; **sure enough** ceart go leor; **to make sure of sth** déanamh cinnte de rud; **to make sure** tabhair do d'aire go

surely adv go deimhin; **he is surely in danger** is cinnte go bhfuil sé i gcontúirt

surety n banna m4, urra m4

surf n (waves) bruth m3

surface n dromchla m4 ◆ vt (road) cuir craiceann ar ◆ vi tar i mbarr uisce

surfboard n clár m1 toinne

surfeit n: **a ~ of** barraíocht + gen, an iomarca + gen

surfing n marcaíocht f3 toinne

surge n borradh m ◆ vi borr

surgeon n máinlia m

surgery n máinliacht f3; (room) áit f2 mháinliachta

surgical adj máinliach

surgical spirit n alcól m1 máinliach

surly adj grusach

surname n sloinne m4

surplus n barrachas m1, fuíoll m1 ◆ adj fuílleach

surprise n iontas m1 ◆ vt (catch unawares) tar aniar aduaidh ar, beir gairid ar; (astonish) cuir iontas ar

surprising adj iontach

surprisingly adv (easy, helpful) iontach

surrender n géilleadh m ◆ vi géill, tabhair isteach

surreptitious adj faoi choim

surrogate n ionadaí m4

surrogate mother n máthair f ionaid

surround vt timpeallaigh

surrounding adj: **the ~ district** an ceantar maguaird

surroundings npl timpeallacht fsg3

surveillance n faire f4

survey n iniúchadh m; (in housebuying etc) suirbhé m4; (of land) suirbhéireacht f3 ◆ vt déan suirbhé or suirbhéireacht ar; (examine) scrúdaigh; (look over) caith súil thar

surveyor n suirbhéir m3

survival n marthanas m1, teacht m3

slán; (relic) iarsma m4

survive vi mair ◆ vt tar slán as

survivor n marthanóir m3; (fig) cathaí m4

susceptible adj: **~ (to)** géilliúil (do); (disease) claonta (chun), tugtha (do)

suspect adj amhrasach ◆ n díol m3 amhrais ◆ vt bheith san amhras ar

suspend vt (hang) croch; (judgement) cuir ar fionraí

suspended sentence n breith f2 fionraíochta

suspender belt n crios m3 crochóg

suspenders npl (BRIT) crochóga fpl2; (US) gealasacha mpl1

suspense n beophianadh m; **the children were in suspense** bhí na páistí ar cipíní

suspension n crochadh m; (of driving licence) tarraingt f siar

suspension bridge n droichead m1 crochta

suspicion n amhras m1

suspicious adj (suspecting) amhrasach

sustain vt lean de; (food etc) cothaigh; (suffer) fulaing

sustained adj (effort) buan, marthanach

sustenance n lón m1, cothú m

swab n (MED) táithín m4 cadáis, maipín m4

swagger vi siúl mustrach a bheith fút

swallow n (bird) fáinleog f2 ◆ vt slog ▸ **swallow up** vt alp

swamp n seascann m4 ◆ vt báigh; **she was swamped with work** bhí sí báite in obair

swan n eala f4

swap vt: **to ~ sth (for)** rud a mhalartú (ar)

swarm n saithe f4, púir f2 ◆ vi caith saithe; **swarming with people** dubh le daoine

swarthy adj crón

swastika n svaistice f4

swat vt smiot

sway vi luasc, bheith ag longadán or ag gúngáil ♦ vt (influence) téigh i bhfeidhm ar

swear vt mionn ♦ vi déan eascaine, bheith ag mallachtach or ag spalpadh mionnaí móra

swearword n mionn m3 mór, eascaine f4

sweat n allas m1 ♦ vi cuir allas

sweater n geansaí m4

sweaty adj allasach

Swede n Sualannach m1

swede n svaeid f2

Sweden n An tSualainn f2

Swedish adj Sualannach ♦ n (LING) Sualainnis f2; **the Swedish** muintir fsg2 na Sualainne

sweep n scuabadh m; (also: **chimney ~**) glantóir m3 simléar ♦ vt scuab; (subj: current) cart ♦ vi (hand, arm) tarraing ► **sweep away** vt scuab chun siúil ► **sweep up** vt scuab suas

sweeping adj (changes) scóipiúil, bunúsach; **a sweeping statement** ráiteas scaoilte

sweet n (candy) milseán m1; (pudding) milseog f2 ♦ adj milis; (fig: kind) lách; (baby) gleoite; (voice) binn; (smell) cumhra

sweetcorn n arbhar m1 milis

sweeten vt milsigh; (air) úraigh, cumhraigh

sweetheart n muirnín m4

sweetness n milseacht f3; (of sound) binneas m1

sweetpea n pis f2 chumhra

swell n (of sea) mórtas m1, suaill f2 ♦ adj (US: inf: excellent) ar fheabhas ♦ vi borr; (MED) at

swelling n (MED) at m1; (lump) meall m1

sweltering adj brothallach

swerve vi fiar, téigh ar fiar

swift n (bird) gabhlán m1 gaoithe ♦ adj mear, luath

swig (inf) n (drink) slog m1, tarraingt f2

swill vt (also: ~ **out**) sruthlaigh amach; (also: ~ **down**) slog siar

swim n: **to go for a ~** dul ag snámh ♦ vi snámh; **my head was swimming** bhí meadhrán i mo cheann ♦ vt snámh

swimmer n snámhóir m3

swimming n snámh m3

swimming cap n caipín m4 snámha

swimming costume n culaith f2 shnámha

swimming pool n linn f2 snámha

swimming trunks npl briste m4 snámha

swimsuit n culaith f2 shnámha

swindle n calaois f2, caimiléireacht f3

swine (inf!) n inv muclach m1

swing n luascán m1; (movement) luascadh m; (MUS) luasc-cheol m1; (change: in opinion etc) athrú m ♦ vt luasc; (also: ~ **round**) cas ♦ vi luasc; (also: ~ **round**) cas thart; **to be in full swing** bheith faoi lán seoil

swing bridge n droichead m1 lúdrach

swing door, (US) **swinging door** n luascdhoras m1

swingeing adj crua; (cuts etc) fairsing, scóipiúil

swipe vi: **to ~ at sth** iarraidh de bhuille a thabhairt ar rud; (inf) ♦ vt (steal) sciob ♦ n: **to take a ~ at sth** iarraidh de bhuille a thabhairt ar rud

swirl vi déan guairneán or cuaifeach

swish vi (tail) gread; (clothes) déan siosarnach

Swiss adj n Eilvéiseach m1

switch n (for light, radio etc) lasc f2;

(change) aistriú *m* ♦ *vt* aistrigh
▸ **switch off** *vt (light)* cuir as, múch; *(engine)* stop, múch
▸ **switch on** *vt (light)* las; *(engine, machine)* dúisigh, tosaigh
switchboard *n (TEL)* lasc-chlár *m1*
Switzerland *n* An Eilvéis *f2*
swivel *vi (also: ~ round)* tar thart
swoon *vi* tit i bhfanntais
swoop *n (by police)* ruathar *m1* ♦ *vi (also: ~ down)* tar anuas de ruathar ar
swop *vt* = swap
sword *n* claíomh *m1*
swordfish *n* colgán *m1*
sworn *adj (statement, evidence)* faoi mhionn
syllable *n* siolla *m4*
syllabus *n* siollabas *m1*
symbol *n* siombail *f2*, comhartha *m4*
symmetry *n* siméadracht *f3*
sympathetic *adj* tuisceanach; *(likeable)* báúil; **he was sympathetic towards her story** bhí claonadh aige lena scéal
sympathize *vi (in grief)* déan comhbhrón; **I sympathize with you** tuigim duit; **to sympathize with sth** aontú le rud
sympathizer *n (POL)* taobhaitheoir *m3*
sympathy *n (pity)* comhbhrón *m1*; *(affinity)* bá *f4*, dáimh *f2*; **in sympathy with** *(strike)* ag taobhú le
symphony *n* siansa *m4*
symptom *n* airí *m4*, siomtóm *m1*
syndicate *n* sindeacáit *f2*
synonym *n* comhchiallach *m1*
synopsis *n* achoimre *f4*
syntax *n* comhréir *f2*
synthetic *adj* sintéiseach
syphon *n, vb* = siphon
Syria *n* An tSiria *f4*
syringe *n* steallaire *m4*
syrup *n* síoróip *f2*; *(also: golden ~)*

órshúlach *m1*
system *n* córas *m1*
systematic *adj* córasach, rianúil; *(person)* críochnúil
system disk *n (COMPUT)* diosca *m4* córais
systems analyst *n* anailísí *m4* córas

T

ta *(inf) excl* sonas ort
tab *n (label)* lipéad *m1*; *(on drinks can etc)* cluaisín *m4*; *(US: bill)* dola *m4*; *(TYP, COMPUT)* táb *m1* ♦ *vt (TYP, COMPUT)* tábáil; **to keep tabs on** *(fig)* súil ghéar a choinneáil ar
tabby *n (also: ~ cat)* cat *m1* riabhach
table *n* tábla *m4*, bord *m1* ♦ *vt (motion etc)* cláraigh; **to lay** *or* **set the table** an tábla a ullmhú
tablecloth *n* éadach *m1* boird, scaraoid *f2*
table lamp *n* lampa *m4* boird
tablemat *n* mata *m4* boird
table of contents *n* clár *m1* ábhair
tablespoon *n (also: ~ful: as measurement)* spúnóg *f2* bhoird
tablet *n* táibléad *m1*; *(for writing)* tabhaill *m1*; *(stone)* leac *f2*
table tennis *n* leadóg *f2* bhoird
table wine *n* fíon *m3* boird
tabloid *n* tablóid *f2*; *(also: ~ press)* táblaigh
tabulate *vt (data, figures)* táblaigh
tack *n (nail)* tacóid *f2*; *(stitch)* greim *m3* gúshnátha ♦ *vt* daingnigh le tacóid; *(fig)* greamaigh ♦ *vi (NAUT):* **to ~ leathbhord a chaitheamh**
tackle *n* trealamh *m1*, fearas *m1*; *(for lifting)* tácla *m4*; *(RUGBY)* greamú *m* ♦ *vt (difficulty, animal, burglar etc)* tabhair faoi; *(RUGBY)* greamaigh
tacky *adj* greamaitheach; *(pej: of*

poor quality) suarach

tact n cáiréis f2

tactful adj cáiréiseach

tactical adj taicticiúil

tactics npl oirbheartaíocht fsg3, taicticí fpl2

tactless adj neamhcháiréiseach

tadpole n torbán m1

tag n lipéad m1, scorán m1; (*on ear*) clib f2 ▸ **tag along** vi lean

tail n eireaball m1 ♦ vt (*follow*) lean; **tails** npl (*clothing*) casóg fsg2 eireaballl

tailback n (AUT) scuaine f4 tráchta

tail end n geadán m1

tailgate n (AUT) clár m1 deiridh

tailor n táilliúir m3

tailoring n (*cut*) táilliúireacht f3

tailor-made adj déanta de réir toise; (*fig*) rí-fheiliúnach

tailwind n gaoth f2 chúil

tainted adj (*lift*) tóg; (*food*) camhraithe

take vt glac; (*lift*) tóg; (*gain*: *prize*) gnóthaigh; (*require*: *effort*, *courage*) tóg; (*tolerate*) fulaing; (*hold*: *passengers etc*) iompair; (*accompany*) tionlaic; (*bring*, *carry*) tabhair; (*exam*) déan; **to take sth from** (*drawer etc*) rud a thógáil ó or as; (*person*) rud a bhaint de; **I take it that ...** glacaim leis go ... ▸ **take after** vt fus bheith cosúil le ▸ **take apart** vt bain as a chéile ▸ **take away** vt: **~ it away!** tabhair leat é!; **to take sth away from sb** rud a bhaint de bhaint de dhuine ▸ **take back** vt (*return*) tabhair ar ais; (*accept*) glac ar ais; (*one's words*) tarraing siar ▸ **take down** vt (*building*) leag; (*from shelf etc*) tóg anuas; (*letter etc*) breac síos ▸ **take in** vt (*deceive*) cuir cluain ar; (*understand*) tuig; (*include*) cuir san áireamh; (*lodger*) glac ▸ **take off** vi (AVIAT) éirigh de thalamh ♦ vt (*go away*) imigh leat;

she took off her coat bhain sí di a cóta ▸ **take on** vt (*work*) glac chugat; (*employee*) fostaigh; (*opponent*) téigh i ngleic le ▸ **take out** vt (*invite*) tabhair amach; (*remove*) tóg amach ▸ **take over** vt (*business*) téigh i gceannas (ar); **he took over the factory** chuaigh sé i mbun na monarchan ♦ vi: **to ~ over from sb** áit duine a ghlacadh ▸ **take to** vt fus (*person*): **I took to him** réitigh mé leis; (*thing*): **she took to the business well** tháinig sí isteach go maith ar an ngnó ▸ **take up** vt (*activity*) tosaigh ar; (*dress*) tóg; (*occupy*: *time*, *space*) tóg; **to take sb up on an offer** glacadh le tairiscint ó dhuine

takeoff n (AVIAT) éirí m4 de thalamh

takeover n (COMM) táthcheangal m1

takings npl (COMM) fáltas msg1

talc n (*also*: **~um powder**) talcam m1

tale n (*story*) scéal m1, eachtra f4; (*account*) tuairisc f2; **to tell tales (on)** (*fig*) sceitheadh (ar)

talent n bua m4, tréith f2, talann f2

talented adj tréitheach, talannach, éirimiúil; **he is a talented musician** tá féith an cheoil ann

talk n (*a speech*) caint f2; (*conversation*) comhrá m4; (*gossip*) béadán m1 ♦ vi labhair; **talks** npl (POL etc) comhchainteanna fpl2; **to talk about sth** labhairt faoi rud; **to talk sb out of doing sth** a áitiú ar dhuine gan rud a dhéanamh; **to talk shop** labhairt ar chúrsaí oibre ▸ **talk over** vt pléigh

talkative adj cainteach

talk show n seó m4 agallaimh

tall adj ard; **to be six feet tall** bheith sé throigh ar airde

tall story n scéal m1 an ghamhna bhuí

tally n cuntas m1 ♦ vi: **to ~** teacht le

chéile; **to tally with** réiteach le

talon n ionga f, crúb f2

tame adj ceansa, umhal; (fig: story, style) leamh

tamper vi: **to ~ with** bheith ag gabháil de

tampon n stoipéad m1

tan n (also: **suntan**) dath m3 na gréine ♦ vt, vi crónaigh ♦ adj (colour) crón

tang n (taste) blas m1 géar; (smell) boladh m1 géar

tangent n (MATH) tadhlaí m4, tangant f2; **to go off at a tangent** (fig) dul i dtreo eile ar fad

tangerine n tainséirín m4

tangle n achrann m1, aimhréidh f2; **to get in(to) a tangle** dul in aimhréidh

tank n (water tank) umar m1; (for fish) dabhach f2; (MIL) tanc m1

tanker n tancaer m1

tantalizing adj mealltach

tantamount adj: **that is ~ to ...** is ionann sin agus ...

tantrum n spadhar m1, taghd m1

tap n (on sink etc) sconna m4, buacaire m4; (gentle blow) cniogóg f2 ♦ vt: **to ~ sth** cniogóg a bhualadh ar rud; (knock): **to ~ on the door** cnagadh ar an doras; (resources) tarraing ar; (telephone): **to ~ a telephone** cúléisteacht ar ghuthán duine; **on tap** (fig: resources) ar fáil

tape n téip f2; (SPORT) ribín f2, (also: **magnetic ~**) téip mhaighnéadach; (cassette) téip; (sticky) téip ghreamaitheach ♦ vt (record) taifead, cuir ar téip; (stick with tape) greamaigh

tape deck n deic f2 téipe

tape measure n ribín m4 tomhais, miosúr m4

taper n barrchaolú m ♦ vi barrchaolaigh

tape recorder n téipthaifeadán m1

tapestry n taipéis f2

tar n tarra m4

target n sprioc f2; (fig) cuspóir m3

tariff n (COMM) taraif f2, táille f4; (taxes) cáin f

tarmac n tarramhacadam m1

tarnish vt teimhligh, smálaigh

tarpaulin n tarpól m1

tarragon n dragan m1

tart n (CULIN) toirtín m4; (inf: slut) raiteog f2 ♦ adj (flavour) géar
♦ **tart up** vt cóirigh; **to tart o.s. up** tú féin a chóiriú

tartan n breacán m1 ♦ adj breacáin

tartar n (on teeth) tartar m1

tartar(e) sauce n anlann m1 tartair

task n cúram m1, tasc m1; **to take sb to task** duine a cháineadh

task force n (MIL, POLICE) tascfhórsa m4

tassel n mabóg f2, scothóg f2

taste n blas m1; (fig: glimpse, idea) réamhbhlas m1 ♦ vt blais ♦ vi: **to ~s of** or **like fish** tá blas éisc air; **can I have a taste of this wine?** an féidir liom an fíon seo a bhlaiseadh?; **to be in bad taste** bheith míchuí

tasteful adj (food etc) blasta; (dress etc) cuibhiúil

tasteless adj (food) leamh; (remark) míchuibheasach

tasty adj blasta

tatters npl: **in ~** stiallta

tattoo n tatú m4 ♦ vt tatuáil

tatty adj (inf) gioblach

taunt n achasán m1 ♦ vt tarcaisnigh; **to taunt sb** duine a tharcaisniú

Taurus n An Tarbh m1

taut adj teann, rite

tax n cáin f ♦ vt cáin a ghearradh ar; (fig): **they are ~ing my patience** tá siad ag caitheamh na foighne agam

taxable adj (income) incháinithe

taxation n cánachas m1

tax avoidance n imghabháil f3 cánach

tax disc n (AUT) diosca m4 cánach

tax evasion n seachaint f3 cánach

tax-free adj saor ó cháin

taxi n tacsaí m4 ♦ vi (AVIAT) gluais ar talamh

taxi driver n tiománaí m4 tacsaí

taxi rank, taxi stand n stad m4 tacsaí

tax payer n íocóir m3 cánach

tax relief n faoiseamh m1 cánach

tax return n tuairisceán m1 cánach

TD n abbr (= Teachta Dála) Dáil Deputy, = MP

tea n tae m4; **to make a cup of tea** cupán tae a dhéanamh

tea bag n mála m4 tae

tea break n sos m3 tae

teach vt, vi teagasc, múin; **to teach sb sth, teach sth to sb** rud a mhúineadh do dhuine

teacher n múinteoir m3, oide m4

teaching n múinteoireacht f3, teagasc m1

tea cosy n púic f2 tae

teacup n cupán m1

teak n téac f2

team n foireann f2; (of workers) meitheal f2

teamwork n comhar m1, cur m1 le chéile

teapot n taephota m4

tear[1] n stróiceadh m ♦ vt, vi stróic, réab ▸ **tear along** vi (rush): **she was ~ing along the road** bhí sí ag stróiceadh léi feadh an bhóthair ▸ **tear up** vt (sheet of paper etc) stróic

tear[2] n deoir f2; **she burst into tears** bhris a gol uirthi

tearful adj deorach; **a tearful voice** glór caointe

tear gas n deoirghás m1

tearoom n seomra m4 tae

tease vt spoch as; (unkindly) ciap

tease out vt spíon

tea set n foireann f2 tae

teaspoon n taespúnóg f2, (also: ~ful: as measurement) lán m1 taespúnóige

teat n (of animal) sine f4; (on bottle) dide f4

teatime n am m3 tae

tea towel n ceirt f2 soithí

technical adj teicniúil

technicality n (detail) teicniúlacht f3; (point of law) pointe m4 teicniúil

technically adv go teicniúil

technician n teicneoir m3

technique n teicníocht f3, teicníc f2

technological adj teicneolaíoch

technology n teicneolaíocht f3

teddy (bear) n béirín m4

tedious adj leadránach, strambánach

tee n (GOLF) tí m4

teem vi: **to ~ (with)** bheith lom lán (le) ♦ vt (potatoes) taom; **it is teeming (with rain)** tá sé ag stealladh (báistí)

teenage adj (fashions etc) déagóra in gen

teenager n déagóir m3

teens npl déaga pl; **to be in one's teens** bheith sna déaga

tee-shirt n = T-shirt

teeter vi: **to ~ on** bheith ag longadán

teething n gearradh m fiacla

teetotal adj (person) staontach

teetotaller n staonaire m4

telegram n sreangscéal m1, teileagram m1

telegraph n teileagraf m1

telegraph pole n cuaille m4 teileagraif

telephone n teileafón m1, guthán m1 ♦ vt (person): **to ~ sb** glaoch guthán a chur ar dhuine; **I'm on the telephone** (*speaking*) tá mé ag caint ar an teileafón; **we're on the telephone** (*have a telephone*) tá teileafón againn

telephone booth, telephone box n bosca m4 teileafóin or guthán

telephone call n scairt f2 ghutháin, glao m4 gutháin

telephone directory n eolaí m4 teileafóin

telephone number n uimhir f theileafóin or ghutháin

telephonist n teileafónaí m4

telescope n teileascóp m1

television n teilifís f2; (*also*: ~ **set**) teilifíseán m1; **on television** ar an teilifís

telex n teiléacs m4

tell vt abair, inis; (*distinguish*): **to ~ sth from** rud a idirdhealú ó ♦ vi (*talk*): **to ~ (of)** inis (faoi); (*have effect*) dul i bhfeidhm (ar); **to tell sb to go** a rá le duine imeacht
▶ **tell off** vt: **to ~ sb off** leadhbairt den teanga a thabhairt do dhuine

teller n (*in bank*) áiritheoir m3

telling adj (*remark, detail*) éifeachtach, feidhmiúil

telltale n sceithire m4

telly (*inf*) n abbr: **on the ~** ar an bhosca; = **television**

temp n abbr = **temporary**

temper n (*nature*) meon m1; (*mood*) aoibh f2; (*fit of anger*) colg m1, taghd m1 ♦ vt (*moderate*) maolaigh; **he is in a temper** tá colg air; **he lost his temper** baineadh a mhíthapa as

temperament n (*nature*) meon m1, cáilíocht f3

temperamental adj taghdach, spadhrúil

temperate adj measartha; (*climate*) séimh

temperature n teocht f3; **he has a**

temperature tá fiabhras air

temple n (*building*) teampall m1; (ANAT) uisinn f2

temporary adj sealadach; (*ephemeral*) neamhbhuan

tempt vt meall; **to tempt sb** cathú a chur ar dhuine; **I was tempted** tháinig cathuithe orm

temptation n cathú m

ten num deich; **ten bottles** deich mbuidéal; **ten people** deichniúr m1

tenacity n righneas m1, diongbháilteacht f3

tenancy n tionóntacht f3

tenant n tionónta m4

tend vt: **to ~ sb** aire a thabhairt do dhuine ♦ vi: **I ~ to agree** le claonadh agam aontú; **they tend to go to Scotland on holiday** is gnách leo dul ar saoire go hAlbain

tendency n: **to ~** claonadh m chun, luí m4 le

tender adj bog, maoth; (*delicate*) leochaileach; (*bruise etc*) frithir ♦ n (COMM, *offer*) tairiscint f3 ♦ vt tairg

tenement n tionóntán m1

tenet n prionsabal m1

tennis n leadóg f2

tennis ball n liathróid f2 leadóige

tennis court n cúirt f2 leadóige

tennis player n imreoir m3 leadóige

tennis racket n raicéad m1 leadóige

tennis shoe n bróg f2 leadóige

tenor n (MUS) teanór m1

tenpin bowling n bollaí mpl4 deich mbiorán

tense adj rite; (*nervous*) ar tinneall; (*finish*) corraitheach ♦ n (LING) aimsir f2

tension n teannas m1

tent n puball m1

tentative adj trialach; (*cautious*) faichilleach

tenterhooks npl: **on ~** ar bís

tenth num deichiú m4; **the tenth**

woman an deichiú bean
tent pole n cuaille m4 puaill
tenuous adj caol; (point, argument) fánach
tenure n (of property) sealbhaíocht f3; (LAW) tionacht f3
tepid adj alabhog; (person) leamh
term n téarma m4, (condition) coinníoll m1 ♦ vt: to ~ sth/sb ainm a thabhairt ar rud/dhuine; **in the long term** go fadtéarmach; **to come to terms with** (problem) teacht chun réitigh le
terminal adj téarmach ♦ n (ELEC) teirminéal m1; (also: **air, coach terminal**) críochfort m1
terminate vt deireadh a chur le; (pregnancy) ginmhilleadh a fháil
terminus n stáisiún m1 cinn aistir
terrace n lochtán m1; (row of houses) sraith f2; (in street names) ardán m1; **the terraces** npl (SPORT) na lochtáins mpl1
terraced adj (garden) lochtánach
terracotta n cré f4 bhruite
terrain n tír-raon m1
terrible adj uafásach, millteanach, creathnach
terribly adv millteanach, uafásach
terrier n brocaire m4
terrific adj iontach, éachtach
terrify vt scanraigh, sceimhligh; **he terrified them** chuir sé scéin iontu
territory n dúiche f4, críoch f2, líomatáiste m4
terror n scéin f2, sceimhle m4, scanradh m1
terrorism n sceimhlitheoireacht f3
terrorist n sceimhlitheoir m3
terse adj (style) grod; (reply) grod
Terylene ® n teirilín m4
test n triail f, teist f2, promhadh m1; (MED, SCOL) scrúdú m; (CHEM) triail; (also: **driving ~**) scrúdú tiomána ♦ vt triail; scrúdaigh;

promh; tástáil
testament n uacht f3, tiomna m4; **the Old/New Testament** an Sean-Tiomna/an Tiomna Nua
testicle n magairle m4
testify vi (LAW) fianaise a thabhairt; **to testify to sth** dearbhú le rud
testimony n fianaise f4
test match n (CRICKET, RUGBY) teistchluiche m4
test pilot n píolóta m4 profa
test tube n promhadán m1
tetanus n teiteanas m1
tether vt ceangail ♦ n teaghrán m1; **to be at the end of one's tether** bheith i mbarr do chéille
text n téacs m4
textbook n téacsleabhar m1
textile n teicstíl f2
texture n uigeacht f3
Thames n: **the ~** An Tamais f2
than conj ná; (with numerals): **more ~ 10/once** níos mó ná deichniúr/uair amháin; **I have more/less than you** tá níos mó/níos lú agam ná atá agatsa; **she has more apples than pears** is mó úll ná piorraí atá aici; **I'd rather go than stay** b'fhearr liom imeacht ná fanacht
thank vt: to ~ sb (for) buíochas a ghabháil le duine (as); **thanks** npl (gratitude) buíochas msg1 ♦ excl go raibh maith agat; **thank you (very much)** go raibh míle maith agat; **thanks to** a bhuí le; **thank God!** buíochas le Dia!
thankful adj: ~ (for) buíoch (as)
thankless adj (person) díomaíoch; (task) gan bhuíochas
Thanksgiving (Day) n Lá m an Altaithe

that adj (demonstrative: pl those) sin; **that man/woman/book** an fear/an bhean/an leabhar sin; (not

"*this*") an fear/an bhean/an leabhar úd; **that one** an ceann sin *or* úd
♦ **pron** 1 (*demonstrative : pl those :* not "*this one*") é sin, í sin, iad sin; **who's that?** cé hé sin; **what's that?** céard *or* cad é sin; **is that you?** an tú atá ann?, an tusa atá ansin?; **I prefer this to that** is fearr liom (é) seo ná (é) sin; **that's what he said** sin an rud a dúirt sé; **that is (to say)** is é sin le rá *or* is ionann sin is a rá

2 (*relative: subject*) a + *lenition*; (: *object*) a + *lenition*, a + *nas*; (: : *in past tenses*) a + *nas/ar* + *lenition*; (: *indirect*) a + *nas*; (: : *past tenses*) a + *lenition*; **the book that I read** an leabhar a léigh mé; **the books that are in the library** na leabhair atá sa leabharlann; **all that I have** (gach) a bhfuil agam; **the box that I put it in** an bosca ar chuir mé ann é/ inar chuir mé é; **the people that I spoke to** na daoine ar labhair mé leo *or* lenar labhair mé

3 (*relative: of time*): **the day that he came** an lá a *or* ar tháinig sé
♦ **conj:** he thought that I was ill shíl sé go raibh mé tinn
♦ **adv** (*demonstrative*): **I can't work that much** ní thig liom an oiread sin oibre a dhéanamh; **I didn't know it was that bad** ní raibh a fhios agam go raibh sé chomh dona sin; **it's about that high** tá sé faoin méid/airde sin

thatched *adj* (*roof*) tuí; **thatched cottage** teach ceann tuí

thaw *n* coscairt *f3* ♦ *vi:* **it's ~ing** tá coscairt ann ♦ *vt* coscair, leáigh

KEYWORD

the *def art* 1 (*gen*); **the man/woman** an fear/bhean; **the summer/street**

an samhradh/tsráid; **the time** an t-am; **the weather** an aimsir; **the children** na páistí; **the songs** na hamhráin; **the history of the world** stair an domhain; **give it to the postman** tabhair d'fhear an phoist é; **to play the piano/flute** an pianó/fheadóg mhór a sheinm; **the rich and the poor** an saibhir agus an daibhir

2 (*in titles*): **Elizabeth the First** Eilís a hAon; **Peter the Great** Peadar Mór; **Seán the poet** Seán file; **Tadhg the blacksmith** Tadhg gabha

3 (*in comparisons*): **the more he works, the more he earns** dá mhéad a oibríonn sé an mhlaidh is mó a shaothraíonn sé, dá mhéad dá n-oibríonn sé is ea is mó a shaothraíonn sé

theatre *n* amharclann *f2*; (*also:* **lecture ~**) léachtlann *f2*; (MED: *also:* **operating ~**) obrádlann *f2*; **the theatre of war** láthair an chogaidh

theatre-goer *n* gnáthóir *m3* amharclainne

theatrical *adj* amharclannach; (*exaggerated*) gáifeach

theft *n* gadaíocht *f3*, goid *f*

their *adj* a; **their house/car/gloves** a dteach/ngluaisteán/miotóga, an teach/an gluaisteán/na miotóga acu; **their hair** a gcuid gruaige; *see also* **my**

theirs *adj* (*single article*) a gceannsa, a; (*share of*) a gcuidsean; **this book is theirs** is leo an leabhar seo; **this book of theirs** an leabhar seo acu; *see also* **mine**

them *pron* (*direct*) iad; (*emphatic*) iadsan; **I saw them** chonaic mé iad; **without them** gan iad; **after them** ina ndiaidh; **tormenting them** á gcrá; *see also* **me**

theme n téama m4, ábhar m1

theme park n páirc f2 théama

theme song n téamamhrán m1

themselves pl pron (reflexive) iad féin; (emphatic) iadsan; see also oneself

then adv (at that time) san am sin; (at that moment) ansin; (next) ansin, ina dhiaidh sin ♦ conj (therefore) ansin, mar sin ♦ adj: **the ~ president** uachtarán na linne sin; **by then** faoi sin; **from then on** as sin amach

theology n diagacht f3

theoretical adj teoiriciúil

theorize vi ceap teoiricí

theory n teoiric f2

therapy n teiripe f4

KEYWORD

there adv 1: **there is, there are** tá ... ann; **there are 3 of them** (people) tá triúr díobh ann; (things) tá trí cinn díobh ann; **there has been an accident** bhí taisme ann 2 (referring to place) ansin, ansiúd; **it's there** tá sé ansin; **in/up/down there** istigh/thuas/thíos ansin; **he went there on Friday** chuaigh sé ann Dé hAoine; **I want that book there** an leabhar sin ba mhaith liom; **there he is!** sin or siúd ansin é

3: **there, there** (esp to child) seo, seo, seo anois

---

thereabouts adv (place) sa chóngar sin; (amount) thart faoi sin, a bheag nó a mhór

thereafter adv as sin amach; (up to present) ó shin i leith

thereby adv ar an dóigh sin, sa tslí sin, dá bharr sin

therefore adv dá bhrí sin, ar an ábhar sin, mar sin de

thermal adj teirmeach; (springs) te

thermometer n teirmiméadar m1

Thermos ® n (also: ~ flask) teirmeas m1

thermostat n teirmeastat m1

thesaurus n teasóras f1

these pl adj (not "those"): ~ **books** na leabhair seo ♦ pl pron (subj) siad seo; (obj) iad seo

thesis n (dissertation) tráchtas m1; (theory) téis f2

they pl pron siad, iad; (emphatic) siadsan; (as subject): ~ **came in** tháinig siad isteach; (with copula): ~ **are people** is daoine iad; (in passive, autonomous): ~ **were injured** gortaíodh iad; **they came and she stayed** tháinig siad agus d'fhan sise; **it is they who ...** is iadsan a ...; **they say that ...** (it is said that) deirtear ...

thick adj tiubh, dlúth; (liquid) ramhar; (stupid) bómánta ♦ n: **in the ~ of** i lár + gen; **it's 20 cm thick** 20 cm ar tiús

thicken vt, vi tiubhaigh, ramhraigh; (plot) éirigh níos casta

thickness n tiús m1, raimhre f4

thickset adj dlúth; (person) dingthe

thick-skinned adj (fig) neamhghoilliúnach

thief n gadaí m4

thigh n ceathrú f, leis f2

thimble n méaracán m1

thin adj tanaí, caol; (hair, crowd) scáinte ♦ vt, vi tanaigh, caolaigh

thing n rud m3, ní m4; **things** npl (belongings) giúirléidí fpl2; **poor thing!** an créatúr!; **the best thing would be to ...** ba é ab fhearr a dhéanamh (ná) ...; **how are things?** cad é mar atá cúrsaí?

think vt, vi smaoinigh; (reflect) machnaigh; (presume) síl, ceap, meas ♦ vi: ~ **about** smaoinigh or machnaigh ar ♦ vt (imagine) samhail; **what did you think of**

them? cad é do bharúil orthu?; **to think about sth/sb** smaoineamh ar rud/dhuine; **I'll think about it** déanfaidh mé mo mhachnamh air; **to think of doing sth** smaoineamh ar rud a dhéanamh; **Is he here? - I think so** an bhfuil sé abhus? - sílim go bhfuil; **I think of her a lot** bíonn sí go minic ar m'intinn ▶ **think over** vt smaoinigh ar ▶ **think up** vt ceap, cum, faigh

think tank n sainghrúpa m4 machnaimh

thinly adv (cut) go caol; (spread) go tanaí

third num tríú, trian; **the third woman** an tríú bean ◆ n (fraction) an tríú cuid; (AUT) an tríú giar; (UNIV, degree) na tríú honóracha; (MUS) tréach m1

thirdly adv ar an tríú dul síos

third party insurance n árachas m1 tríú páirtí

third-rate adj den tríú scoth

Third World n: **the Third World** an Tríú Domhan

thirst n tart m3

thirsty adj (person) tartmhar; (work) tartúil; **he is thirsty** tá tart air

thirteen num trí déag; **thirteen bottles** trí bhuidéal déag; **thirteen people** trí dhuine déag

thirty num tríocha + sg

this adj (demonstrative: pl these) seo; **this man/woman/book** an fear/an bhean/an leabhar seo; **this one** an ceann seo

◆ pron (demonstrative: pl these) é seo, í seo, iad seo; **who's this?** cé hé seo?; **what's this?** céard or cad é seo?; **I prefer this to that** is fearr liom (é) seo ná (é) sin; **this is what he said** seo an rud a dúirt sé; **this**

is Mr Brown (in introductions) is é seo an tUasal Brown; (in photo) seo an tUasal Brown; (on telephone) an tUasal Brown anseo

◆ adv (demonstrative): **it was about this big** bhí sé thart faoin méid seo; **I didn't know it was this bad** ní raibh a fhios agam go raibh sé chomh dona seo

thistle n feochadán m1

thorn n dealg f2

thorough adj cruinn, mion; (work, person) críochnúil

thoroughbred adj (horse) folúil

thoroughfare n bealach m1

thoroughly adv (go) críochnúil; (know) (go) cruinn; (very) amach agus amach

those pl adj (not "these"): ~ **books** na leabhair sin ◆ pl pron (subj) siad sin; (obj) iad sin

though conj cé go, bíodh go ◆ adv mar sin féin

thought n machnamh m1; (idea) smaoineamh m1; (opinion) barúil f3

thoughtful adj (deep in thought) machnamhach, smaointeach; (considerate) tuisceanach

thoughtless adj místuama, éaganta; (inconsiderate) neamhthuisceanach

thousand num míle; **two thousand houses** dhá mhíle teach; **thousands of houses** na mílte teach

thousandth num míliú

thrash vt léas, greasáil; (defeat) treascair ▶ **thrash around**, **thrash about** vi iomlaisc ▶ **thrash out** vt: **to ~ out a problem** fadhb a shuaitheadh

thread n snáth m3; (of screw) snáithe m4 ◆ vt (needle): **to ~ a needle** snáithe a chur i snáthaid

threadbare adj seanchaite

threat n bagairt f3

threaten vi bagair ♦ vt: **to ~ sb with sth** rud a bhagairt ar dhuine

three num trí; **three bottles** trí bhuidéal; **three people** triúr m1

three-dimensional adj tríthoiseach

three-piece suit n culaith f2 trí bhall

three-piece suite n foireann f2 troscáin trí bhall

three-ply (wool) trídhualach

thresh vt (AGR) buail

threshold n tairseach f2

thrift n tíos m1, coigilteas m1

thrifty adj tíosach, coigilteach

thrill n (excitement) corraíl f3; (shudder) drithlín m4, deann m3 ♦ vt (audience) corraigh; **to be thrilled** (with gift etc) eiteoga a bheith ar do chroí

thriller n (book) leabhar m1 corraitheach; (film) scannán m1 corraitheach

thrilling adj corraitheach

thrive vi rathaigh, bisigh; **the business is thriving** tá rath ar an ngnó

thriving adj (business, community) rafar, bisiúil

throat n sceadamán m1, scornach f2; **I have a sore throat** tá tinneas sceadamáin or scornaí orm

throb vi (heart) preab; (pain) frithbhuail; **my finger is throbbing** tá mo mhéar ag broidearnach; **my head is throbbing** tá mo cheann ag frithbhuaileadh

throes npl: **in the ~ of** i gceartlár + gen; **in the throes of death** i gcróílí an bháis

throne n ríchathaoir f

throng n slua m4, plód m1 ♦ vt plódaigh

throttle n (AUT) scóig f2 ♦ vt tacht

through prep trí; (time) i rith + gen, ar feadh + gen; (by means of) trí

mheán + gen; (owing to) de bharr + gen, le teann + gen ♦ adj (ticket, train, passage) díreach ♦ adv tríd; **through and through** amach agus amach; **to put sb through to sb** (TEL) duine a chur i gcaoi cainte le duine; **to be through** (esp US: have finished) bheith réidh (le); **"no through road"** "níl aon bhealach tríd"

throughout prep (place) ar fud + gen; (time) i rith + gen ♦ adv i rith an ama, ar fud na háite

throw n caitheamh m1 ♦ vt caith, teilg ▸ **throw away** vt caith uait ▸ **throw off** vt (clothes): **he threw off his coat** chaith sé a chóta de; (people): **I threw him off** chuir mé díom í ▸ **throw out** vt caith amach; (reject) diúltaigh do; (person) díbir; (heat) tabhair uait ▸ **throw up** vi caith amach, urlaic

throwaway adj le diúscairt

throw-in n (SPORT) caitheamh m1 isteach

thru (US) = **through**

thrush n (bird) smólach m1; (disease) truis f2

thrust n sá m4, ropadh m ♦ vt sáigh, sac, rop

thud n tuairt f2, trost f2

thug n maistín m4

thumb n (ANAT) ordóg f2 ♦ vt: **to ~ a lift** dul ar an ordóg ▸ **thumb through** vt (book) méaraigh

thumbtack (US) n tacóid f2 ordóige

thump n tailm f2, paltóg f2; (sound) trost f2 ♦ vt, vi buail

thunder n toirneach f2 ♦ vi: **it is ~ing** tá toirneach ann

thunderbolt n caor f2 thine

thunderclap n plimp f2 thoirní

thunderstorm n speirling f2, stoirm f2 thintrí

thundery adj toirniúil

Thursday n (An) Déardaoin m4; **on**

Thursday Déardaoin; **he comes on Thursdays** tagann sé Déardaoin

thus *adv* (*like so*) mar seo, amhlaidh; (*hence*) mar sin de, dá bhrí sin

thwart *vt* sáraigh, bac

thyme *n* tím *f2*; (*also:* **wild ~**) lus *m3* na mbrat

tiara *n* tiara *m4*

tic *n* (*of clock, mark*) tic *m4*; (*zool*) sceartán *m1*; (*inf*): **in a ~** (*straight away*) ar an toirt; (*in a moment*) i gceann meandair ♦ *vi* ticeáil ♦ *vt* (*item on list*) tic a chur le, ticeáil
▸ **tick off** *vt* (*item on list*) tic a chur le, ticeáil; (*person*) íde béil a thabhairt do ▸ **tick over** *vi* (*engine*) réchas; (*fig*): **to be ~ing over nicely** bheith ag gabháil leat

ticket *n* ticéad *m1*

ticket collector *n* bailitheoir *m3* ticéad

ticket office *n* oifig *f2* ticéad

tickle *vt, vi* cigil

ticklish *adj* (*person*) cigilteach; (*problem*) cáiréiseach

tidal *adj* taoidmhear; **tidal wave** muirbhrúcht *m3*; **tidal river** abhainn *f* taoide

tidbit (*us*) *n* = **titbit**

tide *n* taoide *f4*; (*fig*: *of events*) sruth *m3* ♦ *vt*: **to ~ sb over** cuidiú le duine; **high tide** lán mara; **low tide** lag trá; **flood tide** taoide thuile; **neap tide** mallmhuir; **to go against the tide** snámh in éadan an tsrutha

tidy *adj* slachtmhar, néata ♦ *vt* (*also:* **~ up**): **to ~ sth up** slacht a chur ar rud

tie *n* (*string etc*) ceangal *m1*; (*also:* **necktie**) carbhat *m1*; (*sport, draw*) comhscór *m1* ♦ *vt* ceangail, snaidhm; (*link*) nasc ♦ *vi* (*sport*) críochnaigh ar comhscór; **to tie a knot in sth** snaidhm a

chur i rud ▸ **tie down** *vt* (*fig*): **to ~ sb down to sth** rud a chur de chúram ar dhuine; **to be tied down** (*by relationship*) bheith ar teaghrán ▸ **tie up** *vt* (*parcel, dog*) ceangail; (*boat*) feistigh; (*arrangements*) socraigh; **to be tied up in** (*busy*) bheith gafa (ag)

tier *n* sraith *f2*

tiger *n* tíogar *m1*

tight *adj* (*rope*) teann, rite; (*clothes*) dlúth; (*budget*) gann; (*programme, control*) dian; (*bend*) géar; (*grip*) docht, daingean; (*inf*: *drunk*) ólta ♦ *adv* (*squeeze*) go teann; (*hold*) go docht

tighten *vt, vi* teann, fáisc

tightfisted *adj* ceachartha

tightly *adv* (*grasp*) go daingean, go docht

tightrope *n* téad *f2* rite; **tightrope walker** téadchleasaí *m4*

tights *npl* riteoga *fpl2*

tile *n* tíl *f2*, leacán *m1*

tiled *adj* tílithe

till *n* scipéad *m1* ♦ *vt* (*land*) saothraigh ♦ *prep, conj* = **until**

tilt *vt, vi* claon, fiar

timber *n* (*material*) adhmad *m1*

time *n* am *m3*, tráth *m3*, aimsir *f2*; (*epoch*) ré *f4*; **the time** (*by clock*) an t-am; (*moment*) nóiméad *m1*, meandar *m1*; (*occasion*) uair *f2*; (*mus*) am ♦ *vt* (*race*) amaigh; (*programme*) socraigh fad + *gen*; (*visit, remark etc*) aimsigh an uain thráthúil do; **for a long time** ar feadh tamaill fhada, ar feadh i bhfad; **for the time being** don am i láthair; **4 at a time** ceathrar in éineacht; **from time to time** ó am go ham; **at times** in amanna; **in time** (*soon enough*) roimh i bhfad; (*after some time*) i ndiaidh tamaill; **in a week's time** i gceann seachtaine; **in no time** gan mhoill;

any time am ar bith; **on time** in am; **5 times 5** cúig faoina cúig; **what time is it?** cén t-am é?; **have a good time!** bíodh am maith agat!

time bomb n buama m4 ama

time lag n idirlinn f2

timeless adj síoraí, bithbhuan

timely adj tráthúil, caoithiúil

time off n am m3 saor

timer n amadóir m3

timescale n achar m1 ama, tréimhse f4

time-share n sealbhaíocht f3 thréimhsiúil

time switch n amlasc f2

timetable n clár m1 ama, amchlár m1

time zone n crios m3 ama

timid adj faiteach; (easily scared) scáfar

timing n uainiú m; (AUT) comhrialú m; (SPORT) crónaiméadrú m; **the timing of his leaving** uain a imeachta

timpani npl timpani pl

tin n stán m1; (also: ~ plate) pláta m4 stáin; (tin can) canna m4 stáin

tinfoil n scragall m1 (stáin)

tinge n daithín m4, imir f2 ♦ vt cuir imir i; **tinged with orange** agus imir oráiste ann

tingle vi (person): **my skin is tingling** tá griofadach i mo chraiceann agam

tinker n (gipsy) tincéir m3 ▸ **tinker with** vt fus bheith ag útamáil le

tinkle vi: **to ~** cling a dhéanamh

tinned adj (food) stánaithe

tin opener n stánosclóir m3

tinsel n tinsil m4

tint n imir f2; (for hair) fordhath m3 gruaige

tinted adj fordhaite

tiny adj bídeach

tip n (end) barr m1, ceann m1, rinn

f2; (of pen) gob m1; (gratuity) séisín m4; (for rubbish) láithreán m1 fuíllaigh; (advice) nod m1, leid f2 ♦ vt (waiter) séisín a thabhairt do; (tilt) claon; (overturn: also: ~ over) iompaigh béal faoi; (empty: also: ~ out) folmhaigh

tip-off n (hint) cogar m1, scéala m4

Tipperary n Tiobraid f Árann

tipsy (inf) adj súgach

tiptoe n: **on ~** ar na barraicíní

tiptop adj: **to be in ~ condition** bheith i mbarr do mhaitheasa

tire n (US) = **tyre** ♦ vt, vi tuirsigh, traoch

tired adj tuirseach; **I am tired** tá tuirse orm; **to be tired of sth** bheith bréan de rud

tireless adj dothuirsithe

tiresome adj fadálach, leamh, leadránach

tiring adj tuirsiúil

tissue n (BIOL) uige f4, fíochán m1; (paper handkerchief) ciarsúr m1 páipéir

tissue paper n páipéar m1 síoda

tit n (bird) meantán m1; (teat) sine f4; (breast) cíoch f2; **she will give him tit for tat** tabharfaidh sí tomhas a láimhe féin dó

titbit n (food) goblach m1; (news) blúire m4 nuachta

title n teideal m1

title deed n (LAW) gníomhas m1 teidil

title role n páirt f2 theidil

titter vi: **to ~** bheith ag sciotaíl

KEYWORD

to prep 1 (direction) go, chuig, chun + gen, go dtí; **to go to Coleraine/Dublin/Ireland** dul go Cúil Raithin/go Baile Átha Cliath/go hÉirinn; **to go to Spiddal/Rome/France** dul chun an Spidéil/chun na Róimhe/chun na Fraince;

to go to the United States dul
chun na Stát Aontaithe; to go to
school dul ar scoil or chun na
scoile; to go to John's/the doctor's
dul tigh Sheáin/chuig an dochtúir;
the road to Belfast an bóthar go
Béal Feirste

2 (*as far as*) go, go dtí; to count to
10 comhaireamh go dtí a deich;
from 40 to 50 people ó dhaichead
go caoga duine

3 (*with expressions of time*) chun,
do, go dtí; it's twenty to 3 tá sé
fiche don or go dtí or chun a trí

4 (*for, of*): the key to the front
door eochair an dorais tosaigh; a
letter to his wife litir chuig a
bhean chéile

5 (*expressing indirect object*): to give
sth to sb rud a thabhairt do
dhuine; to talk to sb labhairt le
duine

6 (*in relation to*): 3 goals to 2 3
chúl in aghaidh a 2; 30 miles to
the gallon 30 míle an galún or don
ghalún

7 (*purpose, result*): to come to sb's
aid teacht i gcabhair ar dhuine,
teacht ag cuidiú le duine; to
sentence sb to death duine a
dhaoradh chun báis; to my
surprise rud a chuir iontas orm
♦ *with vb* 1 (*simple infin*): to go/eat
imeacht/ithe

2 (*following another vb*): to want to
do sth fonn a bheith ort rud a
dhéanamh; to try to do sth
iarraidh a thabhairt (ar) rud a
dhéanamh; to start to do sth tosú
ag déanamh ruda or dul i gceann
ruda

3 (*with vb omitted*): I don't want to
níl fonn orm

4 (*purpose, result*): I did it to help
you rinne mé é chun cabhrú leat
or le cuidiú leat

5 (*equivalent to relative clause*): I
have things to do tá rudaí le
déanamh agam; the main thing is
to try is é is tábhachtaí (ná)
tabhairt faoi

6 (*after adjective etc*): ready to go
réidh le himeacht; too old/young
to … róshean/ró-óg le or chun
♦ *adv*: push/pull the door to dún
an doras; leave the door to fág an
doras dúnta

toad n buaf f2

toadstool n beacán m1 bearaigh

toast n (CULIN) tósta m4; (*drink,
speech*) sláinte f4 ♦ vt (CULIN)
tóstáil; (*drink to*): we ~ed him
d'ólamar a shláinte

toaster n tóstaer m1

tobacco n tobac m4

tobacconist n tobacadóir m3

tobacconist's (shop) n siopa m4
tobac

toboggan n sleamhnán m1

today adv, n inniu

toddler n tachrán m1

to-do n (*fuss*) fuadar m1, rírá m4

toe n ladhar f2, méar f2 coise; (*of
shoe*) barraicín m4 ♦ vt: to ~ the
line (*fig*) géilleadh do na rialacha

toenail n ionga f coise

toffee n taifí m4

toffee apple n úll m1 taifí

toga n toga m4

together adv le chéile, in éineacht;
together with in éineacht le

toil n saothar m1, dua m4 ♦ vi
saothraigh

toilet n (*lavatory*) leithreas m1 ♦ *cpd*
(*accessories etc*) ionnalta

toilet paper n páipéar m1 leithris

toiletries npl oíce fsg3 ionnalta

toilet roll n rolla m4 leithris

toilet water n uisce m4 ionnalta

token n (*coupon*) éarlais f2; (*sign*)
comhartha m4 ♦ *adj* (*strike,*

payment etc) comharthach; **book/ record token** éarlais leabhar/ ceirníní; **gift token** éarlais bhronntanais

tolerable *adj* (*bearable*) sofhulaingthe; (*fairly good*) cuibheasach

tolerant *adj*: ~ (**of**) caoinfhulangach (maidir le)

tolerate *vt* fulaing, cuir suas le

toll *n* dola *m4* ♦ *vi* (*bell*) buail; **the accident toll on the roads** an líon a maraíodh ar na bóithre

tomato *n* tráta *m4*

tomb *n* tuama *m4*

tombstone *n* leac *f2* uaighe

tomcat *n* cat *nm1*, fearchat *m1*

tomorrow *adv* amárach ♦ *n* amárach; **the day after tomorrow** arú amárach; **tomorrow morning** maidin amárach

ton *n* tonna *m4*; **tons of** (*inf*) dalladh *m* + *gen*

tone *n* (*of voice*) tuin *f2*; (LING, MUS, *colour*) ton *m1*; (*of muscles*) teannas *m1* ♦ *vi* (*also*: ~ **in**) tar ▸ **tone down** *vt* maolaigh; (*sound*) bog ▸ **tone up** *vt* (*muscles*) teann

tone-deaf *adj* ceolbhodhar

tongs *npl* (*for coal*) tlús *msg4*, maide *msg4* briste; (*for hair*) tlú gruaige

tongue *n* teanga *f4*; **tongue in cheek** go híorónta

tongue-tied *adj* (*fig*) balbh

tongue twister *n* rabhlóg *f2*, casfhocal *m1*

tonic *n* íocshláinte *f4*; (MED) athbhríoch *m1*; (*also*: ~ **water**) uisce *m4* íocshláinteach

tonight *adv*, *n* anocht

tonsil *n* céislín *m4*

tonsillitis *n* céislínteas *m1*

too *adv* (*excessively*) ró-; (*also*) freisin, chomh maith; **too much food** barraíocht *or* an iomarca bia; **too many people** barraíocht

daoine

tool *n* uirlis *f2*, gléas *m1*, acra *m4*

tool box *n* bosca *m4* uirlisí

toot *n* (*of car horn*) blosc *m1*; (*of whistle*) fead *f2* ♦ *vi* (*with car horn*) séid

tooth *n* (ANAT, TECH) fiacail *f2*

toothache *n* tinneas *m1* fiacaile, déideadh *m1*

toothbrush *n* scuab *f2* fiacla

toothpaste *n* taos *m1* fiacla

toothpick *n* bior *m3* fiacla

top *n* uachtar *m1*, barr *m1*; (*of mountain, head*) mullach *m1*; (*lid: of box, jar*) clár *m1*; (*toy*) caiseal *m1*; (*garment*) barrchóir *m3* ♦ *adj* uachtarach; (*in rank*) príomh-; (*best*) is fearr ♦ *vt* (*exceed*) sáraigh; (*be first in*) bheith ar cheann + *gen*; **on top of** ar bharr + *gen*, sa mhullach ar; (*in addition to*) ar bharr + *gen*; **from top to bottom** ó bhun go barr ▸ **top up**, (*US*) **top off** *vt* (*bottle*) líon go béal; (*salary*) cuir breis le

top floor *n* urlár *m1* uachtarach

top hat *n* hata *m4* ard

top-heavy *adj* (*object*) barrthrom

topic *n* ábhar *m1*

topical *adj* ábhartha; (*current*) reatha

topless *adj* (*bather etc*) uchtnocht

top-level *adj*: ~ **talks** díospóireacht ar an leibhéal is airde

topmost *adj* is airde

topple *vt* (*building*) leag; (*government*) treascair ♦ *vi* tit

top-secret *adj* an-rúnda

topsy-turvy *adj, adv* bunoscionn

torch *n* tóirse *m4*, trilseán *m1*; (*electric*) lóchrann *m1* póca

torment *n* crá *m4*, céasadh *m* ♦ *vt* céas, cráigh; (*fig: annoy*) ciap

tornado *n* tornádó *m4*

torpedo *n* toirpéad *m1*

torrent *n* tuile *f4*, díle *f*

tortoise n toirtís f2

tortoiseshell adj breac

torture n céasadh m ♦ vt céas; (fig) ciap, cráigh

Tory (BRIT: POL) n Tóraí m4 ♦ adj Tóraíoch

toss vt caith; **she tossed her head** bhain sí croitheadh as a ceann; **to toss a coin** pingin a chaitheamh in airde; **to toss up for sth** crainn a chaitheamh ar rud; **to toss and turn** bheith d'únfairt féin sa leaba

tot n (child) pataire m1; (drink) súimín m4

total adj iomlán, ar fad, go léir ♦ n iomlán m1, suim f2 ♦ vt (add up) suimigh; **it totals thirty pounds** tá tríocha punt ann

totally adv go hiomlán, go huile

totter vi: **to ~** bheith ag stámhailleacht

touch n tadhall m1, teagmháil f3; (skill: of artist etc) lámh f2; (sense) tadhall ♦ vt teagmhaigh le, bain do; **don't touch that paint** ná bain don phéint sin; **a touch of humour** (fig) iarracht den ghreann; **to get in touch with** scéala a chur chuig; **he lost touch with her** d'imigh sí ó chaidreamh air ▸ **touch on** vt fus (topic) bain do ▸ **touch up** vt (paint) cuir barr maise ar

touch-and-go adj contúirteach, éiginnte

touchdown n talmhú m

touched adj (moved) corraithe, tógtha; (batty) ar mire

touching adj corraitheach

touchline n (SPORT) taobhlíne f4

touch-sensitive adj (COMPUT) tadhall-íogair

touchy adj (person) goilliúnach

tough adj crua; (resistant, meat) righin; (firm) láidir; (task) doiligh, deacair

toughen vt (character) láidrigh; (glass etc) cruaigh

toupee n bréagfholt m1

tour n turas m1, camchuairt f2; (also: **package ~**) turas m1 láneagraithe; (of town, museum) cuairt f2 ♦ vt: **she ~ed the country** thug sí camchuairt na tíre

tourism n turasóireacht f3

tourist n turasóir m3

tourist office n oifig f2 thuraeóireachta

tournament n comórtas m1

tout vi: **to ~ (for)** reic (le haghaidh + gen) (le (also: **ticket ~**) reacaire m4 ticéad

tow vt tarraing; (caravan, trailer) tarraing ar cheann téide; **"on tow, in tow"** (US) ar cheann téide

toward(s) prep chuig, chun, go dtí; (of attitude) maidir le; (of purpose) chun + gen, le haghaidh + gen; (direction) i dtreo + gen

towel n tuáille m4

towelling n (fabric) éadach m1 tuáillí

towel rail, (US) **towel rack** n ráille m4 tuáillí

tower n túr m1

tower block n áraslann f2

towering adj ard-ard

town n baile m4 (mór); **to go to town** dul chun na cathrach

town centre n lár m1 an bhaile; (in road signs) An Lár

town council n comhairle f4 baile

town hall n halla m4 baile

town plan n plean m4 baile mhóir

town planning n pleanáil f3 baile mhóir

towrope n téad f2 tarraingthe

tow truck n (US) trucail f2 tarraingthe

toy n bréagán m1, áilleagán m1 ▸ **toy with** vt fus bí ag súgradh le

trace n lorg m1, rian m1 ♦ vt (draw)

rianaigh; (*follow*) lorg; (*locate*) aimsigh

tracing paper *n* rianpháipéar *m1*

track *n* (*of bullet etc, on record*) rian *m1*; (*mark, of suspect, animal*) lorg *m1*; (*path*) cosán *m1*; (*SPORT*) raon *m1* ◆ *vt* lorg; **he kept track of her** níor chaill sé tuairisc uirthi ▸ **track down** *vt*: **to ~ down** (*prey*) lorg agus ceap; (*sth lost*) aimsigh

tracksuit *n* raonchulaith *f2*

tract *n* (*GEOG*) réimse *m4*; (*pamphlet*) tráchtas *m1*

traction *n* tarraingt *f*; (*MED*): **in ~** ar tarraingt

tractor *n* tarracóir *m3*

trade *n* trádáil *f3*, tráchtáil *f3*; (*skill, job*) ceird *f2* ◆ *vi* trádáil a dhéanamh ◆ *vt* (*exchange*): **to ~ sth (for sth)** rud a bhabhtáil (ar rud) ▸ **trade in** *vt* (*old car etc*) tabhair mar pháirtíocaíocht

trade fair *n* aonach *m1* tráchtála

trade-in price *n* luach *m3* trádála isteach

trademark *n* trádmharc *m1*

trade name *n* ainm *m4* trádála

trader *n* trádálaí *m4*, tráchtálaí *m4*

tradesman *n* (*shopkeeper*) fear *m1* siopa

trade union *n* ceardchumann *m1*

trade unionist *n* ceardchumannaí *m4*

tradition *n* traidisiún *m1*

traditional *adj* traidisiúnta

traffic *n* trácht *m3* ◆ *vi*: **to ~ in** (*pej: liquor, drugs*) déileáil

traffic circle (*US*) *n* timpeallán *m1*

traffic jam *n* plódú *m* trácha

traffic lights *npl* soilse *mpl1* trácha

traffic warden *n* maor *m1* trácha

tragedy *n* traigéide *f4*, tubaiste *f4*

tragic *adj* taismeach, tubaisteach, traigéideach

trail *n* (*tracks*) lorg *m1*; (*path*) cosán

m1; (*of smoke etc*) sraoill *f2* ◆ *vt* sraoill; (*follow*) lorg, lean ◆ *vi* sraoill; (*in game, contest*) bí chun deiridh

trailer *n* (*AUT*) leantóir *m3*; (*US*) carbhán *m1*; (*CINE*) sraoilleán *m1*

trailer truck (*US*) *n* leoraí *m4* altach

train *n* traein *f*; (*of dress*) triopall *m1* ◆ *vt* oil; (*sportsman*) traenáil; (*point: gun etc*) aimsigh ◆ *vi* traenáil; **train of thought** snáithe smaointe

trained *adj* oilte; traenáilte

trainee *n* foghlaimeoir *m3*; (*in trade*) printíseach *m1*

trainer *n* (*SPORT, coach*) traenálaí *m4*; (*of dogs etc*) oiliúnóir *m3*; **trainers** (*shoes*) bróga *fpl2* traenála

training *n* (*at work etc*) oiliúint *f3*; (*SPORT*) traenáil *f3*; **in training** (*SPORT*) ag traenáil; (*fit*) scafánta

training college *n* coláiste *m4* oiliúna

training shoes *npl* bróga *fpl2* traenála

traipse *vi* crágáil

trait *n* tréith *f2*

traitor *n* fealltóir *m3*

tram *n* (*also*: **~car**) tram *m3*

tramp *n* (*person*) bacach *m1*, fear *m1* siúil; (*inf: pej: woman*) scuaid *f2* ◆ *vi* siúil go trom

trample *vt*: **to ~ (underfoot)** satail ar, gabh de chosa i

trampoline *n* trampailín *m4*

tranquil *adj* ciúin, suaimhneach

tranquillizer, (*US*) **tranquilizer** *n* (*MED*) suaimhneasán *m1*

transact *vt* (*business*) cuir i gcrích

transaction *n* idirbheart *m1*, beart *m1*

transatlantic *adj* trasatlantach

transfer *n* (*gen, also SPORT*) aistriú *m*; (*picture, design*) aistreog *f2*; (: *stick-on*) aistreog ghreamaitheach ◆ *vt* aistrigh; **to**

transfer the charges (TEL) na táillí a aistriú

transform vt claochlaigh

transfusion n (also: **blood ~**) fuilaistriú m

transient adj neamhbhuan

transistor n (ELEC, also: **transistor radio**) trasraitheoir m3

transit n idirthuras m1; **in transit** faoi bhealach

transitive adj (LING) aistreach

transit lounge n tolglann f2 idirthurais

translate vt aistrigh

translation n aistriúchán m1

translator n aistritheoir m3

transmission n iompar m1; (TEL) tarchur m1

transmit vt seachaid; (RADIO, TV) tarchuir

transparency n (of glass etc) trédhearcacht f3; (PHOT) tréshoilseán m1

transparent adj trédhearcach

transpire vi (turn out): **it ~d that ...** tharla go ...

transplant vt aistrigh; (seedlings) athphlandáil; (MED) nódaigh ♦ n (MED) nódú m

transport n iompar m1; (car) gléas m1 iompair ♦ vt iompair

transportation n iompar m1; (means of transportation) cóir f3 iompair

transport café n caife m4 lucht iompair

trap n (snare, trick) dol m3, gaiste m4; (carriage) trap m4 ♦ vt gaistigh, sáinnigh

trap door n comhla f4 thógála

trapeze n maide m4 luascáin

trappings npl feisteas m1

trash (pej) n (goods) truflais f2, dramhaíl f3; (nonsense) seafóid f2, ráiméis f2

trash can n (US) n bosca m4 bruscair

trauma n sceimhle m4

traumatic adj coscrach

travel n taisteal m1 ♦ vi taistil; (news, sound) leath ♦ vt (distance) taistil

travel agency n gníomhaireacht f3 taistil

travel agent n gníomhaire m4 taistil

traveller, (US) **traveler** n taistealaí m4; **travellers** lucht msg3 siúil

traveller's cheque, (US) **traveler's check** n seic m4 taistil

travelling, (US) **traveling** n taisteal m1

travel sickness n tinneas m1 taistil

travesty n scigaithris f2

trawler n trálaer m1

tray n (for carrying) tráidire m4

treacherous adj (person, look) fealltach; (ground, tide) fabhtach

treachery n feall m1, cealg f2

treacle n triacla m4

tread n (of shoe) bonn m1; (sound) coiscéim f2; (of tyre) trácht m3 ♦ vi siúil ▸ **tread on** vt fus satail ar

treason n tréas m3

treasure n stór m1, ciste m4, taisce f4 ♦ vt (value): **he ~s his books** is luachmhar leis a leabhair

treasurer n cisteoir m3

treasury n: **the Treasury**, the **Treasury Department** (US) an Roinn f2 Airgeadais

treat n féirín m4 ♦ vt caith le; (machine) cóireáil; **to treat sb to a drink** deoch a sheasamh do dhuine

treatment n cóir f3; (MED, machine) cóireáil f3; (COMM) socraíocht f3

treaty n conradh m; (COMM) gnóthaíocht f3

treble adj faoi thrí ♦ vt, vi méadaigh faoi thrí

treble clef n (MUS) eochair f na tríbile

tree n crann m1

trek n (long) aistear m1; (on foot) siúl m1

tremble vi: to ~ bheith ar crith

tremendous adj (enormous) ollmhór; (excellent) thar barr, iontach

tremor n creathán m1; (also: **earth ~**) crith m3 talún

trench n díog f2, trinse m4

trend n (tendency) claonadh m; (of events) treocht f3; (fashion) nós m1

trendy adj (idea, person, clothes) faiseanta

trepidation n critheagla f4

trespass vi: to ~ on treaspás a dhéanamh ar; "no trespassing" "ná déantar treaspás"

trestle n tristéal m1

trial n (LAW) triail f; (test: of machine etc) tástáil f3, promhadh m1; **trials** npl (unpleasant experiences) cruatan msg1; to be on **trial** (LAW) bheith do do thriail; by **trial and error** le tástáil agus le hearráid

trial period n tréimhse f4 trialach

triangle n (MATH, MUS) triantán m1

tribe n treibh f2

tribesman n fear m1 treibhe

tribunal n binse m4 breithimh

tributary n (river) craobh-abhainn f

tribute n ómós m1; to pay tribute to sb duine a mholadh

trice n: in a ~ i bhfaiteadh na súl

trick n (magic trick) cleas m1; (joke, prank) bob m4; (skill, knack) ciúta m4; (CARDS) cleas m1 cártaí ◆ vt cuir cluain ar; to play a trick on sb bob a bhualadh ar dhuine; that should do the trick ba chóir go ndéanfadh sin cúis

trickery n cleasaíocht f3

trickle n (of water etc) silín m1 ◆ vi sil

tricky adj cleasach; (problem) cáiréiseach

tricolour, (US) tricolor n trídhathach m1

tricycle n trírothach m1

trifle n mionrud m1; (CULIN) traidhfil f2 ◆ adv: **a ~ long** ábhairín fada

trifling adj fánach

trigger n truicear m1 ▸ **trigger off** vt cuir tús le

trim adj (house, garden) slachtmhar; (figure) comair ◆ n (haircut etc) diogáil f3; (on car) feistiú m ◆ vt (cut) diogáil; (NAUT, a sail) athraigh; (decorate): to ~ (with) feistigh (le)

trimmings npl (CULIN) anlann msg1

trinket n áilleagán m1

trip n turas m1, aistear m1; (excursion) geábh m3; (stumble) tuisle m4, cor m1 coise ◆ vi tuisligh; **on a trip** ar turas ▸ **trip up** vi tuislígh ◆ vt bain tuisle as

tripe n (CULIN) ruipleog f2; (pej: rubbish) seafóid f2, ráiméis f2

triple adj triarach

triplets npl trírín msg4

triplicate n trí chóip f2

tripod n tríchosach m1

trite (pej) adj seanchaite

triumph n bua m4, caithréim f2 ◆ vi: to ~ (over) beir bua (ar)

trivia (pej) npl rudaí mpl3 fánacha

trivial adj fánach; (commonplace) coitianta

trolley n tralaí m4

trombone n trombón m1

troop n buíon f2, díorma m4 ◆ vi: ~ in/out cruinnigh isteach/bailigh leat amach; **troops** npl (MIL) trúpaí mpl4; (: men) saighdiúirí mpl3

trophy n trófaí m4, comhramh m1

tropic n trópaic f2

tropical adj teochreasach

trot n sodar m1 ◆ vi: to ~ bheith ag

sodar; **on the trot** (*fig*) as a chéile

trouble n trioblóid f2; (*worry*)
buairt f3; (*bother, effort*) stró m4,
dua m4; (*POL*) achrann m1; (*MED*):
he has stomach ~ tá an goile ag
cur air ♦ vt (*disturb*) cuir as do;
(*worry*) buair ♦ vi: **to ~ to do sth**
saothar a chur ort féin le rud a
dhéanamh; **troubles** npl (*POL etc*)
trioblóidí fpl2; (*personal*)
deacrachtaí fpl3; **to be in trouble**
deacrachtaí a bheith agat; (*ship,
climber etc*) bheith i dtrioblóid;
what's the trouble? cad é atá cearr?
troubled adj (*person*) buartha;
(*epoch, life*) corrach
troublemaker n clampróir m3
troubleshooter n (*in conflict*)
eadránaí m4
troublesome adj (*child*) crosta;
(*cough etc*) cráite
trough n umar m1; (*also:* **drinking
~**) trach m4 uisce; (*low point*) log
m1
trousers npl bríste msg4; **short
trousers** bríste gairid
trout n breac m1
trowel n lián m1
truant n múitseálaí m4; **to play
truant** lá a chaitheamh faoin tor
truce n sos m3 cogaidh
truck n trucail f2
truck driver n tiománaí m4 trucaile
truck farm (*US*) n gairdín m4
margaidh
trudge vi spágáil
true adj fíor; (*accurate*) cruinn;
(*faithful*) dílis; **to come true** fíorú
truffle n strufal m1
truly adv dáiríre; (*truthfully*) go
fírinneach; *see also* **yours**
trump n (*also:* **~ card**) mámh m1
trumped up adj bréagach
trumpet n stoc m1, trumpa m4
truncheon n smachtín m4
trundle vi: **to ~** bheith ag cleatráil

trunk n (*of tree*) ceap m1, stoc m1;
(*of person*) cabhail f; (*of elephant*)
trunc m4; (*case*) cófra m4; (*US:* AUT)
cófra m4 bagáiste; **trunks** npl (*also:*
swimming ~s) bríste msg4 snámha
truss n (*MED*) trus m4 ♦ vt: **to ~ (up)**
(*CULIN*) trusáil
trust n muinín f2, iontaoibh f2;
(*responsibility*) cúram m1; (*LAW*)
iontaobhas m1 ♦ vt (*rely on*) bíodh
iontaoibh agat as; (*hope*) bíodh
súil agat; (*entrust*): **to ~ sth to sb**
rud a chur faoi chúram + *gen*; **to
take sth on trust** rud a ghlacadh ar
cairde
trusted adj muiníneach, iontaofa
trustee n (*LAW*) iontaobhaí m4; (*of
school etc*) riarthóir m3
trustful, trusting adj muiníneach
trustworthy adj iontaofa
truth n fírinne f4; **to tell the truth**
déanta na fírinne
truthful adj (*person*) ionraic;
(*answer*) fírinneach
try n iarracht f3, triail f; (*RUGBY*) úd
m1 ♦ vt (*attempt*) déan iarracht ar,
triail; (*test:* *sth new:* *also:* **~ out**)
tástáil, promh; (*LAW, person*) triail;
(*strain*) cuir stró ar ♦ vt déan
iarracht; **to have a try** tabhairt
faoi; **to try to do sth** triail rud a
dhéanamh ▶ **try on** vt (*clothes*)
féach ort
trying adj duaisiúil
T-shirt n T-léine f4
T-square n T-chearnóg f2
tub n tobán m1; (*for washing
clothes*) tobán níocháin; (*bath*)
folcadán m1
tubby adj beathaithe
tube n feadán m1, píobán m1;
(*underground*) traein f faoi
thalamh; (*for tyre*) tiúb f2
tuck vt (*put*) sac ♦ **tuck in** vt sac
isteach; (*child*) soiprigh ♦ vi (*eat*)
ith leat

tuck shop n siopa m4 milseneachta

Tuesday n An Mháirt f2; **on Tuesday** Dé Máirt; **he comes on Tuesdays** tagann sé ar an Máirt

tuft n dos m1, tom m1

tug n (ship) tuga m4 ♦ vt tarraing

tug-of-war n tarraingt f na téide

tuition n (BRIT) teagasc m1; (: private tuition) teagasc m1 príobháideach; (us: school fees) táillí fpl4 scoile

tulip n tiúilip f2

tumble n (fall) titim f2 ♦ vi tit; **to tumble to sth** (inf) tuig

tumbledown adj raiceáilte

tumble dryer n triomadóir m3 iomlasctha

tumbler n (glass) timbléar f

tummy (inf) n goile m4, bolg m1

tumour, (US) **tumor** n sceachaill f2, meall m1

tuna n (also: ~ fish) tuinnín m4

tune n (melody) fonn m1; (traditional dance music) port m1 ♦ vt tiúin; **to be in/out of tune (with)** (fig) bheith i dtiúin/as tiúin (le) ♦ **tune in** vi (RADIO, TV): **to ~ in (to)** aimsigh ♦ **tune up** vi (musician) tiúin

tuneful adj ceolmhar

tuner n (also: piano ~) tiúnadóir m3; (for radio etc) tiúnóir m3

tunic n tuineach f2

Tunisia n An Túinéis f2

tunnel n tollán m1; (in mine) tollán mianaigh ♦ vi tochail tollán

turbulence n (AVIAT) suaiteacht f3

tureen n túirín m4

turf n scraith f2; (peat) móin f3; (clod) fód m1 ♦ vt cuir scraith ar ♦ **turf out** (inf) vt (person) tabhair bata agus bóthar do

turgid adj (speech) mórfhoclach

Turk n Turcach m1

Turkey n An Tuirc f2

turkey n turcaí m4

Turkish adj Turcach ♦ n (LING)

Tuircis f2

turmoil n clampar m1, suaitheadh m; **the city is in turmoil** tá an chathair ina cíor thuathail

turn n casadh m1, iompú m; (in road, of mind, of events) cor m1; (performance) dreas m3; (MED) taom m3 ♦ vt cas; (collar, steak) iompaigh; (change): **to ~ sth into** rud a chlaochlú go ♦ vi (object, wind, milk) iompaigh; (person: look back) cas; (reverse direction) fill; (become) éirigh; (age) slánaigh; **to turn into** athrú go, dul i riocht + gen; **a good turn** gar; **it gave me quite a turn** bhain sé geit asam; **"no left turn"** (AUT) "ná castar ar chlé"; **it's your turn** do shealsa atá ann; **they spoke in turn** labhair siad ar a seal; **to take turns (at)** uainíocht a dhéanamh (ar) ♦ **turn away** vi tabhair do dhroim (le) ♦ vt (applicants) cuir ó dhoras ♦ **turn back** vi fill ♦ vt (person, vehicle) cas ar ais; (clock) cuir siar ♦ **turn down** vt (refuse: person) diúltaigh do; (radio etc) íslígh; (bed etc) fill anuas ♦ **turn in** vi (inf: go to bed) téigh a luí ♦ vt (fold) cas isteach ♦ **turn off** vi (from road) cas ó ♦ vt (light, radio etc) múch; (tap) stop; (engine) múch ♦ **turn on** vt (light) las; (tap, radio etc) cuir ar siúl; (engine) dúisigh ♦ **turn out** vt (light, gas) múch; (produce) táirg ♦ vi (voters, troops etc) tar amach; **he turned out to be an actor** tharla gurbh aisteoir é ♦ **turn over** vi (person) iompaigh ♦ vt iompaigh ♦ **turn round** vi cas thart; (rotate) cas ♦ **turn up** vi (person) nocht ♦ vt (collar) croch; (radio, heater) ardaigh

turning n (in road) cor m1, casadh m1

turning point n (fig) cor m1

cinniúnach

turnip n tornapa m4

turnout n: there was a large ~ present bhí cuid mhór i láthair

turnover n (COMM, amount of money) láimhdeachas m1; (: of goods) imeacht m3; (of staff) ráta m4 athraithe

turnpike (US) n bóthar m1 dola

turnstile n geata m4 casta

turntable n (on record player) caschlár m1

turn-up n (on trousers) filleadh m1 osáin

turpentine n (also: **turps**) tuirpintín m4

turquoise n (stone) turcaid f2 ♦ adj turcaidghorm

turret n túirín m4

turtle n turtar m1

tusk n starrfhiacail f2

tussle n gleic f2, iomrascáil f3

tutor n teagascóir m3; (in college) oide m4; (private teacher) múinteoir m3 príobháideach

tutorial n (SCOL) rang m3 teagaisc

tuxedo (US) n casóg f2 dinnéir

TV n abbr (= television) TV

twang n (of instrument) streancán m1; (of voice) srónaíl f3

tweed n bréidín m4

tweezers npl pionsúirín msg4

twelfth num dó dhéag, dara déag; the twelfth woman an dara bean déag; the Twelfth an Dóú Lá Déag (de Mhí Iúil); the twelfth day of December an dóú lá déag de Nollaig; the twelfth day of Christmas an dara lá déag den Nollaig

twelve num dó dhéag; twelve bottles dhá bhuidéal déag; twelve people dháréag m4; the twelve days of Christmas achar an dá lá dhéag; the twelve an dáréag; at twelve (o'clock) (midday) ag meán

lae; (midnight) ag meán oíche

twentieth num fichiú; the twentieth woman an fichiú bean

twenty num fiche m + sg

twice adv faoi dhó; twice as much dhá oiread

twiddle vt, vi: to ~ (with) sth bheith ag méiríneacht le rud; to twiddle one's thumbs (fig) bheith díomhaoin

twig n craobhóg f2, cipín m4 ♦ vi (inf) tuig

twilight n clapsholas m1, coineascar m1

twin adj cúplach ♦ n leathchúpla m4 ♦ vt nasc; twins cúpla msg4

twin(-bedded) room n seomra m4 dhá leaba

twine n sreangán m1 ♦ vi (plant) sníomh

twinge n (of pain) arraing f2, deann m3; a twinge of conscience priocadh m coinsiasa

twinkle vi (light) drithligh; (eyes) lonraigh

twirl vt, vi cas, rothlaigh

twist n (in road, story) cor m1; (in wire, flex) caisirnín m4 ♦ vt cas; (weave) figh; (roll around) cas thart ar ♦ vi (road, river) cas, lúb

twit (inf) n bómán m1

twitch n (pull) tarraingt f; (nervous) freanga f4 ♦ vi preab

two num dó; two things dhá rud; (persons): two people beirt f2; two men/women beirt fhear/bhan; a day or two lá nó dhó; two or three years a dó nó a trí de bhlianta; to put two and two together (fig) tuiscint as

two-door adj (AUT): ~ car carr dhá dhoras

two-faced (pej) adj: a ~ person Tadhg an dá thaobh

twofold adv faoi dhó

two-piece (suit) n culaith f2 dhá

bhall

twosome n (*people*) beirt f2

two-way adj (*traffic*) déthreo

tycoon n: (*business*) ~ toicí m4

type n (*category*) cineál m1, saghas m1, sórt m1; (*example*) sampla m4; (*TYP*) cló m4 ◆ vt (*letter etc*) clóscríobh

typeface n (*TYP, COMPUT*) cló-éadan m1

typescript n clóscríbhinn f2

typewriter n clóscríobhán m1

typewritten adj clóscríofa

typhoid n fiabhras m1 breac

typical adj samplach, tipiciúil

typing n clóscríbhneoireacht f3

typist n clóscríobhaí m4

tyrant n tíoránach m1, aintiarna m4

tyre n, (*US*) **tire** n bonn m1

Tyrone n Tír f Eoghain

U

ubiquitous adj le fáil i ngach aon áit, uileláithreach

udder n úth m3

ugh excl ach

ugly adj gránna, míofar, gráiciúil

UK n abbr = **United Kingdom**

ulcer n othras m1

Ulster n Cúige m4 Uladh ◆ adj Ultach

ulterior adj: ~ motive aidhm f2 fholaigh

ultimate adj deireanach, deiridh n gen; (*authority*) is airde

ultimately adv ar deireadh, faoi dheireadh, as deireadh an scéil

ultrasound n ultrafhuaim f2

umbilical cord n sreang f2 (an) imleacáin

umbrella n scáth m3 fearthainne, scáth báistí; (*for sun*) scáth gréine, parasól m1

umpire n moltóir m3; **goal umpire**

maor m1 cúil

umpteen adj: he has ~ stories tá fiche scéal aige

umpteenth adj: for the ~ time don fichiú huair

UN n abbr = **United Nations**

unable adj: **I am ~ to ...** níl mé ábalta or in ann ... (*incapable*) níl ar mo chumas

unaccompanied adj gan tionlacan

unaccustomed adj ainchleachta; **I am unaccustomed to this** tá ainchleachtadh orm leis seo

unanimous adj d'aon ghuth

unanimously adv d'aon ghuth

unarmed adj (*combat*) gan arm; (*person*) neamharmtha

unashamed adj mínáireach

unattached adj: ~ (**to**) gan cheangal (le), neamhspléach (ar); (*unmarried*) singil, díomhaoin

unattended adj (*car, child, luggage*) gan feighil

unattractive adj míthaitneamhach, mísciamhach

unauthorized adj gan údarás, neamhúdaraithe

unavoidable adj dosheachanta; **it was unavoidable** ní raibh dul taobh anonn de, ní raibh neart air

unaware adj: ~ **of** aineolach ar; **I was unaware of that** ní raibh a fhios agam sin

unawares adv i ngan fhios (do); **to catch** or **take sb unawares** breith gairid ar dhuine, teacht aniar aduaidh ar dhuine

unbalanced adj míchothrom, neamhchothrom; (*in mind*) spadhrúil

unbearable adj dofhulaingthe; **it's unbearable** níl fulaingt le déanamh air

unbeatable adj dosháraithe; **he's unbeatable** níl a bhualadh le fáil

unbeknown(st) adv:

unbeknown(st) to me/Peter gan fhios dom/do Pheadar

unbelievable *adj* dochreidthe

unbend *vt, vi* dírigh

unbiased *adj* neamhchlaon

unborn *adj* gan bhreith, nár rugadh go fóill

unbreakable *adj* dobhriste

unbroken *adj* gan bhriseadh; (*fig*) nár cloíodh; (*spirit*) dochloíte; (*silence*) buan; (*record, sport*) nár sáraíodh, slán

unbutton *vt* scaoil

uncalled-for *adj* neamhriachtanach

uncanny *adj* (*eery*) diamhair; (*extraordinary*) iontach, dochreidte

unceasing *adj* gan staonadh, síor-

unceremonious *adj* grod

uncertain *adj* éiginnte, neamhchinnte; (*hesitant*) idir dhá chomhairle; (*vague*) doiléir; **in no uncertain terms** gan fiacail a chur ann

uncertainty *n* éiginnteacht *f3*, neamhchinnteacht *f3*

uncivilized *adj* (*gen*) míshibhialta; (*fig: behaviour etc*) barbartha; (*hour*) antráthúil

uncle *n* uncail *m4*

uncomfortable *adj* míchompordach; (*uneasy*) míshuaimhneach; (*situation*) bearránach, ciotach

uncommon *adj* neamhchoitianta, neamhghnách

uncompromising *adj* neamhghéilliúil, dáigh, diongbháilte

unconcerned *adj* réchúiseach, neamhchúiseach; **to be unconcerned (about)** bheith ar nós cuma liom (faoi)

unconditional *adj* neamhchoinníollach, gan choinníoll

unconscious *adj* gan mheabhair;

(*med*) neamhaireachtálach; (*unaware*): **~ of** gan eolas ar ♦ *n*: **the ~** an fo-chomhfhios *m3*

unconsciously *adv* go neamh-chomhfhiosach; **he did it unconsciously** i ngan fhios dó féin a rinne sé é

uncontrollable *adj* dosmachtaithe; (*temper, laughter*) doshrianta; **they're uncontrollable** níl smacht le cur orthu

unconventional *adj* as an ngnáth, neamhchoinbhinsiúnach

uncouth *adj* cábógach, brománta

uncover *vt* nocht, tabhair chun solais

undecided *adj* éiginnte, neamhchinnte; (*person*) idir dhá chomhairle

under *prep* faoi; (*less than*) faoi, faoi bhun + *gen*; (*according to*) de réir ♦ *adv* thíos (faoi); (*movement*) síos (faoi); **under there** thíos faoi sin; **under repair** á dheisiú

underage *adj* (*person*) faoi aois

undercharge *vt*: **to ~ sb** luach ró-íseal a ghearradh ar dhuine

undercoat *n* (*paint*) fochóta *m4*, bunchóta *m4*

undercover *adv* faoi rún, ar foscadh

undercurrent *n* foshruth *m3*

undercut *vt* díol níos saoire ná, gearr faoi

underdog *n* íochtarán *m1*

underdone *adj* (*cuin*) cnagbhruite

underestimate *vt* meas faoina luach; **he underestimated its importance** níor thuig sé a thábhacht

underfed *adj* ar ghannchothú

underfoot *adv* faoi chois

undergo *vt* téigh trí, fulaing; **to undergo an operation** obráid a bheith agat

undergraduate *n* fochéimí *m4*

underground n (*railway*) iarnród m1 faoi thalamh ♦ adj faoi thalamh; (*fig*) faoi cheilt, rúnda ♦ adv faoi thalamh

undergrowth n scrobarnach f2, casarnach f2, fáschoill f2

underhand(ed) adj (*fig: behaviour, method etc*) calaoiseach, claon

underlie vt bheith mar bhonn ag

underline vt (*write*) cuir líne faoi; (*emphasise*) cuir béim ar

underling (*pej*) n íochtarán m1

undermine vt toll faoi, bain an dúshraith de

underneath adv thíos ♦ prep faoi, faoi bhun + gen

underpaid adj ar ghannphá

underpants npl fobhríste msg4

underpass n íosbhealach m1

underprivileged adj faoi mhíbhuntáiste

underrate vt: to ~ sb duine a mheas faoina luach

undershirt (*US*) n foléine f4

undershorts (*US*) npl fobhríste msg4

underside n an taobh m1 thíos, tóin f3

underskirt n fosciorta m4

understand vt, vi tuig; I understand that ... cluinim go ...; am I to understand that ...? an bhfuil tú á rá liom go ...?; what do you understand by that? cén chiall a bhaineann tú as sin?; I was given to understand that ... tugadh le fios dom go ...

understandable adj intuigthe, le tuiscint; it's understandable that ... ní hionadh ar bith é go ...

understanding adj tuisceanach ♦ n tuiscint f3; (*agreement*) comhréiteach m1, comhaontú m

understatement n maolaisnéis f2

understood adj tuigthe, (*implied*) intuigthe

understudy n tánaiste m4

undertake vt tabhair faoi, glac as láimh; to undertake to do sth glacadh ort féin rud a dhéanamh

undertaker n adhlacóir m3

undertaking n (*enterprise*) gnóthas m1; (*promise*) gealltanas m1

undertone n cogar m1; (*hint*) macalla m4

underwater adv, adj faoi uisce; to swim underwater snámh idir dhá uisce, dúshnámh a dhéanamh

underwear n fo-éadaí mpl1

underworld n (*criminals*) lucht m3 meirleachais

underwriter n (*INS*) frithgheallaí m4

undies (*inf*) npl fo-éadaí mpl1

undiplomatic adj neamhchairéiseach, neamhdhioscréideach

undo vt (*damage*) leigheas, leasaigh; (*buttons etc*) scaoil

undoing n creachadh m; that was my undoing sin a rud a rinne mo chabhóg

undoubted adj doshéanta, nach bhfuil séanadh air; his undoubted capabilities na buanna atá aige nach bhfuil séanadh orthu

undoubtedly adv gan aon amhras, go dearfa

undress vi bain díot

undue adj iomarcach, neamhriachtanach

undulating adj (*land*) droimneach

unduly adv go hiomarcach, go neamh-mheasartha

unearth vt (*dig up*) tochail as an talamh; (*fig*) nocht, tabhair chun solais

unearthly adj (*hour*) antráthach

uneasy adj míshuaimhneach, míshocair, corrabhuaiseach; (*worried*) imníoch; (*sleep*) corrach; (*peace, truce*) sobhriste

uneconomic(al) adj neamheacnamaíoch,

neamhéadálach; (*person*)
neamhthíosach

uneducated *adj* (*person*) gan
oideachas

unemployed *adj* dífhostaithe ♦ *n*:
the ~ lucht *m3* dífhostaíochta

unemployment *n* dífhostaíocht *f3*

unending *adj* síoraí, gan deireadh

unerring *adj* gan earráid; (*aim*)
neamhiomrallach

uneven *adj* éagothrom,
míchothrom

unexpected *adj* gan choinne, gan
súil leis

unfailing *adj* daingean, buan, dílis

unfair *adj* éagórach, leatromach

unfaithful *adj* mídhílis

unfamiliar *adj* coimhthíoch,
neamhaithnid

unfashionable *adj* neamhfhaiseanta

unfasten *vt* (*open*) oscail; **to
unfasten sth** rud a scaoileadh

unfavourable, (*us*) **unfavorable** *adj*
mífhabhrach, neamhfhabhrach;
(*weather*) míchóiriúil, contráilte;
(*conditions*) míbhuntáisteach

unfeeling *adj* fuarchroíoch,
cadránta

unfinished *adj*
neamhchríochnaithe, gan
chríochnú

unfit *adj* neamhaclaí; **unfit** (**for**)
(*incompetent*) neamhoiriúnach
(do); (*military service*)
neamhinfheidhme (do); **he's unfit
for the work** níl sé ábalta ag an
obair

unfold *vt* (*paper*) oscail amach;
(*clothes*) scar ♦ *vi* tar chun solais;
(*idea*) fabhair

unforeseen *adj* gan choinne;
unforeseen difficulties deacrachtaí
nach raibh súil leo

unforgettable *adj* dodhearmadta

unfortunate *adj* (*person*)
mífhortúnach, mí-ámharach;

(*event*) tubaisteach; **isn't it
unfortunate that ...** nach mór an
trua go ...

unfortunately *adv* ar an drochuair

unfounded *adj* gan bhunús, gan
údar

unfriendly *adj* míchairdiúil,
doicheallach

ungainly *adj* liopasta, anásta

ungodly *adj* (*hour*) antráthach

ungrateful *adj* díomaíoch,
mibhuíoch

unhappiness *n* míshonas *m1*, brón
m1; (*dissatisfaction*) míshásamh *m1*

unhappy *adj* brónach, míshona;
unhappy about *or* with
(*arrangements etc*) míshásta le

unharmed *adj* slán, gan díobháil,
gan dochar

unhealthy *adj* mífholláin; (*person*)
easláinteach

unheard-of *adj* (*unknown*) gan
iomrá; (*without precedent*) gan
insint, nár chualathas a leithéid
riamh

unhurt *adj* slán, gan díobháil, gan
dochar

unidentified *adj* gan aithint

uniform *n* éide *f4*, culaith *f2* ♦ *adj*
comhionann, aonfhoirmeach; **in
uniform** faoi éide

uninhabited *adj* neamháitrithe

unintentional *adj*
neamhbheartaithe

union *n* aontas *m1*; (*action of*)
comhcheangal *m1*; (*also*: **trade ~**)
ceardchumann *m1*; **the Act of
Union** (*HIST*) Acht na hAondachta

Unionist *adj*, *n* Aontachtaí *m4*

unique *adj* sainiúil, uathúil; **a
unique opportunity** seans iontach

unison *n*: **in ~ d'aon ghuth**; **to
work in unison with sb** bheith sa
cheann eile den obair le duine

unit *n* aonad *m1*

unite *vt* aontaigh ♦ *vi* táthaigh (le

chéile), téigh i gcomhar
united adj aontaithe,
comhcheangailte
United Kingdom n An Ríocht f3
Aontaithe
United Nations n Na Náisiúin mpl1
Aontaithe
United States n Na Stáit mpl1
Aontaithe
unity n aonad m1; (agreement)
aontacht f3 cur le chéile
universal adj uilíoch,
comhchoitianta
universe n cruinne f4
university n ollscoil f2
unjust adj éagórach
unkempt adj míshlachtmhar; (hair)
gan chíoradh
unkind adj míchineálta,
neamhcharthanach
unknown adj gan aithne,
anaithnid; **unknown to me** gan
fhios dom
unlawful adj mídhleathach, in
éadan an dlí
unleaded adj (petrol, fuel) gan
luadh ♦ n peitreal m1 gan luadh
unleash vt scaoil, lig amach; (fig):
he ~ed his pent up emotions lig sé
amach a racht
unless conj mura, murar; **unless he
leaves** mura or murar n-imeoidh
sé, ach é imeacht
unlike adj neamhchosúil, éagsúil
♦ prep murab ionann agus
unlikely adj neamhdhóchúil; **it is
unlikely that she will come** ní
dócha go dtiocfaidh sí
unlimited adj neamhtheoranta, gan
teorainn
unlisted (us) adj = **ex-directory**
unload vt díluchtaigh, dílódáil
unlock vt oscail
unlucky adj (person) mí-ámharach,
míshéanmhar; (object, number)
tubaisteach, teiriúil; **to be unlucky**

an mí-ádh a bheith ag siúl leat
unmarried adj neamhphósta,
singil, díomhaoin, gan phósadh
unmistak(e)able adj do-amhrais,
follasach
unmitigated adj cruthanta, amach
is amach
unnatural adj mínádúrtha
unnecessary adj neamhriachtanach
unnoticed adj gan aireachtáil, as
gan fhios
unobtainable adj dofhaighte
unobtrusive adj discréideach
unofficial adj neamhoifigiúil
unorthodox adj éagoiteann,
éagsúlach, as cosán; (REL)
míchreidmheach
unpack vt folmhaigh, díphacáil
unpalatable adj (truth) searbh
unpleasant adj míthaitneamhach
unplug vt bain an phlocóid amach
as
unpopular adj míghnaíúil; **an
unpopular individual/decision**
duine/cinneadh nach bhfuil dúil
na ndaoine ann
unprecedented adj gan
macasamhail, gan réamhshampla
unpredictable adj taghdach,
guagach, luathintinneach
unprofessional adj míghairmiúil
unqualified adj (teacher)
neamhcháilithe; (unmitigated)
iomlán, fíor-
unquestionably adv gan aon
amhras
unravel vt (knitting) rois; (problem)
réitigh
unreal adj bréagach, neamhréadúil;
(extraordinary) iontach
unrealistic adj neamhréadúil
unreasonable adj mírésúnta;
(demand) ainmheasartha
unrelated adj neamhghaolmhar;
they are unrelated (people) níl gaol
acu le chéile; (things) níl baint acu

le chéile

unrelenting adj (merciless) neamhthrócaireach; (constant) gan stad, gan staonadh

unreliable adj neamhiontaofa

unremitting adj gan stad, gan staonadh

unreservedly adv gan agús

unrest n anbhuain f2, neamhshocracht f3

unroll vt leath amach

unruly adj gan riail, ainrianta, mírialta

unsafe adj (in danger) i mbaol; (car, journey) contúirteach

unsaid: to leave sth ~ rud a fhágáil gan rá

unsatisfactory adj míshásúil

unsavoury, (us) **unsavory** adj (fig) gránna, suarach

unscathed adj slán sábháilte; he was completely unscathed ní raibh deargadh a chreabhair air

unscrew vt díscriúáil

unscrupulous adj gan scrupall, neamhscrupallach

unsettled adj míshocair, corrach; (weather) claochlaitheach; (matter) gan réiteach

unshaven adj gan bhearradh

unsightly adj gan slacht, míshlachtmhar, mímhaiseach

unskilled worker n oibrí m4 neamhoilte

unspeakable adj (joy) nach bhfuil insint béil air; (crime) uafásach

unstable adj éagobhsaí; (person) taghdach; (rock) ar forbhás

unsteady adj éadaingean, corrach; (growth) treallcha

unstuck adj: to come ~ (lit) scoitheadh; (fig) cliseadh

unsuccessful adj mírathúil, gan rath; (attempt) in aisce; (writer) teipthe, nach bhfuil rath air; I was unsuccessful (in trying sth) níor

éirigh liom

unsuitable adj mífhóirsteanach, mífheiliúnach, mí-oiriúnach

unsure adj éiginnte; to be unsure of sth/o.s. bheith éiginnte de rud/ bheith gan dóchas asat féin

unsuspecting adj nach bhfuil ag amhras ar a dhath, neamh-amhrasach

untapped adj (resources) gan saothrú as

unthinkable adj nach féidir a shamhailt, doshamhlaithe

untidy adj (room) trína chéile; (appearance, person) amscaí, giobach

untie vt (knot) scaoil; (parcel) oscail; (dog) scaoil amach

until prep go, go dtí ♦ conj go dtí; until he comes go dtiocfaidh sé; until now/then go dtí seo/sin

untimely adj mithráthúil; (death) anabaí

untold adj (story) nar insíodh; (wealth) gan áireamh; (joy, suffering) nach bhfuil insint air

untoward adj as cosán; nothing untoward had happened níor tharla rud ar bith as casán

unused[1] adj (clothes) úr nua

unused[2] adj: to be ~ to sth gan a bheith cleachta le rud

unusual adj neamhghnách, neamhchoitianta

unveil vt nocht

unwelcome adj nach bhfuil fáilte roimhe, gan iarraidh; an unwelcome guest coirm gan chuireadh; unwelcome news doscéala

unwell adj tinn; to feel unwell gan a bheith ar do chóir féin, aireachtáil rud beag tinn

unwieldy adj (object) liobarnach, anásta

unwilling adj: **to be ~ to do sth** gan a bheith toilteanach ar rud a dhéanamh

unwillingly adv go doicheallach

unwind vt díchorn ♦ vi (relax) lig do scíth

unwise adj díchéillí, gan chríonnacht

unwitting adj neamhfheasach

unworkable adj (plan) nach féidir a chur i bhfeidhm, do-oibrithe

unwrap vt bain an clúdach de, oscail

unwritten adj (agreement) neamhscríofa

KEYWORD

up prep: **he went up the stairs/the hill** chuaigh sé suas an staighre/an cnoc; **the cat was up a tree** bhí an cat thuas/in airde i gcrann; **they live further up the street** tá siad ina gcónaí (níos faide) suas an tsráid

♦ adv **1** (upwards, higher): **up in the sky/the mountains** thuas sa spéir/ sna sléibhte; **put it a bit higher up** cuir giota níos airde é; **up there** thuas ansin; **up above** thuas (ansin)

2: **to be up** (out of bed) bheith i do shuí; (prices) ardú a bheith ar + noun

3: **up to** (as far as) go dtí; **up to now** go dtí seo, go nuige seo, go sea

4: **to be up to** (depending on): **it's up to you** ar do chomhairle féin atá sé, fút féin atá sé; (equal to): **he's not up to it** (job, task etc) níl sé inchurtha leis, níl sé in ann aige; (inf: be doing): **what is he up to?** cad é atá sé ag siúl aige?, cad é atá faoi?

♦ n: **ups and downs** (of life) cora mpl1 an tsaoil

up-and-coming adj a bhfuil gealladh faoi

upbringing n oiliúint f3, tógáil f3

update vt leasaigh, coigeartaigh, tabhair suas chun dáta; (COMPUT etc) nuashonraigh ♦ n leagan m1 úr

upgrade vt (house) athchóirigh; (job) cuir ar leibhéal níos airde; (employee) tabhair ardú céime do

upheaval n (political, social) mórathrú m

uphill adj (path) i gcoinne an aird, crochta; (fig: task) duaisiúil; **to go uphill** dul suas in éadan na mala

uphold vt (law) cumhdaigh; (decision) seas le

upholstery n cumhdach m1

upkeep n (maintenance) cóiriú m, deisiú m

upon prep ar

upper adj uachtarach ♦ n (of shoe) uachtar m1

upper-class adj uasaicmeach

upper hand n: **to have the upper hand** an lámh in uachtar a bheith agat

uppermost adj is airde; **what was uppermost in my mind** an rud is mó a raibh mé ag cuimhneamh air

upright adj ina sheasamh, ingearach; (fig) ionraic

uprising n éirí m4 amach

uproar n racán m1, círéib f2

uproot vt stoith

upset n suaitheadh m; (stomach upset) múisiam m4 boilg, taom m3 goile, tiontú m goile ♦ vt (glass etc) leag; (plan) cuir trína chéile; (person) corraigh, cuir as do, goill ar ♦ adj suaite, trí chéile; **my stomach is upset** tá mo ghoile ag cur isteach orm

upshot n deireadh m1; **the upshot**

was that ... is é an deireadh a bhí air go ...

upside-down *adv* bunoscionn, béal faoi; (*fig*) gan chuma gan déanamh, ina chíor thuathail

upstairs *adv* (*going*) suas an staighre; (*being there*) thuas an staighre ◆ *adj* (*room*) thuas an staighre ◆ *n*: **the ~** thuas staighre, uachtar *m1* tí

upstart (*pej*) *n* fáslach *m1*

upstream *adv* in aghaidh an tsrutha

uptake *n*: **to be quick/slow on the ~** bheith maith/mall ag foghlaim

uptight (*inf*) *adj* ar tinneall

up-to-date *adj* nua-aimseartha, faiseanta; **up-to-date news** an scéala is nua or is déanaí

upturn *n* athrú *m* or cor *m1* chun feabhais, iompú *m* (chun) bisigh

upward *adj* suas, in airde; (*from below*) aníos; **upward pressure** brú aníos

upward(s) ◆ *adv* suas, in airde, aníos; **upward(s) of 200** breis agus dhá chéad

urban *adj* uirbeach, cathrach *n gen*

urbane *adj* síodúil

urchin *n* (*person*) garlach *m1*

urge *n* fonn *m1*, dúil *f2* ◆ *vt*: **to ~ sb to do sth** duine a ghríosú *or* a spreagadh chun rud a dhéanamh

urgency *n* práinn *f2*, dithneas *m1*

urgent *adj* práinneach, dithneasach; (*tone*) dian

urinal *n* fualán *m1*, úirinéal *m1*

urine *n* fual *m1*, mún *m1*

urn *n* próca *m4*; (*also*: **tea ~**) próca tae

US *n abbr* = **United States**

us *pron* muid, sinn; (*emphatic*) muidne, sinne; **after us** inár ndiaidh; **tormenting us** dár gcrá; *see also* **me**

USA *n abbr* (= *United States of America*) SAM

use *n* úsáid *f2*, feidhm *f2* ◆ *vt* bain úsáid *or* feidhm as; **in/out of use** in/as úsáid, i bhfeidhm/as feidhm; **to be of use** bheith úsáideach; **it's no use** níl maith ar bith ann; **she used to do it** ba ghnách léi é a dhéanamh; **used to: to be used to** bheith cleachta le ▸ **use up** *vt* caith, ídigh

used *adj* (*car*) athláimhe

useful *adj* úsáideach

usefulness *n* úsáidí *f4*, áisiúlacht *f3*

useless *adj* gan mhaith, ó mhaith; (*person: hopeless*) beagmhaitheasach, gan feidhm

user *n* úsáideoir *m3*

user-friendly *adj* (*computer etc*) cúntach

usher *n* uiséir *m3*

usherette *n* (*in cinema*) banghiolla *m4*

usual *adj* coitianta, gnáth-; **as usual** mar is gnách

usually *adv* de ghnáth, go hiondúil

utensil *n* acra *m4*, uirlis *f2*; **kitchen utensils** gréithe *fpl* cistine

uterus *n* broinn *f2*, útaras *m1*

utility *n* (*also*: **public ~**) fóntas *m1*, poiblí

utility room *n* seomra *m4* áise

utmost *adj* as cuimse, thar na bearta; **it is of the utmost importance** tá tábhacht as cuimse ag baint leis ◆ *n*: **to do one's ~** do sheacht ndícheall a dhéanamh

utterance *n* caint *f2*

utterly *adv* go hiomlán, ar fad

U-turn *n* iompú *m* (iomlán) thart

V

vacancy *n* (*job*) folúntas *m1*

vacant *adj* (*seat etc*) folamh; (*room*) saor; (*expression*) bómánta

vacate *vt* (*post*) éirigh as; (*room*) fág

vacation *n* saoire *f4*; **to be/go on vacation** bheith/dul ar (laethanta) saoire

vaccinate *vt* vacsaínigh

vacuum *n* folús *m1*

vacuum cleaner *n* folúsghlantóir *m3*

vacuum-packed *adj* folúsphacáilte

vagina *n* faighin *f2*

vagrant *n* ráigí *m4*, fánaí *m4*

vague *adj* éiginnte; (*blurred: photo, outline*) doiléir

vaguely *adv* go doiléir; **I remember it vaguely** tá mearchuimhne agam air

vain *adj* (*useless*) díomhaoin; (*conceited*) uallach, giodalach; **in vain** in aisce

valentine *n* (*also*: ~ **card**) vailintín *m4*; **St Valentine's Day** Lá Fhéile Vailintín

valiant *adj* curata

valid *adj* (*argument*) a bhfuil bunús nó éifeacht leis; (*document*) bailí

valley *n* gleann *m3*

valour, (*US*) **valor** *n* crógacht *f3*, laochas *m1*

valuable *adj* (*jewel*) luachmhar; (*help*) tairbheach

valuables *npl* iarmhais *fsg2*, airgí *fpl4* luachmhara

valuation *n* luacháil *f3*

value *n* luach *m3*; (*usefulness*) fiúntas *m1* ♦ *vt* (*fix price*) cuir luach ar, luacháil; **to value sth** (*cherish*) rud a bheith luachmhar agat

value added tax *n* cáin *f*

bhreisluacha

valued *adj* a bhfuil meas air, measúil

valve *n* (*also* MED) comhla *f4*

van *n* (AUT) veain *f4*

vandal *n* loitiméir *m3*, sladaí *m4*, creachadóir *m3*

vandalism *n* loitiméireacht *f3*, slad *m3*, creachadóireacht *f3*

vandalize *vt*: **to ~ sth** loitiméireacht a dhéanamh ar rud

vanguard *n* urgharda *m4*; **in the vanguard** (*fig*) ar thús cadhnaíochta

vanilla *n* fanaile *m4*

vanish *vi* téigh as radharc, ceiliúir; (*die out*) téigh ar ceal; **she vanished completely** d'imigh sí mar a shlogfadh an talamh í

vanity *n* díomhaointeas *m1*, baothántacht *f3*

vantage point *n* ionad *m1* maith breathnóireachta, port *m1* faire

vapour, (*US*) **vapor** *n* gal *f2*; (*on window*) ceo *m4*

variable *adj* claochlaitheach, luaineach; (*speed, height*) inathraithe

variance *n*: **to be at ~ with** gan a bheith ag teacht le, teacht crosach ar

varicose veins *npl* féitheacha *fpl2* borrtha

varied *adj* éagsúil, ilghnéitheach, ilchineálach

variety *n* cineál *m1*, saghas *m1*; (*quantity*) éagsúlacht *f3*

variety show *n* ilsiamsa *m4*

various *adj* difriúil; (*several*) éagsúla

varnish *n* vearnais *f2* ♦ *vt* cuir vearnais ar

vary *vt* athraigh ♦ *vi* éagsúlaigh; **they vary considerably** tá éagsúlacht mhór iontu

vase *n* vása *m4*, bláthchuach *m4*

Vaseline ® *n* veasailín *m4*

vast adj mór as cuimse, ollmhór

VAT n abbr (= value added tax) cáin bhreisluacha

vat n dabhach f2, umar m1

Vatican: the ~ An Vatacáin f2; **Vatican City** Cathair na Vatacáine

vault n (of roof) boghta m4; (tomb) tuama m4; (in bank) daingean m1 (faoi thalamh) ♦ vt (also: ~ over) caith de léim láimhe

vaunted adj: **much-vaunted** cáiliúil

VCR n abbr = **video cassette recorder**

VDU n abbr (COMPUT) (= visual display unit) aonad m1 amharcthaispeána

veal n laofheoil f3

veer vi claon, fiar

vegetable n glasra m4 ♦ adj plandúil, glasrúil; **vegetable garden** garraí glasraí

vegetarian adj feoilséantach ♦ n feoilséantóir m3

vehement adj tréan, dian, díocasach

vehicle n feithicil f2

veil n fial m1, caille f4

vein n féith f2; (in wood) snáithe m4

velvet n veilbhit f2

vending machine n meaisín m4 díola

veneer n (on furniture) athchraiceann m1, veinír f2; (fig) ceileatram m1

venereal adj: **~ disease** galar m1 veinéireach

Venetian blind n dallóg f2 lataí

vengeance n díoltas m1; **he went at it with a vengeance** chuaigh sé ina cheann ar theann a dhíchill; **with a vengeance** (fig) go díbhirceach

venison n fiafheoil f3

venom n nimh f2, goimh f2; **to say sth with venom** rud a rá le gangaid

vent n poll m1 gaoithe, gaothaire m4; (in dress, jacket) scoilt f2 ♦ vt (fig: one's feelings) lig amach

ventilator n aeráil m4

ventriloquist n bolgchainteoir m3

venture n fiontar m1 ♦ vt cuir i bhfiontar ♦ vi téigh i bhfiontar ruda; **to venture a guess** buille faoi thuairim a thabhairt

venue n láthair f, ionad m1

verb n briathar m1

verbal adj briathartha; (translation) focal ar fhocal, litriúil; **verbal noun** (GRAM) ainm m4 briathartha

verbatim adj litriúil, focal ar fhocal ♦ adv focal ar fhocal

verdict n breith f2, breithiúnas m1

verge n imeall m1, ciumhais f2, bruach m1; **on the verge of tears** i riocht caointe ♦ **verge on** vt fus bheith ag bordáil ar

verify vt fíoraigh, deimhnigh

vermin npl míolra msg4, loitmhíolta mpl1

vermouth n fíon m3 mormónta

versatile adj ildánach, iltréitheach; (machine) ilúsáidte

verse n (poetry) filíocht f3, véarsaíocht f3; (stanza) ceathrú f, rann m1; (in Bible) véarsa m4

version n leagan m1; **there are two versions to the story** tá dhá insint ar an scéal

versus prep in aghaidh + gen, i gcoinne + gen, in éadan + gen

vertical adj ingearach, ceartingearach ♦ n ingear m1

vertigo n meadhrán m1, veirtige f4

verve n spreacadh m, aigeantacht f3, bíogúlacht f3

very adv an-, iontach, fíor- ♦ adj: **the ~ book which** go díreach an leabhar a, an leabhar (céanna) céanna a; **the very last one** ceann deireanach ar fad; **at the**

very least ar a laghad ar bith; **she likes it very much** tá an-dúil aici ann; **he was very much surprised** bhí a shá iontais air

vessel n (NAUT) soitheach m1, árthach m1; (ANAT, container) soitheach m1; **blood vessel** fuileadán m1, soitheach fola

vest n (BRIT) veist f2; (US: waistcoat) veist, bástchóta m4

vested interest n (COMM) leas m3 dílsithe

vet n abbr = **veterinary surgeon**

veteran n seanfhundúir m3; (also: **war ~**) seansaighdiúir m3

veterinary surgeon, veterinarian (US) n tréidlia m4

veto n cros f2 ♦ vt cros; **right of veto** ceart m1 crosta

vex vt cuir olc ar, déan meadhrán do, cráigh, ciap

vexed adj (question) achrannach

via prep trí, bealach + gen

viable adj inmharthana, indéanta; inchurtha i gcrích

vibrate vi crith, tonnchrith

vicar n biocáire m4

vicarious adj ionadach

vice n (evil) duáilce f4, drochbhéas m3; (TECH) bís f2

vice- prefix leas-

vice squad n péas m4 frithchorbtha

vice versa adv a mhalairt de dhóigh

vicinity n comharsanacht f3, timpeallacht f3; **in the vicinity** in aice láithreach, ar na gaobhair; **in the vicinity of the school** cóngarach don scoil, i gcóngaracht na scoile

vicious adj (remark) gangaideach; (blow) fíochmhar; (dog) drochmhúinte

vicious circle n ciorcal m1 lochtach

victim n íobartach m1, an duine atá thíos leis

victor n buaiteoir m3

Victorian adj Victeoiriach

victory n bua m4

video cpd fís- ♦ n (video film) físeán m1; (also: ~ cassette) físchaiséad m1; (also: ~ cassette recorder) taifeadán m1 físchaiséad

video tape n fístéip f2

vie vi: **to ~ with** bheith ag iomaíocht le

Vienna n Vín f4

Vietnam n Vítneam m4

Vietnamese adj, n Vítneamach m1; (LING) Vítneamais f2

view n radharc m1, amharc m1; (opinion) dearcadh m1 ♦ vt breathnaigh, amharc ar; **to have sth in view** rud a bheith faoi do shúil; **to be taking in the view** bheith ag amharc uait; **with a view to** de gheall ar; **from another point of view** de thaobh eile; **in view of the fact that he is late** ó tharla go bhfuil sé mall; **in my view** i mo thuairimse, dar liomsa

viewer n (TV) breathnóir m3, féachadóir m3; **viewers** lucht msg3 féachana

viewfinder n lorgán m1 radhairc

viewpoint n dearcadh m1

vigorous adj bríomhar, fuinniúil, spreacúil

vile adj (action) suarach; (smell) bréan; (food) samhnasach

villa n vile m4

village n sráidbhaile m4

villager n duine m4 de mhuintir an tsráidbhaile; **the villagers** muintir fsg2 an tsráidbhaile

villain n (scoundrel) bithiúnach m1, cladhaire m4; (criminal) coirpeach m1; (in novel etc) bithiúnach m1

vindicate vt (person) saor ó chion; **his actions were vindicated** tugadh le fios go raibh an ceart aige

vindictive adj díoltasach,

faltanasach

vine n finiúin f3; (climbing plant) féithleog f2

vinegar n fínéagar m1

vineyard n fíonghort m1

vintage n (of wine) bliain f3; **vintage year** sárbhliain f3; **vintage wine** fíon m3 den scoth

viola n (MUS) vióla f4

violate vt sáraigh

violence n lámh f2 láidir, foréigean m1, forneart m1

violent adj foréigneach, forneartach; (person) ainscianta; (wind) tolgach; **violent death** anbhás

violet adj corcairghorm ◆ n (colour) corcairghorm m1; (plant) sailchuach f2

violin n veidhlín m4

violinist n veidhleadóir m3

VIP n abbr (= very important person) duine mór le rá

virgin n maighdean f2, ógh f2 ◆ adj maighdeanúil

Virgo n An Mhaighdean f2

virile adj fearga, fireann, mascalach

virtually adv (almost) chóir a bheith, geall le bheith

virtual reality n (COMPUT) réaltacht f3 fhíorúil

virtue n suáilce f4; (advantage) bua m4; **by virtue of** de thairbhe + gen, as los + gen

virtuous adj suáilceach; **to lead a virtuous life** dea-bheatha a chaitheamh

virus n (also COMPUT) víreas m1

visa n víosa f4

visibility n léargas m1, infheictheacht f3; **visibility was good** bhí solas maith ann

visible adj le feiceáil, ris, infheicthe

vision n (sight) radharc m1, amharc m1; (foresight) dearcadh m1; (in dream) aisling f2, taibhreamh m1;

fís f2; **field of vision** réim f2 radhairc

visit n cuairt f2 ◆ vt tabhair cuairt ar

visiting hours npl (in hospital etc) uaireanta fpl2 cuartaíochta

visitor n cuairteoir m3

visor n scáthlán m1

visual adj radharcach, radhairc n gen, amhairc n gen; **visual defect** éalang f2 radhairc

visual aid n áis f2 amhairc

visual display unit n aonad m1 amharcthaispeána

visualize vt samhlaigh; **try to visualize it** samhlaigh duit féin é

vital adj riachtanach; (organs) beatha n gen; (person) a bhfuil spreacadh ann

vitally adv (important) thar a bheith, iontach, an-

vital statistics npl (fig) buntoisí mpl4

vitamin n vitimín m4

vivacious adj aigeantach

vivid adj (account) beoga; (light) glinn; (imagination) beo

vividly adv go beoga

V-neck n V-mhuineál m1

vocabulary n (of individual) stór m1 focal; (of discipline) réimse m4 focal; (glossary) foclóir m3, gluais f2

vocal adj guthach; (fig) ardghlórach, callánach

vocal cords npl téada fpl2 an ghutha

vocation n gairm f2

vocational adj gairmiúil, gairm-

vociferous adj ardghlórach, callánach

vodka n vodca m4

vogue n faisean m4; **in vogue** san fhaisean

voice n guth m3, glór m1; (LING) faí f4 ◆ vt (opinion) cuir in iúl; **at the**

top of his voice in ard a chinn
void n folús m1, folúntas m1 ♦ adj
folamh; (invalid) neamhbhailí,
neamhníitheach; (LAW) ar neamhní;
void of ar díth + gen, gan aon
volatile adj (substance) so-ghalaithe;
(person) taghdach
volcano n bolcán m1
volition n: **of one's own ~** de do
dheoin féin
volley n (TENNIS etc) eitleog f2; (of
gunfire) rois f2, rúisc f2; (of
questions) rois
volleyball n eitpheil f2
volt n volta m4
voltage n voltas m1
volume n (size) toirt f2, méid m4;
(of book) imleabhar m1; (sound)
láine f4
voluntarily adv go toilteanach, go
deonach
voluntary adj toilteanach,
saorálach; (unpaid) deonach
volunteer n saorálaí m4; (soldier)
óglach m1 ♦ vt (information) tabhair
de do chonlán féin ♦ vi (MIL)
liostáil de do dheoin féin; **to
volunteer to do sth** tairiscint rud a
dhéanamh; **he volunteered to help
me** thairg sé cuidiú liom
vomit n urlacan m3, aiseag m1 ♦ vt,
vi cuir amach, aisig
vote n vótáil f3; (cast) vóta m4;
(franchise) ceart m1 vótála ♦ vt
(elect) togh; (propose): **to ~ that**
moladh go ♦ vi vótáil, caith vóta;
vote of thanks rún buíochais; **to
put sth to a vote** rud a chur ar
vóta; **he was voted chairman**
toghadh ina chathaoirleach é
voter n vótálaí m4
voting n vótáil f3
voucher n (for meal, petrol, gift)
dearbhán m1
vouch for vt fus téigh i mbannaí ar
vow n móid f2 ♦ vi móidigh,

tabhair móid
vowel n guta m4
voyage n aistear m1 or turas m1
farraige
vulgar adj gráisciúil, madrúil,
lodartha
vulnerable adj gan chosaint, ar
lagchuidiú, soghonta
vulture n badhbh f2, bultúr m1

W

wad n (of cotton wool, paper) loca
m4; (of banknotes etc) burla m4
waddle vi bheith ag lapadán
wade vi: **to ~ through** siúl trí; (fig:
book) treabhadh trí
wafer n (CULIN) abhlann f2
waffle n (CULIN) vaiféal m1; (inf)
seafóid f2, glagaireacht f3 ♦ vi
bheith ag seafóid or ag glagaireacht
waft vt (sound, smell) iompair ♦ vi
bheith ar foluain
wag vt, vi croith
wage n (also: **~s**) pá m4, tuarastal
m1 ♦ vt: **to ~ war** cogadh a chur
wage earner n saothraí m4
wage packet n paicéad m1 pá
wager n geall m1
waggle vt, vi croith
wag(g)on n vaigín m4
wail vi déan olagón
waist n coim f2, básta m4
waistcoat n bástcóta m4, veist f2
waistline n coim f2
wait n fanacht m3, feitheamh m1
♦ vi fan; **to keep sb waiting** duine
a choinneáil ag fanacht; **to wait
for** fanacht le; **I can't wait to ...**
(fig) is fada liom nó go ... ► **wait
on** vt fus déan freastal ar
waiter n freastalaí m4
waiting list n liosta m4 feithimh
waiting room n feithealann f2,
seomra m4 feithimh

waitress n freastalaí m4, banfhreastalaí m4

waive vt (claim) tarscaoil

wake vt, vi (also: ~ **up**) múscail, dúisigh ♦ n (for dead person) faire f4; (NAUT) marbhshruth f3

Wales n An Bhreatain f2 Bheag; **the Prince of Wales** Prionsa m4 na Breataine Bige

walk n siúl m1; (short) geábh m3 spaisteoireachta; (gait) leagan m1 siúil; (path) cosán m1 ♦ vi siúil; (for pleasure, exercise) déan spaisteoireacht ♦ vt (distance) siúil; (horse) cinnir; **10 minutes' walk from** deich nóiméad siúil ó; **from all walks of life** ó gach gairm bheatha ▸ **walk out** vi (audience) siúil amach; (workers) téigh ar stailc ▸ **walk out on** (inf) vt fus fág ansin

walker n (person) siúlóir m3, coisí m4

walking n siúl m1, coisíocht f3

walking shoes npl bróga siúil

walking stick n bata m4 siúil

walkout n (of workers) stailc f2

walkover (inf) n bua m4 gan choimhlint

walkway n siúlbhealach m1

wall n balla m4

walled adj (city, garden) caisealta

wallet n vallait f2, tiachóg f2

wallflower n lus m3 an bhalla; (fig) caochóg f2 ar cóisir

wallop (inf) n gread, tabhair dundarlán do

wallow vi iomlaisc

wallpaper n páipéar m1 balla ♦ vt: **to ~** páipéar balla a chur suas

walnut n gallchnó m4; **walnut tree** crann m1 gallchnó

walrus n rosualt m1

waltz n válsa m4 ♦ vi válsáil

wan adj báiteach, tláith

wand n (also: **magic ~**) slat f2 draíochta

wander vi (person) bheith ag fálróid; (mind) bheith ar seachrán

wane vi (moon) téigh ar gcúl; (reputation) téigh i léig

wangle (inf) vt: **to ~ sth** (for o.s.) rud a sheiftiú (duit féin)

want vt: **I ~ a biscuit** ba mhaith liom briosca; (need): **he ~s money** tá airgead de dhíth air ♦ n: **for ~ of** de cheal + gen; **wants** npl (needs) riachtanais npl1; **she wants to do that** is mian léi sin a dhéanamh; **she wants him to buy it** ba mhaith léi go gceannódh sé é

wanted adj (criminal): **they are ~ by the police** tá na péas sa tóir orthu; **"cook wanted"** "cócaire ag teastáil"

wanting adj: **to be found ~** gan a bheith in ann ag an obair

wanton adj (gratuitous) ainrianta; (promiscuous) macnasach

war n cogadh m1; **to make war (on)** cogadh a chur (ar)

ward n (in hospital) barda m4; (POL) barda m4; (LAW, child) coimircí m4 ▸ **ward off** vt (attack, enemy) cosain

warden n bardach m1; (of institution) maor m1; (also: **traffic ~**) maor m1 tráchta

warder n bairdéir m3

wardrobe n (cupboard) vardrús m1; (clothes) feisteas m1 éadaigh; (THEAT) culaithirt f2

warehouse n stór m1, stóras m1

wares npl earraí mpl4

warfare n cogadh m1

warhead n (MIL) pléasc-cheann m1

warm adj te; (thanks, welcome, applause, person) croíúil; **it's warm** tá sé te ▸ **warm up** vi téigh ♦ vt (food) atéigh, téigh suas; (engine) téigh

warm-hearted adj lách

warmly adv go te, go croíúil

warmth n teas m3

warn vt: **he ~ed me** thug sé rabhadh dom; **to warn sb (not) to do sth** rabhadh a thabhairt do dhuine (gan) rud a dhéanamh

warning n rabhadh m1; (signal) rabhchán m1

warning light n solas m1 rabhaidh

warning triangle n (AUT) triantán m1 rabhaidh

warp vi (wood) stang ♦ vt (fig: character) saobh

warrant n barántas m1

warranty n barántas m1

warren n (of rabbits) coinicéar m1; (fig: of streets etc) lúbra m4

warrior n gaiscíoch m1, laoch m1

Warsaw n Vársá m4

warship n long f2 chogaidh

wart n faithne m4

wartime n aimsir f2 chogaidh

wary adj airdeallach, faichilleach; **be wary of him!** bí ar d'fhaichill air!

wash vt, vi nigh; (sea): **to ~ over sth/against sth** bheith ag slapanrach thar rud/in éadan ruda ♦ n (clothes) maistreadh m1 ♦ **wash away** vt (stain) bain amach; (subj: river etc): **the bridge was ~ed away** scuabadh an droichead le sruth ♦ **wash off** vi: **it will ~ off** imeoidh sé sa níochán ♦ **wash up** vi (BRIT: dishes) nigh na soithí; (US: clean o.s.) nigh d'aghaidh agus do lámha ♦ vt (subj: sea): **it was ~ed up (on the shore)** cartadh i dtír é (ar an gcladach)

washable adj in-nite

washbasin, (US) **washbowl** n doirteal m1

washcloth (US) n cifleog f2 aghaidhe

washer n (TECH) leicneán m1

washing n níochán m1

washing machine n inneall m1 níocháin

washing powder n púdar m1 níocháin

washing-up n na soithí mpl1

washing-up liquid n leacht m3 níocháin

washroom (US) n leithreas m1, seomra m4 folctha

wasp n foiche f4

wastage n fuílleach m1; (in manufacturing, transport etc) deachmaíocht f3

waste n fuíoll m1; (of time) cur m1 amú; (rubbish) bruscar m1; (also: household) ~ bruscar tí ♦ adj (leftover): **~ material** dramhaíl; (land, ground: in city) folamh ♦ vt (time, opportunity) diomail, cuir amú; **wastes** npl (area) fásach msg1 ♦ **waste away** vi: **he is wasting away** tá sé á ghoid as

waste disposal unit n aonad m1 diúscartha dramhaíola

wasteful adj diomailteach, caifeach; (process) gan tairbhe

waste ground n talamh m1 or f fásaigh

wastepaper basket n ciseán m1 dramhpháipéir

waste pipe n píobán m4 fuíollábhair

waster (inf) n drabhlásaí m4

watch n uaireadóir m3; (act of watching) amharc m1, féachaint f3; (MIL, NAUT) faire f4 ♦ vt (look at) amharc ar, féach ar; (spy on, guard, be careful of) coimhéad ♦ vi déan faire ♦ **watch out** vi coimhéad, seachain

watchdog n gadhar m1 faire

watchful adj aireach, airdeallach

watchmaker n uaireadóirí m4

watchman n see night watchman

watchstrap n strapa m4 uaireadóra

water n uisce m4 ♦ vt (plant, garden) cuir uisce ar; (horses) tabhair uisce do ♦ vi (eyes): my eyes are ~ing tá uisce le mo shúile; (mouth): it makes my mouth ~ cuireann sé uisce le mo chuid fiacla; to water sth uisce a chur ar rud; in Irish waters i bhfarraigí na hÉireann
▶ water down vt: to ~ down whiskey uisce beatha a chaoladh (le huisce); (fig: story) maolaigh

watercolour, (US) **watercolor** n uiscedhath m3

watercress n biolar m1

waterfall n eas m3

Waterford n Port Láirge m; Waterford crystal criostal Phort Láirge

water heater n téitheoir m3 uisce

watering can n fraschanna m4

water lily n duilleog f2 bháite

waterline n (NAUT) dobharlíne f4

waterlogged adj (ground) faoi uisce

water main n príomhphíopa m4 uisce

watermelon n mealbhacán m1 uisce

waterproof adj uiscedhíonach, díon a bheith ann; is that coat waterproof? an bhfuil díon sa chóta sin?

watershed n (GEOG) uiscedhroim f3; (fig): that was a ~ in my life chuir sin cor i mo chinniúint

water-skiing n sciáil f3 ar uisce

watertight adj uiscedhíonach

waterway n bealach m1 uisce

waterworks n (building) oibreacha fpl2 uisce

watery adj uisciúil; (coffee, soup) tanaí; (eyes) silteach

watt n vat m4

wave n (also RADIO) tonn f2; (of hand) croitheadh m; (in hair) casadh m1 ♦ vi croith; (flag): the flag is waving tá an bhratach ar foluain; (grass) luasc ♦ vt (handkerchief) croith; (stick) bagair

wavelength n tonnfhad m1

waver vi preab; (voice): his voice ~ed tháinig creathadh ina ghuth; (person): he is ~ing tá sé idir dhá chomhairle

wavy adj iomaireach; (hair) camarsach, dréimreach

wax n céir f; (also: ear ~) sail f2 chluaise ♦ vt: to ~ sth céir a chur ar rud, rud a chiaradh ♦ vi (moon) líon

waxworks npl taispeántas m1 dealbh céarach

way n bealach m1, slí f4; (manner) dóigh f2, caoi f4; (habit) dóigh; which way? - this way cén bealach? - an bealach seo; do you know the way? an bhfuil fios na bhealaigh agat?; on the way (en route) ar an mbealach; to be on one's way bheith ar shiúl; to go out of one's way to do sth (fig) stró a chur ort féin le rud a dhéanamh; to be in the way (of) bheith sa chosán (ag); to lose one's way dul amú, dul ar seachrán; under way ar siúl; in a way ar bhealach; will you see him? - no way! (inf) an mbuailfidh tú leis? - ní bhuailfidh nó a shaothar orm!; "way in" "isteach"; "way out" "amach"; the way back an bealach ar ais; "give way" (AUT) "géill slí"

waylay vt: to ~ sb luíochán a dhéanamh roimh dhuine

wayward adj (stubborn) ceanndána; (erratic) guagach, spadhrúil

we pl pron muid, sinn; (emphatic) muidne, sinne; (as subject): we came in thángamar isteach; (with copula): we are people is daoine sinn or muid; (in passive,

autonomous): **we were injured
gortaíodh sinn** *or* **muid**; **we came
and they stayed thángamarna agus
d'fhan siadsan**; **it is we who … is
sinne** *or* **muidne a …**

weak *adj* lag

weaken *vi* téigh i laige ♦ *vt* lagaigh

weakling *n* (*physically*) marla *m4*;
(*morally etc*) meatachán *m1*

weakness *n* laige *f4*; (*fault*) fabht
m4; **to have a weakness for** bheith
tugtha do

wealth *n* (*money, resources*) saibhreas
m1, maoin *f2*; (*of details*) flúirse *f4*

wealthy *adj* saibhir

wean *vt* scoith (den chíoch) ♦ *n*
(*inf: child*) leanbh *m1*

weapon *n* arm *m1*, gléas *m1* troda

wear *n* (*use*) caitheamh *m1* ♦ *vt*
caith ▶ **wear away** *vt* ídigh ♦ *vi*
caith ▶ **wear down** *vt* snoigh;
(*strength, person*) traoch ▶ **wear off**
vi: **it soon wore off** ba ghairid a
mhair sé ▶ **wear out** *vt* ídigh;
(*person, strength*) spíon

wear and tear *n* caitheamh agus
cuimilt

weary *adj* (*tired*) tuirseach;
(*dispirited*): **I am ~ of** tá táim bréan
de ♦ *vi*: **to ~ of** éirí bréan de

weasel *n* (*zool*) easóg *f2*

weather *n* aimsir *f2* ♦ *vt*: **to ~ the
storm** an stoirm a chur díot; **to be
under the weather** (*fig: ill*) bheith
meath-thinn, gan a bheith ar
fónamh

weather-beaten *adj* síondaite

weathercock *n* coileach *m1* gaoithe

weather forecast *n* réamhaisnéis *f2*
na haimsire

weather vane *n* = **weathercock**

weave *vt* figh

weaver *n* fíodóir *m3*

web *n* (*of spider*) líon *m1* damháin
alla; (*on foot*) scamall *m1*; (*fabric*)
uige *f4*; (*fig*): **a ~ of deceit** greasán

m1 bréag

wed *vt, vi* pós

wedding *n* (*ceremony*) pósadh *m*;
(*feast*) bainis *f2*

wedding day *n* lá *m* pósta

wedding dress *n* gúna *m4* pósta

wedding ring *n* fáinne *m4* pósta

wedge *n* (*of wood etc*) ding *f2*; (*of
cake*) canta *m4* ♦ *vt* (*fix*) ding;
(*pack tightly*) brúigh (síos)

Wednesday *n* An Chéadaoin *f4*; **on
Wednesday** Dé Céadaoin; **he
comes on Wednesdays** tagann sé
ar an gCéadaoin

wee *adj* (*scot, irl*) beag

weed *n* fiaile *f4*; **weeds** *npl* lustan
msg1, luifearnach *msg1* ♦ *vt* déan
gortghlanadh, bain lustan

weedkiller *n* fiailnimh *f2*

week *n* seachtain *f2*; **a week today**
seachtain is an lá inniu

weekday *n* lá *m* den tseachtain; **on
weekdays and Sundays** Domhnach
is dálach

weekend *n* deireadh *m1* seachtaine

weekly *adv* in aghaidh na
seachtaine ♦ *adj* seachtainiúil ♦ *n*
seachtanán *m1*

weep *vt, vi* (*person*) caoin, goil

weeping willow *n* saileach *f2* shilte

weigh *vt, vi* meáigh; **to weigh
anchor** an t-ancaire a thógáil
▶ **weigh up** *vt* meas

weight *n* meáchan *m1*; **to lose
weight** meáchan a chailleadh; **to
put on weight** meáchan a chur
suas

weightlifter *n* tógálaí *m4* meáchan

weighty *adj* trom; (*important*)
tromaí, tromchúiseach, tathagach

weir *n* cora *f4*

weird *adj* diamhair; (*odd*) corr,
aisteach

welcome *adj*: **a ~ guest** aoi a
bhfuil fáilte roimhe ♦ *n* fáilte *f4*
♦ *vt*: **to ~ sb** fáilte a chur roimh

**dhuine; thank you - you're
welcome!** go raibh maith agat - níl
a bhuíochas ort *or* tá fáilte romhat
weld *vt* táthaigh
welder *n* táthaire *m4*
welfare *n* (*wellbeing*) leas *m3*,
sochar *m1*; (*social aid*) leas
sóisialta
welfare state *n* stát *m1* leasa
(shóisialaigh)
well *n* tobar *m1* ♦ *adv* go maith
♦ *adj*: **to be ~ bheith** go maith
♦ *excl* bhuel; **as well** chomh
maith; **as well as** (*in addition to*)
chomh maith le; **well done!** (*to
man*) bullaí fir; (*to woman*) bullaí
mná; **she is well again** tá sí ar ais
ar a seanléim; **to do well** déanamh
go maith; **to wish sb well** rath a
ghuí le duine ♦ **well up** *vi* brúcht
aníos
well-behaved *adj* dea-mhúinte
well-being *n* dea-bhail *f2*; **public
well-being** leas *m3* an phobail
well-built *adj* (*person*) tathagach
well-deserved *adj* atá tuillte go
maith
well-dressed *adj* dea-éadaigh,
feistithe go maith
well-heeled (*inf*) *adj* (*wealthy*)
rachmasach, gustalach
wellingtons *npl* (*also:* **wellington
boots**) buataisí *fpl2* rubair
well-known *adj* (*person*) clúiteach,
iomráiteach, aithnidiúil
well-mannered *adj* dea-mhúinte
well-meaning *adj* dea-chroíoch,
deá-mhéineach
well-off *adj* go maith as, leacanta
well-read *adj* léannta
well-to-do *adj* toiciúil, gustalach
well-wishers *npl* lucht *msg3*
dea-mhéine
Welsh *adj* Breatnach ♦ *n* (*LING*)
Breatnais *f2*; **the Welsh** *npl* (*people*)
na Breatnaigh *mpl1*, muintir *f2* na

Breataine Bige
Welshman *n* Breatnach *m1*
Welshwoman *n* Breatnach *m1*
(mná)
west *n* iarthar *m1* ♦ *adj* iartharach;
(*wind*) aniar; (*side*) thiar ♦ *adv* (*in*)
thiar; (*to*) siar; (*from*) aniar; **the
West** an tIarthar *m1*; **west of** taobh
thiar de
westerly *adj* (*wind*) aniar; (*point*)
thiar
western *adj* iartharach, thiar ♦ *n*
(*CINE*) scannán *m1* buachaillí bó
West Indian *adj*, *n* Iar-Indiach *m1*
West Indies *npl* Na hIndiacha *fpl*
Thiar
Westmeath *n* An Iarmhí *f4*
westward(s) *adv* siar
wet *adj* fliuch; (*damp*) tais; (*soaked*)
fliuch báite; **"wet paint"** "péint
úr"
wet blanket *n* (*fig*) seargánach *m1*
wet suit *n* culaith *f2* tumtha
Wexford *n* Loch *m* Garman
whack *vt* leadair, tabhair faic do
whale *n* (*ZOOL*) míol *m1* mór
wharf *n* cé *f4*

KEYWORD

what *adj*: **what size is he?** cad é an
saghas atá aige?, cad é an mhéid a
chaitheann sé?; **what colour is it?**
cén dath atá air?; **what books do
you need?** cé na leabhair atá uait?;
what a mess! a leithéid de
phrácás!
♦ *pron* 1 (*interrogative*) céard, cad
(é), cén rud; **what are you doing?**
céard atá ar bun agat?; **what
happened to you?** cad (é) a tharla
or a bhain duit?; **what are you
talking about?** céard faoi a bhfuil
tú ag caint?; **what is it called?** cén
t-ainm atá air, cad is ainm dó?;
what about me? céard fúmsa?, cár
fhág tú mise?; **what about**

doing ...? cad é do bharúil dá ndéanaimis ...?

2 (relative: subject) (: direct object) (: indirect object); **I saw what you did/was on the table** chonaic mé an rud a rinne tú/an rud a bhí ar an mbord; **tell me what you know about it** inis dom a bhfuil ar eolas agat faoi

♦ excl (disbelieving) cad é sin!; **what! no tea?** cad é seo! nach bhfuil tae ar bith ann?

whatever, whatsoever adj: ~ **book** cibé leabhar ♦ **pron: do ~ is necessary** déan cibé rud is gá; **whatever happens** cibé rud a tharlóidh; **with no reason whatever** gan fáth ar bith; **nothing whatever** a dhath ar bith

wheat n cruithneacht f3

wheedle vt meall; **to wheedle sth out of sb** rud a mhealladh ó dhuine

wheel n roth m3; (also: **steering** ~) roth stiúrtha; (NAUT) stiúir f ♦ vt (pram etc) brúigh romhat, faoileáil ♦ vi (birds) cas; (also: ~ **round**: person) tiontaigh

wheelbarrow n bara m4 (rotha)

wheelchair n cathaoir f rothaí

wheel clamp n (AUT) glas m1 rotha

wheeze vi: **to** ~ cársán a bheith ionat

when adv cén uair, cá huair, cathain; **when did it happen?** cén uair or cá huair or cathain a tharla sé?

♦ conj **1** (at, during, after the time that): **she was reading when I came in** bhí sí ag léamh nuair a tháinig mé isteach or ag teacht isteach dom

2 (on, at which): **on the day when**

I met him an lá a casadh orm é **3** (whereas) is amhlaidh, is é rud, is éard; **I thought I was wrong when in fact I was right** shíl mé go raibh mé contráilte ach is amhlaidh a bhí an ceart agam

whenever adv an uair ♦ conj nuair; (every time that) gach uair

where adv, conj an áit, mar; **this is where** seo an áit

whereabouts adv cá ♦ n: **he has told no one his** ~ ní dúirt sé le duine ar bith cá bhfuil sé

whereas conj cé go; (in legal documents) de bhrí go

whereby adv trína; **a system whereby time is saved** modh oibre trína sábháiltear am

whereupon adv agus leis sin, agus ansin

wherever adv, conj cibé áit

whet vt: **to** ~ **one's appetite** faobhar a chur ar do ghoile

whether conj cé acu; **I don't know whether to accept or not** níl a fhios agam cé acu ba chóir dom glacadh leis nó nár chóir; **it's doubtful whether she will come** tá mé in amhras an dtiocfaidh sí; **whether you go or not** cé acu a rachaidh tú nó nach rachaidh

which adj **1** (interrogative: direct, indirect) cé, cé acu; **which picture do you want?** cén pictiúr atá de dhíth ort?; **which one?** cé acu ceann?; **in which case** cás agus más amhlaidh atá, agus an scéal a bheith amhlaidh

♦ **pron 1** (interrogative): **I don't mind which** is cuma liom cé acu; **which (of these) are yours?** cé acu díobh seo is leat?; **tell me which you want** inis dom cé acu is mian

leat *or* a theastaíonn uait
2 (*relative: subject*) a; (: *object*) a,
ar; **the apple which you ate/which
is on the table** an t-úll a d'ith tú/
atá ar an mbord; **the chair on
which you are sitting** an chathaoir
a bhfuil tú i do shuí uirthi; **the
book of which you spoke** an
leabhar ar labhair tú faoi/ina
thaobh; **he said he saw her, which
is true** dúirt sé go bhfaca sé í, rud
atá fíor/agus is fíor dó; **after
which** agus ina dhiaidh sin

───────────────

whichever *adj:* **take ~ book you
prefer** tabhair leat cibé leabhar is
fearr leat

whiff *n* boladh *m1*, mos *m1*; (*trace*)
lorg *m1*

while *n* tamall *m1*, scaitheamh *m1*
♦ *conj:* **~ I was there** agus mé ann,
fad is a bhí mé ann; **for a while**
ar feadh scathaimh ▸ **while away**
vt: **to ~ away the hours** an t-am a
chur thart

whim *n* tallann *f2*; (*foolish*)
baothmhian *f2*

whimper *vi* bheith ag snagaíl *or* ag
diúgaireacht *or* ag geonaíl

whimsical *adj* (*person*) meonúil,
spadhrúil, teidheach; (*look, story*)
aiféiseach

whine *vi* bheith ag cnámhsheáil;
(*dog*) bheith ag geonaíl

whip *n* fuip *f2*, lasc *f2*; (*POL,
person*) aoire *m4* ♦ *vt* fuipeáil, lasc;
(*eggs*) buail, coip

whipped cream *n* uachtar *m1*
coipthe

whip-round *n* bailiúchán *m1*

whirl *n* guairneán *m1*, cuilithe *f4*
♦ *vi* rothlaigh, bheith ag guairneáil

whirlpool *n* coire *m4* guairneáin

whirlwind *n* cuaifeach *m1*,
iomghaoth *f2*

whirr *n* seabhrán *m1* ♦ *vi* (*motor etc*)

déan seabhrán

whisk *n* (*CULIN*) greadtóir *m3*; (*of tail
etc*) flip *f2* ♦ *vi* scinn ♦ *vt* (*eggs*)
gread; **to whisk sb away** *or* **off**
duine a sciobadh leat

whiskers *npl* (*of cat*) guairí *mpl4*; (*of
man*) féasóg *fsg2* leicinn

whisky, (*IRL, US*) **whiskey** *n* uisce *m4*
beatha, fuisce *m4*

whisper *vi:* **to ~ sth** (**to**) rud a rá i
gcogar (le) ♦ *vi* bheith ag
cogarnach

whistle (*sound*) fead *f2*; (*object*)
feadóg *f2* ♦ *vi* bheith ag feadaíl; **to
whistle** (**at sb**) fead a ligean (le
duine)

white *adj* bán ♦ *n* **an dath** *m3* bán;
(*person*) duine *m4* geal

white coffee *n* caife *m4* bán

white-collar worker *n* oibrí *m4*
bóna bhána

white lie *n* bréag *f2* gan díobháil

white paper *n* (*POL*) páipéar *m1* bán

whitewash *vt* cuir aoldath ar; (*fig*)
cuir plán mín ar ♦ *n* (*paint*)
aoldath *m3*

whiting *n* (*fish*) faoitín *m4*

Whitsun *n* An Chincís *f2*

whittle away, whittle down *vt*
(*costs*) gearr (anuas)

whizz *vi:* **to ~ past** *or* **by** scinneadh
thart, dul thart ar nós na gaoithe

who *pron* (*inter*) cé; **who is it?** cé
(hé) sin?, cé atá ann?; (*relative*) a;
(: *negative*) nach, nár; **the man
who was here** an fear a bhí anseo;
the man who went an fear a
d'imigh; **the man who was not
here** an fear nach raibh anseo; **the
man who did not go** an fear nár
imigh

whodun(n)it (*inf*) *n* scéal *m1*
bleachtaireachta

whoever *pron:* **~ finds it** an té a
thiocfaidh air; **ask whoever you
like** cuir ceist ar cibé duine is mian

leat; **whoever he marries** an bhean a phósfaidh sé; **whoever told you that?** cé a d'inis sin duit?
whole adj (*complete*) iomlán; (*not broken*) slán ♦ n (*all*): **the ~ of** iomlán m1 + gen; **the whole of the town** an baile uile or ar fad; **on the whole** ó chuid is mó; **as a whole** ina iomláine
wholehearted adj ó chroí
wholemeal n min f2 chaiscín; (*also:* **~ bread**) caiscín m4
wholesale n mórdhíol m3 ♦ adj (*price*) mórdhíola n gen; (*destruction*) ar fad ♦ adv ar fad
wholesaler n mórdhíoltóir m3
wholesome adj folláin
wholewheat adj = **wholemeal**
wholly adv ar fad
whom pron (*interrogative*): **~ did you see?** cé a chonaic tú?; **to whom did you give it?** cé dó ar thug tú é?; (*relative*): **the man ~ I saw/to ~ I spoke** an fear a chonaic mé/ar labhair mé leis
whooping cough n triuch m1
whore (*inf: pej*) n striapach f2

KEYWORD

whose adj 1 (*possessive: interrogative*): **whose book is this?** cé leis an leabhar seo?; **whose pencil have you taken?** cé leis an peann luaidhe a thug tú leat?; **whose daughter/son are you?** cé leis tú?
2 (*possessive: relative*): **the man whose son you rescued** an fear ar thug tú tarrtháil ar a mhac; **the girl whose sister you were speaking to** an cailín a raibh tú ag caint lena deirfiúr; **the woman whose car was stolen** an bhean ar goideadh a carr
♦ pron: **whose is this?** cé leis seo?; **I know whose it is** tá a fhios agam

cé leis é

why adv cén fáth, cad chuige, cad ina thaobh; **the reason why** an fáth; **tell me why** abair liom cad chuige; "**Will we go out?**" "**Why not?**" "An rachaimid amach?" "Cén fáth nach rachadh!"
whyever adv = **why**
wicked adj (*person*) droch-, urchóideach; (*animal*) mallaithe, drochmhúinte; (*mischievous*) mioscaiseach
wicket n (CRICKET) geaitín m4
Wicklow n Cill f Mhantáin
wide adj leathan; (*area, knowledge*) fairsing ♦ adv: **to open ~** oscailt amach; **to shoot wide** urchar iomrallach a scaoileadh; (FOOTBALL) buaileadh ar fóraoil
wide-angle lens n lionsa m4 leathanuilleach
wide-awake adj: **she is ~** tá sí ina lándúiseacht
widely adv (*differing*): **they had ~ different stories** ba mhór idir an dá scéal acu; (*spaced*) go fairsing; (*believed*) go coitianta; (*travel*) i bhfad agus i gcéin
widen vt, vi leathnaigh, fairsingigh
wide open adj oscailte amach, ar leathadh
widespread adj (*belief etc*) coitianta
widow n baintreach f2
widowed adj: **to be ~** bheith i do bhaintreach
widower n baintreach f2 fir
width n leithead m1, fairsinge f4
wield vt (*sword*) beartaigh; (*power*) bain feidhm as
wife n bean f (chéile)
wig n bréagfholt m1
wiggle vt bheith ag lúbarnaíl
wild adj (*animals*) allta, fiáin; (*places, people, behaviour*) fiáin; (*sea*) garbh; **to make a wild guess**

buille faoi thuairim a thabhairt; **to run wild** dul i bhfiáin

wilderness n fásach m1

wild-goose chase n (fig) tóir f3 gan toradh

wildlife n ainmhithe mpl4 allta, fiabheatha f4

wildly adv (behave) go fiáin; (happy) go scléipeach

wilds npl (remote area) fásach msg1, fiántas msg1

wilful, (US) **willful** adj ceanndána; (action) d'aon turas, d'aon ghnó

KEYWORD

---

will aux vb 1 (forming future tense): **I will finish it tomorrow** críochnóidh mé amárach é; **I will have finished it by tomorrow** beidh sé críochnaithe agam amárach; **will you do it? - yes I will/no I won't** an ndéanfaidh tú é? - déanfaidh/ní dhéanfaidh

2 (in conjectures, predictions): **he will or he'll be there by now** ba chóir é a bheith ann faoi seo or beidh sé ann faoi seo; **that will be the postman** is dócha gur fear an phoist atá ann, fear an phoist a bheas ann

3 (in commands, requests, offers): **will you be quiet?** bí ciúin!, nár chóir go dtostfá?; **will you help me?** an bhféadfá cuidiú a thabhairt dom?; **will you have a cup of tea?** ar mhaith leat cupán tae?; **I won't put up with it!** ní chuirfidh mé suas leis!

♦ vt: **I willed him to do it** bhí dúil as Dia agam go ndéanfadh sé é; **he willed himself to go on** thug sé air féin streachailt ar aghaidh

♦ n (desire) toil f3, togradh m, réir f2; (testament) uacht f3

willing adj toilteanach; **he's willing to do it** tá sé sásta é a dhéanamh

willingly adv go toilteanach

willingness n toilteanas m1; **with utmost willingness** faoi chroí mhór mhaith

willow n saileach f2

willpower n neart m1 tola

willy-nilly adv de dheoin nó d'ainneoin

wilt vi searg, sleabhac, feoigh

wily adj glic

win n (in sports etc) bua m4 ♦ vt, vi buaigh, bain ♦ **win over** or **round** vt: **he won her over** fuair sé le casadh í, mheall sé í

wince vi: **I ~d** baineadh freanga asam

winch n crangaid f2, unlas m1

wind¹ n (also MED) gaoth f2 ♦ vt (take breath): **to ~ sb** an anáil a bhaint de dhuine

wind² vt (clock, toy) tochrais, cas
♦ vi (road, river) cas ♦ **wind up** vt (clock) tochrais, cas; (debate): **to ~ up** deireadh a chur le

windfall n amhantar m1

winding adj (road, river) casta; (also: **~ staircase**) staighre bíse

wind instrument n (MUS) gaothuirlis f2

windmill n muileann m1 gaoithe

window n fuinneog f2

window box n ceapach f2 fuinneoige

window cleaner n (person) glantóir m3 fuinneog

window ledge n leac f2 fhuinneoige

window pane n pána m4 fuinneoige

windowsill n leac f2 fuinneoige

windpipe n píobán m1, sciúch f2

wind power n cumhacht f3 ghaoithe

windscreen, (US) **windshield** n
gaothscáth m3

windscreen washer n niteoir m3
gaothscátha

windscreen wiper n cuimilteoir m3
gaothscátha

windy adj gaofar; **it's very windy** tá
gaoth mhór ann

wine n fíon m3

wine bar n beár m1 fíona

wine cellar n siléar m1 fíona

wine glass n gloine f4 fíona

wine list n liosta m4 fíona

wine waiter n giolla m4 fíona

wing n sciathán m1, eiteog f2; (POL)
eite f4; (SPORT) cliathán m1; **wings**
npl (THEAT) cliatháin mpl1

winger n (SPORT) cliathánaí m4

wink n caochadh m, sméideadh m
♦ vt, vi caoch, sméid

winner n buaiteoir m3

winning adj buach, caithréimeach,
buaite; **the winning team** an
fhoireann a bhuaigh

winnings npl airgead msg1
buachana

winter n geimhreadh m1; **in winter**
sa gheimhreadh

winter sport n spórt m3 geimhridh

wintry adj geimhriúil

wipe n cuimilt f2; **to give sth a
wipe** cuimilt a thabhairt do rud
♦ vt cuimil; (erase: tape) glan
▶ **wipe off** vt glan de ♦ **wipe out**
vt (debt) glan; (destroy) scrios,
treascair

wire n sreang f2 ♦ vt (house)
sreangaigh; (also: ~ **up**) sreangaigh;
(person: send telegram to) cuir
sreangscéal chuig

wireless n craolachán m1, raidió m4

wiring n sreangú m

wiry adj miotalach; (hair) guaireach

wisdom n críonnacht f3; (of action)
ciall f2

wisdom tooth n fiacail f2 forais

wise adj críonna; (remark) céillí
♦ suffix: **he is streetwise** tá ciall na
sráide aige

wisecrack n ciúta m4

wish n (desire) mian f2 ♦ vt: **I ~ is**
mian liom; **best wishes** (on
birthday etc) go maire tú an lá!;
with best wishes (in letter) le
dea-mhéin; **to wish sb goodbye** (if
leaving) slán a fhágáil ag duine; (if
staying) slán a chur le duine; **I
wish to go** is mian liom dul ann;
to wish for money go bhíníd a
chur in airgead

wishful adj: **it's just ~ thinking** níl
ann ach rud atá in aice le do thoil

wistful adj tnúthánach, cumhach

wit n meabhair f, ciall f2; (wittiness)
dea-chaint f2; (person) nathaí m4

witch n cailleach f2, bandraoi m4,
draíodóir m3 mná

witchcraft n draíocht f3,
asarlaíocht f3, an ealaín f2 dhubh

with prep **1** (in the company of) in
éineacht le; (at the home of) ag,
tigh + gen; **we stayed with friends**
d'fhan muid ag cairde; **I'll be with
you in a minute** beidh mé agat
faoi cheann nóiméid

2 (descriptive): **a room with a
view** seomra a bhfuil radharc uaidh;
**the man with the grey hat/blue
eyes** an fear a bhfuil an hata liath
air/na súile gorma aige, fear an
hata léith/na súl gorm

3 (indicating manner, means, cause):
with tears in her eyes agus na
deora lena súile; **to walk with a
stick** siúl le bata; **red with anger**
dearg le fearg, ar deargbhuile; **to
shake with fear** bheith ar crith le
heagla; **to fill sth with water** rud a
líonadh le huisce or d'uisce

4: I'm with you (I understand)

tuigim thú; **with it** (*inf: up-to-date*) san fhaisean

withdraw *vt* tarraing siar; (*money*) déan aistarraingt ♦ *vi* tarraing siar, cúlaigh

withdrawal *n* tarraingt *f* siar, cúlú *m*; (*of money*) aistarraingt *f*

withdrawn *adj* (*person*) deoranta

wither *vi* (*plant*) searg, dreoigh, feoigh

withhold *vt* (*money*) coinnigh siar

within *prep* istigh i, laistigh de ♦ *adv* istigh, laistigh; **it is within his reach** tá sé faoi fhad láimhe de; **within sight of** ar amharc + *gen*; **within a kilometre of** faoi chiliméadar de; **within the/a week** faoi dheireadh na seachtaine/faoi cheann seachtaine

without *prep* taobh amuigh de, lasmuigh de; **without a coat** gan chóta; **without speaking** gan labhairt; **to go without** *vt* teacht gan rud

withstand *vt* seas in aghaidh + *gen*

witness *n* (*person*) finné *m4* ♦ *vt* (*event*) feic; (*document*) fianaigh; **to bear witness (to)** (*fig*) fianaise a dhéanamh (le)

witness box, (*US*) **witness stand** *n* clár *m1* na mionn

witticism *n* ciúta *m4*

witty *adj* dea-chainteach, deisbhéalach, greannmhar

wizard *n* draíodóir *m3*, asarlaí *m4*

wobble *vi* bheith ag guagadh; (*chair*): **it is wobbling** tá sí corrach

woe *n*: ~ **is me** mo léan géar

wolf *n* mac *m1* tíre, faolchú *m4*

woman *n* bean *f*

woman doctor *n* bandochtúir *m3*

womanly *adj* banúil, banda

womb *n* (*ANAT*) broinn *f2*

women's lib *n* cearta *mpl1* na mban

women's movement *n* gluaiseacht

f3 na mban

wonder *n* ionadh *m1*, iontas *m1* ♦ *vi*: **I ~ whether** níl a fhios agam cé acu, ní fheadar cé acu; **to wonder at sth** (*marvel*) ionadh a dhéanamh de rud; **to wonder about** bheith amhrasach faoi; **it's no wonder (that)** ní hionadh ar bith é (go); **it's little wonder (that)** is beag an t-iontas (go)

wonderful *adj* iontach

woo *vt* meall

wood *n* (*timber*) adhmad *m1*; (*forest*) coill *f2*

wood carving *n* snoídóireacht *f3* adhmaid

wooded *adj* coillteach

wooden *adj* adhmaid *n gen*, maide *n gen*; (*fig*) maide *n gen*

woodpecker *n* snag *m3* darach

woodwind *n* (*MUS*) gaothuirlis *f2* adhmaid

woodwork *n* adhmadóireacht *f3*

woodworm *n* réadán *m1*

wool *n* olann *f3*; **to pull the wool over sb's eyes** (*fig*) dallamullóg a chur ar dhuine

woollen, (*US*) **woolen** *adj* olla; **woollens** *npl* (*clothes*) éadaí *mpl1* olla

woolly, (*US*) **wooly** *adj* olanda; (*fig: ideas*) scaipthe

word *n* focal *m1*; (*news*) scéala *m4* ♦ *vt* cuir i bhfocail; **in other words** i bhfocail eile; **to break your word** dul ar gcúl i d'fhocal; **to keep your word** cur le d'fhocal

wording *n* leagan *m1* na bhfocal

word processing *n* próiseáil *f3* focal

word processor *n* próiseálaí *m4* focal

work *n* obair *f2*; (*ART, LITER*) saothar *m1* ♦ *vi* bheith ag obair; (*plan* etc): **it ~ed** d'éirigh leis ♦ *vt* (*land, mine* etc) saothraigh; (*clay*) múnlaigh;

(*miracles, wonders etc*) déan; **to be out of work** bheith as obair; **to work loose** éirí scaoilte ▸ **work on** *vt fus*: **to ~ on** leanúint (leat) ag obair; (*person*): **to ~ on sb** bheith ag gabháil do dhuine ▸ **work out** *vi* (*plans etc*): **it ~ed out well for me** d'éirigh go maith liom ◆ *vt* (*problem*) fuascail; (*plan*) beartaigh, oibrigh amach; **it works out at £100** céad punt an t-iomlán ▸ **work up** *vt*: **to get ~ed up** éirí tógtha

workable *adj* (*solution*) inoibrithe

workaholic *n* oibrí *m4* cíocrach

worker *n* oibrí *m4*

workforce *n* meitheal *f2* oibre

working class *n* lucht *m3* oibre

working-class *adj*: **a ~ family** teaghlach de chuid an lucht oibre

working order *n*: **in working order** i ngléas, in ordú, ar fónamh

workman *n* oibrí *m4*

workmanship (*skill*) *n* ceardaíocht *f3*

works *n* oibreacha *fpl2*

workshop *n* ceardlann *f2*

work station *n* stáisiún *m1* oibre

world *n* domhan *m1* ◆ *adj* (*champion*) domhain *n gen*; (*power, war*) domhanda; **to think the world of sb** (*fig*) an dúrud a shíleadh de dhuine

worldly *adj* saolta

worldwide *adj* ar fud an domhain, domhanda

worm *n* péist *f2*, cruimh *f2*, cuiteog *f2*

worn *adj* caite

worn-out *adj* (*object*) ídithe, athchaite; (*person*) spíonta

worried *adj* imníoch, buartha; **I'm worried** tá imní orm

worry *n* imní *f4*, buaireamh *m1* ◆ *vt*: **to ~ sb** imní a chur ar dhuine ◆ *vi*: **she worries a lot**

bíonn rud éigin i gcónaí ag cur as di; **what's worrying you?** cad é atá ag déanamh buartha duit?

worse *adj* níos measa, is measa; **a worse footballer than John** peileadóir níos measa ná Seán; **a footballer worse than John** peileadóir is measa ná John ◆ *adv*: **to get ~** dul in olcas ◆ *n*: **the ~** an ceann *m1* is measa; **a change for the worse** athrú chun donachta

worsen *vi* téigh in olcas

worse off *adj*: **you'll be worse off this way** is measaide duit an dóigh seo, beidh tú níos measa as an dóigh seo

worship *n* adhradh *m3* ◆ *vt* (*God*) adhair; **Your Worship** (*to mayor*) A Onóir

worst *adj* is measa; (*in the past*) ba mheasa ◆ *adv*: **the musician who performs** ~ an ceoltóir is measa a sheinneann ◆ *n*: **the ~** (*singular*) an ceann *m1* is measa; (*plural*) an chuid is measa

worth *n* fiúntas *m1*, luach *m3* ◆ *adj*: **it is ~ a pound** is fiú punt é; **it's worth it** is fiú é; **it would be worth your while to go** b'fhiú duit dul ann

worthless *adj* beagmhaitheasach, neamhfhiúntach; **it is worthless talking to him** ní fiú a bheith leis; **a worthless person** scraiste, duine gan mhaith

worthwhile *adj* (*activity, cause*) fiúntach

worthy *adj* (*person*) fiúntach; (*motive*) uasal; **he is worthy of the reward** is maith an airí air an duais; **the labourer is worthy of his hire** is fiú an t-oibrí a thuarastal

---

KEYWORD

---

would *aux vb* **1** (*conditional tense*): **if**

you asked him he would do it, if
you had asked him he would have
done it dá n-iarrfá air dhéanfadh
sé é
2 (*in offers, invitations, requests*):
would you like a biscuit? ar mhaith
leat briosca?; **would you close the
door please?** an ndruidfeá an
doras, le do thoil
3 (*in indirect speech*): **I said I would
do it** dúirt mé go ndéanfainn é
4 (*emphatic*): **it WOULD have to
snow today!** inniu féin a
chuirfeadh sé sneachta!
5 (*insistence*): **she wouldn't do it** ní
dhéanfadh sí é
6 (*conjecture*): **it would have been
midnight** an meán oíche a bhí
ann is dócha
7 (*indicating habit*): **he would go
there on Mondays** théadh sé ann
ar an Luan

wound n cneá f4, lot m1 ♦ vt
cneáigh, loit
wrap vt (*also*: **~ up**) corn, fill (i
bpáipéar); (*wind*) corn
wrapper n (*of book*) forchlúdach
m1; (*on chocolate*) cumhdach m1
wrapping paper n páipéar m1 fillte
wrath n fraoch m1, díbheirg f2
wreak vt (*revenge*) imir
wreath n fleasc f2 (bláthanna)
wreck n (*ship*) long f2 bhriste;
(*vehicle*) carr m1 scriosta ♦ vt scrios,
raiceáil
wreckage n raic f2
wren n (*zool*) dreoilín m4
wrench n (*tech*) rinse m4; (*tug*)
sracadh m1; (*fig*) freanga f4 ♦ vt:
to ~ sth from sb rud a shracadh ó
dhuine
wrestle vi: **to ~ (with sb)** bheith ag
coraíocht or ag iomrascáil (le
duine)
wrestler n coraí m4, iomrascálaí m4

wrestling n coraíocht f3, iomrascáil
f3; (*also*: **all-in ~**) iliomrascáil f3
wretched adj dearóil, díblí
wriggle vi (*also*: **to ~ about**) bheith
ag lúbarnaíl
wring vt fáisc; (*fig*): **to ~ sth out of
sb** rud a bhaint de dhuine ina
ainneoin
wrinkle n roc m1 ♦ vt, vi roc
wrist n caol m1 na láimhe
wristwatch n uaireadóir m3 láimhe
writ n eascaire f4
write vt, vi scríobh ♦ **write down** vt
scríobh síos ♦ **write off** vt (*debt*)
díscríobh ♦ **write out** vt: **to ~ sth
out** rud a scríobh ina iomláine
♦ **write up** vt: **to ~ sth up** cuntas a
thabhairt ar rud
write-off n: **it was a ~** scriosadh ar
fad é
writer n scríbhneoir m3
writhe vi bheith ag lúbarnaíl or ag
tabhairt na gcor
writing n (*act of*) scríobh m3; (*of
author*) scríbhneoireacht f3;
(*document*) scríbhinn f2; **in writing**
scríofa; **the writings of Séamus Ó
Grianna** scríbhinní Shéamuis Uí
Ghrianna
writing paper n páipéar m1 scríofa
wrong adj (*incorrect*): **answer,
information**) contráilte, mícheart;
(*inappropriate*: **choice, action etc**)
contráilte, mícheart; (*wicked*) olc;
(*amiss*) contráilte, cearr; (*unfair*)
éagórach ♦ adv go héagórach ♦ n
olc m1, éagóir f3 ♦ vt: **to ~ sb**
bheith san éagóir do dhuine; **you
are wrong to do it** ní ceart duit é
a dhéanamh; **you are wrong about
that**, **you've got it wrong** tá sin
contráilte agat; **what's wrong?** cad
é atá cearr?; **to go wrong** dul amú;
(*machine*): **it went ~** tháinig fabht
air; **to be in the wrong** bheith san
éagóir; **the wrong side** an taobh

wrongful m1 contráilte

wrongful adj éagórach

wrongly adv (unjustly) go héagórach

wrought adj: ~ **iron** iarann oibrithe

wry adj cam, searbh; **he gave a wry smile** rinne sé draothadh gáire

X

xerox ® n xéireacs m4; **xerox copy** cóip xéireacs

Xmas n abbr = **Christmas**

X-ray n (ray) x-gha m; (photo) x-ghathú m ♦ vt x-ghathaigh

xylophone n xileafón m1

Y

yacht n luamh m1

yachting n luamhaireacht f3

yachtsman n luamhaire m4

Yank, Yankee (pej) adj, n Poncánach m1

yap vi lig sceamh; (dog): **to be ~ping** bheith ag sceamhaíl; (person) bheith ag cabaireacht or ag clabaireacht

yard n (of house etc) clós m1; (measure) slat f2

yardstick n (fig) slat f2 tomhais

yarn n snáth m3, abhras m1; (tale) scéal m1, staróg f2

yawn n méanfach f2 ♦ vi déan méanfach

yawning adj (gap) béal-leathan

yd. abbr = **yard(s)**

yeah (inf) adv sea

year n bliain f3; **last year** anuraidh; **this year** i mbliana; **The New Year** An Bhliain Úr, An AthBhliain; **to**

be 8 years old bheith 8 mbliana d'aois; **an eight-year-old child** páiste atá ocht mbliana d'aois

yearly adj bliantúil ♦ adv uair sa bhliain, uair in aghaidh na bliana

yearn vi: **to** ~ **for** sth bheith ag tnúth le rud; **to yearn for home** cumha i ndiaidh an bhaile a bheith ort; **to yearn to do sth** dúil chráite a bheith agat chun rud a dhéanamh

yeast n giosta m4, gabháil f3

yell n béic f2, liú m4 ♦ vi lig béic or liú

yellow adj buí

yelp n sceamh f2 ♦ vi lig sceamh

yes adv (repeat vb from question): **did you sleep well? - ~ (I did)** ar chodail tú go maith? - chodail; **will you take me there? - yes (I will)** an dtabharfaidh tú ansin mé? - tabharfaidh; **more wine? - yes, please** an mbeidh tuilleadh fíona agat? - beidh, go raibh maith agat; **you're married? - yes, that's right** tá tú pósta? - tá, tá sin ceart; **can I help you?** is ea anois, an bhféadaim cúnamh leat?; **yes, I remember it well** is ea, is cuimhin liom go maith é; **say yes or no** abair is ea nó ní hea

yesterday adv inné ♦ n an lá m inné; **yesterday morning/evening** maidin/tráthnóna inné; **all day yesterday** i rith an lae inné

yet adv go fóill, fós ♦ conj mar sin féin, ina dhiaidh sin; **it is not finished yet** níl sé réidh go fóill; **the best one yet** an ceann is fearr fós; **as yet** go dtí seo, fós

yew n iúr m1

yield n toradh m1, táirgeacht f3, barr m1; (of milk) tál m1, crúthach m1, bleán m1, táirgeacht f3 ♦ vt táirg, tabhair; (surrender) tabhair suas, géill ♦ vi géill; (US: AUT) géill slí

yog(h)urt n íogart m1
yoke n cuing f2
yolk n buíocán m1

KEYWORD
---

you pron **1** (subject): tú; (emphatic) tusa; (plural) sibh; (emphatic) sibhse; **you French enjoy your food** tá dúil agaibh i bhur gcuid mar Fhrancaigh; **you and I will go** rachaidh mise agus tusa
2 (object: direct, indirect): **I know you** aithním thú or sibh; **I gave it to you** thug mé duit or daoibh é; **tormenting you** do do chrá; (plural) do bhur gcrá
3 (stressed): **I gave it to YOU** duitse a thug mé é; **I told YOU to do it** leatsa a dúirt mé é a dhéanamh
4 (after prep, in comparisons): **it's for you** duitse or daoibhse atá sé; **she's younger than you** is óige ise ná tusa or sibhse
5 (impersonal: one): **fresh air does you good** is mór an sochar duit an t-aer glan; **you never know** ní bheadh a fhios agat

---

young adj óg ♦ npl (of animal) óga mpl1; (people): **the ~** an t-aos m3 óg
younger adj (brother etc) beag
youngster n (boy) malrach m1, buachaill m3; (girl) gearrchaile m4, girseach f2; (child) páiste m4
your adj (sg) do; (pl) bhur; **your car/bag/father** (sg) do charr/do mhála/d'athair; **your car/bag/father** (pl) bhur gcarr/mála/n-athair; see also **my**
yours adj (single article: sg) do cheannsa; (: pl) bhur gceannsa; (share of: sg) do chuidse; (: pl) bhur gcuidse; **that's yours** (sg) is leat sin; (pl) is libh sin; **this book of yours** (sg) an leabhar seo agat; (pl) an leabhar seo agaibh; **yours**

sincerely/faithfully/truly is mise le meas; see also **mine**[1]
yourself pron (reflexive) tú féin; (object) thú féin; (emphatic) tusa féin; **tormenting yourself** do do chrá féin; see also **oneself**
yourselves pl pron (reflexive) sibh féin; (emphatic) sibhse féin; **tormenting yourselves** do bhur gcrá féin
youth n aos m3 óg, óige f4; (young man) óganach m1, stócach m1
youth club n club m4 óige
youthful adj óigeanta
youth hostel n brú m4 óige
Yugoslav adj, n (formerly) Iúgslavach m1
Yugoslavia n (formerly) An Iúgslaiv f2

Z

zany adj craiceáilte, gealltach
zap vt (COMPUT) scrios
zeal n díogras f2, dúthracht f3
zebra n séabra m4
zebra crossing n trasrian m1 síogach
zero n nialas m1
zest n flosc m3, spionnadh m1, fonn m1; (flavour) goinbhlastacht f3
zigzag n fiarlán m1
zinc n sinc f2
zip, zipper (US) n (also: ~ fastener) sip f2 ♦ vt (also: ~ up) dún an tsip
zip code (US) n cód m1 poist
zodiac n stoidiaca m4
zone n crios m3
zoo n zú m4
zoom vi: **to ~ past** stróiceadh thart
zucchini (US) n(pl) cúirséid mpl1

GRAMMAR
GRAMADACH

ADJECTIVES   AIDIACHTAÍ

NOM	SING GEN MASC	SING GEN FEM	STRONG PLUR

1ST DECLENSION

dubh	duibh	duibhe	dubha
géar	géir	géire	géara
greannmhar	géir	greannmhaire	greannmhara
tábhachtach	tábhachtaigh	tábhachtaí	tábhachtacha
tuirseach	tuirsigh	tuirsí	tuirseacha
imníoch	imníoch	imníche	imníocha
spleách	spleách	spleáiche	spleácha
glic	glic	glice	glice

2ND DECLENSION

spreagúil	spreagúil	spreagúla	spreagúla

3RD DECLENSION

crua	crua	crua	crua

Plural adjectives preceded by weak plural nouns lose accreted final vowel (a/e) in genitive plural.

COMPARISON OF ADJECTIVES

CÉIMEANNA COMPARÁIDE NA hAIDIACHTA

EQUATIVE

chomh mór le	as big as
chomh hard le	as tall as

COMPARATIVE/SUPERLATIVE

glic	níos glice	is glice
ard	níos airde	is airde
álainn	níos áille	is áille
spleách	níos spleáiche	is spleáiche
tábhachtach	níos tábhachtaí	is tábhachtaí
cóir	níos córa	is córa
spreagúil	níos spreagúla	is spreagúla
crua	níos crua	is crua

IRREGULAR COMPARISON

mór	níos mó	is mó
beag	níos lú	is lú
maith	níos fearr	is fearr
olc	níos measa	is measa
furasta	níos fusa	is fusa
breá	níos breátha	is breátha
dócha	níos dóichí	is dóichí
dóigh	níos dóiche	is dóiche
te	níos teo	is teo
gearr	níos giorra	is giorra
iomaí	níos lia	is lia
fada	níos faide/sia	is faide/sia
ionúin	níos ionúine/ansa	is ionúine/ansa
tréan	níos tréine/treise	is tréine/treise

SING		PLUR	
NOM	GEN	NOM	GEN

1ST DECLENSION (all masculine)

cat	cait	cait	cat
breac	bric	bric	breac
leabhar	leabhair	leabhair	leabhar
buidéal	buidéil	buidéil	buidéal
milseán	milseáin	milseáin	milseán
marcach	marcaigh	marcaigh	marcach
scéal	scéil	scéalta	scéalta
glór	glóir	glórtha	glórtha
briathar	briathair	briathra	briathra
bealach	bealaigh	bealaí	bealaí
cogadh	cogaidh	cogaí	cogaí
rós	róis	rósanna	rósanna

2ND DECLENSION (feminine with one or two exceptions)

clann	clainne	clanna	clanna
sceach	sceiche	sceacha	sceach
fuinneog	fuinneoige	fuinneoga	fuinneog
leabharlann	leabharlainne	leabharlanna	leabharlann
eangach	eangaí	eangacha	eangach
glúin	glúine	glúine	glún
áit	áite	áiteanna	áiteanna
aisling	aislinge	aislingí	aislingí
craobh	craoibhe	craobhacha	craobhacha
pian	péine	pianta	pianta

3RD DECLENSION

masculine

custaiméir	custaiméara	custaiméirí	custaiméirí
rinceoir	rinceora	rinceoirí	rinceoirí
saighdiúir	saighdiúra	saighdiúirí	saighdiúirí
rud	ruda	rudaí	rudaí
droim	droma	dromanna	dromanna

feminine

iasacht	iasachta	iasachtaí	iasachtaí
canúint	canúna	canúintí	canúintí

SING		PLUR	
NOM	GEN	NOM	GEN
forbairt	forbartha	forbairtí	forbairtí
troid	troda	troideanna	troideanna
barúil	barúla	barúlacha	barúlacha

4TH DECLENSION (mostly masculine)

coinín	coinín	coiníní	coiníní
dalta	dalta	daltaí	daltaí
oráiste	oráiste	oráistí	oráistí
rúnaí	rúnaí	rúnaithe	rúnaithe
baile	baile	bailte	bailte

feminine

íomhá	íomhá	íomhánna	íomhánna
bearna	bearna	bearnaí	bearnaí

IRREGULAR NOUNS

cabhair *f*	cabhrach	cabhracha	cabhracha
draein *f*	draenach	draenacha	draenacha
litir *f*	litreach	litreacha	litreacha
comharsa *f*	comharsan	comharsana	comharsan
athair *m*	athar	aithreacha	aithreacha
namhaid *m*	namhad	naimhde	naimhde
bean *f*	mná	mná	ban
caora *f*	caorach	caoirigh	caorach
deoch *f*	dí	deochanna	deochanna
dia *m*	dé	déithe	déithe
lá *m*	lae	laethanta	laethanta
leaba *f*	leapa	leapacha	leapacha
mí *f*	míosa	míonna	míonna
talamh *m*	talaimh	tailte	tailte
talamh *m*	talún	tailte	tailte
teach *m*	tí	tithe	tithe

MULTIPLES OF 10: from 20 to 90 excluding 40 have same form

fiche	fichead	fichidí	fichidí
seasca	seascad	seascaidí	seascaidí
seachtó	seachtód	seachtóidí	seachtóidí
daichead	daichid	daichidí	daichidí

PREPOSITIONAL PRONOUNS

FORAINMNEACHA RÉAMHFHOCLACHA

AG	AR	AS	CHUN	DE
agam	orm	asam	chugam	díom
agat	ort	asat	chugat	díot
aige	air	as	chuige	de
aici	uirthi	aisti	chuici	di
againn	orainn	asainn	chugainn	dínn
agaibh	oraibh	asaibh	chugaibh	díbh
acu	orthu	astu	chucu	díobh

DO	FAOI	I	IDIR	LE
dom	fúm	ionam	–	liom
duit	fút	ionat	–	leat
dó	faoi	ann	–	leis
di	fúithi	inti	–	léi
dúinn	fúinn	ionainn	eadrainn	linn
daoibh	fúibh	ionaibh	eadraibh	libh
dóibh	fúthu	iontu	eatarthu	leo

Ó	ROIMH	THAR	TRÍ	UM
uaim	romham	tharam	tríom	umam
uait	romhat	tharat	tríot	umat
uaidh	roimhe	thairis	tríd	uime
uaithi	roimpi	thairsti	tríthi	uimpi
uainn	romhainn	tharainn	trínn	umainn
uaibh	romhaibh	tharaibh	tríbh	umaibh
uathu	rompu	tharstu	tríothu	umpu

REGULAR VERBS
1ST CONJUGATION

BRIATHRA RIALTA
AN CHÉAD RÉIMNIÚ

BOG

SING		PLUR

IMPERATIVE

bogaim	bogaimis
bog	bogaigí
bogadh sé	bogaidís
bogadh sí	

AUT bogtar

PRESENT

bogaim	bogaimid
bogann tú	bogann sibh
bogann sé	bogann siad
bogann sí	

AUT bogtar

PAST

bhog mé	bhogamar
bhog tú	bhog sibh
bhog sé	bhog siad
bhog sí	

AUT bogadh

FUTURE

bogfaidh mé	bogfaimid
bogfaidh tú	bogfaidh sibh
bogfaidh sé	bogfaidh siad
bogfaidh sí	

AUT bogfar

CUIR

SING		PLUR

IMPERATIVE

cuirim	cuirimis
cuir	cuirigí
cuireadh sé	cuiridís
cuireadh sí	

AUT cuirtear

PRESENT

cuirim	cuirimid
cuireann tú	cuireann sibh
cuireann sé	cuireann siad
cuireann sí	

AUT cuirtear

PAST

chuir mé	chuireamar
chuir tú	chuir sibh
chuir sé	chuir siad
chuir sí	

AUT cuireadh

FUTURE

cuirfidh mé	cuirfimid
cuirfidh tú	cuirfidh sibh
cuirfidh sé	cuirfidh siad
cuirfidh sí	

AUT cuirfear

BOG (cont)

SING   PLUR

CONDITIONAL

bhogfainn	bhogfaimis
bhogfá	bhogfadh sibh
bhogfadh sé	bhogfaidís
bhogfadh sí	

AUT   bhogfaí

PAST HABITUAL

bhogainn	bhogaimis
bhogtá	bhogadh sibh
bhogadh sé	bhogaidís
bhogadh sí	

AUT   bhogtaí

PRESENT SUBJUNCTIVE

boga mé	bogaimid
boga tú	boga sibh
boga sé	boga siad
boga sí	

AUT   bogtar

VERBAL NOUN   bogadh

VERBAL ADJECTIVE   bogtha

CUIR (cont)

SING   PLUR

CONDITIONAL

chuirfinn	chuirfimis
chuirfeá	chuirfeadh sibh
chuirfeadh sé	chuirfidís
chuirfeadh sí	

AUT   chuirfí

PAST HABITUAL

chuirinn	chuirimis
chuirteá	chuireadh sibh
chuireadh sé	chuiridís
chuireadh sí	

AUT   chuirtí

PRESENT SUBJUNCTIVE

cuire mé	cuirimid
cuire tú	cuire sibh
cuire sé	cuire siad
cuire sí	

AUT   cuirtear

VERBAL NOUN   cur

VERBAL ADJECTIVE   curtha

SÁIGH

SING   PLUR

IMPERATIVE

sáim	sáimis
sáigh	sáigí
sádh sé	sáidís
sádh sí	

AUT   sáitear

FEOIGH

SING   PLUR

IMPERATIVE

feoim	feoimis
feoigh	feoigí
feodh sé	feoidís
feodh sí	

AUT   feoitear

SÁIGH (cont)

SING	PLUR

PRESENT

sáim	sáimid
sánn tú	sánn sibh
sánn sé	sánn siad
sánn sí	

AUT sáitear

PAST

sháigh mé	shámar
sháigh tú	sháigh sibh
sháigh sé	sháigh siad
sháigh sí	

AUT sádh

FUTURE

sáfaidh mé	sáfaimid
sáfaidh tú	sáfaidh sibh
sáfaidh sé	sáfaidh siad
sáfaidh sí	

AUT sáfar

CONDITIONAL

sháfainn	sháfaimis
sháfá	sháfadh sibh
sháfadh sé	sháfaidís
sháfadh sí	

AUT sháfaí

PAST HABITUAL

sháinn	sháimis
sháiteá	shádh sibh
shádh sé	sháidís
shádh sí	

AUT sháití

FEOIGH (cont)

SING	PLUR

PRESENT

feoim	feoimid
feonn tú	feonn sibh
feonn sé	feonn siad
feonn sí	

AUT feoitear

PAST

d'fheoigh mé	d'fheomar
d'fheoigh tú	d'fheoigh sibh
d'fheoigh sé	d'fheoigh siad
d'fheoigh sí	

AUT feodh

FUTURE

feofaidh mé	feofaimid
feofaidh tú	feofaidh sibh
feofaidh sé	feofaidh siad
feofaidh sí	

AUT feofar

CONDITIONAL

d'fheofainn	d'fheofaimis
d'fheofá	d'fheofadh sibh
d'fheofadh sé	d'fheofaidís
d'fheofadh sí	

AUT d'fheofaí

PAST HABITUAL

d'fheoinn	d'fheoimis
d'fheoiteá	d'fheodh sibh
d'fheodh sé	d'fheoidís
d'fheodh sí	

AUT d'fheoití

SÁIGH (cont)

SING	PLUR

PRESENT SUBJUNCTIVE

sá mé	sáimid
sá tú	sá sibh
sá sé	sá siad
sá sí	

AUT sáitear

VERBAL NOUN sá

VERBAL ADJECTIVE sáite

FEOIGH (cont)

SING	PLUR

PRESENT SUBJUNCTIVE

feo mé	feoimid
feo tú	feo sibh
feo sé	feo siad
feo sí	

AUT feoitear

VERBAL NOUN feo

VERBAL ADJECTIVE feoite

LUIGH

SING	PLUR

IMPERATIVE

luím	luímis
luigh	luígí
luíodh sé	luídís
luíodh sí	

AUT luitear

PRESENT

luím	luímid
luíonn tú	luíonn sibh
luíonn sé	luíonn siad
luíonn sí	

AUT luitear

PAST

luigh mé	luíomar
luigh tú	luigh sibh
luigh sé	luigh siad
luigh sí	

AUT luíodh

CLOÍGH

SING	PLUR

IMPERATIVE

cloím	cloímis
cloígh	cloígí
cloíodh sé	cloídís
cloíodh sí	

AUT cloítear

PRESENT

cloím	cloímid
cloíonn tú	cloíonn sibh
cloíonn sé	cloíonn siad
cloíonn sí	

AUT cloítear

PAST

chloígh mé	chloíomar
chloígh tú	chloígh sibh
chloígh sé	chloígh siad
chloígh sí	

AUT cloíodh

LUIGH (cont)

SING	PLUR

FUTURE

luífidh mé	luífimid
luífidh tú	luífidh sibh
luífidh sé	luífidh siad
luífidh sí	

AUT luífear

CONDITIONAL

luífinn	luífimis
luífeá	luífeadh sibh
luífeadh sé	luífidís
luífeadh sí	

AUT luífí

PAST HABITUAL

luínn	luímis
luíteá	luíodh sibh
luíodh sé	luídís
luíodh sí	

AUT luití

PRESENT SUBJUNCTIVE

luí mé	luímid
luí tú	luí sibh
luí sé	luí siad
luí sí	

AUT luitear

VERBAL NOUN luí

VERBAL ADJECTIVE luite

CLOÍGH (cont)

SING	PLUR

FUTURE

cloífidh mé	cloífimid
cloífidh tú	cloífidh sibh
cloífidh sé	cloífidh siad
cloífidh sí	

AUT cloífear

CONDITIONAL

chloífinn	chloífimis
chloífeá	chloífeadh sibh
chloífeadh sé	chloífidís
chloífeadh sí	

AUT chloífí

PAST HABITUAL

chloínn	chloímis
chloíteá	chloíodh sibh
chloíodh sé	chloídís
chloíodh sí	

AUT chloítí

PRESENT SUBJUNCTIVE

cloí mé	cloímid
cloí tú	cloí sibh
cloí sé	cloí siad
cloí sí	

AUT cloítear

VERBAL NOUN cloí

VERBAL ADJECTIVE cloíte

CEILIÚIR		SÓINSEÁIL	

SING	PLUR	SING	PLUR

IMPERATIVE

ceiliúraim	ceiliúraimis	sóinseálaim	sóinseálaimis
ceiliúir	ceiliúraigí	sóinseáil	sóinseálaigí
ceiliúradh sé	ceiliúraidís	sóinseáladh sé	sóinseálidís
ceiliúradh sí		sóinseáladh sí	

AUT ceiliúrtar AUT sóinseáiltear

PRESENT

ceiliúraim	ceiliúraimid	sóinseálaim	sóinseálaimid
ceiliúrann tú	ceiliúrann siad	sóinseálann tú	sóinseálann sibh
ceiliúrann sé	ceiliúrann siad	sóinseálann sé	sóinseálann siad
ceiliúrann sí		sóinseálann sí	

AUT ceiliúrtar AUT sóinseáiltear

PAST

cheiliúir mé	cheiliúramar	shóinseáil mé	shóinseálamar
cheiliúir tú	cheiliúir sibh	shóinseáil tú	shóinseálaibh
cheiliúir sé	cheiliúir siad	shóinseáil sé	shóinseáil siad
cheiliúir sí		shóinseáil sí	

AUT ceiliúradh AUT sóinseáladh

FUTURE

ceiliúrfaidh mé	ceiliúrfaimid	sóinseálfaidh mé	sóinseálfaimid
ceiliúrfaidh tú	ceiliúrfaidh sibh	sóinseálfaidh tú	sóinseálfaidh sibh
ceiliúrfaidh sé	ceiliúrfaidh siad	sóinseálfaidh sé	sóinseálfaidh siad
ceiliúrfaidh sí		sóinseálfaidh sí	

AUT ceiliúrfar AUT sóinseálfar

CONDITIONAL

cheiliúrfainn	cheiliúrfaimis	shóinseálfainn	shóinseálfaimis
cheiliúrfá	cheiliúrfadh sibh	shóinseálfá	shóinseálfadh sibh
cheiliúrfadh sé	cheiliúrfaidís	shóinseálfadh sé	shóinseálfaidís
cheiliúrfadh sí		shóinseálfadh sí	

AUT cheiliúrfaí AUT shóinseálfaí

CEILIÚIR (cont)

SING	PLUR

PAST HABITUAL

cheiliúrainn	cheiliúraimis
cheiliúrtá	cheiliúradh sibh
cheiliúradh sé	cheiliúraidís
cheiliúradh sí	

AUT cheiliúrtaí

PRESENT SUBJUNCTIVE

ceiliúra mé	ceiliúraimid
ceiliúra tú	ceiliúra sibh
ceiliúra sé	ceiliúra siad
ceiliúra sí	

AUT ceiliúrtar

VERBAL NOUN ceiliúradh

VERBAL ADJECTIVE ceiliúrtha

SÓINSEÁIL (cont)

SING	PLUR

PAST HABITUAL

shóinseálainn	shóinseálaimis
shóinseáilteá	shóinseáladh sibh
shóinseáladh sé	shóinseálaidís
shóinseáladh sí	

AUT shóinseáiltí

PRESENT SUBJUNCTIVE

sóinseála mé	sóinseálaimid
sóinseála tú	sóinseála sibh
sóinseála sé	sóinseála siad
sóinseála sí	

AUT sóinseáiltear

VERBAL NOUN sóinseáil

VERBAL ADJECTIVE sóinseáilte

2ND CONJUGATION

CEANNAIGH

SING	PLUR

IMPERATIVE

ceannaím	ceannaímis
ceannaigh	ceannaígí
ceannaíodh sé	ceannaídís
ceannaíodh sí	

AUT ceannaítear

AN DARA RÉIMNIÚ

BAILIGH

SING	PLUR

IMPERATIVE

bailím	bailímis
bailigh	bailígí
bailíodh sé	bailídís
bailíodh sí	

AUT bailítear

CEANNAIGH (cont)		**BAILIGH** (cont)	
SING	PLUR	SING	PLUR

PRESENT		PRESENT	
ceannaím	ceannaímid	bailím	bailímid
ceannaíonn tú	ceannaíonn sibh	bailíonn tú	bailíonn sibh
ceannaíonn sé	ceannaíonn siad	bailíonn sé	bailíonn siad
ceannaíonn sí		bailíonn sí	

AUT ceannaítear · · · · · · · · · · · · · · AUT bailítear

PAST		PAST	
cheannaigh mé	cheannaíomar	bhailigh mé	bhailíomar
cheannaigh tú	cheannaigh sibh	bhailigh tú	bhailigh sibh
cheannaigh sé	cheannaigh siad	bhailigh sé	bhailigh siad
cheannaigh sí		bhailigh sí	

AUT ceannaíodh · · · · · · · · · · · · · · AUT bailíodh

FUTURE		FUTURE	
ceannóidh mé	ceannóimid	baileoidh mé	baileoimid
ceannóidh tú	ceannóidh sibh	baileoidh tú	baileoidh sibh
ceannóidh sé	ceannóidh siad	baileoidh sé	baileoidh siad
ceannóidh sí		baileoidh sí	

AUT ceannófar · · · · · · · · · · · · · · AUT baileofar

CONDITIONAL		CONDITIONAL	
cheannóinn	cheannóimis	bhaileoinn	bhaileoimis
cheannófá	cheannódh sibh	bhaileofá	bhaileodh sibh
cheannódh sé	cheannóidís	bhaileodh sé	bhaileoidís
cheannódh sí		bhaileodh sí	

AUT cheannófaí · · · · · · · · · · · · · · AUT bhaileofaí

PAST HABITUAL		PAST HABITUAL	
cheannaínn	cheannaímis	bhailínn	bhailímis
cheannaíteá	cheannaíodh sibh	bhailíteá	bhailíodh sibh
cheannaíodh sé	cheannaídís	bhailíodh sé	bhailídís
cheannaíodh sí		bhailíodh sí	

AUT cheannaítí · · · · · · · · · · · · · · AUT bhailítí

CEANNAIGH (cont)

SING	PLUR

PRESENT SUBJUNCTIVE

ceannaí mé	ceannaímid
ceannaí tú	ceannaí sibh
ceannaí sé	ceannaí siad
ceannaí sí	

AUT ceannaítear

VERBAL NOUN ceannach

VERBAL ADJECTIVE ceannaithe

BAILIGH (cont)

SING	PLUR

PRESENT SUBJUNCTIVE

bailí mé	bailímid
bailí tú	bailí sibh
bailí sé	bailí siad
bailí sí	

AUT bailítear

VERBAL NOUN bailiú

VERBAL ADJECTIVE bailithe

COSAIN

SING	PLUR

IMPERATIVE

cosnaím	cosnaímis
cosain	cosnaígí
cosnaíodh sé	cosnaídís
cosnaíodh sí	

AUT cosnaítear

PRESENT

cosnaím	cosnaímid
cosnaíonn tú	cosnaíonn sibh
cosnaíonn sé	cosnaíonn siad
cosnaíonn sí	

AUT cosnaítear

PAST

chosain mé	chosnaíomar
chosain tú	chosain sibh
chosain sé	chosain siad
chosain sí	

AUT cosnaíodh

IMIR

SING	PLUR

IMPERATIVE

imrím	imrímis
imir	imrígí
imríodh sé	imrídís
imríodh sí	

AUT imrítear

PRESENT

imrím	imrímid
imríonn tú	imríonn sibh
imríonn sé	imríonn siad
imríonn sí	

AUT imrítear

PAST

d'imir mé	d'imríomar
d'imir tú	d'imir sibh
d'imir sé	d'imir siad
d'imir sí	

AUT imríodh

COSAIN (cont)

SING		PLUR	
FUTURE			
cosnóidh mé		cosnóimid	
cosnóidh tú		cosnóidh sibh	
cosnóidh sé		cosnóidh siad	
cosnóidh sí			

AUT cosnófar

CONDITIONAL

chosnóinn	chosnóimis
chosnófá	chosnódh sibh
chosnódh sé	chosnóidís
chosnódh sí	

AUT chosnófaí

PAST HABITUAL

chosnaínn	chosnaímis
chosnaíteá	chosnaíodh sibh
chosnaíodh sé	chosnaídís
chosnaíodh sí	

AUT chosnaítí

PRESENT SUBJUNCTIVE

cosnaí mé	cosnaímid
cosnaí tú	cosnaí sibh
cosnaí sé	cosnaí siad
cosnaí sí	

AUT cosnaítear

VERBAL NOUN cosaint

VERBAL ADJECTIVE cosanta

IMIR (cont)

SING		PLUR	
FUTURE			
imreoidh mé		imreoimid	
imreoidh tú		imreoidh sibh	
imreoidh sé		imreoidh siad	
imreoidh sí			

AUT imreofar

CONDITIONAL

d'imreoinn	d'imreoimis
d'imreofá	d'imreodh sibh
d'imreodh sé	d'imreoidís
d'imreodh sí	

AUT d'imreofaí

PAST HABITUAL

d'imrínn	d'imrímis
d'imríteá	d'imríodh sibh
d'imríodh sé	d'imrídís
d'imríodh sí	

AUT d'imrítí

PRESENT SUBJUNCTIVE

imrí mé	imrímid
imrí tú	imrí sibh
imrí sé	imrí siad
imrí sí	

AUT imrítear

VERBAL NOUN imirt

VERBAL ADJECTIVE imeartha

IRREGULAR VERBS BRIATHRA NEAMHRIALTA

ABAIR

SING		PLUR

IMPERATIVE

abraim	abraimis
abair	abraigí
abradh sé	abraidís
abradh sí	

AUT abairtear

PRESENT

deirim	deirimid
deir tú	deir sibh
deir sé	deir siad
deir sí	

AUT deirtear

PAST

dúirt mé	dúramar
dúirt tú	dúirt sibh
dúirt sé	dúirt siad
dúirt sí	

AUT dúradh

FUTURE

déarfaidh mé	déarfaimid
déarfaidh tú	déarfaidh sibh
déarfaidh sé	déarfaidh siad
déarfaidh sí	

AUT déarfar

BEIR

SING		PLUR

IMPERATIVE

beirim	beirimis
beir	beirigí
beireadh sé	beiridís
beireadh sí	

AUT beirtear

PRESENT

beirim	beirimid
beireann tú	beireann sibh
beireann sé	beireann siad
beireann sí	

AUT beirtear

PAST

rug mé	rugamar
rug tú	rug sibh
rug sé	rug siad
rug sí	

AUT rugadh

FUTURE

béarfaidh mé	béarfaimid
béarfaidh tú	béarfaidh sibh
béarfaidh sé	béarfaidh siad
béarfaidh sí	

AUT béarfar

ABAIR (cont)

SING	PLUR

CONDITIONAL

déarfainn	déarfaimis
déarfá	déarfadh sibh
déarfadh sé	déarfaidís
déarfadh sí	

AUT déarfaí

PAST HABITUAL

deirinn	deirimis
deirteá	deireadh sibh
deireadh sé	deiridís
deireadh sí	

AUT deirtí

PRESENT SUBJUNCTIVE

deire mé	deirimid
deire tú	deire sibh
deire sé	deire siad
deire sí	

AUT deirtear

VERBAL NOUN rá

VERBAL ADJECTIVE ráite

BEIR (cont)

SING	PLUR

CONDITIONAL

bhéarfainn	bhéarfaimis
bhéarfá	bhéarfadh sibh
bhéarfadh sé	bhéarfaidís
bhéarfadh sí	

AUT bhéarfaí

PAST HABITUAL

bheirinn	bheirimis
bheirteá	bheireadh sibh
bheireadh sé	bheiridís
bheireadh sí	

AUT bheirtí

PRESENT SUBJUNCTIVE

beire mé	beirimid
beire tú	beire sibh
beire sé	beire siad
beire sí	

AUT beirtear

VERBAL NOUN breith

VERBAL ADJECTIVE beirthe

CLUIN/CLOIS (irregular in past only)

SING	PLUR

| PAST | |

chuala mé	chualamar
chuala tú	chuala sibh
chuala sé	chuala siad
chuala sí	

AUT chualathas

CLUIN/CLOIS (cont)

VERBAL NOUN OF CLUIN cluinstin

VERBAL NOUN OF CLOIS cloisteáil

VERBAL ADJECTIVE OF CLUIN cluinte

VERBAL ADJECTIVE OF CLOIS cloiste

DÉAN

SING	PLUR

IMPERATIVE

déanaim	déanaimis
déan	déanaigí
déanadh sé	déanaidís
déanadh sí	

AUT	déantar

PRESENT

déanaim	déanaimid
déanann tú	déanann sibh
déanann sé	déanann siad
déanann sí	

AUT	déantar

PAST (INDEPENDENT)

rinne mé	rinneamar
rinne tú	rinne sibh
rinne sé	rinne siad
rinne sí	

AUT	rinneadh

PAST (DEPENDENT)

ní dhearna mé	ní dhearnamar
go ndearna mé	go ndearnamar
ní dhearna tú	ní dhearna sibh
go ndearna tú	go ndearna sibh
ní dhearna sé	ní dhearna siad
go ndearna sé	go ndearna siad
ní dhearna sí	
go ndearna sí	

AUT	ní dhearnadh
	go ndearnadh

DÉAN (cont)

SING	PLUR

FUTURE

déanfaidh mé	déanfaimid
déanfaidh tú	déanfaidh sibh
déanfaidh sé	déanfaidh siad
déanfaidh sí	

AUT	déanfar

CONDITIONAL

dhéanfainn	dhéanfaimis
dhéanfá	dhéanfadh sibh
dhéanfadh sé	dhéanfaidís
dhéanfadh sí	

AUT	dhéanfaí

PAST HABITUAL

dhéanainn	dhéanaimis
dhéantá	dhéanadh sibh
dhéanadh sé	dhéanaidís
dhéanadh sí	

AUT	dhéantaí

PRESENT SUBJUNCTIVE

déana mé	déanaimid
déana tú	déana sibh
déana sé	déana siad
déana sí	

AUT	déantar

VERBAL NOUN	déanamh

VERBAL ADJECTIVE	déanta

FAIGH		**FEIC**	
SING	PLUR	SING	PLUR

IMPERATIVE		IMPERATIVE	
faighim	faighimis	feicim	feicimis
faigh	faighigí	feic	feicigí
faigheadh sé	faighidís	feiceadh sé	feicidís
faigheadh sí		feiceadh sí	

AUT faightear

AUT feictear

PRESENT		PRESENT	
faighim	faighimid	feicim	feicimid
faigheann tú	faigheann sibh	feiceann tú	feiceann sibh
faigheann sé	faigheann said	feiceann sé	feiceann siad
faigheann sí		feiceann sí	

AUT faightear

AUT feictear

PAST		PAST (INDEPENDENT)	
fuair mé	fuaireamar	chonaic mé	chonaiceamar
fuair tú	fuair sibh	chonaic tú	chonaic sibh
fuair sé	fuair siad	chonaic sé	chonaic siad
fuair sí		chonaic sí	

AUT fuarthas

AUT chonacthas

FUTURE (INDEPENDENT)		PAST (DEPENDENT)	
gheobhaidh mé	gheobhaimid	ní fhaca mé	ní fhacamar
gheobhaidh tú	gheobhaidh siad	ní fhaca tú	ní fhaca sibh
gheobhaidh sé	gheobhaidh siad	ní fhaca sé	ní fhaca siad
gheobhaidh sí		ní fhaca sí	

AUT gheofar

AUT ní fhacthas

FUTURE (DEPENDENT)		FUTURE	
ní bhfaighidh mé	ní bhfaighimid	feicfidh mé	feicimid
ní bhfaighidh tú	ní bhfaighidh sibh	feicfidh tú	feicfidh sibh
ní bhfaighidh sé	ní bhfaighidh siad	feicfidh sé	feicfidh siad
ní bhfaighidh sí		feicfidh sí	

AUT ní bhfaighfear

AUT feicfear

FAIGH (cont)

SING | PLUR

CONDITIONAL (INDEPENDENT)

gheobhainn | gheobhaimis
gheofá | gheobhadh sibh
gheobhadh sé | gheobhaidís
gheobhadh sí

AUT | gheofaí

CONDITIONAL (DEPENDENT)

ní bhfaighinn | ní bhfaighimis
ní bhfaighfeá | ní bhfaigheadh sibh
ní bhfaigheadh sé | ní bhfaighidís
ní bhfaigheadh sí

AUT | ní bhfaighfí

PAST HABITUAL

d'fhaighinn | d'fhaighimis
d'fhaighteá | d'fhaigheadh sibh
d'fhaigheadh sé | d'fhaighidís
d'fhaigheadh sí

AUT | d'fhaightí

PRESENT SUBJUNCTIVE

faighe mé | faighimid
faighe tú | faighe sibh
faighe sé | faighe siad
faighe sí

AUT | faightear

VERBAL NOUN | fáil

VERBAL ADJECTIVE | faighte

FEIC (cont)

SING | PLUR

CONDITIONAL

d'fheicfinn | d'fheicfimis
d'fheicfeá | d'fheicfeadh sibh
d'fheicfeadh sé | d'fheicfidís
d'fheicfeadh sí

AUT | d'fheicfí

PAST HABITUAL

d'fheicinn | d'fheicimis
d'fheicteá | d'fheiceadh sibh
d'fheiceadh sé | d'fheicidís
d'fheiceadh sí

AUT | d'fheictí

PRESENT SUBJUNCTIVE

feice mé | feicimid
feice tú | feice sibh
feice sé | feice siad
feice sí

AUT | feictear

VERBAL NOUN | feiceáil

VERBAL ADJECTIVE | feicthe

ITH (irregular in future and conditional only)   TABHAIR

SING	PLUR		SING	PLUR

IMPERATIVE

SING	PLUR		SING	PLUR
ithim	ithimis		tugaim	tugaimis
ith	ithigí		tabhair	tugaigí
itheadh sé	ithidís		tugadh sé	tugaidís
itheadh sí			tugadh sí	

| AUT | itear | | AUT | tugtar |

PRESENT

ithim	ithimid		tugaim	tugaimid
itheann tú	itheann sibh		tugann tú	tugann sibh
itheann sé	itheann siad		tugann sé	tugann siad
itheann sí			tugann sí	

| AUT | itear | | AUT | tugtar |

PAST

d'ith mé	d'itheamar		thug mé	thugamar
d'ith tú	d'ith sibh		thug tú	thug sibh
d'ith sé	d'ith siad		thug sé	thug siad
d'ith siad			thug sí	

| AUT | itheadh | | AUT | tugadh |

FUTURE

íosfaidh mé	íosfaimid		tabharfaidh mé	tabharfaimid
íosfaidh tú	íosfaidh sibh		tabharfaidh tú	tabharfaidh sibh
íosfaidh sé	íosfaidh siad		tabharfaidh sé	tabharfaidh siad
íosfaidh sí			tabharfaidh sí	

| AUT | íosfar | | AUT | tabharfar |

CONDITIONAL

d'íosfainn	d'íosfaimis		thabharfainn	thabharfaimis
d'íosfá	d'íosfadh sibh		thabharfá	thabharfadh sibh
d'íosfadh sé	d'íosfaidís		thabharfadh sé	thabharfaidís
d'íosfadh sí			thabharfadh sí	

| AUT | d'íosfaí | | AUT | thabharfaí |

ITH (cont)

| SING | PLUR |

PAST HABITUAL

d'ithinn	d'ithimis
d'iteá	d'itheadh sibh
d'itheadh sé	d'ithidís
d'itheadh sí	

AUT d'ití

PRESENT SUBJUNCTIVE

ithe mé	ithimid
ithe tú	ithe sibh
ithe sé	ithe siad
ithe sí	

AUT itear

VERBAL NOUN ithe

VERBAL ADJECTIVE ite

TABHAIR (cont)

| SING | PLUR |

PAST HABITUAL

thugainn	thugaimis
thugtá	thugadh sibh
thugadh sé	thugaidís
thugadh sí	

AUT thugtaí

PRESENT SUBJUNCTIVE

tuga mé	tugaimid
tuga tú	tuga sibh
tuga sé	tuga siad
tuga sí	

AUT tugtar

VERBAL NOUN tabhairt

VERBAL ADJECTIVE tugtha

TAR

| SING | PLUR |

IMPERATIVE

tagaim	tagaimis
tar	tagaigí
tagadh sé	tagaidís
tagadh sí	

AUT tagtar

PRESENT

tagaim	tagaimid
tagann tú	tagann sibh
tagann sé	tagann siad
tagann sí	

AUT tagtar

TÉIGH

| SING | PLUR |

IMPERATIVE

téim	téimis
téigh	téigí
téadh sé	téidís
téadh sí	

AUT téitear

PRESENT

téim	téimid
téann tú	téann sibh
téann sé	téann siad
téann sí	

AUT téitear

TAR (cont)

SING	PLUR

PAST

tháinig mé	thángamar
tháinig tú	tháinig sibh
tháinig sé	tháinig siad
tháinig sí	

| AUT | thángthas |

FUTURE

tiocfaidh mé	tiocfaimid
tiocfaidh tú	tiocfaidh sibh
tiocfaidh sé	tiocfaidh siad
tiocfaidh sí	

| AUT | tiocfar |

CONDITIONAL

thiocfainn	thiocfaimis
thiocfá	thiocfadh sibh
thiocfadh sé	thiocfaidís
thiocfadh sí	

| AUT | thiocfaí |

PAST HABITUAL

thagainn	thagaimis
thagtá	thagadh sibh
thagadh sé	thagaidís
thagadh sí	

| AUT | thagtaí |

PRESENT SUBJUNCTIVE

taga mé	tagaimid
taga tú	taga sibh
taga sé	taga siad
taga sí	

| AUT | tagtar |

TÉIGH (cont)

SING	PLUR

PAST (INDEPENDENT)

chuaigh mé	chuamar
chuaigh tú	chuaigh sibh
chuaigh sé	chuaigh siad
chuaigh sí	

| AUT | chuathas |

PAST (DEPENDENT)

ní dheachaigh mé	ní dheachamar
go ndeachaigh mé	go ndeachamar
ní dheachaigh tú	ní dheachaigh sibh
go ndeachaigh tú	go ndeachaigh sibh
ní dheachaigh sé	ní dheachaigh siad
go ndeachaigh sé	go ndeachaigh siad
ní dheachaigh sí	
go ndeachaigh sí	

| AUT | ní dheachthas |

FUTURE

rachaidh mé	rachaimid
rachaidh tú	rachaidh sibh
rachaidh sé	rachaidh siad
rachaidh sí	

| AUT | rachfar |

CONDITIONAL

rachainn	rachaimis
rachfá	rachadh sibh
rachadh sé	rachaidís
rachadh sí	

| AUT | rachfaí |

TAR (cont)

VERBAL NOUN	teacht

VERBAL ADJECTIVE	tagtha

BÍ

SING	PLUR

IMPERATIVE

bím	bímis
bí	bígí
bíodh sé	bídís
bíodh sí	

AUT	bítear

PRESENT (INDEPENDENT)

táim (tá mé)	táimid
tá tú	tá sibh
tá sé	tá siad
tá sí	

AUT	táthar

PRESENT (DEPENDENT)

nílim (níl mé)	nílimid
go bhfuil mé	
níl tú	go bhfuilimid
go bhfuil tú	níl sibh
níl sé	go bhfuil sibh
go bhfuil sé	níl siad
níl sí	go bhfuil siad
go bhfuil sí	

AUT	níltear
	go bhfuiltear

TÉIGH (cont)

SING	PLUR

PAST HABITUAL

théinn	théimis
théiteá	théadh sibh
théadh sé	théidís
théadh sí	

AUT	théití

PRESENT SUBJUNCTIVE

té mé	téimid
té tú	té sibh
té sé	té siad
té sí	

AUT	téitear

VERBAL NOUN	dul

VERBAL ADJECTIVE	dulta

BÍ (cont)

SING	PLUR

PRESENT HABITUAL

bím	bímid
bíonn tú	bíonn sibh
bíonn sé	bíonn siad
bíonn sí	

AUT bítear

PAST (INDEPENDENT)

bhí mé	bhíomar
bhí tú	bhí sibh
bhí sé	bhí siad
bhí sí	

AUT bhíothas

PAST (DEPENDENT) (ní/ an/ go)

raibh mé	rabhamar
raibh tú	raibh sibh
raibh sé	raibh siad
raibh sí	

AUT rabhthas

BÍ (cont)

SING	PLUR

FUTURE

beidh mé	beimid
beidh tú	beidh sibh
beidh sé	beidh siad
beidh sí	

AUT beifear

CONDITIONAL

bheinn	bheimis
bheifeá	bheadh sibh
bheadh sé	bheidís
bheadh sí	

AUT bheifí

PRESENT SUBJUNCTIVE

raibh mé	rabhaimid
raibh tú	raibh sibh
raibh sé	raibh siad
raibh sí	

AUT rabhthar

VERBAL NOUN bheith

VERBAL OF NECESSITY beite

THE COPULA

AN CHOPAIL

PRESENT/FUTURE (no lenition)

	POSITIVE	NEGATIVE
INDEPENDENT	is	ní
DEPENDENT	gur(b)	nach
INTERROGATIVE	an?	nach?
RELATIVE DIRECT	is	nach
INDIRECT	ar(b)	nach

FORMS COMBINED WITH THE COPULA

cé: cé(rb)	cá: cár(b)	cha(=ní): chan	sula: sular(b)
ó:ós	má: más	mura: mura(b)	de/do: dar(b)
faoi: faoinar(b)	i: inar(b)	le: lenar(b)	ó: ónar(b)
trí: trínar(b)			

PAST/CONDITIONAL (followed by lenition)

	POSITIVE	NEGATIVE
INDEPENDENT	ba/b'	níor(bh)
DEPENDENT	gur(bh)	nár(bh)
INTERROGATIVE	ar(bh)?	nár(bh)?
RELATIVE DIRECT	ba/ab	nár(bh)
INDIRECT	ar(bh)	nár(bh)

FORMS COMBINED WITH THE COPULA

cé: cér(bh)	cá: cár(bh)	cha: char(bh)	sula: sular(bh)
ó: ó ba	má: má ba	dá: dá mba	mura: murar(bh)
de/do: dar(bh)	faoi: faoinar(bh)	i: inar(bh)	le: lenar(bh)
ó: ónar(bh)	trína: trínar(bh)		

PRESENT SUBJUNCTIVE (no lenition)

POSITIVE gura(b)
NEGATIVE nára(b)

IRISH - ENGLISH
GAEILGE - BÉARLA

A

A *nm4* (MUS) A

a¹ *voc part*: **a Sheáin a chara** Dear John

a² *part* (*with nums*): **a haon, a dó, a trí** one, two, three

a³ *prep* (*in vn phrase*): **fear a fheiceáil** to see a man

a⁴ *poss adj* his; her; its; their; **a bhagáiste** his luggage; **a bagáiste** her luggage; **a mbagáiste** their luggage; **a athair** his father; **a hathair** her father; **a n-athair** their father

a⁵ *rel pron, rel part* who; that, which; **an fear a thit** the man who fell; **an leabhar a cheannaigh mé** the book that I bought; **an dóigh a ndéantar anseo é** the way it's done here; **(gach) a bhfaca mé** all I saw

a⁶ *part* (*with abstract n*) how; **a fheabhas atá sé** how good it is

á¹ *poss adj* (*as object of vn*) him; her; it; them; **á bualadh** hitting her; **á bhualadh** hitting him; **á mbualadh** hitting them

á² *excl* ah

ab¹ *nm3* abbot

ab² *see* **is**

abair (*vn* rá, *vadj* ráite, *pres* deir, *past* dúirt, *fut* déarfaidh) *vt, vi* say; speak; sing; **abair le** tell; **abair sin** you can say that again

abairt *nf2* sentence

ábalta *adj* able, capable; able-bodied; **bheith ábalta (ar) rud a dhéanamh** to be able to do sth

ábaltacht *nf3* ability

abar *nm1* soft boggy ground; **duine a chur in abar** to leave sb stumped or perplexed; **dul in abar** to get into difficulties

abhac *nm1* dwarf

abhaile *adv* home(wards); **rud a chur abhaile ar dhuine** to impress sth on sb

abhaill *nf3* apple tree

abhailli *nf4* playfulness

abhainn (*gs* abhann, *pl* aibhneacha) *nf* river

ábhalmhór *adj* enormous, gigantic

abhann *n gen as adj* river; *see also* **abhainn**

abhantrach *nf2* (GEOG) (river) basin

ábhar *nm1* matter; material; cause; (*of book etc*) subject (matter); topic; (SCOL) subject; **ní bhaineann sé le hábhar** it is irrelevant; **ábhar sagairt** a student priest; **ar an ábhar seo** for this reason; **ábhar imní** cause for concern; **ábhar machnaimh** food for thought; **ábhar a dhéanamh** (*wound*) to fester

ábharachas *nm1* materialism

ábhartha *adj* material; relevant

abhcóide *nm4* advocate, barrister

abhlann *nf2* (REL) wafer, host

abhras *nm1* handiwork; useful work; (*wool*) yarn

abhus *adv, adj* here; on this side; **abhus anseo** over here; **thall agus abhus** here and there

absalóideach *adj* (PHIL) absolute

acadamh *nm1* academy; **Acadamh Ríoga na hÉireann** Royal Irish Academy

acadúil *adj* academic

ach¹ *prep, conj* but; except; provided; **níl agam ach punt** I only have a pound; **bhí sé anseo ach**

d'imigh sé he was here but he went away; **déanfaidh sí é ach cloí leis** she will manage it provided she keeps at it

ach² *excl* ugh

achainí (*pl* **~ocha**) *nf4* petition, plea

achainigh *vt*, *vi*: ~ **(ar dhuine)** implore (sb)

achar *nm1* distance; duration; (MATH) area

achasán *nm1* insult; **achasán a chaitheamh le duine** to taunt sb

achoimre *nf4* summary; synopsis

achoimrigh *vt* summarize

achomair (*gsf, pl, compar* **achoimre**) *adj* concise, short; (*plan etc*) rough; **go hachomair** in short

achomaireacht *nf3* conciseness, brevity; (*of title*) abstract

achomharc *nm1, vt* (LAW) appeal

achrann *nm1* strife; dispute; tangle; **bheith in achrann** to be entangled

achrannach *adj* rugged; (*person*) quarrelsome; entangled, complicated

acht (*pl* **~anna**) *nm3* condition; (LAW) act; **ar acht go** on condition that

aclaí *adj* agile; fit; dexterous

aclaigh *vt* flex ♦ *vi* limber up

aclaíocht *nf3* keep-fit, exercise

acmhainn *nf2* capacity; potential; (*money*) resource, means; **acmhainn grinn** sense of humour; **é a bheith d'acmhainn agat rud a cheannach** to afford to buy sth

acmhainneach *adj* resilient; (*boat*) seaworthy; (*rich*) well-off

acra¹ *nm4* acre

acra² *nm4* utensil, tool

acu *see* **ag**

adamh *nm1* atom

adamhach *adj* atomic; **buama/ cumhacht adamhach** atomic bomb/power

adanóidí *nfpl2* adenoids

ádh *nm1* luck; fortune; **an t-ádh a bheith ort** to be lucky *or* fortunate; **ádh mór ort!** good luck!; **le barr áidh** by mere chance

adhain (*pres* **adhnann**) *vt, vi* ignite; kindle

adhaint *nf2* (AUT) ignition; (MED) inflammation

adhair (*pres* **adhrann**, *vn* **adhradh**) *vt* (REL) worship; idolize

adhairt (*pl* **~eanna**) *nf2* pillow

adhaltranas *nm1* adultery

adharc *nf2* horn; (ANAT) erection; **in adharca a chéile** at loggerheads

adharcach *adj* (*animal*) horned; randy, horny

adharcachán *nm1* randy man

adharcáil *vt* gore

adharcán *nm1* tentacle

adhartán *nm1* cushion; (MED) compress

adhartha *see* **adhradh**

adhlacadh (*gs* **adhlactha**, *pl* **adhlacthaí**) *nm* burial

adhlacóir *nm3* undertaker

adhlaic (*pres* **adhlacann**) *vt* bury

adhmad *nm1* wood, timber; **déanta as adhmad** made of wood; **adhmad a bhaint as rud** to make sense of sth

adhmadóireacht *nf3* woodwork

adhmaid *n gen sg as adj* wooden; *see also* **adhmad**

adhmaint *nf2* magnet

adhmainteach *adj* magnetic

adhnann *see* **adhain**

adhnua *nm4*: **a dhéanamh de dhuine** to make a fuss of sb

adhradh (*gs* **adhartha**) *nm3* worship; *see also* **adhair**

ádhúil *adj* lucky; fortunate

admhaigh *vt, vi* acknowledge; confess, admit; (*at customs etc*) declare

admháil *nf3* admission;

acknowledgement; (for parcel etc)
receipt; **admhálacha** (CINE, TV)
credits

aduaidh adv, prep, adj (from the)
north; northerly; **an ghaoth
aduaidh** the north wind

aduain adj eerie, creepy; strange

ae (pl ~nna) nm4 liver

aeistéitiúil adj aesthetic

aer nm1 (also MUS) air; **aer úr** fresh
air; **faoin aer** outdoors

aer- prefix aerial, air-

aerach adj carefree; light-hearted;
frivolous; (homosexual) gay

aeráid nf2 climate

aeráil nf3 airing; ventilation ♦ vt
(room etc) air

aerárthach (pl aerárthaí) nm1
aircraft

aerasól nm1 aerosol

aerbhrat nm1 atmosphere

aerdhíonach adj airtight

aerfhórsa nm4 air force; **an
tAerfhórsa Ríoga** The Royal Air
Force

aerfort nm1 airport

aerga adj aerial; ethereal

aerionad nm1 airbase

aerline nf4 airline

aerlínéar nm1 airliner

aerlitir nf air letter

aerobach adj airtight

aeróbaíocht nf3 aerobics

aeróg nf2 aerial

aeroiriúnaithe adj air-conditioned

aeroiriúnú nm1 air conditioning

aeróstach nm1 flight attendant, air
hostess

aerphíobán nm1 snorkel

aerphost nm1 airmail

áfach adv however

Afracach (pl ~aigh) nm1 African; **Afracach
Theas** South African

Afraic (f): **An ~** Africa; **An Afraic
Theas** South Africa

ag (prep prons = **agam, agat, aige,**

aici, againn, agaibh, acu) prep at;
by; with; **tá peann agam** I have a
pen; **is mór agam é** I have a great
regard for him; **an cóta s'agamsa**
my coat; **tá tiomáint aici** she can
drive; **tá Fraincis/Gaeilge acu** they
can speak French/Irish; **fear/bean
acu** one of them; **tá sé ró-ard
agam** it is too high for me; **tá sí
ag siúl** she is walking; **thall ag an
doras** over at the door; **ag am tae**
at tea time; **bíodh ciall agat** wise
up; **tá punt agam ort** you owe me
a pound; **níl sé déanta agam** I
haven't done it

aga nm4 period, interval; **aga
rochtana** (COMPUT) access time

agair (pres **agraíonn**) vt plead;
entreat; avenge; (LAW) sue

agall nf2 (LING) exclamation;
argument

agallaí nm4 interviewee

agallamh nm1 interview

agallóir nm1 interviewer

agam, agat see **ag**

aghaidh (pl ~eanna) nf2 face;
front; aspect; **las sí san aghaidh**
she blushed; **ar aghaidh libh!** go
on!; **cur in aghaidh duine** to
oppose sb; **aghaidh ar aghaidh**
face to face; **ar aghaidh** + gen
against, per; **ar aghaidh** + gen
facing; **le haghaidh** + gen for; **in
aghaidh na bliana** per annum; **dul
ar aghaidh (le)** to proceed (with);
3 chúl in aghaidh a 2 3 goals to 2;
aghaidh a thabhairt ar rud to face
(up to) sth

agó nm4 condition; doubt; **gan aon
agó** beyond question

agóid nf2 protest; objection; **agóid
a dhéanamh (in aghaidh** + gen**)** to
protest (against)

agóideoir nm3 protester; objector

agra nm4 (LAW) suit

agraíonn see **agair**

agúid *nf2* acute (accent)

aguisín *nm4 (in book)* appendix

agus *conj* and; **breis agus míle** more than a thousand; **ina sheanduine agus mar atá sé** even though he's an old man; **agus a ndearna sé** considering all he did; in spite of all he did; **bíodh agus go ...** although ...

agús *nm1* qualification; reservation

áibhéalach *adj (story, claim)* exaggerated; *(person)* given to exaggeration

áibhéil *nf2* exaggeration; **áibhéil a dhéanamh (ar)** to exaggerate

aibhinne *nm4* avenue

aibhléis *nf2* electricity

aibhleoga *nfpl2* embers; **aibhleoga dóite** cinders

aibhneacha *see* **abhainn**

aibí *adj* mature; *(fruit)* ripe; clever; **mac léinn aibí** mature student

aibíd *(pl* ~**eacha)** *nf2 (REL)* habit

aibigh *vt, vi* mature, ripen

aibítir *(gs* aibítre*, pl* aibítrí) *nf2* alphabet; **in ord aibítre** in alphabetical order

Aibreán *nm1* April

aibreog *nf2* apricot

aice *nf4* nearness; **in aice** + *gen* near; **tá sé in aice láimhe** it's just round the corner; **go díreach in aice le** immediately next to; **an teach in aice leis an scoil** the house by the school; **as a aice** out of his reach

aiceann *nm1 (LING, MUS, TYP)* accent

aiceanta *adj* natural

aicearra *nm4* shortcut; **aicearra a ghabháil** to take a shortcut

aici *see* **ag**

aicíd *nf2* disease

aicme *nf4 (of society)* class; *(MATH)* denomination

aicmigh *vt* classify

aicne *nf4* acne

aidhleanna *npl* oilskins

aidhm *(pl* ~**eanna)** *nf2* aim, purpose

aidhnín *nm4 (for bomb etc)* fuse

aidiacht *nf3* adjective

aidréanailín *nm4* adrenaline

aiféala *nm4* regret; shame; **beidh aiféala ort faoi** you'll regret it

aiféalach *adj* sorry; shameful

aiféaltas *nm1* embarrassment; **aiféaltas a chur ar dhuine** to shame sb, embarrass sb

aiféiseach *adj* ridiculous, ludicrous, absurd

aifir *(pres* aifríonn) *vt* rebuke; punish; **nár aifrí Dia orm é** God forgive me

Aifreann *nm1 (REL)* Mass; **Aifreann na marbh** funeral Mass, requiem Mass; **an tAifreann a éisteacht** to attend Mass

aige *see* **ag**

aigéad *nm1* acid

aigéadach *adj* acid(ic)

aigéadacht *nf3* acidity

aigéan *nm1* ocean; **An tAigéan Ciúin** the Pacific (Ocean); **An tAigéan Atlantach** the Atlantic Ocean

aigeanta *adj* spirited; cheerful

aigeantach *adj* cheerful; **sa chéill is aigeantaí (ag)** madly in love (with)

áigh *excl* ouch

aighneas *nm1* dispute, argument; *(in debate)* submission

aigne *nf4* mind; disposition; spirit; **cad é atá ar d'aigne?** what's on your mind?; **bheith lán d'aigne** to be full of life

áil *n:* **cad ab** ~ **leat?** what would you like?; **mar is áil leat** as you wish

áiléar *nm1* attic; *(in theatre)* gallery

ailgéabar *nm1* algebra

ailibí *(pl* ~**onna)** *nm4* alibi

ailínigh *vt* align

ailiúnas nm1 alimony

aill (pl ~te) nf2 cliff

áille nf4 beauty; see also **álainn**

áilleacht nf3 beauty

áilleagán nm1 toy; trinket; (inf: woman) bimbo; **áilleagán intreach** merry-go-round

ailléirge nf4 allergy

ailléirgeach adj allergic

aillte see **aill**

ailp (pl ~eanna) nf2 (of meat, bread) lump

ailse nf4 cancer; **ailse chraicinn** skin cancer

ailseach adj cancerous

áilteoir nm3 clown

ailtire nm4 architect

ailtireacht nf3 architecture

áiméar nm1 chance; opportunity; **an t-áiméar a fhreastal** to seize the opportunity

aimhleas nm3 harm

aimhréidh adj entangled; dishevelled ♦ nf2 tangle; (MED) complication

aimhrialta adj irregular; anomalous

aimitis nf2 amethyst

aimléis nf2 despondency; **bheith in umar na haimléise** to be down in the dumps

aimlithe adj wretched

aimliú nm (to elements) exposure

aimnéise nf4 amnesia

aimpéar nm1 amp(ere)

aimplitheoir nm3 amplifier

aimrid adj sterile, barren

aimridigh vt sterilize

aimseartha adj temporal

aimsigh vt find; pinpoint; (oil etc) strike; (target etc) hit; (gun etc) aim

aimsir nf2 time; weather; (LING) tense; **fear léite na haimsire** the weather man; **caitheamh aimsire** hobby, pastime; **an aimsir chaite** the past tense

aimsitheoir nm3 marksman; (TECH) finder

aimsiú nm find; hit; aim; (of oil etc) strike

ainbhios (gs ainbheasa) nm3 ignorance

ainbhiosach adj ignorant

ainbhiosán nm1 ignoramus

aincheist nf2 quandary, predicament, dilemma

aindiathaí nm atheist

aindlíthiúil adj lawless

aineamh see **ainimh**

áineas nm3 pleasure, sport

ainéistéiseach adj, nm1 anaesthetic

ainéistéisí nm4 anaesthetist

aineolach adj ignorant; **bheith aineolach ar** to be unaware of

aineolas nm1 ignorance; **bheith ar an aineolas** to be in the dark

ainfhéinspéis nf2 autism

aingeal nm1 angel

ainghléas nm1 (TECH) disorder; **ainghléas innill** engine trouble; **in ainghléas** out of order

ainghníomh (pl ~artha) nm1 atrocity

aingíne nf4 angina

ainimh (gs, pl ~e, gpl aineamh) nf2 disfigurement

ainmhigh vt disfigure

ainligh vt (car etc) manoeuvre; (delicate situation) handle

ainm (pl ~neacha) nm4 name; first name; (LING) noun; reputation; **in ainm Dé!** for goodness sake!; **ina ainm** by his name; **cén t-ainm atá ort?** what's your name?; **ainm a thabhairt ar rud/dhuine** to give sth/sb a name; **ainm baiste** Christian name; **ainm cleite or bréige** pseudonym; **ainm briathartha** verbal noun; **duine gan ainm** anonymous person

ainmfhocal nm1 (LING) noun

ainmheasartha adj immoderate, excessive

ainmheasarthacht *nf3* excess, immodération

ainmhí *nm4* animal; beast

ainmneach *adj, nm1* (UNG) nominative

ainmnigh *vt* name; nominate

ainmnitheach *nm1* nominee

ainmniúchán *nm1* nomination

ainneoin *n*: d'ainneoin (+ *gen*) in spite of; d'ainneoin a dhíchill for all his efforts

ainneonach *adj* involuntary

ainnir (*pl* ~eacha) *nf2* young woman; beauty

ainnis *adj* mean; miserable

ainnise *nf4* misery; meanness

ainriail (*gs* ainrialach) *nf* anarchy, disorder

ainrianta *adj* unruly; licentious

ainríochtach *adj* dilapidated

ainseabhai *nm4* anchovy

ainsealach *adj* (illness) chronic

ainspianta *adj* grotesque; bizarre, outrageous

aint *nf2* aunt

aintiarna *nm4* tyrant

aintín *nf4* auntie, aunty

aintiún *nm1* anthem

aíonna *see* aoi

aipindic *nf2* (ANAT) appendix

air *see* ar[1]

airc *nf2* want; hunger

aird[1] *nf2* attention; tá aird an phobail air it is the focus of public interest; aird duine a tharraingt ar rud to bring sth to sb's notice; aird a thabhairt (ar) to pay attention (to); níl a dhath eile ar a aird he thinks of nothing else

aird[2] *nf2* direction; point of compass; ceithre hairde an domhain the four corners of the earth; as gach aird from all directions

airde *nf4* height; altitude; (MUS) pitch; ar cosa in airde at a gallop;

20m ar airde 20m high

airdeall *nm1* alertness; wariness; bheith san airdeall to be on the alert

airdeallach *adj* alert; cautious; wary

aire[1] *nf4* care, attention; aire a thabhairt do rud to take care of sth, mind sth; rud a thabhairt do d'aire to take cognizance of sth; bheith ar d'aire (roimh) to look out (for); Aire! Danger!

aire[2] *nm4* (POL) minister

aireach *adj* attentive, careful; watchful, mindful

aireacht *nf3* (POL) ministry

aireachtáil *nf3* perception; *see also* airigh

aireagán *nm1* invention

áireamh *nm1* counting, calculation; reckoning; rud a chur san áireamh to take account of sth, include sth; cáin san áireamh inclusive of tax; *see also* áirigh

áireamhán *nm1* calculator

áirge *nf4* asset; useful implement

airgead (*gs, pl* airgid) *nm1* money, cash; silver; mo chuid airgid my money; airgead tirim a íoc to pay (in) cash; lucht an airgid the rich; airgead tís housekeeping (money); airgead póca pocket money; airgead tirim (ready) cash; airgead reatha currency

airgeadaithe *adj* silver-plated

airgeadas *nm1* finance; an Roinn Airgeadais the Treasury, the Treasury Department (US); bliain airgeadais financial year

airgeadóir *nm3* cashier

airgeadra *nm4* currency

airgeadúil *adj* silvery

airgid *n gen as adj* silver; *see also* airgead

airgtheach *adj* inventive

airí[1] (*pl* ~onna) *nm4* (PHYS) property; (*of sickness*) symptom

airí² *nf4* (*merit*) desert, just reward *or* punishment; **is maith an airí ort é** it serves you right; **you well deserve it**

airigh (*vn* **aireachtáil**) *vt* sense; feel; hear; **duine a aireachtáil uait** to miss sb

áirigh (*vn* **áireamh**) *vt* count, calculate; work out; include; (*race etc*) time

airíoch *nm1* caretaker

airíonna *see* **airí¹**

áirithe *adj* certain, particular ♦ *nf4* certainty, surety; allotment; **seomra/tábla a chur in áirithe** to reserve *or* book a room/table; **méid áirithe** a certain amount; **daoine áirithe** certain people

airitheach *adj* perceptive

áiritheoir *nm3* (*TECH, MATH*) counter

áirithint *nf2* reservation, booking

airneán *nm1* visiting at night

airnéis *nf2* property; cattle; lice

áirse *nf4* arch

airteagal *nm1* (*of faith, law*) article, tenet

airtríteas *nm1* arthritis

ais¹ (*pl* ~**eanna**) *nf2* axis

ais² *nf2* (*in adv phrases*): **ar ~** back; again; **le hais** + *gen* next to; compared to; **ar ais ar ais** the way back; **droim ar ais** back to front; **scríobhfaidh mé ar ais chugat** I will write back to you

ais³ *nf2*: **ar ~ nó ar éigean** at all costs

ais- *prefix* back-

áis (*pl* ~**eanna**) *nf2* facility; convenience; device; aid; **is mór an áis é** it's very handy; **ar d'áis** at your convenience; **áis éisteachta** hearing aid; **áiseanna amenities**, facilities; **áiseanna creidmheasa** credit facilities

aisbhreathnaitheach *adj* retrospective

aisce *nf4* favour; gift; (**saor**) **in aisce** free of charge; **turas in aisce** a fruitless journey

aischothú *nm* feedback

aischur *nm1* (*COMM*) returns

Áise *nf4*: **an ~** Asia

Áiseach *adj, nm1* Asian; Asiatic

aiseag¹ *nm1* vomit; (*money etc*) restitution; (*COMM*) return

aiséirí *nm4* resurrection; resurgence

aiseolas *nm1* (*information*) feedback

aisfhreagra *nm4* retort; cheeky reply

aisfhuaimnigh *vi* reverberate

aisghabh *vt* (*COMPUT*) retrieve

aisghabháil *nf3* (*COMPUT*) retrieval

aisghair *vt* repeal

aisghairm (*pl* ~**eacha**) *nf2* repeal

aisig (*pres* **aiseagann**, *vn* **aiseag**) *vt* (*sth stolen*) restore; vomit

aisíoc *nm3* refund, repayment ♦ *vt* repay, reimburse

aisiompaigh *vt, vi* reverse; invert

aisiompú *nm* reversal; inversion

áisiúil *adj* helpful, useful, convenient

áisiúlacht *nf3* convenience, handiness

aisling *nf2* dream; vision

aispeist *nf2* asbestos

aistarraingt *nf* (*from bank*) withdrawal

aiste *nf4* (*LITER, SCOL*) essay; quirk; pattern; **aiste bia** diet

aisteach *adj* bizarre, odd; outlandish, quaint, eccentric; **aisteach go leor** oddly enough

aistear *nm1* journey; trek; **aistear farraige** voyage

aisteoir *nm3* actor; performer

aisteoireacht *nf3* (*THEAT etc*) acting

aistí *see* **as**

aistreach *adj* (*LING*) transitive

aistreog *nf2* (*picture, design*) transfer

aistrigh *vt, vi* move (house); move

about; transfer, shift; (*population*) transplant; translate

aistritheoir *nm3* translator

aistriú *nm* (*gen*, *also* SPORT) transfer; translation

aistriúchán *nm1* translation

ait *adj* comic; odd, eccentric

áit (*pl* ~eanna) *nf2* place; room; locality; **fuair sí an dara háit** she came (in) second; **in áit** + *gen* instead of; **áit ar bith** anywhere; (*with neg*) nowhere; **gach áit** everywhere; **tá áit suí ann le haghaidh caoga** it seats 50; **áit éigin** somewhere; **bheith in áit na mbonn** immediately

aiteann *nm1* furze, gorse, whin

aiteas *nm1* fun, pleasure

áith (*pl* ~eanna) *nf2* kiln

aitheanta *see* **aithne**[1, 2]

aitheantas *nm1* recognition; identification; **aitheantas a fháil** to gain recognition; **páipéir aitheantais** ID papers; **lucht aitheantais** acquaintances

aitheasc *nm1* homily; speech

aithin (*pres* **aithníonn**, *vn* ~t) *vt* identify, recognize; foresee; realize; **glór duine a aithint** to recognize sb's voice; **aithint idir rudaí** to tell (the difference) between things

aithinne *nf4* spark

aithint *see* **aithin**

aithis *nf2* (*scandal*) disgrace; slur

aithiseach *adj* defamatory; denigratory

aithisigh *vt* slur

aithisiú *nm* defamation

aithne[1] (*pl* **aitheanta**) *nf4* recognition; acquaintance; **aithne (shúl) a bheith agat ar dhuine** to know sb (to see); **duine a chur in aithne** to introduce sb; **rud a chur in**

as **aithne** to change sth beyond recognition; **lucht m'aithne agus mo ghaoil** my kith and kin; **d'aithis a ligean le duine** to introduce o.s. to sb

aithne[2] (*pl* **aitheanta**) *nf4* commandment; **na Deich nAithne** the Ten Commandments

aithnidiúil *adj*: ~ (**ar**) familiar (with)

aithníonn *see* **aithin**

aithreacha *see* **athair**

aithreachas *nm1* regret; repentance; **aithreachas a bheith ort faoi rud** to regret sth; **aithreachas a dhéanamh** to repent

aithrí *nf4* (REL) penance, repentance; **aithrí a dhéanamh (i)** to repent (of); **breithiúnas aithrí** (*in confessional*) penance; **aithrí thoirní** (*inf*) sudden repentance

aithris *nf2* imitation; (*of poetry etc*) recital ♦ *vt* (*pres* ~**íonn**) recite; relate; **aithris a dhéanamh ar dhuine** to imitate sb; **dán a aithris** to recite a poem

aithriseoir *nm3* mimic; reciter

aithriúil *adj* fatherly, paternal

áitigh *vt*, *vi* (*premises*) occupy; settle down; argue; **áitigh ar** persuade; **d'áitigh sé go ...** he argued that ...; **áitiú ar dhuine fanacht** to persuade sb to stay

áitiú *nm* occupation; argument

áitiúil *adj* local

áitreabh *nm1* domicile, abode; premises

áitreabhach *nm1* inhabitant; (LING) locative

áitrigh *vt* inhabit

áitritheoir *nm3* inhabitant

ál (*pl* ~**ta**) *nm1* (*of animals*) litter, brood

ala *n*: **ar ~ na huaire** on the spur of the moment

áladh *nm1* lunge; grab; snap; **áladh**

a thabhairt ar rud to lunge or grab at sth

álainn (gsf, pl, compar **áille**) adj beautiful, gorgeous

aláram nm1 alarm; **aláram dóiteáin** fire alarm; **clog aláraim** alarm clock

Albain nf Scotland

albam nm1 album; **albam stampaí** stamp album

Albanach nm1 Scot, Scottish person ◆ adj Scottish; Scotch; Scots

alcaile nf4 alkali

alcól nm1 alcohol; **alcól máinliach** surgical spirit; **faoi thionchar an alcóil** under the influence of alcohol

alcólach adj, nm1 alcoholic

alcólachas nm1 alcoholism

allas nm1 perspiration, sweat; **bheith ag cur allais** to sweat; **bheith ag bárcadh allais** to sweat profusely; **tháinig allas fuar leis** he broke into a cold sweat

allasúil adj sweaty

allmhaire nf4 (COMM) import

allmhaireoir nm3 importer

allmhairigh vt import

allta adj (animals etc) wild

alltacht nf3 wildness; astonishment; **alltacht a chur ar dhuine** to astonish or astound sb

allúrach nm1 foreigner ◆ adj foreign

almóinn nf2 almond

almóir nm3 alcove; cupboard

alp vt, vi devour; swallow

Alpach adj Alpine

alpaire nm4 glutton

alt nm1 joint; (BIOL) knuckle; (LING) article; (LAW) section; **as alt** (MED) dislocated

álta see **ál**

altaigh vt, vi (REL) to give thanks; **altú le bia** to say grace (before meals)

altán nm1 gorge, gully, ravine

altóir nf3 altar

altram nm3 fostering; **athair altrama** foster father

altramaigh vt foster

altú nm grace (before meals)

alúmanam nm1 aluminium

am (pl **~anna**) nm3 (also MUS) time; **an t-am is fearr** best time; **cén t-am é?** what time is it?; **am tae** tea time; **am luí** bedtime; **ó am go ham** occasionally; **thar am** overdue; **am scoir** quitting time; **am crua a thabhairt do dhuine** to give sb a hard time; **an t-am + indir rel** when; **in am ar bith** at any time; **san am chéanna** nonetheless

amach adv (motion) out; forth; aloud ◆ adv outward; utter, sheer; **as seo amach** from now on; **amach anseo** in the future; **amach agus amach** through and through; **"Amach" "Way Out"**; **áit a bhaint amach** to reach a place; **amach leat!** get out!; **amach ó** apart from; **amach agus isteach le** approximately

amadán nm1 fool, idiot; sucker

amadóir nm3 (device) timer

amaideach adj foolish, idiotic

amaidí nf4 nonsense; humbug; **níl ann ach amaidí** it's nothing but nonsense; **cén amaidí atá ort?** what (nonsense) are you up to?

amaitéarach adj, nm1 amateur

amanna see **am**

amárach adv, n tomorrow; **maidin amárach** tomorrow morning; **amárach an Aoine** it's Friday tomorrow

amas nm1 attack; (of gun etc) aim; (GOLF) putt

ambaiste excl really; indeed

ambasadóir nm3 ambassador

ambasáid nf2 embassy

amchlár nm1 timetable; schedule

amh (*gsm* ~) *adj* uncooked, raw

amh- *prefix* raw

ámh *adv* however

amhábhar *nm1* raw material

amhail *prep, conj* like; **cur in amhail rud a rá** to go to say sth; **amhail Pól** like Paul; **amhail is** as if, as though

amháin *adj* sole, exclusive ♦ *adv* solely, exclusively, only; **ní hé amháin go raibh sé ...** not alone was he ...; **ag Seán amháin a bhí a fhios** John alone knew; **uair amháin eile** once more; **d'aon iarracht amháin** in one go, at one attempt; **ní hé sin amháin é ach** what is more

amhantar *nm1* chance; windfall; **dul san amhantar (le)** to take a chance (on)

amhantraíocht *nf3* (COMM) speculation

ámharach *adj* lucky

amharc *nm1* look; sight; view; watch ♦ *vt, vi* watch, look; **as amharc** out of sight; **ar amharc + gen** within sight of; **dul as amharc** to disappear; **amharc thart** to look around; **amharc a fháil ar rud** to catch a glimpse of sth; **amharc ar** to look at, watch

amharclann *nf2* theatre

amhas *nm1* gangster, hooligan, punk (US)

amhastrach *nf2* barking

amhlachas *nm1* semblance; (ART) figure; **duine a thógáil in amhlachas + gen** to mistake sb for

amhlaidh *adv* so; thus; the same; **más amhlaidh** if so; **bíodh amhlaidh** so be it; **déanamh amhlaidh** to follow suit; **gurb amhlaidh duitse!** the same to you!; **is amhlaidh is mó/ is fearr** all the more/the better

amhlánta *adj* foolish; ill-mannered

amhola *nf4* crude oil

amhrán *nm1* song; **an tAmhrán Náisiúnta** the national anthem

amhránaí *nm4* singer

amhránaíocht *nf3* singing

amhras *nm1* doubt, suspicion; **gan amhras** without doubt; **amhras a chaitheamh ar dhuine** to cast suspicion on sb; **bheith in amhras (faoi)** to have doubts (about)

amhrasach *adj* doubtful; sceptical; suspicious; **bheith amhrasach faoi** to be dubious about

amlasc *nf2* time switch

ámóg *nf2* hammock

ampla *nm4* hunger; greed

amplach *adj* hungry; greedy

amscaí *adj* slipshod; unkempt; awkward

amú *adv* wasted; in vain; **dul amú** to go astray; **am a chur amú** to waste time; **rud a ligean amú** to let sth go to waste

amuigh *adj, prep* out, outside; exterior, outward, outer; **taobh amuigh** (on the outside); **tá sé amuigh air go bhfuil sé saibhir** he's said to be rich; **"fan amuigh"** "keep out"; **amuigh faoin aer** in the open (air)

an¹ (*gsf, pl* na) *def art* the

an² *interr part*: **an bhfeiceann tú?** do you see?

an-¹ *prefix* very, most, really; **an-mhaith** very good; **an-deacair** really hard; **an-fhear** great man

an-² *prefix* in-, un-; not-; bad, evil; **anduine** evil person; **anrud** wicked thing

anabaí *adj* unripe; (*person*) immature; (*death*) premature, untimely

anacair *nf3* (*gs* anacra, *gpl* anacraí) distress; anacair leapa bedsore ♦ *adj* (*gsf, pl, compar* anacra) distressing, difficult

anachain (*pl* **anachana**) *nf2* calamity; loss; harm

anacrach *adj* distressed; distressing

anaemach *adj* anaemic

anáil *nf3* breath; influence; **as anáil** out of breath; **a bhaint de dhuine** to wind sb; **anáil a tharraingt** to draw breath, breathe; **chuaigh an bia lena anáil** the food went down the wrong way; **faoi d'anáil** under one's breath

anailgéiseach *adj*, *nm1* analgesic

anailís *nf2* analysis

anailíseach *adj* analytic

anailísí *nm4* analyst; **anailísí córas** systems analyst

anailísigh *vt*, *vi* analyze

anairt *nf2* (NAUT) canvas

anaithnid *adj* strange; unknown

análaigh *vt*, *vi* breathe

anall *adv* across (from); **anonn agus anall** from side to side; over and back; **riamh anall** from time immemorial

anallód *adv* in ancient times

analóg *nf2* analog(ue)

analógach *adj* analogous

análú *nm* respiration; **análú tarrthála** kiss of life

anam (*pl* ~**acha**) *nm3* soul; life; liveliness; **m'anam!** dear me!; **do anam a thabhairt (ar son +** *gen***)** to lay down one's life (for)

anamchara (*gs* ~**d**, *pl* **anamchairde**) *nm* spiritual advisor; confessor

anamúil *adj* animated, spirited

anann *nm1* pineapple

anarac *nm1* anorak

anás *nm1* wretchedness; poverty; **bheith ar an anás** to be living in hardship

anásta *adj* awkward; clumsy

anatamaíocht *nf3* anatomy

anbhá *nm1* dismay; panic

anbhann *adj* frail; feeble

ancaire *nm4* anchor; **an t-ancaire a thógáil** to weigh anchor

ancaireacht *nf3* anchorage

anchumtha *adj* misshapen

andóch *adj* improbable

andúil *nf2* addiction

andúileach *nm1* addict ♦ *adj* addictive; **andúileach drugaí** drug addict

aneas *adv*, *prep*, *adj* (from the) south, south(ern); (wind) southerly

anfa *nm4* storm

angadh *nm1* (MED) pus; **dul chun angaidh** to fester

anghníomh *nm1* misdemeanour

anghrách *adj* erotic

Anglacánach *adj*, *nm1* Anglican

Angla-Éireannach *adj* Anglo-Irish

aniar *adv*, *prep*, *adj* (from the) west; (wind) westerly; **aniar aduaidh** (from the) north west; **teacht aniar a bheith ionat** to be resilient; **teacht aniar aduaidh ar dhuine** to catch sb unawares

aníos *adv*, *prep*, *adj* up; upward(s); from below

anlann *nm1* (CULIN) dressing, relish, sauce; trimmings; **anlann sailéid** salad dressing; **is maith an t-anlann an t-ocras** hunger is good kitchen

anlucht *nm3* (of food) surfeit, glut

anluchtaigh *vt* overload; glut

ann¹ *adv* there; **bhí sé ann** he was there

ann² *n*: **bheith in ~** to be able

ann³ *prep see* **i**

annamh *adj* rare, seldom

anocht *adv*, *n* tonight ♦ *adj* tonight's; **cruinniú na hoíche anocht** tonight's meeting; **tiocfaidh sé anocht** he/it will come tonight

anoir *adv*, *prep*, *adj* (from the) east; eastern; **anoir aduaidh** north east

anóirthear *n*, *adv* the day after

tomorrow

anois *adv* now; **anois díreach** right now; **anois agus arís** now and then

anonn *adv* across (to); **dul anonn agus anall** to go back and forth; **anonn sa lá** late in the day

anord *nm1* chaos

anordúil *adj* chaotic

anraith *nm4* soup; broth; **anraith glasraí** vegetable soup

anró *nm4* hardship; misery

anróiteach *adj* inclement; distressing; wretched

ansa see **ionúin**

anseo *adv* here; **cá fhad atá tú anseo?** how long have you been here?; **istigh anseo** in here; **abhus anseo** over here; **anseo is ansiúd** here and there, about

ansin *adv* there; then; **thall ansin** over there; **istigh ansin** in there; **tá sé ansin** it's there

ansiúd *adv* beyond; yonder

ansmacht *nm3* tyranny

antaiseipteach *adj* antiseptic

antaiseipteán *nm1* antiseptic

antalóp *nm1* antelope

antoisceach *adj* extreme ♦ *nm1* extremist

antraipeolaíocht *nf3* anthropology

antráthach *adj* late; untimely; inconvenient

anuas *adv* (*from above*) down; **teacht anuas** to come down; **le blianta beaga anuas** for the past few years

anuraidh *adv*, *n* last year ♦ *adj* last year's; **obair na bliana anuraidh** last year's work; **pósadh anuraidh iad** they were married last year

aoi (*pl* **aíonna**) *nm4* guest; lodger

aoibh *nf2* smile; mood; (*LITER*) form; pleasant expression; **tháinig aoibh air** his face brightened up; **aoibh mhaith a bheith ort** to be in good

spirits; **tá aoibh an gháire air** he's smiling

aoibhinn (*gsf, pl, compar* **aoibhne**) *adj* charming; delightful

aoibhneas *nm1* bliss, delight; happiness

aoileach *nm1* manure, dung; **carn aoiligh** dunghill

Aoine (*pl* **Aointe**) *nf4* Friday; **Dé hAoine** on Friday; **ar an Aoine** on Fridays; **Aoine an Chéasta** Good Friday

aoir (*pl* **aortha**) *nf2* satire

aoire *nm4* shepherd; (*POL*) whip

aois (*pl* ~**eanna**) *nf2* age; old age; era; century; **cén aois thú?**, **cén aois atá agat?** how old are you?; **tá sé 10 mbliana d'aois** he's 10 years old; **an aois a bheith ina luí ort** to be showing one's age; **anonn in aois** well on in years; **an fichiú haois** the twentieth century

aoiseachas *nm1* ageism

aol (*pl* ~**ta**) *nm1* (*GEOG*) lime

aolchloch *nf2* limestone

aoldath *nm3* whitewash; **aoldath a chur ar** (*house*) to whitewash

aon (*pl* ~**ta**) *nm1*, *num* one; unit; (*CARDS*) ace ♦ *adj* any; sole; **mar aon le** along with; in addition to; **faoi aon de** within a whisker of; **aon bhó amháin** one cow; **níl aon duine ann** there is no one there; **an t-aon duine amháin** the only person; **bheith ar aon airde (le)** to be the same height (as)

aon- *prefix* only, sole, one-, mono-, uni-

aonach (*pl* **aontaí**) *nm1* fair; **ar an aonach** at the fair

aonad *nm1* unit; **aonad amharcthaispeána** visual display unit

aonair *n gen as adj* only, solitary, individual; one-man; **páiste aonair**

an only child

aonar *nm1*: **bheith i d'aonar** to be alone or on one's own

aonarach *adj* lone(ly); isolated; single

aonchineálach *adj* homogeneous

aonfhoirmeach *adj* uniform

aonghnéasach *adj* unisexual

aonocsaíd *nf2* monoxide; **aonocsaíd charbóin** carbon monoxide

aonraigh *vt* isolate

aonréadaí *nm4* soloist

aonta *see* **aon**

aontacht *nf3* unity; union; unanimity

Aontachtaí *nm4* (POL) Unionist

aontaí *see* **aonach**

aontaigh *vt, vi* unite; bind; **aontú le** to agree, approve; endorse

aontaithe *adj* united; **na Stáit Aontaithe** the United States; **Éire Aontaithe** United Ireland

aontas *nm1* union; **Aontas na Sóivéadach** (*formerly*) the Soviet Union

aontíos *nm1* cohabitation; **bheith in aontíos** (*couple*) to live together

aonton *nm1* monotone

aontonach *adj* monotonous

Aontroim *nm3* Antrim

aontú *nm* agreement, assent

aontumha *nf4* celibacy ♦ *adj* celibate

aonú *num, adj* (*in dates*) first; **an t-aonú** the first

aor *vt* satirize

aortha *see* **aoir**

aos *nm3* people, folk; **an t-aos óg** the young; **aos dána/ceoil** poets/ musicians

aosta *adj* old, aged

aothú *nm* crisis; turning point

ápa *nm4* ape

apaipléis *nf2* apoplexy

ar¹ (*prep prons* = **orm, ort, air, uirthi, orainn, oraibh, orthu**) *prep* on, in, at; upon; by; **tá sé ar na fir** is mó he's one of the biggest men; **tá orm** I have to; **cad é atá ort?** what's wrong with you?; **tá punt aici orm** I owe her a pound; **tá bliain agam air** I am a year older than him; **tá báisteach air** it looks like rain; **ar theacht isteach dom** when I had come in; **ar chúl** + *gen* behind; **ar bharr** + *gen* on top of; **ar fheabhas, ar dóigh** excellent; **ar aghaidh** forward; **ar meisce** drunk; **ar buile** mad; **ar deireadh** last; **tá déideadh orm** I have a toothache; **tá fearg air** he is angry; **ar chúig phunt** for a fiver

ar² *interr part*: **ar labhair tú?** did you speak?; **ar dhún sé?** did he close?

ar³ *rel part*: **an fear ar labhair a mhac** the man whose son spoke; **an duine ar cheannaigh mé na bláthanna uaidh** the person from whom I bought the flowers

ar⁴ *vb see* **is¹**

ar⁵ *irreg vb* (*in direct speech*) said; says, "**sea**", **ar sé** "yes", he said

ár¹ *poss adj* our; us; **Ár nAthair** Our Father; **tá sé ár mbualadh** he's hitting us

ár² *nm1* massacre, slaughter

ár³ *nm1* (*measurement*) are

ara *nm1* (ANAT) temple

Arabach *nm1* Arabian, Arabic, Arab ♦ *nm1* Arab(ic); **Arabach Sádach** Saudi (Arabian)

árach *nm1* fetter; security; **dul in árach le duine (faoi)** to take issue with sb (over)

árachas *nm1* insurance; **árachas a chur ar rud** to insure sth; **árachas tine/saoil** fire/life insurance; **árachas tríú páirtí** third party insurance

araí (gs ~on, pl ~onacha) nf bridle

Araib nf2: **An ~** Arabia; **An Araib Shádach** Saudi Arabia

Araibis nf2 (LING) Arabic

araicis nf2: **dul in ~ duine** to go to meet sb

araid nf2 bin; chest

araile pron: **agus ~** et cetera

araltas nm1 heraldry

arán nm1 bread; **arán seagail/ sinséir** rye bread/gingerbread; **bheith in arán crua** to be in dire straits

araon adj, adv both; **sibh araon** both of you

áras nm1 habitation; abode; building

árasán nm1 flat; apartment

áraslann nf2 block of flats; tower block

arb see **is**[1]

arbhar nm1 cereal; **arbhar Indiach** maize, corn (US)

arcán nm1 piglet

ard (pl ~a) nm1 height; rise; high ground; **in ard an lae** at high noon ♦ adj high; tall; loud; **os ard** out loud; **de ghlór ard** in a loud voice

ard- prefix chief, main; arch-

ardaigh vt raise; lift, increase; elevate; heighten; step up; (volume) turn up; (object) hoist ♦ vi increase; go up; **do ghlór a ardú to** raise one's voice

Ard-Aighne nm4 Attorney General

ardaitheoir nm3 lift, elevator (US); hoist

ardán nm1 platform, rostrum; stage; (SPORT) stand; (in street names) terrace; (RAIL) platform

ardcheannasach adj predominant

ardchlár nm1 (GEOG) plateau

ardeaglais nf2 cathedral

ardeaspag nm1 archbishop

Ard-Fheis (pl ~eanna) nf2 (POL)

national convention

Ard Mhacha nm Armagh

ardmháistir (pl ardmháistrí) nm4 headmaster

ardmháistreás nf3 headmistress

ardmhéara nm4 Lord Mayor

ardmheas nm admiration, esteem; **ardmheas a bheith agat ar dhuine** to admire sb

ardnósach adj haughty, lofty; snobbish

ardoifig nf2 head office

ardscoil nf2 high school

ardteistméireacht nf3 (SCOL) leaving certificate

ardú nm rise, increase; raise; (COMM) appreciation; **ardú céime** promotion

aréir adv, n last night; **arú aréir** the night before last

argóint nf2 argument; dispute

arís adv again; **arís eile** once again; **ar ais arís** back again; **anois agus arís** now and then, now and again; **choíche arís** never again; **arís is arís (eile)** over and over (again); **níos measa arís** worse still; **faoin am seo arís** by this time next year

arm nm1 arm, weapon; army; **arm tine** firearm; **Arm an tSlánaithe** Salvation Army; **dul san arm** to join the army

armáil vt arm

armas nm1 coat of arms

ármhach nm1 slaughter; **rinneadh ármhach orthu** they were slaughtered

armlann nf2 arsenal; (of gun) magazine

armlón nm1 ammunition

armúr nm1 armour

armúrtha adj armoured

arracht nm3 monster; (lorry) juggernaut

arrachtas nm1 strength;

grotesqueness

arraing (pl **~eacha**) nf2 (of pain) stab, twinge; (in side) stitch; **arraing a bheith ionat** to have a stitch (in one's side)

arsa irreg vb (in direct speech) said; says; "amach leat", arsa Seán "get out", said John

ársa adj ancient; archaic

ársaitheoir nm3 antiquarian

arsanaic nf2 arsenic

art nm1 stone; **chomh marbh le hart** stone dead

artaire nm4 artery

árthach (pl **árthaí**) nm1 boat, vessel; craft; dish; container

artola nf4 petrol, gas(oline) (US)

arú adv: **~ aréir** the night before last

arúil adj arable; (land) fertile

as (prep prons = asam, asat, as, aisti, asainn, asaibh, astu) prep out of; from; off; **is as Baile Átha Cliath é** he is from Dublin; **as Gaeilge/Béarla** in Irish/English; **go raibh maith agat as ...** thank you for ...; **tá dóchas/muinín/bród agam as** I have hope/trust/pride in him; **as baile** away from home; **go maith as** well off; **as a chéile** gradually; **rud a bhaint as a chéile** to take sth apart; **bain as!** get lost!; **as obair** out of work; **triúr as a chéile** three in a row; **as éisteacht** out of earshot; **as an chosán** out of the way

asal nm1 ass, donkey

asaltaigh vt dislocate

asam see **as**

asarlaí nm4 sorcerer, wizard; conjurer, magician

asarlaíocht nf3 magic

asat see **as**

ascaill nf2 armpit; recess; (in street names) avenue; **póca ascaille** inside pocket; **faoi d'ascaill** under one's arm

aschur nm1 (also COMPUT) output

asfalt nm1 asphalt

asléamh nm1 (COMPUT) readout

aslonnaigh vt evacuate

asma nm4 asthma

aspairín nm4 aspirin

aspal nm1 apostle

aspalóid nf2 absolution; **aspalóid a thabhairt do dhuine** to absolve sb

asphrionta nm4 (COMPUT, TYP) print-out

astitim nf2 (radioactive) fallout

Astráil nf2: An ~ Australia

Astrálach adj, nm1 Australian

astralaíocht nf3 astrology

astu see **as**

at (pl **~anna**) nm1 (MED) swelling ♦ vi (MED) swell; (sea) heave

atá vb see **bí**

atáirg vt reproduce

atáirgeach adj reproductive

atáirgeadh nm reproduction

atarlaigh vi recur

atarlú nm recurrence

ateangaire nm4 interpreter

atéigh vt warm up, reheat

ath- prefix re-; former; rejected; old; retired

áth (pl **~anna**) nm3 ford

athaimsigh vi relocate

athair (gs athar, pl aithreacha) nm father; **athair baiste** godfather; **athair céile** father-in-law; **athair mór** grandfather; **an tAthair Mícheál** (priest) Father Michael

athaithne nf4 (of acquaintance) renewal

athaontaigh vt reunite

athar see **athair**

athartha adj fatherly, paternal

áthas nm1 happiness; **tá áthas air** he is happy

áthasach adj happy; jolly

athbheochan nf3 revival, renaissance

athbheoigh vt (MED) resuscitate,

revive

athbhliain nf3: **an Athbhliain** the New Year

athbhreithnigh vt review, revise

athbhreithniú nm review, revision

athbhrí nf4 recovery, revival; ambiguity

athbhríoch adj (food, drink) invigorating; (meaning) ambiguous ♦ nm1 (MED) tonic

athbhruígh vt (food) repeat

athbhrúcht vt (food) repeat

athbhunaigh vt restore; reestablish

athbhunú nm restoration; reestablishment

athchaite adj secondhand; worn out; cast off

athchas vt rewind ♦ vi (cold) return

athcheartaigh vt revise; amend; **profaí a athcheartú** to revise proofs

athchóirigh vt readjust; (house) renovate; restore; recondition

athchóiriú nm refurbishment, renovation; restoration

athchomhair vt re-count; recalculate

athchomhaireamh nm1 (POL) re-count

athchomhairle nf4 second thoughts, change of mind; **athchomhairle a dhéanamh (faoi rud)** to have second thoughts (on sth)

athchraiceann nm1 veneer

athchraol vt (RADIO, TV) repeat; retransmit

athchraoladh nm (RADIO, TV) repeat

athchuimhnigh vi reminisce

athchum vt reconstruct; (PHYS) deform

athchur nm1 re-internment; replacement; (LAW) remand

athchúrsáil vt recycle; reclaim

athdháil vt redeploy; redistribute

athdhéan vt redo; remake

athdhéanamh nm reconstruction;

athdhearbhú nm reaffirmation

athdhírigh vt redirect

athfhill vi recur; (LING) reflect

athfhilleadh nm recurrence; (BIOL) reflex

athfhillteach adj recurrent; reflex; (LING) reflexive

athfhriotal nm1 quotation

athfhuaimnigh vi resound

athghabháil nf3 recovery; recapture

athghair vt recall

athghairm (pl ~eacha) nf2 (THEAT) encore; recall

athghnóthaigh vt regain

athimir nf3 (SPORT) replay

athiompú nm (MED) relapse

athiomrá nm backbiting

athlá another day; **rud a chur ar athlá** to postpone sth

athlasadh (gs athlasta) nm (MED) inflammation

athlasta adj inflamed; see also **athlasadh**

athléim nf2 rebound

athléirigh vt (play etc) revive, restage

athlíon vt, vi refill, replenish

athlíonadh nm refill

athlonnaigh vt, vi relocate

athmhachnamh nm1 reflection; **ar athmhachnamh** on reflection

athmhúscailt nf2: ~ **ánala** artificial respiration

athneartaigh vt restore; reinforce

athneartú nm reinforcement

athnuachan nf3 renewal; rejuvenation

athnuaigh (vn athnuachan) vt renew

athoil vt (worker etc) retrain

athphlandáil vt replant, plant out

athphreab vi, nf2 rebound

athrá (pl ~ite) nm4 repetition

athrach nm1 change, alteration;

alternative; **athrach aeráide**
change of climate; **chomh dócha
lena athrach** as likely as not; **tá a
athrach le déanamh agam** I have
better things to do

athraigh vt, vi change, alter; vary;
(NAUT, sail) shift; **treo/éadach a
athrú** to change direction/clothes

athráiteach adj repetitive

athraithe adj changed; transformed

athraitheach adj changeable;
variable

athrú nm change, alteration; **tá a
athrú mór ort** you've changed a
lot

athscag vt (oil etc) refine

athsheinm nm3 (MUS) repetition,
replay

athshlánú nm (MED) rehabilitation

athsholáthraigh vt replenish

athshuaitheadh (gs **athshuaite**) nm
(POL) (Cabinet) reshuffle

athsmaoineamh (pl **athsmaointe**)
nm1 afterthought; second thought

athstaidéar nm further study

athuair adv: **in ~** again

atitim nf2 relapse

Atlantach adj Atlantic ◆ nm1: **An
tAigéan ~** the Atlantic (Ocean)

atlas nm1 atlas

atmaisféar nm1 (also inf)
atmosphere

atóg (vn **-áil**) vt reconstruct; rebuild

atosaigh vt resume; restart;
(COMPUT) reboot

atosú nm resumption; restart;
(COMPUT) reboot

atreorú nm diversion

atuirse nf4 weariness; blues

aturnae nm4 solicitor, attorney (US)

B

b' see **is¹**

ba¹ see **is¹**

ba² see **bó**

bá¹ (pl **-nna**) nf4 (of sea) bay

bá² nf4 (for person) sympathy;
liking; **bá a bheith agat le duine**
to like sb

bá³ nm4 flooding; immersion;
drowning

báb nf2 baby; (inf: woman) babe

babaí nm4 baby

babhdán nm1 bogey man

babhla nm4 bowl

babhlaer nm1 bowler hat, derby
(US)

babhta nm4 bout, spell; (BOXING)
round

babhtáil nf3 exchange

bábhún nm1 enclosure, compound

bábóg nf2 doll; **bábóg éadaigh** rag
doll

babún nm1 baboon

bac nm1 barrier; obstacle;
hindrance; (fig) hurdle ◆ vt (also
SPORT) block, obstruct; foil; **ná bac
leis** don't bother with it

bacach nm1 beggar; tramp ◆ adj
lame; **bheith bacach** to have a
limp

bacadaí nf4: **bheith ag ~ to** limp

bácáil vt bake ◆ nf3 baking

bacainn nf2 barrier, obstacle;
bacainn bhóthair roadblock

bachall nf2 ringlet; (of shepherd)
crook

bachlaigh vi bud

bachlóg nf2 bud, sprout; **bachlóga
Bruiséile** Brussels sprouts; **bachlóg
a bheith ar do theanga** to slur
one's speech

bácús nm1 bakery

bád¹ nm1 boat; **bád aeraíochta**

pleasure boat; **bád farantóireachta** ferry; **bád iascaigh** fishing boat; **bád iomartha** rowing boat, rowboat (US); **bád seoil** sailing boat, sailboat (US); **bád tarrthála** lifeboat; **an Bád bán** the emigrant ship

bád² nm1 (COMPUT) baud

badhbh nf2 vulture

badmantan nm1 badminton

bádóireacht nf3 boating

bagair (pres **bagraíonn**) vt, vi threaten; (stick etc) wave; **bagairt ar dhuine** to threaten sb

bagairt (pl ~í, gs **bagartha**) nf3 threat, menace

bagáiste nm4 baggage, luggage; **bagáiste láimhe** hand-luggage; **bagáiste breise** excess baggage

baghcat nm1 boycott

baghcatáil vt boycott

bagrach adj threatening, menacing

bagraíonn see **bagair**

bagún nm1 bacon

baic nf2: **~ an mhuiníl** back or nape of the neck

báicéir nm3 baker

báicéireacht nf3 baking

baicle nf4 group of people; clique

baictéir nmpl1 bacteria

báigh vt drown; soak ♦ vi drown; (ship) founder, sink

bail nf (proper) order; condition, state; **bail a chur ar rud** to mend sth; to put sth in proper order; **drochbhail a thabhairt ar dhuine** to ill-treat sb; **tá bail mhaith air** it's in good nick

bailc nf2 downpour

baile nm4 home; town ♦ adj (trade, situation etc) domestic, home; home-made; **as baile** away from home; **sa bhaile** at home; **de chóir baile** near at hand; **baile fearainn** townland; **duine as baile isteach** (inf) a blow-in, outsider

bailé (pl ~anna) nm4 ballet

baileach adj exact; **ní cuimhin liom go baileach** I don't remember exactly

bailéad nm1 ballad

Baile Átha Cliath nm4 Dublin

bailí adj valid

bailigh vt assemble, collect, gather; pick up ♦ vi assemble; **airgead/ stampaí a bhailiú** to collect money/stamps

bailitheoir nm3 collector

bailiú nm collection; **bailiú bruscair** refuse collection

bailiúchán nm1 collection; **bailiúchán stampaí** stamp collection

báille nm4 bailiff

Bailt n: **Muir Bhailt** the Baltic (Sea)

bain vt extract; (flowers, turf, hay) pick, cut, reap; (game, war, prize) win ▶ **bain amach** vt extract; (stain) wash away; (destination) reach ▶ **bain anuas** vt dismantle ▶ **bain as** vt take from; get from; extract ♦ vi go, take off ▶ **bain de** vt (clothes) remove ▶ **bain do** vt touch ♦ vi (accident) happen to ▶ **bain fút** vi settle ▶ **bain le** vt touch; interfere with; (matter etc) concern; relate to ▶ **bain ó** vt subtract from; **ná bain don phéint sin** don't touch that paint; **bain taca a** lean on; **an ghoimh a bhaint as rud** to render sth harmless; **ciall a bhaint as rud** to interpret or make sense of sth; **cluiche a bhaint** to win a game; **bhain sí fúithi i Londain** she settled down in London; **ní bhaineann sé leat** it doesn't concern you; **bhain taisme dó** he met with an accident

baincéir nm3 banker

baincéireacht nf3 banking

baineann adj (BIOL) female; (man) effeminate; **cat baineann** she-cat

báiní nf4 fury; **dul le báiní** to fly into a rage

báinín nm4 flannel; homespun cloth

baininscneach adj (UNG) feminine

bainis (pl **~eacha**) nf2 wedding; wedding banquet

bainisteoir nm3 manager

bainisteoireach adj managerial

bainisteoireacht nf3 management

bainistíocht nf3 thriftiness; (good) management

bainistíochta n gen as adj (skills) managerial

bainistreás nf3 manageress

bainne nm4 milk; **bainne géar** sour milk

bainniúil adj milky; (herd) milk-yielding

báinseach nf2 lawn, green

bainseó (pl **~nna**) nm4 banjo

baint nf2 connection; relevance; **níl aon bhaint agam leo** I have nothing to do with them

bainteach adj: **~ le** relevant to

baintreach nf2 widow; **baintreach fir** widower

bairbín nm4 toecap

bairdéir nm3 warder

báire nm4 goal; (of fish) shoal; (game) hurling; (SPORT) goal; **an báire a bhaint** to triumph; **báire na fola** the crucial test; **báire a chur** (SPORT) to score a goal; **cúl báire** goalkeeper; **i lár báire** in the middle; **i dtús báire** first of all

bairéad nm1 beret

bairille nm4 barrel

bairín nm4 loaf; **bairín breac** barn-brack

bairneach nm1 limpet

báirse nm4 barge

báisín nm4 (wash)basin

baist vt baptise; name

báisteach nf2 rain; shower

baisteadh (gs baiste, pl baistí) nm

baptism, christening; **ainm baiste** Christian name

baistí adj baptismal; **athair baistí** godfather; **máthair bhaistí** godmother

báistiúil adj rainy

báite adj sodden, soaked

báiteach adj (sun) watery; (person) pale

baithis nf2 (of head) crown; forehead; **ó bhaithis go bonn** from top to toe

baitín nm4 (MUS) baton

baitsiléir nm3 bachelor

bál nm1 (also dance) ball

balachtáil nf3 gain

balastair nmpl1 banister(s)

balbh adj dumb, mute; (letter) silent

balbhán nm1 dumb person

balcais nf2 rag; garment

balcóin nf2 balcony

ball nm1 (of organization) member; (of body) organ; (of machine) part; patch, spot; **ar ball** later; not long ago; **baill bheatha** vitals; **ball dobhráin** (on skin) mole; **ball broinne** birthmark; **ball troscáin** piece of furniture

balla nm4 wall

ballach[1] nm1 wrasse

ballach[2] adj spotted, speckled

ballán nm1 teat

ballasta nm4 ballast

ballóg nf2 (of building) ruin

ballóid nf2 ballot

ballra nmsg4 members, membership

ballraíocht nf3 membership

balsam nm1 balsam, balm

balscóid nf2 blotch, smudge

bálseomra nm4 ballroom

balún nm1 balloon

bambú (pl **~nna**) nm4 bamboo

ban vb see **bean**

ban- prefix (sex, character) female

bán adj white; (page etc) blank; fallow ♦ nm1 white; (GEOG) grassland; **béal bán** flattery, sweet talk

bán- *prefix* pale

ban-ab *nf3* abbess

bánaigh *vt* whiten, bleach; *(hall etc)* empty; *(country)* devastate

banaisteoir *nm3* actress

banaltra *nf4* nurse; **banaltra fir** male nurse

banaltracht *nm3 (profession)* nursing

banana *nm4* banana

banbh *nm1* piglet

bánbhuí *adj (colour)* cream

banc *nm1* bank; **banc taisce** savings bank; **banc trádála** commercial bank

banchliamhain *(pl ~eacha) nm4* daughter-in-law

bánchorcra *adj* mauve

banda¹ *nm4* band; **banda rubair** rubber band

banda² *adj* feminine, womanly

bandé *see* **bandia**

bándearg *adj, nm1* pink

bandia *(gs* **bandé***, pl* **bandéithe***) nm* goddess

banéigean *nm1* rape

bang *(pl ~anna) nm3 (SWIMMING)* stroke

bangharda *nm4 (IRL)* policewoman

banghiolla *nm4* usherette

bánghlóthach *nf2* blancmange

bánghnéitheach *adj* pale, pallid

banlaoch *nm1* heroine

banmhaor *nm1* stewardess

banmhéara *nm4* mayoress

banna *nm4* guarantee, warranty, surety; *(musical)* band; **banna bisigh** premium bond; **banna ceoil** *(at a dance)* band; **banna práis** brass band; **dul i mbannaí ar dhuine** to go bail for sb

bánna *see* **bá¹**

banoidhre *nm4* heiress

banóstach *nm4* hostess

banphéas *nm4 (pej)* policewoman

banphóilín *nm4* policewoman

banphrionsa *nm4* princess

banrach *nf2* paddock

banríon *(pl ~acha) nf3 (also* CARDS *etc)* queen

bantiarna *nf4 (title)* lady

bantracht *nf3* womenfolk

bánú *nm* brightening; clearance; **le bánú an lae** at daybreak

banúil *adj* ladylike; womanly

baoi *(pl ~the) nm4* buoy; *(FISHING)* float

baois *nf2* folly

baoite *nm4* bait

baol *nm1* danger, risk; **beag an baol!** not likely!; **níl sé baol ar ...** he's not nearly ...

baolach *adj* dangerous, unsafe

baoth *adj* vain; *(boat)* unsteady; *(behaviour)* foolish

bara *nm4:* **~ rotha** wheelbarrow

baracáid *nf2, vt* barricade

baraiméadar *nm1* barometer

baráiste *nm4 (MIL)* barrage

barántas *nm1* guarantee; *(LAW, to arrest, search)* warrant; **barántas cuardaigh** search warrant

barántúil *adj* authentic

baratón *nm1* baritone

barbartha *adj* barbaric, savage; *(fig: behaviour etc)* uncivilized

barbarthacht *nf3* barbarity

barbatúráit *nf2* barbiturate

bárcadh *n:* **ag ~ allais** sweating profusely

bard *nm1* bard

barda¹ *nm4 (in hospital,* POL*)* ward

barda² *nm4* garrison

bardach *nm1* warden; **bardach eaglaise** church warden

bardas *nm1 (of town)* corporation, municipal authority

barócach *adj* baroque

barr *(pl ~a) nm1 (fig: apex)* tip; summit, top; *(*AGR*)* crop;

superiority; **thar barr** excellent; **le barr áidh** by mere chance; **ó bhun go barr** from top to bottom; **bun agus barr** the ins and outs (of); **barr maise a chur ar rud** to put the finishing touches to sth; **an barr a bhaint de** to skim; **barr méire** fingertip; **de bharr ar an iomlán** into the bargain; **de bharr** + gen due to; **ar bharr** + gen on top of; **ag an mbarr** at the top; **dá bharr sin** consequently; **ar a bharr sin** furthermore

barra¹ nm4 (also MUS, LAW) bar; rod; ingot

barra² see **barr**

barraicín nm4 tip of the toe

barraíocht nf3 excess; **barraíocht** + gen too much; **barraíocht a ghearradh ar dhuine** to overcharge sb; **de bharraíocht ar** in excess of; over and above

barrchaolaigh vt taper

barrchéim nf2 (THEAT) climax

barriall (gs **barréille**, pl **~acha**) nf2 shoelace

barrloisc vt, vi singe

barróg nf2 hug; **barróg a bhreith ar dhuine** to hug sb

barrshamhail (gs **barrshamhla**, pl **barrshamhlacha**) nf3 ideal

barrthábhachtach adj of paramount importance

barrthrom adj top-heavy

barrúil adj amusing, comic; strange

barúil (pl **barúlacha**) nf3 idea; opinion, thought; **bheith den bharúil** go to be under the impression that; **cad é do bharúil orthu?** what do you think of them?; **níl barúil agam** I haven't a clue; **tá barúil mhaith agam** I have a fair idea

barún nm1 baron

bás (pl **~anna**) nm1 death; **bás a fháil** to die; **bheith idir bás agus**

beatha to be battling for one's life

básaigh vt kill, execute ♦ vi die

basár nm1 bazaar

basc vt mangle; crush

Bascach adj, nm1 Basque; **Tír na mBascach** the Basque Country

bascaed nm1 basket

básmhar adj mortal

bastard nm1 bastard

bástcóta nm4 waistcoat

bású nm killing, execution

basún nm1 (MUS) bassoon

bata nm4 baton; stick; **bata siúil** walking stick; **bata is bóthar a thabhairt do dhuine** to dismiss or sack sb

bataire nm4 battery

batráil vt batter

báúil adj sympathetic

béabhar nm1 beaver

beacán nm1 mushroom; **beacán bearaigh** toadstool

beach nf2 bee; **beach chapaill** wasp

beacht adj accurate, exact, precise

beachtaigh vt correct

beadaí adj (eater) fussy, particular

béadán nm1 gossip, scandal; **béadán a dhéanamh ar dhuine** to cast aspersions on sb

béadchaint nf2 (LAW) slander

beag nm1 (pl **~anna**) small amount ♦ adj (compar **lú**) little, small; slight; (brother etc) younger, little, wee; **a bheag nó a mhór** more or less; **is beag a shíl mé ...** little did I think ...; **is beag orm í** I despise her; **is beag duine a chreideann é** few people believe it; **beag beann ar** impervious to; **beag an baol!** not likely!, some chance!; **is beag nár thit mé** I nearly fell; **a bheag a dhéanamh de rud** to belittle or make light of sth; **le blianta beaga anuas** in the last few years

beagán nm1 little, small amount; pittance ♦ adv rather; **is buí le**

bocht an beagán beggars can't be choosers; **beagán ar bheagán** little by little; **ar bheagán airgid** on a shoestring; **i mbeagán focal** in a few words; **ardaigh beagán é** (radio etc) turn it up a little

beagmhaitheasach adj worthless

beagnach adv almost, nearly; all but

beaguchtach nm1 lack of courage; **beaguchtach a chur ar dhuine** to discourage sb

beaichte nf4 accuracy, exactness

beairic nf2 barracks

béal (pl ~a) nm1 mouth, opening; (of knife etc) edge; (of gun) muzzle; **béal faoi** face down; **lán go béal** full (up); **as béal a chéile** with one voice; **béal gan smid** dour person; **tá sé i mbéal na tíre** everyone is talking about it; **lán béil** mouthful; **rud a rá le béal duine** to say sth to sb's face; **i mbéala** or **ar bhéala** about to

bealach (pl **bealaí**) nm1 road, thoroughfare; pathway; way; (of bus) route; (TV) channel; (trajectory) path; method, process; **bealach caoch** cul-de-sac; **bealach Dhoire** via Derry; **cén bealach?** - an **bealach seo** which way? - this way; **duine a chur chun bealaigh** to sack sb; **fios an bhealaigh a bheith agat** to know the way; **an bealach a fhágáil ag duine** to get out of sb's way; **an bealach ar ais** the way back; **bealach amach** exit; **bealach mór** (part of road) carriageway, highway; **bealach trádála** trade route; **bealach uisce** waterway; **ar bhealach** in a way; **bheith sa bhealach ag duine** to be in sb's way

bealadh nm1 grease, lubricant

bealaí see **bealach**

bealaigh vt grease, lubricate, oil

bealaithe adj greasy

béalaithris nf2 oral account; oral tradition

béalastán nm1 (inf: person) slobber, slabber

béalchrábhadh nm1 hypocrisy

béalchráifeach adj hypocritical; sanctimonious

béaldath (pl ~anna) nm3 lipstick

Béal Feirste nm Belfast

béalghrá nm4 lip service; **béalghrá a thabhairt do rud** to pay lip service to sth

béal-leathan adj (gap) yawning

béalmhír nf2 (tool) bit

béalóg nf2 (MUS, of instrument) mouthpiece; (for animal) muzzle

béaloideas nm1 folklore

béaloscailte adj gaping, open-mouthed

béalscaoilte adj indiscreet

Bealtaine nf May; **i Mí na Bealtaine, 1992** in May, 1992; **idir dhá thine Bhealtaine** in a quandary

bean (gs, npl **mná**, gpl **ban**) nf woman; (also: ~**chéile**) wife; **Bean Mhic Gabhann** Mrs Smith; **bean lóistín** (of house) landlady; **bean ghlúine** midwife; **bean luí** mistress; **bean rialta** nun; **bean an tí** the lady of the house; **a bhean chóir** madam; **Seán agus a bhean** John and his wife; "**Mná**" (sign) "Ladies"

beangán nm1 shoot; (fork) prong

beann¹ nf2 regard; **beag beann ar** impervious to

beann² nf2 antler, horn; prong

beann³, beanna see **binn¹**

beannacht nf3 blessing; greeting; (REL) benediction; **beannacht Dé ort** God bless you; **beannacht Dé lena anam** God rest his soul

beannaigh vt bless; **beannú do** to greet, salute

beannaithe adj holy, sacred

beannú nm greeting, salute

beár nm1 (in pub) bar

béar nm1 bear; **béar bán** polar bear

beara see **bior**

bearach nm1 heifer

bearád nm1 bonnet

bearbóir nm3 barber

béarfaidh etc vb see **beir**

Béarla nm4 (UNG) English

béarlachas nm1 anglicism

béarlagair nm4 jargon, slang

Béarlóir nm3 English speaker

bearna nf4 break, gap; hiatus; **bearna ghiorria** hare lip

bearnach adj gappy; incomplete

bearnaigh vt breach; (barrel) tap

bearnas nm1 (in mountains) pass

bearr vt (hair, nails) clip; prune; shave

bearradh nm shave; shaving; **bearradh gruaige** haircut

bearránach adj irritating, annoying; uncomfortable

beart[1] (pl ~a) nm1 bundle; parcel

beart[2] (pl ~a) nm1 plan; action; **i mbearta crua** in dire straits

beart[3] (pl ~a) nm1 (COMPUT) byte

beart[4] nf (pl ~anna) nm3 berth

beartaigh vt, vi plot, scheme; decide upon; (sword) wield; **bheartaigh sí imeacht** she decided to go; **rud a bheartú** to plan sth

beartaíocht nf3 tactics

beartaithe adj planned, decided

beartán nm1 parcel

béas[1] (gs, pl ~a, gpl ~) nm3 habit; **béasa a athrú** to turn over a new leaf; **béasa** mpl3 behaviour, manners; **fios a bhéasa a thabhairt do dhuine** (inf) to teach sb manners

béas[2] nm3 beige

béasach adj polite, civil, well-mannered

beatha nf4 life; livelihood; food;

do bheatha a bhaint den fharraige to earn one's living from the sea; **beatha duine a thoil** each to his own; **slí bheatha** livelihood

beathaigh vt (person) feed, nourish

beathaisnéis nf2 biography

beathaisnéiseach adj biographic

beathaisnéisí nm4 biographer

beathaithe adj well-fed; (person) fat

beathaitheach adj nourishing; fattening

beathú nm nourishment

beathúil adj nutritious

béic (pl ~eacha) nf2, vi yell, roar; **béic a ligean** to yell

béicíl nf3 yelling

beidh etc vb see **bí**

beifear vb see **bí**

béil n gen as adj oral; verbal; **an traidisiún béil** the oral tradition

béile nm4 meal

Beilg nf2: **An Bheilg** Belgium

Beilgeach adj, nm1 Belgian

beilt (pl ~eanna) nf2 belt

béim (pl ~eanna) nf2 stress, emphasis; blow; **béim ghréine** sunstroke; **buille sa bhéim** felling blow; **béim a chur ar rud** (syllable, word, point) to emphasize sth, stress sth; **béim a bhaint as duine** to bring sb down a peg or two

beir (vn breith, vadj ~the, past rug, fut béarfaidh) vt, vi give birth to; (egg) lay; bring, take; **beir ar** catch; **breith maol ar dhuine** to catch sb red-handed; **bua a bhreith (ar)** to triumph (over), gain a victory (over); **beir air!** get him!; **buntáiste a bhreith ar** (situation) to milk; **breith gairid ar dhuine** to catch sb unawares; **beir ar do chiall** wise up

beirigh vt, vi boil; bake

béirín nm4 teddy (bear)

beiriste nm4 (CARDS) bridge

beirt (pl ~eanna) nf2 two people,

pair, couple; **beirt fhear/bhan** two men/women; **ina mbeirteanna** in twos; **bhí siad beirt ann** they were both there; **an bheirt agaibh** both of you

beirthe vadj see **beir**

beith¹ nf2 (PHIL) being, entity

beith² (pl ~eanna) nf2 birch

beithíoch nm1 animal; beast; **beithíoch allta** wild beast

beo living being; life; livelihood
◆ adj alive, live, living; animated; (colour, person) lively; **a bheo a ligean le duine** to spare sb's life; **bhí an baile beo le daoine** the town was full of people; **beo beathach** alive and well; **sreang bheo** (ELEC) live wire; **bolcán beo** active volcano

beocht nf3 liveliness

beoga adj lively; vivid; brisk

beoigh vt, vi to animate

beoir (gs beorach, pl beoracha) nf beer

beola npl lips

beophianadh nm suspense

beostoc nm1 livestock

b'fhéidir adv perhaps

bh (remove "h" see also **b...**)

bheadh vb see **bí**

bhéarfadh, bhéarfainn etc vb see **beir**

bheas, bheifí, bhein etc vb see **bí**

bheireadh, bheiridis etc vb see **beir**

bheith vn of **bí**

bhfaighidh etc vb see **faigh**

bhfuil vb see **bí**

bhí etc vb see **bí**

bhuel excl well

bhur poss adj your

bí (vn **bheith**, pres **tá**, pres neg **níl**, past **bhí**, fut **beidh**, subj **raibh**) vi, vb to be; exist; **bheith tinn** to be sick; **bheith ar saoire** to be on holiday; **bí ann!** be there!; **tá cóta agam I** have a coat; **tá cóta orm I** am

wearing a coat; **tá cóta liom I** have brought a coat; **tá cóta uaim I** need or want a coat; **tá orm I** must; **tá agam le I** have to; **tá fúm I** intend to; **tá liom!** I've done it!; **ní raibh de ach sin** that was the end of that; **tá sé romhat** (fig) it's ahead of you

bia (pl ~nna) nm4 food; meal; **bia agus leaba** board and lodging; **bia coisir** kosher food; **bia farraige** seafood; **bia follán** health food; **bia mióltóg a dhéanamh de dhuine** (inf) to make mincemeat out of sb

biabhóg nf2 rhubarb

biachlár nm1 menu; **biachlár socraithe** set menu

bialann nf2 restaurant; canteen

biatas nm1 beetroot; **biatas siúcra** sugar beet

bibe nm4 bib

bícéips nf2 biceps

bicíní nm4 bikini

bídeach adj minute, tiny

bileog nf2 (form) sheet; (of paper) slip; handout, flier; **bileog shúile** (eye) patch

bille nm4 (COMM, POL) bill; **bille parlaiminte** parliamentary bill

billéardaí npl billiards

billiún nm1 billion

bím etc vb see **bí**

binbeach adj (voice) sharp

bindealán nm1 bandage; **bindealán a chur ar chneá** to bandage a wound

binn¹ (pl **beanna**, gpl **beann**) nf2 cliff; (of house) gable; (of dress etc) lap; **binn sléibhe** mountain peak; **titim le binn** to fall down a cliff

binn² adj sweet, melodious; **glór binn** a sweet voice

binneas nm1 (of sound) sweetness

binse nm4 bench; bench; **binse breithimh** tribunal; **binse oibre** workbench

Bíobla nm4 Bible

biocáire nm4 vicar

bíog vi to perk up; start; jump; (muscle) twitch ♦ nf2 (sound) peep; (of engine) pulse; **bíog a ligean** to peep

bíogach adj cheerful; perky; (muscle) twitching

biogamach nm1 bigamist

biogamacht nf3 bigamy

bíogúil adj (music) lively

biolar nm1 watercress

biongó nm4 bingo

bior (gs **beara**, pl **~anna**) nm3 point; (of clock player) stylus; (for roasting) spit; **bior fiacla** toothpick; **bior seaca** icicle; **bior a chur ar rud** to sharpen sth; **tá bior i mo mhuineál** I have a crick in my neck; **bheith ar bior le rud a dhéanamh** to be dying to do sth

biorach adj pointed; (tongue) sharp

bioraigh vt sharpen

biorán nm1 (knitting) needle; pin; **biorán cniotála** knitting needle; **biorán dúnta** safety pin; **biorán gruaige** hairpin; **rud a bheith ar na bioráin agat** to have sth in hand

bioróir nm3: **~ peann luaidhe** (pencil) sharpener

biotáille nf4 liquor, spirits; **biotáille mheitileach** methylated spirit

bís nf2 spiral; (TECH) vice; **staighre bíse** a spiral staircase; **ar bís** to be on tenterhooks

biseach nm1 (in health) improvement; recovery; (in luck, also COMM) upturn; **tá biseach orm** I'm better; **ar aghaidh bisigh** on the mend; **biseach a fháil** (from illness) to recover; **bliain bhisigh** leap year

bisigh vi (health) improve; (person) recuperate

bith nm3 world; existence; **ar bith** any; (with neg) no; **ar scor ar bith**, **cibé ar bith** anyway; **ar chor ar bith** at all; **áit ar bith** anywhere; **duine ar bith** anybody; nobody; **rud ar bith** anything; nothing

bithbheo adj immortal; everlasting

bithcheimic nf2 biochemistry

bitheolaí nm4 biologist

bitheolaíoch adj biological

bitheolaíocht nf3 biology

bithghlas adj evergreen

bithiúnach nm1 scoundrel; thug villain

bithiúntas nm1 (LAW) foul play; thuggery

bithrithim nf2 biorhythm

bith-theicneolaíocht nf3 biotechnology

bitseach nf2 bitch; **bitseach (mná)** (pej) bitch

biúró nm4 bureau

bladar nm1 flattery

bladhaire nm4 flame; flare

bladhm (pl **~anna**) nf3 flame ♦ vi (fig: person) flare up

bladhmannach adj boastful

bláfar adj (work) neat; (girl) prim

blagadach adj bald

blagadán nm1 bald man

blagaid nf2 bald head; bald patch

blaincéad nm1 blanket; **blaincéad leictreach** electric blanket

blais vt, vi taste; (food, wine) sample

blaisínteacht nf3: **~ a dhéanamh ar do chuid bia** to pick at one's food

blaistigh vt flavour; (food) season

blaistiú nm3 flavouring; seasoning

blaosc nf2 skull; (of egg, nut, crab etc) shell

blár nm1 open space; field; **blár catha** battlefield; **bheith ar an mblár folamh** to be down and out

blas (pl **~anna**) nm1 taste, flavour; (speech) accent; **cad é an blas atá**

air? what does it taste like?; **tá blas éisc air** it tastes of or like fish; **tá blas coimhthíoch ar a chuid cainte** he has a foreign accent

blasta adj appetizing, tasty

blastán nm1 seasoning

bláth (pl **~anna**) nm3 bloom, flower, blossom; **bheith i mbláth d'óige** to be in the flower of youth

bláthach nf2 buttermilk

bláthadóir nm3 florist

bláthaigh vi blossom, flower

bláthbhreac adj (pattern) floral

bláthcheapach nf2 flower bed

bláthchuach nm4 flower vase

bláthfhleasc nf2 wreath; garland

bleachtaire nm4 detective

bleachtaireacht nf3 detecting; **úrscéal bleachtaireachta** detective novel

bleán see **bligh**

bleib (pl **~eanna**) nf2 (BOT) bulb

bleid nf2: **~ a bhualadh ar dhuine** to accost sb

bléin nf2 groin

bléitse nm4 (household) bleach

bliain (pl **blianta**, with numbers **bliana**) nf3 year; **An Bhliain seo chugainn** next year; **An Bhliain Úr** the New Year; **bliain bhisigh** leap year; **in aghaidh na bliana** per annum

bliainiris nf2 yearbook

bliantog nf2 (BOT) annual

bliantúil adj annual, yearly

bligeard nm1 blackguard

bligh (vn **bleán**) vt (also fig) milk

bliog nf2 (inf: man) pansy; effeminate man

bliosán nm1 artichoke

bloc nm1 block

blocáil vt (also SPORT) block

bloclitreacha nfpl block capitals

blogh nf3 fragment

bloiscíneach adj buxom

blonag nf2 fat; lard; blubber

blosc¹ nm1 (of gun) report; **blosc toirní** thunderclap

blosc² vt, vi crack; explode

bloscadh nm1 (noise) crack

blúire nm4 bit, fragment, scrap, snippet; **blúire fianaise** scrap of evidence

blús (pl **~anna**) nm1 blouse

bó (gs, gpl **~**, pl **ba**) nf cow

bob (pl **~anna**) nm4 hoax, trick; **bob a bhualadh ar dhuine** to trick sb

bobailín nm4 tassel

boc nm1 buck; **boc mór** big shot; **an boc mór** the big cheese

bocáil vi toss; bounce

bocaire nm4 (CULIN) muffin

bocht adj needy, poor; (condition, excuse) sorry; grotty ♦ nm1 pauper; **tá oíche bhocht ann** it's an awful night; **chomh bocht leis an deoir** as poor as a church mouse

bochtaineacht nf3 poverty

bochtaithe adj impoverished

bochtán nm1 pauper

bod nm1 penis

bodach nm1 lout; **bodach mór** (inf: VIP) hobnob, bigwig

bodbheart nm1 (contraceptive) sheath, condom

bodhaire nf4 deafness; **tháinig bodhaire Uí Laoire air** he pretended not to hear

bodhar (pl **bodhra**) adj deaf; (with pain) numb

bodhraigh vt deafen; annoy; (pain) deaden

bodhrán¹ nm1 deaf person

bodhrán² nm1 (traditional music) bodhrán, hand drum

bodhránaí nm4 (MUS) bodhrán player

bodmhadra nm4 mongrel

bodóg nf2 heifer; hefty young woman

bog vt, vi move; stir; soften;

loosen; agitate; (*milk*) warm ◆ *adj*
soft; tender; (*life, work*) easy;
(*person*) lenient; (*tooth*) loose;
indulgent; (*toy*) fluffy; **feoil bhog**
tender meat; **bheith bog le duine**
to go easy on sb; **bog leat** move
along; **bog amach** as move out *or*
off; **bog anonn** move over; **bog**
ar aghaidh move on; **bog ar ais**
move back; **bog ar shiúl** move
away; **bog chun tosaigh** move
forward; **bog isteach i** move into;
bog thart move about

bogadh (*gs* **bogtha**) *nm* move;
movement; shift; **níl bogadh as**
he's making no movement; **níl**
bogadh ann he can't move; **gan**
bogadh still

bogadhmad *nm1* softwood
bogás *nm1* complacency
bogásach *adj* smug; complacent
bogearraí *nmpl4* (*COMPUT*) software
bogfhiuch *vi* (*CULIN*) simmer
bogha (*pl* ~**nna**) *nm4* (*weapon, MUS*)
bow; **bogha báistí** rainbow
boghdóireacht *nf3* archery
boghta *nm4* vault
bogoighear *nm1* slush, melting
snow
bogshodar *nm1* jogging;
bogshodar a dhéanamh (*horse*) to
canter
bogtha *see* **bogadh**
bogthe *adj* lukewarm
boidín *nm4* (*inf*) penis
boige *nf4* softness; leniency
boigéiseach *adj* gullible
boilg *nf2* submerged reef
boilgearnach *nf2* bubbling
boilgeog *nf2* bubble
boilscitheach *adj* inflationary
boilsciú *nm* (*ECON*) inflation
bóín *nf4:* ~ **Dé** ladybird
boinéad *nm1* (*of car*) bonnet
boirbe *nf4* fierceness; coarseness
boiseog *nf2* slap; **boiseog a**

thabhairt do dhuine to slap sb
bóitheach *nm1* byre, cowshed
bóithre *see* **bóthar**
bóithrín *nm4* lane, boreen
bólacht *nf3* cattle
boladh (*pl* **bolaithe**) *nm1* odour,
smell, whiff; **boladh bréan** pong;
tá boladh as it smells
bólaí *npl:* **na** ~ **seo** these parts, this
area
bolaigh *vt* smell
bolbóir *nm3* (*FISHING*) float
bolcán *nm1* volcano; **bolcán beo/**
suanach active/dormant volcano
bolg *nm1* abdomen, stomach,
belly; (*of ship*) hold ◆ *vt, vi* bulge,
swell out; (*paint*) blister; **bolg le**
gréin a dhéanamh to sunbathe
bolgach *nf2* smallpox; **bolgach**
fhrancach syphilis
bolgam *nm1* mouthful; **bolgam tae**
a sip of tea; **bolgam cainte** (*of*
speech) mouthful
bolgán *nm1* bubble; (*ELEC*) bulb;
bolgán solais light bulb
bolgchainteoir *nm3* ventriloquist
bolgóid *nf2* bubble
bollaí *nmpl4:* **cluiche** ~ bowls
bollán *nm1* boulder
bollóg *nf2* loaf
bológ *nf2* bullock
bolscaireacht *nf3* (*TV, RADIO*)
commercial; propaganda, publicity
bolta *nm4* (*rod... of metal etc*) bar;
bolt
boltáil *vt* bolt
bomaite *nm4* minute; moment; **fan**
bomaite! wait a minute!
bóman *nm1* fool, twit
bómánta *adj* stupid, dumb, thick;
(*expression*) vacant
bómántacht *nf3* stupidity
bóna *nm4* collar; lapel
bónas *nm1* bonus
bonn[1] *nm1* (*of shoe, foot*) sole;
foundation, base, basis; tyre;

láithreach bonn at once; **bonn athmhúnlaithe** (*tyre*) remould, retread; **bonn istigh** insole; **dul ar do cheithre boinn** to go on all fours; **léim as bonn** standing jump; **ar aon bhonn** on equal footing

bonn² *nm1* medal; coin; **bonn deich bpingin** ten pence piece; **gan pingin gan bonn** penniless

bonnán¹ *nm1* (*AUT*) horn; siren; **an bonnán a shéideadh** to toot the horn

bonnán² *nm1* bittern

bonnbhuaiteoir *nm3* (*SPORT*) medallist

bonneagar *nm1* infrastructure

bonnóg *nf2* bannock; scone

bonsach *nf2* javelin

bórach *adj* (*legs*) bandy

borb *adj* coarse; (*fire, attack, person*) fierce; (*sound*) harsh; (*character*) rugged

bord *nm1* table; (*also in firm*) board; deck; **bord iarnála** ironing board; **ar bord loinge** on board (a) ship; **thar bord** overboard; **dul ar bord + gen** to board; **an bord a leagan/a ghlanadh** to lay/clear the table; **suí chun boird** to sit at table; **tá braon ar bord aige** he has been drinking; **fíon boird** table wine

borr *vi* swell; (*plants*) spring up

borradh (*gs* **borrtha**) *nm* (*ELEC*) surge; (*TECH*) expansion; **borradh** (*trádála*) boom

borróg *nf2* bun

borrtha *adj* swollen, bloated; (*MED*) varicose; **féitheacha borrtha** varicose veins

borrúil *adj* puffy; (*person*) enterprising; fast-growing

bos *nf2* palm; (*of oar*) blade; **bualadh bos** round of applause; **bos go cos** (*Gaelic Football*) toe-to-hand; **airgead boise** ready

cash; **ar iompú boise** instantly

bosca *nm4* (*also* THEAT) box; case; pigeonhole; **bosca cairtchláir** cardboard box; **bosca seacláidí** a box of chocolates; **bosca bruscair** bin, dustbin; **bosca ceoil** accordion, melodeon; **seinm ar an bhosca** to play the accordion; **bosca gutháin** callbox, phone box; **bosca litreach** pillar box, postbox; **bosca poist** mailbox, Post Office Box

boscadóir *nm3* (*MUS*) accordion player, box player

Bostún *nm1* Boston

both (*pl* ~**anna**) *nf3* hut; kiosk

bothán *nm1* cabin; hut, shed

bóthar (*pl* **bóithre**) *nm1* road; **cur chun bóthair** to start off (on a trip); **an bóthar a thabhairt do dhuine** to dismiss *or* sack sb

bothóg *nf2* cabin

botún *nm1* blunder, slip, slip-up; **botún a dhéanamh** to slip up, blunder

brabach *nm1* gain, profit; spin-off; (*fig*: *profits*) spoils; **brabach a dhéanamh (ar)** to make a profit (on)

brablach *nm1* rubble; rabble

brabús *nm1* profit; advantage

brabúsach *adj* profitable, lucrative

brach *nm3* pus

brách *n*: **go ~ ever**; (*with neg*) never; **as go brách léi** away they went; **is fearr go mall ná go brách** better late than never

brachán *nm1* porridge; **brachán a dhéanamh de rud** to make a mess of sth

brád *see* **bráid**

bradach *adj* thieving; (*money*) stolen

bradán *nm1* salmon

brádán *nm1* drizzle

braich *nf2* malt

bráid (gs bráad, pl ~e) nf neck; bust;
teacht ar bráid to come on the
scene; **rud a chur faoi bhráid duine**
to submit sth to sb; **bráid na coise**
instep

bráidín nm4 bib

braighdeanach nm1 captive

braighdeanas nm1 captivity;
internment

braillín nf2 (on bed) sheet; **braillín
talún** groundsheet

brainse nm4 branch

bráisléad nm1 bracelet

braiteach adj (person, mind)
perceptive, alert

braiteoireacht nf3 hesitation

braith (vn brath) vt feel; betray;
detect; intend; size up; **brath ar** to
depend on; **pian/cuisle a bhrath**
to feel pain/a pulse; **tá mé ag
brath fanacht** I intend to stay;
duine a bhrath inform on sb; **ná
bí ag brath air** don't depend on
him

bráithre see **bráthair**

bráithreachas nm1 fraternity

branar nm1 fallow ground

branda[1] nm4 brand

branda[2] nm4 brandy

brandáil vt (cattle) brand

branra nm4 tripod; gridiron; **branra
brád** collarbone

braon (pl ~ta) nm1 drop; **braon
tae/uisce** a drop of tea/water;
braon beag eile a little more

Brasaíl nf2: **An Bhrasaíl** Brazil

Brasaíleach adj, nm1 Brazilian

brat nm1 cloak; coating; (THEAT)
curtain; (of paint) coat, layer; **brat
deataigh** smoke screen; **brat ózóin**
ozone layer; **brat urláir** carpet

bratach nf2 banner, flag

brataíl vi (sail, flag) flap

brath see **braith**

bráth nm3: **Lá an Bhrátha** Day of
Judgement

brathadóir nm3 (police) informer;
(device) detector

bráthair (gs bráthar, pl bráithre) nm
(REL) brother; friar; fellow man

bratlong nf2 flagship

bratóg nf2 rag; (of snow) flake

bratógach adj (clothes) ragged

breá (gsm ~, gsf, pl, compar ~tha) adj
excellent; grand; magnificent;
(weather) fine; **lá breá** fine day;
fear breá sound man; **breá mór**
good and large; **ba bhreá liom dul**
I'd love to go; **is breá liom seacláid**
I love chocolate; **tá sé go breá
anois** he's or it's fine now

breab nf2 (pl ~anna) bribe ♦ vt
bribe

breabaireacht nf3 bribery

breabhsánta adj sprightly; spruce

breac[1] nm1 trout; fish

breac[2] vt jot down; log ♦ adj
speckled; tortoiseshell; (weather,
work) reasonable; **breac le** rife
with, dotted with; **rud a
bhreacadh síos** to jot sth down

breac- prefix (interest) mild; semi-

breacadh nm1 scribbling; (of colour)
lightening; (of weather) clearing; **le
breacadh an lae** at daybreak

breacán n gen as adj tartan

breacán nm1 plaid, tartan

Breac-Ghaeltacht nf3 areas of the
Gaeltacht where Irish and English are
spoken

bréad nm1 braid

bréag nf2 deception; lie; **gréasán
bréag** a web of deceit; **bréag a
insint** to (tell a) lie; **ainm bréige**
false name; **deora bréige** crocodile
tears

bréag- prefix dummy, pseudo-

bréagach adj bogus, false, phoney,
spurious

bréagadóir nm3 liar

bréagadóireacht nf3 lying, deceit

bréagán nm1 toy; (woman) doll

bréagéide *nf4* fancy dress

bréagfholt *nm1* wig, toupee

bréagnaigh *vt* rebut, repudiate

bréagnaitheach *adj* conflicting, contradictory

bréagríocht (*gs* bréagreachta) *nm3* disguise

breall *nf2* blubber lip; blemish; **tá breall ort** you are (badly) mistaken

breallán *nm1* fool, blunderer

brealsún *nm1* fool, idiot

bréan *adj* smelly, foul; rancid; rank; **anáil bhréan** foul breath; **tá boladh bréan** as it smells (terrible); **bheith bréan de rud** to be tired of sth

bréantas *nm1* stench, stink; squalor

Breatain *nf2*: **An Bhreatain (Mhór)** (Great) Britain; **An Bhreatain Bheag** Wales

breátha *see* **breá**

breáthacht *nf3* excellence; beauty; glory

breathnaigh *vt, vi* view; (*case etc*) examine; **breathnaigh ar** eye, look at; **breathnaigh thart** look round

breathnóir *nm3* spectator; (*TV*) viewer

breathnóireacht *nf3* (*watching*) observation

Breatnach *adj* Welsh ♦ *nm1* Welsh, Welshman; **Breatnach mná** Welshwoman

Breatnais *nf2* (*LING*) Welsh

breicne *nf4* freckle

breicneach *adj* freckled

bréid *nm4* (*pl* ~eanna) bandage; canvas; cloth; **bréid a chur ar chneá** to bandage a wound

bréidín *nm4* tweed

bréige *nf4* falseness ♦ *n gen as adj* false, fake; mock, sham

breis (*pl* ~eanna) *nf2* addition, extra; increase; (*on salary*) increment; **breis agus 200 upward(s) of 200; breis a chur le**

rud to supplement sth; (*salary*) to top sth up; **lá breise** extra day; **am breise** (*SPORT*) extra time; **breis agus** over, more than

breischéim (*pl* ~eanna) *nf2* (*LING*) comparative degree

breise *n gen as adj* extra, additional, further; spare; **roth breise** spare wheel

breiseán *nm1* additive

breith[1] *vn of* **beir**; **ní raibh ann ach breith nó fág** it was do or die

breith[2] (*pl* ~eanna) *nf2* (*LAW*) sentence; verdict; **breith an bháis** the death sentence; **breith a thabhairt ar chás** (*LAW*) to judge a case

breith[3] (*pl* ~eanna) *nf2* birth; **lá breithe** (*sona*) (happy) birthday

breitheamh (*pl* breithiúna) *nm1* (*LAW*) judge

breitheanna *see* **breith**[2, 3]

breithiúnas *nm1* judg(e)ment, verdict; **fágfaidh mé ar do bhreithiúnas féin é** I shall leave it up to you to decide; **breithiúnas aithrí** (*REL*) penance

breithlá *nm* birthday

breithmheas *nm1* appraisal

breochloch *nf2* flint

breoite *adj* ill, sick, laid up

breoiteacht *nf3* illness, sickness

breoitiúil *adj* (*health*) delicate, sickly

breosla *nm4* fuel

brí (*pl* ~onna) *nf4* strength, energy; force; significance, sense, meaning; **brí ruda a thuiscint** to understand the meaning of sth; **bheith in ísle brí** to be run down; **de bhrí go** because; **dá bhrí sin** therefore

briathar (*pl* briathra) *nm1* (*LING*) verb; word; **an Briathar** (*REL*) the Word; **dar mo bhriathar** upon my word

briathartha adj (LING) verbal

bríce nm4 brick

bríceadóir nm3 bricklayer

bricfeasta nm4 breakfast

bricín¹ nm4 freckle

bricín² nm4 minnow

bricíneach adj freckled

brídeach nf2 bride

brilléis nf2 gibberish

brillín nm4 clitoris

briocht nm3 charm; amulet; spell

briogáid nf2 brigade; **briogáid dóiteáin** fire brigade

briogún nm1 skewer

bríomhar adj dynamic; snappy; vigorous

brionglóid nf2 dream

brionglóideach nf2 dreaming; **bheith ag brionglóideach ar rud** to dream of sth

bríonna see **brí**

brionnaigh vt forge, counterfeit

brionnú nm forgery

briosc adj breakable, brittle; crisp

briosca nm4 biscuit

brioscán nm1 (potato) crisp

brioscarán nm1 shortbread

briotach adj lisping

Briotáin nf2: **An Bhriotáin** Brittany

Briotanach adj British ♦ nm1 Briton

Briotánach adj, nm1 Breton

bris vt (also promise) break; smash; (ship) wreck; (cheque) cash; (person) dismiss, pay off; (fig) upset, shatter ♦ nf2 loss; **ní maith liom do bhris** I'm sorry for your trouble; **bris isteach** barge in; (burglar) break in; **briseadh as a phost é** he got the sack; **do chos a bhriseadh** to break one's leg; **do shláinte a bhriseadh** to ruin one's health; **do fhocal a bhriseadh** to break one's word; **seic a bhriseadh** to cash a cheque; **bhris ar m'fhoighne** I lost my patience; **briseadh isteach ar chuid cainte duine** to interrupt sb

briseadh (gs briste, pl bristeacha) nm battle; disruption; defeat; breakage; fracture; (money) (loose) change; dismissal, sacking; **bristeacha** mpl (in sea) breakers

briste adj broken; broke; (from job) dismissed; (army) defeated; **tá a croí briste** she is heartbroken; **briste brúite** battered; **Gaeilge bhriste** broken Irish; see also **briseadh**

bríste nm4 (pair of) trousers, pants (us); **bríste deinim** denims; **bríste géine** jeans; **bríste snámha** swimming trunks; **má tá sé i do bhríste** (inf) if you've got the guts

bristeacha see **briseadh**

brístín nm4 panties; pants

bró nf4 (also pl) millstone

brobh nm1 (of grass) blade, wisp

broc nm1 badger; junk; refuse

brocach¹ adj (place) filthy; (talk) dirty

brocach² nf2 burrow

brocailí nm4 broccoli

brocaire nm4 terrier

brocais nf2 filthy place

brocamas nm1 dirt; refuse

bród nm1 pride; **tá bród orm as** I'm proud of it; **ceileann bród bochtaineacht** pride conceals poverty

bródúil adj proud, stuck-up

bróg nf2 shoe; **bróga gleacaíochta** gym shoes; **bróga móra** boots; **bróga peile** football boots; **bróga siúil** walking shoes; **bróga sneachta** snowshoes; **bróga traenála** trainers

broghach adj dirty

broic vt: **~ (le) rud** to tolerate sth

bróicéir nm3 broker

bróid¹ nf2 distress; (COMM, sudden demand) rush; **bheith i mbroid** to be on tenterhooks; **broid oibre** rush of work

broid[2] vt goad; nudge

broideadh (gs broidte) nm (FISHING) bite; **broideadh coinsiasa** a twinge of conscience

broidearnach nf2 throbbing

broidiúil adj busy, under pressure

bróidnéireacht nf3 embroidery

bróidnigh vt embroider

broim nm3 (pl bromanna) fart ♦ vi fart; **broim a ligean le broim** le broim to be crazy

broincíteas nm1 bronchitis

broinn (pl ~te) nf2 (ANAT) womb; (NAUT) hold; **rud a bheith as broinn leat** to be born with sth; **galar broinne** congenital disease

bróisiúr nm1 brochure

bróiste nm4 broach

brollach nm1 breast, bosom

bromach nm1 colt

brón nm1 grief; sadness; **tá brón uirthi** she is sad

brónach adj sad, poignant

bronn vt donate; bestow; (SCOL, degree) confer

bronnadh (gs bronnta, pl bronntaí) nm presentation; bestowal; **bronnadh céime** graduation; **bronnadh duaiseanna** prize-giving

bronntanas nm1 gift, present

brosna nm4 firewood

brostaigh vt, vi hurry, rush; **brostaigh ort!** hurry up!

brothall nm1 (of day) (intense) heat

brothallach adj close, sultry; sweltering

brú[1] nm4 crush; (MED) bruise; pressure; push; **brú fola** blood pressure; **brú boinn** tyre pressure; **bheith faoi bhrú** to be under pressure

brú[2] nm1 hostel; **Brú Óige** Youth Hostel

bruach nm1 (of river, lake) bank; shore; side; **bruach abhann** riverbank; **cur thar bruach** (river

etc) to overflow

bruachbhaile (pl bruachbhailte) nm4 suburb

bruachshoilse nmpl1 footlights

brúcht (pl ~anna) nm3 belch; eruption ♦ vi belch; erupt; **brúchtanna** emissions; **brúchtadh aníos** to well up

brúghrúpa nm4 (POL) lobby, pressure group

brúidiúil adj brutal

brúidiúlacht nf3 brutality

brúigh vt press; push; crush; bruise; mash; (pram etc) wheel ♦ vi jam; **brúigh faoi** (yawn) suppress; **brúigh i leataobh** push aside; **brúigh isteach ar** (on territory) muscle in on; **cnaipe a bhrú** to press a button; **bheith ag brú romhat** (in crowd) to push and shove; **prátaí a bhrú** to mash potatoes

bruíon (pl ~ta) nf2 fight, scrap; quarrel

bruíonach adj quarrelsome

bruite adj boiled; cooked; (person) roasted; burned

brúite adj (potatoes) mashed; crushed; (heart) sad

bruith vt, vi bake; burn; boil

brúitín nm4 mashed potatoes; **brúitín a dhéanamh de rud** to crush or pulp sth

bruitíneach nf2 measles; **bruitíneach dhearg** German measles

brúmhéadar nm1 pressure gauge

brus nm1 shattered pieces; remains; **brus a dhéanamh de rud** to break sth to bits

bruscar nm1 rubbish, waste, garbage (US); litter; **bruscar tí** household waste

bruth nm3 heat; (MED) rash; **bruth goiríní** a rash of pimples

bruthaire nm4 cooker

bú *nm4* hyacinth

bua (*pl* **~nna**) *nm4* victory, triumph; talent; virtue, special quality; **bua a bhreith (ar)** to triumph (over); **an bua a fháil (i gcluiche)** to win (a game); **bua an cheoil a bheith agat** to have a talent for music; **de bhua** (+ *gen*) by virtue (of)

buabhall *nm1* buffalo; bugle

buacach *adj* (*person*) cheerful, chirpy

buacaire *nm4* tap, faucet (*us*)

buach *adj* winning, victorious

buachaill *nm3* boy, lad; boyfriend; (*shop*) assistant; **buachaill bó** cowboy; **buachaill báire** playboy

buachan *vb see* **buaigh**

buaf *nf2* toad

buafhocal *nm1* epithet; punchline

buaic *nf2* climax; (*fig: of event*) highlight; (*highest level*) peak

buaigh (*vn* **buachan**) *vt, vi* win; **buaigh ar** defeat, conquer; prevail

buail (*vn* **bualadh**) *vt, vi* hit, strike; beat; bump; defeat; (*AGR*) thresh; (*coins*) mint; (*bell*) ring; toll; (*clock*) strike; (*eggs*) whip; **do chos a bhualadh** to stamp one's foot; **bualadh in éadan** + *gen* to collide with, run into; **bualadh amach ar feadh nóiméid** to pop out for a minute; **buail isteach** (*COMPUT*) key in; (*visit*) pop in; **bualadh le duine** to meet sb; **ceol a bhualadh** to play music; **tá mé buailte** I'm beat *or* shattered; **duine a bhualadh** to hit sb; **bhuail smaoineamh mé go ...** it occurred to me that ...; **buail ar an doras** knock on the door; **craiceann a bhualadh** (*le duine*) to have sex (with sb); **buailte** *ar* adjoining; **buail fút ansin** sit (yourself) down there; **buail cic air** give it a kick

buaile (*pl* **buailte**) *nf4*: **níl an dara suí sa mbuaile agat** you've no

alternative

buaileam *nm4*: **~ sciath** show-off; bravado

buailte *adj* defeated; exhausted; *see also* **bualadh**

buailteoir *nm3* beater

buaine *nf4* permanence

buair (*vn* **~eamh**) *vt, vi* annoy; worry, trouble; **tá mé buartha faoi** I'm sorry/worried about it; **ná bí buartha** don't worry

buaircín *nm4* pine cone

buairt (*gs* **buartha**, *pl* **buarthaí**) *f3* bother; care; sorrow; worry; **buairt an tsaoil** the worries of life; **duine gan bhuairt** carefree person; **tá sé ag déanamh buartha de** it's worrying her

buaiteach *adj* (*ticket*) winning

buaiteoir *nm3* victor, winner

bualadh (*gs, pl* **buailte**) *nm* beating; pulse; (*of door, window*) rattle; **bualadh bos** (round of) applause; *see also* **buail**

bualtrach *nf2* cow dung

buama *nm4* bomb; **buama adamhach** atomic bomb

buamáil *vt* bomb ♦ *nf3* bombing

buan *adj* lasting, permanent; chronic

buan- *prefix* permanent, standing

buanaí *nm4* reaper

buanfas *nm1* durability

buanfasach *adj* hard-wearing, durable

buanna *see* **bua**

buannaíocht *nf3* presumption; **buannaíocht a dhéanamh ar dhuine** to be an imposition on sb

buannúil *adj* presumptuous

buanordú *nm* standing order

buanseasmhach *adj* reliable; steadfast

buanseasmhacht *nf3* perseverance

buantonn *nf2* (*hairstyle*) perm

buartha¹ *adj* disturbing; sorry;

(person) troubled, worried

buartha², **buarthaí** see **buairt**

buatais nf2 boot; **buataisí rubair** wellingtons, rubber boots

búcla nm4 buckle

búcláil vt buckle

Búdaí nm4 Buddhist

Búdaíoch adj Buddhist

budragár nm1 budgerigar

buí¹ nm4, adj yellow; **Fear Buí** (POL: inf) Orangeman

buí² nm: **is ~ le bocht an beagán** beggars can't be choosers

buicéad nm1 bucket

buidéal nm1 bottle

buidéalaigh vt bottle

búigh (vn búgha) vt, vi tan

buile nf4 outrage, fury; frenzy; **dul ar buile** to go mad; **bheith ar buile le duine** to be furious with sb; **fear buile** madman

builín nm4 loaf

buille nm4 blow; hit; strike; pulse; (of engine) stroke; **buille faoi thuairim** guess; **buille na tubaiste!** the last straw!; **buille luath/mall a little early/late**; **buille scoir** (BOXING) knockout; **ar bhuille a trí** on the stroke of three

buillean nm1 bullion

buime nf4 nanny, nurse

buimpéis nf2 (shoe) pump

buinneach nf2 diarrhoea

buinneán¹ nm1 shoot; sapling

buinneán² nm1 bunion

búiocán nm1 yolk; primrose

buíoch adj grateful; **buíoch (as)** thankful (for)

buíochan see **búigh**

buíochán nm1 jaundice

buíochas nm1 acknowledgement; gratitude, thanks; **buíochas a ghabháil le duine (as)** to thank sb (for); **buíochas le Dia!** thank God!; **níl a bhuíochas ort!** (answer for thanks) don't mention it!; **gan**

buíochas do in spite of; **dá mhíle buíochas** despite all his efforts

buíon (pl ~ta) nf2 band; (of workmen) gang; **buíon cheoil** (MUS) band

búir vi roar ♦ nf2 (pl ~eanna) (of animal) call; roar

búireach nf2 bellowing

buirg nf2 borough

buirgléir nm3 burglar

buirgléireacht nf3 burglary

buiséad nm1, vt, vi budget

búiste nm4 (CULIN) stuffing; poultice; bulge

búistéir nm3 butcher

búit nm4 (of car) boot, trunk

buitléir nm3 butler

bulaí nm4 bully; **bulaí fir!** good man!

bulc nm1 bulk; cargo; (on ship) hold

Bulgáir nf2: **An Bhulgáir** Bulgaria

Bulgáiris nf2 (LING) Bulgarian

Bulgárach adh, nm1 Bulgarian

bulla¹ nm4 buoy

bulla² nm4 (REL, FIN) bull

bullán nm1 bullock

bultúr nm1 vulture

bumbóg nf2 bumble bee

bun (pl ~anna) nm1 base; basis; (of container, sea etc) bottom; **ag bun + gen** at the bottom of; **titim i mbun do chos** (person) to collapse; **scoil a chur ar bun** to found a school; **dul i mbun oibre** to set to work; **suí i mbun duine** to take advantage of sb; **bun agus barr** the ins and outs; **céard atá ar bun agat?** what are you doing?; **bun toitín** cigarette butt; **bheith i mbun do mhéide** to be fully grown; **níl bun ná barr air** it has neither rhyme nor reason; **fanacht i mbun duine** to remain in sb's company; **tá bun ar an aimsir** the weather has settled

bun- prefix basic; raw; (school,

education) elementary

bunachar *nm1* base, foundation; **bunachar sonraí** (COMPUT) database

bunadh *nm* people; inhabitants; **bunadh an tí** the household; **bunadh na háite** the locals

bunaidh *n gen as adj* basic, fundamental; original; first-hand

bunaigh *vt* establish, found, institute, set (up), start

bunaíoch *adj* (BIOL) primitive

bunáit (*pl* ~**eanna**) *nf2* (MIL) base, installation

bunaitheoir *nm3* founder

bunanna *see* **bun**

bunchiall *nf2* primary meaning

bunchóip *nf2* (*book, picture*) original

bunchúis *nf2* motive; root cause

bundath *nm3* primary colour

bundún *nm1* (*of person*) backside, ass; silly talk

buneolas *nm1* (*in education*) basic knowledge, grounding

bungaló (*pl* ~**nna**) *nm4* bungalow

bunóc *nf2* infant

bunoideachas *nm1* primary education

bunoscionn *adj* upside-down, disorderly; (*things, facts*) confused

bunreacht *nm3* constitution

bunreachtúil *adj* constitutional

bunriachtanas *nm1* bare necessity; specification

bunscoil (*pl* ~**eanna**) *nf2* primary school, grade school (US)

bunsmaoineamh *nm1* (*of theory etc*) original idea, basic idea

buntáiste *nm4* (*also* TENNIS) advantage; (GOLF) handicap; **buntáiste a bhreith ar dhuine** to take advantage of sb

buntáisteach *adj* advantageous

buntoisí *nmpl4* (*fig*) vital statistics

buntuarastal *nm1* basic salary

buntús *nm1* rudiments, basics

bunú *nm* foundation, settling up

bunúdar *nm1* (*fig*) root, cause

bunús *nm1* basis, origin; most; **bhí a mbunús ann** most of them were there; **is Ciarraíoch ó bhunús é** he's originally from Kerry; **scéal gan bhunús** a story without foundation; **bunús an ama** most of the time

bunúsach *adj* basic, essential, elementary; grass-roots

burla *nm4* bundle; (*of banknotes etc*) roll, wad

burláil *vt* bundle; (AGR) bale

bus (*pl* ~**anna**) *nm4* bus; **bus dhá urlár** double-decker

busáras *nm1* bus station

busta *nm4* (ART) bust

C

cá *interr adj, pron, adv*, what; how; however; where, whereabouts; **cá haois é?** what age is he?; **cá fhad atá sé go ...?** how far is it to ...?; **cá fhad atá an cúrsa?** how long is the course?; **cá mhinice a théann tú?** how often do you go?; **cá mhéad + *nom sg*** how many?; **cá mhéad + *gen*** how much?; **cá bhfuil sé** where is he?; **cá huair** when; **cárb as duit?** where do you come from?

cab¹ (*pl* ~**anna**) *nm4* (*pej*) mouth; (*of animal*) muzzle

cab² = **cábán**

cába *nm4* (*garment*) cape; collar

cabaire *nm4* (*person*) gab

cabaireacht *nf3* chatter; chatting; **bheith ag cabaireacht** to chatter

cabáiste *nm4* cabbage

cábán *nm1* cabin; (*of lorry*) cab; **cábán píolóta** cockpit

cabanta *adj* glib; loquacious

cabaret *nm4* cabaret

cabhail (*gs* **cabhlach**, *pl* **cabhlacha**) *nf* body; (*of person*) trunk; (*of ship*) hull

cabhair (*gs* **cabhrach**) *nf* help; **cabhair airgid** subsidy

Cabhán *nm1*: **An ~** Cavan

cabhlach *nm1* navy; fleet; **cabhlach trádála** merchant navy; *see also* **cabhail**

cabhraigh *vi* help ♦ *vt*: **~ le** help, assist

cabhsa *nm4* lane, path

cábla *nm4* cable

cábóg *nf2* rustic; clodhopper; clown

cábógach *adj* uncouth

cac (*pl* **~anna**) *nm3* excrement, shit; droppings

cáca *nm4* cake; **cácaí milse** pastries

cacamas *nm1* nonsense

cácas *nm4* caucus

cách *nm4* everyone, everybody

cachtas *nm1* cactus

cad *interr pron* what; how; why; **cad chuige?** why?, what for?; **cad (é)?!** what?!; **cad é mar** how; **cad é mar atá tú** how are you?

cadás *nm1* cotton

cadhnaíocht *nf3*: **bheith ar thús ~a** to lead the way; to be in the vanguard

cadhnra *nm4* battery

cadóg *nf2* haddock; **cadóg dheataithe** smoked haddock

cadráil *nf3* gossip

cadránta *adj* stubborn

Caerdydd *nm4* Cardiff

cág *nm1* jackdaw

cagúl *nm1* cagoule

caibhéad *nm1* (*in room*) recess

caibheár *nm1* caviar(e)

caibidil (*gs* **caibidle**, *pl* **caibidlí**) *nf2* chapter, debate, discussion; **faoi chaibidil** under discussion, being discussed

caibinéad *nm1* cabinet; **caibinéad**

comhad filing cabinet; **caibinéad taispeántais** display cabinet

caicí *nm4* khaki

caid (*pl* **~eanna**) *nf2* football

caidéal *nm1* pump; **caidéal peitril** petrol pump

caidéalaigh *vt* pump

caidéis *nf2* inquisitiveness; **caidéis a fháil de** to pass remarks on

caidéiseach *adj* inquisitive

cáideach *adj* dirty; messy; filthy

caidhp (*pl* **~eanna**) *nf2* cap; bonnet

caidhséar *nm1* channel

caidreamh *nm1* (*with people*) association; relationship; liaison; **caidreamh a dhéanamh le duine** to associate with sb; **caidreamh poiblí** public relations; **caidreamh collaí** (*LAW*) sexual intercourse; **oíche chaidrimh** social evening

caife *nm4* coffee; café; coffee bar; **caife bán** white coffee; **caife lucht iompair** transport café

caifelann *nf2* cafeteria

caifirín *nm4* headscarf

caifitéire *nm4* cafeteria

caighdeán *nm1* standard; **caighdeán maireachtála** standard of living; living standards; **caighdeáin (moral)** standards

caighdeánach *adj* standard

caighdeánaigh *vt* standardize

cáil (*pl* **~eanna**) *nf2* fame, renown; reputation; quality; **sa cháil sin** in that respect

cailc *nf2* chalk; (*inf*) limit

cailciam *nm4* calcium

cáiligh *vt, vi* qualify

cailín *nm4* girl; girlfriend; **cailín aimsire** maid, chambermaid; **au pair (girl)**; **cailín coimhdeachta** bridesmaid; **cailín donn** brunette; **cailín freastail** waitress; **cailín óg** bride

cáilíocht *nf3* quality, attribute; disposition; (*degree etc*) qualification

cailís nf2 chalice

cáilithe adj qualified

cáiliúil adj famous; celebrated; renowned

caill nf2 (pl **~eanna**) loss ◆ vt lose; miss, miss out; shed; make a loss; **níl caill air** it's not bad; **do phost a chailleadh** to be made redundant; **an scéimh a chailleadh** to grow ugly; **meáchan a chailleadh** to lose weight

caille nf4 veil

cailleach nf2 witch; hag; **cailleach feasa** fortune teller; **cailleach na luatha** couch potato

cailliúnaí nm4 loser, spendthrift

caillte adj lost; perished

cailmín nm4 calamine

caimiléir nm3 crook, rogue

caimiléireacht nf3 dishonesty, crookedness; cheating; fiddle

caimseog nf2 fib

cáin (gs **cánach**, pl **cánacha**) nf tax; (LAW) fine, penalty ◆ vt, vi fine; criticize; condemn; censure; **cáin san áireamh** inclusive of tax; **cáin a ghearradh ar** to tax; **cáin bhreisluacha** value added tax; **cáin fhoirne** service charge; **cáin ioncaim** income tax; **saor ó cháin** tax-free

cáinaisnéis nf2 (POL) budget

cáineadh (gs **cáinte**) nm condemnation

cainéal nm1 cinnamon

caingean (gs, pl **caingne**) nf2 dispute

cainneann nf2 leek

cainneon nm1 canyon

cainníocht nf3 quantity; **cainníocht éigríochta** infinite quantity; **cainníocht anaithnid** unknown quantity

caint (pl **~eanna**) nf2 speech; talk;

language; address, discourse; **rud a chur i gcaint** to express sth; **leagan cainte** mode of expression; **mórán cainte ar bheagán cúise** much ado about nothing; **caint a chur ar** to accost, address; **bheith ag caint seafóide** to talk a load of rubbish; **cruinnigh do chuid cainte** come to the point!; **cead cainte a fháil** to have one's say; **droch-chaint** bad language

cainte n gen as adj (SCOL, exam etc) oral

cainteach adj talkative

cáinteach adj disparaging; reproachful

cainteanna see **caint**

cainteoir nm3 speaker; **cainteoir dúchais (Fraince)** a native speaker (of French)

cáinteoir nm3 fault finder

caintic nf2 canticle

caíonna see **caoi**

cáipéis nf2 document

cáipéiseach adj documentary

caipín nm4 cap; **caipín glúine** kneecap; **caipín súile** eyelid; **caipín snámha** swimming cap

caipiteal nm1 (money) capital

caipitleachas nm1 capitalism

caipitlí nm4 capitalist

caipitlíoch adj capitalist

cairde nm4 respite; (COMM) credit; **ar cairde** on credit; **gan chairde** at short notice; see also **cara**

cairdeagan nm1 cardigan

cairdeas nm1 friendship; **cairdeas a athsnaidhmeadh** to make friends, make up

cairdiach adj cardiac

cairdín nm4 accordion

cairdinéal nm1 cardinal

cairdiúil adj friendly; (computer etc) user-friendly

cairéad nm1 carrot

cairéal nm1 (for stone) quarry

cáiréis nf2 care

cáiréiseach adj fastidious; careful; tactful, diplomatic

Cairib nf4: **Muir Chairib** Caribbean Sea

Cairibeach adj Caribbean

cairt[1] (pl ~eacha) nf2 cart

cairt[2] (pl ~eacha) nf2 (NAUT) map, chart; parchment

cairtchlár nm1 cardboard; **bosca cairtchláir** cardboard box

cairteacha see **cairt**[1, 2]

cairtfhostaigh vt (plane, boat) charter

cáis (pl ~eanna) nf2 cheese

Cáisc nf3 Easter; **Cáisc na nGiúdach** Passover

caiscín nm4 wholemeal; wholemeal bread; **tá mo chaiscín meilte** I'm done for

caiséad nm1 cassette

caiseal nm1 stone fort; (CHESS) rook; (toy) (spinning) top

caisealta adj walled

caisearbhán nm1 dandelion

caisirnín nm4 (in wire, flex etc) kink; twist

caisleán nm1 castle; **caisleán gainimh** sandcastle

caismír nf2 cashmere

caismirt nf2 commotion; disorder; conflict; fray

caisne nm4 (of wood) chip

caite adj worn; past; spent, exhausted, consumed; **an tseachtain seo caite** last week; **tá an léas caite** the lease has run out; **tá an t-airgead caite** the money is spent

caiteachas nm1 expenditure

caiteoir nm3 consumer; spender; wearer; **caiteoir tobac** smoker

caith[1] vt, vi wear; (money, time) spend; throw, cast; (bullet) fire; **súil a chaitheamh ar** to glance at;

póg a chaitheamh (chuig duine) to blow (sb) a kiss; **tobac a chaitheamh** to smoke; **an oíche a chaitheamh** to stay or spend the night; **caith aníos** throw up; **caith ar** afflict; **caith ar leataobh** throw away; **caith i gcártaí** (fig) scrap; **caith le** treat; accuse of; **caith i ndiaidh** + gen hanker after; **caith anuas ar** speak ill of; **caith amach** chuck out; **"ná caitear tobac"** "no smoking"; **ní féidir liom caitheamh?** may I smoke?; **bheith ag caitheamh drugaí** to be on drugs

caith[2] aux vb (obligation, necessity): **~fidh tú é a dhéanamh** you've got to do it; **caithfidh mé scéala a chur chuig na póilíní** I've got to notify the police; **caithfidh tú gan a rá léi** you mustn't tell her; **caithfimid teacht leis** we'll have to make do with it; **caithfidh sé go bhfuil sé ann faoi seo** he must be there by now; **chaithfeá ceist a chur ar dtús** you would have to ask first

cáitheadh (gs cáite) nm (from sea) spray

caitheamh nm1 throw; spending; consumption; (use) wear; **le caitheamh na haimsire** with the passing of time

caithfidh see **caith**[2]

caithis nf2 charm, attraction; fondness

caithiseach adj delicious

cáithne nm4 particle, flake

cáithnín nm4 fleck, particle, small flake; speck; mote; **tháinig cáithníní ar mo chraiceann** my flesh began to creep; **cáithnín sneachta** snowflake

caithréimeach adj triumphant

Caitliceach adj nm1 Catholic; **Caitliceach Rómhánach** Roman

Catholic

Caitliceachas *nm1* Catholicism

cál *nm1* cabbage; **cál faiche** nettles

caladh (*pl* **calaí**) *nm1* harbour

calafort *nm1* port, harbour

calaois *nf2* fraud, swindle; deceit; (SPORT) foul; **calaois a dhéanamh ar dhuine** to defraud sb; to short-change sb; (SPORT) to foul sb

calaoiseach *adj* underhand(ed); deceitful; dishonest; fraudulent

calc *vt* (*pipe*) choke; (*hole*) plug

calcadh *nm* (*on wages*) freeze

call *nm4* need

callaí *nmpl4* finery

callaire *nm4* (*person*) loud talker; (*appliance*) loudspeaker, megaphone

callán *nm1* noise, racket, row; **callán a thógáil** to create a noise, cause a disturbance

callánach *adj* noisy, loud; rowdy

calm *nm1* calm

calma *adj* brave, stalwart, stout

calmacht *nf3* bravery

calóg *nf2* flake; **calóga arbhair** cornflakes; **calóg shneachta** snowflake

calra *nm4* calorie

cálslá *nm4* coleslaw

cam *adj* bent, crooked; dishonest

camall *nm1* camel

camán[1] *nm1* (SPORT) hurling stick; (MUS) quaver; **idir chamáin** at issue

camán[2] *nm1*: **~ meall** camomile

camas *nm1* cove, river bend

camastaíl *nf3* deceit; swindle; fraud

cambheartaí *nm4* racketeer

cambheartaíocht *nf3* racketeering

Cambóid *nf2*: **An Chambóid** Cambodia

cambús *nm1* commotion

camchosach *adj* bandy-legged

camhaoir *nf2* dawn, daybreak

camóg *nf2* comma; (SPORT) camogie stick

camógaíocht *nf3* camogie

campa *nm4* camp; **campa saoire** holiday camp; **campa géibhinn** concentration camp

campáil *vi* camp; **dul ag campáil** to go camping

campálaí *nm4* camper

campas *nm1* campus

can *vt, vi* speak; sing

cána *nm4* cane; **cána siúcra** sugar cane

cánach, cánacha *see* **cáin**

cánachas *nm1* (*of tax etc*) imposition; taxation

canáil *nf3* canal

canáraí *nm4* canary

canbhás *nm1* canvas

canbhasáil *vt, vi*: **~ (ar son)** canvass (for)

cancrán *nm1* (*person*) crank

candaí *nm4* candy; **candaí cadáis** candy floss, cotton candy (US)

cangarú *nm4* kangaroo

canna *nm4* can; tin (*can*); **canna peitril** petrol can; **bheith ar na cannaí** to be pissed

cannabas *nm1* cannabis

cannaigh *vt* can

canóin (*pl* **canónacha**) *nf3* cannon; (REL, MUS) canon

canónach *nm1* (*clergyman*) canon

canta *nm4* (*of bread etc*) chunk; (*of cake*) wedge, slice

cantaireacht *nf3* chant(ing)

cantalach *adj* grumpy; petulant; peevish

cantaoir *nf2* press; (MED) splints

canú (*pl* **~nna**) *nm4* canoe

canúint (*gs* **canúna**) *nf3* dialect; vernacular; accent; **canúint a chur ar rud** to express sth in words

caoch *nm1* (*pl* **~a**) blind person ♦ *adj* (*gsm* **~**) blind; (*cupboard, oven*) built-in; (*cartridge*) blank ♦ *vt* blind; dazzle ♦ *vi* blink; wink; **bheith caoch ar rud** to be blind to sth

caochadh (gs **caochta**) nm wink

caochaíl nf3 (in pipe etc) blockage

caochán nm1 (animal, fig) mole

caochóg nf2 cubbyhole; **caochóg na cóisire** (fig) wallflower

caochspota nm4 (AUT etc) blind spot

caoga (gs ~d, pl ~idí, ds, pl with num ~id) num, nm fifty

caogadú num, adj, nm4 fiftieth

caoi (pl **caíonna**) nf4 way; manner; means; opportunity; condition; **tá caoi mhaith air** it is in good condition; **i gcaoi go** so that; **ar chaoi éigin** somehow; **caoi a chur ar rud** to fix sth, repair sth; to tidy sth up

caoilteamán nm1 thin person

caoin adj gentle, refined; pleasant; delicate; kind; soft ♦ vi, vt lament, mourn; weep, cry

caoineadh (gs, pl **caointe**) nm lament; elegy

caointeach adj plaintive; mournful

caoireoil nf3 mutton

caoirigh see **caora**

caoithiúil adj convenient

caoithiúlacht nf3 convenience

caol adj thin; lean, slender; (insight etc) subtle; tenuous; narrow ♦ nm1 (pl ~ta): ~ **na láimhe** wrist; **caol na sróine** bridge of the nose; **caol na coise** ankle; **caol an droma** small of the back; **bhí ceangal na gcúig gcaol air** he was bound hand and foot

caolaigeanta adj narrow-minded

caolaigh vt, vi narrow; dilute; (LING) palatalize; **caolaigh ar** whittle away; reduce

caolas nm1 bottleneck; (GEOG) sound; strait

caolchúiseach adj subtle

caolghlórach adj shrill

caolsráid (pl ~eanna) nf2 alley

caolta see **caol**

caomh adj gentle

caomhnaigh vt preserve, keep safe; protect, guard

caomhnóir nm3 patron, protector; (of minor) guardian

caomhnú nm conservation; protection, preservation; **dul ar do chaomhnú** to take refuge in

caonach nm1 moss; **caonach móna** peat moss

caor nf2 berry; **caor fíniúna** grape; **caor thine** thunderbolt; meteor, fireball; **caor thine ort!** damn you!

caora (gs, gpl ~ch, pl **caoirigh**) nf sheep; ewe

caorán nm1 bog

caoróg nf2 (also: ~ **léana**: BOT) pink

capall nm1 horse; mare; **ar mhuin capaill** on horseback; **capall rása/luascáin** racehorse/rocking horse; **capall maide** vaulting horse, wooden horse; hobby-horse

capsúl nm1 capsule

captaen nm1 captain; skipper

cár nm1 (set of) teeth; grimace; see also **cá**

cara (gs, gpl ~d, pl **cairde**) nm friend; buddy; **cara Críost** godparent; **a Chara** Dear Sir/Madam

caracatúr nm1 caricature

carachtar nm1 character

carad see **cara**

caraf nm4 carafe

caramal nm1 caramel

carat nm1 carat

cárb see **cá**

carbad nm1 chariot

carbaihiodráit nf2 carbohydrate

carball nm1 roof of the mouth; (hard) palate; (of mouth) gum

carbán nm1 carp

carbhán nm1 caravan, trailer (US)

carbhat nm1 tie; cravat; scarf; necktie; **carbhat cuachóige** bow tie

carbón nm1 carbon

carbradóir nm3 carburettor

carcair (gs **carcrach**, pl **carcracha**) nf jail, prison

cargáil nf3 jostling; **cargáil a thabhairt do dhuine** to manhandle sb

Carghas nm1: **An ~** Lent; **rinne mé an Carghas ar an ól** I abstained from drinking during Lent

carn nm1 heap; mound; stack, pile; (ARCHIT) cairn ♦ vt, vi heap (up), pile (up); save; mount (up), stack (up); **carn fuillígh** dump; **carn aoiligh** dunghill; **carn slaige** slag heap; **airgead a charnadh** to make piles of money; **ar an gcarn aoiligh** on the scrapheap

carnabhal nm1 carnival; funfair

carnán nm1 (of earth) bank; (of money) kitty

carr (pl **~anna**) nm1 car; **carr cábla** cable car; **carr campála** (vehicle) camper; **carr péas/rása/spóirt** police/racing/sports car; **carr sleamhnáin** sledge, sleigh; bobsleigh; **i gcarr** or **sa charr** by car

carrach adj scabby, mangy; (hill) rocky

carrachán nm1 (person) scab

carraig (pl **~eacha**) nf2 rock, boulder

carráiste nm4 carriage; **carráiste caite tobac** (RAIL) smoker

carrchlós nm1 car park, parking lot (US)

carrghlanadh (gs **carrghlanta**) nm car wash

carria nm4 deer, stag

carróstlann nf2 motel

cársánach adj wheezy

cart vt, vi scrape clean; clear out; (boat) discharge; (current) sweep away; (leather) tan

cárt nm1 quart

cárta nm4 card; **cárta airgid** cash card; **cárta aitheantais/bainc** identity/bank card; **cárta ballraíochta** membership card; **cárta beannachta** greeting(s) card; **cárta bordála** (AVIAT, NAUT) boarding pass; **cárta muirir** charge card; **cárta creidmheasa** credit card; **cárta gutháin/poist** phonecard/ postcard; **cárta glas/imeartha/ Nollag** green/playing/Christmas card; **cárta gnó** business or calling card; **cárta innéacsa/tuairisce** index/record card; **rud a chaitheamh i gcártaí** to give up (on); discard; **ag imirt cártaí** playing cards

cartán nm1 carton

carthanach adj charitable; kind

carthanacht nf3 friendship; charity; **cumann carthanachta** a benevolent society

cartlann nf2 archives

cartún nm1 cartoon

cartús nm1 cartridge; **cartús beo/ caoch** live/blank cartridge

carúl m1 (Christmas) carol

cas vt, vi turn (around); return; (clock) wind; switch; flick; spin, twirl, swing; (song) sing; **cas ar** encounter; **cas ar ais** (person, vehicle) turn back; **casadh ar dhuine** to come across sb; **cas isteach** (fold) turn in; **cas le** meet; **cas ó** (from road) turn off; **cas thart** swing round, turn round; **"ná castar ar chlé"** "no left turn"

cás¹ (pl **~anna**) nm1 (also LAW) case; eventuality; instance; concern; **cuir i gcás** for instance; **i gcás ar bith** in any case; **sa chás sin** in that case; **sa chás go** in the event of; **cás dlí/cúirte** law/court case; **ní cás liom é** it's no concern of mine; **is trua liom do chás** I'm sorry for your trouble

cás² (*pl* ~**anna**) *nm1* case; cage; **cás pacála** packing case; **cás toitíní** cigarette case

casacht *nf3* cough; **casacht a dhéanamh** to cough

casachtach *nf2* coughing; **racht casachtaí** fit of coughing

casadh (*pl* **castaí**) *nm1* turn; turning; (*AVIAT*) spin; coil; **le casadh an phoist** by return of post; **casadh na taoide** the turn of the tide; **casadh an chorcáin leis an gciteal** the pot calling the kettle black

cásáil *nf3* casing

casaoid *nf2* grievance; complaint; **casaoid a dhéanamh le duine** to take sb to task, make a complaint to sb

casaoideach *adj* querulous

casaról *nm1* casserole

caschlár *nm1* turntable

casfhocal *nm1* tongue twister

casla *nf4* small harbour

cásmhar *adj* sympathetic

casóg *nf2* jacket; cassock; **casóg dinnéir** dinner jacket, tuxedo; **casóg spóirt** sports jacket

casta *adj* elaborate, intricate, complicated; (*argument*) convoluted, involved; (*fig*) knotty; (*road, river*) winding; **rud a dhéanamh casta** to complicate sth

castacht *nf3* complexity

castaí *see* **casadh**

castaire *nm4* spanner

castán *nm1* chestnut

casúr *nm1* hammer

cat *nm1* cat; **cat baineann/riabhach** she-cat/tabby; **cat breac** (*fig*) turncoat

catach *adj* (*head, hair*) curly; (*page*) dog-eared

catalaíoch *nm1* catalyst

catalóg *nf2* catalogue

cath (*pl* ~**anna**) *nm3* battle

cathaigh *vt* tempt

cathain *interr* when; **cathain a tharla sé?** when did it happen?

cathair (*gs* **cathrach**, *pl* **cathracha**) *nf* city; **cathair ghríobháin** maze, labyrinth; **cathair/halla**

cathrach city council/hall; **Cathair na Vatacáine** Vatican City

cathaoir (*gs* ~**each**, *pl* ~**eacha**) *nf* chair; throne, seat; (*REL*) see; **cathaoir deice/rothaí/uilleach** deckchair/wheelchair/armchair; **cathaoir luascáin** rocking chair; **dul sa chathaoir** (*at meeting*) to take the chair, preside

cathaoirleach *nm1* chairperson, chairman/chairwoman

cathartha *adj* civil; civic

cathéide *nf4* armour

cathlong *nf2* battleship

cathrach *n gen as adj* town, municipal; **Póilíní Cathrach Londan** the Metropolitan Police; *see also* **cathair**

cathracha *see* **cathair**

cathróir *nm3* citizen

cathróireacht *nf3* citizenship

cathú *nm* temptation; regret; **tá cathú orm faoi** I'm sorry about (it); **cathú a chur ar dhuine** to tempt sb

cé¹ *interr pron* who, whoever; whom; what; which; whose; whether; **cé hé sin?** who is that?; **cé a bhris é?** who broke it?; **cé atá ann?** who is it?; **cé na leabhair atá uait?** what books do you need?; **cé acu ceann?** which one?; **cé dó ar thug tú é?** to whom did you give it?; **cé leis an leabhar seo?** whose book is this?; **cé acu** whether; which

cé² *conj* **cé go** although, though; whereas

cé³ (*pl* ~**anna**) *nf4* quay

ceachartha *adj* mean, tightfisted

ceacht (pl ~**anna**) nm3 lesson; (SCOL) exercise; **ceacht a mhúineadh do dhuine** to teach sb a lesson; **ceacht tiomána** driving lesson

céachta nm4 plough; **céachta sneachta** snowplough

ceachtar pron either; (in negative) neither; **ceachtar acu** either (of them); **ní raibh ceachtar den bheirt ann** neither of the two were there

cead nm3 leave, permission; approval; go-ahead; (also: ~ **isteach**) pass; **cead go maidin** all-night stay; **ar cead** on leave; **cead a bheith agat rud a dhéanamh** to be at liberty to do sth; **cead cainte a fháil** to have one's say; (a) **chead aige teacht** let him come; **i gcead duit** with respect to (you); **cead cónaithe** residence permit; **cead isteach** admission, admittance; **cead pleanála** planning permission; **cead scoir** leave of absence

céad¹ (pl ~**ta**) nm1 hundred; century; **ina gcéadta** in hundreds; **céad punt** a hundred pounds; **céad go leith** one hundred and fifty; **céad meáchan** hundredweight; **na céadta** + nom sg hundreds of

céad² adj first; **an chéad duine** the first person; **na chéad daoine** the first people; **an chéad ghiar** (AUT) first gear

céad- prefix first

ceadaigh vt, vi permit, grant; pass, approve; consult; **ceadú do dhuine rud a dhéanamh** to allow sb to do sth

ceadaithe adj permitted, allowed; permissible

ceadaitheach adj permissive

ceadal nm1 (MUS) recital

Céadaoin (pl ~**eacha**) nf4 Wednesday; **Céadaoin an**

Luaithrigh Ash Wednesday; **Dé Céadaoin** on Wednesday

céadar nm1 (tree) cedar; cheddar (cheese)

céadchosach nm1 centipede

céadfa nm4 (bodily) sense, feeling

céadfach adj sensory

ceadmhach adj permissible

céadta see **céad¹**

céadú num, adj, nm4 hundredth

ceadúnaigh vt license

ceadúnaithe adj licensed

ceadúnas nm1 licence; permit; **ceadúnas tiomána** driving licence, driver's license (US)

ceaintín nm4 canteen

ceal nm4 want, lack; extinction; **de cheal** + gen for lack of, for want of; **cuir ar ceal** abolish, cancel; **dul ar ceal** to disappear; **thar ceal** overdue

cealaigh vt cancel; annul; remove

cealg vt deceive; allure; (child) lull to sleep; (insect) sting ♦ nf2 deceit, treachery; (of bee) sting

cealgach adj deceitful; (question) loaded

cealgrúnach adj malevolent

ceall, cealla see **cill¹**

ceallach adj cellular

ceallafán nm1 cellophane

cealú nm cancellation

ceamach adj (appearance) sloppy, slovenly ♦ nf2 (gs ceamaí, pl ceama, gpl ~) slut

ceamara nm4 camera

ceana see **cion¹**

Ceanada nm4 Canada

Ceanadach adj, nm1 Canadian

ceanastar nm1 canister

ceangail (pres ceanglaíonn) vt bind, tie (up); fasten, hitch; join; lace (up); tether

ceangailte adj tied (up); united; fastened

ceangal nm1 connection; (string

etc) tie; link (up); binding; bond; obligation; **ceangal a bheith ar dhuine** to be to be bound to sb
ceann *(gs, npl* **cinn**, *npl also* **~a**, *gpl* **~**, *ds* **cionn)** *nm1* head; extreme; end; one; roof; **tá pian i mo cheann** I have a pain in my head; **a cheann a ligean le duine** to leave sb to their own devices; **ceann maith a bheith ort** to be sensible, be smart; **má thagann sé ina cheann** if it ever occurs to him; **ceann teaghlaigh/roinne** head of family/department; **ceann ar aghaidh** headlong; **ar an gceann is lú de** at the very least; **gan ach an ceann caol a lua** to put it mildly; **thíos ag ceann an bhealaigh** down at the end of the road; **ceann cúrsa** *or* **scríbe** journey's end; **ó cheann ceann na bliana** all the year round; **bheith idir dhá cheann na meá** to hang in the balance; **ceann amháin (acu)** one (of them); **an chéad cheann** the first one; **do rogha ceann** whichever one you wish; **ceann ar cheann** one by one; **níl ceann ar bith fágtha agam** I've none left; **an ceann eile** the other one; **an ceann is deireanaí ar fad** the very last one; **an ceann is fearr fós** the best one yet; **an ceann seo/sin** this/that one; **cé acu ceann?** which one? ▸ **ar cheann** + *gen* at the head of; **ar cheann an liosta** first on the list; **teach ceann tuí** thatched cottage ▸ **de cheann** + *gen* for the sake of ▸ **faoi cheann** + *gen by or* at the end of; **faoi cheann seachtaine** in a week's time ▸ **go ceann** + *gen* to the end of; for the duration of; **ní bheidh sé réidh go ceann míosa** it won't be ready for a month ▸ **i gceann** + *gen* at the end of;

engaged in; **i gceann seachtaine** in a week's time; **bheith i gceann do chuid oibre** to be at your work; **dul i gceann an tsaoil** to make a start in life ▸ **os cionn** + *gen* above, over; beyond; **os cionn na fuinneoige** above the window; **os cionn fiche** more than twenty; **os cionn comórtais** beyond comparison ▸ **thar ceann** (+ *gen*) on behalf of, for the sake of; in return for; **thar ceann an aire** on behalf of the minister; **an ceann corr** the odd one out; **ceann baineann** female; **ceann cúrsa** terminal; **ceann feadhna** leader, ringleader; **ceann scríbe** destination; **ceann tíre** (*GEOG*) cape; **ceann urra** chief; **Ceann Comhairle** (*IRL: POL*) the Speaker; **"ar cheann téide"** "on tow" (*BRIT*), "in tow" (*US*); **cionn is go** because; **thar cionn** excellent; **an lá dar gcionn** the next day; **dul chun cinn** progress; **an ceann is fearr a fháil ar dhuine** to get the better of sb; **ceann a chur ar rud** to start sth (off)
ceann- *prefix* chief, leading, main
céanna *nm4, adj* same; **an leabhar céanna (le)** the same book (as); **san am céanna** at the same time; *see also* **cé³**
ceannach *nm1* purchase; **tá ceannach maith ar an leabhar** the book is selling well
ceannachán *nm1* (*thing bought*) purchase
céannacht *nf3* identity
ceannadhairt (*pl* **~eanna**) *nf2* pillow
ceannaghaidh (*gs, pl* **ceannaithe**) *nf* face; **ceannaithe** (*of face*) features
ceannaí *nm4* merchant
ceannaigh *vt* buy, purchase; bribe

ceannairc nf2 mutiny, revolt; **dul chun ceannairce** to mutiny

ceannairceach nm1 rebel ♦ adj mutinous, rebellious

ceannaire nm4 leader; (MIL) corporal

ceannaitheoir nm3 buyer, purchaser

ceannann adj: **an fear ~ céanna** the very same man

ceannáras nm1 headquarters

ceannas nm1 command; authority; rule; sovereignty; **dul i gceannas + gen** to assume command of, take charge of; **bheith i gceannas ar** to be in charge of

ceannasach adj commanding; ruling; assertive; (MUS) dominant

ceannasaí nm4 commander; controller

ceannasaíocht nf3 leadership, command; assertiveness

ceannbheart nm1 headgear

ceannbhrat nm1 canopy

ceannchathair nf metropolis

ceannchathartha adj metropolitan

ceanncheathrú (gs ~n, pl ~na) nf headquarters

ceanndána adj headstrong, stubborn; wilful

ceannfhocal nm1 headword

ceannfort nm1 commander; (MIL) commandant; (POLICE) superintendent

ceannliath adj grey-haired

ceannlíne (pl ceannlínte) nf4 headline

ceannlitir (gs ceannlitreach, pl ceannlitreacha) nf capital (letter)

ceannródaí nm4 pioneer; leader

ceannsolas nm1 headlight

ceannteideal nm1 heading; caption

ceanntréan adj dogged, obstinate; headstrong

ceansa adj meek, tame

ceansaigh vt tame; pacify

ceant (pl ~anna) nm4 auction; **rud**

a chur ar ceant to auction sth

ceantáil nf3 auction

ceantar nm1 district; region; locality; **an ceantar máguaird** surrounding area

ceanúil adj loving, affectionate; **ceanúil ar** fond of

ceap¹ (pl ~a) nm1 block; (of tree) trunk; pad; **ceap milleáin** scapegoat; **ceap nótaí** notepad; **ceap magaidh** laughing stock; **ceap oifigí** office block

ceap² vt think, reckon; catch; invent, think up; nominate, appoint; **ceapaim go ...** I reckon that ...

ceapachán nm1 (to post etc) appointment; (art etc) composition

ceapadh (gs ceaptha) nm (to job etc) appointment; (SPORT) catch

ceapadóir nm3 composer; inventor

ceapaire nm4 sandwich

céarach, céaracha see céir

cearc (gs circe) nf2 hen; female bird; **cearc fhraoigh** grouse; **cearc cholgach** shuttlecock

cearchaill nf2 girder

céard interr pron what; **céard atá ar siúl agat** what are you doing?; **céard fúmsa?** what about me?

ceardaí nm4 craftsman; artisan

ceardaíocht nf3 craft; craftwork

ceardchumann nm1 trade union

ceardchumannaí nm4 trade unionist

ceardlann nf2 workshop

ceardscoil (pl ~eanna) nf2 technical school

cearn nf3 corner; (GEOG) quarter; **gach cearn is clúid** every nook and cranny; **as gach cearn** from all quarters

cearnach adj square; angular; **dhá mhéadar cearnach** 2 square metres; **fréamh chearnach** square root

cearnaigh vt (MATH) square

cearnaithe adj square; **dhá mhéadar cearnaithe** 2 metres square

cearnamhán nm1 hornet

cearnóg nf2 square

cearr[1] adj wrong; **cad é atá cearr?** what's the trouble?, what's wrong?

cearr[2] (pl **~anna**) nf3 (mental) derangement

cearrbhach nm1 gambler

cearrbhachas nm1 gambling

ceart (pl **~a**) nm1 right; just claim; justice; fair play; due; correct interpretation ♦ adj right, rightful, proper; real; fully-fledged; **ceart agus éigeart** right and wrong; **tabhair a cheart dó** give him his due; **de cheart** by right; originally; **gach ceart ar cosaint** all rights reserved; **an ceart a bheith agat** to be right, to be in the right; **cearta sibhialta** civil rights; **ceart slí** right of way; **ceart vótála** (POL) franchise; **ceart go leor** OK, alright; sure enough; **ba cheart go mbainfeadh sé** he ought to win; **ba cheart dom imeacht** I should go

cearta nf4 forge; (fig) hotbed

ceartaigh vt correct, amend; adjust; rectify; redress; chastise

ceartaiseach adj insistent; self-righteous

ceartas nm1 claim; right

ceartingearach adj vertical, plumb

ceartas nm1 claim; right

ceartlár nm1 exact centre; **i gceartlár** + gen right in the middle of

ceartúchán nm1 correction

céas vt torture; torment; (REL) crucify

ceasacht nf3 complaining

céasadh (gs, pl **céasta**) nm pain, agony; torture; **An Céasadh** the

Crucifixion

céasla nm4 paddle

céaslaigh vt, vi paddle

céasta adj tormented; excruciating; distressing; see also **céasadh**

céatadán nm1 percentage

ceatha see **cith**

ceathair (pl **~eanna**) num, nm4 four; **ceathair déag** fourteen

ceathairéad nm1 quartet(te)

ceathanna see **cith**

Ceatharlach nm1 Carlow

ceathracha (gs **~d**, pl **~idí**) num, nm forty

ceathrar nm1 (+ gen pl: people) four; **ceathrar ban/sagart** four women/priests

ceathrú[1] (gs **~n**, pl **~na**, ds **~in**) nf quarter; stanza, verse; (ANAT) thigh; **ceathrú uaineola** leg of lamb; **ceathrú uaire** a quarter of an hour; **ceathrú i ndiaidh a hocht** quarter past eight; **ceathrú don** or **go dtí** or **chun a cúig** a quarter to five; **ceathrú dollair** (25 cents) quarter (US); **ceathrú pionta** (measure) gill

ceathrú[2] num, adj fourth; **an ceathrú fear** the fourth man; **an ceathrú capall déag** the fourteenth horse

ceil vt hide, conceal; disguise; (fig) whitewash

céile nm4 partner; companion; spouse; **fear céile** husband; **bean chéile** wife; **céile comhraic** or **iomaíochta** rival, opponent; adversary; **a chéile** each other; **is fuath leo a chéile** they hate each other; **le chéile** together; **as a chéile** in a row; **cur le chéile** to unite, join; **rud a chur le chéile** to assemble sth, put sth together; **tá siad cosúil le chéile** they are alike; **(seasca míle) ó chéile** (sixty miles) apart; **thit sé as a chéile** it fell apart; **de réir a chéile** bit by bit; **trí chéile** confused; **teacht le chéile** to meet; to agree; to join together; to tally; **labhairt le chéile** to speak to one another

ceileatram nm1 camouflage; disguise

céilí nm4 Irish dancing evening, ceilidh

ceiliúir vt, vi celebrate; vanish; fade

ceiliúr nm1 greeting; (of bird) song; **ceiliúr pósta a chur ar dhuine** to propose to sb

ceiliúradh (gs **ceiliúrtha**) nm celebration; **ceiliúradh céad bliain** centenary celebration

céill, céille see **ciall**

céillí adj sensible; wise; rational; **ba chéillí an cor é sin** that was a wise move

ceilt nf2 concealment; denial; cover-up; **faoi cheilt** secretly

Ceilteach adj Celtic ♦ nm1 Celt

Ceiltis nf2 (LING) Celtic

céim (pl ~**eanna**) nf2 step; stair; degree; (SCOL) grade; phase; rank, status; (fig) milestone; **céim ar chéim** step by step; **céimeanna na gealaí** the phases of the moon; **deich gcéim** 10 degrees; **céim síos** demotion; humiliation; **ardú céime** promotion; "**seachain an chéim**" "mind the step"; **ina chéimeanna** in stages; **céim a thabhairt chun tosaigh/ar gcúl** to step forward/back; **ísliú céime a fháil** (SPORT) to be relegated; **céim a ghnóthú** to graduate; **céim onóracha** (SCOL) hono(u)rs degree

céimí nm4 graduate

ceimic nf2 chemistry

ceimiceach adj chemical

ceimiceán nm1 chemical

ceimiceoir nm3 (scientist) chemist

céimíocht nf3 rank, distinction

ceimiteiripe nf4 chemotherapy

céimiúil adj distinguished, notable

céimseach adj gradual

céimseata (gs ~**n**) nf geometry

céin, céine see **cian¹**

ceint nm4 (coin) cent (US etc)

ceinteagrád nm1 centigrade

ceinteagrádach adj centigrade

ceintiméadar nm1 centimetre

céir (gs **céarach**, pl **céaracha**) nf wax; **céir a chur ar rud** to wax sth; see also **ciar**

ceird nf2 trade; line; skill

céire see **ciar**

ceirnín nm4 (MUS) record; **ceirnín singil** single; **éarlais ceirníní** record token

ceirt (pl ~**eacha**) nf2 cloth; tea cloth; rag; **ceirt deannaigh** duster

ceirtlín nm4 (of wool, thread) ball; **ag tochras ar a cheirtlín féin** working in his own interest

ceirtlis nf2 cider

céislín nm4 tonsil

céislínteas nm1 tonsillitis

ceist (pl ~**eanna**) nf2 question, query; inquiry; issue; **chuir sé ceist orm** he asked me a question; **rud a chur i gceist** to draw attention to sth; **i gceist** at issue, in question; **is é a bhí i gceist aici ná** what she meant was; **croí na ceiste** the crux of the question

ceistigh vt interrogate, question, quiz

ceistiú nm interrogation

ceistiúchán nm1 questionnaire

ceistneoir nm3 questionnaire

ceithearnach nm1 (CHESS, fig) pawn

ceithre num, adj four; **ceithre bhó/charr/úll** four cows/cars/apples

cén = **cé** + **an**

ceo nm4 fog; mist; haze; (of dust) cloud; (on window) vapour; **tá ceo ann** it's foggy; **chomh sean leis an gceo** as old as the hills

ceobhrán nm1 drizzle

ceobhránach adj misty

ceoch (gsm ~) adj foggy; misty

ceol (pl ~ta) nm1 music; (in ears) ringing; **níl ceol agam** I can't sing; **bain ceol as** (life, money etc) enjoy; **ceol tíre** folk music; **ceol airéagail** chamber music

ceolchoirm (pl ~eacha) nf2 concert

ceoldráma nm4 opera

ceoldrámach adj operatic

ceolfhoireann (gs, pl ceolfhoirne) nf2 orchestra

ceolmhar adj musical

ceoltóir nm3 musician; singer

ceomhar adj foggy

ceosholas nm1 fog light

cér, cérb, cérbh see **cé¹**

ch (remove "h") see also **c...**

cha (before vowel or "f" + vowel = ~n, + past of reg vbs = ~r) neg part not; **an mbuailfidh tú leis? - cha bhuailim!** will you see him? - no way!; **chan go fóill/anois** not yet/ now; **chan gan ábhar** rightly, with reason

cheana adv already, beforehand

chluinfinn etc vb see **cluin**

choíche adv ever; forever; never

chomh adv as; so; **chomh fada siar le** as far back as; **chomh cliste (le)** as clever (as); **chomh hálainn te** as beautiful as; **ná Seán chomh beag nor** John either; **chomh maith** as well; **chomh maith le** as well as; **chomh mór (go)** so big (that); **an bhfuil sé chomh dona sin?** is it that bad?

chonacthas, chonaic vb see **feic**

Chorcaí see **Corcaigh**

chuaigh etc vb see **téigh**

chuala etc vb see **clois, cluin**

chuathas vb see **téigh**

chuig (prep prons = chugam, chugat, chuige, chuici, chugainn, chugaibh, chucu) prep towards, to; **rud a chur chuig duine** to send sth to sb;

chuaigh mé chuig an dochtúir I went to the doctor; **duine a thabhairt chuige féin** to bring sb round; **chuige sin** for that purpose, to that end; **cad chuige?** why?, what for?

chun (prep prons = chugam, chugat, chuige, chuici, chugainn, chugaibh, chucu) (+ genitive) prep to, towards; in order to; for; **chun na scoile** to (the) school; **cur chun farraige** to put to sea; **duine a chur chun báis** to kill sb; to execute sb; **deifriú chun bheith in am** to hurry (in order) to be in time; **ullamh chun foilsithe** ready for publication; **lá maith chun siúlóide** a fine day for a walk; **cúig chun a hocht** five (minutes) to eight; **dul chun donais** to deteriorate; **chuaigh sé chun sochair dom** it benefitted me; **teacht chun tosaigh** to come to the fore; **dul chun cinn a dhéanamh** to make headway; **chun tosaigh** in the lead; **chun go** in order that; **téigh chun réasúin le** to reason with; **is maith chun a chéile Seán agus Máire** John and Mary are well matched; **teacht chun réitigh le** to come to terms with; **dul chun na Róimhe/chun na Fraince** to go to Rome/France

ciainíd nf2 cyanide

ciall (gs céille, ds céill) nf2 (common) sense; sanity; meaning; interpretation; perception; appreciation; **níl aon chiall acu** they've no sense; **tá ciall le sin** that makes sense; **tá sé ia ciall go ...** it stands to reason that ...; **dul as do chiall** to go mad; **ciall a bhaint as rud** to interpret sth; **níl aon chiall don fhilíocht aici** she hasn't a clue about poetry; **ciall do ghreann** sense of humour; **cur i gcéill** make believe; **cuir i gcéill**

(go) pretend (that)

ciallaigh vt mean; signify; stand for; imply; (fig) spell

ciallmhar adj sensible; reasonable

cian[1] (pl **~ta**, ds **céin**, dpl **~aibh**) nf: **na ~ta ó shin** ages ago; **i gcéin** far away, in the distance; **i gcéin is i gcóngar** far and near; **ó chianaibh** recently ◆ adj (gsm **céin**, gsf, compar **céine**) long; distant; far

cian[2] nf4 sadness; **faoi chian** sad, downhearted; **cian a thógáil de dhuine** to cheer sb up; to lift sb's spirits

cian- prefix long-distance

cianaosta adj primeval

cianghlao nm4 long-distance call

cianrialaithe adj remote-controlled

cianrialú nm remote control

cianta see **cian**

ciap vt annoy; harass; (fig) torment

ciapadh (gs **ciaptha**) nm harassment; torment

ciar (gsm **céir**, gsf, compar **céire**) adj (hair) dark; (complexion) dark, swarthy

ciardhuán nm1 negro

ciaróg nf2 beetle; **ciaróg dhubh** cockroach; **ciaróg lín** earwig; **aithníonn ciaróg ciaróg eile** birds of a feather flock together

Ciarraí nf4 Kerry

ciarsúr nm1 handkerchief; **ciarsúr páipéir** paper hankie

cibé pron whoever; whatever, whichever, whichever; **cibé áit** wherever ◆ adj any; no matter what; **cibé leabhar** whatever book; **déan cibé is gá do tharlóidh** whatever happens; **tabhair leat cibé leabhar is fearr leat** take whichever book you prefer; **cuir ceist ar cibé duine is mian leat** ask whoever you like

cic (pl **~eanna**) kick; **cic saor** free kick

ciceáil vt, vi kick

ciclipéid nf2 encyclop(a)edia

cigil (pres **ciglíonn**) vt, vi tickle

cigilt nf2 tickle

cigilteach adj (person) ticklish; (question) delicate, touchy

cigire nm4 inspector

cigireacht nf3 inspection

cíle nf4 keel

cileagram nm1 kilogram(me); **30 pingin an cileagram** 30p a kilo; **cileagram plúir** a kilo of flour

cileavata nm4 kilowatt

ciliméadar nm1 kilometre; **10 gciliméadar san uair** 10 km an hour; **faoi chiliméadar de** within a kilometre of

cill[1] (pl **cealla**, gpl **ceall**) nf2 (also BIOL, ELEC) cell

cill[2] nf2 church; graveyard, cemetery; **cill agus tuath** Church and State

Cill Chainnigh nf Kilkenny

Cill Dara nf Kildare

cillín nm4 (in prison) cell

Cill Mhantáin nf Wicklow

cime nm4 captive; prisoner, inmate

Cincís nf2: **An Chincís** Pentecost

cine (pl **ciníocha**) nm4 race; people; **an cine daonna** humanity, mankind

cineál nm1 (pl **~acha**) kind; variety; sex, gender; species ◆ adv somewhat; **an cineál sin amhráin** that kind of song; **a chineál féin** his own kind; **an dá chineál** both sexes; **an cineál ainmhíoch** the animal world; **cineál mall/trom** somewhat late/heavy

cineálta adj kind; mild

cineáltas nm1 kindness

cinedheighilt nf2 apartheid

cinéiteach adj kinetic

ciniceas nm1 cynicism

cinicí nm4 cynic

ciniciúil adj cynical

ciníoch (*gsm* ~) *adj* racial; ethnic; racist

ciníocha *see* **cine**

ciníochaí *nm4* racist

ciníochas *nm1* racism

cinn *vt, vi*: ~ (ar) decide (to); determine (that)

cinneadh *nm1* decision; (LAW) findings; ní fúmsa atá sé cinneadh a dhéanamh it is not for me to decide

cinniúint (*gs* cinniúna) *nf3* destiny; fate; chance; chuir sé cor i mo chinniúint it changed my life

cinniúnach *adj* fateful; fatal; momentous

cinnte *adj* certain, sure; positive; definite; decided; tá sí cinnte de she is sure of (it); cinnte! certainly!; déanamh cinnte go to make sure that

cinnteacht *nf3* certainty

cinntigh *vt* ensure; make certain; ascertain; confirm; dáta a chinntiú le duine to confirm a date with sb

cinntithe *adj* confirmed

cinntitheach *adj* decisive

cinntiú (*gs* cinntithe) *nm* confirmation

cinsire *nm4* censor

cinsireacht *nf3* censorship

cíoch *nf2* breast

cíochbheart *nm1* bra, brassière

cíocrach *adj* eager; hungry; léitheoir cíocrach voracious reader

cíocras *nm1* craving; greed; eagerness; hunger; cíocras tobac craving for tobacco; cíocras fola bloodthirstiness

ciolar *nf*: ~ chiot shambles

ciombal *nm1* cymbal

cion[1] (*gs* ceana) *nm3* love; affection; effect; ainm ceana pet name; cion a bheith agat ar dhuine to care about sb; dul i gcion to take effect; focal a chur i gcion to drive home

a statement

cion[2] *nm4* share; do chion féin a dhéanamh to pull one's weight

cion[3] (*gs* ~a, *pl* ~ta) *nm3* offence

ciondáil *nf3, vt* ration

cionmhaireacht *nf3* proportion, share

cionmhar *adj* proportional; ionadaíocht chionmhar proportional representation

cionn *see* **ceann**

cionsiocrach, *pl* **cionsiocracha** *adj* (primary) cause

cionta *see* **cion**[3]

ciontach *nm1* offender, culprit
♦ *adj* guilty; bheith ciontach i to be guilty of

ciontacht *nf3* guilt

ciontaí *n*: eisean is ~ he is to blame

ciontaigh *vt, vi* blame, accuse; convict; transgress; ciontaigh thú féin own up

ciontóir *nm3* offender

ciontú (*gs* ciontaithe) *nm* (LAW) conviction

cíor *nf2* comb ♦ *vt* comb; examine closely; discuss; cíor mheala honeycomb; cíor thuathail mayhem, turmoil; tá an chathair ina cíor thuathail the city is in turmoil; do chuimhne a chíoradh to rack one's brains

cíorach *adj* serrated

cíoradh (*gs* cíortha) *nm* discussion; examination

ciorcad *nm1* (ELEC) circuit

ciorcal *nm1* circle

ciorclach *adj* circular

ciorclaigh *vt* circle, encircle; surround

ciorclán *nm1* circular

cíorláil *vt* (*area*) comb

ciorraigh *vt* cut; hack; maim

cíos (*gs* ~a, *pl* ~anna) *nm3* rent, rental; hire; carr a fháil ar cíos to hire a car; teach a ligean ar cíos to let a house; **cíos dubh** extortion

ciotach *adj* left-handed; awkward, clumsy; inconvenient

ciotóg *nf2* left hand; *(person)* left-hander

ciotógach *adj* left-handed

ciotrúnta *adj* clumsy; obstinate

cipín *nm4* twig; match; **cipín a lasadh** to strike a match; **ar cipíní** in suspense; **cipíní itheacháin** chopsticks

Cipir *nf2*: **An Chipir** Cyprus

Cipireach *adj*, *nm1* Cypriot

circe *see* **cearc**

circeoil *nf3 (food)* chicken

círéib *(pl ~eacha) nf2* riot; uproar

círéibeach *adj* riotous

círíneach *adj (face)* flushed

cis *nf2* basket; crate; handicap; **cis a chur ar dhuine** to handicap sb; *(SPORT)* to penalize sb

ciseán *nm1* basket

cispheil *nf2* basketball

ciste *nm4* fund; kitty; treasure; treasury; **ciste pinsean/rúnda** pension/slush fund

ciste *nm4* cake

cisteog *nf2* casket

cisteoir *nm3* treasurer

cistin *(pl ~eacha) nf2* kitchen; **aonad cistine** kitchen unit

citeal *nm1* kettle; **an citeal a chur síos** to put the kettle on

cith *(gs ceatha pl ceathanna) nm3* shower; **cith fearthainne** a shower of rain; **cith píléar a chaitheamh le duine** to pepper sb with bullets

cithfholcadán *nm1 (in bathroom)* shower

cithfholcadh *(gs cithfholchta, pl cithfholchtaí) nm* shower(ing); **dul faoin gcithfholcadh** to have or take a shower

cithréim *nf2* deformity

citreas *nm1* citrus; **toradh citris** citrus fruit

ciú *(pl ~nna) nm4* queue

ciúb *(pl ~anna) nm1* cube; **ciúb oighir/stoic** ice/stock cube

ciúbach *adj* cubic; **troigh chiúbach** *etc* cubic foot *etc*

ciúbaigh *vt (MATH)* cube

ciúin *adj* calm, tranquil; quiet, silent

ciumhais *(pl ~eanna) nf2* border, edge; *(of page)* margin; *(of road)* kerb

ciúnadóir *nm3 (AUT, on gun)* silencer

ciúnaigh *vt* calm (down); die down

ciúnas *nm1* silence, hush; calm, quiet

ciúta *nm4* turn of phrase; wisecrack

clabaireacht *nf3* chitchat

clábar *nm1* mud

clabhstra *nm4* cloister

clabhsúr *nm1* closure; **an clabhsúr a chur ar rud** to bring sth to a close, complete sth

cladach *nm1* shore, seashore

cladhaire *nm4* coward; villain

cladhartha *adj* spineless, cowardly

clag *vt, vi (rain)* clatter, pelt

clagarnach *nf2* clattering; clatter

claí *(pl ~ocha) nm4* wall; fence, barrier; **claí teorann** boundary wall; **claí cloch** stone wall

claibín *nm4* lid; *(of bottle etc)* top, cap

claidhreacht *nf3* cowardice

claíomh *(pl claimhte) nm1* sword

clairéad *nm1* claret

cláiríneach *adj*, *nm1* cripple

cláirnéid *nf2* clarinet

cláirseach *nf2* harp

clais *(pl ~eanna) nf2* channel; ditch; pit; furrow

claisceadal *nm1* choral singing; choir

clamhach *adj* mangy

clamhair *vt* maul

clamhán *nm1* buzzard

clamhsán *nm1* complaint, grumble

clamhsánach adj querulous; grumbling

clampa nm4 clamp

clampaigh vt clamp

clampar nm1 commotion, uproar

clamprach adj noisy; disorderly, rowdy

clampróir nm3 troublemaker

clann nf2 children; offspring; family; **triúr clainne** three of a family; **bheith ag súil le duine clainne** to be expecting; **tá sí ag iompar clainne** she's a mother-to-be; **pleanáil chlainne** family planning; **clann clainne** grandchildren

claochlaigh vt change; deteriorate; transform

claochladán nm1 transformer

claochlaitheach adj variable

claochlú nm change

claon nm1 (pl claonta) slope, incline; tendency, inclination; perversity
♦ adj inclined; reclining; perverse
♦ vt, vi incline; decline; **tá an claon ann** he is perverse by nature; **claon ar** prone to, tending to; **breithiúnas claon** perverse judgement; **do cheann a chlaonadh** to bow one's head; **chlaon a neart** his strength declined; **an fhírinne a chlaonadh** to pervert the truth; **claon le** take to, incline to; **claon ó** deviate from

claon- prefix oblique

claonadh (gs claonta) nm inclination; tendency, trend; perversion; prejudice; bias; **claonadh a bheith ionat (rud a dhéanamh)** to be inclined (to do sth)

claonchló nm4 (PHOT) negative

claonta adj bias(s)ed, prejudiced

clapsholas nm1 twilight; dusk

Clár nm1: **An ~** Clare

clár nm1 board; plank; table (of contents); menu; programme; (RADIO, TV, for interview, exams) panel, register; lid ♦ vt table; **clár ama** timetable; **clár comhardaithe** balance sheet; **clár dubh** or **cailce** blackboard; **clár éadain** forehead; **clár faisnéise** documentary; **clár fichille** chessboard; **clár fógraí** notice board; **clár fónála isteach** phone-in; **clár na mionn** witness box; **clár oibre** agenda; **clár sciorta** skirting board; **clár urláir** floorboard; **clár ionstraimí** instrument panel; **clár scátála/ toinne** skateboard/surfboard

cláraigh vt, vi register, record; enrol

cláraithe adj (letter, parcel) registered

cláraitheoir nm3 registrar

clárlann nf2 registry (office)

clárú nm registration

clasaiceach adj classic(al)

clásal nm1 clause

claspa nm4 clasp

clástrafóibe nf4 claustrophobia

clé nf4 left hand ♦ adj, adv left; **ar clé, faoi chló** on the left; **an eite chló** (POL) the Left; **"ná castar ar chló"** "no left turn"

cleacht vt make a habit of; practise; frequent; (THEAT) rehearse

cleachta adj: **bheith ~ le** to be used to

cleachtadh (pl cleachtaí) nm1 habit; (work) experience; exercise; practice, rehearsal; **as cleachtadh** out of practice; **cleachtadh deiridh** dress rehearsal; **cleachtaí leasúcháin** remedial exercises

cleachtóir nm3 practitioner

cleamhnas nm1 match; marriage

cleas (pl ~a) nm1 trick; joke, prank; (in film) stunt; ploy; **cleas a imirt ar** to play a joke on; **cleas cártaí** (CARDS) trick; **cleas magaidh**

(practical) joke

cleasach adj tricky; crafty

cleasaí nm4 trickster

cleasaíocht nf3 trickery

cleatar nm1 clatter, rattle

cleathóg nf2 (snooker) cue

cléibh see **cliabh**

cléir nf2 clergy

cléireach nm1 clerk; altar boy; **cléireach siopa** sales clerk

cléiriúil adj clerical

cleite nm4 feather; **bhí a chleití síos le Seán John** was crestfallen

cleiteán nm1 (for painting) brush

cleitearnach nf2 (of wings) flutter; **cleitearnach a dhéanamh** (bird) to flutter

cléithe see **cliath**

cléithín nm4 splint

cleithmhagadh nm1 teasing

cliabh (gs, pl **cléibh**) nm1 chest; bosom; pannier basket; **cara cléibh** bosom friend

cliabhán nm1 cradle; **cliabhán iompair** carrycot

cliabhrach nm1 chest

cliamhain (pl **~eacha**) nm4 son-in-law

cliant nm1 client

cliantacht nf3 clientele

cliarlathas nm1 hierarchy

cliarscoil nf2 seminary

cliath (gs **cléithe**) nf2 (SPORT) hurdle; (in sock) darning; (MUS) stave, staff; **cliath a chur ar rud** to darn sth

cliathán nm1 flank, side; (SPORT) wing; **cliathán** (THEAT) wing; **teacht le cliathán** + gen to come alongside

cliathánaí nm4 (SPORT) winger

clibirt nf2 (RUGBY) scrum(mage)

cling nf2 (pl **~eacha**) (noise) ping; clink; ring; jingle ♦ vi ping; clink; ring; jingle

clinic nm4 clinic; **clinic réamhbhreithe** antenatal clinic

cliniciúil adj clinical

cliobóg nf2 filly; **cliobóga a chaitheamh** to play leapfrog

clis vi jump; fail; **cliseadh as do shuan** to wake up with a jump; **chlis an carr** the car broke down; **cliseadh ar dhuine** to let sb down; **chlis an chuimhne orm** my memory failed me; **chlis uirthi sa scrúdú** she failed the exam

cliseadh (gs **cliste**) jump, start; collapse; (AUT, MED, fig) breakdown; (mechanical etc) failure; **cliseadh cumhachta** power failure; **cliseadh néarógach** nervous breakdown

cliste adj clever, smart, intelligent

clisteacht nf3 intelligence

cliúsaí nm4 flirt

cliúsaíocht vi flirting; **bheith ag cliúsaíocht** to flirt

cló (pl **~nna**) nm4 form, shape; appearance, look; (letters) print; (TYP) type; **as cló** out of print; **cló iodálach** italics; **i gcló duine** in human form; **rud a chur i gcló** to print sth

clóbh nm1 (CULIN, spice) clove

clóbhuail vt print

clóca nm4 cloak

cloch nf2 stone; **cloch chora** stepping stone; **cloch dhomlais** gallstone; **cloch mhíle** milestone; **cloch thine** flint; **clocha sneachta** hail(stones); **croí cloiche** heart of stone; **cúig chloch prátaí** five stone of potatoes

clochán nm1 causeway

clochar nm1 convent

clódóir nm3 printer

clódóireacht nf3 printing

clog nm1 clock; bell; (in kitchen etc) timer; **clog rabhaidh** alarm clock; **clog gréine** sundial; **7 a chlog ar maidin** 7 o'clock in the morning

clogad nm1 helmet; **clogad cosanta** crash helmet

clogáil vi: ~ isteach/amach to clock in/out

cloicheán nm1 prawn

cloigeann (pl cloigne) nm1 head; **an cloigeann a chur le peil** to head a ball

cloígh¹ vt overpower, overwhelm; subdue; defeat; (thirst) quench

cloígh² vt: ~ le adhere to; stay by

cloígh² vt print; **cloígh le stionsal** stencil

cloígh² vt: ~ le adapt to, adjust to; accustom to

cloigín nm4 bell; **cloigín dorais** doorbell

cloigne see **cloigeann**

cloigtheach (gs cloigthí, pl cloigthithe) nm belfry

clóirín nm4 chlorine

clois (past **chuala**, vn ~teáil) vt, vi hear; **ní chluinim thú** I can't hear you; **torann a chloisteáil** to hear a noise

clóis n gen as adj (animal) domestic

cloíte adj exhausted; feeble; defeated; (deed) base

clónna see **cló**

clord nm1 gangway

clós nm1 (of house etc) yard

clóscríbhinn nf2 typescript

clóscríbhneoireacht nf3 typing, typewriting

clóscríoth vt type

clóscríobhaí nm4 typist

clóscríobhán nm1 typewriter

clóscríofa adj typewritten

clú nm4 reputation; renown; **tá clú an tsaibhris air** he is reputed to be rich; **droch-chlú a chur ar dhuine** cast a slur on sb

cluain nf3 deception; persuasion; **cluain a chur ar dhuine** to deceive sb; to seduce sb

cluaisín nm4 tag, tab; **cluaisín cait** (on page) dog ear

cluanaire nm4 deceiver; flatterer

cluas nf2 ear; (of cup etc) handle; **cluas ghéar a thabhairt do rud** to listen attentively to sth

cluasáin mpl1 earphones, headphones

cluasán nm1 earring

club (pl ~anna) nm4 club; **club oíche/óige/sóisialta** night/youth/ social club

clubtheach nm clubhouse

clúdach nm1 cover, envelope; (of book) jacket; **clúdach crua/páipéir** hardback/paperback; **clúdach piliúir** pillowcase

clúdaigh vt cover, wrap

cluiche nm4 game; match; **cluiche peile** game of football; **cluiche cártaí** game of cards; **cluiche ceannais** (SPORT) final; **cluiche ceannais na hÉireann** the All-Ireland (Final); **cluiche ceathrúcheannais/leathcheannais** quarter final/semifinal; **na Cluichí Oilimpeacha** the Olympic Games, the Olympics

clúid (pl ~eacha) nf2 nook; corner

clúidín nm4 nappy

cluimhreach nf2 feathers

cluimhrigh vt (feathers) pluck, preen

cluin (vn ~stin, vadj ~te, past **chuala**) vt, vi hear; **níor chuala mé é** I didn't hear him

clúiteach adj well-known; celebrated, renowned

clúmh nm1 feathers; down; (of animal) coat; (on body) hair

clúmhach nm1 (on jacket, carpet) fluff ♦ adj fluffy; (animal etc) furry; **éirí clúmhach** to go mouldy

clúmhilleadh (gs clúmhillte) nm slander

clúmhúil adj mildewed; mo(u)ldy

cluthar adj snug

clutharaigh vt make comfortable; (news) hush up; **tú féin a chlutharú**

to wrap up well

clutharaithe *adj* well wrapped up

cnádaí *nm4* runt

cnádánach *adj* (*person*) disagreeable

cnag *nm1* knock, blow; (*sound*) crack, crunch ♦ *vt* knock, strike; thump; crunch; **cnag a bhualadh ar dhoras** to knock on a door

cnagadh (*gs* **cnagtha**) *nm* knocking; striking; crunching, cracking

cnagaosta *adj* elderly

cnagarnach *nf2* crunch; crackle, rattle; **bheith ag cnagarnach** to crackle

cnagbhruite *adj* (*CUIN*) parboiled

cnaigh *vt, vi* gnaw; corrode

cnáimhseach *nf2* midwife

cnáimhseáil *vi*: **bheith ag ~ to** grumble, complain

cnaipe *nm4* button; bead; **cnaipe a scaoileadh** to relieve o.s.; **tá a chnaipe déanta** he is done for or kaput

cnámh *nf2* bone; **nuair a théann an chúis go cnámh na huillinne** when it comes to the crunch; **cnámh droma/grua/smiolgadáin** backbone/cheekbone/collarbone; **cnámha scéil** (*of story*) bare bones

cnámhach *adj* bony

cnámharlach *nm1* skeleton

cnap (*pl* **~anna**) *nm1* lump; heap; (*dense*) mass; (*of butter*) knob; **cnap airgid** heap of money; **cnap scamall** mass of clouds; **thit sé ina chnap codlata** he fell fast asleep

cnapach *adj* lumpy, bumpy

cnapán *nm1* lump, bump

cnapsac *nm1* knapsack

cnapshiúcra *nm4* lump sugar

cnapshuim *nf2* lump sum

cnea (*pl* **~cha**) *nf4* sore, wound

cnead (*pl* **~anna**) *nf3, vi* pant; gasp; groan

cneáigh *vt* wound

cneámhaire *nm4* rogue, crook

cneas (*pl* **~a**) *nm1* skin

cneasaigh *vt, vi* heal

cneasta *adj* mild; sincere; decent; (*weather*) calm

cneastacht *nf3* sincerity; mildness, gentleness; decency

cniog *nm4* rap, tap; blow

cniotáil *vt, vi* knit ♦ *nf3* knitting

cnó (*pl* **~nna**) *nm4* nut; **cnó capaill** (*horse*) chestnut

cnoc *nm1* hill; mountain; **cnoc ailse** malignant tumour; **cnoc oighir** iceberg

cnocach *adj* hilly

cnoga *nm4* peg; (*ELEC, COMPUT*) head

cnóire *nm4* nutcracker

cnuasach *nm1* collection; (*of artist*) portfolio

cnuasaigh *vt* collect; store

cnuasainm (*pl* **~neacha**) *nm4* (*LING*) collective noun

Cóc *nm4* Coke ®

cóc *nm1* coke

cocáil *vt* cock; **gunna a chocáil to** cock a gun

cocaire *nm4* cocky or cheeky person

cócaire *nm4* cook

cócaireacht *nf3* cooking; **an chócaireacht a dhéanamh** to do the cooking

cócaireán *nm1* cooker

cócán *nm1*: **~ róis** rosebud

cocaon *nm1* cocaine

cochall *nm1* hood; cowl; (*of plant*) pod

cocaí *nm4* cockney

cócó *nm4* cocoa; **cnó cócó** coconut

cód *nm1* code; **cód dialithe** dialling code; **cód poist** postcode, zip code (*US*)

coda *see* **cuid**

codail (*pres* **codlaíonn**) *vi* sleep; **codladh go headra** to sleep in, oversleep

codán *nm1* fraction

codanna see **cuid**

codarsnach adj opposite, contrary

codarsnacht nf3 antithesis; opposite

codladh (gs **codlata**) nm3 sleep; **bheith i do chodladh** to be asleep; **dul a chodladh** to go to sleep; **thit a codladh uirthi** she nodded off; **codladh gliúragáin** pins and needles; **codladh faoin spéir** to sleep rough

codlaidín nm4 opium

codlaíonn see **codail**

codlata see **codladh**

codlatach adj sleepy; drowsy; dormant

cófra nm4 press; chest; **cófra tarraiceán** chest of drawers

cogadh (pl **cogaí**) nm1 war; warfare; **cogadh a chur (ar)** to make war (on); **cogadh cathartha** civil war

cogain (pres **cognaíonn**) vt, vi chew; gnaw; grind; **na fiacla a chogaint** to grind one's teeth

cogar nm1 whisper; **rud a rá i gcogar (le)** to whisper sth (to); **cogar an philiúir** pillow talk

cógas nm1 medication; medicine

cógaslann nf2 pharmacy

cognaíonn see **cogain**

coguas nm1 soft palate; cavity

coibhéis nf2 equivalent

coibhéiseach adj equivalent

coibhneas (pl **~a**) nm1 relationship; ratio; proportion

coibhneasta adj (also LING) relative; comparative

coicís nf2 fortnight

coicísiúil adj fortnightly

coigeal nf2 (for water) narrow channel

coigeartaigh vt adjust

coigil (pres **coiglíonn**) vi save (up), economize ♦ vt save (up); (fire) bank up

coigilteach adj economical

coigistigh vt confiscate

coigríoch nf2 foreign parts

coileach nm1 (rooster) cock, rooster; male bird; **coileach gaoithe** weathercock

coileán nm1 pup

coiléar nm1 collar

coiliceam nm1 colic

coilíneach adj colonial ♦ nm1 colonist

coilíneacht nf3 colony

cóilis nf2 cauliflower

coill[1] (pl **~te**) nf2 forest; wood

coill[2] vt (cat etc) neuter; (sanctuary, law) violate

coillteach adj wooded

coim nf2 waist; middle; cover; **faoi choim** under cover, in secret; **faoi choim na hoíche** under the cover of darkness

coimeád nm (gs **~ta**) protection; maintenance; detention, custody; observance ♦ vt retain; hold, maintain; keep, observe; detain

cóiméad nm1 comet

coimeádach adj conservative; **Coimeádach** (POL) Conservative

coimeádaí nm4 keeper

coiméide nf4 comedy

cóimheá nf4 balance

coimhéad (gs **~ta**) nm guard, watch; observation ♦ vt, vi (match, TV etc) watch; observe, spy on; guard; be careful (of), watch out (for)

coimheascar nm1 combat

coimhlint nf2 competition, contest; rivalry; **bheith ag coimhlint le duine (le haghaidh + gen)** to compete with sb (for)

coimhlinteach adj competitive

coimhthíoch nm1 foreigner; alien; stranger, outsider ♦ adj alien; foreign; strange, unfamiliar; (food) exotic; (person) distant

coimirce nf4 protection; patronage

coimirceoir nm3 guardian; patron; sponsor

coimircí nm4 (LAW) ward

coimisinéir nm3 commissioner

coimisiún nm1 commission

coimisiúnaigh vt commission

coimpléasc nm1 complex, fixation; constitution

coimre see **comair**

coimrigh vt sum up, summarize

coimrithe adj abbreviated, shortened

coinbhinsiún nm1 convention

coinbhinsiúnach adj conventional

coinbhint nf2 convent

coincheap (gs, pl ~a) nm3 concept

coincleach nf2 mildew; (blue) mould

coincréit nf2 concrete; **coincréit threisithe** reinforced concrete

coincréiteach adj (floor etc) concrete

cóineartaigh vt (REL) confirm

cóineartú nm (REL) confirmation

coineascar nm1 twilight, dusk

coinfití nm4 confetti

coinicéar nm1 (of rabbits) warren

coinín nm4 rabbit

coinleach nm1: ~ **féasóige** (beard) stubble

coinne nf4 appointment; date; **faoi choinne** + gen for; **i gcoinne** + gen opposed to; **cur i gcoinne** to object to; **os coinne** + gen in front of; **gan choinne** unexpectedly; **os a choinne sin** on the other hand

coinneáil nf3 retention; (of prisoner) detention; (rule) observance; **le coinneáil** for keeps

coinneal (gs, pl **coinnle**) nf2 candle; **solas coinnle** candlelight; **coinnle corra** bluebells

coinneálach adj retentive; **cuimhne choinneálach** retentive memory

coinnealbhá nm4 excommunication

coinnigh vt keep, maintain; hold (onto); retain; detain; (hotel, house) run; (holiday) observe; **deoch a choinneáil le duine** to ply sb with drink; **coinnigh greim ar an téad** hold onto the rope; **cuntas a choinneáil (ar)** to keep an account (of); **cúl a choinneáil ar dhuine** to hold sb back; **do fhocal a choinneáil** to keep one's word; **súil a choinneáil ar** to watch, observe, monitor; **coinnigh ort** (ag caint) keep on (talking); **coinneáil le rud** to keep at sth; **coinneáil ó** to refrain from; **rud a choinneáil siar** to withhold sth

coinníoll (pl ~acha) nm1 condition, requirement; pledge, honour; (COMM) term; **ar choinníoll (go)** provided (that); on condition (that)

coinníollach adj conditional

coinnle see **coinneal**

coinnleoir nm3 candlestick; **coinnleoir craobhach** chandelier

coinscríofach nm1 conscript

coinséartó nm4 concerto

coinsias nm3 conscience; **broideadh coinsiasa** a twinge of conscience

coinsiasach adj conscientious

coinsínigh vt consign

coinsíniú nm consignment

cointinn nf2 contention

cointinneach adj quarrelsome

coip vt, vi ferment; foam; (CULIN) whip; **bhí a chuid fola ag coipeadh** his blood was boiling

cóip (pl ~eanna) nf2 copy; **cóip a dhéanamh de rud** to make a copy of sth; **cóip Xéireacs** photocopy

cóipcheart nm1 copyright

cóipeach adj frothy, foamy

cóipeadh (gs **coipthe**) nm foam; froth; (of soap etc) lather

cóipeáil nf3 copying

cóipleabhar *nm1* copybook; jotter, exercise book

coipthe *adj* (*sea*) choppy; *see also* **coipeadh**

coir (*pl* **~eanna**) *nf2* crime, offence; (*on person*) harm; **coir a dhéanamh** to commit a crime; **duine gan choir** a harmless person; **níl coir inti** she is harmless

cóir *nf3* (*pl* **córacha**) justice; due, share; accommodation; gear, equipment; favourable wind ♦ *adj* (*gsm* **~**, *gsf*, *pl*, *compar* **córa**) just; proper, honest; **an chóir a dhéanamh** to do what is just; **cóir mhaith a chur ar aoi** to treat a guest well; **cóir chodlata** sleeping accommodation; **tá an chóir leo** the wind is with them; (*de or a*) **chóir an dorais** near the door; (**de**) **chóir a bheith réidh** nearly ready; **an chóir** the wherewithal; **praghas cóir** fair price; **mar is cóir** properly; **ba chóir dom dul** I should go/have gone; **cóir a chur ar rud** to fix sth

coirce *nm4* oats

coirceog *nf2* beehive; hive; cone

cóirdial *nm1* cordial

coire *nm4* cauldron; boiler; pit; **coire guairneáin** whirlpool

Cóiré *nf4:* **An Chóiré** Korea

cóireáil *nf3* (*MED*) treatment; **cóireáil mhíochaine** medical treatment

coireál *nm1* coral

coireanna *see* **coir**

cóirigh *vt*, *vi* fix, mend; (*music*) arrange; (*wound*) dress; (*food*) prepare; (*hair*) do; (*person*) dress (up); **tú féin a chóiriú** to dress up; **leaba a chóiriú** to make a bed

cóirithe *adj* tidy; fixed; (*person*) done up; *see also* **cóiriú**

cóiriú (*gs* **cóirithe**) *nm* repair; (*MED*) dressing; (*MUS*) arrangement; **cóiriú bróg** shoe repairs

cóiriúil *adj* favourable; suitable

coirm (*pl* **~eacha**) *nf2* party; **coirm cheoil** concert

coirnéad *nm1* (*MUS*) cornet

coirnéal *nm1* corner; colonel; **cóirnéal caoch** blind corner

coirnín *nm4* (*in hair*) curl; (*decorative*) bead; **coirní a chur i gcuid gruaige duine** to curl sb's hair

coirníneach *adj* curly

coirpeach *nm1* criminal; villain

coirt (*pl* **~eacha**) *nf2* coating, scum; (*of tree*) bark; (*in kettle etc*) fur

cois *see* **cos**

coisbheart (*pl* **~a**) *nm1* footwear

coisc (*vn* **cosc**) *vt*, *vi* prevent; prohibit; stop; (*emotion*) restrain; (*tide*) stem; (*RIV*) freeze; (*AUT*) brake; **rud a chosc** to prohibit sth; **duine a chosc ar rud a dhéanamh** to prevent sb from doing sth

coiscéim (*pl* **~eanna**) *nf2* (*foot*)step, pace; **filleadh ar do choiscéim** to retrace one's steps

coiscín *nm4* contraceptive

coisctheach *adj* preventive; deterrent

coisear *nm1* kosher; **bia coisir** kosher food

coisí *nm4* pedestrian; (*MIL*) infantryman

cóisir *nf2* party; banquet; **gorta nó cóisir** feast or famine; **cóisir mhanglaim** cocktail party

coisreacan *nm1* blessing; consecration

coisric *vt* bless; consecrate; **tú féin a choisreacan** to bless yourself

coisricthe *adj* holy; blessed; **uisce coisricthe** holy water

coiste *nm4* committee, board; jury; **coiste cróinéara** (coroner's) inquest

cóiste *nm4* coach, carriage; pram; stagecoach; **cóiste na marbh** hearse; **cóiste codlata** sleeping car

coiteann *adj* common; **dlí coiteann** common law

coitianta *adj* common(place), usual, ordinary; popular; **nós coitianta** widespread custom; **go coitianta** generally; commonly

coitinne *nf4* generality; **i gcoitinne** in general

col (*pl* ~**anna**) *nm1* aversion, dislike; degree of kinship; **a chol agus a bhá** his likes and dislikes; **ciorrú coil** incest; **col ceathar** *or* **ceathrair/seisir** first/second cousin; **tá col aige leis an obair** he dislikes the work

colainn (*pl* ~**eacha**) *nf2* (*living*) body, torso; (*REL*) flesh; **peacaí na colainne** sins of the flesh; **i gcolainn dhaonna** incarnate; **colainn gan cheann** headless body

coláiste *nm4* college; **coláiste oiliúna** training college

colaistéaról *nm1* cholesterol

colbha *nm4* edge, side; **shuigh sí ag colbha na leapa** she sat by the bed; **colbha an bhealaigh** edge of the road

colfairt *nf2* reject

colg *nm1* anger; blade; (*of sword*) point; (*BIOL*) dorsal fin; **colg a chur ar dhuine** to annoy sb; **tá colg air** he is raging

colgach *adj* angry

colgán *nm1* swordfish

coll *nm1* hazel; **crann/cnó coill** hazel tree/hazelnut

collach *nm1* boar

collaí *adj* carnal, sexual; sensual

colm¹ *nm1* dove

colm² *nm1* scar; **colm a fhágáil ar** to scar

colmán *nm1* dove

colmóir *nm3* hake

colpa *nm4* (*ANAT*) calf

colscaradh (*gs* **colscartha**, *pl* **colscarthaí**) *nm* divorce

colún *nm1* column; pillar; **colún pearsanta** personal column

colúnaí *nm4* columnist

colúnáid *nf2* colonnade

colúr *nm1* pigeon; **colúr frithinge** homing pigeon

comair (*gsf, pl, compar* **coimre**) *adj* neat; trim; (*style*) concise, laconic

comaoin¹ (*pl* ~**eacha**) *nf2* favour; obligation, debt; compliment; return of favour; **bheith faoi chomaoin ag duine as rud** to be indebted *or* obliged to sb for sth; **gan chomaoin** without obligation; **comaoin a láimhe féin a thabhairt do dhuine** to pay sb back in kind

comaoin² (*pl* ~**eacha**) *nf2* (*spiritual etc*) communion

comaoineach *nf4* communion; **An Chomaoineach Naofa** Holy Communion

comard *nm1* (*in money*) equivalent

comh- *prefix* joint, common; fellow; equal

comha *nf4* safeguard; indemnity

comhábhar *nm1* ingredient; component part

comhad *nm1* (*also* COMPUT) file; **comhad cúltaca** backup file

comhadchaibinéad *nm1* filing cabinet

comhaimseartha *adj* modern; topical

comhaimsir *nf2*: **lucht a ~e** her contemporaries

comhainmneach *nm1* namesake

comhainmneoir *nm3* (*MATH*) common denominator

comhair *in prep phrases*: **os ~ + gen** in front of, opposite; **os comhair an tsaoil** openly, publicly; **faoi chomhair + gen**, **i gcomhair + gen** for, intended for; **i gcomhair an lóin** for lunch; **i gcomhair na hoíche** for the night; **plean a chur os comhair an phobail** to unveil a scheme

comh-aireacht nf3 (POL) cabinet; **comh-aireacht fhreasúra** shadow cabinet

comhaireamh nm1 count; calculation

comhairle nf4 advice; council; **comhairle a chur ar dhuine** to advise sb; **dul i gcomhairle le duine** to consult sb; **bheith ar do chomhairle féin** to be independent; **idir dhá chomhairle (faoi)** undecided (about); **déan do chomhairle féin** please yourself!; **comhairle baile** town council; **Ceann Comhairle** (IRL: POL) the Speaker

comhairleoir nm3 councillor; consultant; counsellor

comhairligh vt advise; **rud a chomhairliú do dhuine** to advise sb to do sth

cómhaith nf2 equal; parallel; **níl a chómhaith i mBéarla** it has no parallel in English

cómhalartach adj reciprocal

cómhalartaigh vt reciprocate

comhalta nm4 fellow, member

comhaltacht nf3 fellowship

comhaltas nm1 membership; association

comhaois nf2 equal or similar age; **lucht mo chomhaoise** my peers, my own age group; **tá mé ar comhaois leis** I am the same age as him

comhaontas nm1 alliance, concord

comhaontú nm agreement, accord, pact; unification; **Comhaontú Angla-Éireannach** Anglo-Irish agreement

comhar nm1 cooperation; collaboration; teamwork; **dul i gcomhar le duine (i rud)** to cooperate or combine with sb (in sth); **tá teach i gcomhar acu** they

have a house between them; **an comhar a chúiteamh le duine** to return a favour or compliment to sb

comharba nm4 successor

comharbas nm1 succession

comharchumann nm1 cooperative (society)

comhardaigh vt equalize; (account etc) balance

comhardú nm balance; **comhardú na trádála** balance of trade

Cómhargadh nm1: **An ~** the Common Market

comharsa (gs, gpl ~n, pl ~na) nf neighbour

comharsanacht nf3 (place) neighbourhood; vicinity; (of person) neighbourliness

comharsanúil adj neighbourly

comhartha nm4 sign, signal; gesture, symbol; mark; emblem; omen; **ina chomhartha ar** indicative of; **comhartha bóthair** roadsign; **comhartha ceiste** question mark; **comhartha cille** birthmark; **comhartha guaise** distress signal; **comharthaí sóirt** (of person) features; description; **comharthaí athfhriotail** quotation marks, quotes; **comhartha a dhéanamh** to signal

comharthaigh vt indicate; signify; designate

comhbhá nf4 sympathy

comhbhrí nf4: **ar ~ (le)** (meaning) equivalent (to)

comhbhrón nm1 condolence; sympathy; **comhbhrón a dhéanamh le duine** to give one's condolences to sb

comhbhrúigh vt compress

comhbhruith vt concoct ♦ nf (gs **comhbhruite**) concoction

comhbhuainteoir nm3 combine (harvester)

comhchaidreamh *nm1* association

comhchainteanna *nfpl2* (POL etc) talks

comhcheangail *vt, vi* join, combine

comhcheangailte *adj* joined, united; (SPORT) muscle-bound

comhcheangal *nm1* combination, association; **comhcheangal smaointe** association of ideas

comhcheilg (*pl* **comhchealga**, *gpi* **comhchealg**) *nf2* plot, conspiracy

comhchéim *nf2* step; **ar comhchéim le** on a par with, on equal terms

comhcheol *nm1* harmony

comhchiallach *nm1* synonym

comhchoiri *nm4* accomplice

comhchoiteann *adj* communal; collective; general

comhchosúil *adj* matching, identical; similar

comhchruinnigh *vt, vi* congregate, assemble

comhchuid *nf3* equal part

comhchuntas *nm1* joint account

comhdháil *nf3* conference; (*gathering*) convention, congress

comhdhéan *vt* constitute, make up

comhdhéanamh *nm1* composition, structure, make up

comhdheas *adj* ambidextrous

comhdhlúthaigh *vt, vi* condense; compact

comhdhlúthú *nm* condensation

comhdhuille *nm4* counterfoil

comhéadan *nm1* (COMPUT) interface

comhfhiontar *nm1* (COMM) joint venture

comhfhios *nm3* (PHIL) consciousness

comhfhiosach *adj* (PHIL) conscious

comhfhocal *nm1* (LING) compound (word)

comhfhreagair (*pres* **comhfhreagraíonn**) *vi* correspond

comhfhreagracht *nf3*

correspondence; joint responsibility

comhfhreagraí *nm4* correspondent

comhfhreagras *nm1* correspondence; **cúrsa comhfhreagrais** correspondence course

comhghairdeas *nm1* congratulation; **comhghairdeas a dhéanamh le duine (faoi** *or* **as)** to congratulate sb (on)

comhghaolmhar *adj* interrelated

comhghlasáil *vt, vi* interlock

comhghleacaí *nm4* colleague; fellow; equal, peer

comhghléas *vt* (RADIO, TEC) tune (in)

comhghnás *nm1* convention; protocol

comhghnásach *adj* conventional

comhghuaillí *nm4* ally; **na Comhghuaillithe** the Allies

comhionann *adj* identical; uniform

comhionannas *nm1* equality

comhla *nf4* door leaf; shutter; valve; **comhla bheag** service hatch, hatch; **comhla thógála** trap door; **comhla sceite** safety valve

comhlachas *nm1* (COMM) association

comhlacht *nm3* firm, company; **comhlacht corpraithe/poiblí** incorporated/public company; **comhlacht teoranta** limited (liability) company

comhlánaigh *vt* complete; complement

comhlann *nf2* contest; fight

comhlántach *adj* (*angle* etc) complementary

comhlathas *nm1* commonwealth; **an Comhlathas** the Commonwealth

comhlíon *vt* fulfil; carry out; (*rules* etc) observe, comply with; (*duties*) perform; (*purpose*) serve; **dualgas a chomhlíonadh** to fulfil an obligation; **riail a chomhlíonadh** to observe a rule

comhluadar *nm1* company; family, household

comhoibrí *nm4* workmate

comhoibrigh *vi*: ~ (le) cooperate (with); collaborate (with)

comhoibritheach *adj* cooperative

comhoibriú *nm* cooperation

comhoideachasúil *adj* co-educational

comhoiriúnach *adj* compatible; matching

comhordaigh *vt* coordinate

comhordanáidí *nfpl2* coordinates

comhordanáidigh *vt* (MATH) coordinate

comhpháirt *nf2* component, part; **i gcomhpháirt (le)** jointly, in partnership (with)

comhpháirtí *nm4* associate, colleague

comhphobal *nm1* community; **An Comhphobal Eorpach** The European Community, EC

comhrá (*pl* ~**ite**) *nm4* conversation, talk; chat; **comhrá a dhéanamh** to have a conversation; **comhrá cailleach** old wives' tales; **comhráite** negotiations

comhrac *nm1* fight; fighting; combat

comhraic *vt, vi* encounter

comhráite *see* **comhrá**

comhráiteach *adj* colloquial; conversational ♦ *nm1* conversationalist

comhramh *nm1* trophy

comhréalta *nf4* co-star

comhréir *nf2* proportion; syntax; **i gcomhréir (le)** proportional (with)

comhréireach *adj* proportional; syntactic(al)

comhréiteach *nm1* compromise; settlement; agreement

comhréitigh *vt, vi* compromise; settle; agree

comhriachtain *nf3* (sexual) intercourse; copulation

comhrialtas *nm1* (POL) coalition

comhrialú (*gs* **comhrithe**) *nm* (AUT) timing

comhscór *nm1* (SPORT) draw

comhshamhlaigh *vt* assimilate

comhshaolach *adj* contemporary

comhshaoránach *nm1* fellow citizen

comhshuaitheadh (*gs* **comhshuaite**) *nm* (MED) concussion

comhshuíomh *nm1* (atmosphere etc) composition

comhtharlaigh *vi* coincide

comhtharlú *nm* coincidence

comhtháthaigh *vt, vi* integrate; fuse; merge

comhthéacs *nm4* context; **rud a ghlacadh as a chomhthéacs** to take sth out of context

comhthionól *nm1* congress; assembly; (REL) community

comhthíreach *nm1* compatriot

comhthomhaiseach *adj*: ~ (le) commensurate (with *or* to)

comhthreomhar *adj* parallel

comhthuiscint *nf3* understanding; rapport

comóir *vt* celebrate; escort, accompany; **duine a chomóradh amach** to show sb out

comónta *adj* common, ordinary

comóradh *nm* celebration; escort

comórtais *n gen as adj* competitive; **cluiche comórtais** competitive game

comórtas *nm1* competition; contest; comparison; **comórtas iascaireachta/ceoil** fishing/music competition; **dul i gcomórtas le** to compete with; **rud a chur i gcomórtas (le)** to compare sth (with); **i gcomórtas le** in comparison with

compánach *nm1* companion,

chum; comrade

comparáid nf2 comparison; likeness; **capall a chur i gcomparáid le hasal** to compare a horse to a donkey

comparáideach adj (also LING) comparative

compás nm1 compass; circumference; **as compás** out of order; (boat) off course

complacht nm3 (MIL) company

compord nm1 comfort

compordach adj comfortable

comrádaí nm4 comrade; pal, mate

comrádaíocht nf3 comradeship; **bheith ag comrádaíocht le duine** to pal or hang about with sb

común nm1 commune

con see **cú**

conablach nm1 remains; carcass

conách nm1 success; wealth; **a chonách sin ort!** (ironic) it serves you right!

cónaí (gs, pl cónaithe) nm residence, dwelling; repose, peace; **scoil chónaithe** boarding school; **ceantar cónaithe** residential area; **dul a chónaí (i)** to go to live (in); **bheith i do chónaí (i)** to reside (in); **dul faoi chónaí (i)** to go to rest; **i gcónaí** always, constantly; still

cónaidhm (pl ~eanna) nf2 federation

cónaigh vi live; reside; settle

conáil vt, vi freeze; perish; **chonálfadh sé na corra** it is freezing

conáilte adj freezing; **bheith conáilte** to be frozen stiff

conairt (pl ~eacha) nf2 pack of hounds); (people) rabble

cónaisc vt merge; amalgamate; federate

cónaithe see **cónaí**

cónaitheach adj resident; constant, permanent; **post cónaitheach**

permanent post

cónaitheoir nm3 resident; (in asylum etc) inmate

conamar nm1 fragments

conartha, conarthaí see **conradh**

conas adv how; **conas tá tú?** how are you?; **conas a d'éirigh leat?** how did you manage?

cónasc nm1 link, connection; (LING) conjunction

cónascach adj connecting; federal; (LING) conjunctive

conchró (pl ~ite) nm4 kennel

conduchtaire nm4 conductor; **conduchtaire tintrí** lightning conductor

confach adj bad-tempered; (dog) rabid; vicious

confadh nm1 rabies; bad temper, rage

cóngar nm1 proximity; shortcut; **i gcóngar na siopaí** within reach of the shops; **dul an cóngar** to take the shortcut

cóngarach adj near; convenient; approximate; **cóngarach (do)** near (to); **bheith cóngarach díot féin** to be egocentric or selfish

conlaigh vt gather; scrape together; glean

conlán nm1 collection; **rud a rá as maoil do chonláin** to say sth on the spur of the moment; **bheith ar do chonlán féin** to be independent, provide for o.s.

Connachta nmpl (also: **Cúige Chonnacht**) Connacht

Connachtach adj Connacht ♦ nm1 Connacht man/woman

connadh nm1 firewood; fuel

cónra nf4 coffin, casket (US)

conradh (gs conartha, pl conarthaí) nm contract; treaty; bargain; (association) league; **conradh síochána** peace treaty; **Conradh na Gaeilge/Talún** The Gaelic/Land

League; **Conradh na Náisiún** League of Nations; **fuair tú conradh maith** you got a good bargain

conraitheoir *nm3* contractor

consal *nm1* consul

consalacht *nf3* consulate

consan *nm1* consonant

consól *nm1* (COMPUT) console

conspóid *nf2* controversy; argument, dispute

conspóideach *adj* controversial

conspóidí *nm4* argumentative person; **: d' will**) contestant

constábla *nm4* constable

constáblacht *nf3* constabulary

constaic *nf2* obstacle, barrier; impediment

contae (*pl* **~tha**) *nm4* county

contrabhanna *nm4* contraband

contráilte *adj* wrong; incorrect; contrary; **tá sin contráilte agat** you've got it wrong; **an taobh contráilte** the wrong side

contrártha *adj* contrary; opposite

contrárthacht *nf3* contrast; **i gcontrárthacht le** in contrast with

contráth *nm3* dusk

contúirt *nf2* danger, peril; **i gcontúirt** in danger; **slán ó chontúirt** out of harm's way

contúirteach *adj* dangerous, risky; unsafe

cor (*pl* **~a**) *nm1* turn; (FISHING) haul; (*dance*, MUS) reel; **cor bealaigh a chur ort féin** to take a detour, go out of one's way; **cor cainte** idiom, turn of phrase; **coise a thabhairt do dhuine** to trip sb; **cor a chur i scéal** to distort a story; **cor a thabhairt do dhuine** to give sb the slip; **cor a chur i saol duine** to change the course of sb's life; **cora crua an tsaoil** the hardships of life; **is oth liom do chor** I am sorry for your predicament; **tá cor**

san fheoil the meat is off; **ar aon chor** at any rate, anyway; **ar chor ar bith, in aon chor** at all

cór¹ *nm1* choir; chorus

cór² *nm1* corps; **cór taidhleoireachta** diplomatic corps

cora *nf4* weir; *see also* **cor**

coradh (*gs* **cortha**, *pl* **corthaí**) (*in road, river*) bend, turn

coraí *nm4* wrestler

coraintín *nm4* quarantine

coraíocht *nf3* wrestling; **bheith ag coraíocht (le duine)** to wrestle *or* struggle (with sb)

córam *nm1* quorum

Córan *nm4*: **An Córan** the Koran

córas *nm1* system; setup; (POL) régime; **córas deachúlach** decimal system

córasach *adj* systematic

corc *nm1* cork

Corcaigh (*gs* **Chorcaí**) *nf2* Cork

corcairdhearg *adj, nm1* crimson

corcairghorm *adj, nm1* (*colour*) violet

corcán *nm1* pot

corcra *adj, nm4* purple

corcscriú *nm4* corkscrew

corda *nm4* cord, string; (MUS) chord; (*fabric*) cord, corduroy

Corn *nm1*: **~ na Breataine** Cornwall

corn¹ *vt* roll (up), coil; wrap

corn² *nm1* horn; beaker; (SPORT) cup; (RACING) plate

corna *nm4* coil, roll; bale; (*contraceptive*): **an ~** the coil

cornchlár *nm1* sideboard

cornphíopa *nm4* hornpipe

coróin (*gs* **corónach**, *pl* **corónacha**) *nf* crown; **Coróin Mhuire** rosary beads; **bheith i gcoróin** to reign; **teacht i gcoróin** to accede to the throne

coróineach *nf2* carnation

corónaigh *vt* crown

corónú *nm* coronation

corp nm1 body; corpse, remains;
  corp agus anam body and soul;
  corp na fírinne the very truth;
  corp eaglaise nave
corpán nm1 corpse, body
corparáideach adj corporate
corpartha adj bodily
corpoideachas nm1 physical
  education, PE
corr¹ (gsm ~) adj odd; eccentric;
  kinky; **an ceann corr** the odd one
  out; **an t-éan corr** the odd man
  out
corr² nf2 heron; **corr bhán** stork;
  corr mhóna crane
corr- prefix odd-, occasional
corrabhuais nf2 confusion
corrabhuaiseach adj confused
corrach adj unsettled; restless,
  unsteady; (times) troubled,
  uncertain
corradh nm: **~ le** or **agus** more than
corraí nm excitement
corraigh vt, vi move, shift, stir;
  agitate; disturb; excite, thrill
corraíl nf3 stir; excitement, thrill;
  hype
corraithe adj excited; (sea) choppy
corraitheach adj exciting, thrilling;
  touching, moving
corrán nm1 sickle; crescent; (GEOG)
  hook; **corrán gealaí** crescent
  moon
corrlach nm1 (in betting) odds
corrmhéar nf2 index finger,
  forefinger
corrmhíol (pl ~ta) nm1 midge
corróg nf2 hip
corrthónach adj restless, fidgety
corruair adv occasionally;
  sometimes
Corsaic nf2: **An Chorsaic** Corsica
cortha adj exhausted; see also
  coradh
corthaí see **coradh**
córúil adj choral

cos (ds **cois**) nf2 leg; foot; (of knife
  etc) handle; (of a glass) stem; **de
  chois** on foot; **cos sicín** leg of
  chicken; **do chosa a bhreith leat** to
  make one's getaway; **ar cosa in
  airde** at a gallop; **de shiúl na gcos**
  on foot; **bheith ag tarraingt na
  gcos** to shuffle one's feet; **rud a
  dhéanamh in éadan do chos** to do
  sth unwillingly; **rud a chur faoi
  chois** to suppress sth; **buail cos air**
  keep it quiet; **cois** + gen, **de
  chois** + gen, **i gcois** + gen beside,
  along; **siúl cois na farraige** to walk
  along the shore; **le cois** + gen as
  well as, in addition to; **lena chois
  sin** besides; **ar cois** afoot; **cad é
  atá ar cois?** what's up?
cosain (pres **cosnaíonn**) vt defend,
  protect; vindicate; cost; **duine a
  chosaint** to defend sb; **chosain sé í**
  he stuck up for her; **chosain an
  leabhar £10** the book cost £10
cosaint (gs **cosanta**) nf3 defence,
  protection; safeguard; **Aire
  Cosanta** Minister of Defence; **dul
  ar do chosaint** to go on the
  defensive
cosán nm1 path, footpath;
  pavement, sidewalk (US); track,
  trail
cosantach adj defensive, protective
cosantóir nm3 protector; (SPORT)
  defender; (LAW) defendant; (AUT)
  bumper
cosc nm1 prohibition; prevention;
  deterrent; ban; **cosc a chur ar rud**
  to ban sth, prohibit sth; see also
  coisc
coscair (pres **coscraíonn**) vt, vi thaw;
  disintegrate; shatter; hack;
  mangle; (person) distress, shock
coscairt (gs **coscartha**) nf3 thaw;
  defeat, overthrow; slaughter;
  tháinig an choscairt it thawed
coscán nm1 brake; **coscán láimhe/**

coise handbrake/footbrake; **na coscáin a theannadh** to put the brakes on

coscrach adj harrowing, distressing; (victory, defeat) overwhelming

coslia (pl ~nna) nm4 chiropodist

cosnaíonn see **cosain**

cosnochta adj barefoot

cósta nm4 coast

costas nmr1 cost; expense; **cuid is costas** food and expenses

costasach adj costly, expensive

cosúil adj like; alike; **cosúil (le)** similar (to); **is cosúil go ...** it appears that ...; **tá siad cosúil le chéile** they are alike

cosúlacht nf3 likeness; resemblance; appearance; semblance; **de réir cosúlachta** on the face of it, apparently

cóta nm4 coat; kilt; **cóta báistí** raincoat; **cóta fionnaidh** fur coat; **cóta mór/seomra** overcoat; housecoat

cotadh nm1 shyness

cothabháil nf3 maintenance

cothaigh vt feed; sustain; (financially etc) support; (trouble etc) stir up

cothroime nf4 evenness

cothrom adj equal, even; (surface) flat, level; (decision etc) fair, just ♦ nm1 level; balance; equal(ity); fairness; **baineadh dá cothrom í** she lost her balance; **cothrom na féinne** fair play; **i gcothrom le** on a par with; **bheith cothrom le** to be even with; **cluiche cothrom** (SPORT) a draw

cothromaigh vt, vi even (up), level (off); balance; (SPORT) equalize

cothromaíocht nf3 evenness; balance; equilibrium

cothománach adj horizontal

cothromóir n (SPORT) equalizer

cothú nm nourishment, sustenance;

maintenance; promotion; **cothú cothrom** balanced diet; **cothú ealaíon** promotion of arts

cothúil adj nourishing, sustaining

cotúil adj bashful, shy; self-conscious

crá nm4 anguish, distress; torment; bother; **crá croí** (inf) nuisance, pain in the neck

crág nf2 large paw or hand; (AUT) clutch; **crág airgid** a handful of money

crágáil vi handle awkwardly; walk awkwardly

craic (pl ~eanna) nf2 (fun) crack; company; **tá craic mhaith leis** he's good craic; he's a good sport

craiceann (pl craicne) nm1 skin; hide, pelt; (of bacon, cheese) rind; (of fruit, potato) peel; (fig) veneer; **craiceann caorach** sheepskin; **craiceann istigh** inside out; **an craiceann a bhaint d'oráiste** to peel an orange; **craiceann a bhualadh le duine** to have sex with sb; **craiceann a chur ar scéal** to embroider a story; (road) surface; **tá craiceann na fírinne ar an scéal** the story rings true

cráifeach adj religious, devout

cráifeacht nf3 piety

cráifisc nf2 crayfish

cráigh vt torment, distress; annoy; **ná bí do mo chrá** don't annoy me

cráin (gs **cránach**, pl **cránacha**) nf sow

cráite adj tormented, tortured; annoying, exasperating; **saol cráite** miserable life

crampa nm4 cramp

cranda adj stunted

crandaí nm4 hammock; **crandaí bogadaí** seesaw

crandaigh vt stunt

crangaid nf2 winch, crank

crann nm1 tree; (RADIO etc) mast;

pole; handle, shaft; **crann gallchnó/castán** walnut/chestnut (tree); **crann ológ/plána** olive/plane (tree); **crann síorghlas** evergreen (tree); **crann teile/úll** lime/apple (tree); **crann brataí** flagpole; **crann fuinte** rolling pin; **crann seoil** mast; **crann tabhaill** sling; **crann taca** mainstay; **crann tógála** crane; **crainn a chaitheamh (ar rud)** draw lots (for sth), toss up (for sth); **teacht i gcrann** to develop fully

crannchur *nm1* lottery; raffle

craobh (*pl* ~acha, *gpl* ~) *nf2* branch; bough; (*SPORT*) championship; **craobh ghinealaigh** genealogical tree; **dul le craobhacha** to go mad; **craobh an chontae** the county championship

craobh-abhainn (*gs* **craobh-abhann**, *gs* **craobh-aibhneacha**) *nf* tributary

craobhóg *nf2* twig; sprig

craobhscaoil *vt, vi* broadcast; propagate

craobhscaoileadh (*gs* **craobhscaoilte**) *nm* propagation

craol *vt* announce ♦ *vt, vi* broadcast; (*signal*) send out

craolachán *nm1* broadcasting; **stáisiún craolacháin** broadcasting station

craoladh (*gs* **craolta**, *pl* **craoltaí**) *nm* broadcast

craoltóir *nm3* broadcaster

craos *nm1*, *nm4* gullet; greed, gluttony; **craos a dhéanamh (ar)** to gorge o.s. (on)

craosach *adj* ravenous; gluttonous

craosaire *nm4* glutton

craosfholc *vt, vi* gargle

crap *vt, vi* contract; shrink

crapadh *nm* contraction; shrinkage

craplaigh *vt* cripple

craptha *adj* stilted; cramped

cré¹ (*pl* ~anna) *nf4* clay; earth, soil; ash; **cré bhruite** terracotta; **earraí cré** earthenware

cré² (*pl* ~anna) *nf4* creed; **An Chré** The Creed

creach¹ *vt* brand

creach² *vt* loot, plunder, ransack, rifle; prey on; assault, mug ♦ *nf2* (*of stolen goods etc*) haul; loot; spoils; (*animal*) prey, quarry; **ainmhí creiche** beast of prey

creachadh (*gs* **creachtha**, *pl* **creachthaí**) *nm* plunder; ruin(ation)

créafóg *nf2* clay

creagach *adj* rocky

créam *vt* cremate

créamatóiriam *nm4* crematorium

créanna see **cré¹, ²**

creasa see **crios**

creat *nm3* frame; shape; chassis; **creat a chur ar rud** to get sth into shape

creatach *adj* emaciated, gaunt

creatfhoireann *nf2* skeleton staff

creatha see **crith**

creathach *adj* (*hand*) shaky; shivering; (*voice*) trembling, vibrating

creathadach *nf* trembling, shaking; shivering

creathán *nm1* tremor; **tháinig creathán ina ghuth** his voice wavered

creathánach *adj* trembling

creathanna see **crith**

creathnaigh *vi* (*with fear*) tremble, flinch; **creathnú roimh dhuine** to cower before sb

creatlach *nf2* framework; skeleton; (*empty*) shell; **creatlach scéil** outline of story

créatúr *nm1* creature; **an créatúr!** poor thing!

cré-earraí *nmpl4* earthenware

creid *vt* believe; suppose, guess;

creidim i míorúiltí I believe in miracles; **creideann sé go bhfuil sí tinn** he believes that she is sick; **creid mise** believe me

creideamh nm1 belief; faith; religion

creidiúint (gs **creidiúna**) nf3 credit

creidiúnach adj reputable; creditable

creidiúnaí nm4 creditor

creidmheas nm3 credit; **áiseanna creidmheasa** credit facilities

creig nf2 rock; crag

creig-ghairdín nm4 rock garden

creim vt erode; gnaw

creimeadh (gs **creimthe**) nm erosion; inroads

creimire nm4 rodent

cré-umha nm4 bronze

crián nm1 crayon

criathar nm1 sieve; quagmire

criathraigh vt sieve, sift; (bullets) riddle; **ceist a chriathrú** to examine a question closely

críoch (ds **crích**) nf2 limit; boundary; end, finish; territory; completion; fulfilment; **Críoch Lochlann** Scandinavia; **teacht chun críche** to come to an end; **an chríoch in conclusion**; **rud a chur i gcrích** to finish or complete sth

críochantacht nf3: **ag ~ le** (land etc) bordering on

críochnaigh vt, vi complete, finish (off), end

críochnaithe adj finished; (absolute) utter, complete

críochnaitheach adj final

críochnú nm completion

críochnúil adj thorough; methodical

críochú nm demarcation

criogar nm1 (insect) cricket

criongán nm moaning; **bheith ag criongán** (faoi) to moan or whinge (about)

críonna adj prudent; wise; cunning; (person) mature; (option) advisable

críonnacht nf3 wisdom; maturity; shrewdness

crios (gs **creasa**, pl **~anna**) nm3 belt; strap; (GEOG) zone; **crios ama** time zone; **crios iompair** conveyor belt; **crios leaisteach** elastic band; **crios tarrthála** lifebelt; safety belt, seat belt

Críost nm4 Christ

Críostaí adj, nm4 Christian

Críostaíocht nf3: **An Chríostaíocht** Christianity

criostal nm1 crystal

Críostúil adj Christian

crith (gs **creatha**, pl **creathanna**) nm3 tremble, shiver; quiver ♦ vi shiver; tremble; **bheith ar crith le heagla** to shake with fear; **crith talún** earthquake, (earth) tremor

critheagla nf4 fear, trepidation

critheaglach adj terrified; fearful; timorous

crithlonraigh vi shimmer

criticeoir nm3 (reviewer) critic

criticiúil adj critical

cró[1] (pl **~ite**) nm4 hovel; (PHOT) aperture; (for sheep) pen; (arena, for boxing) ring; (ANAT) socket; (of needle) eye; **cró folaigh** hideaway; **cró mucra** pigsty, sty

cró[2] nm4 blood

croch nf2 cross; gallows ♦ vt, vi hang (up); put up; raise up; carry; **an Chroch Chéasta** the Cross of the Crucifixion; **pictiúr a chrochadh an bhalla** to hang a picture on a wall; **amhrán a chrochadh (suas)** to strike up a song; **croch leat!** get lost!

crochadán nm1 hanger

crochadh nm hanging

crochaille nm4 spittle; phlegm

crochóga nfpl2 suspenders

crochta adj sloping; steep; hanging; raised

cróga adj brave; hardy

crógacht nf3 bravery, valour

crogall nm1 crocodile

croí nm4 heart; centre; core; **croí na fírinne** the essence of truth; **croí na ceiste** the heart of the matter; **tá a chroí istigh inti** he is madly in love with her; **bhain sí an croí as** she frightened the life out of him; **tá a chroí ina bhéal aige** he is terrified; **thit mo chroí** my heart sank; **faoi chroí mór maith** (to help etc) gladly; **le croí mór** heartily

croíbhriste adj broken-hearted

croílár nm1 dead centre; hub

cróílí adj disabled; infirm ♦ nm4 disablement; infirmity; **i gcróílí an bháis** in the throes of death

croim- see **crom-**

croiméal nm1 moustache

cróimiam nm4 chromium

cróinéir nm3 coroner; **coiste cróinéara** (coroner's) inquest

cróineolaíoch adj chronological

croinic nf2 chronicle

cróise nf4 crochet

croit nf2 croft

cróite see **cró**

croith vt, vi shake; rattle; (tail) wag; (hand, flag) wave; (salt etc) sprinkle; **lámh a chroitheadh (le)** to shake hands (with); **do cheann a chroitheadh** to shake one's head

croitheadh nm shake; sprinkling; **croitheadh láimhe** handshake; **bhain an taisme croitheadh aisti** she was shaken by the accident

croíúil adj hearty; cheerful; (song) rousing; (welcome) warm

crólinnteach adj gory

crom adj bent, stooped ♦ vt, vi bend; stoop; lean (over); **crom siar/chun tosaigh** lean back/forward; **crom ar** start to; (tune,

song) strike up; (work) get down to

cróm nm1 chrome

cromán nm1 hip; (TECH) crank

crómasóm nm1 chromosome

crombóg nf2 crumpet

crómhneasú (gs **crómhneasaithe**) nm chromium plating

cromleac (gs **cromleice**, pl **~a**) nf cromlech

crompán nm1 creek

cromshlinneánach adj slouching; round-shouldered

crón adj swarthy

cronaigh vt miss; **cronaím an chraic** I miss the crack

crónán nm1 hum; drone; murmur; **tá an cat ag crónán** the cat's purring

cros[1] nf2 cross; prohibition; veto ♦ vt forbid; ban; prohibit; **cros ar** ban; forbid; **comhartha na croise** the sign of the cross; **cros chéasta** crucifix; **an Chros Dhearg** the Red Cross; **Turas na Croise** the Stations of the Cross; **tá cros ar an leabhar sin** that book is banned; **crosaim ort dul amach** I forbid you to go out; **tá sin crosta** that is not permitted

crosach adj crosswise

crosáil vt cross

crosaire nm4 crossing; crossroads; **crosaire comhréidh** level crossing

crosbhealach nm1 crossroad; (on motorway) interchange; (of roads) intersection

crosbhóthar (pl **crosbhóithre**) nm1 crossroad

croscheistigh vt, vi (LAW) cross-examine

crosfhocal nm1 crossword

croslámhach nm1 crossfire

crosóg nf2 small cross; **crosóg mhara** starfish; **crosóg Bhríde** (REL) St Brigid's Cross

cros-síolraigh vt, vi (BIOL etc)

cross-breed

cros-síolrú (*gs* **cros-síolraithe**) *nm* (BIOL *etc*) cross-breeding

crosta *adj* (*child*) bold; troublesome

crostagairt *nf3* cross-reference

crotal *nm1* (*of lemon etc*) rind; (*of wheat*) husk

crú *nm4* horseshoe; **nuair a thagann an crú ar an tairne** when it comes to the test

crua *adj* hard; difficult; harsh; hardy; (*drink*) neat ♦ *nm4* hard; **saol/buille/fear crua** hard life/ blow/man; **ólann sé crua é** he drinks it neat; **tá sé ag cur crua orm dearmad a dhéanamh air** I find it hard to forget

cruach¹ *nf2* pile; (*of hay, turf*) stack ♦ *vt* stack; **cruach fhéir** haystack

cruach² *nf4* steel; **cruach dhosmálta** stainless steel

cruachás *nm1* predicament; difficulty; dilemma; **bheith i gcruachás** to be in dire straits

cruachroíoch *adj* callous

cruadhiosca *nm4* (COMPUT) hard disk

crua-earraí *nmpl4* hardware

cruaigh *vt, vi* harden; toughen

crúálach *adj* cruel

crúálacht *nf3* cruelty

cruan *nm1, vt* enamel

cruánach *adj* solid

cruatan *nm1* hardship; want; **cruatan an tsaoil** the rigours *or* trials of life

crúb *nf2* claw; hoof; **bheith i gcrúba duine** to be in sb's clutches

crúbáil *vt, vi* claw, paw; **ag crúbáil le peann** scrawling with a pen

crúca *nm4* hook; crook; claw

crúcáil *vt* hook; **bheith ag crúcáil ar** to claw at; to clutch at

cruib (*pl* **~eanna**) *nf2* crib; **cruib shúgartha** playpen

cruicéad *nm1* (*game*) cricket

cruidín *nm4* kingfisher

crúigh¹ *vt* (*horse*) shoe

crúigh² *vt* milk

cruimh *nf2* grub; maggot

cruinn *adj* round; exact; accurate; assembled; **tábla cruinn** round table; **cur síos cruinn** accurate description; **tá na daltaí cruinn sa leabharlann** the pupils are assembled in the library; **éist go cruinn** listen closely

cruinne *nf4* universe; orb, globe; roundness

cruinneachán *nm1* dome

cruinneas *nm1* accuracy, exactness, precision; clarity

cruinneog *nf2* (*in class*) globe

cruinnigh *vt, vi* assemble; gather, collect; **airgead/stampaí a chruinniú** to collect money/stamps; **chruinnigh siad le chéile** they got together; **cruinnigh do chuid cainte** come to the point!; **do mheabhair a chruinniú** to gather one's thoughts

cruinniú *nm* gathering, meeting; collection; **tá sí ar chruinniú** she's at a meeting

crúiscín *nm4* small jar *or* jug

cruit (*pl* **~eanna**) *nf2* hump, hunch; (MUS) small harp

cruiteach *adj* humpbacked, hunchbacked

cruiteachán *nm1* hunchback

cruithneacht *nf3* wheat

crúóg *nf2* urgent need; rush; **tá crúóg air** he's in a rush

crúógach *adj* urgent; busy; pressing

crúsca *nm4* jar, jug

crústa *nm4* crust

cruth (*pl* **~anna**) *nm3* appearance; shape; state, condition; **teacht i gcruth** to take shape; **cuir cruth ort féin** tidy yourself up; **bhí sí i gcruth titim leis an tuirse** she was fit to drop with exhaustion

cruthaigh vt create, shape, form; prove; establish; **cás a chruthú** to prove a case; **cruthú go maith** to turn out well

cruthaitheach adj creative

cruthaitheoir nm3 creator

cruthanta adj lifelike; exact; (fool etc) complete

cruthú nm creation; proof; **níl aon chruthú agam (go)** I've no proof (that); **gan chruthú** unsubstantiated

cruthúnas nm1 proof

cú (pl ~nna, gs, gpl con) nm4 greyhound; hound

cuach¹ (pl ~a, gpl ~) nm4 bowl

cuach² nf2 cuckoo; bow knot; (in hair) cowl, tress; hug ♦ vt wrap; bundle; hug **cuach isteach le chéile** to huddle together; **bheith cuachta istigh** to be cooped up

cuachóg nf2 bow knot

cuaifeach nm1 whirlwind

cuaille nm4 pole; stake; post; **cuaille báire** goalpost; **cuaille lampa** lamppost

cuain (pl ~eanna) nf2 (of animals) litter

cuaire nf4 camber

cuairín nm4 circumflex

cuairt (pl ~eanna, with pl nums cuarta) nf2 visit, call; (of doctor) round; (of town, museum) tour; (of track) circuit, lap; **cuairt a thabhairt ar dhuine** to pay sb a visit

cuairteoir nm3 visitor, tourist

cual nm1 bundle

cuallacht nf3 guild; corporation; fellowship

cuan (pl ~ta) nm1 harbour, marina; haven

cuar nm1 curve; circle

cuarán nm1 sandal

cuardach nm1 search

cuardaigh vt search (for)

cuarta see **cuairt**

cuartaíocht nf3 visiting; **dul ag cuartaíocht tigh** + gen to call round to sb's (house)

cuas (pl ~a) nm1 hollow, cavity; (ANAT) sinus

cuasach adj hollow, concave

cúb nf2 coop ♦ vt, vi bend; cower, shrink; **cúbadh (ó)** to recoil (from)

Cúba nm4 Cuba

cúbláil vt misappropriate; wrangle; manipulate

cúcamar nm1 cucumber

cufa nm4 cuff

cuí adj fitting

cuibheasach adj fair, reasonable, middling

cuibhiúil adj proper; seemly; decent

cuibhiúlacht nf3 seemliness; decorum; decency

cuibhreach nm1 binding, fetter; **níl ceangal ná cuibhreach air** he has no ties

cuibhreann nm1 field; (MIL) mess

cuid (gs coda, pl codanna) nf3 some; part; share; portion; means of subsistence; **an chéad chuid** the first part; **an chuid is mó** the greater part; **cuid de** some of; **cuid acu** some of them; **cuid mhaith** (+ gen) a lot (of); **roinnte ina chodanna** divided in parts; **bhí a chuid den chuideachta aige** he enjoyed himself as much as anyone; **tá mo chuid gruaige fliuch** my hair is wet; **tá meath ar a chuid Gaeilge** his Irish has deteriorated; **iníon de chuid Sheáin** one of John's daughters; **do chuid a shaothrú** to earn your keep; **ná tréig do chara ar do chuid** don't lose a friend for gain; **déan do chuid** eat (your meal); **tá lorg a coda uirthi** (inf) she looks well-fed

cuideachta nf4 company; amusement; **is fear mór**

cuideachta é he's very outgoing;
cuideachta a choinneáil le duine to
keep sb company; **i gcuideachta a
chéile** together; **i gcuideachta na
cuideachta** along with the rest;
bhí cuideachta mhaith ann aréir it
was good crack last night

cuideachtúil *adj* sociable; outgoing

cuidigh *vi* help ♦ *vt:* **~ le** help,
assist; *(motion)* second; **chuidiú le
duine** to help sb; **chuidigh sí liom
an t-airgead a chuntas** she helped
me to count the money

cuiditheoir *nm3* helper; *(at meeting)*
seconder

cuidiú *(gs* **cuidithe)** *nm* help;
assistance; **lámh chuidithe** helping
hand

cuidiúil *adj* helpful

cúig *num, adj* five; **a cúig déag**
fifteen; **dhíol mé ar chúig phunt é**
I sold it for £5; **cúig charr/mhí/
phointe** five cars/months/points

cúige *nm4* province; **Cúige
Chonnacht** Connacht; **Cúige
Laighean** Leinster; **Cúige Mumhan**
Munster; **Cúige Uladh** Ulster

cúigeach *adj* provincial

cúigear *num1* five; five people

cúigiú *num, adj, nm4* fifth

cuil¹ *nf2* fly; **cuil ghorm** bluebottle

cuil² *nf2* angry mood; **tá cuil air**
he's angry

cúil *nf* (*gs* **cúlach**, *pl* **cúlacha**)
corner; nook

cuilceach *nm1* rascal; playboy

cuileáil *vt* reject, discard

cuileann *nm1* holly

cúileann *adj, nf2* blond(e)

cuileog *nf2* (insect) fly

cúilín *nm4* (SPORT) point

cuilithe *nf4* vortex; centre, core;
(fig) mainstream

cuilithín *nm1* ripple

cuilt *(pl* **~eanna)** *nf2* quilt

cuimhin *n* (with copula + le): **is ~ léi**

(an tseanscoil) she remembers (the
old school); **ní cuimhin liom a
hainm** I can't remember her name

cuimhne *nf4* memory; recollection;
cuimhní cinn memoirs; **le cuimhne
na ndaoine** within living memory;
más buan mo chuimhne if I
remember correctly; **ar feadh mo
chuimhne, de réir mo chuimhne** as
far as I remember; **rud a chur i
gcuimhne do dhuine** to remind sb
of sth

cuimhneacháin *n gen as adj*
memorial

cuimhneachán *nm1*
commemoration; memento,
souvenir

cuimhneamh *nm1* remembrance;
thought; **cuimhneamh míosa** (REL)
month's mind

cuimhnigh *vt, vi:* **~ (ar)** remember;
recall; keep or bear in mind

cuimil *(pres* **cuimlíonn)** *vt, vi* rub;
wipe; stroke; fondle

cuimilt *nf2* rubbing; wiping;
stroking; friction; *(with cloth)* rub,
wipe; **cuimilt a thabhairt do rud** to
give sth a rub or wipe

cuimleoir *nm3* wiper; rubber

cuimse *nf4:* **dul thar ~** to go too
far; **as cuimse** extreme,
exceedingly

cuimsigh *vt, vi* comprehend;
connote; comprise

cuimsitheach *adj* comprehensive,
inclusive; full-scale

cuing *(pl* **~eacha)** *nf2* yoke; bond,
obligation; **cuing an phósta**
wedlock

cúinne *nm4* corner; angle; nook;
(in road) bend

cúinneach *nm1* (FOOTBALL) corner
(kick)

cuinneog *nf2* (for butter) churn

cúinse *nm4* circumstance; pretext;
condition; **ar aon chúinse** under

no circumstances; **gan chúinse** unconditionally; **bhí sí ann ar an chúinse go ...** she was there on the pretext that ...

cuir (*vn* **cur**) *vt*, *vi* put, place; (*body*) bury; (*seed*) sow, plant; set; lay; send; (*hair, leaves*) shed; rain; **cár chuir tú an peann?** where did you put the pen? **crann a chur to** plant a tree; **dol a chur** to set a trap; **ceist a chur (ar)** to ask a question (to); **geall a chur** to place a bet; **páiste a chur a luí** to send a child to bed; **scéala a chur chuig duine** to send word to; **bheith ag cur allais** to be sweating; **tá sé ag cur sneachta** it is snowing ▸ **cuir amach** put out; eject; (*drink*) pour; vomit; (*warrant, statement*) issue; **do cheann a chur amach an fhuinneog** to put your head out of the window; **duine a chur amach** (*eject*) to put sb out; **bhí sí ag cur amach** she was vomiting ▸ **cuir aníos** send up (from below) ▸ **cuir anuas** send down (from above) ▸ **cuir ar** put on; place; send to; turn on; cause; impose; (*sugar*) add; colour; ascribe; bring on; translate; trouble; **cuir ort do chóta** put your coat on; **stampa a chur ar litir** to put a stamp on a letter; **rud a chur ar aghaidh/ar gcúl** to put sth forward/back; **an raidió a chur air** to switch on the radio; **chuir an boladh ocras air** the smell made him hungry; **dualgas a chur ar dhuine** to place an obligation on; **níor chuir mé siúcra ar an gcaife** I didn't put any sugar in the coffee; **mallacht a chur ar dhuine** to curse; **cuir Gaeilge air sin** put that into Irish; **tá an déideadh ag cur air** the toothache is troubling him ▸ **cuir as** put out of; put out, turn off;

bother; **duine a chur as obair** to put sb out of work; **chuir sí an solas as** she put out the light; **tá na scrúduithe ag cur as di** she is worried about the exams ▸ **cuir chuig** *or* **chun** send to; put to; disturb; embark on; set to; bille a chur chuig duine to send a bill to; **chuir sé an mhoill chun tairbhe dó féin** he used the delay for his own benefit; **is fearr gan cur chuige** it's better not to disturb him; **cur chun bóthair** to set off; cur amach oibre to set to work; **duine a chur chun báis** to execute sb ▸ **cuir de** put, send off; finish; get rid of; **imreoir a chur den bpáirc** (*SPORT*) to send a player off; **slaghdán a chur díot** to get over a cold; **rud a chur díot** to get sth over and done with ▸ **cuir faoi** put under, place faoin mbord place the stool under the table; **tír a chur faoi** smacht to conquer a country ▸ **cuir i** put in; thrust into; bring upon; **chuir sé a lámh ina phóca** he put his hand in his pocket; **chuir sí an scian ann** she stuck the knife in him; **poll a chur i rud** to make a hole in sth; **duine a chur i gcontúirt** to put sb in danger; **sonrú/dúil a chur i nduine** to notice/get to like sb ▸ **cuir isteach** put in; insert; (*time*) pass, spend; apply for; (*person*) interrupt, annoy; **cuir isteach ar** (*job*) apply for; (*person*) interrupt, annoy; **cuir isteach an diosca** insert the disk; **chuir mé lá fada isteach** I put in a long day ▸ **cuir le** send with, send by; add to; drive to; **teachtaireacht a chur le duine** to send a message with; **orlach a chur le rud** to add an inch to sth; **d'ainm a chur le rud** to add your name to sth; **duine a chur le báiní** to infuriate sb ▸ **cuir ó** put off; prevent; put away; **chuir sé ó cheol mé** it put me off singing; **chuir sé uaidh an casúr** he set the hammer aside ▸ **cuir roimh** put before; **deoch a chur roimh dhuine** to set a drink before; **cuspóir a chur romhat** to set yourself an aim ▸ **cuir siar** put back; postpone ▸ **cuir síos** lay, put down; **cuir síos ar** describe; **cuir síos do** attribute to; **brat urláir a chur síos** to lay a carpet; **an citeal a chur síos** to put the kettle on; **cuireadh neamhshuim síos dom** I was said to be disinterested ▸ **cuir suas** put up; **cuir suas le** tolerate; **póstaer a chur suas** to put a poster up; **ní féidir liom cur suas leis níos faide** I can't tolerate it any longer ▸ **cuir thar** put over, across; (time) pass; **cuilt a chur tharat** to put a quilt around you ▸ **cuir thart** send round; pass; **an clár oibre a chur thart** to pass round the agenda ▸ **cuir trí** put through; **cuir trí chéile** mix up, confuse; discuss; **chuir sé an liathróid trí fhuinneog na scoile** he put the ball through the school window; **chuir an scéala trí chéile í** the news confused her; **cás a chur thrí chéile** to discuss a case

cuircín nm4 (feathers) crest
cuireadh nm1 invitation; guest; **cuireadh a thabhairt do dhuine** to invite sb; **cuireadh gan iarraidh** uninvited guest
cuireata nm4 (CARDS) jack
cuirfiú nm4 curfew
cuirín nm4 currant; **cuirín dearg** redcurrant
cúirt (pl **~eanna**) nf2 court; **cúirt airm** court martial; **cúirt dlí** law court; **cúirt éigse** bardic court; **cúirt leadóige** tennis court
cúirtéis nf2 courtesy; (MIL) salute

cúirteoir nm3 courtier
cúirtín nm curtain; **cuirtíní** drapes
cúis (pl **~eanna**) nf2 cause, reason, grounds; case; charge; **cúis gháire** laughing matter; **cúis ghearáin** cause for complaint; **is í an aimsir is cúis leis** the weather is the cause of it; **bhí cúis mhaith aige (le)** he had good reason (to); **déan cúis de** make do with; **déanfaidh sin cúis** that'll do; **cúis dlí** lawsuit
cúiseamh nm1 accusation; charge; prosecution
cúisí nm4 accused
cúisigh vt accuse; prosecute; charge; **duine a chúiseamh (as)** to charge sb (with)
cúisín nm4 cushion
cúisneoir vt fridge, refrigerator
cúisitheoir nm3 prosecutor; **cúisitheoir an stáit** public prosecutor
cuisle nf4 vein; (of blood) pulse; (inf) darling; **cuisle mhór** artery; **cuisle a bhrath** to feel a pulse; **a chuisle mo chroí!** dearest!
cuisneoir nm3 fridge, refrigerator
cúiteach adj compensating; (fig) rewarding; redeeming; **cúiteach (le)** quits (with)
cúiteamh nm1 (LAW) damages, compensation, indemnity; redress; retribution; **cúiteamh a dhéanamh le duine** to reward sb for sth; **rud a chúiteamh le duine** to reward sb for sth
cúitigh vt repay; compensate; recoup; **gar a chúiteamh le duine** to return a favour to sb; **éagóir a chúiteamh** to make amends for an injustice; **duine a chúiteamh** to reward sb
cúl (pl **~a**) nm1 back; rear; (of coin) reverse; (SPORT) goal; **cúl an tí** the back of the house; **i gcúl an bhus** in the back of the bus; **ar chúl** + gen behind; **doras/seomra cúil** back door/room; **do chúl a**

thabhairt le rud to give sth up, turn one's back on sth; **titim i ndiaidh do chúil** to fall backwards; **dul ar gcúl** to recede, go back; **cúl a chur ar dhuine** to delay sb; **ar cúla** (*riding*) pillion; **ar chúla téarmaí** secretly; **cúl a scóráil** to score a goal; **cúl báire** goalkeeper; **cúl taca** support, backing; (*person*) backer

cúlach, cúlacha see **cúl**

cúlaí nm4 (SPORT) back, defender

cúlaigh vt, vi back; retreat; (*car*) reverse

culaith (pl **cultacha**) nf2 suit; dress; uniform; **culaith shnámha** swimming or bathing costume, swimsuit; **culaith thráthnóna** evening dress; **culaith trí bhall** three-piece suit

culaithirt nf2 (THEAT) wardrobe

cúlánta adj backward; shy

cúlbhannaí nmpl4 collateral

cúlbhinseoir nm3 (POL) backbencher

cúlbhrat nm1 backdrop

cúlchaint nf2 backbiting; gossip

cúlcheadaigh vt connive

cúlchiste nm3 (COMM) reserve, fund

cúlchnap nm1 (of money) reserve

cúléisteacht nf3: **~ (le)** eavesdropping (on)

cúlfhiacail nf2 molar

cúlghabhálach adj retrospective

cúlgharda nm4 rearguard

cúlpháirtí nm4 (to crime) accessory

cúlra nm4 background; backdrop

cúlráid nf2 seclusion; secluded place; **ar an gcúlráid** in seclusion; **fanacht ar an gcúlráid** to lie low

cúlráideach adj secluded; backward

cúlspás nm1 backspace

cúltaca adj backup ♦ nm4 (MIL) reserve; (COMPUT) backup; **cóip chúltaca** backup copy

cultacha see **culaith**

cultas nm1 cult

cúltort vi backfire

cultúr nm1 culture

cultúrtha adj cultural; cultured

cúlú nm backing; retreat; withdrawal

cum vt invent; make up; (*music, poem*) compose; (*plan*) devise

cuma[1] nf4 shape, form; appearance; **tá cuma mhaith/droch-chuma air** Seán John is looking well/bad; **tá cuma air go ...** it seems that ...; **tá an chuma sin air** so it seems; **ar chuma éigin** somehow; **ar aon chuma** anyway

cuma[2] nf4 (*with copula*): **is ~ (faoi)** it doesn't matter (about); **is cuma liom** I don't care or mind; **is cuma duit (má)** it doesn't matter to you (if); it doesn't concern you (if); **is cuma cad é dúirt mé inné** no matter what I said yesterday; **ar nós cuma liom (faoi)** indifferent (to)

cumadóir nm3 inventor; composer

cumadóireacht nf3 invention; fabrication; fiction; composition; simulation

cumaisc (*pres* **cumascann**, *vn* **cumasc**) vt, vi mix together; blend; combine

cumann[1] nm1 club; association; society; fellowship; **cumann carthannachta** charity; **cumann foirgníochta** building society; **cumann gailf** golf club; **cumann lucht tráchtála** chamber of commerce; **Cumann Lúthchleas Gael** the Gaelic Athletic Association

cumann[2] nm1 relationship, love affair

cumannach adj communist

cumannachas nm1 communism

cumannaí nm4 communist

cumar nm1 ravine

cumarsáid nf2 communication;

cumarsáid a dhéanamh to communicate

cumas *nm1* capability, ability; capacity; **níl ar mo chumas siúl fós** I'm not able to walk yet; **tá an-chumas inti** she is very capable

cumasach *adj* capable; able; powerful; effective; **bleachtaire cumasach** an able detective

cumasc *nm1* mixture, blend; (COMM) merger; *see also* **cumaisc**

cumascann *see* **cumaisc**

cumascóir *nm3* blender

cumha *nm4* loneliness; homesickness; nostalgia

cumhacht *nf3* power; (*fig*) authority; influence; **teacht i gcumhacht** to come into power; **cumhacht aturnae** power of attorney

cumhachtach *adj* powerful; potent; (*person*) influential

cumhdach *nm1* cover; wrapper

cumhdaigh *vt* cover, protect; preserve

cumhra *adj* fragrant

cumhracht *nf3* fragrance; scent; aroma; (*of wine*) bouquet

cumhrán *nm1* perfume

cumtha *adj* fictitious, invented; (*girl*) comely

cúnaigh *vt*: ~ **le** help

cúnamh *nm1* help; aid; **cúnamh a thabhairt do dhuine** to help sb

cúnant *nm1* covenant

cúng *adj* narrow; tight

cúngaigeanta *adj* narrow minded

cúngaigh *vt* narrow, restrict; **cúngú ar** to encroach on

cúngú *nm* restriction

cúnna *see* **cú**

cunta *nm4* (*nobleman*) count

cúntach *adj* helpful; auxiliary

cuntanós *nm1* countenance

cuntaois *nf2* countess

cuntar *nm1* (shop) counter;

condition; stipulation; **ar chuntar go** provided that, on condition that

cuntas *nm1* count; account; record; **cuntas a thabhairt ar rud** to give an account of sth; **cuntas a oscailt** to open an account; **cuntas béil** oral account; **cuntas bainc/taisce** bank/deposit or savings account; **cuntas reatha** current account

cuntasaíocht *nf3* (*subject*) accountancy

cuntasóir *nm3* accountant; book-keeper

cuntasóireacht *nf3* (*profession*) accountancy; book-keeping

cúntóir *nm3* assistant; helper; **cúntóir pearsanta** personal assistant

cuóta *nm4* quota

cupán *nm1* cup; **cupán tae** a cup of tea

cúpla *nm4* couple; twins; **An Cúpla** Gemini; **cúpla** + *nom sg* a couple of, a few

cúplach *adj* twin

cúpón *nm1* coupon; **cúpón freagartha** reply coupon

cur *nm1* sowing; laying; burial; round; **cur dí/ceapairí** round of drinks/sandwiches; **cur amach** vomit; **cur siar** postponement; **cur i gcéill** pretence, make-believe; **cur ar aghaidh** advancement; **cur ar ceal** cancellation; **cur chun báis** execution; **cur faoi chois** suppression; **cur le chéile** co-operation; unity; **cur i gcás** supposition; **tá cur amach maith aige ar an ábhar sin** he is quite knowledgeable in that subject; *see also* **cuir**

cúr *nm1* foam, froth; **cúr bearrtha** shaving foam

curach *nf2* currach; canoe; coracle

curachóireacht *nf3* canoeing

curaclam *nm1* curriculum
curadh *nm1* champion
curadhmhír *nf2* (winner's) prize;
showpiece
curaí *nm4* curry
curáideach *nm1* curate
cúram (*pl* **cúraimí**) *nm1* care;
responsibility; family; children;
matter, business; keeping;
position, office; trust; upkeep; **faoi
chúram** + *gen* in sb's care; **rud a
chur faoi chúram duine** to commit
sth to sb's care; **ní failíor cúram
práinneach a dhéanamh den chás**
the case requires urgent attention;
an bhfuil cúram ar bith ort? have
you any children?
cúramach *adj* careful; cautious;
attentive; **"láimhsigh go
cúramach"** "handle with care"
curata *adj* brave; valiant
curfá *nm4* refrain, chorus
curiarracht *nf3* (*SPORT*) record; **i
gcuriarracht ama** in record time
curiarrachtaí *nm4* (*SPORT*) record
holder
curra *nm4* holster
cúrsa *nm4* course; round; circuit;
cúrsa na gréine the sun's course;
cúrsa taistil itinerary; **cúrsa a
leagan** to set a course; **ceann
cúrsa** destination; **cúrsa ollscoile**
university course; **cúrsa spioradálta**
(*REL*) retreat; **cúrsa tosaigh** (*CUUN*)
starter; **cúrsaí** affairs, matters;
circumstances; (*MED*) periods; **cúrsaí
reatha** current affairs; **cúrsaí dlí/
airgid** legal/money matters; **sin
mar atá cúrsaí faoi láthair** that's
how matters stand at the moment
cúrsáil *nf3* cruise; coursing; **long
chúrsála** cruise ship ♦ *vt, vi* cruise;
course; chase
cúrsaíocht *nf3* circulation; currency
cúrsóir *nm3* cruiser
cuspa *nm4* (*for artist*) model

cuspóir *nm3* (*aim*) object; objective;
purpose; **cuspóir folaithe** ulterior
motive, hidden agenda
cuspóireach *nm1* (*UNG*) accusative;
objective
custaiméir *nm3* customer; patron
custam *nm1* customs; **oifigeach
custaim** customs officer
custard *nm1* custard
cuthach *nm1* rage, fury; **dul le
cuthach** to get into a rage
cúthail *adj* shy, bashful

D

d' *see* **de; do¹**
dá¹ *conj* if; **dá mbeadh do chóta
leat** if you had your coat with you;
dá mba leis féin a bheadh sé if he
were on his own; **dá mba
mhúinteoir cáilithe í** if she were a
qualified teacher
dá² = **do** + *poss adj* a to his/her/its/
their; for his/her/its/their; **thug
mé an cárta dá mháthair** I gave
the card to his mother; **thug sí
aire mhaith dá cuid gruaige** she
looked after her hair; **fuair siad
bronntanas dá dtuismitheoirí** they
got a present for their parents
dá³ = **de** + *poss adj* a of his/her/its/
their; off his/her/its/their; **duine dá
chairde** one of his friends; **bhain sí
a fáinne dá méar** she took the ring
off her finger
dá⁴ = **do** or **de** + *rel part* a to which;
to which; for whom; for
which; of whom; of which; **an
bhean dá dtug mé an t-airgead**
the woman to whom I gave the
money; **gach pingin dá bhfuil
agaibh** every penny you have
dá⁵ = **de** + *part* a; (*followed by
abstract*) however; **dá mhéad é**

however big he/it is; **dá fhuaire an mhaidin** however cold the morning; **dá fheabhas é** excellent as it is; **ní fear, dá láidre, a bhuailfeadh é** there's no man however strong would defeat him

dó⁶ see **dhá**

daba nm4 dab; blob; **mac an daba** ring finger

dabhach (gs **daibhche**, pl **dabhcha**) nf2 tank, tub; vat; **dabhach mhúnlaigh** septic tank

dabht (pl ~**anna**) nm4 doubt

dada nm4 anything; nothing; **má bhíonn dada uait** if you need anything; **níl dada le feiceáil ann** there is nothing to see there

daibhir (gsf, pl, compar **daibhre**) nm4 poor person ♦ adj poor; **an saibhir agus an daibhir** the rich and the poor

daichead (pl **daichidí**) num, nm1 forty; **sna daichidí** in the forties; **daichead bliain/fear/punt** (with nom sg) forty years/men/pounds

daicheadú num, adj, nm4 fortieth

daid (pl ~**eanna**) nm4 dad

daideo nm4 grandad

daidí nm4 daddy; **Daidí na Nollag** Father Christmas, Santa (Claus)

daigéar nm1 dagger

daigh (pl **daitheacha**) nf2 pang; twinge; **daigh aithreachais** a twinge of regret; **daigh chroí** heartburn

dáigh adj obstinate; adamant

dáil nf3 (pl **dálaí, dála**) meeting; encounter; assembly, convention; (POL) parliament; circumstance, condition ♦ vt distribute, give out; bestow; (food etc) serve; **dálaí data** data; **dul i ndáil + gen** to go to meet; **dálaí oibre** working conditions; **dála Sheáin** like Seán; **dála an scéil** by the way; **idir dáil agus pósadh**

engaged (to be married); **Dáil Éireann** The Dáil, the Irish Parliament

dáilcheantar nm1 constituency

dáileadh (gs **dáilte**, pl **dáiltí**) nm distribution

dáileog nf2 dose

dáilia (pl ~**nna**) nf4 dahlia

dáimh nf2 fraternity; affinity; affection, fondness

daingean adj (gsf, pl, compar **daingne**) solid, secure, firm; fixed; staunch; strong, determined ♦ nm1 fortress, stronghold; fort; **baile daingean** fortified town; **rún daingean** firm intention; **balla daingean** solid wall; **daingean faoi thalamh** (in bank) vault

daingnigh vt fortify, secure, steady; strengthen; (friendship) cement

dainséar nm1 danger

dair (gs, gpl **darach**, pl **daracha**) nf oak

dáiríre adj serious; earnest ♦ adv really, truly; **dáiríre?** really?; **bheith dáiríre (faoi)** to be in earnest/be serious (about); **caint dháiríre** serious talk

dáiríreacht nf3 seriousness

dairt nf2 dart; clod

daite adj coloured, dyed; fated; allotted

daitheacha nfpl2 rheumatism; see also **daigh**

dála see **dáil**

dálach m1: **Domhnach agus ~** (work) seven days a week, without a break

dálaí see **dáil**

daiba adj bold, cheeky; (child) naughty; headstrong

dall adj blind, blinded ♦ nm1 blind person ♦ vt blind; dazzle; mesmerize; (door) darken; **bheith dall ar rud** to be ignorant of sth; to be unable to understand sth

dalladh (*gs* **dallta**) *nm* plenty;
dalladh airgid plenty of money

dallamullóg *nm4* deception;
confusion; **dallamullóg a chur ar
dhuine** to fool sb

dalóg *nf2* (*for window*) blind;
blind creature; **dallóg Veinéiseach**
Venetian blind; **dallóg fhéir**
dormouse

dallraigh *vt* blind; dazzle ♦ *vi* glare

dallrú *nm* (*of light*) glare

dallta *see* **dalladh**

dalta *nm4* pupil; disciple; (*SCOL*)
student; ex-student; (*MIL*) cadet

damáiste *nm4* damage

damanta *adj* damned; terrible

damba *nm4* dam

dambáil *vt* dam

damh *nm1* ox

dámh *nf2* (*UNIV*) faculty

damhán *nm1*: **~ alla** spider

damhna *nm4* matter, substance

damhsa *nm4* dance; dancing

damhsaigh *vt*, *vi* dance

damhsóir *nm3* dancer

damnaigh *vt* damn

damnaithe *adj* damned, hellish

damnú *nm* damnation; **damnú
hell!**, shit!; **damnú air!** damn (it/
him)!

dán (*pl* **~ta**) *nm1* poem; destiny;
fate; faculty; art

dána *adj* bold; daring; brazen,
forward

dánacht *nf3* boldness; cheek

Danar *nm1* Dane; (*fig*) barbarian

danartha *adj* cruel, heartless,
callous

danarthacht *nf3* cruelty; barbarity

dánlann *nf2* art gallery

Danmhairg *nf2*: **An ~** Denmark

Danmhairgis *nf2* (*UNG*) Danish

Danmhargach *adj* Danish

dánta *see* **dán**

daoibh *see* **do²**

daoine *see* **duine**

daoire *nf4* costliness

daoirse *nf4* slavery; oppression

daol *nm1* beetle

daoldubh *adj* jet-black

daonáireamh *nm1* census

daonchairdiúil *adj* humanitarian

daonlathach *adj* democratic

daonlathaí *nm4* democrat; **na
Daonlathaithe Liobrálacha** the
Liberal Democrats

daonlathas *nm1* democracy

daonna *adj* human; humane; **an
cine daonna** the human race;
neach daonna human being

daonnacht *nf3* humanity; human
nature

daonnachtúil *adj* humane

daonnaí *nm4* human being

daonra *nm4* population

daor *adj* dear; expensive; captive;
severe ♦ *nm1* slave; condemned
person ♦ *vt* enslave; convict;
condemn; **duine a dhaoradh chun
báis** to condemn sb to death;
duine a dhaoradh i gcoir to
convict sb of an offence

daoraí *n*: **bheith ar an ~** (**le duine**)
to be furious (with sb)

daorbhróid *nf2* dire distress

daorghalar *nm1* haemorrhoids,
piles

daorobair *nf2* hard labour

daorsmacht *nm3* slavery

daoscarshlua *nm4* rank and file;
rabble

dar¹ *prep* by; **dar Dia!** by God!; **dar
m'fhocal** upon my word

dar² *vb*: **~ le** it seems to, in the
opinion of; **dar liom go bhfuil tú
san éagóir** it seems to me that you
are in the wrong; **bhí deifir uirthi,
dar leis** she was in a hurry, he
thought; **dar leo féin** in their own
opinion

dar³ = **de** *or* **do** + **ar⁴**; **an té dar
mhiste é** the person to whom it

mattered

dár[1] = do or de + poss adj ár; **duine dár ngaolta** one of our relations; **tabhair dár gcairde iad** give them to our friends

dár[2] = do or de + rel part ar; **an ceannaire dár ghéill sé** the leader to whom he surrendered; **an cóta dár thit an cnaipe** the coat of which the button fell

dár[3] prep: **an lá/bhliain ~ gcionn** the following day/year

dara num second; **an dara bean/ háit/doras** the second woman/ place/door; **an dara lá déag** the twelfth day

darach n gen as adj oak; see also **dair**

daracha see **dair**

darb, darbh see **dar**[3]

dásachtach adj furious

dáta nm4 date

dátaigh vt date

dath nm3 colour; dye; (CARDS) suit; **dath na fírinne a chur ar rud** to give sth a semblance of truth; **scéal gan dath** unlikely story; **a dhath** anything; (with neg) nothing; **níl a dhath aige** he has nothing; **an bhfuil a dhath eile le déanamh?** is there anything else to do?; **a dhath ar bith** nothing whatever

dathaigh vt colour; dye; paint

dathannach adj colourful; multicoloured

dathdhall adj colour-blind

dátheangach adj bilingual

dátheangachas nm1 bilingualism

dathú nm colouring

dathúil adj colourful; good-looking, pretty

dathúlacht nf3 good looks, beauty

de (prep prons = díom, díot, de, di, dínn, díbh, díobh, before vowel or fh + vowel d') prep of; off; from;

out of; **cuid de rud** part of sth; **rud a bhaint de dhuine** to take sth off; **thit sé den stól** he fell off the stool; **taobh thall den abhainn** on the far side of the river; **imeacht de rúid** to dash off or away; **de shiúl na gcos** on foot; **níl a locht air ach sin** that is the only fault with it; **ceangail den ráille é** tie it to the railings; **d'oíche is de lá** by night and by day; **de shíor** constantly; **de ghnáth** usually, normally

Dé n: **Dé Luain/Céadaoin** (on) Monday/Wednesday

dé[1] (gs, pl ~ithe) nf breath; **dé ghaoithe** breath of wind; **bheith ar an dé deiridh** to be on one's last legs; **an dé a choinneáil** to keep alive

dé[2] see **dia**

dé- prefix two-, twin-, bi-

dea prefix good-, well-; **dea-scéal** good news; **ar an dea-uair** fortunately; **dea-mhúinte** polite, well-mannered

deabhadh nm1 rush, hurry

dea-bholadh nm1 aroma

deacair nf (gs, gpl **deacra**) difficulty ♦ adj (gsf, pl, compar **deacra**) difficult, hard

déach (gsm ~) adj dual

deachaigh vb see **téigh**

dea-chlú nm4 good name; honour

dea-chróíoch adj kind-hearted

deachtaín nm1 dictaphone

deachtaigh vt dictate; instruct; compose

deachthas vb see **téigh**

deachtóir nm3 dictator

deachtú nm dictation; composition

deachúil nf3 decimal

deachúlach adj decimal

dea-chumtha adj shapely; well-formed

deacra see **deacair**

deacracht nf3 difficulty; distress

déad (pl **~a**) nm1 tooth; set of teeth

déadach adj dental

déag num -teen; **aon déag** eleven; **dó dhéag** twelve; **seacht mbuidéal déag** seventeen bottles; **déaga** tens, teens

déagóir nm3 teenager

dealaigh vt, vi separate, part; distinguish, differentiate; **dealaigh le** part from; separate with; **dealaigh ó** subtract from

dealbh¹ (gsm **~**) adj destitute; (house) bare, bleak

dealbh² nf2 statue

dealbhóir nm3 sculptor

dealbhóireacht nf3 sculpture

dealg nf2 thorn; prickle; brooch

dealrachán nm1 collarbone

dealraigh vt, vi shine; appear; **dealraíonn sé go ...** it seems that ...

dealraitheach adj shiny; radiant; plausible; apparent

dealramh nm1 shine; radiance; hue; resemblance; look, appearance; **dealramh a bheith agat le** to be or look like sb; **dealramh na gréine** sunshine; **tá dealramh na fírinne ar do scéal** your story seems plausible; **rud a chur ó dhealramh** to disfigure sth

dealú nm subtraction

dealús nm1 destitution

dealúsach adj destitute

deamhan nm1 demon

dea-mhéin nf2 goodwill; **le dea-mhéin** with kind regards, with compliments

dea-mhéineach adj benevolent; well-wishing

dea-mhiotail adj silver; sterling

dea-mhúinte adj well-behaved; well-mannered

deán nm1 (at low tide) channel

déan¹ nm1 dean

déan² (vn **~amh**, vadj **~ta**, past **rinne**) vt, vi do; make; perform; carry out; commit; turn out; reach; establish; **maith/do dhícheall/cúrsa a dhéanamh** to do good/your best/a course; **culaith/ ciorcal a dhéanamh** to make a suit/circle; **airgead/an dinnéar a dhéanamh** to make money/the dinner; **dualgas a dhéanamh** to perform a duty; **peaca/coir a dhéanamh** to commit a sin/crime; **an fhírinne a dhéanamh** to speak the truth; **déan do rogha rud** do as you wish; **déanfaidh sé múinteoir maith** he'll make a good teacher; **an talamh a dhéanamh** to reach land; **riail/nós a dhéanamh** to establish a rule/habit ▸ **déan amach** make out; distinguish; determine; conclude ▸ **déan ar** do unto; proceed towards; **machnamh a dhéanamh ar rud** to think about sth; **scéala a dhéanamh ar dhuine** to inform on sb; **déanamh ar an mbaile** to make for home ▸ **déan as** make from; **gúna a dhéanamh as éadach** to make a dress from cloth ▸ **déan de** make of; change into; **maldar a dhéanamh de rud** to make a mess of sth; **rinneadh uachtarán de** he was made president; **a mhór a dhéanamh de rud** to make the most of sth; **smionagar a dhéanamh de rud** to reduce sth to bits; **amadán a dhéanamh díot féin** to make a fool of yourself ▸ **déan do** make for, do for; **gar a dhéanamh do dhuine** to do sb a favour; **gearán/gáire a dhéanamh faoi dhuine** to complain/laugh about sb

déanach adj last; late; **bheith ag obair moch déanach** to work all hours

déanaí *nf4* lateness; **le déanaí** lately; **ar a dhéanaí** at the latest

déanamh *nm1* doing; making; manufacture; make; (*of clothes*) style

déanfaidh *etc vb see* **déan**

déan-féin-é *nm4* do-it-yourself, DIY

deann (*gs, pl* ~**a**) *nm3* twinge; pang; sting

deannach *nm1* dust

déanta (*pp of* **déan**) *adj* complete; (*teacher, barrister etc*) fully-fledged; (*liar, thief etc*) out-and-out; **déanta na fírinne** as a matter of fact

déantóir *nm3* maker; manufacturer

déantús *nm1* make; manufacture; **de dhéantús na hÉireann** made in Ireland

dear *vt* draw, design

deara *n*: **rud a thabhairt faoi** ~ **to** notice sth

dearadh (*pl* **dearaí**) *nm1* design; sketch; drawing

dearbhaigh *vt* declare; confirm; assert; assure; attest

dearbhán *nm1* voucher; **dearbhán lóin** luncheon voucher

dearbhchló (*pl* ~**nna**) *nm4* (PHOT) positive, print

dearbhú *nm* declaration; affirmation; confirmation; assurance

dearc *vt, vi* look

dearcach *adj* considerate; **bheith dearcach le duine** to be considerate to sb

dearcadh *nm1* look; outlook; opinion, point of view; vision

dearcán *nm1* acorn

Déardaoin *nm4* Thursday

dearfa *adj* certain; definite; proved; decided; attested

dearfach *adj* affirmative, positive

déarfaidh, déarfaimid, déarfar *vb see* **abair**

dearg *vt, vi* blush; light; glow; redden ♦ *nm1* (*pl* ~**a**) red ♦ *adj* red; lit; glowing; (*wound*) raw; intense; (*luck*) real; **dearg te** red hot

dearg- *prefix* red; utter; real

dearmad *vt, vi* forget; overlook ♦ *nm1* forgetfulness; omission; mistake; lapse; **dhearmad** by mistake; **dearmad a dhéanamh ar** *or* **de dhuine/rud** to forget about sb/sth

dearmadach *adj* forgetful; absent-minded

dearna[1] *vb see* **déan**[2]

dearna[2] *nf* palm (of the hand)

dearnáil *nf3* darn(ing) ♦ *vt* darn

dearóil *adj* wretched; miserable; (*weather*) chilly; bleak; frail, puny; poor; needy

dearscnaitheach *adj* excellent

deartháir (*gs* **dearthár**, *pl* ~**eacha**) *nm* brother; brother-in-law; **deartháireacha agus deirfiúracha** siblings

dearthóir *nm3* designer

deas[1] *n*: **ó dheas** south(wards)

deas[2] *n*: **de dheas do, i ndeas do** near to, close to; **an baile is deise duit** the town nearest to you

deas[3] (*gsm* ~) *adj* nice; kind

deas[4] *adj* (*position*) right; **an chos dheas** the right leg; **an taobh deas** the right-hand side

deasaigh *vt, vi* dress; arrange

deasbhord *nm1* starboard

deasc *nf2* desk

deasca[1] *nm4* dregs, sediment; yeast

deasca[2] *nm4* consequence; (*ill*) effects

deasghnách *adj* formal; ceremonial; ritual

deasghnáth (*gsf, pl* ~**a**) *nm3* formality; ceremony; rite; ritual

deaslabhartha *adj* eloquent; articulate; witty

deaslabhra *nf4* elocution

deaslámhach adj right-handed; handy; skilful, deft

deastógáil nf3 assumption; **Deastógáil na Maighdine Muire** the Assumption of the Virgin Mary

deatach nm1 smoke

deataigh vt (fish etc) smoke

deataithe adj smoked

débhríoch (gsm ~) adj ambiguous

débhríocht nf3 ambiguity

déchéileachas nm1 bigamy

déchiallach adj equivocal, ambiguous

dédhlús nm1 (COMPUT) double density

défhiúsach adj ambivalent

défhoghar nm1 diphthong

deic nf2 (NAUT) deck; **deic caiséad** cassette deck; **deic eitilte** flight deck

deich num, nm4 ten; **a deich a chlog** ten o'clock; **céad is a deich** a hundred and ten; **deich gcapall/bpunt/n-acra** ten horses/pounds/acres

deichiú num, adj, nm4 tenth

deichniúr nm1 ten (people); (REL; of rosary) decade; **tuairim is deichniúr** some ten people

déideadh nm1 toothache

deifir (gs deifre) nf2 hurry, rush; haste; **rud a dhéanamh faoi dheifir** to do sth in a hurry; **tá deifir orm** I am in a hurry; **déan deifir!** hurry up!

deifreach adj hasty, hurried

deifrigh vt, vi hurry, rush; hasten

deighil (pres **deighleann**) vt divide; separate; (POL) partition

deighilt nf2 division; separation; (POL) partition; (fig) rift; split

deil (pl ~**eanna**) nf2 lathe; **ar deil** in (working) order

deilbh (pl ~**eacha**) nf2 appearance, shape; (of body) figure

deilbhíocht nf3 accidence

déileáil nf3 dealing ♦ vi deal

deilf (pl ~**eanna**) nf2 dolphin

deilgneach nf2 chickenpox ♦ adj prickly, thorny; barbed

deilín nm4 rigmarole

deiliúsach adj impudent

deimheas nm1 shears

deimhin (gsf, pl, compar **deimhne**) adj sure, certain; definite; **deimhin a dhéanamh de rud** to make sure of sth; **go deimhin** indeed

deimhneach adj certain; (also ELEC) positive

deimhneacht nf3 certainty

deimhnigh vt, vi assure; certify; confirm; verify

deimhniú nm certificate; confirmation; assurance

deimhniúil adj affirmative

déin[1] n: **faoi dhéin** to meet; to fetch; **dul faoi dhéin an dochtúra** to go to fetch the doctor

déin[2] see **dian**

déine nf4 severity; hardness; intensity; see also **dian**

deinim nm4 denim

deir etc vb see **abair**

déirc nf2 charity

déirceach adj charitable

deire vb see **abair**

deireadh[1] (pl **deirí**) nm1 end; conclusion; termination; rear, back; stern; ending; all; **deireadh an leabhair/na míosa/an lae** the end of the book/the month/the day; **deireadh a chur le rud** to finish sth; **tús agus deireadh** beginning and end; **tá deireadh leis an tsraith sin** that series is over; **tá deireadh réidh** everything is ready; **d'ith siad deireadh** they ate the whole lot; **bheith ar deireadh le rud** to be behind with sth; **faoi dheireadh thiar thall** at long last; **an oíche faoi dheireadh**

Deireadh Fómhair nm October

the other night; **deireadh loinge** stern of ship; **roth/suíochán deiridh** back wheel/seat; **cosa deiridh** hind legs; **solas deiridh** taillight

deireadh² *vb see* **abair**

deireanach *adj* last; final; late; recent; **go deireanach aréir** late last night; **an chóip is deireanaí** the latest copy

deireanaí *nf4* lateness; **le deireanaí** recently

deireanas *nm1*: **le ~** recently

deirfiúr (*gs* **deirféar**, *pl* **~acha**) *nf* sister; **deirfiúr céile** sister-in-law

deirí *see* **deireadh¹**

déirí *nm4* dairy

deiridh *adj see* **deireadh¹**

deiridís, deirimid *etc vb see* **abair**

déiríocht *nf3* dairying

deirmitíteas *nm1* dermatitis

deirteá, deirtear, deirtí *vb see* **abair**

deis *nf2* right, right hand (side); opportunity; means; good condition; **casadh ar** *or* **faoi dheis** to turn right; **ar dheis Dé** at God's right hand; **deis a fháil le** rud to get an opportunity to do sth; **deis a thapú** to grasp an opportunity; **deis iompair** means of transport; **deis cócaireachta** cooking facilities; **deis a chur ar** rud to repair sth; **tá deis mhaith ar mhuintir Sheáin** John's people are well off; **deis istigh** innings; **deis a labhartha** way with words

deisbhéalach *adj* witty

deisceabal *nm1* disciple

deisceart *nm1* south; southern part

deisceartach *adj* southern

déise *see* **dias**

deiseal *adv* clockwise

deisigh *vt* mend, repair; renovate

deisiú *nm* repair; renovation

deismíneach *adj* refined; prim

deismíneachtaí *nfpl3* niceties

deismir *adj* neat, tidy; refined; exemplary

deismireacht *nf3* neatness

déistin *nf2* distaste; disgust; **déistin a chur ar dhuine** to disgust sb

déistineach *adj* disgusting; distasteful; revolting

déithe *see* **dé¹**; **dia**

den = **de** + **an** *see* **de**

dénártha *adj* binary

deo *n*: **go ~** for ever, always; (*in negative*) never; **níl deireadh go deo leis** it is never-ending

deoch (*gs* **dí**, *pl* **~anna**) *nf* drink; beverage

dé-ocsaid *nf2*: **~ charbóin** carbon dioxide

dé-óid *nf2* diode

deoin (*pl* **deonta**) *nf3* consent; will; **dá deoin féin** of her own free will

deoir (*pl* **deora**, *gpl* **deor**) *nf2* tear; drop; **deoir anuas** (*in roof*) leak; **deoir fhearthainne** raindrop; **tháinig na deora leis** he began to weep; **deoir ar dheoir** drop by drop; **bhain an ceol na deora aisti** the music moved her to tears

deoirghás *nm1* tear gas

deolchaire *nf4* gratuity

deonach *adj* voluntary; willing

deonaigh *vt* grant; consent; **rud a dheonú (do dhuine)** to grant sth (to sb)

deonta *see* **deoin**

deontas *nm1* grant

deontóir *nm3* donor; **deontóir fola** blood donor

deonú *nm* grant, concession

deor, deora *see* **deoir**

deorach *adj* tearful

deoraí *nm4* exile

deoraíocht *nf3* exile

deoranta *adj* strange, unusual; alien; withdrawn

déshúiligh *nmpl1* binoculars

déthaobhach adj bilateral

déthreo adj two-way

d'fhaighinn etc vb see **faigh**

d'fheicfinn etc vb see **feic**

dh (remove "h") see also **d...**

dhá (after dúirt, an or céad **dá**) num
two; **dhá chloch mhóra** two large
stones; **an dá dhoras ghorma** the
two blue doors; **mo dhá lámh** my
two hands

dháréag nm4 twelve people

dheachaigh etc vb see **téigh**

dhéanfainn, dhearna, dhein vb see
déan

dí see **de**; **do²**

dí see **deoch**

dia, Dia (gs dé, pl déithe) nm god;
God; **dia beag** (pop star etc) idol;
Dia duit! good afternoon!; **Dia linn!**
(after sneeze) bless you!; **Dia ár
sábháil!** God save us!; **buíochas le
Dia!** thank God!

diabhal nm1 devil; fiend; **an
Diabhal** the Devil

diabhalta adj mischievous

diabhlaíocht nf3 mischief;
witchcraft

diaga adj divine; theological

diagacht nf3 divinity; divine
nature; piety; theology

diaganta adj pious

diaibéiteach adj, nm1 diabetic

diaidh n: **i ndiaidh** + gen following,
after; **i ndiaidh na nuachta**
following the news; **i ndiaidh an
chluiche** after the match; **seachtain
ina dhiaidh sin** a week later; **trí lá i
ndiaidh a chéile** three days in a
row; **tá cumha air i ndiaidh an
bhaile** he is homesick; **tháinig an
madra i mo dhiaidh** the dog came
after me; **breith i ndiaidh ruda ar
dhuine** to hold sth against sb;
fiche i ndiaidh a trí twenty past
three; **ina dhiaidh seo** after this,
from now on; **ina dhiaidh sin**

afterwards; nevertheless; **diaidh ar
ndiaidh** gradually; **ina dhiaidh sin
is uile** despite all that

diail (pl ~**eanna**) nf2 dial ◆ vt dial

diailigh vt dial

dí-áirithe adj innumerable;
countless

dialann nf2 diary; personal
organizer

diallait nf2 saddle; **diallait a chur ar**
(horse) to saddle

diamant nm1 diamond

diamhair (pl diamhra) adj dark,
obscure; eerie, creepy; mysterious;
weird

diamhasla nm4 blasphemy

diamhaslaigh vi blaspheme

diamhracht nf3 mystique

dian (gsm **déin**, gsf, compar **déine**)
adj intense, intensive; severe,
gruelling; difficult

dian- prefix intensive, intense; hard,
severe

dianas nm1 intensity; severity

dianchúrsa nm4 intensive course

dianmhachnamh nm1
concentration

dí-armáil n, vi disarm

dias (gs **déise**) nf2 ear of corn; (BOT)
spike; (of weapon) point; (TENNIS)
deuce

diasraigh vt glean

díbeartach nm1 outcast

díbh see **de**

dibheán nm1 divan

díbheo adj lifeless, listless

díbhinn nf2 dividend

díbhirce nf4 zeal

díbhirceach adj eager; zealous

díbhíonach adj mutual

díbhoilsciú nm (FIN) deflation

díbholaíoch nm1 deodorant

díbholg vt deflate

díbir (pres **díbríonn**) vt expel, drive
out; banish; deport

díbirt (gs **díbeartha**) nf3 expulsion

banishment; deportation

díblí adj decrepit; dilapidated; worn out

dícháiligh vt disqualify

dícheall nm1 best effort; **do dhícheall a dhéanamh** to do one's best; **bheith ar do dhícheall ag déanamh ruda** to be working flat out at sth

dícheallach adj hard-working, industrious; earnest

díchéillí adj senseless

díchóimeáil vt dismantle

díchorn vt unwind

díchreideamh nm1 disbelief; lack of faith

díchuimhne nf4 oblivion

díde nf4 (ANAT) nipple; (on bottle) teat

dídean nf2 shelter; refuge; asylum; (fig) haven; **dídean a thabhairt do dhuine** to give shelter to sb

dídeanaí nm4 refugee

difear nm1 difference; **is beag an difear é** it matters little

dífhabhtaigh vt (COMPUT) debug

dífhostaíocht nf3 unemployment; **lucht dífhostaíochta** the unemployed

dífhostaithe adj unemployed

difríocht nf3 difference

difriúil adj different; various

diftéire nf4 diphtheria

dígeann nm1 climax; extremity

dígeanta adj obdurate

díghalraigh vt disinfect

díghalrán nm1 disinfectant

díghreamaigh vt unstick

dil adj dear, beloved

díláraithe adj decentralised

díle (gs ~ann, pl dílí) nf flood, deluge, torrent; **díle bháistí** downpour

díleá nm4 digestion; dissolution

díleáigh vt digest; dissolve

dílis (gsf, pl, compar **dílse**) adj loyal;

dear; genuine; proper; **bheith dílis do dhuine** to be faithful to sb; **a mháthair dhílis** dear mother; **cóip dhílis** genuine copy; **ainm dílis** proper name

dílleachta nm4 orphan

dílleachtlann nf2 orphanage

dílse nf4 loyalty; allegiance; pledge; see also **dílis**

dílseánach nm1 (COMM) proprietor

dílseoir nm3 loyalist

díluacháil vt devalue ♦ nf3 devaluation

díluchtaigh vt unload; discharge

dímheabhrach adj forgetful; **dímheabhrach (ar)** oblivious (of)

dímheas nm3 contempt; disrespect

dímheasúil adj contemptuous; disrespectful; derogatory

dínáisiúnaigh vt denationalize

ding (pl ~eacha) nf2 dent; wedge ♦ vt wedge; pack; ram; dent

dinimiciúil adj dynamic

dinimít nf2 dynamite

dínit nf2 dignity

dínn see **de**

dinnéar nm1 dinner

dinnireacht nf3 dysentery

dinnseanchas nm1 topography

dintiúir nmpl1 (references) credentials; **tá a dintiúir aici** she's fully qualified

díobh see **de**

díobháil nf3 damage; harm; want; loss; **de dhíobháil airgid** for want of money; **tá saoire de dhíobháil orm** I need a holiday; **díobháil a dhéanamh do rud/do dhuine** to harm sth/sb

díobhálach adj harmful; spiteful

díocasach adj (keen) eager

díochlaon vt (LING) decline

díochlaonadh (gs **díochlaonta**, pl **díochlaontaí**) nm declension

díochra adj passionate, fervent; intense

díog nf2 ditch; trench; drain

diogáil nf3 trim, cut

díogha nm4 worst; **díogha na bhfear** the worst of men; **rogha an dá dhíogha** a choice of two evils

díograis nf2 zeal; fervour; kindred bond

díograiseach adj enthusiastic, keen; zealous

dí-oighreán nm1 de-icer

dí-oighrigh vt de-ice

díol nm3 sale; payment; (of emotion) object; enough ♦ vt, vi sell; pay; **"le díol"** "for sale"; **díol agus ceannach** buying and selling; **i ndíol ruda** in payment for sth; **díol trua** pitiful case; **díol beirte** enough for two

díolaim (pl **díolamaí**) nf3 collection; compilation

díolaíocht nf3 payment

díoltas nm1 revenge, vengeance; **díoltas a imirt ar** to take revenge on

díoltasach adj vindictive, vengeful

díoltóir nm3 seller; dealer

díolúine (pl **díolúintí**) nf4 exemption; immunity; (COMM) franchise; licence

díom see **de**

díomá nf4 disappointment; **díomá a chur ar dhuine** to disappoint sb

díomách (gsm ~) adj disappointed; disappointing; sorry

díomachroíoch adj dejected

díomail vt squander, waste

díomailt nf2 waste, extravagance

díomailteach adj wasteful, extravagant

díomaíoch (gsm ~) adj ungrateful

díomaite adv: ~ **de** apart from; besides

díomas nm1 arrogance, pride; contempt

díomasach adj arrogant; contemptuous

díomhaoin adj idle; redundant; unmarried, single; vain; worthless

díomhaointeas nm1 vanity; idleness

díomua nm4 defeat

díomuch (gsm ~) adj dissatisfied

díon (pl ~**ta**) nm1 roof; shelter ♦ vt protect; shelter; make watertight; **díon gréine** (AUT) sunroof

díonach adj protective; impermeable; **díonach ar** proof against

díonbhrollach nm1 preface

diongbháilte adj firm, staunch; determined; positive; decided; secure, fixed; steadfast

diongbháilteacht nf3 resolve; firmness; decisiveness; staunchness

díonteach (gs **díontí**, pl **díontithe**) nm penthouse

dioplóma nm4 diploma

díorma nm4 troop; band; posse

díosal nm1 (also vehicle) diesel

díosc vi creak; grate, grind

diosca nm4 disk; disco disk; **diosca bog** (COMPUT) floppy (disk); **diosca córais** (COMPUT) system disk

díoscán nm1 creaking; grating, grinding

dioscó nm4 disco

dioscólann nf2 discotheque

d'íosfainn etc vb see **ith**

díospóireacht nf3 debate; discussion

díot see **de**

díotáil nf2 indictment ♦ vt indict

díoth, díotha see **díth**

díothaigh vt exterminate, eliminate, eradicate; annihilate

díothóir nm3 eliminator; destroyer

díothú nm destruction, elimination, extermination, annihilation

dírbheathaisnéis nf2 autobiography

díreach adj straight, erect; direct
◆ adv just; exact(ly); **caint/ceist/
line dhíreach** straight talk/
question/line; **díreach anonn**
straight across; **anois díreach** just
now; **díreach ansin** right there; **a
dó go díreach** exactly two; **go
díreach mar a d'iarr tú** just as you
asked; **go díreach!** exactly!

díréireach adj disproportionate

dírigh vt straighten; **rud a dhíriú ar**
to direct sth towards; **d'aire a
dhíriú ar fhadhb** to direct one's
attention to a problem; **dhírigh sí
ar an obair** she set to work

dís nf2 pair

disc nf2 dryness; barrenness; **dul i
ndisc** to run dry, run out

discéad nm1 (COMPUT) diskette

disciplín nm4 discipline

discithe adj dried up; consumed;
spent; eliminated

discréid nf2 discretion

discréideach adj discreet; reserved

díscríobh vt (COMM, INS) write off

díseart nm1 retreat; hideaway

díshealbhaigh vt to evict; dispossess

díshealbhú nm eviction;
dispossession

díshioc vt defrost

dísle nm4 die; **díslí** dice

díspeag vt belittle

díspeagadh (gs díspeagtha) nm
belittlement; (LING) diminutive;
díspeagadh cúirte contempt of
court

dispeipse nf4 dyspepsia

díth (pl díotha, gpl díoth) nf2 loss;
deprivation; lack; need; **dul ar
díth** to go to loss; **rud a bheith de
dhíth ort** to need sth; **díth céille**
foolishness; **de dhíth a mhalairte**
for want of anything else

dithneasach adj urgent

díthreabh nf2 wilderness

díthreabhach nm1 hermit, recluse;

homeless person

díthruailligh vt decontaminate

diúg vt drink; drain; sponge on

diúgaire nm4 leech; sponger

diúgaireacht nf3 drinking;
draining; sponging, cadging

diúilicín nm4 mussel

diúité (pl ~ithe) nm4 duty; **bheith
ar diúité** to be on duty

diúl vt suck

diúlach nm1 guy, fellow; lad, chap

diúltach adj, nm1 (also ELEC, LING)
negative

diúltaigh vt deny; refuse, turn
down; **diúltú do** renounce, reject;
diúltú rud a dhéanamh to refuse to
do sth

diúltú nm refusal; denial; rejection;
renunciation

diúnas nm1 stubbornness

diúracán nm1 missile; projectile

diúraic vt cast, throw; launch

diurnaigh vt drain; swallow;
embrace

diúscairt nf3 disposal

dlaíóg nf2 wisp; lock; **an dlaíóg
mhullaigh a chur ar rud** to crown
sth, put the finishing touches to
sth

dlaoi (pl ~the) nf4 (of hair) lock,
strand; tuft, wisp

dleacht (pl ~anna) nf3 (lawful)
right; tax, duty; (on books etc)
royalty

dleachtach adj lawful; due; proper

dleathach adj lawful, legal;
genuine; valid

dlí (pl ~the) nm4 law; **dlí na tíre/
Dé/an nádúir** the law of the land/
God/nature; **dlí canónta/míleata**
canon/martial law; **an dlí a chur ar
dhuine** to bring legal action against
sb

dlí-eolaí nm4 jurist

dlíodóir nm3 lawyer

dlisteanach adj lawful; legitimate;

rightful; faithful

dliteanas *nm1* liability

dlíthairiscint1 (*gs* dlíthairisceana) *nf* legal tender

dlíthe *see* **dlí**

dlíthiúil *adj* legal, lawful; judicial

dlíthiúil *adj* legal; compactness; speed; **dlús a chur le rud** to speed sth up

dlúsúil *adj* industrious

dlúth *adj* dense; compact; close; tight; **bearrtha go dlúth** closely shaven

dlúthchaidreamh *nm1* close relations; intimacy

dlúthdhiosca *nm4* CD, compact disc

do1 (*before vowel or fh + vowel =* **d'**) *poss adj* (*singular*) your

do2 (*prep prons =* **dom, duit, dó, di, dúinn, daoibh, dóibh**) *prep* to; for; **rud a fháil/dhéanamh/cheannach do dhuine** to get/do/buy sth for sb; **tabhair an t-airgead don tiománaí** give the money to the driver; **trua a bheith agat do dhuine** to have pity on sb; **imeacht don Fhrainc** to depart for France; **is aintín dom** í she is an aunt of mine; **is eol dom** (sin) I am aware of (that); **is fíor duit you are right; ag filleadh abhaile dom** as I was returning home; **ar dhul amach ar maidin di** when she went out in the morning

do3 *vb particle:* **d'iarr sé pionta** he asked for a pint; **d'ólfadh sí bainne** she would drink milk

do- *prefix* very difficult to; impossible to; evil-, ill-

dó1 *see* **do2**

dó2 (*pl* dónna) *num, nm4* two **a dó dhéag** twelve

do-amhrais *adj* unmistak(e)able

dobharchú *nm4* otter

dobhareach *nm1* hippopotamus

dobhréagnaithe *adj* (*facts,*

evidence) undeniable, indisputable

dobhriathar (*pl* dobhriathra) *nm1* adverb

dobhriste *adj* unbreakable

dobrón *nm1* grief, sorrow; affliction

dócha (*compar* dóichí) *adj* likely, probable; **is dócha (go)** it is likely (that); **ní dócha go dtiocfaidh sí** it is unlikely that she will come; **chomh dócha lena athrach** as likely as not

dochar *nm1* harm, hurt; damage; debit; **dochar a dhéanamh do dhuine/do rud** to harm sb/sth; **níl dochar déanta** there's no harm done; **sochar agus dochar** profit and loss

dóchas *nm1* hope; expectation; trust; **tá dóchas agam (go)** I hope (that)

dóchasach *adj* hopeful; optimistic; confident

docheansaithe *adj* untameable; uncontrollable

dochloíte *adj* invincible; tireless; irresistible

dochorraithe *adj* impassive; imperturbable

dochrach *adj* harmful; damaging

dochreidte *adj* incredible; unbelievable

docht (*gsm ~*) *adj* close; tight; rigid; strict

dochtúir *nm3* doctor

dóchúil *adj* likely, probable; promising

dóchúlacht *nf3* likelihood, probability

dócmhainneach *adj* insolvent

dócúl *nm1* discomfort

dodach *adj* sullen; furious; (*animal*) restive

dodhéanta *adj* impossible

dodhearmadta *adj* unforgettable

do-earráide *n gen as adj* infallible

do-fhaighte *adj* unobtainable; (*book etc*) rare

dofheicthe *adj* invisible

dofhulaingthe *adj* unbearable; intolerable

doghafa *adj* impregnable

doghrainn *nf2* distress

dóibh *see* do²

doicheall *nm1* reluctance; inhospitality

doicheallach *adj* unwelcoming; reluctant; grudging; stand-offish

dóichí *see* **dócha**

doiciméad *nm1* document

doiciméadaigh *vt* document

do-ídithe *adj* inexhaustible

dóigh¹ *nf2* way, manner; method; state, condition; **dóigh oibre** method of working; **sa dóigh go** in such a way that; **ar dhóigh nó ar dhóigh eile** (in) one way or another; **tá a dhóigh féin aige** he's his own man; **tá dóigh mhaith orthu** they are well off; **cén dóigh atá ort?** how are you keeping?; **bheith gan dóigh** to be in a bad way; **dóigh a chur ar rud** to fix sth; **ar dóigh** excellent, wonderful

dóigh² *nf2* probability; **is dóigh liom (go)** I think (that); **de mo dhóigh féin** in my own opinion

dóigh³ *vt* burn; scorch; cremate

dóighiúil *adj* handsome; good-looking

doiléir *adj* dim; obscure, vague; ambiguous

doiléirigh *vt* blur, obscure; darken

doiligh (*gsf, pl, compar* **doili**) *adj* difficult, hard; tough

doilíos *nm1* remorse; melancholy; sorrow

doilíosach *adj* remorseful, contrite; sorrowful

doimhne, doimhneacha *see* **domhain**

doimhneacht *nf3* depth

doineann *nf2* bad weather; storm

doineanta *adj* (*weather*) foul, terrible; stormy

doinsiún *nm1* dungeon

do-inste *adj* untold; indescribable

Doire *nm4* Derry

doirne *see* **dorn**

doirse *see* **doras**

doirseoir *nm3* doorkeeper; porter; **doirseoir oíche** night porter

doirt *vt* pour; spill; (*tears*) shed; (*colour*) run; **doirt amach** pour away; **tá siad doirte dá chéile** they are head over heels in love

doirteadh *nm* spilling; pouring; effusion; **doirteadh ola** (oil) slick; **doirteadh fola** bloodshed

doirteal *nm1* (kitchen) sink; washbasin

do-ite *adj* inedible

dóite *adj* burned, scorched; withered; dry; bitter; **seanduine dóite** decrepit old man; **gáire dóite** dry laugh; **bheith dubh dóite** to be fed up

dóiteán *nm1* blaze, fire; **inneall dóiteáin** fire engine

dol (*gs, pl* **~a**) *nm3* snare, trap; noose; loop; (*FISHING*) cast; haul; batch

dól *nm1* dole

dola *nm4* charge, expense; toll, tax; **an dola a dhíol** to pay the bill; (*fig*) to suffer the consequences

dolabhartha *adj* unspeakable

dólás *nm1* sorrow; contrition; **gníomh dóláis** act of contrition

doléite *adj* illegible

dollar *nm1* dollar

doloicthe *adj* foolproof

dolúbtha *adj* inflexible; rigid; unyielding

dom *see* do²

domhain *nf2* (*gs* **doimhne**, *pl* **doimhneacha**) depth ♦ *adj* (*gsf, pl,* *compar* **doimhne**) deep; profound; serious

domhan *nm1* world; earth; **ar fud an domhain** all over the world; **an Tríú Domhan** the Third World; **an Domhan** the Earth; **bhí fearg an domhain air** he was extremely angry

domhanda *adj* worldwide; global; worldly; terrestrial

domhanfhad *nm1* longitude

domhanleithead *nm1* latitude

domhantarraingt *nf* (PHYS) gravity

domheanma (*gs* ~**n**) *nf* low spirits

domheanmnach *adj* downhearted; dejected

domheasta *adj* immeasurable

Domhnach (*pl* ~**aí**) *nm1* Sunday; **ar an Domhnach** on Sundays; **Dé Domhnaigh** on Sunday

domholta *adj* inadvisable

domlas *nm1* bitterness

domlasta *adj* unpalatable, unsavoury, bitter

domplagán *nm1* dumpling

don = **do²** + **an**

dona *adj* bad; miserable; unfortunate; **is dona an scéal é** it's a bad state of affairs; **tá sí go dona le seachtain** she has been very sick this last week; **loite go dona** badly wounded

donacht *nf3* badness; **dá dhonacht iad** however bad they are; **athrú chun donachta** a change for the worse

donas *nm1* bad luck, misfortune; misery; mischief; **dul chun donais** to get worse; **is é donas an scéil** (go) the worst of it is (that); **tá an donas air** le falsacht he's the world's worst for laziness

donn *adj* brown

donnbhuí *adj* brown

do-oibrithe *adj* unworkable

dó-ola *nf4* fuel oil

doras (*pl* **doirse**) *nm1* door; doorway; **doras cúil** back door; **doras éalaithe** emergency exit; **duine a chur ó dhoras** to put sb off with an excuse

dorcha *adj* dark; (*water*) murky, shadowy; (*meaning*) obscure

dorchacht *nf3* obscurity

dorchadas *nm1* dark, darkness; **bheith sa dorchadas faoi rud** to be in the dark about sth

dorchaigh *vt*, *vi* darken

dorchla *nm4* passage, passageway

dord *nm1* drone; buzz; hum; (MUS) bass ♦ *vi* drone; buzz; hum

dordán *nm1* drone; buzz; hum

dordghuth *nm3* bass (voice)

dordveidhil *nf2* cello

doréitithe *adj* insoluble

doriartha *adj* unruly; intractable

dorn (*pl* **doirne**) *nm1* fist; punch; handle, grip; **dorn a thabhairt do dhuine** to punch sb; **dul sna doirne le duine** to come to blows with sb

dornálaí *nm4* boxer

dornálaíocht *nf3* boxing

dornán *nm1* handful; **dornán airgid** some money; **dornán daoine** a few people

dórtúr *nm1* dormitory

dorú *nm4* (fishing) line; **dorú pluma** plumb line; **as dorú** out of alignment

dos (*pl* ~**anna**) *nm1* tuft; bush; (*of flowers*) bunch; (*of bagpipes*) drone

dosaen (*pl* ~**acha**) *nm4* dozen

doscaí *adj* extravagant

doscéala *nm4* unwelcome news

doshamhlaithe *adj* unthinkable, inconceivable, unimaginable

dosháraithe *adj* unbeatable; unmatched; inviolable

dosháraitheacht *nf3* (*of life*) sanctity

dosheachanta *adj* inescapable;

inevitable, unavoidable

doshéanta *adj* undoubted; undisputed

doshrianta *adj* uncontrollable

dosmachtaithe *adj* uncontrollable; ungovernable

dóthain *nf4* enough, sufficiency; **do dhóthain a ithe** to eat one's fill; **ní mór a dhóthain** he's easily satisfied

dothrasnaithe *adj* impassable

dothuigthe *adj* unintelligible, incomprehensible; inscrutable

dothuirsithe *adj* tireless

dóú *num, adj* second; **an dóú duine/háit/rogha** the second person/place/choice

drabhlás *nm1* debauchery; **bheith ar an drabhlás** to be on the tear *or* the binge

drabhlásach *adj* wild; dissipated; prodigal

drabhlásaí *nm4* waster

draein (*gs* draenach, *pl* draenacha) *nf* drain

draenáil *nf3* drainage ♦ *vt* drain

dragan *nm1* dragon; tarragon

draid (*pl* ~eanna) *nf2* mouth; grin; grimace; set of teeth

draidgháire *nm4* grin; **draidgháire a dhéanamh** to grin

draighneán *nm1* blackthorn

draíocht (*gs* ~a, *pl* ~a) *nf3* (*magic*) spell; witchcraft; charm; romance; **draíocht a chur ar** enchant; **duine a chur faoi dhraíocht** cast a spell on sb

draíochta *n gen as adj* magic(al)

dram (*pl* ~anna) *nm3* dram

dráma *nm4* drama; play

drámadóir *nm3* dramatist, playwright

drámaíocht *nf3* drama; dramatic act

drámata *adj* dramatic

dramhaíl *nf3* refuse, trash; waste

drandal *nm1* (*ANAT*) gum(s)

drann *vi* snarl; **drannadh le rud** to go near sth, touch sth

drantaigh *vi* growl

draoi (*pl* ~the) *nm4* magician; sorcerer; druid

draoibeach *adj* mucky; muddy

draoidín *nm4* (*person*) shrimp, midget

draothadh *n*: **~ gáire** faint smile

drár *nm1* drawer

dreach (*gs, pl* ~a) *nm3* face, expression; appearance, aspect, look

dréacht *nm3* draft; tract; composition; **dréacht ceoil** piece of music; **dréacht conartha** draft agreement

dréachtaigh *vt* draft

dream *nm3* group (of people); crowd; **an dream óg** the young people; **seachain an dream sin** avoid that crowd; **an dream a tháinig** those who came

dreancaid *nf2* flea

dreap *vt, vi* climb, scale

dreapa *nm4* stile; (*of cliff*) edge

dreapadóir *nm3* climber

dreapadóireacht *nf3* climbing

dreas (*gs, pl* ~a) *nm3* spell, while; turn; (*of talks*) round; (*SPORT*) round, heat; (*TENNIS*) rally; **dreas oibre** stint of work; **dreas a chodladh** to sleep a while

dréim *nf2* aspiration; expectation; contention ♦ *vt, vi* aspire to; strive after; expect; **dréim le** striving for; **dréim in aisce** vain expectation; **bheith ag dréim le rud** to expect sth; **to strive for sth**

dréimire *nm4* ladder; **dréimire taca** stepladder

dreoigh *vi* decompose; rot, decay

dreoilín *nm4* (*ZOOL*) wren; **dreoilín teaspaigh** grasshopper

dreoite *adj* decayed, withered;

mo(u)ldy; stale

dríodar nm1 dregs, slops; sediment

driog vt distil

drioglann nf2 distillery

driopás nm1 hurry

dris (pl ~eacha) nf2: ~ chosáin stumbling block

drithle nf4 sparkle

drithleach adj sparkling

drithleog nf2 spark

drithligh vi sparkle, gleam, glint; glow; twinkle

drithlín nm4 bead; shudder, thrill

droch- prefix bad, poor, evil, un-; **droch-chaint** bad language; **droch-chlú** slur; bad name

drochamhras nm1 distrust; misgivings; **drochamhras a bheith agat ar dhuine** to distrust sb

drochaoibh nf2: ~ **a bheith ort** to be in a bad mood

drochbharúil nf3 poor opinion

drochbhéasach adj rude, ill-mannered

drochbhlas nm1 distaste; bad taste

drochfhéachaint (gs **drochfhéachana**) nf evil look; glare, glance

drochiarraidh (gs **drochiarrata**, pl **drochiarrataí**) nf indecent assault

drochíde nf4 abuse; **drochíde a thabhairt do dhuine** to abuse or ill-treat sb; **drochíde do pháistí** child abuse

drochiontaoibh nf2 distrust

drochmheas nm3 disdain; contempt; **drochmheas a bheith agat ar** to look down on

drochmheasúil adj disparaging, contemptuous

drochmhisneach adj discouragement; **drochmhisneach a chur ar dhuine** to dishearten sb

drochmhúinte adj rude, ill-mannered; (animal) vicious

drochobair (gs **drochoibre**) nf2

mischief

drochshaol nm1 hard times; **An Drochshaol** (HIST) the (Great) Famine

drochthuar nm1 foreboding; bad omen

drochuair nf2 crisis; **ar an drochuair** unfortunately

drogall nm1 reluctance

drogallach adj reluctant

droichead nm1 bridge; **droichead coisithe** footbridge; **droichead crochta** suspension bridge; **droichead tógála** drawbridge

droim (pl **dromanna**) nm3 back; (of hill) ridge; (of coin) tail; **droim dubhach** (mood) depression; **rud a iompar ar do dhroim** to carry sth on your back; **bheith sa droim ag duine** to nag at sb; **droim ar ais** back to front; **droim coise** instep; **ar dhroim an dhoman** on the face of the earth

droimneach adj rolling, undulating

droimnocht adv bareback

droimscríobh (vn ~) vt (cheque) endorse

drólann nf2 (MED) colon

dromchla nm4 surface

dromlach nm1 spine, spinal column

drong nf2 group; gang; mob; pack

dronn nf2 hump; **dronn a chur ort féin** to arch one's back

dronuilleog nf2 rectangle; oblong

dronuilleogach adj rectangular; oblong

dronuillinn (pl ~eacha) nf2 (MATH) right angle

drualus nm3 mistletoe

drúcht nm3 dew

druga nm4 drug; **bheith ag caitheamh drugaí** to be on drugs

drugadóir nm3 pharmacist, druggist

drugáil vt drug; (horse etc) dope

druglann nf2 chemist, drugstore

druid¹ (vn ~im) vt close, shut; shut (down); **druid le** approach, move close to; **doras/cuntas a dhruidim** to close a door/an account; **druid do bhéal!** shut up!; **druidim leis an tine** to move close to the fire; **dhruid sí uaim** she moved away from me; **druidim i leataobh** to move aside

druid² (pl ~eanna) nf2 starling

druidte adj closed, shut

druil (pl ~eanna) nf2 drill; **druil aeroibríthe** pneumatic drill

druileáil vt drill

druilire nm4 (tool) drill

drúis nf2 lust

drúisiúil adj lustful, lecherous; randy

druma nm4 drum

druncaeir nm3 drunk

drúthlann nf2 brothel

dt (remove "d") see t...

dtí adv: **go ~** to, until; **go dtí seo** so far, up to now, as yet; **go dtí an siopa** as far as the shop; **go dtí gur imigh sé** until he left; **comhaireamh go dtí a deich** to count to 10; **níor chaoineadh tú go dtí é** you never heard such crying

dua nm4 toil, labour, effort; trouble, difficulty

duáilce nf4 vice, evil

duairc adj dismal, gloomy; grim

duairceas nm1 gloominess

duais nf2 (pl ~eanna) prize; reward; gift

duaiseoir nm3 prizewinner

duaisiúil adj difficult, trying; (task) uphill

dual¹ nm1 lock; tuft; wisp; strand; dowel; (in wood) knot; **dual gruaige** lock of hair; **an dual is faide siar ar do choigeal** the least

of your worries

dual² nm1: **is ~ duit bheith tostach** it's in your nature to be quiet; **ní dual di an tsaint** it's not like her to be greedy; **is dual athar duit é** you took after your father in that respect; **an chéim is dual dó** his proper standing

dualgas nm1 duty, obligation; onus; **ar dualgas** on duty; **dualgas a bheith ort le rud** to be lumbered with sth

duan (pl ~ta) nm1 poem; song; **duan Nollag** carol

duán¹ nm1 hook

duán² nm1 (ANAT) kidney

duánaí nm4 angler

duanaire nm4 anthology (of poems)

duanta see **duan**

duántacht nf3 angling

duarcán nm1 dour person

duartan nm1 downpour

dúbail (pres **dúblaíonn**) vt double

dúbailte adj double; dual; **seomra dúbailte** double room

dubh adj black; dark; black-haired; dismal; (with people) swarming ♦ nm1 black; darkness; **bheith dubh dóite** to be fed up; **dubh dorcha** pitch-black; **An Mhuir Dhubh** the Black Sea; **tá an baile dubh le turasóirí** the town is full of tourists; **an dubh a chur ina gheal ar dhuine** to pull the wool over sb's eyes; **bheith ag obair ó dhubh go dubh** to work from dawn till dusk

dubhach adj downcast; melancholic; dismal; gloomy; sombre

dubhachas nm1 gloom

dubhaigh vt blacken, darken; sadden

dubhfhocal nm1 enigma; conundrum

dúblach adj, nm1 duplicate

dúblaíonn see **dúbail**

dúch nm1 ink

dúchais n gen as adj native;
cainteoir dúchais Fraincise a native
speaker of French; **tír dhúchais**
mother country

dúchas nm1 heritage; instinct; **rud
a bheith sa dúchas ag duine** to
have sth in the blood; **is
Éireannach ó dhúchas é** he is Irish
by birth

dúchasach adj hereditary;
ancestral; native; innate ♦ nm1
native, inhabitant

dúcheist (pl **~eanna**) nf2 puzzle,
riddle

Dúchrónach nm1 Black and Tan

dufair nf2 jungle

duga nm4 dock

dúghorm adj navy(-blue)

duibheagán nm1 depth(s); abyss;
duibheagán an éadóchais depths of
despair; **poll duibheagáin**
bottomless pit; quicksand

duibheagánach adj deep

dúiche nf4 (native) land; district;
region; area; **an Chúirt Dúiche** the
District Court

dúil nf2 liking, urge; **tá dúil aici
ann** she is fond of him; **dúil a
bheith agat i nduine** to have a soft
spot for sb; **tá an-dúil aici ann** she
likes it very much; **tá mé ag dúil
le...** I can't wait to ...; **dúil dhóite
a bheith agat rud a dhéanamh** to
yearn to do sth; **bhí dúil as Dia
agam go ndéanfadh sé é** I willed
him to do it; **tá dúil sa bhia
agaibh** you enjoy your food; **dúil
gan fháil** pipe dream; **mar dhúil
(go)** on the off chance (that)

duileasc nm1 dulse

duilleachán nm1 (POL, REL) leaflet

duilleog nf2 leaf; **duilleog bháite**
water lily

duillín nm4 docket

duilliúr nm1 foliage; greenery

duine (pl **daoine**) nm4 man;
mankind; person; (of persons) one;
daoine people, ordinary people,
folk; **duine óg/tinn/saibhir** a
young/sick/rich person; **cearta/
nádúr an duine** human rights/
nature; **duine fásta** adult; **duine
uasal** gentleman; **fiche duine**
twenty people; **caint na ndaoine**
ordinary speech; **le cuimhne na
ndaoine** in living memory; **duine
de na banaltraí** one of the nurses;
**d'imigh siad ina nduine is ina
nduine** they left one by one; **fuair
siad deich bpunt an duine** they
got a tenner each; **duine éigin**
someone; **mo dhuine (thall úd)**
your man (over there); **duine ar
bith** anybody; nobody; **gach duine**
everybody

dúinn see **do²**

dúirt etc vb see **abair**

dúiseacht nf3 awakening; **bheith i
do dhúiseacht** to be awake or
wakened

dúisigh vt, vi wake (up), awake;
rouse; (memories) evoke; set off;
(engine) start (up)

dúisire nm4 (AUT) starter

duit see **do²**

duitse pron (emphatic) you

dul vn of **téigh** ♦ nm3 departure;
going; method, way; arrangement,
style; **níl dul agam air** I can't
manage it; **níl dul aici bheith ann**
she is unable to be there; **is dul
Muimhneach air** it is a Munster
idiom; **tá dul eile ar an scéal** there
is another version of the story; **dul
chun cinn** progress; **dul ar ceal**
disappearance; **dul i léig** decline;
níl aon dul as there is no way of
avoiding it; **dul síos/suas** descent/
ascent; **ar an gcéad dul síos in the**

first instance; **dul ar bord** embarkation

dúlra nm4 nature; the elements

dulta vadj see **téigh**

dúmas nm1 pretence; **le dúmas bréige** under false pretences

dúmhál nm1, vt blackmail

dumpáil vt dump

Dún nm1: **An ~ Down**

dún[1] (pl ~ta) nm1 fort, fortress

dún[2] vt close, shut; shut down; shut up; (coat) fasten; **dún an doras** close the door; **dún do chlab** shut up

dúnadh (gs dúnta) nm1 closure

dúnáras nm1 reserve; reticence

dúnárasach adj reserved; reticent

Dún Éideann nm Edinburgh

dúnmharaigh vt murder

dúnmharfóir nm3 murderer

dúnmharú nm murder

Dún na nGall nm Donegal

dúnorgain nf3 manslaughter

dúnpholl nm1 manhole

dúnta adj closed, shut; see also **dún 2**

dúr adj dour; stupid; grim, sullen, moody

dúradán nm1 speck, mote; domino

dúradh, dúramar vb see **abair**

dúrdáil vi coo

dúrud nm3 a lot, loads; **an dúrud airgid** loads of money

dúshaothrú nm (over)exploitation

dúshlán nm1 challenge; defiance; **dúshlán duine a thabhairt** to defy sb, challenge sb

dúshlánach adj challenging

dúshraith (pl ~eanna) nf2 base, foundation; basis

dusma nm4 blur; haze

dusta nm4 dust

dustáil vt dust

dúthracht nf3 diligence; commitment; zeal; earnestness

dúthrachtach adj diligent;

devoted; zealous; earnest

E

é pron he; him; it; **faigh é** get it; **is é a rinne** it was him who did it; **d'fhág sí é** she left him; **is é an múinteoir é** he is the teacher; **an é nach bhfuil fhios agat?** are you saying you don't know?; **is é sin** namely; **cé hé?** who is he?

ea pron (with copula): **sagart is ea é** he is a priest; **an scannán maith é? - is ea/ní hea** is it a good film? - yes/no; **is inné a tháinig tú, nach ea? - is ea** you came yesterday, didn't you? - yes

éabann nm1 ebony

eabhar nm1 ivory

éabhlóid nf2 evolution

Eabhrach adj, nm1 Hebrew

Eabhrais nf2 (LING) Hebrew

each nm1 horse, steed

each-chumhacht nf3 horsepower

eachma nf4 eczema

éacht nm3 feat; achievement; **ba mhór an t-éacht é** it was a great achievement

éachtach adj sensational, extraordinary

eachtra nf4 adventure; event; experience

eachtrach adj (examiner) external

eachtránaí nm4 adventurer

eachtrannach adj foreign, alien
♦ nm1 foreigner

eachtrúil adj eventful

eacnamaí nm4 economist

eacnamaíoch adj economic(al)

eacnamaíocht nf3 economy; economics

eacstais nf2 ecstasy

éacúiméineach adj ecumenical

éad nm3 envy; jealousy; **éad a bheith ort (le)** to be jealous (of)

éadach (*pl* **éadaí**) *nm1* cloth, fabric; clothing, clothes; (*NAUT*) sail; **éadach soitheach** dishcloth; **éadach boird** tablecloth; **éadach leapa** bedclothes; **éadaí olla** woollens; **do chuid éadaigh a chur ort** to put on one's clothes

éadáil *nf3* gain; find; wealth

éadaingean (*gsf, pl, compar* **éadaingne**) *adj* insecure, unsteady

éadan *nm1* forehead, brow; nerve, impudence; **in éadan** + *gen* against; **cur in éadan duine** to contradict sb; oppose sb; **clár éadain** forehead; **nach dána an t-éadan atá uirthi!** the cheek of her!; **in éadan mo thola** against my wishes

éadarlúid *nf2* interlude

éadathach *adj* colourless

eadhon *adv* namely

éadlúth *adj* (*air*) rare

éadmhar *adj* envious; jealous

éadóchas *nm1* despair; **dul in éadóchas** to fall into despair

éadóchasach *adj* desperate, hopeless

éadóigh *nf2* unlikely thing; **is éadóigh go** it's unlikely that

éadoimhneacht *nf3* shallowness

éadoirsigh *vt* naturalize

éadomhain *adj* shallow

eadra *nm4*: **codladh go headra** to sleep in

eadraibh *see* **idir**

eadraibh *nf3* arbitration; intervention; **eadráin a dhéanamh** to mediate

eadrainn *see* **idir**

eadránaí *nm4* mediator; arbitrator

éadrócaireach *adj* merciless

éadroime *nf4* lightness

éadrom *adj* light; lightweight; mild; **cóta éadrom** light coat; **léitheoireacht éadrom** light reading

éadromán *nm1* balloon; float

éadruach *adj* pitiless

éadulangach *adj*: ~ (**ar**) intolerant (of)

éag *nm3* death ♦ *vi* die, perish; **go héag** forever

eagal *adj*: **is ~ liom go ...** I am afraid that ...; **ní heagal duit** you're in no danger

éaganta *adj* giddy; scatterbrained

éagaoin *nf2* moan ♦ *vi* moan

eagar *nm1* arrangement, order; **in eagar ceart** properly arranged; **rudaí a chur in eagar** to arrange things

eagarfhocal *nm1* editorial

eagarthóir *nm3* editor

eagarthóireacht *nf3* editing

eagla *nf4* fear; **eagla a bheith ort roimh** to be afraid of; **eagla a chur ar dhuine** to scare sb; **ní ligfeadh an eagla dó léim** he was afraid to jump; **tháinig eagla air** he became afraid; **ar eagla na heagla** just in case, (just) to be on the safe side; **ar eagla** + *gen* for fear of; **tá eagla orm** I'm not so certain; I doubt it

eaglach *adj* fearful; apprehensive

eaglais *nf2* church; **an Eaglais** the Church; **seirbhís eaglaise** church service

eaglaiseach *nm1* clergyman

eaglasta *adj* ecclesiastical

éagmais *nf2* lack; absence; **déanamh in éagmais ruda** to do without sth

eagna *nf4* wisdom; **eagna chinn** intellect, intelligence

éagnach *nm1* groan, moan

éagnaigh (*vn* **éagnach**) *vi* groan; complain

éagobhsaí *adj* unstable

éagóir (*pl* **éagóracha**) *nf3* injustice; wrong; **éagóir a dhéanamh ar dhuine** to wrong sb; **bheith san éagóir** to be in the wrong; **éagóir (ar dhuine)** to be in the wrong (about sb)

éagoiteann adj unusual, uncommon

éagórach adj unjust, unfair; wrong

éagothroime nf4 imbalance; inequality

éagothrom adj uneven; unfair; unjust; **cluiche éagothrom** uneven game

eagraí nm4 organizer

eagraigh vt organize, run; arrange

eagraíocht nf3 organization

eagrán nm1 edition; (of paper) number, issue

eagras nm1 organization, arrangement

éagráta nm4 death rate

eagrú nm organization

éagruthach adj shapeless; deformed

éagsúil adj different, distinct; **daoine éagsúla** various people

éagsúlacht nf3 (between things) difference; (of things) variety

éagsúlaigh vt vary; diversify

éaguimseach adj disproportionate, immoderate

éagumas nm1 incapacity, impotence

éagumasach adj impotent; incapable, unable

eala nf4 swan

éalaigh vi escape; slip away or out; elope; **éalaigh ar** stalk; **éalaigh ó** get out of

ealaín (pl **ealaíona**, gpl **ealaíon**) nf2 art, skill; caper; na healaíona uaisle the fine arts; **tá na healaíona ann** he's an artful dodger; **tá siad ar an ealaín chéanna arís** they are at the same carry-on again

ealaíonta adj artistic; elegant; skilful

ealaíontóir nm3 artist; **ábhar ealaíontóra** artist in the making

éalaitheach adj elusive ♦ nm1 fugitive; survivor

éalang nf2 flaw; weakness; **gan éalang** flawless

éalangach adj flawed, defective; (person) debilitated

eallach (pl **eallaí**) nm1 cattle; livestock

ealta nf4 (of birds) flock

éalú nm escape; elopement

éalúchas nm1 escapism

éan nm1 bird; fowl; **an t-éan corr** the odd man out; **éin tí** domestic fowl; **éan creiche** bird of prey

éanadán nm1 (bird) cage

Eanáir nm4 January

éaneolaí nm4 ornithologist

eang nf3 nick, notch; **eang a chur i rud** to nick sth

eangach nf2 net, netting; grid ♦ adj jagged; indented

eanglach nm numbness; pins and needles

éanlaith nf2 birds, fowl

éanlann nf2 aviary

earc (pl ~**a**) nm1 lizard; **earc luachra** newt

earcach nm1 recruit

earcaigh vt, vi recruit

éarlais nf2 deposit, part payment; token; **éarlais a chur ar rud** put down a deposit on sth

éarlamh nm1 patron saint

earra nm4 commodity; merchandise, goods; **earraí** goods; wares; **earraí gloine** glassware

earrach nm1 spring, springtime; **san earrach** in spring

earráid nf2 error; lapse; **earráid cló** typing error; **earráid a dhéanamh** to make a mistake

eas (pl ~**anna**) nm3 waterfall

easaontas nm1 disagreement; disunion; variance

éasc nm1 (GEOL) fault

éasca adj easy; nimble; ready

eascaine nf4 swear word, curse; oath

eascainigh (vn **eascaini**) vt, vi curse, swear

eascair (pres **eascraíonn**) vi sprout (up), spring; **eascair ó** derive from

eascairdiúil adj unfriendly; strained

eascann nf2 eel

eascrach etc see **eiscir**

easláinte nf4 ill health

easláintiúil adj unhealthy

eastán nm1 invalid ◆ adj sickly, infirm

easna (pl ~**cha**) nf4 rib

easnamh nm1 shortage; lack

easnamhach adj deficient

easóg nf2 (ZOOL) stoat; weasel

easonóir nf2 dishonour, indignity

easpa¹ nf4 lack; absence; deficiency; shortfall; **tá easpa taithí air** he lacks experience

easpa² nf4 (MED) abscess

easpag nm1 bishop; **dul faoi lámh easpaig** (REL) to be confirmed

easpórtáil vt export ◆ nf3 exportation

easpórtálaí nm4 exporter

eastát nm1 estate; **eastát réadach** real estate; **eastát tionsclaíoch** industrial estate; **eastát tithíochta** housing estate

easuan nm1 insomnia

easumhal (pl **easumhla**) adj disobedient

easumhlaíocht nf3 disobedience, insubordination

easurraim nf2 disrespect

easurramach adj irreverent, disobedient

eatarthu see **idir**

eatramh nm1 interval, lull; cessation

eatramhach adj interim

eibhear nm1 granite

éiceachóras nm1 ecosystem

éiceolaíocht nf3 ecology

éide nf4 clothes; uniform; **éide náisiúnta** national dress; **éide**

spóirt sportswear

éideannas nm1 détente

eidhneán nm1 ivy

éifeacht nf3 effectiveness; effect; significance; value; **éifeacht a dhéanamh le rud** to be successful at sth

éifeachtach adj effective; efficient; telling

éifeachtacht nf3 efficiency

éigean nm1 force; outrage; rape; **ar éigean** hardly, barely; **is ar éigean a chonaic mé é** I hardly saw him; **b'éigean dom imeacht** I had to leave

éigeandáil nf3 emergency; crisis

éigeantach adj compulsory

éigiallta adj irrational; unrealistic

éigin adj some; **duine éigin** someone; **lá éigin** some day

éiginnte adj uncertain; vague; undecided

éiginnteacht nf3 uncertainty; indecision; vagueness

éigiontach adj innocent

éigiontacht nf3 innocence

Éigipt nf2: **An ~** Egypt

éigneasta adj insincere

éigneoir nm3 violator, rapist

éignigh vt rape; (MIL) storm

éigríochta adj endless; infinite

éigríonna adj unwise; ill-advised

éigse nf4 poetry; learning

eile adj, adv, pron other; another; different; else; **áit eile** another place, somewhere else; **cé eile?** who else?; **sin scéal eile** that's another story; **cineál eile** a different kind; **rud éigin eile** something else; **duine amháin eile** one more person

éileamh nm1 claim, demand; request; accusation; **tá éileamh ar an leabhar** the book is in demand; **ábhar éilimh** cause for complaint

eilifint nf2 elephant

éiligh *vt* claim, demand; complain; **rud a éileamh** to demand sth; **bheith ag éileamh** to be sick

éilimint *nf2* (ELEC, BIOL) element

éilit *nf2* doe; **chomh lúfar le heilit** as fit as a fiddle

éiliteach *adj* demanding

éilitheoir *nm3* plaintiff; claimant

éill, éille *see* **iall**

Eilvéis *nf2*: **An ~** Switzerland

Eilvéiseach *adj, nm1* Swiss

éineacht *n*: **in ~ (le)** together (with)

eipic *nf2* epic

eipidéim *nf2* epidemic

eire *nm4* burden

Éire (*ds* **Éirinn**, *gs* **~ann**) *nf* Ireland, Eire; **Muir Éireann** the Irish Sea; **in Éirinn** in Ireland; **muintir na hÉireann** the Irish people

eireaball *nm1* tail; tail end; **eireaball do shúl** out of the corner of one's eye

Éireann *see* **Éire**

Éireannach *adj* Irish ♦ *nm1* Irishman; **Éireannach (mná)** Irishwoman

éirí *nm4* rising, rise; ascent; **éirí amach** revolt, uprising; **éirí na gréine** sunrise; *see also* **éirigh**

éiric *nf2* revenge; **éiric a bhaint as duine** to get one's own back on sb

éiriceacht *nf3* heresy

éirigh *vi* rise, arise, get up; grow; become, get; **éirigh as** resign; abandon; **d'éirigh leis** it succeeded; he passed; **d'éirigh eatarthu** they fell out; **cad é mar atá ag éirí leat?** how are you getting on?; **éirí amach** to rise (in revolt); **cad é a d'éirigh dó?** what became of him?

éirim *nf2* intellect; wit; talent, aptitude; (*of story*) gist; **éirim scéil** drift of a story

éirimiúil *adj* talented; intelligent; brainy

Éirinn *see* **Éire**

eirleach *nm1* slaughter

eirmín *nm4* ermine

éis *n*: **d'éis, tar éis** after; **tar éis an tsaoil** after all; **fiche tar éis a trí** twenty past two

eisbheartach *adj* (*person*) skimpily dressed; (*clothes*) skimpy, scant

éisc *see* **iasc**

eisceacht *nf3* exception; **eisceacht a dhéanamh (de)** to make an exception (of)

eisceachtúil *adj* exceptional

eischeadúnas *nm1* off-licence

eiscir (*gs* **eascrach**, *pl* **eascracha**) *nf* esker

eisdíríteach *adj, nm1* extrovert

eiseachadadh (*gs* **eiseachadta**) *nm* extradition

eiseachaid (*pres* **eiseachadann**) *vt* extradite

eiseachas *nm1* (PHIL) existentialism

eisealach *adj* squeamish; fastidious

eiseamláir *nf2* example, model, paragon; **eiseamláir duine a leanúint** to follow sb's example

eiseamláireach *adj* model; exemplary

eisean *emphatic pron* he; him; himself; **eisean a bhí ann** it was HIM

eisiach *adj* (*rights*) exclusive, sole

eisigh *vt* issue

eisilteach *nm1* effluent

eisimirce *nf4* emigration

eisimirceach *adj, nm1* emigrant

eisiúint (*gs* **eisiúna**) *nf3* issue

eispéaras *nm1* (PHIL) experience

eisreachtaí *nm4* outlaw

eisreachtaigh *vt* outlaw, proscribe

eisréimnigh *vi* diverge

éist *vt, vi*: **~ (le)** listen (to); hear; heed; **éist le seo!** just listen to this!; **éist!** look (here)!; **éist do bhéal!** shut up!; **cás a éisteacht** to hear a case

éisteacht *nf3* hearing; **as éisteacht** out of earshot; **lucht éisteachta** audience

éisteoir *nm3* (RADIO) listener

eite *nf4* (gen, POL) wing; (of fish) fin; **an eite chlé** the Left (wing); **polaitíocht na heite deise** right-wing politics

eiteach *nm1* refusal; **an chéad eiteach a bheith agat (ar)** to have first refusal (of); *see also* **eitigh**

eiteog *nf2* wing

éitheach *nm1* lie; perjury; **mionn éithigh a thabhairt** to perjure o.s.

eithne *nf4* kernel; nucleus

eithneach *adj* nuclear

eitic *nf2* ethics

eiticiúil *adj* ethical

eitigh (*vn* **eiteach**) *vt* refuse; **duine a eiteach faoi rud** to refuse sb sth

eitil (*pres* **eitlíonn**) *vi* fly

eitilt *nf2* flight; flying; **dul ar eitilt** to fly

eitinn *nf2* tuberculosis

eitleán *nm1* aeroplane, plane

eitleog *nf2* (toy) kite; (TENNIS etc) volley; (for badminton) shuttlecock

eitlíocht *nf3* aviation

eitneach *adj* ethnic

eitneolaí *nm4* ethnologist

eitpheil *nf2* volleyball

eitre *nf4* groove

eochair (*gs* **eochrach**, *pl* **eochracha**) *nf* (also MUS) key

eochairbhuille *nm4* (COMPUT, TYP) keystroke

eochairchlár *nm1* keyboard

eochraí *nf4* (fish) roe

eolach *adj* knowledgeable; educated; **bheith eolach ar cheantar** to know an area

eolaí *nm4* scientist; (book) directory, guidebook

eolaíoch *adj* scientific

eolaíocht *nf3* science

eolaire *nm4* directory

eolas *nm1* knowledge; information; **níl aon eolas agam faoi** I have no knowledge of it; **bheith ar an eolas** to be in the know; **rud a bheith ar eolas agat** to know sth (by heart); **duine a chur ar an eolas faoi rud** to brief *or* inform sb about sth; **eolas an bhealaigh a chur** to ask directions

Eoraip *nf3*: **An ~** Europe

eorna *nf4* barley

Eorpach *adj, nm1* European; **Feisire Eorpach** Member of the European Parliament, MEP; **An Comhphobal Eorpach** the European Community

eotanáis *nf2* euthanasia

F

fá = **faoi**

fabhal *nm2* fable

fabhalscéal (*pl* ~**ta**) *nm1* fable

fabhar *nm1* favour; **fabhar duine a tharraingt ort** to ingratiate o.s. with sb

fabhcún *nm1* falcon

fabhlach *adj* fabled; fabulous

fabhra *nm4* (eye)lash; (eye)brow

fabhrach *adj* favourable

fabht *nm4* defect; fault; weakness; (COMPUT) bug; **tháinig fabht ann it** went wrong

fabhtach *adj* defective, faulty; treacherous

fabraic *nf2* fabric

facs *nm4* fax

facsáil *vt* fax

fad *nm1* (time, space) length, extent; **fad a bhaint as rud** to make sth last, prolong sth; **ar a fhad** lengthwise; **fad saoil duit!** long life to you!; bravo!; **ar fad** altogether; in full; **an lá ar fad** all day; **sé mhéadar ar fad** 6 metres

long; i bhfad ró-bheag far too
small; **i bhfad ó shin** long ago;
téigh a fhad le go as far as; **cá
fhad?** how far/long?; **faoi fhad
láimhe** or **sciatháin de** within (his)
reach

fada (compar **faide**) adj long,
lengthy, protracted; **scéal/bóthar
fada** a long story/road; **lá fada
oibre** a long day's work; **chomh
fada agus** or **le** as long as; **is fada
ó** ... it's a long time since ...

fadaigh (vn **fadú**) vt, vi lengthen,
prolong; kindle

fadálach adj slow; tedious

fadchainteach adj long-winded

fadcheannach adj astute, shrewd

fadcheirnín nm4 LP, long-playing
record

fadfhulangach adj long-suffering;
forbearing

fadharcán nm1 (on foot) corn

fadhb (pl **~anna**) nf2 problem;
fadhb a fhuascailt or **a réiteach** to
solve a problem

fadó adv long ago; once upon a
time

fadradharcach adj long-sighted

fadsaolach adj long-life; long-lived

fadtéarmach adj long-term

fadtonn nf2 (RADIO) long wave

fadtréimhseach adj long-term

fág (vn **~áil**) vt, vi leave, depart;
fág uait é set it down, leave it aside;
fág slán ag say goodbye to; **níor
fágadh focal aici** she was left
speechless; **rud a fhágáil ar dhuine**
to attribute sth to sb; to blame sb
for sth; **breall á fhágáil ar dhuine**
to make a fool of sb

fágáil nf3 departure

fágálach nm1 weakling; (inf) runt

faí (pl **~the**) nf4 cry; (LING) voice; **an
fhaí chéasta** the passive (voice)

fáibhile nm4 beech (tree)

faic nf4 (with neg) nothing; **faic na**

fríde nothing at all; **ní dhéanann
sé faic** he does nothing

faiche nf4 green, lawn; (SPORT)
ground, (playing) field

faichill nf2 care, caution; **bí ar
d'fhaichill (roimhe)** be wary (of
him)!

faichilleach adj careful, cautious;
non-committal, wary

faide see **fada**

fáideog nf2 candle; taper; wick

fáidh (pl **fáithe**) nm4 prophet

fáidheadóireacht nf3 prophecy

fáidhiúil adj prophetic; wise

faigh (vn **fáil**, vadj **~te**, past **fuair**, fut
gheobhaidh) vt get; receive; **greim
a fháil ar rud** to get hold of sth;
fáil amach faoi rud to find out
about sth; **locht a fháil ar rud** to
find fault with sth; **scéala a fháil**
to get news; **bás a fháil** to die;
fuair sé greim sciatháin/scornaí air
he caught him by the arm/throat;
níl fáil air he is unavailable; **rudaí
a fháil ina gceart** to get things into
perspective; **aitheantas a fháil** to
gain recognition; **íslíú céime a
fháil** to be demoted; (SPORT) to be
relegated; **rud a chur ar fáil** to
make sth available; "**Bia agus
Deoch ar fáil**" "Refreshments
Available"

faighin (gs **faighne**, pl **faighneacha**)
nf2 vagina

faighneog nf2 pod; shell

faighteoir nm3 recipient; receiver

fail (pl **~eanna**) nf2 hiccup

fáil¹ see **faigh**

fáil² nf3 = **fál**

fáilí adj stealthy, sneaky; affable;
teacht go fáilí ar dhuine to sneak
up on sb; **go fáilí** by stealth

faill (pl **~eanna**) nf2 chance,
opportunity; occasion; **ag faire na
faille** waiting for an opportunity;
níl faill suí agam I don't have time

to sit

faillí (pl ~ocha) nf4 oversight; **faillí a dhéanamh i rud** to fail to do sth, neglect sth

faillitheach adj remiss

fáilte nf4 welcome; **fáilte romhat** welcome!; **fáilte a chur roimh dhuine** to welcome sb

fáilteach adj hospitable, welcoming

fáilteoir nm3 receptionist

fáiltigh vi welcome

fáiltiú nm reception

fainic nf2 caution ♦ vt, vi take care, beware; **fainic thú féin air** beware of him

fáinleog nf2 (bird) swallow

fáinne nm4 ring, circle; halo; **fáinne lochtach** vicious circle

fair vt monitor, watch; observe; guard

fáir nf2 (pl ~eacha) roost ♦ vi roost

faire nf4 watch; lookout; surveillance; (for dead) wake; vigil

faireach nf2 booing; **faireach a dhéanamh faoi dhuine** to boo sb

faireog nf2 gland

faireoir nm3 watchman; **faireoir oíche** night watchman

fairis see **fara**

fairsing adj wide, extensive; roomy; (cuts etc) sweeping; **chomh fairsing le gaineamh na trá** very plentiful, numerous; **bheith fairsing le** to be liberal with

fairsinge nf4 breadth; magnitude; expanse; spaciousness

fairsingigh vt broaden

fairtheoir nm3 sentry

fáisc (vn fáscadh) vt squeeze; squash; wring; press

fáiscín nm4 clip; fastener; **fáiscín páipéir** paper clip; **fáiscín gruaige** hair clip

faisean nm1 fashion; style; **san fhaisean** in fashion; **as faisean** out of fashion

faiseanta adj fashionable; stylish; popular

faisisteachas nm1 fascism

faisnéis nf2 information; (MIL etc) intelligence

faisnéiseach adj informative, revealing

faisnéiseoir nm3 informant

fáistine nf4 prophecy

fáistineach nm1 (LING) future

faiteach adj timid, nervous, shy

faiteachán nm1 timid or shy person

faiteadh nm1: **i bhfaiteadh na súl** in the blink of an eye

fáithe see **fáidh**

fáithim nf2 hem

faithne nm4 wart

faitíos nm1 fear; shyness

fál (pl ~ta) nm1 hedge; fence, fencing; enclosure; **fál a chur ar rud** to fence sth (in)

fála (pl falta) adj grudge; spite

fálaigh vt fence, enclose; (pipes) lag

fallaing (pl ~eacha) nf2 cloak; **fallaing fholctha** bathrobe; robe; **fallaing sheomra** dressing gown

fallás nm1 fallacy

falróid nf3 sauntering; easy pace; **ag falróid** wandering; **falróid ar chapaillíní** pony trekking

falsa adj lazy, idle

falsacht nf3 falseness; laziness; sloth

falsaigh vt falsify, fake

falsaitheoir nm3 forger; counterfeiter

falsóir nm3 layabout

falta see **fala**

fálta see **fál**

faltanas nm1 spite; vindictiveness; grudge

faltanasach adj spiteful; vindictive

fáltas nm1 income, profit; **fáltais** proceeds

fámaireacht nf3 sightseeing; strolling about

fan (vn ~acht) vi stay, wait, remain;
  fan le wait for; **fan ag** lodge with;
  fan go fóill! hold on!; **fan amach**
  ón tine stay back from the fire;
  fan bomaite! wait a minute!; **"fan**
  amuigh" "keep out"; **fan mar a**
  bhfuil tú! stay put!

fána nf4 slope; incline

fánach adj wandering; vagrant;
  trivial; occasional

fánaí nm4 rambler

fanaiceach nm1 fanatic ♦ adj
  fanatical

fanaile nm4 vanilla

fánán nm1 hill; incline; ramp;
  slipway

fann adj faint, feeble

fannchlúmh nm1 (eider)down

fannléas nm1 glimmer

fanntais nf2 faint, swoon; **dul i**
  bhfanntais to faint

fantaiseach adj fantastic

fantaisíocht nf3 fantasy

faobhar nm1 blade; (of knife etc)
  edge; **faobhar a chur ar rud** to
  sharpen sth

faobhrach adj sharp-edged; keen;
  eager

faobhraigh vt sharpen

faoi (prep prons = **fúm, fút, faoi,**
  fúithi, fúinn, fúibh, fúthu) (lenites)
  prep under, below, beneath;
  against; within; (in sequence) en
  route; **faoi bhealach** en route;
  underneath; **faoi rún** in secret; **faoi**
  láthair at present; **faoi dheireadh**
  at last; at length; **faoi seo** by now;
  faoi ghlas locked up; **faoin tuath**
  in the country(side); **faoi mhíle de**
  within a mile of; **faoi bhláth** in
  bloom; **faoi sholas an lae** by the
  light of day; **faoi ualach** + gen
  laden with; **faoi Nollaig** at
  Christmas; **faoi shíocháin** at peace;
  méadú faoi thrí to multiply by
  three

faoileán nm1 gull, seagull

faoileoir nm3 glider

faoileoireacht nf3 gliding

faoin = **faoi** + **an**

faoina, faoinár see **faoi**

faoiseamh nm1 relief; reprieve;
  faoiseamh a thabhairt do to ease,
  soothe; alleviate; **faoiseamh a fháil**
  to get relief

faoiste nm1 (CULIN) fudge

faoistin nf2 (REL) confession

faoitín nm4 (fish) whiting

faolchú (pl ~**nna**) nm4 wolf; wild
  dog

faon adj limp

faopach n: **bheith san fhaopach** to
  be in a fix

fara (prep prons = **faram, farat, fairis,**
  farae, farainn, faraibh, faru) prep
  along with; as well as, besides

farantóireacht nf3 ferrying; **bád**
  farantóireachta ferry

faraor excl alas; **faraor géar** alas and
  alack

farat see **fara**

fargán nm1 ledge

farraige nf4 sea; **an fharraige mhór**
  the open sea, the ocean; **tinneas**
  farraige seasickness; **dul ar cur**
  chun farraige to set sail; **ar an**
  bhfarraige at sea; **seacht míle i**
  bhfarraige seven miles out to sea;
  saoire cois (na) farraige a seaside
  holiday

faru see **fara**

fás vt, vi grow ♦ nm1 growth; **fás**
  aníos grow up; **fás as** outgrow; **tá**
  fás (mór) faoi he's growing up
  (quickly); **fás aon oíche** mushroom

fásach nm1 desert, wilderness;
  overgrowth; **fásach féir** prairie

fáscadh (pl **fáscaí**) nm1 squeeze;
  clasp; see also **fáisc**

fáslach nm1 upstart

fásra nm4 vegetation

fásta adj adult; **duine fásta** adult

fáth (pl ~anna) nm3 cause, reason;
cén fáth? why?; gan fáth ar bith
for no reason

fathach nm1 giant

fáthchiallach adj figurative

fáthmheas nm3 diagnosis

fáthscéal (pl ~ta) nm1 parable

feá¹ (pl ~nna) nf4 beech

feá² (pl ~nna) nf4 fathom

feabhas nm1 improvement;
excellence; ar fheabhas excellent;
feabhas a chur ar rud to improve
sth; chuaigh sé i bhfeabhas/
tháinig feabhas air it improved

Feabhra nf4 February

feabhsaigh vt, vi improve, get
better; recuperate

feac vt, vi bend

féach (vn ~aint) vt, vi look; see;
observe; "féach an taobh eile"
"see overleaf"; féach ar look at,
watch; féach ar (clothes) try on;
féach leis! have a go!, try it!

féachadóir nm3 observer, onlooker

féachaint (gs féachana) nf3 look;
watch; ag féachaint siar in
retrospect; rud a fhéachaint to try
or test sth; lucht féachana
spectators; onlookers; viewers

feachtas nm1 campaign

fead (pl ~anna) nf2 whistle; fead
ghlaice wolf-whistle; fead a ligean
(le duine) to whistle (at sb)

féad (vn ~achtáil) aux vb be able to,
can; ought; féadaim a rá go ... I
can safely say that ...; féadann tú
imeacht you may go; níor fhéad
sé bogadh he could not move;
d'fhéad tú a rá leis you ought to
have told him

feadaíl nf3 whistling

feadán nm1 tube; gully; (ANAT)
vessel

feadh nm3 length; extent; ar feadh
sé mhí for 6 months; ar feadh
tamaill fhada for a long time; ar

feadh scathaimh for a while; ar
feadh a shaoil all his life; ar feadh
m'eolais/mo chuimhne as far as I
know/remember

feadhain (gs, pl feadhna) nf3 band

feadóg nf2 whistle; feadóg mhór
flute

feag (pl ~acha) nf3 (BOT) rush

feall nm1 treachery, betrayal;
(SPORT) foul ◆ vi: ~ ar betray, give
away; double-cross; tá an feall ann
he's treacherous by nature; níor
fheall siad air they did not let him
down; d'fheall an cheist air he
failed to answer the question

feallmharaigh vt assassinate

feallmharú nm assassination

feallta adj treacherous

fealltóir nm3 traitor

fealsamh (pl fealsúna) nm1
philosopher

fealsúnacht nf3 philosophy

fealsúnta adj philosophical

feamainn nf2 seaweed

feamainneach adj clustered; wavy

fean (pl ~anna) nm1 fan

feann vt fleece; criticize; flay

feánna see feá¹, ²

feannóg nf2 scald crow; faill na
feannóige the slightest
opportunity

feannta adj sharp, severe; freezing;
feannta go cnámh bared to the
bone

feanntach adj raw; scathing;
bitterly cold

fear (gs, pl fir) nm1 man; husband;
fear céile husband; casfar fear a
dhiongbhála air he'll meet his
match; fear an phoist/bhainne
postman/milkman; fear dóiteáin
fireman; fear singil bachelor; fear
tábhairne landlord; fear sneachta
snowman

féar (pl ~a) nm1 grass; hay

féarach nm1 pasture

fearacht prep (+ gen) as, like

fearadh (gs **feartha**, pl **fearthaí**) nm grant; provision; gift; benefit; **fearadh na fáilte** a hearty welcome

féaráilte adj fair

fearann nm1 land, ground; **baile fearainn** townland

fearas nm1 fixture, fitment; gear; plant; tackle; **fearas deisiúcháin/garchabhrach** repair/first-aid kit

fearg (gs **feirge**, ds **feirg**) nf2 anger; irritation; **tá fearg air** he is angry; **fearg a chur ar dhuine** to make sb angry

fearga adj male; manly

feargach adj angry; indignant; irate

feargacht nf3 manhood; masculinity

Fear Manach nm Fermanagh

fearr see **maith**

feartha, fearthaí see **fearadh**

fearthainn nf2 rain; **tá sé ag cur fearthainne** it's raining; **faoin bhfearthainn** in the rain

feartlaoi (pl **~the**) nf4 epitaph

fearúil adj manly, virile

feasa see **fios**

feasach adj knowing

féasóg nf2 beard

feasta adv from now on; henceforth; **lá ar bith feasta** any day now

féasta nm4 feast; banquet; party; **féasta a chaitheamh** to feast

feic vt (vn **~eáil**, vadj **~the**, past **chonaic**) see; seem; be feic, be feiceáil in sight; **ní raibh sé le feiceáil thoir ná thiar** he was nowhere to be seen; **feictear (dom) go bhfuil … it** seems (to me) that …

feiceálach adj showy

féich see **fiach**[1]

féichiúnaí nm4 debtor

féichiúnta adj punctual

féidearthacht nf3 possibility; **féidearthachtaí an cháis** the possibilities of the situation

feidhm (pl **~eanna**) nf2 function; use; **níl feidhm leis** there is no need for it; **níl feidhm dúinn** there is no need for us; **níl feidhm orm** I don't have to, I don't need to; **feidhm a bhaint as rud** to use sth, employ sth

feidhmeannach nm1 official; agent

feidhmigh vt, vi function; (REL) officiate; enforce; **feidhmiú ag pósadh** to officiate at a marriage

feidhmitheach adj, adj executive

feidhmiú nm operation

feidhmiúchán nm1 executive

feidhmiúil adj functional; operative; practising; streamlined

féidir n (with copula): **b'fhéidir** maybe; **is féidir go** it is possible that; **is féidir é** it is a possibility; **ní féidir é** it is out of the question; **an féidir liom caitheamh?** may I smoke?; **chomh mór agus is féidir** as big as possible; **más féidir leat** if you possibly can; **ní féidir liom teacht** I cannot come; **b'fhéidir go dtiocfadh sé** maybe he'll come

feighlí nm4 watcher; carer; (of building) caretaker; **feighlí páistí** baby-sitter

feil (vn **~iúint**) vi suit

féil, féile[1] see **fial**

féile[2] (pl **féilte**) nf4 festival; (REL) feast (day); **Lá Fhéile Pádraig** St Patrick's Day; **Lá Fhéile Vailintín** St Valentine's Day

féile[3] nf4 generosity; hospitality

féileacán nm1 butterfly

féileadh (pl **féilí**) nm1: **~ beag** kilt

feileastram nm1 (plant) iris

feileon nm1 felon

féilire nm4 calendar

feiliúint see **feil**

feiliúnach adj suitable; applicable; obliging

feilt nf2 felt

féilte see **féile**[2]

féiltiúil adj festive; regular

féimheach nm1 bankrupt;
breithníodh ina fhéimheach é he
was adjudged bankrupt

féimheacht nf3 bankruptcy

féin pron self; even; own;
particular; actual; **mé féin** myself;
mo charr féin my own car; **dá
thoil féin** of his own accord; **déan
do chomhairle féin** do as you wish;
leis féin on his own; **dar liom féin**
in my opinion, to my mind; **déan
as duit féin** fend for o.s.; **mar sin
féin** nevertheless; **cheana féin**
already; **bhí Seán féin ann** even
John was there

féin- prefix auto-, self-

féinchaomhnú nm self-preservation

féinchosaint nf3 self-defence

féinfhostaithe adj self-employed

feiniméan nm1 phenomenon

féiníobairt nf3 self-sacrifice

féiniúlacht nf3 (self-esteem) ego;
individuality

féinleas nm3 self-interest

féinmharú nm suicide

féinmhuinín nf2 (self-)confidence

féinmhúinte adj self-taught

Féinne see **Fiann**

féinriail (gs **féinrialach**) nf
autonomy

féinrialaitheach adj autonomous,
self-governing

féinseirbhís nf2 self-service

féinsmacht nm3 self-control,
self-discipline

féinspéis nf2 egotism

féinspéisí nm4 egoist

féintrua nf4 self-pity

féir see **fiar**

feirc nf2 (of dagger etc) hilt; **scian a
shá go feirc í** to bury a knife in

féire see **fiar**

feirg, feirge see **fearg**

féirín nm4 present, gift

feirm (pl ~**eacha**) nf2 farm; **sclábhaí
feirme** farm labourer

feirmeoir nm3 farmer

feirmeoireacht nf3 farming

feis (pl ~**eanna**) nf2 festival; feis;
Ard-Fheis (POL) National
Convention, National Conference

Feisire nm4 (in Britain: also:
~ **Pairliminte**) MP, member of
Parliament; **Feisire Eorpach**
Member of the European
Parliament, MEP

feisteas nm1 furnishings, fittings;
outfit

feisteoir nm3 fitter

feistigh (vn **feistiú**) vt arrange;
equip, fit; dress; secure; (ship)
moor, tie up; **tábla a fheistiú** to set
a table

feistiú nm décor; (on car) trim; (of
jewel) setting; (HAIRDRESSING) set

féith (pl ~**eacha**) nf2 vein;
féitheacha borrtha varicose veins;
féith na filíochta poetic talent

feithealann nf2 waiting room

feitheamh nm1 wait; anticipation

féitheog nf2 sinew; muscle

féitheogach adj sinewy; beefy;
muscular

feitheoir nm3 invigilator; supervisor

feitheoireacht nf3 supervision

feithicil (gs **feithicle**, pl **feithiclí**) nf2
vehicle

feithid nf2 insect

feithidicíd nf2 insecticide

féithleog nf2 honeysuckle; vine

féithuar adj chilly

feitis nf2 fetish

feochadán nm1 thistle

feoigh vi decay, wither

feoil (pl **feola**, gs **feola**) nf3 flesh;
meat

feoilseántach adj vegetarian

feoilseántóir nm3 vegetarian

feola, feolta see **feoil**

feolmhar adj flabby; fleshy

feothan nm1 breeze

fh (remove "h") see **f...**

fhaca etc vb see **feic**

fia (pl ~nna) nm4 (roe) deer; **fia rua** (red) deer

fiabhras nm1 fever; **tá fiabhras air** he has a temperature; **fiabhras léana/dearg** hay/scarlet fever; **fiabhras breac** typhoid

fiabhrasach adj feverish

fiacail (pl fiacla) nf2 (ANAT, TECH) tooth; **fiacla bréige** false teeth, dentures; **fiacail forais** wisdom tooth; **cáithnín faoin fhiacail** an irritation; **rud a rá gan fiacail a chur ann** to say sth in no uncertain terms

fiach¹ (gs féich, pl ~a) nm1 debt; **fiach a ghlanadh** to pay off a debt; **fiacha a bheith ort** to be in debt; **fiacha a bheith ort rud a dhéanamh** to have to do sth

fiach² nm1 hunt(ing), chase ◆ vt hunt, chase

fiach³ (pl ~a) nm1 raven

fiachas nm1 (COMM) liability

fiachóir nm3 debtor

fiacla see **fiacail**

fiaclóir nm3 dentist

fiaclóireacht nf3 dentistry

fiafheoil nf3 venison

fiafraí (gs, pl fiafraithe) nm inquiry, question

fiafraigh (vn fiafraí) vi, vt inquire, ask; **rud a fhiafraí de dhuine** to ask sb sth; **fiafraigh faoi** ask about

fiagaí nm4 hunter

fiaile nf4 weed

fiailnimh nf2 weedkiller

fiáin adj wild; primitive, savage; riotous

fial (gsm féil, gsf, compar féile) adj generous; lavish

fiamh nm: **~ a chur ar dhuine** to antagonize sb; **tá fiamh orm leo** I can't stand them

fianaise nf4 (of witness) evidence, testimony; **fianaise a thabhairt** to testify; **i bhfianaise duine** in the presence of sb

Fiann (gs féinne, gpl ~, pl ~a) nf3 (IRL, MYTHOLOGY) the Fianna; **cothrom na Féinne** fair play; **Fianna Fáil** (POL) Fianna Fáil

fiannaíochta n gen as adj (MYTHOLOGY) Fenian

fiántas nm1 wildness

fiar (pl ~a) adj diagonal, oblique ◆ nm1 (gsm féir, gsf, compar féire) slant, swerve; **ar fiar** at an angle; **lámhach ar fiar** to shoot wide; **fiar-amharc** sideways look

fiarlán nm1 zigzag

fiarshúil (gs, pl ~e, gpl fiarshúl) nf2 squint; **tá fiarshúil ann** he has a squint

fiata adj fierce

fia-úll nm1 crab apple

fích see **fioch**

fiche (gs ~ad, pl fichidí, ds, pl with numbers fichid) num twenty

ficheall nf2 chess

fichiú num, adj, nm4 twentieth

ficsean nm1 fiction

fidil (gs fidle, pl fidleacha) nf2 (MUS) fiddle

fidléir nm3 fiddler

fige nf4 fig

figh (vadj fite) vt, vi weave; twist; intertwine; **fite fuaite** intertwined; ingrained

figiúr (pl figiúirí) nm1 figure; number

file nm4 poet

fileata adj poetic; lyrical

filiméala nm4 nightingale

filíocht nf3 poetry; verse

fill vt, vi turn (back), go back, return; fold (up); wrap (up); **fill ar** to revert to; (plans etc) to backfire; **fill anuas** (bed etc) turn down

filléad nm1 fillet

filleadh (pl **filleacha**) nm1 bend, crease, fold, pleat; return; **filleadh beag** kilt; **filleadh osáin** (on trousers) turn-up

fillte adj (ticket) return

fillteán nm1 folder

filltín nm4 crease

fimíneach nm1 hypocrite ♦ adj hypocritical

fimíneacht nf3 hypocrisy

fine nf4 family group; **Fine Gael** (POL) Fine Gael

fínéagar nm1 vinegar

fíneáil nf3 fine; penalty ♦ vt fine; penalize

fíneálta adj fine

finideach adj finite

Fínín nm4 Fenian

Fíníneachas nm1 Fenianism

fíniúin (pl **fíniúnacha**) nf3 vine; vineyard

finné (pl **~the**) nm4 witness

finscéal (pl **~ta**) nm1 fiction; legend

finscéalach adj fictional

finscéalaíocht nf3 fiction

fíocas nm1 haemorrhoids; piles

fíoch (gs **fích**, pl **~a**) nm1 feud

fíochán nm1 tissue

fíochmhar adj ferocious; furious

fíodóir nm3 weaver

fíogadán nm1 camomile; **tae fíogadáin** camomile tea

fíoghual nm1 charcoal

fíon (pl **~ta**) nm3 wine; **fíon boird** table wine

fíonchaor nf2 grape

fíondar nm1 fender

fíonghort nm1 vineyard

Fíonlainn nf2: **An Fhíonlainn** Finland

Fíonlannach nm1 Finn ♦ adj Finnish

Fíonlannais nf2 (LING) Finnish

fíonn[1] adj fair; blond(e); bright

fíonn[2] vt ascertain, discover

fíonn[3] (pl **~a**) nm1 (MED) cataract

fionnachrith nm3 goose pimples, goose bumps, goose flesh

fionnachtain (gs, pl **fionnachtana**) nf3 discovery; invention; find

fionnadh nm1 hair; fur, coat

fionnbhán adj fair; light-coloured

fionnrua adj sandy

fionnuar adj cool

fionnuaraigh vt, vi cool

fíonraí nf4 suspension; **duine a chur ar fíonraí** to suspend sb

fíonta see **fíon**

fiontar nm1 risk; enterprise, venture, adventure; undertaking; **dul san fhiontar ar** to gamble on

fiontrach adj enterprising, go-ahead

fíor[1] adj true, real, right ♦ nf2 truth; **más fíor (nó) bréag é** whether it is true or not; **is fíor duit** you are right

fíor[2] (gs **~ach**) nf sign, appearance; **fíor na croise** the sign of the cross

fíor- prefix true, real, actual; extreme; genuine ♦ adv extremely; prize; unqualified; very; **fíoruisce** pure water; **fíorthús** very beginning; **fíoríochtar** very bottom

fíoraigh (vn **fíorú**) vt verify

fíordheimhnigh vt authenticate

fíorú nm verification; fulfilment

fíoruisce nm4 pure or spring water

fios (gs **feasa**) nm3 knowledge; information; **tá a fhios agam (go) ...** I know (that) ...; **tá a fhios a ghnóthaí aige** he knows his business; **tabhairt le fios** to hint; **fios a chur ar** to send for; **gan fhios** unknowingly; secretly; **cá bhfios duit?** how do you know?

fiosrach adj nosy; inquisitive

fiosracht nf3 curiosity

fiosraigh vt inquire into; check

fiosrú nm (of crime) investigation

fiosrúchán nm1 (investigation) inquiry

fir n gen as adj male; see also **fear**

firéad *nm1* ferret

fireann *adj* male

fireannach *nm1* (BIOL) male

fíréanta *adj* righteous

fíric *nf2* fact

fírinne *nf4* truth; **déanta na fírinne** as a matter of fact

fírinneach *adj* truthful; factual; candid

firinscneach *adj* (UNG) masculine

firmimint *nf2* firmament

fís (*pl* ~**eanna**) *nf2* vision

fís- *prefix* video

físchaiséad *nm1* video (cassette)

físcheamara *nm4*: ~ **láimhe** camcorder

fisic *nf2* physics

fisicí *nm4* physicist

fisiciúil *adj* physical

fisiteiripe *nf4* physiotherapy

fís-scannán *nm1* video (film)

físteip *nf2* video (tape)

fite *see* **figh**

fithis *nf2* passage; orbit

fithisigh *vt, vi* orbit

fiú *n* worth; **is fiú punt é** it is worth a pound; **is fiú é** it's worth it; **fiú amháin** even; **ní fiú labhairt leis** there's no point talking to him; **b'fhiú duit dul** it would be worth your while to go; **gan fiú** not even

fiuch (*vn* ~**adh**) *vt, vi* boil

fiúntach *adj* worthwhile; respectable; generous

fiúntas *nm1* worth, merit; value; generosity

fiús (*pl* ~**anna**) *nm1* fuse

flainín *nm4* flannel

flaith (*gs, pl* **flatha**) *nm3* lordship; prince, ruler, chief

flaitheas *nm1* sovereignty; **na Flaithis** heaven; **flaitheas a ghabháil** to seize *or* gain power

flaithiúil *adj* generous; copious; lavish

flaithiúlacht *nf3* generosity

flannbhuí *adj* (colour) orange

flas *nm3* floss; **flas candaí** candy-floss

flatha *see* **flaith**

fleá (*pl* ~**nna**) *nf4* (MUS) festival; party

fleáchas *nm1* festivity; gregariousness

fleasc¹ *nm3* flask

fleasc² *nf2* garland; wreath; wand, rod; hoop; rim

fleisc (*pl* ~**eanna**) *nf2* flex

fleiscín *nm4* hyphen

flichshneachta *nm4* sleet

flíú *nm4* flu; influenza; **flíú a bheith ort** to have the flu

fliuch (*vn* ~**adh**) *vt* wet; soak, drench ♦ *adj* (gsm ~) wet; **fliuch báite** soaking wet, soaked; **fliuchadh do bhéil** a drop to drink

fliuchras *nm1* rainfall; moisture

flíúit (*pl* ~**eanna**) *nf2* flute; **flíúit Shasanach** (MUS) recorder

flocas *nm1*: ~ **cadáis** cotton wool

flúirse *nf4* abundance; wealth; **flúirse bia** plenty of food

flúirseach *adj* abundant; plentiful

fo- *prefix* under-, sub-, minor, secondary

fo-bhaile (*pl* **fo-bhailte**) *nm4* suburb

fobhealach *nm1* underpass

fobhóthar *nm1* secondary road

fobhríste *nm4* underpants, pants; knickers, undies

focal *nm1* word; comment; remark; **dul ar gcúl i d'fhocal** to break your word; **cur le d'fhocal** to keep your word; **i mbeagán focal** in a nutshell; **focal faire** password

fócas *nm1* focus; **as fócas/i bhfócas** out of/in focus

fochéimí *nm4* undergraduate

fochla *nm1* cavity; cave

fochma *nm4* chilblain

fo-chomhfhios *nm3*: **an ~** the

subconscious

fo-chomhfhiosach adj subconscious

fochomhlacht nm3 subsidiary (company)

fochraobh nf2 (fig) offshoot

fochupán nm1 saucer

foclóir nm3 dictionary; thesaurus; vocabulary; **foclóir aibírtí** phrase book

fód nm1 (of earth) sod; turf; **an fód a sheasamh** to make or take a stand; **fód dúchais** home patch

fodheontais nmpl1 fringe benefits

fo-éadaí nmpl1 underwear

fógair (pres fógraíonn) vt announce; advertise; herald, proclaim

fógairt (gs fógartha) nf3 declaration; announcement

foghar nm1 sound

foghlaeireacht nf3 (HUNTING) bird shooting

foghlaí nm4 pirate, plunderer; intruder, trespasser

foghlaim nf3 learning ♦ vt, vi (pres **~íonn**) learn

foghlaimeoir nm3 learner; trainee; **foghlaimeoir tiomána** learner driver

foghlamtha adj learned, erudite

foghraíocht nf3 phonetics

foghúna nm4 underskirt, slip

fógra nm4 advert, advertisement; announcement, notice, sign; placard

fógraíocht nf3 advertising

fóibe nf4 phobia

foiche nf4 wasp

foighne nf4 patience; **foighne a dhéanamh** to be patient; **bhris (sí) ar a fhoighne** he lost his patience (with her)

foighneach adj patient; long-suffering

fóill adj: **go ~** yet, still; **níl sé réidh go fóill** it is not finished yet; **slán go fóill!** so long!

fóillíocht nf3 leisure; spare time

foilmhe see **folamh**

foilseachán nm1 publication

foilsigh vt disclose, divulge; publish, reveal

foilsitheoir nm3 publisher

foilsitheoireacht nf3 publishing

fóin (pres **fónann**, vn **fónamh**) vi serve

foinse nf4 source

fóinteach adj of service; practical; **bheith fóinteach ag duine** to be of service to sb

fóir [1] (gs **~each**, pl **~eacha**) nf boundary; rim; **dul thar fóir leis** to overdo it; **thar fóir** beyond the accepted limits

fóir [2] (vn **~ithint**) vt: **~ ar** help; bring help, relieve; **fóir orm!** help!; **ní fhóireann sin duit** that does not become you

foirceann nm1 limit; end

fóirdheontas nm1 subsidy

foireann (gs **~**, pl **foirne**) nf2 (THEAT) cast; team; staff; workforce; set; **foireann (chló)** (COMPUT, TYP) font

foirfe adj perfect ♦ nm4 perfect (tense)

foirfeacht nf3 perfection

foirfigh vt perfect; refine

foirgneamh nm1 building; structure

foirgneoir nm3 builder

fóirithint see **fóir**

foirm (pl **~eacha**) nf2 form; **foirm ordaithe** order form

foirmigh (vn **foirmiú**) vt, vi form; take form

foirmiú nm formation

foirmiúil adj formal

foirmle nf4 formula

foirne see **foireann**

foirnéis nf2 furnace

fóirsteanach adj suitable; applicable

foirtile nf4 fortitude

fóiséad *nm1* funnel; faucet

fola *see* **fuil**

folach *nm1* hiding; **i bhfolach** hidden, in hiding; **doras folaigh** hidden door

folachán *nm1* hiding; cache; **na folacháin a dhéanamh** to play hide-and-seek

folachánaí *nm4* stowaway

folaigh *vt* cloak, hide, mask; obscure

folaíocht *nf3* breeding; pedigree

foláir *n*: **ní ~ liom** I feel it is necessary; **ní foláir dom** I must; **ní foláir cúram práinneach a dhéanamh den chás** the case requires urgent attention

foláireamh *nm1* caution; command, injunction

folaithe *adj* hidden, latent; **cuspóir folaithe** ulterior motive

folamh (*gsf, compar* **foilmhe**, *pl* **folmha**) *adj* empty; desolate; **folamh ó** devoid of; **níl mé folamh** I have some, I have a little

folc *vt, vi* bath, bathe; drench

folcadán *nm1* (bath) tub

folcadh (*gs* **folctha**, *pl* **folcthaí**) *nm* bath; wash; **folcadh a ghlacadh** to have a bath; **folcadh béil** mouthwash

foléim *nf2* skip

foléine *nf4* undershirt

folig *vt* sublet

folíne (*pl* **folínte**) *nf4* (*of telephone*) extension

folláin *adj* healthy, fit, sound; hearty; (*food*) wholesome

folláine *nf4* (MED) healthiness, wholesomeness

follasach *adj* clear, evident, obvious, unmistak(e)able

folmha *see* **folamh**

folmhaigh *vt* (*contents*) empty; (*empty*) tip (out), unpack

foltbhuí *adj, n* blond(e)

foltfholcadh (*gs* **foltfholctha**, *pl* **foltfholcthaí**) *nm* shampoo(ing)

foluain *nf3* flying; hovering; **tá an bratach ar foluain** the flag is flying

folúil *adj* thoroughbred, full-bred

folúntas *nm1* vacancy, job; void; **"folúntais"** "situations vacant"

folús *nm1* vacuum; void

folúsfhlaigín *nm4* (vacuum) flask

folúsghlantóir *nm3* hoover ®, vacuum cleaner

folúsphacáilte *adj* vacuum-packed

fómhar *nm1* autumn, fall (US); harvest

fomhuireán *nm1* submarine

fón *nm1* phone

fónamh *nm1* service; validity; **ar fónamh** in working order; *see also* **fóin**

fondúireacht *nf3* foundation

fonn¹ *nm1* urge; mood; frame of mind; humour; **fonn a bheith ort rud a dhéanamh** to feel like doing sth; **le fonn** with gusto or relish

fonn² *nm1* melody; tune

fonnmhar *adj* eager

fonóid *nf2* ridicule; **fonóid a dhéanamh faoi dhuine** to sneer or scoff at sb

fonóideach *adj* derisory

fonormálta *adj* subnormal

fonóta *nm4* footnote

fonsa *nm4* hoop, weal

fóntas *nm1* utility; **fóntas poiblí** (public) utility

forainm (*pl* **~eacha**) *nm4* pronoun

foraois *nf2* forest; **foraois chianaosta/bháistí** primeval forest/ rainforest

foraoiseacht *nf3* forestry

foras *nm1* institution; **an Foras Talúntais** (IRL) the Agricultural Institute

forás *nm1* evolution; progress

forásach *adj* progressive;

forasta adj established

forba nm4 gash

forbair (pres **forbraíonn**) vt, vi develop; foster; shape (up), unfold

forbairt (gs **forbartha**) nf3 development

forbhríste nm4 overall(s)

forcháin (gs **forchánach**, pl **forchánacha**) nf surtax

forchéimniú nm progression

forchlúdach nm1 dust jacket, wrapper

foréigean nm1 violence

foréigneach adv forcible; violent

foréileamh nm1 (MIL) requisition

forghabh vt (country) seize, overrun

forhalla nm4 hall; foyer, entrance way

forimeallach adj peripheral

forleathadh nm spread, distribution

forleathan (gsf, compar **forleithne**) adj broad; far-reaching; full-scale; rife

forléine (pl **forléinte**) nf4 smock

forleithne nf4 extensiveness

forlíonadh (gs **forlíontaí**) nm1 (in magazine etc) supplement

forluigh vt, vi overlap

formad nm1 envy

formáid nf2 format

formáidigh vt (also COMPUT) format

formhéadaigh vt magnify

formhór nm1 most, majority

formhothaithe adj stealthy

forneart nm1 violence

forógra nm4 promulgation; manifesto; prediction

forrán nm1: ~ **a chur ar dhuine** to greet or address sb

fórsa nm1 (army) force

forscáth (pl **~anna**) nm3 canopy

forsheomra nm4 lobby

forshuigh vt superimpose

fortacht nf3 aid

fortheach nm (building) extension

fortún nm1 fortune; chance

fós adv yet; still

foscadh (pl **foscaí**) nm1 shelter; **foscadh a thabhairt do dhuine** to shelter or screen sb from

fosciorta nm4 underskirt

foscúil adj shady; discreet

foshruth nm3 undercurrent

foshuiteach adj, nm1 (LING) subjunctive

fosta adv also; too

fostaí nm4 employee

fostaigh vt grip; employ

fostaíocht nf3 employment

fostát nm1 (POL) satellite state

fostóir nm3 employer

fostú nm1 employment; **ar fostú** in employment; **dul i bhfostú i rud** to get caught up in sth

fótachóip (pl **~eanna**) nf2 photocopy

fótagraf nm1 photograph

fotha nm4 (on printer) feed

fothaigh vt (COMPUT) feed; **rud a fhothú isteach i** to feed sth into

fothainiúil adj discreet, secretive

fothairge nm4 by-product

fothaispeántas nm1 sideshow

fotheideal nm1 (CINE) subtitle

fothoghchán nm1 by-election

fothrach nm1 ruin

fothraig (pres **fothragann**) vt bathe, dip

fothram nm1 din

fothú nm foundation

Frainc nf2: **An Fhrainc** France

frainceáil vt (letter) frank

Fraincis nf2 (LING) French

frainse nm4 (of hair) fringe

fráma nm4 frame; chassis

frámaigh vt frame

Francach adj French ♦ nm1 Frenchman; **Francach mná** Frenchwoman

francach nm1 rat

fraoch[1] (*gs* fraoigh) *nm*1 heather

fraoch[2] (*gs* fraoich) *nm*1 fierceness; wrath; fury

fras *nf*2 shower ♦ *adj* abundant; profuse; **go fras** copiously, abundantly

frása *nm*4 phrase

fraschanna *nm*4 watering can

freagair (*pres* freagraíonn) *vi* answer, reply, respond; react

freagairt *nf*3 answer, response; reaction

freagra *nm*4 answer, reply, response

freagrach *adj* answerable; responsive; **freagrach (as)** liable or responsible (for)

freagracht *nf*3 responsibility; onus

fréamh (*pl* ~acha) *nf*2 (BOT, MATH) root; derivative

fréamhaigh *vt*, *vi* to root; ~ **ó** to spring from; descend from

freang *vt* wrench, contort; (MECH) strain

freanga *nf*4 twitch; spasm; wrench; **baineadh freanga asam** I winced

freas- *prefix* rival, counter-

freasaitheoir *nm*3 reactor

freaschuir *vt* (*order, decision etc*) reverse

freaschur *nm*1 (*of decision, order*) reversal

freastail (*pres* freastalaíonn) *vt*, *vi*: ~ **ar** attend; serve; cater for

freastal *nm*1 service; attendance; **freastal a dhéanamh ar dhuine** to wait on sb; **an t-aiméar a fhreastal** to take the opportunity

freastalaí *nm*4 attendant; waiter; **freastalaí siopa** sales *or* shop assistant

freasúra *nm*4 (*also* POL) opposition

freasúrach *adj* opposing

freisin *adv* also

fri- *prefix* anti-, counter-

fríd *nf*2 mite; **gan faic na fríde** not one jot

frídín *nm*4 germ

frioch *vt*, *vi* fry

friochta *adj* fried

friochtán *nm*1 (frying) pan

friochtóg *nf*2 fritter

friotaíocht *nf*3 (ELEC) resistance

friotal *nm*1 expression

friotháil *vt*, *vi* attend to, minister

friseáilte *adj* fresh

fritéis *nf*2 antithesis

frith- (*before* "t" fri) *prefix* anti-, counter-

frithbheathach *nm*1 antibiotic

frithbhuaic *nf*2 anticlimax

frithbhualadh (*gs* frithbhuailte) *nm* backlash, repercussion

frithchaith (*vn* ~eamh) *vt* reflect

frithchosúil *adj* paradoxical

frithchosúlacht *nf*3 paradox

frith-chuaranfa *nf*4 anticyclone

fritheithneach *adj* antinuclear

frithgheallaí *nm*4 underwriter

frithghiniúint (*gs* frithghiniúna) *nf*3 contraception

frithghiniúnach *adj*, *nm*1 contraceptive

frithghníomh (*pl* ~artha) *nm*1 reaction, counteraction

frithghníomhaí *nm*4 reactionary

frith-hiostaimín *nm*4 antihistamine

frithir *adj* sore

frithluail *nf*2 reflex

frithluaileach *adj* reflex

frithnimh (*pl* ~eanna) *nf*2 antidote

frithnúicléach *adj* antinuclear

frithreo *nm*4 antifreeze

frithsheipteach *adj* antiseptic

frithsheipteán *nm*1 antiseptic

frithshóisialta *adj* antisocial

frithshuigh *vt*, *vi* contrast

fritonn (*pl* ~ta) *nf*2 backlash

frog (*pl* ~anna) *nm*1 frog

frogaire *nm*4 frogman

fronsa *nm*4 (THEAT) farce

fruilcheannach *nm*1 hire purchase

fuacht *nm*3 cold; chill; exposure;

fuacht a bheith ort to feel cold
fuachtán nm1 chilblain
fuadach nm1 abduction
fuadaigh vt hijack; kidnap; abduct
fuadaitheoir nm3 hijacker; kidnapper; abductor
fuadar nm1 rush; fuss
fuadrach adj busy; hectic
fuadú nm hijacking; kidnapping
fuafar adj hateful; detestable
fuaidreamh nm1 wandering; agitation
fuaigh (pres **fuann**) vt, vi sew; stitch
fuáil nf3 (activity) needlework, sewing
fuaim (pl **~eanna**) nf2 sound
fuaimbhac nm1 sound barrier
fuaimdhíonach adj soundproof
fuaimeolaíocht nf3 acoustics
fuaimintiúil adj substantial; fundamental
fuaimiúil adj acoustic
fuaimnigh vt, vi pronounce; sound
fuaimniú nm pronunciation
fuaimrian nm1 soundtrack
fuair etc vb see **faigh**
fual nm1 urine
fualán nf1 urinal; pimp
fuann see **fuaigh**
fuar adj cold; **bhí sé fuar liom** he was cool with me
fuaraigeanta adj calm, composed
fuaraigh vt, vi (culn) chill
fuarán nm1 fountain; spring
fuarbholadh nm stale smell
fuarbhruite adj half-hearted, lukewarm
fuarchroíoch adj callous; unfeeling
fuarchúiseach adj apathetic; imperturbable; chilly
fuarintinneach adj purposeful; cool-headed
fuarthas vb see **faigh**
fuascail (pres **fuasclaíonn**) vt release; emancipate; solve
fuascailt nf2 release; ransom;

answer; resolution; **duine a chur ar fuascailt** to hold sb to ransom
fuath (pl **~anna**) nm3 hate, hatred; **is fuath liom é, tá fuath agam air** I hate it; **fuath a thabhairt do rud** to take an intense dislike to sth
fuathaigh vt hate, detest
fud n: **ar ~ an domhain** all over the world; **ar fud na háite** all over (the place)
fúibh see **faoi**
fuidreamh nm1 (culn) batter
fuil (gs, pl **fola**) nf blood; **mo chuid fola** my blood; **bhí fuil lena shrón** his nose was bleeding
fuilaistriú nm (blood) transfusion
fuileadán nm1 blood vessel
fuilghrúpa nm4 blood group
fuiliú nm bleeding; haemorrhage
fuílleach nm1 remains, leftovers; remnant; **tá fuílleach ama agat** you have plenty of time
fuilteach adj bloody
fuin vi cook; roast; knit together; ♦ vt knead; mould; **crann fuinte** rolling pin
fúinn see **faoi**
fuinneamh nm1 energy; impetus; (fig) momentum
fuinneog nf2 window; **fuinneog dhín** skylight; **fuinneog fhrancach** French window
fuinniúil adj energetic; lusty
fuinseog nf2 ash (tree)
fuíoll nm1 surplus; waste; residue; **níor fhág sé fuíoll molta air** he praised him highly
fuip (pl **~eanna**) nf2 whip
fuipeáil vt whip
fuireachas nm1 anticipation; watchfulness; caution
fuirseoir nm3 plodder; comic
fuirsigh (pres **fuirseann**) vi fuss ♦ harrow; scramble; rummage, fumble
fuisc excl shoo

fuisce nm4 whisk(e)y

fuiseog nf2 (bird) lark

fuist excl hush

fúithi see **faoi**

fulaing vt, vi endure, suffer; bear, tolerate; withstand

fulaingt (gs ~he) nf endurance, suffering; tolerance

fulangach adj suffering; enduring; patient; forbearing; resigned; **fulangach (ar)** tolerant (of)

fulangaí nm4 (MED) sufferer

fúm see **faoi**

fungas nm1 fungus

furasta (compar **fusa**) adj easy; **níos fusa (ná)** more easily (than)

fút, fúthu see **faoi**

fútráil vi fidget ♦ nf3 fidgeting

G

ga (pl ~**thanna**) nm4 spear; (of light) beam, ray, shaft; (MATH) radius

gá nm4 need; **ní gá duit sin a dhéanamh** you don't need to do that; **más gá** if necessary; **ní gá a rá (go)** it goes without saying (that)

gabh (vn ~**áil**, vadj **gafa**) vt, vi take; arrest, capture; go; come; **ghabh siad é** they captured him; **seilbh a ghabháil (ar)** rud to take possession of sth; **gabh mo leithscéal!** sorry!; **gabhaim pardún agat!** I beg your pardon!; **gabhaim buíochas leat (as)** I thank you (for); **ghabh iontas é** he was overcome with surprise; **ag gabháil do dhuine** nagging or bothering sb; **ag gabháil do rud** working at sth; **ní fiú a bheith gafa leis** it's not worth bothering about; **gabh isteach** go or come in; **gabh anseo** come here; **ag gabháil a dhéanamh ruda** going to do sth;

ag gabháil cheoil singing

gábh (pl ~**a**) nm1 danger

gabha (pl **gaibhne**) nm4 smith; **gabha dubh/geal** blacksmith/ silversmith

gabháil nf3 conquest; arrest; (of song etc) rendition, version; yeast; see also **gabh, téigh**

gabhal nm1 fork, junction, branch; (ANAT) crotch

gabháltas nm1 seizure; (of land) holding; plot

gabhann nm1 (LAW) dock

gabhar nm1 goat; **An Gabhar** Capricorn

gabhdán nm1 container; holder; bin

gabhlaigh vi fork, branch

gabhlán nm1 (bird) martin; **gabhlán gaoithe** (bird) swift

gabhlóg nf2 fork

gach adj each, every; **gach aon, gach uile** each, every; **gach aon lá** every single day; **gach duine** everybody; **ní duine mar gach duine é** he's not like other people; **gach ceann acu** each of them; **gach ré, gach dara** each; alternate; **gach ar tharla** everything that happened

gad nm1 willow rod; binding rope; **chomh righin le gad** as tough as old boots; **an gad is deise don scornach** the most urgent problem; **gad faoi ghaineamh** a hopeless enterprise

gada see **goid**

gadaí nm4 thief

gadaíocht nf3 theft

gadhar nm1 dog

Gaeilge nf4 (LING) (the) Irish (language)

Gaeilgeoir nm3 Irish speaker; Irish language enthusiast

Gael nm1 Irishman/Irishwoman; person of Gaelic descent

Gaelach adj Irish

Gaeltacht nf3 Irish speaking district

gafa see **gabh**

gág nf2 chink, crack; (in skin) crack, chap

gágach adj chapped

gaibhne see **gabha**

gaibhnigh vt (iron) forge; impound

gáifeach adj loud, flamboyant; exaggerated

gaige nm4 dandy

gaileadán nm1 boiler

gailearaí nm4 gallery; **gailearaí ealaíne** art gallery

gáilleach nf2 (of fish) gills

Gaillimh nf2 Galway

gailseach nf2 earwig

Gaimbia nf4: **an Ghaimbia** (The) Gambia

gaimbín nm4 (COMM) interest

gaineamh nm1 sand; **tá siad chomh fairsing le gaineamh na trá** they're extremely plentiful

gaineamhchloch nf2 sandstone

gainmheach adj sandy

gainne¹ nm4 (of fish etc) scale

gainne² nf4 scarcity

gair (vn ~m, vadj ~the) vt, vi call; shout; **gairthe** famous; notorious

gáir¹ (pl gártha) nf2 shout; roar; rumour; news; **gáir bhréige** false alarm; **gáir chatha** battle cry; **gáir mholta** cheering; **chuaigh an gháir amach** the word spread around; **bhí a gháir ar fud na tíre** the whole country was talking about him

gáir² (vn ~e) vi laugh

gairbhéal nm1 gravel

gairbhseach nf2 roughage

gairdeas nm1 joy

gairdín nm4 garden

gáire nm4 laugh; laughter; **rinne sé gáire** he laughed; **meangadh gáire** smile; **scothbhach gáire** guffaw; **racht gáire** fit of laughing; see also

gáir²

gaireas nm1 gadget

gairgeach adj brusque; boorish

gairid adj brief, short; near; **le gairid** recently; **breith gairid ar** to take by surprise, take unawares; **is gairid go** it'll soon happen that

gairleog nf2 garlic; **ionga gairleoige** clove of garlic

gairm (pl ~eacha) nf2 call; (also: ~ (bheatha)) profession, occupation; vocation; **gairm chatha** call to arms; see also **gairm-**

gairm- prefix vocational-

gairmeach adj, nm1 (LING) vocative

gairmí nm4 (SPORT) professional, pro

gairmiúil adj professional; vocational

gairmoideachas nm1 vocational education

gairmscoil (pl ~eanna) nf2 vocational school

gáirsiúil adj coarse, obscene; smutty; bawdy

gáirsiúlacht nf3 obscenity

gairtéar nm1 garter

gaisce nm4 boast; prowess; **gaisce a dhéanamh** to boast, flaunt; to perform a feat

gaiscéad nm1 (AUT) gasket

gaiscíoch nm1 warrior; champion; hero

gaisciúil adj heroic, valorous

gaisciúlacht nf3 heroics

gaiste nm4 snare, trap; pitfall

gáitéar nm1 gutter; drainpipe

gal¹ nf2 steam; vapour; smoke; **ag gail** boiling; **gal tobac** pipe smoke; **gal soip** a momentary or ephemeral thing

gal² nf2 valour

gála nm4 gale; (fig): **ina ghálaí** in instalments

galach adj steamy

galach¹ adj valiant

galaíocht nf3 flattery, cajolery

galaithe *adj* evaporated; **bainne galaithe** evaporated milk

galamaisíocht *nf3* affectation

galánta *adj* elegant; magnificent, posh; (*weather*) fine

galántacht *nf3* finery; **an ghalántacht** (high) society

galar *nm1* disease, affliction; **an galar breac** smallpox

galbhruith *vt* (CULIN) steam

galf *nm1* golf

galfaire *nm4* golfer

galfholcadán *nm1* steam bath; sauna

galinneall *nm1* steam engine

Gall *nm1* foreigner; Englishman; Viking; Lowlander; **Inse Ghall** the Hebrides

gallach *n1* string of (caught) fish

gallchnó (*pl* ~**nna**) *nm4* walnut

gallda *adj* foreign; anglicized

gallóglach *nm1* gallowglass

gal-long *nf2* steamship

galltacht *nf3* anglicisation; **Galltacht** non-Irish speaking area

galltrumpa *nm4* trumpet, clarion

gallúnach *nf2* soap

gallúntraí *nm4* soap opera

galraigh *vt* infect

galrú (*gs* **galraithe**) *nm* infection

galstobh *vt* (CULIN) braise

galtán *nm1* steamer

galún *nm1* gallon

gamal *nm1* dolt

gamhain (*gs, pl* **gamhna**) *nm3* calf

gamhnach *nf2* milk-giving cow

gan *prep* without; **gan ach** with only; **gan rud a dhéanamh** not to do sth; **gan áireamh** countless; **gan staonadh** unceasing, relentless; **gan mheabhair** unconscious; **gan mhothú** insensible; unnoticed, stealthily; **gan dóigh** badly off; **gan bhréag** truly; **gan fhios (do)** unknown (to); **gan mhoill** at once

Gána *nm4* Ghana

gang *nm3* gong

gangaid *nf2* spite

gangaideach *adj* bitter; spiteful

gann *adj* scant; scarce; **gann i** short of

gannchuid (*gs* **gannchoda**) *nf3* scarcity; **ar an ngannchuid (de)** needy; short (of)

ganntanas *nm1* scarcity, shortage

gaobhar *nm1*: **ar na gaobhair** in the vicinity

gaobhardach *adj* nearby

gaofar *adj* windy

gaois *nf2* wisdom

gaol (*pl* ~**ta**) *nm1* relative, relation; kinship; **gaol a bheith agat do** to be related to; **cairde gaoil** relations, kin; **fréamh gaoil** kinship; **dáimh gaoil** affection for one's own

gaolmhar *adj* related

gaosán *nm1* nose

gaoth¹ *nf2* (*also* MED) wind; **taobh na gaoithe** windward; **taobh na gaoithe ar dhuine** to get the better of sb; **ar bharr na gaoithe** carefree; **scéala a tháinig as barr na gaoithe** an unsolicited piece of news; **ar nós na gaoithe** like a flash

gaoth² *nm1* estuary

gaothaire *nm4* vent; ventilator

gaothionstraim *nf2* (MUS) wind instrument

gaothraigh *vt* fan

gaothscáth (*pl* ~**anna**) *nm3* windscreen

gar (*pl* ~**anna**) *nm1* favour, good turn; use, benefit ◆ *adj* near; **gar a dhéanamh do dhuine** to do sb a favour; **is mór an gar** it's just as well; **níl gar ann** there's no point; **níl gar a bheith leis** there's no use talking to him

gar- *prefix* near-

garach *adj* helpful, obliging; forthcoming

garaíocht *nf3* assistance; **in áit na garaíochta** in a position to oblige

garáiste *nm4* garage

gar-amharc *nm1* close-up

garastún *nm1* garrison

garathair (*gs* garathar, *pl* garaithreacha) *nm* great-grandfather

garbh *adj* coarse, rough; wild

garbhánach *nm1* sea bream

garbhchríoch *nf2*: **Garbhchríoch na hAlban** the Scottish Highlands

garchabhair (*gs* garchabhrach) *nf* first aid

garda *nm4* guard; (*also*: **~ síochána**) policeman; **garda cósta** coastguard

gardáil *vt* guard

garg *adj* coarse; rough; acrimonious

gariníon (*pl* ~acha) *nf2* granddaughter

garmhac (*gs*, *pl* garmhic) *nm1* grandson

garmheastachán *nm1* approximation

garraí (*pl* garraithe) *nm4* garden; cultivated field

garraíodóir *nm3* gardener

garraíodóireacht *nf3* gardening

garrán *nm1* grove

garsún *nm1* boy

gártha *see* gáir¹

garúil *adj* helpful

gas *nm1* stalk; stem; blade of grass

gás *nm1* gas

gásaigh *vt* gas

gásmhéadar *nm1* gas meter

gasóg *nf2* young shoot; (*boy*) scout; **gasóg óg cub** (scout)

gásphúicín *nm4* gas mask

gasra *nm4* group; (*of organization*) branch

gasta *adj* fast, speedy; clever, quick, smart ◆ *adv* quickly

gastrach *adj* gastric

gasúr *nm1* boy; child

gátar *nm1* distress

gathaigh *vt, vi* (*heat*) radiate

gathanna *see* ga

gc (*remove* "g") *see* c...

gé (*pl* ~anna) *nf4* goose

geab *nm1* gab, chat

geabach *adj* chatty, talkative

geabaireacht *nf3* chattering

géabh (*pl* ~anna) *nm3* ride; trip; excursion; **géabh spaisteoireachta** short walk

geadán *nm1* (bare) patch; backside; rump

geafar *nm1* gaffer

geafta = geata

géag *nf2* branch, bough; limb; arm; leg; (GENEALOGY) branch; **géaga ginealaigh** family tree

géagán *nm1* appendage

geáitse *nm4* affectation; gesture

geáitsíocht *nf3* gesturing; play-acting

geal *adj* bright, clear; white ◆ *vt, vi* light up; brighten; whiten; gladden; **d'éirigh go geal leis** it went off well, it succeeded; **bheith go geal do dhuine** to be well disposed towards sb; **tá an lá geal ann** it's broad daylight; **ba é an lá geal dúinn é** it was a lucky day for us; **lá geal i do dhiaidh** good riddance

geal- *prefix* light

gealacán *nm1* (*of eye, egg*) white

gealach *nf2* moon; **bliain ghealaí** a lunar year; **gealach na gconlach** harvest moon

gealachán *nm1* washing (out to dry)

gealáin *nmpl1* (*in hair*) highlights

gealas (*pl* ~acha) *nm1*: **~acha** braces, suspenders (*US*)

gealbhan *nm1* sparrow

gealgháireach *adj* pleasant, cheerful

geall (*pl* ~**ta**) *nm1* bet, wager; stake; promise; vow ♦ *vt, vi* pledge, promise; **geallaim duit** I assure you; **an rud atá geallta dúinn** what has been allotted to us; **bíodh geall go** you can bet that; **geall a chur ar rud** to bet on sth; **geall le** virtually; **de gheall ar** for the sake of; in order to; **i ngeall ar** because of, as a result of

geallbhróicéir *nm3* pawnbroker

geallghlacadóir *nm3* bookmaker

geallmhar *adj:* ~ **ar** fond of

geallta *adj:* ~ **do** promised to; destined for; engaged to; *see also* **geall**

gealltanas *nm1* pledge, promise; commitment; **gealltanas pósta** engagement

gealltóir *nm3* gambler; punter

gealt (*gs* **geilte**) *nf2* madman, lunatic; maniac; **teacht na ngealt** mental asylum

gealtacht *nf3* (MED) insanity

gealtán *nm1* maniac; cocky person

gealtartar *nm1* cream of tartar

geamaireacht *nf3* pantomime

geamhaire *nm4* pest

geamhthroid *nf2* quarrelling

gean *nm3* love, affection

geancach *adj* snub-nosed

geanmnaíocht *nf3* chastity

géanna *see* **gé**

geansaí *nm4* jersey, sweater, jumper

geanúil *adj* affectionate, loving; lovable

géar *adj* sharp, bitter; steep; acute, intense; keen ♦ *nm1* (MUS) sharp; **barúil ghéar** a good idea; **faoi shiúl géar** moving briskly; **chomh tiubh géar agus a thig leat** as soon as you can

géaraigh *vt, vi* sharpen; intensify; **géaraigh do luas** speed up

gearán *nm1* complaint; **gearán a**

dhéanamh (faoi) to complain (about)

gearb (*gs* **geirbe**) *nf2* scab

géarchéim (*pl* ~**eanna**) *nf2* emergency, crisis

géarchúis *nf2* astuteness

géarchúiseach *adj* astute

gearg (*gs* **geirge**) *nf2* (ZOOL) quail

géarghoileach *adj* hungry

géarleanúint (*gs* **géarleanúna**) *nf3* persecution

Gearmáin *nf2*: **An Ghearmáin** Germany

Gearmáinis *nf2* (LING) German

Gearmánach *adj, nm1* German

gearr *adj* (*gsm* ~, *gsf, compar* **giorra**) short; near ♦ *vt* cut; carve; impose; shorten; slit; **príosún a ghearradh ar dhuine** to sentence sb to prison; **aicearra a ghearradh** to take a shortcut; **léim a ghearradh** to clear a jump; **gearr marc ar** take note of; **i bhfad agus i ngearr** far and near; **go gearr ina dhiaidh (sin)** soon afterwards

gearr- *prefix* short; moderate; terse; **gearrthamhail** a considerable time; **gearrscaifte** a fair crowd; **gearr-leitheadach** fairly widespread

gearradh (*gs* **gearrtha**, *pl* **gearrthacha**) *nm* cut; slit; snip; wound; (*from wage etc*) deduction; (MED) removal; (COMM) levy, rates; **gearradh Caesarach** Caesarean (section)

gearrán *nm1* gelding; horse; **gearrán iarainn** (*inf*) bicycle

gearranáil *nf3* shortness of breath

gearrbhreathnaitheach *adj* (*fig*) short-sighted

gearrcach *nm1* fledgling

gearrchiorcad *nm1* short-circuit

gearrchuntas *nm1* report, summary

gearr-chlóscríobhaí *nm4* shorthand typist

gearrliosta *nm4* shortlist

gearr-radharcach adj near-sighted, short-sighted
gearr- rúballach adj deficient; insufficient to go round
gearrscéal (pl ~ta) nm1 short story
gearrshaolach adj short-lived
gearrshodar nm1 canter
gearrtha, gearrthacha see **gearradh**
gearrthán nm1 (from newspaper) clipping; (cardboard cutout) cutout
gearrthóg nf2 cutlet; (from plant) cutting
géarshúileach adj sharp-eyed
gearú nm sharpening; see also **géaraigh**
géaraigh
géaruillinn nf2 acute angle
geas, geasa see **geis**
géasar nm1 geyser
geasróg nf2 charm
geata nm4 gate; gateway
géibheann nm1 captivity; detention; distress
géibheannach nm1 captive; detainee ♦ adj distressed; distressing
geilignít nf2 gelignite
géill[1] vt, vi surrender; yield, give in or up; **"géill slí"** "give way"; **géill do** submit to; believe in
géill[2] see **giall**[1, 2]
géilleadh (gs **géillte**) nm submission; surrender
geilleagar nm1 economy
géilliúil adj submissive; **géilliúil (do)** susceptible (to)
géilliúlacht nf3 (to situation) resignation
géillsineach nm1 subject, citizen
geilte see **gealt**
géim[1] nm4 (HUNTING) game
géim[2] nf2 (pl ~eanna) moo(ing); roar(ing) ♦ vi moo; roar
geimheal (gs, pl **geimhle**) nf2 fetter, shackle
geimhleach adj, nm1 captive

geimhreadh (pl **geimhrí**) nm1 winter
géineolaíocht nf3 genetics
geir (pl ~eacha) nf2 (for cooking) fat; suet; **geir rósta** dripping
geirbe see **gearb**
géire nf4 severity; sharpness
geireach adj (food) fatty
geiréiniam nm1 geranium
geis (pl **geasa**, gpl **geas**) nf2 taboo; spell; curse
geit (pl ~eanna) nf2 shock; start, jump; **bhain sé geit asam** he startled me
geiteach adj jittery
geocach nm1 tramp, bum (esp US)
geografach adj geographical
geografaíocht nf3 geography
geoiméadrach adj geometric(al)
geoiméadracht nf3 geometry
geolaíocht nf3 geology
geolán nm1 (ELEC) fan
geolbhach nm1 (of fish) gills; jaw
gh (remove "h") see **g**...
gheobhadh, gheobhaidh, gheobhainn vb see **faigh**
gheofaí, gheofar vb see **faigh**
giall[1] (gs **géill**, pl ~a) nm1 jaw; chin; (of house) corner; (of door) jamb
giall[2] (gs **géill**, pl ~a) nm1 hostage
giallfach nm1 (of stocking etc) ankle
giar (pl ~anna) nm1 (AUT) gear; **giar cúlaithe** (AUT) reverse (gear)
giarbhosca nm4 gear box
gibiris nf2 gibberish
gidh conj although
gild (pl ~eanna) nm4 guild
gile nf4 brightness; see also **geal**
gilitín nm4 guillotine
gin (pl ~te) nf2 birth; origin; embryo ♦ vt generate, cause, produce
gineadóir nm3 generator
ginealach nm1 pedigree; genealogy
ginearál nm1 general
ginearálta adj general; overall

Ginéiv nf2: **An Ghinéiv** Geneva
giní nm4 guinea
ginideach adj, nm1 (UNG) genitive
giniúint (gs **giniúna**) nf3 birth;
procreation; (of electricity etc)
generation; **Giniúint Mhuire gan
Smál** The Immaculate Conception
ginmhilleadh (gs **ginmhillte**) nm
abortion; **ginmhilleadh a fháil** to
terminate a pregnancy, have an
abortion
ginte see **gin**
giobach adj scruffy, shabby; rough
giobal nm1 rag
gioblach adj tatty; unkempt;
down-and-out
giobóg nf2 (of paper, cloth etc)
scrap; untidy woman
Giobráltar nm4 Gibraltar
giodal nm1 conceit
giodalach adj conceited
giodam nm1 friskiness
giodamach adj frisky
giofóg nf2 gypsy
gíog vi squeak
giolamas nm1 fondling, petting
giolcach nf2 reed; (BOT) cane
giolla nm4 attendant; boy; (for
luggage) porter; (fig) servant
giollacht nf3 attendance; **giollacht
a dhéanamh ar dhuine** to care for
sb
giollaigh vt attend to, wait upon;
(food) prepare
giománach nm1 coachman, driver
giomnáisiam nm4 gym(nasium)
giongach adj jumpy
giorra nf4 shortness; see also **gearr**
giorraigh vt, vi shorten
giorraisc adj abrupt, blunt, curt;
gruff; terse
giorria (pl **~cha**) nm4 hare
giorrúchán nm1 abbreviation
giortach adj scanty, skimpy;
stunted
giortaigh vt, vi shrink

giortú nm shrinkage
giosáil vi sizzle
giosán nm1 (for foot) sock
giosta nm4 yeast
giota nm4 bit; piece
giotamáil nf3 pottering; **bheith ag
giotamáil** potter around or about
giotán nm1 (COMPUT) bit
giotár nm1 guitar
gipis nf2 giblets
gircín nm4 gherkin
girseach nf2 young girl
giúcach nm1 boor, uncouth person
Giúdach nm1 Jew ♦ adj Jewish
giúiré (pl **~ithe**) nm4 jury
giúirléid nf2 thing, implement;
giúirléidí belongings, things; odds
and ends, paraphernalia
giúis (pl **~eanna**) nf2 fir, pine (tree)
giúistís nm4 Justice of the Peace;
magistrate
giúmar nm1 humour
giúróir nm3 juror
glac¹ vt take, accept; receive; seize;
agree to marry; (film) shoot; **glac
le** accept, acknowledge; admit;
approve; **comhairle a ghlacadh** to
accept advice; **buntáiste a
ghlacadh ar dhuine** to take
advantage of sb; **fearg a ghlacadh**
to get angry; **rud a ghlacadh as
láimh** to take over sth; **glacfá é a
dhéanamh** you would need to do
it; **rud a ghlacadh chugat féin** to
take sth personally
glac² nf2 hand; grasp; fork; ravine
glacadh (gs **glactha**) nm acceptance;
reception
glacadóir nm3 receiver
glacadóireacht nf3 reception
glaech adj slimy
glagaire nm4 fool
glagaireacht nf3 patter, sales talk
glaine nf4, **glainíneacht** nf3
cleanliness
glam (pl **~anna**) nf2 bark, howl

♦ vi: ~ a ligean to bark, howl; is measa a ghlam ná a ghreim his bark is worse than his bite

glan adj clean, clear, bright; (person) well-made ♦ adv completely ♦ vt, vi clean, cleanse; (road, view) open; (obstacle) clear; **glan de** wipe off; **fiach a ghlanadh** to pay off a debt; **aer glan** fresh air; **an fhírinne ghlan** the whole truth

glanadh nm clearance; **glanadh an earraigh** spring-clean(ing)

glanbhearrtha adj clean-shaven

glanmheabhair n: **rud a bheith de ghlanmheabhair agat** to know sth off by heart

glanscartha adj self-contained

glantóir nm3 (person) cleaner; detergent

glao (pl ~nna) nm4 call

glaoch (gs glaoich) nm1 call

glaoigh vt, vi call; (person: by telephone) ring; **glaoigh ar** call; (LAW) cite

glaothán nm1 (TEL) pager

glár nm1 silt

glas¹ nm1 lock; restraint; **glas a chur ar** lock (up); **bhain mé an glas den doras** I unlocked the door; **glas fraincín** padlock; **glas lámh** handcuffs; **faoi ghlas** locked up

glas² adj, nm1 green; grey; (person) green, naive; **cloch ghlas** bare rock

glasadóir nm3 locksmith

glasáil vt lock

Glaschú nm4 Glasgow

glasghnéitheach adj livid

glas-ghirseach nf2 young girl

glasíoc nm3 instalment

glasra nm4 vegetable; **glasraí** greens, vegetables

glas-stócach nm1 young boy

glé adj bright; vivid

gleaca see **gleic**

gleacaí nm4 wrestler; fighter; gymnast; acrobat

gleacaíocht nf3 wrestling; gymnastics; acrobatics

gleann (pl ~ta) nm3 glen; valley

gleanntán nm1 little glen

gléas (pl ~anna) nm1 means; opportunity; device, instrument; (on pottery) glaze; **gléasanna** tools, tackle, equipment ♦ vt make ready; adjust; dress; **gléas ama** timepiece; **gléas beatha** or **beo** livelihood; **gléas ceoil** musical instrument; **gléas freagartha** answering machine; **gléas iompair** (means of) transport; **gléas troda** weapon; **i ngléas** ready for use; **as gléas** out of order

gléasadh (gs gléasta) nm equipment; attire

gléasnóta nm4 (MUS) keynote

gléasra nm4 gear

gléasta adj dressed; see also **gléasadh**

gléghlan adj (water) crystal-clear

gleic (pl gleaca) nf2 struggle, tussle

gléigeal adj pure white; limpid

gléineach adj clear

gleo (pl ~nna) nm4 din, racket; fight, row

gleoiréiseach adj animated, boisterous

gleois vi babble

gleoite adj charming, delightful; lovely, pretty; well turned-out

glic adj clever, crafty, devious, shrewd; subtle

gliceas nm1 ingenuity; craft

gligín nm4 (for baby) rattle

glincín nm4 (of spirits) drop

glinn adj clear, distinct

glinne nf4 clarity

gliobach adj dishevelled

gliogar nm1 rattle, jangle; (of weapons etc) clashing; (of bells) ringing; (of verse) rhythm

gliogaráil *nf3* rattling

gliograch *adj* rattling

gliomach *nm1* lobster

gliondar *nm1* glee, joy, delight

gliondrach *adj* cheerful, joyful

glioscarnach *nf2* sparkle;
glioscarnach a dhéanamh to
glisten

gliúáil *vt* glue

gliúcaíocht *nf3* peeping

gliúcálaí *nm4* nosey parker

gliúdóg *nf2* (*person*) hulk

gliúragáin *nm1*: **codladh gliúragáin**
pins and needles

gliúrascnach *nf2* creaking

glógarsach *nf2* (*of hens*) clucking

gloimneach *nf2* (*of dogs*) yelping

gloine *nf4* glass; mirror; (*TV*) screen;
gloine aimsire barometer; **gloine
fíona** wine glass; glass of wine;
gloine formhéadúcháin magnifying
glass; **gloiní** glasses, spectacles,
specs; **gloiní gréine** sunglasses

gloineadóir *nm3* glazier

gloinigh *vt*, *vi* glaze

glóir *nf2* glory; heaven

glóirmhianach *adj* ambitious

glónraigh *vt* glaze

glónraithe *adj* glazed

glór (*pl* ~**tha**) *nm1* voice; sound; **de
ghlór ard/íseal** in a loud/soft voice

glórach *adj* loud, vocal, vociferous

glórmhar *adj* glorious

glóthach *nf2* gel; (*CULIN*) jelly

glóthán *nm1* jelly

gluaireán *nm1* whingeing

gluaireánach *adj* whingeing

gluais[1] *vt*, *vi* move; flow

gluais[2] (*pl* ~**eanna**) *nf2* glossary;
vocabulary

gluais- *prefix* motor-

gluaiseacht *nf3* motion; movement

gluaisrothaí *nm4* motorcyclist;
biker; rider

gluaisrothar *nm1* motorbike,
motorcycle

gluaisteán *nm1* car, motor (car)

gluaisteánaí *nm4* motorist; driver

gluaisteánaíocht *nf3* motoring;
driving

glúcós *nm1* glucose

glugarnach *nf2* gurgling

glúin (*gs*, *pl* ~**e**, *gpl* **glún**) *nf2* knee;
generation; **bean ghlúine** midwife;
capán do ghlúine kneecap; **ar
leathghlúin** on one knee

gnách *adj* habitual, normal, usual;
mar is gnách as usual; **ba ghnách
léi é a dhéanamh** she used to do it

gnaíúil *adj* beautiful, handsome

gnaoi *nf4* beauty; **nochtann grá
gnaoi** beauty is in the eye of the
beholder; **bhí gnaoi na ndaoine air**
he was well thought of

gnás (*pl* ~**anna**) *nm1* norm,
standard; usage, custom

gnásúil *adj* normal, usual

gnáth (*pl* ~**a**) *nm1* custom, usage,
routine; **de ghnáth** in the main,
usually; as a rule

gnáth- *prefix* everyday; ordinary,
usual; routine; (*size etc*) standard

gnáthaigh *vt* haunt; frequent;
make a habit of

gnáthamh *nm1* routine, habit

gnáthdhuine (*pl* **gnáthdhaoine**)
nm4 average person, commoner

gnáthéadach *adj* plain clothes

gnáthóg *nf2* haunt; cache

gnáthóir *nm3* regular; **gnáthóir
amharclainne** theatre-goer

gnáthscrúdú *nm*: **níl ann ach ~ it
is purely a routine examination

gné (*pl* ~**ithe**) *nf4* physical
appearance; species; aspect; form

gnéas (*pl* ~**anna**) *nm1* sex

gnéasach *adj* sexual

gnéaschlaonta *adj* sexist

gníomh (*pl* ~**artha**) *nm1* action,
deed; (*also THEAT*) act; **rud a chur i
ngníomh** to put sth into effect

gníomhach *adj* active; acting

gníomhaí *nm4* activist; (CHEM) agent

gníomhaigh *vt, vi* act; take action

gníomhaíocht *nf3* activity; action; **gníomhaíocht thionsclaíoch** industrial action

gníomhaire *nm4* agent; **gníomhaire eastáit** estate agent, realtor (US); **gníomhaire taistil** travel agent

gníomhaireacht *nf3* agency; **gníomhaireacht taistil** travel agency

gníomhartha *see* gníomh

gníomhas *nm1* deed; **gníomhas teidil** (LAW) title deed

gníomhú *nm* action

gnó (*pl* ~**thaí**) *nm4* business; concern, affair; (COMM) trading, dealings; **ní de do ghnó-sa é** it is none of your concern; **tá gnóthaí agam leis** I have business with him; **gnóthaí pósta** marriage matters; **cromadh ar do ghnóthaí** get on with your own business; **d'aon ghnó** deliberately

gnóiteán *nm1* benefit, result

gnólacht *nm3* commercial firm

gnóthach *adj* busy

gnóthaigh *vt* earn; gain; get, obtain; **gnóthú ar** to gain from/ by; profit from

gnúis (*pl* ~**eanna**) *nf2* face; facial expression

gnúiseach *adj*: **dea ghnúiseach** happy-looking

gnúsacht *nf3* grunt

go¹ *prep* to, until, till; **go Corcaigh** to Cork; **go maidin** until morning; **lán go béal** full to overflowing; **ó cheann go ceann** from end to end; **go ceann tamaill** for a while; **go brách, go deo** for ever; **go dtí** to, towards, up to; **go dtí go** until; **go bhfios dom** as far as I know; **go fóill** still, yet; **seachtain go leith** a week and a half; **go leor** enough; **fan go bhfeice mé** wait until I see

go² (+ *past or irreg vbs* = **gur**) *conj* that; **deirtear go ...** people say that ...; **is féidir go** it is possible that; **b'fhéidir go dtiocfadh sé** maybe he'll come; **sílim** *or* **ceapaim** *or* **measaim go ...** I reckon that ...; **cionn is go, is siocair go, mar go** because, since, as; **chun go, le go** in order that

go³ *vb part*: **go maire tú an lá!** many happy returns (of the day)!; **go raibh míle maith agat** thank you (very much)

go⁴ *in adv phrases*: **go maith** well; **go tapaidh** quickly; **go réidh** steadily; **go díreach** indeed, quite; just; **go dearfa, go deimhin** indeed, certainly; **go háirithe** especially; **go mór mór** predominantly; **go léir, go huile** all, entirely; **go minic** often

gob (*pl* ~**a**) *nm1* (of bird) bill, beak; (pej) gob, mouth; (of jug etc) spout; (of knife, spear) tip; (of coast) point, headland ♦ *vt, vi* peck; **gob ar ghob** neck and neck; **bhí a anál i mbarr a ghoib** he was out of breath; **gob amach** protrude, stick out

gobán *nm1* (mock-up) dummy; (for baby) dummy, pacifier (US); (on mouth) gag

gobharnóir *nm3* governor

goblach *nm1* titbit

gogaide *nm4*: **ar do ghogaide** on one's hunkers

gogán *nm1* wooden bowl

goic *nf2*: **a chur ort féin** to take a fighting stance

goid *nf* (gs **gada**) theft ♦ *vt* steal

goil (*vn* **gol**) *vt, vi* cry, weep

goile *nm4* stomach, tummy; appetite ♦ *n gen as adj* gastric; **béal an ghoile** pit of the stomach; **tinneas bhéal an ghoile** indigestion

góilín nm4 gullet; inlet

goill vi grieve, vex; hurt; **goill ar** rankle; hurt; bother; make uncomfortable

goilliúnach adj harrowing; painful; sensitive; touchy

goimh nf2 sting; venom; **an ghoimh a bhaint as rud** to render sth harmless

goimhiúil adj venomous; stinging

goin (pl **gonta**) nf3 wound; nick ♦ vt (vadj **gonta**) wound, hurt; **tá goin ocrais orm** I feel peckish

goineog nf2 hurtful remark, jibe; (of snake) fang; (BIOL, PSYCH) stimulus

goineogach adj testy

goirín nm4 pimple; spot

goiríneach adj spotty

goirmín nm4 (BOT) pansy; delicate person

goirt adj salty; bitter; (fish) salted; **uisce goirt** salt water

gol nm1 crying, weeping; **bhris an gol uirthi** she burst into tears; **ag gol in áit na maoiseoige** crying over spilt milk; see also **goil**

gonc nm1 rebuff, snub

gonta¹ adj (remark) hurtful; pained; pithy, terse; abrupt

gonta² wounded, hurt; see also **goin**

gontacht nf3 brevity

gor, vi heat; hatch ♦ nm1 (of birds) clocking, incubation

goradán nm1 incubator

goradh (gs **gortha**) nm1 warming; **do ghoradh a dhéanamh** to warm o.s.

goraille nm4 gorilla

gorm adj, nm1 blue; (skin) black; **duine gorm** Black

gort nm1 field

gorta nm4 hunger; famine

gortach adj hungry; mean; barren

gortaigh vt harm, hurt; injure

gortaithe adj hurt, injured

gortú nm injury

gotha nm4 appearance; attitude; gesture; behaviour; **gothaí troda a chur ort féin** to adopt a fighting stance; **bhí sí ag cur gothaí uirthi féin** she was posing

gothach adj posing

grá nm4 love; sweetheart; **tá mé i ngrá léi** I love her; **titim i ngrá le duine** to fall in love with sb; **grá a thabhairt do dhuine** to be in love with sb

grabaire (child) nm4 imp; urchin

grabhar nm1 crumbs; dust, earth

grabhróg nf2 crumb

grád nm1 grade; class

grádaigh vt grade, class, rate

gradam nm1 prestige; award; respect

gradamach adj estimable; honourable; affectionate

grádán nm1 gradient

grádú nm rating

graf nm1 graph; chart

grafach adj graphic

grág nf2 croak; **grág a chur asat** to croak

grágach adj raucous

grágáil nf3 cackling; **grágáil a dhéanamh** to cackle

grágán nm1 (of tree) stump; **grágán gruaige** mop of hair; **chuaigh an deoch sa ghrágán aige** the drink went to his head

graí (pl **~onna**) nf4 (of horses) stud (farm)

gráiciúil adj ugly

graifleach adj ugly; rugged

gráig (pl **~eanna**) nf2 hamlet

gráigh vt love, adore

gráin (gs **gránach**) nf disgust; distaste

grainc (pl **~eanna**) nf2 frown

gráiniúil adj ugly

gráinne[1] *nm4* grain; bean

gráinne[2] *nf4* ugliness

gráinneog *nf2* hedgehog

grainnín *nm4* (*of salt etc*) pinch; small amount

gráinseáil *vi* nibble

gráire *nm4* stud (horse)

gráisciúil *adj* vulgar

gram *nm1* gram

gramadach *nf2* grammar

gramadúil *adj* grammatical

gramaisc *nf2* mob

grán *nm1* grain

gránach *nm1, adj* cereal

gránáid *nf2* grenade

gránaigh *vt* graze, scrape; granulate

gránna *adj* ugly; disagreeable; nasty, rotten

gránphlúr *nm1* cornflour

gránú *nm* graze; granulation

Graonlainn *nf2*: **An Ghraonlainn** Greenland

graosta *adj* bawdy, lewd; smutty

graostacht *nf3* lewdness

gráscar *nm1* affray

grásta (*gs, pl* ~, *gpl* **grást**) *nm4* grace

grástúil *adj* gracious

gráta *nm4* grate; hearth

grátáil[1] *vt* (CULIN) grate

grátáil[2] *nf3* grille

grátán *nm1* grating; grille

gread *vt, vi* batter, bump; shove; (*fig*) hammer; (*beat*) pound, smash; (*tail*) swish, thump, wallop; (*wings*) beat; (*teeth*) chatter; (*feet*) stamp; (*eggs*) whisk; **gread leat!** beat it!, shove off!

greadadh (*gs* **greadta**) *nm* beating; hammering; clashing

greadfach *nf3* stinging; **bhí greadfach ina súile** her eyes were smarting

greadóg *nf2* slap, smack; apéritif

greadtóir *nm3* (CULIN) whisk

Gréagach *adj, nm1* Greek

greallach *nf2* slush, mire; puddle

greamachán *nm1* adhesive

greamaigh *vt, vi* fasten; grip; stick; tape; tack; **greamú do** to adhere to

greamaire *nm4* pliers

greamaitheach *adj* adhesive; sticky

greamaitheoir *nm3* sticker

greamán *nm1* clasp; grip

grean[1] *vt* carve; engrave

grean[2] *nm1* grit; **grean a chur ar** (*road etc*) to grit

greanadóireacht *nf3* engraving

greann *nm1* fun; amazement; humour; wit; comedy; **le greann** for fun; **iarracht den ghreann** a touch of humour; **níor chaill tú an greann** you've not lost your sense of humour; **rud a ligean ar ghreann** to take sth in good part

greannmhar *adj* humorous; funny; jocular

greanta *adj* graven; elaborate

gréasaí *nm4* shoemaker

greasáil *nf3* beating, drubbing

gréasán *nm1* (*of cloth*) web; network; tangle; **gréasán bréag** a web of deceit; **gréasán damháin alla** cobweb

greidimín *nm4* beating, hiding

Gréig *nf2*: **An Ghréig** Greece

Gréigis *nf2* (LING) Greek

greille *nf4* grill; grid

greim (*pl* **greamanna**) *nm3* grip, grasp; hold; taste; (*of food*) bite, morsel; (MED, SEWING) stitch; **greim a bhreith ar rud** to catch *or* get (a) hold of sth; **greim a fháil ar rud** to get hold of sth; **greim a bhaint as rud** to bite sth; **bhí sí i ngreim ag an eagla** she was obsessed by fear; **ar ghreim láimhe** by the hand; **greim an fhir bháite** a tight grip; **greim a fháil ort féin** to regain one's composure

greimlín *nm4* (sticking) plaster

grian (*gs* **gréine**, *pl* ~**ta**, *ds* **gréin**) *nf2* sun; **éirí/luí gréine** sunrise/

sunset; **faoi rothaí na gréine**
anywhere under the sun; **scáth
gréine** parasol; **ga gréine** sunbeam

grian- *prefix* solar

grianaíocht *nf3* sunniness;
grianaíocht a dhéanamh to bask in
the sun

grianán *nm1* (*in garden*)
summerhouse; balcony

grianchloch *nf2* quartz

griandaite *adj* suntanned

grianghraf *nm1* photo(graph),
snap(shot); **grianghraf a thógáil de
rud** to photograph sth

grianghrafadóir *nm3* photographer

grianghrafadóireacht *nf3*
photography

grianmhar *adj* sunny

grianta *see* **grian**

grinn *adj* observant; vivid

grinneall *nm1* (*of sea, valley*) floor,
bed, bottom

grinneas *nm1* clear-sightedness

grinnigh *vt* scrutinize

grinnléigh *vt* peruse

gríobhán *nm1*: **cathair ghríobháin**
maze

gríodán *nm1* dregs

griofadach *nm1* tingle; **tá
griofadach sa chraiceann agam** my
skin is tingling

griog *nm3* (*pl* **~anna**) irritation ♦ *vt*
irritate; tease

griollam *nm1* slops

griolsa *nm4* fracas

gríos *nm1* (*MED*) rash

gríosach *nf2* hot ashes; (*fig*) home

gríosaigh *vt* fire, rouse; instigate,
provoke; pep up, stimulate

gríosaitheach *adj* provocative

gríosc *vt, vi* grill

gríscín *nm4* (*CULIN*) chop; **gríscín
uaineola** lamb chop

gró *nm4* crowbar

grod *adj* abrupt; **go grod** abruptly

groí *adj* robust

grósaeir *nm3* grocer

grua (*pl* **~nna**) *nf4* (*ANAT*) cheek; (*of
hill*) brow; (*of road*) verge

gruagach *adj* hairy ♦ *nm1* young
man; **gruagach an tobair** moor
grass

gruagaire *nm4* hairdresser

gruagaireacht *nf3* hairdressing

gruaig *nf2* hair

gruaim *nf2* gloom; **gruaim a chur i
do mhalaí** to knit one's brows;
faoi ghruaim depressed

gruaimhín *nm4* (*of road*) verge

gruama *adj* gloomy; bleak, dismal;
downcast; gaunt

gruamacht *nf3* gloominess

grúdaigh *vt, vi* (*beer*) brew

grúdaire *nm4* brewer

grúdlann *nf2* brewery

gruig (*pl* **~eanna**) *nf2* scowl

grúm *nm1* (*bride*)groom

grúmaeir *nm3* groom

grúpa *nm4* group

grusach *adj* surly; rough

guagach *adj* changeable, fickle,
unpredictable, volatile, wayward

guailleáil *vt, vi* jostle; lurch;
shoulder

guailleán *nm1* shoulder strap;
guailleáin (*for trousers*) braces,
suspenders (*US*)

guaillí *nm4* companion

guaillí² *see* **gualainn**

guaim *nf2* (self) control

guairdeall *nm1* loitering about

guaireach *adj* bristly

guairille *nm4* guerrilla

guairneán *nm1* whirl; **guairneán a
dhéanamh** to swirl

guais (*pl* **~eacha**) *nf2* danger;
hazard; jeopardy, peril; **comhartha
guaise** distress signal

guaiseach *adj* dangerous

gual *nm1* coal

gualach *nm1* charcoal

gualaigh *vt* char

gualainn (pl **guaillí**) nf2 shoulder; **do ghuaillí a chroitheadh** to shrug (one's shoulders)

guí (pl **~onna**) nf4 prayer

guigh (vn **guí**) vt, vi pray

guíodóireacht nf3 praying

guldar nm1 loud shout

guma nm4 gum; glue; **guma coganta** chewing gum

gumroisín nm4 gum, glue

gúna nm4 gown, dress; frock

gunna nm4 gun; **faoi bhéal gunna** at gunpoint

gunnán nm1 revolver

gur¹ see **go²**

gur², **gura**, **gurab**, **gurb**, **gurbh** see **is¹**

gus¹ nm3 courage, grit; self-assurance; **an gus a bhaint as duine** to take sb down a notch

gus² = **agus**

gustal nm1 finance; **tá sé de ghustal aige** he can afford to

gustalach adj well-to-do

guta nm4 vowel

gúta nm4 gout

guth (pl **~anna**) nm3 voice; **d'aon ghuth** unanimously

guthán nm1 phone, telephone

H

h... (remove "h") see initial vowel

haca nm4 hockey; **haca ar oighear** ice hockey

haemaifíliach adj, nm1 haemophiliac

Háig nf2: **An ~** The Hague

haingear nm1 hangar

haiste nm4 (NAUT) hatchway; hatch

halla nm4 hall, hallway; **hallaí cónaithe** halls of residence

hart (pl **hairt**) nm1 (CARDS) heart

hata nm4 hat

hearóin nf2 heroin

héileacaptar nm1 helicopter

hiatas nm1 hiatus; interruption

hidrigin nf2 hydrogen

hidrileictreach adj hydroelectric

hiéana nm4 hyena

hi-fi nm4 hi-fi

híleantóir nm3 highlander

hiodrálach adj hydraulic

hiodrant nm1 (fire) hydrant

Hiondúch nm1 Hindu

hiopnóisigh vt hypnotize

hipitéis nf2 hypothesis

histéire nf4 hysteria

histéireach adj hysterical

hómaighnéasach adj, nm1 homosexual

huscaí nm4 husky

I

i (prep prons = **ionam, ionat, ann, inti, ionainn, ionaibh, iontu**) prep in, into; **i** dteach in a house; **dul isteach i** dteach to go into a house; **sa** teach in the house; **sna** tithe in the houses; **bheith i** do chodladh/shuí/luí to be sleeping/sitting/lying; **bheith i** do sheasamh/chónaí to be standing/living; **bí in** do thost! be quiet!; **ina rith** running; **ina stad** stopped; **cé atá ann?** who is there?; **Seán atá ann** it's John; **cad é atá ann?** what is it/he?; **saighdiúir atá ann** he is a soldier; **tá sé ina dhochtúir** he is a doctor; **nuair a bhí mé i** mo ghasúr when I was a boy; **tá sé ina riachtanas** it is a necessity

í pron she; her; it

iad pron they; them

iadsan pron (emphatic) them

iaidín nm4 iodine

iaigh vt close

iall (gs **éille**, pl **~acha**, ds **éill**) nf2 strap; (of shoe etc) lace; (for dog) lead, leash

iallach *nm1*: ~ **a chur ar dhuine rud éigin a dhéanamh** to make sb do sth

ialtóg *nf2* (ZOOL) bat

iamh *nm1* closure; **faoi iamh** enclosed

iar *prep* after; **iar-Chríost** AD

iar- *prefix* ex-; former; late; west

Iaráic *nf2*: **An ~** Iraq

Iaráin *nf2*: **An ~** Iran

iarainn *n gen as adj* iron; **bóthar iarainn** railway

iarann *nm1* iron; **iarann oibrithe/múnla/rocach** wrought/cast/corrugated iron

iarchéimí *nm4* postgraduate

iardheisceart *nm1* south-west

iarfhocal *nm1* epilogue

iargúlta *adj* isolated, remote; (person) wild-looking

Iar-Indiach *adj*, *nm1* West Indian

iarla *nm4* earl

iarmhairt (*gs* **iarmharta**) *nf3* consequence, result

iarmhar *nm1* residue

iarmhéid *nm1* (COMM) balance; **iarmhéid cuntais** bank balance

iarmhí *nf4*: **An ~** Westmeath

iarmhír (*pl* **~eanna**) *nf2* suffix

iarnáil *vt* iron ♦ *nf3* ironing

iarnóin (*pl* **iarnónta**) *nf3* afternoon

iarnród *nm1* railroad

iaróg *nf2* quarrel

iarógach *adj* quarrelsome

iarr *vt* ask for, request; invite; solicit; **rud a iarraidh ar dhuine** to ask sb for sth

iarracht *nf3* attempt; effort; **iarracht a thabhairt ar rud a dhéanamh** to make an effort to do sth

iarraidh (*gs* **iarrata**, *pl* **iarrataí**) *nf* attempt, bid; **d'aon iarraidh** at a stroke; **ar a iarraidh** (COMM) on application

iarratas *nm1* application; request; desire, ambition

iarratasóir *nm3* applicant

iarrthóir *nm3* applicant; entrant

iarsma *nm4* relic; remains; survivor

iarsmalann *nf2* museum

iarta *nm4* hob

iarthar *nm1* west; **an tIarthar** (POL) the West

iartharach *adj* western

iartheachtach *adj* subsequent

iarthuaisceart *nm1* north west

iasacht *nf3* loan; **rud a fháil ar iasacht** to borrow sth; **rud a thabhairt ar iasacht** (do dhuine) to lend sth (to sb); **ar iasacht** on loan

iasachta *n gen as adj* foreign

iasachtaí *nm4* borrower

iasachtóir *nm3* lender

iasc (*gs*, *pl* **éisc**) *nm1* fish ♦ *vt*, *vi* fish; **iasc sliogánach** shellfish; **iasc órga** goldfish; **na hÉisc** Pisces

iascach *nm1* fishing

iascaire *nm4* fisherman

iascaireacht *nf3* fishing, angling

iascúil *adj* (water) good for fishing

iata *adj* closed; constipated

iatacht *nf3* constipation

idé (*pl* **~anna**) *nf4* idea

íde *nf4* abuse; **íde béil a thabhairt do dhuine** to give sb a rollicking

idéalach *adj* ideal

idéalachas *nm1* idealism

idéalaí *nm4* idealist

idé-eolaíocht *nf3* ideology

ídigh *vt* use up; wear out

idir (*pl prep prons* = **eadrainn**, **eadraibh**, **eatarthu**) *prep* between; **idir Béal Feirste agus Doire** between Belfast and Derry; **idir fhir agus mhná** both men and women; **idir eatarthu** undecided; **idir an dá linn** in the meantime; **idir dhá chomhairle** in two minds; **idir gob is cluas** confidentially, in an

whisper; **idir lámha** in progress;
idir chamáin under discussion

dirbheart (*pl* **~a**) *nm1* transaction

dirchum *nm4* intercom

dirdhealaigh *vi* discriminate;
differentiate

dirdhealú *nm* discrimination;
differentiation; **idirdhealú a
dhéanamh idir** to discriminate
between

diréadan *nm1* (COMPUT) interface

dirghabh *vi* mediate

dirghabháil *nf3* intervention

dirghabhálaí *nm4* go-between,
mediator

dirghníomhach *adj* (COMPUT)
interactive

dirghuí (*pl* **~onna**) *nf4* intercession

dirghuthán *nm1* intercom

diriscín *nm4* mediation

dirlinn (*pl* **~te**) *nf2* interval;
intermission; time lag

dirmheán *nm* middle; **in idirmheán
an aeir** in mid air

dirmheánach *adj* intermediate

dirnáisiúnta *adj* international

dirstad *nm4* (TYP) colon

dirthuras *nm1* transit

dithe *adj* worn-out

ditheoir *nm3* consumer

diú *nm* consumption

freann *nm1* hell

bhliantúil *adj* (BOT) perennial

cheardscoil *nf2* polytechnic

chineálach *adj* mixed; varied;
miscellaneous

chomórtas *nm1* tournament

chríoch *nf2* continent

chríochach *adj* continental

chumasc *nm1* assortment

dánach *adj* versatile

dathach *adj* multicoloured

fheidhmeannas *nm1* pluralism

ghnéitheach *adj* diverse

iomrascáil *nf3* all-in wrestling

náisiúntach *nm1* multinational

ilscléaróis *nf2* multiple sclerosis

ilsiamsa *nm4* variety show

ilstórach *adj* multistorey

iltréitheach *adj* versatile

im (*gs* **~e**, *pl* **~eanna**) *nm* butter

imbhualadh (*gs* **imbhuailte**, *pl*
imbhuailtí) *nm1* impact, collision

imchas *vt*, *vi* rotate, revolve

imchuach *nm4* (GEOG) basin

imdhíonach *adj* immune

imdhíonacht *nf3* immunity

imeacht *nm3* going; departure,
leaving; (*of goods*) turnover;
passage of time; **imeachtaí** events;
proceedings; **in imeacht na hoíche**
during the course of the night

imeagla *nf4* dread

imeaglach *adj* fearful

imeall *nm1* border; edge; fringe,
margin; verge; outskirts; **in
imeall** + *gen* at the edge of, just
inside; **ar imeall** + *gen* at the edge
of, just outside

imeallach *adj* marginal

imeallbhord *nm1* border; coastline

imeartas *nm1* play; **imeartas focal**
pun, play on words

imeartha *see* **imir**

imeascadh *nm* integration

imghearradh (*gs* **imghearrtha**) *nm*
circumcision

imhdháileadh *nm* distribution

imigéiniúil *adj* faraway

imigh *vi* go (away), leave; depart;
disappear, die out; escape; go
about; (*time*) pass; **d'imigh sé (leis)**
he went away; **d'imigh an traein
orm** I missed the train; **imigh leat!**
get lost!; **d'imigh sí ó choidreamh
air** he lost touch with her

imill *nmpl1* (*of spectacles*) rim

imir [1] (*pl* **~eacha**) *nf2* tinge, tint

imir [2] (*pres* **imríonn**) *vt*, *vi* play; **imir
le** play (against); (*battle*) fight,
direct; **cleas a imirt ar dhuine**
play a trick on sb; **díoltas a imirt**

ar dhuine to take revenge on sb

imirce nf4 migration; emigration

imirceach adj migratory ♦ nm1 migrant; emigrant

imirceoir nm3 emigrant

imirt (gs imeartha) nf3 playing; performance; **páirc imeartha** playing field

imleabhar nm1 (of book) volume

imleacán nm1 navel

imlíne (pl imlínte) nf4 circumference; perimeter; outline; **imlíne chomh-airde** (on map) contour (line)

imlínigh vt outline

imlitir (gs imlitreach, pl imlitreacha) nf circular

imní nf4 worry, anxiety; care; **tá imní orm** I'm worried; **imní a chur ar dhuine** to worry sb; **tá sé ag déanamh imní dom** it is worrying me

imníoch adj anxious, worried; nervous

imoibrigh vi (CHEM) react

imoibríoch adj reactive

imoibriú nm reaction; **imoibriú slabhrúil** chain reaction

impí nf4 entreaty

impigh vt, vi beg, entreat

impire nm4 emperor

impireacht nf3 empire

impiriúil adj imperial

impiriúlachas nm1 imperialism

imprisean nm1 impression

impriseanaí nm4 (ART) impressionist

imreas nm1 strife; **imreas a dhéanamh** to cause mischief

imreasach adj quarrelsome

imreasc nm1 (eye) iris

imreoir nm3 player

imríonn see **imir²**

imrothlach adj revolving

imrothlaigh vi revolve

imrothlú nm (of wheel etc) revolution

imshaol nm1 environment

imshaolach adj environmental

imshruthú nm (of blood) circulation

imtharraingt (gs ~he) nf attraction

imtheorannaigh vt intern

in see **i**

in-¹ prefix capable of; fit to, fit for; equally

in-² prefix in-, il-, im-, ir-; endo-

ina see **i**

inaistir adj roadworthy

inaistrithe adj movable; removable; detachable; translatable

inar see **i**

inathraithe adj changeable

inbhear nm1 estuary

inbhithlofa adj biodegradable

inbhreathnaitheach adj introspective

inchaite adj edible

inchánaithe adj taxable

inchinn nf2 brain

inchloiste adj audible

inchomórtais adj: ~ **le** comparable to or with

inchónaitheach adj residential

inchreidte adj plausible

inchuisle adj intravenous

inchurtha adj comparable; equal; **bheith inchurtha le duine** to be a good match for sb; **bheith inchurtha leis an ócáid** to rise to the occasion

indéanta adj feasible; practicable

India nf4: **An ~** India; **Na hIndiacha Thiar** the West Indies

Indiach adj, nm1 Indian; **Indiach Dearg** (American) Indian

indíleáite adj digestible

Indinéis nf2: **An ~** Indonesia

indíreach adj indirect

indiúscartha adj disposable

infear nm1 house-warming (party)

infhaighte adj available

infhaighteacht nf3 availability

infheicthe adj visible

infheictheacht nf3 visibility

infheidhmeacht nf3 (MED) fitness

infheistigh vt invest

infheistíocht nf3 investment

infhillte adj collapsible; folding

infhulaingthe adj bearable

infinideach adj, nm1 (LING) infinitive

ingear nm1 vertical, perpendicular

ingearach adj vertical, perpendicular

ingearán nm1 helicopter, chopper

inghlactha adj acceptable

ingne see **ionga**

Inid nf2 Shrovetide; **Máirt Inide** Shrove Tuesday

inimirce nf4 immigration

inimirceach nm1 immigrant

iniompartha adj portable

iníon (pl ~acha) nf2 daughter; girl; miss; **iníon baistí** goddaughter

iníor nm1 grazing

inis¹ (gs **inse**, pl **insí**) nf2 island, isle

inis² (pres **insíonn**, vn **insint**) vt, vi tell, relate; reveal; **cé a d'inis sin duit** who told you that?; **bréag a insint** to tell a lie

iniseal (pl ~acha) nm1 initial

inite adj edible

iniúch vt inspect; audit

iniúchadh (gs **iniúchta**, pl **iniúchtaí**) nm inspection; audit

inlasta adj (in)flammable

inleighis adj rectifiable; curable

inlíocht nf3 manoeuvre

inmhaíte adj enviable

inmhalartaithe adj interchangeable

inmharthana adj viable

inmhe nf4 ability; **bheith in inmhe rud a dhéanamh** to be able to do sth

inmheánach adj inner, internal

inmheata adj perishable

inmhínithe adj explicable

inmholta adj commendable,

praiseworthy; advisable

inné adv, n yesterday

inneach nm1 weft; texture

innéacs (pl ~anna) nm4 index

inneall nm1 machine; engine; motor; **inneall dóiteáin** fire engine; **inneall fuála/níocháin** sewing/ washing machine

inneallghunna nm4 machine gun

innealra nm4 machinery

innealta adj neat, stylish

inneallóir nm3 engineer

inneallóireacht nf3 engineering; **inneallóireacht shibhialta/ ghéiniteach** civil/genetic engineering

inní nmpl4 bowels

innilt nf2 grazing

in-nite adj washable

inniu adv, n today; **seachtain agus an lá inniu** a week today

inniúil adj able, capable; **bheith inniúil ar rud** to be capable of sth

inoibrithe adj workable

inscne nf4 gender

inscortha adj detachable

inscríbhinn nf2 inscription

inse¹ nm4 hinge

inse² see **inis¹**

inseachanta adj avoidable

inséidte adj inflatable

insí see **inis¹**

insint nf2 narration; utterance; version; **bhí a insint féin aige** he had his own version; see also **inis**

insíolraithe adj inbred

insíonn see **inis²**

insligh vt insulate

inslin nf2 insulin

insliú nm insulation

inspéise adj interesting

inspioráid nf2 inspiration

insroichte adj accessible

insteall vt inject

instealladh (gs **insteallta**, pl **instealltaí**) nm injection, jab, shot

institiúid *nf2* institute; institution

inti *see* **i**

intinn *nf2* mind; intention; **bheith ar aon intinn (le)** to be in agreement (with); **cad é atá ar d'intinn** what are you thinking about?; **idir dhá intinn** undecided; **d'intinn a leagan ar rud** to turn one's mind to sth, concentrate on sth

intinne *n gen as adj* mental; **faoi chis intinne** mentally handicapped; **suaimhneas intinne** peace of mind

intíre *adj* domestic; inland; (*minister, department*) interior

intleacht *nf3* intellect, intelligence; **intleacht shaorga** artificial intelligence

intleachtach *adj* intellectual; brainy ♦ *nm1* intellectual

intriacht *nf3* interjection

intuartha *adj* foreseeable

intuaslagtha *adj* soluble

intuigthe *adj* understandable; implicit, implied

íobair (*pres* **íobraíonn**) *vt, vi* sacrifice

íobairt (*gs* **íobartha**) *nf3* sacrifice

íobartach *nm1* victim

íoc[1] *nm3* payment; charge ♦ *vt, vi* pay (up); **íoc ar seachadadh** cash on delivery

íoc[2] *nf2* cure

íocaí *nm4* payee

íocaíocht *nf3* payment; **íocaíocht le hábhar** payment in kind; **íocaíocht de réir na huaire** payment by the hour; **íocaíocht scartha** severance payment

íochtar *nm1* lower part *or* region; bottom, base; northern part

íochtarach *adj* bottom, lower; inferior; northern

íochtarán *nm1* inferior, subordinate; underling; underdog

íochtaránach *adj* subordinate

íochtaránacht *nf3* inferiority

íoclann *nf2* dispensary; doctor's surgery *or* office

íocóir *nm3* payer; **íocóir cánach/ rátaí** tax payer/ratepayer

íocshláinte *nf4* balm ♦ *excl* cheers

íocshláinteach *adj* refreshing

íoctha *adj* paid; payable

Iodáil *nf2*: **An ~** Italy

Iodáilis *nf2* (*UNG*) Italian

Iodálach *adj, nm1* Italian

íogair *adj* sensitive; touchy; ticklish

iógart *nm1* yog(h)urt

íol (*pl* **~a**) *nm1* idol

iolar *nm1* eagle

iolra *nm4* plural ♦ *n gen as adj* plural; **an uimhir iolra** the plural

iolrachas *nm1* pluralism

iolraí *nm4* multiple

iolraigh *vt, vi* multiply

iolrú *nm* multiplication

iomad *n* large amount, many

iomadúil *adj* multiple, many

iomadúlacht *nf3* abundance

iomaí *adj* many; **is iomaí rud a dúirt mé** I said many things; **is iomaí uair a chonaic mé** I saw him many times; **is iomaí duine ag Dia** it takes all kinds (to make a world)

iomáin *nf3* (*SPORT*) hurling ♦ *vi* play hurling

iomáint *nf3* (*SPORT*) hurling

iomaíoch *adj* (*ECON*) competitive

iomaíocht *nf3* rivalry; competition; **bheith san/as an iomaíocht faoi choinne + gen** to be in/out of the running for; **dul san iomaíocht i dtoghchán** to stand for election

iomaíochta *n gen as adj* rival

iomair (*pres* **iomraíonn**, *vn* **iomramh**) *vt, vi* row

iomaire *nm4* ridge; (*fig*) province; **d'iomaire féin a threabhadh** to paddle one's own canoe; **ar aon iomaire le** on a par with

iomaireach *adj* wavy

iomaitheoir nm3 competitor, contender

iománaí nm4 (SPORT) hurler

iománaíocht nf3 hurling

iomann nm1 hymn

iomarbhá nf4 dispute

iomarca nf4 excess; **an iomarca + gen** a surfeit of

iomarcach adj excessive; redundant; dispensable; undue; unwanted

iomarcaíocht nf3 redundancy

iomas nm1 intuition

iomasach adj intuitive

iomghaoth nf2 whirlwind

íomhá (pl ~nna) nf4 image

íomháineachas nm1 imagery

iomláine nf4 fullness; **ina iomláine** completely

iomlaíocht nf3 draught

iomlaisc (pres **iomlascann**) vi flounder; roll over; wallow

iomlán adv absolutely ♦ adj total, all, whole, complete; utter; overall; thorough ♦ nm1 total, whole, all; **an t-iomlán** the lot; **an t-iomlán léir** all and sundry; **de bharr ar an iomlán** into the bargain; **iomlán + gen** the whole of; **iomlán na leabhar** all the books; **iomlán gealaí** full moon; **i ndiaidh an iomláin** after all

iomlat nm1 mischief

iomlatach adj mischievous

iompaigh vt, vi turn (over); invert; capsize, overturn; slew (around); **d'iompaigh sé ina Chaitliceach** he became a Catholic; **iompú béal faoi** (object) to turn over

iompair (pres **iompraíonn**) vt carry, bear, endure; (weapons) wield; (clothes) wear, take, transport ♦ vi behave; **bheith ag iompar (clainne)** to be pregnant; **ag iompar na bhfód** dead and buried

iompaitheach nm1 convert

iompar nm1 transport(ation); haulage, shipping; transmission; behaviour; poise, appearance; (of projectile) range; **ar iompar** being carried; **iompar clainne** pregnancy; **iompar poiblí** public transport

iomprán nm1 carrier; **iomprán bagáiste** (on car) luggage rack

iompróir nm3 (also MED) carrier

iompú nm turn

iomrá nm4 rumour; repute; mention; talk; **tá iomrá na hintleachta air** he is noted for his intellect; **níl iomrá ar bith air** there's no sign of it

iomraíonn see **iomair**

iomráiteach adj notorious, celebrated; resounding

iomrall nm1 error, mistake; **iomrall aithne** mistaken identity; **iomrall ceartais** (LAW) miscarriage (of justice)

iomrallach adj mistaken; badly-aimed

iomramh nm1 rowing;; see **iomair**

iomrascáil nf3 wrestling; tussle; dispute

iomrascálaí nm4 wrestler

iomróir nm3 rower

íon adj pure

ionad nm1 position; place, seat; site; (MIL) post; **ionad ruda a dhéanamh** to serve in place of sb; **in ionad** instead of; **ionad íocshláinte** (health) spa; **ionad saoire** resort; **ionad siopadóireachta** shopping centre; **fear ionaid** representative; (SPORT) substitute

ionadach adj vicarious

ionadaí nm4 (person) replacement, stand-in; deputy; representative; (MED) locum

ionadaigh vt represent; place, position

ionadaíocht nf3 representation;
ionadaíocht chionmhar
proportional representation

ionadh (pl **ionaí**) nm1 wonder;
ionadh a chur ar dhuine to
astonish sb, amaze sb; **ionadh a
dhéanamh de rud** to wonder at
sth; **ní nach ionadh** not
surprisingly

ionaibh, ionainn, ionam see **i**

ionanálaigh vi, vt inhale

ionann adj same; equal; alike; **is
ionann méid dóibh** they're the
same size; **is ionann liom sin
agus ...** that's the same to me
as ...; **ní hionann agus ...** unlike
...; **ionann is** virtually, almost;
ionann is a rá is as if to say

ionannaigh vt equate

ionannas nm1 equality

ionar nm1 tunic; jacket

ionas adv: ~ **go** in order that, so
that

ionat see **i**

ionathar nm1 bowels

ioncam nm1 income, revenue;
Ioncam Intíre Inland Revenue

ionchas nm1 prospect

ionchoisne nm4 inquest

ionchollú nm incarnation

ionchorpraigh vt incorporate

ionchur nm1 input, resources;
(COMPUT) input

iondúil adj usual; **go hiondúil** usually

ionga (gs ~n, pl **ingne**) nf
(finger-)nail; **ionga gairleoige**
clove of garlic; **ionga coise/méire**
toenail/fingernail

iongabháil nf3 handling;
management

iongóg nf2 fragment

ionlach nm1 lotion; **ionlach gréine**
suntan lotion

ionnail (pres **ionlann**) vt wash

ionnarb vt expatriate

ionnarbadh (gs **ionnarbtha**) nm
expulsion

ionnús nm1 wealth

ionracas nm1 honesty, sincerity;
integrity

ionradh (pl **ionraí**) nm1 invasion

ionraic adj honest; candid; upright

ionramháil vt handle; manipulate,
manoeuvre; humour

ionróir nm3 invader

ionsá nm4 insertion

ionsaí nm attack; attempt; **ionsaí a
dhéanamh ar dhuine** to assault sb

ionsaigh vi, vt storm, attack

ionsáigh vt insert

ionsair see **ionsar**

ionsaitheach adj aggressive;
offensive

ionsaitheoir nm3 attacker; (SPORT)
striker, attacker

ionsar (prep prons = **ionsorm**,
**ionsort, ionsair, ionsuirthi,
ionsorainn, ionsoraibh, ionsorthu**)
prep to, towards

ionstraim nf2 instrument

iontach adj wonderful, marvellous;
astonishing; surprising;
exceptional, unusual ♦ adv
extremely, very; **iontach mór** very
big

iontaise nf4 fossil

iontaobhaí nm4 trustee

iontaobhas nm1 (LAW) trust

iontaofa adj trustworthy, reliable;
trusted

iontaoibh nf2 trust; reliance

iontas nm1 wonder; surprise;
astonishment; **ní iontas ar bith
(go)** it's no wonder (that); **iontas
a dhéanamh (de)** to marvel (at);
iontas a bheith ort to be surprised;
iontais na cathrach the sights of
the city

iontráil vt (also COMPUT) enter ♦ nf3
entry

iontrálaí nm4 entrant

iontu see **i**

ionúin (*compar* **ansa**) *adj* dear, darling, beloved

iora *nm4* squirrel; **iora glas/rua** grey/red squirrel

Iordáin *nf2*: **An ~** Jordan

íoróin *nf2* irony

íorónta *adj* ironic(al); **go híorónta** tongue in cheek

íorpais *nf2* harm

Iorua *nf4*: **An ~** Norway

Ioruach *adj, nm1* Norwegian

Ioruais *nf2* (*LING*) Norwegian

íos- *prefix* minimal, minimum, least

Íosa *nm4* Jesus

Íosánach *adj, nm1* Jesuit

ioscaid *nf2* back of the knee

íosfaidh *etc vb see* **ith**

íoslach *nm1* basement

íoslaghdaigh *vt* minimize, reduce

Íoslainn *nf2*: **An ~** Iceland

Íoslamachas *nm1* Islam

íoslódáil *vt* (*COMPUT*) download

íosmhéid *nf2* minimum

íospairt (*gs* **íospartha**) *nf3* abuse

Iosrael *nm4* Israel

Iosraelach *adj, nm1* Israeli

iostas *nm1* accommodation; **iostas fothainiúil** sheltered housing

íota *nf4* thirst; desire

iris¹ *nf2* (*PRESS*) magazine; review

iris² *nf2* sling, strap, handle; **iris ghualainne** (*MED*) sling

irischlár *nm1* (*RADIO, TV*) magazine programme

iriseoir *nm3* journalist

iriseoireacht *nf3* journalism

irisleabhar *nm1* magazine, journal

is¹ *copula*: **is fear é** he is a man; **is é Seán é** he is John; **is mise Niall** I am Niall; **is fíor sin** that is true; **ba mhaith an rud é** it was a good thing; **(is) inné a rinne sé é** he did it yesterday; **is liomsa é** I own it; **is de mhuintir Mhig Aodha í** she is a Magee; **is mó** largest

is² *conj* and; *see also* **agus**

ise *pron* (*emphatic*) she; her; herself

íseal (*gsf, pl, compar* **ísle**) *adj* low; quiet; **os íseal** quietly; **de ghlór íseal** in a soft voice; **bheith in ísle brí** to be run down

ísealaicme *nf4*: **an ~** the lower class

ísealtonn *nf2* short wave

ísiltíortha *nfpl* (*GEOG*) lowlands

Ísiltír *nf2*: **An ~** the Netherlands

ísle *see* **íseal**

ísleacht *nf3*, **ísleán** *nm1* low ground; hollow

ísligh *vt, vi* lower; turn down; reduce; sink; **ísligh an solas** dim the light

ísliú *nm* lowering; relegation; reduction

ispín *nm4* sausage

isteach *adj* incoming; inward ♦ *adv* in, into; inside; inward(s)

istigh *adj* indoor; inner; inside; (*time*) expired ♦ *adv* in, inside, indoors; within

istoíche *adv* by night, at night

ith (*vn* **~e**, *vadj* **ite**) *vt, vi* eat; feed (on); **ith leat!** dig in!

itheachán *nm1* eating; **seomra itheacháin** dining room

ithiomrá (*pl* **~ite**) *nm4* backbiting

ithir (*gs* **ithreach**, *pl* **ithreacha**) *nf* earth, soil

iubhaile *nf4* jubilee

Iúgóslaiv *nf2*: **An ~** (*formerly*) Yugoslavia

Iúgóslavach *nm1* (*formerly*) Yugoslav

Iúil *nf4* July

iúl *nm1* knowledge; guidance; attention; **rud a chur in iúl do dhuine** to express sth to sb; to convince sb of sth; to pretend sth to sb; **d'iúl a bheith ar rud** to pay attention to sth

iúr *nm1* yew

J

jab (pl **~anna**) nm4 job
jacaí nm4 jockey
jíp (pl **~eanna**) nm4 jeep
júdó nm4 judo
juncaed nm1 junket

K

karaté nm4 karate
kebab nm4 kebab

L

lá (gs lae, pl laethanta) nm day; an
  lá geal broad daylight; bhí lá
  agus ... there was a time when ...
lábán nm1 mud; soft roe, milt
lábánach adj muddy
labhair (pres labhraíonn) vt, vi
  speak, talk; utter; **labhair le** speak
  to, address; **labhair amach!** speak
  up!; **labhair mé leis faoi** I spoke to
  him about it
labhairt (gs labhartha) nf3
  speaking; speech
labhandar nm1 lavender
labhras nm1 laurel
lacáiste nm4 rebate; discount
lách (gsm ~) adj affable;
  good-natured
lacha (gs, gpl ~n, pl ~in) nf duck
lachtmhar adj milky
ladar nm1 ladle; **do ladar a chur i
  rud** to interfere or meddle in sth
ládasach adj obstinate
ladhar (gs laidhre, pl ladhracha) nf2
  toe; **ladhracha** (of crab etc) pincers
ladhróg nf2 (RAIL) point
ladúsach adj cheeky; foolish
lae, laethanta see lá

laethúil adj daily
laftán nm1 (of rock) ledge
lag adj weak, slight; feeble; faint
lagaigh vt weaken; dilute; **nár lagaí
  Dia thú!** good on you!, more
  power to you!
Lagán n: **Abhainn an Lagáin** the
  (river) Lagan
lagar (pl lagracha) nm1 weakness
lágar nm1 lager
lagbhríoch adj weak
lagbhrú nm4 (METEOR) low;
  depression
laghad nm4 smallness; sparseness;
  dá laghad however little; **gan
  eagla dá laghad** without the least
  fear; **ar a laghad** at least
laghdaigh vt, vi lessen, decrease,
  reduce
laghdú nm decrease, reduction
lagmheasartha adj indifferent
lagmhisneach nm1 low morale
láib nf2 mud, mire
laibhe nf4 lava
laicear nm1 lacquer
Laidin nf2 Latin
Laidineach adj, nm1 Latin
láidir (gsf, pl, compar láidre) adj
  strong; tough; powerful; **lámh
  láidir** violence, force
láidreacht nf3 strength
láidrigh vt, vi strengthen, toughen
laige nf4 weakness; **ó laige go neart**
  from childhood to maturity
Laighin nmpl: **Cúige Laighean**
  Leinster
Laighneach adj Leinster
láimh see lámh
láimhdeachas nm1 handling,
  manipulation
láimhseáil vt manage, handle
láimhsigh vt handle; manipulate
laincis nf2 fetter
lainse nf4 launch
lainseáil vt launch
laíon nm1 pith; pulp

láir (*gs* **lárach**, *pl* **láracha**) *nf* mare

láirig (*pl* ~**eacha**) *nf2* thigh

laiste *nm4* latch

laistiar *adv, prep* to the west of; behind

laistigh *prep, adj, adv* indoors, inside, within

laistíos *adv, adj, prep* below

láithreach *adj* present; immediate; prompt; instant ◆ *adv* presently; immediately, instantly; **láithreach bonn** instantly; on the spot; *see also* **láthair**

láithreán *nm1* site; (*THEAT*) set; **láithreán fuillígh** tip, landfill site; **láithreán tógála** building site

lámh (*ds* **láimh**) *nf2* hand; arm; handle; (*shell*) touch; handwriting; **lámh chúnta** *or* **chuidithe** a helping hand; **tá lámh is focal eatarthu** they are engaged; **ar láimh** at hand; **láimh le** beside

lámhacán *nm1* crawling

lámhach *nm1* gunfire; shooting ◆ *vt* shoot

lámháil *nf3* allowance; discount ◆ *vt* allow

lámhainn *nf2* glove

lámháltas *nm1* allowance, concession

lámhcheird *nf2* handicraft

lámhchleasaí *nm4* juggler

lámhchrann *nm1* handle

lámhdhéanta *adj* handmade

lámhleabhar *nm1* handbook, manual

lámh-mhaisiú *nm* manicuring

lamhnán *nm1* bladder

lámhráille *nm4* handrail

lámhscríbhinn *nf2* manuscript

lámhscríbhneoireacht *nf3* handwriting

lampa *nm4* lamp

lán *adj* full ◆ *nm1* complement; fill; **lán go béal fud up**; **lán chomh cliste le ...** every bit as clever as ...;

lán dóchais full of hope; **lán mara** high *or* full tide; **lán doirn** a fistful; **a lán** + *gen* a lot (of); **a lán rudaí** many things; **a lán acu** many of them

lána *nm4* lane

lánaimseartha *adj* full-time

lánán *nm1* (*explosive*) charge

lánchosc *nm1* embargo

lándícheall *nm1* utmost

lándúiseacht *nf3:* **tá sí ina** ~ she is wide-awake

lánfhada *adj* full-length

lánluas *nm1* full speed; **ar lánluas** at full speed

lann *nf2* thin plate; (*of weapon*) blade; (*of fish*) scale

lannaigh *vt* laminate; scale

lansaigh *vt* (*MED*) lance

lánscoir *vt* (*parliament*) dissolve

lánseol *n:* **faoi** ~ at full speed; (*fig*) in full swing

lánstad (*pl* ~**anna**) *nm4* full stop; period

lánstaonaire *nm4* teetotaller

lántosaí *nm4* (*SPORT*) full forward

lánúin (*pl* ~**eacha**) *nf2* married *or* engaged couple; **lánúin nuaphósta** newly-weds

lánúnas *nm1* matrimony

lao (*pl* ~**nna**) *nm4* calf

laoch (*gs* **laoich**, *pl* ~**ra**) *nm1* hero

laochas *nm1* heroism, valour

laochraiceann *nm1* calf(skin)

laofheoil *nf3* veal

Laoi *nf4:* **An** ~ the (River) Lee

laoi (*pl* ~**the**) *nf4* lay; poem

Laois *nf2* Laois

laom (*pl* ~**anna**) *nm3* flash

lapa *nm4* paw

Laplainn *nf2:* **An** ~ Lapland

lár *nm1* ground, floor; centre; middle; (*in road signs*): **An Lár** town centre; **lár na hÉireann** the centre of Ireland; **lár na hoíche** the middle of the night; **i lár báire** in the middle; **ar lár** on the ground; missing; dead

lárach, láracha see **láir**

láraigh (vn **larú**) vt centralize

laraing nf2 larynx

laraingíteas nm1 laryngitis

lardrús nm1 larder

lárionad nm1 centre

lárlíne (pl **lárlínte**) nf4 diameter; centre line

lárnach adj central; **téamh lárnach** central heating

lárthosaí nm4 (SPORT) centre-forward

las vt, vi ignite; blush

lása nm4 lace

lasadh (gs **lasta**) nm lighting; blush

lasair (gs **lasrach**, pl **lasracha**) nf flame; blaze

lasairéan nm1 flamingo

lasán nm1 flame; flash; (for lighting) match

lasánta adj flaming, fiery

lásar nm1 laser

lásarphrintéir nm3 laser printer

lasc nf2 whip, lash; (for light, radio etc) switch ◆ vt whip, lash; slash; **lasc ama** time switch

lascaine nf4 abatement, discount; **lascaine 10%** 10% off; **ar lascaine** at a reduced price

lasc-chlár nm1 (TEL) switchboard

lasmuigh adj, adv, prep outdoors, outside; **lasmuigh de** apart from

lasóg nf2 small flame; **an lasóg a chur sa bharrach** to spark off trouble

lasrach, lasracha see **lasair**

lasta[1] nm4 freight, cargo, load

lasta[2] see **lasadh**

lastas nm1 freightage; shipment

lastoir adv, adj, prep on the east side

lastóir nm3 freighter; shipper

lastuas adj, adv above, overhead

lata nm4 slat

láthair (gs **láithreach**, pl **láthreacha**) nf place; location; spot; **faoi**

láthair at present; **agus mé as láthair** during my absence; **ar an láthair** on the spot; **ar láthair amuigh** (CINE) on location; **i láthair na huaire** at the moment

le (prep prons = **liom, leat, leis, léi, linn, libh, leo**) prep with; to; for; by; against; **chomh tana le** as thin as; **tá an leabhar liom** I have the book with me; **léi féin** by herself; **scéal le Pádraig Ó Cónaire** a story by Pádraig Ó Cónaire; **is maith léi bainne** she likes milk; **d'éirigh or bhí léi** she succeeded; **labhairt le Seán** to speak to John; **leis an teach a dhíol** to sell the house; **gaol linn** a relation of ours

lé nf4 leaning; partiality

leá nm4 melting; dissolution

leaba (gs **leapa**, pl **leapacha**) nf bed; berth, sleeper; **an leaba a chóiriú** to make the bed; **bia agus leaba** board and lodging; **leaba agus bricfeasta** bed and breakfast

leabaigh vt bed, embed

leabhair adj slender, lithe

leabhal nm1 libel

leabhar nm1 book; **leabhar nóta** notebook; **leabhar tagartha** reference book; **leabhar gearrthóg** scrapbook; **leabhar sceitseála** sketch book; **leabhar scoile** schoolbook; **dar an leabhar** upon my word

leabharlann nf2 library

leabharlannaí nm4 librarian

leabharmharc nm1 bookmark

leabhlaigh vt libel

leabhragán nm1 bookcase

leabhrán nm1 booklet; brochure

leac nf2 ledge; (of stone) slab, flagstone; (on floor) tile; (of ice) sheet

leacaigh vt flatten (out); crush

leacán nm1 small flat stone; tile; **díon leacán** tiled roof

leacht¹ (*pl* ~anna) *nm3* liquid

leacht² (*pl* ~anna) *nm3* grave, cairn; memorial stone; **cloch a chur ina leacht** (*fig*) to commemorate sb

léacht *nf3* lecture; **léacht a thabhairt** to give a lecture

leachtach *adj* liquid

leachtaigh *vt* liquidize

leachtaitheoir *nm3* liquidizer

léachtóir *nm3* lecturer

léachtóireacht *nf3* lectureship

leadair (*pres* leadraíonn) *vt* thrash

leadhb (*pl* ~anna) *nf2* strip; rag

leadhbairt *nf3* beating, thrashing

leadhbóg *nf2* small strip; simpleton; (*ZOOL*) flounder

leadóg *nf2* slap; (*SPORT*) tennis; **leadóg bhoird** table tennis

leadránach *adj* tedious

leadránaí *nm4* lingerer; bore

leafaos *nm1* paste

leag (*vn* ~an) *vt*, *vi* knock down *or* over, demolish; lay; run down; **leag amach** design; lay out; intend; **leag amach do** allocate; **rud a leagan ar dhuine** to attribute sth to sb; **lámh a leagan ar** rud to lay a hand on sth

leagan (*pl* ~acha) *nm1* knocking down; lowering; laying; version; **leagan cainte** phrase, expression

leaid (*pl* ~anna) *nm4* lad

leáigh (*vn* leá) *vt*, *vi* melt (down), thaw; dissipate

leaisteach *adj* elastic

leaistic *nf2* elastic

leamh (*gsm* ~) *adj* weak; tepid; dull; soft-witted

léamh (*pl* ~a) *nm1* reading; **leabhar a léamh** to read a book; **aifreann a léamh** to say Mass; **níl léamh ná scríobh air** it's beyond description; *see also* **léigh**

leamhan *nm1* moth

leamhán *nm1* elm

leamhshláinn *nf2* (*CHESS*) stalemate

leamhthuirse *nf4* boredom

lean (*vn* ~úint) *vt*, *vi* follow, proceed; continue; **lean ar** continue, persist; **lean de** continue at, adhere to; **lean ort!** continue!

léan (*pl* ~ta) *nm1* anguish

leanaí *see* **leanbh**

leanbaí *adj* childlike, childish; **san aois leanbaí** in second childhood, in dotage

leanbaíocht *nf3* childhood; childishness; dotage

leanbán *nm1* little child, baby

leanbh (*pl* leanaí) *nm1* child; **ó liath go leanbh** both young and old

léanmhar *adj* grievous; agonizing

leann (*pl* ~ta) *nm3* ale; beer; **leann dubh** stout, porter

léann *nm1* learning; education

leanna *see* **lionn**

leannán *nm1* lover; sweetheart; chronic sickness

leannánta *adj* chronic

leannta *see* **leann**

leannta *adj* learned

léanta *see* **léan**

leantóir *nm3* follower; (*AUT*) trailer

leanúint (*gs* leanúna) *nf3* following; pursuit; **a lucht leanúna** his followers; *see also* **lean**

leanúnach *adj* continuous; persistent, faithful; sustained

leanúnachas *nm1* continuity; faithfulness

leapa, leapacha *see* **leaba**

lear¹ *nm1* sea; ocean; **thar lear** overseas

lear² *nm4* great number, great amount; **lear mór páistí** a lot of children

lear³ *nm1* defect, blemish; shortcoming

léaráid *nf2* diagram; illustration

léargas *nm1* sight; insight; visibility; **léargas a thabhairt do**

dhuine to enlighten sb
léaró *nm4* glimmer; **léaró dóchais** gleam *or* ray of hope
learóg *nf2* larch
Learpholl *nm1* Liverpool
léarscáil (*pl ~eanna*) *nf2* map; **léarscáil bhóithre** road map
leas *nm3* good, benefit; manure; **leas a bhaint as rud** to benefit by *or* from sth
leas- *prefix* vice-, deputy-, step-
leas¹ *nm3* lease
léas² (*pl ~acha*) *nm1* (*of light*) ray; radiance; welt
leasachán *nm1* fertilizer
leasaigh (*vn* leasú) *vt* (*law*) amend, reform; preserve; season; fertilize
léasaigh *vt* lease
leasainm (*pl ~neacha*) *nm4* nickname
leasaitheach *adj* amending, reforming; preservative
leasathair *nm* stepfather
leasc (*gsm ~*) *adj* slow; reluctant; **ba leasc liom dul** I was reluctant to go
leaschraol *vt* relay
leasdeartháir *nm* stepbrother
leasdeirfiúir *nf* stepsister
leasiníon *nf2* stepdaughter
léaslíne (*pl* léaslínte) *nf4* horizon
leasmhac *nm1* stepson
leasmháthair (*gs* leasmháthar, *pl* leasmháithreacha) *nf* stepmother
léaspairt *nf2* witticism; flash
leasracha *see* leis¹
leasú *nm* amendment, reform; manure
leasúchán *nm1* amendment
leat *see* le
leataobh *nm1* one-side; lay-by; **cuir i leataobh é** put it aside
leataobhach *adj* one-sided; bias(s)ed; lopsided
leath¹ (*ds* leith) *nf2* side; part, direction; half; **an dá leath** the

two halves; **leath bealaigh** halfway; **leath chomh ... half as ...; ar leith** apart; distinct; special; **i leith** in favour of; **cuir i leith** blame; attribute to; **céad go leith** one hundred and fifty; **níl agat ach a leath** the feelings are mutual
leath² (*vn* ~**adh**) *vt, vi* spread (out); sprawl; open wide; perish; halve; diminish; **ar leathadh** wide open, outspread
leath- *prefix* lopsided; partial; half-, semi-; one of two; **leathlá** half day; **leathmhíle** half a mile; **leathshúil** one eye
leathaghaidh *nf2* side of face, profile
leathan (*gsf, compar* leithne) *adj* broad; extensive; wide
leathán *nm1* (*of glass, paper etc*) sheet
leathanach *nm1* page, sheet; **leathanach tosaigh** front page
leathanaigeanta *adj* broadminded
leathar *nm1* leather
leathchiorcal *nm1* semicircle
leathchruinne *nf4* hemisphere
leathchúlaí *nm4* half back
leathchúpla *nm4* twin
leathdhéanach *adj* penultimate; latish
leathdhosaen *nm4* half a dozen
leathdhuine (*pl* leathdhaoine) *nm4* moron
leathéan *nm1* (*for bird*) mate; bachelor; old maid
leathfhada *adj* fairly long; oblong
leathfhocal *nm1* catch phrase; hint
leathmheasartha *adj* indifferent, poor
leathnaigh *vt, vi* widen
leathnú *nm* widening, expansion
leathóg *nf2* flatfish
leathphingin *nf2* halfpenny
leathphionta *nm4* (*of beer*) half(-pint)

leathphunt *nm1* half a pound

leathrann *nm1* couplet

leathscoite *adj* semi-detached

leathstad (*pl* ~**anna**) *nm4* semicolon

leath-thagairt *nf3* oblique reference, innuendo

leath-tháille *nf4* half fee, half fare

leath-thosaí *nm4* (*SPORT*) half forward

leathuair *nf2* half(-an)-hour

leatrom *nm1* inequality; oppression; **leatrom a dhéanamh ar** to cause undue stress to

leatromach *adj* oppressive

léi *see* **le**

leibhéal *nm1* level

léibheann *nm1* level space; platform

leibideach *adj* slack, slovenly; foolish

leiceadar *nm1* (*on face*) smack

leiceann (*pl* **leicne**) *nm1* cheek

leicneach *nf2* mumps

leicneán *nm1* wedge; (*TECH*) washer

leictreach *adj* electric(al)

leictreachas *nm1* electricity

leictreoir *nm3* electrician

leictreonach *adj* electronic

leictrigh *vt* electrify

leid (*pl* ~**eanna**) *nf2* clue, hint; (*COMPUT*) prompt

leifteanant *nm1* lieutenant

léig *nf2* decay, neglect; **titim i léig** to fall into decay

léigear *nm1* siege

léigh (*vn* **léamh**) *vt, vi* read; **léigh os ard/íseal** read aloud/silently

leigheas *nm1* (*pl* ~**anna**) medicine; remedy; retrieval ♦ *vt, vi* heal; right; **níl leigheas air** it can't be helped *or* cured; **ó leigheas** incurable

léigiún *nm1* legion

léim *nf2* (*pl* ~**eanna**) jump, leap ♦ *vt, vi* jump; leap, start; **baineadh léim as** he was startled

léimneach *nf2* jumping; **ní ligfeadh**

---

an eagla dó léimneach he was afraid to jump

léine (*pl* **léinte**) *nf4* shirt; **léine phóló** polo shirt

léir *adj* clear; distinct; clear-headed; **is léir go** it is evident that; **is léir do it** is clear to; **an t-iomlán léir acu** the whole lot of them; **go léir** all, entirely; **uile go léir** all of them; totally

léirigh (*vn* **léiriú**) *vt, vi* explain; make clear, illustrate; set in order; clear up; (*CINE*) produce

léiritheach *adj* illustrative; representational

léiritheoir *nm3* demonstrator; (*THEAT*) producer

léiriú *nm* clarification; illustration; order, arrangement; (*THEAT*) production

léirmheas *nm3* critical consideration; review

léirmheastach *adj* critical

léirmheastóir *nm3* critic, reviewer

léirmheastóireacht *nf3* (*of art*) criticism

léirscrios (*gs* ~**ta**) *nm* total destruction, devastation

léirsigh *vi* demonstrate

léirsitheoir *nm3* (*POL*) demonstrator

léirsiú *nm* demonstration

léirsteanach *adj* perceptive

leis¹ (*pl* **leasracha**) *nf2* thigh

leis² *adv* also; too

leis³ *see* **le**

leisce *nf4* laziness; sloth; reluctance; shyness; **bhí leisce air é a cheannach** he was loath to buy it; **giolla na leisce** lazybones

leisceoir *nm3* layabout

leisciúil *adj* lazy

leispiach *adj, nm1* lesbian

leite (*gs* ~**an**) *nf* porridge

leith *see* **leath¹**

léith *see* **liath**

leithcheal *nm3* exclusion;

discrimination

léithe *see* liath

leithead *nm1* breadth, width; conceit, importance

leitheadach *adj* broad, wide; prevalent; proud

leithéid *nf2* like, equal; counterpart; **a leithéid de leabhar** such a book; **ní fhaca mé a leithéid riamh** I never saw anything like it; **a leithéid seo d'áit** such-and-such a place

léitheoir *nm3* reader

léitheoireacht *nf3* reading

leithinis (*gs* leithinse, *pl* leithinsí) *nf2* peninsula

leithleach *adj* apart, distinct; selfish

leithleachas *nm1* peculiarity, idiosyncrasy; selfishness

leithlis *nf2* isolation

leithliseach *adj* isolated

leithlisigh *vt* isolate

leithne *nf4* breadth, width; *see also* leathan

leithreas *nm1* toilet; lavatory

leithscéal (*pl* ~ta) *nm1* excuse; apology; **leithscéal bréige** a false excuse

leitís *nf2* lettuce

lena, lenár, leo *see* le

leochaileach *adj* frail, tender

leoga *excl* indeed

leoicéime *nf4* leukaemia

leoiste *nm4* idler

leoithne *nf4* (light) breeze

leomh *vt*, *vi* dare; presume; allow

Leon¹ *nm1* lion; **an Leon** Leo

leon² *vt* sprain; wound

leonadh (*gs* leonta, *pl* leontaí) *nm* sprain

leonta *adj* strained

leor *adj* sufficient, ample; **is leor é** it is sufficient; **is leor liom é** I consider it sufficient; **go leor airgid** sufficient money; **in am go leor** in sufficient time; **aisteach go**

leor oddly enough; **ceart go leor, maith go leor** alright, all right

leoraí *nm4* lorry

leorghníomh *nm1* full amends, restitution

lí *nf4* colouring; complexion

lia¹ (*pl* ~nna) *nm4* physician; **lia ban** gynaecologist

lia² *nm4* stone; pillar

lia³ *adj* more; more numerous

liamhás (*pl* ~a) *nm1* ham

lián *nm1* trowel; propeller

liarlóg *nf2* strip, sheet; (*pej: newspaper*) rag

liath *adj* (*gsm* léith, *gsf*, *compar* léithe) grey

liathán *nm1* (ANAT) spleen

liathróid *nf2* ball

Liatroim *nm3* Leitrim

libh *see* le

Libia *nf4*: **An ~** Libya

licéar *nm1* liqueur

Life *nf4*: **An ~** the (river) Liffey

lig (*vn* ~ean) *vt*, *vi* let, allow; emit; leak; hire; cast; **lig mé saor é** I set him free; **lig sé fead** he gave a whistle; **ligeamar ár scíth** we took a rest; **níor lig mé dó é a dhéanamh** I did not let him do it; **lig mé i bhfaill é** I neglected it; **lig amach** I let her go; **lig thart iad** let them pass; **lig dom** allow me; leave me alone; **lig sé air go ...** he pretended that ...; **do rún a ligean le duine** to confide in sb

ligh *vt*, *vi* lick

lile *nf4* lily

limistéar *nm1* area, territory; district; **limistéar faoi fhoirgnimh** built-up area

líne (*pl* línte) *nf4* line; row; lineage

líneach *adj* lined

líneadach (*pl* líneadaí) *nm1* linen

líneáil *nf3* lining ♦ *vt* line

línigh *vt*, *vi* draw

líníocht *nf3* drawing

línithe adj lined, ruled

linn[1] (pl **~te**) nf2 pool, pond; sea

linn[2] nf2 period; **le linn a hóige** during her youth; **idir an dá linn** in the meantime; **lena linn** in his lifetime

linn[3] see **le**

linntreog nf2 small pool; puddle; pothole

línte see **líne**

lintéar nm1 drain; gully; drainpipe

lintile nf4 lentil

Liobáin nf2: **An ~** Lebanon

liobair vt tear; berate

liobarnach adj tattered; clumsy; blubbering

liobrálach adj liberal

liobrálaí nm4 liberal

liocras nm1 liquorice

líofa adj fluent; sharpened; fast

liom see **le**

líomanáid nf2 lemonade

líomh vt grind, file; polish; erode

líomhain (gs **líomhna**, pl **~tí**) nf3 allegation; revilement ◆ vt (pres **líomhnaíonn**) allege; revile

líomhán nm1 (tool) file

liomóg nf2 nip, pinch; **liomóg a bhaint as duine** nip or pinch sb

líomóid nf2 lemon

líon[1] (pl **~ta**) nm1 full number; fill, measure; part, side, dosage ◆ vt, vi fill (in or up); **líon tí** household

líon[2] nm1 flax; linen

líon[3] nm1 web; net; **líon damháin alla** cobweb

líon[4] adj: **~ lán** full to the brim; well-built; hale and hearty

líonmhar adj numerous; full; complete

líonn (gs **leanna**, pl **~ta**) nm (of body) humour; **lionn fuar** phlegm; **lionn dubh** melancholy; depression

líonóil nf2 lino

líonra nm4 (also COMPUT) network

líonrith nm4 panic

lionsa nm4 lens

líonta see **líon**[1]

líontán nm1 small netting; net

liopa nm4 lip; flap

liopasta adj untidy; ungainly

liosta[1] adj tedious; tiresome; persistent

liosta[2] nm4 list; inventory

liostaigh vt list

liostáil vt, vi enlist

liotúirge nm4 liturgy

lipéad nm1 label

líreacán nm1 lollipop

liric nf2 lyric

liriceach adj lyrical

lítear nm1 litre

liteartha adj literary; literate; literal

litearthacht nf3 literacy

litir (gs **litreach**, pl **litreacha**) nf (of alphabet) letter; character

litrigh vt spell

litríocht nf3 literature

litriú nm spelling, orthography

litriúil adj literal

liúntas nm1 allowance

liús nm1 (fish) pike

lobh vt, vi rot, decompose

lobhadh nm1 rot, decay

lobhra nf4 leprosy

loc vt pen, enclose; round up ◆ nm1 (of canal) lock

loca nm4 (AGR) pen, fold; (of cotton wool, paper) wad

loc-chomhla nf4 sluice (gate)

loch (pl **~anna**) nm3 loch, lough, lake; **Loch Éirne** Lough Erne; **Loch nEathach** Lough Neagh

lochán nm1 pond; **lochán uisce** puddle

Loch Garman nm Wexford

Lochlannach adj, nm1 Scandinavian

lóchrann nm1 lantern; light, lamp

locht (pl **~anna**) nm3 fault; blame

lochta nm4 loft

lochtach adj faulty; false; wicked

lochtaigh (*vn* **lochtú**) *vt* fault

lochtán *nm1* terrace

lochtú *nm* fault-finding, criticism

lód[1] *nm1* load

lód[2] *nm1* lode

lódáil *vt, vi* (*also* COMPUT) load

lofa *adj* rotten, decayed

log[1] *nm1* place; hollow

log[2] (COMPUT) *vi* log; **log ann/as** log on/off

logainm (*pl* **~neacha**) *nm4* place name

logall *nm1* socket

loghadh *nm* remission

loic *vi* flinch, shirk; **loiceadh ar dhuine** to let sb down

loicéad *nm1* locket

loiceadh (*gs* **loicthe**) *nm* failure

loighciúil *adj* logical

loighic (*gs* **loighce**) *nf2* logic

loine *nf4* piston; (*for drain*) plunger

loingeán *nm1* cartilage; gristle

loingeas *nm1* ships; shipping

loingseoireacht *nf3* navigation

loinneog *nf2* refrain

loinnir (*gs* **loinnreach**) *nf* light; brilliance, brightness

loirgneán *nm1* shinguard

lóis (*pl* **~eanna**) *nf2* lotion

loisc (*vn* **loscadh**) *vt* burn; sting

loiscneach *adj, nm1* caustic

lóiste *nm4* lodge

lóistéir *nm3* lodger

lóistín *nm4* lodgings, digs; accommodation

loit (*vn* **lot**) *vt* hurt; injure

loitiméir *nm3* blunderer; destroyer

loitiméireacht *nf3* destructiveness

lom *adj* bare; thin; close; (*denial*) flat ♦ *adv* flatly ♦ *vt, vi* mow, shear; lay bare; denude; **lom láithreach** right now, directly; **lom dáiríre** in earnest

lomadh *nm* impoverishment; stripping; crew-cut

lomaire *nm4* shearer; lomaire

faiche lawnmower

lomán *nm1* tree trunk; log

lomnocht (*gsm* **~**) *adj* nude; stark naked

lomra *nm4* fleece

lon (*pl* **~ta**) *nm1* (*also*: **~ dubh**) blackbird

lón (*pl* **~ta**) *nm1* provisions; supply, store; lunch; sustenance; **lón cogaidh** munitions; **am lóin** lunchtime

lónadóir *nm3* caterer

lónadóireacht *nf3* catering

Londain *nf* London

long *nf2* ship; vessel; **long chogaidh** warship

longadán *nm1* swaying

longbhá *nm4* shipwreck

longbhriseadh (*gs* **longbhriste**, *pl* **longbhristeacha**) *nm* shipwreck

longchéarta *nf4* shipyard

Longfort: **An ~** Longford

longfort *nm1* camp

longlann *nf2* dockyard

lonnaigh *vt, vi* stay; settle; frequent

lonnaitheoir *nm3* squatter

lonnú *nm* stay; settlement

lonrach *adj* bright, shining; luminous

lonraigh *vt, vi* shine

lonta *see* **lon**

lorg *nm1* mark; print; course; trace ♦ *vt, vi* track; search for; **lorg coise/láimhe** footprint/handprint; **bhí lorg an óil air** he showed signs of drinking; **ar do lorg** looking for you; **ar lorg fianaise** looking for evidence; **ar lorg a chúil/thaoibhe** backwards/sideways

lorga *nf4* cudgel, club; shin

lorgaire *nm4* detective

lorgán *nm1*: **~ radhairc** viewfinder

losaid *nf2* pallet; trough; wooden tray

losainn *nf2* lozenge

loscadh (gs **loiscthe**) nm burning; see also **loisc**

loscann nm1 frog

lot nm1 harm; see also **loit**

Lú nm4 Louth

lú see **beag**

lua nm4 mention; reference

luach (pl ~**anna**) nm3 value; recompense; **luach ar an margadh** (COMM) market value; **bainfidh mise a luach asat** I'll make you pay for it

luacháil vt evaluate; value ◆ nf3 valuation; evaluation

luachan nf3 (FIN, COMM) quotation

luachliosta nm4 price list

luachmhar adj valuable; precious

luaidhe nf4 (metal) lead; **peann luaidhe** pencil

luaidreán nm1 fluctuation; rumour

luaigh vt, vi mention

luaineach adj changeable; variable; volatile

luaith nf3 ash(es)

luaithe nf4 quickness; earliness; **a luaithe a bhí sé ar shiúl** once he had left; see also **luath**

luaithreadán nm1 ashtray

luamh nm1 pilot; yacht

luamhaire nm4 pilot; yachtsman

luamhaireacht nf3 piloting; yachting

luamhán nm1 lever

Luan (pl ~**ta**) nm1 Monday; **Dé Luain** on Monday

luan nm1 (CULIN) loin

luas (pl ~**anna**) nm1 speed

luasaire nm4 accelerator

luasbhád nm1 speedboat

luasc vt, vi swing; oscillate

luascach adj swinging

luascadán nm1 pendulum

luascadh (gs **luasctha**, pl **luascthaí**) nm oscillator; swing

luascán nm1 swinging; wavering; haste; (for children) swing

luasc-cheol nm1 (MUS, also rhythm) swing

luascdhoras nm1 swing door

luasghéaraigh vt, vi accelerate

luasmhéadar nm1 speedometer

luasraon nm1 (SPORT) speedway

luath (compar **luaithe**) adj quick; fickle; early; **go luath ar maidin** early in the morning

luathaigh vt quicken; accelerate

luathchainteach adj quick-spoken; glib

luathintinneach adj hare-brained; impulsive; fickle

luathscríbhinn nf2 shorthand

luathscríobhaí nm4 stenographer

lúb vt, vi bend; loop ◆ nf2 (of a chain) link; loop; coil; (KNITTING) stitch; (in road) twist; **lúb ar lár** dropped stitch; (fig) flaw; **i lúb cuideachta** in company

lúbóg nf2 (small) loop; buttonhole

lúbra nm4 maze

luch nf2 mouse; **luch chodlamáin** dormouse

lúcháir nf2 gladness; delight; exultation; **lúcháir a dhéanamh** to rejoice

lúcháireach adj joyous, rejoicing

lucharachán nm1 dwarf; elf; toddler

luchóg nf2 (also COMPUT) mouse

lucht (pl ~**anna**) nm3 content; capacity; cargo; category of people; **lucht féachana/éisteachta** spectators/audience; **lucht siúil** travellers; **lucht aitheantais** acquaintances

luchtaigh vt fill; load; (battery) charge

luchtóg nf2 small load; bundle; lot

Lucsamburg nm4 Luxembourg

lúfar adj athletic; agile; lithe

luí nm4 lying down; slope; inclination; **chuaigh sé a luí** he went to bed; **rud a chur ina luí ar**

dhuine to impress sth on sb; **luí na gréine** sunset, sundown; **am luí** bedtime

luibh (*pl* ~**eanna**) *nf2* herb

luibheolaíoch *adj* botanical

luibheolaíocht *nf3* botany

lúibín *nm4* buttonhole; bracket

lúide = **lú** + **de**; *see also* **beag**; *prep* less, minus; **lúide 50%** less 50%

luideog *nf2* (*of cloth*) remnant

lúidín *nm4* little finger; little toe

luifearnach *nm1* weeds

luigh (*vn* **luí**) *vi* lie; rest; settle; incline; (*sun*) set; **luigh siad leis an obair** they got down to work

luimneach *nm1* limerick; **Luimneach** (GEOG) Limerick

luíochán *nm1* lying down; ambush; **luíochán a dhéanamh ar dhuine** to waylay sb

luisiúil *adj* glowing; radiant

luisne *nf4* blush; glow

luisnigh *vi* blush

luisniúil *adj* blushing; ruddy

lumbágó *nm4* lumbago

Lúnasa *nm4* August

lus (*pl* ~**anna**) *nm3* plant; herb; **lus an bhalla** wallflower; **lus an chromchinn** daffodil; **lus na gréine** sunflower; **lus na mbrat** (wild) thyme

lútáil *vi* fawn; **lútáil le** to fawn (up)on ♦ *nf3* fawning; obsequiousness

lúthchleas *nm1* athletic exercise; **lúthchleasa** athletics

lúthchleasach *adj* athletic

lúthchleasaí *nm4* athlete

lúthchleasaíocht *nf3* athletics

M

m' = **mo**

má¹ *conj* if; **má bhíonn sí abhus féin** even if she is here; **más maith leat é** if you like it; **más ea** if so, even so; **is beag má labhraíonn sí** she hardly ever speaks

má² (*pl* ~**nna**) *nf4* plain

mabóg *nf2* tassel

Mac *nm1* (*in surnames*): ~ **Grianna** Green, McGreen

mac (*gs, pl* **mic**) *nm1* son; **mac baistí** godson; **mac imrisc** (*of eye*) pupil; **mac léinn** student; **mac tíre** wolf; **is é mac a athar é** he takes after his father; **gach aon mhac máthar acu** (*of people*) every last one of them

macacht *nf3* childhood

macalla *nm4* echo; **macalla a bhaint as rud** to make sth echo *or* ring

macánta *adj* gentle; sincere; honest

macántacht *nf3* childhood; sincerity; honesty

macaomh *nm1* young boy; youth

macarón *nm1* macaroni

macasamhail (*gs, pl* **macasamhla**) *nf3* like; equal; copy; **níl a mhacasamhail eile le fáil** there isn't another like it (to be found); **macasamhail de rud a dhéanamh** to reproduce sth

máchail *nf2* blemish; injury

máchailigh *vt* blemish; injure

machaire *nm4* plain; **machaire gailf** golf course, links; **machaire ráis** race course

machnaigh *vt, vi* think, reflect; marvel; **machnaigh ar** reflect on

machnamh *nm1* thought, reflection; **machnamh a dhéanamh ar rud** to reflect on sth; to meditate on sth; **ábhar machnaimh** food for thought

machnamhach *adj* thoughtful, reflective

macnas *nm1* playfulness; exuberance; wantonness

macnasach *adj* playful; frisky;

lascivious, wanton

macra nm4 (collectively) boys;
youths

madra nm4 dog; **madra rua** fox;
madra uisce otter; **tá a fhios ag
madraí an bhaile (go)** it is
common knowledge (that)

madrúil adj coarse; obscene

magadh (vn magadh) nm4 mocking, mockery,
ridicule; **ceap magaidh a
dhéanamh de dhuine** to make a
laughing stock of sb; **bheith ag
magadh ar** or **faoi dhuine** to mock
sb; **níl mé ach ag magadh** I'm
only joking

magairle nm4 testicle

magairlín nm4 orchid

máguaird adv about, around; **an
ceantar máguaird** the surrounding
district

magúil adj mocking, derisive

mahagaine nm4 mahogany

maicín¹ nm4 pet child, spoilt child

maicín² nm4 quarrel, brawl; **maicín
a thógáil** to start a row

maicréal nm1 mackerel

maide nm4 stick; beam; (also:
~ **gailf**) golf club ♦ n gen as adj
wooden; (fig) useless; **maide croise**
crutch; **maide rámha** oar; **maide
siúil** walking stick; **maide briste**
(for fire) tongs; **maide corrach**
seesaw; **lig sé a mhaid le sruth** he
let things drift; **maide as uisce a
thógáil do dhuine** to take the
blame off sb; **cos mhaide** wooden
leg; **múinteoir maide** useless
teacher

maidhm nf2 break, eruption;
defeat; explosion; detonation ♦ vt
defeat; burst; detonate; **maidhm
thalún** landslide; **maidhm
sneachta** avalanche; **maidhm
sheicne** hernia; **maidhm bháistí**
cloudburst

maidin (pl ~**eacha**) nf2 morning

maidin mhaith! good morning!; **tá
ina mhaidin** it's morning

maidir: ~ **le** prep as regards; like;
corresponding to; **maidir le Seán**
as for John; **maidir le do litir**
regarding your letter; **níl an dá
chóip maidir le chéile** the two
copies don't correspond

maígh (vn maíomh) vt, vi claim,
state; boast; envy; **cad é atá tú a
mhaíomh?** what do you mean?;
mhaígh sé gurbh é féin an rí ceart
he claimed that he was the proper
king; **rud a mhaíomh ar dhuine** to
begrudge sb sth; **maíomh as do
chuid airgid** to boast about one's
money

maighdean nf2 maiden, virgin;
maighdean mhara mermaid; **an
Mhaighdean** Virgo; **An
Mhaighdean Mhuire** The Virgin
Mary

maighdeanas nm1 virginity

maighdeanúil adj virgin

maighdeog nf2 pivot

Maigh Eo nf Mayo

maighnéad nm1 magnet

maighnéadach adj magnetic

máilín nm4: ~ **domlais** gall bladder

mailís nf2 malice; (of disease)
malignancy

mailíseach adj malicious;
malignant

maille prep: ~ **le** (along) with

máilléad nm1 mallet

mailp (pl ~**eanna**) nf2 maple; **crann
mailpe** maple tree

máine nf4 mania

máineach adj, nm1 maniac

mainéar nm1 manor; manor house

mainicín nm4 mannequin, model

mainicíneacht nf3 (of clothes)
modelling

mainistir (gs mainistreach, pl
mainistreacha) nf monastery;
abbey

máinlia (*pl* **~nna**) *nm4* surgeon

máinliach *adj* surgical

máinliacht *nf3* surgery

mainneachtain *nf3* negligence; (*LAW*) default; **breithiúnas mainneachtana** judgement by default

máinnéail *nf3* loitering; dawdling; **ag máinneáil thart** hanging around

mainséar *nm1* manger; crib

mainteach *nm* mansion house

maíomh *nm1* statement; boast; **ábhar maíte** sth to be proud of; *see also* **maígh**

mair *vt, vi* live, last; survive; endure; linger; **mhair sé ar an ghadaíocht** he lived by theft; **níor mhair sé ach seachtain** it lasted only a week; **go maire tú do nuacht** congratulations on your news; **nach maireann** deceased

mairbhleach *adj* numb

maireachtáil *nf3* living, livelihood; **caighdeán maireachtála** standard of living

mairg *nf2* woe, sorrow; **is mairg don té nach n-éistfidh** woe to him who won't listen; **bheith faoi mhairg** to be saddened; **is mairg a tháinig riamh** I wish I'd never come

mairgneach *nf2* lamenting; wailing

mairnéalach *nm1* sailor, seaman

máirseáil *vt, vi* march, parade ♦ *nf3* march, parade

máirseálaí *nm4* marcher

Máirt *nf4* Tuesday; **Máirt Inide** Pancake or Shrove Tuesday; **Dé Máirt** (on) Tuesday

mairteoil *nf3* beef; **mairteoil rósta** roast beef

mairtíneach *nm1* cripple

mairtíreach *nm1* martyr

mairtíreacht *nf3* martyrdom

maise *nf4* adornment; beauty; **chuir an gúna lena maise** the dress

enhanced her appearance; **ba dheas an mhaise dó glaoch** it was nice of him to call; **barr maise a chur ar rud** to crown sth

maisigh *vt* adorn, decorate; (*book*) illustrate; **tú féin a mhaisiú** to doll o.s. up

maisiú *nm* adornment, decoration

maisiúchán *nm1* adornment, decoration; (*cosmetics etc*) toiletry; **maisiúcháin Nollag** Christmas decorations; **clár maisiúcháin** dressing table

maisiúil *adj* decorative, elegant; becoming

máisiún *nm1* Freemason, mason

maistín *nm4* bully; thug

maistíneacht *nf3* rudeness; bullying; thuggery

máistir (*pl* **máistrí**) *nm4* master; employer; **máistir scoile/stáisiúin** schoolmaster/stationmaster; **Máistir Ealaíne/Eolaíochta** Master of Arts/ Science

máistreacht *nf3* mastering; mastery; **máistreacht a fháil ar rud** to master sth

maistreadh (*pl* **maistrí**) *nm1* (*of milk, sea*) churning

máistreás *nf3* mistress; governess; **máistreás scoile** schoolmistress

maistrigh *vt, vi* to churn

máistriúil *adj* masterful

máite *see* **mámh**

maiteach *adj* forgiving

maíteach *adj* boastful

maith¹ (*gs, pl* **~e**) *nf2* good; goodness; value; benefit ♦ *adj* (*compar* **fearr**) good; **go maith!** good!; **bheith go maith to be well**; **déanamh go maith** to do well; **chomh maith le** as well as; **cuid mhaith acu** quite a few of them; **is maith an rud (go)** ... it's just as well (that) ...; **is maith a bhí a fhios aige go** he knew full well

that; **ba mhaith liom** I would like,
I'd like; **tá sé maith dom** it's good
for me; **níl maith (ar bith) ann** it's
no use; **rud a chur ó mhaith** to
render sth useless; **an mhaith
choiteann** the common good; **go
raibh maith agat** thank you; **tá go
maith!** OK!; **cuid mhaith airgid** a
fair amount of money; **tá sé fuar
go maith** it's quite cold; **más olc
maith linn é** whether we like it or
not; **maith go leor** alright; **maith
thú féin!** good on you!

maith² (*vn* **~eamh**) *vt* forgive;
pardon; **rud a mhaitheamh do
dhuine** to forgive sb sth

maithe *nf4* good, goodness; **ar
mhaithe leis an tír** for the good *or*
sake of the country; **ar mhaithe léi
féin** for her own behalf

maitheamh *nm1* forgiveness;
remission; abatement

maitheas *nf3* good, goodness; **dul
chum maitheasa** to improve; **tá sé i
mbláth a maitheasa** she's in the
prime of life

maithiúnas *nm1* forgiveness,
pardon; **maithiúnas a iarraidh (ar
dhuine)** to ask (sb's) forgiveness

máithreacha *see* **máthair**

máithreachas *nm1* maternity;
motherhood

máithreánach *adj*, *nm1*
matriculation

máithrigh *vt* mother; foster

máithriúil *adj* motherly; tender

mál *nm1* excise

mala *nf4* eyebrow, brow; slope;
hillside; **fágfaidh mise an mhala ar
an tsúil aige** I'll soon sort him out;
muc a bheith ar gach mala agat to
frown moodily; to be in a foul
mood; **in éadan na mala** uphill;
mála *nm4* bag; sack; **mála cáipéisí**
briefcase; **mála codlata** sleeping
bag; **mála droma** rucksack; **mála**

láimhe handbag, purse (*us*); **mála
scoile** schoolbag

Malaeisia *nf4*: **An Mhalaeisia**
Malaysia

malaria *nf4* malaria

malairt *nf2* change; exchange;
alternative; opposite; reverse; **is é
a mhalairt a rinne sé** he did quite
the opposite; **rinne siad malairt**
they swapped; **malairt éadaigh**
change of clothes; **ní raibh fios a
mhalairt agam san am** I didn't
know any better at the time

malartach *adj* changing;
changeable; fluctuating; fickle

malartaigh *vt* change, exchange;
rudaí a mhalartú to barter things

malartán *nm1* changeling; (*comm*)
exchange; **malartán fostaíochta** job
centre, employment exchange

malartú *nm* change; exchange

mall *adj* (*gsm* ~, *gsf*, *compar* **moille**)
slow; late; **bheith cúig noiméad
mall** to be five minutes slow/late;
bheith mall ag coinne to be late
for an appointment

mallacht *nf3* curse; **do mhallacht a
chur ar dhuine** to curse sb

mallaibh *npl*: **ar na ~** of late

mallaigh *vt*, *vi* curse; **rud mallaithe**
bloody *or* damned thing; **madra
mallaithe** vicious dog; **dúil
mhallaithe** craving, burning desire

Mallarca *nm4* Majorca

mallghluaiseacht *nf3* slow motion

mallintinneach *adj* slow-witted;
retarded

mallmhuir *nf3* neap tide

malltriallach *adj* slow-moving,
sluggish ♦ *nm1* slowcoach

máilóid *nf2* (*pej*) hussy; silly woman

malrach *nm1* child, youngster

Málta *nm4* Malta

mam (*pl* **~anna**) *nf2* mammy

mám¹ *nf3* handful; **mám airgid** a
handful of money

mám² (pl **~anna**) nm3 (mountain) pass

mamach nm1 mammal ♦ adj mammary

mamaí nf4 mum, mummy

mamat nm1 mammoth

mámh (pl **máite**) nm1 trump (card)

mamó nf4 granny, grandma

mana nm4 attitude; portent; motto; **más é sin an mana atá acu dó** if that's their attitude towards it

manach nm1 monk

manachas nm1 monasticism

Manainn nf: **Oileán Mhanann** Isle of Man

Manainnis nf2 (LING) Manx

Manannach adj Manx ♦ nm1 Manxman

Manchain nf4 Manchester

mandairín nm4 (mandarin) orange

mangaire nm4 hawker, peddler; haggler

mangaireacht nf3 hawking, peddling; haggling

mangarae nm4 (cheap goods) junk

manglam nm1 hotchpotch; (drink) cocktail

mangó nm4 mango

mánla adj gentle, tender

mant nm3 (in teeth, knife etc) gap; toothless gums

mantach adj gap-toothed; toothed; inarticulate; chipped, jagged

mantóg nf2 muzzle, gag; **mantóg a chur i nduine** to gag sb

maoil nf2 rounded summit; hillock, bald patch; tip; **bhí an tábla faoi mhaoil le páipéir** the table was heaped with papers; **ag cur thar maoil** brimming over; **rud a rá as maoil do chonláin** to say sth off the top of one's head, say sth on the spur of the moment

maoildearg nf2 mulberry

maoin (gs, pl **~e**) nf2 gift; property; wealth, fortune; **maoin phearsanta**

private property; **maoin shaolta** worldly goods; **maoin ghoidte** stolen property

maoinigh vt finance; endow

maoirseacht nf3 stewardship; supervision

maoirseoir nm3 supervisor

maoiseog nf2 (of potatoes etc) heap; **gol in áit na maoiseoige** to cry over spilt milk

maoithneach adj emotional, sentimental; melancholy

maoithneachas nm1 sentimentality

maol adj bald; bare; (animal) hornless; (person) dense; (knife etc) blunt; (MUS) flat ♦ nm1 dense person; (MUS) flat; **tá sé maol marbh** he is stone dead; **bheith maol** (person) to be bald; **bheith ag éirí maol** to be going bald

maolaigh vt, vi (force, intensity) decrease; (pain etc) alleviate; (pace etc) slacken; (view, reply) moderate; subside; (mind) dull; **luas a mhaolú** to reduce speed; **maolaíonn barraíocht de an intinn** too much of it dulls the mind; **mhaolaigh ar m'fhearg** my anger subsided

maolaire nm4 bumper; (also COMPUT) buffer

maolaisnéis nf2 bare statement; understatement

maolaitheach adj alleviating; extenuating

maolaitheoir nm3 (AUT) dimmer; dipper

maolchluasach adj subdued; crestfallen

maolgháire nm4 chuckle; **maolgháire a dhéanamh** to chuckle

maolscríobach adj slovenly; slipshod

maolú nm slackening; mollification; alleviation;

mitigation; let-up

maoluillinn *nf2* obtuse angle

maonáis *nf2* mayonnaise

maor *nm1* steward; (*of institution*) warden; (MIL) major; (*in school*) prefect; (SPORT) umpire; **maor géim** gamekeeper; **maor taobhlíne** linesman; **maor cúil** (*Gaelic football*) (goal) umpire; **maor tráchta** traffic warden; **maor uisce** water bailiff

maorga *adj* elegant; stately; dignified

maorlathach *adj* bureaucratic

maorlathas *nm1* bureaucracy

maos *nm1*: **bheith ar ~ (le)** to be soaked or saturated (with); **rud a chur ar maos (i)** to steep sth (in)

maoth *adj* soft; tender; soppy; moist

maothaigh *vt, vi* moisten, soak; soften

maothán *nm1* (ear) lobe

mapa[1] *nm4* mop

mapa[2] *nm4* map

mapáil[1] *vt* mop

mapáil[2] *vt* map

mar *prep* like, as ◆ *conj* as; since, because; such as; **mar bhean** as a woman; **mar í** like her; **mar is gnách** as usual; **mar shampla** for example; **mar an gcéanna** likewise; **léigh mar seo é** read it like this; **mar sin de** therefore; **mar sin féin** nonetheless; **fan mar atá** *or* **a bhfuil tú** stay as *or* where you are; **mar atá** namely; **mar (go)** because; **sin mar a dhéantar é** that's how it's done; **mar a bheadh fear mire ann** like a madman; **mar a dúirt mé** as I said

mara *see* **muir**

marachuan *nm1* marijuana

Maracó *nm4* Morocco

maraigh *vt* kill; (*fish*) catch

maranach *adj* thoughtful

maránta *adj* gentle

marascal *nm1* marshal

maratón *nm1* marathon

marbh *adj* dead; (*feeling*) numb; exhausted; (*water*) stagnant; (COMM, *money*) unused; (*pain, colour*) dull ◆ *nm1* dead person; deceased; **tá mé marbh leis an déideadh** I'm dying with toothache; **éirí ó mhairbh** to rise from the dead; **Féile na Marbh** All Souls' Day; **cuimhnigh ar na mairbh** remember the dead

marbhán *nm1* corpse, body; dead heat

marbhánta *adj* (*weather*) close, oppressive; (*person*) lifeless, lethargic; (*business*) slack, stagnant

marbhchiúnas *nm1* dead silence

marbhghin *nf2* stillborn child

marbhlann *nf2* mortuary; morgue

marbhna *nm4* elegy

marbhsháinn *nf2* checkmate

marbhsholas *nm1* half light

marbhshruth *nf3* (NAUT) wake; turn of the tide

marbhuisce *nm4* backwater

marc (*pl* **~anna**) *nm1* mark; target; set time; (*on clothes, sheep etc*) brand mark

marcach *nm1* rider; horseman

marcaigh *vt, vi* ride

marcáil *vt* mark (out)

marcaíocht *nf3* riding; ride; drive; lift; **scoil mharcaíochta** riding school; **marcaíocht a fháil go Gaillimh** to get a lift to Galway

marcálaí *nm4* (*also* SPORT) marker; sign

marcshlua *nm4* cavalry

marfach *adj* deadly, fatal, lethal

marfóir *nm3* killer

margadh (*pl* **margaí**) *nm1* market; agreement; bargain; **margadh caorach** sheep market; **margadh dubh** black market; **teacht ar an**

margadh (*product*) to come on to
the market; **margadh maith a fháil**
to get a good deal; **ní raibh sin sa
mhargadh** that was not part of
the deal

margaigh *vt* market

margáil *nf3* bargaining; haggling;
margáil a dhéanamh (le) to
bargain *or* haggle (with)

margairín *nm4* margarine

margú *nm* marketing

marla *nm4* Plasticine ®; (*fig*)
weakling

marmaláid *nf2* marmalade

marmar *nm1* marble

maróg *nf2* pudding; (*stomach*)
paunch; (*inf*) beer belly; **maróg
ríse** rice pudding; **dul chun
maróige** to develop a paunch

Mars *nm3* (*planet*) Mars

mart *nm1* (*slaughtered*) cow;
bullock; **ceathrú mhairt** quarter of
beef

Márta *nm4* March

marthain *nf3* existence; **ar
marthain** living; extant

marthanach *adj* lasting; everlasting;
permanent

marthanóir *nm3* survivor

marú *nm* killing; slaughter

marún *adj, nm1* maroon

Marxach *adj, nm1* Marxist

más[1] *nm1* buttock; thigh

más[2] = **má** *conj* + **is**

másailéam *nm1* mausoleum

masc *nm1* mask

mascára *nm4* mascara

masla *nm4* insult, slur; strain;
masla a thabhairt do dhuine to
insult sb; **ná cuir masla ort féin leis**
don't overstrain yourself with it

maslach *adj* insulting, abusive;
(*breathing*) laboured; (*work*) heavy

maslaigh *vt* insult, abuse;
overstrain

masmas *nm1* nausea; **masmas a**

chur ar dhuine to nauseate sb

masmasach *adj* nauseous,
nauseating

mata *nm4* mat; **mata tairsí**
doormat; **mata boird** table mat

máta *nm4* (*NAUT*) mate

matal *nm1* mantelpiece

matalang *nm1* disaster, catastrophe

matamaitic *nf2* mathematics,
maths

matamaiticeoir *nm3* mathematician

matamaiticiúil *adj* mathematical

matán *nm1* muscle; **matán a
tharraingt** (*SPORT*) to pull a muscle

matánach *adj* muscular

máthair (*pl* **máthair**, *gs*
máithreacha) *nf* mother; **máthair
chéile** mother-in-law; **máthair
mhór** granny; **máthair altrama**
foster mother

máthairab *nf3* abbess

máthartha *adj* maternal; **teanga
mháthartha** mother tongue

mátrún *nm1* matron

mb (*remove* "*b*") *see* **m...**

mé *pron* I, me

Meá *nf4*: **An Mheá** Libra

meá (*pl* ~**nna**) *nf4* scales, balance;
measure; **meá ar mheá** on level
terms; **idir dhá cheann na meá**
hanging in the balance

meabhair (*gs* **meabhrach**) *nf* mind;
memory; (*sense*) reason; meaning;
bheith gan mheabhair to be
unconscious; **dul/bheith as do
mheabhair** to go/be mad;
meabhair a bhaint as rud to make
sense of sth

meabhrach *adj* mindful; conscious;
thoughtful; intelligent

meabhraigh *vt, vi* remember;
remind; memorize; **meabhrú do
dhuine rud a dhéanamh** to remind
sb to do sth; **meabhrú ar rud** to
reflect on sth

meabhraíocht *nf3* awareness;

intelligence

meabhrán *nm1* memo, memorandum

meacan *nm1* tuberous root; **meacan bán/biatais/dearg** parsnip/beetroot/carrot

meáchan *nm1* weight; **titim chun meáchain** to put on weight; **tógáil meáchan** (SPORT) weight lifting

meáchanlár *nm1* centre of gravity

méad *n* amount, number, quantity; **cá mhéad** + *nom sg* how many?; **cá mhéad** + *gen* how much?; **ar a mhéad** at the (very) most; **cá mhéad atá air?** how much is it?; **dá mhéad a oibríonn sé is amhlaidh is mó a shaothraíonn sé** the more he works, the more he earns; *see also* **méid**

méadaigh *vt, vi* increase; (*person*) grow; enlarge; magnify; **méadaigh ar** add to

méadáille *nm4* medallion

méadaíocht *nf3* increase; self-importance

méadaitheach *adj* increasing

méadar *nm1* meter; metre

méadaracht *nf3* (POETRY) metre

meadhrán *nm1* vertigo, dizziness; exhilaration; bewilderment; **meadhrán a bheith i do cheann** to be *or* feel giddy; **tá an cheist seo ag dhéanamh meadhráin dom** this question is baffling me

méadrach *adj* metric

méadú *nm* increase; multiplication; rise; (PHOT) blow-up, enlargement

meafar *nm1* metaphor

meafarach *adj* metaphorical

meáigh *vt, vi* balance, weigh; (*situation, options*) consider

measín *nm4* machine

measínéoir *nm3* machinist

measínghunna *nm4* machine gun

meáite *adj*: **bheith ~ ar rud a dhéanamh** to be intent *or* set on

doing sth

meala *see* **mil**

mealbhacán *nm1* melon; wild carrot

mealbhóg *nf2* pouch; leather bottle

meall[1] *vt, vi* charm; coax, entice; delude, deceive; disappoint; **tá sé iontach mealita** he's very disappointed

meall[2] (*pl* **~ta**) *nm1* ball; lump; protuberance; **meall súile** eyeball; **meall sneachta** snowball; **meall ime** knob of butter; **meall mór** (*inf*) VIP, big shot; **agus an meall mór ar deireadh** and last but not least

meallacach *adj* alluring; attractive; sexy

meallacacht *nf3* attractiveness; allure

mealladh (*gs* **mealita**, *pl* **mealitaí**) *nm* attraction, lure; deception; **mealladh a bhaint as duine** to disappoint/deceive sb

mealltach *adj* enticing; deceptive; disappointing

meamhlach *nf2* miaow(ing)

meamram *nm1* parchment; memorandum

meán *nm1* middle; medium; average; **na meáin** *nmpl1* the media; **an meán lae** midday; **sin an meán** that's the average; **an mhéar mheáin** the middle finger

meán- *prefix* medium, middle; average, mean; (SCOL, *course, level*) intermediate

meanach *nm1* entrails

meánach *adj* average; medium, middle; intermediate

meánaicme *nf4* middle class, bourgeoisie

meánaicmeach *adj* middle-class

meánaois *nf2* middle age; **an Mheánaois** the Middle Ages

meánaoiseach *adj* medieval

meánaosta *adj* middle-aged

méanar *adj*: **is ~ duit** lucky you, it's OK for you

meáncheannaí *nm4* middleman

meánchiorcal *nm1* equator

meancóg *nf2* mistake, blunder; **rinne tú meancóg** you've made a mistake

meandar *nm1* instant, moment

méanfach *nf2* yawn(ing); **méanfach a dhéanamh** to yawn

Meán Fómhair *nm* September

meang *nf2* deceit

meangadh (*gs* **meangtha**) *nm*: **~ (gáire)** smile; **meangadh a dhéanamh** to smile

meanma (*gs* **~n**) *nf* morale, spirit; cheer; courage; **ardú meanman** (psychological) boost

meánmheáchan *nm1* (BOXING) middleweight

Meánmhuir *nf3*: **An Mheánmhuir** the Mediterranean (Sea)

Meánmhuirí *adj* Mediterranean

meanmnach *adj* spirited; lively

meann *adj*: **an Mhuir Mheann** the Irish Sea

meánna see **meá**

meannán *nm1* (animal) kid

meannleathar *nm1* kid leather

meánscoil (*pl* **~eanna**) *nf2* secondary school

meántán *nm1* (bird) tit

meánteistiméireacht *nf3* (IRL, SCOL) intermediate certificate, ≈ GCSE

mear (*gsm* **~**) *adj* quick, lively; (action) hasty

méar *nf2* finger, digit; **rud a bheith ar bharr na méar agat** to have sth at one's fingertips; **rud a chur ar an mhéar fhada** to postpone sth indefinitely

méara *nm4* mayor

méaracán *nm1* thimble

mearadh *nm1* insanity

mearaí *nf4* bewilderment; **tá meascán mearaí orm** I am bewildered/confused

méaraí *adj* digital

mearaigh *vt, vi* derange; perplex; bewilder

méaraigh *vt* finger; **leabhar a mhéarú** to thumb a book

mearbhall *nm1* bewilderment; confusion; dizziness; error; **tháinig mearbhall orm** I became light-headed

mearbhlach *adj* bewildered; bewildering; erratic; incorrect

mearcair *nm4* mercury; **Mearcair** (METEOR) Mercury

méarchlár *nm1* keyboard

margánta *adj* foolhardy, reckless

mearghrá *nm4* infatuation

méarlorg *nm1* fingerprint

méarnáil *nf3* groping; **ag méarnáil sa dorchadas** groping in the dark

mearóg *nf2* (vegetable) marrow, squash; **mearóga beaga** courgette, zucchini (US)

méaróg *nf2* pebble; **méaróg éisc** (CULIN) fish finger

mearú *nm* bewilderment; distraction; mental aberration

meas *nm3* opinion; respect ♦ *vt, vi* estim.ate; expect; think; assess; **cad é do mheas ar ...?** what do you think of ...?; **is é mo mheas go ...** my estimation is that ...; **meas a bheith agat at dhuine** to respect sb; **mise, le meas** (in letters) yours respectfully; **cás a mheas** to assess a case; **mheas sé go n-éireodh leis** he thought he'd succeed

measa see **olc**

measartha *adj* moderate, fair, average; middling ♦ *adv* (quite) fairly

measarthacht *nf3* moderation; fair amount

measc¹ *vt, vi* mix, mix up; (pot)

stir; **pósadh measctha** mixed marriage

measc² nm4 confusion; jumble
♦ prep: **i ~** among; **dul i measc + gen** to mingle with

meascach nm1 half-caste

meascán nm1 mixture; muddle; **meascán mearaí** confusion; jigsaw puzzle

meascra nm4 (MUS etc) medley; miscellany

measctha n gen as adj assorted, mixed

measchtóir nm3 mixer

meastachán nm1 estimate

measúil adj reputable, respectable; respectful

measúlacht nf3 respectability

measúnacht nf3 assessment

measúnaigh vt assess

measúnóir nm3 assessor

measúnú nm assessment

meata adj sickly; cowardly; spineless; **gníomh meata** cowardly deed

meatach adj declining; decadent

meatachán nm1 weakling; sickly person; coward

meatacht nf3 decay; cowardice

meath vi decline; decay; waste away; (eyesight, health, light etc) fail
♦ nm3 decay; decline; failure; **tá mo radharc ag meath** my eyesight's failing; **meath na Gaeilge** the decline of the Irish language; **mheath na barra** the crops failed

meathbhruith nf2 (CULIN): **ar ~** simmering

meathlaigh vi decline, deteriorate; fail

meathlú nm decline; decay

Meice nf4 Mecca

meicneoir nm3 mechanic

meicnic nf2 mechanics

meicniúil adj mechanical

Meicsiceach adj, nm1 Mexican

Meicsiceo nm4 Mexico

méid¹ nm4 amount, number, quantity; **an méid airgid atá aige** the amount of money he has; **an méid sin leabhar** that number of books; **an méid againn a d'fhan** those of us who stayed; **sa mhéid go** in so far as

méid² nf2 magnitude; size; **dul i méid** to grow bigger; **de réir méide** according to size

meidhreach adj cheerful; frisky

meidhréis nf2 mirth; friskiness

meigeall nm1 goatee; goat's beard

meigeallach nf2 (of goat) bleat(ing)

meigibheart nm1 (COMPUT) megabyte

meil vt, vi grind; crush; chew; waste; **am a mheilt** to kill time; (SPORT) to waste time

méileach nf2 (of sheep) bleat(ing)

meilt nf2 crushing

meilteoir nm3 grinder; crusher

méin nf2 disposition; nature; mind

méine see **mian**

meiningíteas nm1 meningitis

méiniúil adj friendly

meirbh adj languid; (weather) close

meirdreach nf2 prostitute, whore

meireang nm4 meringue

meirg nf2 rust; **meirg a thógáil** to rust; **seanscéal is meirg air** a familiar story

meirgdhíonach adj rustproof

meirge nm4 banner, standard

meirgeach adj rusty; irritable

meirigh vt, vi rust

Meiriceá nm4 America; **Meiriceá Thuaidh** North America; **Meiriceá Theas** South America

Meiriceánach adj, nm1 American

méirínteacht nf3 meddling; **bheith ag méirínteacht ar** or **le rud** to meddle with sth

meirleach nm1 outlaw

meisce *nf4* intoxication, drunkenness; **bheith ar meisce** to be drunk; **teacht as meisce** to sober up

meisceoir *nm3* drunk, drunkard

meisciúil *adj* intoxicating; (*addicted*) alcoholic

méise *see* **mias**

méiseáil *nf3* messing; **bheith ag méiseáil le rud** to mess about with sth

Meisias *nm4* Messiah

meitéareolaíocht *nf3* meteorology

méith *adj* (*person etc*) fat; (*land*) fertile, rich

meitheal *nf2* (*of workers*) shift; (*of workmen etc*) gang

Meitheamh *nm1* June

meitifisic *nf2* metaphysics

meon (*pl* ~ta) *nm1* (*of person*) nature, disposition, temperament; (*of movement etc*) spirit

meonúil *adj* whimsical; fanciful

mh (*remove "h"*) *see* **m...**

Mheánmhuir *see* **Meánmhuir**

Mheithimh *see* **Meitheamh**

Mhí *nf4*: **An ~** Meath

mhuir *see* **muir**

mí (*gs* ~osa, *pl* ~onna) *nf* month; **mí na meala** honeymoon; **ar an bhfichiú lá de Mhí an Mheithimh** on June 20th; **i Mí na Bealtaine, 1992** in May, 1992; **Mí (na) Nollag** December

mí- *prefix* bad, evil, ill-, mis-, un-

mí-ádh *nm1* bad luck, misfortune; **bhí mí-ádh air** he was unlucky

mí-áireamh *nm1* miscalculation

mí-áisiúil *adj* inconvenient

mí-ámharach *adj* unlucky

mian (*gs* méine, *pl* ~ta) *nf2* desire, wish; **is mian léi sin a dhéanamh** she wants to do that; **mianta na colainne** the desires of the flesh; **do mhian a fháil** to get what one wants

mianach *nm1* ore; mine; (*of person*) aptitude; potential; calibre; **mianach guail** coal mine, colliery

mianadóir *nm3* miner; **mianadóir guail** coal miner

mianadóireacht *nf3* mining

mianra *nm4* mineral

mianrach *adj* mineral

mias (*gs* méise) *nf2* dish; basin, bowl

míbhail *nf2* bad condition; **míbhail a thabhairt ar rud** to abuse sth

míbhéasa *nmpl3* bad habit; **míbhéasa** bad manners

míbhéasach *adj* ill-mannered, rude

míbhuíoch *adj* ungrateful; displeased

míbhuntáiste *nm4* disadvantage

míbhuntáisteach *adj* disadvantageous

mic *see* **mac**

micháilíúil *adj* infamous

míchairdiúil *adj* unfriendly

míchaoithiúil *adj* inconvenient

míchaoithiúlacht *nf3* inconvenience

míchéadfa *nf4* bad mood; insensitivity

míchéadfach *adj* bad-tempered; insensitive

mícheart *adj* incorrect, wrong

míchéillí *adj* foolish

míchiall (*gs* míchéille) *nf2* misinterpretation; madness; **míchiall a bhaint as rud** to misunderstand sth

míchineálta *adj* unkind

míchinniúnach *adj* ill-fated

míchleachtas *nm1* malpractice

míchlú *nm4* ill repute; **míchlú a tharraingt ar rud** to bring sth into disrepute

míchlúiteach *adj* disreputable; infamous

míchóiriúil *adj* unfavourable

míchomhairle *nf4* bad advice

míchompord *nm1* discomfort
míchompordach *adj* uncomfortable
míchothrom *adj* unbalanced, uneven; (*ground*) rough; unfair
 ♦ *nm1* uneven place; unfairness
míchreidiúnach *adj* untrustworthy
míchreidmheach *adj* misbelieving
míchruinn *adj* inaccurate, inexact
míchuí *adj* improper, undue
míchuibheasach *adj* immoderate
míchuibhiúil *adj* unseemly
míchuimseach *adj* extravagant
míchumas *nm1* inability; disability
míchumasach *adj* incapable; disabled
míchumtha *adj* deformed
míchúramach *adj* careless
micrea-, micri- *prefix* micro-
micreafón *nm1* microphone
micreascannán *nm1* microfilm
micreascóp *nm1* microscope
micrífís *nf2* microfiche
micríríomhaire *nm4* microcomputer, micro
micríshlis *nf2* microchip
mídhaonna *adj* inhuman
mídhealraitheach *adj* (*story*) unlikely; implausible
mídhíleá *nm4* dyspepsia
mídhílis *adj* disloyal, unfaithful
mídhleathach *adj* illegal
mídhlisteanach *adj* illegitimate; disloyal
mí-eagar *nm1* disorder; i or ar mí-eagar in disarray
mífhabhrach *adj* unfavourable
mífheiliúnach *adj* unsuitable
mífhoighne *nf4* impatience
mífhoighneach *adj* impatient
mífhóirsteanach *adj* unsuitable
mífholláin *adj* unhealthy
mífhortún *nm1* misfortune
mífhortúnach *adj* unfortunate
mígheanasach *adj* indecent; immodest
mígheanmnaí *adj* unchaste

míghléas *nm1* malfunction; ar mighléas out of order
míghnaíúil *adj* unpopular; mean
míghnaoi *nf4* ugliness; meanness; mighnaoi a chur ar rud to spoil the look of sth
mígréin *nf2* migraine
mí-iompar *nm1* misconduct; misbehaviour
mí-ionracas *nm1* dishonesty
mí-ionraic *adj* dishonest
mil (*gs* meala) *nf3* honey; briathra meala sweet words
míle (*pl* mílte) *nm4* thousand; mile; míle punt a thousand pounds; na mílte bliain thousands of years; go raibh míle maith agat thanks a million
míléaiste *nm4* mileage
míleata *adj* military
míleatach *adj, nm1* militant
mílemhéadar *nm1* mileometer
milis (*gsf, pl, compar* milse) *adj* sweet; (*talk*) flattering
míliste *nm4* militia
mílítheach *adj* pale; pallid
míliú *num, adj, nm4* thousandth
mill *vt, vi* spoil; ruin; an oíche a mhilleadh ar dhuine to spoil the night for sb; páiste a mhilleadh to spoil a child
milleadh (*gs* millte) *nm* destruction; spoiling; ruination
milleagram *nm1* milligram(me)
milleán *nm1* blame; an milleán a chur ar dhuine (as) to blame sb (for); air féin an milleán it's his own fault
milliméadar *nm1* millimetre
millín *nm4* pellet; bud; millíní leamhan mothball
milliún *nm1* million; milliún punt a million pounds; na milliúin bliain millions of years
milliúnaí *nm4* millionaire
milliúnú *num, adj, nm4* millionth

millte see **milleadh**
millteach adj destructive; terrible
millteanach adj horrible, terrible;
extreme; enormous; **tá sé**
millteanach trom it is extremely
heavy
milseacht nf3 sweetness; flattery
milseán nm1 sweet
milseog nf2 dessert; sweet
milseogra nm4 confectionery
milsigh vt, vi sweeten
milsíneacht nf3 sweet things
milte see **mile**
mím nf2 (pl ~eanna) mime ◆ vt, vi
mime
mí-mhacánta adj dishonest
mímhacántacht nf3 dishonesty
mímhaiseach adj unbecoming,
unsightly
mímhodhúil adj immodest
mímhorálta adj immoral
mímhoráltacht nf3 immorality
mímhuinín nf2 distrust
mímhúinte adj impolite,
ill-mannered, rude
min nf2 (flour) meal; **min choirce**
oatmeal; **min sáibh** sawdust
mín adj soft, smooth; (manner)
suave, courteous; (cloth) fine ◆ nf2
level land; (in hills) grassland
mínádúrtha adj unnatural
mínáireach adj shameless
minc (pl ~eanna) nf2 mink
míneas nm1 minus (sign)
minic adj frequent ◆ adv often,
frequently; **go minic** often,
frequently; **níos**
minice more often; **minic go leor**
often enough; **is minic a fheictear**
iad they are often seen
minicíocht nf3 (RADIO, ELEC)
frequency; **minicíocht focal** word
frequency
mínigh vt explain; smooth (out);
rud a mhíniú to explain sth
míneacht nf3 (of person)
refinement; (food) delicacy; (of

mind) subtlety
ministir nm4 (REL) minister
ministreacht nf3 (REL) ministry
mínitheach adj explanatory
míniú nm explanation; **nóta mínithe**
explanatory note
miniúchán nm1 explanation
mínleach nm1 (GOLF) fairway
míntír nf2 arable land; mainland
míntíreachas nm1 cultivation; (of
land) reclamation; **talamh a**
thabhairt chun míntíreachais to
reclaim land
miocrób nm1 microbe
miodamas nm1 offal; garbage
miodóg nf2 dagger
míodún nm1 meadow
míofar adj ugly
mí-oiriúnach adj unsuitable;
inappropriate
míol (pl ~ta) nm1 animal; insect;
louse; **míol mór** (ZOOL) whale; **míol**
gorm blue whale
míolach adj lousy, dirty; (inf)
mean
míoleolaí nm4 zoologist
míoleolaíocht nf3 zoology
míolra nm4 vermin
míoltóg nf2 midge
mion adj fine; powdered; detailed;
rud a scrúdú go mion to examine
sth closely; **cuntas mion** detailed
account
mion- prefix small; minor; micro-
mionaigh vt, vi mince; powder;
crumble
mionairgead nm1 petty cash
mionairm nmpl1 small arms
mionaoiseach nm1 (LAW) minor
mionbhrístín nm4 (clothes) briefs
mionbhruar nm1 crumbs;
fragments
mionbhus nm4 minibus
mionchaint nf2 small talk
mionchatach adj (hair) frizzy
mionchóir n: **ar mhionchóir** on a

small scale

mionchúiseach *adj* meticulous; trivial

mionda *adj* petite

miondíol *nm3* retail ♦ *vt* retail

miondíoltóir *nm3* retailer

mionduine *nm4* (*person*) inferior; nobody

mionduirling *nf2* shingle (*beach*)

mionéadach *nm1* haberdashery

mionfheoil *nf3* minced meat

mionghadaí *nm4* petty thief

mionghadaíocht *nf3* pilfering

miongháire *nm4* smile

mionghearr *vt* cut fine; chop; shred

mionghléas *nm1* (*MUS*) minor key

mionlach *nm1* minority

mionleasaigh *vt* touch up

mionn *nm3* oath; swearword; **faoi mhionn** under oath, on oath; **mionnaí móra a stróiceadh** to curse and swear; **mionn éithigh** false oath, perjury

míonna *see* **mí**

mionnaigh *vt, vi* to swear (in)

mionnscríbhinn *nf2* affidavit

mionoifigeach *nm1* petty officer

mionpháirt *nf2* secondary part; small detail

mionphointe *nm4* minor detail, small point

mionra *nm4* (*CULIN*) mince, mincemeat (*US*)

mionrud *nm3* trifle, triviality; **mionrudaí** sundries

mionsamhail *nf3* miniature; model

mionsciorta *nm4* miniskirt

mionscrúdaigh *vt* examine closely, scrutinize

mionscrúdú *nm* detailed examination

mionsonra *nm4* minor detail, particular

Mionta *nm4*: **An ~** = the Royal Mint, the Mint

miontas *nm1* mint

miontóir *nm3* mincer

miontuairisc *nf2* detailed account; **miontuairiscí** (*of meeting*) minutes

mionúr *adj, nm1* (*REL, SPORT*) minor

mí-ordú (*gs* **mí-ordaithe**) *nm* disorder, disarray

míorúilt *nf2* miracle

míorúilteach *adj* miraculous

míosa *see* **mí**

míosachán *nm1* (*magazine etc*) monthly

mioscais *nf2* spite; malice; rancour; **mioscais a chothú** to stir trouble

mioscaiseach *adj* spiteful; malicious; mischievous

míostraigh *vi* to menstruate

míostrú (*gs* **míostraithe**) *nm* menstruation

míosúil *adj* monthly

miosúr *nm1* measure; measurement; **miosúr duine a thógáil** to measure sb; **as miosúr** exceeding, limitless

miotaigh *vt* to nibble; to whittle away

miotal *nm1* metal; (*of person*) mettle; **tá miotal inti** she's hardy

miotalach *adj* metallic; (*fig*) wiry, hardy, spirited

miotas *nm1* myth

miotaseolaíocht *nf3* mythology

miotóg *nf2* glove; mitt(en); nip; punch; **miotóg a bhaint as duine** to pinch sb

mír (*pl* **~eanna**) *nf2* bit, portion; (*on agenda, programme*) item; (*of line*) segment; (*MUS*) phase; (*of book*) section; **mír nuachta** item of news; **míreanna mearaí** jigsaw (puzzle)

mírcheann *nm1* (*of article*) heading

mire *nf4* speed; ardour; madness; **bheith ar mire** to be mad

míréasúnta *adj* unreasonable

miréir *nf2* disobedience; **miréir duine a dhéanamh** to disobey sb

mírialta adj unruly; (UNG) irregular

míriar (gs **míréire**) nf mismanagement

mirlín nm4 (toy) marble

mírún nm1 malice

mise pron (emphatic) I; me; **mise atá ann** it's me; **cé atá ann? - mise** who is it? - it's me; **cé a bhris é? - mise** who broke it? - I did

misean nm1 mission

míshásamh nm1 displeasure, dissatisfaction; **míshásamh a chur ar dhuine** to displease sb

míshásta adj displeased; dissatisfied; awkward

míshásúil adj unsatisfactory

míshibhialta adj rude

míshlachtmhar adj untidy; scrappy; (work) shabby; unsightly

míshocair adj uneasy; unsteady

míshona adj unhappy

míshonas nm1 unhappiness

míshuaimhneach adj restless, ill-at-ease

misinéir nm3 missionary

misneach nm1 courage; morale; **do mhisneach a chailleadh** to lose heart; **misneach a thabhairt do dhuine** to give sb courage; **níor chaill fear an mhisnigh riamh** fortune favours the brave

misnigh vt to encourage; to cheer up

misniúil adj courageous; cheerful

miste adj = measa + de; **ní miste liom** I don't mind; **ba mhiste dom é** it mattered to me; **is miste léi faoin chúis seo** she cares about this cause; **an miste leat?** do you mind?; **níor mhiste dul ann** it wouldn't do any harm to go

misteach adj, nm1 mystic

mistéir nf2 mystery

mistéireach adj mysterious

místuama adj clumsy; thoughtless

míthaithneamh nm1 dislike

míthaitneamhach adj disagreeable; unattractive; unpleasant

míthapa nm4 mishap; rash action; inactivity; **a mhíthapa a bhaint as duine** to make sb lose their temper

mithid adj: **is ~ é** it is overdue; **is mithid di críochnú** it is time for her to finish

míthráthúil adj untimely; inopportune

míthreorach adj bewildered; misleading

míthrócaireach adj merciless

míthuairim nf2 misconception

míthuiscint (gs **míthuisceana**) nf3 misunderstanding

miúil nf2 mule

mí-úsáid nf2 abuse; misuse; **mí-úsáid a bhaint as rud** to misuse sth

mná gs, pl of **bean**

mo poss adj my; **mo bhlús** my blouse; **m'fhoclóir** my dictionary; **m'atlas** my atlas; **m'anam!** upon my soul!; **tá sí do mo phógadh** she is kissing me

mó¹ adj: **an mó?** how many?

mó² see **mór**

moch (gsm **~**) adj early

modartha adj dark; (water) murky; (person) morose

modh (pl **~anna**) nm3 mode, method; procedure; (UNG) mood; (MUS) mode; **an modh díreach** (SCOL) direct method; **i modh rúin** in confidence; **modh íocaíochta** method of payment; **tá modh ina mhire** there's method in his madness

Modhach adj, nm1 Methodist

modhnaigh vt modify

modhúil adj modest; decent; mannerly

modhúlacht nf3 modesty; decency; politeness

modúil nm1 module

mogall *nm1* mesh; pod; **mogall súile** eyeball

mogalra *nm4* network; grid

moghlaeir *nm3* boulder

móid (*pl* ~eanna) *nf2* vow; **móid a thabhairt** to make a vow

móide = *compar of* **mór** + *de prep* plus; more; **is móide mo shonas sin a chlunstin** I am all the happier for hearing that; **ní móide go bhfuil siad ann** it's unlikely that they're there; **a seacht móide a deich** seven plus ten

nóidigh *vt, vi* vow

nóidín *nm4* devotee

moiglí *adj* soft; easy; placid

nóihéar *nm1* mohair

nóilín *nm4* molecule

moill (*pl* ~eanna) *nf2* delay; hindrance; **moill a bhaint as rud** to slow sth down *or* up; **moill a chur ar dhuine** to delay sb; **gan mhoill** soon; **moill éistigh a bheith ort** to be hard of hearing; **moill seachtaine** a week's delay

noille *see* **mall**

noilleadóireacht *nf3* delaying; dawdling; procrastination

noilligh *vt, vi* delay, linger, slow down, slow (up)

noillitheach *adj* delaying; hesitant

noilliú (*gs* **moillithe**) *nm* delay; (*MUS, LIT*) pause

nóimint *nf2* moment

nóiminteam *nm1* momentum

nóin (*pl* ~te) *nf3* peat, turf; bog land

nóinéar *nm1* meadow

noing (*pl* ~eanna) *nf2* mane; (*of trees*) dense cover

nóinteán *nm1* moor; bog

nóiréiseach *adj* haughty, pretentious; stuck-up

noirfín *nm4* morphine

noirt *nf2* dregs; mud

noirtéal *nm1* (*CONSTR*) mortar

moirtéar *nm1* (*MIL, vessel*) mortar

mol[1] *vt, vi* commend, praise; propose, recommend; **duine a mholadh as rud** to praise sb for sth; **rud a mholadh do dhuine** to recommend sth to sb

mol[2] *nm1* pivot; (*of wheel*) hub

moladh (*gs* **molta**, *pl* **moltaí**) *nm* praise, commendation; proposal, suggestion; **moladh a thabhairt do dhuine** to praise sb

molás *nm1* molasses

moll *nm1* heap; (*of things*) large number; (*of money etc*) large amount

moltach *adj* complimentary

moltóir *nm3* proposer, nominator; (*SPORT*) umpire; (*in competition*) adjudicator

mómhar *adj* graceful; mannerly; self-content

monabhar *nm1* murmur(ing)

Monacó *nm4* Monaco

monagamach *adj* monogamous

monaplacht *nf3* monopoly

monarc (*pl* ~ai) *nm4* monarch

monarcacht *nf3* monarchy

monarcha (*gs* ~n, *pl* ~na) *nf* factory

monatóir *nm3* (*TV, COMPUT etc*) monitor

móncaí *nm4* monkey

mongach *adj* (*terrain*) marshy; (*animal*) maned; (*person*) long-haired

mónóg *nf2* bogberry; cranberry; bead; drop

monsún *nm1* monsoon

monuar *excl* alas

mór *nm1* much ♦ *adj* (*compar* **mó**) big, large; great ♦ *vt* magnify; exalt; celebrate; **déan a mhór de** to make the most of; **an bhean mhór** the big woman; **athair mór** grandfather; **bhí an blús mór aici** the blouse was too big for her; **an duine is mó clú** the most famous

person; **fear mór oideachais** a
great man for education; **tá mé
mór léi** I am friendly with her; **ba
mhór agam an cuidiú** I valued the
help; **go mór** greatly; **go mór mór**
especially; **dom é a cheannach** I
had to buy it; **céad punt nach mór**
nearly a hundred pounds; **ba mhór
an masla dóibh é** they were
affronted by it; **cuid mhór** a good
deal of, a lot of; **seilg mhór** big
game; **tá spéis mhór aige inti** he is
very keen on her; **Peadar Mór**
Peter the Great; **Seán Mór** John
Senior; **fear mór le rá** famous
man; **ní mó ná a bhí mé istigh** I
had hardly come in; **ní mó ná go
raibh sé déanta aige** he had just
done it; **is mé is mó a chonaic** I
saw (the) most; **den chuid is mó**
for the most part; **ní chluinim níos
mó é** I can't hear him any more;
níos mó daoine/oibre ná more
people/work (than)

mór- *prefix* great-, grand-; major;
general

móráil *nf3* pride; vanity

mórálach *adj* proud; conceited;
bheith mórálach as rud to be
proud of sth

morálta *adj* moral

moráltacht *nf3* morals; morality

móramh *nm1* majority

mórán *nm1* many; much; a lot of;
mórán scoláirí many scholars;
mórán airgid a lot of money; **an
bhfuil mórán le déanamh agat?**
have you much to do?; **níl sin
mórán níos fearr** that's not much
better

mórbhileog *nf2* broadsheet

mórbhonn *nm1* medallion

mórchóir: **ar an mhórchóir** on a
large scale; (*COMM*) in bulk

mórchuid (*gs* **mórchoda**, *pl*
mórchodannna) *nf3* large

quantity; majority; **an mhórchuid**
den am most of the time; **an
mhórchuid de na daltaí** most of
the pupils

mórchúis *nf2* pride;
self-importance

mórchúiseach *adj* arrogant, proud;
self-important

mórdhíol *nm3* wholesale

mórdhíoltóir *nm3* wholesaler

mórfhoclach *adj* oratorical;
bombastic; pedantic

morg *vt, vi* decompose

mórga *adj* great, exalted; majestic;
high-minded

mórgacht *nf3* greatness; majesty; **A
Mhórgacht** Her Majesty

morgáiste *nm4* mortgage

morgáistigh *vt* mortgage

mórghléas *nm1* (*MUS*) major key

morgtha *vadj* rotten

mórleabhar *nm1* big book, tome;
mórleabhar cuntas (*COMM*) ledger

mórluachach *adj* valuable;
self-important

Mormannach *adj, nm1* Mormon

mórphianó *nm4* grand piano

mór-ranna *see* **mór-roinn**

mór-ríomhaire *nm4* (*COMPUT*)
mainframe

mór-roinn (*pl* **mór-ranna**) *nf2*
continent

Morsach *adj* Morse; **an cód
Morsach** the Morse code

mórscála *nm4* large scale

mórshiúl (*pl* ~**ta**) *nm1* procession

mórtas *nm1* pride; boastfulness; (*of
sea*) swell; **mórtas a dhéanamh** to
boast; show off

mórthaibhseach *adj* spectacular

mórthimpeall *adv* (*+ gen*) all round
♦ *nm1* circuitous route;
surroundings; **mórthimpeall na
páirce** all around the field

mórthír *nf2* mainland

mortlaíocht *nf3* mortality

móruchtúil adj stout hearted; brave

mosach adj shaggy; grumpy

mósáic nf2 mosaic

Moscó nm4 Moscow

Moslamach adj, nm1 Muslim

móta nm4 moat

mótar nm1 motor car

mótar- prefix motor-

mótarárachas nm1 motor insurance

mótarbhád nm1 motorboat; launch

mótarbhealach nm1 motorway

mothaigh vt, vi feel, sense; hear; become aware (of)

mothaitheach adj perceptive

mothálach adj responsive

mothall nm1 (of hair) mop

mothallach adj (hair) bushy; (person, animal) shaggy

mothar nm1 thicket; jungle

mothchat nm1 tomcat

mothrach adj (garden etc) overgrown

mothú nm feeling; perception; touch; sensation; consciousness; **gan mothú** unconscious; **teacht gan mhothú ar dhuine** to catch sb unawares

mothúchán nm1 emotion, feeling

mothúchánach adj emotional

muc nf2 pig; (of snow etc) bank, drift; **muc ghuine** guinea pig; **muc mhara** porpoise; **muc shneachta** snowdrift; **muc i mála** a pig in a poke

mucais nf2 pigsty

múcas nm1 mucus

múch vt, vi extinguish; muffle, smother, suffocate; (light, engine etc) switch off ♦ nf2 fumes

múchadh (gs **múchta**) nm asthma; smothering; suffocation

múchán nm1 chimney; smoky house; hovel

múchghlan vt fumigate

múchta n gen as adj smothered; extinguished; (switched) off

múchtóir nm3 extinguisher; **múchtóir dóiteáin** fire extinguisher

muclach nm1 piggery; drove of pigs; (person) swine

muga nm4 (cup) mug

muiceoil nf3 pork; bacon

muid pron we; us

muidne pron we; us; ourselves

muileann (pl **muilte**) nm1 mill; **muileann gaoithe** windmill; **muileann iarainn** ironworks; **bheith ag tarraingt uisce ar do mhuileann féin** to look after one's own interests

muileata (pl **~í**) nm4 (CARDS) diamond

muilleoir nm3 miller

Muimhneach adj Munster

muin nf2 back; **ar muin capaill** on horseback; **bheith ar mhuin na muice** to be in luck

múin vt, vi teach; educate, instruct; **Gaeilge a mhúineadh** to teach Irish

muince nf4 necklace; collar

muinchille nf4 sleeve

muine nf4 thicket, scrub

Muineachán nm1 Monaghan

múineadh (gs **múinte**) nm teaching; instruction; (of story) moral; manners, good behaviour; politeness; **múineadh a chur ar dhuine** to teach sb manners; **bíodh múineadh ort!** have manners!

muineál nm1 (gs, pl **muiníl**) neck

muiníceach adj headstrong

muinín nf2 confidence, trust; dependence; **dul i muinín** + gen to have recourse to; **muinín a bheith agat as duine** to trust sb; **bheith i muinín** + gen to depend on

muiníneach adj dependable; trustworthy; **muiníneach as** trusting in, reliant on

múinte adj polite, well-mannered

muintearas nm1 friendship;

kinship; fellowship

muinteartha *adj* friendly; related; familiar; **tá sí muinteartha dom** she's related to me; **daoine muinteartha** relations

múinteoir *nm3* teacher

múinteoireacht *nf3* teaching

muintir (*pl* ~eacha) *nf2* community; household; followers; parents; people, folk; **muintir an tsráidbhaile** the villagers; **muintir na Fraince** the French; **muintir na háite** the locals; **iomlán a muintire** all her relatives; **ba de mhuintir Bhreatnach í** her maiden name was Walsh

muir (*gs*, *pl* **mara**) *nf3* sea; **ar muir** at sea; **de mhuir by sea**; **thar muir** over *or* beyond the sea; **ainmhí mara** marine animal; **An Mhuir Bhailt/Dhubh** the Baltic/Black Sea; **An Mhuir Thuaidh/Rua** North/Red Sea; **Oileáin Mhuir nIocht** the Channel Islands; **Muir nIocht** the (English) Channel; **Muir Éireann** the Irish Sea

muirbhrúcht *nm3* tidal wave

Muire *nf4* (Virgin) Mary

muirear *nm1* burden, charge; family

muireitleán *nm1* seaplane

muirghalar *nm1* sea sickness

muirí *adj*, *nm4* marine

muirín¹ *nm4* scallop

muirín² *nf4* family; **soláthar do mhuirín** to provide for a family

muirneach *adj* affectionate; beloved; caressing

muirnigh *vt* caress, fondle; cuddle

muirnín *nm4* darling, sweetheart, beloved

muirthéacht *nf3* (POL) revolution

múisc *nf2* vomit; nausea; disgust

múisiam (*pl* ~aí) *nm4* upset; huff; nausea; drowsiness

muisiriún *nm1* mushroom

muislín *nm4* muslin

múitseálaí *nm4* truant; idler

mullach (*pl* ~aí) *nm1* top; summit; (*of head*) crown; high ground; **i mullach a chéile** on top of one another; **fágadh ag tochas a mhullaigh é** he was left scratching his head; **thit mé ar mhullach mo chinn** I fell head first

mullard *nm1* bollard

Mumhain (*gs* **Mumhan**) *nf*: **Cúige Mumhan** Munster

mun = **um** +*na see* **um**

mún *nm1* urine, piss ♦ *vt* urinate, piss

mungail (*pres* **munglaíonn**) *vt*, *vi* chew, munch; mumble

múnla *nm4* mould; shape

múnlach *nm1* liquid manure; sewage; putrid water

múnlaigh *vt* mould; model; shape

múr (*pl* ~tha) *nm1* wall; rampart; (*of rain*) shower; **múrtha** loads

mura *conj* unless, if not; **mura gcodlaíonn siad** if they do not sleep; **mura n-itheann sé** if he does not eat; **murar chaith tú é** if you did not throw it; **mura bhfuair sí é** if she did not find it; **mura raibh sé ann** if he was not there; **mura dtóga siad** *or* **dtógfaidh siad é** unless they left it; **murab ionann iad** if they are not the same; **murab é an drochaimsir** were it not for the bad weather

murab *see* **mura**

murach *conj* if not; only; **murach an fhearthainn** only for the rain; **murach an obair a bheith déanta aige** only that he had done the work; **murach iadsan** but for them; **murach go bhfaca mé iad** had I not seen them

murar *see* **mura**

murascaill *nf2* gulf; **Murascaill na Peirse** the (Persian) Gulf

murlach *nm1* lagoon

murlán *nm1* knob; *(of door)* handle; knucklebone

murlas *nm1* mackerel

murnán *nm1* ankle

mursanta *adj* domineering

múrtha *see* múr

murúch *nf2* mermaid

mús *nm1* moose

músaem *nm1* museum

múscail *(pres* **músclaíonn)** *vt, vi* wake (up), awake; rouse

múscailt *nf2* awakening

múscailte *n gen as adj* awake

múscán *nm1* sponge; ooze; *(of fungus)* mould

mustar *nm1* swagger; muster, assembly

mustard *nm1* mustard

mustrach *adj* pompous; vain; arrogant

N

n- *(remove "n-") see* initial vowel

na *gsf, pl of* an; **i lár na hoíche** in the middle of the night; **ar fud na háite** throughout the place; **Turas na Croise** the Stations of the Cross; **na boicht** the poor; **na leabhair seo** these books; **faoi scáth na gcrann** under the shade of the trees; **na hamhráin** the songs; **na Meánaoiseanna** the Middle Ages

nA *(remove "n") see* A...

na *see* an

ná[1] *neg vb part (used with imper):* **ná rith** don't run; **ná hith é** don't eat it; *(with bí:* **ná bí** *in pres sub):* **ná raibh sé tinn** may he never be sick

ná[2] *conj* nor, or; **níl tús ná deireadh sa scéal seo** this is neither a start nor a finish to this story; **níl Pól ná Seán ann** neither Paul nor

John are there; **níor chuala mé an clog** - **níor chuala ná mise** I didn't hear the bell - neither did I

ná[3] *conj* than; **is ciúine na cailíní ná na buachaillí** the girls are quieter than the boys; **tá sé níos óige ná mise** he is younger than me

ná[4] *conj* but; **cé a bhí roimpi sa seomra ná Seán?** who should she find in the room but John?; **ná go, ná gur** but that

ná[5] *conj (with copula):* **is é a rinne sé sa deireadh ná neamhiontas ar fad a dhéanamh dó** what he did in the end was to ignore him totally

nach *neg vb part (in questions):* ~ **raibh a fhios agat?** didn't you know?; **rinne tú é, nach ndearna?** you've done it, haven't you? ♦ *conj* that ... not; **an bhfuil sé anseo?** is **léir nach bhfuil!** is he here? it's clear that he's not!; *(in adverbial phrases):* **nach mór, nach beag** almost, nearly; *(in relative clause):* **fuair sé rud** ~ **ndearna sé margadh air** he got sth he hadn't bargained for; **fear nach luaifear** a man who won't be named; **is cosúil nach ann dó** it seems that it doesn't exist; *see also* is

nádúr *nm1* nature; inherent character; **tá sé sa nádúr aige** it's in his nature; **ó nádúr** by nature

nádúrachas *nm1* naturalism

nádúraí *nm4* naturalist

nádúrtha *adj* natural; normal; *(weather)* mild; *(person)* kind; **fás/gáire nádúrtha** natural growth/laugh

naí *(pl* ~**onna)** *nm4* infant

naíchóiste *nm4* pram, baby carriage *(us)*

náid *(pl* ~**eanna)** *nf2* nil, nought, nothing; *(number)* zero

naimhde *see* namhaid

naimhdeach *adj* hostile, unfriendly

naimhdeas *nm1* hostility; enmity; spite

naíolann *nf2* nursery

naíon *nf3* (*JUR*) infant

naíonacht *nf3* infancy

naíonán *nm1* infant

naíonda *adj* childlike

naipcín *nm4* napkin, serviette

náir *adj*: **is ~ liom** I am ashamed

nairciseas *nm1* narcissus

náire *nf4* shame, disgrace; dishonour; **bhí náire air** he was ashamed; **mo náire thú!** shame on you!; **náire duine a thabhairt** to disgrace sb; **is mór an náire é** it's a disgrace; **nach bhfuil náire ar bith ionat?** have you no shame?

náireach *adj* shameful; modest; bashful

náirigh *vt* shame, disgrace

naíscoil (*pl ~eanna*) *nf2* kindergarten, playschool

náisiún *nm1* nation; **Na Náisiúin Aontaithe** the United Nations

náisiúnach *nm1* national

náisiúnachas *nm1* nationalism

náisiúnaí *nm4* nationalist

náisiúnaigh *vt* nationalize

náisiúnaíoch *adj* nationalist(ic)

náisiúnta *adj* national; nationwide

náisiúntacht *nf3* nationality

náisiúnú (*gs náisiúnaithe*) *nm* nationalization

Naitsí *nm4* Nazi

Naitsíoch *adj* (*gsm naitsíoch*) Nazi

namhaid (*gs namhad*, *pl namhaid*) *nm* enemy, foe; **fórsaí an namhad** the enemy forces; **namhaid a dhéanamh de do rún** to cut off your nose to spite your face

naofa *adj* holy; **An Talamh Naofa** the Holy Land

naofacht *nf3* sanctity, holiness

naoi *num* (*pl naonna*) nine; **uimhir a naoi** number nine; **naoi déag** nineteen; **naoi gcapall déag** nineteen horses

naomh *nm1* saint; **Naomh Peadar** Saint Peter

naomhaithis *nf2* blasphemy, profanity

naomhluan *nm1* halo

naomhóg *nf2* (type of) currach

Naomhshacraimint *nf2* (*REL*): **An ~** the Blessed Sacrament

naonúr *nm1* (+ *nom sing*) nine people

naoscaire *nm4* sniper

naoú *num*, *adj*, *nm4* ninth; **an naoú lá/háit/duine** the ninth day/place/ person

naprún *nm1* apron

nár *neg vb part* (*in questions*): **~ chuala tú mé?** did you not hear me?; **nár oscail tú é?** didn't you open it?, you didn't open it, didn't you?; (*with pres sub*): **~ chluine tú é** may you not hear it; (*in relative clause*): **an bhean ~ chuala an scairt** the woman who didn't hear the shout; **an páiste nár tógadh sa cheantar seo** the child who was not raised in this district; **níl a fhios agam cé acu ba chóir dom glacadh leis nó nár chóir** I don't know whether to accept or not ♦ *conj* that ... not; *see also* **is**; ♦ *conj, interr* not; **chonacthas dom nár thuig sé an cheist** it appeared to me that he didn't understand the question; **is beag nár thit mé** I nearly fell

nárbh *see* **is**[1]

nasc *nm1* link; clasp; bond ♦ *vt* connect; link, tie

nath *nm3* adage; maxim

nath cainte figure of speech

nathaí *nm4* (*person*) wit, wisecrack

nathair (*gs nathrach*, *pl nathracha*) *nf* snake, serpent; **nathair nimhe** poisonous snake; **nathair shligreach** rattlesnake

nathán nm1 adage, saying

nd (remove "n") see **d...**

nE (remove "n") see **E...**

neach (pl ~a) nm4 person; being; **neach daonna** human being

neacht nf3 niece

neachtar pron: **nó ~ acu** or else

neachtlann nf2 laundry

nead (pl ~acha) nf2 nest; **nead seangán** anthill; **an nead a fhágáil** to leave home

neadaigh vi nest; nestle, lodge

neafais nf2 triviality

neafaiseach adj trivial

néal (pl ~ta) nm1 cloud; depression; fit; nap; **néal a chodladh** to take a nap; **néal codlata** snooze, nap; **néal a chur i** to daze, stun; **néal carnach/ceatha** cumulus/nimbus; **néal feirge** a fit of anger; **dul i néal** to go into a trance

néaltach adj cloudy

neamart nm1 neglect; negligence; **neamart a dhéanamh i rud** to neglect sth

neamartach adj neglectful; remiss; negligent

neamh (gs neimhe) nf2 heaven

neamh- prefix in-, non-, un-

neamhábalta adj incapable, unable

neamhábhartha adj immaterial, irrelevant

neamhacra adj: **ar an ~** independent

neamhaí adj heavenly, celestial

neamhaibí adj immature; unripe

neamhaird nf2 inattention; **neamhaird a thabhairt ar rud** to disregard sth

neamhairdiúil adj inattentive; heedless

neamh-aireach adj careless

neamháiseach adj inconvenient; unaccommodating

neamh-aistreach adj intransitive

neamhaithnid adj unfamiliar; unknown

neamh-amhrasach adj unsuspecting

néamhann nm1 gem; mother-of-pearl

neamhathraithe adj unaltered, unchanged

neamhbhailí adj invalid

neamhbhalbh adj candid; forthright, outspoken

neamhbheacht adj inaccurate, inexact

neamhbheartaithe adj unintentional

neamhbheo adj inanimate, lifeless; (ART) still

neamhbhrí nf4 insignificance

neamhbhríoch (gsm ~) adj ineffectual, insignificant

neamhbhuan adj impermanent; fleeting, transient; short-term

neamhbhuartha adj carefree

neamhbhlasta adj tasteless

neamhbhuíoch adj ungrateful

neamhcháilithe adj unqualified

neamhcharthanach adj unkind

neamhchásmhar adj unsympathetic; inconsiderate

neamhchead nf: **ar a ~ do** regardless of; without the permission of

neamhchinnte adj uncertain, undecided; indefinite

neamhchinnteacht nf3 uncertainty

neamhchiontach adj innocent, not guilty

neamhchlaon adj impartial; unbiased

neamhchoinníollach adj unconditional

neamhchoitianta adj uncommon

neamhchorrach adj steady, stable

neamhchostasach adj inexpensive

neamhchosúil adj unlike, dissimilar; unlikely, improbable

neamhchreidmheach adj unbelieving ♦ nm1 unbeliever

neamhchríochnaithe adj
unfinished, incomplete
Neamh-Chríostaí adj, nm4
non-Christian
neamhchruinn adj inaccurate,
inexact; (thoughts) unclear
neamhchúis nf2 coolness,
composure; lack of concern
neamhchúiseach adj unconcerned;
imperturbable
neamhchumhachtach adj
powerless
neamhchúram nm1 carelessness,
neglect
neamhchúramach adj careless,
neglectful
neamhdhaingean adj insecure
neamhdhíobhálach adj harmless
neamhdhóchúil adj unlikely
neamhdhuine nm4 nonentity,
nobody
neamheaglach adj bold, fearless
neamhéifeachtach adj
incompetent; inefficient
neamheolas nm1 ignorance
neamhfhaiseanta adj
unfashionable
neamhfheiceálach adj
inconspicuous
neamhfhiúntach adj unworthy
neamhfhoirfe adj (also LING)
imperfect
neamhfhoirmiúil adj informal,
casual
neamhfhoirmiúlacht nf3
informality
neamhfhéilliúil adj
uncompromising; insubordinate
neamhghlan adj impure, unclean
neamhghnách (gsm ~) adj

uncommon; extraordinary
neamhghníomhach adj inactive
neamhghnóthach adj idle, slack
neamhghoilliúnach adj (fig)
thick-skinned
neamhiomlán adj incomplete,
partial
neamhionannas nm1 inequality;
disparity
neamhiontas nm1: ~ a dhéanamh
de rud to ignore sth
neamhláithreach adj absent
neamhláithreacht nf3 absence
neamhláithrí nm4 absentee
neamhleithleach adj selfless,
unselfish
neamhleor adj insufficient
neamhliteartha adj illiterate
neamhlonrach adj matt(t); lustreless
neamh-mhóiréiseach adj
unpretentious
neamh-mhothálach adj insensitive
neamh-mhuiníneach adj unreliable
neamhní (pl neamhnithe) nm4
nothing, nought; nonentity; **dul
ar neamhní** to come to nothing
neamhnósúil adj unceremonious;
informal
neamhoifigiúil adj unofficial
neamhoilte adj raw, inexperienced
neamhoiriúnach adj unsuitable
neamhómósach adj disrespectful
neamhord nm1 disorder, confusion
neamhphearsanta adj impersonal
neamhphósta adj unmarried
neamhphraiticiúil adj impractical
neamhréasúnach adj irrational
neamhréir nf2 inconsistency
neamhréireach adj inconsistent
neamhréiteach nm1 discrepancy
neamhriachtanach adj unnecessary
neamhrialta adj irregular
neamhscrupallach adj
unscrupulous
neamhshaolta adj unearthly;
unworldly

neamhshheasmhach *adj* inconsistent; unsteady

neamhsheicteach *adj* non-sectarian

neamhshocracht *nf3* unrest; uneasiness

neamhshuim *nf2* disregard; indifference; **neamhshuim a dhéanamh den chomhairle** to disregard the advice

neamhshuimiúil *adj* insignificant, unimportant; **bheith neamhshuimiúil i rud** to be indifferent to sth, be uninterested in sth

neamhshuntasach *adj* inconspicuous; nondescript

neamhspéisiúil *adj* uninteresting

neamhspleách (*gsm* ~) *adj* independent

neamhspleáchas *nm1* independence

neamhthábhachtach *adj* unimportant, insignificant

neamhthaibhseach *adj* unostentatious

neamhthaithí *nf4* inexperience

neamhthoil *nf3* unwillingness; reluctance; **ar mo neamhthoil** against my will

neamhthoilteanach *adj* unwilling

neamhthorthúil *adj* infertile; fruitless

neamhthrócaire *nf4* ruthlessness

neamhthrócaireach *adj* ruthless

neamhthuairimeach *adj* (*remark*) casual

neamhthuisceanach *adj* inconsiderate, thoughtless

neamhúdaraithe *adj* unauthorized

neamhurchóideach *adj* inoffensive; harmless

neamúil *adj* appetizing

neantóg *nf2* nettle

néarchóras *nm1* nervous system

néaróg *nf2* nerve

néaróiseach *adj*, *nm1* neurotic

neart *nm1* strength; might; plenty; **neart coirp** bodily strength; **níl neart aige air** he can't help it; **dul i neart** to grow strong; **neart** + *gen* plenty; **neart tola** willpower; **tú féin a chur thar do neart** to overstrain o.s.; **vodka a ól as a neart** to drink vodka neat; **neart airgid/ama** plenty of money/time; **níl neart air** it can't be helped

neartaigh *vt*, *vi* strengthen; reinforce

neartmhar *adj* strong

neas- *prefix* near-, close-

neascóid *nf2* (MED) boil

neasghaol (*pl* ~ta) *nm1* next-of-kin

néata *adj* tidy, neat; orderly

neimhe *see* **neamh**

néimhe *see* **niamh**

neirbhís *nf2* nervousness

neirbhíseach *adj* nervous

neodar *nm1* neuter

neodrach *adj* (*also* LING) neuter; neutral

neodracht *nf3* neutrality

neodraigh *vt* neutralize; neuter

neoid *adj* backward, shy

neon *nm1* neon; **comhartha neoin** neon signs

ní (*remove* "n") *see* **g...**

ng (*remove* "n") *see* **g...**

Ní *n* (*in female surnames*): **Máire Ní Dhónaill** Mary O'Donnell

ní[1] *neg vb part*: **ní aithníonn sé é** he can't recognize it; **ní dhéanann sé faic** he does nothing; **ní thagann sé a thuilleadh** he no longer comes; **ní dhearna sí é** she did not do it; **ní fhaca mé í** I didn't see her; **ní bhfuair sé é** he did not find it; **ní raibh duine ar bith sa bhaile** there was nobody (at) home; **ní bhíonn a fhios agat** one never knows; **ní bheidh mé anseo amárach** I will not be here tomorrow; **ní chuirfidh mé suas l...**

leis! I won't put up with it!; **ní raibh ceachtar den bheirt ann** neither of the two were there; **ní dhéanfadh sé croí díot he** wouldn't hold a candle to you; *see also* **is**

ní² *in phrase*: **ní mé** I wonder

ní³ (*gs* **nithe**) *nm4* thing, something; nothing; **an bhfuil aon ní uait?** do you need anything?; **níor tharla aon ní** nothing happened; **ós ní go** since, seeing as; **os cionn gach uile ní** above all; **ní nach ionadh** no wonder

ní⁴ *nf4* washing

nia (*pl* ~**nna**) *nm4* nephew

nialas *nm1* zero

niamh (*gs* **néimhe**) *nf2* brilliance, brightness

Nic (*in Mac surnames*) *n*: **Nóra ~ Grianna** Nora Green; **Áine Nic Pháidín** Anne McFadden

nicil *nf2* nickel

nicitín *nm4* nicotine

Nigéir *nf2*: **An ~** Nigeria

nigh *vt, vi* wash; cleanse; **na soithí a ní** to wash the dishes

Níl *nf2*: **An ~** the Nile

níl *vb* see **bí**

nílim *etc vb* see **bí**

nimh (*pl* ~**eanna**) *nf2* poison, venom; **nimh san fheoil a bheith agat do dhuine** to have it in for sb

nimheanta *adj* poisonous; spiteful

nimheanta *vt* poison

nimhíoc *nf2* antidote

nimhiú *nm* poisoning; **nimhiú bia/fola** food/blood poisoning

nimhiúil *adj* poisonous

nimhneach *adj* painful, sore; (*person*) touchy; spiteful

níochán *nm1* washing; wash; laundry; **tobán níocháin** wash tub; **meaisín níocháin** washing machine

níolón *nm1* nylon

níor¹ *neg vb part* (*with reg vbs in*

past): **~ cheannaigh sé é** he did not buy it; **níor cáineadh é** he was not censured

níos *adv*: **tá sé ag éirí ~ fuaire** it is becoming colder; **i bhfad níos fearr** far better; **i bhfad níos mó** many/much more; **níos lú ná sin** less than that; **níos mó daoine (ná)** more people (than); **níos mó ná riamh** more than ever; **níos déanaí** later; **níos faide** farther; **níos luaithe** sooner, **níos measa** worse

níteoir *nm3* (*person*) washer; **níteoir gaothscátha** windscreen washer

nithe see **ní³**

nithiúil *adj* real, concrete

nithiúlacht *nf3* reality

nítrigin *nf2* nitrogen

niúmóine *nm4* pneumonia

nó *conj* or; **luath nó mall** sooner or later; **a bheag nó a mhór** more or less

nócha (*gs* ~**d**, *pl* ~**idí**) *num* (+ *nom sg*) ninety

nóchadú *num, adj, nm4* ninetieth

nocht *adj* naked, bare ♦ *nm1* naked person; (*ART*) nude ♦ *vt* bare; disclose; uncover; reveal; (*PHOT*) expose ♦ *vi* emerge; (*plans*) unfold; appear; **rún a nochtadh** to reveal a secret; **do dhroim a nochtadh** to bare your back; **nocht sé ag cúl an tí** he appeared at the back of the house

nochtach *nm1* nude; nudist

nochtacht *nf3* nudity

nochtadh (*gs* **nochta**) *nm* disclosure; revelation; (*PHOT*) exposure; **nochtadh mígheanasach** indecent exposure; **nochtadh leachta** unveiling of a monument

nochtóir *nm3* stripper

nod *nm1* abbreviation; hint

nódaigh *vt* graft, transplant

nódú (gs **nódaithe**, pl **nóduithe**) nm graft, transplant

nóibhéine nf4 (REL) novena

nóiméad adv awhile ♦ nm1 minute; moment; **nóiméad ar bith** at any moment

nóin nf3 noon; afternoon; **um nóin** at noon

nóinín nm4 daisy

nóinléiriú nm matinée

nóisean nm1 fancy, notion; **tá nóisean aige do Mháire** he fancies Mary

noitmig nf2 nutmeg

Nollaig (gs **Nollag**, pl ~**í**) nf Christmas; December; **Oíche Nollag** Christmas Eve; **Oíche Lá Nollag** Christmas night; **um Nollaig** or **faoi Nollaig** at Christmas; **Nollaig Shona!** Merry Christmas!

Normainn nf2: **An ~** Normandy

normálta adj normal

Normannach adj, nm1 Norman

nós (pl ~**anna**) nm1 habit; custom; trend; **nós a dhéanamh** to form a habit; **ar nós na gaoithe** like a shot; **nós áitiúil** local custom; **nós imeachta** procedure; **ar nós** + gen like; **ar aon nós** anyway, at any rate; **is nós leis bheith in am** he's usually on time

nósmhar adj usual; polite

nósúil adj formal; mannered; fastidious

nósúlacht nf3 mannerism

nóta nm4 note; annotation; **nóta a ghlacadh/chur** to take/send a note; **nóta bainc/sochair** bank/credit note

nótáil vt to note (down)

nótáilte adj noted

nótaire nm4 notary

nU (remove "n") see **U**...

nua adj (gsf, compar ~**í**) new; new-found; fresh; recent ♦ nm4

new thing, novelty; **an sean agus an nua** the old and the new; **as an nua** all over again, afresh

nua- prefix new-, newly-

nua-aimseartha adj modern

nua-aimsithe adj new-found

nua-aoiseach adj modern

nuabheirthe adj newborn

nuachar nm1 spouse

nuachóirigh vt modernize

nuacht nf3 news; novelty

nuachtán nm1 newspaper, paper

nuachtánaí nm4 newsagent

nuachtghníomhaireacht nf3 news agency

nuachtlitir nf newsletter

nuachtóir nm3 journalist

nuachtóireacht nf3 journalism

nuachtpháipéar nm1 newsprint

nuachtspól nm1 newsreel

Nua-Eabhrac nm4 New York

Nua-Ghaeilge nf4 Modern Irish

nuaí see **nua**

nuair conj (+ dir rel) when, whenever; since; **nuair a rachaidh an chúis go cnámh na huillinne** when it comes to the crunch; **nuair a chonaic sé seo** when he saw this; **bhí sí ag léamh nuair a tháinig mé isteach** she was reading when I came in

nuanósach adj newfangled

Nua-Shéalainn nf2: **An ~** New Zealand

Nua-Shéalannach nm1 New Zealander

nuatheanga (pl ~**cha**) nm4 modern language

núicléach adj (gsm ~) nuclear

núicléas nm1 nucleus

nuige adv: **go ~** as far as; **go nuige seo** previously

nuinteas nm1 (REL) nuncio

núíosach nm1 newcomer; beginner

núis nf2 nuisance

O

ó¹ (*prep prons* = **uaim, uait, uaidh, uaithi, uainn, uaibh, uathu**) *prep, conj* from; since; **ó Dhoire go ...** from Derry to ...; **ó thús na bliana** since the beginning of the year; **uaidh féin** of its own accord; **ó tá sé abhus anois** since he is here now; **ó rugadh í** since she was born; **ó bhun go barr** from top to bottom; **míle ón stáisiún** a mile from the station; **rud a bheith uait** to want sth; **rud a fheiceáil uait** to see sth at a distance; **ba dheas uaithi glaoch** it was nice of her to call

ó² (*pl* **ói**, *gs* **uí**, *pl in some names* **uí**, *dpl in some place names* **uibh**) *nm4* grandson; descendant; **is de lucht leanúna Uí Néill** é he is a follower of O'Neill; **cuid scríbhinní Shéamais Uí Ghrianna** the writing of Séamas Ó Grianna

ó³ *adv*: **ó dheas** southwards; **ó thuaidh** northwards

ó⁴ *excl* o, oh

obadh (*gs* **obtha**, *pl* **obthaí**) *nm* rejection

obair (*gs* **oibre**, *pl* **oibreacha**) *nf2* work; labour; employment; difficulty; other **tí** housework; **obair bhaile** homework; **obair chloiche/láimhe** stonework/handiwork; **obair ar thasc** piecework; **oibreacha poiblí/uisce** public/water works; **obair a bheith agat ag rud a dhéanamh** to have difficulty doing sth; **ar obair** in action, going on; **bheith as obair** to be out of work, be unemployed

óbó *nm4* oboe

obrádlann *nf2* (operating) theatre

obráid *nf2* operation

ócáid *nf2* occasion; **ar ócáidí** occasionally; **rugadh san ócáid orainn** we were caught in the act

ócáideach *adj* occasional

ochón *excl* alas **◆ n** lament

ocht *num, nm4* (*pl* **~anna**) eight; **ocht gcapall/n-úll (mhóra)** eight (big) horses/apples

ócht *nf3* virginity

ochtapas *nm1* octopus

ochtar *nm1* eight (people); **col ochtair** third cousin

ocht (*gs* **~d**, *gs* **~idh**) *num* (+ *nom sg*) eighty

ochtódú (*gs* **ochtóduithe**) *num, adj*, *nm4* eightieth

ochtú *num, adj, nm4* eighth; **trí ochtú** three eighths; **an t-ochtú lá** the eighth day

ocrach *adj* hungry

ocras *nm1* hunger; **ocras a bheith ort** to be hungry

ocsaigin *nf2* oxygen

ofráil *vt* offer **◆** *nf3* (REL) offering

Óg *adj* (*in names*): **Séamas Óg** Master James; James Junior

óg *adj* young; junior **◆** *nm1* (*pl* **~a**) young person

óganach *adj* adolescent; juvenile **◆** *nm1* youth, adolescent; juvenile

ógbhean (*gs*, *pl* **ógmhná**, *gpl* **ógbhan**) *nf* young woman or lady

ógchiontóir *nm3* juvenile delinquent

ógh *nf2* virgin

ogham *nm1* (*script*) ogham

óglach *nm1* (*soldier*) volunteer; **Óglaigh na hÉireann** the Irish Volunteers

ógmhná *see* **ógbhean**

óí *see* **ó²**

oibiacht *nf3* (LING, PHILOSOPHY) object

oibiachtúil *adj* objective

oibleagáid *nf2* obligation; **bheith faoi oibleagáid do dhuine** to be under an obligation to sb

oibre, oibreacha see **obair**

oibreoir nm3 (of machine) operator

oibrí nm4 worker; **oibrí feirme;**
iarnróid farmhand/railwayman;
oibrí neamhoilte unskilled worker;
oibrí sóisialta social worker; **oibrí**
bóna bháin white-collar worker

oibrigh vt, vi operate; work

oibriú (gs **oibrithe**) nm operation;
agitation

oíche (pl **~anta**) nf4 night ♦ n gen as
adj nightly; **d'oíche/san oíche** at/
by night; **Oíche Shamhna**
Hallowe'en; **oíche mhaith (agat)!**
good night!; **Oíche Chinn Bhliana**
New Year's Eve; **Oíche Nollag**
Christmas Eve

oíchí adj nocturnal

oide nm4 tutor, teacher; **oide**
spioradálta spiritual director

oideachas nm1 education;
oideachas aosach adult education;
oideachas tríú leibhéal further or
higher education

oideas nm1 instruction; (CULIN)
recipe; (MED) prescription

oidhre nm4 heir

oidhreacht nf3 inheritance;
heritage; legacy; **rud a fháil le**
hoidhreacht to inherit sth

oidhreachtúil adj hereditary

oifig nf2 office; **oifig an phoist** the
post office; **oifig tícéad** ticket
office, box office; **oifig**
turasóireachta/eolais tourist/
information office; **éirí as oifig** to
retire from office

oifigeach nm1 officer

oifigiúil adj official

oifigiúlachas nm1 officialdom

óige nf4 childhood; youth; **ina óige**
in his youth; **dul in óige** to get
younger

óigeanta adj youthful

oighe nf4 (tool) file

oigheann nm1 oven; **oigheann**

micreathoinne microwave (oven)

oighear nm1 ice

oighear-rinc nf2 ice rink

oighearshruth nm3 glacier

oighreata adj icy

oighrigh vt ice ♦ vi ice, ice over;
congeal

oil vt rear; educate; train

oileán nm1 island; **Oileáin Mhuir**
nIocht the Channel Islands;
Oileáin Árann Aran Islands; **Oileán**
Mhanann Isle of Man

oileánach nm1 islander ♦ adj
insular

oileánrach nm1 archipelago

oilghníomh nm1 misdemeanour

Oilimpeach adj Olympic; **na Cluichí**
Oilimpeacha the Olympic Games,
the Olympics

oilithreach nm1 pilgrim

oiliúint (gs **oiliúna**) nf3 upbringing;
training

oiliúnach adj nourishing;
instructive

oiliúnóir nm3 fosterer; trainer,
coach

oilte adj trained; qualified

oilteacht nf3 training; proficiency,
skill

oinigh n gen as adj honorary

óinmhid nf2 fool

oinniún nm1 onion

óinseach nf2 (woman) fool, idiot

óinsiúil adj foolish

oir (vn **~iúint**) vi fit; suit; **oir do** go
with, suit

óir[1] conj for

óir[2] n gen as adj gold, golden; see
also **ór**

oirdheisceart nm1 south-east

oireachas nm1 precedence; status

oireachtas nm1: **an tOireachtas**
the Legislature; **Oireachtas na Gaeilge**
annual Gaelic festival,
= Eisteddfod, ≈ Mod

oiread n amount; quantity; **oiread**

agus as much as; **tá a dhá oiread aici** she has twice as much; **tá a oiread sin airgid aige** he has so much money; **ach oiread (le) no** more (than); either; **oiread ná fríde** the tiniest bit

oirfide nm4 entertainment; music

oirfideach nm4 entertaining

oiric adj eminent; distinguished

oiriúint (gs oiriúna) nf3 suitability; in oiriúint ready, in order; **rud a chur in oiriúint do** to adapt sth to; **oiriúintí** accessories, fittings; see also **oir**

oiriúnach adj suitable; fit; tasteful

oiriúnacht nf3 suitability; fitness

oiriúnaigh vt adapt, fit

oirmhinneach nm1: an tOirmhinneach Seán Mac Gabhann the Reverend John Smith ♦ adj reverend

oirnigh vt (REL) ordain; inaugurate

oirniú nm ordination; inauguration

oirthear nm1 east; An tOirthear the Orient

oirthearach adj eastern, oriental

oirthuaisceart nm1 north east

oirthuaisceartach adj north-east(ern)

oiseoil nf3 venison

oisín nm4 fawn

oisre nm4 oyster

ól nm1 drink; booze ♦ vt, vi drink; **bheith ar an ól** to be on the booze; **éirí as an ól** to give up the drink; **teach (an) óil** pub

ola nf4 oil; fuel oil; **ola agus aithrí** last rites (and penance); **ola olóige/ ricne/ráibe** olive/castor/rape(seed) oil; **ola gréine** suntan oil; **ola ae troisc** cod-liver oil

olach adj oily

ólachán nm1 drinking

olacheantar nm1 oilfield

olagón nm1 wail(ing); lament; **olagón a dhéanamh** to wail;

lament

olanda adj woolly

olann (gs olla, pl ~a, gpl ~) nf wool; **olann chadáis** cotton wool

olc nm1 evil; spite; harm ♦ adj (compar measa) bad; evil; **olc a bheith agat do dhuine** to bear sb a grudge; **olc a chur ar dhuine** to anger sb; **rud a dhéanamh le holc (ar)** to do sth out of spite (for); **bheith go holc** to be in a bad way; **tá sé olc agat** it is bad for you

olcas nm1 badness; evil; **dul in olcas** to get worse; **dá olcas é** however bad it is

oll- prefix mass-, massive, gross, huge

olla see **olann**

Ollainn nf2: An ~ Holland

ollamh (pl ollúna) professor

Ollannach adj Dutch ♦ nm1 Dutchman

ollbhrathadóir nm3 supergrass

olldord nm1 double bass

ollfhoirfe nf4 pluperfect

ollghairdeas nm1 jubilation

ollmhaitheas nm3 wealth

ollmhargadh (pl ollmhargaí) nm1 supermarket

ollmhór adj huge, immense

ollphéist (pl ~eanna) nf2 monster

ollphuball nm1 marquee

ollscartaire nm4 bulldozer

ollscoil (pl ~eanna) nf2 university

ollscolaíocht nf3 university education

ollstailc nf2 general strike

olltáirgeadh (gs olltáirgthe) nm mass production

olltoghchán nm1 general election

ollúna see **ollamh**

ollúnacht nf3 professorship, chair

ológ nf2 olive

ólta adj drunk

óltach adj addicted to drink

óltóir nm3 drinker

olúil adj oily

ómós nm1 tribute; homage; respect; **ómós a thabhairt do dhuine** to pay respect to sb; **le hómós di** out of respect for her; **in ómós na hócáide** to mark the occasion

ómósach adj respectful

ómra nm4 amber

ómrach adj amber

ón = ó + an

óna = ó + poss adj a; ó + rel pron a

ónar = ó rel pron ar

ónár = ó + poss adj ár

onfais nf2 export

onnmhaire nf4 export

onnmhairigh vt export

onóir (pl **onóracha**) nf3 honour; **A Onóir** Your Honour; **ar m'onóir** upon my honour; **céim onóracha** (UNIV) honours degree

onórach adj hono(u)rable; honorary

onóraigh vt honour; worship

optach adj optic

ór nm1 gold; **ar ór ná airgead** not for any money; **is fiú ór í** she's as good as gold; **ór Muire** marigold

oraibh see **ar**[1]

óráid nf2 speech; talk; address; **óráid a thabhairt** to make a speech

orainn see **ar**[1]

Oráiste nm4 orange

Oráisteach nm1 Orangeman

órcheardaí nm4 goldsmith

ord[1] nm1 sledgehammer

ord[2] nm1 order; sequence; (ADMIN, LAW) procedure; **in/as ord** in/out of order; **ord aibítre** alphabetical order; **ord crábhaidh** religious order

ordaigh vt order; prescribe; **ordú do dhuine** to order sb

ordaitheach nm1 (LING) imperative

ordanás nm1 ordnance

órdhonn adj auburn

ordóg nf2 thumb

ordú nm command; order; **ordú cúirte/béil** court/verbal order; **ordú poist** postal order

ordúil adj orderly, neat

órga adj golden

orgán nm1 (MUS, BIOL) organ; **orgán béil** mouth organ

orgánach adj organic

orla nm4 vomiting; vomit

orlach (pl **orlaí**) nm1 inch

orm see **ar**[1]

ornáid nf2 ornament; trinket

ornáideach adj ornamental; ornate

ornáidigh vt embellish; ornament

órnite adj gilt

órphlátáilte adj gold-plated

órshnáithe nm4 gold braid

órshúlann nm1 golden syrup

ort see **ar**[1]

ortaipéideach adj orthopaedic

ortha nf4 charm; spell

órthaisce nf4 (FIN) gold reserve

orthu see **ar**[1]

os prep over, above; **os ard/íseal** loud/low; **os cionn** + gen above, more than; in charge of; **os coinne, os comhair** + gen opposite, in front of

ós = ó + is

ósais nf2 oasis

oscail (pres **osclaíonn**) vt, vi open (up)

oscailt nf2 opening

oscailte adj open

oscailteacht nf3 candour; openness

osna nf4 sigh; **osna a ligean** to sigh

osnádúrtha adj supernatural

osnaigh vi sigh

ospidéal nm1 hospital

osréalach adj surreal, surrealist

óstach nm1 host/hostess

Ostair nf2: **An ~** Austria

óstán nm1 hotel

Ostarach adj, nm1 Austrian

osteilgeoir *nm3* overhead projector, OHP

óstlann *nf2* hotel

ostrais *nf2* ostrich

otair *adj* gross, vulgar; obese

othar *nm1* patient; invalid; **othar seachtrach/cónaitheach** outpatient/inpatient

otharcharr (*pl* ~anna) *nm1* ambulance

otharlann *nf2* hospital, infirmary; **otharlann loinge** sick bay

othras *nm1* ulcer

ózón *nm1* ozone

P

pá *nm4* pay; wages; wage; earnings; **pá breoiteachta/scartha** sick/ severance pay

pábháil *vt* pave ♦ *nf3* paving, pavement; **cloch phábhála** paving stone

paca *nm4* pack; packet; **do lámh a chur i bpaca** to throw in one's hand

pacáil *vt, vi* pack ♦ *nf3* packing

pacáiste *nm4* package

Pacastáin *nf2*: **An Phacastáin** Pakistan

Pacastánach *adj, nm1* Pakistani

pachaille *nf4* bunion

pádhuille *nm4* pay slip

páganach *nm1* pagan, heathen

páganta *adj* pagan, heathen

paicéad *nm1* packet

paidir (*gs* paidre, *pl* paidreacha) *nf2* prayer; **an Phaidir** the Lord's Prayer; **paidir chapaill a dhéanamh as scéal** to drag a story out; to make a hash of a story

paidrín *nm4* rosary; rosary beads

Páil *nf2*: **an Pháil** (*HIST*) the Pale

pailin *nf2* pollen

pailliún *nm4* pavilion

pailm (*pl* ~eacha) *nf2* palm (tree)

paimfléad *nm1* pamphlet; brochure

paincréas *nm1* pancreas

painéal *nm1* panel; (*AUT*) dashboard; **painéal gréine** solar panel

páipéar *nm1* paper; **páipéar balla** wallpaper; **páipéar bán** (*POL*) white paper; **páipéar carbóin** carbon paper; **páipéar scríbhneoireachta** writing paper; **páipéar súite** blotting paper; **páipéar leithris** toilet paper; **páipéar litreacha** notepaper; **páipéar airgid/ gréiscdhíonach** silver/greaseproof paper

páipéarachas *nm1* stationery

páipéir *n gen as adj* paper

páirc (*pl* ~eanna) *nf2* park; field; **páirc imeartha** pitch, playing field; **páirc théama** theme park

páirceáil *vt, vi* park ♦ *nf3* parking

páircíneach *adj* (*material*) checked

pairifín *nm4* paraffin

pairilis *nf2* paralysis; **d'fhág a taisme pairilis air** the accident paralysed him

pairiliseach *adj* paralytic

páirín *nm4* sandpaper

páirt (*pl* ~eanna) *nf2* part; role; association; **páirt a dhéanamh** to act a part; **páirt a ghlacadh i** to take part in; **malairt páirte** spare part; **dul i bpáirt le duine** to go into partnership with sb

páirtaimseartha *adj* part-time

páirteach *adj* participating; sharing; sympathetic; **bheith páirteach i rud** to be involved in sth; to be a partner in sth

páirteachas *nm1* participation

páirteagal *nm1* particle

páirtí *nm4* (*also* POL) party; partner; **An Páirtí Glas** the Green Party; **Páirtí an Lucht Oibre** Labour, the Labour Party; **bheith i do pháirtí i**

to be a party to

páirtíneach nm1 partisan

páirtíocht nf3 partnership

páis nf2 (REL) passion, suffering;
Páis Chríost the Passion of Christ;
Seachtain na Páise Passion Week,
Holy Week

paisean nm1 (emotion) passion

paiseanta adj passionate

paisinéir nm3 passenger

paiste nm4 patch; **obair phaistí**
patchwork

páiste nm4 child; youngster; infant;
páiste aonair an only child; **páiste
gréine** an illegitimate child

paisteáil vt patch

paistéartha adj pasteurized

paistil nf2 pastille

páistiúil adj childish

páistiúlacht nf3 childishness

páité nm4 pâté

paiteanta adj patent; precise,
correct; **rud a dhéanamh go
paiteanta** to do sth expertly

paiteolaíoch adj pathological

paitín nm4 clog

paitinn nf2 patent

paitinnigh vt patent

Palaistín nf2: **An Phalaistín**
Palestine

Palaistíneach adj, nm1 Palestinian

pálás nm1 palace

pána nm4 pane; **pána fuinneoige**
window pane

pancóg nf2 pancake

panda nm4 panda

pantaimím nf2 pantomime

pantar nm1 panther

pantrach nf2 pantry

pápa nm4 pope

pápach adj papal

pár nm1 parchment; **rud a chur ar
pár** to record sth

parabal nm1 parable

paradacsa nm4 paradox

paradacsúil adj paradoxical

paragraf nm1 paragraph

paráid nf2 parade

parailéal adj parallel; **i bparailéal le**
parallel with

paraimíleatach adj, nm1
paramilitary

paraisiút nm1 parachute

paranóiach adj paranoid

Páras nm4 Paris

Párasach adj, nm1 Parisian

parasól nm1 parasol

paratrúipéir nm3 paratrooper

pardóg nf2 pad

pardún nm1 pardon; **tugadh
pardún dóibh** they were pardoned;
gabhaim pardún agat! pardon
me!, I beg your pardon!

parlaimint nf2 parliament; **teachta
parlaiminte Hove** the MP for
Hove; **Parlaimint na hEorpa**
European Parliament

parlaiminteach adj parliamentary

parlús nm1 parlour

paróiste nm4 parish

paróisteach nm1 parishioner ◆ adj
parochial

párolla nm4 payroll

parthas nm1 (REL, also fig) paradise;
Gairdín Pharthais the Garden of
Eden

parúl nm1 parole; **ar parúl** on
parole

pas (pl **~anna**) nm4 pass; permit;
passport ◆ as rather,
somewhat; **pas beag ró-mhór** a
shade too large

pasáil vt, vi (SCOL, SPORT) pass

pasáiste nm4 passage; corridor;
aisle; gangway

pasleabhar nm1 passbook

pasta nm4 pasta

pastae nm4 pasty

patraisc nf2 partridge

patról nm1 patrol; **patról a
dhéanamh** to patrol

patrún nm1 pattern, design

pátrún *nm1* patron

patuar *adj* lukewarm, tepid; (person) apathetic

pé *pron, adj, conj* whoever; whatever; whichever; whether; **pé scéal é** anyhow

péac *vt, vi* sprout, shoot; germinate

peaca *nm4* sin; **peaca marfach/ solathach** mortal/venial sin; **peaca an tsinsir** original sin

peacach *nm1* sinner ♦ *adj* sinful

péacach *adj* colourful; gaudy, flashy

peacaigh *vi* sin

péacán *nm1* (BOT) shoot, sprout

péacóg *nf2* peacock

peacúil *adj* sinful

peann *nm1* pen; **peann gránbhiorach/tobair** ballpoint/ fountain pen; **peann luaidhe** pencil

peannaid *nf2* penance; pain

peannaideach *adj* penal; painful

péarla *nm4* pearl

pearóid *nf2* parrot

pearsa (*gs, gpl ~n, pl ~nna*) *nf* person; character; **pearsa eaglaise** clergyman

pearsanaigh *vt* impersonate

pearsanra *nm4* personnel

pearsanta *adj* personal

pearsantacht *nf3* personality

pearsantaigh *vt* personify

pearsantú *nm* personification

péas (*pl ~*) *nm4* policeman; **na péas** the police

peasghadaí *nm4* pickpocket

peata *nm4* pet; **peata a dhéanamh de dhuine** to pamper sb; **peata an mhúinteora** teacher's pet

péatar *nm1* pewter

péicíneach *nm1* (*dog*) Pekin(g)ese

péidiatraic *nf2* paediatrics

peil *nf2* football; **cluiche peile** game of football; **peil Mheiriceánach** American football

peilbheas *nm1* pelvis

peileacán *nm1* pelican

peileadóir *nm3* footballer

péindlí (*pl ~the*) *nm4* penal law; **Na Péindlíthe** the Penal Laws

péine see **pian**

péineas *nm1* penis

peinicillin *nf2* penicillin

péint *nf2* paint; **"péint úr" "wet paint"**

peinteagán *nm1* pentagon

péinteáil *nf3* painting; paintwork ♦ *vt, vi* paint

péintéir *nm3* painter

péintéireacht *nf3* (ART) painting

péire *nm4* pair

peireacót *nm1* petticoat

peiriméadar *nm1* perimeter

Peirse *nf4*: **An Pheirs Persia; Murascaill na Peirse** the (Persian) Gulf

péirse *nf4* (*fish*) perch

Peirseach *adj, nm1* Persian

peirsil *nf2* parsley

Peirsis *nf2* (LING) Persian

peirspictíocht *nf3* perspective

péist (*pl ~eanna*) *nf2* reptile; monster; worm; **péist chapaill** *or* **chabáiste** caterpillar; **péist ribíneach/talún** tapeworm/ earthworm

peiteal *nm1* petal

peitreal *nm1* petrol; **peitreal gan luaidhe** unleaded petrol

peitriliam *nm4* petroleum

péitseog *nf2* peach

ph (*remove "h"*) see **p...**

piachán *nm1* hoarseness; **tá piachán i mo sceadamán** I'm hoarse

piachánach *adj* hoarse; husky

pian (*gs* **péine**, *pl ~ta*) *nf2* pain; ache; **pian a bheith ort** to be in pain; **pianta fáis** growing pains; **duine/ainmhí a chur as pian** to put sb/an animal out of his/its misery

pianmhar *adj* painful

pianmhúchán *nm1* painkiller

pianó (pl ~**nna**) nm4 piano

pianódóir nm3 pianist

pianpháis nf2 anguish; **i bpianpháis** in agony

piardán nm1 prawn

piardóg nf2 (saltwater) crayfish

piasún nm1 pheasant

píb (pl **píoba**, gpl **píob**) nf2 (MUS) pipe; **píb mhála** bagpipe; **píb uilleann** uilleann pipe(s)

pic nf2 (tar) pitch

píce nm4 (MIL) pike; (AGR) fork; **píce féir** hayfork

picéad nm1 picket

picéadaigh vt, vi picket

picil nf2, vt pickle; **picilí** pickles; (as condiment) pickle

picnic nf2 picnic

pictiúr nm1 picture; painting; scene; (PHOT) picture, shot; **pictiúr le Picasso** a painting by Picasso

pictiúrlann nf2 cinema, movie house (US)

pictiúrtha adj picturesque

piléar nm1 bullet; pillar; **piléar a scaoileadh** to fire a bullet

pilirín nm4 pinafore

piliúr nm1 pillow

pill = **fill**

pillín nm4 pad

pilséar nm1 pilchard

pingin (pl ~**í**, pl with nums ~**e**) nf2 penny; **níl pingin rua agam** I'm totally skint; **ar an phingin is airde** at the highest price

pinniúr nm1 gable end; (SPORT) alley

pinsean nm1 pension; **bheith i dteideal pinsin** to be eligible for a pension; **bhain sé aois an phinsin amach** he reached pension age

pinsinéir nm3 pensioner; senior citizen

píob, píoba see **píb**

píobaire nm4 piper

píobaireacht nf3 piping; pipe music

píobán nm1 (ANAT) pipe; windpipe; throat; tube; hose; **píobán gairdín** garden hose; **greim píobáin a fháil ar dhuine** to grab sb by the throat

píobar nm1 pepper

pioc[1] vt pick; (eyebrows, musical instrument, bird) pluck ♦ vi pick; (bird) preen

pioc[2] nm4 iota; bit; **tá sí gach pioc chomh cliste leis** she's every bit as clever as him

piocadh (gs **pioctha**) nm picking

piochán nm1 pore

piocóid nf2 (tool) pick, pickaxe

piocúil adj neat; smart; quick on the uptake

píóg nf2 pie; **píóg úll/mhionra** apple/mince pie

piollaire nm4 pill; pellet

piollóid nf2 pillory; torture

píolóta nm4 pilot; **píolóta profa** test pilot

píolótaigh vt pilot; fly

pioncás (pl ~**anna**) nm1 pincushion

piongain nf2 penguin

pionna nm4 pin; peg; **pionna éadaigh** clothes peg; **pionna gruaige** hairpin

pionós nm1 penalty; punishment; **pionós a chur ar dhuine** to punish sb; **pionós báis** death penalty, capital punishment

pionsóireacht nf3 (SPORT) fencing

pionsúirín nm4 tweezers

pionsúr nm1 pincers

pionta nm4 pint

píopa nm4 pipe; pipeline; **do phíopa a dheargadh** to light one's pipe; **píopa sceite** (in sink) overflow

piorra nm4 pear; **piorra abhcóide** avocado

píosa nm4 piece, bit; section; length; coin; **píosa páipéir/ talaimh** piece of paper/land; **píosa den tráthnóna** part of the evening;

píosa óir gold coin

píosáilte adj patchy; piecemeal

piostal nm1 pistol

Piréiní nmpl: **Na ~** the Pyrenees

pirimid nf2 pyramid

pis (pl **~eanna**) nf2 pea; **pis talún** peanut; **pis chumhra/mhór** sweet/marrowfat pea

piscín nm4 kitten

piseán nm1 pea

piseánach nm1 (BOT, CUUN) pulse; chickpea

piseog nf2 charm; superstition

piseogach adj superstitious

pit nf2 vulva

piteog nf2 sissy; effeminate man

piteogach adj effeminate

pitseámaí nmpl4 pyjamas

piúrátánach adj, nm1 puritan

pizza nm4 pizza

plá (pl **~nna**) nf4 pest; plague

plab nm4, vt bang; slam

plac vt, vi guzzle, devour

plaic (pl **~eanna**) nf2 bite; **plaic a bhaint as rud** to take a mouthful out of sth

pláigh vt plague

pláinéad nm1 planet

plaisteach adj, nm1 plastic

plait (pl **~eanna**) nf2 bald patch

pláitín nm4 kneecap

plámás nm1 flattery; **plámás a dhéanamh le duine** to flatter sb

plámásach adj flattering; cajoling

plána nm4 (ART, MATH etc, tool) plane; **plána mín a chur ar rud** to smooth over sth

plánáil vt plane

plancstaí nm4 planxty

planda nm4 plant

plandaigh vt plant

plandáil nf3 plantation; **Plandáil Uladh** (HIST) the Ulster Plantation

plandlann nf2 (for plants) nursery

plandúil adj vegetable, vegetal

plánna see **plá**

plás nm1 level area; (fish) plaice; (in street names) place

plásánta adj smooth-talking

plásóg nf2 lawn; green; **plásóg amais** putting green

plástar nm1 plaster; **plástar Pháras** plaster of Paris

plástráil vt, vi plaster

pláta nm4 plate; **pláta anraith** soup plate; plate of soup; **pláta te** hotplate

plátáilte adj (car, tank) armoured

platanam nm1 platinum

plátghloine nf4 plate glass

plé nm4 discussion; dealings; **níl aon phlé agam leo** I don't have any dealings with them

pléadáil vt plead; dispute ♦ nf3 plea

plean (pl **~anna**) nm4 plan; design; **plean baile** town plan

pleanadóir nm3 planner

pleanáil vt, vi plan ♦ nf3 planning; **pleanáil clainne** family planning; **pleanáil baile** town planning

pléaráca nm4 revelry, romp; reveller

pléasc nf2 (pl **~anna**) bang, explosion ♦ vt, vi explode, blow up; set off; go off; burst

pléascach adj, nm1 (LING) plosive; explosive

pléascadh nm explosion

pléascán nm1 bomb; blast

pléascóg nf2: **~ Nollag** Christmas cracker

pléata nm4 pleat

pléatáil vt pleat

pleidhce nm4 fool

pleidhcíocht nf3 clowning, fooling

pleidhciúil adj foolish, silly

pléigh vt debate, discuss; **pléigh le** deal with

Pléimeannach adj, nm1 Flemish

Pléimeannais nf2 (LING) Flemish

pléiseam nm4 foolishness; fool

pléisiúir n gen as adj recreational

pléisiúr *nm1* pleasure; treat; **pléisiúr a bhaint as** to enjoy sth; **is mór an pléisiúr dul ann** it's a pleasure to go there

pléisiúrtha *adj* pleasant, enjoyable, jolly

pleist (*pl* ~**eanna**) *nf2* splash

plimp (*pl* ~**eanna**) *nf2* (*of thunder*) roar; crash, bang; **plimp thoirní** thunder clap

plionta *nm4* plinth

plobaireacht *nf3* blubbering; babbling

plocóid *nf2* plug, bung; (*ELEC*) plug

plódaigh *vt* crowd, mob ♦ *vi*: **plódú isteach** (*people*) to pour in, throng

plódaithe *adj* crowded, busy, packed

plódú (*gs* **plódaithe**) *nm* crush, jam; (*traffic etc*) congestion

plota *nm4* plot

pluais (*pl* ~**eanna**) *nf2* cave; den

pluc *nf2* cheek; bulge

plucach *adj* chubby

plucaireacht *nf3* cheek; impudence

plucamas *nm1* mumps

plúch *vt* suffocate, asphyxiate; stifle ♦ *vi* (*snow*) fall heavily; **bhí sé ag plúchadh sneachta** it was snowing heavily

plúchadh (*gs* **plúchta**) *nm* suffocation; asthma; heavy snowfall

plúchtach *adj* stifling; (*room*) stuffy

pluda *nm4* mud; slush

pludach *adj* muddy

pludgharda *nm4* mudguard, fender (*US*)

pluga *nm4* plug; **pluga cluaise** earplug

pluid (*pl* ~**eanna**) *nf2* blanket

pluiméir *nm3* plumber

pluiméireacht *nf3* (*trade*) plumbing

plúírín *nm4* little flower; indigo; **plúírín sneachta** snowdrop

plus *nf2* plush

pluma *nm4* plum

plúr [1] *nm1* flower; blossom; **plúr na mban** the choicest of women

plúr [2] *nm1* flour

plus (*pl* ~**anna**) *nm4* plus (sign)

pobal *nm1* (*POL*) people; population; community; parish; **an pobal** the public; **os comhair an phobail** in public; in the limelight; **a phobal na páirte** dearly beloved

pobalbhreith (*pl* ~**eanna**) *nf2* opinion poll; plebiscite

pobalscoil (*pl* ~**eanna**) *nf2* community school

poblacht *nf3* republic; **Poblacht na hÉireann** the Republic of Ireland

poblachtach *adj*, *nm1* republican

poblachtachas *nm1* republicanism

poc *nm1* buck, stag; strike; butt; (*SPORT*) puck; **poc saor** free puck

póca *nm4* pocket

pócar *nm1* (*CARDS*) poker

pocléimneach *nf2* frolicking

póg *nf2* kiss ♦ *vt* kiss

poibleog *nf2* poplar

poiblí *adj* public; **caidreamh poiblí** public relations; **go poiblí** publicly

poibligh *vt* publicize; make public

poiblíocht *nf3* publicity

póigín *nm4* (*kiss*) peck

póilín *nm4* policeman; **póilíní** police

póilínigh *vt* police

poillíní *nmpl* perforations

poimp *nf2* pomp

poimpéiseach *adj* pompous

pointe *nm4* point; dot; stage; **a dó pointe a trí** 2 point 3 (2.3); **pointe comhtheagmhála** focal point; **pointe cumhachta** power point; **pointe fiuchta** boiling point; **pointe imeachta** starting point; **pointe teicniúil** technicality; **ar an phointe boise** immediately

pointeáilte *adj* fussy, particular

poipín *nm4* poppy

poirceallán *nm1* porcelain; **soithí**

poirceallláin china

póirín nm4 small potato; pebble

póirse nm4 porch

póirsealáí nm4 prowler

poistíneacht nf3 (doing) odd jobs

póit (pl **~eanna**) nf2 excessive drink(ing); hangover; **póit a dhéanamh** to drink too much; **leigheas na póite a hól arís the hair of the dog (that bit you)**

poitigéir nm3 pharmacist, chemist

poitín nm4 poteen

póitseáil nf3 poaching

póitsealáí nm4 poacher

pol nm1 (GEOG, ELEC) pole; **An Pol Theas/Thuaidh** The South/North Pole

polach adj (GEOG, ELEC) polar

polagán nm1 polygon

polaimiailíteas nm1 polio

Polainn nf2: **An Pholainn** Poland

Polainnis nf2 (LING) Polish

polaiteoir nm3 politician

polaitíocht nf3 politics; **an pholaitíocht** politics; **polaitíocht na heite deise** right-wing politics

polaitiúil adj political

Polannach adj Polish ♦ nm1 Pole

polasaí nm4 policy; **polasaí árachais** insurance policy; **polasaí uile-ghabhálach** (INS) comprehensive policy

poll nm1 hole; aperture; puncture; pit; (in road) pothole ♦ vt hole; penetrate; puncture; **poll cnaipe** buttonhole; **poll eochrach/amhairc** keyhole/peephole; **poll sróine** nostril; **poll gainimh** sandpit; **dul go tóin poill** to sink

polla nm4 pole, pillion

polladh (gs **pollta**) nm perforation

polláire nm4 (ANAT) nostril; buttonhole

polltach adj piercing, penetrating

póló nm4 polo

pomagránait nf2 pomegranate

pónaí nm4 pony

pónaire nf4 bean; **pónaire fhrancach/leathan** French/broad bean; **pónaire reatha** runner bean; **pónaire shoighe** soya bean

ponc (pl **~anna**) nm1 dot; point; full stop; **bheith i bponc** to be in a fix

poncaíocht nf3 punctuation

Poncánach adj, nm1 Yank

poncloisc (vn **poncloscadh**) vt cauterize

poncúil adj punctual

poncúlacht nf3 punctuality

pop excl pop

popcheol nm1 (MUS) pop (music)

pór (pl **~tha**) nm1 breed; strain; (fig) seed

póraigh vt, vi breed; propagate

pornagrafaíocht nf3 pornography

port¹ nm1 port, harbour; port a **ghabháil** to make port

port² nm1 tune; **port** béil lilt; **port aitheantais** signature tune; **do phort a athrú** to change one's tune; **tá mo phort seinnte** I'm done for

portach nm1 bog

Portaingéalach adj, nm1 Portuguese

Portaingéil nf2: **An Phortaingéil** Portugal

Portaingéilis nf2 (LING) Portuguese

portán nm1 crab; **An Portán** Cancer

pórtfhíon nm3 (wine) port

Pórta see **pór**

pórtheastas nm1 pedigree

Port Láirge nm Waterford

portráid nf2 portrait

pós vt, vi marry, get married (to), wed; **pósadh de athléim** to marry on the rebound

pósadh (gs **pósta**, pl **póstaí**) nm marriage; (ceremony) wedding; **ceiliúr pósta a chur ar dhuine** to propose to sb

pósae (pl **~tha**) nm4 posy

post¹ nm1 post, mail; **An Post** the

Irish Postal service; **post saor** Freepost; **le casadh an phoist** by return (of post); **fear an phoist** the postman; **oifig phoist** post office; **litir a chur sa phost** to post a letter

post² nm1 post; appointment, job, position

pósta adj married; marital; **stádas pósta** marital status; *see also* **pósadh**

póstaer nm1 poster

póstaí *see* **pósadh**

postaigh vt (MIL etc) post

postáil vt (*letter*) post

postas nm1 postage

postmharc nm1 postmark

postoifig nf2 post office

pota nm4 pot; (*child's*) potty; **pota caife** coffeepot

potaire nm4 potter

pótaire nm4 drunk(ard)

potaireacht nf3 pottery

pótaireacht nf3 drunkenness; heavy drinking

potbhiathaigh vt spoon-feed

potrálaí nm4 potterer; (*pej: doctor*) quack

prácás nm1 mess; **a leithéid de phrácás!** what a mess!

praghas (*pl* **praghsanna**) nm1 price; **praghas a chur ar** to price

praghasliosta nmm price list

práinn (*pl* **~eacha**) nf2 urgency; hurry, rush; **tá práinn leis** it's urgent; **práinn a bheith ort** to be in a rush

práinneach adj urgent; imperative; pressing

práiscín nm4 apron

praiseach nf2 mess, hash, muddle; washout

praiticiúil adj practical

praiticiúlacht nf3 practicality

praitinniúil adj astute

pram (*pl* **~anna**) nm4 pram, baby carriage (US)

pramsáil vi prance (about)

pras adj prompt; (*slogan*) snappy

prás nm1 brass

prásach adj brazen

prásóg nf2 marzipan

práta nm4 potato

preab vt, vi bounce; (*light*) flicker, jolt; (*heart*) pound, pulsate; throb
  ♦ nf2 bounce; jolt; spring, leap; **preab a bhaint as duine** to make sb jump

preabán nm1 patch

preabchlár nm1 springboard

préachán nm1 (*bird*) rook, crow

préachta adj freezing; perished

préamh = **fréamh**

preas (*pl* **~anna**) nm3 press

preasagallamh nm1 press conference

preasáil vt iron, press

préimh nf2 premium

Preispitéireach adj, nm1 Presbyterian

priacal nm1 risk, peril; **ar do phriacal féin** at one's own risk

priaclach adj risky; anxious

príbhéad nm1 privet

pribhléid nf2 privilege

printíseach nm1 trainee, apprentice

príobháid nf2 privacy

príobháideach adj private

príobháideacht nf3 intimacy, privacy

príobháidiú nm privatization

prioc vt prick; prod, poke, goad

priocadh (*gs* **prioctha**) nm prick, prickle; prod

príomh- *prefix* chief, leading, main, major, prime, principal; (*food etc*) staple; (*in rank*) top

príomha adj prime, primary; premier

príomh-aire nm4 (POL) prime minister, premier

príomhaisteoir nm3 leading man/ lady

príomhalt *nm1* editorial

príomhamhránaí *nm4* lead singer

príomhbhean *nf* first lady

príomhbhóthar *nm1* main road;
major road

príomhchathair (*gs*
príomhchathrach, *nf* capital (city)
príomhchathracha) *nf* capital (city)

príomhchócaire *nm4* head chef

príomhchonstábla *nm4* chief
constable

príomhfhreastalaí *nm4* head waiter

príomhlíonra *nm4* (*ELEC*) mains

príomhoide *nm4* head, headmaster,
principal

príomhpháirt *nf2* (*THEAT*) lead

príomhphíopa *nm4*: ~ **uisce** water
main; **na príomhphíopaí** the
mains

príomhscannán *nm1* feature film

príomhshráid *nf2* high street, main
street

prionsa *nm4* prince; **Prionsa na
Breataine Bige** the Prince of Wales

prionsabal *nm1* principle

prionta *nm4* (*ART*) print

prios (*pl* ~**anna**) *nm3* press,
cupboard

príosún *nm1* prison, jail,
penitentiary; imprisonment;
**príosún cúig bliana a ghearradh ar
dhuine** to sentence sb to 5 years in
prison; **príosún saoil** life sentence

príosúnach *nm1* prisoner

pritil *nf2* (*tool*) punch

próca *nm4* urn; jar; **próca tae** tea
urn; **próca suibhe** jam jar

prochóg *nf2* den; cave; hovel;
recess

profa *nm4* (*TYP*) proof

prognóis *nf2* prognosis

proifisiúnta *adj* professional

proinn *nf2* meal

proinnseomra *nm4* dining room

proinnteach (*gs* **proinntí**, *pl*
proinntithe) *nm* canteen; refectory;

restaurant

Proinsiasach *adj*, *nm1* Franciscan

próiseáil *vt* process ♦ *nf3*
processing; **próiseáil focal** word
processing

próiseálaí *nm4* processor

próiseálán *nm1* processor;
próiseálán bia food processor;
próiseálán focal word processor

próiseas *nm1* process

próitéin *nf2* protein

promanád *nm1* (*by sea*) promenade

promh *vt* prove; test; try

promhadán *nm1* test tube

promhadh *nm1* proof; test; (*LAW*)
probation; **bheith ar promhadh** to
be on probation

prompa *nm4* rump

prós *nm1* prose

prótacal *nm1* protocol

Protastúnach *adj*, *nm1* Protestant

Protastúnachas *nm1* Protestantism

prúna *nm4* prune

puball *nm1* tent; **puball a chur suas**
to pitch a tent

púca *nm4* ghost

púdal *nm1* poodle

púdar *nm1* powder; **púdar bácála**
baking powder; **púdar gallúnaí/
níocháin** soap/washing powder;
púdar gunna gunpowder

púic (*pl* ~**eanna**) *nf2* blindfold;
covering; scowl; **púic tae** tea cosy

púicín *nm4* blindfold; blinkers;
scowl

puilpid *nf2* pulpit

puimcín *nm4* pumpkin

puinn *n* (*with neg*) not much; **níl
puinn eolais aige** he hasn't a clue

puins (*pl* ~**eanna**) *nm4* (*drink*)
punch

puipéad *nm1* puppet

púir (*pl* ~**eanna**) *nf2* flue; (*of smoke*)
pall; swarm

púirín *nm4* hovel; hutch

puirtleog *nf2* fluff; **puirtleog girsí** a

chubby girl
puisín nm4 pussy cat
puiteach nm1 mud
puití nm4 putty
púitse nm4 pouch
púl nm4 (game) pool
pulc vt, vi gorge; crowd; (SCOL) cram
pumpa nm4 pump
punann nf2 sheaf; (COMM) portfolio
punt[1] nm1 pound; **punt Gallda**
pound sterling; **punt milseán**
(weight) a pound of sweets
punt[2] nm4 (boat) punt
púrach adj calamitous;
grief-stricken
purgadóir nf3 purgatory
purgóid nf2 laxative, purge
púróg nf2 pebble; (MED) stone
pus (pl ~a) nm4 face; mug; snout;
pus a bheith ort to sulk
pusach adj pouting; moody
puslach nm1 muzzle
puth nf2 puff
putóg nf2 gut, intestine; **putóg
dhubh** black pudding, blood
pudding (US)

Q

Q, q no letter "q" in Irish

R

rá nm4 saying; see also **abair**
rábach adj dashing; reckless;
coarse; rampant
rabairne nm4 extravagance
rabhadh nm1 warning, alarm;
alert; **rabhadh a thabhairt do
dhuine** to warn sb; **clog rabhaidh**
alarm clock
rabharta nm4 spring tide; flood
rabhchán nm1 warning; signal;
alarm; beacon

rabhlóg nf2 tongue twister
raca nm4 (for guns, tools) rack
ráca nm4 (tool) rake
rácáil vt rake
racán nm1 racket, row; rumpus;
pandemonium; **racán a thógáil** to
cause trouble, play up
rachadh, rachaidh, rachainn vb
see **téigh**
ráchairt nf2 (ECON) demand; **bhí
ráchairt ar ...** there was a run
on ...
rachmas nm1 wealth; (FIN) capital
racht (pl ~anna) nm3 (of anger) fit;
(of emotion) rush; outburst; **racht
casachtaí/sciotaíola** fit of
coughing/giggles
rachta nm4 rafter; beam
rachtúil adj impassioned; vehement
racún nm1 rac(c)oon
radacach adj radical
radadh (gs **radta**) nm1 showering;
radadh cloch a thabhairt do to
pelt with stones
radaighníomhach adj radioactive
radaíocht nf3 radiation
radaitheoir nm3 radiator
radar nm1 radar
radharc nm1 (sense) sight; (THEAT)
scene, spectacle; view; **teacht i
radharc** to come in sight; **dul as
radharc** to disappear; **seomra a
bhfuil radharc uaidh** a room with
a view; **radharc na súl** eyesight;
radharc tíre scenery
radharcach adj visual, optical
radharceolaí nm4 optician
radharcra nm4 (THEAT) scenery; set
radúil adj radial-ply, radial
rafar adj thriving, prosperous
ráfla nm4 rumour
rafta nm4 (life) raft
ragairne nm4 spree; revelry; **dul ar
ragairne** to go on the tear
ragobair (gs **ragoibre**) nf2 overtime
ráib (pl ~**eanna**) nf2 sprint; (BOT)

rape

raibh *etc vb see* **bí**

raibí *nm4* rabbi

raic[1] (*pl* **~eanna**) *nf2* wreckage; **adhmad raice** driftwood

raic[2] *nf2* fuss, uproar; **raic a thógáil** to make a fuss

raiceád *nm1* (SPORT) racket, racquet; **raiceád leadóige** tennis racket

raiceáil *nf3, vt* wreck

raiceáilte *adj* ramshackle

raicíteach *adj* (MED) rickety

raicíteas *nm1* (MED) rickets

raicleach *nf2* (*inf!*) bitch

raidhfil *nm4* rifle

raidhse *nf4* abundance, profusion

raidhsiúil *adj* abundant

raidió *nm4* radio; wireless; **ar an raidió** on the radio

raidis *nf2* radish; **raidis fhiáin** horseradish

ráig (*pl* **~eanna**) *nf2* outbreak; spurt; spate

railí *nm4* rally; sustained effort

ráille *nm4* rail, railing; (RAIL) track, rail; **ráille tuáillí** towel rail

ráiméis *nf2* nonsense; kidology; rigmarole

raimhre *nf4* fatness; **dul i raimhre** to get fat; *see also* **ramhar**

raingléis *nf2* wreck; **raingléis tí** ramshackle house

rainse *nm4* ranch

ráite *etc see* **abair**

ráiteachas *nm1* saying, expression

ráiteas *nm1* statement; **ráiteas scóipiúil** a sweeping statement

raiteog *nf2* hussy, whore, tart

ráithe *nf4* season; (*of year*) quarter

ráithiúil *adj* quarterly

raithneach *nf2* bracken; fern

ramallach *adj* slimy; muddy

ramallae *nm4* slime

rámh *nm3* oar

rámhaigh *vt, vi* row

rámhaille *nf4* raving; delirium;

fancies, notions; **rámhaille na hóige** youthful fancies

rámhailleach *adj* raving, delirious

rámhainn *nf2* spade

rámhaíocht *nf3* rowing

ramhar (*gsf, compar* **raimhre**, *pl* **ramhra**) *adj* fat, thick, plump; (*edition*) bumper; **cloigeann ramhar** hangover; **ramhar sa réasún** unreasoning

rámhcheol *nm1* rave music

ramhraigh *vt* fatten

rang (*pl* **~anna**) *nm3* rank; (SCOL) class; row

rangabháil *nf3* participle

rangaigh *vt* classify; grade; sort

rangú *nm* category

rann[1], **ranna** *see* **roinn**

rann[2] *nm1* verse, rhyme; **rann páistí** nursery rhymes

rannach *adj* departmental

rannán *nm1* (MIL) diversion

rannóg *nf2* section; (*postal*) sector

rannóir *nm3* container, dispenser; **rannóir airgid** cash dispenser

rannpháirteach *adj* partaking, involved; **bheith rannpháirteach i rud** to be involved in sth

rannpháirteachas *nm1* participation

rannta *see* **roinnt**

ransaigh *vt* ransack; rummage through; rifle through

raon (*pl* **~ta**) *nm1* range; radius; (SPORT) track; **raon faoi bhéal** point-blank range; **raon rásaí** race track; **raon cluas** earshot; **as raon** out of range

raonchulaith *nf2* tracksuit

rapcheol *nm1* rap music

rás *nm3* race

rásáil *vt, vi* (*engine*) race

rásaíocht *nf3* racing

ráscánta *adj* facetious

ráschúrsa *nm4* racecourse

raspa *nm4* rasp; **raspa ingne** nailfile

rásúr *nm1* razor

ráta *nm4* rate; pace; **ráta bainc/ malairte/úis** bank/exchange/ interest rate; **rátaí** (*tax*) rates

rath *nm3* success; prosperity; good; **tá rath ar an ngnó** the business is thriving; **rath a ghuí ar dhuine** to wish sb well; **de rath Dé** by the grace of God; **rud a chur ó rath** to render sth useless

ráth[1] *nm3* earthen ring fort, rath; (*of fish*) shoal; **ráth sneachta** snowdrift

ráth[2] *nm3* guarantee

rathaigh, ráthaigh *vt, vi* make good; guarantee; thrive

rathúil *adj* successful; thriving; prosperous

rathúnas *nm1* prosperity; abundance

ré (*pl* **~anna**) *nf4* (*period of*) time, age; life span; era; moon; **roimh ré** in advance; **gach ré lá** every other day; **an Ré Órga** the Golden Age; **le mo ré** in my lifetime; **uair sa ré** once a month

réab *vt* tear, rip up; shatter; violate

réabadh *nm* (*MED*) rupture

réabhlóid *nf2* revolution

réabhlóideach *adj* revolutionary

réabhlóidí *nm4* revolutionary

reacaire *nm4* seller, vendor; gossip, scandalmonger

reacht (*pl* **~anna**) *nm3* statute; law; **an reacht diaga/scríofa** the divine/ written law; **riail agus reacht** law and order

reáchtáil *nf3* (*of business etc*) running ♦ *vt, vi* run; operate

reachtaíocht *nf3* legislation

reachtaire *nm4* steward; rector; administrator

reachtas *nm1* administration; stewardship

reachtúil *adj* statutory

réadach *adj* real; **eastát réadach** real estate

réadaigh *vt* scheme, dream; realize

réadán *nm1* woodworm

réadlann *nf2* observatory

réadóir *nm3* teetotaller, pioneer

réadú (*gs* **réadaithe**) *nm* (*COMM*) realization; fulfilment

réadúil *adj* realistic

réal *vt* (*PHOT*) develop

réalachas *nm1* realism

réaladh *nm* (*PHOT*) processing, development

réalaí *nm4* realist

réalaíoch *adj* realistic

réalóir *nm3* (*PHOT*) developer

réalta *nf4* star; **réalta reatha** shooting star; **réalta scuaibe** comet; **an réalta thuaidh** the north star

réaltach *adj* starry; astral

réaltacht *nf3* reality; clarity

réaltbhuíon *nf2* constellation

réalteolaíocht *nf3* astronomy

réaltóg *nf2* small star; **réaltóg scannán** film star

réaltra *nm4* galaxy

réama *nm4* catarrh; phlegm

réamh- *prefix* introductory; (*scheme etc*) pilot; pre-; auto

réamhaisnéis *nf2* forecast; **réamhaisnéis na haimsire** the weather forecast

réamhaithris *vt* predict

réamhaithriseach *adj* predictable

réamhbheartaithe *adj* premeditated

réamhbhlas *nm1* foretaste

réamhcheannach *nm1* preemption

réamhcheol (*pl* **~ta**) *nm1* (*MUS*) overture

réamhchinneadh (*gs* **réamhchinnte**) *nm* predestination

réamhchlaonadh (*gs* **réamhchlaonta**) *nm* prejudice

réamhchlaonta *adj* prejudiced

réamhchogaidh *n gen as adj* prewar

réamhchoinníoll *nm1* precondition

réamhchúirt *nf2 (of garage)* forecourt

réamhchúram *(pl* **réamhchúraimí)** *nm1* precaution

réamhdhátaigh *vt* backdate

réamhdhéanta *adj* prefabricated; ready-made

réamhdhréacht *nm3* rough copy; *(MUS)* prelude

réamheolaire *nm4* prospectus

réamhfhéachaint *nf3* foresight

réamhfhios *(gs* **réamhfheasa)** *nm3* foreknowledge

réamhfhocal *nm1* preposition

réamhghabh *vt* anticipate

réamhíoc *vt* prepay

réamhíoctha *adj* prepaid

réamhleagan *nm1* premise

réamhléiriú *nm (THEAT)* rehearsal; **réamhléiriú feistithe** dress rehearsal

réamhordú *nm* advance booking

réamhphósta *adj* premarital

réamhrá *(pl* **~ite)** *nm4* introduction; preface

réamhráite *adj* aforementioned; *see also* **réamhrá**

réamhriachtanas *nm1* prerequisite

réamhscoile *n gen as adj* pre-school

réamhshampla *nm4* precedent

réamhstairiúil *adj* prehistoric

réamhthaispeántas *nm1* preview

réamhtheachtaí *nm4* forerunner; predecessor

reann, reanna *see* **rinn**[1, 2]

réanna *see* **ré**

réasún *nm1* reason; common sense; sanity; **tá sé le réasún (go)** it stands to reason (that); **dul chun réasúin le duine** to reason with sb

réasúnach *adj* rational

réasúnachas *nm1* rationalism

réasúnaigh *vt* reason; rationalize

réasúnaíocht *nf3* rationale, reasoning

réasúnta *adj* reasonable; moderate;

réasúnta mór reasonably big

reatha *see* **rith**

reathaí *nm4* runner

réchas *vt, vi (engine)* idle, tick over

réchúiseach *adj* easy-going, placid, laid-back; unconcerned

réibhe *see* **riabh**

reibiliún *nm1* rebellion

reibiliúnach *adj* rebellious

reic *(gs* **~eanna)** *nm3* sale ♦ *vt, vi* sell; peddle; recite; betray

réiciúil *adj* dissolute

réidh *adj* smooth; level; easy; ready, set; **bheith réidh i rud** to be indifferent to sth; **is réidh agat a bheith ag caint** it's easy for you to talk; **bheith réidh le rud** to be finished with sth; **níl sé réidh go fóill** it's not finished yet; **réidh le himeacht** ready to go

réidhe *nf4* smoothness; levelness; easiness; readiness

Reifirméisean *nm1:* **an ~** the Reformation

reifreann *nm1* referendum

réigiún *nm1* region

réigiúnach *adj* regional

reilig *nf2* graveyard, cemetery

reiligiún *nm1* religion

reiligiúnach *adj* religious

réiltín *nm4* asterisk; *(CINE)* starlet

réim *(pl* **~eanna)** *nf2* career, *(fig)* field; régime; **teacht i réim** to take office; **bheith i réim** to be in power; **gnás atá faoi réim** a usage that prevails; **réim praghasanna** scale of charges; **réim bia** diet; **bheith i mbarr do réime** to be at one's peak

réimeas *nm1* reign

réimír *(pl* **~eanna)** *nf2* prefix

réimnigh *vt* conjugate

réimniú *(gs* **réimnithe)** *nm (LING)* conjugation

réimse *nm4* range, scope; gamut; *(of river etc)* reach; *(of sand etc)* stretch; (GEOG) tract; (COMPUT) field

Réin nf2: **An ~** the Rhine

réinfhia (pl **~nna**) nm4 reindeer

reiptíl nf2 reptile

réir nf2 wish; will; **de réir a chéile** gradually; **bheith faoi réir duine** to be at sb's service; **de réir** + gen according to; **dá réir** accordingly; **agus dá réir sin** and so on; **de réir an sceidil** on schedule; **bheith faoi réir an dlí** to be subject to the law

réisc see **riasc**

réise nf4 (measurement) span

reisimint nf2 regiment

reisimintiúil adj regimental

réiteach nm1 answer; solution; clearance; preparation; **teacht chun réitigh le** to come to an agreement with; **réiteach cosáin** the clearance of a track; **réiteach aighnis** settlement of a dispute; **vóta réitigh** casting vote

réiteoir nm3 referee; umpire; arbitrator

reithe nm4 ram; **An Reithe** Aries

réitigh vt disentangle, unravel; straighten or iron out, resolve; solve; clear; prepare; **réitigh sé an bealach dúinn** he paved the way for us; **ní réitíonn an bia sin liom** that food does not agree with me; **do scornach a réiteach** to clear one's throat; **réiteach le duine** get on with sb; make peace with sb; **tú féin a réiteach** to get ready

reitine nf4 retina

reitric nf2 rhetoric

reo nm4 frost

reoán nm1 icing

reoánta adj (cake) iced

reoigh vt, vi freeze; congeal

reoiteog nf2 ice cream

reoiteoir nm3 freezer; deep freeze; icebox

reophointe nm4 freezing point; **trí chéim faoi bhun an reophointe** 3

degrees below freezing

ré-uimhir (gs **ré-uimhreach**, pl **ré-uimhreacha**) nf even number

rí [1] (pl **~the**) nm4 king, sovereign; **rí rua** chaffinch

rí [2] (pl **~theacha**) nf4 forearm

rí- prefix exceedingly; very; royal, majestic

riabh (gs **réibhe**) nf2 stripe; streak

riabhach adj striped; streaked; (eyes) grey; dull, dismal

riachtanach adj necessary; essential; vital

riachtanas nm1 necessity; need; must; requirement; **in am an riachtanais** in time of need; **cuid an riachtanais** the bare essentials

riail (gs **rialach**, pl **rialacha**) nf rule; regulation; order, authority; **rialacha iompair** rules of conduct; **bheith faoi riail Shasana** to be under English rule; **an riail a chur ar rud** to run the rule over sth

riailbhéas (gs, pl **~a**) nm3 discipline; regular habit

rialaigh vt rule; reign, govern; regulate; control

rialóir nm3 (for measuring) ruler

rialta adj regular; (order) religious; **bean rialta** nun; **go rialta** regularly

rialtacht nf3 regularity

rialtas n gen as adj (POL) governmental

rialtas nm1 government; (POL) administration; **rialtas áitiúil** local government

rialtóir nm3 (sovereign étc) ruler

rialú (gs **rialaithe**) nm rule, regulation; (LAW) ruling; **bord rialaithe** governing body

riamh adv ever; always; never; **níos lú ná riamh** less than ever; **bhí sé riamh lag** he was always weak; **ní fhaca mé riamh í** I never saw her; **an chéad lá riamh** the very first day

rian (*pl* **~ta**) *nm1* mark; stamp, trace; (*of bullet etc, on record*) track; trajectory; **rian coise** footprint; **rian fola** bloodstain; **dul ar ceann riain** to set the pace

rianaigh *vt* trace, draw

rianpháipéar *nm1* tracing paper

rianúil *adj* methodical; systematic

riar *vt* manage; distribute; (*country*) administer; (*food*) serve ♦ *nm4* administration; allocation; provision; **riar ar** to provide for; **riar an iomláin** enough to go round; **riar cirt** administration of justice; **riar do cháis a fháil** to get enough for one's needs; **riar agus éileamh** supply and demand

riarachán *nm1* administration

riaráiste *nm4* arrears

riarthóir *nm3* administrator; (*of school etc*) trustee

riasc (*gs* **réisc**, *pl* **~a**) *nm1* marsh

ribe *nm4* (strand) of hair; (*of grass*) blade; bristle; (*ELEC*) filament; **ribe róibéis** shrimp

ribín *nm4* ribbon; (*SPORT*) tape; **ribín tomhais** tape measure

ríchathaoir (*gs* **~each**, *pl* **~eacha**) *nf* throne

rídhamhna *nm4* crown prince; royal heir

ridire *nm4* knight; (*in titles*) Sir

ridireacht *nf3* knighthood; chivalry

ridiriúil *adj* chivalrous; knightly

rige *nm4* (*also*: **~ ola**) (oil) rig

righin (*gsf, pl, compar* **righne**) *adj* tenacious, dogged; stiff; (*meat*) tough

righneas *nm1* tenacity; tardiness

rigín *nm4* (*NAUT*) rigging; (*KNITTING*) rib

ríl (*pl* **~eanna**) *nf2* reel

rilíf *nf2* (*ART, GEOG*) relief

rilleadh (*gs* **rillte**) *nm* flood; torrent; **rilleadh báistí** pouring rain

rím (*pl* **~eanna**) *nf2* rhyme

ríméad *nm1* joy; jubilation

ríméadach *adj* overjoyed; jubilant

rinc¹ (*pl* **~eanna**) *nf2* (ice) rink; **rinc scátála** skating rink

rinc² *vt, vi* dance

rince *nm4* dance; dancing; **rince tuaithe** country dancing

rinceoir *nm3* dancer

rinn¹ (*pl* **reanna**, *gpl* **reann**) *nf2* point; tip; apex; **rinn tíre** (*GEOG*) cape

rinn² (*gs, pl* **reanna**, *gpl* **reann**) *nm3* star; planet; **na reanna neimhe** the celestial bodies

rinne *etc vb see* **déan**

rinneach *adj* pointed

rinse *nm4* (*TECH*) wrench

ríochas *nm3* royalty

riocht (*gs* **~**) *nm3* guise; shape; form; condition; **dul i riocht +** *gen* to masquerade as; **an fhírinne a chur as a riocht** to distort the truth; **bheith i riocht titim leis an ocras** to be fit to drop with hunger; **sa riocht ina bhfuil sé** in the state it's in; **i riocht go** in such a way that

ríocht *nf3* kingdom; realm; **An Ríocht Aontaithe** the United Kingdom

ríochtaigh *vt* adapt; condition

ríochtán *nm1* (*for clothes*) dummy

ríog *nf2* impulse; (*MED*) spasm, fit

ríoga *adj* regal, royal

ríogach *adj* impulsive; spasmodic

ríomh *vt* calculate; compute; narrate

ríomhaire *nm4* calculator; computer; **ríomhaire pearsanta** personal computer

ríomhaireacht *nf3*: **an ~** computer science

ríomhchlár *nm1* (*COMPUT*) programme

ríomhchláraigh *vt* programme

ríomhchláraitheoir *nm3* (computer)

programmer

ríon (pl **~acha**) nf3 queen

ríonmháthair (gs **ríonmháthar**, pl **ríonmháithreacha**) nf queen mother

rionn vt, vi carve; engrave

riosól nm1 rissole

rírá nm4 uproar

rís nf2 rice

rísín nm4 raisin

rite adj tense; tight; steep; sheer; exposed; **rite chun eager for**; **chuaigh sé rite léi é a chríochnú** she barely managed to finish it

riteacht nf3 tautness; tension; steepness

riteoga (fpl, gpl **riteog**) nfpl2 tights; pantihose

rith (gs **reatha**, pl **rítí**) nm3 run(ning) ♦ vt, vi run; flow; **i rith + gen** during; **i rith na hoíche** all night long; **i rith an ama** all the time; **is fearr rith maith ná drochsheasamh** discretion is the better part of valour; **rith croí** (MED) palpitation; **cuntas reatha** current account; **cúrsaí reatha** current affairs; **uisce reatha** running water

ríthe see **rí** [1]

ritheacha see **rí** [2]

rithim nf2 rhythm

Rivéara nm4: **~ na (France)** the (French) Riviera

ró- prefix too, excessively; **ró-mhór** too large; **ró-shean/ró-óg** too old/young

róba nm4 robe; gown

robáil vt rob; hold up ♦ nf3 robbery; hold-up

robálaí nm4 robber

roc nm1 wrinkle, line; crease

rocach adj wrinkled, creased; (iron) corrugated

rochtain (gs **rochtana**) nf3 (COMPUT) access; **ama rochtana** access time

ród nm1 road; way

ródháileog nf2 overdose

ródhóchas nm1 presumption

rodta adj (drink) flat, stale

rógaire nm4 rogue

rogha nf4 choice; option; selection; alternative; the best; **cheal aon rogha eile** in the last resort; **bíodh do rogha leabhar agat** choose any book you like; **de rogha ar** in preference to, rather than; **níl an dara rogha againn** we have no alternative; **rogha an fhíona** the best of wine; **déan do rogha rud** do whatever you want

roghnach adj optional

roghnaigh vt choose; select

roghnú nm choice; selection

roicéad nm1 rocket

roimh (prep prons = **romham, romhat, roimhe, roimpi, romhainn, romhaibh, rompu**) prep before; (with time: not later than) by; **roimh ré** in advance; **roimh i bhfad** before long; **tá fáilte romhat** you are welcome; **loic sé roimhe** he shrank from it; **roimh Chríost** (R. Ch) before Christ, B.C.; **roimh Cháisc** before Easter; **siúl romhat** to walk along; **dul roimh rud** to anticipate sth

Róimh nf2: **An ~** Rome

roimhe adv before; **bhí mé ann roimhe** I've been there before; **roimhe sin** before then/that; **roimhe seo** formerly; see also **roimh**

roimpi see **roimh**

Róin nf2: **An ~** the Rhône

roinn vt share, apportion; divide; distribute; (cards) deal ♦ nf2 (gs, pl **ranna**, gpl **rann**) share, portion; (POL) department; **an Roinn Airgeadais** the Treasury, the Treasury Department (US); **Roinn Gnóthaí Eachtracha** the Foreign

Office; **ranna stáit** state department; **ranna cainte** (LING) parts of speech

roinnt (pl **rannta**) nf2 (MATH, gen) division; sharing; dealing; some, a few; several; **roinnt mhaith** a good deal; **roinnt daoine** several people; **gan roinnt** undivided

rois[1] (pl ~**eanna**) nf2 (of gunfire, questions) volley; (of wind) blast **rois**[2] vt unravel; rip

roiseadh (gs **roiste**, pl **roistí**) nm rip, tear; (in tights) ladder, run

roisín nm4 resin; **roisín cnáibe** cannabis resin

roithleagán nm1 circle; hoop; spin

roithleán nm1 pulley; wheel; (FISHING) reel; spool

ról nm1 role

roll vt, vi roll

rolla nm4 roll; register, record; **rolla leithris** toilet roll

rollóg nf2 (bread) roll

rollóir nm3 roller

róluchtaigh vt overload

Rómáin nf2: **An** ~ Romania

Rómáinis nf2 (LING) Romanian

Rómánach adj, nm1 Romanian

rómánsach adj romantic

romhaibh, romhainn, romham see **roimh**

rómhair vt, vi (field) dig

Rómhánach adj, nm1 Roman

romhat, rompu see **roimh**

rón (pl ~**ta**) nm1 (animal) seal; **rón mór** sea lion

ronna nm4 dribble, slobber

ronnach nm1 mackerel

rop vt stab; thrust; dash; **duine a ropadh** to stab sb

rópa nm4 rope

ropadh (gs **roptha**) nm stab

rópánta adj stabbing, violent; (comedy) slapstick

ropóg nf2 small intestine

ros[1] nm1 linseed; **ola rois** linseed oil

ros[2] nm3 headland

rós (pl ~**anna**) nm1 rose

rósach adj rosy

rosán nm1 shrubbery

rosc nm1 eye; chant, anthem; **rosc catha** war cry; **rosc ceoil** (MUS) rhapsody

rosca nm4 rusk

Ros Comáin nm Roscommon

rósóg nf2 rosebush

róst vt, vi roast

rósta adj, nm4 (beef etc) roast

rostram nm1 rostrum

rosualt nm1 walrus

róta nm4 rota; **ar bhonn róta** on a rota basis

roth nm3 wheel; **roth breise** spare wheel; **roth fiaclach** cog; **roth stiúrtha** steering wheel

rothaí nm4 cyclist; rider

rothaíocht nf3 cycling

rothán nm1 small wheel, castor; huff, mood

rothar nm1 bicycle; bike; **rothar sléibhe** mountain bike

rótharraingt (gs ~**e**) nf2 overdraft

rótharraingte adj overdrawn

rothlach adj rotating; rotary

rothlaigh vt, vi rotate; gyrate; twirl; spin

rothlú nm rotation; gyration; spin

RTE n abbr Raidió Teilifís Éireann

rua adj red; red-haired; reddish-brown; rusty; wild; **an Mhuir Rua** the Red Sea; **oíche rua** a wild night; **níl cianóg rua agam** I haven't a bean

ruacan nm1 cockle

ruachorcra adj puce

ruadhóigh vt scorch

ruagaire nm4 chaser; hunter; **ruagaire reatha** vagabond; **ruagaire feithidí** insect repellent

ruaig vt chase; drive away, repel
 ♦ nf2 (pl ~**eanna**) chase; rout; foray, expedition; quick visit; **an**

ruaig a chur ar dhuine to chase sb;
ruaig a thabhairt abhaile to take a
run home; **ruaig chreiche**
plundering expedition

ruaigtheach adj repellent

ruaille nm4: **~ buaille** commotion

ruaim[1] nf2 fishing line; **is iomaí
ruaim ar a shlat aige** he has many
strings to his bow

ruaim[2] nf2 red dye; **ruaim feirge**
flush of anger

ruaimneach adj (water) muddy

ruaimnigh vt, vi (wood) stain;
(face) flush; (water) muddy;
discolour

ruainne nm4 shred; morsel; scrap;
(clothes) stitch; **ruainne fianaise**
scrap of evidence

ruathar nm1 rush, scramble; raid,
swoop; foray

rubar nm1 rubber; **rubar cúir** foam
rubber

rud nm3 thing; object; **ós rud é go**
since it happens that; **rud eile de**
furthermore; **rud beag fuar** a little
bit cold; **tá rudaí le déanamh
agam** I have things to do; **rud
éigin** something; **rud eile ar fad** a
different matter altogether; **rud
gan úsáid** useless thing; **rud beag**
+ gen a little

rufa nm4 frill

rug etc vb see **beir**

uga nm4 rug

ugadh, rugamar vb see **beir**

rugbaí nm4 rugby

ruibh[1] nf2 venom; sting

ruibh[2] nf2 sulphur

ruibhchloch nf2 brimstone

ruibín nm4 ruby

rúid (pl **~eanna**) nf2 (CRICKET, BASEBALL)
run; rush; sprint

rúidbhealach (pl **rúidbhealaí**) nm1
runway

ruifíneach nm1 ruffian

úiléid nf2 roulette

rúipí nm4 rupee

ruipleog nf2 (CULIN) tripe

Rúis nf2: **An ~** Russia

rúisc (pl **~eanna**) nf2 (of stones etc)
volley; discharge

Rúiseach adj, nm1 Russian

Rúisis nf2 (LING) Russian

ruithne nf4 radiance; glitter

ruithnigh vt, vi illuminate; glitter

rúitín nm4 ankle

rum nm4 rum

rún nm1 secret; intention; intent;
(at meeting) motion, resolution;
faoi rún in secret; **tá rún daingean
aige ... he is** bent on ...; **tá rún
aige dul** he intends to go; **le rún
urchóide** with a sinister purpose;
rún buíochais vote of thanks; **do
rún a ligean le duine** to confide in
sb

rúnaí nm4 secretary; **Rúnaí Stáit**
Secretary of State; **Rúnaí Gnóthaí
Baile** Home Secretary

rúnda adj secret; secretive;
confidential

rúndacht nf3 secrecy

rúndaingean (gsf, pl, compar
rúndaingne) adj determined,
resolute

rúndiamhair (pl **rúndiamhra**) adj
mysterious ♦ nf2 mystery

runga nm4 rung

rúnmhar adj discreet; secretive

rúnscríbhinn nf2 cipher

rúnseirbhís nf2 (POL) secret service

Rúraíocht nf3 Ulster epic cycle

rúsc nm1 (of tree) bark

rúta nm4 root

ruthag nm1 run, sprint, dash; **léim
ruthaig** running jump

S

s' see seo

sa = i + an see i

sá (pl ~ite) nm4 (with knife etc) stab; (TECH) thrust

sabaitéireacht nf3 sabotage

sábh (pl ~a) nm1 saw

sábháil nf2 saving; save; (from accident) rescue ♦ vt, vi save; rescue

sábháilte adj safe; slán sábháilte safe and sound

sábháilteacht nf3 safety

sabhaircín nm4 primrose

sabhdánach nm1 sultana

saboid nf2 Sabbath

sabóideach adj sabbatical

sac nm1 sack ♦ vt cram; pack; thrust; shove

sacar nm1 soccer

sách adj satisfied ♦ adv: ~ mór fairly big

sacraimint nf2 sacrament

sacsafón nm1 saxophone

sádach adj sadistic ♦ nm1 sadist

sádar nm1 solder

sáfach nf2 (of arrow, spear) shaft

sagart nm1 priest

sagartacht nf3 priesthood

saghas (pl saghsanna) nm1 kind, sort ♦ adv: ~ ait rather strange

Sahára nm4: An ~ the Sahara (Desert)

saibhir (pl saibhre) nm4 rich person ♦ adj (gsf, pl, compar saibhre) rich, wealthy; an saibhir agus an daibhir the rich and the poor

saibhreas nm1 riches; wealth

saibhrigh vt enrich

saicín nm4 sachet

saifír nf2 sapphire

sáigh (vn sá, vadj sáite) vt, vi stab, thrust; jab into; bheith sáite as dhuine to nag sb; bheith sáite i

leabhar to be engrossed in a book

saighdiúir nm3 soldier

saighead (gs saighde) nf2 arrow; bolt of lightning

saighid vt incite; saighid faoi tease

saighneáil vt, vi sign; (as unemployed) sign on

saighneán nm1 lightning

sail nf2 dirt; dross; sail chluaise earwax; sail chnis dandruff

sail¹ (pl sála, gpl sál) nf2 heel; (of cheque etc) stub; bheith sna sála ag duine to be at sb's heels; tiontú ar do shail to turn on one's heel

sail² adj luscious; luxurious; self-indulgent

sailchuach nf2 (plant) violet

sáile¹ nf4 luxury

sáile² nm4 saltwater, sea water; dul thar sáile to go abroad

saileach nf2 willow; saileach shilte weeping willow

sailéad nm1 salad; sailéad torthaí fruit salad

saill nf2 salted meat; (on meat) fat

sáimhín nm4 good mood; tá sí ar a sáimhín suilt she is perfectly content

sainaithin vt identify

sainchomhartha nm4 characteristic; sainchomhartha tíre landmark

sainchreideamh nm1 (REL) denomination

saineolaí nm4 expert; specialist

saineolas nm1 expertise; tá saineolas aige air he knows it inside out

sainiúil adj specific; unique

sainmharc (pl ~anna) nm1 hallmark

sainmhíniú nm definition

sáinnigh vt hem in, trap; (CHESS) check; Sáinn! Check!

sainordaitheach adj mandatory

saint nf2 (for money) greed, lust

saintuairisc nf2 case history

saíocht nf3 learning

Sairdín nf2: **An tSairdín** Sardinia

sairdín nm4 sardine

sáirsint nm4 sergeant

sais (pl ~eanna) nf2 sash

sáiste nm4 (herb) sage

sáite see **sá**

sáith nf2 fill; sufficiency; **an bhfuair tú do sháith?** did you eat enough?

saithe nf4 swarm; multitude

sál, sála see **sál¹**

salach adj dirty; grubby; **teacht salach ar dhuine** to fall foul of sb

salachar nm1 dirt, filth, muck; mess

salaigh vt, vi dirty, soil; foul

salann nm1 salt

sall adv over

salm nm1 psalm

salún nm1 (AUT) saloon

sámh adj easy, serene; (sleep) restful

samhail (gs **samhla**, pl **samhlacha**) nf3 likeness; model; simile; effigy

samhailchomhartha nm4 symbol

samhailteach adj imaginary

Samhain (gs **Samhna**, pl **Samhnacha**) nf3 November; **Oíche Shamhna** Hallowe'en

samhalta adj visionary; unreal

sámhán nm1 nap, doze

samhlaigh vt, vi imagine; visualize; **samhlaigh le** liken to

samhlaíoch (gsm ~) adj imaginative

samhlaíocht nf3 imagination

samhlaoid nf2 image, illustration

samhlú nm figment

samhnas nm1 nausea; disgust; **samhnas a chur ar dhuine** to sicken sb

samhnasach adj disgusting, repulsive; squeamish

samhradh (pl **samhraí**) nm1 summer; **sa samhradh** in summer

sampla nm4 sample; specimen; example; unfortunate person; **mar**

shampla for example; **sampla fola** blood specimen

samplach adj typical

San n Saint, St.; **San Proinsias** St. Francis

san = **i** + **an** see **i**

sanasaíocht nf3 etymology

sann vt (LAW) assign

sannadh nm (LAW) assignment

santach adj greedy; grasping; covetous

santacht nf3 greediness

santaigh vt desire; covet; lust after

saobh vt slant, twist; (fig: character) warp

saobhghaire nm4 hysterical laughter

saobhghrá nm4 infatuation

saoi nm4 wise man; master, expert; **ní bhíonn saoi gan locht** even Homer sometimes nods

saoire nf4 holiday, vacation; leave; **lá saoire** a day off; **ar saoire** on holiday

saoirse nf4 freedom; liberty

saoirseacht nf3 craftsmanship; **saoirseacht chloiche** masonry

saoiste nm4 boss; foreman

saoistíocht nf3 bossing; **saoistíocht a dhéanamh ar dhuine** to boss sb (around or about)

saoithíneach adj pedantic; priggish

saoithiúil adj wise; skilled; pleasant; bizarre

saol (pl ~ta) nm1 life; lifetime; world; **an saol eile** the other world; **ar feadh a shaoil** all his life; **le mo shaol** in my life; **an saol mór** the whole world; **cad é an saol atá agat** how are you?

saolta adj worldly; temporal

saonta adj gullible, naïve

saontacht nf3 naivety

saor¹ nm1 craftsman; **saor cloiche** stonemason; **saor adhmaid** carpenter

saor² *adj* cheap; free ♦ *vt* (*free: from wreckage etc*) release; **saor (ó/ar)** exempt (from); **saor in aisce** free of charge; **duine a scaoileadh saor** to set sb free

saor- *prefix* independent, free-

saoradh *nm* liberation; (*LAW*) acquittal

saoráideach *adj* easy

saorálaí *nm4* volunteer

saoránach *nm1* citizen

saoránacht *nf3* citizenship

saorbhealach *nm1* freeway

saorchic *nf2* (*FOOTBALL*) free kick

saorga *adj* artificial; (*fibre etc*) man-made

saorghabháltas *nm1* freehold

saorstát *nm1* free state; **Saorstát na hÉireann** Irish Free State

saorthrádáil *nf3* free trade

saorthuras *nm1* excursion

saothar *nm1* work; labour; exertion, toil; **saothar a chur ort féin le rud a dhéanamh** to trouble o.s. to do sth; **saothar in aisce** labour in vain

saotharlann *nf2* laboratory, workshop

saothrach *adj* diligent; painstaking

saothraí *nm4* labourer

saothraigh *vt, vi* toil; (*land*) till, work; earn; **do chuid a shaothrú** to earn or make a living

saothraíocht *nf3* hard graft

saothrú *nm* cultivation; earnings

sár *nm1* czar

sár- *prefix* super-, ultra-, excellent, supreme

sáraigh *vt, vi* infringe, violate; master, overcome; (*record*) smash, exceed; (*order, objection*) override; **sháraigh orm** I failed

sáraíocht *nf3* arguing; argument

sárcheim *nf2* (*LING*) superlative

sármhaith *adj* excellent

sárshaothar *nm1* masterpiece

sárú *nm* infringement; surpassing; **níl a shárú ann** it cannot be surpassed

sás (*pl* **~anna**) *nm1* device

sásaigh *vt* please, satisfy; (*wish, desire*) fulfil; (*whim*) indulge

sásamh *nm1* satisfaction; (*of wishes etc*) fulfilment; **sásamh a bhaint (as)** to retaliate (against)

Sasana *nm4* England

Sasanach *adj* English ♦ *nm1* Englishman/Englishwoman

sásar *nm1* saucer

sáslach *nm1* mechanism

sáspan *nm1* saucepan, pan

sásta *adj* satisfied; glad; prepared; **sásta le** happy with

sástacht *nf3* satisfaction

sásúil *adj* satisfactory; satisfying; gratifying

satail (*pres* **satlaíonn**) *vt, vi* trample, tread

Satharn *nm1* Saturday; **Dé Sathairn** on Saturday; **ar an Satharn** on Saturdays

scabhat *nm1* gap; alley

scabhta *nm4* (*MIL*) scout

scabhtáil *vi* scout around

scadán *nm1* herring

scafall *nm1* scaffold, scaffolding

scafánta *adj* fit; strapping

scáfar *adj* frightful; (*easily scared*) timid

scag *vt* filter; (*sugar, oil*) refine; (*candidates etc*) screen

scagadh (*gs* **scagtha**) *nm* filtering; refinement; examination

scagaire *nm4* filter; **scagaire ola** (*AUT*) oil filter

scagdhealú *n* dialysis

scaif (**~eanna**) *nf2* scarf

scáil (*pl* **~eanna**) *nf2* shade; image, reflection

scáileán *nm1* (*CINE*) screen

scailleagánta *adj* lanky; carefree

scailp (*pl* **~eanna**) *nf2* fissure

scáin vt, vi split, sever; scatter; thin out; wear thin

scaineagán nm1 shingle

scáinte adj scanty, sketchy; (hair, crowd) thin; scrappy

scaip vt, vi disperse, scatter; (fog) lift, scatter; (meeting) split up

scaipeadh (gs scaipthe) nm dissemination; dispersion; broadcasting; (of newspaper) circulation

scaipthe adj scattered; stray; dissipated; (speech) rambling

scair (pl ~eanna) nf2 (also COMM) share; layer; stratum

scaird vt, vi squirt, gush, pour out, spout ♦ nf2 (pl ~eanna) jet; spray; spurt

scairdeitleán nm1 (AVIAT) jet

scairdinneall nm1 jet engine

scairp (pl ~eanna) nf2 scorpion; **an Scairp** Scorpio

scairshealbhóir nm3 shareholder

scairt¹ nf2 (pl ~eanna) shout; call; summons ♦ vt shout (out); yell; **scairt ghutháin a chur ar dhuine** to phone sb

scairt² (pl ~eacha) nf2 diaphragm, midriff

scairteach nf2 shouting

scairteoir nm3 (TEL) caller

scaitheamh (pl scaití) nm1 while; **scaití** at times

scal nf2, vt, vi burst out; flash

scála nm4 scale; **scála aistritheach** sliding scale; **scálaí** scales

scall vt scald; (egg) poach

scallta adj measly, paltry; **dhá nóiméad scallta** a mere two minutes

scalltán nm1 (unfledged) chicken; puny person

scamall nm1 cloud; (on foot) web

scamallach adj cloudy

scamh vt, vi peel; (peas) shell; fray

scamhaire nm4: **~ prátaí** potato peeler

scamhardach adj nutritious; **béile scamhardach** a square meal

scamhóg nf2 lung

scannal nm1 scandal; outrage

scannalach adj scandalous, outrageous, shocking

scannán nm1 film, movie; (material) footage; **scannán daite** colour film; **scannán uafáis** horror film

scannánaigh vt, vi film

scanradh nm1 fright

scanraigh vt, vi frighten, scare; appal; overawe; **scanraigh sí** she took fright; **duine a scanrú chun siúil** to scare sb off or away

scanraithe adj frightened

scanrú nm scare

scanrúil adj frightening, scary; timorous

scaob vt scoop (up)

scaoil vt, vi loosen, release; slacken; (gun) shoot; (buttons etc) undo; (NAUT) cast off; (lock) pick; (partnership) dissolve; decipher; disentangle; **scaoil (le)** shoot (at); **scaoil saor** free; (culprit) let off; **cnaipe a scaoileadh** to relieve o.s.

scaoileadh (gs scaoilte) nm release; lift-off; (of person) shooting; (MUS, MATH) resolution

scaoilte adj loose, slack; lax

scaoilteach adj dissolute

scaoilteán nm1 (PHOT) release

scaoilteoir nm3 (SPORT, official) starter

scaoll nm1 panic, alarm; fright; **tá scaoll faoi** he is panic-stricken; **tháinig scaoll fúthu** they panicked

scaollmhar adj panicky, timid

scaoth nf2 swarm

scar vt, vi diverge, part, separate

scaradh (gs scartha) nm separation; parting; (of relations) severance

scaraire nm4 (switch) cutout

scarlóideach adj scarlet

scartha adj separate, disjointed; **íocaíocht scartha** severance payment; see also **scaradh**

scata nm4 crowd

scáta nm4 (SPORT) skate; **scátaí rothacha** roller skates

scátáil nf3 skating ♦ vi skate; **scátáil ar oighear** ice-skating

scátálaí nm4 skater

scáth (pl ~**anna**) nm3 shade, shadow; fright; **scáth báistí** or **fearthainne** umbrella; **scáth gréine** parasol; sunshade

scáthach adj shady; screen, protect

scáthaigh vt, vi shade

scáthán nm1 mirror; **scáthán cúlradhairc** (AUT) rear-view mirror

scáthbhrat nm1 awning

scáthchruth (pl ~**anna**) nm3 silhouette

scáthlán nm1 screen; (building) shelter; **scáthlán lampa** lampshade

sceabha nm4: **ar ~** askew

sceach nf2 thornbush; (also: ~ **gheal**) hawthorn

sceachaill nf2 tumour

scead nf2 patch

sceadach adj balding; patchy

sceadamán nm1 throat

scéal (pl ~**ta**) nm1 story; tale; yarn; **scéal bleachtaireachta** detective story; **scéal grá** romance; **níl ann ach scéal scéil** it's only hearsay; **scéal cinnte (é)** there is no doubt that

scéala nm4 news; communication; **scéala a fháil faoi** to hear about; **scéala a fháil ó dhuine** to hear from sb

scéalaí nm4 storyteller; **is maith an scéalaí an aimsir** time will tell

scéalaíocht nf3 storytelling

sceallán nm1 (of orange) segment

sceallóg nf2 (of glass, stone) chip; **sceallóga** (CULIN) chips, French fries

scealp nf2 chip; (of wood) splinter ♦ vt chip ♦ vi flake (off); chip, splinter

scealpóg nf2 chip; pinch, nip

scéalta see **scéal**

sceamh vi squeal; (dog) yap, yelp

sceamhaíl nf3 yelping

scean vt (paper, meat) cut up

sceana see **scian**

sceanra nm4 cutlery

sceartán nm1 (ZOOL) tick

sceideal nm1 schedule

sceidín nm4 skimmed milk

sceidínteacht nf3 (act) niggling

scéilín nm4 anecdote

sceilp (pl ~**eanna**) nf2 slap

scéim (pl ~**eanna**) nf2 scheme; plan; proposal

scéiméireacht nf3 scheming

scéimh nf2 facial beauty; appearance; **an scéimh a chailleadh** to grow ugly

sceimhle (pl ~**acha**) nm4 terror; ordeal; trauma

sceimhligh vt, vi terrify

sceimhlitheoir nm3 terrorist

sceimhlitheoireacht nf3 terrorism

scéin nf2 terror; **chuir sé scéin iontu** he terrified them

scéiniúil adj frightened; frightening; (light) garish, lurid

scéinséir nm3 thriller

sceipteach nm1 sceptic

sceiptiúil adj sceptical

sceir (pl ~**eacha**) nf2 reef; **sceir choiréil** coral reef

sceirdiúil adj bleak

sceireog nf2 white lie, fib

sceiteach adj brittle; powdery

sceith vt, vi spew (out); (secret) betray, divulge; bud; (pipe, liquid etc) leak, overflow; spawn ♦ nf2 discharge; exhaust; **sceith ar** inform on

scéithe see **sciath**

sceithire nm4 telltale, sneak;

informer

sceithphíopa nm4 exhaust (pipe); waste pipe

sceitimineach adj rapturous

sceitimíní npl raptures; ecstasy; **sceitimíní a bheith ort** to be very excited

sceitse nm4 sketch

sceitseáil vt, vi sketch

scí (pl ~onna) nm4 ski

sciáil nf3 ski; skiing; **sciáil uisce** water-skiing

sciálaí nm4 skier

sciamhach adj beautiful

scian (gs scine, pl sceana) nf2 knife; **dul faoi scian** to have an operation; **scian phóca** penknife; **scian feola** carving knife

sciar (pl ~tha) nm4 share; holding

sciata nm4 (fish) skate

sciath (gs scéithe) nf2 shield; (on machine) guard

sciathán nm1 wing; side; arm; extension; **sciathán leathair** (ZOOL) bat; **greim sciatháin a bheith agat ar dhuine** to have sb by the arm

scibirlín nm4 appendage

scidil nf2 skittle; **scidilí** (game) skittles

scigaithris nf2 parody; send up

scigdhráma nm4 farce

scigiúil adj derisive

scigmhagadh nm1 derision

scigphictiúr nm1 caricature

scil[1] vt disclose, give away; (information) leak

scil[2] (pl ~eanna) nf2 skill

sciliúil adj skilful

scilléad nm1 saucepan, pan

scilling (pl ~e) nf2 shilling

scim nf2 coating

scimeáil vt skim

scine see **scian**

scinn vi flit; skim; whisk; **scinneadh thart** to flash by or past; **scinneadh amach** to shoot out;

scinn sé leis he scurried off; **scinneadh de** (bullet) to glance off

sciob vt grab; (inf: steal) pinch, snap up, snatch

scioból nm1 barn

sciobtha adj fast; prompt; **sciobtha scuabtha** spick-and-span

scioll vt, vi scold

sciomair vt, vi scrub

scíonna see **scí**

sciorr vi slide; skid

sciorrach adj slippery

sciorradh (gs **sciorrtha**, pl **sciorrthaí**) nm slip; **sciorradh focail** a slip of the tongue

sciorta nm4 skirt

sciortáil vt skirt

sciot vt snip; prune; clip

sciotaíl nf3 giggling

sciotán nm1 (of tail) stump; **de sciotán** suddenly; **d'imigh sé de sciotán** he bolted

scipéad nm1 till

scirmis nf2 skirmish

scíth nf2 relaxation, rest; break; **scíth a dhéanamh** or **ligean** (relax) to unwind

sciuird (pl ~eanna) nf2 dash; short visit

sciúirse nm4 scourge

sciúr vt scour; sand (down); (floor, pots etc) scrub

sciurd vi scurry; scamper away or off; **sciurd sé chun bealaigh** he hurried away

sciúrsáil nf3 scourging; severe affliction

sclábhaí nm4 slave; navvy; **sclábhaí feirme** farm labourer

sclábhaíocht nf3 slavery

sclaig nf2 (in ground) rut, pothole

sclamh nf2 (pl ~anna) bite ♦ vt, vi scold, nag; **sclamh a bhaint as** to bite or snap at

scláta nm4 slate

scléip (pl ~eanna) nf2 hilarity;

ostentation; riotous behaviour

scléipeach adj showy; sporty; hilarious

scliúchas nm1 rumpus

sclog vt choke ♦ vi gulp

scóig (pl ~eanna) nf2 neck; **bhí greim scóige aige uirthi** he had her by the throat

scóigchomhla nf4 (AUT) throttle

scoil (pl ~eanna) nf2 school; **ar scoil** to or at school; **scoil ullmhúcháin** preparatory school; **scoil chónaithe/Dhomhnaigh** boarding/Sunday school; **scoil ghramadaí/náisiúnta** grammar/ national school; **scoil oíche** night school; **scoil phríobháideach/ phoiblí** private/public school

scoilt vt, vi split; prise open ♦ nf2 (pl ~eanna) split; divide, rift; (in dress, jacket) vent, slit

scoilteach nf2 sharp pain; **scoilteacha** rheumatic pains

scóip nf2 scope

scóipiúil adj wide, sweeping

scoir (vn scor) vt, vi (SCOL) break up; detach; **scoir de** cease; finish, knock off

scoite adj cut-off; remote

scoith vt, vi snap off; (AUT) pass

scolaíocht nf3 schooling

scoláire nm4 scholar; academic

scoláireacht nf3 scholarship

scolardach nm1 pundit

scolártha adj scholarly

scolb nm1 indentation; splinter; nick; chip; (SEWING) scallop

scolgháire nm4 guffaw; **scolgháire a dhéanamh** to guffaw

scológ nf2 farmer

sconna nm4 (of pipe) spout; (on sink etc) tap

sconsa nm4 ditch; fence

scor¹ nm1 retirement; retirement

scor² nm1: **ar ~ bith** at any rate

scor³ vt score

scor⁴ see also **scoir**

scór (pl ~tha) nm1 score; twenty; **an scór a mharcáil** to keep score

scornach nf2 throat; **tá tinneas scornaí orm** I have a sore throat

scoth (pl ~anna) nf3 (best) choice; bunch; (year) vintage

scothbhruite adj (CUUN, steak) medium; (egg) soft-boiled

scothdhearg adj reddish

scothóg nf2 tassel

scothrua adj reddish

scothúil adj choice

scrábáil nf3 scrawl, scribble, squiggle

scrabh vt, vi scratch; scrape

scragall nm1 foil; **scragall stáin** tinfoil

scraith (pl ~eanna) nf2 coating; (grass) turf

scréach nf3 screech, shriek ♦ vi (vn ~ach) screech, shriek, squeal; (owl) hoot

scréachta adj (sea) choppy; (milk) sour

scread vi scream ♦ nf3 (pl ~anna) scream; **lig scread** scream

screamh nf2 coating, film; scum; fur

screamhóg nf2 (of rust, paint etc) crust, flake

scríbhinn nf2 writing

scríbhneoir nm3 writer

scríbhneoireacht nf3 (hand)writing; lettering

scrín (pl ~te) nf2 shrine

scríob nf2 scratch, score, scrape; (of journey) leg ♦ vt, vi scratch, score, scrape

scríobach adj abrasive

scríobadh (gs scríobtha) nm scratch

scríobán nm3 shredder

scríobh vt write (out) ♦ nm3 (gs scríofa) writing, handwriting; script; **scríobh chuig** correspond with

scrioptúr nm1 Scripture

scrios vt destroy; ruin, shatter; rub out, score out; (COMPUT) ♦ nm (gs ~ta) destruction; ruin; havoc

scriosach adj destructive

scriosán nm1 rubber, eraser

script (pl ~eanna) nf2 script; screenplay

scriú (pl ~nna) nm4 screw

scriúáil vt, vi screw

scriúire nm4 screwdriver

scrobarnach nf2 undergrowth; **scrobarnach (coille)** (land) scrub

scrobh vt (eggs) beat; scramble

scroblach nm1 riffraff, scum

scrogall nm1 long thin neck; bottleneck

scrolla nm4 scroll

scrollaigh vt (COMPUT) scroll

scrúdaigh vt examine; search; test

scrúdaitheoir nm3 examiner

scrúdú nm exam(ination); **scrúdú bréige** mock exam; **scrúdú cainte** oral exam; **scrúdú iontrála** entrance exam(ination); **scrúdú tiomána** driving test

scrupall nm1 scruple; qualm

scrupallach adj scrupulous

scuab nf2 broom, brush, ♦ vt brush, sweep; **rud a scuabadh chun siúil** to sweep sth away; **scuabadh leat** to rush off; **scuab éadaigh/ bhearrtha** clothes/shaving brush; **scuab ghruaige** hairbrush; **scuab phéinte/ingne** paintbrush/ nailbrush

scuabadh nm sweep; brush; flick

scuabadóir nm3: ~ **cairpéid** carpet sweeper

scuad nm1 (MIL, POLICE) squad; brood

scuadrún nm1 (MIL) squadron

scuaidrín nm4 (of lorries etc) fleet

scuaine nf4 queue; line

scuais nf2 (SPORT) squash

scubaid nf2 (pej: woman) tramp

scúnc nm1 skunk

scúp nm1 scoop

scútar nm1 scooter

sé¹ pron he; it; **cá fhad atá sé go ...?** how far is it to ...?; **cén t-am?** what time is it?

sé² (pl ~anna) num, nm4 : **a sé** six; **a sé déag** sixteen; **sé mhéadar ar fad** 6 metres long

sea¹ nm4 time; strength; **ina sea** in prime

sea² as adv: **go ~** so far

seabhac nm1 hawk

seabhrán nm1 whirr; **seabhrán a dhéanamh** to whirr

séabra nm4 zebra

seac nm1 (AUT) jack

seaca n gen as adj (weather) frosty; see also **sioc**

seacain nf2 sequin

seacál nm1 jackal

seach n: **faoi** ~ in turn; **i nDoire agus i mBaile Átha Cliath faoi seach** in Derry and Dublin respectively

seachadadh (gs seachadta) nm delivery; (SPORT) pass; **íoc ar seachadadh** cash on delivery; **seachadadh taifeadta** recorded delivery

seachaid (pres seachadann) vt deliver; pass; transmit

seachain (pres seachnaíonn) vt avoid, evade; shun, sidestep

seachaint nf3 avoidance; evasion; **duine a sheachaint** to give sb a wide berth; **bheith ar do sheachaint** to be on the run

seachantach adj elusive, evasive

seachas prep besides, as well as; other than

seachbhóthar nm1 ring road

seachbhrí nf4 overtone

seach-chló nm4 offprint

seachfhocal nm1 aside

seachmall nm1 aberration; abstraction; illusion

seachrán nm1 straying; delusion; derangement; **tá seachrán air** he's deranged; **chuaigh sé ar seachrán** he lost his bearings

seachránach adj misguided

seachránaí nm4 vagrant

seachród nm1 (road) bypass

seacht (pl ~anna) num, nm4 seven; **a seacht déag** seventeen

seachtain (pl ~í, pl with nums ~e) nf2 week; **seachtain agus an lá inniu** a week today; **deireadh na seachtaine** the weekend; **an tseachtain seo caite** last week; **an tseachtain seo chugainn** next week

seachtainiúil adj weekly

seachtanán nm1 weekly (paper)

seachtar nm1 seven people; **bhí siad seachtar ann** there were seven of them

seachtháirge nm4 by-product

seachtó (gs ~d, pl ~idí) num, nm seventy

seachtódú num, adj, seventieth

seachtrach adj external, outside

seachtú num, adj, nm4 seventh

seachvótáil nf3 voting by proxy

seacláid nf2 chocolate; **seacláid bhainne/dhorcha** milk/dark chocolate; **bosca seacláidí** a box of chocolates

sead vt, vi blow; puff; wheeze

séad nm3: **~ fine** heirloom

séadaire nm4 (SPORT) pacemaker; pacesetter; **séadaire bréige** (MED) pacemaker

séadchomhartha nm4 monument

seadóg nf2 grapefruit

seafóid nf2 nonsense; waffle

seafóideach adj ridiculous

seafta nm4 (AUT, TECH) shaft

seagal nm1 rye

seaicéad nm1 jacket; **seaicéad dinnéir** dinner jacket; **seaicéad tarrthála** life jacket

seaimpéin nm4 champagne

seaimpín nm4 champion

seal nm3 turn; move; (work period) shift; spell; **labhair siad ar a seal** they spoke in turn; **do shealsa atá ann** it's your go or turn

séal (pl ~ta) nm1 shawl

séala nm4 seal; **séala a chur ar** to seal; **ar an séala sin** on that score; **tá séala a choda air** he's well-built

sealadach adj provisional, temporary

séalaigh vt seal

sealaíocht nf3 alternation; (SPORT) relay

sealán nm1 noose

sealbh, sealbha see **seilbh**

sealbhach adj, nm1 (LING) possessive

sealbhaíocht nf3 (of property) tenure

sealbhóir nm3 occupier; (of ticket, deed) holder; (REL) incumbent

sealgaire nm4 hunter

sealgaireacht nf3 hunting

Sealtainn nf4 the Shetlands, the Shetland Islands, Shetland

sealúchas nm1 possession(s), property, belongings

seam (pl ~anna) nm4 rivet

seamaí nm4 chamois (leather)

seamair (gs **seimre**, pl **seamra**, gpl **seamar**) nf2 clover

seamhan nm1 semen

seamhraigh vt hurry, bustle

seamlas nm1 shambles; slaughterhouse

seampú (pl ~anna) nm4 shampoo

seamróg nf2 shamrock

sean (gs, gpl ~, pl ~a) nm4 ancestor; senior ♦ adj (compar **sine**) long-standing, old; **éirí sean** to get old

sean- prefix old-, ancient-; former-; senior-

séan vt deny; (son) disown; (promise) go back on, renounce

seanad nm1 senate

séanadh *nm* denial; **séanadh a dhéanamh** to recant

seanadóir *nm3* senator

seanaimseartha *adj* old-fashioned, out-of-date; dated

seanaois *nf2* old age

seanársa *adj* primitive

seanathair (*gs* seanathar, *pl* seanaithreacha) *nm* grandfather

seanbhailéad *nm1* old ballad; **seanbhailéad a dhéanamh de rud** to make a song and dance about sth

seanchailín *nm4* spinster

seanchailleach *nf2* old maid

seanchaite *adj* worn out; antiquated; antique; trite

seanchas *nm1* lore

seanchríonna *adj* precocious

seanda *adj* ancient; archaic; antiquarian

seandacht *nf3* antiquity; **seandachtaí** antiques

seandaí *nm4* shandy

seandálaí *nm4* archaeologist

seandálaíocht *nf3* archaeology

seandéanta *adj* outdated

seanduine (*pl* seandaoine) *nm4* old person; **na seandaoine** the elderly

seanfhaiseanta *adj* old-fashioned; out-of-date

seanfhear *nm1* old man

seanfhocal *nm1* proverb

seanfhondúir *nm3* veteran; old-timer

seang (*gsm* ~) *adj* slender; slim; slight

seangán *nm1* ant

seanléim *nf2*: **bheith ar do sheanléim arís** to have made a complete recovery

seanmháthair (*gs* seanmháthar, *gs* seanmháithreacha) *nf* grandmother

seanmóir *nf3* sermon; **seanmóir a thabhairt** to preach

séanna *see* **sé²**

sean-nós (*pl* ~anna) *nm1* old custom; traditional singing

seanóir *nm3* (*of tribe etc*) elder

seanphinsean *nm1* old-age pension

seanphinsinéir *nm3* old-age pensioner

seans (*pl* ~anna) *nm4* chance; (*hope, likelihood*) fluke ◆ *excl* maybe; on spec; **de sheans** by chance; **dul sa seans** to take the plunge; to run a risk

séans (*pl* ~anna) *nm4* seance

seansaighdiúir *nm3* veteran

seansailéir *nm3* chancellor

seantán *nm1* shack

Sean-Tiomna *nm4* Old Testament

séantóir *nm3* renegade; pervert

Seapáin *nf2*: **An tSeapáin** Japan

Seapáinis *nf2* (*UNG*) Japanese

Seapánach *adj, nm1* Japanese

séarach *nm1* sewer

séarachas *nm1* sewerage

searbh (*gsm* ~) *adj* bitter, sour; (*flavour*) tart; wry; (*truth*) bitter, unpalatable

searbhaigh *vt, vi* embitter

searbhas *nm1* bitterness, sourness, acidity; sarcasm; **dul chun searbhais** to get bitter or acrimonious

searbhasach *adj* cynical

searbhónta *nm4* servant

searc *nf2* love

searg *vi* shrivel (up), dry up; wilt, wither

seargán *nm1* withered person or thing; (*body*) mummy

seargánach *nm1* spoilsport; wet blanket

searmanas *nm1* ceremony

searrach *nm1* foal

searradh (*gs* searrtha) *nm* stretching; **bhain sé a searradh as féin** he stretched himself

seas *vi* stand; resist; hold out; (*food*) keep, remain good; **seas**

ceart do stand up for; (*person*) vindicate; **seas in aghaidh** + *gen* withstand; **seas le** (*opinion*) stand by; (*law, decision*) uphold; **an fód a sheasamh** to make or take a stand; **deoch a sheasamh do dhuine** to treat sb to a drink

seasamh *nm1* standing; (*position*) stand, stance, attitude; **tá mé i mo sheasamh** I am standing; **thit sé as a sheasamh** he collapsed; **rud a chur ina sheasamh le** to prop sth against

seasc (*gsm* ~) *adj* barren

seasca (*gs* ~**d**, *pl* ~**idí**) *num, nm* sixty

seascadú *num, adj, nm4* sixtieth

seascair *adj* cosy, snug

seascann *nm1* bog, swamp

seasmhach *adj* steadfast; persistent; dogged; stable; insistent; lifelong

seasmhacht *nf3* consistency

seasta *adj* standing; steady; (*soldier etc*) regular

seastán *nm1* (*music stand*) stand; **seastán nuachtáin** newsstand

séasúr *nm1* season; **i/as séasúr** in/out of season

séasúrach *adj* (*work*) seasonal

seatnaí *nm4* chutney

seic (*pl* ~**eanna**) *nm4* cheque, check (*US*); (*pattern*) check; **íoc le seic** to pay by cheque

Seiceach *nm1* Czech

seiceáil *vt, vi, nf3* check

seicear *nm4* chequer ♦ *adj* chequered

seicheamh *nm1* sequence

Seicis *nf2* (*LING*) Czech

seicleabhar *nm1* chequebook

seict (*pl* ~**eanna**) *nf2* sect

seicteach *adj* sectarian

seicteachas *nm1* sectarianism

séid *vt, vi* (*wind*) blow; (*balloon*) blow up; (*fire, quarrel*) fan; puff; beep

séideadh (*gs* **séidte**) *nm* draught;

séideadh anuas downdraught

séideán *nm1* (*of wind*) gust; snort

séideog *nf2* puff

SEIF *n abbr* (= *Siondróm Easpa Imdhíonachta Faighte*) AIDS

seift (*pl* ~**eanna**) *nf2* device, expedient; resource; gimmick; **níl an dara seift agat ach** you have no alternative but to

seiftigh *vt, vi* improvise

seiftiú *nm* improvisation

seiftiúil *adj* resourceful

seilbh (*pl* **sealbha**, *gpl* **sealbh**) *nf2* possession; **ghlac siad seilbh ar an gcarr** they took possession of the car

seilbhghabháil *nf3* (*COMM*) takeover

seile *nf4* spit; saliva; spittle

seilf (*pl* ~**eanna**) *nf2* shelf

seilg *vt, vi* hunt, chase; prey on ♦ *nf2* hunt, hunting; chase; game, quarry; **sa tseilg** on the prowl

seilide *nm4* snail; slug

séimeantach *adj* semantic

séimeantaic *nf2* semantics

séimh *adj* gentle, mild; smooth; mellow

séimhigh *vt, vi* mellow

séimhiú *nm* (*LING*) lenition

seiminéar *nm1* seminar

seinm *nf3* (*MUS etc*) rendering, playing

seinn *vt, vi* (*music*) perform, play; **seinn ar** (*instrument*) play

seinnteoir *nm3* (*MUS*) player; **seinnteoir ceirníní** record player; **seinnteoir caiséad** cassette player; **seinnteoir dlúthdhioscaí** compact disc player

seintimint *nf2* sentiment

séipéal *nm1* chapel

séiplíneach *nm1* chaplain

seipteach *adj* septic

seirbhe *nf4* bitterness

seirbhís *nf2* service; **seirbhís fhaisnéise** intelligence service;

seirbhís iardhíolta after-sales service; **seirbhís seomraí** room service

seirbhíseach nm1 servant

seirfean nm1 indignation

seiris nf2 sherry

séiseach adj tuneful

seisean pron (emphatic) he; **níl seisean chomh lúfar** HE is not as agile

seisear nm1 six people

seisiún nm1 session

seitgháire nm4 snigger; smirk

seithe nf4 skin, hide

seitreach nf2 neigh(ing); **seitreach a dhéanamh** to neigh

seo dem pron, adj, adv this; these; here is, here are; **an fear/an bhean/an leabhar seo** this man/woman/book; **faoi seo** by now; **as seo amach** from now on; **go dtí seo** as yet; **seo fear** this is a man; **seo é an fear** this is the man; **seo í an bhean** this is the woman; **seo chugainn an fear** here comes the man; **Séamus s'againne** our James

seó (pl ~nna) nm4 show

seobhaineach nm1 chauvinist

seobhaineachas nm1 chauvinism

seodóir nm3 jeweller

seodóireacht nf3 (business) jewellery

seodra nm4 (gems etc) jewellery

seoid (pl seoda, gpl seod) nf2 jewel; gem

seoigh adj wonderful, excellent

seoinín nm4 shoneen, lackey

Seoirseach adj Georgian

seoithín nm4 whispering; **seoithín seó** or **seothó** lullaby

seol[1] (pl ~ta) nm1 sail; trend, direction; flow; (for weaving) loom; **faoi lán seoil** under full sail; **cuireadh de dhroim seoil é** he was thwarted

seol[2] vt sail; navigate; send,

dispatch; launch; **sheol siad isteach go Béal Feirste** they sailed into Belfast

seol[3] nm1: **i luí seoil** (MED) in labour

seoladh (gs seolta, pl seoltaí) nm sail(ing); address; **seoladh a chur ar** to address; **seoladh baile** home address

seolán nm1 (ELEC) lead

seoltán nm1 remittance

seoltóir nm3 sailor; sender; (ELEC) conductor

seoltóireacht nf3 sailing; **dul ag seoltóireacht** to go sailing

seomra nm4 room; apartment; berth; **seomra singil/dúbailte** single/double room; **seomra leapa/bia/teaghlaigh** bedroom/dining/living room; **seomra folctha** bathroom; **seomra suí** sitting room; **seomra gléasta** fitting room

seónna see **seó**

séú num, adj, nm4 sixth

sféar nm1 sphere

sh (remove "h") see **s...**

sí[1] pron she; it

sí[2] nm4 fairy mound; **bean sí** banshee; **an slua sí** the fairy host

siabhrán nm1 delusion

siad pron they

siamsa nm4 entertainment; amusement; **siamsa a dhéanamh do dhuine** to entertain sb

siamsaíocht nf3 fun; **siamsaíocht oíche** nightlife

siansa nm4 symphony; strain, melody

siansach adj melodious

siar adv westward(s); west; (not forward) back; backwards; **chomh fada siar le** as far back as; **i mbaile i bhfad siar** at the back of beyond; **tarraingt siar as** to opt out of; **chuaigh sí siar ina cuid cainte** she took back what she said; **doras a oscailt siar** to open a door wide

sibh pron pl you
sibhialta adj civil
sibhialtach nm1 civilian
sibhialtacht nf3 civilization
sibhse pron (emphatic) you
sibín nm4 shebeen
síc (pl ~eanna) nm4 sheik(h)
síceach adj psychic(al)
síceolaí nm4 psychologist
síceolaíoch adj psychological
síceolaíocht nf3 psychology
siciatracht nf3 psychiatry
siciatraí nm4 psychiatrist
Sicil nf2: An tSicil Sicily
sicín nm4 chicken
sifilis nf2 syphilis
sil vt, vi drip, trickle; ooze, seep; (nose) run; (tears) shed; (vegetables) strain
síl vi think; suppose; **sílim a mhór di** I think of her a lot
Síle nf4: An tSíle Chile
sileadh nm1 drip; (MED) discharge
síleáil nf3 ceiling
siléar nm1 cellar; **siléar fíona** wine cellar
siléig nf2 neglect
siléigeach adj (work) slack
silín¹ nm4 cherry
silín² nm4 trickle
silteach adj watery; runny
siméadracht nf3 symmetry
siméar nm1 chimney; (of ship) funnel
simpeansaí nm4 chimpanzee
simplí adj simple
simplíocht nf3 simplicity
sin dem pron, adj, adv that; those; there is; there are; ó shin ago; since then, ever since; **bliain ó shin** a year ago; **ach ina dhiaidh sin** then again; **sa chás sin** should the occasion arise; **sin fear** that's a man; **sin é an fear** that's the man; **sin í an bhean** that's the woman; **mar sin féin, ...** mind you, ...

Sín nf2: An tSín China
sín vt, vi stretch (out); extend, hold out; stretch
sinc nf2 zinc
sindeacáit nf2 syndicate
sine¹ nf4 nipple; teat
sine² see **sean**
sineach nf2 mammal
Síneach adj, nm1 Chinese
síneadh (pl síntí) nm1 extension; stretching; (GRAM) accent; **síneadh láimhe** tip, gratuity
singil adj single
sínigh vt, vi sign
Sínis nf2 (UNG) Chinese
síniú nm signature; autograph
sinn pron we; us
sinne pron (emphatic) we; us
sin-seanathair (gs sin-seanathar, pl sin-seanaithreacha) nm great-grandfather
sin-seanmháthair (gs sin-seanmháthar, pl sin-seanmháithreacha) nf great-grandmother
sinsear nm1 senior; ancestor, forefather
sinséar nm1 ginger; **arán sinséir** gingerbread
sinsearach nm1 senior; ancestor ♦ adj senior; ancestral
sinsearacht nf3 seniority; ancestry
sinseartha adj ancestral
sínte adj (hand) outstretched; (seat) reclining; supine; **sínte le** adjoining
sínteán nm1 stretcher
sintéis nf2 synthesis
sintéiseach adj synthetic
síntí see **síneadh**
síntiús nm1 subscription
síntiúsóir nm3 subscriber
síob nf2 (in car) lift, ride
síobadh (gs síobtha) nm1 blow; drift; **síobadh gainimh** sand drift; **síobadh sneachta** blizzard

síobaire *nm4* hitchhiker

síobhas *npl1* chive

síobshiúil *vi* hitchhike, thumb a lift

síobshiúlóir *nm3* hitchhiker

sioc *vt, vi* freeze ♦ *nm3 (gs* seaca) frost; **sioc geal** frost

siocair *nf* immediate cause; **as siocair go** because; **bheith i do shiocair le** to be instrumental in

siocaire *nm4* chicory

siocán *nm1* frost

siocanailís *nf2* psychoanalysis

síocanailísí *nm4* psychoanalyst

siocdhó *nm4* frostbite

síocháin *nf3* peace; **faoi shíocháin** in or at peace; **síocháin a dhéanamh** to make peace

síochánachas *nm1* pacifism

síochánta *adj* passive

sioctha *adj* icy; iced; *(glass)* frosted; petrified, fossilized

siocúil *adj* frosty

síoda *nm4* silk

síodúil *adj* silky; suave; courteous

siofón *nm1* siphon ♦ *vt, vi* siphon (off)

siog *vt* stroke out; cancel ♦ *nf2* streak; *(of coal etc)* seam

síogaí *nm4* fairy

síogairlín *nm4* pendant

síol *(pl ~ta) nm1* seed; pip; *(of coffee)* bean; *(BIOL)* semen; **síol ainíse** aniseed; **síol caife** coffee bean; **síol cearbhais** caraway (seed)

siolla *nm4* syllable

siollabas *nm1* syllabus

siollann *nf2* ovary

síolphlanda *nm4* seedling

síolraigh *vt, vi* breed; *(BIOL)* reproduce; **síolraigh ó** descend from

Siombáib *nf2*: **An tSiombáib** Zimbabwe

siombail *nf2* symbol; **siombail céime** status symbol

siombalach *adj* symbolic

síon *(pl ~ta) nf2* (bad) weather

sionad *nm1* synod

sionagóg *nf2* synagogue

Sionainn *nf2*: **An tSionainn** the (River) Shannon

síonbhuailte *adj* weather-beaten

sionnach *nm1* fox

siopa *nm4* shop; **siopa bróg** shoe shop; **siopa grósaera** grocer's (shop); **siopa leabhar** bookshop; **siopa poitigéara** chemist's (shop); **siopa saor ó dhleacht** duty-free shop

siopadóir *nm3* shopkeeper

siopadóireacht *nf3* shopping

síor *adj* eternal

síor- *prefix* ever-; eternally; never-ending; persistent, incessant

sioráf *nm1* giraffe

síoraí *adj* eternal; unending, endless; perennial; timeless

síoraíocht *nf3* eternity; **an tsíoraíocht** the hereafter

siorc *(pl ~anna) nm3* shark

síorghlas *adj* evergreen

síoróip *nf2* syrup

siorradh *(pl siorraí) nm1* draught; *(of air)* rush

siortaigh *vt, vi* rummage or rifle (through)

sios *vi* hiss

síos *adv* down ♦ *adj, adv* downward(s); **cuir síos ar** describe; **an citeal a chur síos** to put the kettle on

siosarnach *nf2* hissing, rustling

siosma *nm4* schism

siosúr *nm1* (pair of) scissors; **siosúr ingne** nail scissors

síota *nm4* cheetah

síothlaigh *vt, vi* die away, pass away; peter out; *(water, dust etc)* settle

síothlán *nm1* percolator, strainer

sipdhúntóir *nm3* zip (fastener)

sípris nf2 crêpe

sír nf2 shire

Siria nf4: **An tSiria** Syria

sirriam nm4 sheriff

síscéal nm1 fairy tale

sise pron she; her

siséal nm1 chisel

sistéal nm1 cistern

síth nf2 peace

sítheach adj peaceful

siúcra nm4 sugar; **siúcra reoáin** icing sugar

siúcraigh vt sugar

siúd dem pron that; those; **siúd an rud a dúirt sé** that's what he said; **siúd is go** although; **siúd ort!** cheers!

siúicrín nm4 saccharin(e)

siúil (pres **siúlann**) vt, vi walk; tread; wander; **siúil amach le duine** to date sb; **siúl suas agus anuas** to pace up and down; **siúl go gaigiúil** or **giodalach** to strut; to swagger

siúinéir nm3 joiner

siúinéireacht nf3 joinery

siúl (pl **~ta**) nm1 walk; walking; gait; trek; **an siúl a chailliúint** to lose the use of one's legs; **an siúl atá faoi rud** the speed at which sth is moving; **tá an siúl ina chosa** he's given to travelling; **ar siúl** under way, in progress; **rud a chur sa siúl** to set sth going; **cad é atá ar siúl aige?** what is he up to?; **ar shiúl** gone

siúlóid nf2 walk, hike

siúlóir nm3 walker, hiker

siúntaigh vt joint; (RAIL) shunt

siúr (gs **~ach**, pl **~acha**) nf sister; **An tSiúr Máire** Sister Mary

siúráilte adj certain

slabaire nm4 slob

slabhra nm4 chain; (NAUT) cable; **bhí an cime ar slabhraí** the prisoner was chained; **slabhra brád** necklace

slacán nm1 (SPORT) bat

slacht nm3 (polish etc) finish; **slacht a chur ar rud** to tidy sth up

slachtmhar adj neat, tidy; orderly; trim

slad nm3 robbery; plunder; devastation

sladchonradh nm bargain

sladmhargadh (pl **sladmhargaí**) nm1 bargain, snip

slaghdán nm1 (MED) cold; **slaghdán a thógáil** or **tholgadh** to catch a cold; **tá slaghdán orm** I have a cold

sláinte nf4 health; (drink, speech) toast; **sláinte!** cheers!; **bheith i do shláinte** to be in good health; **mheath a shláinte** his health broke; **d'ólamar a shláinte** we toasted him; **An Roinn Sláinte** Department of Health

sláinteach adj hygienic

sláinteachas nm1 hygiene

sláintíocht nf3 sanitation

sláintiúil adj healthy; sanitary

slamar nm1 (CULIN) hash

slán (pl **~a**) nm1 healthy person; health; farewell ♦ adj safe, secure; sound; intact; **d'fhág sé slán agam, chuir sé slán liom** he bid me goodbye; **talamh slán a dhéanamh de go** to take it for granted that; **d'éirigh léi teacht slán** she pulled through; **slán ó** safe from; **slán sábháilte** safe and sound; unscathed ♦ excl goodbye; **slán go fóill!** so long!; **slán leat!**, **slán agat!** cheerio; farewell

slánaigh vt, vi (fig, also REL) redeem; (age) turn

slánaíocht nf3 guarantee

slánaitheoir nm3 saviour

slándáil nf3 security

slánú nm salvation; safety

slánuimhir (gs **slánuimhreach**, pl **slánuimhreacha**) nf whole number

slaod vt mow down; drag ♦ vi (robes, hair) flow

slapach adj sloppy

slaparnach nf2 splashing

slat nf2 (for walking, SCOL) cane; (on bridge, balcony) rail; (wooden, TECH) rod; (measure) yard; (NAUT) waterline; **an tslat a thabhairt do dhuine** to cane sb; **slat draíochta** (magic) wand; **slat iascaigh** fishing rod; **slat tomhais** standard, criteria; (fig) yardstick; **slat tumtha** dipstick

sláthach nm1 (mud) slime

sleá (pl ~nna) nf4 spear

sleabhac (pres sleabhcann) vi droop; fade

sléacht vi kneel; genuflect; bow down

sleachta see **sliocht**

sleamhchúiseach adj rough-and-ready; slapdash

sleamhain (pl sleamhna) adj slippery

sleamhnaigh vi slide, slip, slither; glide

sleamhnáin n gen as adj (door etc) sliding

sleamhnán[1] nm1 (on sledge, for drawer etc) runner; (in playground, PHOT) slide; toboggan

sleamhnán[2] nm1 (MED) stye(e)

sleamhnú nm slip

sleasa see **slios**

sleasfhuinneog nf2 porthole

sléibhe n gen as adj mountain; see also **sliabh**

sléibhte see **sliabh**

sléibhteoir nm3 mountaineer

sléibhteoireacht nf3 mountaineering

sléibhtiúil adj mountainous; hilly

slí (pl slite) nf4 way, road; path; route; livelihood; "**géill slí**" "give way"; **slí bheatha** career

sliabh (gs sléibhe, pl sléibhte) nm

mountain; mount; **thuas sna sléibhte** up in the mountains

sliabhraon nm1 (mountain) range

Sligeach nm1 Sligo

sligéisc nmpl1 shellfish

slim adj slim; sly

slinn (pl ~te) nf2 slate

slinneán nm1 shoulder blade

slíoc vt pat, pet, stroke

sliocht (gs, pl sleachta) nm3 mark; breed, stock; offspring; descendants; passage, quote; extract; **bhí a shliocht air** it showed (on him)

sliochtach nm1 descendant

slíochta adj sleek; (pej: person) smooth

sliogán nm1 (on beach, explosive) shell

slios (gs, pl sleasa) nm3 side; **slios sléibhe** mountainside

sliotán nm1 slot

sliotar nm1 hurling ball; ball

slipéar nm1 slipper

slis (pl ~eanna) nf2 chip; slice; (of glass, wood etc) sliver; microchip

slisbhuille nm4 (SPORT) slice

sliseog nf2 chip; slice

slisín nm4 rasher

slite see **slí**

slítheánta adj scheming; sleek

sloc nm1 (of mine) shaft; **sloc guail** (coal) pit

slodán nm1 (of rain) puddle

slog vt swallow; engulf ♦ vi gulp, swallow ♦ nm1 (pl ~anna) gulp, swallow; swig; **slog siar** gulp down

slógadh (gs slógaí) nm1 (POL etc) rally

sloigisc nf2 riffraff

sloinne nm4 surname

slua (pl ~ite) nm4 throng, host; **bheith ar shlua na marbh** to be deceased

sluaisteáil vt, vi shovel; scoop

sluasaid (*gs* sluaiste, *pl* sluaistí) *nf2* shovel

sluma *nm4* slum

smacht (*pl* ~a) *nm3* control; grip; discipline; **chuaigh siad thar mo smacht** they are beyond my control

smachtaigh *vt* control; restrain; dominate; suppress

smachtbhanna *nm4* sanction; embargo

smachtín *nm4* club, truncheon; baton

smachtú *nm* rule, control; subjugation

smailc *nf2* (*pl* ~eacha) snack; puff ♦ *vt*, *vi* to puff; **do phíopa a smailceadh** to puff one's pipe

smál *nm1* stain, mark; smudge; blemish; disgrace

smálaigh *vt* stain, mark; smudge; blemish; blur

smalóg *nf2* flick; **smalóg a thabhairt do bhonn** to flip a coin

smaoineamh (*pl* smaointe) *nm1* thought; idea

smaoinigh *vt*, *vi* think; reflect; envisage; **smaoineamh ar rud** to think sth over; to think about sth

smaointeach *adj* thoughtful

smaointeoir *nm3* thinker

smeach (*pl* ~anna) *nm3* flick; (*of finger*) snap; smack; sob; **druidim de smeach** to snap shut; **smeach a thabhairt do rud** to flick sth ♦ *vt*, *vi*: **do theanga a ~adh** to click one's tongue

smeadráil *nf3* smear

smear *vt* smear, smudge

sméar *nf2* berry; **sméar dubh** blackberry

smeara *see* **smior**

smearadh (*pl* smearthaí) *nm1* smear, smudge; (*CULIN*, *paste*) spread

sméid *vt*, *vi* nod; wink; **sméideadh**

ar dhuine to motion (to) sb

smid (*pl* ~eanna) *nf2* breath; puff

smideadh *nm1* make-up

smidiríní *npl* smithereens; **smidiríní a dhéanamh de rud** to shatter sth

smig (*pl* ~eanna) *nf2* chin

smionagar *nm1* smithereens, bits; **smionagar a dhéanamh de rud** to smash sth to pieces

smior (*gs* smeara) *nm3* marrow; **chuaigh an ráiteas sin go smior inti** that statement cut her to the bone *or* quick; **tá sé sa smior aige** it's in his nature

smiot *vt* hit; smash; chop; chip; swat; **do ladhar a smiotadh** to stub one's toe

smitín *nm4* blow, cuff

smólach *nm1* (*bird*) thrush

smolchaite *adj* threadbare; used; (*fig*: *reply etc*) stock, hackneyed

smúdáil *vt*, *vi* iron; smooth

smuga *nm4* snot; mucus

smugairle *nm4* spit

smuigleáil *nf3* smuggling ♦ *vt*, *vi* smuggle

smuigléir *nm3* smuggler

smúit *nf2* smoke; mist; gloom; dust

smúitiúil *adj* smoky; gloomy; overcast

smúitraon *nm1* dirt track

smúr¹ *nm1* dust; soot; grime

smúr² *vt*, *vi* sniff

smúrthacht *nf3* snooping, sniffing about; **bhí sé ag smúrthacht thart** he was prowling about

smut *nm1* snout; pout

sna = **i** + **na** *see* **i**

snag¹ (*pl* ~anna) *nm3* gasp; sob; hiccough; **tá snag air** he has the hiccoughs

snag² (*pl* ~anna) *nm3*: **~ breac** magpie; **snag darach** woodpecker

snagcheol *nm1* jazz

snaidhm *nf2* (*pl* ~eanna) knot;

bead; constriction, difficulty ♦ vt, vi knot, tie; (broken bones) knit, set; **snaidhm reatha** noose; **snaidhm an droma** spinal cord

snaidhmeach adj matted

snáithe nm4 thread; (in wood) vein

snáithín nm4 fibre

snámh nm3 swim; swimming; bathing ♦ vi swim; float; crawl; (snake) slither; **dul a shnámh** to go for a swim

snámhach adj buoyant

snámhán nm1 float

snámhóir nm3 swimmer

snaoisín nm4 snuff

snas nm3 polish, gloss; bloom; **snas a chur ar rud** to polish sth, shine sth; **snas bróige/iongan** shoe/nail polish

snasán nm1 polish

snasleathar nm1 patent leather

snasta adj glossy; (fig) polished

snáth (pl ~anna) nm3 thread, yarn

snáthaid nf2 needle; pointer; **snáthaid na soicindí** (on clock) second hand; **snáthaid mhór** dragonfly

snáthghloine nf4 fibreglass

sneachta nm4 snow; **clocha sneachta** hailstones

sneachtúil adj snowy

sní nf4 flow

snigh vi pour; flow; filter through

sníomh vt, vi (road, path) meander; (wool etc) spin ♦ nm3 (of thread) spinning

snoigh vt, vi carve; wear down; chip

snoíodóireacht nf3 carving; **snoíodóireacht adhmaid** wood carving

snua (pl ~nna) nm4 complexion; appearance; **tá snua an bháis air** he's the colour of death

snúcar nm1 snooker

sobal nm1 lather, suds

so-bhlasta adj mouth-watering, palatable

sobhogtha adj elastic; movable

so-bhraite adj palpable

sobhriste adj fragile; brittle; breakable

sóbráilte adj sober

soc nm1 muzzle; (of hose etc) nozzle; **soc spréite** (of hose etc) rose

socair (gsf, pl, compar **socra**) adj calm, still; steady; easy

sochaí nf4 society; **sochaí an tomhaltais** consumer society

sochaideartha adj approachable, accessible

sochar nm1 benefit; gain; profit; welfare; **sochar a bhaint as rud** to benefit from sth; **chuaigh sé chun sochair dom** it benefited me; **sochar an amhrais a thabhairt do dhuine** to give sb the benefit of the doubt

socheolaíocht nf3 sociology

sochorraithe adj highly strung; excitable

sochrach adj beneficial

sochraid nf2 funeral

sochraideach nm1 mourner

sochreidte adj credible

sócmhainn nf2 asset

sócmhainneach adj (COMM) solvent

socra see **socair**

socracht nf3 quietness; rest

socraigh vt, vi arrange; fix; negotiate; calm; settle; **socraigh isteach** settle in

socraithe adj fixed; arranged; settled

socrú nm arrangement; settlement; decision

socthumadh nm nose-dive

sócúl nm1 comfort

sócúlach adj comfortable

sodar nm1 trot; **bheith ag sodar to** jog

sofaisticiúil adj sophisticated

sofheicthe adj visible; clear

sofhulaingthe adj bearable, tolerable

soghluaiste adj mobile

soghonta adj vulnerable

soibealta adj impudent; cheeky

soibealtacht nf3 cheek

soicéad nm1 socket

soicind nf2 (unit of time) second

sóid nf2 soda

soighe nm4 soya; soya bean; **anlann soighe** soya sauce

soilbhir adj cheerful

soiléir adj clear, distinct; obvious; apparent

soiléireacht nf3 clarity

soiléirigh vt clarify; elucidate

soilire nm4 celery

soilse see **solas**

soilsigh vt, vi shine; illuminate

soilsiú nm illumination

soineanta adj (weather) calm; fair; (naive) innocent, ingenuous

soinneán nm1 (of wind) blast

sóinseáil nf3 change

soiprigh vt nestle; (child) tuck in

soir adv eastward(s)

soirbhíoch nm1 optimist

soiscéal nm1 gospel

soiscéalach adj evangelical

soiscéalaí nm4 preacher

sóisear nm1 junior

sóisearach adj junior

sóisialach adj socialist

sóisialachas nm1 socialism

sóisialaí nm4 socialist

sóisialta adj social

soith nf (pl ~eanna) nf2 bitch

soitheach (pl soithí) nm1 vessel, container; dish; ship; **na soithí a ní** to do the washing-up

sól nm1 (fish) sole

solad nm1 solid

soláimhsithe adj manageable

sólaisteoir nm3 confectioner

sólann nf2 leisure centre

solaoid nf2 example

solas (pl soilse) nm1 light; lighting; beacon; **solas a chaitheamh ar rud** to illuminate sth

sólás nm1 solace; reassurance; **sólás a thabhairt do dhuine** to comfort sb

sólásaigh vt comfort, reassure

solasmhar adj bright

soláthair (pres soláthraíonn) vt procure; supply; **soláthair do** provide for

soláthar (pl soláthairtí) nm1 supplying; supply; provision

soláthraí nm4 supplier

soléite adj legible

sollúnta adj solemn

solúbtha adj flexible, pliable

son n: **ar ~ + gen** for the sake of

sona adj lucky; happy; **Nollaig Shona!** Merry Christmas!

sonas nm1 happiness; luck; **sonas ort!** best wishes; thank you

sonra nm4 detail; **sonraí** data; **bunachar sonraí** database

sonrach adj specific

sonraigh vt, vi state; take special notice of; distinguish

sonraíoch (gsm ~) adj remarkable, striking

sonraíocht nf3 specification

sonrasc nm1 invoice

sonrú nm detail; specification; notice

sop nm1 wisp

soprán nm1 soprano

sorcas nm1 circus

sorcóir nm3 cylinder; **sorcóir gáis** gas cylinder

sorn nm1 furnace; stove, (kitchen) range

sornóg nf2 stove

sórt nm1 sort; kind, type

sórtáil vt sort (out)

sos (pl ~anna) nm3 pause, break,

rest; intermission; respite; **sos cogaidh** truce; armistice; **sos tae/caife** tea/coffee break

sotalach adj arrogant, cheeky, impertinent, insolent

sothuigthe adj easily understood; articulate; expressive

spá (pl **~nna**) nm4 spa

spád nf2 spade

spadach adj soggy; (beer) flat

spadalán nm1 palette

spadánta adj listless, sluggish; shiftless; stolid

spadhar nm1 tantrum

spadhrúil adj capricious; whimsical

spaga nm4 (for tobacco, money) pouch, purse

spágach adj clumsy

spágáil vi trudge

spailpín nm4 migrant worker

Spáinn nf2: **An ~** Spain

Spáinneach nm1 Spaniard ♦ adj Spanish

spáinnéar nm1 spaniel

Spáinnis nf2 (UNG) Spanish

spaisteoireacht nf3 stroll; ramble; **bheith ag spaisteoireacht** to saunter along

spall vi shrivel

spallaí nmpl4 rubble

spallta adj parched

spáráil vt, vi spare; economize; save; **le spáráil** to spare; **in hand**

sparán nm1 purse, billfold (US); pocketbook

sparánaí nm4 treasurer

sparra nm4 bar; bolt

spartach adj spartan

spártha adj spare

spás (pl **~anna**) nm1 space; interval

spás- prefix space-

spásáil vt space (out) ♦ nf3 spacing

spásaire nm4 astronaut

spásárthach nm1 spacecraft

spásas nm1 period of grace; (LAW) reprieve

speach nf2 (of animal) kick; (of gun) recoil

spéaclaí nmpl4 glasses, spectacles

speal nf2 scythe

speiceas nm1 (BIOL) species

speiceasach adj (BIOL) specific

speictream nm1 spectrum

spéir (pl **spéartha**) nf2 sky; **codladh faoin spéir** to sleep rough

spéirbhean (pl **spéirmhná**, gpl **spéirbhan**) nf beautiful woman

spéireata (pl **~í**) nm4 (CARDS) spade

spéiriúil adj striking, attractive

speirling nf2 thunderstorm

speirm nf2 sperm

spéis nf2 interest; affection; **spéis a chur i** to be interested in sth; **is spéis liom dul** I am interested in going; **tá spéis mhór aige san iascaireacht** he's very keen on fishing

speisialta adj special

speisialtacht nf3 speciality

speisialtóir nm3 specialist

speisialtóireacht nf3 specialization; **speisialtóireacht a dhéanamh ar** to specialize (in)

spéisiúil adj interesting

spiacánach adj jagged, spiky

spiagaí adj flashy; gaudy; (colour etc) gay

spiaire nm4 spy, mole

spiaireacht nf3 spying, espionage; **spiaireacht (ar)** informing (against)

spiara nm4 (wall) partition

spíce nm4 spike

spideog nf2 robin

spíon vt tease out; (person, strength) wear out; (hair) comb

spionáiste nm4 spinach

spíonán nm1 gooseberry

spionnadh nm1 verve

spíonta adj exhausted; worn-out

spiorad nm1 spirit; **An Spiorad Naomh** Holy Spirit or Ghost

spioradálta adj spiritual

spíosra nm4 spice
spíosrach adj spicy
splanc vi (light) flash ♦ nf2 (pl ~acha) flash; splanc thintrí flash or bolt of lightning; bíodh splanc céille agat have a bit of sense, wise up
spleách adj dependent
spléach vi: ~ ar glance at; peek at
spléachadh nm1 glimpse; peep; spléachadh a thabhairt ar rud to glance at sth; to scan sth
spleodar nm1 exuberance
spleodrach adj boisterous
spóca nm4 (of wheel) spoke
spoch vt castrate ♦ vi: ~ as tease, kid; slag off
spól nm1 spool
spóla nm4 (CULIN) joint
spontáineach adj spontaneous
spor nm1 spur
spórt nm1 sport; fun; spórt a dhéanamh to have fun; spórt geimhridh winter sport
sportha adj exhausted; (no money) broke, skint
spórtúil adj sporty; sporting
spota nm4 spot; dot
spotsolas nm1 spotlight
sprae nm4 (for garden) spray
spraeáil vt spray
spraechanna nm4 (aerosol) spray
spraíúil adj playful
spraoi (pl spraíonna) nm4 fun
spraoithiománaí nm4 joyrider
spré (gs ~ite) nm (in skirt etc) flare
spré² nf4 wealth; dowry
spreacadh (gs spreactha) nm verve
spréach nf2 spark
spréachphlocóid nf2 (AUT) spark(ing) plug
spreag vt boost, encourage; (bring about) induce, inspire; (talks etc) instigate; (stir up) rouse, spur
spreagadh (gs spreagtha, pl spreagthaí) nm boost; incentive;

inducement; (fig) spur, stimulus
spreagtha adj motivated
spreagthacht nf3 (COMM) stimulus
spreagúil adj encouraging; exhilarating
spréigh vt, vi disperse, spread
spréire nm4 (for lawn) sprinkler
spréite see spré; spréigh
sprid (pl ~eanna) nf2 ghost; courage
sprioc (pl ~anna) nf2 target; objective
spriocdháta nm4 deadline
sprionga nm4 (coiled metal) spring
sprionlaithe adj mean, miserly, stingy
sprionlaitheacht nf3 meanness, stinginess
sprionlóir nm3 miser
sprochaille nf4 gill; baggy skin; sprochaillí faoi na súile bags under the eyes
sprús nm1 spruce
spuaic (pl ~eanna) nf2 blister; spire, steeple
spúinse nm4 sponge
spúinseáil vt sponge
spúnóg nf2 spoon; spúnóg bhoird tablespoon
srac vt, vi tear, rip; strain; drag; rud a shracadh ó dhuine to wrench sth from sb
sracadh (pl sracaí) nm1 jerk, wrench, tug; pluck
sracfhéachaint nf2 glance; sracfhéachaint a thabhairt ar rud to glimpse sth
sracshúil nf2 glance; sracshúil a thabhairt ar rud to glance at sth
sráid (pl ~eanna) nf2 street
sráidbhaile (pl sráidbhailte) nm4 village; muintir an tsráidbhaile the villagers
sraith (pl ~eanna) nf2 series; run; line; row; league; succession; (of wool, rope) ply; (of rooms, also MUS)

suite

sraithadhmad *nm1* plywood

sraithuimhir *nf* serial number

srann *vi* snore; snort

sraoil (*pl* ~eanna) *nf2* (*of smoke etc*) trail

sraoilleach *adj* (*appearance*) ragged; (*person : in character*) untidy

sraoilleadh *nm* trail; **bhíomar ag sraoilleadh linn ina ndiaidh** we were trailing along them

sraoilleán *nm1* streamer; (CINE) trailer

sraoilleog *nf2* slut

sraon *vt, vi* pull, drag; plod

sraoth (*pl* ~anna) *nm3* sneeze; snort

srapnal *nm1* shrapnel

sreabhann *nm1* (*cloth*) chiffon

sreang *nf2* string; wire; cord; **sreang dheilgneach** barbed wire; **sreang an imleacáin** umbilical cord

sreangach *adj* stringed; stringy; bloodshot

sreangaigh *vt* wire (up)

sreangscéal (*pl* ~ta) *nm1* telegram; **sreangscéal a chur chuig duine** to send a telegram to sb; to wire sb

sreangshiopaí *nmpl4* chain stores

sreangú *nm* wiring

srian (*pl* ~ta) *nm1* bridle; rein; check, restraint; restriction ♦ *vt* check, restrain; **srian a chur le duine** to restrain sb

srianta *adj* restrained; (*feelings etc*) pent-up

sroich *vt, vi* reach, attain; come up to

sról *nm1* satin

srón *nf2* nose

srónail *nf3* (*of voice*) twang; nasalization

srónbheannach *nm1* rhinoceros

sruth (*pl* ~anna) *nm3* stream, river; current; flow

sruthaigh *vi* stream, flow

sruthán *nm1* stream

sruthlaigh *vt* flush, rinse

stábla *nm4* stable

stad *nm4* (*pl* ~anna) stop; halt; (*for taxis*) stand, rank; rest ♦ *vt, vi* stop; halt, pull up; (AUT) stall; stammer; **stad a chur le rud** to put a stop to sth; **stad bus** bus stop; **stad** (*cainte*) (*speech*) impediment; **stad tacsaí** *or* **tacsaithe** taxi rank

stádas *nm1* status; **stádas pósta** marital status

stadchló *nm4* stop press

staduaireadóir *nm3* stopwatch

staic (*pl* ~eanna) *nf2* stake; post; **staic a dhéanamh de dhuine** to scare sb stiff

staid¹ (*pl* ~eanna) *nf2* state; situation; **ar staid na ngrásta** in a state of grace

staid² (*pl* ~eanna) *nf2* stadium; furlong

stáid *nf2* trail; streak

staidéar *nm1* study; **staidéar a dhéanamh** to study

staidéarach *adj* studious

staidiúir *nf2* stature; posture, pose

staidreamh *nm1* (*science*) statistics

staighre *nm4* stairs; staircase; flight of steps

stail (*pl* ~eanna) *nf2* stallion

stailc¹ (*pl* ~eanna) *nf2* strike; stoppage, walkout; **ar stailc** on strike

stailc² *nf2* (*in food*) starch

stailceoir *nm3* (IND) striker

stainc *nf2* pique

stainceach *adj* huffy

stainnín *nm4* stall, stand

stair (*pl* startha) *nf2* history; **stair an domhain** the history of the world

staire *n gen as adj* historical

stairiúil *adj* historic

stáirse *nm4* starch

stáiseanóir *nm3* stationer

stáisiún *nm1* station; **stáisiún peitril**

petrol *or* (US) gas station, service station, filling station; **stáisiún cumhachta** power station; **stáisiún na bpóilíní** *or* **ngardaí** police *or* garda station; **stáisiún raidió** radio station; **stáisiún traenach** railway station; **stáisiún vótála** polling station; **stáisiún dóiteáin** fire station

staitistic *nf2* statistic

stáitse *nm4* stage

stáitsigh *vt* (*play*) stage

stálaithe *adj* stale

stalc *vi* stiffen, seize up; set

stalcach *adj* stubborn

stalla *nm4* stall

stampa *nm4* stamp; **stampa den dara grád** second-class stamp; **stampa rubair** rubber stamp

stampáil *vt, vi* stamp

stán¹ *nm1* tin

stán² *vi*: ~ **ar** gaze at, stare at; peer at

stánadh *nm* stare

stánaithe *adj* (*food*) tinned, canned

stang *vt* (*land*) stake out; (*gun*) load; (*wood stake*) strain

stangadh (*gs* **stangtha**) *nm* bond; wrench; strain; **stangadh droma** back strain

stánosclóir *nm3* tin-opener, can-opener

staon *vi* cease, let up; **staon ó** abstain from, refrain from; **staon de** cease

staonaire *nm4* pioneer; teetotaller

staontach *adj* abstinent, teetotal

stápla *nm4* (*for papers*) staple

stápláil *vt* staple

stáplóir *nm3* stapler

staraí *nm4* historian

staróg *nf2* anecdote

starrfhiacail (*pl* **starrfhiacla**) *nf2* fang; tusk

startha *see* **stair**

stát *nm1* (*POL*) state; **na Stáit Aontaithe** the United States

statach *adj* static ♦ *nm1* (*RADIO, TV*) static

státaire *nm4* statesman

státseirbhís *nf2* Civil Service

státseirbhíseach *nm1* civil servant

státúil *adj* stately, dignified

steall (*pl* ~**ta**) *nf2* splash; squirt

stealladh (*pl* **steallaí**) *nm1* downpour; **tá sé ag stealladh báistí** it is pouring (with rain); **ar steallaí mire** berserk

steallaire *nm4* syringe

steanc *nm4*, *vt, vi* squirt

stéig¹ *nf2* intestine

stéig² (*pl* ~**eacha**) *nf2* steak; **stéig fhilléid/gheadáin** fillet/rump steak

stéille *see* **steall**

steiréafón *nm1* (*sound, hi-fi*) stereo

steiréafónach *adj* stereo(phonic)

stiall (*gs* **stéille**, *pl* ~**acha**) *nf2* shred; strip; slab

stiallach *adj* tattered

stiallchartún *nm1* strip cartoon

stiallta *adj* in tatters

stíl (*pl* ~**eanna**) *nf2* style; **stíl bheatha** lifestyle

stiléireacht *nf3* poteen making

stiogma *nm4* (*BOT*) stigma; (*MED, REL*) stigmata

stionsal *nm1* stencil

stióróip *nf2* stirrup

stiúgtha *adj*: **tá sí ~ leis an ocras** she is starving; **bheith stiúgtha leis na gáirí** to be convulsed with laughter

stiúideo (*pl* ~**nna**) *nm4* studio

stiúir *vt* steer, navigate; direct; manage; supervise ♦ *nf* (*gs* **stiúrach**, *pl* **stiúracha**) (*NAUT*) rudder, helm; wheel

stiúradh (*gs* **stiúrtha**) *nm* (*AUT*) steering; direction; supervision

stiúrthóir *nm3* director; supervisor; **stiúrthóir aerthráchta** air-traffic

controller
stobh vt stew
stobhach nm1 stew
stoc¹ nm1 stock
stoc² nm1 trumpet; trunk
stoca nm4 sock; stocking; **stoca cabhlach** body stocking
stócach nm1 boy, youth; boyfriend
stócáil nf3 (for trip, war) preparation ♦ vt (fire, boiler) stoke
stocaire nm4 odd man out; sponger, hanger-on
stocaireacht nf3: **bheith ag ~ ar** to sponge off or on
stocbhróicéir nm3 stockbroker
stocmhalartán nm1 stock exchange
stocmhargadh nm1 stock market
stocthiomsaigh vt, vi stockpile
stocthiomsú nm stockpile
stoda nm4 stud; **stoda bóna** collar stud
stoidiaca nm4 zodiac
stoil (pl ~eacha) nf2 stole
stoipéad nm1 tampon
stoirm (pl ~eacha) nf2 storm; **an stoirm a chur díot** to weather the storm; **stoirm shneachta** snowstorm
stoirmeach adj stormy
stoith vt pluck; uproot
stól (pl ~ta) nm1 stool
stoll vt, vi shred
stolp vi stagnate
stolpach adj stodgy
stop vt, vi stop; halt; block; (hole) plug; stem; (SPORT) save; (tap) turn off ♦ nm4 stop
stópa nm4 pail
stopadh nm stoppage
stopainn nf2 stoppage
stopallán nm1 plug, stopper; (of bottle) top
stór¹ (pl ~tha) nm1 store; stock; treasure; fund; (of food) hoard; **a stór** (term of endearment) darling
stór² (pl ~tha) nm1 storey

stóráil nf3 storage
stóras nm1 storeroom; depot
strabhas nm1 grimace
strae nm4 straying; **ar strae** astray
stráice nm4 strip; **stráice tuirlingthe** landing strip
straidhp nf2 (MIL) stripe
straiméad nm1 (banner) streamer
strainc nf2 grimace; **strainc a chur ort féin** to grimace
strainséartha adj strange
strainséir nm3 stranger
straitéis nf2 strategy
straitéiseach adj strategic
strambán nm1 boring story
streachail (pres **streachlaíonn**) vt, vi struggle; drag
streachlánach adj straggling, trailing; (house) rambling
streancán nm1 time; (of instrument) twang
striapach nf2 prostitute, whore
stríoc nf2 stroke; streak; line; (in hair) parting, part (US)
stró nm4 trouble; bother, effort; **stró a chur ort féin le rud** to take pains with sth; **gan stró** easily
stróc nm4 (MED) stroke
stróic (pl ~eacha) nf2 tear ♦ vt tear (up)
stróiceadh nm tear; **stróic leat** tear away, go ahead
stroighin (gs **stroighne**) nf2 cement
stroighnigh vt cement
struchtúr nm1 structure
struchtúrach adj structural
strufal nm1 truffle
strus nm1 stress; **strus a chur ort féin** to overexert o.s.
stua (pl ~nna) nm4 arc; arch
stuacach adj peaked, pointed; stubborn; sulky
stuaic (pl ~eanna) nf2 peak, tip; spire; sulk; **tá stuaic uirthi** she's in a huff; **chuir an magadh stuaic uirthi** she took offence at the joke

stuáil nf3 padding; stuffing; packing

stuaim nf2 prudence; tact

stuama adj sensible, responsible; tactful; solemn, sober; staid; steady

stuamaigh vt calm down

stuara nm4 arcade

stuif (pl ~eanna) nm4 stuff, material

stumpa nm4 stump

stupa nm4 (of cigarette) stub

sú¹ nm4 juice; **sú toraidh** fruit juice

sú² (pl ~tha) nf4 berry; **sú craobh** raspberry; **sú talún** strawberry

sú³ nm4 suction

suáilce nf4 virtue; blessing; godsend

suáilceach adj virtuous; genial

suaimhneach adj peaceful, tranquil; relaxed, restful

suaimhneas nm1 peace, calm, tranquillity; **bheith ar do shuaimhneas** to feel at ease; **ar a shuaimhneas** at his leisure; **cuireann an ceol ar a shuaimhneas é** the music relaxes him

suaimhneasán nm1 (MED) tranquillizer

suaimhnigh vt calm, placate, quieten (down)

suaimhnitheach adj relaxing; pacifying

suairc adj merry

suaite adj upset

suaith vt, vi mix; (cards) shuffle; massage; **fadhb a shuaitheadh** to thrash out a problem

suaitheadh nm mix; (MED) shock; (AVIAT) turbulence; turmoil

suaitheantas nm4 badge

Sualainn nf2: **An tSualainn** Sweden

Sualainnis nf2 (LING) Swedish

Sualannach adj Swedish ◆ nm1 Swede

suan nm1 sleep; slumber; **thit sé i suan** he fell asleep

suanach adj lethargic; dormant

suanán nm1 sedative

suanlios (gs suanleasa, pl ~anna) nm3 dormitory

suanmhar adj sleepy

suansiúlaí nm4 sleepwalker

suantraí nf4 lullaby

suarach adj petty, mean; degenerate

suarachas nm1 meanness; pettiness

suas adv, prep up; upward(s)

suathaireacht nf3 massage

subh nf2 jam; preserve

subhach adj cheerful

substaint nf2 substance

substaintiúil adj substantial

súgach adj merry, cheerful; tipsy

súgradh (gs súgartha) nm playing; **súgradh a dhéanamh** to frolic

suí (pl ~onna) nm4 sitting; session; seat; **bheith i do shuí** to be sitting; **níl sé ina shuí go fóill** he's not up yet; **bheith i do shuí go te** to be comfortably well-off; **seomra suí** sitting room

suibiacht nf3 (philosophical) subject

suibiachtúil adj subjective

suibscríbhinn nf2 subscription

súiche nm4 soot; **chomh dubh leis an súiche** as black as soot

suigh vt, vi sit; (in session) meet; position; **suí i mbun duine** to impose on sb; **suí ar** to perch on; **suí ar do ghogaide** to squat

súigh vt absorb, soak up

súil (gs, pl ~e, gpl súl) nf2 eye; anticipation; **súil sprice** bull's-eye; **súil cait** (AUT) Catseye ®; **tá súil agam** or **tá mé ag súil** I hope or am hoping for

súilaithne nf4: **tá ~ agam air** I know him to see

súilín nm4 eyelet; bubble

súilíneach adj sparkling

suim (pl ~eanna) nf2 sum; interest; **is beag an tsuim é** it is of no account; **níl suim agam ann** I'm

not interested in it
suimigh vt to add (up), add; total
súimín nm4 sip; **súimín a bhaint as deoch** to sip from a drink
súimíneacht nf3 sipping
suimint nf2 cement
suimiúil adj interesting
suíochán nm1 seat; pew
suíomh nm1 (position) locality, position; (locale) situation
suíonna see **suí**
suipéar nm1 supper
suirbhé nm4 survey
suirbhéir nm3 surveyor; **suirbhéir cainníochta** quantity surveyor
suirbhéireacht nf3 (of land) survey
suiri nf4 courting
suiríoch nm1 lover; suitor
suite adj situated; stocky; **bheith suite i** to be located in
súiteach adj absorbent
suiteáil nf3 installation
súiteoir nm3 sucker
súl see **súil**
sula (+ past of irreg vbs = **~r**) conj before; **sula ndearna mé é** prior to my doing it
súlach nm1 gravy; (of plants) sap
sular see **sula**
sult nm1 enjoyment; **sult a bhaint as rud** to enjoy sth
sultmhar adj enjoyable, entertaining
súmaire nm4 scrounger; leech; quagmire
súmaireacht nf3 suction; scrounging
súmhar adj juicy; luscious
súmóg nf2 sip
súnás nm1 orgasm
suntas nm1 attention
suntasach adj impressive; noticeable; outstanding
súp nm1 soup
súráic vt, vi suck
sursaing nf2 corset

súsa nm4 rug, blanket
suth (pl **~anna**) nm3 embryo
sútha see **sú²**

svaeid¹ nf2 suede
svaeid² (pl **~eanna**) nf2 (turnip) swede
svaistice nf4 swastika

T

t- (remove "t-") see initial vowel
tA (remove "t") see **A...**
tá vb see **bí**
tábhacht nf3 importance; significance
tábhachtach adj important; significant; consequential; industrious
tabhaigh vt earn; deserve
tabhair (vn **~t**, pres **tugann**, past **thug**, vadj **tugtha**) vt, vi give; grant, hand (over), present; take; **tabhair leat é** take or bring it with you; **tabhair ar** call; force; **thug siad Conall air** they called him Conall; **thug siad air labhairt** they forced him to speak; **thug sé an leaba air féin** he took to his bed; **thug sin chuige féin é** that brought him to his senses; **tabhair faoi** undertake; attempt; attack
tábhairne nm4 pub, bar
tábhairneoir nm3 publican
tabhair see **tabhair**
tabhall nm1 catapult; sling
tabharfaidh etc vb see **tabhair**
tabhartas nm1 gift; donation
tabharthach adj, nm1 (UNG) dative
tábla nm4 table; **tábla a fheistiú** or a **chóiriú** to set or lay the table
táblaigh vt tabulate
taca nm4 prop, support, rest; buttress; (in time) point; **bain taca as** lean on; **taca a chur le rud** to shore sth (up); **i dtaca liomsa de**

for my part; **um an dtaca seo**
about this time

tacaí *nm4* supporter

tacaigh *vt* support, hold up;
tacaigh le support; root for; back
(up), prop (up)

tacaíocht *nf3* support; back-up

tacair *n gen as adj* mock

tacar *nm1* gleaning; collection;
(MATH) set

tachrán *nm1* child; kid; toddler

tacht *vt, vi* choke; strangle, throttle

tachtóir *nm3* (AUT) choke

tácla *nm4* (*for lifting*) tackle

tacóid *nf2* tack; **tacóid ordóige**
drawing pin, thumbtack

tacsaí *nm4* taxi, cab

tacúil *adj* sturdy; opportune

tadhall *nm1* touch; contact

tadhallíogair *adj* (COMPUT)
touch-sensitive

Tadhg *nm1* (*also:* **~ an Mhargaidh**)
the man in the street; **Tadhg an
dá thaobh** a two-faced person

tadhlaí *nm4* tangent

tae *nm4* tea; **tae líomóide** lemon
tea

taephota *nm4* teapot

taespúnóg *nf2* teaspoon

tafann *nm1* bark(ing); **tafann a
dhéanamh** to bark

tagaim *etc vb see* **tar**

tagair (*pres* **tagraíonn**) *vt, vi:* **~ do**
refer to, mention

tagairt (*gs* **tagartha**, *pl* **~í**) *nf3*
reference; mention; **leabhar
tagartha** reference book

tagann *vb see* **tar**

taghdach *adj* moody,
temperamental

tagtha *vadj see* **tar**

taibhreamh *nm1* dream;
taibhreamh lae daydream

taibhrigh *vt, vi* dream

taibhríuil *adj* imaginary

taibhse *nf4* ghost; phantom

taibhseach *adj* flamboyant;
magnificent, splendid; pretentious

taibhsigh *vi* threaten; loom; seem

táibléad *nm1* tablet

taidhleoir *nm3* diplomat

taidhleoireacht *nf3* diplomacy

taifead *nm1* record ♦ *vt* record;
tape; **seachadadh taifeadta**
recorded delivery

taifeadadh (*gs* **taifeadta**, *pl*
taifeadtaí) *nm* (MUS *etc*) recording

taifeadán *nm1* recorder; **taifeadán
físcheasáid** video (cassette) recorder

taifí *nm4* toffee

taighde *nm4* research; enquiry;
probe; **taighde margaidh** market
research; **taighde a dhéanamh ar
rud** to research sth

táille *nf4* tally; charge; fare; fee;
admission, entrance fee; **táille
áirithíochta** retainer; **táille iompair**
haulage (charge); **leath-tháille/
lántáille** half/full fare; **táillí** fees,
rates; **na táillí a aistriú** to transfer
the charges

táillefón *nm1* pay phone

táillúir *nm3* tailor

táillúireacht *nf3* tailoring

tailm (*pl* **~eacha**) *nf2* bang; blow;
thump

tailte *see* **talamh**

táim *etc vb see* **bí**

táin *nf2* (HIST) raid; herd wealth

táinrith (*gs* **táinreatha**, *pl* **táinriti**)
nm3 stampede

táinséirín *nm4* tangerine

taipéis *nf2* tapestry

táiplis *nf2:* **~ bheag** draughts,
checkers (US)

táir *adj* base; cheap; wretched;
depraved

tairbhe *nf4* benefit; profit; **de
thairbhe** + *gen* on account of;
because of; by virtue of; **tairbhe a
bhaint as rud** to benefit from sth;
gan tairbhe useless

tairbheach *adj* beneficial; profitable

táireach *adj* degrading

tairg *vt, vi* bid; offer; stand; tender

táirg *vt* produce, turn out; yield

táirge *nm4* product; yield

táirgeacht *nf3* output; production

táirgeadh (*gs* **táirgthe**) *nm* production; output

táirgeoir *nm3* producer

táirgiúlacht *nf3* productivity

tairiscint (*gs* **tairisceana**, *gs* ~í) *nf3* bid, offer; proposition; (*COMM, offer*) tender

tairne *nm4* (*metal*) nail

tairneáil *vt* nail

tairngir *vt, vi* prophesy; foretell

tairngreacht *nf3* prophecy

tairseach *nf2* threshold

tais *adj* damp, wet; humid; moist

taisc *vt* store; deposit; hoard; reserve

taisce *nf4* store, reserve; cache; (*COMM, FIN*) deposit; hoard, nest-egg; treasure; **i dtaisce** in reserve; **cuntas taisce** savings *or* deposit account

taisceadán *nm1* depository; locker; safe

taiscéal *vt, vi* explore; examine; (*MIL*) reconnoitre; prospect

taiscéalaí *nm4* explorer; prospector

taise *nf4* damp(ness); compassion

taiséadach (*pl* **taiséadaí**) *nm1* shroud

taisiúil *adj* compassionate

taisleach *nm1* damp(ness); moisture

taisme *nf4* accident; mishap; **de *or* trí thaisme** by chance; **taisme bóthair** road accident

taismeach *adj* accidental; tragic
♦ *nm1* casualty

taispeáin (*pres* **taispeánann**, *vn* ~t) *vt, vi* show, appear; display, exhibit; denote

taispeáint *nf3* show; exhibition; **ar**

taispeáint on show

taispeánadh (*gs* **taispeánta**, *pl* **taispeántaí**) *nm* revelation; display

taispeántas *nm1* show, exhibition; display

taisrigh *vt* damp(en)

taisritheoir *nm3* moisturizer

taisteal *nm1* travel; travelling

taistealaí *nm4* traveller

taistil (*pres* **taistealaíonn**) *vt, vi* travel

taithí *nf4* practice; experience; **is beag mo thaithí air** I'm not too familiar with it

taithigh *vt, vi* frequent; practise; experience

táithín *nm4*: ~ **cadáis** (*MED*) swab

taithíoch (*gsm* ~) *adj* familiar; intimate

taitin (*vn* **taitneamh**, *pres* **taitníonn**) *vt, vi*: **taitníonn sé liom** I like it; **bhí an ghrian ag taitneamh** the sun was shining

taitneamh *nm1* shine; brightness; pleasure; **taitneamh a thabhairt do dhuine** to take a fancy to sb

taitneamhach *adj* pleasing; likeable; shining

tál *nm1* (*of milk*) yield

talamh (*gsm* **talaimh**, *gsf* **talún**, *pl* **tailte**) *nm1 or nf* earth; land; ground; **talamh slán a dhéanamh de go** to take it for granted that; **an talamh a bhrath** to put out feelers, test the ground

talmhaíata *adj* landlocked

talcam *nm1* talcum powder, talc

tallann *nf2* impulse; whim; **de thallann** on impulse; **tallann feirge** (fit of) temper

tallannach *adj* impulsive, temperamental

talmhaigh *vt, vi* dig in; (*ELEC*) earth, ground (*US*)

talmhaíocht *nf3* agriculture

talmhú *nm* earth, ground (wire)

(US)

talún see **talamh**

Tamais nf2: **An ~** the Thames

tamall nm1 while; spell; span; **go ceann tamaill** for a while; **faoi cheann tamaill** after a while; **tamall ó bhaile** some distance from home

támh nf2 swoon; trance; daze; nap; apathy; **dul i dtámh** to go into a trance

támhnéal (pl **~ta**) nm1 swoon; trance

támhshuanach adj narcotic

tanaí adj thin; shallow; watery; sketchy; skinny

tanaigh vt, vi thin; slim; dilute; dwindle

tánaiste nm4 deputy Prime Minister; second-in-command

tánaisteach adj secondary

tanc (pl **~anna**) nm4 (MIL) tank

tancaer nm1 tanker

tanú nm attenuation; dilution; (of animals) cull

taobh (pl **~anna**) nm1 border, edge; flank; side; aspect; point of view; team; dependence; **taobh tíre** region of country; **i dtaobh + gen** about; **i dtaobh de** depending on; **bheith i dtaobh le** to depend on; **cad ina thaobh?** why?; **fá dtaobh de** about; **le taobh bheith ...** compared to being ...; **d'aon taobh** on the same side

taobhaigh vt draw near, approach; **taobhaigh le** side with, support; opt for; favour; rely on; trust

taobhaitheoir nm3 supporter; (POL) sympathizer

taobhlach nm1 (RAIL) siding

taobhlíne nf4 (SPORT) sideline, touchline

taobhmhaor nm1 (SPORT) linesman

taobhroinn nf2 (of church) aisle

taobhsholas nm1 (AUT) sidelight

taobhshráid nf2 side street

taoide nf4 tide; **taoide thuile** flood tide

taoiseach nm1 chief; leader; (POL) Prime Minister

taom[1] (pl **~anna**) nm3 (MED) seizure, fit; **taom croí** heart attack; **taom feirge** a fit of anger

taom[2] vt, vi pour out; (potatoes) drain, teem

taomach adj spasmodic; erratic; moody

taomán nm1 bailer; (for coal etc) scoop

taos nm1 paste; dough; **taos fiacla** toothpaste

taosc vt, vi drain; bail out; scoop out

taoscadh (gs **taosctha**) nm bailing, pumping; drainage

taoschnó nm4 doughnut

taosrán nm1 pastry

tapa nm4 quickness, readiness ♦ adj quick, rapid; (at the) ready

tapaigh vt seize, take; **an deis a thapú** to take the opportunity

tapúlacht nf3 speediness

tar (vn **teacht**, vadj **tagtha**, pres **tagann**, past **tháinig**, fut **tiocfaidh**) vt, vi come; turn up; arrive; **tar ar** come upon, find; get; **tháinig tuirse orm** I got tired; **tar as** escape; recover from; stretch; **tháinig sé as** he got over it; **tar de** come of; arise from; **tháinig de sin go ...** and so it is that ...; **tar do** suit; **tagann sé duit** it suits you; **tar gan** do without; **tiocfaidh mé gan é** I will do without it; **tar i** come into; **tháinig ann dó** he came of age; **tar le** agree with; succeed; **tháinig sé liom** he agreed with me; **tháinig liom** I succeeded; **thig liom** I can

taraif nf2 tariff

tarbh nm1 bull; **An Tarbh** Taurus

tarbhghadhar nm1 bulldog

tarcaisne nf4 insult; scorn

tarcaisneach adj offensive; disparaging

tarcaisnigh vt insult; scorn

tarchuir vt (RADIO, TV) transmit

tarchur nm1 (TEL, COMPUT etc) transmission; reference

tarchuradóir nm3 transmitter

targaid nf2 target

tarlaigh (past **tharla**) vi happen; occur, come about; go on; **tharla ann é** he happened to be there

tarlú nm event, happening; occurrence

tarnocht adj (stark) naked

tarpól nm1 tarpaulin

tarra nm4 tar

tarracóir nm3 tractor

tarraiceán nm1 drawer

tarraing (vn **~t**) vt pull; drag, haul; draw; attract; **tarraing ar** approach; **bruíon/troid a tharraingt** to cause trouble/a fight; **na cosa a tharraingt** to drag or shuffle one's feet

tarraingeoir nm3 (company) haulier

tarraingt nf pull; draw; attraction; traction; **tarraingt téide** tug of war; **tarraingt a bhaint as buidéal** to take a drink from a bottle; **ar tarraingt** (MED) in traction

tarraingteach adj attractive; appealing; fetching; inviting; seductive; catchy

tarraingteán nm1 tab; ring pull

tarramhacadam nm1 tarmac(adam)

tarrtháil nf3, vt rescue; help; salvage

tarrthálaí nm4 rescuer

tarscaoil vt waive

tart nm3 thirst; **tá tart air** he is thirsty; **do thart a chosc** to quench one's thirst

tartar nm1 tartar

tartmhar adj (person etc) thirsty

tasc (pl **~anna**) nm1 task

táscach nm1 (LING) indicative

táscaire nm4 indicator; (COMPUT) cursor

tascfhórsa nm4 (MIL, POLICE) task force

tástáil vt, vi test, sample; taste
  ♦ nf3 test, trial; taste; (of dress etc) fitting

tátal nm1 deduction; **tátal a bhaint as rud** to draw a conclusion from sth

tathag nm1 solidity; (of wine etc) body

táthaigh vt, vi bind; solder; weld; (bone) knit; solidify

táthaire nm4 welder; (inf) scrounger

táthán nm1 (for tooth) filling

táthar vb see **bí**

táthcheangal nm1 (COMM) takeover

tatú nm4 tattoo

tatuáil vt tattoo

T-chearnóg nf2 T-square

TD n abbr (= Teachta Dála) Dáil Deputy, ≈ MP

tE (remove "t") see E...

te (pl, compar **~o**) adj hot, warm

té pron whoever, whosoever; **an té a thiocfaidh air** whoever finds it

téac nf2 teak

teach (gs **tí**, pl **tithe**, ds **tigh**) nm house; (family etc) household; place; **i dteach Phádraig, tigh Phádraig** at Patrick's; **dul ag cuartaíocht tigh +** gen to go round to sb's (house); **teach gloine** greenhouse; **teach na ngealt** asylum; **teach ósta** hostel, inn; **teach pobail** chapel, church; **teach solais** lighthouse

teachín nm4 cottage

teacht nm3 approach; arrival; **teacht isteach** income; **teacht abhaile** homecoming; **teacht aniar** resilience; **teacht i láthair**

presence, self-assurance; *see also* **tar**

teachta *nm4* (POL) deputy; **teachta parlaiminte** MP; **Teachta Dála** Dáil Deputy, TD

teachtaire *nm4* messenger

teachtaireacht *nf3* message, errand; communication

téachtán *nm1* (blood) clot

téacs (*pl* ~**anna**) *nm4* text

téacsleabhar *nm1* textbook

téad *nf2* rope; line; cord; (*also* MUS) string; **téad léimní** skipping rope; **téad rite** tightrope; **téad ruthaig** lasso; **téad tarraingthe** towrope; **ar an téad seo** in this manner or line; **téada gutha** vocal cords

téadchleasaí *nm4* tightrope walker

téadléimneach *nf2* skipping

téagar *nm1* bulk

téagartha *adj* beefy; hefty; bulky; stout

teagasc *vt* teach; coach; instruct ♦ *nm1* (*pl* ~**a**) teaching; coaching; tuition; instruction

teagascóir *nm3* tutor; instructor

teaghlach *nm1* family; (*persons*) household

teaghrán *nm1* tether; **tá sé ar teaghrán aici** she has him at her beck and call

teaglaim *nf3* collection; compilation

teagmhaigh *vi* happen; **teagmhaigh do** *or* **le** encounter; touch; hit against

teagmháil *nf3* encounter; communication

teagmhas *nm1* contingency; incident

teagmhasach *adj* incidental; additional

teallach *nm1* fireside; **cois teallaigh** beside the hearth

téama *nm4* theme

téamh *nm1* heating; **téamh lárnach**

central heating; *see also* **téigh**[1]

teampall *nm1* temple; church

teanchair *nf2* tongs; pincers; pliers

teanga (*pl* ~**cha**) *nf4* tongue; language; **teanga dhúchais** native language

teangaire *nm4* interpreter

teangeolaí *nm4* linguist

teangeolaíocht *nf3* linguistics

teann *vt*, *vi* (*vn* ~**adh**) tighten; squeeze; secure; inflate ♦ *nm3* (*gs*, *pl* ~**a**, *gpl* ~) strength, force; stress ♦ *adj* taut; tight; strenuous; firm; forceful; **teann** approach, close upon; **bheith ag obair ar theann do dhíchill** to be working flat out

téann *see* **téigh**

teannadh *nm1* stress, pressure; (*also* ECON) squeeze; **tá an t-am ag teannadh orainn** we are pressed for time; *see also* **teann**

teannas *nm1* strain; tension

teanntaigh *vt*, *vi* corner; put into a jam; support, prop up

teanntán *nm1* clamp; brace

teanntás *nm1* boldness, audacity; aggression

teanntásach *adj* aggressive; assertive; audacious

teanntóg *nf2* strut, prop

teanór *nm1* (MUS) tenor

tearc (*gsm* ~) *adj* scarce; sparse

téarma *nm4* term; semester

tearmann *nm1* asylum, sanctuary; refuge; (*for tribe etc*) reservation

tearmannaigh *vt* harbour

téarnaigh *vi* convalesce; survive

teas *nm3* heat; heating; warmth

teasaí *adj* hot; fiery; hot-headed, short-tempered

teasc[1] *vt* amputate; sever; shear off

teasc[2] *nf2* disc

teascán *nm1* segment

teascóg *nf2* sector

teasdíon *vt* insulate

teasdíonadh *nm* insulation

teasmhéadar *nm1* thermometer

teastaigh (*vn* teastáil) *vi* be wanted; "cócaire ag teastáil" "cook wanted"; teastaíonn breis airgid uaithi she wants more money

téastar *nm1* (*of bed*) canopy

teastas *nm1* certificate; diploma; reference; teastas báis/breithe/ pósta death/birth/marriage certificate

teibí *adj* abstract

teicneoir *nm3* technician

teicneolaíoch *adj* technological

teicneolaíocht *nf3* technology

teicníc *nf2* technique

teicníocht *nf3* technique

teicniúil *adj* technical

teicniúlacht *nf3* technicality

teideal *nm1* title; claim

teifeach *adj, nm1* fugitive

téigh[1] (*vn* téamh) *vt* heat, warm (up); théigh mo chroí leis I took a liking to him

téigh[2] (*vn* dul, *vadj* dulta, *pres* téann, *fut* rachaidh, *past* chuaigh) *vt, vi* go; move; proceed; venture; dul abhaile to go home; dul amú to go astray; dul gan rud to go without sth; téann an cóta leat the coat suits you; chuaigh agam é a chríochnú I managed to finish it; chuaigh mé thairis ar maidin I went past him in the morning; chuaigh an tine as the fire died; ar mhaith leat dul léi? do you want to accompany her?; chuaigh sé le múinteoireacht he took up teaching; dul siar ar do choiscéim to retrace one's steps

eile *nf4* (*fruit*) lime

eiléacs *nm4* telex

eileafón *nm1* telephone

eileafónaí *nm4* telephonist

eileagraf *nm1* telegraph

eileagram *nm1* telegram

teileascóp *nm1* telescope

teilg *vt* throw; fling; cast

teilgcheárta *nf4* foundry

teilgean *nm1* projection; cast

teilgeoir *nm3* pitcher; projector; founder

teilifís *nf2* television, TV; teilifís dhaite colour television

teilifíseán *nm1* television (set), TV

teilifísigh *vt* televise

teilitéacs *nm4* Teletext ®

téim *etc vb see* téigh

teimhligh *vt* darken; tarnish

teip *nf2* failure; flop ♦ *vi* fail; theip orm I failed; gan teip without fail

téip (*pl* ~eanna) *nf2* tape; téip dhearg (*fig*) red tape

téipthaifeadán *nm1* tape recorder

teipthe *adj* failed

teiriléin *nf2* Terylene ®

teiripe *nf4* therapy

teirmeach *adj* thermal

teirmeas *nm1* (Thermos ®) flask

teirmeastat *nm1* thermostat

teirmiméadar *nm1* thermometer

teirmináil *nf* (*also COMPUT, ELEC*) terminal

teist (*pl* ~eanna) *nf2* testimony; test; reputation

teistchluiche *nm4* (*CRICKET, RUGBY*) test match

teisteán *nm1* decanter

teistiméireacht *nf3* testimony; (*SCOL etc*) certificate

teiteanas *nm1* tetanus

teith *vi* flee, run (off); teith ó avoid, flee

teitheadh (*gs* teite) *nm1* flight; escape; ar do theitheadh on the loose *or* run

téitheoir *nm3* heater

teo *see* te

teochreasach *adj* tropical

teochrios (*gs* teochreasa, *pl* ~anna) *nm3* tropics

teocht *nf3* temperature

teoiric nf2 theory
teoiriciúil adj theoretical
teoirim nf2 theorem
teolaí adj comfy; snug
teorainn (gs teorann, pl ~eacha) nf border; limit; boundary; frontier; **teorainn aoise/luais** age/speed limit
teoranta adj finite; limited
th (remove "h") see also **t**...
thabharfainn etc vb see **tabhair**
thagadh, tháinig etc vb see **tar**
thairis, thairfsti see **thar**
thall adv, adj over; beyond; **thall i Meiriceá** over in America; **an bruach thall** the far bank; **thall ansin** over there; **thall is abhus** here and there
thángamar, thángthas vb see **tar**
thar (prep prons = **tharam, tharat, thairis, thairsti, tharainn, tharaibh, tharstu**) prep over; above; beyond; more than; across; **thar barr** excellent; **thar sáile** abroad; **thar smacht** beyond control; **thar m'acmhainn** beyond my ability; **thar trí lá** over three days; **thar míle** over a mile; **thar a bheith maith** excellent; **thar lá ar bith** above all days
tharla vb see **tarlaigh**
tharstu see **thar**
thart adv, prep about, around; round; by; past; over; **amharc thart** to look around; **cuir thart é** pass it round; **tá sé thart** it is over; **chuaigh trí lá thart** three days passed; **an tseachtain seo a chuaigh thart** last week; **dul thart le rud** to pass sth by
théadh vb see **téigh**
theas adv, adj south; southerly
thiar adv, adj west; westerly; back; **faoi dheireadh thiar** at long last
thiocfadh vb see **tar**
thíos adv below, beneath; down;

(in writing) below; **bheith thíos le rud** to be out of pocket with sth; **thíos faoi** beneath, underneath
thoir adv, adj east; in the east
thú see **tú**
thuaidh adv, adj north, northern; northerly; **An Mhuir Thuaidh** the North Sea
thuas adv, adj above; overhead; **thuas sna sléibhte** up in the mountains; **thuas ansin** up there; **thuas staighre** upstairs
thug etc vb see **tabhair**
thusa see **tusa**
tí¹ nf4: **bheith ar tí rud a dhéanamh** to be on the point of doing sth, be about to do sth
tí² (pl ~eanna) nm4 (GOLF) tee
tí³ see **teach**
tiachóg nf2 wallet; satchel
tiara nm4 tiara
tiaráil nf3 (work) grind; slog
tiarna nm4 lord; peer; **tiarna talaimh** landlord; **An Tiarna** (REL) the Lord; **Teach na dTiarnaí** the (House of) Lords
tiarnas nm1 peerage; lordship
tiarnúil adj domineering; overbearing
tibhe see **tiubh**
tic nm4 (of clock, mark) tick; **tic a chur le rud** to tick sth off
ticéad nm1 ticket; **ticéad páirceála/séasúir/dea-mhéine** parking/season/complimentary ticket
ticeáil vt tick (off)
tig vb see **tar**
tigh see **teach**
tíl (pl ~eanna) nf2 tile
tím nf2 thyme
timbléar nm1 (glass) tumbler
timireacht nf3 running errands
timpeall nm1 circuit; circumference; roundabout ♦ prep: **~ + gen** around; round;

approximately, roughly, in the region of; **timpeall 60** 60-odd; **thug sí turas timpeall na tíre** she toured the country; **bhí sconsa thart timpeall ar an teach** or **timpeall an tí** the house was surrounded by a fence

timpeallach adj (route, means) roundabout, circuitous

timpeallacht nf3 surroundings; environment; vicinity

timpeallaigh vt (circle, surround

timpeallán nm1 (AUT) roundabout

timpiste nf4 accident; **bhain timpiste dó** he had an accident

timpisteach adj accidental

timthriall nm3 (BIOL, MATH, PHYS) cycle

timthriallach adj cyclical; (movement, work) repetitive

tincéir nm3 (gipsy) tinker

tine (pl **tinte**) nf4 fire; **tine chnámh** bonfire; **tine gháis** gas fire; **faoi thine** on fire; **tine a chur síos to** set a fire; **idir dhá thine Bhealtaine** in two minds, undecided

tinn adj ill, sick, unwell; sickly; **buaileadh tinn í** she took ill; **bheith tinn tuirseach de rud** to be sick and tired of sth

tinneas nm1 illness, sickness; ache; **tinneas cinn/cluaise/fiacaile** headache/earache/toothache; **tinneas póite** hangover

tinreamh nm1 attendance

tinsil nm4 tinsel

tinte see **tine**

tinteán nm1 hearth

tintreach nf2 lightning

tintrí adj (temper) hot; hot-headed

Tiobraid Árann nf Tipperary

tiocfaidh etc vb see **tar**

tíogar nm1 tiger

tíolaic (pres **tíolacann**) vt, vi dedicate

tiomáin vt, vi drive; propel

tiomáint (gs **tiomána**) nf3 drive;

power; (COMPUT) (disk) drive; **tá tiomáint agam** I can drive

tiománaí nm4 driver; chauffeur; **tiománaí fiáin** roadhog; **tiománaí tacsaí** taxi driver

tiomna nm4 will, testament; **An Tiomna Nua** the New Testament

tiomnaigh vt bequeath; commend; dedicate

tiomnú nm bequeathal; dedication; command; delegation

tiompán nm1 tympanum, kettledrum

tiomsaigh vt, vi collect; accumulate

tionchar nm1 influence; impact; **faoi thionchar an alcóil** under the influence of alcohol

tionlaic (pres **tionlacann**, vn **tionlacan**) vt accompany, take, escort; (bride) give away

tíonna see **tí²**

tionóil (pres **tionólann**) vt, vi collect; convene; muster; assemble

tionóisc nf2 accident

tionóisceach adj accidental

tionól nm1 gathering; assembly; (of assembly etc) sitting

tionónta nm4 tenant

tionóntacht nf3 tenancy

tionóntán nm1 tenement

tionscadal nm1 project

tionscain (pres **tionscnaíonn**) vt initiate, start; institute; mastermind

tionscal nm1 industry

tionscantach adj initial; original; enterprising

tionsclaí nm4 industrialist

tionsclaíoch (gsm ~) adj industrial

tionscnamh nm1 introduction; initiative

tionscnóir nm3 promoter; initiator

tiontaigh vt turn; wheel round; **thiontaigh an bád béal faoi** the boat turned upside down

tiontaire nm4 converter; **tiontaire**

catalaíoch catalytic converter
tiontú nm turn(ing); **rud a thiontú** to flip sth over
tíoránach nm1 tyrant; bully
tíos nm1 housekeeping; thrift; **airgead tís** housekeeping (money)
tíosach adj thrifty; economical ♦ nm1 (TV, RADIO etc) host
tipiciúil adj typical
tír (pl **tíortha**) nf2 country; land; **tír thalmhaíochta** agricultural country; **tír dhúchais** mother country, homeland; **tír mór** mainland; **teacht i dtír** survive, manage; (boat) come to land
Tír Chonaill nf Donegal
tírdhreach (gs, pl ~a) nm3 landscape
tíreachas nm1 domesticity
Tír Eoghain nf Tyrone
tíreolaíocht nf3 geography
tírghrách (gsm ~) adj patriotic
tirim adj dry; arid; **airgead tirim** ready cash
tirimghlan vt dry-clean
tirimghlanadh nm dry-cleaning
tíriúil adj homely; sociable; easy
tit (vn ~im) vi fall (down); drop; sag; **tit amach** come about, happen; **thit mo chodladh orm** I fell asleep; **thit sí i laige** she fainted; **thit sé le fána** he fell down the slope
tithe see **teach**
tithíocht nf3 housing
titim nf2 fall; decline; (in prices etc) slide; tumble
tiúb (pl ~**anna**) nf2 tube
tiubh (gsm ~, gsf, compar **tibhe**) adj thick; **chomh tiubh géar is a thig leat** as soon as you can
tiubhaigh (vn **tiúchan**) vt, vi thicken
tiúilip nf2 tulip
tiúin (pl ~**eanna**) nf2 tune; **bheith i dtiúin/as tiúin le** to be in/out of

tune with ♦ vt, vi tune (up)
tiúnadóir nm3 (piano) tuner
tiús nm3 thickness; **tá sé 20cm ar tiús** it's 20cm thick
tláith adj weak; wan; tender; mild
T-léine nf4 T-shirt
tlú (pl ~**nna**) nm4 tongs
tnúth nm envy; rivalry; expectation; longing ♦ vt, vi envy; long for, desire; **rud a thnúth do dhuine** to begrudge sb sth; **tnúth le** rud to yearn for sth
tnúthach adj envious
tnúthánach adj expectant; wistful; **bheith tnúthánach le rud** to be hankering after sth
tO (remove "t") see **O**...
tobac nm4 tobacco; **"ná caitear tobac"** "no smoking"
tobacadóir nm3 tobacconist
tobán nm1 tub; **tobán níocháin** (washing) tub
tobann adj sudden; abrupt; impetuous; short-tempered; **stopadh go tobann** to stop suddenly
tobar (pl **toibreacha**) nm1 (of water) spring; well; **tobar ola** oil well
tobathrú nm revulsion; sudden change
tobhach nm1 (ECCL) collection; levy
tobhthim nf2 (COMM) slump
tóch (vn ~) vt, vi dig; scoop out
tochail (pres **tochlaíonn**) vt, vi dig
tochailt nf2 digging; excavation
tochais (pres **tochasann**) vt, vi scratch; itch
tochas nm1 itch; **tochas a bheith ionat** to itch
tochasach adj itchy
tochrais vt, vi wind (up); roll (up)
tocht¹ (pl ~**anna**) nm3 mattress
tocht² nm3 (MED) stoppage; emotional catch; emotion; **tháinig tocht orthu** they were moved
tochtmhar adj deeply emotional

tocsaineach *adj* toxic

odhchaí *nf4* future

odóg *nf2* cigar

ofa *adj* choice; *see also* **toghadh**

óg (*vn* ~**áil**) *vt, vi* lift, raise;
elevate; build, erect, put up;
(*animals etc*) rear; take; pick up;
teach a thógáil to build a house;
páistí a thógáil to raise children;
ná tóg air é don't blame him; **do
shúil a thógáil ó rud** to get
distracted from sth; **croí duine a
thógáil** to raise sb's spirits; **raic a
thógáil** to cause a row; **tógadh in
Éirinn í** she was brought up in
Ireland; **tógann sé thart faoi 10
n-uaire an chloig** it takes about 10
hours

oga *nm4* toga

ógáil *nf3* lifting; raising;
upbringing; erection; building; (*of
animals*) rearing; *see also* **tóg**

ogair (*pres* **tograíonn**) *vt, vi*
choose; desire; **nuair a thogair sí
teacht** when she chose *or* decided
to come

ógálach *adj* (MED) infectious;
catching

ógálaí *nm4* lifter; builder

ogh *vt, vi* choose; select; elect;
(POL, *candidate*) return

ogha *nm4* choice; **togha scoláire**
an exemplary scholar; **togha** + *gen*
the pick of; **togha fir!** good man!;
togha agus rogha the pick of the
bunch

oghadh (*gs* **tofa**) *nm* selection;
pick

oghair *vt* summon; conjure up;
invoke

oghairm (*pl* ~**eacha**) *nf2* summons

ogharmach *nm1* conjurer

oghchán *nm1* election

oghchánaíocht *nf3* electioneering;
campaigning; **toghchánaíocht a
dhéanamh** (POL) to campaign

toghthóir *nm3* elector, constituent;
na toghthóirí the electorate

tograíonn *see* **togair**

tógtha *adj* exciting; agitated; keyed
up; **éirí tógtha** to get excited *or*
worked up

toicí *nm4* important person;
(business) tycoon

toiciúil *adj* affluent; well-to-do

toil *nf3* will; desire; inclination; **le
do thoil, más é do thoil é** please;
in éadan do thola against your
will; **de do thoil féin** of your own
accord; **is toil liom** I wish *or* desire
to; **toil a thabhairt do rud** to take
a liking to sth

toiligh *vt, vi* agree

toiliúil *adj* intentional

toill *vi* fit; be contained in

toilleadh (*gs* **toillte**) *nm* capacity

toilteanach *adj* ready, willing;
voluntary

toilteanas *nm1* willingness

tóin (*pl* ~**eanna**) *nf3* backside;
bottom; seat; lowest part; **tóin na
farraige** the bottom of the sea; **dul
go tóin (poill)** (*boat*) to sink

toinn *see* **tonn**

toinníteas *nm1* conjunctivitis

tointeáil *nf3* shuttling; **seirbhís
tointeála** shuttle service

tóir (*pl* ~**eacha**) *nf3* pursuit; chase;
tá tóir air he is popular; **chuaigh
siad sa tóir ar an sionnach** they
pursued the fox; **tá na péas sa tóir
orthu** they are wanted by the
police

toirbheartas *nm1* presentation

toirbhir (*pres* **toirbhríonn**) *vt, vi*
deliver; present; dedicate

toirbhirt (*gs* **toirbheartha**) *nf3*
delivery; presentation; dedication

toircheasach *adj* pregnant

tóireadóir *nm3* (MED, SPACE) probe

toirmeasc *nm1* prohibition;
dissuasion; mishap; hang-up

toirneach *nf2* thunder; **tá toirneach air** there is thunder in the air

toirniúil *adj* thundery

toirpéad *nm1* torpedo

tóirse *nm4* torch; flare

tóirsholas *nm1* searchlight

toirt (*pl* ~eanna) *nf2* mass, bulk; volume; **ar an toirt** immediately; in no time

toirtín *nm4* (*CULIN*) tart, cake; scone

toirtís *nf2* tortoise

toirtiúil *adj* bulky; portly; king-size(d)

toisc (*pl* tosca) *nf2* circumstance; **toisc** (+ *gen*), **de thoisc** (+ *gen*) because (of), due (to)

toise *nm4* measurement

toit *nf2* smoke

toitcheo *nm4* smog

toiteach *adj* smoky

toitín *nm4* cigarette, fag; (*of cannabis*) joint

tolg[1] *vt, vi* attack; thrust; (*storm*) gather; (*illness*) contract; pass on; **slaghdán a tholgadh** to catch a cold

tolg[2] *nm1* settee, sofa

tolglann *nf2* lounge (bar)

toll *vt, vi* bore, drill

tollán *nm1* tunnel

tolltach *adj* piercing

tom *nm1* bush; shrub; tuft

tomhais *vt, vi* measure; gauge; (*visit etc*) time; guess

tomhaltóir *nm3* consumer

tomhas *nm1* measure; gauge; guess; puzzle, riddle; **tomhas a thabhairt** to take or have a guess;
tabharfaidh sí tomhas a láimhe féin dó she will give him as good as she gets

tomhsaire *nm4* (*instrument*) gauge

ton *nm1* tone; **ton diallthe/buailte** dialling or dial/ringing tone

tonn (*pl* ~ta, *ds* toinn, *gpl* ~) *nf2* (*also RADIO*) wave

tonna *nm4* ton

tonnadóir *nm3* funnel

tonnchrith *nm3* (*gs* tonnchreatha, *pl* tonnchreathanna) vibration ♦ *vi* vibrate

tonnfhad *nm1* wavelength

tonnúil *adj* undulating

tor *nm1* bush; tuft; **tor spíonán** gooseberry bush; **tor aitinn** whin bush; **bhí lá faoin tor aige** he had an idle day

toradh (*pl* torthaí) *nm1* fruit; product, produce, yield; result; outcome; **toradh citris** citrus fruit; **bhí de thoradh air go ... it resulted in ...**; **de thoradh** + *gen* as a result of

tóraí *nm4* robber; **Tóraí** (*POL*) Tory

tóraigh *vt, vi* probe; pursue; forage

tóraíocht *nf3* search, pursuit; (*POLICE*) manhunt; **tóraíocht taisce** treasure hunt

torann *nm1* noise

torbán *nm1* tadpole

torc *nm1* boar

torcán *nm1* young boar; **torcán craobhach** porcupine

tormáil *nf3* (*of drums etc*) roll, rumble

tormán *nm1* noise; boom

tormánach *adj* noisy

tormas *nm1* grumbling; sulking

tornádó (*pl* ~nna) *nm4* tornado

tornapa *nm4* turnip

torrach *adj* pregnant

tórramh *nm1* funeral; funeral procession; **teach(an) tórraimh** wake house

tórthóir *nm3* fruit seller

torthúil *adj* fertile; fruitful

tosach (*gs*, *pl* tosaigh) *nm1* beginning; start; front; lead; onset; (*NAUT*) bow, prow; **dul chun tosaigh** to go forward; **bheith chun tosaigh ar dhuine** to be ahead of sb; **teacht chun tosaigh** to come to

the fore; **chun tosaigh** in the lead;
roth tosaigh front wheel

tosaí nm4 (*SPORT*) forward; (: *in
league, race*) leader

tosaigh vt, vi begin, start (off) or
(up); initiate; (*SPORT*) kick off;
open; (*COMPUT*) boot ♦ *n gen as adj*
front; opening; (*in race etc*)
leading; **tosaigh ar** take up; launch
into; **tosaigh arís** resume; *see also*
tosach

tosaíocht nf3 preference; priority

tosaitheoir nm3 beginner

tosca see **toisc**

toscaire nm4 delegate; deputy

toscaireacht nf3 delegation;
deputation

tost nm3 silence; lull ♦ vi go or be
silent; subside; **bí i do thost** keep
quiet!; **duine a chur ina thost** to
silence sb; **fanacht i do thost** to
remain silent

tósta nm4 (*CULIN*) toast

tóstaer nm1 toaster

tóstáil vt toast

tóstal nm1 array; pageant

tosú nm start, beginning

trá¹ (*pl* ~**nna**) nf4 beach; strand; **an
dá thrá a fhreastal** to have things
both ways

trá² nm ebb; (*COMM*) recession; **tá sé
ag trá** the tide is going out or
down; *see also* **tráigh**

trach nm4 trough; **trach uisce/
beathaithe** drinking/feeding
trough

trácht¹ (*pl* ~**anna**) nm3 comment;
discussion ♦ vt comment; discuss;
gan trácht ar to say nothing of

trácht² (*pl* ~**anna**) nm3 (*of foot*)
instep; (*of tyre*) tread

trácht³ (*pl* ~**anna**) nm3 traffic

tráchtáil nf3 trade, commerce

tráchtaire nm4 commentator

tráchtaireacht nf3 commentary;
tráchtaireacht reatha running

commentary .

tráchtála n gen as adj commercial

tráchtas nm1 thesis; tract

tráchtearra nm4 commodity

trádáil nf3 trade, commerce; **trádáil
a dhéanamh** to trade, deal

trádainm nm4 trade name

trádála adj commercial, trade;
feithicil thrádála commercial
vehicle

trádálaí nm4 trader

trádmharc nm1 trademark;
trádmharc cláraithe registered
trademark

traein (*gs* **traenach**, *pl* **traenacha**) nf
train; **ar an** or **leis an traein** by
train; **an traein go Londain** the
train for London; **traein earraí**
freight or goods train

traenáil vt, vi train ♦ nf3 training;
coaching

traenáilte adj trained

traenálaí nm4 trainer; coach

tragóid nf2 tragedy

traidhfil nf4 (*also CULIN*) trifle; small
amount

tráidire nm4 tray

traidisiún nm1 tradition

traidisiúnta adj traditional

traigéide nf4 (*THEAT*) tragedy

traigéideach adj tragic

tráigh (*vn* **trá**) vt, vi ebb; recede;
dry up; decline

traipisí npl personal belongings

trálaer nm1 trawler

tralaí nm4 trolley

tram (*pl* ~**anna**) nm4 tram, tramcar;
streetcar (*US*)

trampailín nm4 trampoline

trangláil nf3 bustle; clutter;
crowding

tranglam nm1 clutter; tangle;
disorder

tránna see **trá¹**

traoch vt wear out or down,
exhaust; overcome

traochta adj exhausted; exhausting

trap nm4 (carriage) trap

trasatlantach adj transatlantic

trasghearradh nm (cut) section

trasna prep, adv (+ gen) across, on the other side ♦ n breadth, width; **chuaigh sé trasna na sráide** he went across the street

trasnaigh vt, vi cross; intersect; span; contradict; interrupt; heckle

trasnaíocht nf3 contradiction; (also RADIO, TV) interference

trasnán nm1 crossbar; (RAIL, of wood) sleeper

trasnú nm intersection; contradiction

trasraitheoir nm3 (ELEC) transistor

trasrian (pl ~ta) nm1: ~ coisithe pedestrian crossing

trastomhas nm1 diameter

tráta nm4 tomato

tráth (pl ~anna or ~a, gpl ~) nm3 hour; time; (formerly) once; **i dtrátha a dó a chlog** at about 2 o'clock; **focal i dtráth** a timely word

tráthas n: **idir sin is ~** somewhat later; later on

tráthnóna (pl tráthnónta) nm4 evening; afternoon; **tráthnóna beag aréir** late last evening; **tráthnóna inné** yesterday evening; **tráthnóna** or **um thráthnóna** in the afternoon or evening

tráthrialta adv: **go ~** regularly; punctually

tráthúil adj timely

treabh (vn ~adh) vt, vi plough; **treabh trí** wade or plough through; **ag treabhadh chun cinn** forging ahead

treabhsar nm1 trousers; slacks

tréad (gs, pl ~a) nm3 (also REL) flock; fold; herd

tréadaí nm4 shepherd

tréadúil adj gregarious

trealamh nm1 equipment; gear; kit; fitting, furniture; paraphernalia

treallach adj fitful; capricious; streaky, patchy

treallús nm1 industriousness, drive; push; enterprise

treallúsach adj assertive, pushy; enterprising; industrious

trealmhaigh vt equip

trén (compar treise, tréine) adj strong, mighty; vehement; **trén + gen** plenty; **tá trén airgid aige** he has plenty of money; **le trén áthais** out of sheer delight

tréas nm3 treason

treascair (pres treascraíonn) vt strike down; annihilate; defeat

treascairt (gs treascartha) nf3 overthrow; downfall

treascarnach nf2 debris

treascrach adj overpowering; overwhelming; stunning

tréaslaigh (vn tréaslú) vt congratulate; **rud a thréaslú le** or **do dhuine** to congratulate sb

treaspás nm1 trespass(ing); "**ná déantar treaspás**" "no trespassing", "no trespassers"

tréatúir nm3 traitor

trédhearcach adj transparent

trédhearcacht nf3 transparency

treibh (pl ~eanna) nf2 tribe; race

tréidlia (pl ~nna) nm4 vet, veterinary surgeon

tréig vt, vi abandon, desert, forsake; evacuate; **thréig siad an t-oileán** they abandoned the island

tréigthe adj derelict; desolate

tréimhse nf4 period

tréimhseachán nm1 periodical, journal

tréimhsiúil adj periodic(al)

tréine see trén

treis n: **i dtreis** in conflict; in power; at issue

treise see trén

treisigh (vn **treisiú**) vt, vi strengthen; reinforce; gather strength; **treisigh le** support, uphold

tréith (gs, pl **~e**) nf2 trait; quality, character

tréitheach adj gifted; playful; tricky; characteristic; common

treo (pl **~nna**) nm4 direction; (of events) trend; **i dtreo** + gen towards; close together

treocht nf3 (COMM) trend

treoir (gs **treorach**, pl **treoracha**) nf guidance; direction; leadership; indicator; (on gun) sight; progress; **treoir a dhéanamh do dhuine** to give sb directions; **i dtreoir** ready, in order; **treoracha** directions or instructions (for use)

treoirlíne (pl **treoirlínte**) nf4 guideline

treoirscéim nf2 pilot scheme

treoraí nm4 guide

treoraigh vt guide; direct; lead; shepherd

treoráil vt (gun) sight

treoraithe adj guided

tréshoilseán nm1 (PHOT) transparency

trí[1] (pl **~onna**) num three; **a trí déag** thirteen; **trí phunt** 3 pounds; **seomra a trí** room 3; **faoi thrí** by three, thrice

trí[2] (prep prons = **tríom, tríot, tríd, tríthi, trínn, tríbh, tríothu**) prep through; throughout; by; **trí mheán** by means of, through; **trí is tríd** by and large; **tríd a chéile** mixed up; **tríd an lá** through the day; **tríd an nGaeilge** through the medium of Irish

triacla nm4 treacle

triail nf try; test; experiment; (LAW) trial; audition ♦ vt, vi (also LAW) try; test; experiment

trialleadán nm1 test tube

trialach adj experimental, tentative

triall (pl **~ta**) nm3 trail; journey; **bheith ag triall ar...** to be bound for...; **cá bhfuil do thriall?** where are you going?

triantán nm1 (MATH, MUS) triangle; **triantán rabhaidh** warning triangle

triarach adj triple

tríbh see **trí**[2]

tríchosach nm1 tripod

tríd = **trí** + **an** see **trí**[2]

trídhathach adj tricolour

trídhualach adj (wool) three-ply

trílseán nm1 plait; braid; pigtail; (of onions) string; torch

trína = **trí** + a poss adj; **trí** + a rel part

trínar = **trí** + ar rel part

trínár = **trí** + ár poss adj

trínn see **trí**[2]

trinse nm4 trench

trinsiúr nm1 platter

trioblóid nf2 trouble; distress; **trioblóidí** (POL etc) troubles

trioblóideach adj troublesome

trioc nm4 furniture

tríocha (gs **~d**, pl **~idí**) num, nm thirty

tríochadú num, adj, nm4 thirtieth

tríom see **trí**[2]

triomach nm1 drought

triomadóir nm3 dryer; **triomadóir gruaige** hair dryer

triomaigh vt, vi dry (up)

tríonna see **trí**[2]

Tríonóid nf2: **An ~ Naofa** (REL) the Holy Trinity

triopall nm1 bunch; (of dress) train

triopallach adj clustered; tidy

tríot see **trí**[2]

tríothu see **trí**[2]

trírín nm4 triplet

trírothach nm1 tricycle

tristéal nm1 trestle

tríthi see **trí**[2]

tríthoiseach adj three-dimensional

tríú num, adj, nm4 third; **an Tríú Domhan** the Third World

triuch (gs treacha) nm3 whooping cough

triuf (pl ~anna) nm4 (CARDS) club

triúr nm1 three (people); **chuaigh triúr againn ann** 3 of us went; **tá siad triúr ann** the 3 of them

trócaire nf4 mercy; **go ndéana Dia trócaire air** may God have mercy on him

trócaireach adj merciful

trodaí nm4 (also fig) fighter

tródam nm1 cordon; **tródam a chur ar rud** to cordon sth off

troid nf3 fight; fighting; quarrel ♦ vt, vi fight; quarrel; **troid a chur ar dhuine** to challenge sb to a fight

troigh (pl troithe) nf2 (measure) foot; **bheidh sé throigh ar airde** to be 6 feet tall

troiméiseach adj ponderous

troisc (vn troscadh) vi fast

troistneach nf2 commotion; flurry of activity or excitement

troitheán nm1 pedal

trom nm1 weight; burden; bulk ♦ adj heavy; weighty; hard; harsh; hefty; serious; (sky, sea) leaden; **bheidh trom ar an ól** to be a heavy drinker

tromaí adj weighty; grave; heavy-hearted

tromaigh vt, vi become heavier

tromán nm1 weight; **tromán páipéir** paperweight

trombóis nf2 thrombosis

trombón nm1 trombone

tromchroíoch adj heavy-hearted

tromchúis (pl ~eanna) nf2 gravity, seriousness

tromchúiseach adj grave, serious

tromlach nm1 majority

tromluí nm4 nightmare

trom-mheáchan nm1 (SPORT) heavyweight

trópaic nf2 tropic

trosc nm1 cod

troscach adj fasting

troscadh see troisc

troscán nm1 furniture

trost nf2 thud

trua nf4 pity; sympathy; compassion; object of pity or regret; wretch ♦ adj (meat) lean; **is trua liom é** I pity him; **is trua go ... it's a pity that ...; nach mór an trua!** what a pity!; **trua a bheith agat do dhuine** to feel sorry for sb

truacánta adj pitiful; piteous; touching

truaill nf2 sheath; case

truailligh vt pollute

truaillíocht nf3 pollution

truaillithe adj polluted

truailliú nm pollution

truamhéala nf4 pathos

truamhéalach adj pathetic; piteous; pitiful

trucail nf2 truck; cart; pick-up

truflais nf2 rubbish; trash

truicear nm1 trigger

trumpa nm4 trumpet

trunc nm3 trunk

trup (pl ~anna) nm4 noise; tramp

trúpa nm4 troop

trus nm4 (MED) truss

trusáil vt truss (up)

ts (remove "t") see s...

tU (remove "t") see U...

tú (as object of vb thú) pron you; **tú féin** yourself; **dá bhfeicfeá thú féin anois** if you saw yourself now; **tú féin a dúirt é** it was you who said it

tua (pl ~nna) nf4 axe, hatchet

tuaigh vt (wood) chop

tuáille nm4 towel; **tuáille sláintíochta** sanitary towel

tuaiplis nf2 blunder

tuairgníonn see **tuargain**

tuairim nf2 opinion ♦ prep about, approximately; **tá mé féin den tuairim sin** I share that sentiment; **tuairim is** about, around; **is é mo thuairim go ...** it is my belief that ...; **tabharfaidh mé buille faoi thuairim** I will hazard a guess

tuairimíocht nf3 speculation; guesswork

tuairisc nf2 information; account, report, tale; **tuairisc + gen** to inquire about; **níor chaill sé tuairisc uirthi** he kept track of her

tuairisceoir nm3 reporter

tuairiscigh vt, vi report

tuairisciú nf (TV, PRESS) report; coverage

tuairt (pl **~eanna**) nf2 crash, bump; thud

tuairteáil vt bump, crash into; smash; ram ♦ nf3 smash; smash-up; **tuairteáil le** bump into, knock into

tuairteoir nm3 (AUT) bumper, fender (US)

tuaisceart nm1 north; **Tuaisceart (na h)Éireann** Northern Ireland

tuaisceartach adj north, northern

tuaithe see **tuath**

tuama nm4 tomb; vault; tombstone

tuar[1] vt bleach; dry; season

tuar[2] (pl **~tha**) nm1 omen, sign; forecast; **tuar ceatha** rainbow ♦ vt forebode; presage; merit; **tháinig tuar faoin tairngreacht** the prophecy was fulfilled

tuarascáil (pl **tuarascálacha**) nf3 report

tuarascálaí nm4 reporter

tuarastal nm1 salary

tuargain (pres **tuairgníonn**) vt pound; thump

tuarúil adj ominous

tuaslagán nm1 (CHEM) solution

tuaslagóir nm3 (CHEM) solvent

tuaslaig (pres **tuaslagann**) vt, vi dissolve

tuata nm4 layman/laywoman ♦ adj lay; secular

tuath (gs **tuaithe**) nf2 country(side); **faoin tuath** in the country; **fear tuaithe** countryman

tuathal adj, adv anticlockwise ♦ nm1 blunder; **dul tuathal** to go anticlockwise; **tá an chathair ina cíor thuathail** the city is in turmoil

tuathánach nm1 peasant

tuathúil adj rural; rustic

tubaiste nf4 calamity, catastrophe, disaster; **sin buille na tubaiste!** that's the last straw!

tubaisteach adj calamitous, disastrous; tragic

tuga nm4 (ship) tug

tugaim, tugann vb see **tabhair**

tugtha adj prone; addicted to; **bheith tugtha do rud** to be addicted to sth; see also **tabhair**

tuí nf thatch; **teach ceann tuí** thatched cottage

tuig (vn **tuiscint**) vt, vi understand, realize, see; take in; twig; **tuig é** to deduce from, construe; **tuigim** I understand, I get the point; **ní thuigim** I don't understand, I don't get it; **tuigim go maith** I quite understand; **tuigim duit** I sympathize with you

tuil vt, vi flood; overfill

tuile nf4 (pl **tuilte**) flood; torrent; **taoide tuile** flood tide

tuilí nm4 bastard

tuill (vn **~eamh**) vt deserve; earn; **bhí sé tuillte aici** she got it on merit; **tuillte go maith** well-deserved

tuilleadh nm1 addition; **tuilleadh + gen** more; **ar mhaith leat tuilleadh tae?** do you want (some) more tea?; **an bhfuil tuilleadh ann?** is there any more?; **ní**

thagann sé a thuilleadh he no longer comes; **ná déan a thuilleadh moille** don't wait any longer

tuilleamaí nm4 dependence; reliance; **bheith i dtuilleamaí** + gen to be dependent on

tuilleamh nm1 earnings, wages; see also **tuill**

tuilsolas nm1 floodlight

tuilte see **tuile**

tuineach nf2 tunic

tuineanta adj persistent

Túinéis nf2: **An ~** Tunisia

tuinnín nm4 tuna (fish)

Tuirc nf2: **An ~** Turkey

Tuircis nf2 (LING) Turkish

túirín¹ nm4 tureen

túirín² nm4 turret

tuirling (pres **~íonn**) vt, vi descend; (AVIAT) land

tuirlingt (gs **~he**) nf2 descent; (AVIAT) landing; touchdown; **tuirlingt éigeandála** emergency landing

tuirne nm4 spinning wheel

tuirpintín nm4 turpentine, turps

tuirse nf4 tiredness; fatigue; strain; **tá tuirse orm** I'm tired

tuirseach adj tired; weary; **bheith tinn tuirseach de rud** to be sick and tired of sth

tuirsigh vt, vi tire; bore

tuirsiúil adj tiring; tiresome, boring

túis nf2 incense

tuisceanach adj understanding, sympathetic, thoughtful; discerning

tuiscint (gs **tuisceana**) nf3 understanding; perception; realization; see also **tuig**

tuiseal nm1 (LING) case

tuisle nm4 stumble; trip; **bhain tuisle dó** he lost his footing; **tuisle a bhaint as duine** to trip sb

tuisligh vi stumble; trip (up);

falter; stagger; totter

tuismeá nf4 horoscope

tuismitheoir nm3 parent

tulach nm1 hill; mound

tum vt, vi dip, immerse, submerge; dive, plunge; plummet

tumadh (gs **tumtha**, pl **tumthaí**) nm diving; dive, plunge

tumadóir nm3 diver; **tinneas tumadóra** the bends

tumtha adj plunging

tumthéitheoir nm3 immersion heater

tur adj dry; arid; stuffy

túr nm1 tower

turas nm1 journey, tour, trip; ride; excursion; expedition; (of policeman, milkman etc) round; **d'aon turas** on purpose; **thug sí turas timpeall na tíre** she toured the country; **ar turas** on tour; on a trip; **Turas na Croise** (REL) the Stations of the Cross

turasóir nm3 tourist

turasóireacht nf3 tourism

Turcach adj Turkish ◆ nm1 Turk

turcaí nm4 turkey

turcaid nf2 turquoise

turgnamh nm1 experiment

turraing nf2 lurch; (ELEC) shock

turtar nm1 turtle

tús nm1 start, beginning, outset; onset; **ar dtús** at first; **i dtús báire** first of all, first and foremost; **tús a chur le rud** to begin sth; **bheith ar thús cadhnaíochta** to be in the vanguard; **ar thús** + gen at the front of

tusa (as object of vb **thusa**) pron (emphatic) you

tútach adj abrasive, tactless, crude; (accent) broad

U

uabhar *nm1* pride; arrogance

uacht (*pl* ~**anna**) *nf3* will, testament; **rud a fhágáil le huacht ag duine** to bequeath sth to sb

uachtaigh *vt* bequeath

uachtar *nm1* top, upper part; cream; (*of water*) surface; **an lámh in uachtar a bheith agat** to have the upper hand; **uachtar reoite/ coipthe** ice/whipped cream

uachtarach *adj* upper, top, superior

uachtarán *nm1* president; superior; **cumhacht an uachtaráin** presidential power; **Uachtarán na hÉireann** the President of Ireland; **uachtaráin** the authorities, the establishment

uachtarúil *adj* creamy

uafar *adj* dreadful, horrible, ghastly

uafás *nm1* horror; atrocity; astonishment; a lot of; **uafás a chur ar dhuine** to astound or horrify sb; **Ré an Uafáis** the Reign of Terror; **tá an t-uafás amhrán aici** she has a vast number of songs; **bhí an t-uafás acu ann** there was a huge crowd of them there

uafásach *adj* awful, horrible, astonishing; **caill uafásach** terrible loss; **radharc uafásach** horrifying sight

uaibh *see* **ó¹**

uaibhreach *adj* proud, arrogant; (*growth*) lush

uaidh *see* **ó¹**

uaigh (*pl* ~**eanna**) *nf2* grave; plot

uaigneach *adj* lonely; solitary; spooky; **saol uaigneach** lonely life; **áit uaigneach** lonely or spooky place

uaigneas *nm1* loneliness; solitude;

isolation; **uaigneas a bheith ort** to feel lonely

uaillbhreas (*gs*, *pl* ~**a**) *nm3* exclamation

uaillmhian *nf2* ambition

uaillmhianach *adj* ambitious

uaim¹ *see* **ó¹**

uaim² (*pl* **uamanna**) *nf3* seam; suture

uaimh (*pl* ~**eanna**) *nf2* cave; grotto; **uaimh ifrinn** hell pit

uain (*pl* ~**eacha**) *nf2* time; opportunity, occasion; turn, spell; weather; **ar aon uain le** simultaneous with; **uain a bheith agat ar rud a dhéanamh** to have the time to do sth; **nuair a tháinig m'uain** when my turn came

uainchlár *nm1* rota; duty roster

uaine *adj*, *nf4* (bright) green

uaineoil *nf3* (*meat*) lamb; **ceathrú uaineola** leg of lamb

uainíocht *nf3* rotation, interchange; shift work; **uainíocht a dhéanamh** to take turns

uainn *see* **ó¹**

uair (*pl* ~**eanta** *or* ~**e**) *nf2* hour; time; once; uain; **ar an chloig** hour; **cá huair a?, cén uair a?** when?; **ar an dea-uair** fortunately; **an chéad uair eile** the next time; **uair sa tseachtain** once a week; **uair amháin eile** once more; **10 gciliméadar san uair** 10 km an hour; **i láthair na huaire** at the moment; **ar ala na huaire** on the spur of the moment; **uaireanta** sometimes, at times; **uaireanta oibre** working hours; **an chéad uair** the first time; **gach uair** every time

uaireadóir *nm3* watch

uaireadóirí *nm4* watchmaker

uaisle *see* **uasal**

uaisleacht *nf3* nobility

uait, uaithi *see* **ó¹**

ualach (pl **ualaí**) nm1 load, burden; weight; **faoi ualach** + gen laden with

ualaigh vt load; weigh down

uallach adj scatterbrained; giddy; vain, conceited

uallfairt nf2 yell; grunt

uamanna see **uaim²**

uamhan (pl **uamhna**) nm1 dread, fear; **uamhan clóis** claustrophobia; **uamhan sráide** agoraphobia

uan nm1 (animal) lamb

uanach adj frothy

uas- prefix maximum, top, upper

uasaicme nf4 upper class, aristocracy

uasaicmeach adj upper-class

uasal (pl **uaisle**) nm1 nobleman; gentleman; aristocrat ◆ adj (gsf, pl, compar **uaisle**) noble; worthy; precious; **an tUasal Ó Murchú** Mr Murphy; **na huaisle** the upper class; **A Bhean Uasal** Dear Madam; **A Dhuine Uasail** Dear Sir; **a dhaoine uaisle** ladies and gentlemen; **cloch uasal** precious stone; **gníomh uasal** honourable deed

uascán nm idiot

uascánta adj sheepish; simple-minded

uaschamóg nf2 apostrophe; inverted comma

uaslathaí nm4 aristocrat

uaslathas nm1 aristocracy

uasmhéid nf2 maximum

uath- prefix auto-

uatha adj, nm4 singular

uathfheidhmeach adj automatic

uathoibreán nm1 automaton

uathoibrigh vt automate

uathoibríoch (gsm ~) adj automatic

uathoibríú nm automation

uathu see **ó¹**

uathúil adj unique

ubh (pl **uibheacha** or **uibhe**) nf2

egg; **ubh scallta** poached egg; **ubh scrofa** scrambled egg

ubhagán nm1 ovary

ubhchruth nm3 oval

ubhchruthach adj oval, egg-shaped

ubhchupán nm1 eggcup

U-chasadh nm (in pipe) U-bend

ucht (pl **~anna**) nm3 chest, breast; bosom; lap; **suí in ucht duine** to sit in sb's lap; **as ucht** + gen for the sake of, on account of; **as ucht Dé** for God's sake; **as ucht ár gcairdis** on account of our friendship

uchtach nm1 courage; hope; **a uchtach a bhaint de dhuine** to demoralize sb; **uchtach a thabhairt do dhuine** to encourage sb

uchtaigh vt adopt

uchtóg nf2 armful; small heap; (on road) bump

úd¹ nm1 (RUGBY) try

úd² adj yon, yonder; that; **is ball den pháirtí úd í** she belongs to that party; **an ceann úd** that one (over there)

údar nm1 author; authority; originator; cause; **údar a chur le gníomh** to justify an action; **údar gach oilc** the root of all evil

údarach adj authentic

údaracht nf3 authenticity

údaraigh vt authorize; cause; originate

údarás nm1 authority; **údarás poiblí/sibhialta** public/civil authority; **gan údarás** (story) unauthenticated

údarásach adj authoritative; authoritarian; **go húdarásach** (informed) reliably

údarú nm authorization

ugach nm1 encouragement; confidence

Uí, uí, uíbh see **ó²**

uibheacha, uibhe see **ubh**

uibheagán nm1 omelet(te)

Uíbh Fhailí nmpl Offaly

uige nf4 tissue; gauze; woven fabric

uigeacht nf3 texture

uile adj all, every; whole; **gach uile dhuine** everyone; **os cionn/thar gach uile ní** above all; **an teaghlach uile** the whole family; **táimid uile anseo** we are all here

uilechoiteann adj universal

uilechumhachtach adj (also REL) almighty

uileghabhálach adj comprehensive

uileláithreach adj ubiquitous

uileloscadh (gs uileloiscthe) nm holocaust

uilíoch adj universal

uilleach adj angular

uillinn (pl ~eacha, gpl uilleann) nf2 angle; elbow; **uillinn airde** angle of elevation; **ar uillinn nócha céim** at an angle of 90 degrees

úim (pl úmacha) nf3 harness; **úim shábháilteachta** safety harness

uime see **um**

uimheartha adj numerate

uimhir (gs uimhreach, pl uimhreacha) nf number; numeral; **uimhir a chur ar** to number; **uimhir chuntais/cheadúnais/ theileafóin** account/licence/ telephone number; **uimhir chláraithe** (AUT) registration number; **uimhir Rómhánach** Roman numeral

uimhirchlár nm1 licence plate, number plate

uimhreach, uimhreacha see **uimhir**

uimhrigh vt, vi number

uimhríocht nf3 arithmetic

uimhriúil adj numerical

uimpi see **um**

úinéir nm3 owner

úinéireacht nf3 ownership

úir nf2 soil

uirbeach adj urban

uirbiú (gs uirbithe) nm urbanization

úire nf4 freshness

uireasa nf4 lack, absence; deficiency

uireasach adj lacking, deficient; inadequate; incomplete

uiríseal (gsf, pl, compar uirísle) adj lowly; menial; humble; slavish

uirísligh vt humble; humiliate

uirísliú nm humiliation

uirlis nf2 tool, implement; (musical) instrument

uirthi see **ar**[1]

uisce n gen as adj water; aquatic
  ♦ nm4 water; **uisce a chur ar rud** to water sth; **tá uisce le mo shúile** my eyes are watering; **cuireann sé uisce le mo chuid fiacla** it makes my mouth water; **dul faoi uisce** to submerge; **uisce abhann** or **locha** freshwater; **uisce beatha (braiche)** (malt) whisk(e)y; **uisce coipeach/ mianrach** tonic/mineral water; **uisce coisrichte** holy water; **uisce faoi thalamh** (fig) intrigue; **uisce sóide** soda

Uisceadóir nm3: **An tUisceadóir** Aquarius

uiscedhath nm3 watercolour

uiscedhíonach adj waterproof; watertight

uiscedhroim nf3 (GEOG) watershed

uiscigh vt water, irrigate

uisciú nm irrigation

uisciúil adj watery; (ground) soggy

uisinn nf2 (ANAT) temple

úithín nm4 cyst

ulcha nf4 beard

ulchabhán nm1 owl

úll (pl ~a) nm1 apple; (ANAT) ball joint; **úll taifí** toffee apple; **úll na haithne** the forbidden fruit; **úll na scornaí** Adam's apple; **úll an chrómáin** hip joint

úllagán nm1 dumpling

ullamh adj ready; willing; prompt; prepared; in readiness; **tá an spiorad ullamh** the spirit is willing

ullmhaigh vt prepare, (get) ready; fix; set; **ullmhú i gcomhair scrúduithe** to prepare for exams; **béile a ullmhú** to prepare for a meal

ullmhú nm preparation; **ullmhú bia** preparation of food; **gan ullmhú** impromptu

ullmhúchán nm1 preparation; groundwork; **scoil ullmhúcháin** prep(aratory) school

úllord nm1 orchard

ulóg nf2 pulley; (ANAT) trochlea

ulpóg nf2 flu; **ulpóg ghoile** gastric flu; **ulpóg a bheith ort** to have the flu

ultrafhuaim nf2 ultrasound

um (prep prons = **umam, umat, uime, uimpi, umainn, umaibh, umpu**) prep about, at, around, in, on; **um Nollaig** at Christmas; **um thráthnóna** in the afternoon; **do chóta a chur umat** to put your coat on

úmacha see **úim**

umar nm1 (water) tank; trough; vat; font; **umar ola** (AUT) pump; **umar peitril** petrol tank; **umar baiste** baptismal font

umat see **um**

umha nm4 copper; bronze

umhal (pl **umhla**) adj humble, obedient; tame; supple; **umhal don dlí** law-abiding

umhlaigh vt humble; bow; **umhlú (do)** to obey

umhlaíocht nf3 obedience; humility; respect; **dul ar an umhlaíocht** to swallow one's pride

umhlú nm genuflection; curtsey; (with body) bow

umpu see **um**

uncail nm4 uncle

únfairt nf2 wallowing; tossing and turning; fumbling; **bheith d'únfairt féin** to toss and turn; **bheith ag únfairt le rud** to fumble with sth

ungadh nm1 ointment; **ungadh glanta** (for face) cleanser; **ungadh béil** lip salve

Ungáir nf2: **An ~** Hungary

unsa nm4 ounce

ur- prefix pre-, pro-, ante-

úr adj new, fresh; novel; **"péint úr"** "wet paint"

úraigh vt refresh, cleanse

urchar nm1 shot; **tá urchar maith aige** he's a good shot; **urchar gunna** gunshot; **urchar iomraill** (shot) miss; **urchar reatha** pot shot

urchóid nf2 harm; malice; (MED) malignancy; **le rún urchóide** with a sinister purpose; **urchóid a dhéanamh** to do harm; **urchóid a bhaint as ráiteas** to take the sting out of a statement; **duine gan urchóid** a harmless person

urchóideach adj harmful; (also MED) malignant

urchoill vt inhibit

urghabh vt (LAW) seize

urgharda nm4 vanguard

urghránna adj hideous; unspeakable

urlabhra nf4 (faculty) speech; manner of speech

urlabhraí nm4 spokesperson; mouthpiece

urlaic (pres **urlacann**) vt, vi vomit

urlámhaí nm4 controller

urlámhas nm1 control; authority

urlár nm1 floor; ground floor; **an chéad urlár** the first floor; **urlár uachtarach** top floor

urlios (gs **urleasa**) nm3 forecourt

urnaí nf4 prayer; praying

úrnua adj brand-new; new; in mint

condition; **tosú go húrnua** to start from scratch

urphost nm1 outpost

urra nm4 guarantor, surety; (RADIO, TV, SPORT) sponsor; authority; strength; **faoi urra** guaranteed; **ceann urra** leader

urraigh vt sponsor, go surety for

urraim nf2 respect; reverence; **urraim a thabhairt do dhuine** to treat sb with respect

urraíocht nf3 sponsorship

urramach adj respectful ♦ nm1 (title) reverend; **an tUrramach de Brún** Reverend Brown

urramaigh vt respect

urrann nf2 compartment

urrúnta adj hardy, robust

urrús nm1 guarantee, security; **dul in urrús ar dhuine** to go security for sb; **urrús in aghaidh caillteanais** indemnity against loss

urrúsach adj confident, assured

ursal nm1 (for coal) tongs

úrscéal (pl ~ta) nm1 novel

úrscéalaí nm4 novelist

urthimpeall nm1 surroundings

urú (gs uraithe, pl uruithe) nm eclipse; (LING) eclipsis

ús nm1 (COMM) interest; **an ráta úis** the interest rate

úsáid nf2, vt use; **in/as úsáid** in/out of use; **úsáid a bhaint as rud** to use sth; **(rud) gan úsáid** useless (thing)

úsáideach adj useful; **bheith úsáideach (ag duine)** to be of use or service (to sb)

úsáideoir nm3 user; consumer

úsáidí nf4 usefulness

úsc nm1 fat, grease; extract ♦ vt, vi ooze, exude; seep; **úsc éisc** fish oil

úscach adj oily, greasy; juicy

úscra nm4 essence; **úscra feola** meat essence

úspaireacht nf3 drudgery, slog

úspánta adj clumsy

úspháirtí nm4 (COMM) sleeping partner

útamáil nf3 fumbling; **bheith ag útamáil le rud** to fumble with sth; **ag útamáil thart** pottering about

útaras nm1 uterus

úth (pl ~anna) nm3 udder

V

vác (pl ~anna) nm4 quack

vacsaín nf2 vaccine

vacsaínigh vt vaccinate

vaidhtéir nm3 best man; (also: ~ cuain) coastguard

vaigín nm4 wag(g)on

vailintín nm4 valentine (card); **Lá Fhéile Vailintín** St Valentine's Day

válsa nm4 waltz

válsáil vi waltz

vardrús nm1 wardrobe

Vársá nm4 Warsaw

vása nm4 vase

vástchóta nm4 waistcoat

vata nm4 watt

Vatacáin nf2: **An ~** the Vatican; **Cathair na Vatacáine** Vatican City

veain (pl ~eanna) nf4 van

vearanda nm4 veranda(h), porch

vearnais nf2 varnish

véarsa nm4 verse; stanza

véarsaíocht nf3 (collectively) verse

veasailín nm4 Vaseline ®

veidhleadóir nm3 violinist

veidhlín nm4 violin

veigeatóir nm3 vegetarian

veilbhit nf2 velvet

veinéar nm1 veneer

veist (pl ~eanna) nf2 vest; waistcoat

vialait nf2 (colour) violet

Victeoiriach adj Victorian

Vín nf4 Vienna

vinil nf2 vinyl

vióla *nf4* viola
víosa *nf4* visa
víreas *nm1* (also *COMPUT*) virus
vitimín *nm4* vitamin
Vítneam *nm4* Vietnam
Vítneamach *adj, nm1* Vietnamese
Vítneamais *nf2* (*LING*) Vietnamese
vodca *nm4* vodka
volta *nm4* volt
voltas *nm1* voltage
vóta *nm4* vote
vótáil *nf3* voting; poll ♦ *vt, vi* vote;
 ionad vótála polling booth; **lucht
 vótála** voters
vótálaí *nm4* voter
vultúr *nm1* vulture

W

W, w no letter "w" in Irish except
 in loan words

X

X-chrómasóm *nm1* X-chromosome
xéaracs *nm4* Xerox ®
x-gha (*pl* ~**thanna**) *nm4* (*ray*) X-ray
x-ghathú *nm* (*photo*) X-ray
xileafón *nm1* xylophone

Y

Y-chrómasóm *nm1* Y-chromosome
yóyó (*pl* ~**nna**) *nm4* yo-yo

Z

zú (*pl* ~**nna**) *nm4* zoo

NUMBERS

There are two forms of cardinal numbers in Irish. The first list shows cardinal numbers used in counting.

nialas, náid, neamhní	0	zero, nothing
a haon	1	one
a dó	2	two
a trí	3	three
a ceathair	4	four
a cúig	5	five
a sé	6	six
a seacht	7	seven
a hocht	8	eight
a naoi	9	nine
a deich	10	ten
a haon déag	11	eleven
a dó dhéag	12	twelve
a trí déag	13	thirteen
a ceathair déag	14	fourteen
a cúig déag	15	fifteen
a sé déag	16	sixteen
a seacht déag	17	seventeen
a hocht déag	18	eighteen
a naoi déag	19	nineteen
fiche	20	twenty
fiche a haon	21	twenty-one
fiche a dó	22	twenty-two
tríocha	30	thirty
daichead	40	forty
caoga	50	fifty
seasca	60	sixty
seachtó	70	seventy
ochtó	80	eighty
nócha	90	ninety
céad	100	a hundred
céad a haon	101	a hundred and one
céad is tríocha	130	a hundred and thirty
trí chéad	300	three hundred
trí chéad a haon	301	three hundred and one
míle	1,000	a thousand
deich míle	10,000	ten thousand
céad míle	100,000	a hundred thousand
milliún	1,000,000	a million

The second list shows cardinal numbers used in conjunction with a noun. The noun is represented here by three dots.

(aon) ... amháin	1	a, one, a single
dhá (things)/beirt (persons)	2	two
trí/triúr	3	three
ceithre/ceathrar	4	four
cúig/cúigear	5	five
sé/seisear	6	six
seacht/seachtar	7	seven
ocht/ochtar	8	eight
naoi/naonúr	9	nine
deich/deichniúr	10	ten
(aon) ... déag	11	eleven
dhá ... déag	12	twelve
trí ... déag	13	thirteen
ceithre ... déag	14	fourteen
cúig ... déag	15	fifteen
sé ... déag	16	sixteen
seacht ... déag	17	seventeen
ocht ... déag	18	eighteen
naoi ... déag	19	nineteen
fiche	20	twenty
... is fiche	21	twenty-one
dhá ... is fiche	22	twenty-two
tríocha	30	thirty
daichead	40	forty
caoga	50	fifty
seasca	60	sixty
seachtó	70	seventy
ochtó	80	eighty
nócha	90	ninety
céad	100	a hundred
céad is aon	101	a hundred and one
céad is tríocha	130	a hundred and thirty
trí chéad	300	three hundred
trí chéad is aon	301	three hundred and one
míle	1,000	a thousand
deich míle	10,000	ten thousand
céad míle	100,000	a hundred thousand
milliún	1,000,000	a million

an chéad/t-aonú	1st	first
an dara/dóú	2nd	second
an tríú	3rd	third
an ceathrú	4th	fourth
an cúigiú	5th	fifth
an séú	6th	sixth
an seachtú	7th	seventh
an t-ochtú	8th	eighth
an naoú	9th	ninth
an deichiú	10th	tenth
an t-aonú ... déag	11th	eleventh
an dóú/dara ... déag	12th	twelfth
an tríú ... déag	13th	thirteenth
an ceathrú ... déag	14th	fourteenth
an cúigiú ... déag	15th	fifteenth
an séú ... déag	16th	sixteenth
an seachtú ... déag	17th	seventeenth
an t-ochtú ... déag	18th	eighteenth
an naoú ... déag	19th	nineteenth
an fichiú	20th	twentieth
an t-aonú ... is fiche	21st	twenty-first
an dóú/dara ... is fiche	22nd	twenty-second
an tríochadú	30th	thirtieth
an daicheadú	40th	fortieth
an caogadú	50th	fifitieth
an seascadú	60th	sixtieth
an seachtódú	70th	seventieth
an t-ochtódú	80th	eightieth
an nóchadú	90th	ninetieth
an céadú	100th	hundredth
an céad is aonú ...	101st	hundred-and-first
an céad is aonú ... déag	111th	hundred-and-eleventh
an míliú	1000th	thousandth
an milliúnú	1,000,000th	one millionth

leath	1/2	a half
trian	1/3	a third
dhá dtrian	2/3	two thirds
ceathrú	1/4	a quarter
trí cheathrú	3/4	three quarters
cúigiú	1/5	one fifth
náid pointe a cúig	0.5	nought point five
trí pointe a ceathair	3.4	three point four
deich faoin gcéad	10%	ten per cent
céad faoin gcéad	100%	one hundred per cent

AN T-AM | TIME

cén t-am é? or cad é an t-am atá sé? — *what time is it?*
tá sé ... — *it is or it's ...*

tá an meán oíche ann	midnight
a haon a chlog (ar maidin)	one o'clock (in the morning) 1am
cúig (nóiméad) i ndiaidh a haon, cúig (nóiméad) tar éis a haon	five (minutes) past one
deich (nóiméad) i ndiaidh a haon, deich (nóiméad) tar éis a haon	ten (minutes) past one
ceathrú i ndiaidh a haon, cúig nóiméad déag i ndiaidh a haon, cúig nóiméad déag tar éis a haon	quarter past, fifteen minutes past one
cúig nóiméad is fiche i ndiaidh a dó, cúig nóiméad is fiche tar éis a dó	twenty-five (minutes) past tw
leath i ndiaidh a haon, leath tar éis a haon	half (past) one, one thirty
cúig (nóiméad) is fiche go dtí a dó	twenty-five (minutes) to two
fiche (nóiméad) go dtí a dó	twenty (minutes) to two
ceathrú go dtí a dó	a quarter to two
deich nóiméad go dtí a dó	ten minutes to two
a dó dhéag (a chlog), tá an meán lae ann	twelve (o'clock) noon, midda
leath i ndiaidh a dó dhéag (san iarnóin, tráthnóna), leath i ndiaidh a dó dhéag iarnóin	half (past) twelve, twelve thirty (in the afternoon), 12.30pm
a dó a chlog (san iarnóin, tráthnóna), a dó a chlog iarnóin	two o'clock (in the afternoon 2 pm
a seacht a chlog (tráthnóna)	7 o'clock (in the evening), 7p

cá huair? — *at what time?*

ar an meán oíche	at midnight
ar a seacht (a chlog)	at seven (o'clock)
i gceann fíche nóiméad	in twenty minutes
deich nóiméad ó shin	ten minutes ago
ar feadh leathuaire	for half an hour
faoi cheann seachtaine	in a week's time
go ceann seachtaine	for a week (present to future)
riamh	(n)ever (in past)
(in) am ar bith	(n)ever (in present)
choíche, go deo	(n)ever (in future)